Springer-Lehrbuch

Arndt Sinn

Strafrecht Allgemeiner Teil

6. Auflage

 Springer

Arndt Sinn
Fachbereich Rechtswissenschaften
Universität Osnabrück
Osnabrück, Deutschland

Begründet von
Walter Gropp
Justus-Liebig-Universität Gießen
Gießen, Deutschland

ISSN 0937-7433   ISSN 2512-5214 (electronic)
Springer-Lehrbuch
ISBN 978-3-662-71555-0   ISBN 978-3-662-71556-7 (eBook)
https://doi.org/10.1007/978-3-662-71556-7

Die Deutsche Nationalbibliothek verzeichnet diese Publikation in der Deutschen Nationalbibliografie; detaillierte bibliografische Daten sind im Internet über https://portal.dnb.de abrufbar.

Walter Gropp mit herzlichem Dank

Vorwort zur 6. Auflage

Die 6. Auflage dieses Lehrbuchs zum Allgemeinen Teil des Strafrechts erscheint nun erstmals in alleiniger Bearbeitung durch mich. Mein besonderer Dank gilt meinem verehrten Lehrer, *Walter Gropp*, für das mir entgegengebrachte Vertrauen, die Konzeption des Werkes fortzuführen. Die bewährte Struktur wurde beibehalten, zugleich aber um die Entwicklungen der letzten Jahre ergänzt.

Die Rechtsprechung der vergangenen vier Jahre wurde bis Ende 2024 umfassend gesichtet und ausgewertet, ebenso wie die einschlägige Literatur. Alle 15 Kapitel wurden aktualisiert und überarbeitet. Um den Umfang des Lehrbuchs handhabbar zu halten, konnte jedoch nicht jeder Beitrag berücksichtigt werden. Die Auswirkungen einer machttheoretischen Verbrechenslehre auf die Lehre von der Straftat wurden vertieft dargestellt. Wesentliche Änderungen betreffen folgende Kapitel: In § 3 wurden die die Ausführungen zum Gesetzlichkeitsprinzip ergänzt. § 4 enthält nun zusätzliche Fälle sowie eine vertiefte Auseinandersetzung mit der Vorsatzproblematik. Ergänzt wurde § 5 um die Diskussion einer Rechtfertigung von Klimaprotesten im Zusammenhang mit Klebe-Blockaden. Erweitert wurden die Ausführungen zum übergesetzlichen entschuldigenden Notstand in § 6. Das Kapitel zur Beteiligung (§ 10) wurde umfassend überarbeitet, wobei insbesondere die Darstellung der mittelbaren Täterschaft um die Problematik erweitert wurde, unter welchen Voraussetzungen schuldunfähige Personen als Tatmittler eingesetzt werden können. Schließlich wurde § 15, der sich mit strafrechtlichen Sanktionen befasst, ergänzt.

Mein besonderer Dank gilt dem Lehrstuhlteam – Frau Ass. iur. *Pia Hönninger*, Herrn Ass. iur. *Christian Bordich* und Herrn M. iur. *Moritz Wollert* – für ihre sorgfältige und engagierte Arbeit an den Korrekturen der Druckfahnen. Ebenso danke ich Herrn Ref. iur. *Florian Kienzler* sowie den studentischen Mitarbeitern Frau cand. iur. *Sophia Gärtner* und Herrn cand. iur. *Fabio Jochens* für die anregenden Diskussionen im Rahmen der „AT-Sitzungen". Ein ganz besonderer Dank gebührt schließlich meiner Sekretärin, Frau *Petra Heidemeyer*, die mit großer Umsicht und Verlässlichkeit an der Koordination dieser Auflage mitgewirkt hat.

Für die Begleitung dieser 6. Auflage danke ich Frau *Dr. Brigitte Reschke* vom Springer Verlag.

Ich bin für Anregungen und Hinweise stets dankbar. Sollte ich einen wichtigen Beitrag übersehen haben, bitte ich um eine entsprechende Mitteilung – ich werde ihn gerne in einer zukünftigen Auflage berücksichtigen. Hinweise können Sie mir jederzeit unter sinn@uos.de zukommen lassen.

Dieses Lehrbuch soll Studierende und Leser nicht nur über den Allgemeinen Teil des Strafrechts informieren, sondern sie auch dazu ermuntern und anregen, selbstständig über das Recht nachzudenken. Die Auseinandersetzung mit strafrechtlichen Grundfragen erfordert eine kritische Reflexion dogmatischer Konzepte und ein Verständnis für die Wertungen, die hinter den strafrechtlichen Regeln stehen. Ich hoffe, dass dieses Werk dazu einen Beitrag leisten kann.

Bad Iburg, im Herbst 2025

Arndt Sinn

Die Originalversion des Buchs wurde revidiert. Ein Erratum ist verfügbar unter
https://doi.org/10.1007/978-3-662-71556-7_16

Vorwort zur 5. Auflage

Die Fortführung des von *Walter Gropp* verfassten und zuletzt 2015 in vierter Auflage erschienen Lehrbuchs „Strafrecht Allgemeiner Teil" ist Ehre und Herausforderung zugleich. Bei der Bewältigung dieser Herausforderung half mir der Umstand, dass ich schon als Student der Rechtswissenschaften an der Leipziger Juristenfakultät Teil des Teams am Lehrstuhl Gropp sein und damit die Konzeptionierung, Entstehung und das Wachsen der ersten Auflage des Allgemeinen Teils beobachten durfte. Später habe ich als wissenschaftlicher Mitarbeiter und Akademischer Rat auch die zweite und dritte Auflage mitbegleitet. Deshalb wurde auch mein eigenes Verständnis des Strafrechts und später meines wissenschaftlichen Werks von *Walter Gropp* und seinem Allgemeinen Teil nachhaltig geprägt. Es liegt daher auf der Hand, dass ich viele seiner Gedanken und Ideen teile, weshalb sich an der Grundkonzeption des Werkes nichts geändert hat.

Walter Gropp schreibt im Vorwort zur ersten Auflage, dass das Begreifen der Zusammenhänge und ihrer Begründung dazu befähigen soll, selbstständig über das Recht nachzudenken und es den gesellschaftlichen Veränderungen entsprechend weiterzuentwickeln und anzuwenden. In diesem Sinne gibt dieses Lehrbuch auch Denkanstöße, die jenseits des Mainstreams liegen. Das betrifft insbesondere die Darstellung und die Folgen einer machttheoretischen Verbrechenslehre, die ich in meiner Habilitationsschrift (Straffreistellung aufgrund von Drittverhalten, Zurechnung und Freistellung durch Macht, 2007) entwickelt habe und die zurückhaltend in die Konzeption eingefügt wurde (vgl. § 2 RN 148 ff.; § 4 RN 110, 156; § 6 RN 138; § 10 RN 48; § 11 RN 5; § 12 RN 121). Auf der Grundlage der weiteren Forschungen von *Walter Gropp* (Festschrift für Sieber, 2020) wurden die Überlegungen zum subjektiven Rechtfertigungselement und dessen Fehlen fortentwickelt und teilweise revidiert (§ 5 RN 47 ff.). Neu eingefügt wurde ein Abschnitt zur Dogmatik des rechtfertigenden Notstandes bei Unterlassungsstraftaten (§ 11 RN 197). Völlig neu wurde § 15 (Strafrechtliche Sanktionen) bearbeitet, da der Gesetzgeber im Jahr 2017 das Recht der Vermögensabschöpfung neu gefasst hat. Wichtige Fälle aus der Rechtsprechung der letzten Jahre wurden im Text und in den Fußnoten ebenso berücksichtigt, wie die Literatur.

Das Manuskript wurde im Mai 2020 fertiggestellt und auf diesem Stand befinden sich auch die Nachweise. Soweit nicht besonders ausgewiesen, werden die Paragrafen aus dem StGB zitiert.

Ich danke *Walter Gropp* für das Vertrauen und die Zeit, die er auch in diese Neu-auflage investiert hat. Für die Hilfe bei der Koordinierung, Materialbeschaffung und Überarbeitung der Literaturnachweise danke ich meiner Wissenschaftlichen Mit-arbeiterin *Merle Semmelmann*, die mit viel Umsicht und Engagement zur pünkt-lichen Fertigstellung der 5. Auflage beigetragen hat. Ihr und den weiteren Mit-arbeitern *Lars Bojen, Marcel Patric Iden, Patrick Pörtner* sowie der studentischen Mitarbeiterin *Kieran Galbraith* danke ich für die aufwendige Durchsicht der Druck-fahnen. Frau Dr. *Brigitte Reschke* und *Manuela Schwietzer* vom Springer Verlag danke ich für die stets zuverlässige Betreuung des Werkes.

Anregungen und Kritik nehme ich gern unter sinn@uos.de entgegen und be-wahre sie für die sechste Auflage auf.

Bad Iburg im Juni 2020
Arndt Sinn

Dass ein Schüler das Lehrbuch seines akademischen Lehrers weiterführt, ist keine Seltenheit, es ist aber auch nicht selbstverständlich. Daher erfüllt es mich mit großer Freude, dass *Arndt Sinn* auf meine Anfrage hin gerne zur Fortführung mei-nes Lehrbuchs zum Allgemeinen Teil des Strafrechts bereit war.

Die „Kärrnerarbeit" dieser fünften Auflage haben *Arndt Sinn* und sein Osna-brücker Team geleistet. Ich hatte die angenehmere Aufgabe, den gesamten Text durchzugehen und mit ihm durchzusprechen. Deshalb stehe ich uneingeschränkt auch hinter jenen Inhalten der fünften Auflage, die von der vierten Auflage abweichen.

Arndt Sinn danke ich für die vertrauensvolle, anregende und von gegenseitiger Wertschätzung geprägte Zusammenarbeit und wünsche ihm und „seinem" All-gemeinen Teil für die Zukunft alles Gute!

Freiburg im Breisgau im Juni 2020
Walter Gropp

Inhaltsverzeichnis

Teil III Weitere Erscheinungsformen der strafbaren Handlung

Teil IV   Irrtumslehre

Teil V   Konkurrenzlehre und Strafrechtliche Sanktionen

Abkürzungsverzeichnis

a. A.	anderer Ansicht
a. a. O.	am angegebenen Ort
abl.	ablehnend
ABL.EG	Amtsblatt der Europäischen Gemeinschaft
ABL.EU	Amtsblatt der Europäischen Union
Abs.	Absatz
a. E.	am Ende
a. F.	alte Fassung
Alt.	Alternative
and.	anders
Anm.	Anmerkung
ARSP	Archiv für Rechts- und Sozialphilosophie
Art.	Artikel
AT	Allgemeiner Teil
BayObLG	Bayerisches Oberstes Landesgericht
BBG	Bundesbeamtengesetz
betr.	betreffend
Bd.	Band
BGB	Bürgerliches Gesetzbuch
BGBl.	Bundesgesetzblatt (Teil, Seite)
BGH	Bundesgerichtshof
BGHSt	Entscheidungen des Bundesgerichtshofs in Strafsachen
BGHZ	Entscheidungen des Bundesgerichtshofes in Zivilsachen
BJagdG	Bundesjagdgesetz
BRRG	Beamtenrechtsrahmengesetz
BT	Besonderer Teil
BT-Drs.	Bundestags-Drucksache (Legislaturperiode, Nummer)
BtMG	Betäubungsmittelgesetz
BVerfG	Bundesverfassungsgericht
BVerfGE	Entscheidungen des Bundesverfassungsgerichts
bzw.	beziehungsweise
d. h.	das heißt
Diss.	Dissertation

DJT	Deutscher Juristentag
E 1962	Entwurf eines Strafgesetzbuches (BT-Drs. IV/650), 1962
EGStGB	Einführungsgesetz zum Strafgesetzbuch
Einl.	Einleitung
Erg.	Ergebnis
EuGRZ	Europäische Grundrechte-Zeitschrift
evtl.	eventuell
f.	folgende(r)
FamRZ	Zeitschrift für das gesamte Familienrecht
ff.	fortfolgende
FN	Fußnote
FS	Festschrift
GA	Goltdammer's Archiv für Strafrecht
GerS	Der Gerichtssaal
GG	Grundgesetz für die Bundesrepublik Deutschland
GmbHG	Gesetz betr. die Gesellschaft mit beschränkter Haftung
GrS	Großer Senat für Strafsachen
GS	Gedächtnisschrift
GVG	Gerichtsverfassungsgesetz
h. L.	herrschende Lehre
h. M.	herrschende Meinung
Hrsg.	Herausgeber
i. d. F.	in der Fassung
i. d. R.	in der Regel.
i. E.	im Ergebnis
i. e. S.	im engeren Sinn
i. S.	im Sinn
i. S. v.	im Sinne von
i. Ü.	im Übrigen
i. V. m.	in Verbindung mit
i. w. S.	im weiteren Sinn
JA	Juristische Arbeitsblätter
JAP	Juristische Ausbildung und Praxis (Österreich)
JBl.	Juristische Blätter (Österreich)
jew.	jeweils
JK	Jura-Kartei
JGG	Jugendgerichtsgesetz
JR	Juristische Rundschau
Jura	Juristische Ausbildung
JuS	Juristische Schulung
JW	Juristische Wochenschrift
JZ	Juristenzeitung
KastrG	Gesetz über die freiwillige Kastration
KG	Kammergericht

KO	Konkursordnung
KrimZ	Kriminologische Zentralstelle e.V. Wiesbaden
krit.	kritisch
LB	Lehrbuch
LG	Landgericht
LKW	Lastkraftwagen
MDR	Monatsschrift für Deutsches Recht
MRK	Konvention zum Schutz der Menschenrechte vom 4.11.1950
MschrKrim	Monatsschrift für Kriminologie und Strafrechtsreform
mwN	mit weiteren Nachweisen
m. zahlr. w. Nachw.	mit zahlreichen weiteren Nachweisen
n. F.	neue Fassung
NJ	Neue Justiz
NJW	Neue Juristische Wochenschrift
Nr.	ummer
NStZ	Neue Zeitschrift für Strafrecht
NStZ-	RR NStZ Rechtsprechungs-Report Strafrecht
oBdS	objektive Bedingung der Strafbarkeit
o. g.	oben genannt
OGHSt	Entscheidungen des Obersten Gerichtshofes für die Britische Zone in Strafsachen
ÖJZ	Österreichische Juristenzeitung
OLG	Oberlandesgericht
OLGSt	Entscheidungen der Oberlandesgerichte zum Straf- und Strafverfahrensrecht (zitiert nach Paragrafen und Seite)
OrgKG	Gesetz zur Bekämpfung des illegalen Rauschgifthandels und anderer Erscheinungsformen der Organisierten Kriminalität vom 15.7.1992
OWiG	Gesetz über Ordnungswidrigkeiten
pSAG	persönlicher Strafausschließungsgrund
RFG	Rechtfertigungsgrund
RG	Reichsgericht
RGBl.	Reichsgesetzblatt (Teil, Seite)
RGSt	Entscheidungen des Reichsgerichts in Strafsachen
RN	Randnummer
RPflG	Rechtspflegergesetz
Rspr.	Rechtsprechung
RVO	Reichsversicherungsordnung
s.	siehe
S.	Satz, Seite
SchwZStr	Schweizerische Zeitschrift für Strafrecht
SFHÄndG	Schwangeren- und Familienhilfeänderungsgesetz
s. o.	siehe oben
sog.	sogenannte(r)

SoldG	Gesetz über die Rechtsstellung der Soldaten
StGB	Strafgesetzbuch
StPO	Strafprozeßordnung
str.	streitig
StrÄndG	Gesetz zur Änderung des Strafrechts
StraFo	Strafverteidiger Forum
StrRG	Gesetz zur Reform des Strafrechts
StV	Strafverteidiger
StVG	Straßenverkehrsgesetz
StVO	Straßenverkehrsordnung
StVollzG	Strafvollzugsgesetz
StVZO	Straßenverkehrszulassungsordnung
u. ä. m.	und ähnliches mehr
u. a.	unter anderem, und andere
usw.	und so weiter
u. U.	unter Umständen
Var.	Variante
vgl.	vergleiche
VRS	Verkehrsrechts-Sammlung (Band, Seite)
VVG	Gesetz über den Versicherungsvertrag
wistra	Zeitschrift für Wirtschafts- und Steuerstrafrecht
WiKG	Gesetz zur Bekämpfung der Wirtschaftskriminalität
WStG	Wehrstrafgesetz
z. B.	zum Beispiel
ZPO	Zivilprozeßordnung
ZRP	Zeitschrift für Rechtspolitik
ZStW	Zeitschrift für die gesamte Strafrechtswissenschaf
z. T.	zum Teil
zust.	zustimmend
z. Z.	zur Zeit
zw.	zweifelhaft

Teil I Einführung

§ 1 Kriminalität – Strafrecht – Strafrechtswissenschaft – gesellschaftliche Legitimation

Leitfall 1

„*Geschwisterinzest*" BVerfG 2 BvR 392/07 BVerfGE 120, 224 ff. = NStZ 2008,   **1**
614 ff.: Der 1976 geborene B lebte ab dem Alter von drei Jahren in staatlichen
Kinderheimen und bei mehreren Pflegefamilien. 1983 wurde er von seinen damaligen *Pflegeeltern* adoptiert, nahm deren Namen an und hatte seitdem keinen
Kontakt mehr zu seiner Ursprungsfamilie. Erst im Jahr 2000 stellte er über das
Jugendamt Kontakt zu seiner leiblichen Mutter her und lernte seine 1984 geborene Schwester K kennen, deren Existenz ihm bis dahin nicht bekannt gewesen war. Auch nach dem Tod der Mutter im Jahr 2000 blieb er bei K. Zwischen B und seiner Schwester entwickelte sich eine enge Beziehung, aus der in
den Jahren 2001, 2003, 2004 und 2005 vier Kinder hervorgingen. Im November
2005 wurde B durch das Amtsgericht Leipzig wegen Beischlafs zwischen leiblichen Geschwistern nach § 173 II 2 StGB zu einer Freiheitsstrafe von einem
Jahr und zwei Monaten verurteilt. Dagegen legte B beim OLG Dresden Revision
ein und rügte die Verfassungswidrigkeit des § 173 StGB. Ende Januar 2007 verneinte das Oberlandesgericht Dresden die Verfassungswidrigkeit und verwarf die
Revision als offensichtlich unbegründet. Gegen das Urteil des Amtsgerichts und
die Revisionsentscheidung des Oberlandesgerichts wandte sich B mit der Verfassungsbeschwerde an das Bundesverfassungsgericht (BVerfG). Er trug vor,
§ 173 II 2 StGB sei nichtig. Denn die Strafvorschrift verstoße gegen das in
Art. 2 I GG (Handlungsfreiheit) in Verbindung mit Art. 1 I GG (Unantastbarkeit
der Menschenwürde) verankerte Grundrecht der sexuellen Selbstbestimmung
und das Diskriminierungsverbot aus Art. 3 III GG, verletze den Gleich-
behandlungsgrundsatz aus Art. 3 I GG und sei mit ihrer Rechtsfolge – der Verhängung von Kriminalstrafe – in ihrer Verbotswirkung unverhältnismäßig. Die
Verurteilung auf Grundlage des § 173 II 2 StGB greife zudem in das Grundrecht
aus Art. 6 I GG (Schutz der Familie) ein. Ist die Kritik des B an § 173 II 2 StGB
berechtigt? ◄

© Der/die Herausgeber bzw. der/die Autor(en), exklusiv lizenziert an   3
Springer-Verlag GmbH, DE, ein Teil von Springer Nature 2025
A. Sinn, *Strafrecht Allgemeiner Teil*, Springer-Lehrbuch,
https://doi.org/10.1007/978-3-662-71556-7_1

A. Kriminalität

2 Das Strafrecht gehört zu jenen Rechtsgebieten, die auch dem juristischen Laien nicht unbekannt sind. Denn der Mittelpunkt des Strafrechts, die Straftat, sorgt nicht selten gesellschaftlich für außerordentliches Aufsehen. Sie erzeugt Mitleid mit dem Opfer und Zorn, ja vielleicht sogar Hass im Hinblick auf den Verdächtigen und ein Interesse dafür, wie mit ihm verfahren wird. Nirgends in unserem Rechtsgefüge kann der Einzelne so unmittelbar die Wirkung des Rechts miterleben wie bei der Verfolgung von Kriminalität im Rahmen eines Strafverfahrens. Dies ist auch erwünscht, denn Transparenz ist gerade eines der wesentlichen Anliegen des modernen Strafprozesses. Deshalb kann grundsätzlich jeder, der Interesse hat, als Zuhörer an einem Strafverfahren teilnehmen. Und die Hauptverhandlung ist gerade darauf angelegt, dass sämtlicher Prozessstoff, der für die Entscheidung von Bedeutung ist, in der Hauptverhandlung vorgetragen werden muss. Der aufmerksame Zuhörer sollte daher – genauso wie der Zuschauer eines „Krimis" im Fernsehen – am Ende des Strafprozesses sagen und verstehen können, weshalb der oder die Angeklagte verurteilt oder freigesprochen wird.

3 Nimmt man die Formen, in denen Strafrecht für uns erlebbar in Erscheinung tritt, zum Maßstab, so lässt sich die Begehung (I) und die Verfolgung (II) von Straftaten unterscheiden.

I. Begehung von Straftaten

4 In unmittelbarste Berührung mit Kriminalität und Strafrecht kommt derjenige, der Opfer einer Straftat wird: Nach dem Einkauf im Einkaufszentrum stellt man fest, dass das Auto auf dem Kundenparkplatz beschädigt worden ist, ohne dass sich der Schädiger feststellen lässt (unerlaubtes Sich-Entfernen vom Unfallort, § 142 StGB). Das vor der Haustür abgestellte Fahrrad ist plötzlich verschwunden und taucht nie wieder auf (Diebstahl, § 242 StGB). Ein „Bettler" bittet um eine milde Gabe. Man holt seine Geldbörse heraus, um einen Euro zu entnehmen, bevor man dies jedoch tun kann, hat der „Bettler" blitzschnell die Geldbörse ergriffen und ist mit ihr verschwunden (Trickdiebstahl, § 242 StGB). Selbst solche, im Vergleich nicht einmal sehr schwerwiegenden, Vorfälle werden von den Betroffenen als äußerst gravierend empfunden. Nicht nur, dass es Umstände macht, das Auto reparieren zu lassen, sich ein neues Fahrrad zu kaufen oder neue Ausweispapiere zu besorgen, und dass der finanzielle Schaden schmerzt: Was wirklich verwundet, ist die Tatsache, dass man *Opfer* geworden ist, dass man seinen Mitmenschen nicht mehr *vertrauen* kann. Gerade die Opfer von Wohnungseinbrüchen empfinden ihre Wohnung als „*entweiht*" und würden am liebsten in eine andere *unberührte* Wohnung umziehen. Das Opfer fühlt sich somit seiner Unantastbarkeit und seiner Würde beraubt.[1]

---

[1] Vgl. *Jerouschek* JZ 2000, 185 ff.

Die Wahrscheinlichkeit, Opfer einer Straftat zu werden, ist indessen wesentlich 5
geringer als die, Straftaten als Außenstehender mitzuverfolgen.[2] Dabei wird leicht
vergessen, dass es zumeist nicht die Straftat als solche ist, welche miterlebt wird,
sondern Informationen über jene Straftat, sei es in der Presse oder im Fernsehen.
Indem wir die Zeitungen lesen, Fernsehberichte anschauen und uns in sozialen Medien informieren, befriedigen wir unsere Neugier. Gerade dies ist aber nicht selten
einer der Gründe dafür, dass jene Berichte überhaupt veröffentlicht werden. Man
sieht daran, dass Strafrecht in der Gesellschaft auch einen *Unterhaltungswert* besitzt, gleichgültig, ob man dies für gut hält oder nicht.

Mit dem Strafrecht kommt der Einzelne aber auch dadurch in Berührung, dass er 6
selbst Täter wird. Diese Erscheinungsform von Strafrecht wird nicht selten übersehen. Denn Straftäter ist in der Regel der Andere, nicht man selbst. Man spricht in
diesem Zusammenhang von sog. „Kavaliersdelikten", welche dann nicht mehr als
Straftaten wahrgenommen werden, wenn man sie selbst begeht.

Als typische Beispiele wären hier etwa der Betrug von Kaskoversicherungen, Steuerhinterziehung 7
sowie Urheberrechtsverstöße oder das Schwarzfahren zu nennen: Der von einem Unbekannten be-
schädigte Rückspiegel wird der Teilkaskoversicherung als gestohlen gemeldet, damit sie bezahlen
muss. Auf einem Tulpenfeld werden ohne Erlaubnis des Eigentümers Blumen abgeschnitten, um
sich einen Strauß binden zu können. Musiktitel werden unbefugt aus dem Internet heruntergeladen
oder um den Fahrpreis nicht zu zahlen, schließt man sich in die Zugtoilette ein. Wer in diesem Bereich dennoch ehrlich bleibt, wird nicht selten als der „Dumme" betrachtet. Es bedarf damit für
jeden Einzelnen von uns einer gewissen Charakterfestigkeit, um diesen Versuchungen nicht zu erliegen – ein Gesichtspunkt, den man bei der Beurteilung des Straftäters nicht ganz vergessen sollte.

Im Zentrum der soeben erörterten Aspekte standen jeweils Verhaltensweisen, die 8
strafbar sind, sog. *Straftaten*. Die Straftat ist der Ausgangs- und Mittelpunkt des
Strafrechts.[3] Dennoch erschöpft sich Strafrecht nicht in der Lehre von der Straftat.
Vielmehr gehört zum Strafrecht auch die *Verfolgung* von Straftaten.

II. Verfolgung von Straftaten

Strafverfolgung bedeutet, dass Straftaten nach Möglichkeit aufgeklärt und geahndet 9
werden. Strafverfolgung hat damit eine gesellschaftliche (1) und eine individuelle
(2) Komponente.

---

[2] Sie beträgt bei Gewalttaten rein rechnerisch 0,3061 % pro Jahr, wenn man von ca. 255.466 Fällen
von Gewaltkriminalität im Jahr (2022 inkl. Versuche) und einer Bevölkerung von 83.460.000 in
der Bundesrepublik ausgeht. Im statistischen Durchschnitt wird der Einzelne damit alle 327 Jahre
Opfer eines Gewaltverbrechens; vgl. Bundeskriminalamt (Hrsg.), Polizeiliche Kriminalstatistik
Bundesrepublik Deutschland, 2022, Tabelle 91. Hinsichtlich älterer Dunkelfelddaten: Bei Annahme von 450.000 Gewalttaten unter Berücksichtigung des Dunkelfeldes beträge die Wahrscheinlichkeit 0,5625 % pro Jahr oder 100 % alle 177 Jahre; vgl. *P. A. Albrecht* Frankfurter Rundschau v. 12.03.1994, S. 14; *Herzog* Frankfurter Rundschau v. 06.12.1994, S. 14. Verschwindend
gering ist diese Wahrscheinlichkeit allerdings nicht. Denn sie besagt, dass – bei Einbeziehung des
Dunkelfeldes – von 177 Personen eine pro Jahr Opfer einer Gewaltstraftat wird.
[3] Vgl. zum Begriff der Straftat *Frisch* GA 2015, 65 ff.

1. Erfassung und Verarbeitung von Straftaten als gesellschaftliches Problem

a) Ermittlungsverfahren

10 Die Strafverfolgung beginnt zunächst damit, dass die zuständigen Organe des Staates vom Vorliegen des Verdachts einer Straftat *Kenntnis nehmen* und den *Sachverhalt* ermitteln. Den Abschnitt der Kenntnisnahme und Sachverhaltsermittlung nennt man daher *Ermittlungsverfahren* (§ 160 StPO). „Herrin" dieses Ermittlungsverfahrens ist nach dem Gesetz die Staatsanwaltschaft (vgl. §§ 160 ff. StPO). Dabei bedient sie sich der Kriminalpolizei, um die Ermittlungen durchzuführen. Der Kriminalpolizei kommt daher bei der Ermittlung von Straftaten faktisch eine große Bedeutung zu. In der Regel ist es sogar die Kriminalpolizei, bei der Anzeigen über Straftaten eingehen.

11 Das Ermittlungsverfahren dient im Wesentlichen dazu, den Sachverhalt hinreichend aufzuklären, um die Frage zu beantworten, ob gegen einen Beschuldigten bei Gericht Anklage erhoben werden soll. Wenn während des Ermittlungsverfahrens Eingriffe in grundrechtlich geschützte Interessen von Personen erforderlich sind, bedarf es in der Regel der Mitwirkung eines Richters, des sog. Ermittlungsrichters. So bestimmt z. B. Art. 104 II GG, dass über die Zulässigkeit und Fortdauer einer Freiheitsentziehung nur der Richter zu entscheiden hat. Die Mitwirkung des Ermittlungsrichters ist daher insbesondere dann erforderlich, wenn über die Anordnung oder die Fortdauer von Untersuchungshaft entschieden werden muss. Die richterliche Beteiligung hat eine wichtige Kontrollfunktion bei der Durchführung staatlicher Eingriffe.

12 Sobald die Polizei von der Begehung einer Straftat Kenntnis erlangt – sei es durch eine Strafanzeige oder durch eigene Wahrnehmung

- In *Leitfall 1* z. B. durch eine Anzeige aus der Nachbarschaft –, wird jene Straftat in einer Statistik festgehalten. Auf diesem Wege entsteht die sog. *polizeiliche Kriminalstatistik* (PKS). Die polizeiliche Kriminalstatistik wird seit 1953 jährlich vom Bundeskriminalamt in Wiesbaden veröffentlicht.[4] 2023 wurden in der PKS 5.940.667 Straftaten registriert.[5]

13 Nun gibt die Anzahl der jährlich polizeilich registrierten Straftaten erst dann einen gewissen Aufschluss über die Kriminalität innerhalb einer Gesellschaft, wenn man sie zur Größe der Bevölkerung eines Landes in eine Beziehung setzt. Man nennt diese Verhältniszahl *Häufigkeitsziffer*. Sie enthält die Anzahl der polizeilich bekannt gewordenen Straftaten pro 100.000 strafmündige Bürger, d. h. Bürger, die das 14. Lebensjahr vollendet haben (vgl. § 19 StGB).

---

[4] Vgl. zu den Kriminalstatistiken *Heinz* ZStW 84 (1972), 806 ff.; *Kaiser* 1997, S. 162 ff.

[5] Bundeskriminalamt (Hrsg.), Polizeiliche Kriminalstatistik Bundesrepublik Deutschland, Berichtsjahr 2023, Erscheinungsjahr 2024, Grundtabelle.

Die *Häufigkeitsziffer* (Anzahl der polizeilich bekannt gewordenen Straftaten pro   **14**
100.000 Einwohner) betrug im Jahr 2023 7042.[6]
   Aber selbst diese Feststellung führt kaum weiter. Denn sie sagt über die Rolle und   **15**
die Entwicklung von Kriminalität innerhalb einer Gesellschaft wenig aus. So kann
eine hohe Häufigkeitsziffer z. B. auch darauf beruhen, dass die Polizei sehr gut in der
Lage ist, Kriminalität zu erkennen. Es ist folglich nicht auszuschließen, dass die
Häufigkeitsziffer in einer Bevölkerung aufgrund verbesserter Erkenntnismethoden
der Strafverfolgungsbehörden ansteigt, obwohl die Menschen insgesamt weniger
Straftaten begehen. Dies hängt mit der sog. *Dunkelziffer* (unten c) zusammen.
   Ist eine Straftat polizeilich bekannt geworden und eine verdächtige Person ge-   **16**
funden, so hat die Staatsanwaltschaft zu klären, ob die Erhebung einer Anklage
gegen diese Person und die Durchführung eines Strafprozesses möglich und zweckmäßig ist. Die Staatsanwaltschaft erhebt die Anklage bei Gericht dann, wenn auf
Grund der gesammelten Beweise mit überwiegender Wahrscheinlichkeit davon auszugehen ist, dass dem Angeklagten die Tat im Laufe des Prozesses nachgewiesen
und er daraufhin verurteilt werden kann (§ 170 I StPO). Liegt hingegen kein hinreichend belastendes Material vor, wird die Staatsanwaltschaft das Verfahren einstellen (§ 170 II StPO). Auch aus Opportunitätsgründen[7] ist eine Einstellung möglich
(§§ 153 ff. StPO). Von dieser Einstellungsmöglichkeit wird sehr oft Gebrauch
gemacht.[8]
   Der Vollständigkeit halber muss man hinzufügen, dass jener Ablauf des Er-   **17**
mittlungsverfahrens ein Idealbild justizieller Verarbeitung erkannter Kriminalität
zeichnet. In der Praxis gibt es zahlreiche Möglichkeiten, Strafsachen „informell" zu
erledigen. *Naucke*[9] spricht nicht zu Unrecht von einem „System prozessualer
Entkriminalisierung".

b) Hauptverhandlung, Verurteilung, Strafvollstreckung, Strafvollzug

Wenn die Staatsanwaltschaft Anklage erhoben und das angerufene Gericht das Ver-   **18**
fahren eröffnet hat (§ 203 StPO), kann sich im Laufe des Prozesses dennoch herausstellen, dass dem Angeklagten die Straftat nicht nachzuweisen ist. Jener Verfahrens-
abschnitt, in welchem die Beweise zur Kenntnis genommen und durch das Gericht
gewürdigt werden, nennt man *Hauptverfahren* mit der *Hauptverhandlung* als Kern-
stück (§§ 199 ff., 226 ff., insbes. § 243 StPO). Reichen die Beweise hin, wird der
Angeklagte zu einer *Strafe* (§§ 38 ff. StGB) und ggf. zu einer *Maßregel der Besse-*
rung und Sicherung (§§ 61 ff. StGB, vgl. Rn. 68 und § 15) *verurteilt* (§§ 260,
267 StPO).

---

[6] Bundeskriminalamt (Hrsg.), Polizeiliche Kriminalstatistik Bundesrepublik Deutschland, Berichtsjahr 2023, Erscheinungsjahr 2024, T01 Grundtabelle – Häufigkeitszahl.
[7] Von einer Einstellung aus Opportunitätsgründen spricht man, wenn die Durchführung des Strafverfahrens zwar möglich, aber nicht zweckmäßig wäre.
[8] Vgl. *Göppinger* 2008, 584 ff.
[9] *Naucke* FS Grünwald, S. 403 ff.

19   Von den von der Staatsanwaltschaft zur Anklage gebrachten Straftaten führen nicht alle zu einer Verurteilung. Vielmehr kann das Gericht das Verfahren auch einstellen oder den Angeklagten freisprechen. Verurteilung zu einer Strafe, einer Maßregel der Besserung und Sicherung und Freispruch werden unter dem Oberbegriff der *Aburteilung* zusammengefasst. Über die Einstellungen, Verurteilungen und Freisprüche durch die Gerichte gibt die *gerichtliche Kriminalstatistik* Auskunft.

20   Der gerichtlichen Kriminalstatistik kann man entnehmen, dass im Jahr 2022 den 5.628.584 polizeilich bekannt gewordenen Straftaten 647.374 Verurteilungen[10] gegenüberstehen. Die Anzahl der Freisprüche betrug in diesem Jahr 19.004.[11]

21   Der Häufigkeitsziffer bei der polizeilichen Kriminalstatistik entsprechend wird aus der gerichtlichen Kriminalstatistik eine *Verurteiltenziffer* gebildet, indem man die Gesamtanzahl der Verurteilten zu jeweils 100.000 Einwohnern in eine Beziehung setzt.

22   Die Verurteiltenziffer des Jahres 2022 betrug 649.[12]

23   Von der in die Persönlichkeit des Straftäters am intensivsten eingreifenden Freiheitsstrafe machen die Gerichte nur zurückhaltend Gebrauch. So wurden z. B. 2022 bei 647.374 Verurteilungen 150.507 Verurteilungen zu Freiheitsstrafe (§ 38 StGB), Strafarrest (§§ 9, 12 Wehrstrafgesetz) und Jugendstrafe (§ 17 JGG) ausgesprochen, von denen wiederum 59.649 zur Bewährung ausgesetzt wurden.[13] 5.628.584 polizeilich registrierten Straftaten im Jahr 2022 standen somit 90.858 freiheitsentziehende Verurteilungen ohne Aussetzung zur Bewährung gegenüber.

Die häufigsten Strafen sind Geldstrafe und Freiheitsstrafe (§§ 38 ff. StGB). Dass der Verurteilte die Geldstrafe auch wirklich bezahlt bzw. die Freiheitsstrafe antritt, ist Gegenstand der *Strafvollstreckung*. Für die Strafvollstreckung ist grundsätzlich die Staatsanwaltschaft zuständig.

24   Die Durchführung der Freiheitsstrafe im Gefängnis nennt man *Strafvollzug*. In der Rechtssprache heißen die Gefängnisse daher *Justizvollzugsanstalten*. Die praktische und alltägliche Gestaltung[14] der freiheitsentziehenden Rechtsfolgen (§§ 38 ff., 63 ff. StGB, 17 JGG) regelt das *Strafvollzugsrecht* und zwar vornehmlich mit dem StVollzG von 1976.[15] Es legt fest, welchen Einschränkungen der Strafgefangene in

---

[10] Nach allgemeinem und Jugendstrafrecht, vgl. Statistisches Bundesamt (Hrsg.), Strafverfolgungsstatistik Verurteilte, 2022.

[11] Enthalten sind auch Freisprüche, bei denen eine Maßregel verhängt wurde (insg. 48), vgl. Statistisches Bundesamt (Hrsg.), Statistischer Bericht Strafverfolgung Tabelle 24311-06, Berichtsjahr 2022.

[12] Personen ab Vollendung des 14. Lebensjahres mit deutscher Staatsangehörigkeit, vgl. Statistisches Bundesamt (Hrsg.), Statistischer Bericht Strafverfolgung Tabelle 24311-01, Berichtsjahr 2022.

[13] Vgl. Statistisches Bundesamt (Hrsg.), Statistischer Bericht Strafverfolgung Tabelle 24311-08, Berichtsjahr 2022.

[14] Zur Abgrenzung von der Strafvollstreckung (oben Rn. 23) als Teil des Strafprozesses näher *Seebode* 1997, S. 38 ff.

[15] Gesetz über den Vollzug der Freiheitsstrafen und der freiheitsentziehenden Maßregeln der Besserung und Sicherung – Strafvollzugsgesetz (StVollzG) vom 16. März 1976 BGBl. I 581, berichtigt I 2088 und 1977 I 436.

der Justizvollzugsanstalt unterworfen werden darf und wie die Freiheitsstrafe so ausgestaltet werden kann, dass zwischen den Zielen der Wiedereingliederung in die Gemeinschaft einerseits und der Aufrechterhaltung der Ordnung in der Strafvollzugsanstalt andererseits ein optimales Verhältnis hergestellt werden kann.[16] Im Rahmen der Föderalismusreform wurde die Gesetzgebungskompetenz für den Strafvollzug und den Vollzug der Untersuchungshaft[17] 2006 auf die Länder übertragen.[18] Alle Bundesländer haben inzwischen Strafvollzugsgesetze erlassen. Dennoch gilt das StVollzG von 1976 in seiner aktuellen Fassung weiter, da Fragen des Rechtsschutzes im Vollzug weiterhin dort geregelt sind.[19]

Die Anzahl der im Strafvollzug einsitzenden Personen (40.405) und der Sicherungsverwahrten (604) sowie die entsprechende Vergleichszahl wird ebenfalls statistisch erfasst. Sie betrug am 31.03.2024 41.009 (43.746 inkl. Jugendstrafvollzug).[20]   **25**

An den zuletzt genannten Zahlen kann man erkennen, dass die Freiheitsstrafe die *ultima ratio* der Strafen bildet. Man versucht, Freiheitsstrafe möglichst zu vermeiden, weil man über die Zweckmäßigkeit jener Strafart durchaus unterschiedlicher Meinung sein kann. Nicht wenige Stimmen sind der Auffassung, dass der Straftäter durch den Vollzug der Freiheitsstrafe erst in das kriminelle Milieu eingeführt wird und dadurch der Gemeinschaft der rechtstreuen Bürger verloren geht.[21]   **26**

c) Unerkannte Straftaten

Die bisherigen Erörterungen haben sich auf Straftaten bezogen, die der Polizei bekannt geworden sind. Jeder weiß, dass nicht alle begangenen Straftaten auch polizeibekannt werden. Und wir wissen nicht, wie hoch der Anteil der polizeilich bekanntgewordenen Straftaten an den insgesamt begangenen ist. Hinsichtlich der nicht polizeilich bekanntgewordenen Straftaten spricht man vom sog. *Dunkelfeld*.[22] Als *Dunkelziffer* bezeichnet man den Anteil der nicht bekanntgewordenen Straftaten an den Straftaten eines bestimmten Kriminalitätsbereiches. Würden z. B. von allen Diebstählen nur 2/3 polizeilich bekannt, so betrüge die Dunkelziffer in diesem Bereich 33,3 %.   **27**

---

[16] Näher zum Strafvollzugsrecht *Laubenthal* 2019; *Seebode* 1997.

[17] Näher *Laue,* in: Dölling/Duttge/König/Rössner, § 119 StPO Rn. 1 f.; zum alten Recht *Seebode* 1985.

[18] Gesetz vom 28.08.2006, BGBl. I 2034.

[19] Umfassend zum Ganzen *Arloth* GA 2008, 129 ff.

[20] Vgl. Statistisches Bundesamt (Hrsg.), Statistischer Bericht Strafvollzug Tabelle 24321-01, 31.03.2024; zu den Gefangenenraten im internationalen Vergleich *Dünkel/Morgenstern* FS Müller-Dietz, S. 133 ff.

[21] Vgl. *Aschaffenburg* 1923, S. 316: „Hochschule des Lasters"; *Haffke,* in: Lüderssen/Sack (Hrsg.) 1977, S. 291 ff. (292, 302); *Walter* 1999, Rn. 272, 296 ff.

[22] Zu Begriff und Bedeutung vgl. *Kreuzer* NStZ 1994, 10 ff., 164 ff.

28   Weil sich zum Bereich der Dunkelziffer so schwer Aussagen tätigen lassen, hat sich hier eine spezielle Disziplin herausgebildet, die sog. *Dunkelfeldforschung.*[23] Hauptanliegen jener Forschung ist es, zum Zwecke der Annäherung an die Kriminalitätswirklichkeit die Anzahl der wirklich begangenen Straftaten zu ermitteln. Dies geschieht vor allem durch Befragung von Personen.[24]

29   Angesichts der Erscheinungsformen von Strafrecht in unserer Gesellschaft und dem beschränkten Instrumentarium der Wahrnehmungsmöglichkeit durch die Strafverfolgungsorgane wird deutlich, dass die Beschäftigung mit Strafrecht zunächst mit einem gewissen *Illusionsverlust* einhergeht.[25] Strafverfolgung kann nur lückenhaft sein. Die notwendige Lückenhaftigkeit führt dazu, dass Strafrecht und Strafverfolgung zwangsläufig *exemplikativer Natur* sind.[26] Es hat immer wieder Versuche gegeben, dagegen anzugehen. Doch würden alle Anstrengungen nach Schließung von Lücken auch mit einer Einschränkung der Freiheit der rechtstreuen Bürger einhergehen. Das Fortschreiten zu immer weniger Lückenhaftigkeit wäre mit einem fortschreitenden Verlust von Bürgerfreiheit verbunden. In seiner gesellschaftlichen Funktion stellt sich Strafrecht damit als ein Balanceakt dar: im Interesse der Freiheit so wenig wie möglich einerseits, im Interesse der Sicherheit der Bürger so viel wie nötig andererseits.

30   Davon zu unterscheiden sind *Lücken in der Strafverfolgung.* Selbstverständlich müssen den Strafverfolgungsbehörden die erforderlichen Mittel in die Hand gegeben werden, erkannte Straftaten aufzuklären. Die Grenze wird aber auch insoweit durch die Freiheitsgarantien der Verfassung gesetzt.

2. Verbrechen und Kriminalität als individuelles Problem

31   Für den Beschuldigten stellen die *Durchführung* des *Ermittlungsverfahrens* und der *Hauptverhandlung* sowie die *Strafe* eine große Belastung dar. Von der Strafverfolgung sind neben dem Beschuldigten gegebenenfalls aber auch seine Familie oder sonstige nahestehende Personen betroffen. Strafverfahren und Strafe wirken sich damit nicht nur auf den Beschuldigten selbst, sondern auch auf sein soziales Beziehungsfeld aus und führen so zu weiteren Beschädigungen.

32   Aber auch die *Tat* wird nicht selten als Extremsituation erlebt. Zwar scheint es immer mehr Kriminalität zu geben, bei der klug und kühl kalkulierende Verbrecher Straftaten begehen – man denke nur an Wirtschaftsstraftaten. Nicht selten sind aber auch jene Situationen, in denen Menschen aus Verzweiflung Straftaten begehen, welche nicht rational erklärbar sind. Hierzu gehören insbesondere die Straftaten im *persönlichen Nahbereich*: Misshandlungen von Kindern, Tötung von Familienangehörigen, Freunden und sonst nahestehenden Personen. Hier spielen die persön-

---

[23]Vgl. *Bannenberg/Rössner* 2005, S. 35 ff.; *Hassemer* 1990, § 10 I; *Kaiser* 1997, S. 169 ff.

[24]Vgl. *Bannenberg/Rössner* 2005, S. 37; anschaulich *Kreuzer* Ehrengabe Brauneck, S. 101 ff.; *Görgen* Ehrengabe Brauneck, S. 117 ff.

[25]Vgl. auch *Frisch* GS Schlüchter, S. 669 ff. (686 f.).

[26]Vgl. auch *Kühl* FS Tiedemann, S. 29 ff. (35 ff.); zum „Strafrecht einer fragmentarischen Gesellschaft" *Kubiciel* FS R. Merkel, S. 529 ff.

lichen Lebensumstände eine beherrschende Rolle. Sie bringen die betroffenen Menschen dazu, durch die Straftat, d. h. auf einem völlig ungeeigneten, irrationalen Weg eine „Lösung" herbeizuführen. In den meisten Fällen denken die Täter auch gar nicht darüber nach, ob ihr Verhalten rational ist. Sie werden ihre Reaktion deshalb später weder verstehen noch erklären können. Niemand darf glauben, dass er gegen die Begehung von Straftaten immun sei.[27]

Weltberühmt ist der *Gehorsamsversuch* nach *Milgram* von 1963:[28] Dort wurden Probanden dazu **33** verpflichtet, im Rahmen einer vorgetäuschten Versuchsanordnung Versuchspersonen, die bestimmte Aufgaben nicht lösen konnten oder wollten, durch Stromschläge zu „bestrafen". Im Rahmen jener simulierten Versuchsanordnung, die mehrfach verändert wurde, waren zwischen 48 % und 65 % aller Probanden sogar bereit, den für sie, je nach Anordnung sichtbaren oder unsichtbaren, aber immer durch simulierte Schmerzensschreie präsenten Versuchspersonen Stromschläge zu versetzen, die nach den ihnen gegebenen Informationen tödlich sein mussten.

Selbst bei sog. *Berufsverbrechern* kann man nicht unbedingt davon ausgehen, dass diese Personen **34** aus freien Stücken straffällig werden. Aber der Unrechtmäßigkeit ihres Tuns sind auch sie sich durchaus bewusst. Es gibt keine „Verbrecher", es gibt nur Menschen, die aus bekannten, unbekannten, verständlichen oder unverständlichen Gründen Straftaten begehen.[29]

B. Strafrecht

I. Strafrecht als öffentliches Recht

Innerhalb des Rechtssystems gehört das Strafrecht zum *öffentlichen Recht.* Denn für **35** das Strafrecht ist es charakteristisch, dass die Strafverfolgung *von Amts wegen* durch *staatliche Organe,* die Strafverfolgungsbehörden, erfolgt (Ermittlungsgrundsatz). Sie werden *hoheitlich* tätig. Der Beschuldigte ist ihnen *unterworfen.* Insbesondere kann er im deutschen Strafverfahren nicht über den Prozessstoff bestimmen. Denn es besteht im Unterschied zum Privatrecht keine *Disponibilität* über den Prozessstoff, sondern es gilt das *Prinzip der materiellen Wahrheit:* Gericht und Staatsanwaltschaft erforschen den Sachverhalt so, wie er wirklich war, und nehmen ihn nicht so hin, wie ihn etwa im Zivilprozess die Parteien vortragen. Der Verteidiger ist zwar nicht verpflichtet, sich an der Wahrheitssuche zu beteiligen. Es ist ihm jedoch untersagt, einen unwahren Sachverhalt vorzutäuschen.

Sowohl die Grundrechtseingriffe innerhalb des Ermittlungsverfahrens wie etwa **36** Untersuchungshaft (§ 112 StPO) oder Telefonüberwachung (§ 100a StPO) als auch die Rechtsfolgen (die Strafe, vor allem der Vollzug der Freiheitsstrafe in einer Justizvollzugsanstalt) sind hoheitliche Eingriffe. Selbst im Falle einer Privatisie-

---

[27]Vgl. *H. Grimm* 1903, II 245: „Von Goethe wird das Bekenntnis berichtet, von allen Verbrechen könne er sich denken, dass er sie begangen habe", zitiert aus *Welzel* LB S. 187.

[28]Vgl. *Milgram* 1974.

[29]Vgl. aber zu den Versuchen, eine Grenze zwischen krimineller und nichtkrimineller Population zu ziehen, *Hassemer* 1990, 2. Kapitel.

rung der Gefängnisse[30] wird die Strafe als *staatliche* Strafe vollstreckt und vollzogen. Gleiches gilt für die Maßregeln der Besserung und Sicherung, etwa die Unterbringung in einem psychiatrischen Krankenhaus.

37   Strafrecht dient der staatlichen Reaktion auf Zuwiderhandlungen der Rechtsunterworfenen. Die Störung des Rechtsfriedens wird beseitigt, indem der Täter als Störer in Anspruch genommen wird. In diesem Zusammenhang setzt das Strafrecht die *Grenzen* der staatlichen Reaktion fest. *Franz von Liszt* hat dies plastisch zum Ausdruck gebracht, indem er das Strafrecht als die „*Magna Charta des Verbrechers*" bezeichnete.[31] Mit dem Strafrecht wird also nicht nur bestraft, sondern durch die selbst gesetzten Grenzen wird auch Schutz vor staatlicher Intervention durch Strafrecht gewährleistet.

38   Im Mittelpunkt des Strafrechts steht somit der *straffällige* Mensch. Die Befassung mit dem Verbrechensopfer und seiner Situation ist hingegen nicht, zumindest nicht primär, ein Anliegen des Strafrechts.[32] Trotz der Stärkung der Rechte des Verletzten durch zahlreiche Gesetzesänderungen seit 1986[33] spielt das Verbrechensopfer im Verfahren des Täters dennoch grundsätzlich nur eine Rolle bei der Wahrheitsfindung – sei es als Zeuge oder als Augenscheinsobjekt – und als Repräsentant des Genugtuungsinteresses. In diesem Zusammenhang gilt es, das Opfer auch als *Person* mit spezifischen Problemen und Erwartungen wahrzunehmen,[34] ohne dass dies zu einer Verschärfung des Strafrechts führt.[35] Eine „Schieflage" zu Lasten des Angeklagten wird allerdings beklagt, soweit der Verletzte als *Nebenkläger* Prozesssubjekt sein kann und dadurch die Rollen als Zeuge und als Partei auf Kosten der Wahrheitsfindung vermischt werden.[36]

39   Die Befriedigung der *materiellen* Ersatzansprüche des Opfers ist eine primär zivilrechtliche Frage. Es besteht zwar die Möglichkeit für das Strafgericht, auf Antrag über zivilrechtliche Ansprüche im Fall der Verurteilung zu entscheiden (sog. Adhäsionsverfahren, vgl. §§ 403 ff. StPO). Aber trotz der Erweiterung der

---

[30] Am 7. Dezember 2005 wurde in Hünfeld/Kreis Fulda (Hessen) die erste teilprivatisierte Justizvollzugsanstalt in Deutschland eröffnet.

[31] Vgl. *v. Liszt* 1905, S. 75 ff. (80); *v. Liszt* knüpft damit gedanklich an die *magna charta libertatum* von 1215 an. In dieser Urkunde musste sich der englische König *Johann Ohneland* nach dem Verlust der englischen Besitztümer auf dem Festland den Baronen und Freien gegenüber verpflichten, die nach Lehnsrecht geltenden Rechte anzuerkennen und ein Widerstandsrecht bei Nichterfüllung der Charta einzuräumen; vgl. auch *ders.* ZStW 3 (1883), 1 ff. „Marburger Programm".

[32] Vgl. auch *Hassemer* 1990, §§ 11 ff.; für eine verstärkte Einbeziehung viktimologisch-psychotraumatischer Erkenntnisse in die straftheoretischen Überlegungen *Jerouschek* JZ 2000, 185 ff.

[33] Näher zu den Gesetzesänderungen *Rieß* FS Jung, S. 751 ff. (752 f.); *Herrmann* ZIS 2010, 236 ff.; *Kilchling* 2018.

[34] Informativ hierzu die Befragung von Betroffenen zu Opferschutz und Opferunterstützung von *Baurmann/Schädler* 1991, Nachdruck 1999; vgl. auch *S. Walther* GA 2007, 615 ff.

[35] Warnend insoweit *Jung* GA 2006, 724 ff. (731); vgl. auch *Greco* GA 2020, 258 ff. (260 ff.); zur Gefahr einer Machtstellung des Opfers gegenüber dem Täter beim Täter-Opfer-Ausgleich *Noltenius* GA 2007, 518 ff. (530).

[36] Aufschlussreich *Schünemann* FS Hamm, S. 687 ff. (690 ff.); vgl. auch *Safferling* ZStW 122 (2010), 98 ff.; *Hassemer/Reemtsma* 2002.

Entscheidungspflicht durch das Opferrechtsreformgesetz von 2004[37] werden berechtigte Zweifel geäußert, dass die Reform das Adhäsionsverfahren zum Leben erwecken könne.[38]

II. Rechtsquellen des Strafrechts

1. Zur Entstehung eines deutschen Strafrechts[39]

In der *germanischen* und *fränkischen* Zeit, d. h. etwa bis zur Mitte des 9. Jh., sind **40** *Haus*, *Sippe* und *Völkerschaft* die Verbände, welche den faktischen und rechtlichen Schutz und Rahmen für den Einzelnen bilden. Indem Welt und Religion als Einheit existieren, ist die Wahrung des Friedens Götterdienst,[40] was sich in einer Unantastbarkeit des Einzelnen widerspiegelt. Der Verstoß gegen den göttlichen Frieden, die *Missetat*, führt zum Verlust jener Unantastbarkeit des Täters[41] und gibt dem Verletzten die Möglichkeit zur Rache, der Sippe die Möglichkeit zur Fehde.

Mit der Entstehung von Herrschaftsstrukturen, die über die Sippe hinausgehen, **41** differenziert sich das „Recht der Verbote" in Land- und Stadtrechte.[42] Schadens*vertiefende* Rache und Fehde werden durch schadens*verlagernde* Sühneverträge und Wergeld abgelöst. Es tritt damit die Wieder*gut*machung an die Stelle der ausgleichenden *Schädigung*. Der Ausgleich durch Entschädigung erfährt eine Organisation in den sog. *Kompositionensystemen* der Fränkischen Zeit. Sie legen fest, welche Entschädigungen für welche Schädigungen zu leisten sind, und werden so zu einem wirksamen Instrument, die Fehde nach und nach völlig überflüssig zu machen.[43]

Im *Mittelalter* versuchen die Landesherren, das Monopol für die Reaktion auf **42** Verletzungen der Friedenspflicht mehr und mehr an sich zu ziehen durch das Ausrufen von *Landfrieden*, während derer die Fehde als Antwort auf Missetaten untersagt ist. Jene Landfrieden gelten zunächst nur befristet, bis schließlich von Kaiser *Maximilian* am 7. August 1495 auf dem *Wormser Reichstag* der sog. „Ewige Landfriede" ausgerufen wird.

Jetzt muss freilich an Stelle der Fehde eine Reaktion des Gemeinwesens auf **43** Missetaten erfolgen, um den gestörten Frieden wiederherzustellen.[44] Äußeres Zeichen hierfür ist u. a. 1495 die Einrichtung des *Reichskammergerichts* zunächst in

---

[37] BGBl 2004 I S. 1354, informativ hierzu *Hilger* GA 2004, 478 ff.

[38] Vgl. dazu mwN *Loos* GA 2006, 195 ff.

[39] Vgl. auch *Köhler* AT S. 59 ff.; *Maurach/Zipf* AT 1 § 4 Rn. 1 ff.; *H. Mayer* AT § 2; *Otto* GK AT § 3 Rn. 1 ff.; *Rüping/Jerouschek* 2011, Teile 1-3.

[40] Vgl. *Schild* 1985, S. 8–14.

[41] Krit. zur sog. *Friedlosigkeit* als Produkt einer „germanistischen Strafrechtsgeschichtsforschung" *Nehlsen*, in: Kroeschell (Hrsg.) 1983, S. 3 ff.

[42] Vgl. *Hattenhauer* 1999, S. 229 ff. mwN.

[43] Vgl. hierzu näher *Jescheck/Weigend* AT § 10 II.

[44] Vgl. zur Begründung öffentlicher Strafverfolgung im Mittelalter auch *Jerouschek* Zeitschrift der Savigny-Stiftung für Rechtsgeschichte 2003, 323 ff.

Worms, seit 1527 in Speyer und seit 1689 in Wetzlar. Mit der Einrichtung jenes Gerichtes entsteht alsbald die Frage, nach welchen Regeln dort die Verfahren durchgeführt werden sollen. Die Forderung nach einer Verfahrensordnung findet bei *Karl V.*, Kaiser des Heiligen Römischen Reiches deutscher Nation, Gehör, und es entsteht auf seine Initiative hin im Jahre 1532 die *Constitutio Criminalis Carolina* (CCC), die *Peinliche Gerichtsordnung* (PGO) Kaiser Karls V.

44   Die CCC baut auf dem seit dem 12. Jahrhundert in Oberitalien wiederentdeckten und durch die Rechtsschule von Bologna zur Blüte gebrachten antiken Römischen Recht aus der Sammlung des oströmischen Kaisers *Justinian* auf. Sie bildet den Abschluss und Höhepunkt der sog. Rezeption des oberitalienischen Strafrechts und zugleich den geistesgeschichtlichen Hintergrund unseres heutigen Strafgesetzbuches und der in ihm enthaltenen Vorschriften. Vorläuferinnen der CCC sind die Wormser Reformation von 1498 und die Bambergische Halsgerichtsordnung von 1507 (Constitutio Criminalis Bambergensis). Der Bambergische Hofrichter Freiherr *Johann von Schwarzenberg und Hohenlandsberg* war Urheber jenes Gesetzeswerkes, dessen Gedankengut zum Teil wörtlich in die Constititio Criminalis Carolina übernommen und dadurch für das ganze Reich verbindlich wurde.

45   Mit der Einrichtung des Reichskammergerichts und der Einführung der „*Carolina*" ist das staatliche Strafrecht als öffentliches Recht etabliert.[45] Körperstrafen und Geldstrafen sind nunmehr Unrechtsfolgen für satzungsmäßig festgesetzte Störungen, die zumindest ihrem Typus nach beschrieben werden.

46   Aufgrund einer salvatorischen Klausel[46] in der Carolina hatten die Gesetzgeber in den Territorialstaaten und in den Städten die Möglichkeit, Strafrecht und Strafprozessrecht auch in partikularen Gesetzen festzuschreiben. Als partikulare Strafgesetzbücher sind hier insbesondere das durch aufgeklärten Absolutismus, Spezialprävention und Perfektionismus gekennzeichnete *Allgemeine Landrecht* Friedrichs des Großen *für die Preußischen Staaten von 1794*,[47] das von *Feuerbach* und dessen Lehre vom psychologischen Zwang (Generalprävention) geprägte *bayerische StGB von 1813*[48] sowie das durch den französischen Code Pénal von 1810 beeinflusste und auf Generalprävention und Tatvergeltung aufbauende preußische StGB von 1851[49] zu nennen.

2. Das StGB von 1871

a) Entstehungsgeschichte[50]

47   Das preußische StGB von 1851, welches bereits im Hinblick auf ein allgemeines deutsches Strafgesetzbuch konzipiert worden war, kann als der unmittelbare Vorläu-

---

[45] Vertiefend hierzu *Laufs* 1996, S. 126 ff.; zum Schöpfer der Carolina und ihrer Vorläuferin, der Bambergensis, *Schütz* Jura 1998, 516 ff.

[46] Eine Regelung die besagt, dass bestimmte Rechtssätze eines Gesetzeswerks nur gelten, sofern nicht andere Normen bestehen, die vor ihnen Vorrang haben.

[47] Näher hierzu *Eb. Schmidt* 1964/1983, § 241.

[48] Näher *Eb. Schmidt* 1964/1983, § 248.

[49] Näher *Eb. Schmidt* 1964/1983, §§ 276 ff., insbes. § 280.

[50] Vgl. auch *Tausch* GA 2008, 417 ff.

fer des StGB von 1871 angesehen werden. Dies zeigt auch die nähere Entstehungsgeschichte des StGB von 1871.[51]

Erste Ansätze zu einem allgemeinen deutschen Strafgesetzbuch zeichneten sich nach dem Sieg **48**
über Napoleon in der Völkerschlacht bei Leipzig 1813 und mit der Gründung des Deutschen Bundes nach dem Wiener Kongress von 1815 ab. Allerdings waren die Versuche, zu einem Bundes-
strafrecht zu kommen, während der Existenz des Deutschen Bundes nicht erfolgreich. Erst während des Norddeutschen Bundes von 1866 bis 1870 als Ergebnis des Krieges zwischen Preußen
und Österreich trat die Begründung eines Bundesstrafrechts in eine konkrete Phase. 1868 beschloss der 1867 gewählte Reichstag, dass Entwürfe zu einem StGB, einer StPO und einem Ge-
richtsverfassungsgesetz erstellt werden sollten. Nach mehreren Anläufen wurde im Februar 1870
dem Reichstag der Entwurf eines Strafgesetzbuchs für den Norddeutschen Bund vorgelegt, welcher im Mai 1870 beschlossen wurde. Am 31.05.1870 wurde das StGB für den Norddeutschen
Bund verkündet, sein Inkrafttreten auf den 1. Januar 1871 festgelegt. Wegen der Reichsgründung
am 18. Januar 1871 als Folge des deutsch-französischen Krieges 1870/71 erfolgte die Verkündung
dieses Strafgesetzbuches dann am 15. Mai 1871 als „Strafgesetzbuch für das Deutsche Reich".

b) Die Konzeption des StGB in formaler und materieller Hinsicht

Wie das Strafrecht insgesamt lässt sich auch das Strafgesetzbuch unter formellen **49**
und materiellen Aspekten betrachten.

aa) Formale Ausgliederung eines Allgemeinen Teils

Ins Auge fällt zunächst die Unterteilung des StGB in einen *Allgemeinen* und einen **50**
Besonderen Teil.

Die Bildung Allgemeiner Teile als Gesetzgebungstechnik ist typisch für das **51**
deutsche Recht. Sie findet sich auch im Bürgerlichen Gesetzbuch von 1900 und
stellt eine hohe Entwicklungsstufe in der Gesetzgebungstechnik dar. Die Bildung
des Allgemeinen Teils des StGB dient dazu, aus Gründen der Gesetzgebungs*klarheit* und *-ökonomie Gemeinsamkeiten* aus den Strafvorschriften des Besonderen
Teils „vor die Klammer" zu ziehen. So stellt sich bei allen Straftaten die Frage, ob
das deutsche Strafrecht überhaupt anwendbar ist (vgl. §§ 3 ff.), ob der gesetzlich
vorausgesetzte Erfolg eingetreten ist oder ob sie im Versuchsstadium stecken-
geblieben sind (vgl. §§ 22 ff.), ob ein Täter gehandelt hat oder ob mehrere beteiligt
sind (vgl. §§ 25 ff.) oder ob der Täter etwa rechtmäßig, z. B. in Notwehr, gehandelt
hat (vgl. § 32).

Durch eine spezifische Ausgestaltung – z. B. die Beschränkung auf bestimmte **52**
Beteiligungsformen in den §§ 25 ff. – tritt der Allgemeine Teil zum Besonderen Teil
in eine *Wechselwirkung*: Er präzisiert in Ergänzung zu der Beschreibung des strafrechtlichen Unrechts im Besonderen Teil unter welchen Voraussetzungen die in
einer Strafvorschrift beschriebene Un*wert*verwirklichung strafwürdiges und strafbares Un*recht* darstellt.

In diesem Sinne legt der *erste* Abschnitt des StGB/AT fest, welche gesetzlichen, zeitlichen, ört- **53**
lichen und persönlichen Verhältnisse gegeben sein müssen, damit das deutsche Strafrecht auf die
Tat einer Person *überhaupt* angewandt werden kann.

---

[51] Siehe dazu auch *Koch* JuS 2021, 1121 ff.

54 Der *zweite* Abschnitt beschreibt zunächst, in welchen *Erscheinungsformen* und unter welchen näheren Voraussetzungen die Verwirklichung der Tatbestände des Besonderen Teils strafbar sein kann: Begehen durch *Unterlassen* (§ 13), Strafbarkeit des *Versuchs* (§§ 22 ff.), Festlegung zusätzlicher *Beteiligungsformen* (§§ 25 ff.) wie mittelbare Täterschaft (§ 25 I 2. Alt.), Anstiftung (§ 26) oder Beihilfe (§ 27). Weiterhin formuliert er *Gegengründe*, bei deren Vorliegen eine Strafbarkeit trotz Verwirklichung des (straf)rechtserheblichen Unwertes zu verneinen ist: Rechtfertigungsgründe wie etwa die Notwehr (§ 32) oder Entschuldigungsgründe wie z. B. der entschuldigende Notstand (§ 35).

55 Der *dritte* Abschnitt, §§ 38 ff., gibt Auskunft, welche *Rechtsfolgen* im Falle der Strafbarkeit eines Verhaltens generell eintreten können (näher hierzu unten § 15). Er enthält einen Katalog von verschiedenen Straf*arten* – insbes. Geld- und Freiheitsstrafe – und darüber hinaus Kriterien, nach welchen sich das Strafmaß richtet (Strafzumessung). Als Rechtsfolgen werden außerdem Maßregeln der Besserung und Sicherung (§§ 61 ff.) genannt. Weitere Vorschriften betreffen die Einziehung der durch die Straftat erlangten Taterträge, Tatprodukte, Tatmittel und Tatobjekte (§§ 73 ff.).[52]

56 Der *vierte* Abschnitt, „*Strafantrag*", präzisiert, wie zu verfahren ist, wenn bestimmte Personen die Möglichkeit haben, die Einleitung eines Strafverfahrens von der Stellung eines Strafantrags abhängig zu machen.

57 Der *fünfte* Abschnitt, „*Verjährung*", bestimmt, innerhalb welchen Zeitraums die Strafverfolgungsbehörden eine Straftat noch ahnden können. Denn mit zunehmendem zeitlichen Abstand zur Tat verliert die Strafe allmählich ihren Sinn, schwindet die Berechtigung des Staates, Strafen zu verhängen,[53] und die Möglichkeiten für die Strafverfolgungsbehörden, die Voraussetzungen der Tat nachzuweisen, verschlechtern sich, z. B. weil Zeugen sterben.[54]

58 So sehr die Extraktion allgemeiner Elemente aus den Unwertbeschreibungen des Besonderen Teils anerkannt ist, so wenig lassen sich Randunschärfen bei der Formulierung des Allgemeinen Teils vermeiden. Insbesondere besteht die Gefahr, dass Regeln in den Allgemeinen Teil gezogen werden, obwohl sie *nicht* für *alle* Strafvorschriften des Besonderen Teils gelten. Insoweit ist es Aufgabe des Gesetzesinterpreten, jene Fälle einer *überschießenden Tendenz des Allgemeinen Teils* zu erkennen.

Beispiel 1.1

59 Vom Gesetzeswortlaut her bezieht sich § 25 I 2. Alt., die *mittelbare Täterschaft*, auf alle Strafvorschriften des Besonderen Teils. Es ist indessen unumstritten, dass es auch Straftaten gibt, die der Täter nur *selbst* begehen kann. Einer dieser Fälle sind die Aussagestraftaten, §§ 153 ff.: Wer einen anderen täuscht und dadurch dessen irrtümlichen Meineid (§ 163 i. V. m. § 154) herbeiführt, kann nicht wegen eines vorsätzlichen Falscheides in mittelbarer Täterschaft – mit dem

---

[52] Das Recht der Einziehung wurde 2017 grundlegend reformiert und folgt dem Leitbild, dass Straftaten sich nicht lohnen sollen. Vgl. BT-Drs. 18/9525, S. 1 ff.

[53] Sog. *materielle* Verjährungstheorie, vgl. *Bloy* 1976, S. 251.

[54] Sog. *formelle* Verjährungstheorie, vgl. *Bosch*, in: Schönke/Schröder Vor §§ 78 ff. Rn. 3; *Maurach/Gössel/Zipf* AT 2 § 76 Rn. 11 sowie BGH 1 StR 409/55 BGHSt 8, 269 (270); zur heute wohl herrschenden *gemischten* Theorie *Fischer/Lutz*, in: Fischer Vor § 78 Rn. 2.

Anderen als „Werkzeug" – belangt werden, weil der Falscheid nur eigenhändig begehbar ist. Die dadurch entstehende Lücke hat der Gesetzgeber durch § 160, Verleitung zur Falschaussage, geschlossen. ◄

Allgemeine Vorschriften zum staatlichen Strafen finden sich aber nicht nur im Straf-   **60**
gesetzbuch. So legt Art. 103 II des Grundgesetzes (GG) fest, dass eine Tat nur dann bestraft werden darf, wenn die Strafbarkeit vor der Tatbegehung *gesetzlich bestimmt* war.

Jenes Bestimmtheitsgebot wird in der Weise interpretiert, dass die Strafbarkeit einer Tat *schriftlich*   **61**
fixiert werden muss, dass der Umfang der Strafbarkeit möglichst *genau* umschrieben werden muss, dass eine Strafbarkeit nicht in Analogie zu einer bestehenden Strafvorschrift festgelegt werden darf und dass die gesetzliche Bestimmung über die Strafbarkeit vorhanden sein muss *bevor* die Straftat begangen war. *Feuerbach* (1775 bis 1833) hat jene strafrechtlichen Garantien auf die Kurzformel „nullum crimen sine lege" (keine Straftat ohne Gesetz) scripta (geschrieben), certa (sicher), stricta (eng, ohne Analogie) und praevia (vorhergehend) gebracht (näher § 3 A III).

Allgemeine Vorschriften zum staatlichen Strafen enthält auch das Jugendgerichtsgesetz (JGG, s. u.   **62**
B II 5), so z. B. in § 5 II, welcher bestimmt, dass „Zuchtmittel" und Jugendstrafe als Rechtsfolgen nur verhängt werden dürfen, wenn Erziehungsmaßregeln nicht ausreichen.

bb) Die Beschreibung materieller Unwertverwirklichungen im Besonderen Teil des StGB

In materieller Hinsicht liegt der Schwerpunkt des StGB im Besonderen Teil. Er ent-   **63**
hält Beschreibungen (Vertypungen) unerwünschter Sachverhalte (Unwertbeschreibungen), welche für so erheblich erachtet werden, dass ihre Verwirklichung bei *Strafe* verboten werden muss.

Die Unwertbeschreibungen des Besonderen Teils orientieren sich daran, welche   **64**
gesellschaftlich als wertvoll beurteilten Interessen als Achtungsansprüche durch die Vermeidung der beschriebenen Sachverhalte geschützt werden sollen. Man spricht insoweit von *Rechtsgütern* (Achtungsansprüchen, näher dazu unten § 2 B I). Ein Überblick über die Abschnitte des Besonderen Teils zeigt, dass es sich dabei um unterschiedliche Achtungsansprüche handelt. Jedoch lassen sie sich grob aufteilen in solche, welche Unwertverwirklichungen zu Lasten der *Allgemeinheit* (kollektive Achtungsansprüche) und jene, welche Unwertverwirklichungen zu Lasten des *Einzelnen* (individuelle Achtungsansprüche) beschreiben.

In den *ersten Abschnitten* des StGB/BT werden Unwertverwirklichungen genannt, welche sich auf   **65**
Achtungsansprüche der *Allgemeinheit* beziehen: Die Strafvorschriften des Friedensverrats, des Hochverrats und der Gefährdung des demokratischen Rechtsstaats schützen den äußeren Frieden und den Bestand des Staates. Die Strafvorschriften im *vierten Abschnitt*, welche Unwertverwirklichungen gegen Verfassungsorgane sowie bei Wahlen und Abstimmungen beschreiben, sollen dem Schutz der demokratischen Willensbildung und der Willensbetätigung der Verfassungsorgane dienen.

Von den *Individualgüter* schützenden Strafvorschriften wären insbesondere die Vorschriften zum   **66**
Schutz des Lebens im 16. Abschnitt zu nennen (§§ 211–222), aber auch die Strafgesetze zum Schutz des Eigentums und des Vermögens wie etwa Diebstahl und Unterschlagung (19. Abschnitt, §§ 242–248c).

Zu Leitfall 1

67   In *Leitfall 1* wäre im Katalog der strafbaren Unwertverwirklichungen dort zu suchen, wo es um Achtungsansprüche der Allgemeinheit geht. Da B und K leibliche Geschwister sind, kommt insbesondere die Strafvorschrift des Beischlafs zwischen Geschwistern, § 173 II 2 im 12. Abschnitt, in Frage.[55] ◄

cc) Rechtsfolgen: Strafen und Maßregeln der Besserung und Sicherung

68   Die Strafvorschriften des Besonderen Teils und des Nebenstrafrechts (vgl. zu diesem Begriff Rn. 76 f.) sehen vor, dass die Verwirklichung eines verbotenen Verhaltens mit *Strafe* im Sinne der §§ 38 ff. (Freiheits- und Geldstrafe) *vergolten* wird.

69   Zu den Rechtsfolgen der Straftat (näher unten § 15) gehören aber auch *nichtvergeltende* sog. *Maßregeln der Besserung und Sicherung*, vgl. §§ 61 ff. Sie dürfen z. T. (§§ 63, 64) auch dann verhängt werden, wenn dem Täter sein tatbestandsmäßiges und rechtswidriges Verhalten nicht zum Vorwurf gemacht werden kann. Im Unterschied zu den Strafen sollen die Maßregeln vor allem *Gefahren* abwehren, die vom *Täter* ausgehen. Während die Strafe eine Reaktion auf die Vergangenheit – die Straftat – ist, hat die Maßregel die Sicherung der Allgemeinheit vor zukünftigen Gefährdungen durch eine Person zum Gegenstand.[56]

Beispiel 1.2

70   Die Entziehung der Fahrerlaubnis nach § 69 setzt u. a. voraus, dass jemand wegen einer rechtswidrigen Tat (§ 11 I Nr. 5), die er bei oder im Zusammenhang mit dem Führen eines Kraftfahrzeugs begangen hat, verurteilt oder nur deshalb nicht verurteilt wird, weil seine Schuldunfähigkeit erwiesen oder nicht auszuschließen ist. Das Gericht entzieht dem Betroffenen die Fahrerlaubnis dann, wenn sich aus der Tat ergibt, dass er zum Führen von Kraftfahrzeugen *ungeeignet* ist. Da verhindert werden soll, dass ungeeignete Kraftfahrzeugführer am Straßenverkehr teilnehmen, kommt es auf die mangelnde Eignung und nicht auf das Verschulden des Kraftfahrzeugführers an. ◄

c) Reform des StGB

71   Alsbald nach Inkrafttreten des Strafgesetzbuchs von 1871 ergab sich dessen Reformbedürftigkeit. So enthielt das sehr liberal geratene StGB z. B. keine Strafvorschrift gegen Wucher, weil man von einer entsprechenden Schutzbedürftigkeit nicht ausgegangen war. Die Überlegungen zu einer Überarbeitung des Strafgesetzbuchs begannen mit einer umfassenden wissenschaftlichen vergleichenden Darstellung des deutschen und ausländischen Strafrechts, Allgemeiner/Besonderer Teil (VDA/ VDB), die in den Jahren 1906 bis 1909 veröffentlicht wurde.[57] Es folgten weitere

---

[55] Zur Frage nach dem durch § 173 II 2 geschützten Achtungsanspruch (Rechtsgut) *Jung* GA 2012, 617 ff.; *Roxin* GA 2013, 433 ff. (438).

[56] Vgl. *Sinn*, in: Lexikon des Rechts, Stichwort „Strafe".

[57] Birkmeyer (Hrsg.) Vergleichendes Strafrecht AT, BT, 1906–1909.

Entwürfe, auf die hier aber nicht näher eingegangen werden kann.[58] Der Erwähnung bedarf jedoch die Einsetzung einer Großen Strafrechtskommission durch das Bundesministerium der Justiz, welche von 1954 bis 1959 arbeitete und mit hervorragenden Wissenschaftlern und Praktikern besetzt war.[59] Das Ergebnis ihrer Beratungen war der Entwurf eines Strafgesetzbuches von 1962 (E 62). Die Kritik an jenem Entwurf ging vor allen Dingen dahin, dass er zu restaurativ sei.[60] Deshalb bildete sich eine Gruppe von Hochschullehrern, die dem E 62 im Jahr 1966 als Alternativvorschlag zunächst einen Allgemeinen Teil gegenüberstellte.[61] Die aus jenem Kreis hervorgegangenen zahlreichen, bis heute in unregelmäßigen Abständen vorgelegten „Alternativentwürfe" zum Strafgesetzbuch haben die Reformarbeiten maßgeblich und sehr konstruktiv beeinflusst.[62]

Von den vielfältigen Veränderungen des Strafgesetzbuchs sind wegen ihrer Bezüge zum *Allgemeinen Teil* das Erste und das Zweite Strafrechtsreformgesetz von besonderer Bedeutung:[63]   **72**

- *Erstes Gesetz zur Reform des Strafrechts* (Strafrechtsreformgesetz, StRG) vom   **73**
  25.06.1969 (BGBl I 645) in Kraft seit 01.09.1969 bzw. 01.04.1970: insbesondere Abschaffung der Unterscheidung zwischen Zuchthaus und Gefängnis und Einführung einer einheitlichen Freiheitsstrafe; Einschränkung der kurzen Freiheitsstrafen; Entkriminalisierung des Ehebruchs sowie der einfachen Homosexualität; Einführung einer Regelbeispielstechnik beim Diebstahl (§ 243);
- *Zweites StRG* vom 04.07.1969 (BGBl I 717) in Kraft seit 01.01.1975: im Rah-   **74**
  men der Neufassung des Allgemeinen Teils insbesondere Festschreibung des Verbotsirrtums (§ 17); der mittelbaren Täterschaft (§ 25 I 2. Alt.); des rechtfertigenden (§ 34) und des entschuldigenden Notstands (§ 35);[64] Einführung eines Tagessatzsystems bei Geldstrafen.

Das bisher letzte größere Reformgesetz ist das *Sechste StRG* vom 26.01.1998, in   **75**
Kraft seit 01.04.1998 (BGBl I 164). Zu seinen wichtigsten Änderungen zählen die *Harmonisierung* (eher Verschärfung) *der Strafrahmen* der Strafvorschriften zum

---

[58] Informativ hierzu *Baumann/Weber/Mitsch/Eisele* AT § 4 Rn. 3 ff.; *Jescheck/Weigend* AT § 11; *Maurach/Zipf* AT 1 § 4 Rn. 26 ff.; zu den Reformen 1953 bis 1975 lesenswert *Scheffler,* in: Vormbaum/Welp (Hrsg.) 2004, S. 174 ff.

[59] Vgl. Niederschriften über die Sitzungen der Großen Strafrechtskommission Bd. 1–14 1956–1960; Materialien zur Strafrechtsreform, Bd. 1, Gutachten der Strafrechtslehrer, 1954, Bd. 2 I Rechtsvergleichende Arbeiten zum AT 1954.

[60] Vgl. *Hecker,* in: Schönke/Schröder Einführung Rn. 3.

[61] *Baumann* u. a., 1966.

[62] Vgl. u. a. AE-Gesetz gegen Ladendiebstahl, 1974; AE-Gesetz zur Regelung der Betriebsjustiz, 1975; AE BT Straftaten gegen die Wirtschaft, 1977; AE-Sterbehilfe (*Baumann* u. a. Alternativentwurf eines Gesetzes über Sterbehilfe), 1986; AE-Sterbebegleitung (*Schöch/Verrel*), 2005; AE-Leben (*Heine* u. a.), 2008.

[63] Zu weiteren wichtigen Reformgesetzen vgl. die 3. Aufl. § 3 Rn. 5.

[64] Näher zur Reform der Notstandsvorschriften *Zieschang,* in: Hilgendorf/Weitzel (Hrsg.) 2007, S. 173 (177 ff.).

Schutz der Person und des Vermögens, die Einführung der *Drittzueignung*(*absicht*) in die Zueignungsstraftaten und die Modernisierung der *Brandstiftungsvorschriften*.[65]

3. Nebenstrafrecht

76 In staatlichen Gesetzen beschriebene und mit Strafe bedrohte Verhaltensweisen finden sich nicht nur im StGB, sondern in zahlreichen weiteren Einzelgesetzen. Man spricht insoweit von *Nebenstrafrecht*. Es entsteht dadurch, dass gesetzliche Regelungen über spezielle Lebensbereiche mit flankierenden Strafvorschriften ausgestattet sind. So enthält z. B. das Gesetz über den Verkehr mit Betäubungsmitteln (Betäubungsmittelgesetz – BtMG)[66] im *sechsten Abschnitt* (§§ 29–34) Vorschriften, welche bestimmte Zuwiderhandlungen gegen das Betäubungsmittelgesetz mit Strafe oder – soweit es sich um Ordnungswidrigkeiten[67] handelt – Bußgeld bedrohen. Gleiches gilt bspw. für das Lebensmittelrecht (LFGB)[68] oder das Arzneimittelrecht (AMG).[69] Aufgrund dieser Methode bleibt das StGB als „Kernstrafrecht" übersichtlicher. Die Qualität als strafbares Verhalten ist im Nebenstrafrecht wie im Kernstrafrecht jedoch dieselbe.

77   Die wichtigsten Straf- und Bußgeldvorschriften außerhalb des StGB sind in einer Lose-Blatt-Sammlung in kommentierter Form zusammengestellt.[70] Allein der Umfang jener Sammlung zeigt, dass sich die Rechtswirklichkeit von der Idealvorstellung eines *Feuerbach* inzwischen weit entfernt hat, wonach sich der Rechtsunterworfene durch die Kenntnis der Strafbarkeit einer Handlung von ihrer Begehung abhalten lasse (Lehre vom psychologischen Zwang, vgl. dazu Rn. 184 und § 3 Rn. 4). Diese Entwicklung ist deshalb nicht unproblematisch, weil als Voraussetzung der Strafbarkeit verlangt wird, dass der Täter mit *Unrechtsbewusstsein* gehandelt hat (näher hierzu § 13 Rn. 76 ff.). Eine Bestrafung ist in diesen Fällen nur möglich, wenn man an die Intensität des Unrechtsbewusstseins keine allzu hohen Anforderungen stellt.

4. Formelles Strafrecht

78 Das formelle Strafrecht regelt das *Verfahren, den Proze*ss, nach dem die Voraussetzungen für den Eintritt der Rechtsfolgen festgestellt und letztere festgesetzt werden.

---

[65] Dazu informativ *Schroeder*, in: Hoyer (Hrsg.) 2001, S. 27 ff.

[66] Artikel 1 des Gesetzes zur Neuordnung des Betäubungsmittelrechts vom 28. Juli 1981 BGBl I 681, berichtigt S. 1187.

[67] Ordnungswidrigkeiten sind Rechtsverstöße ohne kriminellen Gehalt, die mit Geldbuße geahndet werden können, vgl. § 1 OWiG. Bei den meisten Verkehrsverstößen handelt es sich um Ordnungswidrigkeiten.

[68] Artikel 1 des Gesetzes zur Neuordnung des Lebensmittel- und des Futterrechts vom 1. September 2005 BGBl I 2618, berichtigt S. 3007.

[69] Artikel 1 des Gesetzes zur Neuordnung des Arzneimittelrechts vom 24. August 1976 BGBl I 2445.

[70] *Erbs/Kohlhaas* (Begr.), Strafrechtliche Nebengesetze, 254. Aufl. 2025. Loseblatt. Rund 14.780 Seiten in vier Leinenordnern.

a) Vorschriften über die Organe der Strafrechtspflege

Bestimmungen darüber, welche Strafrechtspflegeorgane im Verfahren unter wel- **79**
chen Voraussetzungen zuständig sind, enthält vor allem das Gerichtsverfassungs-
gesetz (GVG). Es legt fest, welche Kategorie von *Gerichten* (Amtsgericht [AG],
Landgericht [LG], Oberlandesgericht [OLG], Bundesgerichtshof [BGH]) für die
Aburteilung welcher Kategorie von Straftaten in welchem Verfahrensstadium zuständig sind. Außerdem bestimmt es die Zuständigkeiten der *Staatsanwaltschaft*.
Das Jugendgerichtsgesetz (JGG) legt in den §§ 33 ff. („Jugendgerichtsverfassung")
fest, unter welchen Voraussetzungen und wie gegen Jugendliche und Heranwachsende prozessiert werden kann. Das deutsche Richtergesetz (DRiG) legt die Rechts-
stellung der Richter, insbesondere ihre fachliche und persönliche Unabhängigkeit,
fest. Die verfassungsrechtliche Grundlage der richterlichen Unabhängigkeit findet
sich in Art. 97 I GG i. V. m. § 1 GVG.

b) Vorschriften über das Strafverfahren

Zum formellen Strafrecht gehören weiterhin Bestimmungen über das *Strafverfah-* **80**
ren. Die Strafprozessordnung (StPO) legt fest, unter welchen Voraussetzungen der
Verfahrensstoff gesammelt werden darf. Weiterhin enthält sie Vorschriften über die
Hauptverhandlung sowie über die Durchsetzung der Rechtsfolgen (Vollstreckung).

Bestimmungen über das Strafverfahren findet man aber auch im Strafgesetz- **81**
buch,[71] wenn z. B. als Voraussetzung für die Strafverfolgung ein Strafantrag verlangt wird (vgl. z. B. § 247) oder eine Frist festgesetzt wird, nach deren Ablauf eine
Straftat nicht mehr verfolgt werden kann (Verjährung, §§ 78 ff.).[72] Wie zum materiellen Strafrecht enthält auch zum formellen Strafrecht das Verfassungsrecht wichtige Regelungen. Hervorzuheben ist hier vor allem Art. 103 I GG, welcher festlegt,
dass jedermann Anspruch auf rechtliches Gehör hat.

c) Recht des Strafregisters (BZRG)

Aus dem Bereich des formellen Strafrechts wäre schließlich das Recht des *Straf-* **82**
registers (Bundeszentralregistergesetz, BZRG) zu nennen. Das Bundeszentral-
register stellt das „Gedächtnis" bezüglich der verhängten Strafen und Maßregeln
dar. Rückgriffe auf das Strafregister sind vor allen Dingen dann angezeigt, wenn
festgestellt werden soll, ob ein Angeklagter bereits einschlägig vorbestraft ist. Auch
bei der Aufnahme in den Staatsdienst informiert sich die einstellende Behörde anhand eines Führungszeugnisses, ob der Bewerber mit einem Eintrag im Strafregister
vertreten ist. Zum Zweck der Resozialisierung werden Eintragungen (außer bei
Verurteilungen zu lebenslanger Freiheitsstrafe, Sicherungsverwahrung und der Anordnung der Unterbringung in einem psychiatrischen Krankenhaus, § 63) nach bestimmten Fristen getilgt (§§ 45, 46 BZRG).

---

[71] Vgl. näher *Perron* FS Hanack, S. 473 ff.
[72] Zur Strafverfolgungsverjährung als Verfahrenshindernis BGH 3 StR 114/97 BGHSt 43,
321 (323).

5. Das Jugendgerichtsgesetz (JGG) von 1953[73]

83   Der *persönliche* Anwendungsbereich des JGG betrifft *Jugendliche,* d. h. Personen von der Vollendung des 14. bis zur Vollendung des 18. Lebensjahres und *Heranwachsende,* d. h. Personen von der Vollendung des 18. bis zur Vollendung des 21. Lebensjahres (§ 1 JGG). *Sachlich* ist das JGG auf alle Handlungen anwendbar, die nach allgemeinen Vorschriften mit Strafe bedroht sind.

84   Das Jugendstrafrecht bestimmt, mit welchen *Modifikationen* Straftaten junger Menschen *verfolgt* und *geahndet* werden dürfen. Dementsprechend sieht das Jugendgerichtsgesetz Sonderregelungen zum Strafverfahren und spezifische Rechtsfolgen vor (vgl. dazu § 15 Rn. 39 f.).

6. Verfassungsrecht als maß- und grenzsetzende Rechtsquelle des Strafrechts

85   Wie jedes einfachgesetzliche Recht unterliegt auch das Strafrecht den maß- und grenzsetzenden Wertungen des Verfassungsrechts.[74] Dies bedeutet z. B., dass das Strafrecht zum Schutz religiöser Bekenntnisse, Empfindungen und Ansichten erst dann eingesetzt werden darf, wenn das strafbare Verhalten zur Störung auch des *öffentlichen* Friedens geeignet ist.[75] Weil es somit Aufgabe des Strafrechts ist, den *gesellschaftlichen*, nicht jedoch den *göttlichen* Frieden herzustellen, wäre z. B. die Strafbarkeit der Gotteslästerung im säkularen Strafrecht ein Fremdkörper.

86   Neben der Entscheidung für einen säkularen Staat ist es die *Rechtsstaatlichkeit* als Verfassungsprinzip, welche eine maßsetzende Wert- und Rahmenordnung für das Strafrecht bildet. Aus dem Bereich der *formellen Rechtsstaatlichkeit* sind für das Strafrecht die Organisation der Rechtsprechung (Art. 92 ff. GG) sowie die Rechtsanwendungsregeln in den Art. 103 ff. GG. von Bedeutung. Das tragende Element der *materiellen Rechtsstaatlichkeit* bildet die Wahrung der an der Menschenwürde (Art. 1 GG) orientierten Grundrechte, insbesondere der allgemeinen Handlungsfreiheit (Art. 2 I GG) und Gleichheit (Art. 3 GG). Als weitere Säule des in Art. 20 GG niedergelegten Rechtsstaatsprinzips ist schließlich die *Verhältnismäßigkeit* zu nennen. Die Orientierung des Strafrechts an Menschenwürde, Freiheit, Gleichheit und Verhältnismäßigkeit hat neben der Abschaffung der Todesstrafe (Art. 102 GG) vor allem das Verbot der körperlichen Misshandlung, die Ausrichtung der Strafe an der Höhe der Schuld (Schuldprinzip) sowie die Beschränkung der Strafdrohung auf solche Verhaltensweisen zur Folge, die von einigem Gewicht sind.

---

[73] Jugendgerichtsgesetz vom 04.08.1953, BGBl I 751, in der Fassung der Neubekanntmachung vom 01.01.1975, BGBl I 3427.

[74] Umfassend hierzu *Lagodny* 1996 sowie *Kuhlen,* in: Stolleis (Hrsg.) 2006, S. 39 ff.; *Ambos* FS R. Merkel, S. 565 ff.; skeptisch zu einer strafrechtsbegrenzenden Konzeption der Rechtsprechung des Bundesverfassungsgerichts *Arnold* StraFo 2004, 402 ff., 2005, 2 ff. (8).

[75] So ausdrücklich § 166 hinsichtlich der Beschimpfung von Bekenntnissen, Religionsgesellschaften und Weltanschauungsvereinigungen; näher hierzu *Fischer* 1986; *ders.* GA 1989, 445 ff.

7. Gewohnheitsrecht als strafrechtliche Rechtsquelle?

Gewohnheitsrecht *gilt* unter zwei Voraussetzungen: der Überzeugung von seiner 87 Notwendigkeit (opinio necessitatis) und dem Bestehen einer Übung (consuetudo).[76] Weil der Grundsatz nullum crimen/nulla poena sine lege (vgl. näher dazu § 3 Rn. 1 ff.) nur im Bereich der *Elemente der Tatbestandsmäßigkeit* und der *Rechtsfolgen* und nur *zu Lasten* des Betroffenen gilt, müsste Gewohnheitsrecht *zu Gunsten* des Betroffenen ebenso möglich sein wie zu seinen Lasten außerhalb der Elemente der Tatbestandsmäßigkeit und der Rechtsfolgen.

Dennoch ist die Anerkennung – selbst begünstigenden – Gewohnheitsrechts im 88 Strafrecht höchst umstritten. Denn sie lässt unberücksichtigt, dass eine noch so gefestigte höchstrichterliche Rechtsprechung jederzeit geändert werden kann und der Betroffene kein Recht auf Fortgeltung hat, sich insbesondere nicht auf Gesetzlichkeitsgarantien berufen kann. Man kann daher allenfalls von Fallgruppen einer „gewohnheitsrechtlichen Verfestigung der Rechtsprechung"[77] sprechen. Im strengen Sinne liegt jedoch kein Gewohnheitsrecht vor. Dennoch darf die *faktische Bindungswirkung der höchstrichterlichen Rechtsprechung* nicht unterschätzt werden. Hinzu kommt der Einfluss einer gefestigten höchstrichterlichen Rechtsprechung und einer anerkannten Dogmatik auf die *Gesetzgebung*. Dies führt zu einer mittelbaren Speisung der strafrechtlichen Rechtsquellen auch durch Praxis und Lehre. Derartige *Vorstadien* des Strafrechts betreffen die Auslegung bestehender Rechtssätze (a) und die Fortbildung des Rechts (b).

a) Gefestigte Auslegung zu Gunsten des Täters

> **Beispiel 1.3**
>
> Der Osnabrücker A verdächtigt den im polnischen Krakau wohnenden B zu Un- 89 recht einer in Krakau begangenen Straftat, indem er einen Brief mit der falschen Beschuldigung an die dortige Staatsanwaltschaft sendet. Diese leitet daraufhin ein Ermittlungsverfahren ein. Hat sich A nach § 164 strafbar gemacht, wenn er den Brief in Osnabrück zur Post gegeben hat?
>
> Eine Verfolgbarkeit der Straftat nach § 164 würde zunächst voraussetzen, 90 dass A seine Tat im Inland begangen hat (§ 3). Dies ist sogar der Fall, weil nach § 9 eine Tat an jedem Ort begangen ist, an dem der Täter gehandelt hat. Tatort ist somit auch Osnabrück. Dennoch kann A nicht nach § 164 bestraft werden. Denn nach ganz unumstrittener Meinung schützt § 164 nur die *deutsche* Strafrechtspflege. Obwohl § 164 vom Wortlaut her auf A zutrifft, wird die Vorschrift mittels einer teleologischen Reduktion eingeschränkt.[78] ◄

---

[76]Vgl. *Jescheck/Weigend* AT § 12 IV 1.

[77]*Hecker,* in: Schönke/Schröder § 1 Rn. 1; vgl. auch *Otto* GK AT § 2 Rn. 27 ff.; *Roxin/Greco* AT 1 § 5 Rn. 47: immer nur Auslegung, niemals mit der normativen Verbindlichkeit von Gewohnheitsrecht; *Stratenwerth/Kuhlen* AT § 3 Rn. 26: nur Ausfüllung des von den Vorschriften des Allgemeinen Teils geschaffenen Rahmens; für eine Einordnung als Gewohnheitsrecht hingegen *Jescheck/Weigend* AT § 12 IV 2.

[78]Zur teleologischen Reduktion im Rahmen des Territorialitätsprinzips vgl. *Schlüchter* FS Oehler, S. 307 ff.; vgl. auch *Satzger* Int/EuStR § 3 Rn. 12.

b) Rechtsfortbildung zu Gunsten des Täters

91   Zur Rechtsfortbildung sieht sich die Praxis dann gezwungen, wenn es bei der Interpretation des Gesetzes oder bei der Lückenausfüllung keine gesetzlichen oder rechtlichen Festlegungen gibt, an denen sich die Entscheidung des Einzelfalles ausrichten könnte.

Beispiel 1.4

92   *Schwangerschaftsabbruch auf Grund von Suizidgefahr* RGSt 61, 242 – I StS 105/26 vom 11.03.1927: Bei der unverheirateten R, die ein Liebesverhältnis mit einem Reisevertreter unterhielt, blieb die Monatsblutung aus. Sowohl als der sie behandelnde Nervenarzt Dr. S die Möglichkeit einer Schwangerschaft erstmals erwähnte als auch bei der Mitteilung einer Schwangerschaft als Ergebnis einer frauenärztlichen Untersuchung erlitt R heftige Affektausbrüche mit nachfolgendem dumpfen Brüten und äußerte Selbstmordgedanken. Dr. S diagnostizierte eine durch die Schwangerschaft hervorgerufene reaktive Depression und demzufolge eine gegenwärtige ernstliche Gefahr der Selbsttötung und veranlasste Dr. W zu einem Schwangerschaftsabbruch, um die Selbstmordgefahr zu beseitigen. Handelten Dr. W und Dr. S rechtmäßig?

93   Das Reichsgericht erachtete das Vorgehen der Angeklagten für rechtmäßig, weil sie in einer nicht anders abwendbaren Gefahrenlage für das Leben der Schwangeren diesem dem Vorzug gegeben hätten vor dem Leben des Kindes und das Leben der Schwangeren höher zu veranschlagen sei als das Leben des ungeborenen Kindes. Obwohl man sich durchaus darüber streiten kann, ob eine solche Güterabwägung in der vorliegenden Situation möglich ist und zur Rechtfertigung führt,[79] kann jene Entscheidung als die „Geburtsstunde" des rechtfertigenden Notstandes angesehen werden, wie er sich heute als Norm des Allgemeinen Teils von 1975 in § 34 findet (näher hierzu § 5 Rn. 212 ff.). ◄

Beispiel 1.5

94   *Züchtigungs*-Fall BGH 1 StR 708/51 BGHSt 3, 105/107 (bestätigt für die irrige Annahme von Notwehr in BGH 1 StR 119/52 BGHSt 3, 194/196): Den Angeklagten war vorgeworfen worden, als Erzieher in einem Landheim Fürsorgezöglinge misshandelt zu haben. Das Landgericht hatte sie daraufhin nach den §§ 223, 224 und 225 auch deshalb verurteilt, weil ein beachtlicher Irrtum über ihr Züchtigungsrecht nicht bestanden habe.

95   Der BGH bestätigte zunächst – der Rechtslage von 1952 entsprechend – das Züchtigungsrecht der Angeklagten. Zur Frage der Beachtlichkeit eines Irrtums der Angeklagten über ihr Züchtigungsrecht machte der BGH unter Verweis auf BGH GSSt 2/51 BGHSt 2, 194 auf den Unterschied aufmerksam, ob die Angeklagten irrig einen Sachverhalt angenommen hätten, der ihnen ein Züchtigungsrecht eingeräumt hätte, oder ihnen nur das Bewusstsein gefehlt habe, etwas

---

[79] Näher hierzu *Gropp* 1981.

Unrechtes zu tun. Im ersten Fall sei der Irrtum über einen Rechtfertigungsgrund auf der Grundlage eines Tatirrtums entsprechend § 59 a. F. = § 16 n. F. als Tatirrtum und nicht als Verbotsirrtum zu behandeln.[80] Denn „der im Irrtum über den wahren Sachverhalt handelnde Täter ist … an sich rechtstreu; er will die Rechtsgebote befolgen und verfehlt dieses Ziel nur wegen seines Irrtums über die Sachlage, aus der sein Handeln erwächst. Dieser Irrtum hindert ihn in der Regel, die Gefahr eines Rechtsverstoßes überhaupt zu erkennen (…). Auch der im Verbotsirrtum Handelnde verfehlt zwar bei seinem Tun das Richtige, aber durch einen Erkenntnisfehler auf dem Gebiet des rechtlichen Sollens. Die Erkennbarkeit eines Rechtsverstoßes liegt hier im Allgemeinen näher als beim Irrtum über Tatsachen."[81] Wenn aber ein Sachverhaltsirrtum auch dann nach § 59 a. F. zu beurteilen sei, wenn er die Grundlage des Irrtums über einen Rechtfertigungsgrund bildet, müsse nach § 59 a. F. bei den Angeklagten eine vorsätzliche Körperverletzung ausscheiden und es komme bei Vermeidbarkeit des Tatirrtums eine fahrlässige Begehung in Betracht. ◄

Der BGH bewertete die irrige Annahme der tatsächlichen Voraussetzungen des Züchtigungsrechts damit wie einen Irrtum über ein Element der Tatbestandsmäßigkeit, welcher den Vorsatz entfallen lässt und bei Vermeidbarkeit allenfalls eine Strafbarkeit aus der Fahrlässigkeitsstraftat zulässt. Aus dieser Rechtsprechung des Bundesgerichtshofs hat sich letztendlich die sog. „eingeschränkte Schuldtheorie" entwickelt, die im Bereich der Irrtumslehre inzwischen allgemein anerkannt ist.[82] **96**

c) Rechtsfortbildung zu Ungunsten des Täters

aa) Unechte Unterlassungsstraftaten
Bis zur Einführung von § 13 im Jahre 1975, welcher die *Begehung durch Unterlassen* der Begehung durch aktives Tun generell gleichstellte, beruhte die Strafbarkeit der *Herbeiführung tatbestandsmäßiger Erfolge durch Unterlassen* (sog. Unechte Unterlassungsstraftaten, näher § 11 Rn. 7 ff.) allein auf einer gefestigten höchstrichterlichen Rechtsprechung:[83] So hielt man auch vor Einführung von § 13 z. B. einen Personensorgeberechtigten, der sein Kind dadurch zu Tode brachte, dass er es verhungern ließ, nach § 212 wegen eines Totschlags durch Unterlassen für strafbar. **97**

bb) Actio libera in causa[84]
Die actio libera in causa betrifft Fälle, in denen sich der Täter in einen Zustand der Schuldunfähigkeit versetzt und dann eine Straftat begeht: **98**

---

[80] Vgl. zum Unterschied zwischen Tat(umstands)irrtum und Verbotsirrtum § 13 Rn. 32 ff.

[81] BGH 1 StR 708/51 BGHSt 3, 107.

[82] Umfassend zur Dogmengeschichte des sog. Erlaubnistatumstandsirrtums (irrige Annahme der Voraussetzungen eines Rechtfertigungsgrundes) *Hirsch* 1960, zur Rechtsprechung des BGH insbes. S. 164 ff., sowie unten § 13 Rn. 189 ff.

[83] Vgl. BGH GSSt 1/61 BGHSt 16, 155 (158); *Jescheck/Weigend* AT § 58 IV 2.

[84] Lat. = „Handlung, frei zum Zeitpunkt der Verursachung", näher § 6 Rn. 99 ff.

99 A, der sich über den bellenden Hund des Nachbarn schon immer geärgert hat, kauft sich eine Flasche Wodka und trinkt sich Mut an. Dann vergiftet er den Hund. Ein Sachverständiger stellt fest, dass A zum Zeitpunkt der Vergiftung (strafbar als Sachbeschädigung nach § 303) schuldunfähig im Sinne von § 20 war. Schließt dies eine Strafbarkeit des A aus?

100 Über die actio libera in causa knüpft man an den Zeitpunkt an, in welchem der Täter sich frei in den Zustand der Schuldunfähigkeit versetzt hat. Dass dieses Vorgehen zumindest bei Straftaten, die sich nicht in der vorsätzlichen Herbeiführung eines Erfolges erschöpfen, sondern ein bestimmtes Verhalten voraussetzen, fraglich ist und gegen Art. 103 II GG verstößt, hat der BGH 1996 in einer viel beachteten Entscheidung dargelegt.[85]

III. Der Anwendungsbereich des deutschen Strafrechts – Strafanwendungsrecht („internationales Strafrecht")

Beispiel 1.6

101 A erschießt B am 12. Mai 2025 in St. Petersburg. A ist Rumäne, B war Deutscher. Am 12. August 2025 wird A am Osnabrücker Bahnhof festgenommen, weil er mit Drogen handelt. Kann er wegen der Tötung des B in Deutschland bestraft werden? ◄

1. Die Aufgabe des Strafanwendungsrechts

102 Das Strafanwendungsrecht (missverständlich als „internationales Strafrecht" bezeichnet) legt in den §§ 3–7 fest, unter welchen Umständen das *deutsche* Strafrecht von deutschen Strafverfolgungsbehörden angewendet werden kann, und zwar selbst dann, wenn die Straftat im *Ausland* begangen worden ist.[86] Weil mit der Zunahme grenzüberschreitender Kriminalität auch die Strafrechtspflege immer mehr europäisiert und internationalisiert wird, gewinnt auch das Strafanwendungsrecht zunehmend an Bedeutung.[87]

103 Damit deutsches Strafrecht anwendbar ist, bedarf es eines *Anknüpfungspunktes* innerhalb des fraglichen Sachverhaltes (sog. *genuine link*). Ob eine solche Verknüpfung gegeben ist, beurteilt sich nach den in den §§ 3 ff. niedergelegten *Prinzipien* des Strafanwendungsrechts.

---

[85] Urt. v. 22.08.1996 – 4 StR 217/96 NJW 1997, 138 ff. = JZ 1997, 50; näher § 6 Leitfall 6.1.

[86] Im Gegensatz hierzu ist es Aufgabe des *internationalen Privatrechts* festzulegen, welches von mehreren tangierten nationalen Rechten einem Zivilrechtsverhältnis zugrunde gelegt wird.

[87] Nunmehr auch in internationalen Forschungsprojekten zur Lösung von Jurisdiktionskonflikten, vgl. nur *Sinn* (Hrsg.) 2012; vgl. auch *Böse/Meyer* ZIS 2011, 336 ff. (Zwischenbericht); *Böse/Meyer/Schneider* (Hrsg.) 2013 und 2014; vgl. davor bereits *Biehler/Kniebühler/Lelieur-Fischer/Stein* 2003; *Schünemann* (Hrsg.) 2006.

2. Die Prinzipien des Strafanwendungsrechts in den §§ 3–7 StGB[88]

§ 3 Geltung für Inlandstaten. Das deutsche Strafrecht gilt für Taten, die im   **104** Inland begangen werden.

§ 4 Geltung für Taten auf deutschen Schiffen und Luftfahrzeugen. Das   **105** deutsche Strafrecht gilt, unabhängig vom Recht des Tatorts, für Taten, die auf einem Schiff oder Luftfahrzeug begangen werden, das berechtigt ist, die Bundesflagge oder das Staatszugehörigkeitszeichen der Bundesrepublik Deutschland zu führen.

§ 5 Auslandtaten gegen inländische Rechtsgüter. Das deutsche Strafrecht   **106** gilt, unabhängig vom Recht des Tatorts, für folgende Taten, die im Ausland begangen werden:

1. (weggefallen);

...

17. Organhandel (§ 18 des Transplantationsgesetzes), wenn der Täter zur Zeit der Tat Deutscher ist.

§ 6 Auslandtaten gegen international geschützte Rechtsgüter. Das deutsche   **107** Strafrecht gilt weiter, unabhängig vom Recht des Tatorts, für folgende Taten, die im Ausland begangen werden:

1. (aufgehoben);

...

8. Subventionsbetrug (§ 264);

9. Taten, die aufgrund eines für die Bundesrepublik Deutschland verbindlichen zwischenstaatlichen Abkommens auch dann zu verfolgen sind, wenn sie im Ausland begangen werden.

§ 7 Geltung für Auslandtaten in anderen Fällen.   **108**

(1)   Das deutsche Strafrecht gilt für Taten, die im Ausland gegen einen Deutschen begangen werden, wenn die Tat am Tatort mit Strafe bedroht ist oder der Tatort keiner Strafgewalt unterliegt.

(2)   Für andere Taten, die im Ausland begangen werden, gilt das deutsche Strafrecht, wenn die Tat am Tatort mit Strafe bedroht ist oder der Tatort keiner Strafgewalt unterliegt und wenn der Täter

---

[88] Näher hierzu *Ambos* IntStR §§ 1–4, insb. § 4 mit Übersicht in Rn. 23; *Eser/Weißer*, in: Schönke/Schröder Vor §§ 3–9 Rn. 17 ff. sowie die Kommentierung zu den §§ 3–7; *Fischer*, in: Fischer Vor §§ 3–7 Rn. 3; *Hecker* EuStR Kap. 2 Rn. 12 ff.; *Satzger* Int/EuStR § 5; *Schramm* Internationales Strafrecht Kap. 1 Rn. 1 ff.; LK-*Werle/Jeßberger* § 3 Rn. 24 ff.; *Jescheck/Weigend* AT § 18; *Maurach/Zipf* AT 1 § 11 Rn. 5 ff.; *L. Wörner/M. Wörner*, in: Sinn (Hrsg.) 2012, S. 203 (227 ff.).

1. zur Zeit der Tat Deutscher war oder es nach der Tat geworden ist oder

2. zur Zeit der Tat Ausländer war, im Inland betroffen und, obwohl das Auslieferungsgesetz seine Auslieferung nach der Art der Tat zuließe, nicht ausgeliefert wird, weil ein Auslieferungsersuchen nicht gestellt oder abgelehnt wird oder die Auslieferung nicht ausführbar ist.

a) Territorialitätsprinzip

109 Die Grundlage des Strafanwendungsrechts des StGB bildet das in § 3 verankerte *Territorialitätsprinzip*. Danach erstreckt sich die Strafgewalt auf alle Taten, die im eigenen Staatsgebiet begangen werden, während Inländer im Ausland grundsätzlich nur dem ausländischen Recht unterworfen sein sollen. Die Reichweite des Territorialitätsprinzips ist dadurch weit ausgedehnt, dass sich der *Tatort* nach § 9 sehr weit auf den Begehungs- bzw. Unterlassungsort und auf den tatsächlichen oder vorgestellten Erfolgsort erstreckt (sog. *Ubiquitätstheorie*). Durch § 4 wird das Territorialitätsprinzip auch bei Straftaten auf deutschen Schiffen oder Luftfahrzeugen angewandt (sog. *Flaggenprinzip*).

110 Uneinigkeit herrscht hinsichtlich des Tatortes bei *Äußerungsstraftaten im Internet*. Bisher wurde überwiegend davon ausgegangen, dass die Einspeisung illegaler Netzinhalte, die in Deutschland abrufbar sind, Inlandstaten seien, weil der Erfolg im Inland eintrete.[89] Dem hat sich der *1. Strafsenat* des BGH in einer vielkritisierten Entscheidung zur Strafbarkeit der Verbreitung der sog. „Auschwitzlüge" im Internet angeschlossen.[90] Zur Begründung führt er aus, dass es gerade der Zweck des § 130 I, III sei, Gefährdungen im Inland zu vermeiden. Diese seien tatbestandlich benannt, da bei den Äußerungen eine Eignung zur Friedensstörung festgestellt werden müsse. Da diese Eignung Inlandsbezug habe, könne von einem in § 9 vorausgesetzten Erfolg gesprochen werden. Dagegen wird zu Recht eingewandt, dass dann einerseits die deutschen Strafverfolgungsbehörden alle weltweit angebotenen und in Deutschland abrufbaren illegalen Netzangebote verfolgen müssten und dass andererseits jeder deutsche Inhaber einer Homepage mit dem Risiko der Strafverfolgung durch irgendein Land rechnen müsste, in dem seine Daten abrufbar sind und gegen dessen Gesetze sie verstoßen.[91]

111 *Cornils*[92] schlägt vor, an die Einspeisung als Tathandlung anzuknüpfen. Inlandstaten sind dann die Einspeisung illegaler Netzangebote von Deutschland aus und die gezielte Ablage illegaler Angebote auf einem in Deutschland betriebenen Server. *Sieber*[93] will dagegen nur mittels sog. Push-Technologie auf deutschen Webseiten oder Servern bzw. in Deutschland zugänglichen Dateninhalt als Erfolg i. S. v. §§ 3, 9 gelten lassen. Jurisdiktionskonkurrenzen mit anderen Strafrechten verhindert beides schon deshalb nicht, weil einerseits Einspeisungsort und Serverort auseinanderfal-

---

[89] Vgl. die Nachweise bei *Cornils* JZ 1999, 394 f.

[90] BGH 1 StR 184/00 BGHSt 46, 212, dazu mwN *Koch* JuS 2002, 123 ff.; mit krit. Anm. *Lagodny* JZ 2001, 1198 ff.; *Clauß* MMR 2001, 228 ff. (232); *Hörnle* NStZ 2001, 305 ff. (309); *Vassilaki* CR 2001, 260; *Heghmanns* JA 2001, 276 ff.; *Jeßberger* JR 2001, 429 ff.; *Kudlich*, StV 2001, 395 ff.; *Hilgendorf/Kusche/Valerius*, 2022, § 2 A. Rn. 23 ff.

[91] *Cornils* JZ 1999, 394 ff.; *Velten* FS Rudolphi, S. 329 ff.; krit. insoweit auch *L. Wörner* ZIS 2012, 458 ff. (462).

[92] *Cornils* JZ 1999, 396 ff.

[93] *Sieber* NJW 1999, 2065 ff. (2066, 2069).

len und damit gleichzeitig mehrere Handlungsorte eröffnet sein können, als auch andererseits Dateninhalte in der Regel gerade gezielt in mehreren Staaten zugänglich gemacht werden sollen, geht es dem Internet doch um eine möglichst weitreichende Verbreitung von Informationen. Auch lösen so angedachte Beschränkungen bisher nicht das eigentliche Problem, denn sie eröffnen die Möglichkeit, dass sich der Täter gezielt eine „straffreie Insel" sucht, um von dort aus das Internet mit illegalen Daten z. B. über einen Serverprovider auf einer anderen insoweit „straffreien Insel" zu versorgen.[94] Immerhin in die richtige Richtung zielt insoweit ein Ansatz extensiver Auslegung unter Zugriff auf strafrechtsrelevante Daten im Internet unter Berücksichtigung von Handlungs- und Erfolgsort.[95] Damit die so entstehenden Jurisdiktionskonkurrenzen nicht zu Lasten nur eines Staates ausgehen, erscheint es freilich angebracht, statt des bisher allein maßgeblichen einseitig staatlichen Souveränitätsgedankens unter Kompetenzverteilungsgesichtspunkten auf gegenseitige Solidarität zu setzen.[96] Im Internet setzt das zuvorderst voraus, eine Einigung darüber zu erzielen, was überhaupt gegen wen geschützt werden soll.[97] Das ist bisher nicht hinreichend geschehen.

In jüngeren Entscheidungen ist der BGH von der oben skizzierten extensiven Auslegung des § 9 abgerückt. So hat der *3. Strafsenat* im Jahr 2014 bei dem Verwenden von Kennzeichen verfassungs- widriger Organisationen (§ 86a), die vom Ausland aus auf eine Internetplattform geladen wurden, einen Erfolgsort im Inland verneint, weil § 86a tatbestandlich gerade keine Eignung zur Friedens- störung voraussetze, was gegen die Übertragbarkeit der o. g. *Rspr.* spreche.[98] Im Jahr 2016 hatte derselbe Senat dann die Möglichkeit, sich zu der umstrittenen Rspr. des *1. Strafsenats* im Kontext mit § 130 I, III zu äußern.[99] Zwar handelte es sich nicht um einen Fall, bei dem die Leugnung des Holocaust vom Ausland aus über das Internet verbreitet wurde, vielmehr hatte die Angekl. wäh- rend eines Vortrages in der Schweiz diese Äußerungen getätigt. Allerdings nahm der *3. Strafsenat* diesen Fall zum Anlass, der Ansicht des *1. Strafsenats* explizit entgegenzutreten. Das Merkmal der Eignung zur Störung des öffentlichen Friedens im Sinne von § 130 III umschreibe keinen zum Tat- bestand gehörenden Erfolg, sodass eine Inlandstat über § 9 I 1 Var. 3 oder 4 nicht begründet werden könne. Der Gesetzgeber hat mittlerweile auf diese Rechtsprechung mit dem 60. Gesetz zur Ände- rung des Strafgesetzbuchs reagiert und erfasst u. a. diese Konstellationen nun als Auslandstaten mit besonderem Inlandsbezug über § 5 Nr. 3 bzw. Nr. 5a.[100]

b) Staatsschutzprinzip

Unabhängig von der Strafbarkeit am ausländischen Tatort legt § 5 Nr. 2–5a, 10, 11–16 fest, dass bestimmte Auslandstaten gegen inländische Achtungsansprüche zum Schutz des Staates in der Bundesrepublik verfolgt werden können, sog. *Staats- schutzprinzip.* **112**

c) Aktives Personalitätsprinzip

Nach dem *aktiven Personalitätsprinzip* kommt es darauf an, dass der Täter zur Zeit der Tat Deutscher ist. Das aktive Personalitätsprinzip findet sich z. B. in § 5 Nr. 9 **113**

---

[94] Kritisch insoweit auch *L. Wörner* ZIS 2012, 458 ff. (463 f.).

[95] *B. Heinrich* GA 1999, 72 ff. (83 f.).

[96] Zum Kompetenzverteilungsprinzip bereits ausführlich *Oehler* 1983, Rn. 125, 153; hierzu auch *L. Wörner/M. Wörner*, in: Sinn (Hrsg.) 2012, S. 203 (255 mwN).

[97] *L. Wörner* ZIS 2012, 458 ff.

[98] BGH 3 StR 88/14 NStZ 2015, 81 ff.; zust. *Satzger* Jura 2015, 1011 ff.; krit. *Hecker* JuS 2015, 274 ff.

[99] BGH 3 StR 449/15 NStZ 2017, 146.

[100] BGBl. I 2020, S. 2600 ff.

lit. a (betreffend den Schwangerschaftsabbruch). Soweit es darauf ankommt, dass der Täter seine Lebensgrundlage im räumlichen Geltungsbereich des StGB hat, spricht man vom *Domizilprinzip*. Eine Kombination aus beiden Prinzipien findet sich bspw. in § 5 Nr. 9 lit. b. Auch § 7 II Nr. 1 beruht im Kern auf dem aktiven Personalitätsprinzip.[101] Enthalten sind aber auch Elemente der stellvertretenden Strafrechtspflege, weil Art. 16 II 1 GG die Auslieferung Deutscher grundsätzlich[102] verbietet, bedarf es der Strafverfolgung in Deutschland, die durch § 7 II Nr. 1 ermöglicht wird.

d) Passives Personalitätsprinzip

114 Das passive Personalitätsprinzip knüpft daran an, dass sich die Tat gegen einen Deutschen richtet, der im Inland seinen Wohnsitz oder gewöhnlichen Aufenthalt hat, vgl. z. B. § 5 Nr. 6 lit. a betreffend Verschleppung und politische Verdächtigung. An das passive Personalitätsprinzip knüpft auch § 7 I an.[103]

Zu Beispiel 1.6

114a In *Beispiel 1.6.* könnte unter dem Gesichtspunkt des passiven Personalitätsprinzips ein Strafverfahren gegen A eingeleitet werden. Denn B war Deutscher und die vorsätzliche Tötung des B wäre auch in Russland strafbar (§ 7 I). ◄

114b Bei der Frage der Strafbarkeit nach ausländischem Recht sind auch Rechtfertigungs- und Entschuldigungsgründe zu berücksichtigen.

e) Universalitätsprinzip (= Weltrechtsprinzip)

115 § 6 sieht die Geltung des deutschen Strafrechts zum Schutz der gemeinsamen Interessen der Kulturstaaten vor, ungeachtet der Staatsangehörigkeit des Täters oder Opfers und ungeachtet der Strafbarkeit am Tatort. § 6 berücksichtigt vor allem die Verpflichtung der Bundesrepublik zur Bestrafung bestimmter Verhaltensweisen aufgrund internationaler Abkommen. Als Beispiel kann hier das Übereinkommen des Europarats zur Verhütung und Bekämpfung von Gewalt gegen Frauen und häuslicher Gewalt (sog. Istanbul-Konvention[104]) genannt werden, das Deutschland am 12. Oktober 2017 ratifiziert hat. Weitere Beispiele sind das UN-Seerechtsübereinkommen (1982)[105] und das Römische Statut des Internationalen Strafgerichtshofs (1998).[106]

f) Prinzip der stellvertretenden Strafrechtspflege

116 Das Prinzip der stellvertretenden Strafrechtspflege liegt § 7 II Nr. 2 zugrunde.

---

[101] Vgl. *Eser/Weißer*, in: Schönke/Schröder § 7 Rn. 1 mwN.

[102] Ausnahme: Art. 16 II 2 GG.

[103] Vgl. *Eser/Weißer*, in: Schönke/Schröder § 7 Rn. 1 mwN.

[104] Gesetz zu dem Übereinkommen des Europarats vom 11. Mai 2011 zur Verhütung und Bekämpfung von Gewalt gegen Frauen und häuslicher Gewalt vom 17.07.2017 BGBl II 1026.

[105] Gesetz zu dem Seerechtsübereinkommen der Vereinten Nationen vom 10. Dezember 1982 vom 02.09.1994 BGBl II 1798.

Beispiel 1.6a

Der somalische Staatsbürger S reist nach Brasilien. Während seines Aufenthalts   117
in Rio de Janeiro gerät er in eine Auseinandersetzung mit dem Einheimischen B
und er tötet ihn. Nach der Tat flieht S nach Deutschland. Somalia leitet kein
Strafverfahren gegen S ein und stellt auch kein Auslieferungsersuchen. ◄

Deutschland kann die Kompetenz zur Strafverfolgung in diesem Fall auf § 7 II Nr. 2   118
stützen, der das Prinzip der stellvertretenden Strafrechtspflege verkörpert: A ist
Ausländer, er wurde in Deutschland betroffen, eine vorsätzliche Tötung ist auch in
Somalia strafbar und eine Auslieferung scheitert, weil kein Ersuchen gestellt wurde.

   In den Fällen des § 7 II Nr. 2 scheitert die Auslieferung also, weshalb die deut-   119
sche Strafrechtspflege stellvertretend tätig werden muss, um ein Strafverfolgungs-
vakuum zu verhindern .

   Die Prinzipien des internationalen Strafrechts haben keinen exklusiven Charak-   120
ter, können folglich auch gleichzeitig zur Anwendung kommen. So beruht der
Schutz von Betriebs- und Geschäftsgeheimnissen nach § 5 Nr. 7 sowohl auf dem
Universalitäts- als auch auf dem Staatsschutzprinzip, da auch die Interessen der
deutschen Volkswirtschaft mitgeschützt werden.[107]

IV. Europäisches Strafrecht

Beispiel 1.7

Von seiner Niederlassung in einer bayrischen Kleinstadt aus bietet der Deutsche   121
D, der die Lizenz für die Tätigkeit eines Buchmachers nach britischem Recht besitzt, für das britische Unternehmen U Sportwetten an. D nimmt ausgefüllte
Wettscheine an, leitet sie elektronisch an das Unternehmen in GB und zahlt etwaige Gewinne in seinen Geschäftsräumen aus. Die nach dem bayrischen Staatslotteriegesetz erforderliche deutsche verwaltungsrechtliche Erlaubnis hat D
nicht.[108] Ist D in Deutschland gem. § 284 I strafbar? ◄

Beispiel 1.8

Die niederländische Lotteriegesellschaft des N wirbt grenzüberschreitend für die   122
Teilnahme an ihrer Lotterieveranstaltung u. a. durch Aufrufe im Internet und
Werbeprospekte, die direkt an deutsche Verbraucher versandt werden. Eine Erlaubnis hierfür wurde von den deutschen Behörden nicht erteilt.[109] Ist N nach
deutschem Recht gem. § 287 I, II strafbar? ◄

---

[106] Gesetz zum Römischen Statut des Internationalen Strafgerichtshof vom 17. Juli 1998 vom
07.12.2000 BGBl II 1393.

[107] Vgl. *Jescheck/Weigend* AT § 18 III 3.

[108] Beispiel vereinfacht nach *Satzger* Int/EuStR § 9 Rn. 92, Fall 15.

[109] Beispiel vereinfacht nach *Hecker* EuStR Kap. 9 Rn. 30, Fall 4.

1. Einleitung

123 Mit dem Voranschreiten der Europäischen Integration sind eine erhebliche Zunahme der Mobilität der Unionsbürger einerseits sowie eine gegenseitige Beeinflussung der einzelnen Rechtsordnungen der Mitgliedstaaten andererseits verbunden. Inwieweit dabei die Europäische Gesetzgebung z. B. die deutsche Strafgesetzgebungsgewalt beeinflusst oder eine Neutralisierung deutscher Strafvorschriften bewirken kann, ist u. a. die Aufgabe des Europäischen Strafrechts.

124   Obwohl „Europa" seit mehreren Jahrzehnten das Recht der Mitgliedstaaten beeinflusst und prägt, ist das Europäische Strafrecht erst verhältnismäßig spät als Strafrechtsdisziplin erkannt und wissenschaftlich begleitet worden. Inzwischen prägt das Recht der Europäischen Union das nationale Strafrecht sogar in zunehmendem Maße.[110] Die Gründe für diese „Verspätung" dürften wohl einerseits in dem erschwerten Zugang zu dieser sehr dynamischen Rechtsmaterie und andererseits in der begrifflichen Erfassung des Gegenstandes des Europäischen Strafrechts liegen.

2. Der Begriff „Europäisches Strafrecht"[111]

125 Eine Kompetenz zur unmittelbaren Strafgesetzgebung in den Mitgliedstaaten hatte die EU bis zum Vertrag von Lissabon[112] nicht.[113] Mit der Neufassung der Verträge und dem Inkrafttreten des Vertrags über die Arbeitsweise der Europäischen Union (AEUV) hat sich dies geändert (umstr.).[114] Auf den Gebieten des Schutzes der finanziellen Interessen der EU (Art. 325 IV AEUV), dem Zollwesen (Art. 33 AEUV) und mglw. auch im Bereich illegaler Einwanderung bzw. Menschenhandel (Art. 79 II lit. c und lit. d AEUV) können supranationale Straftatbestände durch die EU erlassen werden.[115] Jenseits dieser noch sehr begrenzten Kompetenz zur originären Strafrechtssetzung, von der bisher noch nicht Gebrauch gemacht wurde, finden sich aber andere Möglichkeiten, mit denen europäischer Einfluss auf nationales Recht ausgeübt werden kann. Unter „Europäischem Strafrecht" wird daher nicht eine genuin von einem europäischen Gesetzgeber verabschiedete Rechtsmaterie verstanden, die mit dem Normenkanon des deutschen StGB vergleichbar wäre. Vielmehr wird „Europäisches Strafrecht" als ein Sammelbegriff für eine „Rechtsmaterie eigener Art verwendet, die sowohl strafrechtsrelevantes Unionsrecht und Völkerrecht als auch gemeinschafts-, unions- und völkerrechtlich beeinflusstes nationales Strafrecht umfasst".[116]

---

[110]*Zieschang* FS Tiedemann, S. 1303 ff.

[111]Vgl. insb. *Hecker* EuStR Kap. 1 Rn. 4 ff.; *Satzger* Int/EuStR § 7 Rn. 2 ff.; *Perron* FS Küper, S. 429 ff.; *Sieber/Satzger/v. Heintschel-Heinegg* (Hrsg.) EuStR, Einführung Rn. 2 ff.; *Zieschang* FS Tiedemann, S. 1303 ff. (1306 ff.).

[112]ABL. EU 2007 Nr. C 306 vom 17.12.2007, S. 1 ff.

[113]Vgl. *Satzger* Int/EuStR § 8 Rn. 20 ff.

[114]Vgl. *Ambos* IntStR § 9 Rn. 22; *Hecker* EuStR Kap. 11 Rn. 1 ff.; *Safferling* IntStR § 10 Rn. 41; dagegen z. B. *Asp* Substantive Criminal Law, S. 150 ff.; *Krüger* HRRS 2012, 311 ff. (316); *Heger* ZIS 2009, 406 ff. (416).

[115]Vgl. *Satzger* Int/EuStR § 8 Rn. 28.

[116]*Hecker* EuStR Kap. 1 Rn. 5 mwN; vgl. auch *Rosenau* ZIS 2008, 9 ff.

3. Gegenstände des Europäischen Strafrechts

Die Wurzeln des Europäischen Strafrechts liegen in den Gemeinschaftsverträgen **126** (EGV, EAGV), dem Vertrag über die Europäische Union (EUV) und dem Völkerrecht (EMRK). Aktuelle Grundlagen bilden der Vertrag über die Europäische Union (EUV) und der Vertrag über die Arbeitsweise der Europäischen Union (AEUV) in der Fassung des Reformvertrags von Lissabon 2009. Echtes supranationales Strafrecht im engeren Sinne gibt es auch danach noch nicht. In bestimmten Bereichen ist die Schaffung originär europäischer Strafvorschriften nun aber denkbar.[117] Den Institutionen sind aber weiter Handlungsinstrumentarien (z. B. Richtlinien, Verordnungen, Übereinkommen) in die Hand gegeben, um im Bereich des Strafrechts europaweit tätig werden zu können. Zum Bereich des Europäischen Strafrechts gehören im Weiteren auch die Initiativen der supranationalen und internationalen Organisationen Europas (EU, Euratom, Europarat, OECD), denn sie vereinheitlichen, prägen und koordinieren das Strafrecht mit.[118] Auch innerstaatliches Recht kann Gegenstand des Europäischen Strafrechts sein, wenn die Regelungen durch europäisches Primär- oder Sekundärrecht überlagert werden ("europäisiertes nationales Strafrecht").[119] Schließlich ist noch die einflussreiche Rechtsprechung der Europäischen Gerichtshöfe in Straßburg (EGMR) und Luxemburg (EuGH) zu nennen.

4. Quellen und Institutionen des Europäischen Strafrechts

a) Europarat

In der Vergangenheit gingen vielfältige, das Strafrecht betreffende Initiativen vom **127** Europarat aus. Diese 1949 gegründete internationale Organisation arbeitet in erster Linie mit dem Ziel der Rechtsvereinheitlichung und der Förderung zwischenstaatlicher Zusammenarbeit. Ihm gehören derzeit 47 Mitgliedstaaten (darunter auch alle 27 EU-Mitgliedstaaten) an. Am bedeutendsten für den strafrechtlichen Bereich ist die Verabschiedung der Europäischen Konvention zum Schutz der Menschenrechte und Grundfreiheiten (EMRK) v. 04.11.1950,[120] die durch die Umsetzung durch das Gesetz vom 07.08.1952 nationales Recht geworden ist.[121]

b) Europäische Union

Der gegenwärtige Prozess des "Europäischen Strafrechts" wird von der Europäi- **128** schen Union (EU) als Rechtsnachfolgerin der Europäischen Gemeinschaft (EG)[122] bestimmt.

---

[117] Ausführlich zu den Möglichkeiten *Satzger* Int/EuStR § 8 Rn. 18 ff.; Zur Entscheidung des deutschen Bundesverfassungsgerichts zum Lissabon-Vertrag (BVerfG NJW 2009, 2267 ff.) und ihrer Bedeutung für das deutsche Strafrecht *Böse* ZIS 2010, 76 ff.

[118] *Sieber/Satzger/v. Heintschel-Heinegg* (Hrsg.) 2011, Einführung Rn. 7.

[119] *Hecker* EuStR Kap. 1 Rn. 5.

[120] BGBl. II 1952, S. 685 i. d. F. vom 17.05.2002 (BGBl II 1054).

[121] BGBl. II 1952, S. 685, 953.

[122] Zum Einfluss der EG auf die Entwicklung des Europäischen Strafrechts vgl. in der 3. Aufl. § 1 Rn. 61 f-61 l.

129   Die Europäische Union wurde mit dem Vertrag von Maastricht 1992 gegründet. Mit Inkrafttreten des Vertrags von Lissabon am 01.12.2009 erhielt sie erstmals eine eigene Rechtspersönlichkeit als „Staatenbund".[123] Ein mit der Struktur der EU-Gründungsverträge brechender einheitlicher Verfassungsvertrag ist darin dennoch nicht zu sehen. Im Bereich des materiellen Strafrechts aber hat der Vertrag von Lissabon die Zuständigkeiten der EU zur Rechtsangleichung maßgeblich erweitert. Art. 83 Abs. 1 Unterabs. 1 des Vertrags über die Arbeitsweise der Europäischen Union (AEUV) erlaubt nunmehr in bestimmten Bereichen den Erlass von Mindestanforderungen zur Festlegung von Strafvorschriften und Strafen per Richtlinie. Art. 83 Abs. 1 Unterabs. 2 AEUV benennt diese Zuständigkeitsbereiche in einer nicht abschließenden Aufzählung. Es handelt sich dabei insbesondere um die Bereiche schwerer Kriminalität des Terrorismus, des Menschenhandels und der sexuellen Ausbeutung von Frauen und Kindern, des illegalen Drogenhandels, des illegalen Waffenhandels, der Geldwäsche, der Korruption, der Fälschung von Zahlungsmitteln, der Computerkriminalität und der organisierten Kriminalität. Durch einen einstimmigen Beschluss des Rates (nach Zustimmung des Europäischen Parlaments) können dem bereits umfassenden Katalog weitere Kriminalitätsbereiche zugefügt werden, Art. 83 Abs. 1 Unterabs. 3 AEUV. Am 28.11.2022 hat der Rat der Europäischen Union auf dieser Grundlage den Beschluss 2022/2332 gefasst, wonach der Verstoß gegen restriktive Maßnahmen der Union ein Kriminalitätsbereich im Sinne des Artikels 83 Abs. 1 Unterabs. 3 AEUV ist.[124] Dies geschah vor dem Hintergrund des russischen Angriffskrieges gegen die Ukraine und den damit in Zusammenhang stehenden Sanktionsmaßnahmen der EU gegen Russland und Einzelpersonen.

130   Wie weit der Angleichungsprozess im Bereich des Europäischen Strafrechts bereits fortgeschritten ist, zeigt Art. 83 II 1 AEUV. Dort wird der EU eine Annexkompetenz zum Erlass von Richtlinien auch für jene Bereiche des Strafrechts gewährt, in denen bereits Harmonisierungsmaßnahmen erfolgt sind.

131   Der Einfluss der EU auf die nationalen Strafrechtsordnungen ist damit von enormer Bedeutung. Unter anderem die heutigen Geldwäsche- und Korruptionsvorschriften (vgl. §§ 261, 299 ff.), das Rechtshilfeübereinkommen,[125] der Europäische Haftbefehl,[126] EUROPOL,[127] EUROJUST[128] und die Europäischen Staatsanwaltschaft (EPPO)[129] sind Initiativen, die einen europäischen Ursprung haben. Der

---

[123] Das BVerfG spricht von einer „Vertragsunion souveräner Staaten", BVerfG 2 BvE 5/08, BVerfGE 123, 267 (Lissabon-Urteil) 1. Leitsatz.

[124] Abl. L 308 vom 29.11.2022, S. 18 ff.

[125] Vgl. ABL. EG Nr. C 197 vom 12.07.2000, S. 1 ff.

[126] Vgl. ABL. EG Nr. L 190 vom 18.07.2002.

[127] Europäische Polizeibehörde eingerichtet auf Grundlage des Europol-Übereinkommens v. 26.07.1995 (ABL. EG 1995 Nr. C 316, S. 1 ff. (BGBl II 1997, S. 2154)); ersetzt mit Wirkung zum 01.01.2010 auf Grundlage des Beschlusses des Rates v. 06.04.2009 zur Errichtung des Europäischen Polizeiamtes (ABL. EU 2009 Nr. L 121, S. 37).

[128] Art. 85 AEUV.

[129] Art. 86 AEUV, vgl. Verordnung (EU) 2017/1939 vom 12.10.2017 zur Durchführung einer verstärkten Zusammenarbeit zur Errichtung der Europäischen Staatsanwaltschaft (EUStA) ABL. Nr. L 283 vom 31.10.2017, S. 1 ff.; vgl. a. *Bachmaier Winter* (Hrsg.) 2018; *Ligeti* (Hrsg.) 2012, 2013.

Motor einer EU-weiten Angleichung des Strafrechts liegt aber weniger im materiellen Recht als im Strafverfahrensrecht.

Daneben ist bei der Auslegung innerstaatlichen (nationalen) Strafrechts auf das **132** Unionsrecht Rücksicht zu nehmen (unionsrechtskonforme Auslegung).

Zu Beispiel 1.7

Im *Beispiel 1.7* bedeutet das, dass Unionsrecht nationalen Strafvorschriften vor- **133** gehen kann. Die deutsche Strafvorschrift (§ 284 I) darf dann im konkreten Fall nicht angewandt werden, weil ihr Unionsrecht widerspricht (Anwendungsvorrang).[130] Denn indem das bayerische Staatslotteriegesetz[131] ein Staatsmonopol für Sportwetten vorsah, beschränkte es europarechtswidrig die Dienstleistungsfreiheit als unmittelbar anwendbares Unionsrecht des EU-Vertrages. Das war mit zwingenden Allgemeininteressen nicht zu rechtfertigen, weil das bayerische Staatsmonopol finanzielle Interessen des Staates in den Vordergrund stellte und eine Erlaubniserteilung an Private nicht vorsah, so das OLG München im vorliegenden Fall.[132] Das ist zwar im Ergebnis richtig. Jedoch hätte dieses zutreffende Ergebnis bereits im Wege *unionskonformer* Auslegung erzielt werden können. Versteht man den Begriff „behördliche Erlaubnis" in § 284 I nicht nur national, sondern unionsrechtlich, so hat D nicht tatbestandsmäßig gehandelt, weil ihm mit der britischen Lizenz eine behördliche Erlaubnis durch einen EU-Mitgliedsstaat gerade vorlag.[133]

Unionskonforme Auslegung kann dann im Einzelfall auch eine Beschränkung **134** unionsrechtlicher gewährleisteter Freiheiten, hier der Dienstleistungsfreiheit, bedeuten. So beanstandete der EuGH lange Zeit den auch strafrechtlichen Schutz eines Glücksspielmonopols durch die Mitgliedstaaten nicht, sondern erkannte staatliche Erwägungen sittlicher, religiöser, kultureller, sozialer und verbraucherschutzpolitischer Art als zwingende Gründe des Allgemeininteresses gegen eine Liberalisierung des Glücksspiels an. In seiner *Gambelli*-Entscheidung wies der EuGH (2003) allerdings bereits darauf hin, dass hierdurch entstehende Beschränkungen der Dienstleistungsfreiheit diskriminierungsfrei zu handhaben seien.[134] Wenn die staatliche Beschränkung einer Wetttätigkeit dann nicht dazu führt, „Wetttätigkeiten in kohärenter und systematischer Weise zu begrenzen",[135] lassen sich Beschränkungen sowohl der Niederlassungs- als auch der Dienst-

---

[130] *Streinz* Europarecht, Rn. 209 ff. Nach h. M. bleibt die Anwendung der Vorschrift für die übrigen Fälle unberührt.

[131] Gesetz über die vom Freistaat Bayern veranstalteten Lotterien und Wetten (Staatslotteriegesetz) v. 29.04.1999 (GVBl, S. 226), i. d. F. v. 20.12.2007 (GVBl, S. 922), ib. Art. 2 V S. 2 in der bis zum 15.05.2006 geltenden Fassung ließ die Veranstaltung durch juristische Personen des Privatrechts nur zu, wenn der Freistaat Bayern deren alleiniger Gesellschafter war.

[132] OLG München Urteil vom 26.09.2006 – 5St RR 115/05 = NJW 2006, 3588 ff.

[133] So zutreffend *Satzger* Int/EuStR § 9 Rn. 97.

[134] EuGH C-243/01 EuGHE 2003, 13031 = NJW 2004, 139.

[135] EuGH (Große Kammer), Urteil vom 08.09.2010 – C-409/06 Winner Wetten-GmbH/Stadt Bergheim = NVwZ 2010, 1419 (im Leitsatz).

leistungsfreiheit nicht mehr diskriminierungsfrei begründen. Mit dieser Begründung erklärte der EuGH schließlich 2010 die deutschen Vorschriften zum strafrechtlichen Schutz des Glücksspielmonopols für unionsrechtswidrig.[136] In *Beispiel 1.8.* hat sich N somit nicht gem. § 287 I, II strafbar gemacht, weil die Vorschrift wegen des Anwendungsvorrangs des europäischen Primärrechts der Unionsfreiheiten bis zur Schaffung einer unionskonformen Neuregelung *neutralisiert* ist.[137] ◄

135 Anwendungsvorrang und unionskonforme Auslegung zeigen, dass mit dem Strafrecht im Europäisierungsprozess ein besonders sensibler Bereich betroffen ist. Denn die nationale „Strafrechtspflege ist, sowohl was die Voraussetzungen der Strafbarkeit als auch was die Vorstellungen von einem fairen, angemessenen Strafverfahren anlangt, von kulturellen, historisch gewachsenen, auch sprachlich geprägten Vorverständnissen und den im liberalen Prozess sich bildenden Alternativen abhängig… Die Pönalisierung sozialen Verhaltens, über den Rang von Achtungsansprüchen und den Sinn und das Maß der Strafandrohung, ist vielmehr in besonderem Maße dem demokratischen Entscheidungsprozess überantwortet.“[138] Dennoch sind nicht alle nationalen Strafvorschriften gleichermaßen von nationalen Besonderheiten durchsetzt. Je weitergehender aber ein nationales Strafrecht und nationale Kriminalpolitik spezifisch nationalen Bedingungen folgen, desto eher wird eine Europäisierung zu Problemen führen.[139] Es gilt deshalb kriminalpolitisch den Europäisierungsprozess im Bereich des Strafrechts möglichst schonend unter Wahrung der gesellschaftspolitischen wie kulturellen Eigenheiten der Mitgliedstaaten zu betreiben. Hierzu verpflichtet im Übrigen auch Art. 4 II 1 EUV (Achtung der nationalen Identitäten der Mitgliedstaaten). Dass die Wahrung nationaler Grundsätze der Strafrechtsordnung auch zu Lasten des europäischen Harmonisierungsprozesses gehen kann, zeigt die *Sturm 34-Entscheidung* des *3. Strafsenats* des BGH aus dem Jahr 2009.[140] Der *Senat* hatte auf die Revison der Staatsanwaltschaft hin darüber zu entscheiden, ob die Angkl. wegen der Mitgliedschaft in einer kriminellen Vereinigung (§ 129) zu verurteilen waren. Für die Entscheidung war bedeutend, dass die EU zur Harmonisierung des materiellen Rechts im Jahr 2008 einen Rahmenbeschluss zur Bekämpfung der organisierten Kriminalität[141] erlassen hatte. Deutschland hatte keine Änderungen des § 129 vorgenommen, obwohl die EU-Vorgaben

---

[136] EuGH NVwZ 2010, 1419.

[137] Dazu auch *Hecker* EuStR Kap. 9 Rn. 31. Problematisch ist der für die Mitgliedstaaten verbleibende Gestaltungsspielraum zur Regulierung des Glücksspiels auch mit Mitteln des Strafrechts, dazu *Streinz/Kruis* NJW 2010, 3745 ff. Tatsächlich gilt es über die Schaffung einer EU-Richtlinie nachzudenken, vgl. *Pagenkopf* NVwZ 2011, 513 ff. (522); zustimmend *Hecker* EuStR Kap. 9 Rn. 31.

[138] BVerfG 2 BvE 2/08 BVerfGE 123, 267 Rn. 253 = NJW 2009, 2267 ff. (2274), dazu *Kubiciel* GA 2010, 99 ff.

[139] *Satzger* Int/EuStR § 9 Rn. 9.

[140] BGH 3 StR 277/09 BGHSt 54, 216.

[141] Rahmenbeschluss 2008/841/JI ABl. EG Nr. L 300 vom 11.11.2008, S. 42.

einem im Vergleich zur deutschen Interpretation weiten (internationalen) Begriffsverständnis folgen. Da der *Senat* zur unionsrechtskonformen Auslegung nationalen Rechts verpflichtet war (vgl. § 3 Rn. 47), stellte sich die Frage, ob eine solche wesentliche Grundsätze des deutschen Strafrechts berühren würde. Der *Senat* bejahte dies: „Die Übertragung der Definition einer kriminellen Vereinigung in Art. 1 des Rahmenbeschlusses vom 24. Oktober 2008 in das nationale Recht würde zu einem unauflösbaren Widerspruch zu wesentlichen Grundgedanken des Systems der Strafbarkeit mehrerer zusammenwirkender Personen führen, auf dem das deutsche materielle Strafrecht beruht."[142] Erst im Sommer 2017 beseitigte der Gesetzgeber durch eine Reform des § 129[143] den Widerspruch zwischen den EU-Vorgaben und dem nationalen Recht, nachdem gegen Deutschland ein Vertragsverletzungsverfahren eingeleitet worden war. Inzwischen hat auch der *3. Strafsenat* des BGH eine Auslegung „gefunden" die nicht zu einem unauflösbaren Widerspruch zu wesentlichen Grundgedanken im System der Strafbarkeit mehrerer zusammenwirkender Personen führt.[144]

5. Ausblick

Der Fokus der EU im Bereich der justiziellen Zusammenarbeit in Strafsachen **136** (Art. 82-86 AEUV) liegt auf der Schaffung gemeinsamer Mindeststandards für Strafverfahren, Initiativen gegen den Terrorismus, der Bekämpfung von Korruption, Cyberkriminalität, Betrug und Geldwäsche, dem Informationsaustausch zwischen den Mitgliedstaaten und den Agenturen der Europäischen Union sowie dem Opferschutz.[145]

Insbesondere gewinnt im Streben um weitere Harmonisierungen des Strafrechts **137** und des Strafprozessrechts die Strafrechtsvergleichung an Bedeutung. Zwar sind die Methoden einerseits aber auch die Grenzen anderseits noch nicht ausgelotet.[146] Da man aber das Entstehen auch echten Unionsstrafrechts mit europäischen Kriminalstrafgesetzen i. V. m. den (neuen) Kompetenznormen des Art. 325 IV AEUV, Art. 33 AEUV und Art. 79 II lit. c und lit. d) AEUV sowie Art. 83 AEUV trotz der auch EU-rechtlich vorgesehenen Wahrung und Achtung mitgliedstaatlicher Besonderheiten (Art. 4 II EUV) nicht mehr ausschließen kann, gilt es, den Europäisierungsprozess gerade im hochsensiblen Bereich des Strafrechts mit Mitteln der Strafrechtsvergleichung kritisch zu begleiten.

---

[142] BGH 3 StR 277/09 BGHSt 54, 216 (223); krit. zu dieser Rspr. *Sinn* 2016, S. 35 ff.

[143] Vgl. vierundfünfzigstes Gesetz zur Änderung des Strafgesetzbuches – Umsetzung des Rahmenbeschlusses 2008/841/JI des Rates vom 24. Oktober 2008 zur Bekämpfung der organisierten Kriminalität vom 17.07.2017, BGBl I 2440.

[144] Vgl. BGH 3 StR 21/21 BGHSt 66, 137; *Sinn* ZJS 2021, 673 ff.

[145] Vgl. https://www.europarl.europa.eu/factsheets/de/sheet/155/justizielle-zusammenarbeit-in-strafsachen (zuletzt: 22.09.2025) mit zahlreichen Nw.

[146] Umfassend *Sieber* ZStW 121 (2009), 1 ff.; *Ida*, in: Streng/Kett-Straub (Hrsg.) 2012, S. 23 ff.; zu Recht befasst sich ein DFG-Netzwerk (junger) Strafrechtsvergleicher/innen seit 2012 intensiv mit dieser Frage, vgl. *Beck/Burchard/Fateh-Moghadam* (Hrsg.) 2010.

C. Die „gesamte" Strafrechtswissenschaft

138   1881 wurde von *Franz von Liszt*, weiland ord. Professor der Rechte in Gießen und Vetter des gleichnamigen Komponisten und Pianisten, und *Adolf Dochow*, weiland ord. Professor der Rechte in Halle, die „Zeitschrift für die gesamte Strafrechtswissenschaft" gegründet. Die Formulierung „gesamte Strafrechtswissenschaft" im Namen der bis heute existierenden Zeitschrift ist ein Hinweis darauf, dass das *materielle* Strafrecht nur ein Teilgebiet – wenn auch den Ausgangspunkt für alle weiteren Gebiete – der gesamten Strafrechtswissenschaft darstellt. Denn es genügt nicht, nur festzuschreiben, welche Unwertverwirklichungen unter welchen Voraussetzungen mit Strafe bedroht sind. Vielmehr bedarf es auch der Entwicklung von Methoden, wie Straftaten aufgeklärt und einer bestimmten Person zugerechnet werden und wie diese Person ihre gerechte Strafe erhält.

139   Jene Regeln stellt das *Strafprozessrecht* auf, welches im Wesentlichen in der *Strafprozessordnung* (StPO) festgeschrieben ist. Die Verhängung einer *gerechten* Strafe erfordert darüber hinaus, dass die Schwere der Strafe der Schwere der Tat vor dem Hintergrund der Persönlichkeit des Täters angemessen ist. Mit diesen Fragen beschäftigt sich das *Strafzumessungsrecht*. Gesetzlich fixiert ist jener Rechtsbereich in den §§ 46–51. Um jene wenigen Paragrafen herum rankt sich eine weit verzweigte Lehre, die sich zum Ziel gesetzt hat, Kriterien zu entwickeln, anhand derer der von Natur aus mit einem Quantum von Unabwägbarkeit behaftete Bereich der Strafzumessung möglichst objektiviert werden kann.[147]

140   Als dritte Säule des Strafrechts neben dem materiellen Strafrecht und dem Strafprozessrecht regelt das *Strafvollzugsrecht* die praktische und alltägliche Gestaltung[148] der freiheitsentziehenden Rechtsfolgen (§§ 38 ff., 63 ff. StGB, 17 JGG) und zwar vornehmlich mit dem StVollzG von 1976[149] und den Strafvollzugsgesetzen der Bundesländer (oben Rn. 24).

141   Als Bestandteil der gesamten Strafrechtswissenschaft sei des Weiteren das *Jugendstrafrecht* erwähnt.[150]

142   Ein ganz wesentliches Gebiet der gesamten Strafrechtswissenschaft stellt schließlich die *Kriminologie* dar. Als empirische Wissenschaft untersucht sie, weshalb Straftaten begangen werden, wer die Täter sind und wie man die Begehung von Straftaten und die Täter beeinflussen und kontrollieren kann.[151] Die Kriminologie bedient sich daher zahlreicher Hilfswissenschaften wie etwa Soziologie, Psychologie und Medizin.

---

[147] Vgl. zum Verhältnis von Straftatsystem und Strafzumessung *Frisch* GA 2014, 489 ff.

[148] Zur Abgrenzung von der Strafvollstreckung (oben Rn. 23) als Teil des Strafprozesses näher *Seebode* 1997, S. 38 ff.

[149] Gesetz über den Vollzug der Freiheitsstrafen und der freiheitsentziehenden Maßregeln der Besserung und Sicherung – Strafvollzugsgesetz (StVollzG) vom 16. März 1976 BGBl I 581, berichtigt I 2088 und 1977 I 436.

[150] Vgl. *Beulke/Swoboda* 2020; *Streng* 2024; näher oben Rn. 83 f.

[151] Vgl. *Bannenberg/Rössner* 2005, S. 7 f.; *Maurach/Zipf* AT 1 § 3 Rn. 10 ff.; *Kaiser* 1997; *Kürzinger* 1996; zum Verhältnis von Strafrecht und Kriminologie *P. A. Albrecht* FS E. A. Wolff, S. 1 ff.

D. Die gesellschaftliche Legitimation von Strafrecht und Strafe

I. Der repressive Charakter des Strafrechts

1. Normstabilisierung[152] durch Ahndung begangener Straftaten

Aufgabe des Strafrechts ist es, die Strafbarkeit von Sachverhalten festzulegen und **143** Straftäter einer Verurteilung zuzuführen. Die Strafverfolgung kommt somit zwangsläufig erst dann zum Zug, wenn eine Straftat *begangen worden*, wenn „das Kind bereits in den Brunnen gefallen" ist. Strafrecht „kommt also immer zu spät", nach der Tat. Das Strafrecht kann dem konkret betroffenen Opfer folglich gar nicht helfen, sondern nur insgesamt zum Frieden in der Gesellschaft beitragen, indem Verhaltensnormen anerkannt und zu deren Bestätigung Normverletzungen einer gerechten Strafe zugeführt werden. Das Strafrecht schützt damit potenzielle Opfer allenfalls mittelbar über die Bestätigung der durch das StGB repräsentierten Normen wie etwa das Verbot, zu töten, zu stehlen oder falsch zu schwören.[153]

Zu jener Normstabilisierung ist es nun aber nicht erforderlich, dass *alle* Norm- **144** übertretungen geahndet werden. Es genügt, den Rechtsunterworfenen zu zeigen, dass *so viel wie nötig* zur Normstabilisierung durch Strafverfolgung getan wird. Dieses Optimum ist dem ohnehin nicht zu erreichenden Maximum auch aus rechtsstaatlichen Gründen vorzuziehen: Denn wollte man Straftaten bereits verhindern, bevor ein Schaden eingetreten ist, so würde dies zwar den potenziellen Opfern zugute kommen, es wäre jedoch mit einem unvertretbaren Verlust an Freiheit der rechtstreuen Bürger verbunden, würde es die wirksame Verhinderung von Straftaten doch erfordern, dass bereits die naheliegende *Möglichkeit* ihrer Begehung registriert und zum Anlass für ein Einschreiten genommen wird, was eine umfassende Überwachung des Einzelnen voraussetzte.

2. Absage an eine Gefahrenabwehr durch Strafrecht

Durch jenes Einschreiten im Vorfeld, eine sog. „vorbeugende Verbrechensbekämp- **145** fung" drohte Strafrecht sich in ein *Gefahrenabwehrrecht*, d. h. *Polizeirecht* umzuwandeln.[154] Eine Gefahrenabwehr durch Strafrecht bedeutete jedoch, dass der Einzelne zunehmend als ein Gefahrenpotenzial begriffen wird, welches es einzudämmen gilt und gegenüber dem die rechtsstaatlichen Garantien der StPO nicht eingehalten werden müssen.

Es wäre dann zwischen einem Strafrecht der im Prinzip rechtstreuen *Bürger* und **146** einem „Strafrecht" der gefährlichen „*Feinde*" („Feindstrafrecht") zu unterscheiden.

---

[152] Vgl. *Frisch* FS Sancinetti, S. 347 ff. (350).

[153] Vgl. *Jakobs* AT 2 Rn. 1 ff.

[154] Hierzu auch *Kühne* 2004; vgl. auch *Hilgendorf* NStZ 1993, 10 ff. (13 ff.); *Müller-Dietz* FS Triffterer, S. 677 ff. (691).

Ein solches „Feindstrafrecht"[155] wäre indessen kein Strafrecht mehr, sondern würde in einem *Krieg* enden, der z. B. die gezielte Tötung mutmaßlicher „Terroristen" ohne Verurteilung für begangene Straftaten zuließe. Dies ist jedoch inakzeptabel, gerade auch deshalb, weil die Definitionsmacht, wer „Feind" sein soll, beim „Straf-verfolger" liegen und damit dem Missbrauch Tür und Tor öffnen würde. Es bleibt nur zu hoffen, dass auch die Kriminalpolitik diesen Gesichtspunkt nicht ganz aus den Augen verliert.[156]

147   Der Strafgesetzgeber versucht, einen Mittelweg einzuschlagen, indem er Ver-haltensweisen unter Strafe stellt, welche bereits die *Gefährdung* eines werthaften Zustandes (z. B. der Sicherheit des Straßenverkehrs) oder eines Angriffsobjekts (z. B. eines Menschen) bedeuten.[157] Freilich ist nicht zu übersehen, dass mit der Pö-nalisierung bloßer Gefährdungen, mögen sie auch werthafte Zustände betreffen, eine Vorverlagerung der Strafbarkeit einhergeht. Es genügt dann bereits die Gefähr-dung, ohne dass es zu einer Veränderung in der Außenwelt gekommen sein muss, um bestraft zu werden. Dabei steht außer Frage, dass nicht jede Vorverlagerung in einem Tatstrafrecht ausgeschlossen ist. Schwierig ist es jedoch, die Grenzen der Vorverlagerung zu bestimmen. Die Forschung steht hierbei noch am Anfang.[158]

3. Kriminalprävention

148   Von jener Gefahrenabwehr durch Strafrecht ist die *Verhütung* von Kriminalität (Kriminalprävention) zu unterscheiden, die sich vor allem der Analyse und Beein-flussung von Lebensbedingungen bedient.[159]

II. Der Schutz gesellschaftlich bedeutender Achtungsansprüche (Rechtsgüter) als Legitimation des Strafrechts – zur Definitionsmacht des Strafrechts

1. Der Schutz von Achtungsansprüchen/Rechtsgüterschutz[160]

149   Strafrecht schützt bestimmte Interessen als Achtungsansprüche – „Rechtsgüter"[161] – dadurch, dass es die entsprechenden bei Strafe zu vermeidenden Unwertverwirkli-

---

[155] Näher zu dem von *Jakobs* ZStW 97 (1985), 751 ff. oder *Jakobs* 2004, 5 ff. (40 ff.) beschriebenen *Feindstrafrecht* kritisch *Jung* GA 2006, 724 ff. (726 f.) sowie *Greco* GA 2006, 96 ff.; *B. Heinrich* ZStW 121 (2009), 94 ff.; *Hörnle* FS R. Merkel, S. 511 ff.; *Hörnle* GA 2006, 80 ff.; *Jäger* FS Roxin 2011, S. 71 ff.; *Streng,* in: Vormbaum (Hrsg.) 2009, S. 181 ff. jew. mwN; differenzierend *Frisch* GA 2009, 397 ff.; *Polaino-Orts* FS Roxin 2011, S. 91 ff. sowie *Sinn* ZIS 2006, 107 ff.

[156] Zum Strafrecht als Instrument der Kriminalpolitik NK-StGB-*Neumann/Saliger* Vor § 1 Rn. 49 ff.; *Hassemer* StV 1995, 483 ff.; *Köhler* StV 1994, 386 ff.; *Kuhlen,* in: Neumann/Prittwitz (Hrsg.) 2005, S. 109 ff.; *Welp* StV 1994, 161 ff.; *Zaczyk* StV 1993, 490 ff.

[157] Näher zu den Gefährdungsstraftaten § 2 Rn. 20 ff.

[158] Vgl. dazu grundlegend *Sinn,* in: Sinn/Gropp/Nagy (Hrsg.) 2011, S. 13 ff.

[159] Umfassend hierzu die vergleichende Analyse zur Inneren Sicherheit in den USA und in Deutsch-land bei *H. J. Schneider,* 1998; *H. J. Schneider* Universitas (Zeitschrift für interdisziplinäre Wissenschaft) 54 (1999), S. 819 ff.; vgl. auch *Streng* Erlanger Universitätsreden 57/1999.

[160] Vgl. näher zum Konzept des Rechtsgüterschutzes und der terminologischen Abgrenzung zum Schutz von Achtungsansprüchen § 2 Rn. 12 ff.

[161] Vgl. zum Rechtsgüterschutz als Legitimationselement *Schick* GA 2020, S. 14 ff.

chungen festlegt und beschreibt. Eine Annäherung an jenes Ziel ist nur erreichbar, wenn die Rechtsunterworfenen auch zur Vermeidung der Unwertverwirklichungen bereit sind. Nach allgemeiner Lebenserfahrung sind sie es, wenn

- Ihnen das Ziel der jeweiligen strafrechtlichen Verbotssätze schutzwürdig und -bedürftig erscheint (Normakzeptanz)[162] und
- Eine gewisse Mindestwahrscheinlichkeit besteht, für Zuwiderhandlungen zur Verantwortung gezogen zu werden (Kontrolldichte).

Je mehr die Wertvorstellungen in der Gesellschaft und die des Strafgesetzgebers **150** auseinanderfallen, desto weniger lässt sich Strafrecht verhaltensleitend einsetzen. Denn Strafrecht *stützt* sich in seiner Geltung eher auf ein gesellschaftliches Wertebewusstsein, als dass es dieses beeinflusst. Es ist eher Spiegel, weniger Motor gesellschaftlicher Wertvorstellungen. Der Bereich, in dem Strafrecht werte*erhaltend* wirken kann, ist somit weit, derjenige, in dem es werte*bildend* wirken kann, sehr begrenzt. Es macht sich daher Illusionen, wer meint, bereits durch Änderungen des Strafrechts bewusstseinsverändernd zu wirken.[163] Strafrecht ist kein Heil-, sondern Reaktionsmittel.

Beispiel 1.9

Selbst vor der Einführung des Indikationsmodells zum Schwangerschaftsab- **151** bruch von 1976 in der ehemaligen Bundesrepublik stand der prinzipiellen Strafbarkeit trotz einer mutmaßlichen Anzahl von mehreren 100.000 Schwangerschaftsabbrüchen die letztendliche Bestrafung von allenfalls einer Handvoll Frauen und Ärzten gegenüber.[164] ◄

Sozial unauffällige *Moralverstöße* können und dürfen folglich nicht mit den Mitteln **152** des Strafrechts sanktioniert werden.[165] Diese Erkenntnis spielt gerade im Bereich der *Sexualmoral* eine wichtige Rolle. Sie führte dazu, dass der Strafgesetzgeber der

---

[162] Diese Normakzeptanz dürfte weit häufiger vorhanden sein, als allgemein angenommen wird: Auch der „gewöhnliche Verbrecher" weiß ganz genau, dass das, was er tut, eigentlich nicht richtig ist. Anders ist die Sachlage beim *Überzeugungstäter*, der das, was er tut, für *richtig* hält, obwohl er weiß, dass es rechts*widrig* ist. Der *Gewissenstäter* unterscheidet sich vom Überzeugungstäter darin, dass er sich an den Kategorien von „gut" und „böse" orientiert, vgl. *Roxin* GA 2011, 1 ff., der bei der Gewissenstat eine Entschuldigung annimmt, wenn eine präventive Bestrafungsnotwendigkeit fehlt, GA 2011, 10 f.

[163] Die Erhöhung der Strafrahmen für Gewalttaten durch das *Verbrechensbekämpfungsgesetz* vom 28.10.1994 BGBl. I 3186 ist daher nur dann nicht illusionär und nur symbolisch, wenn auch in der Gesellschaft das Bewusstsein vorherrscht, dass die Anwendung von Gewalt nicht hingenommen werden darf.

[164] Vgl. *H.-G. Koch*, in: Eser/Koch (Hrsg.) 1988, S. 17 ff. (234 ff.).

[165] Vgl. auch *Renzikowski* GA 2007, 561 ff. (571); *Roxin* FS Küper, S. 489 ff. (497); zur Gefahr einer Ausdehnung des Strafrechts in den Bereich der „Moralverstöße" und Störungen der „Harmonie" *Weigend* FS Frisch, S. 17 ff. (24 ff.).

sozial-liberalen Koalition durch das Erste Gesetz zur Reform des Strafrechts von 1969[166] nicht mehr Verstöße gegen die Sittlichkeit als solche, sondern Verstöße gegen die *sexuelle Selbstbestimmung* zum Gegenstand der Unwertbeschreibungen der Sexualstraftaten erklärt hat.

153 Konkret schaffte der Strafgesetzgeber deshalb z. B. die Strafbarkeit des Ehebruchs und homosexueller Handlungen unter erwachsenen Männern ab. Denn dass hier die sexuelle Selbstbestimmung der handelnden Personen nicht betroffen ist, bedarf keiner weiteren Begründung. Die Strafbarkeit homosexueller Handlungen unter Männern hat der Strafgesetzgeber im Zuge der deutschen Rechtseinheit und aufgrund der Rechtslage in der ehemaligen DDR schließlich ganz aufgehoben und die Strafbarkeitsgrenze damit beim sexuellen Missbrauch von Kindern oder sonst schutzbedürftigen Personen, vgl. §§ 174 ff., gezogen. Im Jahr 2017 wurde vom Bundestag sogar ein Gesetz zur strafrechtlichen Rehabilitierung der nach dem 8. Mai 1945 wegen einvernehmlicher homosexueller Handlungen verurteilten Personen beschlossen.[167]

Zu Leitfall 1

154   Auch das für den *Leitfall 1* entscheidende Inzestverbot in § 173 (bis 1973 sog. „Blutschande") wurde nicht mehr als Straftat gegen die Sittlichkeit verstanden, sondern durch das Vierte Gesetz zur Reform des Strafrechts vom 23. November 1973 (BGBl I S. 1725) als § 173 unter dem Titel „Beischlaf zwischen Verwandten" den Straftaten gegen den Personenstand, die Ehe und die Familie zugeordnet. Neben dem Schutz von Ehe und Familie sollte der Schutz sog. „Inzestkinder" vor Diskriminierung bezweckt werden.[168] ◄

2. Die Definitionsmacht des Strafrechts

155   Mag Strafrecht auch wenig zur Entstehung gesellschaftlicher Wertvorstellungen beitragen können, so verfügt es doch über eine erhebliche Definitionsmacht. Denn der Strafgesetzgeber kann festlegen, welche gesellschaftlich *anerkannten* Werte er für so wichtig erachtet, dass sie gerade durch das Strafrecht geschützt werden sollen. Wettbewerbsbeschränkende Absprachen bei Ausschreibungen waren z. B. zunächst als sog. Submissionsbetrug nach § 263 nur strafbar, wenn es gelang, einen durch die Absprache verursachten *Schaden* zu beziffern, was nicht immer möglich ist. Durch den 1997 in das StGB eingefügten § 298 ist nun nicht erst die Schädigung durch rechtswidrige Absprachen, sondern bereits die abstrakte *Vermögensgefährdung durch die Abgabe eines Angebots,* das auf einer rechtswidrigen Absprache beruht, strafbar. Wie ausschweifend der Gesetzgeber diese Definitionsmacht nutzt, zeigte der 2015 neu in das StGB aufgenommene Straftatbestand der geschäftsmäßigen Förderung der Selbsttötung (§ 217).[169] Mit einer Vielzahl von Begrün-

---

[166] 1. StrRG vom 25.06.1969 BGBl. I 645.

[167] Gesetz zur strafrechtlichen Rehabilitierung der nach dem 8. Mai 1945 wegen einvernehmlicher homosexueller Handlungen verurteilten Personen und zur Änderung des Einkommensteuergesetzes vom 17.07.2017, BGBl. I 2443.

[168] BVerfG 2 BvR 392/07 BVerfGE 120, 224 ff. Rn. 8, 10.

[169] Vorschrift eingefügt durch das Gesetz zur Strafbarkeit der geschäftsmäßigen Förderung der Selbsttötung vom 3.12.2015 (BGBl I 2177).

dungstopoi (Schutz der Autonomie, Aufrechterhaltung des Tötungstabus, Verhinderung einer Suizidkultur usw.) versuchte der Gesetzgeber zwar die Strafbarkeit zu begründen, ohne dass es ihm jedoch gelungen wäre, diesen Straftatbestand widerspruchsfrei in das Strafrechtssystem zu integrieren und seine Legitimation nachzuweisen.[170] Zu Recht hat das Bundesverfassungsgericht diese Regelung im Jahr 2020 für verfassungswidrig und nichtig erklärt.[171]

Die Definitionsmacht des Strafrechts bestimmt aber nicht nur das strafbare Verhalten, sie *stigmatisiert* zugleich denjenigen, der gegen die Strafnorm verstößt, als *Straftäterin* oder *Straftäter*. **156**

Deshalb bedarf die Legitimation eines vertypten Lebenssachverhaltes als strafbares Verhalten immer wieder der Kontrolle, weil die Gesellschaft sich wandelt und verändert und die Verknüpfung zwischen Strafe und der Verletzung eines Achtungsanspruches (vgl. § 2 Rn. 15) unverhältnismäßig geworden sein kann. Wird eine Strafvorschrift aufgehoben, spricht man von *Entkriminalisierung*. In diesem Zusammenhang wurde sehr intensiv die Legalisierung des Besitzes von Cannabis erörtert. Nach langer politischer Auseinandersetzung hat der Bundestag am 23. Februar 2024 den Gesetzentwurf der Bundesregierung „zum kontrollierten Umgang mit Cannabis" mit dem Cannabis-Gesetz[172] gebilligt. Mit diesem Gesetz wurden u. a. die Vorschriften des Betäubungsmittelgesetzes (BtMG) geändert, um die Legalisierung rechtlich umzusetzen und den Besitz und Eigenkonsum unter bestimmten Bedingungen zu entkriminalisieren. **156a**

Gegenwärtig wird u. a. darüber diskutiert, das „Schwarzfahren" („Erschleichen von Leistungen", § 265a) als Straftat abzuschaffen und die Tatbestandsalternative „Beförderung durch ein Verkehrsmittel" durch einen Ordnungswidrigkeitentatbestand zu ersetzen.[173]

Die Änderung der gesellschaftlichen Verhältnisse können sich aber auch in der Art und Weise auswirken, das die Strafbarkeit erweitert wird. So mag es vor dem Hintergrund der sozialen Umstände im 19. bis ins 20. Jhd. hinein nachvollziehbar gewesen sein, die Kindstötung (§ 217 StGB a.F.) eines nichtehelichen Kindes durch die Mutter in oder gleich nach der Geburt zu privilegieren, also im Vergleich zu einem Totschlag oder Mord niedriger zu bestrafen.[174] Diese Besserstellung wurde u. a. damit begründet, dass sich die Mutter neben dem Erregungszustand nicht selten auch in einer wirtschaftlichen Notlage befand. Mit der Etablierung von sozialen Sicherungen und dem sich gewandelten Bild von unverheirateten Müttern musste **156b**

---

[170] Kritisch deshalb SK^9-*Sinn* § 217 Rn. 2 ff. mwN.

[171] BVerfG 2 BvR 2347/15 NJW 2020, 905 ff.

[172] Gesetz zum kontrollierten Umgang mit Cannabis und zur Änderung weiterer Vorschriften (Cannabisgesetz — CanG) vgl. BGBl. I 2024 109 vom 27.03.2024.

[173] Zustimmend *Eyers* 1999, S. 246 ff.; *Mahn* 2005, S. 249; MK-StGB-*Hefendehl*, § 265a Rn. 27 f.; ablehnend NK-StGB-*Hellmann* § 265a Rn. 11; *Sasse* NJ 2019, 59 ff. (60); *Hauf* DRiZ 1995, 15 ff. (17); *Hilpert-Janßen* KommP spezial 2024, 35 ff.; differenziert *Lorenz/Porzelle* ZRP 2024, 14 ff.

[174] Die Strafandrohung in § 217 a. F. betrug „nicht unter drei Jahren" Freiheitsstrafe, während bei einem Totschlag (§ 212) Freiheitsstrafe nicht unter fünf Jahren, bei Mord (§ 211) sogar lebenslängliche Freiheitsstrafe angedroht ist.

sich aber auch die Strafbarkeit ändern und die Privilegierung wurde mit dem 6. Strafrechtsreformgesetz aus dem Jahr 1998 abgeschafft.[175]

III. Legitimation der Strafe

157 Wir haben bisher versucht, uns dem Strafrecht mit der Frage zu nähern, in welcher Weise strafbares Verhalten in der Gesellschaft *in Erscheinung tritt*. Dabei haben wir festgestellt, dass Ausgangspunkt aller weiteren Aktivitäten der Strafverfolgungs-organe die Verwirklichung eines Lebenssachverhaltes ist, der als so unerträglich empfunden wird, dass er mit der Rechtsfolge „Strafe" versehen in einem Katalog gesetzlich abstrakt beschrieben ist. Strafrecht erweist sich damit als Summe der Rechtsnormen, durch die die staatliche Reaktion auf kriminelle Rechtsbrüche ge-regelt wird.[176] Kennzeichnend für das Strafrecht ist somit die *Strafe*.

158 Was aber gibt dem Staat das Recht zu strafen? Die Antwort können wir erst geben, wenn wir wissen, was Strafe *ist*.

1. Was ist Strafe?

159 Unter einer *Kriminal-Strafe* versteht man:

- *Formell* die *Rechtsfolge* aus der Verwirklichung eines von einer Strafvorschrift in seinen Merkmalen festgelegten, mit Strafe bedrohten Unrechts, für das der Täter einen Schuldvorwurf verdient. Adressat des Strafanspruchs ist dabei die Rechts-gemeinschaft, nicht der Verletzte und auch nicht sonstige Dritte.[177]
- *Materiell* den „Ausgleich einer erheblichen Rechtsverletzung durch Auferlegung eines der Schwere von Unrecht und Schuld angemessenen Übels, das eine öf-fentliche Missbilligung der Tat ausdrückt und dadurch Rechtsbewährung schafft".[178] Ob sie zwingend in der Auferlegung gerade eines Übels bestehen muss, wird zunehmend diskutiert.[179]

160 Strafrecht definiert sich aus der Strafe. Denn alle Rechtssätze, deren Rechtsfolge in einer Strafe besteht, sind solche des Strafrechts. Nur soweit diese Rechtsfolge legi-tim ist, ist Strafrecht legitim. Die Frage nach seiner Legitimation ist folglich die Frage nach der Legitimation der Strafe.

---

[175] Sechstes Gesetz zur Reform des Strafrechts (6. StrRG) vom 26.01.1998 BGBl I 164.

[176] Vgl. *Schmidhäuser* StB AT 1 Rn. 2 ff.

[177] Deshalb ist der Delinquent auch nur den vorgesehenen Institutionen gegenüber zur Duldung der Strafvollstreckung verpflichtet und nicht – wie etwa bei sog. „Shame Sanctions" einer zufälligen Masse von Passanten, vgl. *Kubiciel* ZStW 118 (2006), S. 44 ff.

[178] *Jescheck/Weigend* AT § 2 II 1; *Schreiber* ZStW 94 (1982), 279 ff. (280); *Seebode* 1997, S. 78 ff.; vgl. auch *Roxin* FS Volk, S. 601 ff. (604).

[179] Vgl. *Roxin/Greco* AT 1 § 3 Rn. 45: Strafe als „Zwangseingriff" des Staates; *Schild* SchwZStr 99 (1982), 364 ff. (380 f.), *ders.* ARSP 1984, 104 ff. (109): Vermeidung des Ausschlusses des Täters aus der Gesellschaft, Versöhnung durch Schuldspruch; *Rössner* NStZ 1992, 409 ff.

2. Legitimation

Die Frage nach der Legitimation der Strafe wird aus einem gesamtgesellschaft- **161** lichen Blickwinkel gestellt: Ist Strafe gesellschaftlich überhaupt erforderlich und wenn ja, warum? Wäre sie nicht verzichtbar? Die Antwort kann unter drei Aspekten gegeben werden: Einem staatspolitischen (a), einem sozialpsychologischen (b) und einem individual-ethischen (c).

a) Staatspolitischer Aspekt

Mit der Abschaffung der Fehde sowie der Sühneverträge und der Ausrufung eines **162** Ewigen Landfriedens 1495 geht das Gewaltmonopol auf die Zentralgewalt, den Staat, über.[180] Normverstöße können nun nicht mehr durch den Einzelnen unmittelbar geahndet werden. Weil der Staat aber das Gewaltmonopol hat, muss er es auch einsetzen und normgerechtes Verhalten in irgendeiner Form erzwingen. Nur so kann er ein friedliches Zusammenleben gewährleisten, d. h. den Einzelnen davon abhalten, zur Selbstjustiz zu schreiten. In diesem Sinne stellt die Kriminalstrafe das Instrument zur Durchsetzung normgerechten Verhaltens dar.

Freilich geschieht die Erzwingung normgerechten Verhaltens durch Strafe nur **163** mittelbar. Denn Strafe stellt ja nur eine *Re*aktion auf normwidriges Verhalten dar. Dementsprechend entfaltet die Strafe auch nur eine mittelbare Schutzwirkung. Allerdings vermag dies die staatspolitische Legitimation der Strafe als Instrument zur Aufrechterhaltung der Friedensordnung nicht zu schmälern. Denn es genügt zu zeigen, dass die hinter den Strafvorschriften stehenden Normen (Du sollst nicht stehlen, nicht töten...) befolgt werden müssen. Indem diese Normen bestimmte Interessen schützen und das Strafrecht der Geltung der Normen dient, wirkt es somit auch hinreichend zum Schutz der durch die Normen geschützten Interessen.[181] Dieser mittelbare Schutz reicht augenscheinlich in der Regel hin, um den Einzelnen davon abzuhalten, seinerseits gegen Normverstöße zu reagieren.

b) Sozialpsychologischer Aspekt

Der sozialpsychologische Aspekt der Strafe hängt mit dem staatspolitischen eng zu- **164** sammen, bildet gewissermaßen das Spiegelbild zu ihm. Denn während sich die staatspolitische Legitimation auf die potenziellen Opfer, d. h. die rechtstreuen Bürger bezieht, handelt die sozialpsychologische Seite von den potenziellen *Tätern*: Wird bekannt, dass der Inhaber des Gewaltmonopols von seinem Monopol nicht Gebrauch macht, dann entsteht der Eindruck, dass Normverstöße risikolos begangen werden können.

Beispiel 1.10

Wenn das „Schwarzfahren" in öffentlichen Verkehrsmitteln (strafbar nach **165** § 265a) risikolos möglich ist, weil nie kontrolliert wird, dann werden auch die rechtstreuen Bürger nach einer gewissen Zeit nicht mehr einsehen, dass sie den

---

[180] Vgl. auch *Schild,* in: Gehl/Reichertz (Hrsg.) 1998, Bd. 2, S. 95 ff.

[181] Vgl. *H. Mayer* AT, S. 52 f.; vgl. auch *Jakobs* AT 2 Rn. 1 ff., 7 ff.: Enttäuschungsfestigkeit der Normen als Strafrechtsgut und Rechtsgüter als Schutzgegenstand der Norm.

Fahrpreis entrichten sollen, während andere einfach unentgeltlich mitfahren. Die Betreibergesellschaft der Verkehrsbetriebe wird daher bestrebt sein, einerseits so viele Kontrolleure einzusetzen, dass möglichst viele der rechtstreuen Fahrgäste zur Entrichtung des Fahrpreises bereit sind, andererseits aber möglichst wenige Kontrolleure, damit sich die finanziellen Aufwendungen für die Kontrollen im Rahmen halten. ◄

c) Individual-ethischer Aspekt

166 Unter individual-ethischem Aspekt legitimiert sich Strafe daraus, dass dem Einzelnen die Möglichkeit gegeben werden muss, trotz des Normverstoßes wieder als vollwertiges Mitglied der Gesellschaft anerkannt zu werden. Die Strafe dient hier als „Brücke zur Rückkehr in die Gesellschaft".

167 Der individual-ethische Aspekt gewinnt spätestens dann Bedeutung, wenn eine Gesellschaft davon Abstand nimmt, Mitglieder, die sich Normverstöße haben zu Schulden kommen lassen, einfach aus ihr zu entfernen, sie z. B. vor die Stadtmauern zu jagen und für vogelfrei zu erklären, sie zu verbannen, in Gefängnisse ohne Resozialisierungsbemühungen wegzuschließen oder sie durch Tötung auszuschließen, sie gewissermaßen wie „Abfall" zu behandeln. Der individual-ethische Aspekt der Strafe hat einen religiösen, insbesondere christlich-neutestamentarischen Hintergrund: das Bild vom verlorenen Sohn (Evangelium nach Lukas, Kap. 15 Verse 11 ff.), der wieder in die Gemeinschaft aufgenommen wird. Der individual-ethische Aspekt der Strafe ermöglicht so eine Art gesellschaftliches „Recycling".

3. Sinn der Strafe (Straftheorien)

168 Während die Aspekte der Legitimation staatlichen Strafens Aufschluss darüber geben, weshalb Strafe als solche auch in unserer Zeit *gesellschaftlich erforderlich* ist, versucht die Frage nach dem Sinn der Strafe zu erklären, weshalb die Verhängung einer Strafe *dem einzelnen Straftäter gegenüber sinnvoll* ist. Ist sie es im Einzelfall nicht, ist es insbesondere die Aufgabe des Prozessrechts, eine nicht erforderliche Bestrafung z. B. durch Einstellung des Verfahrens gem. §§ 153 ff. StPO zu vermeiden.[182]

169 Auch der Sinn der Strafe wird im Wesentlichen unter vier Aspekten[183] beantwortet:

- *Gerechter Ausgleich* für die Tat (Vergeltung),
- *Vorbeugemittel* durch Abschreckung potenzieller Täter (Generalprävention),
- Mittel zur *Besserung* des Täters (Spezialprävention),
- *Kommunikativer Umgang* mit vergangenem Verhalten (Expression).

170 Mit der Frage nach dem Sinn der Strafe beschäftigen sich die sog. *Straftheorien*.[184] Sie versuchen zu begründen, welchem der o. g. Aspekte der Vorzug gebührt.

---

[182] Näher zu diesem Aspekt *Schroeder* FS Amelung, S. 125 ff.

[183] Vgl. aber auch die vier Aspekte bei *Otto* GK AT § 1 Rn. 65 ff.: Warnfunktion, Rechtsbewährung (Generalprävention), Sicherungsfunktion und Resozialisierung (Spezialprävention).

[184] Vgl. *Baumann/Weber/Mitsch/Eisele* AT § 2 Rn. 20 ff.; *Frisch* GA 2009, 385 ff.; NK-StGB-*Neumann/Saliger* Vor § 1 Rn. 101 ff.; *Köhler* AT S. 38 ff.; *Maurach/Zipf* AT 1 § 6; *Schlüchter* AT Übersicht 3; zu kriminologischen Befunden vgl. *Scheffler* Jahrbuch für Recht und Ethik Bd. 3 (1995), S. 375 (377 ff.).

a) „Absolute" Straftheorien: Vergeltung und Sühne als Sinn der Strafe – punitur, quia peccatum est[185]

„Absolut" heißen die absoluten Straftheorien deswegen, weil sie den Sinn der Strafe 171 losgelöst (lat.: absolutus) von jeder individuellen oder gesellschaftlichen Zweckerwägung in der *Vergeltung* der Tat sehen. Der Grund der Strafe ist die Achtung vor dem Verbot selbst. Dabei entspricht die Schwere der Strafe der Schwere der Tat. Die Strafe wird somit als *gerechter Ausgleich* der Tat verstanden. Deshalb werden die absoluten Straftheorien auch *Gerechtigkeitstheorien* genannt. Im Zusammenhang mit der zunehmenden Bedeutung der Rolle des Verbrechensopfers im Strafverfahren kommt auch dem *Sühnegedanken* wieder mehr Gewicht zu: Bestrafung als Genugtuung für die Verbrechensopfer und ggf. ihre Hinterbliebenen.[186]

Innerhalb der absoluten Straftheorien ist der Begriff der *Vergeltung* im wortwört- 172 lichen Sinne zu verstehen. Die Strafe soll deutlich machen, dass die Abweichung des Täters von der Norm keine *Geltung* besitzt. *Vergelten* bedeutet somit *nicht gelten*. Die absoluten Straftheorien werden gerne auf die von *Seneca d. J.*[187] entwickelte Kurzformel gebracht: punitur, quia peccatum est.

Ihre Grundlegung haben die absoluten Straftheorien durch die Philosophie des 173 deutschen Idealismus,[188] insbesondere durch dessen Hauptvertreter *Kant* und *Hegel* erfahren.

Immanuel Kant,[189] dessen Philosophie Abschluss und Überwindung des Aufklärungszeitalters be- 174 deutet, wurde am 22.04.1724 in Königsberg als Sohn eines Sattlers geboren, wo er auch am 12.02.1804 starb. Seine akademische Laufbahn spielte sich ausnahmslos in Königsberg ab. Pietistisch erzogen, studierte er von 1740 bis 1746 Mathematik, Naturwissenschaften und Philosophie. Danach arbeitete er bis 1755 als Hauslehrer. 1755 promovierte er mit der Dissertation „Über Form und Prinzipien der sinnlichen und intelligiblen Welt" („De mundi sensibilis atque intelligibilis forma et principiis", 1770). Im selben Jahr wurde er Privatdozent an der Universität Königsberg. Er hielt Vorlesungen in Philosophie, Naturwissenschaft, Geografie und Theologie. 1765 wurde er Bibliothekar an der königlichen Schlossbibliothek in Königsberg. Nachdem er 1769 Rufe an die Universitäten in Erlangen und Jena abgelehnt hatte, wurde er 1770 zum Ordentlichen Professor für Metaphysik als der Lehre vom Sein bzw. Seienden und dessen Wesen[190] und für Logik ernannt. 1786 und 1788 war *Kant* Rektor der Königsberger Universität. 1797 beendete er seine akademische Lehrtätigkeit. Die Begründung der Straftheorie *Kants* findet sich in der sog. „kritischen Phase",[191] genauer: in der „Metaphysik der Sitten" (1797/1798), und zwar in deren erstem Teil, überschrieben „Methaphysische Anfangsgründe der Rechtslehre".

---

[185] Von lat. punire = bestrafen, peccare = sündigen: Es wird gestraft, weil gesündigt worden ist.

[186] Vgl. auch *Schroeder,* in: Hoyer (Hrsg.) 2001, S. 199 f.

[187] De ira 1, 16, 21 = 1, 19, 7 unter Berufung auf *Platon*, nomoi 11, 12 g.E., vgl. *Liebs* 1991, Nr. 132, 133.

[188] Näher *Adomeit* 1995, S. 97 ff.

[189] Zu Kant *Naucke/Harzer* 2005, Rn. 144 ff.; zum weiteren *Harzer,* in: Stolleis (Hrsg.) 1995, Stichwort „Kant".

[190] „Metaphysik" war ursprünglich der Buchtitel einer Sammlung aristotelischer Schriften des *Andronikos von Rhodos* (1. Jh. v. Chr.), die sich an die Schriften über die Natur, die „Physik", anschloss; im übertragenen Sinne: das Verborgene hinter den Erscheinungen der bewusst wahrnehmbaren Welt.

[191] Die kritische Phase beginnt mit dem Werk *Kritik der reinen Vernunft* (1. Ausgabe 1781, 2. Ausgabe 1787). Ihr Ziel ist es, die Quellen und Grenzen der Erkenntnis durch kritische Prüfung der Verstandeskräfte zu bestimmen. Kant kommt zu dem Ergebnis, dass alles *allgemeingültige* Erkennen von im Verstand des Menschen wirksamen Erkenntnisformen abhängig ist.

175   *Kant* sieht das Recht als den „Inbegriff der Bedingungen, unter denen die Willkür des einen mit der Willkür des andern nach einem allgemeinen Gesetz der Freiheit zusammen vereinigt werden kann" (Methaphysik der Sitten, Rechtslehre, AB 33). Die Beurteilung einer Handlung, z. B. als Straftat, hat sich nach diesen Prinzipien zu richten. Die Kraft der einzelnen Willen, die sich autonom gegenüberstehen, hebt das äußere Verhältnis der Beteiligten in die Qualität des Rechtsverhältnisses, das durch Freiheit, Gleichheit und Selbstständigkeit bestimmt wird. Die Aufrechterhaltung dieses Verhältnisses ist Rechtspflicht aller Beteiligten. Indem sie dieser Rechtspflicht nachkommen, gehen sie von einem natürlichen Zustand in einen rechtlichen Zustand über. Auf Grund der Bestimmung jenes Rechtsverhältnisses durch Freiheit, Gleichheit und Selbstständigkeit muss jedem die Möglichkeit gegeben werden, sich zur Selbstständigkeit „empor zu arbeiten". Das freie Subjekt wird damit Mittelpunkt des (rechtlichen) Denkens. Dies bedeutet aber, dass der Einzelne durch die Strafe nicht zum Mittel für einen Zweck gemacht werden darf. Entsprechend führt *Kant* zur richterlichen Strafe (poena forensis) aus, sie dürfe „niemals bloß als Mittel, ein anderes gutes zu befördern, für den Verbrecher selbst, oder für die bürgerliche Gesellschaft, sondern muß jederzeit nur darum wider ihn verhängt werden, weil er verbrochen hat; denn der Mensch kann nie bloß als Mittel zu den Absichten eines anderen gehandhabt und unter die Gegenstände des Sachenrechts gemengt werden... Er muß vorher strafbar befunden seyn, ehe noch daran gedacht wird, aus dieser Strafe einige Nutzen für ihn selbst oder seine Mitbürger zu ziehen. Das Strafgesetz ist ein kategorischer Imperativ..." (Kant, Sämtliche Werke, herausgegeben von K. Rosenkranz und F. W. Schuber, Bd. 9, 1838, 180 f.). Weil Strafe nun aber nur deshalb verhängt wird, *weil* der Täter verbrochen hat, muss Strafe auch immer dann verhängt werden, *wenn* der Täter verbrochen hat. Dazu führt *Kant* in dem berühmten Inselbeispiel aus (Methaphysik der Sitten, S. 455): „Wenn ein Volk seine Insel verläßt, um auszuwandern, so müßte zuvor der letzte Mörder im Gefängnis gehängt werden, damit Gerechtigkeit walte." Nach *Kant* setzt die Schaffung von Gerechtigkeit eine absolute Gleichbehandlung voraus, wozu auch der Ausgleich für das Unrecht der Tat gehört. Es gilt also das sog. Talions-Prinzip: Aug' um Auge, Zahn um Zahn. *Kants* Gerechtigkeitsmodell ist bis heute anspruchsvoll geblieben und gilt als ernstzunehmende und noch überwundene Herausforderung für alle Vergeltungskritiker.[192]

176   Neben *Kant* ist es *Hegel*, der zweite große Vertreter des deutschen Idealismus, für den Vergeltung und Sühne der Strafe Sinn geben.

177   *Georg Wilhelm Friedrich Hegel*[193] wurde am 27.08.1770 in Stuttgart geboren und starb am 14.11.1831 in Berlin. Er studierte am Tübinger Stift Theologie und wurde 1805 außerordentlicher Professor in Jena. 1816 wurde er an die Universität Heidelberg berufen und 1818 an die Universität Berlin. *Hegel* gilt als der Schöpfer des umfassendsten und einheitlichsten Systems der deutschen Philosophie. Im Mittelpunkt dieses Systems steht das Absolute, und zwar als absolute Idee, als Natur und als Geist. Weltgeschichte ist danach der notwendig fortschreitende Prozess des absoluten Geistes, in welchem er sich seiner Freiheit bewusst wird. Die Konkretisierung des Absoluten erfolgt als subjektiver Geist im menschlichen Individuum, als objektiver Geist in Familie, Gesellschaft und Staat, als absoluter Geist in Kunst, Religion und Philosophie.

178   In den „Grundlinien der Philosophie des Rechts oder Naturrecht und Staatswissenschaft im Grundrisse" von 1821 führt *Hegel* aus: „Der Boden des Rechts ist überhaupt das Geistige und seine Stelle und Ausgangspunkt der Wille, welcher frei ist ..." (Grundlinien, § 4). Die Grundlage des „abstrakten Rechts" ist das „Rechtsgebot": „... sei eine Person und respektiere die anderen als Personen" (Grundlinien, § 36).

---

[192] *Greco* FS Sieber, S. 27 ff. (29).

[193] Vgl. zum weiteren *Harzer* a. a. O., Stichwort „Hegel".

Durch die Straftat gibt der Täter nun zu erkennen, dass er den Anderen als Person gerade nicht re- **179** spektiert. Die Existenz der Rechtsverletzung bildet somit den besonderen Willen des Verbrechers. Durch die Strafe wird der Verbrecher ernst genommen, „als Vernünftiges geehrt", sein besonderer Wille, d. h. das Verbrechen, das sonst gelten würde, aufgehoben und so das Recht wiederhergestellt.[194] Nach *Hegel* dient die Strafe dazu, zu zeigen, dass der Wille des Verbrechers *nicht gilt*.

Gegen die absoluten Straftheorien wird vor allem eingewandt, dass ein modernes **180** Strafrecht nicht absolute Gerechtigkeit erstreben kann und will, sondern nur so weit strafen kann und darf, als dies zur Aufrechterhaltung der Friedensordnung *erforderlich* ist. Der Staat würde „unerträglich übersteigert, wenn ihm die Aufgabe der Verwirklichung absoluter Gerechtigkeit zugeschrieben wird".[195] Auf der anderen Seite muss man aber auch sehen, dass die Strafe nach den absoluten Straftheorien nur eine *ideelle*, eine den Täter respektierende „Geltungs-Antwort" auf die *Tat* darstellt.[196] Davon zu unterscheiden wäre die Frage, wie konkret bestraft werden soll, was nicht selten übersehen[197] wird. In diesem Sinne findet man bei *Kant* durchaus auch den Begriff der „pragmatischen", d. h. zweckgerichteten Strafen und bei *Hegel* den Begriff der „Verwaltungsstrafen".[198] Strafzweckerwägungen sind folglich auch *Kant* und *Hegel* nicht fremd. Sie werden jedoch außerhalb der *Idee* der Strafe erörtert. Nicht zu übersehen ist auch, dass die Vergeltungstheorien das Maß der Strafe tat- und vergangenheitsbezogen nach oben begrenzen, was spezialpräventive Theorien nicht leisten können.[199]

b) „Relative" Straftheorien: punitur, ne peccetur[200]

War bei *Kant* und *Hegel* das zentrale Anliegen des Strafens die von der Person des **181** Täters losgelöste Vergeltung und spielten Zweckgedanken hier nur außerhalb der Idee der Strafe eine Rolle, so werden sie durch die Vertreter der relativen Theorien ins Zentrum gerückt. Nach den relativen Straftheorien bezieht die staatliche Strafe ihre Legitimation aus der Aufgabe, die Gesellschaft durch Verhinderung zukünftiger Straftaten zu schützen. Zweck der Bestrafung des Einzelnen ist somit gleichzeitig die Verbrechensvorbeugung. Das Anliegen der relativen Straftheorien lässt sich auf die Kurzformel bringen: punitur, ne peccetur, es wird bestraft, damit nicht

---

[194] Vgl. *Gans* (Hrsg.) 1833, § 90 ff., insbesondere § 99.

[195] *Schreiber* ZStW 94 (1982), 279 ff. (281); ähnlich kritisch auch *Roxin* GA 2015, 185 ff. (187 ff.); *Frisch* GA 2019, 185 ff. (187).

[196] Vgl. auch *Schild* FS Gitter, S. 831 ff. (836) zum „moralischen" Begriff der Strafe bei Kant; *Lesch* 1999, zur Entwicklung einer genuin funktionalen Verbrechenslehre in hegelianischer Tradition; zur Überzeugung, Strafe zum Zweck der Vergeltung sei gerechtfertigt, *Bublitz* FS R. Merkel, S. 459 ff.; auch *Pérez* hält einen auf einer konsequentialistischen Ethik beruhenden Vergeltungsgedanken für zulässig, *Pérez* GA 2021, 543 ff. (549).

[197] Vgl. *Kindhäuser* ZStW 129 (2017), 382 ff. (385).

[198] Näher hierzu *Schild* ARSP 1984, 76 ff., 97 ff.

[199] So auch *Klocke/Müller* StV 2014, 370 ff. (373 ff.); *Wohlers* GA 2019, 425 ff. (439 f.).

[200] „Es wird gestraft, damit nicht gesündigt werde", Seneca, zitiert bei *Grotius* De iure belli ac pacis, libri tres, 2. Buch, 20. Kapitel IV 1, deutscher Text und Einleitung von Walter Schätzel 1950, S. 327 f.

weiter gefehlt werde. Zu unterscheiden ist zwischen solchen relativen Theorien, deren Strafzweck in der *Einwirkung auf die Gesellschaft* besteht (aa) und solchen, die den Sinn der Strafe in der *Beeinflussung des konkreten Straftäters* sehen (bb).

aa) Generalprävention: Abschreckung als Sinn der Strafe

182   Generalprävention bedeutet, dass mit der Bestrafung des Einzelnen zugleich potenzielle „Normverletzer" abgeschreckt werden sollen (sog. negative Generalprävention). Als Begründer der Generalprävention gilt *Feuerbach*, geb. am 14.11.1775 in Hainichen bei Jena, gest. am 29.05.1833 in Frankfurt am Main.

183   *Paul Johann Anselm Ritter von Feuerbach*[201] war Zivilrechtler, Philosoph, Universitätslehrer, Gesetzgeber, Richter, Universalhistoriker des Rechts und Rechtssoziologe. In Jena studierte er mit 17 Jahren 1792 Philosophie, 1796 Jura. 1795 promovierte er zum Dr. phil. und 1799 zum Dr. iuris. 1800 wurde er außerordentlicher Professor, 1801 Beisitzer des Jenaer Schöppenstuhls und Ordinarius. Im gleichen Jahr publizierte er die erste Auflage seines Lehrbuchs des gemeinen in Deutschland geltenden peinlichen Rechts. 1802 wurde er nach Kiel berufen, 1804 wechselte er nach Landshut, beauftragt, ein bayerisches Strafgesetzbuch zu entwerfen. Infolge eines Zerwürfnisses mit *Nicolaus Thaddaeus Gönner* (1764-1827), dem Rektor der Universität Landshut, gab *Feuerbach* seine Landshuter Lehrtätigkeit auf und wurde 1805 in das Justiz-, Ministerial-, und Polizeidepartement in München berufen, wo er die noch 1806 in Kraft getretene Verordnung über die Abschaffung der Folter redigierte. Er wurde Mitglied des geheimen Rats (1808) und arbeitete intensiv an der Kodifikation des bayerischen Strafgesetzbuchs, welches 1813 in Kraft trat. Im selben Jahr wurde *Feuerbach* durch König *Max Joseph I.* in den persönlichen Adelsstand erhoben.[202] 1814 wurde er Vizepräsident des Appellationsgerichts in Bamberg und 1817 Präsident des Appellationsgerichts Ansbach.

184   *Feuerbach* vertrat – wie *Kant* – die Auffassung, dass das Strafrecht das Ziel habe, die „wechselseitige Freiheit aller Bürger zu schützen". Dies habe jedoch dadurch zu geschehen, dass durch Androhung von Strafe die potenziellen Täter von der Begehung von Straftaten abgeschreckt würden. Die Kenntnis der Rechtsunterworfenen über Gegenstand und Umfang des Verbotenen würde davon abhalten, Straftaten zu begehen („Theorie des psychologischen Zwanges"). Dies setze jedoch Kenntnis des Strafgesetzbuches voraus und die genaue Festlegung der strafbaren Sachverhalte. *Feuerbach* versuchte deshalb, ein kurzes und verständliches Strafgesetzbuch zu verfassen, das jeder möglichst mit sich „herumtragen" sollte. Auf seine Strafvorschriften sollte sich der potenzielle Straftäter berufen können. Nur das als strafbar Beschriebene dürfe auch bestraft werden. Er brachte diese *Garantiefunktion des Strafgesetzes* auf die Kurzformel „nullum crimen, nulla poena sine lege". Damit war der *Bestimmtheitsgrundsatz* mit einer zweifachen Zielrichtung entwickelt:

- Abschreckung potenzieller Täter durch genaueste Beschreibung dessen, was verboten ist;
- Beschränkung der staatlichen Strafgewalt, indem nur das, was verboten ist, bestraft werden darf.

185   War jener Bestimmtheitsgrundsatz im Allgemeinen Landrecht für die preußischen Staaten (1794) noch dazu da, die Kontrolle des Monarchen über den rechts-

---

[201] Vgl. zum Weiteren *Mohnhaupt,* in: Stolleis (Hrsg.) 1995, Stichwort „Feuerbach".
[202] *Kleinheyer/Schröder* (Hrsg.) 2008, S. 131 f.

anwendenden Richter zu ermöglichen,[203] so entwickelte er nun auch eine *Garantiefunktion* für die Rechtsunterworfenen, eine Situation, die noch heute zu den Grundsäulen des Strafrechts zählt.

Die Lehre vom psychologischen Zwang bedingte es, der Allgemeinheit darüber Kenntnis zu verschaffen, dass Verstöße gegen das Strafgesetz auch geahndet werden. Daraus folgte die Forderung nach Öffentlichkeit und Mündlichkeit des Strafprozesses, was es wiederum mit sich brachte, dass der Prozess, um gerecht zu sein, auch rechtsstaatlich durchgeführt werden musste. Heute ist in der Kriminologie gut erforscht, dass eine Strafe nur präventive Wirkung entfaltet, wenn das Verfahren als gerecht empfunden wird.[204] Ihre abschreckende Funktion erfüllt die Strafe damit nicht nur durch die Strafdrohung, sondern auch durch das Strafverfahren, die Strafverhängung, die Strafvollstreckung und den Strafvollzug. **186**

Unter *Feuerbach* entwickelte sich das Strafgesetzbuch so zu einem „begrenzten Widerstandsrecht",[205] dessen Grundlage eine gesetzespositivistische, d. h. streng am Wortlaut des Gesetzes als Rechtsquelle ansetzende Argumentation war. *Feuerbach* baute dabei auf die Kraft der menschlichen Vernunft im Sinne der Aufklärung. Da er Rechtswissenschaft auch als „Erfahrungswissenschaft" verstand, erhob er bereits 1810 die Forderung nach einer „vergleichenden Jurisprudenz". *Feuerbach* kann deshalb auch als Vater der modernen funktionalen Rechtsvergleichung gelten. **187**

Die Lehre von der Abschreckung als dem Sinn der Strafe birgt bei aller Überzeugungskraft die Gefahr in sich, dass der Täter instrumentalisiert, d. h. zum Mittel für einen über seine Tat hinausgehenden Zweck gemacht wird, indem die Strafe, um abschreckend zu wirken, in ihrer Höhe über die Vergeltung der Tatschwere hinaus festgesetzt wird.[206] Die Gestaltung der Strafe nach den Regeln der Generalprävention bedarf folglich einer *begrenzenden Ergänzung* durch den ausgleichenden Vergeltungsgedanken der absoluten Straftheorien (hierzu näher unten c).

Die Strafe in ihrer generalpräventiven Interpretation kann aber auch positiv verstanden werden in dem Sinne, dass der Allgemeinheit auch gezeigt werden soll, dass die durch den Täter verletzten Normen weiterhin beachtet werden müssen, also Geltung beanspruchen. Mit der Strafe soll also der Geltungsanspruch der Strafvorschrift gegenüber der Allgemeinheit bekräftigt werden (sog. positive Generalprävention). **188**

bb) Spezialprävention: Resozialisierung als Sinn der Strafe

Im Unterschied zur Abschreckungsprävention liegt der Schwerpunkt der Spezialprävention darin, den Straftäter nach begangener Tat zu *bessern*, um ihn vor zu- **189**

---

[203] Vgl. *Gropp* 1992, S. 91 mwN.

[204] Vgl. *Sherman* JResCrimeDelinq 1993, 445 ff. (459 ff.); *Tyler* Court Review 2007, 26 ff.

[205] *Mohnhaupt* a. a. O.

[206] Insofern nicht unbedenklich die Verhängung bis zu lebenslanger Freiheitsstrafe in den USA wegen der wiederholten Begehung relativ leichter Straftaten, vgl. dazu krit. *Grasberger* ZStW 110 (1998), S. 796 ff.; vgl. zur Kritik z. B. *Kaspar* StV 2014, 250 ff. (254); *Frisch* GA 2019, 185 ff. (187); *Roxin* GA 2015, 185 ff. (193).

künftigen Tatbegehungen zu bewahren (sog. positive Spezialprävention).[207] Daneben spielt auch der Sicherungs- und Abschreckungsgedanke eine Rolle (sog. negative Spezialprävention).

190 Als Begründer der Theorie von der Spezialprävention gilt *Franz von Liszt*, Kriminalist und Vetter des gleichnamigen Komponisten und Pianisten. Geboren wurde *Franz von Liszt* am 02.03.1851 in Wien. Er starb am 21.06.1919 in Seeheim/Bergstraße. *V. Liszt* studierte 1869 bis 1873 in Wien, Heidelberg und Göttingen. 1875 habilitierte er sich in Graz und wurde Professor in Gießen, Marburg, Halle und schließlich 1899 bis 1916 in Berlin. Ab 1909 war er Abgeordneter im preußischen Landtag und ab 1912 im Reichstag. 1871 erschien sein Lehrbuch des deutschen Strafrechts, das bis 1932 insgesamt 26 Auflagen erreichte. Die kriminalpolitische Wirkungsgeschichte *Franz von Liszts*[208] beginnt mit der Marburger Antrittsvorlesung von 1882 „Der Zweckgedanke im Strafrecht" („*Marburger Programm*").[209]

191 Kann man die Lehre vom psychologischen Zwang bei *Feuerbach* eher als eine Weiterentwicklung der absoluten Straftheorien verstehen, so versucht die spezialpräventive Ausrichtung *v. Liszts* die Straftheorien *Kants* und *Hegels* zu *überwinden*. Die Straftat soll mit Hilfe der *Kriminologie*[210] durch Erforschung der Ursachen für das Verhalten des Straftäters erklärt werden. Verbrechen ist sozial*schädliches* und sozial*bedingtes* Verhalten gleichermaßen. Gelänge es, auf die soziale Bedingtheit des Täters einzuwirken, müsste auch das sozialschädliche Verhalten vermieden bzw. verhindert werden können. Die Strafe dient danach der Warnung und der Besserung. Ist eine Besserung nicht möglich, bezweckt die Strafe die Sicherung, schlimmstenfalls die Unschädlichmachung des Straftäters.[211] Gerecht ist nur die gesellschaftlich notwendige Strafe. Strafe darf nur im Rahmen des Erforderlichen verhängt werden. Soweit die gesellschaftlichen Umstände Strafe nicht erfordern, verliert sie ihren Sinn.[212]

192 Denkt man den spezialpräventiven Ansatz theoretisch weiter, würde dies bedeuten, dass mit den entsprechenden Umständen auch die Notwendigkeit einer Bestrafung in Wegfall geraten würde. Dies müsste bei konsequenter Anwendung zur *Straflosigkeit des Gelegenheitstäters* führen,[213] so in dem etwas überspitzt formulierten und völlig frei erfundenen folgenden

Beispiel 1.11

193 Kurz vor Ende des Zweiten Weltkrieges setzt sich der in einem Konzentrationslager als Aufseher an der grausamen Tötung von Gefangenen beteiligte Y nach Argentinien ab. Dort heiratet er eine blonde und blauäugige deutschstämmige

---

[207] Siehe zur Resozialisierung *Jahn/Schmitt-Leonardy* FS Streng, S. 499 ff.

[208] Zum Einfluss Franz von Liszts und der „modernen Schule" auf das japanische Strafrecht eindrucksvoll *Shimada* GA 2009, 469 ff.

[209] *V. Liszt* ZStW 3 (1883), 1 ff.; für eine Ausrichtung des gesamten Strafrechts am Zweckgedanken im Interesse der Legitimation staatlicher Rechtseingriffe *Freund* GA 1995, 4 ff.

[210] Zur Kriminologie als Teildisziplin der „gesamten Strafrechtswissenschaft" vgl. oben Rn. 142.

[211] Vgl. *v. Liszt* ZStW 3 (1883), 1 ff. = *v. Liszt* 1970, S. 126 ff. (166): „*Gegen die Unverbesserlichen muss die Gesellschaft sich schützen*; und da wir köpfen und hängen nicht wollen und deportieren nicht können, so bleibt nur die Einsperrung auf Lebenszeit (bzw. auf unbestimmte Zeit)."

[212] Deshalb ablehnend *Frisch* GA 2019, 185 ff. (186).

[213] Ähnlich *Frister* AT § 2 Rn. 15.

Argentinierin, die ihm im Laufe der Jahre vier ebensolche Kinder schenkt. Y baut eine Farm auf, züchtet Rinder für den Export in nordamerikanische und europäische T-Bone Steak-Restaurants. Er wird Mitglied im örtlichen Wohlfahrtsverein und Vorstand im argentinischen Wohlfahrtsverband. Anlässlich seines 80. Geburtstages wird er zum Ehrenmitglied des argentinischen Wohlfahrtsverbands und zum Sonderbotschafter der argentinischen Fleischproduzentenliga ernannt. Auf seiner ersten Werbetour als Sonderbotschafter wird er während einer kurzen Zwischenlandung auf dem Ben Gurion-Flughafen in Tel Aviv festgenommen. Auf den Vorwurf der Beteiligung am vielfachen Mord durch die israelischen Strafverfolgungsorgane reagiert er ebenso mit Unverständnis wie auf das Begehren der Bundesrepublik Deutschland nach Auslieferung. Sein Anwalt meint, selbst wenn die Vorwürfe stichhaltig sein sollten, sei es völlig sinnlos, einen zur gesellschaftlichen Elite zählenden, inzwischen gebrechlichen alten Mann mit solcherlei Vorwürfen aus der tiefsten Vergangenheit zu konfrontieren.

Ließe sich Strafe allein spezialpräventiv rechtfertigen, wäre es unzulässig, weil überflüssig, Y bestrafen zu wollen. ◄   **194**

Neben der Straflosigkeit des „Gelegenheitstäters" würde eine konsequent angewandte spezialpräventive Straftheorie auch dazu führen, Menschen bis in ein hohes Lebensalter zu „erziehen". Dass *v. Liszt* diese Art von Erziehung in der Tat im Blickfeld hatte, zeigt das „Marburger Programm" überdeutlich.[214]   **195**

Der zweite Einwand gegen die spezialpräventive Straftheorie geht deshalb dahin, dass ein modernes Strafrecht nicht das Recht hat, von dem Täter einen Gesinnungswandel zu verlangen. Es genügt vielmehr, dass der Täter sich nach außen gesellschaftskonform verhält. Was er in seinem Internum denkt, ist unerheblich.[215]   **196**

c) Vereinigungstheorien: Abschreckung und Erziehung im Rahmen ausgleichender Vergeltung: „punitur, quia peccatum est, ne peccetur"[216]

Infolge der Kritik an den absoluten und den relativen Straftheorien haben sich die sogenannten „Vereinigungstheorien" gebildet. Jedoch handelt es sich bei ihnen nicht einfach um eine Addition der jeweiligen Legitimationsansätze im Sinne eines Methodensynkretismus, sondern um ein an rechtsstaatlichen Maßstäben ausgerichtetes Ineinandergreifen, um eine „dialektische" Vereinigung,[217] eine „gestufte   **197**

---

[214] Vgl. *v. Liszt* 1970, S. 171 zu den „Besserungsbedürftigen": „Die kleinen Gefängnisse sind die Hauptwerbestellen; aber verlotterte Herbergen, Schnapsbuden und Bordelle machen ihnen den Rang streitig. Diese Anfänger auf der Verbrechenslaufbahn können in zahlreichen Fällen noch gerettet werden. Aber nur durch ernste und anhaltende Zucht. Das Minimum der hier eintretenden Freiheitsstrafe dürfte daher meines Erachtens nicht unter ein Jahr herabsinken. Es gibt nichts Entsittlichenderes und Widersinnigeres als unsere kurzzeitigen Freiheitsstrafen gegen die Lehrlinge auf der Bahn des Verbrechens."

[215] Eingehend *Roxin* GA 2015, 185 ff. (188 ff).

[216] „Es wird gestraft, weil gefehlt worden ist, damit zukünftig nicht gefehlt werde."

[217] *Roxin/Greco* AT 1 § 3 Rn. 36.

Verschränkung verschiedener Funktionen".[218] Die einzelnen Aspekte staatlichen Strafens erhalten dabei je nach dem Stadium der staatlichen Strafeinwirkung einen unterschiedlichen Stellenwert:[219]

198   Die staatliche *Strafdrohung* wirkt *generalpräventiv*, indem sie dem potenziellen *Rechtsbrecher* vor Augen hält, welche Verhaltensweisen er zu unterlassen oder zu erbringen hat. Was die *Verhängung* und *Zumessung* der Strafe betrifft, sind *general-präventive* Aspekte insofern von Bedeutung, als durch sie den *rechtstreuen Bürgern* gegenüber die Unverbrüchlichkeit der Rechtsordnung dokumentiert wird (sog. positive Generalprävention bzw. *Integrationsprävention*).[220] Dieser Aspekt klingt auch bei *Hegel* an, denn die Vergeltung geschieht um des Täters Willen, diesen nicht zur Orientierung, zum Vorbild aller werden zu lassen.[221]

199   Damit der Betroffene jedoch nicht bloßes Mittel zum Zweck wird, hat – dem Vergeltungsgedanken der absoluten Straftheorien gemäß – bei der *Strafverhängung* das Strafmaß grundsätzlich dem Maß des vorwerfbar verwirklichten Unrechts und damit der Schuld des Täters zu entsprechen. Die Schuld ist somit Voraussetzung und Begrenzung[222] der Strafe: keine Strafe ohne Schuld (sog. Schuldprinzip).[223] Dies hindert freilich nicht, dass wegen der subsidiären Natur der Strafe die schuldangemessene Strafe unterschritten werden darf, wenn sich im Einzelfall der Rechtsfrieden auch durch eine geringere Strafe wiederherstellen lässt.[224]

200   Im *Strafvollzug* erlangen schließlich vorrangig die *spezialpräventiv* orientierten Straftheorien Bedeutung.[225] Denn der Strafvollzug soll die Wiedereingliederung, die Resozialisierung, des Täters in die Gesellschaft ermöglichen.

201   Bis zum Beginn der Strafrechtsreform konnte man im deutschen Strafrecht von einem Überwiegen der absoluten Straftheorien ausgehen, wobei jedoch auch Zweckmäßigkeitsgesichtspunkten Raum eingeräumt wurde. Eine Entwicklung zugunsten der Vereinigungstheorien lässt sich spätestens seit dem Entwurf eines Strafgesetzbuches von 1962 (E 62) feststellen. Spezialpräventive Aspekte brachte insbesondere der Alternativentwurf eines Strafgesetzbuchs, Allgemeiner Teil, 1966, vorgelegt von *J. Baumann* u. a., in die Diskussion ein. Seit Mitte der 70er-Jahre sind – insbesondere aus Italien, Skandinavien und Amerika kommend – Tendenzen weg von einer spezialpräventiven „Behandlungsideologie" hin zur Vergeltung festzustellen (sog. *Neoklassizismus*).[226] Im Vordergrund der Straftheorien dürfte heute jedoch die Generalprävention im Sinne einer *positiven Integrations-Prävention* stehen.[227]

---

[218] *Eser/Burkhardt* StK I Nr. 1 A 43.

[219] Vgl. zum folgenden *Roxin* JuS 1966, 381 ff.

[220] Vgl. *Jakobs* AT 1 Rn. 4 ff., 15 Theorie der positiven Generalprävention, „Einübung in Rechtstreue"; *Jakobs* Über die Behandlung von Wollensfehlern und von Wissensfehlern ZStW 101 (1989), 516 ff. (517) „Einübung in Normanerkennung".

[221] Vgl. *Ilting* (Hrsg.), Vorlesungen Bd. 4, Griesheim Nachschrift, S. 280.

[222] Vgl. BVerfGE 54, 100 (113); vgl. auch *Hassemer* FS Buchala, S. 133 ff.

[223] Vgl. *Roxin/Greco* AT 1 § 3 Rn. 51 ff.; *Eisele* bzw. *Kinzig*, in: Schönke/Schröder Vor §§ 13 ff. Rn. 103/104 bzw. Vor §§ 38 ff. Rn. 17 ff. jew. mwN.

[224] *Roxin/Greco* AT 1 § 3 Rn. 54.

[225] Vgl. § 2 StVollzG (Strafvollzugsgesetz) vom 16.03.1976 BGBl. I 581, 2088; 1977 I 436, III 312-9-1, letztes ÄndG vom 26.08.1998 BGBl. I 2461.

[226] Näher hierzu *Roxin/Greco* AT 1 § 3 Rn. 18; *Schreiber* ZStW 94 (1982), 279 ff. (291 ff.).

[227] S. o. Rn. 17 sowie *Baumann/Weber/Mitsch/Eisele* AT § 2 Rn. 53 ff., 56; *Jescheck/Weigend* AT § 8 II 3 a mit Fn. 27.

d) Expressive Theorien: Verhängung von Strafe als kommunikativer Umgang mit vergangenem Verhalten

Im Strafrecht wird in vielerlei Zusammenhang von Kommunikation gesprochen. **202** Durch Kommunikation soll das Verhalten eines Menschen zu seiner Umwelt in Bezug gesetzt werden. Der Täter teilt sich durch seine Tat der Gesellschaft mit. Die Gesellschaft versteht dies als Anmaßung eines einzelnen Willens über die Geltung des Allgemeinen und reagiert darauf am Ende eines Prozesses (der selbst kommunikative Züge trägt) mit Strafe.[228] Diesem Gedanken widmen sich die expressiven Ansätze der Strafzweckdiskussion. Danach ist Strafe eine Reaktion und Antwort auf eine unrechte, schuldhaft begangene Tat. Die Reaktion liegt insbesondere in der Verhängung von Strafurteilen. Diese sind nach dem expressiven Gedanken als eine öffentliche Deklaration zu verstehen, dass das begangene Strafunrecht individuell zu verantworten ist und dass dieses von der Allgemeinheit nicht akzeptiert wird.[229] Zu unterscheiden sind hierbei normorientierte expressive Ansätze, welche die Strafverhängung als Botschaft an die Allgemeinheit i. S. einer Normbestätigung erfassen, und personenorientierte expressive Ansätze, denenzufolge die Botschaft eines Strafurteils an die mit der Tat in Berührung kommenden Personen gerichtet ist.[230] Verallgemeinernd ist die Deklaration also an drei Adressaten gerichtet: den Verletzten, den Täter und die Allgemeinheit.[231] Unter den Anhängern expressiver Straftheorien ist umstritten, ob man es bei der Strafverhängung mit dem Ausdruck öffentlicher Missbilligung belassen kann (symbolisch-expressive Bedeutung) oder ob Kommunikation auch eine Übelszufügung voraussetzt.[232]

4. Strafzwecke im StGB?

Dass auch der Allgemeine Teil des Strafgesetzbuchs von 1975 den Vereinigungstheorien zuneigt, ergibt sich u. a. aus den dort verankerten Strafzwecken:

Nach § 46 I 2 sind bei der Strafzumessung die *Wirkungen*, die von der Strafe *auf* **203** *das künftige Leben des Täters* in der Gesellschaft zu erwarten sind, also *spezialpräventive* Gesichtspunkte, zu berücksichtigen.[233] Daneben spielt nach h. M.[234] aber auch die *Generalprävention* im geltenden Strafrecht eine Rolle, wenn

---

[228] *Sinn* 2007, S. 107 f./277 ff.; vgl. zum Zusammenhang zwischen Straftheorie und Kommunikation auch *Frisch* GA 2019, 537 ff.; *Stefanopoulou* ZIS 2020, 398 ff.

[229] *Günther* FS Lüderssen, S. 205 ff. (218 f.); s. auch *Seher* FS R. Merkel, S. 493 ff.

[230] Vgl. *Hörnle* 2017, S. 31 ff.; *Seher* FS R. Merkel, S. 493 ff. (498 ff.).

[231] *Günther* FS Lüderssen, S. 205 ff. (218 f.).

[232] Herrschend ist im dt. Schrifttum die Auffassung, dass die Übelszufügung erforderlich ist, s. *Hörnle* 2017, S. 43 ff.; *dies.*, in: v. Hirsch/Neumann/Seelmann (Hrsg.) 2011, S. 11 ff. (28); *Jakobs* 1999, S. 113 ff.; *Pawlik* 2004, S. 89 ff.; kritisch auch *Saliger* FS Neumann, S. 689 ff. (696 ff.); dagegen *Günther* FS Lüderssen, S. 205 ff. (219); *S. Walther* ZStW 111 (1999), 123 ff. (137). Eingehend zur expressiven Straftheorie *Pérez-Barberá* GA 2014, 504 ff.

[233] Vgl. zur gesetzlichen Verankerung der Spezialprävention im StGB, JGG und GG *Dölling* FS Lampe, S. 598 ff.; vgl. aber auch *Kaiser* FS Lenckner, S. 781 ff.

[234] Vgl. *Kinzig,* in: Schönke/Schröder Vor §§ 38 ff. Rn. 3 f. mwN.

„zur Verteidigung der Rechtsordnung" ausnahmsweise eine kurze Freiheitsstrafe verhängt werden (§ 47 I)[235] oder eine Strafaussetzung zur Bewährung (§ 56 III) sowie eine Verwarnung mit Strafvorbehalt abgelehnt werden kann (§ 59 I Nr. 3). Letztendlich sind aber auch Elemente der absoluten Straftheorien im geltenden Strafrecht zu erkennen, wenn nach § 46 I 1 die Schuld des Täters die Grundlage für die Zumessung der Strafe ist.[236] Eine publikumsorientierte Strafzumessung ist in § 46 nicht vorgesehen.[237]

Hinweise zum Leitfall

204   Mit Beschluss vom 2. Februar 2008, der auf ein lebhaftes und kontroverses Echo stieß,[238] wies der *Zweite Senat* des BVerfG die Verfassungsbeschwerde zurück und erklärte die Strafvorschrift des § 173 II 2, die den Beischlaf zwischen Geschwistern mit Strafe bedroht, mit sieben zu einer Stimme für mit dem Grundgesetz vereinbar. Hinter der Strafvorschrift des Geschwisterinzests stehe eine kulturgeschichtlich überlieferte und international weit verbreitete Verbotsnorm, deren Wurzeln bis in das Altertum zurückreichten.[239] Der Gesetzgeber habe mit seiner Entscheidung, das in der Gesellschaft verankerte Inzesttabu weiterhin strafrechtlich zu sanktionieren, seinen Spielraum nicht überschritten. Es gehe um die Bewahrung der familiären Ordnung vor schädigenden Wirkungen des Inzests,[240] den Schutz der „unterlegenen" Partner in einer Inzestbeziehung sowie die Vermeidung schwerwiegender genetisch bedingter Erkrankungen bei Abkömmlingen aus Inzestbeziehungen.[241] Ersichtlich stützte sich der *Senat* bei seiner Begründung allerdings nicht auf die Rechtsgutstheorie, sondern darauf, dass der Gesetzgeber die verfassungsrechtlichen Schranken seiner Definitionsmacht (s. o. Rn. 155) nicht überschritten habe.

205   Dass die Strafbarkeit des einvernehmlichen Geschlechtsverkehrs zwischen erwachsenen Geschwistern auf der Grundlage eines als ultima ratio[242] verstandenen Strafrechts durchaus nicht selbstverständlich ist, zeigt seine Straffreiheit z. B. in der Türkei, Spanien, Frankreich und den Niederlanden.[243]

---

[235] Kritisch zu kurzen Freiheitsstrafen bei Bagatellstraftaten *Beulke* FS Heinz, S. 594 ff.

[236] Vgl. näher *Kinzig*, in: Schönke/Schröder Vor §§ 38 ff. Rn. 6.

[237] Kritisch zur publikumsorientierten Strafzumessung *Kölbel/Singelnstein* NStZ 2020, 333 ff.

[238] Vgl. *Adam* NStZ 2010, 321 ff.; *Duttge* FS Roxin 2011, S. 227 ff.; *Fröhlich* DRiZ 2012, 344 ff.; *Hörnle* NJW 2008, 2085 ff.; *Hwang* Der Staat 51 (2012), 233 ff.; *Kannowski* JZ 2012, 321 ff.; *Kubiciel* ZIS 2012, 282 ff.; *Noltenius* ZJS 2009, 15 ff.; *Roxin* StV 2009, 544 ff.; *J. Schäuble* FoR 2008, 98 ff.; *Thurn* KJ 2009, 74 ff.; *Zabel* JR 2008, 453 ff.; *Ziethen* NStZ 2008, 617 f.

[239] BVerfG 2 BvR 392/07 BVerfGE 120, 224 Rn. 2 f.

[240] Dazu näher *Schramm* 2011, 420 ff.

[241] BVerfG 2 BvR 392/07 BVerfGE 120, 224 Rn. 41.

[242] Vgl. zum Bedeutungsverlust des Ultima-ratio-Prinzips in der gegenwärtigen Kriminalpolitik *Kindhäuser* ZStW 129 (2017), 382 ff.

[243] Näher BVerfG 2 BvR 392/07 BVerfGE 120, 224 Rn. 15.

Auf diesen Gedanken stellte auch der Vizepräsident des BVerfG, *Winfried* **206**
Hassemer, in seiner abweichenden Meinung ab:[244] In ihrer konkreten Fassung –
Beschränkung auf den Beischlaf unter Ausklammerung anderer sexueller Handlungen – sei die Strafnorm *nicht geeignet* zur Bewahrung der familiären Ordnung
vor schädigenden Wirkungen des Inzests. Beim einvernehmlichen Geschwisterinzest könne man auch nicht von einem „unterlegenen" Partner sprechen. Und in
sonstigen Fällen, in denen die Wahrscheinlichkeit behinderten Nachwuchses
höher ist und die erwartbaren Behinderungen massiver sind als beim Inzest,
nehme der Gesetzgeber dies dennoch nicht zum Anlass für eine Inkriminierung
des ungeschützten Geschlechtsverkehrs. Schließlich sei es unverständlich, potenzielle Nachkommen vor genetischen Schäden schützen zu wollen. Denn dies
setze die absurde Abwägung des mutmaßlichen Interesses potenziell gezeugten
Nachwuchses an einem Leben mit genetischen Defekten einerseits mit einem
mutmaßlichen Interesse an der eigenen Nichtexistenz andererseits voraus.[245] Es
bleibe im Grunde nur der gesellschaftliche Konsens über die Strafwürdigkeit des
Geschwisterinzests als Schutzgut des § 173 III. „Der Aufbau oder der Erhalt
eines gesellschaftlichen Konsenses über Wertsetzungen – hier das Verbotensein
des Beischlafs zwischen Geschwistern – aber kann nicht unmittelbares Ziel einer
Strafnorm sein."[246]

Der EGMR, an den sich der Verurteilte wegen eines Verstoßes gegen sein **207**
Recht auf Achtung des Privat- und Familienlebens (Art. 8 EMRK) gewandt hatte,
vermochte einen Verstoß gegen die EMRK nicht zu erkennen.[247] ◄

E. Zur Wiederholung

Kontrollfragen
 1. Wie kommt man mit Strafrecht in Berührung? (Rn. 4 ff.)
 2. Wie tritt Strafrecht in Erscheinung? (Rn. 10 ff., 13 ff.)
 3. Warum ist Strafverfolgung notwendig lückenhaft? (Rn. 27 ff.)
 4. Warum gehört das Strafrecht zum Gebiet des öffentlichen Rechts?
    (Rn. 35 ff.)
 5. Warum bezeichnet *Franz von Liszt* im „Marburger Programm" das Straf-
    recht als *magna charta* des Verbrechers? (Rn. 37)
 6. Steht im deutschen Strafverfahren der vom Gericht zu beurteilende Sach-
    verhalt zur Disposition der Verfahrensbeteiligten? (Rn. 35)

---

[244] BVerfG 2 BvR 392/07 BVerfGE 120, 224 Rn. 73 ff. (77).

[245] BVerfG 2 BvR 392/07 BVerfGE 120, 224 Rn. 80 ff.

[246] *Hassemer* BVerfG Rn. 100; vgl. auch *Paeffgen* FS Wolter, S. 153 ff.

[247] Stübing v. Germany, Urt. v. 12.04.2012, Beschw. Nr. 43547/08; näher *Jung* GA 2012, 617 ff.;
Kubiciel ZIS 2012, 282 ff.

7. Weshalb ist das StGB in einen Allgemeinen und einen Besonderen Teil unterteilt und worin unterscheiden sich die beiden Teile? (Rn. 50 ff.)
8. Welches Strafrechtsreformgesetz hat den Allgemeinen Teil zum Hauptgegenstand und wann ist es in Kraft getreten? (Rn. 74)
9. Weshalb gibt es Nebenstrafrecht? Der Gesetzgeber hätte doch alle Strafvorschriften im StGB sammeln können! (Rn. 76 f.)
10. Ist Gewohnheitsrecht eine Rechtsquelle des Strafrechts? (Rn. 87 ff.)
11. Welches sind die wichtigsten Prinzipien für die Anwendbarkeit des deutschen Strafrechts auf Inlands- und Auslandstaten? (Rn. 109 ff.)
12. Welche Rechtsmaterien werden vom „Europäischen Strafrecht" erfasst? (Rn. 125)
13. Besitzt die EU die Kompetenz zur unmittelbaren Strafgesetzgebung in den Mitgliedstaaten? (Rn. 125)
14. In welchen Bereichen kann die EU derzeit strafrechtlich tätig werden? (Rn. 129 ff.)
15. Wie kann der supranationale Gesetzgeber die Mitgliedstaaten innerstaatlich zur Strafgesetzgebung verpflichten? (Rn. 129)
16. Nennen Sie die wichtigsten Bereiche der „gesamten Strafrechtswissenschaft". (Rn. 138 ff.)
17. Unter welchen Aspekten lässt sich staatliche Strafe legitimieren? (Rn. 161 ff.)
18. Auf welche Straftheorien beziehen sich die Begriffe „*Vergeltung*" und „*Sühne*", „*Generalprävention*" sowie „*Spezialprävention*" und auf wen gehen diese Theorien zurück? (Rn. 171 ff., 182 ff., 189 ff.)
19. Was bedeutet der Satz: punitur, quia peccatum est ne peccetur und welche Straftheorie liegt ihm zugrunde? (Rn. 197 ff.)

Literatur

Adam Aktuelle Rechtsprechung des BVerfG zum Strafrecht und Strafprozessrecht, NStZ 2010, 321 ff.
Adomeit Rechts- und Staatsphilosophie, Bd. II: Rechtsdenker der Neuzeit, 1995
Albrecht, P. A. Der Zugriff des Strafrechts auf die Kriminologie, FS für Wolff 1998, S. 1 ff.
Ambos Internationales Strafrecht, 5. Aufl. 2018
Ambos Strafrecht und Verfassung: Gibt es einen Anspruch auf Strafgesetze, Strafverfolgung, Strafverhängung?, FS für R. Merkel 2020, S. 565 ff.
Arloth Neue Gesetze im Strafvollzug, GA 2008, 129 ff.
Arnold Der Einfluss des BVerfG auf das nationale Straf- und Strafverfahrensrecht, StraFo 2004, 402 ff., 2005, 2 ff.
Aschaffenburg Das Verbrechen und seine Bekämpfung, 3. Aufl. 1923
Asp The substantive Criminal Law Competence of the EU, 2012
Bachmaier Winter (Hrsg.) The European Public Prosecutor's Office, 2018
Bannenberg/Rössner Kriminalität in Deutschland, 2005
Baumann u. a. Entwurf eines Strafgesetzbuchs, Allgemeiner Teil, 1966, 2. Aufl. 1969
Baumann u. a. Alternativentwurf eines Gesetzes über Sterbehilfe, 1986

Baumann u. a. Alternativentwurf Wiedergutmachung, 1992

Baumann/Weber/Mitsch/Eisele Strafrecht, Allgemeiner Teil (AT), 13. Aufl. 2021

Baurmann/Schädler Das Opfer nach der Straftat – seine Erwartungen und Perspektiven, 1991, Nachdruck 1999

Beck/Burchard/Fateh-Moghadam (Hrsg.) Strafrechtsvergleichung als Problem und Lösung, 2010

Beulke Kurze Freiheitsstrafen bei Bagatelldelikten? Ein Plädoyer zugunsten einer restriktiven Auslegung von § 47 StGB, FS für Heinz 2012, S. 594 ff.

Biehler/Kniebühler/Lelieur-Fischer/Stein Freiburg Proposal on Concurrent Jurisdictions and the Prohibition of Multiple Prosecutions in the European Union, Freiburg 2003

Bloy Die dogmatische Bedeutung der Strafausschließungs- und Strafaufhebungsgründe, 1976

Böse/Meyer/Schneider (Hrsg.) Conflicts of Jurisdiction in Criminal Matters in the European Union, Volume I: National Reports and Comparative Analysis, 2013

Böse/Meyer/Schneider (Hrsg.) Conflicts of Jurisdiction in Criminal Matters in the European Union, Vol. II: Rights, Principles and Model Rules, 2014

Bublitz Die Genealogie der Vergeltung, oder warum retributiven Überzeugungen nicht zu trauen ist, FS für R. Merkel 2020, S. 459 ff.

Böse Die Entscheidung des Bundesverfassungsgerichts zum Vertrag von Lissabon und ihre Bedeutung für die Europäisierung des Strafrechts, ZIS 2010, 76 ff.

Böse/Meyer Die Beschränkung nationaler Strafgewalten als Möglichkeit zur Vermeidung von Jurisdiktionskonflikten in der Europäischen Union, ZIS 2011, 336 ff.

Clauß Verbreitung der „Auschwitzlüge" im Internet, MMR 2001, 228 ff.

Cornils Der Begehungsort von Äußerungsdelikten im Internet, JZ 1999, 394 f.

Dölling Zur spezialpräventiven Aufgabe des Strafrechts, FS für Lampe 2003, S. 597 ff.

Dölling/Duttge/König/Rössner (Hrsg.) Gesamtes Strafrecht, 5. Aufl. 2022

Duttge Strafbarkeit des Geschwisterinzests aufgrund „eugenischer Gesichtspunkte?", FS für Roxin 2011, S. 227 ff.

Dünkel/Morgenstern Überbelegung im Strafvollzug – Gefangenenraten im internationalen Vergleich, FS für Müller-Dietz 2001, S. 133 ff.

Erbs/Kohlhaas Strafrechtliche Nebengesetze, 253. Auflage 2024

Eser/Burkhardt Juristischer Studienkurs, Strafrecht I (StK I), 4. Aufl. 1992

Eyers Die Entkriminalisierung des Schwarzfahrens in den sog. „Einmalfällen", 1999

Fischer Öffentlicher Friede und Gedankenäußerung, 1986

Fischer, *Bearbeiter*, in: = Fischer, Strafgesetzbuch, 72. Aufl. 2025

Freund Der Zweckgedanke im Strafrecht?, GA 1995, 4 ff.

Frisch Sicherheit durch Strafrecht? – Erwartungen, Möglichkeiten und Grenzen, GS für Schlüchter 2001, S. 669 ff.

Frisch Konzepte der Strafe und Entwicklungen des Strafrechts in Europa, GA 2009, 385 ff.

Frisch Über das Verhältnis von Straftatsystem und Strafzumessung – Unrecht und Schuld in der Verbrechenslehre und in der Strafzumessung, GA 2014, 489 ff.

Frisch Straftheorie, Verbrechensbegriff und Straftatsystem im Umbruch, GA 2019, 185 ff.

Frisch Zum Begründungshintergrund von Übel und Tadel in der Theorie der Strafe – Grundlinien einer kommunikativen Straftheorie, GA 2019, 537 ff.

Frisch Konzepte der Unrechtsbegründung, FS für Sancinetti 2020, S. 347 ff.

Frister Strafrecht Allgemeiner Teil (AT), 10. Aufl. 2023

Fröhlich Die Entscheidung des Bundesverfassungsgerichts zu § 173 StGB – ein Rückblick, DRiZ 2012, 344 ff.

Gans Grundlinien der Philosophie des Rechts, 1833

Göppinger Kriminologie, 6. Aufl. 2008

Görgen Gießener Deliquenzbefragungen II Ausweitung von Untersuchungsgegenständen und -methoden, in: Ehrengabe für Anne-Eva Brauneck 1999, S. 101 ff.

Grasberger „Three Strikes and You Are Out", ZStW 110 (1998), 796 ff.

Greco Über das so genannte Feindstrafrecht, GA 2006, 96 ff.

Greco Strafjurist mit gutem Gewissen – Kritik der opferorientierten Straftheorie, GA 2020, 258 ff.

Greco Kants Insel, FS für Sieber 2021, S. 27 ff.

Grimm, H. Goethe, Vorlesungen Berlin 1877, 7. Aufl. 1903

Gropp Der straflose Schwangerschaftsabbruch, 1981

Gropp Deliktstypen mit Sonderbeteiligung, 1992

Günther Die symbolisch-expressive Bedeutung der Strafe – Eine neue Straftheorie jenseits von Vergeltung und Prävention?, FS für Lüderssen 2002, 205 ff.

Haffke, in: Lüderssen/Sack (Hrsg.), Abweichendes Verhalten III, Bd. 2, Strafprozess und Strafvollzug, 1977, S. 291 ff.

Harzer, in: Stolleis (Hrsg.), Juristen. Ein biographisches Lexikon, 1995

Hassemer Einführung in die Grundlagen des Strafrechts, 2. Aufl. 1990

Hassemer Einige Bemerkungen über „positive Generalprävention", FS für Buchala 1994, S. 133 ff.

Hassemer Perspektiven einer neuen Kriminalpolitik, StV 1995, 483 ff.

Hassemer Darf der strafende Staat Verurteilte bessern wollen?, FS für Lüderssen 2002, S. 221 ff.

Hassemer/Reemtsma Verbrechensopfer: Gesetz und Gerechtigkeit, 2002

Hattenhauer Europäische Rechtsgeschichte, 3. Aufl. 1999

Hauf Schwarzfahren im modernen Massenverkehr – strafbar nach § 265a StGB?, DRiZ 1995, 15 ff.

Hecker Europäisches Strafrecht (EuStR), 7. Aufl. 2024

Hecker Internationales Strafrecht: Propagandadelikt im Cyberspace, JuS 2015, 274 ff.

Heger Perspektiven des Europäischen Strafrechts nach dem Vertrag von Lissabon, ZIS 2009, 406 ff.

Heghmanns Anmerkung zu BGH, v. 12.12.2000 – StR 184/00, JA 2001, 276 ff.

Heine u. a. Alternativ-Entwurf Leben (AE-Leben), GA 2008, 193 ff.

Heinrich, B. Der Erfolgsort beim abstrakten Gefährdungsdelikt, GA 1999, S. 72 ff.

Heinrich, B. Handlung und Erfolg bei Distanzdelikten, FS für Weber 2004, S. 96 ff.

Heinrich, B. Die Grenzen des Strafrechts bei der Gefahrprävention, ZStW 121 (2009), 94 ff.

Heinz Entwicklung, Aufgaben und Probleme der Kriminalstatistik, ZStW 84 (1972), 806 ff.

Heitzer Punitive Sanktionen im Europäischen Gemeinschaftsrecht, 1997

Herrmann Die Entwicklung des Opferschutzes im deutschen Strafrecht und Strafprozessrecht – Eine unendliche Geschichte, ZIS 2018, 236 ff.

Herzog Über die Grenzen der Wirksamkeit des Strafrechts. Eine Hommage an Wilhelm v. Humboldt, KritV 1993, 247

Hilgendorf/Kusche/Valerius Computer- und Internetstrafrecht: Ein Grundriss, 3. Aufl. 2022

Hilgendorf Gibt es ein „Strafrecht der Risikogesellschaft?", NStZ 1993, 10 ff.

Hilger Über das Opferrechtsreformgesetz, GA 2004, 478 ff.

Hilpert-Janßen Schwarzfahren: Entkriminalisierung – ja oder nein?, KommP spezial 2024, 35 ff.

Hirsch Die Lehre von den negativen Tatbestandsmerkmalen, 1960

Hörnle Das Ideal des Bürgerstrafrechts vor dem Hintergrund gesellschaftlicher Fragmentierung, FS für R. Merkel 2020, S. 511 ff.

Hörnle Das Verbot des Geschwisterinzests – verfassungsrechtliche Bestätigung und verfassungsrechtliche Kritik, NJW 2008, 2085 ff.

Hörnle Deskriptive und normative Dimensionen des Begriffs „Feindstrafrecht", GA 2006, 80 ff.

Hörnle Gegenwärtige Strafbegründungstheorien: Die herkömmliche deutsche Diskussion, in: v. Hirsch/Neumann/Seelmann (Hrsg.), Strafe – warum? Gegenwärtige Strafbegründungen im Lichte Hegels Straftheorie, 2011, S. 11 ff.

Hörnle Straftheorien, 2. Aufl. 2017

Hörnle Verbreitung der Auschwitzlüge im Internet, NStZ 2001, 305 ff.

Hwang Demokratische Willensbildung vor grundrechtlicher Rahmenordnung, Der Staat 51 (2012), 233 ff.

Ilting (Hrsg.), Georg Wilhelm Friedrich Hegel, Vorlesungen über Rechtsphilosophie 1818-1831, Bd. 4, u. a. Philosophie des Rechts nach der Vorlesungsmitschrift von K. G. v. Griesheim 1824/25, 1974

Ida, Strafrechtsvergleichung als Kulturvergleich?, in: Streng/Kett-Straub (Hrsg.), Strafrechtsvergleichung als Kulturvergleich, 2012, S. 23 ff.

Jäger Der Feind als Paradigmenwechsel im Recht, FS für Roxin 2011, S. 71 ff.

Jahn/Schmitt-Leonardy Reintegration durch Strafe?, FS für Streng 2017, S. 499 ff.

Jakobs Kriminalisierung im Vorfeld einer Rechtsgutsverletzung, ZStW 97 (1985), 751 ff.

Jakobs Über die Behandlung von Wollensfehlern und von Wissensfehlern, ZStW 101 (1989), 516 ff.

Jakobs Strafrecht, Allgemeiner Teil (AT), 2. Aufl. 1991

Jakobs Norm, Person, Gesellschaft, 1999

Jakobs Staatliche Strafe: Bedeutung und Zweck, in: Nordrhein-Westfälische Akademie der Wissenschaften, Vorträge G 390 463. Sitzung, 2004, 5 ff./40 ff.

Jeßberger Anmerkung zu BGH, Urteil v. 12.12.2000 – 1 StR 184/00, JR 2001, 429 ff.

Jerouschek Straftat und Traumatisierung, JZ 2000, 185 ff.

Jerouschek Ne crimina remaneant impunita, Zeitschrift der Savigny-Stiftung für Rechtsgeschichte, 2003, 323 ff.

Jescheck/Weigend Lehrbuch des Strafrechts, Allgemeiner Teil (AT), 5. Aufl. 1996

Jung Konturen und Perspektiven des europäischen Strafrechts, JuS 2000, 417 ff.

Jung Was ist eine gerechte Strafe?, JZ 2004, 1155 ff.

Jung Wider die neue „Straflust", GA 2006, 724 ff.

Jung Das Inzestverbot oder der Europäische Gerichtshof für Menschenrechte auf den Spuren des Bundesverfassungsgerichts, GA 2012, 617 ff.

Kaiser Kriminologie, 10. Aufl. 1997

Kaiser Ist die Resozialisierung noch ein aktuelles Thema der Strafprozessreform?, FS für Lenckner 1998, S. 781 f.

Kannowski Germanisches Recht heute, JZ 2012, 321 ff.

Kaspar „Verhältnismäßige Generalprävention" und Zurechnung, StV 2014, 250 ff.

Kilchling Opferschutz innerhalb und außerhalb des Strafrechts, 2018

Kindhäuser Straf-Recht und ultima-ratio-Prinzip, ZStW 129 (2017), 382 ff.

Kleinheyer/Schröder (Hrsg.), Deutsche und Europäische Juristen aus neun Jahrhunderten, 5. Aufl. 2008

Klocke/Müller Zur Renaissance der Vergeltung, StV 2014, 370 ff.

Koch, Arnd Zur Strafbarkeit der „Auschwitzlüge" im Internet, JuS 2002, 123 ff.

Koch, Arnd 150 Jahre Reichsstrafgesetzbuch von 1871/1872, JuS 2021, 1121 ff.

Koch, Hans-Georg Landesbericht Bundesrepublik Deutschland, in: Eser/Koch (Hrsg.), Schwangerschaftsabbruch im internationalen Vergleich, 1988, S. 17 ff./234 ff.

Köhler Unbegrenzte Ermittlung und justizfreie Bundesgeheimpolizei: Der neue Strafprozess?, StV 1994, 386

Köhler Strafrecht Allgemeiner Teil (AT), 1997

Kölbel/Singelnstein Strafrechtliche Sanktion und gesellschaftliche Erwartung – zu den Problemen und Gefahren eines publikumsorientierten Strafrechts, NStZ 2020, 333 ff.

Koriath Zum Streit um die Gefährdungsdelikte, GA 2001, S. 51 ff.

Kreuzer Kriminologische Dunkelfeldforschung, I. Teil: Theorie und Methode, NStZ 1994, 10 ff.

Kreuzer Kriminologische Dunkelfeldforschung, I. Teil: Ergebnisse von Täterbefragungen, NStZ 1994, 164 ff.

Krüger Unmittelbare EU-Strafkompetenzen aus Sicht des deutschen Strafrechts, HRRS 2012, 311 ff.

Kubiciel Shame Sanctions – Ehrenstrafen im Lichte der Straftheorie, ZStW 118 (2006), 44 ff.

Kubiciel Das „Lissabon"-Urteil und seine Folgen für das Europäische Strafrecht, GA 2010, 99 ff.

Kubiciel Das deutsche Inzestverbot vor den Schranken des EGMR, ZIS 2012, 282 ff.

Kubiciel Das Strafrecht einer fragmentarischen Gesellschaft, FS für R. Merkel 2020, S. 529 ff.

Kudlich Anmerkung zu BGH, Urteil v. 12.12.2000 – 1 StR 184/00, StV 2001, 395 ff.

Kuhlen Die Zukunft des Strafrechts, in: Neumann/Prittwitz (Hrsg.), Kritik und Rechtfertigung des Strafrechts, 2005, S. 109 ff.

Kuhlen Das Grundgesetz als Herausforderung für Strafprozess und Strafrecht, in: Stolleis (Hrsg.), Das Bonner Grundgesetz, 2006, S. 39 ff.

Kühl Die Bedeutung der Rechtsphilosophie für das Strafrecht, 2001

Kühl Fragmentarisches und subsidiäres Strafrecht, FS für Tiedemann 2008, S. 29

Kühne Bürgerfreiheit und Verbrecherfreiheit. Der Staat zwischen Leviathan und Nachtwächter, 2004

Kürzinger Kriminologie, 2. Aufl. 1996

Lagodny Strafrecht vor den Schranken der Grundrechte, 1996

Laubenthal Strafvollzug, 3. Aufl. 2019

Laufs Rechtsentwicklung in Deutschland, 5. Aufl. 1996

Lesch Der Verbrechensbegriff, 1999

Liszt, v. Der Zweckgedanke im Strafrecht. „Marburger Universitätsprogramm 1882", ZStW 3 (1883), 1 ff.

Liszt, v. Über den Einfluss der soziologischen und anthropologischen Forschungen auf die Grundbegriffe des Strafrechts, in: Aufsätze und Vorträge, Band II, 1905, S. 75 ff.

Liszt, v. Der Zweckgedanke im Strafrecht. „Marburger Universitätsprogramm 1882", in: Strafrechtliche Vorträge und Aufsätze Bd. 1, 1970, S. 126 ff.

Liebs Lateinische Rechtsregeln und Rechtssprichwörter, 5. Aufl. 1991

Ligeti (Hrsg.) Toward a Prosecutor for the European Union. Vol. 1: A comparative analysis, Oxford 2012/Vol. 2: Draft Rules of procedure, Oxford 2013 (forthcoming).

LK-Bearbeiter = Cirener/Radtke/Rissing-van Saan/Rönnau/Schluckebier (Hrsg.), Leipziger Kommentar, Strafgesetzbuch, Bd. 1, 13. Aufl. 2020

Loos Probleme des neuen Adhäsionsverfahrens, GA 2006, 195 ff.

Lorenz/Porzelle Sechs Gründe gegen eine Streichung der Beförderungserschleichung bei gleichzeitiger Herabstufung zur Ordnungswidrigkeit, ZRP 2024, 14 ff.

Mahn Paradigmenwechsel im Recht der Beförderungserschleichung § 265a Abs. 1, 3. alt. StGB: die normativ gebotene Umsetzung einer Entkriminalisierung des „Schwarzfahrens", 2005

Maurach/Gössel/Zipf Strafrecht, Allgemeiner Teil 2 (AT 2), 8. Aufl. 2014

Maurach/Zipf Strafrecht, Allgemeiner Teil 1 (AT 1), 8. Aufl. 1992

Mayer Strafrecht Allgemeiner Teil (AT), 1967

Milgram Das Milgram-Experiment, Zur Gehorsamsbereitschaft gegenüber Autorität, 1974

Mir Puig Die begründende und die begrenzende Funktion der positiven Generalprävention, ZStW 102 (1990), 914 ff.

Mohnhaupt, in: Stolleis (Hrsg.), Juristen, 1995, Stichwort „Feuerbach".

MK-StGB-*Bearbeiter* = Erb/Schäfer (Hrsg.), Münchener Kommentar zum Strafgesetzbuch, Bd. 5, 4. Auflage 2022

Müller-Dietz Gibt es Fortschritt im Strafrecht?, FS für Triffterer 1996, S. 678 ff.

Naucke Das System der strafprozessualen Entkriminalisierung, FS für Grünwald 1999, S. 403 ff.

Naucke/Harzer Rechtsphilosophische Grundbegriffe, 4. Aufl. 2005

Nehlsen Entstehung des öffentlichen Strafrechts bei den germanischen Stämmen, in: Kroeschell (Hrsg.), Gerichtslauben-Vorträge, 1983, S. 3 ff.

NK-StGB-*Bearbeiter* = Kindhäuser/Neumann/Paeffgen/Saliger (Hrsg.), Nomos-Kommentar zum StGB Bd. 1, 6. Aufl. 2023; Bd. 4, 6. Auflage 2023

Noltenius Kritische Anmerkungen zum Täter-Opfer-Ausgleich, GA 2007, 518 ff.

Noltenius Grenzenloser Spielraum des Gesetzes im Strafrecht? Kritische Bemerkungen zur Inzestentscheidung des Bundesverfassungsgerichts vom 26. Februar 2008, ZJS 2009, 15 ff.

Oehler Internationales Strafrecht, 2. Aufl. 1983

Otto Grundkurs Strafrecht – Allgemeine Strafrechtslehre (GK-AT), 7. Aufl. 2004

Paeffgen Das „Rechtsgut" – ein obsoleter Begriff?, FS für Wolter 2013, S. 125 ff.

Pagenkopf Glücksspielrechtliche Variationen, NVwZ 2011, 513 ff.

Pawlik Person, Subjekt, Bürger, 2004

Pérez Prävention und Vergeltung bei der Rechtfertigung der staatlichen Strafe, GA 2021, 543 ff.

Pérez-Barberá Probleme und Perspektiven der expressiven Straftheorien – Eine diskursive und deontologische Rechtfertigung der Strafe, GA 2014, 504 ff.

Perron Überlegungen zum Verhältnis von Strafrecht und Strafprozessrecht, FS für Hanack 1999, S. 473 ff.

Perron Perspektiven der Europäischen Strafrechtsintegration, FS für Küper 2007, S. 429 ff.

Polaino-Orts Grenzen vorverlagerter Strafbarkeit: Feindstrafrecht, FS für Roxin 2011, S. 91 ff.

Renzikowski Pflichten und Rechte – Rechtsverhältnis und Zurechnung, GA 2007, 561 ff.

Rieß Zur Beteiligung des Verletzten im Strafverfahren, FS für Jung 2007, S. 751 ff.

Rössner Strafrechtsfolgen ohne Übelszufügung?, NStZ 1992, 409 ff.

Rosenau Zur Europäisierung im Strafrecht, ZIS 2008, 9 ff.

Roxin Sinn und Grenzen staatlicher Strafe, JuS 1966, 377 ff.

Roxin Strafe und Strafzwecke in der Rechtsprechung des Bundesverfassunsgerichts, FS für Volk 1974, S. 406 ff.

Roxin Selbständigkeit und Abhängigkeit des Strafrechts im Verhältnis zu Politik, Philosophie, Moral und Religion, FS für Küper 2007, S. 489 ff.

Roxin Zur Strafbarkeit des Geschwisterinzests – Zur verfassungsrechtlichen Überprüfung materiellrechtlicher Strafvorschriften, StV 2009, 544 ff.

Roxin Noch einmal: Zur strafrechtlichen Behandlung der Gewissenstat, GA 2011, 1 ff.

Roxin Der gesetzgebungskritische Rechtsgutsbegriff auf dem Prüfstand, GA 2013, 433 ff.

Roxin Prävention, Tadel und Verantwortung – Zur neusten Strafzweckdiskussion, GA 2015, 185 ff.

Roxin/Greco Strafrecht, Allgemeiner Teil, Band 1 (AT 1), Grundlagen, Der Aufbau der Verbrechenslehre, 5. Aufl. 2020

Rüping/Jerouschek Grundriss der Strafrechtsgeschichte, 6. Aufl. 2011

Safferling Die Rolle des Opfers im Strafverfahren – Paradigmenwechsel im nationalen und internationalen Recht?, ZStW 122 (2010), 87 ff.

Safferling Internationales Strafrecht (IntStR), 1. Aufl. 2011

Saliger Über das kommunikative Moment in neueren, insbesondere expressiven Straftheorien – Einige kritische Anmerkungen, FS für Neumann 2017, S. 689 ff.

Sasse Schwarzfahren – legalisieren oder weiter pönalisieren?, NJ 2019, 59 ff.

Satzger Internationales und Europäisches Strafrecht (Int/EuStR), 10. Aufl. 2022

Satzger Tatort abstrakter Gefährdungsdelikte, Jura 2015, 1011 ff.

Beulke/Swoboda Jugendstrafrecht, 16. Aufl. 2020

Schäuble Auf der Suche nach einem Rechtsgut, FoR 2008, 98 ff.

Scheffler Prolegomena zu einer systematischen Straftheorielehre, in: Byrd/Hruschka/Joerden (Hrsg.), Jahrbuch für Recht und Ethik Bd. 3, 1995, 375 f.

Scheffler Das Reformzeitalter 1953-1975, in: Vormbaum/Welp (Hrsg.), Das Strafgesetzbuch, Supplementband 1: 130 Jahre Strafgesetzgebung – eine Bilanz, 2004, S. 174 ff.

Schick Demokratie oder Rechtsgüterschutz – Was legitimiert das Strafrecht?, GA 2020, 14 ff.

Schild Strafe – Vergeltung oder Gnade?, SchwZStr 99 (1982), 364 ff.

Schild Ende und Zukunft des Strafrechts, ARSP 1984, 71 ff.

Schild Alte Gerichtsbarkeit, 1985

Schild Anmerkungen zur Straf- und Verbrechensphilosophie Immanuel Kants, FS für Gitter 1995, S. 831 ff.

Schild Fehde und Gewalt im Mittelalter – Anmerkungen zur mittelalterlichen Friedensbewegung und Gewaltentwicklung, in: Gehl/Reichertz (Hrsg.), Leben im Mittelalter, Bd. 2, 1998, S. 95 ff.

Schlüchter Fit im Recht. Strafrecht Allgemeiner Teil (AT), 3. Aufl. 2000

Schmidt, Eberhard Einführung in die Geschichte der deutschen Strafrechtspflege, 3. Aufl. 1964, unv. Nachdruck 1983

Schmidhäuser Strafrecht Allgemeiner Teil. Studienbuch (StB), 2. Aufl. 1984

Schneider, H. J. Kriminalpolitik an der Schwelle zum 21. Jahrhundert, 1998

Schneider, H. J. Strategien der Verbrechensverhütung und ihre Erfolgsaussichten, Universitas (Zeitschrift für interdisziplinäre Wissenschaft) 54 (1999), S. 819

Schneider, H. J. Die deutschsprachige Kriminologie der Gegenwart, GA 2004, 503 ff.

Schöch/Verrel Alternativ-Entwurf Sterbebegleitung (AE-StB), GA 2005, 553.

Schramm Ehe und Familie im Strafrecht, 2011

Schramm Internationales Strafrecht, 2. Aufl. 2018

Schreiber Widersprüche und Brüche in heutigen Strafkonzeptionen, ZStW 94 (1982), 279 ff.

Schroeder, F.-Chr. Genugtuung für die Opfer – Reemtsma und der Sinn der Strafe, in: Hoyer (Hrsg.), Beiträge zur Gesetzgebungslehre und zur Strafrechtsdogmatik, 2001, S. 199 ff.

Schroeder, F.-Chr. Die Erforderlichkeit der Strafe, FS für Amelung 2009, S. 125 ff.

Schönke/Schröder, *Bearbeiter*, in: = Schönke/Schröder, Strafgesetzbuch, 30. Aufl. 2019

Schünemann (Hrsg.) Ein Gesamtkonzept für die europäische Strafrechtspflege, 2006

Schünemann Der Ausbau der Opferstellung im Strafprozeß – Fluch oder Segen?, FS für Hamm 2008, S. 687 ff.

Schütz Johann von Schwarzenberg und die Bambergensis, Jura 1998, 516 ff.

Seebode Strafvollzug I, 1997

Seebode Der Vollzug der Untersuchungshaft, 1985

Seher Wert und Grenzen der expressiven Theorie der Strafe, FS für R. Merkel 2020, S. 493 ff.

Sherman Defiance, Deterrence, and Irrelevance: A Theory oft he Criminal Sanction, JResCrime-Delinq 1993, 445 ff.

Shimada Ein neuer Aspekt der Täterlehre. Erkenntnisse aus der japanisch-deutschen Rechtsvergleichung, GA 2009, 469 ff.

Sieber Internationales Strafrecht im Internet – Das Territorialitätsprinzip der §§ 3, 9 StGB im globalen Cyberspace, NJW 1999, 2065 ff.

Sieber Die Zukunft des Europäischen Strafrechts, ZStW 121 (2009), 1 ff.

Sieber/Satzger/v. Heintschel-Heinegg (Hrsg.) Europäisches Strafrecht, 2. Aufl. 2014

Sinn Strafe, in: Ulsamer (Hrsg.), Ergänzbares Lexikon des Rechts, Stand 2003.

Sinn Moderne Verbrechensverfolgung – auf dem Weg zu einem Feindstrafrecht?, ZIS 2006, 107 ff.

Sinn Straffreistellung aufgrund von Drittverhalten – Zurechnung und Freistellung durch Macht, 2007

Sinn Vorverlagerung der Strafbarkeit – Begriff, Ursachen und Regelungstechniken, in: Sinn/Gropp/Nagy (Hrsg.), Grenzen der Vorverlagerung in einem Tatstrafrecht, 2011, S. 13 ff.

Sinn (Hrsg.) Jurisdiktionskonflikte bei grenzüberschreitend organisierter Kriminalität, 2012

Sinn Organisierte Kriminalität 3.0, 2016

Sinn Entscheidungsanmerkung zu LG Köln, Beschl. v. 9.11.2020 – 101 Qs 72/20, ZJS 2020, 673 ff.

SK⁹-Bearbeiter = Systematischer Kommentar zum Strafgesetzbuch, hrsg. von Wolter, Bd. IV, 9. Aufl. 2017

Stefanopoulou Grundzüge eines Kommunikationsstrafrechts: Materie, Prozess, in dubio pro reo, ZIS 2017, 398 ff.

Stratenwerth/Kuhlen Strafrecht Allgemeiner Teil, Die Straftat, 6. Auflage 2011

Streinz Europarecht, 12. Aufl. 2023

Streinz/Kruis Unionsrechtliche Vorgaben und mitgliedstaatliche Gestaltungsspielräume im Bereich des Glücksspielrechts, NJW 2010, 3745 ff.

Streng Das „broken windows"-Paradigma – Kriminologische Anmerkungen zu einem neuen Präventionsansatz, Erlanger Universitätsreden 57/1999

Streng Vom Zweckstrafrecht zum Feindstrafrecht?, in: Vormbaum (Hrsg.), Kritik des Feindstrafrechts, 2009, S. 181 ff.

Streng Jugendstrafrecht, 6. Aufl. 2024

Tausch Die Entstehung des StGB, seine Änderungen und Neubekanntmachungen – Dokumente zur juristischen Zeitgeschichte, GA 2008, 417 ff.

Thurn Eugenik und Moralschutz durch Strafrecht?, KJ 2009, 74 ff.

Tyler Procedural Justice and the Courts, Court Review 2007, 26 ff.

Vassilaki Anmerkung zu BGH, Urteil v. 12.12.2000 – StR 184/00, CR 2001, 260

Velten Grenzüberschreitende Gefährdungsdelikte, FS für Rudolphi 2004, S. 329 ff.

Vogel Europäische Kriminalpolitik – europäische Strafrechtsdogmatik, GA 2002, 517 ff.

Walter Strafvollzug, 2. Aufl. 1999

Walther Was soll „Strafe"?, ZStW 111 (1999), 123 ff.

Walther Zum Anspruch des Deliktsopfers auf rechtliches Gehör und auf ein faires Verfahren, GA 2007, 615 ff.

Weigend Bewältigung von Beweisschwierigkeiten durch Ausdehnung des materiellen Strafrechts, FS für Triffterer 1996, S. 695 ff.

Weigend Wohin bewegt sich das Strafrecht?, FS für Frisch 2013, S. 17 ff.

Welp Kriminalpolitik in der Krise, StV 1994, 161 ff.

Wörner, L. Einseitiges Strafanwendungsrecht und entgrenztes Internet?, ZIS 2012, 458 ff.

Wörner, L./Wörner, M. Deutschlandbericht, in: Sinn (Hrsg.), Jurisdiktionskonflikte bei grenzüberschreitend organisierter Kriminalität, 2012, S. 203 ff.

Wohlers Die Vergeltungsstrafe – mehr als ein weißer Schimmel?, GA 2019, 425 ff.

Zabel Terrorgefahr und Gesetzgebung. Zugleich eine kritische Auseinandersetzung mit der Neufassung des BKA-Gesetzes und deren Bedeutung für die straf- und polizeiliche Praxis, JR 2008, 453 ff.

Zaczyk Prozesssubjekte oder Störer? Die Strafprozessordnung nach dem OrgKG, StV 1993, 490 ff.

Zieschang Die Gefährdungsdelikte, 1998

Zieschang Der Einfluss der Europäischen Union auf das deutsche Strafrecht, FS für Tiedemann 2008, S. 1303 ff.

Zieschang Die deutsche Strafrechtsentwicklung zwischen 1945 und 1975 am Beispiel der Vorschriften über den Notstand, in: Hilgendorf/Weitzel, Der Strafgedanke in seiner historischen Entwicklung, 2007, S. 173 ff.

Ziethen Strafbarkeit des Geschwisterinzests, NStZ 2008, 617 f.

§ 2 Die strafbare Handlung: Formale Bestimmung – materieller Gehalt – Struktur

§ 1 sollte zeigen, wie Strafrecht als Antwort auf Kriminalität in der Gesellschaft in **1** Erscheinung tritt und wahrgenommen wird. Unser Blick wendet sich nun dem Hauptgegenstand der weiteren Überlegungen zu: der Straftat, genauer: der strafbaren Handlung.

Leitfall 2

Heimtücke-Fall BGHSt 30, 105 – GSSt 1/81 vom 19. Mai 1981: „Im Januar 1978 **2** drang Sahap S. in die Wohnung des Angeklagten, seines Neffen, ein und nötigte dessen Ehefrau mit vorgehaltener Pistole zum außerehelichen Beischlaf. Aufgrund dieser Vergewaltigung löste sich die Ehefrau des Angeklagten innerlich von ihm, weil es sein Onkel war, der sich an ihr vergangen hatte. Sie versuchte, die Scheidung ihrer bis dahin harmonischen Ehe zu erreichen. Erst im Oktober 1978 offenbarte sie dem Angeklagten, was geschehen war.

Der Angeklagte, wie sein Onkel türkischer Staatsangehöriger, war fassungs- **3** los, weinte vor Verzweiflung und sagte seiner Frau, er werde Rache nehmen. Er stellte seinen Onkel in der Folgezeit jedoch nicht zur Rede. Wegen der ihr angetanen Schmach unternahm die Frau des Angeklagten drei Selbstmordversuche, den letzten Ende Februar 1979. Am Vormittag des 3. März 1979 trafen Sahap S. und der Angeklagte zufällig auf der Straße zusammen. Der Angeklagte forderte die Rückzahlung eines Restdarlehens. Sahap S. soll sich daraufhin mit der von ihm begangenen Vergewaltigung gebrüstet und geäußert haben, er werde auch den Angeklagten „vögeln" und ihn töten. Der Angeklagte solle verschwinden. Es kann sein, dass Sahap S. dem Angeklagten eine in Papier gewickelte Pistole oder einen wie eine Pistole wirkenden anderen Gegenstand vor das Gesicht hielt und dabei sagte, der Angeklagte solle nach Hause gehen, er habe „noch zwei Wochen, zwei Tage oder zwei Stunden".

© Der/die Herausgeber bzw. der/die Autor(en), exklusiv lizenziert an Springer-Verlag GmbH, DE, ein Teil von Springer Nature 2025
A. Sinn, *Strafrecht Allgemeiner Teil*, Springer-Lehrbuch,
https://doi.org/10.1007/978-3-662-71556-7_2

4 Daheim überdachte der Angeklagte die Situation. Er vergegenwärtigte sich, dass Sahap S. eine Belastung für ihn und seine Ehe darstellte und dass der Onkel seine Ehre und die Ehre seiner Frau gröblichst verletzt hatte. Der Angeklagte fasste den Entschluss, Sahap S. zu töten. Er steckte eine Selbstladepistole ein und eröffnete seiner Frau „Heute ist sein letzter Tag, ich werde ihn umbringen, wenn ich ihn treffe." Dann ging er zu einem Lokal, in dem er seinen Onkel vermutete und tatsächlich antraf. Sahap S. spielte mit drei türkischen Landsleuten Karten. Der Angeklagte grüßte zu ihm hin und stellte sich an die Theke. Er nahm wahr, dass sein Onkel seine ungeteilte Aufmerksamkeit dem Kartenspiel widmete, und war sich bewusst, dass Sahap S. „keinerlei Angriff" von ihm erwartete. Das war dem Angeklagten „durchaus recht". Er zog die Pistole und feuerte 14 bis 16 Schuss auf seinen Onkel ab, der tödlich getroffen wurde.

5 Das Schwurgericht hat den Angeklagten wegen Mordes zu lebenslanger Freiheitsstrafe verurteilt. Es hat angenommen, dass er Sahap S. heimtückisch tötete, dass er eine Tat begangen hat, die nach § 211 II 2. Fallgruppe, 1. Modalität mit lebenslanger Freiheitsstrafe bedroht ist." ◀

6 Die Feststellung des Schwurgerichts, dass eine Straftat vorliegt, beruht auf zwei Aspekten: einem formalen (A) und einem materiellen (B).

A. Formale Bestimmung

7 Formal besehen ist eine Straftat eine Handlung, welche im Sinne der juristischen Methodenlehre (näher dazu unten § 3 Rn. 23 ff.) den *Tatbestand, d. h.* die *Voraussetzungen* einer gesetzlichen *Vorschrift* erfüllt, deren *Rechtsfolge* in einer *Strafe* besteht.[1] Zur strafbaren Handlung wird ein Verhalten folglich nicht schon deshalb, weil es die Voraussetzungen einer gesetzlichen Vorschrift erfüllt,[2] sondern weil die Rechtsfolge jener Vorschrift „*Strafe*" lautet.

8 Freilich *verstößt* der Täter bei näherer Betrachtung *nicht gegen* die gesetzlichen Voraussetzungen, sondern er *erfüllt* sie – indem er sich *entsprechend* verhält, z. B. einen anderen Menschen tötet – und damit gegen die Norm „Du sollst nicht töten" verstößt, auf welche die strafbewehrte Verhaltensbeschreibung – hier: § 212 – aufgebaut ist.[3]

9 Dass die Verwirklichung eines als strafbar beschriebenen Verhaltens im konkreten Fall nicht bestraft werden kann, weil z. B. den Täter kein Schuldvorwurf trifft, ändert am Charakter als strafbare Handlung nichts. Denn die u. U. mögliche Ersetzung der Strafe durch eine – schuldunabhängige – Maßregel der Besserung und Sicherung ist primär täterbezogen und lässt den Charakter der Handlung unberührt.

---

[1] Vgl. *Roxin/Greco* AT 1 § 1 Rn. 1; *Kindhäuser* ZStW 129 (2017), 382 ff. (382).

[2] Die Voraussetzungen einer gesetzlichen Vorschrift erfüllt auch ein deliktisches Verhalten im Zivilrecht z. B. nach § 823 BGB.

[3] Zum Verhältnis von Strafvorschrift und Norm *Binding* 1890, Bd. 1 S. 3–7, 44 f., 58; vgl. auch *Frisch* 1988, S. 90 f.; *Freund* 1990, S. 138 f.

Die Tötung des Onkels erfüllt das in staatlichen Gesetzen – hier: § 211 – be- **10**
schriebene und mit Strafe bedrohte Verbrechen des „Mordes" dann, wenn der
Angeklagte heimtückisch gehandelt hat. Nach h. M. liegt Heimtücke vor, wenn
der Täter die Arg- und Wehrlosigkeit des Opfers bewusst und in feindlicher
Willensrichtung (Rspr.)[4] ausnutzt. Arglosigkeit ist gegeben, wenn das Opfer sich
keines Angriffs bewusst ist. Da der Onkel nicht mit einem Angriff des Täters
rechnete, war er arglos. Aufgrund dieser Arglosigkeit hatte er auch keine Maßnahmen zur Abwehr eines Angriffs getroffen, war folglich wehrlos. Mit der
h. M. müsste man deshalb davon ausgehen, dass die Tötung des Onkels heimtückisch erfolgte. Den Täter müsste daher die Rechtsfolge „lebenslange Freiheitsstrafe" treffen. ◄

B. Materieller Gehalt

Der materielle Gehalt der strafbaren Handlung hängt zunächst davon ab, welche **11**
Güter durch die Androhung von Strafe als Reaktion auf die Verwirklichung der
Handlung besonders geschützt werden sollen. Weitgehende Einigkeit besteht darin,
dass dazu z. B. Leben, Gesundheit, Freiheit, die freie Verfügbarkeit über sein Vermögen oder die Möglichkeit der friedlichen Entscheidung von Konflikten auf einem
geregelten Weg gehören. Ihre Schutzwürdigkeit *legitimiert* die Androhung von
Strafe für den Fall ihrer Gefährdung und/oder Verletzung[5] und macht sie zu sog.
Rechtsgütern (besser: Achtungsansprüchen, vgl. unten Rn. 15). Die freie Verfügbarkeit über eigene Sachen wird so zum Individualrechtsgut „Eigentum", die Möglichkeit der friedlichen Entscheidung von Konflikten auf einem geregelten Weg wird so
zum Allgemeinrechtsgut „Rechtspflege".[6]

I. Die strafbare Handlung als Verletzung „vergeistigter" abstrakter (Straf)Rechtsgüter/Achtungsansprüche

Trotz (oder gerade wegen?) der Überzeugung, dass der materielle Gehalt der straf- **12**
baren Handlung in der Verletzung von Rechtsgütern (Achtungsansprüchen) besteht,
wird um den *Begriff des Rechtsguts* heftig gerungen.[7]

---

[4] BGH GSSt 1/56 BGHSt 9, 385 (390); zur neuerdings erweiternden Rspr. siehe BGHSt 64, 111
(117 ff.).

[5] Vgl. *Roxin*, in: Hefendehl (Hrsg.) 2005, S. 135 ff.

[6] Näher *Frister* AT § 3 Rn. 22.

[7] Vgl. zum Stand der Diskussion *Engländer* ZStW 127 (2015), 616 ff.; *ders.* FS Neumann,
S. 547 ff.; *Kudlich* ZStW 127 (2015), 635 ff.; *Müssig* FS Fischer, S. 171 ff.; *Muñoz* GA 2021,
328 ff.; *Neumann* FS Fischer, S. 183 ff.; *Schünemann* FS Neumann, S. 701 ff.; *Seelmann* FS Dannecker, S. 105 ff.; *Stuckenberg* ZStW 129 (2017), 349 ff.; SK-*Jäger* Vor § 1 Rn. 1 ff.; *Swoboda*
ZStW 122 (2010), 24 ff.; *Vogel* ZStW 128 (2016), 139 ff.

13   Einerseits geht es um die Frage, welche werthaften Zustände[8] der Gesetzgeber zu Rechtsgütern erklären darf, ob er eher *naturalistisch nur* auf den *Bestand* anerkannter werthafter Zustände wie Leben, Gesundheit oder Freiheit zurückzugreifen hat (gesetzgebungskritischer Rechtsgutsbegriff),[9] oder ob er auch Rechtsgüter setzen, „erfinden", darf, die dann durch das Strafrecht geschützt werden sollen, wie etwa Moralauffassungen, Gefühle, die eigene Menschenwürde, die Würde der Menschheit oder die Integrität des Sports (positivistischer Rechtsgutsbegriff).[10]

14   Andererseits ist die Anerkennung eines Zustandes als werthaft nur eine *notwendige*, nicht hingegen eine *hinreichende* Bedingung für seine Einordnung als Rechtsgut. Denn obwohl z. B. das Leben unstreitig ein strafrechtliches Rechtsgut darstellt, ist nicht jede Lebensbeendigung – etwa der Tod infolge Altersschwäche im Bett[11] – von strafrechtlichem Interesse. Es ist vielmehr auch eine *ausdrückliche* rechtliche Inschutznahme erforderlich,[12] d. h. es bedarf im Hinblick auf den Grundsatz „Keine Straftat, keine Strafe ohne Gesetz" in Art. 103 II GG (näher dazu § 3 Rn. 3 ff., 18 ff.) einer gesetzgeberischen Festschreibung, *unter welchen Umständen* die Beeinträchtigung des werthaften Zustandes strafbar sein soll.

15   Eine weitere Erkenntnis zur Natur des Rechtsguts lässt sich daraus gewinnen, dass an der Berechtigung zur Strafbarerklärung (selbst) des (untauglichen) Versuchs keine ernstlichen Zweifel geäußert werden,[13] obwohl die Begehung eines Versuchs in der Außenwelt im Ergebnis u. U. gar nichts verändert: der Mordanschlag scheitert, weil die Pistole nicht geladen ist oder die Kugel nicht das Opfer trifft, sondern vorbei geht. Dann kann es aber *nicht* erst die *konkrete stoffliche Substanz* der werthaften Zustände, das Angriffsobjekt, sein, an welche der Begriff des Rechtsgutes geknüpft ist, sondern es genügt bereits die „vergeistigte", abstrakte Form der Wertschätzung. Ausgangspunkt des Strafrechts sind daher bestimmte *Achtungsansprüche*.[14] Ihre *Verletzung* besteht in ihrer Nichtachtung und Missachtung und

---

[8] Krit. zum „Zustand" SK-*Jäger* Vor § 1 Rn. 16, der Rechtsgüter als „werthafte Funktionseinheiten" begreift. Zu Recht wenden dagegen *Hassemer/Neumann* ein (NK[5]-StGB Vor § 1 Rn. 144), dass es dafür einer „sprachlichen Großzügigkeit" bedarf und diese mit der Bereitschaft einhergehe, „ur-menschliche Interessen immerhin verbal zu funktionalisieren".

[9] Vgl. dazu NK[5]-StGB-*Hassemer/Neumann* Vor § 1 Rn. 109 ff.; *M. Heinrich* FS Roxin 2011, S. 131 ff.; *Paeffgen* FS Wolter, S. 125 ff.; *Roxin/Greco* AT 1 § 2 Rn. 2 ff.; *Roxin* GA 2013, 433 ff.; vgl. auch *v. Hirsch* FS Herzberg, S. 915 ff.; *Ünver* Annales de la Faculté de Droit d'Istanbul, 2001, 93 ff. (98).

[10] Näher zu dieser *negativen Ausgrenzungsfunktion* des Rechtsgutsbegriffs *Hefendehl* GA 2007, 1 ff. (4); zur Gefahr einer Ausdehnung des Strafrechts in den Bereich der „Moralverstöße" und Störungen der „Harmonie" *Weigend* FS Frisch, S. 17 ff. (24 ff.). Kritisch zu dieser Rechtsgutslyrik *Krack* ZIS 2016, 540 ff. (545).

[11] Vgl. *Jakobs* AT 2 Rn. 4.

[12] Näher zum Ganzen *Jakobs* AT 2 Rn. 12 ff.; zu Geschichte und alternativen Ansätzen *Swoboda* ZStW 122 (2010), 24 ff.

[13] Vgl. *Frisch* FS Sancinetti, S. 347 ff. (352).

[14] Vgl. LK-*Walter* Vor §§ 13 ff. Rn. 14; *Schmidhäuser* AT LB 2 Rn. 30; *Stratenwerth* FS Lenckner, S. 377 ff. (390); zum Rechtsgutsangriff auch beim untauglichen Versuch *Bloy* ZStW 113 (2001), 82 ff. In diesem Lehrbuch wird deshalb der Begriff „Achtungsanspruch" verwendet.

setzt die Beschädigung eines Angriffsobjekts deshalb gar nicht voraus.[15] Die Strafbarkeit dieser Missachtung beginnt dort, wo sie auf eine Weise geschieht oder unmittelbar geschehen soll, die in einem Straftatbestand beschrieben ist. Nicht jede Verletzung eines Achtungsanspruchs ist damit strafbar, aber jede Strafbarkeit muss sich über die Verletzung eines Achtungsanspruchs rechtfertigen, d. h. die Weigerung, einen werthaften Zustand anzuerkennen. Die Verpflichtung zu jener Anerkennung ergibt sich aus den hinter den Straftatbeständen stehenden Normen, z. B. dem Tötungsverbot als Grundlage für die Beschreibung der strafbaren Handlung in § 212. Der materielle Gehalt der Straftat besteht somit in der Nicht-Anerkennung eines strafrechtlich geschützten Achtungsanspruchs, in der Negierung des Geltungsanspruchs einer die Strafvorschrift tragenden Norm. Der Argumentationstopos „Rechtsgut" hat damit zwar kaum eine systemkritische Funktion und vermag, wie auch das BVerfG in seinem Inzest-Urteil ausgeführt hat,[16] zur verfassungsrechtlichen Überprüfung strafrechtlicher Normen nichts beizutragen. Immerhin ist er aber Ausgangspunkt für die Rechtspolitik und die Auslegung (vgl. § 3 Rn. 23 ff.). Die „Rechtsgutslehre" sollte jedoch nicht überschätzt werden.[17]

Jakobs definiert das die Straftat prägende „Rechtsgut" aus seiner *Funktion,* der *Aufgabe* zu zeigen, **16** dass die hinter den Strafrechtssätzen stehenden Normen gelten, auch wenn sie durch den jeweiligen Straftäter in Frage gestellt werden. Zu wahrendes „Strafrechtsgut" ist danach die „Enttäuschungsfestigkeit der wesentlichen normativen Erwartungen".[18] Der Gehalt der strafbaren Handlung wäre dann die *Enttäuschung* der jeweiligen normativen Erwartungen. Dem ist zuzustimmen.

Damit dem durch den Achtungsanspruchs repräsentierten Geltungsanspruch der je- **17** weiligen Norm aber gerade mit dem Mittel des Strafrechts Respekt verschafft werden darf, bedarf es unter dem Gesichtspunkt der Verhältnismäßigkeit noch zweier Voraussetzungen: Zum einen muss es sich um einen Geltungsanspruch von einigem *gesellschaftlichem Gewicht,*[19] um *unverzichtbare* Werte handeln. Zum zweiten darf das scharfe Instrument der Strafe – seine Wirksamkeit vorausgesetzt[20] – erst eingesetzt werden, wenn sonstige weniger einschneidende Mittel der Verhaltensbeeinflussung nicht mehr weiterhelfen (Subsidiarität des Strafrechts).[21] Letztendlich ist also bei einer Legitimitätskontrolle strafrechtlicher Normen eine Verhältnismäßig-

---

[15] Vgl. auch *Renzikowski* GA 2007, 561 ff. (569); missverständlich hingegen BGH 4 StR 328/08 BGHSt 53, 55 (63) unter Verwechslung von Angriffsobjekt und Rechtsgut; ebenso für eine rechtsgutsfreundliche Interpretation *Becker* GA 2024, 241 ff.

[16] BVerfG 2 BvR 392/07 BVerfGE 120, 224 Rn. 39; hierzu *Schick* GA 2020, 14 ff.

[17] Anders SK-*Jäger* Vor § 1 Rn. 11 ff., der den systemkritischen Rechtsgutsbegriff auch nach der Inzest-Entscheidung des BVerfG verteidigt.

[18] *Jakobs* AT 2 Rn. 3.

[19] Zur Sozialschädlichkeit *Hassemer* 1990, § 5 III.

[20] Vgl. zur Tauglichkeit des Strafrechts *Müller-Dietz* KrimZ Bd. 17 1996, 228 ff.; *Rössner* KrimZ Bd. 17 1996, 203 ff.

[21] Vgl. *Kühl* FS Tiedemann, S. 41 ff.; *Naucke* 2002, § 1 Rn. 154 ff.

keitsprüfung vorzunehmen. Der Definitionsmacht des Gesetzgebers werden also verfassungsmäßige Grenzen gesetzt (vgl. schon § 1 Rn. 155 f.). Ob und unter welchen Voraussetzungen der Gesetzgeber demgegenüber *verpflichtet* ist, bestimmte Achtungsansprüche durch Straftatbestände zu schützen, ist bisher noch ein ungelöstes Problem.[22]

II. Die strafbare Handlung als Verwirklichung eines realen gesetzlich beschriebenen Unwertes

18 Durch die Formulierung von Strafvorschriften legt der Gesetzgeber fest, unter welchen Voraussetzungen er Normgeltungen für so unverzichtbar hält, dass die Kundgabe ihrer Nichtachtung und Missachtung einer stigmatisierenden Missbilligung bedarf. Indem Verhaltensweisen beschrieben werden, durch deren Vermeidung die Verwirklichung von Unwerten (das Drohen und der Eintritt eines Schadens) verhindert werden soll, findet eine „Materialisierung" der vergeistigten Achtungsansprüche statt.

1. Strafvorschriften als Unwertbeschreibungen

19 Die Beschreibung der einen Unwert verwirklichenden Handlungen in den Strafvorschriften des Besonderen Teils des StGB zusammen mit den ergänzenden Rechtssätzen des Allgemeinen Teils bildet als konkreter Anhaltspunkt für die jeweilige Verletzung eines Achtungsanspruchs die Grundlage des materiellen Gehalts der strafbaren Handlung. Der Unwert kann seine Prägung aus dem *Sachverhalt*, d. h. der herbeigeführten *Veränderung in der Außenwelt* (z. B. Tod eines Menschen, § 212) oder aus der *Handlung* selbst (z. B. Führen eines Kraftfahrzeugs trotz alkoholbedingter Fahruntüchtigkeit, § 316) erhalten (a), er kann aber auch aus dem sichtbar gewordenen Willen und der Haltung des Täters (bspw. niedrige Beweggründe, § 211) abgeleitet werden (b).

a) Objektiv (Sachverhaltsunwert)

20 Die Gesamtheit der objektiven Tatumstände bildet den *Sachverhaltsunwert* der Tat. Bei Straftaten, deren Vollendung die Verwirklichung einer Veränderung in der Außenwelt voraussetzt (Erfolgsstraftaten), enthält der Sachverhaltsunwert auch diesen *„Veränderungsunwert"*. Bei den Straftatbeständen, welche lediglich ein gefährliches Verhalten (Tätigkeitsstraftaten) unter Strafe stellen, erschöpft er sich im *Verhaltensunwert*.[23] Je nach Art der Gefährlichkeit des geforderten Verhaltens wird zwischen *konkreten* und *abstrakten* Gefährdungsstraftaten unterschieden. Eine typische abstrakte Gefährdungsstraftat stellt § 316 dar.

---

[22] Vgl. *Roxin/Greco* AT 1 § 2 Rn. 95 f.; vgl. a. *Maly* 2022, S. 169 ff.

[23] Zu weiteren neuartigen Straftattypisierungen *Kuhlen,* in: v. Hirsch (Hrsg.) 2006, S. 148 ff.

Beispiel 2.1

Nach § 316 kann wegen *Trunkenheit im Straßenverkehr* mit Freiheitsstrafe bis zu   21
einem Jahr oder mit Geldstrafe bestraft werden, wer ein Fahrzeug führt, obwohl
er dazu infolge des Genusses alkoholischer Getränke (…) nicht in der Lage ist.
Die konkrete Gefährdung Dritter ist nicht erforderlich. Denn der Gesetzgeber
geht davon aus, dass die Teilnahme eines betrunkenen Autofahrers am Straßenverkehr schon abstrakt eine Gefahr darstellt, die unabhängig von den weiteren
Umständen so unerträglich ist, dass ihre Schaffung strafwürdig ist. ◄

Kommt es aufgrund der Trunkenheitsfahrt zu einer *konkreten* Gefährdung eines an-   22
deren Verkehrsteilnehmers, ist § 315 c I Nr. 1 lit. a als sog. *konkrete* Gefährdungsstraftat anwendbar, welche wegen der konkret eingetretenen Gefährdung als Rechtsfolge Freiheitsstrafe bis zu fünf Jahren oder Geldstrafe vorsieht.

Die Schaffung konkreter und erst recht abstrakter Gefährdungsstraftaten ist um-   23
stritten,[24] weil sie die Strafbarkeit in einen Bereich verlagert, welcher der unmittelbaren Gefährdung des Angriffsobjekts, wie sie im Versuchsstadium vorliegt, noch
vorgelagert ist.[25] Zu nennen ist hier beispielsweise das schlichte Besitzen.[26]

Eine Strukturierung und Konkretisierung der Gefährdungsstraftaten unternimmt   24
Zieschang.[27] U. a. schlägt er mit plausibler Begründung vor, die *abstrakten Gefähr-
lichkeitsstraftaten* aus dem Kriminalstrafrecht zu streichen[28] und bezüglich der *konkreten* Gefährdung eine *Nichtbeherrschbarkeit* der Situation zu verlangen.[29]

Auch der *Versuch* einer Straftat – der mit Tötungswillen abgefeuerte Schuss ver-   25
fehlt sein Ziel – weist einen Sachverhaltsunwert auf. Er besteht im unmittelbaren
Ansetzen (vgl. § 9 Rn. 17 ff.) und der weiteren Verwirklichung der vorgestellten
Straftat mit Ausnahme der Veränderung in der Außenwelt.

b) Subjektiv (personaler Unwert): Vorstellung (Wissen und Wollen), Absichten und Motive des Täters

Mit dem Sachverhaltsunwert auf der Tatseite korrespondiert auf der Täterseite der   26
personale Unwert, d. h. die Vorstellung (Wissen und Wollen), die Absichten und
die Motive des Täters. Zu den personalen Merkmalen zählen neben dem Vorsatz
die Gesinnungsmerkmale[30] wie etwa die niedrigen Beweggründe beim Mord

---

[24] Krit. *Arth. Kaufmann* JZ 1963, 432 ff.; *Köhler* AT S. 31 ff.; *Naucke* 2002, § 2 Rn. 65; *Schünemann* JA 1975, 787 ff. (797); differenzierend *Hirsch*, in: Kühne/Miyazawa (Hrsg.) 1995, S. 11 ff.
(19 ff.); zur Begründbarkeit (auch) der (abstrakten) Gefährdungsstraftaten *Koriath* GA 2001,
51 ff.; umfassend *Wohlers* 2000.

[25] Umfassend und rechtsvergleichend zur Vorverlagerung und ihren Grenzen Sinn/Gropp/Nagy
(Hrsg.), 2011.

[26] Zur Problematik der Besitzstraftaten *Eckstein* 2001; *Gropp* FS Otto, S. 249 ff.; *Hochmayr* 2005.

[27] *Zieschang* 1998.

[28] *Zieschang* 1998, S. 349 ff.

[29] Vgl. *Zieschang* GA 2006, 1 ff. (9).

[30] Grundlegend dazu *Schmidhäuser* 1958.

(§ 211 II 1. Gruppe), die Rücksichtslosigkeit bei der Straßenverkehrsgefährdung (§ 315 c I Nr. 2) oder die Böswilligkeit in den §§ 90a I Nr. 1, 130 I Nr. 2, II Nr. 1 lit. b und 225. Der überwiegend vertretenen Auffassung, dass die genannten Merkmale als „echte" Gesinnungsmerkmale ausschließlich die Vorwerfbarkeit der Tatbegehung und damit die Schuldhaftigkeit der Tat betreffen,[31] kann nicht gefolgt werden, weil auch sie sich auf den Unwert der Tat auswirken (näher vor § 4 Rn. 4 und § 4 Rn. 110 ff.).

27   Wie der Sachverhaltsunwert kann auch der personale Unwert allein den Unwert der strafbaren Handlung nicht konstituieren, weil dies auf ein Gesinnungsstrafrecht hinauslaufen würde.[32] Deshalb *ergänzen* die Elemente des personalen Unwertes den Sachverhaltsunwert. So ist etwa die Gewerbsmäßigkeit bei der Hehlerei in § 260 eine Komponente des durch den individuellen Täter verwirklichten Unwerts. Auch die besonderen persönlichen täterbezogenen Merkmale in § 28 können Unwertelemente sein, so z. B. die Verdeckungsabsicht beim Mord.

2. Verbrechen und Vergehen als materialisierte Stufen gesetzlich beschriebener Unwertverwirklichungen (Dichotomie)

28   Der materielle Gehalt einer strafbaren Handlung kann dadurch zum Ausdruck gebracht werden, dass ihre Verwirklichung mit einer mehr oder weniger schwerwiegenden *Rechtsfolge* sanktioniert wird. Der deutsche Strafgesetzgeber hat diesen Weg gewählt, indem er mittels der Größenordnung der angedrohten Strafe zwei Stufen gesetzlich beschriebener Unwertverwirklichungen festlegt: Verbrechen und Vergehen. Dabei ist der Begriff „Verbrechen" doppeldeutig.

a) Die doppelte Bedeutung des Begriffs „Verbrechen"

29   Der Ausdruck „Verbrechen" wird zunächst in einem strafrechtstheoretischen Kontext als Bezeichnung für jede Art von Straftat verwendet („Verbrechen i. w. S."), unabhängig von der Schwere der Tat. In diesem Sinne spricht man von *Verbrechens*aufbau, *Verbrechens*lehre und *Verbrechens*begriff. Die Verwendung von „Verbrechen" als Leitbegriff für das gesamte Strafrecht hat sicherlich seinen Ursprung in der Wortbedeutung.[33] Mit dem Verbrechen wird das Recht *gebrochen*, gleich, welche Strafe der Verbrecher (Rechtsbrecher) zu erwarten hat. Um Missverständnisse zu vermeiden, wird in diesem Buch der Ausdruck „Verbrechen i. w. S." vermieden und insoweit nur von der „strafbaren Handlung" oder der „Straftat" gesprochen.

---

[31] Vgl. *Eisele,* in: Schönke/Schröder Vor §§ 13 ff. Rn. 122.

[32] Vgl. dazu den *Volksschädlings*-Fall RG 2 D 174/40 RGSt 74, 199, Urteil vom 20.05.1940, 3. Aufl. § 3 Rn. 34.

[33] Vgl. Deutsches Wörterbuch von Jacob und Wilhelm Grimm, 16 Bde. in 32 Teilbänden. Leipzig 1854–1961. Quellenverzeichnis Leipzig 1971. Online-Version vom 19.02.2020, Stichwort: „Verbrechen".

b) Verbrechen i. e. S. und Vergehen

Das StGB und die weiteren strafrechtlichen Gesetze[34] verwenden die Begriffe „Verbrechen" und „Vergehen" allerdings in einem spezifischen, rechtspositivistischen,[35] engeren Sinne: Nach § 12 I ist eine Straftat nur dann ein Verbrechen, wenn sie „im Mindestmaß mit Freiheitsstrafe von einem Jahr oder darüber" bedroht ist. Von den Verbrechen werden als weniger schwerwiegende Straftaten die *Vergehen* abgetrennt, die „im Mindestmaß mit einer geringeren Freiheitsstrafe oder die mit Geldstrafe bedroht sind" (§ 12 II). Die Unterteilung der strafbaren Handlungen in Verbrechen (§ 12 I) und die Vergehen (§ 12 II) nennt man die *Dichotomie*[36] *der Straftaten.*

30

Bis zum EGStGB 1974 gab es neben den Vergehen noch eine dritte Gruppe besonders leichter Straftaten, die sog. *Übertretungen* wie etwa die Entwendung oder Unterschlagung geringwertiger Gegenstände aus Not (Notentwendung, § 248a StGB a. F.). Durch das EGStGB wurden jene Übertretungen entweder zu Vergehen aufgestuft (so die Notentwendung, die jetzt in § 248a als Vergehen mit Antragserfordernis ausgestaltet ist) oder zu Ordnungswidrigkeiten abgestuft. Ordnungswidrigkeiten sind keine Straftaten. Mit ihnen ist kein sozialethisches Unwerturteil über die Handlungsweise wie bei der Straftat verbunden.[37] Deshalb sind die Rechtsfolgen einer begangenen Ordnungswidrigkeit niedrigschwellige Sanktionen (i. d. R. Geldbußen, aber nie Strafen).

31

c) Die praktische Bedeutung der Unterscheidung von Verbrechen und Vergehen

Die Einordnung einer Straftat als Verbrechen oder Vergehen ist mit Folgen verbunden, die in der Praxis der Fallbearbeitung und -entscheidung eine wichtige Rolle spielen:

32

- *Strafbarkeit des Versuchs*

Nur bei Verbrechen ist der Versuch stets strafbar. Bei Vergehen hingegen bedarf es einer ausdrücklichen gesetzgeberischen Festlegung (§ 23 I).

33

Beispiel 2.2

Der Versuch eines Totschlags (§ 212, Verbrechen) ist stets strafbar, der Versuch eines Diebstahls (§ 242, Vergehen) hingegen nur, weil § 242 II die Strafbarkeit des Versuchs ausdrücklich festlegt. ◄

34

---

[34] Vgl. z. B. die §§ 153 I, 153a StPO, §§ 25, 74 I 1, II GVG.

[35] Der Rechtspositivismus versteht unter Recht alle gesetzten Normen und staatlichen Rechtsquellen, unabhängig von moralischen oder ethischen Gesichtspunkten.

[36] Von griech. δίχα = dicha = entzwei; τέμνω = temno = ich schneide.

[37] Vgl. dazu instruktiv das BVerfG im Lissabon-Urteil BVerfG 2 BvE 2/08 u. a. Rn. 355 BVerfGE 123, 267.

- *Versuch der Beteiligung*

35   Der in § 30 beschriebene Versuch der Beteiligung ist nur als Versuch der Beteiligung am Verbrechen strafbar.

- *Sachliche Zuständigkeit*

36   Nach § 25 GVG beschränkt sich die sachliche Zuständigkeit des Richters beim Amtsgericht als Strafrichter (Einzelrichter) auf die Aburteilung von Vergehen; die Strafkammern der Landgerichte sind als erkennende Gerichte des ersten Rechtszugs hingegen grundsätzlich für alle Verbrechen zuständig (§ 74 I 1 GVG).

- *Opportunitätsprinzip*

37   Die §§ 153 und 153a StPO ermöglichen aus Opportunitätsgründen ein Absehen von der Verfolgung wegen Geringfügigkeit bzw. eine Einstellung des Verfahrens bei Erfüllung von Auflagen und Weisungen, wenn das Verfahren ein Vergehen zum Gegenstand hat.

- *Strafbefehl*

38   Die Festsetzung der Rechtsfolgen der Tat auf schriftlichen Antrag der Staatsanwaltschaft durch schriftlichen Strafbefehl ohne Hauptverhandlung nach § 407 StPO ist nur zulässig, wenn Gegenstand des Verfahrens ein Vergehen ist.

d) Die maßgeblichen Abgrenzungskriterien

39   Die Einordnung einer Straftat als Verbrechen oder Vergehen ist in § 12 I und II festgeschrieben und wurde oben (b) bereits kurz erwähnt. *Eingangskriterium* ist somit das gesetzlich angedrohte Mindeststrafmaß als Rechtsfolge des jeweiligen Straftatbestandes. Dieses darf bei Verbrechen nicht weniger als ein Jahr Freiheitsstrafe betragen. Ein Vergehen liegt vor, wenn die Mindeststrafandrohung unter einem Jahr liegt oder nur Geldstrafe angedroht ist. Das StGB bevorzugt somit eine *abstrakte* Methode bei der Festlegung der Einordnung als Verbrechen oder Vergehen. Auf die konkrete Strafzumessung im Einzelfall kommt es somit nicht an.[38]

40   Nach § 12 III bleiben zunächst Strafschärfungen oder -milderungen für die Einteilung außer Betracht, wenn sie nach den Vorschriften des Allgemeinen Teils (z. B. die Strafmilderungen bei Versuch [§ 23 II] oder bei der Beihilfe [§ 27 II]) vorgesehen sind.

Beispiel 2.3

41   Die Beihilfe zum Raub (§ 249, Verbrechen) bleibt Verbrechen, obwohl sich das Mindestmaß der angedrohten Strafe gemäß §§ 27 II i. V. m. 49 I Nr. 3 von einem Jahr auf drei Monate reduziert. ◄

---

[38] Vgl. auch *B. Heinrich* AT Rn. 640.

Unberücksichtigt bleiben nach § 12 III für die Einteilung in Verbrechen oder Ver-   **42**
gehen aber auch Schärfungen oder Milderungen für besonders schwere oder minder
schwere Fälle. Jene Formulierung ist wörtlich zu nehmen und bezieht sich auf alle
Stellen, an denen sie innerhalb der Strafvorschriften Verwendung findet, z. B. in
§ 253 IV oder § 226 III: Der besonders schwere Fall der Erpressung bleibt trotz
einer angedrohten Freiheitsstrafe von nicht unter einem Jahr Vergehen, weil § 253 I
(Mindeststrafe ein Monat) ein Vergehen ist. Der minder schwere Fall der schweren
Körperverletzung bleibt trotz der Bewehrung mit Freiheitsstrafe von sechs Monaten
bis zu fünf Jahren Verbrechen, weil § 226 I mit Freiheitsstrafe von einem Jahr bis zu
zehn Jahren bedroht ist (Verbrechen). Weil Strafrahmenverschiebungen allein aufgrund der Formulierung „besonders schwere" oder „minder schwere Fälle" gemäß
§ 12 III unbeachtlich sein sollen, es also auf die generelle Festlegung der Strafrahmen ankommt, spricht man insoweit von einer „generellen Betrachtungsweise".
Insgesamt ergibt sich aus § 12 somit eine „generell-abstrakte Betrachtungsweise".[39]

Die Unbeachtlichkeit in § 12 III bezieht sich freilich nur auf sog. *unbenannte*   **43**
Milderungen oder Schärfungen. Sobald der Gesetzgeber in Form von Merkmalen
der Tatbestandsmäßigkeit festlegt, wann eine Milderung oder Strafschärfung eintritt, handelt es sich nicht mehr um Fälle von § 12 III, sondern um eigenständige Tatbestände (sog. Privilegierungen bzw. Qualifikationen), welche nach § 12 I und II als
Verbrechen bzw. Vergehen eingeordnet werden, so z. B. die schwere Körperverletzung in § 226 I und die besonders schwere Körperverletzung in § 226 II als Verbrechen (im Unterschied zu § 223, der nur ein Vergehen darstellt).

3. Grundstraftat, Privilegierung und Qualifizierung – delictum sui generis

Der materielle Gehalt einer strafbaren Handlung kann auch in der Weise beschrie-   **44**
ben werden, dass Merkmale genannt werden, die sie als schwerer oder weniger
schwerwiegend erscheinen lassen. Man spricht dann von Qualifizierungen und Privilegierungen im Vergleich zur Grundstraftat (Grunddelikt).

a) Grundstraftat, Privilegierung und Qualifizierung[40]

Innerhalb einer Gruppierung von Strafvorschriften bildet diejenige, deren Merk-   **45**
male in allen anderen Strafvorschriften ebenfalls enthalten sind, die *Grundstraftat*
(sog. Grunddelikt). Enthält eine Strafvorschrift der Gruppe zusätzliche unwert-
steigernde Merkmale, liegt eine *Qualifizierung* vor, die mit einer erhöhten Strafandrohung verbunden ist. Die Qualifizierung kann auch in der Weise erfolgen, dass
eine Grundstraftat mit einer Folge „1" mit einer weiteren Folge „2" kombiniert wird
(sog. erfolgsqualifizierte Straftat, näher dazu § 8). Haben die Merkmale hingegen
unwertmindernden Charakter, ist eine *Privilegierung* gegeben, bei deren Verwirklichung eine mildere Strafe angedroht wird. So stellt z. B. innerhalb der Straf-

---

[39] Siehe auch BGH 2 StR 188/55 BGHSt 8, 78 (79 f.).

[40] Vgl. *Baumann/Weber/Mitsch/Eisele* AT § 6 Rn. 61 ff.; *Jescheck/Weigend* AT § 26 III 1; *Roxin/Greco* AT 1 § 10 Rn. 132 ff.

taten gegen die körperliche Unversehrtheit § 223 (Körperverletzung) die Grundstraftat dar. Die gefährliche Körperverletzung (§ 224), die Misshandlung von Schutzbefohlenen (§ 225) aber auch die schwere Körperverletzung (§ 226) und die Körperverletzung mit Todesfolge (§ 227) bilden Qualifizierungen. Eine Privilegierung gibt es unter den Straftaten gegen die körperliche Unversehrtheit hingegen nicht. Anders ist die rechtliche Situation bei den Tötungsstraftaten: Hier bildet § 212 die Grundstraftat, während § 216 den Täter privilegiert, wenn er durch das ausdrückliche und ernstliche Verlangen des Getöteten zur Tötung bestimmt worden ist. Die Rechtsfolge dieser Privilegierung ist gravierend, denn während § 212 eine Freiheitsstrafe von nicht unter fünf Jahren androht, handelt es sich bei § 216 um ein Vergehen, das nur mit einer Freiheitsstrafe von sechs Monaten bis zu fünf Jahren bestraft werden kann. Die privilegierende Wirkung „sperrt" auch § 211 und damit die lebenslange Freiheitsstrafe. Eine weitere Privilegierung findet sich beim Schwangerschaftsabbruch: Hier bildet § 218 I 1 die Grundstraftat, während die Privilegierung nach § 218 III gegeben ist, wenn die Schwangere die Straftat selbst verwirklicht.

46   Ein „Gefüge" von Grundstraftat, Qualifizierung und Privilegierung hat zur Folge, dass sich ergänzende Vorschriften grundsätzlich auf alle Bestandteile des Gefüges beziehen. So gilt das Strafantragserfordernis in § 247[41] für alle Formen des Diebstahls, d. h. sowohl für die Grundstraftat in § 242 als auch für die Qualifizierungen in § 244 und § 244a. Beruht eine Privilegierung/Qualifizierung indessen auf besonderen *persönlichen* täterbezogenen Merkmalen, wirken diese nur für diejenige Person privilegierend/qualifizierend, bei der sie vorliegen (vgl. § 28 II, näher hierzu unten § 10 Rn. 239 ff.).

47   In der *Fallbearbeitung* empfiehlt es sich, den privilegierenden Straftatbestand zusammen mit der Grundstraftat unter einem Obersatz zu prüfen (bspw. §§ 212, 216). Dieses Vorgehen ermöglicht es, überflüssige Erörterungen zu vermeiden.

b) Das delictum sui generis als selbstständige gesetzlich beschriebene Abwandlung[42]

48   Wie eine gesetzlich beschriebene Qualifizierung bzw. Privilegierung enthält auch das delictum sui generis alle Merkmale einer „scheinbaren Grundstraftat". Es gehört jedoch nicht derselben Straftatengruppe an, sondern ist selbstständig. Die Selbstständigkeit einer Abwandlung leuchtet z. B. dann unmittelbar ein, wenn der jeweils verwirklichte Unwert trotz der Identität der Veränderung in der Außenwelt nicht vergleichbar ist. Dies gilt z. B. für das Verhältnis zwischen vorsätzlicher und fahrlässiger Tatbegehung. So spielt es vom *Ergebnis* her zwar keine Rolle, ob A den B vorsätzlich oder fahrlässig getötet hat. Unter dem Aspekt des personalen Unwertes liegen indessen völlig verschiedene Sachverhalte vor. Deshalb ist der Totschlag (§ 212) keine Qualifikation einer fahrlässigen Tötung nach § 222.[43]

---

[41] Aufgrund des eindeutigen Wortlauts in § 248a gilt das Strafantragserfordernis beim Diebstahl geringwertiger Sachen jedoch nur für den Diebstahl nach § 242, vgl. RG 2 D 535/40 RGSt 74, 373 ff. (374).

[42] Vgl. *Jescheck/Weigend* AT § 26 III 3; *Roxin/Greco* AT 1 § 10 Rn. 134 f.

[43] Vgl. auch *Jescheck/Weigend* AT § 26 III 2.

In vielen Fällen erscheint die Bewertung als delictum sui generis aber nicht so **49** offenkundig. So ordnet die h. M. z. B. den Raub (§ 249) als delictum sui generis im Verhältnis zum Diebstahl (§ 242) ein,[44] weshalb beim Raub gegen Familienangehörige § 247 (Strafantragserfordernis) nicht anwendbar ist. Bestechlichkeit (§ 332) wird als eigenständig gegenüber der Vorteilsannahme (§ 331) angesehen, nicht jedoch der Meineid (§ 154) gegenüber der uneidlichen Falschaussage (§ 153).[45]

Fast zu einer „Glaubensfrage" ist die Einordnung des Mordes gem. § 211 im Ver- **50** hältnis zum Totschlag (§ 212) geworden. Während die Rechtsprechung seit der Entscheidung BGH 2 StR 296/51 BGHSt 1, 370 (noch)[46] annimmt, dass Mord eine selbstständige Abwandlung (delictum sui generis) zum Totschlag sei,[47] geht die Lehre davon aus, dass § 212 die Grundstraftat und § 211 eine Qualifizierung bildet. Soweit es sich bei den Mordmerkmalen um besondere persönliche täterbezogene Merkmale handelt, werden sie von der Rechtsprechung folglich als strafbarkeits-*begründende* Merkmale i. S. v. § 28 I eingeordnet. Die Lehre hingegen nimmt hier zu Recht eine unselbstständige Qualifizierung i. S. v. § 28 II an.[48] § 28 I bzw. II zeigt, dass die Einordnung als delictum sui generis oder als Qualifikation bei der Beteiligung mehrerer zu erheblichen Unterschieden bei der Rechtsfolge führen kann (näher hierzu § 10 Rn. 246 ff.).

Für die *Fallbearbeitung* ist die Frage insofern von Bedeutung, als nur das delic- **51** tum sui generis Gegenstand der Bearbeitung ist und in ihm enthaltene weitere Strafvorschriften nicht separat geprüft werden.

Kommt z. B. eine Strafbarkeit wegen Raubes in Frage, werden im Rahmen des § 249 neben den **52** nur auf den Raub bezogenen Elementen (Gewalt *gegen die Person*, Drohung mit *gegenwärtiger Gefahr für Leib oder Leben*) auch die *Wegnahme einer fremden beweglichen Sache in der Absicht rechtswidriger Zueignung* (Merkmale des *Diebstahls*) sowie der Einsatz von *Gewalt* oder *Drohung mit einem empfindlichen Übel* (Merkmale der *Nötigung*) mit geprüft. Es wäre fehlerhaft, zunächst auf Diebstahl und Nötigung einzugehen, um im Anschluss daran festzustellen, dass die Nötigung mit Raubmitteln erfolgt ist und deshalb auch die Strafvorschrift des Raubes erfüllt ist.

Etwas anderes gilt dann, wenn die Komponenten des delictum sui generis zu unterschiedlichen **53** Zeitpunkten verwirklicht werden: Beim räuberischen Diebstahl (§ 252) kann die Voraussetzung, ob der auf frischer Tat betroffene Täter des Diebstahls Raubmittel angewendet hat, um sich den Besitz des gestohlenen Gutes zu erhalten, erst bejaht werden, wenn vorher festgestellt worden ist, dass der Täter einen Diebstahl als Vortat begangen hat.

4. Regelbeispiele

Regelbeispiele[49] liegen vor, wenn der Gesetzgeber in Bezug auf „besonders **54** schwere" Fälle ausführt, dass ein solcher Fall „in der Regel" vorliegt, wenn [...]. Ein anschauliches Beispiel für eine Regelbeispielstechnik bildet § 243, *der besonders schwere Fall des Diebstahls.*[50]

---

[44] Vgl. *Roxin/Greco* AT 1 § 10 Rn. 135.

[45] Vgl. krit. auch *Jescheck/Weigend* AT § 26 III 1; *Roxin/Greco* AT 1 § 10 Rn. 136.

[46] Vgl. das obiter dictum des 5. Strafsenats 5 StR 341/05 NJW 2006, 1008 (1012 f.).

[47] Vgl. auch die Nachweise bei 5.

[48] Vgl. *Eser/Sternberg-Lieben,* in: Schönke/Schröder Vor §§ 211 ff. Rn. 3 ff.

[49] Grundlegend vgl. *Eisele* 2004.

[50] Näher hierzu *Gropp* JuS 1999, 1041 ff.; *Rengier* 1986, S. 250.

55   Im Unterschied zu unbenannten besonders schweren Fällen oder Qualifizierungen (s. o. Rn. 42 f., 45), bei denen die vorgesehene Rechtsfolge *zwingend* eintritt, entfalten die Regelbeispiele nur eine *Indizwirkung*.[51] In der konkreten Anwendung bedeutet dies, dass der Richter bei Vorliegen eines Regelbeispiels ohne nähere Begründung einen besonders schweren Fall annehmen kann. In *atypischen* Fällen jedoch kann er einerseits einen solchen Fall verneinen, obwohl ein Regelbeispiel gegeben ist, und er kann andererseits einen besonders schweren Fall trotz Fehlens eines Regelbeispiels bejahen. Er muss dann nur plausibel begründen, weshalb er von der Regel abweicht.

56   Insbesondere jene atypischen Fälle sind auf Kritik gestoßen. Der Haupteinwand geht dahin, dass insoweit die Strafbarkeit nicht im Sinne von Art. 103 II GG „gesetzlich bestimmt" sei, weil die atypischen Fälle inhaltlich unbestimmt seien und nicht der Gesetzgeber, sondern der Richter ihre Voraussetzungen von Fall zu Fall festlege.[52] Es finde eine verfassungswidrige Vermischung von tatbestandlichem Unrecht und Strafzumessung statt.[53] Die h. M. hingegen betrachtet die Regelbeispiele nicht als Voraussetzungen der *Strafbarkeit*, sondern als eine Präzisierung der *Strafzumessung*. In diesem Rahmen reichen jedoch die in § 46 niedergelegten allgemeinen Strafzumessungskriterien für die atypischen Fälle hin.[54] Und außerdem sei die Strafzumessung ohnehin die Domäne des Richters, und nicht die des Gesetzgebers.

57   Nun muss man freilich den formalen Charakter jener Argumentation sehen. Denn es ist nur ein kleiner Schritt, ob man ein Merkmal als qualifizierendes oder privilegierendes Element der *Tatbestandsmäßigkeit* ausgestaltet, oder es der *Strafzumessung* zuschlägt. So hat der Gesetzgeber im 6. Strafrechtsreformgesetz den Wohnungseinbruchsdiebstahl aus dem Bereich der Regelbeispiele in § 243 a. F. herausgenommen und in § 244 I Nr. 3 als Qualifikation eingefügt. In der Sache lässt es sich daher nur schwer begründen, dass dem Straftäter allein auf Grund der Einordnung als Strafzumessungskriterium die Garantien des Gesetzlichkeitsprinzips in Art. 103 II GG genommen werden sollen. Eine vordringende Meinung fordert daher zu Recht, den innerhalb der Regelbeispiele genannten Merkmalen den Charakter von *Elementen der Tatbestandsmäßigkeit* („Quasi-Elemente der Tatbestandsmäßigkeit") zuzuschreiben, soweit Entscheidungen zu Lasten des Täters in Frage stehen.[55] Es bedarf somit einer verfassungskonformen, am nullum crimen sine lege-Grundsatz ausgerichteten restriktiven Interpretation der Regelbeispiele. Sie schließt die atypische Bejahung eines besonders schweren Falles trotz

---

[51] Vgl. auch *B. Heinrich* AT Rn. 184 mwN.

[52] Vgl. z. B. *Zieschang* Jura 1999, 561 ff. (563 f.); MK-StGB-*Schmitz* § 243 Rn. 3.

[53] So *Gössel* FS Hirsch, S. 183 ff. (198); vgl. a. *Fischer*, in: Fischer § 46 Rn. 96.

[54] Die h. M. verweist in diesem Zusammenhang auf die Rechtsprechung des Bundesverfassungsgerichts zur Regelbeispieltechnik in § 94 II 1 und 2 Nr. 2 StGB, vgl. BVerfG 2 BvR 308/77 BVerfGE 45, 363 (372); vgl. aber *Hochmayr* FS Szwarc, S. 235 ff. (253) mwN.

[55] Vgl. *Gropp* JuS 1999, 1041 ff. (1049 links); für unmittelbare Einordnung der Regelbeispiele als Elemente der Tatbestandsmäßigkeit *Kindhäuser/Zimmermann* AT § 8 Rn. 9 f.

Fehlens eines Regelbeispiels aus.[56] Auch hinsichtlich des Strafverfahrens wird darüber nachgedacht, Regelbeispiele prozessual wie Elemente der Tatbestandsmäßigkeit zu bewerten.[57]

Im Übrigen sollte es nachdenklich machen, dass auch die h. M. die Merkmale **58** der Regelbeispiele hinsichtlich der allgemeinen Lehren des Strafrechts im Grunde ohnehin wie Elemente der Tatbestandsmäßigkeit behandelt.[58] So können z. B. die den Regelbeispielen zugrunde liegenden Umstände einem Beteiligten nur dann zugerechnet werden, wenn er sie kennt.[59]

Wer die Regelbeispiele mit der h. M. als Strafzumessungsindizien versteht, **59** müsste sie in der *Fallbearbeitung* im Anschluss an die Schuldhaftigkeit auf der Stufe der Strafzumessung prüfen. Werden die Regelbeispiele hingegen als „Quasi-Elemente der Tatbestandsmäßigkeit" behandelt, müssten sie im Rahmen der Tatbestandsmäßigkeit zur Sprache kommen. Es empfiehlt sich aber, dieser Frage aus dem Weg zu gehen, indem man die Regelbeispiele erörtert, nachdem die Strafbarkeit der „Grundstraftat", also die Schuldhaftigkeit bejaht worden ist.

Kommt neben einem Regelbeispiel auch noch eine Strafbarkeit aus einer gesetz- **60** lichen Qualifikation in Frage, verliert die Prüfung der Regelbeispiele ihren Sinn, wenn der durch die Qualifikation eröffnete Strafrahmen über denjenigen des Regelbeispiels hinausgeht. Hier empfiehlt sich im Anschluss an die Prüfung der Qualifikation die kurze Bemerkung, dass zwar auch ein Regelbeispiel vorliegt, dieses jedoch infolge Eingreifens des Strafrahmens der Qualifikation keine Rolle mehr spielt.

Steht z. B. ein Diebstahl mit Waffen zur Diskussion, bei dem der Täter in einen **61** Geschäftsraum einbricht, ist zunächst § 242 zu prüfen und im Anschluss daran § 244 I Nr. 1 lit. a. Es folgt dann die kurze Bemerkung, dass an sich auch das Regelbeispiel in § 243 I Nr. 1 gegeben ist, der durch § 243 eröffnete Strafrahmen angesichts der Strafbarkeit nach § 244 aber keine Rolle mehr spielt.

Die *Beteiligung* an einer Straftat mit Regelbeispiel setzt die Verwirklichung des **62** Regelbeispiels durch den Beteiligten nicht voraus. Jedoch ist zu differenzieren:

Knüpft ein Regelbeispiel an die besonders *gefährliche Tatbegehung* an, erstreckt **63** sich die Regelwirkung auf alle Beteiligten, die die Verwirklichung des Regelbeispiels kennen.[60] *Personenbezogene* Erschwerungsgründe wie z. B. die gewerbsmäßige Tatbegehung (vgl. z. B. § 243 I 2 Nr. 3) müssen bei dem Beteiligten hingegen analog § 28 II selbst vorliegen.[61] Fragen zur *versuchten* Verwirklichung eines Regelbeispiels und zu *Irrtümern* betreffend Regelbeispiele werden unten (§ 9 Rn. 96 ff. sowie § 13 Rn. 121) erörtert.

---

[56] Vgl. *Arzt* JuS 1972, 580 ff.; *Callies* NJW 1998, 929 ff. (935 ff.); für Einordnung der Regelbeispiele in § 243 als qualifizierende Elemente der Tatbestandsmäßigkeit *Kindhäuser* FS Triffterer, S. 123 ff. (136); *Krahl* 1999, S. 146 ff., 154, 159 ff.

[57] Näher *Rieß* GA 2007, 377 ff.

[58] Näher *Kindhäuser* FS Triffterer, S. 123 ff.

[59] Vgl. BGH 3 StR 422/75 BGHSt 26, 244; MK-StGB-*Schmitz* § 243 Rn. 72.

[60] Verwirklicht ein Mittäter ein benanntes Regelbeispiel, nimmt die Rechtsprechung grundsätzlich einen unbenannten besonders schweren Fall an, vgl. BGH 1 StR 730/96 BGHSt 43, 237 (240) mwN.

[61] Vgl. BGH 4 StR 584/13 BeckRS 2014, 6840 Rn. 13; *Bosch,* in: Schönke/Schröder § 243 Rn. 47; LK-*Vogel/Brodowski,* § 243 Rn. 78; *Gropp* JuS 1999, 1041 ff. (1051); krit. zur Anwendbarkeit des § 28 II *Bruns* GA 1988, 339 ff. (350); vgl. auch *Maiwald* NStZ 1984, 437 ff. (439).

III. Die strafbare Handlung als *rechtswidrige* Verwirklichung des gesetzlich beschriebenen Unwertes

64   Um strafbar zu sein, muss die gesetzlich beschriebene Unwertverwirklichung rechtswidrig sein. Dies ist der Fall, wenn sie im Widerspruch zur Gesamtrechtsordnung steht. Dass die Handlung des Täters der gesetzlich beschriebenen Unwertverwirklichung entspricht, sagt indessen noch nichts über ihren Widerspruch zur Gesamtrechtsordnung aus. Denn es gibt Situationen, in denen die Handlung rechtmäßig ist (Rechtfertigungsgründe, näher § 5), obwohl der gesetzlich beschriebene Unwert verwirklicht wird. Dies gilt z. B. für den Fall der Notwehr (§ 32, näher unten § 5 Rn. 122 ff.). Hier darf der Täter einen Dritten u. U. sogar töten, wenn er von diesem rechtswidrig angegriffen wird und der Angriff nicht anders abgewehrt werden kann. Der Widerspruch der Unwertverwirklichung zur Gesamtrechtsordnung (Rechtswidrigkeit) kann deshalb erst dann festgestellt werden, wenn keine Rechtfertigungsgründe eingreifen. Erst durch diese Bewertung wird der Unwert auch zum Unrecht!

IV. Die strafbare Handlung als *schuldhafte* Verwirklichung des gesetzlich beschriebenen rechtswidrigen Unwertes

65   Im Rahmen der Straftheorien (s. o. § 1 Rn. 168 ff.) wurde ausgeführt, dass Strafe ihren Zweck nur erfüllen kann, wenn dem Täter sein Verhalten zum *Vorwurf* gemacht werden kann. Über die rechtswidrige Verwirklichung eines gesetzlich beschriebenen Unwertes hinaus setzt die strafbare Handlung folglich weiterhin voraus, dass der Täter schuldhaft gehandelt hat (näher zur Schuldhaftigkeit unten § 6 Rn. 3 ff.).

C. Struktur

66   Mit der tatbestandsmäßigen, rechtswidrigen und vorwerfbaren (schuldhaften) Unwertverwirklichung steht die äußere Gestalt der strafbaren Handlung fest. Dieser Rahmen ist seit *Ernst Beling* und *Franz von Liszt* als *fünf-*[62] bzw. *vier-*[63] und nach heutigem Verständnis *dreistufiger Straftatbegriff* im Wesentlichen zwar anerkannt,[64]

---

[62]Vgl. *Beling* 1906, S. 7: „Verbrechen ist die tatbestandsmäßige, rechtswidrige, schuldhafte, einer auf sie passenden Strafdrohung unterstellbare und den Strafdrohungsbedingungen genügende Handlung". Beling spricht dabei von „fünf Spezialmerkmalen".

[63]Vgl. *v. Liszt* Lehrbuch des deutschen Strafrechts 14./15. Aufl. 1905, S. 116 f.: der Begriff des Verbrechens setzt sich aus *vier* Merkmalen zusammen: einer menschlichen *Handlung*, ihrer *Rechtswidrigkeit*, ihrer *Schuldhaftigkeit* und ihrer *Strafbarkeit*. Diese vier Merkmale bilden den Begriff (den „allgemeinen Tatbestand") des Verbrechens.

[64]Zu jenem naturalistisch geprägten Strafrechtssystem *Schünemann*, in: Schünemann (Hrsg.) 1984, S. 1 ff. (19 ff.); vgl. auch den Überblick über die Entwicklung der Verbrechenslehre bei *Maiwald* FS Sellert, S. 427 ff.; lesenswert hierzu auch *Schroeder*, in: Hoyer (Hrsg.) 2001, S. 106 ff. sowie *Stollwerck*, in: Hoyer (Hrsg.) 2001, S. 103 ff.

aber nicht unumstritten.[65] Fraglich ist, welche *Elemente* der gesetzlich beschriebenen strafbaren Handlung an welcher Stelle mit welchen Eigenschaften innerhalb des Stufenbaus zu platzieren sind (*Struktur der strafbaren Handlung*).

I. Die Funktionen des Begriffs der strafbaren Handlung als Grundlage für die Struktur der strafbaren Handlung

Die Struktur der strafbaren Handlung hängt davon ab, welche Funktionen ihr Be-   **67** griff erfüllen soll.[66]

1. Der Begriff der strafbaren Handlung in seiner Funktion als Grundelement

Als *Grundelement* – *Jescheck/Weigend*[67] sprechen insoweit von *Klassifikations-*   **68** *funktion, Wessels/Beulke/Satzger*[68] von *Basis-* und *Abgrenzungsfunktion* – kann der Begriff der strafbaren Handlung nur dienen, wenn die Struktur der strafbaren Handlung die unterschiedlichen *Erscheinungsformen* der Straftat (s. u. §§ 8–12) annehmen kann: Versuch und Vollendung, aktives Tun und Unterlassen, Vorsatz- und Fahrlässigkeitsstraftat, Täterschaft und Teilnahme. Dadurch kommt es nicht selten zu Missverständnissen bei den Studierenden, die auf einem sprachlichen Vorverständnis beruhen. Als Grundelement muss die strafbare Handlung auch die Unterlassungsstraftaten erfassen können. Bei diesem „handelt" der Täter umgangssprachlich aber gerade nicht, vielmehr unterlässt er ein Verhalten, das die Veränderung in der Außenwelt mit an Sicherheit grenzender Wahrscheinlichkeit verhindert hätte. Um diesen scheinbaren Widerspruch zu beseitigen, grenzt man deshalb bei den Unterlassungsstraftaten ein Tun von einem Unterlassen ab (vgl. § 11 Rn. 120 ff.) und nicht ein Handeln von einem Unterlassen.

2. Der Begriff der strafbaren Handlung in seiner Funktion als Grenzelement

Als *Grenzelement* kann der Begriff der strafbaren Handlung nur dienen, wenn die   **69** Struktur der strafbaren Handlung in der Lage ist, *nicht willensgetragene* Handlungen, sog. Nicht-Handlungen, zu erkennen und auszuklammern. Hier nimmt der Begriff der strafbaren Handlung eine Filterfunktion wahr.

---

[65] Grds. kritisch zur Unterscheidung von Unrecht und Schuld sowie dem daraus folgenden Aufbau der strafbaren Handlung *Lesch* 1999; *ders.* JA 2002, 602 ff.; *Sinn* 2007, S. 244 ff.; *T. Walter* 2006, S. 83 ff., 116 f.; *Falcone* ZIS 2020, 212 ff.

[66] Zur Formulierung Grund-, Grenz- und Verbindungselement vgl. *Baumann* GS Arm. Kaufmann, S. 181 ff. (184 ff.); *Roxin/Greco* AT 1 § 8 Rn. 1 ff.

[67] AT § 23 I 2.

[68] AT Rn. 137.

70   Insoweit sind anerkannt:

- *Reflexbewegungen,* d. h. Körperbewegungen, bei denen die *Erregung der motorischen Nerven nicht unter seelischem Einfluss steht,* sondern sich ein Reiz ohne Mitwirkung des Bewusstseins von einem Empfindungszentrum auf ein Bewegungszentrum und damit in Bewegung überträgt,[69]
- Körperbewegungen *Schlafender,*
- Körperbewegungen im Rahmen *epileptischer Anfälle,*[70]
- durch *vis absoluta*[71] erzwungene Körperbewegungen.

71   Bei den durch *vis absoluta* erzwungenen Bewegungen kann ein Wille zwar gebildet, nicht jedoch *betätigt* werden:

Beispiel 2.4

72   A stößt B mit großer Wucht gegen C. Dadurch kommt C zu Fall und verletzt sich. Die Verletzung des C ist dem A zuzurechnen. Seitens des B liegt eine Nicht-Handlung vor. ◄

73   Körperbewegungen in *Hypnose* werden zwar als Handlungen bewertet, jedoch liegt hier zugleich eine tief greifende Bewusstseinsstörung vor.[72] Begeht der Hypnotisierte eine strafbare Handlung, können folglich Maßregeln nach §§ 61 ff. verhängt werden.

74   Nach einer Minderheitsmeinung soll eine Nicht-Handlung nur gegeben sein, wenn derjenige Bereich betroffen ist, der für die strafrechtliche Zurechnung *überhaupt nicht* in Frage kommt. Ein Handeln in Form des Unterlassens liegt danach schon dann vor, wenn eine *Durchschnittsperson in Vollbesitz aller Kenntnisse und Fähigkeiten* in der betreffenden Situation zur Verhinderung der Veränderung in der Außenwelt (des Erfolgs)[73] in der Lage gewesen wäre.[74]

---

[69] Zur Abgrenzung von Reflexbewegung, halb automatischer Reaktion, Impulsivhandlung und Kurzschlusshandlung *Fliegen*-Fall OLG Hamm 5 Ss 331/74 NJW 1975, 657; vgl. auch *B. Heinrich* AT Rn. 208.

[70] Vgl. OLG Schleswig 1 Ss 688/82 VRS 64 (1983), 429; BGH 4 StR 441/94 BGHSt 40, 341; anschaulich zu den Fallgruppen *Kühl* AT § 2 Rn. 4 ff.

[71] Absolut wirkende Gewalt.

[72] Vgl. *Roxin/Greco* AT 1 § 8 Rn. 73 unter Hinweis auf eine auch im Hypnotisierten wirksame „Charakterschranke", § 20 Rn. 13; *Eisele,* in: Schönke/Schröder Vor § 13 ff. Rn. 39; *Perron/Weißer,* in: Schönke/Schröder § 20 Rn. 13; *Maurach/Zipf* AT 1 § 16 Rn. 19; LK[12]-*Jähnke* § 20 Rn. 25 mwN; auch Aktivitäten beim Schlafwandeln, das eine Ansprechbarkeit nicht ausschließt und eher den Eindruck einer geistigen Behinderung erweckt, sind dann Handlungen, wenn auch im Zustand der Schuldunfähigkeit ausgeführt.

[73] Zur Erklärung der abweichenden Begrifflichkeit siehe § 4.

[74] Vgl. *Jescheck/Weigend* AT § 23 VI 2 b mwN.

Beispiel 2.5

Mutter M liegt am Strand. Ihr zweijähriges Kind schläft neben ihr. M schläft   **75**
ein. Nun wacht das Kind auf und läuft in das Wasser. M wacht ebenfalls auf und
will K retten. Jedoch kann sie nicht schwimmen und müsste deshalb damit rechnen, selbst zu ertrinken. Weil andere Hilfe nicht zur Stelle ist, ertrinkt K. Hier
ist es M durchaus möglich, einen Willen zur Rettung des K zu bilden und in die
Wirklichkeit umzusetzen. Ihr *persönliches Unvermögen* zur Rettung würde
nach der genannten Minderheitsmeinung die Handlungsqualität ihres Verhaltens nicht ausschließen. ◄

Zu Recht[75] ist jedoch auf die *individuelle* Handlungsfähigkeit abzustellen, weil die   **76**
Rechtsordnung nur fordern kann, was *möglich* ist und Adressat der Forderung nur
der individuelle Mensch sein kann. Danach ist das Verhalten der Nichtschwimmerin
M als Nicht-Handlung einzuordnen.

3. Der Begriff der strafbaren Handlung in seiner Funktion als Verbindungs- bzw. Ordnungselement

Als *Verbindungs- bzw. Ordnungselement* kann der Begriff der strafbaren Handlung   **77**
nur dienen, wenn die Struktur der strafbaren Handlung die Elemente innerhalb ihres
Stufenbaus in eine *sachgerechte Beziehung* bringt. Diese Funktion als Verbindungs-
bzw. Ordnungselement wird nicht selten unterschätzt.[76] Dem ist zuzugeben, dass es
in der gerichtlichen Urteilspraxis *im Ergebnis* nicht merkbar auf diese sachgerechte
Beziehung ankommt. Jedoch wirkt sich die Fortentwicklung des Begriffs der strafbaren Handlung in seiner Funktion als Verbindungs- bzw. Ordnungselement unmittelbar auf die Dogmatik der strafbaren Handlung und damit auf die Fortentwicklung des Strafrechts aus.[77]

So kann man z. B. das Fortbestehen des Vorsatzes im Falle des Verbotsirrtums nach § 17 als Folge   **78**
eines Begriffs der strafbaren Handlung sehen, bei dem in der Struktur der strafbaren Handlung
Vorsatz und Unrechtsbewusstsein an unterschiedlichen Stellen verortet sind. Das Erfordernis
einer *vorsätzlichen und rechtswidrigen, nicht aber einer auch schuldhaft begangenen* Haupttat für
die Strafbarkeit der Teilnahme in §§ 26, 27 lässt darauf schließen, dass für die Struktur der strafbaren Handlung als Teilnahmehandlung die Teilnahme an fremdem Unrecht genügt. Und schließlich wäre es in diesem Sinne ein Verdienst des *sozialen* Verständnisses von der strafbaren Handlung als Verbindungselement, wenn es gelänge, den ärztlichen Heileingriff so zu regeln, dass er
seinem sozialen Sinngehalt entsprechend nicht mehr als „Fall" einer Körperverletzung einzuordnen wäre.[78]

---

[75] Vgl. *Bosch,* in: Schönke/Schröder Vor §§ 13 ff. Rn. 141 ff. mwN.

[76] Vgl. u. a. *Baumann* GS Armin Kaufmann, S. 181 ff. (186); *B. Heinrich* AT Rn. 190; *Kindhäuser/*
Zimmermann AT § 5 Rn. 17 ff.; umfassende Kritik derjenigen Lehren, die dem Handlungsbegriff
seine grundlegende Bedeutung bestreiten *Kahlo* 2001, S. 18 ff.

[77] Umfassend *Kahlo* 2001, S. 89 ff.

[78] Vgl. §§ 229, 230 E 1998 (6. StrRG); *Dencker* u. a. 1998; *Cramer* FS-Lenckner, S. 761 ff.

II. Modelle für eine Struktur der strafbaren Handlung (sog. Handlungslehren) und ihre Vereinbarkeit mit der Funktion des Handlungsbegriffs als Grund-, Grenz- und Verbindungs- bzw. Ordnungselement[79]

79 Bei der Strukturierung des Aufbaus der strafbaren Handlung können im Wesentlichen die folgenden Entwicklungsschritte nachgezeichnet werden:

1. Die Struktur der strafbaren Handlung als willentliches Verhalten, welches die gesetzlich beschriebene Unwertverwirklichung *verursacht* (sog. kausale Handlungslehre nach *v. Liszt* 1851–1919 und *Beling* 1866–1932)

a) Definition der Handlung

80 Nach der kausalen Handlungslehre erschöpft sich die Struktur der strafbaren Handlung in einer „auf menschliches Wollen zurückführbaren *Veränderung in der Außenwelt*" (*v. Liszt*).[80] Später werden die Anforderungen an den Handlungsbegriff – zum Zwecke der Miterfassung des Unterlassens – dahingehend eingeschränkt, dass nur noch ein „gewillkürtes Körperverhalten"[81] erforderlich sei. Der *Wille* des Täters muss sich dabei *nicht* einmal auf die Verwirklichung der *gesetzlich beschriebenen Voraussetzungen der Strafbarkeit* beziehen, sondern nur auf das Verhalten als solches. Der Täter muss nicht wollen, *was* er bewirkt, nur *dass* er bewirkt. Das Wissen und Wollen der Erfüllung der Strafvorschrift ist als Vorsatz ausschließlich ein Element der Schuldhaftigkeit. Der gesetzlich beschriebene *Unwert* und im Falle der Rechtswidrigkeit auch das *Unrecht* der strafbaren Handlung liegen somit bereits dann vor, wenn der Täter *willentlich* den Eintritt des Sachverhaltsunwerts verursacht.

81 ▶ Struktur der strafbaren Handlung (als Grundlage des „klassischen" Begriffs von der strafbaren Handlung) nach der *kausalen Handlungslehre*[82]

I. *Tatbestandsmäßigkeit*
- Handlung (gewillkürtes Körperverhalten)
- Veränderung in der Außenwelt entsprechend der gesetzlichen Vorschrift
- Kausalität (Äquivalenztheorie, näher dazu § 4 Rn. 30 ff.)

---

[79] Vgl. NK-StGB-*Puppe/Grosse-Wilde*, Vor §§ 13 ff. Rn. 41 ff.; rechtshistorisch aufschlussreich *Ambos* JA 2007, 1 ff.

[80] *V. Liszt* Strafrecht 4. Aufl. 1891, S. 128.

[81] Vgl. *v. Liszt* Strafrecht 21./22. Aufl. 1919, S. 116: „Handlung ist willkürliches Verhalten zur Außenwelt; genauer: Veränderung, d. h. Verursachung oder Nichthinderung einer Veränderung d. Außenwelt durch willkürliches Verhalten."

[82] Dargestellt am Beispiel der vorsätzlichen, eine Veränderung in der Außenwelt bewirkenden Straftat.

II. *Rechtswidrigkeit*

III. *Schuldhaftigkeit* (psychologisch), näher dazu § 6

    u. a.

    – Vorsatz (einschl. Unrechtsbewusstsein [str.]) …

    – besondere subjektive Merkmale (z. B. Zueignungsabsicht beim Diebstahl …)

b) Hintergrund

Den geistesgeschichtlichen Hintergrund der kausalen Handlungslehre bildet ein **82** *naturwissenschaftlich-mechanistisches* Weltbild, ein „Räderwerk", dessen Bestandteil auch die Straftat ist. Die Tatbestandsmäßigkeit des klassischen Begriffs von der Straftat beschränkt sich folglich darauf, Tatsachen der *Außen*welt zu *beschreiben*, die Rechtswidrigkeit, jene Tatsachen im Hinblick auf ihre Vereinbarkeit mit der Rechtsordnung zu *bewerten*. Tatbestandsmäßigkeit und Rechtswidrigkeit haben die *Tat* zum Gegenstand, der *Täter* steht im Mittelpunkt der Schuldhaftigkeit.

c) Vertreter

Die kausale Handlungslehre ist mit der Herausbildung des dreistufigen Straftatauf- **83** baues eng verbunden. Als Schöpfer und frühe Vertreter sind vor allen *v. Liszt*[83] und *Beling*[84] zu nennen.

d) Stärken

Die Stärke der kausalen Handlungslehre beruht darauf, dass sie einfach und über- **84** sichtlich ist und der forensischen Praxis entgegenkommt. Denn im Bereich des Unrechts genügt es, auf der Ebene der Tatbestandsmäßigkeit die Ursächlichkeit der willentlichen Handlung darzustellen und diese auf der Stufe der Rechtswidrigkeit zu bewerten. Der *Einzugsbereich* der Tatbestandsmäßigkeit gerät dadurch sehr weit, denn die *Unwert-* und *Unrechtsstruktur* der vorsätzlichen und der fahrlässigen Straftat unterscheiden sich nicht. Erst innerhalb der Schuldhaftigkeit wird gefragt, ob der Täter vorsätzlich oder fahrlässig gehandelt hat. Dieser Stufe kommt damit großes Gewicht zu.

Seiner Funktion als *Grenzelement* wird der der kausalen Handlungslehre ent- **85** sprechende Handlungsbegriff gerecht, indem er durch die Voraussetzung der *Willentlichkeit* die Nicht-Handlungen aus dem Bereich der Strafrechtsrelevanz ausscheidet. Man könnte sogar sagen, dass der Handlungsbegriff der kausalen Handlungslehre vor allem durch die Funktion als Grenzelement geprägt wird. Auch als *Verbindungselement* taugt er, da die kausale Handlung tatbestandsmäßig, rechtswidrig und schuldhaft verwirklicht wird.

e) Schwächen

Bei allen Vorzügen zeigt der Handlungsbegriff der kausalen Handlungslehre jedoch **86** auch deutliche Schwächen:

---

[83] Vgl. *v. Liszt* Strafrecht 4. Aufl. 1891, S. 128.

[84] *Beling* Die Lehre vom Verbrechen 1906, S. 8 ff.

87   Er hat Begründungsprobleme, wenn die strafrechtsrelevante Wirklichkeit nicht nur auf Verursachung beruht, sondern auch das Ergebnis einer *Bewertung* ist: So lässt sich der Unwert der Beleidigung kaum als Veränderung in der Außenwelt beschreiben, als „Erregung von Luftschwingungen", welche beim Empfänger zu entsprechenden Stoffwechselveränderungen im Nervensystem führen.[85]

88   Erklärungslücken entstehen aber auch dadurch, dass das „gewillkürte Körperverhalten" keine Bezüge zum gesetzlich umschriebenen Unwert aufweist: Vom gewillkürten Körperverhalten her besehen besteht nach der kausalen Handlungslehre zwischen dem Töten eines Menschen und dem Töten einer Fliege kein Unterschied. Denn wenn sich der Wille des Täters nur auf die Tatsache seines Handelns als solches bezieht, dann ist es irrelevant, ob jenes willentliche Handeln den Tod eines Insektes oder eines Menschen *verursacht.*

89   Als *Grundelement* kommt der Handlungsbegriff der kausalen Handlungslehre vor allem dann in Bedrängnis, wenn er den Unwert einer Straftat in der Erscheinungsform des *Versuchs* oder des *Unterlassens* erklären soll. Denn der Unwert des Versuchs wird durch den subjektiven *Entschluss* geprägt, und beim Unterlassen versagt die „mechanistische" condicio sine qua non gänzlich (näher § 11 Rn. 161 ff.).

Beispiel 2.6

90   Der Bademeister sitzt am Rand des Schwimmbeckens. Da bemerkt er, dass der ihm verhasste A offensichtlich Opfer einer Herzattacke geworden ist und wie ein Stein auf den Boden des Schwimmbeckens sinkt. In seinem Hass beschließt B, den A ertrinken zu lassen und tut so, als ob er den Unfall nicht bemerkt habe. Als nach zwei Minuten jedoch sein Kollege aus der Nichtschwimmerabteilung bei ihm vorbeischaut, sieht sich B gezwungen, doch etwas zur Rettung des A zu unternehmen, und rettet A, ohne dass irgendjemand etwas von seinem verwerflichen Plan bemerkt hätte.

91   Fälle wie dieser, dessen Unrechtsgehalt weder naturwissenschaftlich-kausal herbeigeführt noch äußerlich erkennbar ist, wenn man nicht den *straftatbezogenen* Willen des Täters berücksichtigt, stellen die kausale Handlungslehre vor größte Probleme. ◄

---

92   Schwächen zeigt die kausale Handlungslehre schließlich auch bei sonstigen subjektiven Elementen der Tatbestandsmäßigkeit wie *Absichten* (Zueignungsabsicht beim Diebstahl) oder *Motiven* (z. B. Tötung aus niedrigen Beweggründen, § 211), die alle dem Bereich der Schuldhaftigkeit zugeordnet werden müssten.

93   Dass hier Zugeständnisse erforderlich und möglich sind, haben allerdings auch Vertreter der kausalen Handlungslehre gesehen und im Rahmen des neo-klassischen Begriffs der strafbaren Handlung berücksichtigt. Denn vom *klassischen* unterscheidet sich der *neo-klassische* Begriff der strafbaren Handlung dadurch, dass be-

---

[85] Vgl. *v. Liszt* Strafrecht 2. Aufl. 1884, S. 107 f.; krit. *Jescheck/Weigend* AT § 22 III 2 a; *Roxin/ Greco* AT 1 § 8 Rn. 16.

sondere subjektive Merkmale als Elemente der Tatbestandsmäßigkeit aufgenommen und dadurch als Bestandteil des typischen personalen Unwertes anerkannt werden. Der Unwert des Diebstahls ist danach nicht mehr nur in der Wegnahme einer Sache, sondern darüber hinaus darin zu sehen, dass der Täter mit *Zueignungsabsicht* handelt. Außerdem finden mit der Anerkennung *normativer Elemente der Tatbestandsmäßigkeit (Tatbestandsmerkmale)*[86] (z. B. der Begriff der „Urkunde" in § 267) wertende Elemente Eingang in die Tatbestandsmäßigkeit.

▶   Struktur der strafbaren Handlung als Grundlage des „neo-klassischen"[87] Be-   **94**
    griffs von der strafbaren Handlung

  I. *Tatbestandsmäßigkeit*
     – Handlung (gewillkürtes Körperverhalten)
     – Veränderung in der Außenwelt entsprechend der gesetzlichen Vorschrift
     – Kausalität (Äquivalenztheorie, näher dazu § 4 Rn. 30 ff.)
     – bes. subj. Merkmale (z. B. Zueignungsabsicht beim Diebstahl …)
 II. *Rechtswidrigkeit*
III. *Schuldhaftigkeit* (normativ-psychologisch)
     u. a.
     – Vorsatz (einschl. Unrechtsbewusstsein [str.])

2. Die Struktur der strafbaren Handlung als *zweckgerichtete* Verursachung der gesetzlich beschriebenen Unwertverwirklichung (sog. *finale* Handlungslehre nach *Welzel* 1904–1977 und *Maurach* 1902–1976)[88]

a) Definition der Handlung[89]
„*Menschliche Handlung ist Ausübung der Zwecktätigkeit*". Jene Formulierung von   **95**
Hans Welzel[90] stellt die Ausgangsformel für die Definition der Handlung nach der finalen Handlungslehre dar. Ihre rechtsphilosophische Basis bildet eine phänomenologisch-ontologisch[91] geprägte Auffassung vom menschlichen Verhalten als nicht nur ein bloßes Verursachen durch Willensbetätigung, sondern Ausübung der *Zwecktätigkeit, geistige Vorwegnahme* des Ziels, in der späteren Weiterentwicklung ein von Handlungssinn getragenes willentliches Verhalten.[92] Der *onto-*

---

[86] „Entdeckt" von *M. E. Mayer* AT, S. 182 ff.

[87] Dargestellt am Beispiel einer vorsätzlich eine Veränderung in der Außenwelt bewirkenden Straftat.

[88] Vgl. auch *Hirsch* ZStW 93 (1981), 831 ff. und ZStW 94 (1982), 239 ff.; *ders.* ZStW 116 (2004), 1 ff.; *Küpper* 1990; als weitere „Finalisten" seien *Karl Heinz Gössel, Armin Kaufmann, Friedrich-Christian Schroeder, Günter Stratenwerth* und *Heinz Zipf* genannt.

[89] Umfassend *Küpper* 1990, S. 44 ff.; *Hirsch* ZStW 93 (1981), 836 ff.

[90] *Welzel* LB, S. 33.

[91] Von griech. τὸ ὄν = to on = das Sein.

[92] Vgl. *Hirsch* ZStW 93 (1981), 831 ff. und ZStW 94 (1982), 239 ff.

logische Handlungsbegriff der finalen Handlungslehre ist zunächst *vorrechtlicher* Natur, d. h. an die Vorstellung von der *Wirklichkeit* menschlichen Verhaltens angelehnt. Bezogen auf die Verwirklichung einer *Strafvorschrift* ist das sinngetragene willentliche Verhalten Bestandteil des gesetzlichen *Unwerts* und *Unrechts*. Indem das sinngetragene willentliche Verhalten auch den *Vorsatz* umfasst, wird auch dieser zum Unwertelement als Bestandteil des *personalen Unwertes*, während das Unrechtsbewusstsein als selbstständiges Element Bestandteil der Schuldhaftigkeit bleibt. Die Verortung des Vorsatzes innerhalb der Struktur der strafbaren Handlung erfolgt als *subjektives Element der Tatbestandsmäßigkeit*, ohne dass der verwirklichte Unwert nicht als von Menschen herrührend beschrieben werden kann. Es entsteht so eine *personale Unwert- und Unrechtslehre.*

96   Weil der Vorsatz und die besonderen subjektiven Elemente der strafbaren Handlung ausnahmslos und vollständig Bestandteil der Tatbestandsmäßigkeit sind, erschöpft sich die Kategorie der Schuldhaftigkeit nur noch normativ in der Schuldfähigkeit und in der Vorwerfbarkeit des Handelns trotz Unrechtsbewusstseins sowie im Ausschluss von Entschuldigungsgründen.

97 ▶   Struktur der strafbaren Handlung (als Grundlage des „finalen" Begriffs von der strafbaren Handlung) nach der *finalen Handlungslehre*[93]

   I. *Tatbestandsmäßigkeit*
    – *objektive Elemente* (Sachverhaltsunwert)
      – Handlung (gewillkürtes Körperverhalten)
      – Veränderung in der Außenwelt entsprechend der gesetzlichen Vorschrift
      – Kausalität (Äquivalenztheorie, näher dazu § 4 Rn. 30 ff.)
    – *subjektive Elemente* (Personaler Unwert)
      – Vorsatz
      – bes. subj. Merkmale (z. B. Zueignungsabsicht beim Diebstahl)
  II. *Rechtswidrigkeit*
  III. *Schuldhaftigkeit* (rein normativ)
    u. a.
    – Unrechtsbewusstsein

b) Hintergrund

98   Als ontologischer Ausgangspunkt für die Überlegungen *Welzels* werden Erkenntnisse der neueren Psychologie nach dem Ersten Weltkrieg über die Umsetzung seelischer Akte in die Außenwelt genannt, aus denen sich die Fähigkeit des Menschen ergibt, für die sachliche Richtigkeit seiner Willensentscheidungen Verantwortung zu übernehmen.[94] So besehen hat auch die finale Handlungslehre einen naturwissenschaftlichen Hintergrund. Jedoch wird im Gegensatz zur kausalen Lehre der

---

[93] Dargestellt am Beispiel einer vorsätzlich eine Veränderung in der Außenwelt bewirkenden Straftat.

[94] Vgl. zum Ganzen und mwN *Jescheck/Weigend* AT § 22 V 2; *Roxin/Greco* AT 1 § 8 Rn. 17; kritisch zur ontologischen Ausrichtung der finalen Handlungslehre *Roxin* FS Androulakis, S. 573 ff.

Wille des Menschen in den Mittelpunkt gestellt. Der Täter wird nicht als bezüglich des Sachverhaltsunwertes blind verursachendes Wesen betrachtet, sondern als eine von seelischen Vorgängen bestimmte *Person*, die ihr Verhalten sinnhaft zu gestalten sucht und darin auch bezüglich der Begehung von Straftaten keine Ausnahme macht. Dass sich der einzelne Mensch in dieser Struktur von der strafbaren Handlung wiedererkennen kann, macht ihre Attraktivität aus. Darüber hinaus wird in der finalen Struktur der strafbaren Handlung in besonderer Weise deutlich, dass Recht bei aller notwendigen Abstraktion vom konkreten Fall letztlich eine an der Wirklichkeit orientierte Funktion zukommt.

c) Vertreter

Die finale Handlungslehre wurde zunächst durch *Welzel*[95] in die wissenschaftliche **99** Diskussion eingeführt und stieß bald auf Zustimmung.[96] Bis heute hat sich die finale Handlungslehre insoweit etabliert, als mittlerweile der Vorsatz im Sinne einer *personalen Unrechtslehre* ganz überwiegend als Bestandteil des Unwerts bzw. Unrechts der strafbaren Handlung verstanden wird.[97] Auch weitere Folgen – Teilnahme nur an vorsätzlicher Haupttat, Anerkennung eines Verbotsirrtums unter Beibehaltung des Vorsatzes – gehören heute zu den unumstrittenen, mittlerweile in den §§ 16, 17 und 26, 27 sogar gesetzlich festgeschriebenen Elementen der Strafrechtsdogmatik.

d) Stärken

Die Stärke der finalen Handlungslehre liegt darin, dass Unwert und Unrecht der Tat **100** gerade auch dadurch konstituiert werden, dass der Täter im Wissen und Wollen um die Verwirklichung der gesetzlich beschriebenen Straftat handelt. Seine Tauglichkeit als *Grenz-* und *Verbindungselement* ist unbestritten. Als *Grundelement* vermag er den Entschluss als Unrecht des Versuchs bruchlos zu erklären. Gleiches gilt für Absichten und weitere personale Merkmale als Elemente der Tatbestandsmäßigkeit.

Obwohl auch Unterlassen durchaus zweckgerichtet sein kann, verstehen Vertreter der finalen **101** Handlungslehre die Unterlassungsstraftat als eine selbstständige Erscheinungsform der Straftat, die eigenen, die Gegebenheiten der Begehungsstraftat umkehrenden, Regeln folgt.[98]

e) Schwächen

In der Betonung der Zwecktätigkeit des Verhaltens gerät die finale Handlungslehre **102** hinsichtlich der Funktion des Begriffs von der strafbaren Handlung als *Grundelement* partiell in Verlegenheit. Denn es ist schwierig, fahrlässiges Handeln, insbesondere bei unbewusster Fahrlässigkeit, als Zwecktätigkeit zu umschreiben.

---

[95] *Welzel* ZStW 58 (1939), 491 ff. (498).

[96] Vgl. *Maurach* AT, 1. Aufl. 1954, § 15 II C.

[97] Vgl. *Hirsch* ZStW 93 (1981), 831 ff. und 94 (1982), 239 ff.; *Ida* 5 Keio Law Review 1985, S. 105 ff.; *Arm. Kaufmann* FS Welzel, S. 393 ff.; neben erklärten Vertretern eines finalen Handlungsbegriffs wie *Hirsch, Gössel, Armin Kaufmann, Küpper, Rudolphi, F.-C. Schroeder, Stratenwerth* oder *Zipf* wären hier auch Vertreter vermittelnder Handlungslehren wie *Eser, Gallas, Jescheck, Lenckner, Roxin* und *Wessels* zu nennen.

[98] Vgl. *Arm. Kaufmann* 1959, S. 57 f., 92 ff., 239 ff. sowie *Roxin/Greco* AT 1 § 8 Rn. 19.

103   Selbstverständlich hat dies auch *Welzel* gesehen, weshalb er in der 1. Auflage seines Lehrbuchs von 1947 die Zwecktätigkeit nicht aktuell, sondern potenziell als *mögliche* Zwecktätigkeit verstanden wissen wollte.[99] Hiergegen wurde nicht ohne Grund eingewandt, dass eine nur mögliche Zwecktätigkeit in Wirklichkeit keine sei.[100] Ein weiterer Ausweg, Finalität und Fahrlässigkeit miteinander zu verbinden, wurde deshalb darin gesucht, Fahrlässigkeit durch Anknüpfung an das den Sachverhaltsunwert verursachende Fehlverhalten[101] zu begründen:

Beispiel 2.7

104   Wenn A sein Gewehr putzt und sich dadurch versehentlich ein Schuss löst, der den B tödlich trifft, dann könnte man als Handlung das Putzen des Gewehrs ansehen, weshalb auch in der Handlung, welche die Veränderung in der Außenwelt fahrlässig herbeiführt, ein finales Element liegen könnte.[102] ◄

---

105   Dass der in den Willen aufgenommene Sachverhaltsunwert als Element *außerhalb der Tatbestandsmäßigkeit* dann nicht mehr Bestandteil des gesetzlich beschriebenen Unwerts sein kann, hat *Welzel* gesehen und unter Hinweis auf den *vorrechtlichen* Charakter der Handlung in Kauf genommen.[103]

106   Jenes Heraustreten aus der gesetzlichen Unwertbeschreibung führt aber dazu, dass ein darauf beruhender Begriff von der strafbaren Handlung seine Funktion als *Verbindungs-Element* zwischen Tatbestandsmäßigkeit, Rechtswidrigkeit und Schuldhaftigkeit nicht mehr erfüllen kann. Das zweckgerichtete Verhalten „Reinigen des Gewehres" in *Beispiel 2.7* vermag die Verbindung zum Sachverhaltsunwert „Tod des B" schwerlich herzustellen.

107   Dem könnte man entgegenhalten, dass der Sachverhaltsunwert der Fahrlässigkeitsstraftat sich ohnehin im Sorgfaltspflichtverstoß bzw. in der willentlichen Gefahrerhöhung erschöpfe und die Veränderung in der Außenwelt nur eine objektive Bedingung der Strafbarkeit darstelle (näher dazu unten § 7). Aber selbst wenn man davon absieht, dass sich auch auf diesem Wege unbewusste Fahrlässigkeit und zweckgerichtete Gefahrerhöhung schlecht in Einklang bringen lassen,[104] liefe dieser Ansatz darauf hinaus, den Sachverhaltsunwert, insbesondere die Veränderung in der Außenwelt, aus dem Unwertgefüge der fahrlässigen Straftat (unten § 12 Rn. 10 ff.) zu eliminieren.

---

[99] Ebenso *Stratenwerth/Kuhlen* AT § 6 Rn. 8.

[100] So *Roxin/Greco* AT 1 § 8 Rn. 20.

[101] Vgl. *Welzel* 1960, S. 11 ff.; *Welzel* JuS 1966, 421 (423 ff.); krit. hierzu *Arth. Kaufmann* JuS 1967, 145 ff.; anregend die Erwiderung von *Welzel* NJW 1968, 425 ff.

[102] Vgl. *Welzel* NJW 1968, 425 ff. (426 links): „Zwar ist jeder Tatbestandsvorsatz ein finaler Handlungswille, aber nicht jeder finale Handlungswille ist ein Tatbestandsvorsatz"; ebenso *Maurach/Zipf* AT 1 § 16 Rn. 44.

[103] Vgl. *Welzel* LB S. 129.

[104] Vgl. *Roxin/Greco* AT 1 § 8 Rn. 23; ähnlich liegen die Probleme des finalen Handlungsbegriffs mit automatisierten Handlungen, die ebenfalls strafrechtsrelevantes Unrecht darstellen können, obwohl sie nicht bewusst gesteuert sind, vgl. *Roxin/Greco* AT 1 § 8 Rn. 24 aber auch *Hirsch* ZStW 93 (1981), 831 ff. und ZStW 94 (1982), 239 ff.

Bezüglich der *Unterlassungsstraftaten* wird gegen die finale Handlungslehre ein-   **108**
gewandt, dass der Unterlassungstäter für den Sachverhaltsunwert nicht kausal
werde, deshalb keinen Kausalverlauf lenken und somit auch nicht final handeln
könne.[105] Das mag zutreffen. Der Einwand betrifft aber nicht die Finalität, da die
condicio sine qua non-Kausalität nicht Voraussetzung für eine Ausübung von
Zwecktätigkeit ist. Der Bademeister, der in *Beispiel 2.6* die Rettung des ertrinkenden
B unterlassen will, übt gerade Zwecktätigkeit aus, indem er unterlässt.

3. Modifikationen der finalen Struktur der strafbaren Handlung durch „vermittelnde Handlungslehren"

Angesichts der Überzeugungskraft des final geprägten Begriffs von der strafbaren   **109**
Handlung im Bereich der Vorsatzstraftaten erstaunt es nicht, dass spätere Strömun-
gen im Bereich der Lehren von der strafbaren Handlung überwiegend auf der finalen Handlungslehre aufbauen.[106]

Die so entwickelte Struktur der strafbaren Handlung weist – der finalen Auffassung   **110**
folgend – den *Vorsatz* als Element der Tatbestandsmäßigkeit aus. Die *Kausalität* wird
um das Element der *objektiven Zurechnung* ergänzt (näher dazu § 4 Rn. 85 ff.). Hinsichtlich der besonderen personalen Merkmale (Gesinnungsmerkmale) wird zwischen
unwertkonstituierenden und schuldkonstituierenden differenziert,[107] wobei es mehr
überzeugt, diese Merkmale innerhalb sowohl der Tatbestandsmäßigkeit als auch der
Schuldhaftigkeit zu verorten (s. u. vor § 4 Rn. 4 ff.).

Die Fahrlässigkeit wird ebenfalls als unwert- bzw. unrechtsbezogene Erschei-   **111**
nungsform der Straftat verstanden (näher dazu § 12 Rn. 10 ff.) und materiell von der
überwiegenden Meinung als „Verletzung einer Sorgfaltspflicht" (näher dazu § 12
Rn. 28 ff.), vorzugswürdiger als „Verwirklichung einer vom Täter geschaffenen
über das erlaubte (i. S. v. gesellschaftlich hingenommene [näher dazu § 12
Rn. 116 ff.]) Risiko hinausgehenden Gefahr im Rahmen des Schutzzwecks der
Norm" beschrieben.[108]

Im Bereich der Schuldhaftigkeit finden – in Anlehnung an die kausale Hand-   **112**
lungslehre – Vorsatz und Fahrlässigkeit als (mit den entsprechenden Unwert-
elementen korrespondierende) *Schuldformen* Berücksichtigung.[109]

Unter Inkaufnahme von Vereinfachungen ergibt sich so auf der Basis der finalen   **113**
Handlungslehre eine zwischen kausaler und finaler Handlungslehre „*vermittelnde*"
Struktur der strafbaren Handlung, wie sie heute als Rahmen vorwiegend Ver-
wendung findet:[110]

---

[105] Vgl. *Roxin/Greco* AT 1 § 8 Rn. 19; vgl. auch AK-*Schild* Vor § 13 Rn. 79.

[106] Umfassend zur Gesamtentwicklung *Hirsch* FS Köln, S. 399 ff.; *Roxin* GA 2011, 678 ff.

[107] Vgl. *Jescheck/Weigend* AT § 42 II 3 a; *Roxin/Greco* AT 1 § 10 Rn. 78 ff.; *Stratenwerth/Kuhlen* AT § 8 Rn. 131 ff.

[108] *Roxin/Greco* AT 1 § 24 Rn. 5.

[109] Näher LK[12]-*Jescheck* Vor § 13 Rn. 82 ff.

[110] Vgl. zunächst *Gallas* ZStW 67 (1955), 1 ff.; *Gallas* FS Bockelmann, S. 155 ff.; zur weiteren
Entwicklung – auch rechtsvergleichend *Jescheck* ZStW 98 (1986), 1 ff.; LK[12]-*Jescheck* Vor
§ 13 Rn. 22.

114 ▶ *Struktur der strafbaren Handlung (als Grundlage eines „vermittelnden" Begriffs* von der strafbaren Handlung) nach **vermittelnden Handlungslehren**[111]

I. *Tatbestandsmäßigkeit:*
- *objektive Elemente* (Sachverhaltsunwert)
- Handlung (gewillkürtes Körperverhalten)
- Veränderung in der Außenwelt entsprechend der gesetzlichen Vorschrift (Erfolg)
- Kausalität (Äquivalenztheorie, näher § 4 Rn. 30 ff.) und Zurechenbarkeit
- *subjektive Elemente* (personaler Unwert)
- Vorsatz
- bes. personale Merkmale (Gesinnungsmerkmale)/unwertbegründend, z. B. Zueignungsabsicht beim Diebstahl, Rücksichtslosigkeit bei der Straßenverkehrsgefährdung
II. *Rechtswidrigkeit*
III. *Schuldhaftigkeit (normativ)*
- Schuldfähigkeit
- Vorsatz-Schuld
- bes. personale Merkmale (Gesinnungsmerkmale)/schuldbegründend, z. B. Vorwerfbarkeit der Zueignungsabsicht beim Diebstahl, der Rücksichtslosigkeit bei der Straßenverkehrsgefährdung
- Unrechtsbewusstsein
- Fehlen von Entschuldigungsgründen

115 Die holzschnittartig als „vermittelnde" Handlungslehren zusammengefassten Strukturmodelle profilieren sich weniger in ihrem jeweiligen Einfluss auf die Gesamtstruktur der strafbaren Handlung als darin, die Struktur aus einer spezifischen Perspektive heraus zu interpretieren. Die grundlegende Unterscheidung zwischen einem kausalen und einem finalen Begriff der strafbaren Handlung vermögen sie jedoch nicht ernstlich in Frage zu stellen.

116 Im Bereich der *Schuldhaftigkeit* werden so z. B. Grundströmungen erkennbar, Strafzweckerwägungen fruchtbar zu machen. *Roxin/Greco* ergänzen die Schuld um die Erforderlichkeit der Strafsanktion (Beispiel: § 35) und nehmen nur beim Vorliegen beider Elemente eine die Strafe legitimierende „*Verantwortlichkeit*" an.[112] *Jakobs* lehnt einen ontologisch geprägten Schuldbegriff ganz ab und macht die Annahme von Schuld abhängig von einem *generalpräventiven* Bedürfnis nach *Einübung in Rechtstreue*.[113] Der Verbrechensaufbau orientiert sich damit nicht mehr an Gegebenheiten der Seinswelt, sondern wird zur Funktion juristischer Regelungsbedürfnisse. Dieses

---

[111] Vgl. *Jescheck/Weigend* AT § 21 III, 23 VI; *Kindhäuser/Zimmermann* AT § 5 Rn. 10 ff.; *Krey/Esser* AT Rn. 285 ff.; Lackner/Kühl/*Heger-Heger* Vor § 13 Rn. 7 ff.; *B. Heinrich* AT Rn. 101 ff.; *Rengier* AT § 7 Rn. 5 f.; *Roxin/Greco* AT 1, §§ 8 C, 10 C II.

[112] *Roxin/Greco* AT 1 § 19; vgl. auch *Roxin* GA 2011, 680 ff.

[113] *Jakobs* AT 17 Rn. 18, 22.

Vorgehen hat den Vorteil, nicht von vornherein mit den Unzulänglichkeiten und Unmöglichkeiten behaftet zu sein, die dem Versuch innewohnen, die Seinswelt erkennen zu wollen. Andererseits hat Recht die Aufgabe, ein friedliches Miteinander-„*Sein*" zu ermöglichen, was ein Mindestmaß an Affinität zwischen dem Gegenstand und dem Instrument der Regelung voraussetzt. Anders ausgedrückt: die Überzeugungskraft des Rechts schwindet mit seiner zunehmenden *Funktionalisierung*. *Lüderssen* schenkt der Individualprävention besondere Aufmerksamkeit, indem er die Schuld mit der Präventionsbedürftigkeit des Einzelnen gleichsetzt. Das Maß dieser Präventionsbedürftigkeit lasse sich anhand der Komplexität der konkreten Tat bestimmen.[114]

Schon aus Raumgründen – aber auch in Rücksicht auf die studentischen Erfordernisse – kann hier nur auf die wichtigsten Vorschläge zu einer vermittelnden Struktur der strafbaren Handlung, und selbst insoweit ohne jeden Anspruch auf Vollständigkeit, eingegangen werden: **117**

a) Die Struktur der strafbaren Handlung nach der sozialen Handlungslehre[115]

Die soziale Handlungslehre verlangt für die Verwirklichung eines strafrechts-relevanten Unwertes ein Handeln des Täters als gewillkürtes, die Lebenssphäre von Mitmenschen berührendes[116] *sozial erhebliches* menschliches Verhalten.[117] Die strafbare Handlung ist damit nicht nur wie im Rahmen der kausalen und der finalen Handlungslehre ein naturwissenschaftlichen Maßstäben folgendes Phänomen, sondern eine *soziale* Erscheinung. Sie ist nur gegeben, wenn und soweit der Täter einen sozial erheblichen Sachverhaltsunwert bewirkt. **118**

Die *Stärke* eines an der sozialen Handlungslehre ausgerichteten Handlungsbegriffs liegt in seiner Funktion als *Grundelement*. Denn er vermag alle Erscheinungsformen der Straftat zwanglos in sich aufzunehmen: Vorsatz- und Fahrlässigkeitstat, Vollendung und Versuch, Täterschaft und Teilnahme, aktives Tun und Unterlassen. All jene Erscheinungsformen der Straftat können als sozialerhebliches menschliches Verhalten eingeordnet werden. Auch als *Verbindungselement* besteht der soziale Handlungsbegriff die Bewährungsprobe: Als Straftat muss das sozialerhebliche menschliche Verhalten tatbestandsmäßig, rechtswidrig und schuldhaft sein. **119**

An seine Grenze stößt der soziale Handlungsbegriff indessen als *Grenzelement*: Denn sozial erheblich ist auch ein Verhalten, welches durch vis absoluta erzwungen wird, ebenso Akte juristischer Personen oder u. U. Bewegungen im Schlaf. **120**

Auch der Wirkungsbereich eines sozialen Handlungsbegriffs bereitet Kopfzerbrechen. Denn über das, was sozial erheblich sein soll, wird primär nicht mit Hilfe des Handlungsbegriffs, sondern durch den Gesetzgeber mittels der Ausgestaltung der strafrechtlichen Verbotsvorschriften entschieden. Ein Verhalten wird dadurch **121**

---

[114] *Lüderssen* StV 2011, 377 ff.; *ders.* StV 2014, 247 ff.; siehe dazu ebenfalls *Jahn/Schmitt-Leonardy* FS Streng, S. 499 ff. (505 ff.).

[115] Vgl. u. a. *Eb. Schmidt* JZ 1956, 188 ff.; *Maihofer* 1953, S. 62 ff.; *Wessels/Beulke/Satzger* AT Rn. 142 sowie *Jescheck/Weigend* AT § 23 VI mwN Fn. 27; vgl. auch *E. A. Wolff* GS Radbruch, S. 291 ff. (299 ff.).

[116] Vgl. *Eb. Schmidt* JZ 1956, 188 ff. (190).

[117] *Jescheck/Weigend* AT § 23 VI 1.

als sozial erheblich eingestuft, dass es strafgesetzlich vertypt wird. Es ist tatbestandsmäßig, weil es sozial unerträglich und damit sozialerheblich ist.[118]

122   Die soziale Handlungslehre kann somit nur dort Wirkung zeigen, wo Handlungen strafgesetzlich erfasst sind, denen vom sozialen Sinn her eine strafrechtliche
Erheblichkeit abgesprochen werden müsste. Betroffen ist davon vor allem der *ärztliche Heileingriff*, den Vertreter der sozialen Handlungslehre aus dem Bereich der
Körperverletzungs- und Tötungsstraftaten (§§ 223, 211 ff.) ausgeklammert sehen
wollen.[119] Damit kommt der sozialen Handlungslehre letztlich die Funktion als
Grundlage für eine einschränkende Interpretation von Strafvorschriften zu.

b) Die Struktur der strafbaren Handlung nach der negativen Handlungslehre[120]

123   Nach der negativen Handlungslehre soll die strafrechtsrelevante Handlung darin bestehen, dass der Täter eine Veränderung in der Außenwelt *nicht* vermeidet, obwohl
er zur Vermeidung verpflichtet und in der Lage ist. Die Verpflichtung zur Vermeidung der Straftatverwirklichung besteht auch bei der Begehungsstraftat. Denn es
wird verstanden als das Unterlassen der Vermeidung der sich aus der Begehung ergebenden Gefahren.

124   Anliegen der negativen Handlungslehre ist es, einen Handlungsbegriff zu entwickeln, der sowohl das Tun als auch das Unterlassen erfasst: das *Nicht-Vermeiden*.
Ihre Stärke scheint damit in der Funktion des Handlungsbegriffs als *Grundelement*
zu liegen.

125   Die *Kritik* setzt jedoch gerade am *Nicht-Vermeiden* an. Denn es erfasse in der Tat
zwar sowohl das aktive Tun als auch das Unterlassen, nicht jedoch beide Modalitäten in gleicher Weise.[121] Das Nichtvermeiden durch Tun sei etwas anderes als das
Nichtvermeiden durch Unterlassen. Denn das Nichtvermeiden der Veränderung in
der Außenwelt bei der Begehungsstraftat sei ein Nicht-Nichtherbeiführen, also ein
Nicht-Unterlassen. Das Nichtvermeiden der Veränderung in der Außenwelt bei der
Unterlassungsstraftat hingegen sei ein Unterlassen. Damit stünde ein Nichtunter-
lassen einem Unterlassen gegenüber, was der Einheitlichkeit des Handlungsbegriffs
widerspricht.

126   Aber auch als *Verbindungselement* zeige der negative Handlungsbegriff Schwächen.[122] Denn als Handlungsbegriff werde er im Bereich der Tatbestandsmäßigkeit
als *Äußerung menschlicher Destruktivität* verstanden. Dies aber beinhalte bereits
eine Wertung, die im Falle der Rechtfertigung voreilig erscheint. Der negative
Handlungsbegriff wird damit der Differenzierung zwischen Unwert und Unrecht
nicht gerecht.

---

[118] Vgl. auch die Kritik von *Küpper* 1990, S. 60 ff.; AK-*Schild* Vor § 13 Rn. 80.

[119] Vgl. *H. v. Weber* FS Engisch, S. 328 ff. (345 f.).

[120] Vgl. *Herzberg* 1972, S. 156–189; *ders.* JZ 1988, 573 ff. (576); *ders.* GA 1996, 1 ff. mit Erwiderung *Schmidhäuser* GA 1996, 303 ff.; *Behrendt* 1979, S. 177.

[121] Vgl. *Roxin/Greco* AT 1 § 8 Rn. 35; *Schmidhäuser* GA 1996, 303 ff. (304); vgl. auch *Kühl* AT
§ 2 Rn. 1a.

[122] Vgl. *Roxin/Greco* AT 1 § 8 Rn. 36.

Der dritte Einwand betrifft die Funktion des negativen Handlungsbegriffs als   **127**
Grenzelement, weil auch rein gedankliche Vorgänge bereits als Nichtvermeiden in
den Bereich des Strafbaren gelangen könnten.[123]

c) Die Struktur der strafbaren Handlung nach der machttheoretischen Handlungslehre[124]

Mit der machttheoretischen Handlungslehre wird die Straftat aus der Sicht eines der   **128**
Grundbegriffe menschlicher Vergesellschaftung[125] interpretiert. Die von *Sinn* er-
arbeitete Lehre versteht die strafbare Handlung als *Machtmissbrauch*. Sie folgt der
Einsicht, dass eine menschliche Handlung ohne sie konstituierende Machtgrundlagen undenkbar ist. Begreift man die Straftat als ein unerwünschtes soziales Phänomen, so kann es sich in seiner theoretischen und normativen Erfassung nicht dem
Kontext entziehen, in dem es entstanden ist, in dem es wirkt und in dem es vermieden
werden soll. Damit gelingt es, das Strafrecht wieder näher an dessen Ziel, ein friedliches Miteinander-„*Sein*", heranzuführen, zu binden und den Folgen einer überan-
spruchten Funktionalisierung (s. o. Rn. 116) zu entgehen. Der Blick in die Gesellschaft führt zu Erkenntnissen über Machtressourcen und deren Missbrauch. Diese
können dann unter Wahrung des Verhältnismäßigkeitsprinzips und in einem kommunikativen Prozess zur Vertypung[126] (vgl. a. § 1 Rn. 62 f.) von Verhaltensweisen führen, die strafbares Verhalten beschreiben. Die Stärke des machttheoretischen Handlungsbegriffs liegt also insbesondere in seiner Akzeptanz schaffenden Wirkung, die
Anschlusskommunikation zu normgerechten Verhalten fördert, also in einer Verbindung von Sein und Sollen auf einer machttheoretischen Grundlage.

Die Macht des Täters besteht bei einer vorsätzlichen Straftat in seiner *Hand-*   **129**
lungsmacht und der auf seinem Wissen beruhenden *Normverletzungsmacht*. Der
machttheoretische Handlungsbegriff vermag als *Grundelement* auch die *fahrlässige*
Straftat zu erfassen als „Ausdruck von Inkompetenz zur Organisation der eigenen
Machtsphäre", indem die Möglichkeit der Voraussicht der Folgen eigener Handlungsmacht zum Machtbereich des Täters gehört. *Unterlassen* bedeutet die Nicht-
ausübung einer aktualisierten Handlungsmacht trotz der individuell bestehenden
Möglichkeit, der *Versuch* wird als „Folgenkenntnis aktualisierter Handlungsmacht"
beschrieben.[127] Als Grenzelement scheidet der machttheoretische Handlungsbegriff
Handlungen ohne eigene natürliche Steuerungsfähigkeit aus. Wer nicht auf
anthropologisch jedem Menschen gegebene Machtgrundlagen zurückgreifen kann,
ist ohnmächtig und machtlos und sein Verhalten kann nicht als Machtäußerung verstanden werden.[128]

---

[123] Vgl. *Roxin/Greco* AT 1 § 8 Rn. 39.

[124] Vgl. *Sinn* 2007.

[125] *Popitz* 1999, S. 3.

[126] Vgl. a. *T. Walter* 2006, S. 63 ff.

[127] *Sinn* 2007, S. 307.

[128] *Sinn* 2007, S. 308 f.

130   Die machttheoretische Handlungslehre und ihr Handlungsbegriff (Verbindungs-element) hat Auswirkungen auf die Tatbestandsmäßigkeit (Wissen als Machtmiss-brauch), Rechtswidrigkeit (Ausschluss des Machtmissbrauchs durch Recht-fertigungsgründe als Gestaltungsbefugnisse) und Schuldhaftigkeit (Vorwurf des in-dividuellen Machtmissbrauchs).[129] Der machttheoretische Handlungsbegriff eignet sich speziell zur Begründung und Erklärung der Beziehungen bei Mitwirkung meh-rerer. Auf seiner Grundlage gelingt es unschwer, in Mehrpersonenverhältnissen „den Gestalter des Machtverhältnisses ausfindig zu machen."[130]

d) Die Struktur der strafbaren Handlung nach der personalen Handlungslehre[131]

131   Die heute ganz überwiegend vertretene personale Handlungslehre nach *Roxin* und ihm folgend *Greco*[132] interpretiert die strafbare Handlung als Persönlichkeits-Äußerung.[133] Diese Formulierung ist sehr wörtlich zu nehmen als *Äußerung* einer *Persönlichkeit.*

132   Als Äußerung einer *Persönlichkeit* vermag der auf der personalen Handlungs-lehre aufbauende Handlungsbegriff nicht beherrschbare Geschehensabläufe aus dem Bereich der Handlungen auszuschließen. Als *Äußerung* der Persönlichkeit sieht sich der personale Handlungsbegriff außerdem in der Lage, rein gedankliche Vorgänge als Nicht-Handlungen zu kennzeichnen (Grenzelement).

133   Seine Bewährungsprobe dürfte der personale Handlungsbegriff aber auch als Grundelement bestehen. Denn zum einen umfasst die Äußerung der Persönlichkeit alle Erscheinungsformen strafbaren Verhaltens und zwar einschließlich des Unter-lassens, wenn eine Verhaltenserwartung besteht und deshalb das Nichtverhalten einer bestimmten Person zugerechnet wird.[134]

134   Mit Hilfe jener Äußerung durch Unterlassen kann auch der o. g. Bademeisterfall (Beispiel 2.6) zufriedenstellend als Versuch durch Unterlassen beurteilt werden.[135]

---

[129] Näher *Sinn* 2007, S. 309 ff.

[130] *Sinn* 2007, S. 312; daher auch der Titel der Monografie Sinns „Straffreistellung aufgrund von Drittverhalten".

[131] Vgl. *Roxin/Greco* AT 1 § 8 Rn. 44 ff.: Handlung als „Persönlichkeitsäußerung"; *Arth. Kaufmann* FS H. Mayer, S. 79 ff. (116): Handlung als „verantwortliche sinnhafte Gestaltung der Wirklichkeit mit vom Willen beherrschbaren (dem Handelnden daher zurechenbaren) kausalen Folgen (im wei-testen Sinne)".

[132] Zum personalen Handlungsbegriff *Arth. Kaufmanns* krit. vor allem im Hinblick auf die „Hand-lungen" Geisteskranker *Eisele*, in: Schönke/Schröder Vor §§ 13 ff. Rn. 36.

[133] Vgl. *Roxin/Greco* AT 1 § 8 Rn. 44.

[134] Vgl. *Roxin/Greco* AT 1 § 8 Rn. 51, 64.

[135] Ob durch den Bezug auf die aus der Tatbestandsmäßigkeit folgende Verhaltenserwartung der vorrechtliche Charakter des Handlungsbegriffs beim Unterlassen verloren zu gehen droht (vgl. *Eisele*, in: Schönke/Schröder Vor §§ 13 ff. Rn. 36) muss bezweifelt werden. Denn jeder noch so vorrechtliche Handlungsbegriff kann eine strafrechtliche Funktion überhaupt erst durch *Bezug-setzung* auf die Strafrechtsdogmatik erlangen.

Verbindungselement ist der personale Handlungsbegriff insoweit, als die Persön- **135** lichkeitsäußerung tatbestandsmäßig, rechtswidrig und schuldhaft sein kann und als Voraussetzung der Strafbarkeit auch sein muss.

Man wird nicht bestreiten können, dass der personale Handlungsbegriff mit der *Persönlichkeits-Äußerung* im Zentrum in der Tat die an ihn gestellten Erwartungen erfüllt. Erkauft wird seine Universalität freilich mit einer gewissen Konturenlosigkeit. Sie rührt daher, dass die „Persönlichkeitsäußerung" – ebenso wie die Willkürlichkeit in der kausalen Handlungslehre – keinerlei spezifischen Bezug zur gesetzlichen Beschreibung der Straftat aufweist. Auch der Roman des Schriftstellers oder das Bild des Malers sind Persönlichkeitsäußerungen, ohne irgendetwas mit Strafrecht zu tun zu haben. So besehen ist der personale Handlungsbegriff nicht spezifisch strafrechtlicher Natur.

▶ Die Auswirkungen der einzelnen Handlungslehren sind für Studierende bei **136** der Falllösung kaum spürbar, weil der Prüfungsstandort der Merkmale der Straftat entweder gesetzlich vorgegeben ist (vgl. etwa die Unterscheidung von Vorsatz und Unrechtsbewusstsein durch §§ 16 und 17), oder sich in einer Klausur strafrechtstheoretische Erörterungen zu den Handlungslehren grundsätzlich nicht anbieten. Dennoch ist nicht zu übersehen, dass die unterschiedlichen Lehren zu verschiedenen Ergebnissen führen.

4. Bilanz und eigene Überlegungen – der machttheoretische Handlungsbegriff

Wir stehen somit vor einer eigenartigen Situation: die auf den vermittelnden Hand- **137** lungslehren und ihren Modifizierungen aufbauenden Begriffe von der strafbaren Handlung erfüllen in unterschiedlicher Weise ihre jeweilige Funktionen als Grund-, Grenz- und Verbindungselement. Der personale Handlungsbegriff nach *Roxin* bietet den Vorzug, dass er diese Funktionen erfüllt, wenn auch um den Preis einer nicht unerheblichen Verallgemeinerung.[136] Der kausale und der finale Handlungsbegriff beeindrucken hingegen durch ihre unmittelbare Korrespondenz mit der Struktur der *gesetzlich beschriebenen* strafbaren Handlung. Der machttheoretische Handlungsbegriff überzeugt durch seine Bindung an die gesellschaftlichen Machtverhältnisse und den an Kommunikation gebundenen Folgen für die Vertypung von strafrechtlichen Sachverhalten und seinen universellen Kern. Im Zentrum der machttheoretischen Lehre von der Straftat steht der Machtmissbrauch. Das bedeutet Missbrauch der eigenen Freiheitsfähigkeit, der sich in der Straftat objektiviert.[137]

Ein Begriff der strafbaren Handlung, welcher einerseits den Bezug zur *Straftat* **138** als der Verletzung eines Achtungsanspruchs berücksichtigt, andererseits aber auch hinreichend allgemein ist, um sowohl auf vorsätzliche wie auf fahrlässige Handlungen zuzutreffen, lässt sich konstruieren, indem man den Handlungsbegriffs auf

---

[136] Vgl. auch *Krey/Esser* AT Rn. 292.
[137] *Sinn* 2007, S. 289.

den gesetzlich beschriebenen Unwert – die zu vermeidende Machtäußerung – der jeweils betroffenen Straftat bezieht. Dann lässt sich – in Entsprechung zur Rechtsgutslehre (s. o. Rn. 12 ff.) – die strafbare Handlung begrifflich fassen als eine *Kundgabe* der *Nichtbeachtung* des *Geltungsanspruchs* eines *rechtlich geschützten Wertes*, also als *Machtmissbrauch*. Ein solcher Handlungsbegriff enthielte *ontologische* (Macht) und *rechtliche Elemente*. Unter „Nichtbeachtung" ist dabei nicht nur das Fehlen von Beachtung zu verstehen, wie es auch bei Bewusstlosen vorliegen würde, sondern eine geistige Beziehung, eine *Geisteshaltung*, somit der Missbrauch von Gestaltungsmöglichkeiten.

139   Als *Grenzelement* würde jene *Äußerung* der *Nichtbeachtung* das *willentliche* Tun bzw. Unterlassen beschreiben.

140   Auf der Ebene der *Tatbestandsmäßigkeit* würde die Äußerung der Nichtbeachtung den *Vorsatz* als subjektives Element der Tatbestandsmäßigkeit (Kenntnis der Folgen aktualisierter Handlungsmacht beim der Begehungsstraftat, vgl. § 4 Rn. 150 ff.) tragen, bei der *Fahrlässigkeitsstraftat* darin bestehen, dass der Täter Inkompetenz bei der Organisation der eigenen Machtsphäre zeigt, sich also sorglos verhält, obwohl er vorsehen kann, dass aus seinem Verhalten eine den Achtungsanspruch beeinträchtigende Veränderung in der Außenwelt entstehen kann. Äußerung der Nichtbeachtung eines *strafgesetzlich geschützten Wertes* kann auch ein *Unterlassen* sein. Denn die Äußerung ergibt sich hier aus dem bewussten Untätigbleiben, der Nichtaktivierung des Machtpotenzials, des besonders verpflichteten Täters trotz unmittelbarer Gefährdung eines strafrechtlich geschützten Wertes.

141   Die Äußerung der *Nichtbeachtung* kann sich trotz ihres Bezuges auf den Geltungsanspruch strafrechtlich geschützter Werte durch das Eingreifen von *Rechtfertigungsgründen* als rechtskonform erweisen, rechtmäßig sein. Denn die Nichtbeachtung im Einzelfall schließt die generelle Achtung nicht aus. Die Machtäußerung, die auf der Ebene der Tatbestandsmäßigkeit festgestellt wurde, verliert aber durch einen Rechtfertigungsgrund ihren missbräuchlichen Anschein.

142   Jenseits der Frage, ob auf machttheoretischer Grundlage eine Trennung zwischen Unrecht und Schuld, wie von der h. L. favorisiert, möglich ist (vgl. näher § 6 Rn. 4), leugnet auch die machttheoretische Handlungslehre nicht, dass es weitere individuelle, die Schuldhaftigkeit der Tat betreffende Umstände gibt, die eine Machtäußerung zu einem Machtmissbrauch werden lassen. „Es ist die Nichtanerkennung des Rechts als kommunikativ entstandene und die Gesellschaft befriedende und verbindende Größe, die den Unterschied zwischen einer bloßen Machtäußerung und einem Machtmissbrauch ausmacht."[138] Machtmissbrauch in diesem Zusammenhang bedeutet also, dass die Person in der Lage sein muss, ein normatives Urteil abzugeben. Das Verbindungselement zwischen strafrechtlichem Unrecht und konstitutioneller Mächtigkeit einer Person ist also sehr stark ausgeprägt, was teilweise als Nachteil[139] dieser Lehre kritisiert wird, bei genauerer Betrachtung aber gerade eine ihrer Stärken darstellt.

---

[138] *Sinn* 2007, S. 314.
[139] Vgl. *Greco* GA 2009, 636 ff.

In diesem Lehrbuch wird die Lehre von der Straftat aus der Sicht der vermittelnden Auffassungen dargestellt, aber auch auf machttheoretische Besonderheiten eingegangen.

Hinweise zum Leitfall

Der 4. Strafsenat hatte das Element „Heimtücke" in Zweifel gezogen und den **143** Sachverhalt dem Großen Strafsenat des BGH vorgelegt, weil der Täter ohne eigene Schuld durch eine ihm von dem später Getöteten zugefügte schwere Beleidigung zu der Tat veranlasst worden und die Art der Tatausführung nicht Ausdruck von Verschlagenheit gewesen sei. Die Tat des Angeklagten könne deshalb nicht als besonders verwerflich (tückisch oder hinterhältig) gewertet werden und die bei Mord obligatorische lebenslange Freiheitsstrafe nicht rechtfertigen.[140]

Der 4. Strafsenat folgte mit dieser Ansicht einer Tradition, die der Große **144** Strafsenat 1956 im *Vollziehungsbeamten*-Fall selbst begründet hatte, in dem er das *Merkmal* der Heimtücke als nicht erfüllt betrachtete: ◀

Beispiel 2.8

Vollziehungsbeamten-Fall BGH GSSt 1/56 v. 22.09.1956 BGHSt 9, 385/390: Ein **145** Vollziehungsbeamter hatte den Entschluss gefasst, Frau und Tochter zu töten, um ihnen die Schmach von Entehrung und Not zu ersparen. Denn es war entdeckt worden, dass er mit kriminellen Manipulationen versucht hatte, sich eine ihm vermeintlich rechtswidrig vorenthaltene Zulage zu verschaffen. Die Tochter starb, der Frau gelang die Flucht zur Polizei. Heimtücke wurde hier vom Großen Strafsenat verneint, weil der Angeklagte nicht in feindseliger Willensrichtung[141] gehandelt habe.

Im Schrifttum hatte man sogar versucht, im Wege einer sog. negativen *Typen*- **146** oder *Tatbestandskorrektur* trotz heimtückischer Begehungsweise Mord dann zu verneinen, wenn eine Tötungshandlung aufgrund umfassender Gesamtwürdigung aller Tatumstände und der Täterpersönlichkeit als nicht besonders verwerflich erscheint.[142] Eine andere Lösung ging dahin, Heimtücke jedenfalls dann abzulehnen, wenn der Täter durch seine Tat keinen „*besonders verwerflichen Vertrauensbruch*" begangen hat.[143] An jene „Vermeidungsstrategien"[144] anknüpfend hatte das Bundesverfassungsgericht 1977[145] entschieden, dass die in § 211 vorgesehene lebenslange Freiheitsstrafe jedenfalls dann verfassungskonform sei, wenn eine „am verfassungsrechtlichen Verhältnismäßigkeitsgrundsatz orien-

---

[140] Näher zur Auffassung des vorlegenden 4. Strafsenats BGH GSSt 1/81 BGHSt 30, 105 (107 ff.).

[141] Diese Rspr. sieht der 5. Strafsenat hinsichtlich der tatbestandlichen Einschränkungen des Merkmals der Heimtücke inzwischen als überholt an. Vgl. BGH 5 StR 128/19 NJW 2019, 2413 (2414 f.).

[142] Vgl. statt aller *Eser/Sternberg-Lieben,* in: Schönke/Schröder § 211 Rn. 10 mwN; krit. *Küpper/Börner* BT 1 Teil I § 1 Rn. 35, 37.

[143] Vgl. *Eser/Sternberg-Lieben,* in: Schönke/Schröder § 211 Rn. 26; *Otto* GK BT § 4 Rn. 25 f.; krit. *Küpper/Börner* BT 1 Teil I § 1 Rn. 53.

[144] Vgl. *Eser* Gutachten D zum 53. Deutschen Juristentag Berlin 1980, S. D 53 ff.

[145] BVerfG 1 BvL 14/76 BVerfGE 45, 187 ff.

tierte restriktive Auslegung" der Tatmodalitäten der „Heimtücke" und der Tötung „zur Verdeckung einer anderen Straftat" erfolge.[146]

147   Der Große Senat für Strafsachen (GSSt 1/81 BGHSt 30, 105/119 ff.) wählte hingegen eine andere Lösung. Anstatt das Mordmerkmal der Heimtücke einschränkend auszulegen, eröffnete er einen Weg, im Rahmen der *Strafzumessung,* d. h. nach Bejahung der Tatbestandsmäßigkeit, Rechtswidrigkeit und Schuldhaftigkeit, zu einer gerechten Entscheidung zu kommen: Der BGH räumte die Möglichkeit ein, beim *Vorliegen außergewöhnlicher Umstände* die Strafe nach Versuchsgrundsätzen zu mildern. Dies bedeutet, dass nach § 49 I Nr. 1 an die Stelle einer lebenslangen Freiheitsstrafe Freiheitsstrafe nicht unter drei Jahren tritt. Diese Lösung habe den Vorteil, dass das Element der Heimtücke nicht weiter eingeengt und dadurch seine Bestimmtheit und die Gleichmäßigkeit der ihn betreffenden Rechtsanwendung nicht in Frage gestellt werde.[147]

148   Die *Lösung des Leitfalls* geht nach der Rechtsprechung des BGH somit dahin, dass der Angeklagte zwar wegen Mordes verurteilt wird, jedoch nicht zu einer lebenslangen, sondern nach § 49 zu einer Freiheitsstrafe, die aus einem Strafrahmen zwischen drei und 15 Jahren zu entnehmen ist. ◄

D. Zur Wiederholung

Kontrollfragen

1. Wie wird die Straftat *formal* definiert? (Rn. 7)
2. Weshalb ist die gesellschaftliche Anerkennung eines werthaften Zustandes *notwendige*, nicht hingegen *hinreichende* Bedingung für seine Anerkennung als Achtungsanspruch (Rechtsgut) des Strafrechts? (Rn. 13 f.)
3. Um B zu ärgern, will A mit einem Stein die Fensterscheibe des B einwerfen. Jedoch verfehlt A sein Ziel und der Stein prallt von der Hauswand ab. Liegt die Verletzung eines Achtungsanspruchs vor? (Rn. 15)
4. Wann beschreibt eine Strafvorschrift ein Verbrechen, wann ein Vergehen? Welche praktische Bedeutung kommt dieser Unterscheidung zu? (Rn. 30 ff.)
5. Was ist ein Regelbeispiel? (Rn. 54 ff.)
6. Worin besteht der Unterschied zwischen Regelbeispielen und unbenannten besonders schweren Fällen oder Qualifizierungen? (Rn. 55)
7. Wie heißen die wichtigsten Handlungslehren zur Strukturierung der strafbaren Handlung? (Rn. 79 ff.)
8. Worin liegt der maßgebliche Unterschied zwischen der (neo-)klassischen und der finalen Struktur der strafbaren Handlung? (Rn. 93 f., 95 f.)

---

[146] BVerfG 1 BvL 14/76 BVerfGE 45, 187 ff. (Leitsätze 1 und 4).

[147] Krit. hierzu *Günther* NJW 1982, 353 ff.; *Küpper/Börner* BT 1 Teil I § 1 Rn. 54; *Müller-Dietz* FS Nishihara, S. 248 ff. (251 ff.); vgl. auch mit zahlr. Nachw. *Eser/Sternberg-Lieben,* in: Schönke/Schröder § 211 Rn. 57, Lackner/Kühl/Heger-*Heger* Vor § 211 Rn. 20; *Fischer,* in: Fischer § 211 Rn. 4.

Literatur

AK-*Bearbeiter* = Alternativkommentar zum Strafgesetzbuch, Bd. 1, 1990, hrsg. von Wassermann

Ambos Ernst Belings Tatbestandslehre und unser heutiger „postfinalistischer" Verbrechensbegriff, JA 2007, 1 ff.

Arzt Die Neufassung der Diebstahlsbestimmungen. Gleichzeitig ein Beitrag zur Technik der Regelbeispiele, JuS 1972, 385, 515, 576 jew. ff.

Baumann Hat oder hatte der Handlungsbegriff eine Funktion?, GS für Armin Kaufmann 1989, S. 181 ff.

Baumann/Weber/Mitsch/Eisele Strafrecht, Allgemeiner Teil, 13. Aufl. 2021

Becker Strafrechtsmetaphysik oder Verfassungsrechtspositivismus? GA 2024, 241 ff.

Behrendt Die Unterlassung im Strafrecht: Entwurf eines negativen Handlungsbegriffs auf psycho-analytischer Grundlage, 1979

Beling Die Lehre vom Verbrechen, 1906

Binding Die Normen und ihre Übertretung, 2. Aufl. 1890, Bd. 1

Bloy Unrechtsgehalt und Strafbarkeit des grob unverständigen Versuchs, ZStW 113 (2001), 82 ff.

Callies Der Rechtscharakter der Regelbeispiele im Strafrecht, NJW 1998, 929 ff.

Cramer Ein Sonderstraftatbestand für die eigenmächtige Heilbehandlung, FS für Lenckner 1998, S. 761 ff.

Dencker/Struensee/Nelles/Stein Einführung in das 6. Strafrechtsreformgesetz 1998: examens-relevante Änderungen im Besonderen Teil des Strafrechts, 1998

Eckstein Besitz als Straftat, 2001

Eisele Die Regelbeispielsmethode im Strafrecht, 2004

Engländer Revitalisierung der materiellen Rechtsgutslehre durch das Verfassungsrecht?, ZStW 127 (2015), 616 ff.

Engländer Personale Rechtsgutslehre und normativer Individualismus, FS für Neumann 2017, S. 547 ff.

Eser Empfiehlt es sich, die Straftatbestände des Mordes, des Totschlags und der Kindestötung (§§ 211 bis 213, 217 StGB) neu abzugrenzen?, Gutachten D zum 53. Deutschen Juristentag Berlin 1980, 1980

Falcone Die Renaissance der strengen – sog. extremen – Akzessorietät, ZIS 2020, 212 ff.

Fischer Das Verhältnis der Bekenntnisbeschimpfung (§ 166 StGB) zur Volksverhetzung (§ 130 StGB), GA 1989, 445 ff.

Fischer, *Bearbeiter*, in: = Fischer, Strafgesetzbuch, 72. Aufl. 2025

Freund Erfolgsdelikt und Unterlassen, 1990

Frisch Tatbestandsmäßiges Verhalten und Zurechnung des Erfolgs, 1988

Frisch Konzepte der Unrechtsbegründung, FS für Sancinetti 2020, S. 347 ff.

Frister Strafrecht, Allgemeiner Teil (AT), 10. Aufl. 2023

Gallas Zum gegenwärtigen Stand der Lehre vom Verbrechen, ZStW 67 (1955), 1 ff.

Gallas Zur Struktur des strafrechtlichen Handlungsbegriffs, FS für Bockelmann 1979, S. 155 ff.

Gössel Über die sog. Regelbeispielstechnik und die Abgrenzung zwischen Straftat und Strafzu-messung, FS für Hirsch 1999, S. 183 ff.

Greco Wider die jüngere Relativierung der Unterscheidung von Unrecht und Schuld, GA 2009, 636 ff.

Gropp Der Diebstahlstatbestand unter besonderer Berücksichtigung der Regelbeispiele, JuS 1999, 1041 ff.

Gropp Besitzdelikte und periphere Beteiligung – Zur Strafbarkeit der Beteiligung an Musiktausch-börsen und des Besitzes von Kinderpornografie, FS für Otto 2007, S. 249 ff.

Günther Lebenslang für „heimtückischen Mord"? Das Mordmerkmal „Heimtücke" nach dem Be-schluß des Großen Senats für Strafsachen, NJW 1982, 353 ff.

Hassemer Einführung in die Grundlagen des Strafrechts, 2. Aufl. 1990

Hefendehl (Hrsg.) Empirische Erkenntnisse, dogmatische Fundamente, und kriminalpolitischer Impetus. Symposium für Bernd Schünemann zum 60. Geburtstag, 2005

Hefendehl Mit langem Atem: Der Begriff des Rechtsguts, GA 2007, 1 ff.

Heinrich, B. Strafrecht – Allgemeiner Teil (AT), 7. Aufl. 2022

Heinrich, M. Strafrecht als Rechtsgüterschutz – ein Auslaufmodell?, FS für Roxin 2011, S. 131 ff.

Herzberg Die Unterlassung im Strafrecht und das Garantenprinzip, 1972

Herzberg Das Wollen beim Vorsatzdelikt und dessen Unterscheidung vom bewußt fahrlässigen Verhalten, JZ 1988, 573 ff.

Herzberg Gedanken zum strafrechtlichen Handlungsbegriff und zur „vortatbestandlichen" Deliktsverneinung, GA 1996, 1 ff.

Hirsch Der Streit um Handlungs- und Unrechtslehre, insbesondere im Spiegel der Zeitschrift für die gesamte Strafrechtswissenschaft, ZStW 93 (1981), 831 ff., Teil II, ZStW 94 (1982), 239 ff.

Hirsch Die Entwicklung der Strafrechtsdogmatik nach Welzel, FS der Rechtswissenschaftlichen Fakultät zu Köln, 1988

Hirsch Strafrecht als Mittel zur Bekämpfung neuer Kriminalitätsformen, in: Kühne/Miyazawa (Hrsg.), Neue Strafrechtsentwicklungen im deutsch-japanischen Vergleich, 1995, S. 11 ff.

Hirsch Zum 100. Geburtstag von Hans Welzel, ZStW 116 (2004), 1 ff.

Hirsch, A. v. (Hrsg.), Mediating Principles: Begrenzungsprinzipien bei der Strafbegründung, 2006

Hochmayr Strafbarer Besitz von Gegenständen: zur Reichweite der Strafdrohungen für den (bloßen) Besitz von Waffen, Suchtmitteln, Kinderpornographie etc., 2005

Hochmayr Wert- und Schadensqualifikationen versus Regelbeispiele, FS für Szwarc 2009, S. 235 ff.

Hoyer (Hrsg.), Friedrich-Christian Schroeder. Beiträge zur Gesetzgebungslehre und zur Strafrechtsdogmatik, 2001

Ida Nowakowskis Lehre von der Rechtswidrigkeit. – Ein Beitrag zur Dogmengeschichte der strafrechtlichen Unrechtslehre, Keio Law Review Nr. 5 1985, S. 105 ff.

Jahn/Schmitt-Leonardy Reintegration durch Strafe?, FS für Streng 2017, S. 499 ff.

Jakobs Strafrecht, Allgemeiner Teil (AT), 2. Aufl. 1991

Jescheck Neue Strafrechtsdogmatik und Kriminalpolitik in rechtsvergleichender Sicht, ZStW 98 (1986), 1 ff.

Jescheck/Weigend Lehrbuch des Strafrechts, Allgemeiner Teil (AT), 5. Aufl. 1996

Kahlo Die Handlungsform der Unterlassung als Kriminaldelikt: eine strafrechtlich-rechtsphilosophische Untersuchung zur Theorie des personalen Handelns, 2001

Kaufmann, Armin Die Dogmatik der Unterlassungsdelikte, 1959

Kaufmann, Armin Zum Stande der Lehre vom personalen Unrecht, FS für Hans Welzel 1974, S. 393 ff.

Kaufmann, Arthur Unrecht und Schuld beim Delikt der Volltrunkenheit, JZ 1963, 432 ff.

Kaufmann, Arthur Die ontologische Struktur der Handlung. Skizze einer personalen Handlungslehre, FS für Hellmuth Mayer 1966, S. 79 ff.

Kaufmann, Arthur Die finale Handlungslehre und die Fahrlässigkeit, JuS 1967, 145 ff.

Kindhäuser Zur Anwendbarkeit der Regeln des Allgemeinen Teils auf den besonders schweren Fall des Diebstahls, FS für Triffterer 1996, S. 123 ff.

Kindhäuser/Zimmermann Strafrecht, Allgemeiner Teil (AT), 11. Aufl. 2024

Kindhäuser Straf-Recht und ultima-ratio-Prinzip, ZStW 129 (2017), 382 ff.

Köhler Strafrecht Allgemeiner Teil (AT), 1996

Koriath Zum Streit um die Gefährdungsdelikte, GA 2001, 51 ff.

Krack Sportwettbetrug und Manipulation von berufssportlichen Wettbewerben Regierungsentwurf zu §§ 265c, 265d StGB, ZIS 2016, 540 ff.

Krahl Tatbestand und Rechtsfolge, 1999

Krey/Esser Deutsches Strafrecht, Allgemeiner Teil (AT), 7. Aufl. 2022

Kudlich Die Relevanz der Rechtsgutstheorie im modernen Verfassungsstaat, ZStW 127 (2015), 635 ff.

Kühl Fragmentarisches und subsidiäres Strafrecht, FS für Tiedemann 2008, S. 29 ff.

Kühl Strafrecht, Allgemeiner Teil (AT), 8. Aufl. 2017

Kuhlen Rechtsgüter und neuartige Deliktstypen, in: v. Hirsch u. a. (Hrsg.), Mediating Principles, 2006, S. 148 ff.

Küpper Grenzen der normativierenden Strafrechtsdogmatik, 1990

Küpper Zur Entwicklung der erfolgsqualifizierten Delikte, ZStW 111 (1999), 785 ff.

Küpper/Börner Strafrecht Besonderer Teil 1 (BT 1), 4. Aufl. 2017

Lackner/Kühl/Heger-Bearbeiter Strafgesetzbuch: Kommentar, 30. Aufl. 2023

Lesch Der Verbrechensbegriff: Grundlinien einer funktionalen Revision, 1999

Lesch Unrecht und Schuld im Strafrecht, JA 2002, 602 ff.

LK[12]-*Bearbeiter* = Laufhütte/Rissing-van Saan (Hrsg.), Leipziger Kommentar, Strafgesetzbuch, Bd. 1, 12. Aufl. 2007

LK-*Bearbeiter* = Cirener/Radtke/Rissing-van Saan/Rönnau/Schluckebier (Hrsg.), Leipziger Kommentar, Strafgesetzbuch, Bd. 1, 13. Aufl. 2020

LK-*Bearbeiter* = Cirener/Radtke/Rissing-van Saan/Rönnau/Schluckebier (Hrsg.), Leipziger Kommentar, Strafgesetzbuch, Bd. 13, 13. Aufl. 2022

Lüderssen Präventionsorientierte Zurechnung – aktuelle Probleme für die Strafverteidigung?, StV 2011, 377 ff.

Lüderssen Einführung zum StV-Ringpublikationsprojekt „Prävention und Zurechnung – Präventionsorientierte Zurechnung?", StV 2014, 247 ff.

Maihofer Der Handlungsbegriff im Verbrechenssystem, 1953

Maiwald Zur Problematik der „besonders schweren Fälle" im Strafrecht, NStZ 1984, 433 ff.

Maiwald Zur allgemeinen Verbrechenslehre in der Strafrechtswissenschaft des 19. Jahrhunderts, FS für Sellert 2000, S. 427 ff.

Maly Straftatbegriff und Diskurstheorie, Eine Untersuchung zu Grund und Grenzen staatlicher Strafgewalt, 2022.

Maurach Deutsches Strafrecht Allgemeiner Teil (AT), 1. Aufl. 1954

Maurach/Zipf Strafrecht: Allgemeiner Teil (AT) Teilbd. 1, Grundlehren des Strafrechts und Aufbau der Straftat, 8. Aufl. 1992

Mayer, M. E. Der Allgemeine Teil des deutschen Strafrechts (AT), 1915

MK-StGB-*Bearbeiter* = Erb/Schäfer (Hrsg.), Münchener Kommentar zum Strafgesetzbuch, Bd. 4, 4. Aufl. 2021

Müller-Dietz Prävention durch Strafrecht. Generalpräventive Wirkungen, KrimZ Bd. 17, Kriminalprävention und Strafjustiz, 1996, S. 228 ff.

Müller-Dietz Das Verhältnis von Gesetz und Richter – am Beispiel des § 211 StGB, FS für Nishihara 1998, S. 248 ff.

Müssig Rechtsgüterschutz im Strafrecht?, FS für Fischer 2018, S. 171 ff.

Muñoz Eine Theorie der kollektiven Rechtsgüter: Überlegungen anhand der öffentlichen Gesundheit, GA 2021, 328 ff.

Naucke Strafrecht: eine Einführung, 10. Aufl. 2002

Neumann Dezision statt Argumentation? Zur (post)modernen Kritik der Rechtsgutslehre, FS für Fischer 2018, S. 183 ff.

NK[5]-StGB-*Bearbeiter* = Kindhäuser/Neumann/Paeffgen (Hrsg.), Nomos-Kommentar zum StGB, Bd. 1, 5. Aufl. 2017

NK-StGB-*Bearbeiter* = Kindhäuser/Neumann/Paeffgen/Saliger (Hrsg.), Nomos-Kommentar zum StGB, Bd. 1, 6. Auflage 2023

Otto Grundkurs Strafrecht. Die einzelnen Delikte (GK BT), 7. Aufl. 2005

Paeffgen Das „Rechtsgut" – ein obsoleter Begriff?, FS für Wolter 2013, S. 125 ff.

Popitz Phänomene der Macht, 2. Aufl. 1992 (Nachdruck 1999)

Rengier Erfolgsqualifizierte Delikte und verwandte Erscheinungsformen, 1986

Rengier Strafrecht Allgemeiner Teil (AT), 16. Aufl. 2024

Renzikowski Pflichten und Rechte – Rechtsverhältnis und Zurechnung, GA 2007, 561 ff.

Rieß Die Behandlung von Regelbeispielen im Strafverfahren, GA 2007, 377 ff.

Rössner Was kann das Strafrecht im Rahmen der Sozialkontrolle leisten?, KrimZ Bd. 17 1996, S. 203 ff.

Roxin Vorzüge und Defizite des Finalismus. Eine Bilanz, FS für Androulakis 2003, S. 573 ff.

Roxin Rechtsgüterschutz als Aufgabe des Strafrechts?, in: Hefendehl (Hrsg.), Empirische und dogmatische Fundamente, kriminalpolitischer Impetus Symposium für Bernd Schünemann zum 60. Geburtstag, 2005, 135 ff.

Roxin Zur neueren Entwicklung der Strafrechtsdogmatik in Deutschland, GA 2011, 678 ff.

Roxin Der gesetzgebungskritische Rechtsgutsbegriff auf dem Prüfstand, GA 2013, 433 ff.

Roxin/Greco Strafrecht, Allgemeiner Teil, Band 1 (AT 1), Grundlagen, der Aufbau der Verbrechenslehre, 5. Aufl. 2020

Schick Demokratie oder Rechtsgüterschutz – Was legitimiert das Strafrecht?, GA 2020, 14 ff.

Schmidhäuser Gesinnungsmerkmale im Strafrecht, 1958

Schmidhäuser Strafrecht Allgemeiner Teil. Lehrbuch (AT LB), 1970

Schmidhäuser Gedanken zum strafrechtlichen Handlungsbegriff – Ein Wort zu Herzbergs gleichnamigen Aufsatz, GA 1996, 303 ff.

Schmidt, Eberhard Besprechung Maurach, Deutsches Strafrecht, Allgemeiner Teil, 1. Aufl. 1954, JZ 1956, 188 ff.

Schönke/Schröder = *Bearbeiter*, in: Schönke/Schröder, Strafgesetzbuch, 30. Aufl. 2019

Schroeder Die Entwicklung der Gliederung der Straftat in Deutschland, in: Hoyer (Hrsg.), Friedrich-Christian Schroeder. Beiträge zur Gesetzgebungslehre und zur Strafrechtsdogmatik, 2001, S. 106 ff.

Schroeder Verborgene Probleme der erfolgsqualifizierten Delikte, FS für Lüderssen 2002, S. 599 ff.

Schünemann Moderne Tendenzen in der Dogmatik der Fahrlässigkeits- und Gefährdungsdelikte, JA 1975, 435, 511, 575, 647, 715, 787 jew. ff.

Schünemann Einführung in das strafrechtliche Systemdenken, in: Schünemann (Hrsg.), Grundfragen des modernen Strafrechtssystems, 1984, S. 1 ff./19 ff.

Schünemann Versuch über die Begriffe von Verbrechen und Strafe, Rechtsgut und Deliktsstruktur, FS für Neumann 2017, S. 701 ff.

Seelmann Recht versus Rechtsgut – was wird vom Strafrecht geschützt?, FS Dannecker 2023, S. 105 ff.

Sinn Straffreistellung aufgrund von Drittverhalten – Zurechnung und Freistellung durch Macht, 2007

Sinn/Gropp/Nagy (Hrsg.), Grenzen der Vorverlagerung in einem Tatstrafrecht, 2011

SK-*Bearbeiter* = Systematischer Kommentar zum Strafgesetzbuch, hrsg. von Wolter, Bd. I, 9. Aufl. 2017

Stollwerck Subjektive Tatbestandsmerkmale zwischen Unrecht und Schuld, in: Hoyer (Hrsg.), Friedrich-Christian Schroeder. Beiträge zur Gesetzgebungslehre und zur Strafrechtsdogmatik, 2001, S. 103 ff.

Stratenwerth Zum Begriff des „Rechtsgutes", FS für Lenckner 1998, S. 377 ff.

Stratenwerth/Kuhlen Strafrecht Allgemeiner Teil, Die Straftat, 6. Aufl. 2011

Stuckenberg Rechtsgüterschutz als Grundvoraussetzung von Strafbarkeit?, ZStW 129 (2017), 349 ff.

Swoboda Die Lehre vom Rechtsgut und ihre Alternativen, ZStW 122 (2010), 24 ff.

Ünver Das Rechtsgut im Strafrecht, in: Annales de la Faculté de Droit d'Istanbul, 2001, S. 93 ff.

v. Liszt Lehrbuch des deutschen Strafrechts, 2. Aufl. 1884; 4. Aufl. 1891, S. 128 f.; 14./15. Aufl. 1905; 21./22. Aufl. 1919

Vogel, B. Zur Bedeutung des Rechtsguts für das Gebot strafgesetzlicher Bestimmtheit, ZStW 128 (2016), 139 ff.

Walter, T. Der Kern des Strafrechts, 2006

Weber, H. v. Bemerkungen zur Lehre vom Handlungsbegriff, FS für Engisch 1969, S. 328 ff.

Weigend Wohin bewegt sich das Strafrecht?, FS für Frisch 2013, S. 17 ff.

Welzel Studien zum System des Strafrechts, ZStW 58 (1939), 491 ff.

Welzel Die deutsche strafrechtliche Dogmatik der letzten 100 Jahre und die finale Handlungslehre, JuS 1966, 421 ff.

Welzel Ein unausrottbares Mißverständnis? Zur Interpretation der finalen Handlungslehre, NJW 1968, 425 ff.

Welzel Das deutsche Strafrecht: Eine systematische Darstellung (LB), 11. Aufl. 1969

Wessels/Beulke/Satzger Strafrecht, Allgemeiner Teil: Die Straftat und ihr Aufbau (AT), 54. Aufl. 2024

Wohlers Deliktstypen des Präventionsstrafrechts – zur Dogmatik „moderner" Gefährdungsdelikte, 2000

Wolff, E. A. Das Problem der Handlung im Strafrecht, GS für Radbruch 1968, S. 291 ff.

Zieschang Die Gefährdungsdelikte, 1998

Zieschang Besonders schwere Fälle und Regelbeispiele – ein legitimes Gesetzgebungskonzept?, Jura 1999, 561 ff.

Zieschang Der Gefahrbegriff im Recht: Einheitlichkeit oder Vielgestaltigkeit?, GA 2006, 1 ff.

§ 3 Prinzipien des Strafrechts

A. Das Gesetzlichkeitsprinzip (Art. 103 II GG = § 1 StGB)

Leitfall 3.1

Rollsplitt-Fall BVerfG 2 BvR 2273/06 Beschluss der 1. Kammer des 2. Senats 1
vom 19.03.2007 NJW 2007, 1666: A hatte mit seinem PKW beim verbots-
widrigen Überholen auf einem Baustellenabschnitt Rollsplitt aufgewirbelt. Dadurch entstand an dem Fahrzeug des überholten Geschädigten G ein Schaden in
Höhe von knapp 1900 €. G folgte A, bis dieser auf das Gelände einer ca. 500 m
entfernten Tankstelle einbog, wo er ihn auf den Unfall aufmerksam machte. A
bestritt den Überholvorgang und entfernte sich, ohne G nach § 142 I Nr. 1 die
Feststellung seiner Person, seines Fahrzeugs und die Art seiner Beteiligung zu
ermöglichen. A wurde vor dem Amtsgericht Herford wegen eines Verstoßes
gegen § 142 I Nr. 1 angeklagt. Zwar konnte A nicht nachgewiesen werden, dass
er das schadensverursachende Ereignis bemerkt hatte. Jedoch entschied das
Amtsgericht in Befolgung der Rechtsprechung des BGH,[1] dass das unvorsätzliche Sich-Entfernen vom Unfallort dem berechtigten oder entschuldigten Sich-
Entfernen in § 142 II Nr. 2 gleichzusetzen sei, und verurteilte A nach § 142 II
Nr. 2, weil er die Feststellungen nicht unverzüglich nachträglich ermöglicht
hatte. A legte daraufhin Revision vor dem Oberlandesgericht Hamm ein und trug
vor, dass er sich nicht, wie in § 142 II Nr. 2 vorausgesetzt, berechtigt oder entschuldigt, sondern unvorsätzlich entfernt habe. Das OLG[2] schloss sich jedoch
der Rechtsprechung des Bundesgerichtshofs an und bestätigte die Entscheidung
des Amtsgerichts.

---

[1] Sog. *Baustellen*-Fall BGH 4 StR 682/77 BGHSt 28, 129.
[2] Beschluss des OLG Hamm vom 12.09.2006, 3 Ss 297/06.

2   A erhob deshalb beim Bundesverfassungsgericht Verfassungsbeschwerde und trug vor, dass die Anwendung des § 142 II Nr. 2 auf Fälle, in denen der Unfallbeteiligte über das Vorliegen eines Unfalls in Unkenntnis ist, gegen das strafrechtliche Analogieverbot in Art. 103 II des Grundgesetzes verstoße.

Ist die Verfassungsbeschwerde des A begründet? ◄

Art. 103 II GG = § 1 StGB

3   Eine Tat kann nur bestraft werden, wenn die Strafbarkeit gesetzlich bestimmt war, bevor die Tat begangen wurde.

I. Entstehungsgeschichte[3]

4   Das in Art. 103 II GG festgeschriebene[4] und in § 1 bekräftigte Gesetzlichkeitsprinzip garantiert die Rechtsstaatlichkeit der Strafrechtspflege (*Garantie*funktion des Strafgesetzes). Es bildet die *formale Komponente* eines der Menschenwürde, der Freiheit, der Gleichheit, der Verhältnismäßigkeit und dem Vorbehalt des Gesetzes verpflichteten rechtsstaatlichen Strafrechts. Als sein Begründer gilt *Feuerbach* (näher § 1 Rn. 183 f.), der es in seinem Lehrbuch des peinlichen Rechts von 1801 auf die romanisierende Kurzformel „nullum crimen, nulla poena sine lege" brachte.[5] Für *Feuerbach* war jene Formel von der *Selbstbindung der Staatsgewalt* deshalb von ausschlaggebender Bedeutung, weil seine *Straftheorie des psychologischen Zwangs* nur dann funktionieren konnte, wenn der Bereich des Verbotenen möglichst genau umschrieben war. Denn der bei Strafe auferlegte Zwang, sich bestimmter Verhaltensweisen zu enthalten, wirkt nur, wenn jene Enthaltsamkeit auch verbindlich mit Straffreiheit verbunden ist.

5   Freilich lässt sich eine Gesetzesbindung im Strafrecht bereits vor *Feuerbach* erkennen, wenn auch nicht als Freiheitsrecht der Normadressaten. So waren bereits die säkularisierten Naturrechtslehren nach *Pufendorf*, *Thomasius* und *Christian Wolff* um einen klaren Gesetzesbegriff bemüht, und der aufgeklärte Absolutismus war zu der Erkenntnis gelangt, dass ein positives Gesetz ein effektives Steuerungsinstrument für den Landesherren sei. Auch konnten die Gerichte durch eine strenge Gesetzesbindung besser kontrolliert werden.[6]

6   Im Übergang zwischen Kontrolle und Selbstbindung dürften dabei das österreichische Strafgesetzbuch *Josefs II.* von 1787 und das Allgemeine Landrecht für die Preußischen Staaten von 1794 einzuordnen sein.[7] Und dass das Gesetzlichkeitsprinzip selbst in dem von *Feuerbach* verfassten bayerischen StGB von 1813 nicht *nur* dem Adressaten als Garantie gegeben wurde, zeigt sich daran, dass sich der Monarch durch ein ausdrückliches Kommentierungsverbot die Auslegung der Strafvorschriften durch die Richter in seinem Sinne sicherte.[8]

---

[3] Vgl. auch *Krey* 1983.

[4] Zurückgehend auf Art. 116 Weimarer Reichsverfassung (1919); vgl. auch Art. 7 I EMRK.

[5] Vgl. *Feuerbach* 1801, S. 18 ff.

[6] Vgl. *Otto* GK AT § 2 Rn. 30 sowie *Gropp* 1992, S. 91.

[7] Vgl. *Roxin/Greco* AT 1 § 5 Rn. 14.

[8] Vgl. *Gropp* 1992, S. 94.

II. Inhalt

Die Garantien des Gesetzlichkeitsprinzips beziehen sich auf jede geschriebene   **7**
Rechtsnorm, neben dem förmlichen Gesetz also auch auf Bußgeldvorschriften,[9]
sanktionsbewehrte Satzungen und Rechtsverordnungen. Bei geschriebenen
Rechtsnormen unterhalb des förmlichen Gesetzes ist jedoch erforderlich, dass die
Ermächtigungsnorm bereits die Voraussetzungen der Strafbarkeit und die Art der
Strafe erkennen lässt.[10] Im Einzelnen verlangt das Gesetzlichkeitsprinzip, dass die
geschriebene Rechtsnorm *certa* (bestimmt), *stricta* (streng, d. h. ohne Analogiebildung zustande gekommen), *praevia* (vorherig, d. h. nicht rückwirkend) sowie
scripta (geschrieben, d. h. nicht nur als Gewohnheitsrecht gültig) sein muss.

Bezugspunkte des Gesetzlichkeitsprinzips sind zum einen das *crimen*, die Straf-   **8**
tat, d. h. die *gesetzliche Beschreibung des Unwerts*, welchem der fragliche Lebenssachverhalt entsprechen muss, damit Strafbarkeit eintritt, zum andern die *Strafe*
(*poena*) als Rechtsfolge, nicht aber die Maßregeln der Besserung und Sicherung.[11]
Dies ergibt sich aus der Formulierung „Strafbarkeit" in Art. 103 II GG, weshalb § 1
insoweit nur deklaratorischer Natur ist. Was „Strafe" ist, ist nach der Rechtsprechung
des EGMR nicht formal zu bestimmen. Dementsprechend hatte der EGMR die
Streichung der zehnjährigen Höchstgrenze bei einer erstmalig angeordneten
Sicherungsverwahrung (§ 66) für konventionswidrig erklärt, weil die in Deutschland herrschende Unterbringungspraxis der Sicherungsverwahrung ihrem Wesen
nach eine Strafe i. S. v. Art. 7 I EMRK sei.[12] Daraufhin hatte der Gesetzgeber einige
Änderungen im Recht der Sicherungsverwahrung vorgenommen.[13] Die wenig später ergangene Entscheidung des Bundesverfassungsgerichts[14] ebnete schließlich
den Weg zu einer umfassenden Reform des Rechts der Sicherungsverwahrung, in
dessen Zentrum das *Abstandsgebot* steht. Gemeint ist damit die Materialisierung
der Freiheitsentziehung in der Form der Unterbringung im Unterschied zur Freiheitsentziehung durch Strafe (vgl. a. unten Rn. 72).[15]

Art. 103 II GG schützt davor, dass die Bewertung des Unrechtsgehalts einer Tat   **9**
nachträglich zum Nachteil des Täters geändert wird.[16] Dem Gesetzlichkeitsprinzip
unterfallen nach der Rechtsprechung des BVerfG zur Strafbarkeit der Todesschüsse
an der innerdeutschen Grenze deshalb auch Rechtfertigungsgründe.[17]

---

[9] Vgl. BVerfG 2 BvL 2/73 BVerfGE 41, 314 (319); BVerfG 1 BvR 1053/82 BVerfGE 71, 108.

[10] Näher und mwN zur Rechtsprechung des BVerfG *Jakobs* AT 4 Rn. 11.

[11] Näher *Dannecker* FS Otto, S. 25 ff.; *Frister* AT § 4 Rn. 39 ff.

[12] EGMR Urt. v. 17.12.2009, Beschw. Nr. 19359/04 NJW 2010, 2495.

[13] Gesetz zur Neuordnung des Rechts der Sicherungsverwahrung und zu begleitenden Regelungen v. 22.12.2010, BGBl. I 2300.

[14] BVerfGE 2 BvR 2365/09 u. a. BVerfGE 128, 326.

[15] Vgl. zu den Auswirkungen der Entscheidung des EGMR SK-*Sinn* Vor § 66 Rn. 1 ff.

[16] Vgl. BVerfG 2 BvR 689/76 BVerfGE 46, 188 (193); zum Verhältnis des verfassungsrechtlichen Tatbegriffs des Art. 103 II GG zum materiell-rechtlichen Tatbegriff des § 11 II Nr. 5 BGH 2 StR 520/96 BGHSt 43, 252 (257).

[17] Vgl. BVerfG 2 BvR 1851, 1853, 1875 u. 1852/94 BVerfGE 95, 96 (131 f.); vgl. auch *Erb* ZStW 108 (1996), 266 ff.; *Sinn* FS Wolter, S. 503 ff. (508 ff.); näher zu den Rechtfertigungsgründen unten § 5.

10 Vorschriften *verfahrensrechtlicher* Natur unterfallen hingegen *nicht* dem Gesetzlichkeitsprinzip.[18] Denn insoweit liegt von Natur aus eine Vielgestaltigkeit vor, welche nur begrenzt vorhersehbar ist. Dennoch existiert außerhalb Art. 103 II GG auch im Strafverfahrensrecht der Grundsatz der Normenklarheit und Bestimmtheit.[19] Dieser verpflichtet den Gesetzgeber dazu, für Eingriffe in Grundrechte auch entsprechende Ermächtigungsgrundlagen bereitzustellen, andernfalls ist der Eingriff zu unterlassen.

11 Aus dem Gebot der Normenklarheit und Bestimmtheit folgt, dass Ermächtigungsgrundlagen nicht offen gestaltet werden dürfen. Die von dem Eingriff betroffenen Grundrechte sowie die Art und Weise des Eingriffs müssen hinreichend klar in der Norm formuliert sein. Das BVerfG hat diesen Grundsatz mehrfach betont und in 1 BvR 518/02 v. 4.4.2006 Rn. 150 wie folgt formuliert:

„Ermächtigungen zu Grundrechtseingriffen bedürfen einer gesetzlichen Grundlage, die dem rechtsstaatlichen Gebot der Normenbestimmtheit und Normenklarheit entspricht (vgl. BVerfGE 110, 33 (53)). Bei Eingriffen in das Grundrecht auf informationelle Selbstbestimmung – wie auch in die Spezialgrundrechte der Art. 10 und 13 GG – hat der Gesetzgeber insbesondere den Verwendungszweck der Daten bereichsspezifisch und präzise zu bestimmen (vgl. BVerfGE 65, 1 (46); 110, 33 (70); 113, 29 (51)).“

12 Eine Einschränkung des Gesetzlichkeitsprinzips lässt sich der erwähnten Rechtsprechung des BVerfG zur Strafbarkeit der Todesschüsse an der innerdeutschen Grenze entnehmen. Zwar sei Art. 103 II GG eine Ausprägung des Rechtsstaatsprinzips, welches den Gebrauch der Freiheitsrechte fundiert, „indem es Rechtssicherheit gewährt, die Staatsgewalt an das Gesetz bindet und Vertrauen schützt“.[20] Da das Rechtsstaatsprinzip aber auch die Forderung nach materieller Gerechtigkeit umfasst, habe der absolute und strikte Vertrauensschutz nach Art. 103 II GG als Regelfall das Strafrecht im Blick, das unter den Bedingungen der Demokratie, der Gewaltenteilung und der Verpflichtung auf die Grundrechte zustande gekommen ist und damit den Forderungen materieller Gerechtigkeit prinzipiell genügt. Diese besondere Vertrauensgrundlage entfalle aber, wenn die ehemalige DDR für den Bereich schwersten kriminellen Unrechts zwar Strafvorschriften normiert, aber die Strafbarkeit gleichwohl durch Rechtfertigungsgründe für Teilbereiche ausgeschlossen habe, indem sie „über die geschriebenen Normen hinaus zu solchem Unrecht aufforderte, es begünstigte und so die in der Völkerrechtsgemeinschaft allgemein anerkannten Menschenrechte in schwerwiegender Weise missachtete. Hierdurch setzte der Träger der Staatsmacht extremes staatliches Unrecht, das sich nur solange behaupten kann, wie die dafür verantwortliche Staatsmacht faktisch besteht.“[21] Diese Rechtsprechung wurde durch die Entscheidung des Europäischen Gerichtshofs für Menschenrechte (EGMR) vom 22.03.2001 bestätigt.[22]

---

[18] Vgl. *Jescheck/Weigend* AT § 15 IV 4 sowie die Nachweise bei SSW-*Satzger* § 1 Rn. 67 ff.; a. A. mit beachtlichen Argumenten aber *Frister* AT § 4 Rn. 37 f.; *Jäger* GA 2006, 615 ff. (627).

[19] Vgl. BVerfG 1 BvR 966/09, 1140/09 BVerfGE 141, 220.

[20] BVerfG 2 BvR 1851, 1853, 1875 u.1852/94 BVerfGE 95, 96 (130).

[21] BVerfG 2 BvR 1851, 1853, 1875 u.1852/94 BVerfGE 95, 96 (95), 96 (133); zustimmend u. a. *Marxen/Werle/Schäfer* 2007, S. 58; *Starck* JZ 1997, 147 mwN, vgl. aber auch krit. *Arnold* JuS 1997, 400 ff.; *Arnold* FS Grünwald, S. 31 ff.; *Gropp* NJ 1996, 393 ff.; *Luther* FS Bemmann, S. 202 ff. (222 ff.); *Seidel* 1999; *Zielinski* FS Grünwald, S. 811 ff., jew. mwN; ausführlich zur Mauerschützenproblematik Lackner/Kühl/Heger-*Heger* § 2 Rn. 16 ff.; *Rosenau* 1998; rechtsphilosophisch *Adomeit* 1995, S. 152 ff.; differenzierend zwischen Mauerschützen und Hintermännern *Ebert* FS Hanack, S. 501 ff. (530, 534); zur Situation in Korea *Cho* FS Nishihara, S. 339 ff.

[22] EGMR Urt. v. 22.03.2001, Beschw. Nr. 34044/96, 35532/97 und 44801/98 mit Bespr. *Kadelbach* Jura 2002, 329 ff.; dazu und zur gerichtlichen Aufarbeitung der Todesschüsse an der innerdeutschen Grenze *Starck* JZ 2001, 1102 ff.

Getragen wird das Gesetzlichkeitsprinzip im Wesentlichen von vier Säulen:[23]   **13**

- *Freiheit*

Freiheit ist nur möglich, wenn der Normadressat sich darauf verlassen kann, dass   **14**
nur das, was vorher als solches festgelegt und gekennzeichnet ist, strafbar ist. Ohne
diese Sicherheit wäre Handlungsfreiheit nicht mehr wahrnehmbar, weil die Konsequenzen eines Verhaltens nicht vorhersehbar wären.

- *Gewaltenteilung*

Der freiheitliche Rechtsstaat fordert, dass die ihn tragenden Gewalten geteilt und   **15**
damit begrenzt sind. Die Strafverfolgung und -verhängung durch Judikative und
Exekutive bedarf daher einer Begrenzung durch die Legislative. Es muss der Legislative vorbehalten bleiben, was unter welchen Umständen strafbar sein soll.

- *generelle Erkennbarkeit der Ziele (Prävention)*

Wenn Strafrecht die zukünftige Vermeidung strafbaren Verhaltens bezweckt, dann   **16**
muss der angestrebte Zweck überhaupt erkennbar sein. Ein nicht verständlich be-
schriebenes Ziel kann nicht vermieden werden. Dies gilt sowohl hinsichtlich der
Orientierung für jene, welche als potenzielle Straftäter „abgeschreckt" werden
(Generalprävention) als auch für den Täter (Spezialprävention), der zukünftig keine
Straftaten mehr begehen soll.

- *individuelle Erkennbarkeit der Ziele (Schuldprinzip)*

Wenn Strafe die schuldhafte Verwirklichung eines verbotenen Lebenssachverhalts   **17**
voraussetzt, dann muss dem Normadressaten der Inhalt des Verbots auch möglichst
genau mitgeteilt werden. Wer den Befehl der Norm gar nicht erkennen kann, von
dem kann auch nicht erwartet werden, dass er sich normgerecht verhält.

III. Die vier Forderungen des Gesetzlichkeitsprinzips im Einzelnen

1. Lex scripta: Ausschluss strafbegründenden und strafschärfenden Gewohnheitsrechts

Als Gebot der lex scripta stellt das Gesetzlichkeitsprinzip das Erfordernis einer   **18**
schriftlichen Fixierung der Strafbarkeit vor der Tat auf.

Damit ist Gewohnheitsrecht als Rechtsquelle – beruhend auf der opinio necessi-   **19**
tatis (Überzeugung bezüglich seiner Geltung als Recht) und der consuetudo
(Übung) – ausgeschlossen, soweit es um die strafbegründenden Unwertbeschreibungen im Strafrecht/Besonderer Teil und im Nebenstrafrecht geht, aber auch so-

---

[23] Vgl. hierzu *Roxin/Greco* AT 1 § 5 Rn. 18 ff.

weit Vorschriften des Allgemeinen Teils strafbegründend wirken. Dass viele der allgemeinen strafbegründenden Strafrechtslehren durch den Gesetzgeber offengelassen und der Entscheidung durch Rechtsprechung und Literatur überlassen worden sind, verstößt nicht gegen die lex scripta. Denn hier handelt es sich um Auslegung aus dem systematischen Zusammenhang,[24] nicht hingegen um Gewohnheitsrecht.[25]

20   Gewohnheitsrechtliche Ausdehnungen der Strafbarkeit werden jedoch dort für zulässig gehalten, wo in Elemente der Tatbestandsmäßigkeit und Rechtfertigungsgründe Begriffe aus anderen Rechtsgebieten übernommen werden. Erfahren diese Begriffe gewohnheitsrechtliche Ausdehnungen oder Einschränkungen, kann die Strafbarkeit Ausdehnungen erfahren. So erweitert sich z. B. mit der gewohnheitsrechtlichen Anerkennung eines Tieres als *jagdbar* die Wildereivorschrift.[26]

2. Lex stricta: Analogieverbot – Auslegung und Analogie

21   Der Satz „nullum crimen sine lege scripta – keine Straftat ohne geschriebenes Gesetz" enthält bereits die Aussage, dass eine Strafbarkeit außerhalb der *im Gesetz beschriebenen* Fälle unzulässig ist. Das Analogieverbot präzisiert das Gebot der lex scripta, indem es festlegt, dass eine *belastende* gesetzliche Regelung auch auf solche Fälle *nicht* zur Anwendung kommen darf, die zwar vom Wortlaut her nicht von ihr erfasst werden, die jedoch mit den ihr unterfallenden Sachverhalten *vergleichbar* sind (analogia in malam partem).[27] Die analoge Anwendung einer *begünstigenden* Regelung (analogia in bonam partem) ist hingegen zulässig.

22   Die Unzulässigkeit der analogia in malam partem im Strafrecht ist unbestritten und unproblematisch. Kopfzerbrechen bereitet vielmehr die Frage, *ob* die Regelung auf einen Sachverhalt anwendbar ist und ob man sie ohne Überschreitung der Wortlautgrenze so *auslegen* kann, dass ihr der Sachverhalt unterfällt. Denn erst wenn dieser Bereich der *Auslegung* verlassen ist, beginnt überhaupt die Frage nach einer unzulässigen Analogie. Weil sich die Frage nach der Analogie somit erst stellt, wenn jene nach der Auslegung beantwortet ist, kann das Problem der Analogie (b) nicht erörtert werden, ohne auf die Methode der Auslegung (a) einzugehen.

a) Die Auslegung als Gegenstand der juristischen Methodenlehre
Johann Wolfgang von Goethe:

> „Im Auslegen seid frisch und munter! Legt ihrs nicht aus, so legt was unter."[28]

---

[24] Vgl. *Jakobs* AT 4 Rn. 46; Lackner/Kühl/Heger-*Heger* § 1 Rn. 3: „gewohnheitsrechtliche Verfestigung der Auslegung strafrechtlicher Begriffe"; zum „Präzisierungsgebot" der Rechtsprechung *Neumann* FS Beulke, S. 197 ff.

[25] Gewohnheitsrecht müsste auch deshalb verneint werden, weil angesichts der Umstrittenheit vieler Probleme eine allgemeine Rechtsüberzeugung fehlt, vgl. *Roxin/Greco* AT 1 § 5 Rn. 47 f.; vgl. aber auch *Rudolf Schmitt* FS Jescheck, S. 223 ff.; *Maurach/Zipf* AT 1 § 8 Rn. 40 ff.

[26] Vgl. *Roxin/Greco* AT 1 § 5 Rn. 49.

[27] Von lat. malus = schlecht, pars = der Teil.

[28] *Goethe, Johann Wolfgang von*, Zahme Xenien, in: Werke. Neue Gesamtausgabe des Originalverlages. Erster Band. Stuttgart (ohne Jahresangabe), S. 646, zitiert in: Deutsche Epigramme, Reclam-Verlag Stuttgart 1969, S. 163.

Als Bindeglied zwischen rechtlicher Regelung und Lebenswirklichkeit stellt die **23**
Auslegung den Kern einer jeden Rechtsanwendung dar.[29] Sie bedarf daher der besonderen methodischen Durchdringung, eine Aufgabe, die im Mittelpunkt der *juristischen Methodenlehre*[30] steht.

aa) Rechtssatz, Subsumtion und conclusio als Syllogismus

Was wir bisher eher unspezifisch „rechtliche Regelung" genannt haben, heißt im **24**
Sprachgebrauch der juristischen Methodenlehre *Rechtssatz.*

Beispiel 3.1

Die Formulierung in § 212 „Wer einen Menschen tötet, … wird mit Freiheitsstrafe nicht unter fünf Jahren bestraft" stellt einen Rechtssatz dar, bestehend aus einem *Tatbestand* („Wer einen Menschen tötet") und einer *Rechtsfolge* („wird mit Freiheitsstrafe nicht unter fünf Jahren bestraft").[31] ◀

Der Rechtssatz in § 212 enthält die Aussage, dass für einen konkreten *Lebenssach-* **25**
verhalt die *Rechtsfolge* „Freiheitstrafe nicht unter fünf Jahren" gilt, wenn es sich um
einen *Fall des Tatbestandes*, also um die Tötung eines Menschen handelt.

Beispiel 3.2

Wenn der A den B am Samstag, dem 19. Oktober 1996, um 9:58 Uhr mit einem **26**
Messer erstochen hat und wir wissen wollen, was nun mit A passieren soll, dann
gibt uns § 212 die Auskunft, dass A mit Freiheitsstrafe nicht unter fünf Jahren bestraft werden soll, wenn das Erstechen des B mit dem Messer die Tötung eines
Menschen darstellt. Bezüglich unserer Frage, was konkret mit A passieren soll,
bildet § 212 den sogenannten *Obersatz*:
Wenn Tatbestand x, dann Rechtsfolge y.
Ob das Erstechen des B durch den A zur Folge hat, dass A mit einer Freiheits- **27**
strafe nicht unter fünf Jahren bestraft wird, hängt also davon ab, ob das Erstechen
des B durch A die „Tötung eines Menschen" im Sinne von § 212 ist. ◀

Nun verstehen wir unter dem „Töten eines Menschen" jedes Verhalten, welches zu **28**
dessen Tod führt, z. B. das Überfahren mit dem Auto, das Ertränken, das Erhängen
u. ä. Dem § 15, der bestimmt, dass strafbar nur vorsätzliches Handeln ist, wenn
nicht das Gesetz fahrlässiges Handeln ausdrücklich mit Strafe bedroht, können wir
außerdem entnehmen, dass § 212 nur das *vorsätzliche* zu Tode Bringen eines Menschen meint.

---

[29] *Würdiger* JuS 2016, 1 ff. zum Ziel der Gesetzesauslegung als Kernstreit der Methodenlehre.
[30] Hierzu insbesondere *Larenz* 1991; vgl. auch *Lagodny* 2013, S. 36 ff.; *Murmann* GK § 20; *Rengier* AT § 5; *Tiedemann* 1997, S. 74 ff.
[31] Näher zum Rechtssatz *Coing* 1985, S. 277; *Dubischar* 1974, S. 65 ff.; *Engisch* 1997, S. 12 ff.; *Larenz* 1991, S. 241; *Zippelius* 2021, S. 23 ff.

29 Wenn wir also davon ausgehen, dass A nicht nur unglücklich gestürzt ist und dabei dem B versehentlich den tödlichen Stich versetzt, sondern dieses Messer wissentlich und willentlich in den Körper des B gestoßen hat, dann können wir sagen, dass die Tötung des B durch A mit Hilfe des Messers dem Töten eines Menschen im Sinne von § 212 entspricht, anders ausgedrückt: dass die Tötung des B durch den A mit Hilfe des Messers *ein Fall* von § 212 ist, *tatbestandsmäßig* ist, d. h. den *Tatbestand* des § 212, den *Obersatz, erfüllt.*

30 Die *Aussage*, dass ein Lebenssachverhalt (die Tötung des B durch den A mit Hilfe des Messers) ein Fall des Obersatzes (§ 212: „Wer einen Menschen tötet, … wird … bestraft") ist, der den Tatbestand des Obersatzes (§ 212: „Wer einen Menschen tötet …") erfüllt, nennt man *Untersatz.*

31 Die *Prüfung*, ob der in Frage stehende Lebenssachverhalt ein Fall des Tatbestandes im Obersatz ist, d. h., ob man den konkreten Sachverhalt unter die abstrakten Fälle des Obersatzes „*nehmen*" kann, nennt man *Subsumtion* (sub = darunter; sumtion = das Nehmen). Hauptaufgabe des Rechtsanwenders – Studierende lernen, wie man Recht anwendet – ist jene *Technik der Subsumtion*, also das „Darunternehmen" eines Lebenssachverhalts unter den in dem jeweiligen Rechtssatz formulierten Tatbestand. Konkret wird also die Frage gestellt, ob ein Lebenssachverhalt ein *Fall* eines gesetzlich umschriebenen Tatbestandes, d. h. der gesetzlichen Vorschrift, ist. Um dies zu beantworten, muss man wissen, welche Bedeutung den Begriffen innerhalb der gesetzlichen Strafvorschriften zukommt.[32]

32 Wenn wir die Bedeutung des Obersatzes kennen und den Untersatz bilden können (Subsumtion), dann können wir *schlussfolgern*, welche Rechtsfolge für den Lebenssachverhalt eintreten soll.

33 Wenn „wer einen Menschen (vorsätzlich) tötet" mit Freiheitsstrafe nicht unter fünf Jahren bestraft werden soll (Obersatz) und wenn die Tötung des B durch den A ein Fall der Tötung eines Menschen ist, dann wird A mit Freiheitsstrafe nicht unter fünf Jahren bestraft.

34 Jene *Schlussfolgerung* mittels der Bildung eines Obersatzes und der Feststellung, dass der konkrete Fall ein Fall des Obersatzes ist (Untersatz) und deswegen auf ihn die Rechtsfolge des Obersatzes zutrifft, nennt man *conclusio*. Das *methodische Vorgehen* mittels Obersatzes, Untersatzes und conclusio nennt man *Syllogismus.*

bb) Die Auslegung der Elemente der Tatbestandsmäßigkeit

Der erste entscheidende Schritt bei der juristischen Subsumtion ist die abstrakte Frage, ob der Tatbestand des Obersatzes *Fälle dieser Art* regelt, ob der Sachverhalt den im Gesetz beschriebenen *Elementen der Tatbestandsmäßigkeit* entspricht. Erst dann ist zu fragen, ob der konkrete Lebenssachverhalt ein Fall des Tatbestandes als Teil des Obersatzes ist.

---

[32] Vgl. auch *Lagodny* 2013, S. 87 ff. zum „Kennen" der allgemeinen „Vokabeln".

Beispiel

So hatte der BGH im sog. *Kaiserschnitt*-Fall[33] zunächst abstrakt zu ermitteln, ob das Merkmal Mensch in § 212 Abs. 1 auch schon erfüllt ist, wenn die Gebärmutter mit einem Schnitt eröffnet wird. Dann war zu prüfen, ob im konkreten Fall die Gebärmutter schon eröffnet worden war, bevor eine tödliche Injektion erfolgte. ◀

Um dies beurteilen zu können, haben sich im Laufe der Zeit im Wesentlichen vier **35** Kriterien für die Auslegung dieser Elemente herausgebildet: der *Wortlaut*, die Gesetzes- und Rechts*systematik*, die *historische* Auslegung sowie die *objektiv-teleologische* Auslegung.[34] Diese canones der Auslegung gehen auf *v. Savigny* zurück,[35] und gehören heute zum Grundhandwerkzeug eines jeden Juristen. Im Zusammenhang mit der Europäisierung des Strafrechts spielt auch die unionsrechtskonforme Auslegung[36] eine Rolle.

aaa) Wortlaut (grammatische Auslegung)

Ob die Elemente der Tatbestandsmäßigkeit ihrem Wortlaut nach den zu prüfenden **36** Sachverhalt erfassen, wird anhand des Sprachgebrauchs ermittelt, wobei hier sowohl die Alltags- als auch die jeweilige *Fachsprache* eine Rolle spielen. Ein Sachverhalt entspricht nur dann einem Element der Tatbestandsmäßigkeit, wenn er von dessen *noch möglichem Wortsinn*[37] erfasst wird. Der Wortlaut bildet also die Grenze der Auslegung. In der Praxis hat sich gezeigt, dass die Gerichte dazu neigen, den „noch möglichen" Wortsinn recht weit zu fassen – nicht selten unter Hinweis auf die ratio legis (unten ddd).

Beispiel 3.3

„PKW keine Waffe im Sinne von § 113 II Nr. 1 a. F." BVerfG 2 BvR 2238/07 **37** v. 19.03.2007 NStZ 2009, 83: Als die Polizei den leicht alkoholisierten B anhalten und kontrollieren wollte, startete er sein Fahrzeug und fuhr los. Die Polizeibeamten verfolgten ihn sodann und stellten ihn. Trotz Anweisung der Beamten, aus dem Pkw auszusteigen, blieb B sitzen. Einer der Beamten versuchte, durch das geöffnete Fahrerfenster hindurch den Zündschlüssel vom Fahrzeug des B abzuziehen. Während der Beamte sich mit seinem Oberkörper noch im Fahrzeuginnenraum befand, wehrte B den Griff des Polizeibeamten nach dem Zündschlüssel ab,

---

[33] BGH 5 StR 256/20 BGHSt 65, 163.

[34] Zur vergleichbaren Methodik der Auslegung in Japan *Ida* FS Szwarc, S. 3 ff.

[35] *V. Savigny* System des heutigen Römischen Rechts, Erster Band, 1840, § 33.

[36] Vgl. dazu ausf. *Hecker* EuStR Kap. 10; *Satzger* Int/EuStR § 9 Rn. 102 ff.

[37] Vgl. *Hecker,* in: Schönke/Schröder § 1 Rn. 37; BVerfG 1 BvR 718/89, 1 BvR 179/89, 1 BvR 722/89, 1 BvR 723/89 BVerfGE 92, 1 (12) (zum Begriff der Gewalt bei der Nötigung); zur Wortsinngrenze der Empfängnisfähigkeit *Scheffler* Jura 1996, 505 ff.; zu deren Überschreitung in einem Fall eigennütziger Strafvereitelung durch den BGH *Seebode* JZ 1998, 781 ff.

legte den Rückwärtsgang ein und fuhr mit Vollgas rückwärts. Der Beamte wurde hierdurch mit dem Kopf im Fahrzeug einige Meter mitgerissen, wobei er neben dem Pkw mitlaufen konnte. Zunächst verblieb er mit seinem gesamten Oberkörper im Fahrzeug, rutschte dann aber bis auf den Kopf heraus. Weitere 10–15 m rutschte der Beamte auf seinen Schuhen mit, bis er sich vom Fahrzeug des B abdrückte und so von dem Fahrzeug freikam. Verletzt wurde der Beamte nicht. Mit seinen Handlungen bezweckte B, die Polizeibeamten an der Ausführung ihrer – von ihm als rechtmäßig erkannten – Amtshandlungen zu hindern.

38   Aufgrund dieser Geschehnisse wurde B in letzter Instanz wegen Widerstands gegen Vollstreckungsbeamte in einem besonders schweren Fall (§ 113 I und II 2 Nr. 1) verurteilt. Der Pkw stelle eine Waffe im untechnischen Sinne dar, die B zur Gewaltanwendung eingesetzt habe.

39   Die Verfassungsbeschwerde des B gegen diese Entscheidung war erfolgreich. Das BVerfG führte aus, dass die Auslegung „PKW = Waffe im Sinne von § 113 II 2 Nr. 1" mit Art. 103 II GG nicht zu vereinbaren ist.

40   Der Gesetzgeber hat daraufhin durch das 44. Gesetz zur Änderung des Strafgesetzbuchs vom 01.11.2011[38] den Wortlaut in § 113 II 2 Nr. 1 dahin ergänzt, dass der Täter oder ein anderer Beteiligter eine Waffe *oder ein anderes gefährliches Werkzeug bei sich führt* [….]. ◀

bbb) Systematische Auslegung

41 Hinweise darauf, wie eine Strafvorschrift als Tatbestand des Obersatzes zu verstehen ist, gibt auch die *Gesetzes-* sowie die *Rechts*systematik. Von Gesetzessystematik spricht man, wenn sich die Auslegung an den systematischen Zusammenhang mehrerer Rechtsnormen anlehnt, von Rechtssystematik, wenn die Auslegung die systematischen Besonderheiten eines gesamten Rechtsgebietes berücksichtigt.

Beispiel 3.4

42 für eine *gesetzessystematische Auslegung*: Wenn A an die Geldbörse des B in der Weise kommt, dass er B niederschlägt und dem hilflos am Boden Liegenden die Geldbörse aus der Tasche zieht, um sie sich rechtswidrig zuzueignen, dann ist fraglich, ob dieser Sachverhalt ein Fall des § 255 (räuberische Erpressung) ist. Der Wortlaut des § 255 würde dies nicht ausschließen. Denn A hätte den B durch Gewalt gegen eine Person (Niederschlagen) dazu genötigt, die Wegnahme der Geldbörse zu dulden. Er hätte auch dem Vermögen des B einen Nachteil zugefügt, um sich zu Unrecht zu bereichern. Und dennoch würden Rechtsprechung und Lehre in einem solchen Fall die Anwendung der §§ 255, 253 zurückstellen bzw. ablehnen. Denn beim Herausholen der Brieftasche handelt es sich um ein Wegnehmen i. S. von § 249 (Raub), nicht aber um ein Weggeben i. S. von § 255, für das die h. L. eine Vermögensverfügung verlangt. Die Einordnung als Raub geht in diesem Fall somit der Einordnung als räuberische Erpressung vor.[39] ◀

---

[38] BGBl. I 2130.

[39] Zum Streitstand vgl. SK-*Sinn* Vor § 249 Rn. 13 ff.

ccc) Historische Auslegung[40]

Nicht selten geben die Gesetzgebungsmaterialien und die rechtspolitische Diskus-   43
sion im Zuge der Entstehung einer Rechtsvorschrift darüber Auskunft, ob ein
Lebenssachverhalt ein Fall des Obersatzes ist. Wenn dies der Fall ist, kommt der
historischen Auslegung durch ihren direkten Rückbezug zu dem Willen des demo-
kratisch legitimierten Gesetzgebers eine besondere Bedeutung zu.

Beispiel 3.5

Wenn A mit Hilfe gefälschter Euro-Münzen einem Automaten eine Schachtel Zi-   44
garetten entnimmt, um sich dieselbe rechtswidrig zuzueignen, dann ist fraglich,
ob dies ein Fall des § 265a, Erschleichen von Leistungen, ist. Denn man könnte ja
davon ausgehen, dass es sich hier um das Erschleichen der Leistungen eines Automaten handelt, in der Absicht, das Entgelt nicht zu entrichten. Die Gesetzgebungsgeschichte lehrt uns jedoch, dass § 265a eingeführt worden war, um die Über-
listung sog. *Leistungs*automaten (z. B. Münzfernsprecher, Wiegeautomaten u. ä.)
mittels Falschgeldes gesetzlich zu erfassen. Denn hier hatte das Reichsgericht
(RGSt 68, 65) entschieden, dass diese Fälle insbesondere keine Betrugsfälle
seien, weil es an einer Täuschung des Leistungsautomaten fehlt. Da es sich beim
Zigarettenautomaten jedoch um einen sog. *Waren*automaten handelt, ist der hier
geschilderte Sachverhalt kein Fall von § 265a. Er ist allerdings ein Fall von § 242,
weil man davon ausgeht, dass der Täter den Gewahrsam des Automatenaufstellers
an den Zigaretten bricht, also die Zigaretten wegnimmt, weil der Automatenauf-
steller nur unter der Bedingung mit der Wegnahme durch den Bediener des Automaten einverstanden ist, dass echte Münzen eingeworfen werden. ◄

ddd) Objektiv-teleologische Auslegung (ratio legis)

Weil sich der Wille des historischen Gesetzgebers indessen oft nicht mehr klären   45
lässt und weil sich die gesellschaftlichen Verhältnisse in einer Weise ändern können,
welche es zweifelhaft erscheinen lässt, ob er an seinem Willen würde festhalten
wollen. Deshalb kommt der Auslegung an Hand des *Sinnes und Zweckes des Gesetzes*, der ihm unter den gegenwärtigen Verhältnissen beigegeben werden kann, eine
gewichtige Bedeutung zu. Obwohl in Rechtsprechung[41] und Lehre[42] anerkannt, ist
mit der teleologischen Auslegung aber dennoch Zurückhaltung geboten, denn mit
ihr wird eine Sinn*erkenntnis* der Norm verbunden, die aus einem Zirkelschluss re-

---

[40] Vgl. *Gerhold* JuS 2021, 97 ff. Zur Unterscheidung zwischen historischer und genetischer Auslegung *Müller/Christensen* 2013, S. 360 f. Die genetische Auslegung hat danach die Gesetzgebungsmaterialien und die rechtspolitische Diskussion des für den konkreten Fall einschlägigen
Normtextes zum Gegenstand. Die historische bezieht frühere, nicht mehr geltende Wortlaute des
einschlägigen Normtextes in die Auslegung mit ein.

[41] Vgl. bspw. BVerfG 2 BvR 1405/17, 2 BvR 1780/17 NStZ 2019, 159; BGH 1 StR 534/92 NJW
1993, 1145; BGH NJW 2005, 3223 (3225); BGH 4 StR 311/18 BeckRS 2018, 37740.

[42] *Rengier* AT § 5 Rn. 14; SK-*Jäger* § 1 Rn. 70.

sultieren kann.[43] Der Sinn eines Gesetzes ergibt sich erst aus seinen Merkmalen und erst bei Kenntnis dieser erschließt sich, was mit dem Gesetz bezweckt wird. Deshalb ist die Suche nach dem Sinn und Zweck des Gesetzes das Ergebnis einer Auslegung und kann nicht gleichzeitig ihr Mittel sein. Am deutlichsten begegnet man dieser Art der Auslegung, wenn bei der Normerkenntnis auf das legitime Interesse (geschütztes Rechtsgut, vgl. § 2 Rn. 12 ff.) zurückgegriffen wird. Übersehen wird dabei, dass sich das geschützte legitime Interesse erst aus den Merkmalen der Norm ergibt. Erst wenn man diese kennt, hat man eine Erkenntnisgrundlage für das geschützte legitime Interesse gewonnen.[44]

Beispiel 3.6

46   *Diebstahl eines Sparbuches*: Nimmt der A dem B ein Sparbuch weg, um das dort vorhandene Guthaben abzuheben und das Sparbuch anschließend wieder zurückzugeben, so ist fraglich, ob darin ein Diebstahl zu sehen ist. Zweifelhaft ist es deshalb, weil der A ja nicht die Absicht hat, sich das fremde Sparbuch seiner Substanz nach zuzueignen. Und das im Sparbuch verkörperte Geld ist nicht identisch mit der Substanz des Buches. Die h. M. behilft sich damit, dass Gegenstand der beabsichtigten Zueignung nicht die Sache selbst in ihrer Substanz, sondern auch der spezifisch in ihr verkörperte Wert sein könne. Das Element der Tatbestandsmäßigkeit „Sache" in § 242 wird somit auch als der spezifische Sachwert interpretiert. Denn Sinn des § 242 müsse es sein, nicht nur die Sache ihrer Substanz nach, sondern auch ihrem Wert nach vor Wegnahme zu schützen. Diese Interpretation erscheint beim Sparbuch deswegen noch vertretbar, weil dieses Buch als sog. „hinkendes" Inhaberpapier einen bestimmtem Wert *verkörpert*. Jene Körperlichkeit stellt die gedankliche Brücke zur Sacheigenschaft her. Der Fall des vorübergehend entwendeten Sparbuches wäre dann nicht anders zu beurteilen als jener, in welchem der Täter eine fremde bewegliche Sache wegnimmt, um sie zu verkaufen. Auch hier würde sich die Zueignungsabsicht auf den Wert der Sache beziehen. Deshalb wird auch hier ein Diebstahl angenommen.[45] ◄

eee) Unionsrechtskonforme Auslegung[46]

47   Aus der allgemeinen Loyalitätspflicht (Art. 4 II EUV) lässt sich die unionsrechtskonforme Auslegung nationalen Rechts ableiten. Die Mitgliedstaaten der EU und alle Träger öffentlicher Gewalt haben alle zur Erfüllung der Unionsverpflichtungen geeigneten Maßnahmen zu ergreifen. Dazu gehört auch, dass die nationalen Gerichte eine einheitliche Anwendung des EU-Rechts im nationalen Bereich gewährleisten.[47] In den Fällen, in denen unionsrechtliche primär- und sekundärrechtliche Vorgaben

---

[43] *Schlehofer* JuS 1992, 572 ff. (576); krit. zur teleologischen Auslegung a. *Müller* 1994, S. 89; zustimmend *Wolf* Jus 1996, 189 ff. (194).

[44] Vgl. dazu überzeugend *Schlehofer* JuS 1992, 572 ff. (576).

[45] Vgl. *Bosch,* in: Schönke/Schröder § 242 Rn. 50; *Mitsch* BT 2, S. 64.

[46] Vgl. ausf. *Hecker* EuStR Kap. 10; *Satzger* Int/EuStR § 9 Rn. 102 ff.

[47] Vgl. dazu grundlegend (gemeinschaftsrechtskonforme Auslegung) der Fall „Pupino" EUGH NJW 2005, 2839.

eine Rolle spielen und die nationalen Gerichte einen Beurteilungsspielraum[48] haben sowie das Auslegungsergebnis nicht den Wortsinn der nationalen Vorschrift überschreitet oder den gesetzgeberischen Sinn in sein Gegenteil verkehren würde, ist eine Auslegung von Strafrechtsnormen vor dem Hintergrund des Unionsrechts geboten. Unionsseitig finden sich weitere Grenzen in den allgemeinen Rechtsgrundsätzen, insbesondere dem Grundsatz der Rechtssicherheit und dem Rückwirkungsverbot.[49] Ein Beispiel für diese Grenzziehung ist die *Sturm 34-Entscheidung* des *3. Strafsenats* des BGH aus dem Jahr 2009[50] (vgl. § 1 Rn. 135).[51]

Obwohl sich innerhalb der verschiedenen Auslegungsmethoden eine strenge Reihen- und Rangfolge nicht aufstellen lässt,[52] kann man sagen, dass jedenfalls die grammatikalische Auslegung eine „herausgehobene Bedeutung" hat.[53]

b) Dogmatik als Hilfsdisziplin der Auslegung

Wo die Methodenlehre Zweifel an der richtigen Anwendung des Rechts nicht beseitigen kann, beginnt das Reich der Dogmatik. Rechtliche Dogmen[54] sind Lehrmeinungen, Lehr-Sätze, die mit unterschiedlichem Erfolg um Anerkennung ringen, die kommen, bleiben und gehen.[55] Strafrechtsdogmatik ist die wissenschaftliche „Disziplin, die sich mit der Auslegung, Systematisierung und Fortbildung der gesetzlichen Anordnungen und wissenschaftlichen Lehrmeinungen im Bereich des Strafrechts befasst".[56] Dogmatik ist damit vor allem eine Hilfsdisziplin der Auslegung, indem sie anerkannte Obersätze analysiert und ihnen erforderlichenfalls so lange weitere hinzufügt, bis der Untersatz gebildet oder ausgeschlossen werden kann.[57]

48

Beispiel 3.7

Im berühmten *Blutübertragungs*-Fall (näher § 5 Rn. 264 f.) etwa lautet die Frage, ob von einem zufällig anwesenden Dritten mit Gewalt Blut übertragen werden darf, um dadurch das Leben eines schwer verletzten Unfallopfers zu retten. Der

49

---

[48] Vgl. dazu der Fall „Von Colson und Kamann" EuGHE 1984, 1891 – Rs. 14/83.

[49] EUGH NJW 2005, 2839 (2841).

[50] BGH 3 StR 277/09 BGHSt 54, 216; vgl. nunmehr die neue Interpretation des 3. Strafsenats 3 StR 21/21 BGHSt 66, 137; vgl. dazu a. *Sinn* ZJS 2021, 673 ff. (677 ff.).

[51] Zu weiteren Beispielen vgl. *Satzger* Int/EuStR § 9 Rn. 109 ff.

[52] Vgl. aber auch MK-StGB-*Schmitz* § 1 Rn. 111 ff.

[53] BVerfG 2 BvR 794/95 BVerfGE 105, 135 (157).

[54] Von griechisch τό δόγμα = to dogma = die Lehrmeinung.

[55] Lesenswert hierzu *Engisch* 1984, S. 88 ff. insb. S. 120 f.

[56] *Roxin/Greco* AT 1 § 7 Rn. 1; vgl. auch *Otto* GK AT § 2 Rn. 62 ff. und *Zaczyk* FS Küper, S. 723 ff.; zur Dogmatik als „Exportartikel" der deutschen Strafrechtswissenschaft *Roxin,* in: Eser u. a. (Hrsg.) 2000, S. 370 ff.; vgl. auch *Kindhäuser* ZStW 121 (2009), 954 ff.; *Streng* FS Werle, S. 931 ff.

[57] Zur juristischen Methodenlehre, insbesondere der Lehre vom Rechtssatz oben Rn. 24 ff.; zu Strafrechtsdogmatik und Strafrechtsdidaktik *Lagodny* FS Amelung, S. 51 ff.; zum beschränkenden Charakter der Dogmatik *Conlledo* GA 2020, 204 ff.

Wortlaut des § 34 gibt hier als Obersatz die Auskunft, dass der lebensrettende Eingriff vorgenommen werden darf, wenn das Interesse an der Lebenserhaltung des Unfallopfers das Interesse an der körperlichen Unantastbarkeit des potenziellen Blutspenders wesentlich überwiegt und die gewaltsame Blutentnahme ein angemessenes Mittel ist. Dass zumindest jene Angemessenheit fehlt, ergibt sich aus der ganz überwiegend anerkannten Lehrmeinung, wonach in die körperliche Unantastbarkeit vor dem Hintergrund des Grundrechts auf körperliche Unversehrtheit aus Art. 2 II 1 GG auch im Falle eines abstrakten Überwiegens des zu rettenden Interesses jedenfalls dann nicht eingegriffen werden darf, wenn der Betroffene keinerlei Anlass zur Notstandslage – etwa als Unfallverursacher – gegeben hat.[58] ◄

50 *Grundlage und Grenze* der Strafrechtsdogmatik ist das Strafgesetz. Ihre *Methode* besteht darin, den Rechtsstoff in einem *System* zu ordnen, in welchem neben dem gesetzten Recht auch Gerichtsentscheidungen und Lehrmeinungen einen Standort finden.

Als *Mittel* zur Entscheidungsfindung bedient sie sich *formal* anerkannter *Schlussverfahren*,[59] etwa des

51 • argumentum *a fortiori* (erst-recht-Schluss), bestehend aus dem argumentum *a maiore ad minus* (Schlussfolgerung vom Größeren zum Kleineren) *und dem* argumentum *a minore ad maius* (Schlussfolgerung vom Kleineren zum Größeren),

---

Beispiel 3.8

52 für ein argumentum *a maiore ad minus*: Weil man einem anderen zu dessen Suizid *vorsätzlich* Hilfe leisten darf, ohne sich strafbar zu machen (der Suizid ist keine tatbestandsmäßige Haupttat im Sinne der Teilnahmevorschriften §§ 26, 27), ist auch die *fahrlässige* Verursachung eines Suizids nicht strafbar, so BGH 5 StR 56/72 BGHSt 24, 342, ◄

• argumentum *a simili* oder *a pari* (Analogieschluss),
• argumentum *e contrario* (Umkehrschluss).

53 *Materiell* wirkt Dogmatik als Argumentationstechnik auf der Grundlage der geschützten Werte. Sie liefert so Begründungen für fachgerechte, plausible, d. h. der Zustimmung fähige, einleuchtende, vertretbare Sachentscheidungen, ohne freilich die rechtsphilosophische Frage nach der Richtigkeit der Entscheidung beantworten zu können.[60] Sie trägt aber jedenfalls zu einer Rationalisierung und Objektivierung der strafrechtlichen Urteilsfindung im Einzelfall bei, denn sie ist offen für die Be-

---

[58] Vgl. *Roxin* FS Jescheck, S. 456 ff. (471).
[59] Anschaulich und mit weiteren Beispielen hierzu *Koch/Rüßmann* 1982, § 23 2; vgl. zur juristischen Argumentationslehre auch *Tiedemann* 1997, S. 86 ff.
[60] Vgl. *Naucke/Harzer* 2005, Rn. 5 ff.; *Rath* 2004, S. 104 f.

rücksichtigung empirischer Befunde und mithilfe einer Fallgruppensystematik und konsensuierten Grundprinzipien ist sogar eine internationale Strafrechtsdogmatik vorstellbar.[61]

c) Analogie

Analogie und Analogieverbot spielen erst dann eine Rolle, wenn die Auslegung er-   **54** gibt, dass ein Lebenssachverhalt *kein* Fall des Tatbestandes ist, obwohl er mit den dort geregelten Sachverhalten vergleichbar ist. Man spricht dann davon, dass das Gesetz *lückenhaft*, d. h. *planwidrig unvollständig*[62] sei. Im Unterschied zu den Fällen, in denen der Gesetzgeber einen vergleichbaren Sachverhalt trotz vergleichbarer Prämissen der Regel *bewusst* nicht zuordnen wollte oder wo der Gesetzgeber „vergleichbare" Fälle in „gesetzlicher Analogiegestattung" in den Tatbestand einordnen will,[63] liegt eine *echte, ausfüllungsbedürftige Lücke* nur dann vor, wenn der vergleichbare Sachverhalt unbeabsichtigt ungeregelt geblieben ist.

Hier besagt nun das strafrechtliche Analogieverbot, dass die Grenze für die Anwendung des Tatbestandes auf einen Lebenssachverhalt dort liegt, wo der *mögliche Wortsinn* (oben Rn. 36 ff.) überschritten würde.

Beispiel

So ist der Wortlaut beispielsweise überschritten, wenn elektrische Energie   **55** (Strom) als „Sache" im Sinne des § 242 I angesehen wird, wie das Reichsgericht im *Elektrizitätsdiebstahl*-Fall entschieden hat.[64] ◄

Abstriche am strafrechtlichen Analogieverbot müssen aus rechtsstaatlicher Sicht   **56** auf größte Skepsis stoßen. Nicht zufällig war es in Deutschland der nationalsozialistische Gesetzgeber, der das Analogieverbot nicht nur aufhob, sondern die Möglichkeit der Analogiebildung ausdrücklich in § 2 StGB a. F. vorsah:

§ 2 StGB i. d. F. auf Grund des Änderungsgesetzes vom 28.06.1935 lautete:

§ 2 [Entsprechende Anwendung der Strafgesetze]

Bestraft wird, wer eine Tat begeht, die das Gesetz für strafbar erklärt oder   **57** die nach dem Grundgedanken eines Strafgesetzes und nach gesundem Volksempfinden Bestrafung verdient. Findet auf die Tat kein bestimmtes Strafgesetz unmittelbar Anwendung, so wird die Tat nach dem Gesetz bestraft, dessen Grundgedanke auf sie am besten zutrifft.

Die Folgen dieses Verfalls strafrechtlicher Kultur zeigt anschaulich

---

[61] Vgl. *Ida* FS Sieber, S. 57 ff.

[62] Zur Lücke als „planwidriger Unvollständigkeit" *Canaris* 1983, S. 39.

[63] Zu diesen in Bezug auf das Bestimmtheitsgebot höchst problematischen gesetzlichen Analogiegestattungen *Greco* GA 2012, 453 ff.; *Kuhlen* FS Otto 2007, S. 89 ff. (98 f.).

[64] RGSt 32, 165.

Beispiel 3.9

58   *Leichenbeschimpfungs*-Fall RG 5 D 578/37 RGSt 71, 323 vom 13. September
1937: Die Leiche des Vaters der Angeklagten befand sich in der Leichenhalle des
Friedhofs. Die Beschwerdeführer hatten den Deckel vom Sarg ihres Vaters
heruntergehoben, „tranken in lauter und lärmender Weise Schnaps, prosteten
dem Toten zu und schickten sich an, der Leiche einen Becher mit Schnaps einzu-
flößen. Nur mit Mühe konnten sie von ihrer Schwester an der Durchführung
ihres Vorhabens gehindert werden".[65]

59   Aus dem Urteil des Tatgerichts ergab sich nicht, dass die Leichenhalle zugleich als Friedhofskapelle, also als ein Ort gedient hatte, der i. S. von § 168
StGB a. F. zu religiösen Versammlungen bestimmt gewesen war. Auch hatten die
Angeklagten ihren beschimpfenden Unfug nicht „an einem Grabe" verübt, wie
dies § 168 StGB a. F. vorausgesetzt hatte.

60   Obwohl das Reichsgericht letztlich somit keine Strafvorschrift fand, welche
die Angeklagten erfüllt hatten, bestätigte es die Verurteilung der Angeklagten
durch das Landgericht aus § 168 StGB a. F. Zur Begründung führte das Gericht
aus, dass § 168 zwar eine Lücke enthalte, dass der Gesetzgeber aber einen Vorgang wie den dargelegten, „der nach dem Grundgedanken des § 168 StGB und
nach gesundem Volksempfinden Strafe verdient, in § 168 StGB mit Strafe bedroht haben (würde), wenn er an diesen Fall gedacht hätte. Die unbeabsichtigte
Lücke des § 168 StGB ist somit, wie es das LG getan hat, gemäß dem § 2 StGB
durch entsprechende Anwendung des § 168 StGB zu schließen, dessen Grundgedanke auf die Tat am besten zutrifft."[66] ◄

3. Lex certa: Bestimmtheitsgebot

61   Adressat des Bestimmtheitsgebots ist dem Wortlaut des Art. 103 II GG entsprechend
der Gesetzgeber. Er ist gehalten, die Voraussetzungen, unter denen bestraft werden
darf („ob") und die Qualität der Rechtsfolge „Strafe" („wie") möglichst genau festzulegen. Verstößt der Gesetzgeber gegen jene Verpflichtung, formuliert er also außerhalb
der Bandbreite optimaler Bestimmtheit, so ist die betreffende Straf-„Bestimmung"
wegen Unbestimmtheit verfassungswidrig. Dies schließt es nicht aus, dass der Strafgesetzgeber *ausfüllungsbedürftige* Begriffe benutzt.[67] Zulässig sind aber jene Begriffe
nur dann, wenn sich eine genauere Formulierung nicht verwirklichen lässt. Dabei
kommt dem Gesetzgeber eine gewisse Einschätzungsprärogative zu. Letzteres ist im
Zusammenhang mit der Verwendung von Generalklauseln zu beachten.[68]
      Seine Wirkung entfaltet das Bestimmtheitsgebot unterschiedlich stark, je nach dem,
auf welche Vorschriften es sich bezieht. Generell lässt sich die Regel aufstellen, dass

---

[65] RGSt 71, 324.

[66] RGSt 71, 325.

[67] Vgl. *Jakobs* AT 4 Rn. 43 f.; *Roxin/Greco* AT 1 § 5 Rn. 69; instruktiv zum Begriff der Verwerflichkeit in § 240 II StGB *Frister* AT § 4 Rn. 11 ff.

[68] Näher hierzu *Roxin/Greco* AT 1 § 5 Rn. 68.

an die Genauigkeit der Voraussetzungen der Strafbarkeit umso höhere Anforderungen gestellt werden können, je geringer die Variabilität der Fälle ist, die einer Regel unterfallen.[69] So beziehen sich die Beschreibungen in den Vorschriften des Besonderen Teils des StGB auf zumindest dem *Typus* nach feststehende Sachverhalte. Die Vorschriften des Allgemeinen Teils hingegen sind bereits auf eine *Vielzahl* typisierend umschriebener Verhaltensformen – vor allem im Besonderen Teil des StGB – ausgerichtet. Schon von daher können sie nicht so genau formuliert werden wie die Strafvorschriften des Besonderen Teils.[70] Jene Einschränkung stellt die Geltung des Gesetzlichkeits*prinzips* in seiner Ausprägung als lex certa freilich nicht in Abrede. Sie zeigt nur, dass es sich auch hier um ein *Prinzip*, ein *Optimierungsgebot*[71] handelt.

Eine besondere Bedeutung erlangt das Bestimmtheitsgebot im Nebenstrafrecht bei Blanketttatbeständen[72] und der Verwendung einer insbesondere im Zusammenhang mit unionsrechtlichen Vorschriften verbreiteten Verweisungstechnik. Im *Rindfleischetikettierungs*-Fall[73] erklärte das BVerfG die kaum zu durchschauenden Vorschrift des § 10 I, III des Rindfleischetikettierungsgesetzes für verfassungswidrig und deshalb nichtig. In der sog. *Knorpelfleisch*-Entscheidung hielt das Gericht den Bestimmtheitsgrundsatz gerade noch für erfüllt.[74]

Die *verfassungsgerichtliche Rechtsprechung* tendiert dahin, dass die gesetzliche Formulierung **62** umso bestimmter sein müsse, je schwerwiegender die angedrohten Rechtsfolgen sind.[75] Im Bereich der Bußgeldvorschriften mag dies angehen. Hinsichtlich der Formulierung von Strafvorschriften können vom Bestimmtheitserfordernis jedoch keine Abstriche gemacht werden, weil auch im Bereich weniger schwerwiegender Rechtsfolgen der Spielraum der garantierten Handlungsfreiheit infolge der Gefahr einer Stigmatisierung als Straftäter ohne triftigen Grund eingeschränkt würde. Auch eine Weitergabe an die Judikative vermag als Übergang von der gesetzgebenden auf die rechtsprechende Gewalt keine Lösung darzustellen.[76]

Roxin/Greco[77] schlagen vor, die Einhaltung des Bestimmtheitsgebotes aus hermeneutischer Sicht zu beurteilen: hinreichende Bestimmtheit der Vorschrift dann, „wenn und soweit sich ihr ein klarer gesetzgeberischer Schutzzweck entnehmen lässt und der **63**

---

[69] Zur Rspr. im Kontext des verfassungsrechtlichen Prüfungsprogramms zu Art. 103 II GG s. *Neumann* FS Beulke, S. 197 ff.

[70] Vgl. *Jakobs* AT 4 Rn. 15, 43 f.; zur Anwendbarkeit des Bestimmtheitsgrundsatzes auf den Allgemeinen Teil *Dannecker* FS Otto, S. 25 ff. (30 ff.).

[71] Vgl. *Alexy,* in: N. MacCormick u. a. (Hrsg.) 1985, S. 13–29/19; vgl. auch *Penski* JZ 1989, 106 ff. (109 f.); *Grünwald* FS Arth. Kaufmann, S. 433 ff.; eine faktisch nur untergeordnete Rolle spielt der Bestimmtheitsgrundsatz in der höchstrichterlichen Rechtsprechung nach *Krahl* 1986, S. 402 ff.

[72] Vgl. hierzu kritisch *Schmitz* FS Schünemann, S. 237 ff.

[73] BVerfG 2 BvL 1/15 BVerfGE 143, 38; vgl. dazu *Sinn* ZJS 2018, 381 ff.

[74] BVerfG 2 BvL 5/17 BVerfGE 153, 310.

[75] Vgl. BVerfG 2 BvL 4/62 BVerfGE 14, 245 (251); BVerfG 2 BvR 238/68 BVerfGE 26, 41 (43) (zum Begriff des „groben Unfugs"); näher auch hierzu zu Recht krit. *Roxin/Greco* AT 1 § 5 Rn. 70.

[76] Vgl. *Roxin/Greco* AT 1 § 5 Rn. 70; vgl. aber BVerfG 2 BvR 2559/08 BVerfGE126, 170 mit Anm. *Saliger* NJW 2010, 3195.

[77] AT 1 § 5 Rn. 75.

Wortlaut einer beliebigen Ausdehnung der Interpretation immerhin noch Grenzen setzt". Man wird dem zustimmen, jedoch hinzufügen müssen, dass der Gesetzgeber gehalten ist, jenen Regelungsrahmen *möglichst* (Rechts*prinzip*!) eng zu halten.

64 Das Bestimmtheitsgebot gilt auch im Bereich der Straftatfolgen.[78] Im Vergleich zur Formulierung der Elemente der Tatbestandsmäßigkeit sind hier die Spielräume jedoch weiter, weil die Ausgestaltung der Straftatfolgen sehr stark von den Verhältnissen des Täters abhängt. Hier liegt die Festlegung eines Rahmens in der Natur der Sache. Und selbst was die richterliche Straffestsetzung im Einzelfall anbelangt, bleibt trotz aller Bemühungen um Nachvollziehbarkeit und Transparenz ein Rest von Unabwägbarkeit, der sich auch einer gerichtlichen Nachprüfbarkeit entzieht. Wenn also schon im Einzelfall bei der Strafzumessung ein Maß an Unbestimmtheit unvermeidbar ist, dann muss dies erst recht für die *gesetzliche* Bestimmtheit gelten.

64a Das Bundesverfassungsgericht bezieht aber auch die Rechtsprechung in den Adressatenkreis des Bestimmtheitsgebotes (Art. 103 II GG) ein. Diese trage die Verantwortung für die Auslegung und Anwendung des Strafrechts.[79] Dieser Verpflichtung entsprechend wird eine zu unbestimmte Auslegung als verfassungswidrig betrachtet.[80]

64b In dem vielbeachteten Urteil zu Sitzblockaden hat das Bundesverfassungsgericht entschieden, dass die erweiternde Auslegung des Gewaltbegriffs in § 240 I im Zusammenhang mit Sitzdemonstrationen gegen Art. 103 II GG verstößt.[81] Da die Ausübung von Zwang auf den Willen Dritter bereits im Begriff der Nötigung enthalten sei und die Benennung bestimmter Nötigungsmittel in § 240 II StGB die Funktion habe, innerhalb der Gesamtheit denkbarer Nötigungen die strafwürdigen einzugrenzen, könne die Gewalt nicht mit dem Zwang zusammenfallen, sondern müsse über diesen hinausgehen.[82] Daraus schlussfolgerte das Bundesverfassungsgericht, dass in den Fällen, in denen die Gewalt lediglich in körperlicher Anwesenheit besteht und die Zwangswirkung auf den Genötigten nur psychischer Natur ist, die Strafbarkeit nicht mehr vor der Tat generell und abstrakt vom Gesetzgeber, sondern nach der Tat im konkreten Fall vom Richter aufgrund seiner Überzeugung von der Strafwürdigkeit eines Tuns bestimmt wird.[83] Es lasse sich nicht mehr mit ausreichender Sicherheit vorhersehen, welches körperliche Verhalten, das andere psychisch an der Durchsetzung ihres Willens hindert, verboten sein soll und welches nicht.[84]

64c Zur Bestimmtheit können die Gerichte bspw. Fallgruppen bilden, da diese der Konkretisierung eines Merkmals dienen und daher geeignet sind, den Anwendungsbereich eines Straftatbestandes im Sinne des Bestimmtheitsgebots zu begrenzen.[85]

---

[78] Vgl. *Dannecker* FS Roxin 2011, S. 285 ff.

[79] Vgl. BVerfG 2 BvR 2559/08 BVerfGE 126, 170 (199 f.); vgl. a. BVerfG 2 BvR 1235/11 BVerfGK 20, 114 ff.

[80] Zust. *Kuhlen* 2006, S. 46 f.; *Baumann/Weber/Mitsch/Eisele* AT § 7 Rn. 15.

[81] BVerfG 1 BvR 718/89 BVerfGE 92, 1 ff.

[82] BVerfG 1 BvR 718/89 BVerfGE 92, 1 (16).

[83] BVerfG 1 BvR 718/89 BVerfGE 92, 1 (17).

[84] BVerfG 1 BvR 718/89 BVerfGE 92, 1 (17).

[85] Vgl. BVerfG 2 BvR 2559/08 BVerfGE 126, 170 (208 f.); vgl. a. BVerfG 2 BvR 1235/11 BVerfGK 20, 114 ff. (Rn. 24); ausführlich zu der Entscheidung u. m. zahlreichen Nw. *Sinn* 2000, S. 181 f.; MK-StGB-*Sinn* § 240 Rn. 17 ff.

Nicht zu übersehen ist, dass die Verpflichtung der Rechtsprechung zur Bestimmtheit **64d** bei der Auslegung sehr nahe mit der weiteren Säule des Gesetzlichkeitsprinzips, dem Analogieverbot, verbunden ist. Sehr deutlich wird das bei *Roxin/Greco*, wo das in Rn. 64b erläuterte Sitzblockaden-Urteil einerseits im Kontext des Analogieverbots[86] und andererseits als Beispiel für eine zu unbestimmte Auslegung herangezogen wird.[87] Für das Bundesverfassungsgericht folgt aus dem Erfordernis gesetzlicher Bestimmtheit ein Verbot analoger oder gewohnheitsrechtlicher Strafbegründung für die Rechtsprechung,[88] was eine Grenzziehung zwischen den beiden Prinzipien nahelegt. In seiner *Untreue-Entscheidung* ist diese Grenzziehung nicht ganz so deutlich, wenn das Bundesverfassungsgericht ausführt, dass eine Fallgruppenbildung nicht zuletzt der „Konkretisierung des Nachteilsmerkmals" diene und daher geeignet sei, „den Anwendungsbereich des Untreuetatbestandes im Sinne des Bestimmtheitsgebots zu begrenzen".[89] In der Entscheidung zum *Berliner-Raser-Fall* wird allein eine Verletzung des Bestimmtheitsprinzips durch die Fachgerichte bei der Abgrenzung zwischen (bedingtem) Vorsatz und (bewusster) Fahrlässigkeit nicht aber das Analogieverbot diskutiert.[90]

4. Lex praevia: Rückwirkungsverbot – zeitliche Geltung – Günstigkeitsprinzip

§ 2 Zeitliche Geltung   **65**

1. Die Strafe und ihre Nebenfolgen bestimmen sich nach dem Gesetz, das zur Zeit der Tat gilt.

2. Wird die Strafdrohung während der Begehung der Tat geändert, so ist das Gesetz anzuwenden, das bei Beendigung der Tat gilt.

3. Wird das Gesetz, das bei Beendigung der Tat gilt, vor der Entscheidung geändert, so ist das mildeste Gesetz anzuwenden.

4. Ein Gesetz, das nur für eine bestimmte Zeit gelten soll, ist auf Taten, die während seiner Geltung begangen sind, auch dann anzuwenden, wenn es außer Kraft getreten ist. Dies gilt nicht, soweit ein Gesetz etwas anderes bestimmt.

5. Für Einziehung und Unbrauchbarmachung gelten die Absätze 1 bis 4 entsprechend.

6. Über Maßregeln der Besserung und Sicherung ist, wenn gesetzlich nichts anderes bestimmt ist, nach dem Gesetz zu entscheiden, das zur Zeit der Entscheidung gilt.

---

[86] *Roxin/Greco* AT I § 5 Rn. 35a.
[87] *Roxin/Greco* AT I § 5 Rn. 79.
[88] BVerfG 2 BvR 1235/11 BVerfGK 20, 114 ff. (Rn. 24); BVerfG 1 BvR 718/89 BVerfGE 92, 1 (12).
[89] BVerfG 2 BvR 1235/11 BVerfGK 20, 114 ff. (Rn. 24).
[90] Vgl. BVerfG 2 BvR 1404/20 StV 2024, 88.

a) Rückwirkungsverbot im materiellen Strafrecht

66   Das Rückwirkungsverbot ist in Art. 103 II GG und in § 1 StGB normiert, in § 2 StGB ist es näher ausgeführt. Es bedeutet, dass weder eine Tat, die zur Zeit ihrer Begehung nicht strafbar war, rückwirkend unter Strafe gestellt noch rückwirkend eine schwerere Strafart angedroht (z. B. Freiheits- anstatt Geldstrafe) noch, dass die Strafdrohung rückwirkend verschärft werden darf (z. B. Erweiterung des Strafrahmens nach oben). Wegen der Maßgeblichkeit des Begehungszeitpunktes der Tat lässt sich die Einhaltung des Rückwirkungsverbots nur feststellen, wenn man weiß, welches Gesetz zur Zeit der Tat gilt. Die zeitliche Geltung des Strafgesetzes ist damit eine Vorfrage für Überlegungen zum Rückwirkungsverbot.

67   Hinsichtlich der *zeitlichen Geltung* legt § 2 I als Grundsatz fest, dass sich die Strafe und die Nebenfolgen nach dem Gesetz bestimmen, das zur *Zeit der Tat* – nach § 8 der Zeitpunkt, zu welchem der Täter oder der Teilnehmer gehandelt hat oder im Falle des Unterlassens hätte handeln müssen – gilt. § 2 II präzisiert dahin, dass das bei der Beendigung[91] der Tat geltende Gesetz anzuwenden ist, wenn sich die Strafdrohung während der Begehung der Tat ändert. Das Risiko für eine Verschärfung der Strafdrohung während der Tatbegehung trägt damit der Täter.

68   Bei Gesetzesänderungen zwischen der Beendigung der Tat und der Entscheidung über die Tat ist gem. § 2 III das mildeste Gesetz anzuwenden (*Günstigkeitsprinzip*). Milder ist das Gesetz, das nach den besonderen Umständen des Einzelfalls die mildere Beurteilung zulässt.[92]

69   Eine Ausnahme hiervon gilt nach § 2 IV bei sog. *Zeitgesetzen*, Gesetzen, die nur für eine bestimmte Zeit gelten sollen. Sie sind selbst dann anwendbar, wenn sie zum Zeitpunkt der Entscheidung nicht mehr in Kraft sind.[93] Umstritten ist, ob ein Zeitgesetz nur ein solches ist, dessen Geltung kalendermäßig begrenzt ist, oder ob ein solches genügt, das seinem Inhalt nach eine nur als vorübergehend gedachte Regelung für wechselnde Zeitverhältnisse treffen will.[94]

70   Ausdrücklich gilt das Rückwirkungsverbot gem. § 2 V auch für die *Einziehung* und *Unbrauchbarmachung*.

71   § 2 VI ordnet an, dass über Maßregeln der Besserung und Sicherung nach dem Gesetz zu entscheiden ist, das zur Zeit der Entscheidung gilt. Ausnahmen gelten nur, wenn sie gesetzlich bestimmt sind. Nach Art. 303 und 305 des Einführungsgesetzes zum Strafgesetzbuch (EGStGB) vom 2. März 1974[95] ist für vor dem 1. Januar 1975 (Inkrafttreten des neuen Allgemeinen Teils des StGB gem. dem 2. StRG,

---

[91] Vgl. hierzu § 9/9.

[92] Vgl. Lackner/Kühl/Heger-*Heger* § 2 Rn. 3 ff.; zum Begriff des „milderen Rechts" auch BGH 1 StR 326/98 BGHSt 44, 175 (176 ff.) sowie grundlegend *Satzger* Jura 2006, 748 ff.; vgl. etwa die Rechtsänderungen im Zusammenhang mit der Legalisierung von Cannabis (CanG) v. 27.03.2024 BGBl. I 109.

[93] Vgl. hierzu auch *Tiedemann* 1985, insbes. S. 30 ff.

[94] So die Rechtsprechung; vgl. zum Streitstand Lackner/Kühl/Heger-*Heger* § 2 Rn. 8.

[95] „Einführungsgesetz zum Strafgesetzbuch vom 2. März 1974 (BGBl. I 469; 1975 I 1916; 1976 I 507), das zuletzt durch Artikel 13 des Gesetzes vom 27. März 2024 (BGBl. 2024 I 109) geändert worden ist".

s. o. § 1 Rn. 74) begangene Straftaten für die *Führungsaufsicht* (§ 68) und das *Berufsverbot* (§ 70) eine Rückwirkung ausgeschlossen, nicht hingegen für die Unterbringung in einem psychiatrischen Krankenhaus (§ 63), in einer Entziehungsanstalt (§ 64) und in der Sicherungsverwahrung (§ 66) sowie für die Entziehung der Fahrerlaubnis (§ 69). Die rückwirkende Möglichkeit der Einführung bestimmter Maßregeln wird damit gerechtfertigt, dass die Verhängung von Maßregeln auch Sicherungscharakter habe und damit der Gefahrenabwehr diene. Dieses Ziel könnte allerdings auch mit den Mitteln des Polizeirechts verfolgt werden. Als *Rechtsfolge* für eine tatbestandsmäßige und rechtswidrige Handlung sollten hingegen auch Maßregeln der Besserung und Sicherung am Gesetzlichkeitsprinzip teilhaben.[96]

Nach vorangegangenen Entscheidungen des EGMR (vgl. bereits Rn. 8), dass die **72** Regelung der Sicherungsverwahrung in Deutschland gegen Bestimmungen der EMRK verstoße,[97] erklärte das BVerfG im Mai 2011 die Regelungen des StGB und des JGG über die Anordnung und die Dauer der (nachträglichen) Sicherungsverwahrung für verfassungswidrig: Diese verletzten das Freiheitsgrundrecht der Untergebrachten (Art. 2 II 2 i. V. m. Art. 104 I GG), da sie nicht dem verfassungsrechtlichen Abstandsgebot zwischen Freiheitsstrafe und Maßregelvollzug genügten.[98] Insbesondere bei sog. *Altfällen* bestünden außerdem Bedenken im Hinblick auf den Vertrauensschutz aus Art. 20 II GG, wobei es hier auf eine Beurteilung im Einzelfall ankomme.[99] Einen Verstoß gegen das Rückwirkungsverbot aus Art. 103 II GG nahm das Verfassungsgericht hingegen nicht an, da dieses nur für Strafen, nicht jedoch für Maßregeln gelte.[100]

Eine partielle Einschränkung hat das Gesetzlichkeitsprinzip als Rückwirkungs- **73** verbot durch die Rechtsprechung des BVerfG zur Strafbarkeit der Todesschüsse an der innerdeutschen Grenze erfahren (s. o. Rn. 12).

b) Rückwirkungsverbot im Strafverfahrensrecht?

Im Unterschied zum materiellen Recht wird im Verfahrensrecht eine Rückwirkung **74** prinzipiell für möglich gehalten.[101] Ordnet man außer dem Fehlen eines *Strafantrags* auch den Eintritt der *Verjährung*[102] als *Verfahrens*hindernis ein, würde das

---

[96] Vgl. *Roxin/Greco* AT 1 § 5 Rn. 56 mwN.

[97] EGMR Urt. v. 17.12.2009, Beschw. Nr. 19359/04 NJW 2010, 2495, mit Anm. *Eschelbach.*

[98] Vgl. BVerfG 2BvR 2365/09 NJW 2011, 1931 (Rn. 85 ff. sowie 95 ff.).

[99] Vgl. BVerfG NJW 2011, 1931 (Rn. 85 ff.) zum Vertrauensschutz, insb. zur Abwägung bei sog. Altfällen vgl. *Hörnle* NStZ 2011, S. 488 ff. (489 f.).

[100] Abweichend vom EGMR, der urteilte, dass die nachträgliche Verlängerung der Sicherungsverwahrung gegen Art. 7 I EMRK (Rückwirkungsverbot) verstößt, vgl. EGMR Urt. v. 17.12.2009, Beschw. Nr. 19359/04 NJW 2010, 2495. Allerdings legt das BVerfG den Begriff der Strafe anders als der EGMR aus, da die EMRK anders als die deutsche Rechtsordnung kein zweigleisiges System von Strafe und Maßregel kennt, vgl. *Hecker* EuStR Kap. 3 Rn. 39.

[101] Vgl. *Jescheck/Weigend* AT § 15 IV 4; *Fischer*, in: Fischer § 2 Rn. 7 f.; einschränkend *Jakobs* AT 4 Rn. 57 hinsichtlich der Erweiterung der Katalogtaten bei Untersuchungshaft sowie zum griechischen Recht *Fitrakis* 1998.

[102] Näher *Jescheck/Weigend* AT § 15 IV 4 mit Fn. 48.

strafrechtliche Rückwirkungsverbot folglich insoweit nicht eingreifen. Dies gilt jedoch nur für das spezifisch strafrechtliche Rückwirkungsverbot aus Art. 103 II
GG. Das allgemeine Rückwirkungsverbot (Art. 103 III i. V. m. Art. 20 III GG) gilt
auch für das Verfahrensrecht, wie das BVerfG in der Entscheidung zur Wiederaufnahme bekräftigt hat.[103]

75   In seiner Entscheidung vom 26.02.1969 über die Zulässigkeit der Verlängerung
der Verjährungsfrist für Beihilfe zum Mord an jüdischen Mitbürgern, begangen im
Juni und Juli 1941,[104] entschied das Bundesverfassungsgericht, dass auch *Verjährungsvorschriften* nicht vom Gesetzlichkeitsprinzip erfasst werden, und zwar
ungeachtet der Frage, ob es sich hierbei um Vorschriften über das Straf*verfahren*
handelt (Verjährung als Verfahrenshindernis). Denn Art. 103 II GG betreffe die
Strafbarkeit, Verjährungsvorschriften hingegen die *Verfolgbarkeit* einer Tat. Da der
Unrechtscharakter einer strafbaren Handlung durch ihre Verfolgbarkeit aber nicht
berührt werde, könne eine Änderung der Verjährungsvorschriften auch nicht gegen
Art. 103 II GG verstoßen. Dies gehe auch aus der Entstehungsgeschichte jener Vorschrift hervor.[105]

76   Durch das 9. StrÄG vom 04.08.1969[106] wurde daraufhin die Verjährungsfrist für
Mord von 20 auf 30 Jahre verlängert und durch das 16. StrÄG vom 16.07.1979[107]
ganz aufgehoben. Die Wiedereröffnung *abgelaufener* Verjährungsfristen ist hingegen unzulässig.

77   Ob der nachträgliche Wegfall eines *Strafantragserfordernisses* gegen das Rückwirkungsverbot verstößt, ist umstritten. Die h. M. erhebt keine Einwände.[108]

c) Rückwirkungsverbot bezüglich der Änderung höchstrichterlicher Rechtsprechung?

78   Da höchstrichterliche Entscheidungen der Einheitlichkeit der Rechtsprechung dienen, können sie zum Orientierungspunkt für die Normadressaten werden und dadurch faktisch wie gesetzliche Regelungen wirken. Jedoch ist selbst höchstrichterliche Rechtsprechung nicht unabänderlich. Es fragt sich daher, was geschehen soll,
wenn sich zwischen Tatbegehung und Aburteilung eine gefestigte höchstrichterliche Auffassung zu Ungunsten des Täters ändert.[109]

---

[103] BVerfG 2 BvR 900/22 BVerfGE 166, 359.

[104] BVerfG 2 BvL 15/68, 2 BvL 23/68 BVerfGE 25, 269; vgl. auch *Clausnitzer* The International
and Comparative Law Quarterly 1980, S. 473 ff.

[105] Vgl. BVerfGE 25, 286; im Übrigen vermochte das Gericht auch keine Verfassungswidrigkeit des
Berechnungsgesetzes aus Gründen einer rechtsstaatswidrigen unzulässigen rückwirkenden Enttäuschung schutzwürdigen Vertrauens festzustellen, vgl. BVerfGE 25, 289.

[106] BGBl. I 1065.

[107] BGBl. I 1046.

[108] Vgl. BGH 3 StR 836/53 BGHSt 6, 155; *Wessels/Beulke/Satzger* AT Rn. 74; krit. hingegen
Hecker, in: Schönke/Schröder § 2 Rn. 6; *Roxin/Greco* AT 1 § 5 Rn. 59 f. mwN.

[109] Dazu ausführlich *Neumann* FS Beulke, S. 197 ff.

Beispiel 3.10

Promillegrenze: Durch die Entscheidung BGH NStZ 1990, 491 vom 28.06.1990 –   **79**
1994 StR 297/90 – wurde die Grenze für die absolute (d. h. die ohne Nachweis
über ihr konkretes Vorliegen anzunehmende) Fahruntüchtigkeit von 1,3 ‰ auf
1,1 ‰ Blutalkoholkonzentration (BAK) gesenkt. Während ein Autofahrer bis zur
Senkung dieser Promille-Grenze davon ausgehen konnte, dass ihm bei einer BAK
von 1,2 ‰ seine Fahruntüchtigkeit für eine Strafbarkeit nach § 316 nachgewiesen
werden musste, gehen die Gerichte seither bei diesem Wert von einer absoluten
Fahrtuntüchtigkeit aus. Könnte sich der Autofahrer A in einer entsprechenden Situation gegen die Annahme seiner absoluten Fahruntüchtigkeit unter Hinweis auf
das Rückwirkungsverbot erfolgreich zur Wehr setzen? ◄

Eine solche Wirkung des Rückwirkungsverbots ist nicht anerkannt.[110] Hatte sich der   **80**
Normadressat allerdings auf eine bestimmte Rechtsprechung verlassen und eigens
Rechtsrat eingeholt, kann ihn u. U. § 17 (Verbotsirrtum) vor Strafe bewahren.[111]

Hinweise zum Leitfall 3.1

Zunächst wies das Bundesverfassungsgericht das Argument zurück, dass die Be-   **81**
griffe *„berechtigt oder entschuldigt"* über ihre formal-dogmatische Bedeutung in
der Rechtssprache hinaus auch auf *nicht vorsätzliche* Verhaltensweisen Anwendung finden könnten. Schon die Umgangssprache unterscheide zwischen unvorsätzlichen (i. S. v. nicht absichtlichen) und berechtigten oder entschuldigten
Verhaltensweisen. Wer sich „berechtigt oder entschuldigt" vom Unfallort entfernt habe, handele zudem objektiv und subjektiv unter ganz anderen Voraussetzungen als derjenige, der das mangels Kenntnis des Unfallgeschehens tue.[112]
Aber auch *„historische, systematische* und *teleologische* Auslegungsgesichts-   **82**
punkte" sprechen nach Ansicht des BVerfG gegen eine Gleichsetzung:[113] „Den
Gesetzgebungsmaterialien lassen sich keine klaren Anhaltspunkte dafür entnehmen, dass der Gesetzgeber darauf bedacht gewesen sei, möglichst alle Fälle
des ‚aus welchen Gründen auch immer' (…) straflosen Sich-Entfernt-Habens
vom Unfallort durch die nachträgliche Meldepflicht zu erfassen." In *systematischer* Hinsicht sei zu berücksichtigen, dass die Pflichten nach dem berechtigten
oder entschuldigten Sich-Entfernt-Haben weiter reichen als die Pflichten nach
dem Unfallgeschehen nach § 142 I. Denn das nachträgliche Ermöglichen nach
§ 142 II verpflichte zu selbstbelastenden Handlungen, deren Gebotenheit und

---

[110] Vgl. *Neumann* ZStW 103 (1991), 331 ff.; *Hecker,* in: Schönke/Schröder § 2 Rn. 7 mwN; a. A. *Ha*
1996; *Hettinger/Engländer* FS Meyer-Goßner, S. 145 ff.
[111] Näher zum Verbotsirrtum unten § 13 Rn. 27 ff., 34 ff., 42 ff., 56 ff., 232 ff.; differenzierend
Roxin/Greco AT 1 § 5 Rn. 61 ff.
[112] BVerfG 2 BvR 2273/06 NJW 2007, 1666 (1667 Rn. 20).
[113] BVerfG NJW 2007, 1667 Rn. 21 ff.

Reichweite derjenige nicht überblicken kann, der erst nachträglich von dem Geschehen des Unfalls erfährt. Schließlich lasse sich auch mit dem *Schutzzweck* des § 142, die Durchsetzbarkeit zivilrechtlicher Ansprüche der Unfallbeteiligten untereinander zu sichern, die Umdeutung von „berechtigt oder entschuldigt" in „unvorsätzlich" nicht begründen. Die Schwierigkeit des Nachweises der Kenntnis vom Unfallgeschehen dürfe nicht durch den Hinweis auf die kriminalpolitische Bedeutsamkeit eines Verbots umgangen werden.[114]

83 Man kann die Ausführungen des Bundesverfassungsgerichts auch deutlicher formulieren: Die Kenntnis des Lebenssachverhalts, den eine Strafnorm voraussetzt, ist unabdingbare Voraussetzung für eine Strafbarkeit entsprechend dieser Norm. Lücken in der Nachweisbarkeit dieser Kenntnis können nicht dadurch ausgefüllt werden, dass man auf die kriminalpolitische Bedeutsamkeit der Verbotsnorm hinweist. Es kann ein Verbot somit noch so gewichtig sein – wer den Lebenssachverhalt nicht kennt, an den jenes Verbot anknüpft, darf nicht bestraft werden. ◄

IV. Zur Wiederholung

Kontrollfragen

84
1. Nennen Sie die „vier Säulen" des Gesetzlichkeitsprinzips. (Rn. 13 ff.)
2. Nennen Sie die vier Forderungen des Gesetzlichkeitsprinzips. (Rn. 18, 21, 61, 65 jew. ff.)
3. Nennen Sie die vier wichtigsten Auslegungskriterien. (Rn. 35 ff.)
4. Was versteht man unter Strafrechtsdogmatik? (Rn. 48 ff.)
5. Welcher Schlussverfahren als Mittel zur Entscheidungsfindung bedient sich die juristische Logik? (Rn. 51 f.)

B. Das Schuldprinzip als materielle Ausformung des Rechtsstaatsprinzips

Leitfall 3.2

85 *Vollrausch-Fall*: Um die Jahreswende 1996/1997 feuerte in Berlin ein betrunkener Kraftfahrer K bei einer Polizeikontrolle mehrere Schüsse auf Polizeibeamte ab. Ein Polizeibeamter starb, zwei weitere wurden verletzt. Eine Blutprobe ergab eine Blutalkoholkonzentration zum Tatzeitpunkt von drei Promille. Weil nicht auszuschließen war, dass K schuldunfähig war, kam nur eine Verurteilung nach § 323a in Betracht. § 323a sieht eine Höchststrafe von fünf Jahren Freiheitsstrafe vor.

---

[114] BVerfG NJW 2007, 1668 Rn. 24.

Im Februar 1997 legte der Bundesrat einen auf einen Vorschlag des Landes **86** Berlin zurückgehenden Gesetzesentwurf zur Verschärfung des § 323a vor.[115] Der Bundesrat verfolgte diesen Entwurf auch in der folgenden Legislaturperiode weiter.[116] Der Entwurf des Bundesrates sah vor, § 323a um eine Qualifikation zu erweitern. In Fällen, in denen der Täter im Rausch eine besonders schwerwiegende Straftat begeht, sollte eine Strafe zwischen drei Monaten und zehn Jahren verhängt werden können. Darüber hinaus brachte die CDU/CSU-Fraktion den Entwurf eines Rauschtaten-Strafschärfungsgesetzes ein.[117] Hiernach sollte die Strafe zukünftig der im Rausch erfüllten Strafvorschrift entnommen werden, wobei jedoch eine obligatorische Strafmilderung nach § 49 vorgesehen war.

Zur Begründung führten beide Gesetzesentwürfe übereinstimmend an, dass **87** die absolute Strafobergrenze des § 323a von fünf Jahren Freiheitsstrafe dem Gebot des gerechten Strafens sowie dem Gedanken der positiven Generalprävention nicht gerecht würden. So sei beispielsweise in Fällen, in denen ein drogenabhängiger Amokläufer im Rausch mehrere Menschen lebensgefährlich verletze oder gar töte, weder den Opfern noch der Rechtsgemeinschaft die Verhängung einer Freiheitsstrafe unter fünf Jahren zu vermitteln.[118]

Der Rechtsausschuss des Bundestages empfahl dem Bundestag die Ab- **88** lehnung beider Gesetzesentwürfe mit der Begründung, dass diese einen Bruch mit dem *Schuldprinzip* darstellten,[119] da sich die Strafdrohung an der Schwere bzw. am Strafrahmen der im Zustand der Schuldunfähigkeit begangenen Rauschtat orientiere. ◄

I. Nulla poena sine culpa – keine Strafe ohne Schuld[120]

Das Schuldprinzip bildet die materielle Komponente eines der Menschenwürde, der **89** Freiheit, der Gleichheit, der Verhältnismäßigkeit und dem Vorbehalt des Gesetzes verpflichteten rechtsstaatlichen Strafrechts. „Der Schuldgrundsatz hat Verfassungsrang; er ist in der Garantie der Würde und Eigenverantwortlichkeit des Menschen (Art. 1 I GG und Art. 2 I GG) sowie im Rechtsstaatsprinzip verankert (vgl. BVerfGE 45, 187/259 f.; 86, 288/313; 95, 96/140; 120, 224/253 f.; 130, 1/26)".[121] Er besagt, dass der Täter einer tatbestandsmäßigen und rechtswidrigen Handlung nur bestraft werden darf, wenn ihm auch ein Schuldvorwurf gemacht werden kann.

---

[115] Vgl. BR-Drs. 123/97.

[116] Vgl. BR-Drs. 97/99 = BT-Drs. 14/759.

[117] Vgl. BT-Drs. 14/545.

[118] Vgl. BR-Drs. 97/99 mit Verweis auf BR-Drs. 123/97 (Beschluss); BT-Drs. 14/759.

[119] Vgl. BT-Drs. 14/9148, S. 4.

[120] Umfassend *Hirsch* ZStW 106 (1994), 746 ff.; vgl. auch *Hassemer,* in: Baumgartner/Eser (Hrsg.) 1983, S. 89 ff.; *Jakobs* 1993; *Arth. Kaufmann* 1976; *Roxin* FS Arth. Kaufmann, S. 519 ff.; siehe auch *Adam/Schmidt/Schumacher* NStZ 2017, 7 ff.

[121] BVerfG 2 BvR 2628/10, 2 BvR 2883/10, 2 BvR 2155/11 NJW 2013, 1058 (1059). Vgl. auch *Hörnle* FS Tiedemann, S. 325 ff. (334 ff.).

90   Denn wenn Strafe ihren legitimierenden Sinn daraus schöpft, dass sie im Falle
      einer normverletzenden Aktion als Re-Aktion und Ver-Geltung die Geltung der
      Norm zum Ausdruck bringt, dann hat Strafe dort keinen Sinn mehr, wo der Norm-
      adressat gar nicht in der Lage war, den Normbefehl zu erkennen bzw. zu befolgen.
      Denn dieser Normadressat stellt die Geltung der Norm nicht in Frage. Auch wäre er
      infolge seiner Unfähigkeit nicht in der Lage, sich in einer die Norm respektierenden
      Weise zu verhalten. Seine Bestrafung würde damit nicht mehr von seinem vernunft-
      getragenen Willen abhängen. Durch die Verhängung einer staatlichen Strafe würde
      er zum *Objekt staatlichen Handelns* gemacht werden, was einen Verstoß gegen die
      Menschenwürde bedeutet.[122]

91   Wollte man hingegen auf die an der Menschenwürde orientierte Schuld als Voraussetzung der
      Strafe verzichten, dann würde kein prinzipieller Unterschied bestehen zwischen der *Dressur* eines
      Tieres und der *Bestrafung* eines Menschen. Auch würde nichts entgegenstehen, ein Tier anzu-
      klagen und zu bestrafen.[123]

92   Neben der Menschenwürde ist es vor allem der *Gleichheitssatz*, welcher Schuld als
      Bedingung für Strafe fordert. Denn wenn Strafe *ausgleichende* Ver-Geltung sein
      soll, dann muss es eine quantifizierbare Größe geben, an der sich dieser Ausgleich
      orientiert. Diese Größe besteht aber wiederum in der Schuld des Täters. Straf-
      theoretisch bildet die Schuld damit nicht nur die *Grundlage*, sondern auch die
      Grenze, an der sich die Strafe zu orientieren hat.

93   Dass sich der deutsche Gesetzgeber für ein Strafrecht entschieden hat, in dem
      der Schuld jene begründende und begrenzende Funktion zukommt, lässt sich § 46
      I 1 entnehmen: „Die Schuld ist die Grundlage für die Zumessung der Strafe."

94   Umstritten ist, ob die Schuld nicht nur die Ober-, sondern auch die Untergrenze
      für die Strafe bildet. Die Antwort hängt auch hier davon ab, wie man die Strafe be-
      gründet: legt man – wie die Rechtsprechung – den Schwerpunkt auf den Gesichts-
      punkt der Tat-*Vergeltung*, dann ist eine Unterschreitung der schuldangemessenen
      Strafe nicht möglich.[124] Je mehr man hingegen einer relativen Begründung der
      Strafe zuneigt, desto eher lässt sich eine Unterschreitung der „theoretisch" schuld-
      angemessenen Strafe mit general- oder spezialpräventiven Argumenten be-
      gründen.[125] Gegen das Schuldprinzip verstößt die Unterschreitung der an sich
      schuldangemessenen Strafe nicht. Denn das Schuldprinzip lautet

      „keine Strafe ohne Schuld"

      und nicht umgekehrt.

---

[122] Zur „Objektformel" BVerfG 1 BvR 197/53 BVerfGE 9, 167 (171); BVerfG 1 BvR 698/89
BVerfGE 87, 209 (228); vgl. auch *Pieroth/Schlink/Kingreen/Poscher* 2019, Rn. 508 ff. mwN.

[123] Zu Strafverfahren gegen Tiere *Schild* 1989, S. 66.

[124] Vgl. BGH 2 StR 355/80 BGHSt 29, 319 (320 f.); BGH GSSt 1/86 BGHSt 34, 345.

[125] So *Roxin/Greco* AT 1 § 3 Rn. 54; vgl. auch *Amelung* JZ 1982, 617 ff. (621); *Schünemann* GA
1986, 293 ff. (300).

Während die *Strafe* von der Schuld abhängt, hängt die *Schuld* wiederum vom   **95**
rechtswidrig verwirklichten *Unwert* der Tat ab, sei es vom objektiven Verhaltens-
und Veränderungsunwert (Sachverhaltsunwert) oder von der Vorstellung (Wissen
und Wollen), den Absichten und Motiven des Täters (personaler Unwert).

Die *Quantifizierbarkeit* dieser Unwertverwirklichungen bringt es mit sich, dass   **96**
auch die Schuld eine quantifizierbare Größe ist.

Mit diesen Überlegungen haben wir uns aber nur einen ersten Überblick über die   **97**
rechtsstaatliche Funktion des Schuld*prinzips* verschafft. Über den Schuld*begriff* ist
damit noch nichts ausgesagt (dazu näher § 6 Rn. 6 ff.).

II. Maßregeln der Besserung und Sicherung[126]

Wenn der Satz „keine Strafe ohne Schuld" ausnahmslos gelten soll, darf Strafe   **98**
nicht (bzw. nicht in vollem Umfang) in Fällen verhängt werden, in denen jemand
eine tatbestandsmäßige und rechtswidrige Handlung im Zustand der Schuldunfähigkeit (bzw. der verminderten Schuldfähigkeit) begangen hat. Das Strafgesetz
knüpft daher insoweit nicht an die Schuld, sondern an die *Gefahr* an, die von solch
einem Täter ausgeht, und sieht in den §§ 61 ff. eine Reihe sog. „Maßregeln" der
Besserung und Sicherung vor (u. a. Unterbringung in einem psychiatrischen
Krankenhaus, § 63, oder in einer Entziehungsanstalt, § 64,[127] Entziehung der Fahrerlaubnis, § 69).

Während die in den §§ 38 ff. ihrer Art nach festgelegten Strafen einen Schuldaus-   **99**
gleich anstreben und somit auch hinsichtlich ihrer präventiven Zwecke durch die
persönliche Schuld getragen und zugleich begrenzt werden, ist bei den in den
§§ 61 ff. festgelegten Maßregeln die *Gefährlichkeit* entscheidend. Im Unterschied
zur allgemeinen Gefahrenabwehr nach Polizeirecht[128] setzen die Maßregeln der
Besserung und Sicherung die Begehung einer tatbestandsmäßigen und rechtswidrigen Handlung *voraus* und nehmen auf sie auch Bezug.

Die Ausgestaltung von Maßregeln neben den Strafen erfolgte durch das sog. Ge-   **100**
wohnheitsverbrechergesetz vom 24.11.1933,[129] ohne dass es sich dabei um ein typi-
sches nationalsozialistisches Gesetz gehandelt hätte.[130]

Die Existenz von Strafen und Maßregeln als Rechtsfolgen einer rechtswidrigen   **101**
Tat nennt man die *Zweispurigkeit der strafrechtlichen Sanktionen.*

---

[126] Vgl. näher *Naucke* 1998, § 3.

[127] Vgl. hierzu *Dessecker* NStZ 1995, 318 ff.; *Müller-Gerbes* StV 1996, 633 ff.

[128] Standardmaßnahmen der Gefahrbeseitigung sind Sicherstellung und Beschlagnahme, Gewahrsam und Festnahme sowie Platzverweisung, vgl. *Gusy* Polizeirecht, Rn. 276 ff.

[129] RGBl. I 995.

[130] Näher zum Gewohnheitsverbrechergesetz *Jescheck/Weigend* AT § 9 I, dort Fn. 6 mwN; LK-
Grube Vor §§ 38 Rn. 9.

102 Vom Sprachgebrauch her unglücklich ist im *Jugendstrafrecht* die Bezeichnung der Weisungen und Erziehungshilfen nach den §§ 9 ff. JGG als Erziehungs*maßregeln* im Unterschied zur freiheitsentziehenden Jugendstrafe. Denn wenn auch primär als erzieherische Maßnahmen und nicht als Vergeltung schuldhaft verwirklichten Unrechts gedacht, setzen diese Rechtsfolgen doch ebenso wie die Jugendstrafe und die Strafen des Erwachsenenstrafrechts eine *schuldhaft* begangene Straftat voraus.[131]

Hinweise zum Leitfall 3.2

103 Die Gesetzesentwürfe des Bundesrates und der CDU/CSU-Fraktion sahen übereinstimmend in der Schwere der im Zustand der Schuldunfähigkeit begangenen Rauschtat den Grund für die angestrebte Strafschärfung des § 323a n. F. Nur so könne eine „gerechte Strafe" für die Tat erreicht werden. Der Maßstab für eine gerechte Strafe ergibt sich jedoch aus der vom Täter durch die konkrete Straftat verwirklichten Schuld.[132] Im Rahmen des § 323a stellt die Herbeiführung der Schuldunfähigkeit selbst das gesetzliche Unrecht dar. Strafgrund ist bereits die besondere Gefährlichkeit des Sich-Berauschens. Aufgrund dessen kann sich die Strafe beim Vollrausch allein aus der Schuld des Täters hinsichtlich des Berauschens und den Umständen, unter denen dies geschieht, bemessen. Die Schwere der Rauschtat, die der Täter im Zustand der Schuldunfähigkeit begeht, muss hingegen bei der Bemessung der Strafe außer Betracht bleiben. Denn bezüglich der Rauschtat kann den Täter gerade kein Schuldvorwurf treffen. Indem beide Gesetzesentwürfe hinsichtlich der zu verhängenden Strafe an die Schwere einer Tat anknüpften, die im Zustand der Schuldunfähigkeit begangen wurde, stellten sie somit einen Bruch mit dem Schuldprinzip dar.[133] ◄

III. Zur Wiederholung

Kontrollfragen

104 1. Was versteht man unter der „Zweispurigkeit" der strafrechtlichen Sanktionen? (Rn 101)
2. Worin liegt der wesentliche Unterschied zwischen einer Strafe und einer Maßregel? (Rn 99)

---

[131] Näher zur Natur der Erziehungsmaßregeln *Beulke/Swoboda* Jugendstrafrecht, Rn. 305 ff.

[132] Vgl. *Freund/Renzikowski* ZRP 1999, 497 ff.

[133] Informativ hierzu und zu weiteren Reformvorschlägen auch *Renzikowski* ZStW 112 (2000), 475 ff.

C. Weitere Ausformungen des Rechtsstaatsprinzips

Neben dem Gesetzlichkeitsprinzip als formaler und dem Schuldprinzip als materiel- **105**
ler Komponente des Rechtsstaatsprinzips seien die folgenden, das Strafrecht ebenfalls prägenden Ausformungen des Rechtsstaatsprinzips wenigstens kurz erwähnt:
Nicht nur als Grundlage des Schuldbegriffs, sondern auch als Grundlage eines **106**
humanen, der gegenseitigen Verbundenheit der Menschen und der Bereitschaft zur
sozialen Verantwortung für den straffälligen Menschen verpflichteten Strafrechts
kommt der *Menschenwürde*, Art. 1 I GG, zentrale Bedeutung zu. Sie konkretisiert
sich in dem Streben nach Rückgewinnung verurteilter Straftäter für die Gesellschaft
selbst im Falle der Verurteilung zu einer lebenslangen Freiheitsstrafe,[134] in der Abschaffung der Todesstrafe, der Zwangskastration sowie in dem Verzicht auf ent-
ehrende Strafen.[135] Die Wahrung der *Handlungsfreiheit*, Art. 2 I GG, bringt eine Beschränkung der staatlichen Strafe auf notwendige Eingriffe mit sich. Das *Gleich-
heitsprinzip*, Art. 3 GG, verbietet die Diskriminierung entlassener Strafgefangener.
Das in Konkretisierung des *Verhältnismäßigkeitsprinzips*, Art. 20 III GG, entwickelte *Übermaßverbot* beeinflusst das gesamte Strafrecht und findet sich in besonders sensiblen Bereichen wie etwa im Maßregelrecht (§ 62) oder im Recht der
Untersuchungshaft (§ 112 I StPO) ausdrücklich formuliert.[136]

Literatur

Adam/Schmidt/Schumacher Nulla poena sine culpa – Was besagt das verfassungsrechtliche
    Schuldprinzip?, NStZ 2017, 7 ff.
Adomeit Rechts- und Staatsphilosophie Bd. II: Rechtsdenker der Neuzeit, 1995
Alexy Rechtsregeln und Rechtsprinzipien, in: MacCormick, Neil u. a. (Hrsg.), Geltungs- und Er-
    kenntnisbedingungen im modernen Rechtsdenken, 1985, Beiheft 25 Archiv für Rechts- und
    Sozialphilosophie
Amelung Zur Kritik des kriminalpolitischen Strafrechtssystems von Roxin, JZ 1982, 617 ff.
Arnold Einschränkung des Rückwirkungsverbotes sowie sorgfältige Schuldprüfung bei den
    Tötungsfällen an der DDR-Grenze – BVerfG, NJW 1997, 929, JuS 1997, 400 ff.
Arnold Überpositives Recht und Andeutungen völkerrechtsfreundlicher Auslegung von Strafrecht,
    FS für Grünwald 1999, S. 31 ff.
Baumann/Weber/Mitsch/Eisele Strafrecht Allgemeiner Teil, 13. Aufl. 2021
Beulke/Swoboda Jugendstrafrecht, 16. Aufl. 2020
Canaris Die Feststellung von Lücken im Gesetz, 2. Aufl. 1983

---

[134] Vgl. das Urteil des Bundesverfassungsgerichts vom 21.06.1977, 1 BvL 14/76 BVerfGE 45, 187,
dem der Gesetzgeber durch die Möglichkeit der Aussetzung des Strafrestes bei lebenslanger Freiheitsstrafe nach § 57a Rechnung getragen hat.

[135] Vgl. Art. 102 GG, dazu BVerfG 1 BvR 93/64 BVerfGE 18, 112 (116–121); BGH 4 StR 379/63
BGHSt 19, 201 sowie die §§ 1, 2 KastrG vom 15.08.1969, BGBl. I 1143; zur Möglichkeit der Ver-
wirkung von Grundrechten vgl. Art. 18 GG, zum Verlust der Amtsfähigkeit, der Wählbarkeit und
des Stimmrechts als strafrechtliche Nebenfolge vgl. § 45 StGB.

[136] Vgl. zu § 62 BVerfG 1 BvR 513/65 BVerfGE 19, 343.

Cho, Byung-Sun Die Vergangenheitsaufarbeitung und die koreanische Strafjustiz, FS für Nishihara 1998, S. 339 ff.

Clausnitzer The statute of limitations for murder in the Federal Republic of Germany, The International and Comparative Law Quarterly 1980, S. 473 ff.

Coing Grundzüge der Rechtsphilosophie, 4. Aufl. 1985

Conlledo Verteidigung der (guten) Dogmatik, GA 2020, 204 ff.

Dannecker Nullum crimen, nulla poena sine lege und seine Geltung im Allgemeinen Teil des Strafrechts, FS für Otto 2007, S. 25 ff.

Dannecker Das Verbot unbestimmter Strafen, FS für Roxin 2011, 285 ff.

Dessecker Hat die strafrechtliche Unterbringung in einer Entziehungsanstalt eine Zukunft?, NStZ 1995, 318 ff.

Dubischar Vorstudium zur Rechtswissenschaft, 1974

Ebert Strafrechtliche Bewältigung des SED-Unrechts zwischen Politik, Strafrecht und Verfassungsrecht, FS für Hanack 1999, S. 501 ff.

Engisch Sinn und Tragweite juristischer Systematik, in: Bockelmann/Kaufmann/Klug (Hrsg.), Beiträge zur Rechtstheorie, 1984, S. 88 ff.

Engisch Einführung in das juristische Denken, 9. Aufl. 1997

Erb Die Schutzfunktion von Art. 103 Abs. 2 GG bei Rechtfertigungsgründen, ZStW 108 (1996), 266 ff.

Eser u. a. (Hrsg.) Die deutsche Strafrechtswissenschaft vor der Jahrtausendwende, 2000

Feuerbach, P. J. A. Lehrbuch des gemeinen in Deutschland geltenden Peinlichen Rechts, 1801

Fischer, *Bearbeiter*, in: = Fischer, Strafgesetzbuch, 72. Aufl. 2025

Fitrakis I apagorefsi tis anadromikotitas stin piniki dikonomia (Das Rückwirkungsverbot im Strafprozessrecht), Athen-Komotini 1998

Freund/Renzikowski Zur Reform des § 323a StGB, ZRP 1999, 497 ff.

Frister Strafrecht Allgemeiner Teil (AT), 10. Aufl. 2023

Gerhold Das historische Argument in der Strafrechtslehre, JuS 2021, 97 ff.

Greco Ist der Strafgesetzgeber an das Analogieverbot gebunden?, GA 2012, 453 ff.

Gropp Deliktstypen mit Sonderbeteiligung, 1992

Gropp Naturrecht oder Rückwirkungsverbot? – Zur Strafbarkeit der Berliner „Mauerschützen", NJ 1996, 393 ff.

Grünwald Die Entwicklung der Rechtsprechung zum Gesetzlichkeitsprinzip, FS für Arthur Kaufmann 1993, S. 433 ff.

Gusy Polizeirecht, 11. Aufl. 2023

Ha, Tae-Young Belastende Rechtsprechungsänderungen durch die Strafgerichte unter dem Gesichtspunkt der positiven Generalprävention, 1996

Hassemer Alternativen zum Schuldprinzip?, in: Baumgartner/Eser (Hrsg.), Schuld und Verantwortung, 1983, S. 89 ff.

Hecker Europäisches Strafrecht, 7. Aufl. 2024

Hettinger/Engländer Täterbelastende Rechtsprechungsänderungen im Strafrecht, in: Strafverfahrensrecht in Theorie und Praxis, FS für Lutz Meyer-Goßner 2001, S. 145 ff.

Hirsch Das Schuldprinzip und seine Funktion im Strafrecht, ZStW 106 (1994), 746 ff.

Hörnle Die verfassungsrechtliche Begründung des Schuldprinzips, FS für Tiedemann 2008, S. 325 ff.

Hörnle Der Streit um die Sicherungsverwahrung – Anmerkung zum Urteil des 2. Senats des BVerfG vom 4.5.2011, NStZ 2011, S. 488 ff.

Ida Methodik der Rechtsfindung – insbesondere im japanischen Strafrecht, FS für Szwarc 2009, S. 3 ff.

Ida Zur Wahrheit der strafrechtlichen Problemlösung, FS für Sieber 2021, S. 57 ff.

Jäger Grund und Grenzen des Gesetzlichkeitsprinzips im Strafprozessrecht, GA 2006, 615 ff.

Jakobs Strafrecht, Allgemeiner Teil: die Grundlagen und die Zurechnungslehre (AT), 2. Aufl. 1991

Jakobs Das Schuldprinzip, 1993

Jescheck/Weigend Lehrbuch des Strafrechts, Allgemeiner Teil (AT), 5. Aufl. 1996

Kadelbach Menschenrechte als übergesetzliches Recht?, Jura 2002, 329 ff.

Kaufmann, Arthur Das Schuldprinzip, 2. Aufl. 1976

Kindhäuser Die deutsche Strafrechtsdogmatik zwischen Anpassung und Selbstbehauptung – Grenzkontrolle der Kriminalpolitik durch die Dogmatik?, ZStW 121 (2009), 954 ff.

Koch/Rüßmann Juristische Begründungslehre, 1982

Krahl Die Rechtsprechung des Bundesverfassungsgerichts und des Bundesgerichtshofs zum Bestimmtheitsgrundsatz im Strafrecht (Art. 103 Abs. 2 GG), 1986

Krey Keine Strafe ohne Gesetz, 1983

Kuhlen Die verfassungskonforme Auslegung von Strafgesetzen, 2006

Kuhlen Zum Verhältnis von Bestimmtheitsgrundsatz und Analogieverbot, FS für Otto 2007, S. 89 ff.

Lackner/Kühl/Heger-*Bearbeiter* Strafgesetzbuch: Kommentar, 30. Aufl. 2023

Lagodny Strafrechtsdogmatik und Strafrechtsdidaktik auf der Suche nach dem Wortlaut des Gesetzes, FS für Amelung 2009, S. 51 ff.

Lagodny Juristisches Begründen, 2013

Larenz Methodenlehre der Rechtswissenschaft, 6. Aufl. 1991

LK-*Bearbeiter* = Cirener/Radtke/Rissing-van Saan/Rönnau/Schluckebier (Hrsg.), Leipziger Kommentar, Strafgesetzbuch, Bd. 4, 13. Aufl. 2020

Luther Zum Gesetzlichkeitsprinzip im Strafrecht, FS für Bemmann 1997, S. 202 ff.

Marxen/Werle/Schäfer Strafverfolgung von DDR-Unrecht, 2007

Maurach/Zipf Strafrecht: Ein Lehrbuch, Allgemeiner Teil 1 (AT 1), 7. Aufl. 1987

Mitsch Strafrecht Besonderer Teil 2 (BT 2), 3. Aufl. 2015

MK-StGB-*Bearbeiter* = Erb/Schäfer (Hrsg.), Münchener Kommentar zum Strafgesetzbuch, Bd. 1, 5. Aufl. 2024

Müller, I. Furchtbare Juristen, Die Unbewältigte Vergangenheit unserer Justiz, 1994

Müller-Gerbes Auf dem Prüfstand des BVerfG: das Recht der Unterbringung in einer Entziehungsanstalt, StV 1996, 633 ff.

Müller/Christensen Juristische Methodik, 11. Aufl. 2013

Murmann Grundkurs Strafrecht (GK), 8. Aufl. 2024

Naucke Strafrecht: eine Einführung, 8. Aufl. 1998

Naucke/Harzer Rechtsphilosophische Grundbegriffe, 5. Aufl. 2005

Neumann Die Rechtsprechung im Kontext des verfassungsrechtlichen Prüfungsprogramms zu Art. 103 Abs. 2 GG (Rückwirkungsverbot, Analogieverbot, Bestimmtheitsgebot), FS für Beulke 2015, S. 197 ff.

Neumann Rückwirkungsverbot bei belastenden Rechtsprechungsänderungen der Strafgerichte? ZStW 103 (1991), 331 ff.

Otto Grundkurs Strafrecht – Allgemeine Strafrechtslehre (GK-AT), 7. Aufl. 2004

Penski Rechtsgrundsätze und Rechtsregeln, JZ 1989, 106 ff.

Kingreen/Poscher Grundrechte. Staatsrecht II, 40. Aufl. 2024

Rath Das Verhältnis des Wertes und des Sollens zum Sein, 2004

Rengier Strafrecht Allgemeiner Teil (AT), 16. Aufl. 2024

Renzikowski Die Verschärfung des § 323a StGB – Preisgabe des Schuldprinzips?, ZStW 112 (2000), 475 ff.

Rosenau Tödliche Schüsse im staatlichen Auftrag: die strafrechtliche Verantwortung von Grenzsoldaten für den Schusswaffengebrauch an der deutsch-deutschen Grenze, 2. Aufl. 1998

Roxin Der durch Menschen ausgelöste Defensivnotstand, FS für Jescheck 1985, S. 456 ff.

Roxin Das Schuldprinzip im Wandel, FS für Arthur Kaufmann 1993, S. 519 ff.

Roxin Die Strafrechtswissenschaft vor den Aufgaben der Zukunft, in: Eser, Albin u. a. (Hrsg.) Die deutsche Strafrechtswissenschaft vor der Jahrtausendwende, 2000, S. 369 ff.

Roxin/Greco Strafrecht, Allgemeiner Teil, Band 1 (AT 1), Grundlagen, der Aufbau der Verbrechenslehre, 5. Aufl. 2020

Satzger Die zeitliche Geltung des Strafgesetzes – ein Überblick über das „temporale Strafrecht", Jura 2006, S. 746 ff.

Satzger Internationales und Europäisches Strafrecht (Int/EuStR), 10. Aufl. 2022

Scheffler Die Wortsinngrenze bei der Auslegung, Jura 1996, 505 ff.

Schild, W. Alte Gerichtsbarkeit, 2. Aufl. 1989

Schlehofer Juristische Methodologie und Methodik der Fallbearbeitung, JuS 1992, 572 ff.

Schmitt, R. Der Anwendungsbereich des § 1 StGB (Art. 103 Abs. 2 Grundgesetz), FS für Jescheck 1985, S. 223 ff.

Schmitz Der Bestimmtheitsgrundsatz im Verbraucherschutzstrafrecht, FS für Schünemann 2014, S. 235 ff.

Schönke/Schröder, *Bearbeiter,* in: = Schönke/Schröder, Strafgesetzbuch, 30. Aufl. 2019

Schünemann Die deutschsprachige Strafrechtswissenschaft..., GA 1986, 293 ff.

Seebode Wortlautgrenze und Strafbedürfnis, JZ 1998, 781 ff.

Seidel Rechtsphilosophische Aspekte der Mauerschützenprozesse, 1999

Sinn Die Nötigung im System des heutigen Strafrechts, 2000

Sinn Der Kerngehalt des Gesetzlichkeitsprinzips, FS für Wolter 2013, S. 503 ff.

Sinn Zur Unvereinbarkeit einer Blankettstrafnorm mit den Bestimmtheitsanforderungen nach Art. 103 Abs. 2 i. V. m. Art. 104 Abs. 1 S. 1 GG sowie nach Art. 80 Abs. 1 S. 2 GG), ZJS 2018, 381 ff.

Sinn Anmerkung zu LG Köln, Beschl. v. 9.11.2020 – 101 Qs 72/20, ZJS 2021, 673 ff.

SK-*Bearbeiter* = Systematischer Kommentar zum Strafgesetzbuch, hrsg. von Wolter, Bd. I, 9. Aufl. 2017

SK-*Bearbeiter* = Systematischer Kommentar zum Strafgesetzbuch, hrsg. von Wolter und Hoyer, Bd. II, 10. Aufl. 2024

SK-*Bearbeiter* = Systematischer Kommentar zum Strafgesetzbuch, hrsg. von Wolter, Bd. V, 9. Aufl. 2019

SSW-*Bearbeiter* = Satzger/Schluckebier/Werner (Hrsg.) Strafgesetzbuch, Kommentar, 6. Aufl. 2024

Starck Zum Rückwirkungsverbot bei der strafrechtlichen Beurteilung der Todesschüsse an der innerdeutschen Grenze, JZ 1997, 147 ff.

Streng Tatbestandsdogmatik, Rechtfertigungsdogmatik, Schulddogmatik – Überlegungen zu einer eigenständigen Strafbefreiungsdogmatik, FS für Werle 2022, S. 931 ff.

Tiedemann in Zusammenarbeit mit *Dannecker* Die gesetzliche Milderung im Steuerstrafrecht: dargestellt am Beispiel der Abzugsfähigkeit von Parteispenden, 1985

Tiedemann Die Anfängerübung im Strafrecht, 1997, S. 74 ff.

v. Savigny System des heutigen Römischen Rechts, Band 1, 1840

Wessels/Beulke/Satzger Strafrecht Allgemeiner Teil (AT), 54. Aufl. 2024

Wolf Befreiung des Strafrechts vom nationalsozialistischen Denken?, Jus 1996, 189 ff.

Würdiger Das Ziel der Gesetzesauslegung – ein juristischer Klassiker und Kernstreit der Methodenlehre, JuS 2016, 1 ff.

Zaczyk Was ist Strafrechtsdogmatik?, FS für Küper 2007, S. 723 ff.

Zielinski Das strikte Rückwirkungsverbot gilt absolut im Rechtssinne auch dann, wenn es nur relativ gilt, FS für Grünwald 1999, S. 811 ff.

Zippelius Juristische Methodenlehre, 12. Aufl. 2021

Die Lehre von der strafbaren Handlung Erscheinungsform: die vorsätzlich herbeigeführte Veränderung in der Außenwelt (sog. vorsätzliches Erfolgsdelikt)

In § 2 Rn. 109 ff., 114 ff. hatte sich die folgende *Grundstruktur der strafbaren* **1** *Handlung* als Basis für einen „vermittelnden" Handlungsbegriff ergeben:

Um wegen einer vorsätzlichen Veränderung in der Außenwelt strafbar zu sein, muss eine Handlung

I. Tatbestandsmäßig

sein, d. h. der in einer gesetzlichen Vorschrift beschriebenen Verwirklichung eines **2** Unwertes, die mit *Strafe* bedroht ist, entsprechen.

Als **3**

- *objektive Elemente* der Tatbestandsmäßigkeit (Sachverhaltsunwert) sind deshalb erforderlich
  - eine *Handlung* einer *Person* im Sinne eines
  - willentlichen Körperverhaltens (Tun oder Unterlassen), das
  - eine *Veränderung in der Außenwelt* (Erfolg) entsprechend der gesetzlichen Vorschrift
  - *verursacht* und der handelnden Person als ihre Tat
  - *zugerechnet*

werden kann.

Als **4**

- *subjektive Elemente* der Tatbestandsmäßigkeit (personaler Unwert) muss die handelnde Person das in einer gesetzlichen Vorschrift beschriebene Verhalten
  - *vorsätzlich* verwirklichen und dort ggf. beschriebene
  - *besondere personale Merkmale* (Gesinnungsmerkmale)

aufweisen.

Strafbar kann eine solche tatbestandsmäßige Handlung aber nur sein, wenn sie

II. Rechtswidrig

5   ist. Dies ist dann der Fall, wenn keine Gründe gegeben sind, welche die Verwirklichung des Sachverhalts- und des personalen Unwertes – trotz der gesetzlichen Kennzeichnung als strafbar – als rechtmäßig erscheinen lassen.

Ist I und II zu bejahen, ist nach h. M. strafrechtliches *Unrecht* verwirklicht.

Um strafbar zu sein, muss die handelnde Person die rechtswidrige Handlung auch

III. Schuldhaft (= vorwerfbar)

6   verwirklicht haben. Die ist der Fall, wenn der handelnden Person *vorgeworfen* werden kann, dass sie

- wusste bzw. zumindest hätte wissen können, dass ihr Verhalten rechtswidrig ist ([zumindest potenzielles] Bewusstsein der *Rechtswidrigkeit* bzw. des *Unrechts),*
- dennoch *wissentlich und willentlich* gegen die Vorschrift verstoßen hat *(Vorsatz),*

und wenn sie

- *schuldfähig* war und sie
- die besonderen personalen Merkmale *(Gesinnungsmerkmale)* aufweist und
- *keine* Gründe gegeben sind, welche die Verwirklichung des Unrechts auf Grund besonderer Umstände in der Person des Täters als nicht strafwürdig erscheinen lassen *(Entschuldigungsgründe, Strafausschließungsgründe).*

IV. Außerhalb der in I–III beschriebenen Struktur der strafbaren Handlung

7   behält sich der Gesetzgeber die Möglichkeit vor, aus *kriminalpolitischen Gründen* zusätzliche besondere Rechtsfolgevoraussetzungen und -hindernisse für die grundsätzlich als strafwürdig beschriebene Handlung zu formulieren:

8   • *objektive Bedingungen* der Strafbarkeit, z. B. die Nicht-Erweislichkeit der behaupteten ehrenrührigen Tatsache bei der üblen Nachrede (§ 186). Fehlen sie, kann trotz der rechtswidrigen und schuldhaften Begehung der Tat keine Strafe verhängt werden.

9   • *persönliche* oder *objektive Strafausschließungsgründe*, z. B. dass es die Schwangere ist, die den Versuch begeht als Grund für die Straffreiheit des versuchten Schwangerschaftsabbruchs (§ 218 IV). Sind sie gegeben, kann der Täter nicht bestraft werden.

Teil II stellt die unter I–IV beschriebenen Elemente der strafbaren Handlung in den §§ 4–7 nun näher dar.

§ 4 Tatbestandsmäßigkeit

frei nach BGH 2 StR 391/51 BGHSt 1, 332 *Gesichtsschlag*-Fall:[1] Als B gerade   1
beim sonntäglichen Frühschoppen in der Gartenwirtschaft sitzt, nimmt ihm gegenüber der Durchreisende D Platz. Man kommt sich näher und diskutiert über
Gott und die Welt. Alsbald jedoch wird die Diskussion heftig. Als D die Argumente ausgehen, versetzt er B mit der flachen rechten Hand einen kräftigen
Schlag gegen die linke Gesichtshälfte. B bleibt zunächst völlig erstarrt sitzen.
Bald aber senkt sich sein Körper nach rechts, und er kippt vom Stuhl. Dabei glei-
tet die Geldbörse des B aus seiner Jackentasche und fällt in den Kies. D nutzt die
sich ihm bietende Gelegenheit, zu Geld zu kommen, nimmt die Geldbörse des
röchelnd am Boden liegenden B an sich und verschwindet unerkannt.

Der regungslos am Boden liegende B wird vom Gaststättenpersonal nach wenigen Minuten gefunden. Der herbeigerufene Notarzt kann jedoch nur noch seinen Tod feststellen. Bei der Obduktion stellt sich heraus, dass B durch den Schlag
des D eine Gehirnerschütterung erlitten hatte, die zum Einriss von Blutadern der
weichen Hirnhäute und dadurch zu seinem alsbaldigen Tode führte.

Hat sich D hinsichtlich des Todes des B strafbar gemacht? ◄

Die die Strafbarkeit begründende Unwertverwirklichung eines Handelns ist nur   2
dann gegeben, wenn der Täter alle erforderlichen *Elemente der Tatbestandsmäßigkeit* verwirklicht. Dem heute überwiegend vertretenen vermittelnden Aufbau der
strafbaren Handlung entsprechend (s. o. § 2 Rn. 114 ff. sowie Rn. 2–6 vor § 4),
wird bei der vorsätzlichen Straftat zwischen objektiven (A) und subjektiven (B)
Elementen der Tatbestandsmäßigkeit unterschieden. Gleiches gilt für einen machttheoretischen Begriff der Straftat.

---

[1] Vom 28.9.1951.

© Der/die Herausgeber bzw. der/die Autor(en), exklusiv lizenziert an
Springer-Verlag GmbH, DE, ein Teil von Springer Nature 2025
A. Sinn, *Strafrecht Allgemeiner Teil*, Springer-Lehrbuch,
https://doi.org/10.1007/978-3-662-71556-7_4

A. Objektive Elemente der Tatbestandsmäßigkeit (Sachverhaltsunwert)

3 Der Sachverhaltsunwert der strafbaren Handlung besteht darin, dass eine Person als Tatsubjekt (I) handelt (II) und dadurch eine Veränderung in der Außenwelt (III) u. U. durch Einwirkung auf ein Tatobjekt (IV) in einer Weise verursacht (V), dass ihr diese Veränderung als ihr Werk zugerechnet (VI) werden kann. Im Kern beschreiben die Straftatbestände Machtverhältnisse. Es geht um jeweils konkrete Machtäußerungen einer Person, aufgrund derer im Verhältnis zu anderen Personen, Sachen, Objekten oder Interessen ein bestimmtes Machtverhältnis begründet oder gestaltet wird.[2]

I. Die Handlung einer Person (Tatsubjekt)

1. Natürliche Personen

4 Tatsubjekt muss ein *Mensch* sein („wer"), der „Täter" oder die „Täterin",[3] wobei es in der Regel keine Rolle spielt, ob das Tatsubjekt männlich oder weiblich ist. Unter Umständen ist es jedoch erforderlich, dass das Tatsubjekt bestimmte Eigenschaften aufweist, um Täter sein zu können.

5   Dies ist zum einen bei den *Sonderstraftaten* (*Sonderdelikten*) der Fall, bei denen nur solche Personen Tatsubjekt sein können, die über bestimmte Eigenschaften verfügen. Nur ein Amtsträger oder ein für den öffentlichen Dienst besonders Verpflichteter bzw. ein Richter oder Schiedsrichter kann z. B. Täter einer Vorteilsannahme (§ 331 I, II) oder einer Bestechlichkeit (§ 332) sein. Auch die Körperverletzung im Amt (§ 340 I) kann nur von einem Amtsträger begangen werden.

6   Eine besondere Form der *Tatbegehung* erfordern die sog. *eigenhändigen* Straftaten.[4] Tatsubjekt kann hier nur sein, wer das tatbestandsmäßige Verhalten in eigener Person erfüllt. Deshalb kann Täter einer Aussagestraftat nur sein, wer *selbst* aussagt (vgl. §§ 153, 154 I), einer Straßenverkehrsgefährdung nur (§ 315 c I, III), wer *selbst* ein Fahrzeug führt, was die Beteiligungsformen der mittelbaren Täterschaft (vgl. § 10 Rn. 99 ff.) und der Mittäterschaft (vgl. § 10 Rn. 168 ff.) ausschließt.

2. Juristische Personen und Personenvereinigungen

a) Keine Strafbarkeit de lege lata

7 Nach geltendem deutschen Recht kann *Täter* einer Straftat nur eine *natürliche Person* sein. Eine Strafbarkeit juristischer Personen kennt das deutsche Strafrecht nicht, weil *juristische Personen* und *Personenvereinigungen* im straf*rechtlichen* Sinne

---

[2] *Sinn* 2007, S. 310 f.

[3] Dem allgemeinen Sprachgebrauch folgend wird der Begriff des „Täters" grundsätzlich auch für weibliche Personen gebraucht, zumal ohnehin ca. 81 % aller erwachsenen Verurteilten männlichen Geschlechtes sind (2023 männlich/weiblich = 487.615/111.346) vgl. Statistisches Bundesamt Wiesbaden (Hrsg.), Statistischer Bericht Strafverfolgung 2023, Tabelle 24311-01.

[4] Vgl. *Herzberg* ZStW 82 (1970), 896 ff.; *Roxin* AT 2 § 25 Rn. 297 ff.; *Schall* JuS 1979, 104 ff.; kritisch und lesenswert zu den eigenhändigen Straftaten *Schubarth* ZStW 110 (1998), 827 ff.

handlungsunfähig sind,[5] denn sie können nach (noch) herrschender Auffassung keinen natürlichen Willen bilden. Auch kann ihnen gegenüber eine Kriminalstrafe nach herkömmlichem Verständnis keine Funktion und somit keinen Sinn entfalten, weil ihnen auch ein Verhalten ihrer Vertreter nicht zum Vorwurf gemacht werden kann, es also an der Schuldfähigkeit mangelt. Man ist folglich darauf angewiesen, statt der Personenvereinigung ihre Vertreter verantwortlich zu machen,[6] wobei die strafbegründenden Eigenschaften der Personenvereinigung nach § 14 auf die Vertreter projiziert werden.

Die Untauglichkeit juristischer Personen und Verbände, Täter einer Straftat zu   8
sein, schließt indessen die Verhängung *nicht-strafrechtlicher Sanktionen* als Folge von Zuwiderhandlungen natürlicher Personen im Namen juristischer Personen und Verbände nicht aus. Nach § 30 I OWiG können *Geldbußen* gegen juristische Personen und Personenvereinigungen als selbstständige Rechtsfolgen einer Straftat oder Ordnungswidrigkeit ihrer Organe verhängt werden, wenn durch das Organhandeln Pflichten verletzt worden sind, welche die juristische Person oder die Personenvereinigung treffen bzw. sie bereichern oder bereichern sollten.[7] Über die §§ 29 und 29a II OWiG kann sich auch die *Einziehung* gegen juristische Personen und Verbände richten. Dass zumindest de facto ein Sanktionierungsbedarf und eine Sanktionierungs*praxis* vorhanden sind, zeigt auch die Existenz sog. „schwarzer Listen" im Bereich der Korruptionsbekämpfung: Unternehmen, die der Bestechung überführt oder hinreichend verdächtig sind, werden in einigen Bundesländern von der Vergabe öffentlicher Aufträge ausgeschlossen.

Wenn man die Verhängung von *Geldbußen* gegen juristische Personen und   9
Personenvereinigungen anerkennt,[8] dann setzt dies die Anerkennung einer sanktionsrechtlichen Handlungsfähigkeit juristischer Personen im Grunde aber voraus. Denn *Ordnungswidrigkeiten* unterscheiden sich von Straftaten nicht dadurch, dass vom Täter der Ordnungswidrigkeit keine Handlungsfähigkeit verlangt würde.[9] Es ist vielmehr die fehlende sozialethische Missbilligung, welche die Ordnungswidrigkeit von der Kriminalstrafe unterscheidet.[10] Dann jedoch kann nicht im Ordnungswidrigkeitenrecht Handlungsfähigkeit angenommen, im Strafrecht aber abgelehnt

---

[5] Vgl. *Dannecker*, in: Ulsamer (Hrsg.), 1996, Stichwort „Juristische Personen und Personenvereinigungen"; *Heine* ÖJZ 1996, 211 ff.; *Roxin/Greco* AT 1 § 8 Rn. 59; *Wessels/Beulke/Satzger* AT § 3 Rn. 149; umfassend *Achenbach*, in: Achenbach/Wannenmacher (Hrsg.), 1979, § 3.

[6] Informativ hierzu der *Lederspray*-Fall BGH 2 StR 549/89 BGHSt 37, 106 ff. und der *Holzschutzmittel*-Fall BGH 2 StR 221/94 BGHSt 41, 206 ff. Auch in seiner späteren Rechtsprechung knüpft der BGH jeweils an die individuelle Verantwortlichkeit der handelnden natürlichen Personen an, vgl. BGH 2 StR 339/96 BGHSt 43, 219 ff.; vgl. auch *Jescheck/Weigend* AT § 23 VII 1; *Otto* 1993; *Otto* Jura 1998, 409 ff.; zur Situation im Strafrecht der DDR *Arnold*, in: Schünemann (Hrsg.), 1996, S. 33 (35 ff.).

[7] *Achenbach* GA 2004, 569 ff.; *Bundesjustizministerium* (Referat II A 1), in: Hettinger (Hrsg.), 2002, S. 198 f.; *Peglau* JA 2001, 607; *Scholz* ZRP 2000, 435 ff. (437).

[8] Kritisch aber auch insoweit *von Freier* GA 2009, 98 ff.

[9] Vgl. *Mitsch* OWi, § 6 Rn. 1 ff.

[10] Vgl. *Mitsch* OWi, § 3 Rn. 10.

werden. Man wird folglich zu dem Ergebnis kommen müssen, dass auch juristische Personen und Personenvereinigungen strafrechtlich handlungsfähig sind.[11] Das löst aber noch nicht das Problem der fehlenden Schuldfähigkeit (vgl. § 6 Rn. 60 ff.).

10   *International* lässt sich eine deutliche Entwicklung hin zur Einführung einer Strafbarkeit juristischer Personen feststellen,[12] ohne dass jedoch internationale und supranationale Regelungen die Einführung einer strafrechtlichen Unternehmenssanktionierung zwingend gebieten würden.[13] Im Recht der *Europäischen Union* stellen Geldbußen gegen Unternehmen ein unentbehrliches Sanktionsmittel dar. Vor allem im Bereich des Wettbewerbsrechts ist die Kompetenz des Rates der Europäischen Union zur Einführung von Bußgeldtatbeständen und der EU-Kommission zur Verhängung der Geldbußen von großer Bedeutung.[14]

b) Überlegungen zu einer Strafbarkeit de lege ferenda

11   Neben eher skeptischen Stimmen[15] gibt es daher auch zum deutschen Strafrecht beachtliche Überlegungen, wie juristische Personen und Personenvereinigungen als solche zukünftig mit Strafe belegt werden könnten.[16] Das sog. *Zurechnungsmodell*[17] knüpft an die Konstruktion in § 30 OWiG an und rechnet die Schuld eines Individualtäters dem Personenverband nach bestimmten Kriterien als eigene Schuld zu. Ein sog. *Maßnahmenmodell*[18] zieht die Zweispurigkeit des Strafrechts heran. Es verzichtet mangels Schuldfähigkeit des Unternehmens auf eine Bestrafung und sieht stattdessen die Verhängung von neu zu schaffenden Maßnahmen gegen Unternehmen vor.

---

[11] Vgl. NK-StGB[4]-*Schild* Vor §§ 25 ff. Rn. 129; zum Streitstand SK-*Jäger* Vor § 1 Rn. 48 ff.

[12] Vgl. hierzu MK-StGB-*Scheinfeld* Vor § 25 Rn. 16; *Heine* FS Lampe, S. 577 ff.; zum österreichischen Verbandsverantwortlichkeitsgesetz von 2006 *Schmoller* 2006, 180 ff.; *Schmoller* FS Otto, S. 453 ff.; *Scholz* ZRP 2000, 435 ff.; vgl. auch die Nachweise bei *Szwarc,* in: Szwarc/Wąsek (Hrsg.), 1998, S. 192 ff., 207 ff. (211); *Jescheck/Weigend* § 23 VII Fn. 42; *Otto* Jura 1998, 409 jew. mwN.

[13] Arbeitsgruppe „Strafbarkeit juristischer Personen", Bericht an die Kommission zur Reform des strafrechtlichen Sanktionensystems, in: Hettinger (Hrsg.), 2002, S. 8.

[14] Vgl. *Dannecker,* in: Schünemann/González (Hrsg.), 1994, S. 331 ff. (334 ff.).

[15] Vgl. *Peglau* JA 2001, 608 f.: fehlende Schuld- und Straffähigkeit; MK-StGB-*Scheinfeld* Vor § 25 Rn. 18 sowie *Krekeler* FS Hanack, S. 639 ff. und *Wehnert* FS Rieß, S. 813; zu strafprozessrechtlichen Implikationen *Arzt* JZ 2003, 456 ff.; *Drope* 2002; *Schlüter* 1999.

[16] Vgl. hierzu insbesondere *Heine* 1995; vgl. auch *Achenbach* JuS 1990, 601 ff.; *Alwart* ZStW 105 (1993), 752 ff.; *Burgstaller* JBl 1996, 362 ff. (365 f.); *Dannecker* FS Böttcher, S. 465 ff. (482 ff.); *Hirsch* 1993; *Hirsch* ZStW 107 (1995), 285 ff.; *Hirsch,* in: Kühne/Miyazawa (Hrsg.) 1995, S. 11 ff. (24 ff.); informativ zum Diskussionsstand *Heine/Weißer,* in: Schönke/Schröder Vor §§ 25 ff. Rn. 120 ff.; *Otto* Jura 1998, 409 ff. (415 f.) jew. mwN.

[17] Ausführlich dazu: *Bundesjustizministerium,* Zurechnungsmodell, in: Hettinger (Hrsg.) 2002, S. 155 ff., *Scholz* ZRP 2000, 437 ff. (438).

[18] *Arbeitsgruppe* „Strafbarkeit juristischer Personen", Bericht an die Kommission zur Reform des strafrechtlichen Sanktionensystems, in: Hettinger (Hrsg.) 2002, S. 22 ff., allerdings wurde dieses Modell nach der 1. Sitzung der Arbeitsgruppe nicht mehr weiterverfolgt; vgl. auch den Vorschlag einer Unternehmenskuratel von *Schünemann* FS Tiedemann, S. 446.

Am weitesten geht das *Modell der originären Verbandshaftung*[19]: Weil sich die Begriffe der für Menschen entwickelten (Straf-)Rechtsdogmatik nicht unmodifiziert auf Unternehmen übertragen lassen, werden sie unternehmensgerecht angepasst.[20] Das Ergebnis jener *„funktions-analogen Übertragung* der Zurechnungskategorien des Individualstrafrechts"[21] wäre eine spezifische „Unternehmens-Verantwortlichkeits-Dogmatik" mit einer spezifischen Unternehmens-„Handlung", Unternehmens-„Schuld" und Unternehmens-„Sühne". Dass diese Überlegungen nicht utopisch, sondern bereits durch die Wirklichkeit vorweggenommen sind, zeigen Ent-„Schuldigungen" von Erdöl-, Chemie- und Energiekonzernen für die Ölverseuchung von Küsten, die Vergiftung von Flüssen oder die Verstrahlung ganzer Regionen. Nach dem Modell einer originären Verbandshaftung sind „Strafen" gegen Verbände keine klassischen Kriminalstrafen, sondern eigenständige Rechtsfolgen im Kriminalrecht.[22] Grund der „Bestrafung" ist nicht die eigentliche Zuwiderhandlung, die unmittelbar zur Schädigung Dritter führt, sondern die dieser Handlung vorgelagerte Außerachtlassung der notwendigen Vorsorge für ein normgemäßes Verhalten der Unternehmensangehörigen. Der Verband kann demnach nur bestraft werden, wenn sich Gefährdungen Dritter realisiert haben, die bei ordnungsgemäßer Einhaltung der Sorgfaltspflichten nicht eingetreten wären.[23] Dem Verband wird mit der Verhängung der Verbandsstrafe der Vorwurf mangelnder Richtigkeit im Sinne einer unzulänglichen Unternehmensphilosophie oder einer defizitären Organisationsstruktur gemacht.[24]

Ende 2019 ist ein Gesetzentwurf[25] vorgelegt worden, mit dem eine neue Verbandssanktionierung außerhalb des Ordnungswidrigkeitenrechts (§ 30 OWiG) eingeführt werden sollte. Der Entwurf wurde in den parlamentarischen Beratungen jedoch nicht zur Abstimmung gebracht, sodass er sich am Ende der Legislaturperiode erledigte (Grundsatz der Diskontinuität).

12

---

[19] Ausführlich dazu: *Heine,* in: Hettinger (Hrsg.) 2002, S. 121 ff.; *Heine* FS Lampe, S. 577, insbes. S. 588 ff.; vgl. auch *Böse* FS Jakobs, S. 15 ff.; *Dannecker* GA 2001, 101 ff.

[20] Vgl. *Heine* 1995, S. 263 f.; *Heine/Weißer,* in: Schönke/Schröder Vor §§ 25 ff. Rn. 129; *Tiedemann,* in: Schoch/Stoll/Tiedemann (Hrsg.) 1996, S. 30 (45 ff.); *Hirsch* 1993, S. 16 („Verbandsschuld"); krit. *Otto* Jura 1998, 409 ff. (416 f.), der stattdessen für eine Weiterentwicklung des Ordnungswidrigkeitenrechts plädiert.

[21] *Heine/Weißer,* in: Schönke/Schröder Vor §§ 25 ff. Rn. 131; vgl. auch *Kremnitzer/Ghanayim* ZStW 113 (2001), 539 ff., insbes. 551 ff.; krit. NK-StGB⁴-*Schild* Vor §§ 25 ff. Rn. 129.

[22] Vgl. *Dannecker* GA 2001, 101 ff. (108).

[23] *Dannecker* GA 2001, 101 ff. (115); vgl. auch *Heine* FS Lampe, S. 577 ff.

[24] *Dannecker* GA 2001, 101 ff. (113); *Kremnitzer/Ghanayim* ZStW 113 (2001), 539 ff. (563).

[25] Referentenentwurf des Bundesministeriums der Justiz und für Verbraucherschutz Entwurf eines Gesetzes zur Bekämpfung der Unternehmenskriminalität: Gesetz zur Sanktionierung von verbandsbezogenen Straftaten (Verbandssanktionengesetz – VerSanG) vom 15.8.2019, vgl. dazu ausführlich *Achenbach* ZIS 2019, 1 ff.

II. Die Tathandlung und weitere Tatmodalitäten

13   Das Tatsubjekt muss *willensgetragen* handeln, wie dies von allen Handlungsbegriffen als Kriterium für die *Abgrenzung* von den *Nicht-Handlungen* gefordert wird (Vgl. § 2 Rn. 69 ff.). Die Tat*handlung* besteht dann in einem Tun oder Unterlassen, wie es in den Vorschriften des Besonderen Teils und des Nebenstrafrechts beschrieben ist.

14   Die Tathandlung fällt nicht bei jeder Strafvorschrift sofort ins Auge. Beim Diebstahl z. B. (§ 242 I) besteht sie in der *Wegnahme*, bei der Unterschlagung (§ 246 I) in der *Zueignung*, beim Betrug (§ 263 I) in der *Täuschung* des Betrugsopfers. Die Tathandlung kann auch aus mehreren Teilakten bestehen, wie zum Beispiel beim *Ausüben* einer geheimdienstlichen Agententätigkeit (§ 99 I Nr. 1). Das Erkennen der Tathandlung ist besonders wichtig, um zu bewerten, ob die tatbestandsmäßige Handlung noch vorbereitet wird, ob sie bereits versucht wird oder ob sie schon vollendet ist.

15   Zur Tathandlung treten nun je nach Strafvorschrift weitere *Tatmodalitäten* hinzu, z. B. beim Hausfriedensbruch (§ 123 I) zum Eindringen das *räumliche Element* der *Wohnung*, der *Geschäftsräume* oder des *befriedeten Besitztums* eines anderen. Auch der *Zeitfaktor* kann bei der Verwirklichung der beschriebenen strafbaren Handlung eine Rolle spielen: Beim räuberischen Diebstahl (§ 252) z. B. ist es erforderlich, dass der Täter bei einem Diebstahl „auf frischer Tat betroffen" worden ist. Andere Strafvorschriften stellen darauf ab, dass der Täter ein bestimmtes *Tatmittel* verwendet oder verwenden will, etwa einen falschen Schlüssel in § 244 I Nr. 3 (Wohnungseinbruchsdiebstahl).

16   Nicht zu den objektiven Elementen der Tatbestandsmäßigkeit gehören Tatort (§ 9) und Tatzeit (§ 8 StGB). Denn sie bilden nicht Voraussetzungen der Straftat, sondern betreffen die Frage, ob und wie eine Straftat durch die deutschen Behörden (noch) verfolgt werden darf.[26]

III. Die Veränderung in der Außenwelt entsprechend der gesetzlichen Vorschrift (Erfolg)

17   Die der gesetzlichen Vorschrift entsprechende Veränderung in der Außenwelt wird in der Regel als „Erfolg" bezeichnet.[27] Diese Bezeichnung ist aus zwei Gründen erörterungsbedürftig:

18   Zum einen ist der Begriff „Erfolg" in der Alltagssprache positiv „besetzt": „das Fußballteam hat Erfolg", „die Jurastudentin hat ihr Studium mit großem Erfolg absolviert". Nichtjuristen sind deshalb erstaunt, wenn Juristen z. B. die Tötung eines Menschen als „Erfolg" der Tat bezeichnen. Dieses Auseinanderfallen der Fachsprache und der Alltagssprache kann durch die neutrale Formulierung „Veränderung in der Außenwelt" ohne Einbußen an Genauigkeit aufgelöst werden.

---

[26] Die zeitliche Verfolgbarkeit ist in den Verjährungsvorschriften, §§ 78 ff., festgelegt bzw. eine Frage des Rückwirkungsverbots, s. o. § 3 Rn. 65 ff. Die Anwendbarkeit deutschen Strafrechts regelt das Strafanwendungsrecht, vgl. §§ 3 ff. StGB sowie oben § 1 Rn. 101 ff.

[27] S. auch *Kindhäuser* FS Kargl, S. 253 ff. (254).

Zum zweiten ist nicht jede Veränderung in der Außenwelt der gesetzliche „Er- **19**
folg" der Tathandlung. Das äußere Tatbild des Betruges z. B. besteht aus der Kausalkette „Täuschung-Irrtum-Vermögensverfügung-Vermögensschaden". Jedes dieser Kettenglieder geht in der Regel mit einer Veränderung in der Außenwelt einher.
Den im Straftatbestand umschriebenen „Erfolg" im Sinne eines Schadens bildet
aber allein der Vermögensschaden. Solange dieser nicht eingetreten ist, liegt nur ein
Versuch des Betruges vor. Der Sachverhaltsunwert des versuchten Betruges liegt
somit z. B. in der „erfolglosen" Täuschung als Veränderung in der Außenwelt. In der
folgenden Darstellung wird daher in der Regel von einer „Veränderung in der
Außenwelt" die Rede sein. Nur wenn der in der gesetzlichen Vorschrift beschriebene
typische Schaden gemeint ist, wird auch die Bezeichnung „Erfolg" verwandt.

Die gesetzliche Vorschrift kann die *Herbeiführung eines typischen unerwünschten* **20**
Zustandes als Veränderung in der Außenwelt beschreiben (sog. *Erfolgsstraftaten*):
beim Totschlag (§ 212 I, II) den Tod eines Menschen, bei der Sachbeschädigung
(§ 303 I) den Eingriff in die Sachsubstanz bzw. die Einschränkung der Gebrauchstauglichkeit, beim Betrug (§ 263 I) den Vermögensschaden, beim Schwangerschaftsabbruch (§ 218 I, III) den Tod des ungeborenen Kindes im Mutterleib oder
das Herbeiführen einer lebensunfähigen Frühgeburt. Eine zeitliche Grenze für den
Eintritt des Zustandes besteht nicht. Auch der Rechenfehler des Statikers, der das
Gebäude nach 30 Jahren zum Einsturz bringt, erfüllt die Strafvorschrift des § 222.[28]

Es gibt aber auch Strafvorschriften, bei denen auf eine Veränderung in der **21**
Außenwelt (Erfolg) eine weitere Folge eintreten muss wie etwa bei der in § 227 beschriebenen Körperverletzung mit Todesfolge. *Grundstraftat* innerhalb des § 227 ist
eine Körperverletzung nach den §§ 223–226. Die *qualifizierende Folge* besteht in
der Herbeiführung des Todes des Verletzten als weiterer Zustand. Diese Folge muss
nach § 18 zumindest fahrlässig herbeigeführt worden sein (näher zu den erfolgsqualifizierten Straftaten unten § 8).

Die Veränderung in der Außenwelt kann schließlich auch in einer schlichten **22**
Tätigkeit bestehen (*Tätigkeitsstraftaten*), z. B. die Tatmodalität des *Nachstellens* bei
der Jagdwilderei (§ 292 I) oder das *Führen* eines Fahrzeugs im fahruntüchtigen Zustand nach § 316.

IV. Einwirkung auf ein Tatobjekt (im Unterschied zum gesetzl. geschützten Achtungsanspruch)

Nicht wenige Strafvorschriften setzen voraus, dass sich die Aktivitäten des Täters **23**
gegen einen bestimmten Gegenstand richten (Tatobjekt). Das Tatobjekt der Sachbeschädigung (§ 303) ist die *fremde Sache*, der *Körperverletzung* (§ 223) der *Körper*
eines Menschen, der Urkundenfälschung in Form der *Herstellung einer unechten*
Urkunde (§ 267 I 1. Mod.) die manipulierte *körperlich fixierte Gedankenerklärung*.

Vom Tatobjekt ist das *Tatwerkzeug* oder -*mittel* zu unterscheiden, dessen sich der **24**
Täter zur Begehung der Tat bedient. Beim Nachschlüsseldiebstahl (§§ 242 I, 243 I

---

[28] Für eine besondere Verjährungsfrist mit Abschluss der Tathandlung in diesen Fällen *Gleß* GA
2006, 689 ff.

Nr. 1) wäre dies der falsche Schlüssel, bei der Urkundenfälschung in Form des Gebrauchs einer falschen Urkunde zur Täuschung im Rechtsverkehr (§ 267 I 3. Mod.) die falsche Urkunde, während der Getäuschte Tatobjekt ist.

25   Schließlich darf das Tatobjekt auch nicht mit dem gesetzlich geschützten *Achtungsanspruch* verwechselt werden. Leider ist in juristischen Texten nicht selten von „Rechtsgut" die Rede, wo in Wahrheit „Tat- oder Angriffsobjekt" gemeint ist.[29] Der gesetzlich geschützte Achtungsanspruch bildet den ideellen Wertanruf, der die Strafvorschrift ausfüllt und legitimiert (näher oben § 2 Rn. 12 ff.). Beim Diebstahl etwa ist das *Angriffsobjekt* die fremde bewegliche *Sache*, der gesetzlich geschützte Achtungsanspruch hingegen das *Eigentum* als das Recht, mit einer Sache grundsätzlich tun zu dürfen, was man will.

26   Manche Strafgesetze verlangen, dass das geschützte Tatobjekt besondere Eigenschaften aufweisen muss. So ist das Tatobjekt des § 225 (Misshandlung von Schutzbefohlenen) nicht einfach ein Mensch, sondern ein Mensch *unter achtzehn Jahren* oder ein wegen *Gebrechlichkeit oder Krankheit wehrloser* Mensch, das Tatobjekt des Diebstahls nicht nur eine Sache im Sinne eines beweglichen Gegenstandes, sondern eine bewegliche Sache, die zudem in fremdem Eigentum steht.

27   Es gibt auch Strafvorschriften, die kein Tatobjekt erfordern, z. B. die Straßenverkehrsgefährdung (§ 316).

Zu Leitfall 4

28   In *Leitfall 4* ist bezüglich der *Körperverletzung* die Tathandlung der Schlag mit der flachen Hand. Tatsubjekt ist D als jedermann, Tatobjekt das Opfer B. Die schädigende Veränderung in der Außenwelt besteht in der vorsätzlich herbeigeführten Gesundheitsbeschädigung des B, die qualifizierende Folge im Tod des B, wenn man von Fahrlässigkeit des D insoweit ausgehen kann.

29   Hinsichtlich der Mitnahme der *Geldbörse* besteht die Tathandlung in der Wegnahme, d. h. im Bruch des Gewahrsams des B. Tatsubjekt wäre auch hier D als jedermann, Tatobjekt die Geldbörse als fremde bewegliche Sache. Die schädigende Veränderung in der Außenwelt besteht in der Begründung neuen Gewahrsams durch D. ◄

V. Kausalität zwischen der Handlung und der Veränderung in der Außenwelt – Kausalitätstheorien

30   Wenn in *Leitfall 4* D für den Tod des B verantwortlich gemacht werden soll, dann muss es eine *besondere Beziehung* zwischen dem Verhalten des D und dem Tod des B geben, welche uns veranlasst, gerade den D heranzuziehen.[30] Diese besondere

---

[29] So z. B. BGH 4 StR 328/08 BGHSt 53, 55 ff. (63), wo „Tatobjekt" gemeint und „Rechtsgut" formuliert ist. Zum Unterschied vgl. auch *Krey/Esser* AT Rn. 10.

[30] Zu Grundfragen der Zurechnung vgl. *Hassemer* FS Bemmann, S. 175 ff.

Beziehung liegt zunächst darin, dass D eine *Ursache* für den Tod des B gesetzt hat, dass seine Handlung für den Tod des B *kausal* geworden ist. Die Kausalität als Begründung dafür, dass man eine Person für den Eintritt einer schädigenden Veränderung in der Außenwelt *verantwortlich* macht, erscheint zunächst plausibel und einfach. Bei genauem Hinsehen ergeben sich allerdings zwei Fragen:
Zum einen wissen wir nicht, was Kausalität *ist*.

31

Beispiel 4.1

Wenn A dem B Blausäure in ein Getränk gibt und B nach der Einnahme des Getränkes stirbt, ist es nur unsere Lebenserfahrung, die uns sagt, dass der Tod des B durch die Wirkung der Blausäure hervorgerufen worden ist. Denn wir wissen, dass bisher alle Menschen, die eine bestimmte Menge Blausäure zu sich genommen haben, gestorben sind. *Weshalb* dies so ist, bleibt uns verborgen. Ein Chemiker könnte uns zwar erklären, dass aufgrund der Berührung der Schleimhäute des B mit dem Gift im Stoffwechsel des B bestimmte Vorgänge ablaufen, die zum Tod führen. Aber auch diese Aussagen beruhen ihrerseits wieder auf Erfahrungswissen. Über das „Wesen" der Kausalvorgänge geben sie keine Auskunft.

Um die Frage der Kausalität wurde im *Contergan*-Fall heftig gerungen. Es ging u. a. darum, ob das durch die Firma Grünenthal hergestellte Schlafmittel „Contergan", das insbesondere von schwangeren Frauen eingenommen wurde, ursächlich für die körperlichen Fehlbildungen und Nervenschäden der Kinder geworden war. Naturwissenschaftlich war der Ursache-Wirkungs-Zusammenhang zwischen dem Wirkstoff „Thalidomid" und den Fehlbildungen und Nervenschäden damals nicht erforscht und umstritten. Das Landgericht Aachen wählte einen prozessualen Weg und nahm die Ursächlichkeit aufgrund einer freien richterlichen Beweiswürdigung an (§ 264 StPO).[31] ◄

Aber selbst darüber, ob und gegebenenfalls welche weiteren Eigenschaften der auf Erfahrungswissen gegründete Kausalzusammenhang aufweisen muss, damit der Täter für die schädigende Veränderung in der Außenwelt *verantwortlich* gemacht werden kann, gehen die Meinungen auseinander. Die genannten Unsicherheiten sind Gegenstand unterschiedlicher *Kausalitätstheorien*.[32]

32

1. Äquivalenztheorie – condicio sine qua non:[33] Kausalität als Ergebnis einer hypothetischen Elimination

Ihrer Bezeichnung entsprechend – lat. aequus = gleich; valere = gelten – besagt die Äquivalenz-Theorie, dass alle Faktoren, die zu einer Veränderung in der Außenwelt beigetragen haben, gleiche Geltung besitzen, gleichwertig sind. Die Folge ist, dass

33

---

[31] LG Aachen, Beschl. v. 18.12.1970 4 KMs 1/68, 15 – 115/67 JZ 1971, 507 ff.

[32] Vgl. zum Ganzen NK-StGB-*Puppe/Grosse-Wilde* Vor §§ 13 ff. Rn. 80 ff.; *dies.* FS R. Merkel, S. 681 ff.; *B. Heinrich* AT Rn. 217 ff.; *Simmert/Renzikowski* FS R. Merkel, S. 666 ff.

[33] Vgl. *Baumann/Weber/Mitsch/Eisele* AT § 10 Rn. 6 ff.; *Kühl* AT § 4 Rn. 9 ff. mwN sowie *Hoyer* AT S. 34 ff.

jede Bedingung (condicio), ohne die (sine qua) die Veränderung in der Außenwelt nicht (non) eingetreten wäre, *ursächlich* ist – *condicio sine qua non*.[34]

34	Die Äquivalenztheorie ist auch heute noch – trotz mancher berechtigter Kritik[35] – die *Grundlage* aller Zurechnungstheorien der herrschenden Lehre und Rechtsprechung. Auf eine Formel gebracht bedeutet sie:

35	▶	Kausal ist jedes Handeln, das nicht hinweg gedacht werden kann, ohne dass die Veränderung in der Außenwelt/der Erfolg in ihrer/seiner konkreten Gestalt entfiele – sog. condicio sine qua non-Formel.

36	Der Äquivalenztheorie liegt die naturwissenschaftlich orientierte Vorstellung zugrunde, dass alle raum-zeitlichen Erscheinungen in der Welt kausal erklärbar sind. Die Äquivalenztheorie führt somit zu einer unendlichen Verursachungskette. Wenn z. B. der S mit seinem Motorrad einen Fußgänger anfährt und verletzt, so sind dafür nicht nur S, sondern auch seine Eltern und deren Eltern und deren Eltern und deren Eltern […] kausal.

37	Trotz dieser Grenzenlosigkeit hat sich die Äquivalenztheorie bis heute als Begründung für die Zurechnung von Veränderungen in der Außenwelt durchgesetzt. Dies hat insoweit seine Berechtigung, als sie das *Minimum* dessen darstellt, was für die Zurechnung einer Veränderung in der Außenwelt erforderlich ist. Die äquivalente Kausalität ist somit eine *notwendige* Bedingung für die strafrechtliche Zurechnung tatbestandsmäßiger Veränderungen in der Außenwelt. Sie ist freilich keine hinreichende Bedingung. Dies zeigen schon die unten VI. (Rn. 89 ff.) dargestellten vielfältigen Überlegungen zu ihrer Einschränkung.

38	Die Stärke der Äquivalenz-Theorie ist die Griffigkeit der condicio sine qua non-Formel, ihre Schwäche die Tatsache, dass auch jene Formel Kausalität nicht eigentlich beweist, sondern sie voraussetzt.[36] Denn nicht die condicio-Formel führt in *Leitfall 4* zu dem Ergebnis, dass der Schlag mit der Hand nicht hinweggedacht werden kann, ohne dass die schädigende Veränderung in der Außenwelt – der Tod des B – entfiele. Vielmehr sagt uns die Lebenserfahrung, dass B wohl noch am Leben wäre, wenn D ihm nicht den Schlag versetzt hätte. Die Anwendung der condicio-Formel ist somit nur deshalb möglich, weil wir aufgrund unserer Erfahrungen *unter-*

---

[34] Vgl. RGSt 44, 137/139; condicio = Bedingung, Vertrag kommt von condicere = verabreden, bestimmen, zusagen. Die eingedeutschte Schreibweise „conditio" ist zwar verbreitet, aber dennoch nicht richtig, und läuft Gefahr, mit condire = würzen, conditio = das Würzen verwechselt zu werden, vgl. Der kleine Stowasser, Lateinisch-deutsches Schulwörterbuch, bearb. von Michael Petschenig, München 3. unveränderte Aufl. 1991, S. 124 linke Spalte „condicio", „conditio"; wie hier *Freund/Rostalski* AT § 2 Rn. 72; *Kindhäuser/Zimmermann* AT § 10 Rn. 9 ff.; *Zieschang* AT 1. Kap. Rn. 56 ff.

[35] Vgl. *Gössel* GA 2015, 18 ff.; *Puppe* GA 2010, 551 ff; *Renzikowski* FS Kindhäuser, S. 379 ff.; krit. auch *Kindhäuser* FS Kargl, S. 253 ff.

[36] Vgl. *Gössel* GA 2015, 18 ff. (19); *Jakobs* AT 7 Rn. 9; AK-*Schild* Vor § 13 Rn. 186; *Lackner/Kühl/Heger-Heger* Vor § 13 Rn. 10; krit. *Haas* GA 2015, 86 ff. (86 f.).

stellen, wie sich das Geschehen abgespielt hätte, wenn das fragliche Verhalten nicht geschehen wäre. Auf diese Weise werden anhand unserer Lebenserfahrung *hypothetisch* solche Geschehensabläufe *eliminiert*, die diese Veränderung in der Außenwelt ebenfalls hätten herbeiführen können, sodass letztendlich nur noch das fragliche Verhalten als Ursache übrig bleibt und Reserveursachen unberücksichtigt bleiben müssen (Rn. 68 ff.).

Zu Leitfall 4

Denken wir uns in *Leitfall 4* den Schlag mit der Hand als Ursache hinweg, so   **39**
hätte z. B. auch ein durch Bluthochdruck verursachter Schlaganfall den Einriss der Blutadern im Gehirn des B bewirken können. Vielleicht hätte aber auch eine heftige Kopfbewegung des B die tödliche Folge auslösen können. Schließlich wäre es auch denkbar, dass nicht erst die Blutung im Gehirn des B dessen Tod hervorgerufen hatte, sondern bereits die Aufregung zu einem Herzstillstand geführt hatte, der unmittelbar vor dem Ansetzen des D zum Schlag eingetreten war. Weil uns die Lebenserfahrung jedoch sagt, dass jene alternativen Ursachen sehr unwahrscheinlich sind, kommen wir zu dem Ergebnis, dass der Schlag des D nicht hinweggedacht werden kann, ohne dass die schädigende Veränderung in der Außenwelt in Form des Todes des B entfiele. ◄

Die Natur der condicio-Formel als *hypothetisches Eliminationsverfahren* wird in   **40**
Fällen besonders deutlich, in denen über die fraglichen Ursachenzusammenhänge wenig Klarheit besteht:

Beispiel 4.2

Lederspray-Fall BGH 2 StR 549/89 BGHSt 37, 106:[37] Bei einigen Personen, die   **41**
ein von der Firma „Erdal" in den Handel gebrachtes Lederspray zum Reinigen von Schuhen benutzt hatten, stellten sich jeweils innerhalb einer halben Stunde nach Anwendung des Sprays vorübergehende Lungenschädigungen ein. Dennoch beschlossen die Geschäftsführer der Firma „Erdal" zunächst nicht, das Spray aus dem Verkehr zu nehmen. ◄

Beispiel 4.3

Holzschutzmittel-Fall BGH 2 StR 221/94 BGHSt 41, 206: Die Geschäftsführer   **42**
der Firma F brachten Holzschutzmittel in den Verkehr bzw. verhinderten die Verwendung in Verkehr gebrachter Holzschutzmittel nicht, obwohl Personen, die diesen Mitteln längere Zeit ausgesetzt waren, an unterschiedlichen Krankheitssymptomen litten. ◄

---

[37] Dazu *Puppe* AT § 2 Rn. 9 ff.

43   Im *Lederspray*-Fall nahm der BGH eine Kausalität an. Denn mangels anderer Faktoren kam das Gericht mittels eines „Alternativenausschlussverfahrens"[38] zur Überzeugung, dass die Krankheitsbilder nur durch das Lederspray hervorgerufen sein könnten.[39]

44   Auch im *Holzschutzmittel*-Fall sah der BGH Kausalität als gegeben an. Auch wenn diese nicht naturwissenschaftlich nachweisbar sei, so könne der Richter angesichts der generellen Giftigkeit der Holzschutzmittel nach einer Gesamtbewertung der naturwissenschaftlichen Erkenntnisse und anderer Indiz-Tatsachen zumindest die *Mit*verursachung des Holzschutzmittels zweifelsfrei feststellen.[40] Damit wählte der BGH, wie schon das Landgericht Aachen im *Contergan*-Fall, den Weg zur Feststellung der Kausalität über die freie richterliche Beweiswürdigung (vgl. Rn. 32).

45   Die condicio sine qua non-Formel ist aber auch als „Denk-Formel" für die hypothetische Elimination nur ein erster Schritt. Sie bedarf der Spezifizierung (a, b, d) und Modifizierung (c, e).

a) „Abgebrochene" Kausalität

46   In Fällen abgebrochener Kausalität *fehlt* der Kausalzusammenhang zwischen dem Verhalten des Täters und der Veränderung in der Außenwelt. Dem Täter kann deshalb die Veränderung nicht zugerechnet werden (Abb. 4.1).

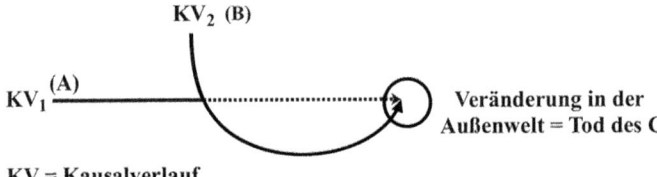

47   **Abb. 4.1**   „Abgebrochene" Kausalität

---

[38] So *Schulz* JA 1996, 186 rechts.

[39] Krit. zur Entscheidung *Beulke/Bachmann* JuS 1992, 737 ff.; *Kühne* NJW 1997, 1951 ff. (1951): „Der Versuch der Rechtsprechung, fehlendes Wissen um Kausalbezüge in komplexen biochemischen Bezügen mit Anleihen aus der Statistik zu kompensieren, muss wegen mangelnder Beachtung der einschlägigen methodischen Voraussetzungen als gescheitert angesehen werden"; vgl. auch *Puppe* JR 1992, 30 ff.; *Schulz* JA 1996, 185 ff.; zur Frage der Kausalität des Abstimmungsverhaltens von Mitgliedern in Gremien und der Frage einer Zurechnung über Mittäterschaft vgl. *Dencker,* in: Amelung (Hrsg.) 2000, S. 63 ff.; *Rotsch* ZIS 2018, 1 ff. mit Replik *Puppe* ZIS 2018, 57 ff.; *Spilgies* ZIS 2020, 93 ff.

[40] Krit. *Hoyer* GA 1996, 160 ff. (168 ff.) mit dem Vorschlag eines „probabilistischen Kausalbegriffs"; *Puppe* JZ 1996, 318 ff.; *Schulz* JA 1996, 185 ff.

> **Beispiel 4.4**
>
> *Agenten*-Fall: Agent A trifft mit dem gegnerischen Agenten C in einem Straßen- **48**
> café zusammen. In einem unbemerkten Augenblick schüttet er in die Kaffeetasse
> des C eine tödliche Dosis Gift. C trinkt. Bevor das Gift seine tödliche Wirkung
> entfalten kann, wird C aus dem Hinterhalt von B erschossen.
>
> Der Tod des C ist durch A nicht kausal herbeigeführt worden, ein Ergebnis,
> dessen Herleitung auch die condicio-Formel zu leisten vermag. Denn die Gift-
> gabe des A kann hinweggedacht werden, ohne dass die Veränderung in der Außen-
> welt (Tod des C) entfiele. A ist somit nur wegen eines Tötungs-*Versuchs* strafbar. ◄

> **Beispiel 4.5**
>
> *Rücklichter*-Fall BGH 3 StR 854/52 BGHSt 4, 360: Im *Rücklichter*-Fall wird die **49**
> Unterbrechung des Kausalzusammenhangs vom BGH diskutiert und – im Ergeb-
> nis zu Recht – abgelehnt:
>
> Der Angeklagte A lenkte bei völliger Dunkelheit einen Lastzug, an dessen **50**
> Anhänger das linke Rücklicht, das Bremslicht und der Rückstrahler fehlten, und
> wurde deshalb von der Polizei angehalten. Zur Sicherung gegen von hinten kom-
> mende Fahrzeuge legte ein Polizeibeamter eine rot brennende Taschenlampe auf
> die Fahrbahn. Nachdem der Angeklagte gebührenpflichtig verwarnt worden war,
> erhielt er die Weisung, zur nächsten Tankstelle zu fahren. Die Polizeistreife
> wollte bis dahin hinter dem Lastzug herfahren und diesen sichern. Noch bevor
> sich der Lastzug wieder in Bewegung gesetzt hatte, nahm der Polizeibeamte die
> Taschenlampe von der Fahrbahn auf. Unmittelbar darauf näherte sich von hinten
> ein weiterer Lastkraftwagen, dessen Fahrer in dem Lastzug des Angeklagten ein
> parkendes Motorrad vermutete. Erst bei einem Abstand von nur noch 25 m nahm
> er die Umrisse des Anhängers wahr, konnte aber ein Auffahren nicht mehr ver-
> hindern. Dabei wurde der Beifahrer im Lastkraftwagen tödlich verletzt. ◄

Der BGH bejahte zutreffend die Ursächlichkeit des Verhaltens von A für den Tod **51**
des Beifahrers. Denn das Fahren mit defekter Beleuchtung kann nicht hinweggedacht werden, ohne dass der Tod des Beifahrers entfiele.[41]

b) „Überholende" Kausalität

> **Beispiel 4.6**
>
> Der Sachverhalt entspricht zunächst dem in *Beispiel 4.4* mitgeteilten *Agenten*- **52**
> Fall. Bevor jedoch in C das von A dem Kaffee beigegebene Gift zu wirken be-
> ginnt, stirbt C an einem schnellwirkenden Gift, das der ebenfalls am Tisch sit-

---

[41] Der BGH rechnete außerdem A den Tod des Beifahrers des auffahrenden Lkw zu. Denn A habe
darüber wachen müssen, dass die Sicherung durch die Polizeibeamten bestehen blieb, bis sich das
Polizeifahrzeug hinter seinen Lastwagen gesetzt hatte; näher zur objektiven Zurechnung unten
Rn. 85 ff.

Abb. 4.2 „Überholende"
Kausalität

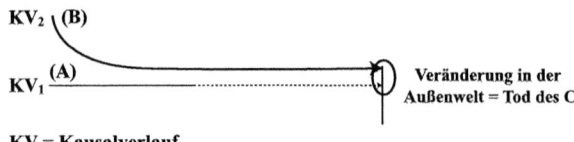

KV = Kausalverlauf

zende Agent B in den Kaffee gegeben hat. Ein vom Gericht bestellter Sachverständiger trägt in der Hauptverhandlung vor, dass eine gegenseitige Beeinflussung der Gifte ausgeschlossen werden könne.

53   Auch bei der überholenden Kausalität funktioniert die condicio-Formel. Denn auch hier gilt, dass die Giftgabe des A hinweggedacht werden kann, ohne dass die Veränderung in der Außenwelt (Tod des C) entfiele. A kann deshalb nur für den *Versuch* einer Tötungsstraftat verantwortlich gemacht werden.[42] ◄

54   Die überholende Kausalität ist ein Unterfall der abgebrochenen Kausalität: eine *abgebrochene* Kausalität durch ein *überholendes* Ereignis (Abb. 4.2).

55   **c) Alternative Kausalität**

Beispiel 4.7

56   *Mafia*-Fall: Ohne voneinander zu wissen, lassen die Mafia-Bosse A und B unter dem Fahrzeug des Mafia-Fahnders F Bomben anbringen, die jeweils geeignet sind, das Fahrzeug total zu zerstören und den Tod des F herbeizuführen. Der von A Beauftragte bringt die Bombe unter dem Fahrersitz an, der von B Beauftragte in der Nähe des Fahrzeugtanks. Beide Beauftragten konstruieren den Zündmechanismus so, dass die Bombe mit dem Einschalten des Motors hochgeht. Als F seinen Wagen besteigt und den Zündschlüssel betätigt, wird er durch eine riesige Explosion getötet.

57   In diesem (zugegebenermaßen sehr konstruierten) Fall lässt sich sowohl die Bombe des A als auch die Bombe des B hinwegdenken, ohne dass der Tod des F entfiele, weil ja sowohl die Bombe des B als auch die Bombe des A für sich allein zu diesem Zeitpunkt den F getötet hätten. Weil die Grundform der condicio-Formel im Fall der alternativen Kausalität die Ursächlichkeit nicht begründen kann, wird sie ergänzt. Sie lautet nun: ◄

58   ▶   Von mehreren Handlungen, die zwar alternativ, nicht hingegen kumulativ hinweggedacht werden können, ohne dass die Veränderung in der Außenwelt/ der „Erfolg" entfiele, ist jede ursächlich.[43]

---

[42] Gegen die Verneinung der Kausalität des A ließe sich hier nicht einwenden, dass unzulässigerweise das Verhalten des B als Reserveursache herangezogen werde, B hinzugedacht werde. Denn B ist nicht Reserveursache, weil A nicht Ursache ist und er wird auch nicht hinzugedacht, weil er schon da ist.

[43] Vgl. *Wessels/Beulke/Satzger* AT § 6 Rn. 236 mwN sowie *Kindhäuser* GA 2012, 134 ff. (146); *Zieschang* AT Kap. 1 Rn. 73 ff.

Für den Tod des F (Beispiel 4.7) sind danach die Handlungen sowohl des A als auch **59**
des B kausal.

Ob Fälle alternativer Kausalität überhaupt anerkannt werden können, ist frag- **60**
lich.[44] Denn man wird regelmäßig davon ausgehen müssen, dass sich das Zusam-
menwirken mehrerer Tathandlungen auch auf die Herbeiführung der Veränderung
in der Außenwelt auswirkt. In *Beispiel 4.7* etwa dürfte die Explosion der gesamten
Menge des Sprengstoffes den Tod minimal beschleunigen. Dann jedoch wäre jede
Tathandlung schon nach der Grundform der condicio-Formel *kumulativ* kausal.
Dementsprechend handelt es sich auch bei den in diesem Zusammenhang genannten
Beispielen nicht um Fälle alternativer, sondern kumulativer Kausalität.[45]

d) Kumulative Kausalität

Kumulative Kausalität liegt vor, wenn von mehreren Handlungen keine hinweg- **61**
gedacht werden kann, ohne dass die Veränderung in der Außenwelt entfiele.

Beispiel 4.8

A und B geben C unabhängig voneinander Gift in den Tee. C trinkt und stirbt. **62**
Allein hätten die Giftmengen nicht ausgereicht, um den Tod des C herbeizuführen. ◄

Dass es auch im Bereich der kumulativen Kausalität Abgrenzungsprobleme gibt, **63**
zeigt

Beispiel 4.9

Bratpfannen-Fall BGH 1 StR 291/66 NJW 1966, 1823: Die Angeklagte F schlug **64**
mit einer schweren Bratpfanne ihrem Stiefvater V von hinten mit voller Wucht
mindestens dreimal auf den Hinterkopf. Dieser fiel schon nach dem ersten Schlag
zu Boden. Während F fortlief, um die Polizei anzurufen, schlug M mindestens
einmal mit der Bratpfanne auf V ein. Als F vom Telefonieren zurückgekehrt war,
schlug sie ihrem – noch röchelnden – Stiefvater weiterhin „mindestens einmal"
mit der Pfanne heftig ins Gesicht. Danach starb V.

Das Schwurgericht hat M wegen Totschlags und F wegen Mordes verurteilt. **65**
Auf die Revision der F hin hat der BGH das Urteil aufgehoben und zurückverwiesen. In der Begründung führte er u. a. aus, zugunsten der F müsse davon ausgegangen werden, dass die Mutter mehrmals zugeschlagen habe. Bei dieser Be-
weislage sei die Möglichkeit offen geblieben, dass die Schläge der M den Tod

---

[44] Kritisch auch *Frister* AT § 9 Rn. 9 ff.

[45] Dies gilt auch für den *Mandanten*-Fall BGH 5 StR 720/92 BGHSt 39, 195 ff. mit Anm. *Rogall*
JZ 1993, 1066 ff.; *Rotsch* FS Roxin, S. 377 ff., wo der Eintritt des Todes durch den zweiten Schuss
beschleunigt worden sein dürfte; zu Fällen sukzessiv-hinreichender Tathandlungen desselben Täters *Eisele*, in: Schönke/Schröder Vor §§ 13 ff. Rn. 82; vgl. auch *B. Heinrich* AT Rn. 231 ff.

des Opfers beschleunigt haben könnten, dass also der Tod des Verletzten seine Ursache nicht in den Handlungen der F, sondern in den Schlägen der M hatte. Diese Möglichkeit habe zwar fern gelegen, da F außer den ersten Hieben auch den letzten Schlag geführt habe, sie sei jedoch nicht völlig ausgeschlossen worden. Dann gelte der Grundsatz in dubio pro reo. ◄

66 Die Entscheidung des BGH ist nicht zu Unrecht auf Kritik gestoßen.[46] Denn im Sinne einer condicio sine qua non lassen sich die drei Schläge der F auf den Hinterkopf des Opfers nicht hinwegdenken, ohne dass der Tod entfiele. Auch hätte die M ohne die Schläge der F nicht zuschlagen können. Selbst wenn man also annimmt, dass die Schläge der F für die Herbeiführung des Todes des Opfers nicht hinreichend gewesen wären, so haben sie doch zusammen mit den Schlägen der M den Tod verursacht. Diese „Anhäufung" der Tatbeiträge bedeutet *kumulative* Kausalität.

67 Davon zu unterscheiden ist allerdings die Frage, ob F der Tod des V auch *zugerechnet* werden kann. Dies wäre dann nicht der Fall, wenn man zugunsten der F davon ausgehen musste, dass ihr Tatbeitrag für die Herbeiführung des Todes nicht hingereicht hätte und das Dazwischentreten der M eine wesentliche Abweichung des eingetretenen vom vorgestellten Kausalverlauf bedeutet hätte (näher unten Rn. 125).

e) Irrelevanz der Reserveursache

68 Die condicio-Formel setzt voraus, dass eine Handlung nicht hinweggedacht werden kann, ohne dass die tatbestandsmäßige Veränderung in der Außenwelt entfiele. Dies bedeutet, dass das Hinzudenken einer sog. „Reserveursache", d. h. der Ausschluss der Kausalität aufgrund eines hypothetischen Kausalverlaufs, nicht erlaubt ist.[47]

Beispiel 4.10

69 Bevor der Scharfrichter mit dem Richtschwert zum tödlichen Schlag ausholt, wird der Delinquent von einem aufgebrachten Zuschauer erstochen. Obwohl der Delinquent alsbald getötet worden wäre, ist das Verhalten des Zuschauers für den Tod ursächlich. Denn mittels der condicio-Formel darf nur das Verhalten des Zuschauers *hinweg*gedacht, es darf jedoch *nicht* das Verhalten des Scharfrichters *hinzu*gedacht werden. ◄

---

70 Die Eliminierung von Reserveursachen ergibt sich von selbst, wenn man mit der h. M. auf das Entfallen der Veränderung in der Außenwelt *in ihrer konkreten Gestalt* abstellt (vgl. oben Rn. 35). Denn dann ist der Tod durch das Messer ein anderer als jener durch das Richtschwert.

71 Bei der *Verhinderung rettender Kausalverläufe* ist das Hinzudenken eines hypothetischen Kausalverlaufs hingegen ausnahmsweise erlaubt.[48]

---

[46] Vgl. *Wessels/Beulke/Satzger* AT § 6 Rn. 245 mwN.

[47] Dazu ausführlich *Haas* GA 2015, 86 ff.

[48] Vgl. *Roxin/Greco* AT 1 § 11 Rn. 33 sowie unten Rn. 94 ff.; differenzierend *Kindhäuser/Zimmermann* AT § 11 Rn. 12 ff.; grundsätzlich *Puppe* ZIS 2018, 484 ff.

Beispiel 4.11

Krankenhausschwester A hat für die Patientin P eine lebenserhaltende Spritze 72
mit einem Herzmittel bereitgelegt. B hat die Spritze durch eine solche mit Koch-
salzlösung vertauscht. A verabreicht der P diese Spritze und P stirbt alsbald.

Denkt man hier die Gabe der Kochsalzspritze hinweg, würde die schädigende 73
Veränderung in der Außenwelt *nicht* entfallen, weil die lebenserhaltende Spritze
zugunsten des P nicht hinzugedacht werden darf. Jedoch macht man hier eine *Ausnahme*, indem man die condicio-Formel einschränkt, wenn rettende Kausalverläufe verhindert werden.[49] Der eigentliche Grund für diese Ausnahme liegt in der
„*Quasikausalität*" bei der Unterlassungsstraftat, die ohnehin nur funktioniert,
wenn man den hypothetischen Kausalverlauf *hinzudenkt*, der bei Vornahme der
Handlung eingetreten wäre, die zur Verhinderung der schädigenden Veränderung
in der Außenwelt erforderlich gewesen wäre (näher hierzu § 11 Rn. 161 ff.). ◀

2. Die Formel von der gesetzmäßigen Bedingung[50]

Die Formel von der *gesetzmäßigen Bedingung* geht ebenfalls von der Gleichwertig- 74
keit aller Faktoren aus. Sie versucht jedoch, der Technik der hypothetischen Elimination – die darauf hinausläuft, dass ein Verhalten ursächlich ist, weil nach allgemeiner Lebenserfahrung ein anderes nicht in Frage kommt – dadurch zu entgehen, dass die Gesamt-Schlussfolgerung der Äquivalenztheorie durch eine möglichst
kleingliedrige Kette gesetzmäßiger Bedingungen ersetzt wird. Eine Handlung ist
danach kausal, wenn sich an sie *zeitlich nachfolgende Veränderungen in der Außenwelt anschließen, die mit der Handlung gesetzmäßig verbunden sind und sich als
tatbestandsmäßig darstellen.*

Zu Leitfall 4

In *Leitfall 4* wäre die Ursächlichkeit des Schlages etwa so zu begründen: Infolge 75
des Auftreffens der Hand des D auf die linke Schläfe des B kam es zu einer Er-
schütterung und einer Rechtsbewegung des Kopfes von B. Infolge der Trägheit
des Gehirns bewegte sich dieses nach links. Es stieg die Zugbelastung in der
rechten Gehirnhälfte. Infolgedessen entstand ein Riss in der weichen Hirnhaut.
Es kam zu einer Blutung, die […] zum Tode durch Herzstillstand und nachfolgendem Ausfall der Gehirnfunktion führte.

Freilich stellt sich hier sogleich die Frage, ob die gesetzmäßige Verbindung 76
der zeitlich nachfolgenden Veränderungen in der Außenwelt etwas anderes ist als
wiederum eine Vielzahl hypothetischer Eliminationen. Die „große Unbekannte"
in Form der condicio sine qua non-Formel der Äquivalenztheorie wird nicht dadurch bekannter, dass man sie durch eine Vielzahl kleiner Unbekannter ersetzt. ◀

---

[49] Vgl. *Kühl* AT § 4 Rn. 17 f.
[50] Vgl. *Engisch* 1931, insbes. S. 21, 25 f.; *Jescheck/Weigend* AT § 28 II 4 mwN Fn. 25.

77 Vermag die Lehre von der gesetzmäßigen Bedingung über die Natur der Kausalität somit auch nicht mehr Auskunft zu geben als die Lehre von der condicio sine qua non, so ist sie der Äquivalenztheorie doch in Teilbereichen überlegen: In Fällen alternativer Kausalität (vgl. oben 1 c) führt die Formel von der gesetzmäßigen Bedingung unmittelbar zu zutreffenden Ergebnissen, weil nur auf die Gesetzmäßigkeit innerhalb des untersuchten Geschehensablaufs abgestellt wird. Auch sind die erzielten Ergebnisse sicherer, weil die Gefahr von Fehlentscheidungen bei der Verkürzung der „nicht hinwegdenkbaren Bedingungen", d. h. der Verkleinerung der hypothetischen „Sprünge" geringer wird.

78 Mit der condicio sine qua non-Formel hat die Lehre von der gesetzmäßigen Bedingung aber auch gemeinsam, dass sie nur eine *notwendige* Voraussetzung dafür darstellt, ob dem Täter die Herbeiführung einer Veränderung in der Außenwelt zugerechnet werden kann. Als hinreichende Zurechnungsformel würde sie viel zu weit geraten.

3. Adäquanztheorie[51]

79 Anliegen der Adäquanztheorie ist es, die unendliche Verursachungskette der condicio sine qua non-Formel in beherrschbare Abschnitte aufzuteilen. Eine Handlung soll nach der Adäquanzlehre deshalb nur dann als Ursache einer Veränderung in der Außenwelt anzusehen sein, wenn sie *allgemein und erfahrungsgemäß dazu geeignet ist*, die Veränderung herbeizuführen. Kausal soll also nur ein solches Verhalten sein, welches die Veränderung nach *allgemeiner Lebenserfahrung* herbeizuführen vermag.

80 Die Adäquanztheorie hat den Vorteil, dass sie solche Veränderungen aus der Kausalität ausschließt, die nicht vorhersehbar sind und die sich für den Handelnden nicht als Unrecht, sondern als *Unglück* darstellen. Sie ist deshalb auch gängige Formel im zivilen Deliktsrecht.[52]

81 Jedoch würde man die Adäquanztheorie verkennen, wenn man in ihr eine *Kausalitätstheorie* ontologischer Prägung sehen wollte, während sie eine Denkformel für *normative* Zurechnung ist. Denn der Ausschluss von Zurechnung mangels Vorhersehbarkeit lässt nicht die Kausalität entfallen, sondern er ist das Ergebnis der *Wertung*, dass eine nichtvorhersehbare Kausalität nicht Grundlage einer strafrechtlichen Zurechenbarkeit sein *soll*. Aber auch dann kann die Adäquanztheorie nicht die Frage beantworten, ob und wann jene Vorhersehbarkeit angenommen werden kann.

Zu Leitfall 4

82 Für die tödlichen Folgen des Schlages wird man D in *Leitfall 4.* nach der Adäquanzformel kaum verantwortlich machen können, wenn nicht bestimmte Umstände auf die naheliegende Möglichkeit einer Hirnblutung hingedeutet haben. ◄

---

[51] Vgl. RG VI 399/01 RGZ 50, 219/222; näher, wenn auch i. Erg. abl. *Maurach/Zipf* AT 1 § 18 Rn. 30 ff.

[52] Vgl. *Brox/Walker* 2024, § 30 Rn. 8 ff., 15; *Kern,* in: Jauernig § 823 Rn. 25; aber auch hier ist die Tendenz zu erkennen, ähnlich einer objektiven Zurechnung Fallgruppen zu bilden, in denen eine haftungsbegründende Kausalität nicht vorliegen soll.

4. Relevanztheorie[53]

Im Unterschied zur Adäquanztheorie unterscheidet man bei der Relevanztheorie offen **83** zwischen der Seins-Kategorie der Kausalität und der Sollens-Kategorie der Zuschreibung einer Veränderung in der Außenwelt: Im Sinne der condicio-Formel ist für die Veränderung in der Außenwelt jede Bedingung kausal, die nicht hinweggedacht werden kann, ohne dass die Veränderung entfiele. Jedoch soll die Veränderung und die Art ihrer Herbeiführung nur dann *tatbestandsmäßig* sein, wenn sie durch *generell geeignete*, d. h. tatbestandsmäßig relevante Bedingungen herbeigeführt wurde.

Zu Leitfall 4

In *Leitfall 4* käme die Relevanzformel zu demselben Ergebnis wie die Adäquanz- **84** formel. Sie würde jedoch gegebenenfalls nicht die *Kausalität* verneinen, sondern mangels genereller Eignung des Gesichtsschlags die *Zurechnung* der schädigenden Veränderung in der Außenwelt. ◄

VI. Objektive Zurechnung[54]

Die bewusste Trennung zwischen Kausalität und normativer Zurechnung durch die **85** Relevanz-Theorie leitet über zur Lehre von der *objektiven Zurechnung*. Diese Lehre ist bestrebt, die Sonderbeziehung zwischen dem Täter und der tatbestandsmäßigen Veränderung in der Außenwelt normativ zu begründen und zu gestalten. Basis, d. h. *notwendige Bedingung* für jene Sonderbeziehung, ist die condicio-Formel.[55] Für die *Zurechnung* der Folge müssen jedoch weitere Faktoren hinzutreten, die im weitesten Sinne unter den Begriff der *Risiko-Beherrschbarkeit* fallen.[56] Jene Überlegungen haben ihre Ausprägung in der heute bevorzugten Lehre von der *objektiven Zurechnung* gefunden.

---

[53] Näher *Blei* AT § 28 IV, V; vgl. auch *Wessels/Beulke/Satzger* AT § 6 Rn. 253 ff. sowie *Welzel* LB, S. 45 f.

[54] Eingehend *Kühl* AT § 4 Rn. 36 ff.; *Erb* JuS 1994, 449 ff.; *Wolter,* in: Gimbernat u. a. (Hrsg.) 1995, S. 5 ff.; vgl. auch *Frister* AT § 10 Rn. 1 ff.; *Heinrich* AT Rn. 239 ff.; *Kahlo* FS Küper, S. 249 ff.; *Roxin/Greco* AT 1 § 11 Rn. 44 ff.; *Wessels/Beulke/Satzger* AT § 6 Rn. 256 ff.; zur Entwicklungsgeschichte *F.-C. Schroeder* FS Androulakis, S. 651 ff.; krit. *Freund/Rostalski* AT § 2 Rn. 82 ff.; *Hilgendorf* FS Weber, S. 33 ff.; *Hirsch* FS Lenckner, S. 119 ff.; *Küpper* 1990, S. 83 ff.; *Puppe* GA 2015, 203 ff.; *Mitsch* JuS 2018, 1161 ff. (1166 ff.); zu fragwürdigen Aspekten der Lehre von der objektiven Zurechnung *Frisch* GA 2003, 719 ff. (733 ff.); *Frisch* GA 2018, 553 ff.; krit. auch *Sànchez Lázaro* ZStW 126 (2014), 277 ff.; zur Genesis *F.-C. Schroeder* 2009, S. 39 ff.; insg. krit. *Goeckenjan* 2017.

[55] Vgl. auch *Frisch* FS Gössel, S. 51 ff. (70); zugleich krit. *Gössel* GA 2015, 18 ff.

[56] Vgl. *Roxin* FS Honig, S. 131 ff.

[57] Zur Erstreckung auf Rechtfertigungsgründe *Kuhlen* FS Müller-Dietz, S. 431 ff.

86 Die Lehre von der objektiven Zurechnung stellt eine *Komplettierung* der Relevanz-Theorie dar. Denn wie diese geht sie von der condicio sine qua non-Formel als Indikator für die Kausalität und als Zurechnungs-*Regel* aus, um diese sogleich mittels objektiver Zurechnungs-*Ausnahmen* wieder einzuschränken. Im Rahmen eines offenen Systems[57] werden *Fallgruppen* gebildet, innerhalb derer die Zurechnung der Veränderung in der Außenwelt trotz eines bestehenden Kausalnexus nach Plausibilitätsgesichtspunkten *abgelehnt* wird.

87 *Positiv* ausgedrückt wird für die Zurechnung eine *rechtlich relevante Gefährdung* des geschützten Tatobjekts vorausgesetzt, die sich in der tatbestandsmäßigen Veränderung in der Außenwelt verwirklicht. Aus der Perspektive der Äquivalenztheorie besehen ist die Lehre von der objektiven Zurechnung jedoch eine Lehre von der *Nicht-Zurechnung*. Dementsprechend stellen die Fallgruppen der objektiven Zurechnung weitgehend Fallgruppen einer *negativen Abschichtung* dar. Über ihnen steht der Leitgedanke, dass eine Handlung nur dann zurechenbar ist, wenn sie ein *rechtlich verbotenes Risiko für das geschützte Angriffsobjekt geschaffen und dieses Risiko sich in der tatbestandsmäßigen schädigenden Veränderung in der Außenwelt verwirklicht hat.*[58]

88 „Objektiv" ist jene Zurechnung deshalb, weil sie unabhängig von Umständen auf Seiten des Täters bereits im Rahmen der objektiven Elemente der Tatbestandsmäßigkeit die Zurechnung auszuschließen vermag. Selbstverständlich ist auch eine *subjektive* Zurechnungslehre möglich, die dann als „Unkenntnis des Geschehensablaufs" der Irrtumslehre zuzuordnen ist und so auch von der Rechtsprechung praktiziert wird (vgl. unten Rn. 119 ff. sowie § 13 Rn. 133 ff.). Der *normative* Bereich jener subjektiven Zurechnung liegt dann dort, wo über die Beachtlichkeit jenes Irrtums zu entscheiden ist. *Im Ergebnis* unterscheiden sich objektive und subjektive Zurechnung nicht. Allerdings muss man bedenken, dass der Anwendungsbereich der subjektiven Zurechnungslehre viel begrenzter ist, weil nicht jede Verneinung der objektiven Zurechnung eine subjektive Parallele aufweist: so lässt sich z. B. der Ausschluss der Zurechnung mangels eines Risikozusammenhangs (sogleich unten Rn. 91 ff.) nicht als Ausschluss der subjektiven Zurechnung formulieren.

Die Lehre von der objektiven Zurechnung ist in jüngster Zeit wieder vermehrter Kritik ausgesetzt.[59] Jenseits dieser Kritik eignen sich die Fallgruppen, die von der Lehre von der objektiven Zurechnung entwickelt wurden, aber grundsätzlich als weiterer Filter bei der Suche nach dem strafbaren Verhalten.

1. Fehlen eines rechtlich relevanten Risikos

89 Trotz äquivalenter Kausalität wird eine Veränderung in der Außenwelt nicht zugerechnet, wenn der Beteiligte kein rechtlich relevantes, das allgemeine Lebensrisiko übersteigendes Risiko für die Veränderung geschaffen hat.[60] Konkret werden dieser Fallgruppe nicht vorhersehbare, unbeherrschbare atypische Kausalverläufe zugeordnet, wie sie auch durch die oben (Rn. 83) dargestellte Relevanz-Theorie ausgeschlossen werden sollen.

---

[58] Vgl. *B. Heinrich* AT Rn. 243; *Kühl* AT § 4 Rn. 43 „Grundformel"; SK-*Jäger* Vor § 1 Rn. 96; *Jescheck/Weigend* AT § 28 IV alle mwN.

[59] Vgl. *Goeckenjan* 2017 mwN; *Frisch* GA 2018, 553 ff.; *Hilgendorf* FS Sancinetti, S. 451 ff.; *Sànchez Lázaro* ZStW 126 (2014), 277 ff.; *Schladitz* 2021; *ders.* JR 2021, 487 ff.

[60] Nach *Kindhäuser* GA 2007, 447 ff. (466) fehlt es in Fällen dieser Art bereits an einer Vorsatzgefahr, nach *F.-C. Schroeder*, 2009, S. 31, an einer Täterschaft des Neffen. Vgl auch *Krey/Esser* AT Rn. 334.

Beispiel 4.12

Flugreise-Fall[61]: Neffe N überredet Erbonkel O zu häufigen Flugreisen, weil er **90** hofft, durch den Absturz eines Flugzeuges schneller in den Genuss der Erbschaft zu kommen. Beim dritten Flug stürzt das Flugzeug wirklich ab. O kommt ums Leben. ◄

2. Fehlender Risikozusammenhang (fehlender Schutzzweck der Norm)

Das Fehlen des Risikozusammenhangs mit der Folge des Wegfalls der objektiven **91** Zurechnung ist dann gegeben, wenn der Täter eine Veränderung in der Außenwelt verursacht, die *außerhalb des Schutzbereichs* der verletzten Verhaltensnorm liegt, in der sich also gar nicht jenes Risiko realisiert, dessen Verhinderung die entsprechende Strafvorschrift bezweckt.

Beispiel 4.13

Der verunglückte Rettungswagen: Bei einem Verkehrsunfall erleidet der Radfah- **92** rer R einen Beinbruch. Beim Transport ins Krankenhaus verliert der den Rettungswagen lenkende Sanitäter wegen eines Herzinfarkts die Kontrolle über das Fahrzeug. Der Rettungswagen stürzt einen Abhang hinab, R erleidet tödliche Verletzungen.

Im Beispielsfall ist der Unfall des Rettungswagens ein Risiko, dessen Vermei- **93** dung nicht der Zweck der Körperverletzungsvorschriften ist. ◄

3. Risikoverringerung?

In jene Fallgruppe werden von der wohl überwiegenden Ansicht[62] Fälle eingeordnet, **94** in denen der Täter die durch einen Dritten in Gang gesetzte strafbedrohte Veränderung in der Außenwelt abschwächt oder zeitlich hinausschiebt und so kausal dafür wird, dass jene Veränderung abgeschwächter oder später Wirklichkeit wird (sog. „Ablenkungs-" und „Umschichtungs"-Fälle).[63]

Beispiel 4.14

T will O töten, indem er mit einer Eisenstange zum Schlag gegen den Kopf des **95** O ausholt. Im letzten Moment lenkt A die Eisenstange auf die Schulter des O ab. Dadurch wird O an der Schulter verletzt. Hier ist A für die Schulterverletzung zwar ursächlich geworden. Weil A jedoch durch seine Handlung die noch gefährlichere Kopfverletzung abgewendet hat, wird ihm diese Veränderung in der Außenwelt nicht zugerechnet. ◄

---

[61] Der *Flugreise*-Fall wird auch nicht selten als *„Gewitter"*-Fall formuliert, in dem der Neffe den Erbonkel zu Spaziergängen bei Gewitter überredet in der Hoffnung, dass der Onkel vom Blitz erschlagen werde, was auch geschieht; umfassend und amüsant zu dieser Variante *F.-C. Schroeder*, 2009.

[62] *Frisch* 1988, S. 60 f.; *Heinrich* AT Rn. 247; *Kühl* AT § 4 Rn. 54; *Murmann* GK § 23 Rn. 64 f.; *Roxin/Greco* AT 1 § 11 Rn. 53; *Wessels/Beulke/Satzger* AT § 6 Rn. 292 f. alle mwN.

[63] Für eine Anwendung der Grundsätze der *mutmaßlichen Einwilligung* im Hinblick auf die individuell höchst unterschiedliche Bedeutung der unterschiedlichen Körperteile *F.-C. Schroeder* Schünemann-Symposium, S. 151 ff.

96   Mit überzeugenden Argumenten wendet sich *Kindhäuser* gegen den Ausschluss der Unwertverwirklichung mittels objektiver Zurechnung als Begründung für die Straffreiheit in den Fällen der Risikoverringerung: Die abgeschwächte Veränderung in der Außenwelt sei dem Täter durchaus zurechenbar. Jedoch sei sein Handeln *gerechtfertigt* wegen der Abwendung der drohenden schwerwiegenderen Veränderung in der Außenwelt.[64] Bei Gütern derselben Person erfordere die Autonomie des Opfers, die Präferenzen des Betroffenen zu berücksichtigen. Die Rechtfertigung folgt dann den Regeln der *mutmaßlichen Einwilligung*.[65]

4. Fehlender Pflichtwidrigkeitszusammenhang (rechtmäßiges Alternativverhalten)

97   Ein Ausschluss der objektiven Zurechnung aufgrund eines fehlenden Pflichtwidrigkeitszusammenhangs wird bei Fahrlässigkeitsstraftaten dann angenommen, wenn die Veränderung in der Außenwelt auch bei *pflichtgemäßem* Verhalten eingetreten wäre. Denn in diesen Fällen wird die Veränderung nicht „durch Fahrlässigkeit" (vgl. § 222) herbeigeführt.

Beispiel 4.15

98   *Radfahrer*-Fall BGH 4 StR 354/57 BGHSt 11, 1 (Näher hierzu unten § 12): Der Lastwagenfahrer L überholt den Radfahrer R, ohne den erforderlichen Seitenabstand einzuhalten. Beim Überholvorgang schert R nach links aus, wird vom Lastwagen überrollt und getötet. Ein Sachverständiger stellt fest, dass R betrunken war und es deshalb nicht auszuschließen ist, dass er auch bei Einhaltung des vorgeschriebenen Seitenabstands überrollt worden wäre. ◄

99   Dabei gilt der Grundsatz in dubio pro reo.[66] Jedoch reicht die bloße *gedankliche Möglichkeit* einer *gleichen Veränderung* in der Außenwelt auch bei *pflichtgemäßem* Verhalten nicht aus, vernünftige Zweifel daran zu wecken, dass die Veränderung in der Außenwelt bei Vornahme der gebotenen Handlung *ausgeblieben* wäre. Vielmehr muss sich die Möglichkeit der gleichen Veränderung „aufgrund bestimmter Tatsachen so verdichten, dass die Überzeugung vom Gegenteil mit an Sicherheit grenzender Wahrscheinlichkeit vernünftigerweise ausgeschlossen ist."[67]

100   Nach der abzulehnenden sog. *Risikoerhöhungslehre*[68] soll es für eine Zurechnung hingegen genügen, dass der Täter durch sein Verhalten das Risiko der Veränderung in der Außenwelt vergrößert hat, was in Beispiel 4.15 bei Nichteinhaltung des Seitenabstandes der Fall wäre.

---

[64] Vgl. *Kindhäuser* ZStW 120 (2008), 481 ff. (495); ebenso *Goeckenjan* 2017, S. 265 ff., 302 mwN.

[65] Vgl. *Kindhäuser* ZStW 120 (2008), 481 ff. (496 f.) und unten § 5 Rn. 367 ff.

[66] Vgl. *Rengier* AT § 52 Rn. 33; *Sternberg-Lieben/Schuster*, in: Schönke/Schröder § 15 Rn. 177; *Jakobs* AT 7 Rn. 98 ff., 103; SK-*Hoyer* Anh. zu § 16 Rn. 74 ff.; *Schlüchter* JA 1984, 676 ff.; LK-*Walter* Vor §§ 13 ff. Rn. 101.

[67] BGH 1 StR 272/09 NStZ 2011, 31.

[68] Ausführlich und mwN zur Risikoerhöhungslehre *Roxin/Greco* AT 1 § 11 Rn. 88 ff.; vgl. auch die Nachweise bei *Wessels/Beulke/Satzger* AT § 6 Rn. 303 ff.; näher und kritisch hierzu unten § 12 Rn. 86 ff.

5. Zurechnungsverlagerung auf Dritte (eigenverantwortliche Selbstgefährdung und -verletzung; Regressverbot)

Die Zurechnung einer Veränderung in der Außenwelt wird schließlich dann ab-   **101**
gelehnt, wenn die Herbeiführung der Veränderung in ihrer Wirksamkeit durch den
*freien Eintritt eines vorsätzlich oder in Kenntnis der Gefahrensituation selbst zure-
chenbar Handelnden* überlagert wird.[69] Hierdurch wird die Kausalität der Erst-
Handlung allerdings nicht abgebrochen,[70] sondern durch eine Zurechnung überlagert, welche auf ein Dritt- bzw. Opferverhalten zurückgeht. Es verwirklicht sich
hier somit nicht das vom Erstverursacher, sondern das vom Dritten oder vom Opfer
verursachte Risiko.

Jene Fallgruppe ist besonders dort von Bedeutung und unumstritten, wo es ein   **102**
freies und vollverantwortliches Verhalten des *Geschädigten* ist, das die Veränderung
in der Außenwelt herbeiführt (Selbstverletzungs-Fälle).[71]

Beispiel 4.16

Heroinspritzen-Fall BGH 1 StR 808/83 BGHSt 32, 262 (näher dazu auch § 12   **103**
Rn. 108): A hatte Heroin, aber keine Spritze. Deshalb besorgte ihm der Angeklagte B eine Spritze und gab sie ihm mit dem Hinweis, dass das Heroin sehr
rein und damit sein Genuss besonders gefährlich sei. Trotz dieser Warnung in-
jizierte sich A eine Heroinmenge, die tödlich wirkte.

Hier kann B der Tod des A nicht zugerechnet werden, weil sich dieser als
eigenverantwortliche Selbstverletzung darstellt.[72] ◄

Von einer eigenverantwortlichen Selbstgefährdung und -verletzung kann man aller-   **104**
dings nur dann sprechen, wenn der sich selbst Verletzende die wesentlichen Umstände kennt[73] und die „Tatherrschaft" hat.[74] Dies kann auch dadurch geschehen, dass

---

[69] Dazu *Weigend* FS Rengier, 135 ff.; *Haas* FS Yamanaka, S. 71 ff.; *Eisele* FS Kühl, S. 159 ff.; krit.
Fahl GA 2018, 418 ff.; s. auch BGH 1 StR 328/15 StV 2016, 426 ff. m. Anm. *Roxin*; BGH 4 StR
289/16 NStZ 2017, 219 ff. m. Anm. *Jäger*, jedoch lässt die eigenverantwortliche Selbstgefährdung
die Möglichkeit des Entstehens einer Garantenstellung unberührt.

[70] Vgl. *Eisele,* in: Schönke/Schröder Vor §§ 13 ff. Rn. 77.

[71] Eingehend hierzu S. *Walther* 1991; *Frisch* NStZ 1992, 1 ff., 62 ff.; *Frisch* GA 2021, 65 ff.; zur
Straflosigkeit der fahrlässigen Mitwirkung an einer Tötung auf Verlangen *Roxin* FS Schreiber,
S. 399 ff.; zu den sog. „Retterfällen" *Beckemper* FS Roxin, S. 377 ff.; *Furukawa* GA 2010, 169 ff.;
Geppert Jura 2001, 494 f.; speziell bei Brandstiftungsstraftaten *Thier* 2008; zum nachträglichen
Mitverschulden des Opfers *Roxin* GA 2020, 183 ff.

[72] Dazu auch *Fahl* GA 2018, 418 ff.

[73] Zu einem rechtserheblichen Irrtum (Überlassung von Heroin statt Kokain) BGH 1 StR 518/08
BGHSt 53, 288; zu einem vergleichbaren Fall des tödlichen *Wetttrinkens*, bei dem der Überlebende
zunächst nur vortäuschte, Alkohol zu trinken, LG Berlin (522) 1 Kap Js 603/07 Ks (1/08), ZJJ
2010, 78 ff., bestätigt durch BGH 5 StR 31/10 BGH Mitteilung der Pressestelle Nr. 66/2010.

[74] Vgl. BGH 4 StR 328/08 BGHSt 53, 55 ff. (60) zur fahrlässigen Tötung eines Mitfahrers im Rahmen eines illegalen Autorennens; dazu *Hauck* GA 2012, 203 ff.; *Beulke* FS Zoll, S. 735 ff.; *Roxin*
JZ 2009, 399 ff.; auf die *Steuerbarkeit* zur Abgrenzung zwischen eigenverantwortlicher Selbst-
und einverständlicher Fremdgefährdung abstellend *Duttge* FS Otto, S. 227 ff.

er den Fremdverletzenden täuscht.[75] Strafbefreiende Tatherrschaft ist in den „Heroin-Fällen" somit umgekehrt abzulehnen, wenn das Heroin dem Süchtigen von einem Dritten *verabreicht* wird, auch wenn der Süchtige die damit verbundenen Gefahren kennt und billigt. In diesen Fällen kommt nur eine Einwilligung in Frage.[76] Trotz einer „freien" Entscheidung ist in den Fällen des Behandlungsabbruchs, für den sich das Opfer entscheidet, die Zurechnung zum Erstverursacher nicht unterbrochen, da das Opfer von ihm in eine existenzielle Konfliktsituation gebracht worden ist.[77]

105 Von einer Entscheidungs*freiheit* kann dann nicht mehr die Rede sein, wenn sich die „Selbstverletzung" nur durch Inkaufnahme eines nicht unerheblichen, vom Fremdverletzenden gesetzten Risikos hätte vermeiden lassen.[78]

105a Eine Grenze des Zurechnungsausschlusses durch eine eigenverantwortliche Selbstgefährdung und -verletzung ist dort zu ziehen, wo sich das Opfer durch eine vom Täter geschaffene Gefahrenlage veranlasst sieht, in das Geschehen rettend einzugreifen und dadurch selbst geschädigt wird (Zurechnung bei Rettungsmaßnahmen).[79]

106 Der freie Eintritt des vorsätzlich oder in Kenntnis der Gefahrensituation selbst zurechenbar Handelnden in den Kausalverlauf kann aber auch in Fällen von Fremdverletzung die Zurechnung ausschließen (sog. Regressverbots-Fälle):[80]

Beispiel 4.17

107 A will B umbringen. Sein Schuss streift den B jedoch nur. B kommt schwer verletzt mit einer Kopfwunde ins Krankenhaus. Dort wird er von seinem Widersacher C entdeckt, der ihm – als Krankenpfleger verkleidet – eine tödliche Giftdosis injiziert. Zwar ist das Verhalten des A kausal für den Tod des B. Der Tod des B in Form des Totschlages seitens des C ist jedoch eine Veränderung in der Außenwelt, die nicht mehr das Werk des A ist und A deshalb nicht zugerechnet werden kann. ◄

108 Von der h. M. wird die Lehre vom „Regressverbot" als Fallgruppe einer mangelnden objektiven Zurechnung[81] insoweit abgelehnt, als die *vorhersehbare* eigenverantwortliche Tatbegehung bzw. die erkennbare Tatgeneigtheit eines Dritten den Erstverursacher jedenfalls nicht aus einer Haftung wegen Fahrlässigkeit entlassen kann.[82]

---

[75] Allerdings haben der BGH im sog. *Muskeldystrophie*-Fall (BGH 5 StR 66/03 NJW 2003, 2326 sowie bei *Rautenkranz* JA 2004, 190 ff.) und das OLG Nürnberg im *Pistolen*-Fall (Ws 867/02 JZ 2003, 745 ff.) eine fahrlässige Fremdverletzung angenommen, weil der Irrtum nicht auch zu einem Ausschluss der Gefährdungsherrschaft des Fremdverletzenden geführt habe, zust. *Herzberg* NStZ 2004, 1 ff.

[76] Vgl. BGH 3 StR 120/03 BGHSt 49, 34 ff. (39 f.).

[77] Vgl. *Jansen* ZfIStW 2022, 289 ff.

[78] So das OLG Celle 32 Ss 78/00 StV 2002, 366 mit krit. Anm. *S. Walther* StV 2002, 367 ff. im sog. *Aortendissektions*-Fall.

[79] BGH 4 StR 19/20 NStZ 2022, 102 (103).

[80] Differenzierend und mit eindrucksvollen Beispielen *Schmoller* FS Triffterer, S. 223 ff.

[81] Zur berechtigten Ablehnung der Regressverbotslehre als Kausalitätslehre (so *Frank* 1931 § 1 Anm. III 2 a) *Jescheck/Weigend* AT § 28 II Fn. 15.

[82] Vgl. *Jescheck/Weigend* AT § 28 II 3 mwN; diff. *Eisele,* in: Schönke/Schröder Vor §§ 13 ff. Rn. 101; gegen eine Zurechnung hingegen *Jakobs* AT 7 Rn. 59.

Wie in sonstigen Fällen der Verursachung eines eigenverantwortlichen tatbestandsmäßigen Dritt- **109** verhaltens[83] wird die Zurechnung des Drittverhaltens auch hier davon abhängen, ob der Erstver- ursacher das Drittverhalten provoziert oder zumindest rechtswidrig und schuldhaft herbeigeführt hat. Hier kann ihn auch ein eigenverantwortliches Drittverhalten nicht entlasten, weil es nur Teil seiner eigenen Tat ist. Dann allerdings bleiben außerhalb der Zurechnung nur Fälle wie *Bei- spiel 4.12*, in denen das Handeln des Dritten nicht vorhersehbar und auch nicht beherrschbar ist. Sie unterscheiden sich nicht von der Fallgruppe des fehlenden rechtlich relevanten Risikos.

B. Subjektive Elemente der Tatbestandsmäßigkeit (personaler Unwert)

I. Arten subjektiver Elemente der Tatbestandsmäßigkeit

Als Errungenschaft des vermittelnden Handlungsbegriffs sind heute der *Vorsatz* **109a** zum Zeitpunkt der Tatbegehung (§ 16 I) sowie sonstige *besondere subjektive Merk- male* des Täters (z. B. die Zueignungsabsicht bei Diebstahl und Raub, §§ 242, 249; die Täuschungsabsicht bei der Urkundenfälschung, § 267 oder die Bereicherungs- absicht beim Betrug, § 263) als unwertbegründende subjektive Elemente der Tatbestandsmäßigkeit anerkannt. Die subjektiven Elemente der Tatbestandsmäßig- keit spiegeln die *geistige Haltung des Täters als Person* im Hinblick auf die Ver- wirklichung der objektiven Elemente der Tatbestandsmäßigkeit wider. Da damit auch sie ein Bestandteil des tatbestandsmäßigen Unwertes und im Falle der Rechts- widrigkeit auch des Unrechts der strafbaren Handlung sind, spricht man von einer *personalen Unwert- bzw. Unrechtslehre*.[84]

Für die machttheoretische Handlungslehre ist die Machtquelle „Wissen" ein zent- **110** rales Merkmal des vorsätzlich verwirklichten Unrechts. „Wissen" bedeutet Kenntnis der Folgen aktualisierter Handlungsmacht. Wer weiß, welche Folgen seine tatbestand- lich beschriebene aktualisierte Handlungsmacht haben wird, von dem kann erwartet werden, dass er diese Machtäußerung unterlässt. Wem dieses Wissen fehlt, von dem kann auch keine Motivation zu gegensätzlichem Verhalten erwartet werden.[85]

Als Kennzeichen einer geistigen Haltung des Täters im Hinblick auf die objekti- **111** ven Elemente der Tatbestandsmäßigkeit bilden die subjektiven Elemente der Tatbestandsmäßigkeit einen Bestandteil der Straftat, der hier *personaler Unwert* ge- nannt werden soll. Dieser Begriff wird hier in einem weiten, neutralen Sinne ver- standen. Er umfasst auch den Vorsatz und alle täterbezogenen Elemente der Straftat und damit mehr als das, was sich seit Mitte des 20. Jahrhunderts als Lehre von den „Gesinnungsmerkmalen"[86] etabliert hat.

---

[83] Vgl. z. B. zur Notwehrprovokation unten § 6 Rn. 92 ff.

[84] Vgl. dazu *Hirsch* JZ 2007, 494 ff. (499).

[85] Vgl. näher *Sinn* 2007, S. 301 ff. (311 ff.); ähnlich auch *Schladitz* ZStW 134 (2022), 97 ff.; zu ähn- lichen Ergebnissen gelangt eine Normativierung der Kenntnis hin zu „Bekanntschaft", vgl. *Jakobs* FS Sancinetti, S. 485 ff. (495).

[86] Grundlegend zu den Gesinnungsmerkmalen *Schmidhäuser* 1958.

112 Innerhalb jener Lehre wird angenommen, dass Gesinnungsmerkmale als „echte" Gesinnungsmerkmale – z. B. niedrige Beweggründe beim Mord (§ 211 II 1. Gruppe), Rücksichtslosigkeit bei der Straßenverkehrsgefährdung (§ 315c I Nr. 2) oder Böswilligkeit in den §§ 90a I Nr. 1, 130 I Nr. 2, II Nr. 1 lit. c und 225 – ausschließlich und unmittelbar den Unwert der strafbaren Handlung betreffen,[87] während „unechte" Gesinnungsmerkmale teils den Unwert teils die Schuldhaftigkeit der strafbaren Handlung begründen wie z. B. das Mordmerkmal der „Grausamkeit" als Kennzeichen für eine Tötung sowohl unter Zufügung „besonderer Schmerzen oder Qualen" als auch „aus gefühlloser unbarmherziger Gesinnung".[88]

113 Hat man aber einmal erkannt, dass die geistige Haltung des Täters bereits die subjektiven Elemente der Tatbestandsmäßigkeit betrifft *und* dass dem Täter diese geistige Haltung zum Vorwurf gereichen muss, dann sind Gesinnungsmerkmale Bestandteil sowohl der subjektiven Elemente der Tatbestandsmäßigkeit als auch der Wertung als vorwerfbar innerhalb der Schuldhaftigkeit.[89] Damit erübrigt sich die Unterscheidung von echten und unechten Gesinnungsmerkmalen.[90]

114 Über jene „traditionellen" Gesinnungsmerkmale hinaus sind aber auch sonstige *Motive* und *persönliche Eigenschaften*, welche die geistige Haltung des Täters zur Verwirklichung der objektiven Elemente der Tatbestandsmäßigkeit ausdrücken, subjektive Elemente der Tatbestandsmäßigkeit. Auch Mordmerkmale wie z. B. *Habgier* oder *Verdeckungsabsicht* begründen dann nicht nur die besondere *Vorwerfbarkeit* der Tötung, sondern bereits den *personalen Unwert*.[91]

II. Der Vorsatz

115 Unabhängig davon, ob man den Vorsatz mit der überwiegenden Lehre[92] als subjektives Element der Tatbestandsmäßigkeit (und zugleich als Element der Schuldhaftigkeit) oder mit einer Minderheitsmeinung[93] ausschließlich als Element der Schuldhaftigkeit auffasst: hinsichtlich seines Gehaltes ist man sich doch weitgehend einig.

---

[87] Vgl. *Eisele,* in: Schönke/Schröder Vor §§ 13 ff. Rn. 122.

[88] BGH 1 StR 243/52 BGHSt 3, 180; dazu *Roxin/Greco* AT 1 § 10 Rn. 79.

[89] Vgl. treffend *Kindhäuser* GA 2007, 449; *Jakobs* AT 8 Rn. 98 mwN.

[90] Vgl. auch *Hirsch* FS Lüderssen, S. 253 ff. (258).

[91] Der personale Unwert vereint damit alle subjektiven Elemente, ohne dass es auf die klassischen Streitfragen zu den sog. Gesinnungsmerkmalen i. e. S., wie sie etwa bei *Frister* AT § 8 Rn. 33; *Maurach/Zipf* AT 1 § 22 V Rn. 55; *Schmidhäuser* 1958 oder *Kelker* 2007, S. 157 ff. dargestellt werden, ankommen würde.

[92] Vgl. *Rengier* AT § 7 Rn. 2; *B. Heinrich* AT Rn. 256 ff.; *Jakobs* AT 8 Rn. 1 ff.; *Jescheck/Weigend* AT § 24 III 4, 5; Lackner/Kühl/Heger-*Heger* Vor § 13 Rn. 15 sowie § 15 Rn. 8; *Roxin/Greco* AT 1 § 10 Rn. 62 ff.; *Wessels/Beulke/Satzger* AT § 7 Rn. 310 ff.

[93] Vgl. *Baumann/Weber/Mitsch* AT § 12 Rn. 9, 16, § 18 Rn. 24 bis zur 11. Aufl.; *Naucke* 2002, § 7 Rn. 123 ff.

1. Struktur und Stufen

Nach h. M. liegt Vorsatz vor, wenn der Täter mit *Wissen und Wollen* hinsichtlich der **116** Verwirklichung der objektiven Elemente der Tatbestandsmäßigkeit handelt.[94] Der Vorsatz besteht somit strukturell aus einem *Wissenselement* (cognitive Seite) und einem *Willenselement* (voluntative Seite). Der Vorsatz ist Hauptbestandteil des *personalen Unwertes* der vorsätzlich begangenen strafbaren Handlung.[95]

Je nach Intensität der beiden Vorsatzelemente unterscheidet man drei Stufen des **117** Vorsatzes:[96]

- dolus directus I (Absicht),
- dolus directus II (sicheres Wissen),
- dolus eventualis (billigende Inkaufnahme).

2. Das Wissens-Element (cognitive[97] Seite) des Vorsatzes

Zum Wissen des Täters um die Verwirklichung der objektiven Elemente der Tatbest- **118** andsmäßigkeit sind vor allem die folgenden Fragen zu stellen:

- *Was* muss der Täter zu welchem Zeitpunkt wissen? (a)
- Inwiefern beeinflussen *Abweichungen des Tatobjekts und des Kausalverlaufs* die Zurechnung als vorsätzliche vollendete Tat? (b)
- Inwieweit ist ein Wissen des Täters *entbehrlich*? (c)
- In welcher *Intensität* muss das Wissen des Täters vorhanden sein? (d)

a) Die Tatumstände i. S. v. § 16 als Gegenstand des cognitiven Vorsatzelementes

Gegenstand des Wissens müssen die in § 16 genannten *Tatumstände* sein, d. h. die Merkmale, die den spezifischen Unwert einer Straftat – und zwar sowohl den Sachverhalts- als auch den personalen Unwert[98] – *charakterisieren*. Diesbezügliche Wissenslücken lassen den Vorsatz entfallen.

---

[94] Vgl. *B. Heinrich* AT Rn. 264; *Roxin/Greco* AT 1 § 12 Rn. 4; *Sternberg-Lieben/Schuster*, in: Schönke/Schröder § 15 Rn. 9 ff.; BGH 1 StR 262/88 BGHSt 36,1 (10 f.); jew. mwN; zum allgemeinen Begriff des Vorsatzes *Schroth* 1998, S. 4 ff.; speziell zur objektiven Zurechnung als Vorsatzgegenstand aus Anlass des Göttinger Organallokationsskandals (2017) *Greco* GA 2018, 539 ff.; *Sowada* GS Joecks, S. 163 ff.; *Jäger* GA 2021, 272 ff.

[95] Vgl. auch *Hirsch* GS Meurer, S. 3 ff.

[96] Näher unten Rn. 158 ff.; vgl. auch *Spendel* FS Lackner, S. 167 ff. (174); zur duplex-effectus-Lehre *Joerden* FS Jakobs, S. 235 ff.

[97] Von lat. cognoscere = erkennen.

[98] Z. B. die Umstände, die die Beweggründe für eine Tötung als „niedrig" i. S. v. § 211 II erscheinen lassen.

118a   Nach dem Essen in einer Gaststätte nimmt T einen Mantel von der Garderobe in der Annahme, es handele sich um seinen eigenen und er verlässt das Lokal. Tatsächlich gehört der Mantel dem B.

   T kennt zwei Tatumstände nicht. Zum einen weiß er nicht, dass er den Mantel dem B *wegnimmt*, denn er geht davon aus, dass er weiterhin Gewahrsam an dem Kleidungsstück hat. Zum anderen weiß er nicht, dass der Mantel dem B gehört, er also *fremd* ist. Die Wegnahme und die Fremdheit sind beides Tatumstände des § 242 StGB. ◄

118b   Dabei genügt die Kenntnis des tatsächlichen Sachverhalts. Eine exakte rechtliche Würdigung muss der Täter nicht vornehmen. Bei Tatbestandsmerkmalen, die eine rechtliche Wertung implizieren (sog. normative Tatbestandsmerkmale), ist es ausreichend, wenn der Täter eine sog. Parallelwertung in der Laiensphäre vornimmt, also die ungefähre rechtliche Bedeutung kennt, die das Tatbestandsmerkmal umschreibt.

119   Der objektive Tatbestand des Diebstahls (§ 242 I) verlangt die Fremdheit einer Sache. Um einen vorsätzlichen Diebstahl begehen zu können, muss der Täter bei der Wegnahme einer für ihn fremden Sache nun allerdings nicht subjektiv wissen, dass die Sache im Eigentum eines anderen steht. Eine solche zivilrechtliche Eigentumsprüfung nach den §§ 929 ff. BGB kann er nicht leisten und wird von ihm nicht erwartet. Für einen Vorsatz in Bezug auf das Merkmal der Fremdheit genügt es, dass der Täter laienhaft wusste, dass die Sache jedenfalls nicht ihm gehört, also nicht seine eigene ist und irgendjemand anderem gehört. ◄

119a   Gemäß § 16 I S. 1 muss der Vorsatz des Täters „bei Begehung der Tat" vorliegen. Aus § 8 S. 1 kann entnommen werden, dass eine Tat im Zeitpunkt der Handlung als begangen gilt. Da nicht jede Vorbereitungshandlung schon eine Strafbarkeit nach sich zieht, kann mit der Handlung in § 8 S. 1 frühestens die Handlung gemeint sein, die die Schwelle zum strafbaren Versuch gem. § 22 überschreitet. Daher ergibt sich aus der Zusammenschau der §§ 16 I, 8, 22, dass der Vorsatz frühestens im Zeitpunkt der die Schwelle zum strafbaren Versuch überschreitenden Handlung und spätestens bis zum Vollendungszeitpunkt gegeben sein muss. Ein vor diesem Zeitraum gefasster Vorsatz (sog. dolus antecedens)[99] ist ebenso unbeachtlich wie ein nach Tatvollendung gefasster (sog. dolus subsequens).[100] Der Vorsatz muss zu dem Zeitpunkt vorliegen, „in welchem der Täter noch einen für die Tatbestandsverwirklichung kausalen Tatbeitrag leistet."[101]

---

[99] BGH 5 StR 77/60 BGHSt 14, 193 ff.
[100] Zum dolus subsequens BGH 2 StR 18/17 NStZ 2018, 27 ff. m. Anm. *Engländer*; BGH 4 StR 348/19 m. Anm. *Hecker* JuS 2020, 969 ff.; BGH 4 StR 399/17 BGHSt 63, 88 ff.
[101] BGH 4 StR 156/21 NStZ 2022, 30.

b) Der Einfluss von Abweichungen des Kausalverlaufs und des Tatobjekts auf die Zurechnung als vorsätzliche vollendete Tat – dolus generalis/ aberratio ictus

Jedoch kann das Wissen des Täters über die den Tatumständen zugrunde liegenden Tatsachen nicht lückenlos sein. So wird der Täter z. B. nicht jede (unwichtige) Einzelheit des Tathergangs kennen. Es muss somit eine Auswahl getroffen werden, welche Umstände so wesentlich sind, dass der Täter sie kennen *muss*.   **120**

Beispiel 4.18

Kurier-Fall 1 StR 357/91 BGHSt 38, 32: T beauftragt den Kurier K, für ihn   **121** Rauschgift nach Deutschland einzuführen. Bei der Busreise wird dem K das Rauschgift allerdings noch vor Übertritt der deutschen Grenze vom Dieb D, der ebenfalls in demselben Bus reist, gestohlen und dann von diesem im Bus in die Bundesrepublik verbracht. K bemerkte den Diebstahl erst in Deutschland.

Das Landgericht verurteilte den T wegen mittäterschaftlicher Einfuhr von Be-   **122** täubungsmitteln. Dass letztlich nicht der K, sondern der D das Rauschgift über die Grenze brachte, wertete das LG als unwesentliche Abweichung vom vorgestellten Kausalverlauf, denn schließlich sei das Rauschgift – dem Tatplan entsprechend – im selben Bus und zum selben Zeitpunkt über die Grenze verbracht worden.

Der BGH änderte den Schuldspruch, ohne die Sache an das Landgericht zurück   **123** zu verweisen. Die Abweichung des tatsächlichen vom vorgestellten Kausalverlauf sei in diesem Fall wesentlich. Für den T war die Einfuhr des Rauschgifts durch D im selben Bus rein zufällig und liege nicht mehr in den Grenzen des nach allgemeiner Lebenserfahrung Voraussehbaren. Somit sei die illegale Einfuhr durch den D nicht vom Vorsatz des T umfasst gewesen und eine Verurteilung wegen vollendeter unerlaubter Einfuhr von Betäubungsmitteln sei nicht möglich. ◀

Da nicht alle Einzelheiten eines Geschehensablaufs vorhersehbar sind, kann auch   **124** nicht jeder Irrtum über den Geschehensablauf beachtlich sein. Als Kriterium für die Unbeachtlichkeit des Irrtums mit der Folge der Annahme eines Vorsatzes hinsichtlich des Geschehensablaufs entwickelte der BGH im sog. *Blutrausch*-Fall[102] die folgende, bis heute in der Rechtsprechung noch anerkannte Formel:

Die Abweichung des wirklichen Geschehensablaufs von dem vorgestellten   **125** müsse sich noch innerhalb der Grenzen des nach allgemeiner Lebenserfahrung Voraussehbaren halten und dürfe keine andere Bewertung der Tat rechtfertigen.[103]

Im Hinblick auf eine Beachtlichkeit der Unkenntnis des Geschehensablaufs umformuliert bedeutet dies:

▶   Der Irrtum über den Kausalverlauf ist beachtlich und lässt den Vorsatz ent-   **126** fallen, wenn die Abweichungen des wirklichen Geschehensablaufs gegenüber dem vorgestellten *wesentlich*[104] sind, d. h.

---

[102] BGH 4 StR 552/54 BGHSt 7, 325 ff.

[103] Zu Vorsatz und Kausalität s. auch *Velten* FS Kindhäuser, S. 585 ff.; *Puppe* ZStW 129 (2017), 1 ff.

- **außerhalb der Grenzen des nach allgemeiner Lebenserfahrung Vorhersehbaren liegen**
  oder
- **eine andere Bewertung der Tat erfordern.**

127 Obwohl diese Formel im Ergebnis durchaus überzeugt, hat sie mit der Entwicklung der Lehre von der objektiven Zurechnung in deren Regelungsbereich an Bedeutung verloren. Denn wenn eine Kausalabweichung dazu führt, dass die schädigende Veränderung in der Außenwelt dem Verursacher schon objektiv nicht als sein Werk zugerechnet werden kann (zur obj. Zurechnung vgl. oben Rn. 85 ff.), dann stellt sich die Frage nach dem Vorsatz nicht mehr. Ist eine objektive Zurechnung hingegen zu bejahen, hängt die subjektive Zurechnung davon ab, ob das Tatgeschehen dem Plan des Täters entspricht (Tatplankriterium). Ist dies nicht der Fall, weil die eingetretene Veränderung in der Außenwelt eine andere Bewertung der Tat erfordert, dann kann diese Veränderung dem Täter nicht zum Vorsatz zugerechnet werden.[105]

128 Hinsichtlich des *Tatobjekts* gilt zunächst, dass Abweichungen/Fehlvorstellungen unbeachtlich sind, solange sie nur dessen Identität oder Eigenschaften betreffen und die Grenzen des gattungsmäßig festgelegten Elementes der Tatbestandsmäßigkeit nicht überschreiten (sog. error in obiecto/error in persona, näher hierzu § 13 Rn. 159 ff.).

129 Abweichungen im Bereich des Kausalverlaufs lassen sich an Hand der unter (a) genannten *Kriterien* nach allgemeinen Regeln beurteilen (vgl. unten § 13 Rn. 127 ff.). Jedoch sollen hier zwei Fallgruppen einer Kausalabweichung genauer betrachtet werden.

130 Die erste Fallgruppe betrifft ausschließlich den Kausalverlauf (aa), die zweite erstreckt sich auch auf das Tatobjekt (bb).

aa) Dolus generalis-Fälle

131 Im Mittelpunkt der dolus generalis-Fälle stehen zunächst Sachverhalte, in denen der Täter zuerst unwissentlich weniger erreicht als das, was er will, dann jedoch in Unkenntnis des wahren Sachverhalts die erstrebte Veränderung in der Außenwelt herbeiführt und damit genau das erreicht, was er erreichen wollte:

Beispiel 4.19

132 A will B töten und schießt auf ihn. B bricht schwer verletzt zusammen. A hält B für tot und wirft die vermeintliche Leiche in einen Fluss, um die Spuren seiner Tat zu beseitigen. Dadurch ertrinkt B. ◀

133 Die Lehre vom dolus generalis[106] lehnt hier eine beachtliche Kausalabweichung ab. A habe B töten wollen und dies auch erreicht.

---

[104] Dazu BGH 4 StR 223/15 NStZ 2016, 721 ff.; vgl. auch *Krey/Esser* AT Rn. 328.

[105] Vgl. zum Ganzen *Roxin/Greco* AT 1 § 12 Rn. 151 ff.; zur Zurechnung zur *Fahrlässigkeit* durch den BGH krit. *Puppe* GA 2008, 569 ff.

Eine vorzugswürdige Minderheitsmeinung nimmt hingegen an, dass zunächst **134** ein Tötungsversuch vorliegt, an den sich eine fahrlässige Tötung anschließt.[107]

Zunächst ist hier zu prüfen, ob von einem Ausschluss der objektiven Zurechnung **135** ausgegangen werden kann.[108] Ist dies der Fall, kann die schädigende Veränderung in der Außenwelt nicht zugerechnet werden und es kommt nur eine Strafbarkeit wegen Versuchs in Frage. Ist ein Ausschluss der objektiven Zurechnung hingegen nicht gegeben, will eine Meinung mittels des oben in Rn. 127 genannten Tatplankriteriums[109] danach entscheiden, ob der eingetretene Kausalverlauf noch als Verwirklichung des Tatplans bewertet werden kann. In *Beispiel 4.19* wäre dies wohl zu bejahen, was eine Strafbarkeit des A wegen einer vorsätzlichen Tötung des B zur Folge hätte. Gegen das Tatplankriterium spricht allerdings, dass in den dolus generalis-Fällen *zwei Handlungen* vorliegen: eine Handlung mit Tötungsvorsatz (in *Beispiel 4.19* das Schießen), die nicht zur tödlichen Veränderung in der Außenwelt führt, und eine zweite Handlung, hier das Versenken im Fluss, die zwar den Tod herbeiführt, aber unvorsätzlich geschieht. Einer personalen, am Willen des Täters und am Prinzip der Einheit der strafbaren Handlung ausgerichteten Handlungslehre, würde es widersprechen, den personalen Unwert der ersten Handlung mit dem Sachverhaltsunwert der zweiten Handlung zusammenzubauen.[110] Die Lehre vom dolus generalis nimmt diese zweite *Handlung* nicht als solche zur Kenntnis. Gleiches gilt für die Auffassung des BGH von der unwesentlichen Abweichung des Kausalverlaufs. Die besseren Argumente sprechen somit für die genannte Ansicht.

Umstritten sind auch die Fälle des *vorzeitig ausgelösten Kausalverlaufs*: Entge- **136** gen der Vorstellung des Täters wird das Opfer bereits durch gefährliche Handlungen im *Vorbereitungsstadium* oder im *Versuchsstadium* der angedachten strafbaren Handlung getötet. Der BGH[111] nimmt nur im Fall des Versuchsstadiums eine vor-

---

[106] Vgl. *Roxin/Greco* AT 1 § 12 Rn. 174 ff.; *Sternberg-Lieben/Schuster,* in: Schönke/Schröder § 15 Rn. 58; *Welzel* LB, S. 74; *Puppe* ZStW 129 (2017), 1 ff. (17 ff.); *Rengier* AT Rn. § 15 Rn. 57; i. E. ebenso *Baumann/Weber/Mitsch/Eisele* AT § 11 Rn. 73 ff.; im sog. *Jauchegrube*-Fall BGH 5 StR 77/60 BGHSt 14, 193, dem das Beispiel 4.19 nachempfunden ist, lehnte der BGH die dolus generalis-Lehre ab. Dennoch nahm er eine vollendete Tötung an. Es habe zunächst eine vorsätzliche Tötungshandlung vorgelegen. Diese habe einen Kausalverlauf in Gang gesetzt, der zum Tod geführt habe. Dass der Tod nicht durch die Tötungshandlung, sondern durch das Ertrinken eingetreten sei, sei eine *unwesentliche Kausalabweichung*; vgl. hierzu auch *Puppe* AT § 10 Rn. 25 ff.; „Realisierung einer vom Täter wissentlich gesetzten Vorsatzgefahr" *Puppe* FS Sancinetti, S. 609 ff. Vgl. auch *Krey/Esser* AT Rn. 428, wonach die Lehre vom dolus generalis zwar überholt sei, aber im *Jauchegruben*-Fall eine „natürliche Einheit" beider Teilakte angenommen wird, was i. E. keinen Unterschied zur Lehre vom dolus generalis macht.

[107] Vgl. *Frisch* 1988, S. 621 f.; *Kühl* AT § 13 Rn. 47 f.; *Maiwald* ZStW 78 (1966), 30 ff.; *Schild* FS Triffterer, S. 203 ff. (213); *Sowada* Jura 2004, 814 ff.; umfassend *Hettinger* GA 2006, 289 ff.; *Zieschang* AT Kap. 1 Rn. 170 f.; differenzierend *Hoyer* AT S. 61.

[108] Vgl. auch *Frister* AT § 11 Rn. 52 ff.; *Rengier* AT Rn. § 15 Rn. 59.

[109] Vgl. *Roxin/Greco* AT 1 § 12 Rn. 177.

[110] Vgl. auch *Hettinger* GA 2006, 289 ff. (294); *Jerouschek/Kölbel* JuS 2001, 417 ff. mwN.

[111] Zum Vorbereitungsstadium BGH 3 StR 303/01 NStZ 2002, 309 (*Kofferraum*-Fall mit Bespr. *Sowada* Jura 2004, 814 ff. und *Gaede* JuS 2002, 1058 ff.), zum Versuchsstadium 5 StR 613/01 NStZ 2002, 475 (*Luftembolie*-Fall), beiden Entscheidungen zustimmend *Roxin* GA 2003, 257 ff.

sätzliche vollendete Tötung an, unabhängig davon, ob der Täter glaubt, alles für die Herbeiführung des Todes Erforderliche getan zu haben (beendeter Versuch) oder nicht (unbeendeter Versuch). Dem ist zuzustimmen, und zwar auch im Falle des unbeendeten Versuchs.[112] Denn auch im Stadium des unbeendeten Versuchs handelt der Täter mit Tötungsvorsatz.[113] Tritt der Tod hingegen im Vorbereitungsstadium ein, kommt nur eine Verurteilung wegen fahrlässiger Verursachung dieser Veränderung in Betracht.[114]

137 Kein dolus-generalis-Fall ist gegeben, wenn der Täter zunächst unwissentlich *mehr*, nach einer *Zäsur* jedoch *weniger* erreicht als er weiß und will:

Beispiel 4.20

138 A schlägt mit *Körperverletzungsvorsatz* heftig auf B ein. Dadurch kommt B zu Tode, ohne dass A dies bemerkt. Als B nun regungslos am Boden liegt, wirft A den vermeintlich noch lebenden B in einen Fluss, um die Tat zu verdecken. ◄

Ergebnis

139 Weil A den B zunächst nur verletzen wollte, liegt eine wesentliche Abweichung des Geschehensablaufs vor. Es folgt daraus eine Strafbarkeit wegen Körperverletzung mit Todesfolge (§ 227) und wegen versuchten Mordes (§§ 211/Verdeckungsabsicht, 22, 23). ◄

bb) Aberratio ictus-Fälle

140 Bei der aberratio ictus (hierzu § 13 Rn. 147 ff.) tritt die Veränderung in der Außenwelt nicht an dem vom Täter gewählten Tatobjekt, sondern an einem anderen, ebenfalls *tatbestandsmäßigen* Objekt ein: A zielt in Tötungsabsicht auf B, der Schuss trifft jedoch versehentlich den daneben stehenden C. Obwohl sich das Geschehen hier *innerhalb der Grenzen des nach allgemeiner Lebenserfahrung Voraussehbaren* hält, ist nach h. M. eine abweichende Bewertung sachgerecht, welche eine Zurechnung des Erreichten als vorsätzlich bewirkt ausschließt und zu einer Strafbarkeit wegen Versuchs bezüglich des Gewollten (B) und gegebenenfalls Fahrlässigkeit bezüglich des Erreichten (Tod des C) führt.[115]

141 Die h. M. verdient Zustimmung. Sie beruht auf dem Prinzip, dass der *Zufall* (bzw. Glück und Unglück) nicht zu Lasten des Täters berücksichtigt werden darf, wohl aber zu seinen Gunsten berücksichtigt werden muss. Bei der aberratio ictus unterfällt das ohne Vorsatz getroffene Tatobjekt (hier: C) nur *zufällig* demselben

---

[112] A.A. zum unbeendeten Versuch *Küper* ZStW 112 (2000), 35 mwN.

[113] Darin unterscheidet er sich von dem zurücktretenden Täter, der sich über die Wirksamkeit seiner Handlung irrt, vgl. § 9 Rn. 130 ff.

[114] BGH 3 StR 303/01 NStZ 2002, 309 2 a); s. auch *Puppe* ZStW 129 (2017), 1 ff. (16 f.).

[115] Vgl. *B. Heinrich* Rn. 1108; Lackner/Kühl/Heger-*Heger* § 15 Rn. 12.

Element der Tatbestandsmäßigkeit („anderer Mensch" in § 212) wie das anvisierte. Der Tod des C kann dem Täter deshalb nicht zu seinen Lasten als vorsätzlich verwirklicht zugerechnet werden.[116]

c) Vorsatzunabhängige Elemente der strafbaren Handlung

Zu den vorsatz*unabhängigen* Elementen der strafbaren Handlung gehören zunächst schon begrifflich die *objektiven* Bedingungen der Strafbarkeit: die Rauschtat in § 323a, die Nichterweislichkeit der behaupteten Tatsache bei der üblen Nachrede in § 186 sowie die schwere Folge bei der Schlägerei (§ 231).[117] Es spielt deshalb keine Rolle, ob der Täter z. B. zum Zeitpunkt der Tatsachenbehauptung i. S. v. § 186 der Meinung war, die behauptete Tatsache auch beweisen zu können.   **142**

Auch *persönliche Strafausschließungsgründe* greifen nach überwiegender Meinung unabhängig von der Kenntnis des Täters von ihrem Vorliegen ein.[118]   **143**

Nicht vom Vorsatz erfasst sein müssen weiterhin *qualifizierende Tatfolgen*, wie z. B. die schwere Folge bei § 226 oder – wie in *Leitfall 4* – der Tod als Folge der Körperverletzung in § 227. Allerdings schreibt § 18 vor, dass dem Täter hinsichtlich dieser Folge *wenigstens Fahrlässigkeit* zur Last fallen muss.   **144**

Vorsatzunabhängig sind schließlich grundsätzlich die Merkmale, welche die Schuldhaftigkeit begründen wie z. B. die Schuldfähigkeit oder das Unrechtsbewusstsein. Es kommt deshalb nicht darauf an, dass der Täter seine Schuldfähigkeit *kennt*, sondern dass er schuldfähig *ist*.   **145**

d) Intensität und Aktualität des cognitiven Elementes

Die intensivste Form der Kenntnis ist das *Wissen*. Soweit diese Form der Kenntnis erforderlich ist, ist es in den Strafvorschriften ausdrücklich vermerkt, so z. B. in § 164 (falsche Verdächtigung), in § 187 (Verleumdung) oder in § 258 (Strafvereitelung).   **146**

Im Übrigen reicht es aus, dass der Täter das Vorliegen jener objektiven Elemente *für möglich hält*.   **147**

Nicht erforderlich ist es, dass der Täter zur Zeit der Tat sich jener Elemente *bewusst* ist. Ausreichend ist vielmehr ein „sachgedankliches" Mitbewusstsein zur Tatzeit.[119]   **148**

---

[116] Näher hierzu *Gropp* FS Lenckner, S. 55 ff. sowie unten § 13 Rn. 150 ff.; anders *Puppe* ZStW 129 (2017), 1 ff. (15).

[117] Näher unten § 7 Rn. 6; umstritten ist die Einordnung der Rechtmäßigkeit der Diensthandlung nach § 113 III als objektive Bedingung der Strafbarkeit, vgl. im Zusammenhang mit einem hierauf gerichteten Irrtum des Täters gem. § 113 IV Lackner/Kühl/Heger-*Heger* § 113 Rn. 17 ff.; *Eser*, in: Schönke/Schröder § 113 Rn. 55 ff. mwN.

[118] Vgl. *Jescheck/Weigend* AT § 29 V 7 d; *Otto* GK AT § 20 Rn. 4; *Fischer/Anstötz*, in: Fischer § 16 Rn. 43; umfassend *Bloy* 1976.

[119] Vgl. *Welzel* JZ 1954, 276 ff. (279); krit. zum „sachgedanklichen Mitbewusstsein" *Schild* FS Stree/Wessels, S. 241 ff.

Beispiel 4.21

149   Wenn der Kardiologe K während eines abendlichen Empfangs seinem befreundeten
Kollegen und Hals-Nasen-Ohren-Spezialisten Privatdozent Dr. H über die Coro-
narsklerose des von ihm behandelten HNO-Professors und Lehrstuhlleiters P berichtet, dann macht er sich nach § 203 I Nr. 1 auch dann strafbar, wenn er zu diesem
Zeitpunkt gar nicht daran denkt, dass es sich um ein Geheimnis handelt, das ihm als
Arzt anvertraut worden ist. Dennoch handelt er vorsätzlich, denn auf Befragen wäre
er durchaus in der Lage, die Tatbestandsmäßigkeit seines Handelns zu erkennen. ◄

3. Das Willens-Element (voluntative Seite) des Vorsatzes

150   Die *Funktion* des voluntativen Vorsatzelementes besteht vor allem in der Abgrenzung des vorsätzlichen vom fahrlässigen Handeln: wer nicht gegen die Strafvorschrift verstoßen *will,* handelt nicht vorsätzlich. Wann aber soll solch ein Nicht-
Wollen vorliegen? *In welchen Fällen natürlichen* Nicht-Wollens soll ein *rechtliches*
Nicht-Wollen des Täters anerkannt werden?

Beispiel 4.22

151   Der in Vermögensverfall geratene A hat die 3-jährige B als Geisel genommen, um
von den Eltern eine hohe Lösegeldsumme zu erpressen. Er hat sie in einer kleinen
Gartenhütte eingesperrt, wo er sie notdürftig versorgt und ihr verspricht, dass sie bald
wieder nach Hause dürfe, wenn sie nur ruhig bleibe. Nach ein paar Stunden beginnt
die verzweifelte B jedoch, nach ihrer Mama zu rufen. Vergeblich versucht A, B zu
beruhigen. Vor Angst, entdeckt zu werden, erdrosselt A schließlich die B.

152   In der Hauptverhandlung erklärt er, dass es ihm immer nur um das Lösegeld
gegangen sei. Den Tod der B habe er nie „gewollt".

153   Mit dem Argument, den Tod der B *nicht gewollt* zu haben, wird A nicht gehört
werden. Vielmehr wird man ihm vorhalten, er habe genau gewusst, dass er in der aktuellen Situation die B tötet, und habe trotzdem gehandelt. Dem ist zuzustimmen,
denn das Bedauern über den Eintritt des Todes nach der Tat kann den Willen zur
Herbeiführung des Todes zum Zeitpunkt der Tat nicht aufheben. ◄

154   Man kann die Ableitung des voluntativen Vorsatzelementes aus dem cognitiven
auch in der Faustformel zusammenfassen: *„Wer die Folgen seiner Handlung kennt
und dennoch handelt, will diese Folgen in der Regel auch."*[120]

155   Nach anderen, im Einzelnen unterschiedlich begründeten Ansichten, soll auf ein voluntatives Element
im Vorsatzbegriff verzichtet werden können.[121] Damit würde bereits jedes *Wissen* um die Möglichkeit
der Veränderung in der Außenwelt, also jede bewusste Fahrlässigkeit, zum Vorsatz.[122] Dem kann (nur)
ontologisch entgegengehalten werden, dass sich durchaus Fälle bilden lassen, in denen der Täter eine
Veränderung in der Außenwelt nicht will, obwohl er die Möglichkeit ihres Eintritts kennt.

---

[120] Lesenswert *Raguésl Vallès* GA 2004, 257 ff.; zur prinzipiellen Unmöglichkeit des Nachweises
innerpsychischer Vorgänge näher und mwN *Ling* JZ 1999, 335 ff.

[121] Vgl. *Frisch* 1983, S. 255 ff.; *Jakobs* AT 8 Rn. 21 ff.; *Schumann* JZ 1989, 427 ff. (430, 433); zur
Kenntnis einer „unabgeschirmten Gefahr" *Herzberg* JZ 1988, 573 ff. (575), dazu *Weigend* FS Herzberg, S. 997 ff.

[122] Vgl. *Roxin/Greco* AT 1 § 12 Rn. 41 ff.

Diese Überlegungen zum Ausschluss voluntativer Elemente aus dem Vorsatz zeigen zumindest, **156** dass jenes *Wollen normativ* zu sehen ist. Dann läuft die Diskussion darauf hinaus, wie viel natürliches Nicht-Wollen dem Täter als rechtliches Nicht-Wollen zugutekommen soll. Der Einwand gegen den Ausschluss voluntativer Elemente müsste dann lauten, dass die Abschaffung der bewussten Fahrlässigkeit aus kriminalpolitischen Erwägungen nicht hingenommen werden kann. Der Streit um die voluntativen Vorsatzelemente wird damit zur kriminalpolitischen Frage und läuft auf die Abwägung hinaus, *wie viel* entlastendes Nicht-Wollen des Täters noch tolerabel erscheint. Auch der machttheoretische Handlungsbegriff, unter dessen subjektiven Elementen das „Wissen" als Folgenkenntnis aktualisierter Handlungsmacht eine zentrale Position einnimmt, verzichtet auf das voluntative Element.[123] Selbstverständlich wird auch in dieser Konzeption nicht übersehen, dass mit Wegfall des voluntativen Elements zahlreiche Fälle von fahrlässigem zu vorsätzlichem Verhalten werden, was sich de lege lata nicht umsetzen lässt, aber immerhin den Anstoß zu einer Konzeption für ein gesetzlich gefasstes System des Vorsatzes geben kann.[124] Die h. M. verzichtet jedenfalls nicht auf das „Wollen" insbesondere beim dolus eventualis (vgl. Rn. 174 ff.) beim Vorsatz.[125]

a) Gegenstand des voluntativen Vorsatzelementes

Das voluntative Element des Vorsatzes bezieht sich vor allem auf den Eintritt der **157** tatbestandsmäßigen *schädigenden Veränderung in der Außenwelt*, aber auch auf das Vorliegen sonstiger Elemente der Tatbestandsmäßigkeit. Wer eine fremde bewegliche Sache einem anderen wegnimmt, um sich dieselbe zuzueignen, der will nicht nur die Wegnahme, sondern die Wegnahme einer *fremden beweglichen Sache*.

b) Intensitätsgrade der voluntativen Seite

Die Wollensseite des Vorsatzes ist eine quantifizierbare Größe und tritt daher in **158** unterschiedlicher Intensität in Erscheinung. Je nach *Intensitätsgrad* der voluntativen Seite werden drei Vorsatzstufen[126] unterschieden: dolus directus I = *Absicht* (aa), dolus directus II = *Wollen* aufgrund sicheren Wissens (bb) sowie dolus eventualis = billigende Inkaufnahme (cc). Der Intensitätsgrad des Wollens wird relevant, wenn eine Strafvorschrift das Vorliegen eines Mindest-Intensitätsgrades erfordert.

aa) Dolus directus I (Absicht)

Der dolus directus I setzt eine *besondere voluntative* Verknüpfung des Handelnden **159** mit der Verwirklichung der betreffenden Elemente der Tatbestandsmäßigkeit voraus, die cognitive Seite ist hingegen zweitrangig und kann in einem für möglich Halten bestehen. Voluntativ muss es dem Täter auf die Verwirklichung der betreffenden Elemente *ankommen* – unabhängig von der Wahrscheinlichkeit des Eintritts jener Veränderung in der Außenwelt. Die Verwirklichung der Veränderung in der Außenwelt kann dabei Beweggrund für das Handeln des Täters sein, sie kann aber auch nur ein Zwischenschritt für das Erreichen eines entfernteren Zieles sein.

---

[123] *Sinn* 2007, S. 311 ff.

[124] Vgl. zu einer solchen Konzeption *T. Walter* 2006, S. 443; vgl. auch *Duttge* FS Sieber, S. 81 ff.

[125] Vgl. *Murmann* GK § 24 Rn. 28.

[126] Zur Beeinflussung dieser Vorsatzstufen im österreichischen Strafrecht durch das Wissen um notwendige Durchgangsstadien und notwendige Nebenfolgen *Hochmayr* JBl. 1998, 205 ff.

Beispiel 4.23

160   Will der A den B töten, und stellt sich C ihm in den Weg, dann handelt A bezüglich einer Verletzung des C absichtlich, wenn er die Tötung des B nicht anders als
durch Verletzung des C glaubt erreichen zu können. ◄

161   Für dolus directus I spricht es, wenn in einer Strafvorschrift von „Absicht" die Rede
ist oder Redewendungen wie „um zu" gebraucht werden. Kommt es dem Täter in
diesem Sinne auf die Erlangung eines Zieles an, dann ist es nicht einmal mehr erforderlich, dass insoweit ein sicheres Wissen gegeben ist. Es genügt vielmehr, dass
sich der Täter das Erreichen des Zieles als möglich vorstellt.

162   Einen der wenigen Fälle, in denen das Erfordernis eines Handelns mit dolus directus I unumstritten ist, stellt die *Absicht der Aneignung* als Komponente der *Zueignungsabsicht* beim Diebstahl (§ 242) dar.[127] Im Übrigen besteht reichlich Diskussionsbedarf. Denn es ist jeweils eine Frage der Auslegung, ob dolus directus I
erforderlich ist.

Zur Auslegung der Betrugsvorschrift (§ 263) insoweit

Beispiel 4.24

163   *Fahrkarten*-Fall BGH 4 StR 7/61 BGHSt 16, 1 (aktualisiert), bei dem die Bedeutung der Bereicherungsabsicht als subjektives Element der Tatbestandsmäßigkeit
im Mittelpunkt steht: Der Angeklagte A wollte mit dem Zug von Bochum nach
Dortmund fahren, um beim dortigen Finanzamt als Anwärter für den gehobenen
Finanzdienst an einem wöchentlich einmal stattfindenden Kurs teilzunehmen.
Drei Minuten vor Abfahrt des Zuges bemerkte er, dass er seine Wochenkarte vergessen hatte, aber auch nicht genügend Geld bei sich hatte, um eine Fahrkarte für
die Fahrt nach Dortmund zu lösen. Weil er dennoch zu dem für ihn bedeutsamen
Kurs gelangen wollte, setzte er sich in den Zug und hoffte, vielleicht während der
Fahrt die vermisste Fahrkarte noch zu finden. Jedoch war auch dieses Suchen
vergeblich. Um nicht infolge der Besprechung und Regelung seines Falles zu
viel Zeit zu verlieren, entschloss er sich, sich schlafend zu stellen, um so der
Fahrkartenkontrolle zu entgehen. Jedoch fiel er dem kontrollierenden Bahn-
bediensteten auf, der ihn zur Rede stellte.

164   Die Strafbarkeit des A wegen Betruges (§ 263) setzt die *Absicht* voraus, *sich
[…] einen rechtswidrigen Vermögensvorteil zu verschaffen.* Das als Revisionsgericht angerufene OLG Hamm wollte jene Absicht verneinen. Denn das von A in
erster Linie erstrebte Ziel sei es gewesen, rechtzeitig zu seinem Ausbildungskurs
zu kommen. Sein Wille habe zwar die aus einer gelungenen Täuschung des Fahr-
kartenkontrolleurs ohne weiteres folgende Bereicherung um den Fahrpreis als
Mittel zur Erreichung jenes Endzweckes (rechtzeitiges Eintreffen beim Kurs)

---

[127] Für die Komponente der Enteignung genügt hingegen dolus eventualis, vgl. *Bosch,* in: Schönke/
Schröder § 242 Rn. 61.

mit umfasst. Eine solche untergeordnete, mit dem in erster Linie leitenden Beweggrund allerdings unmittelbar und notwendig verknüpfte Vorstellung genüge aber dem Merkmal der Bereicherungsabsicht im Sinne des § 263 nicht. Da sich das OLG Hamm mit dieser Rechtsauffassung in Widerspruch zur Auffassung der Oberlandesgerichte in Braunschweig und Oldenburg sah, legte es die Frage dem BGH gem. § 121 II GVG zur Entscheidung vor. ◄

Der BGH gelangte mittels einer grammatikalischen Auslegung und unter Berücksichtigung kriminalpolitischer Erwägungen zu dem Ergebnis, es müsse für die Absicht im Sinne der Betrugsvorschrift genügen, „dass es dem Täter auf den rechtswidrigen Vermögensvorteil als sichere und erwünschte Folge seines Handelns ankommt, mögen ihn daneben auch andere Zielvorstellungen und Regungen erfüllen, ja mag jene Folge für ihn nur das Mittel zu einem anderen Zweck sein."[128] Insoweit seien die tatsächlichen Feststellungen noch nicht hinreichend geklärt, weshalb die Sache zurückzuweisen sei.[129]   **165**

Das *Erwünschtsein* fehlt hingegen nach der Auffassung des BGH, wenn der Täter die Veränderung in der Außenwelt als peinliche oder lästige Folge seines Handelns, das auf ein anderes Ziel oder mehrere andere Ziele gerichtet ist, hinnimmt, weil er glaubt, sonst sein Ziel zu verfehlen.   **166**

Für das vorsatzausschließende Unerwünschtsein einer schädigenden Veränderung in der Außenwelt im Sinne von § 263:   **167**

Beispiel 4.25

Reisekosten-Fall KG NJW 1957, 882: B, ein Berliner Polizeibeamter, fuhr entgegen der Dienstvorschrift, ein Flugzeug zu benutzen, mit dem Kraftwagen durch die ehemalige DDR in die Bundesrepublik. Um ein Disziplinarverfahren zu vermeiden, gab er nach seiner Rückkehr wahrheitswidrig an, geflogen zu sein. Deshalb wurden ihm die höheren Flugkosten erstattet. ◄   **168**

---

bb) Dolus directus II (Handeln trotz sicheren Wissens)
Steht beim dolus directus I das voluntative Element des Vorsatzes ganz im Vordergrund mit der Folge der Reduzierung des cognitiven Elementes bis hin zum für möglich Halten, so ist es im Bereich des dolus directus II gerade umgekehrt: Der Täter handelt trotz des sicheren Wissens um die Erfüllung des betreffenden Elementes der Tatbestandsmäßigkeit. Das Willensmoment braucht infolgedessen nicht mehr positiv untersucht zu werden. Es kann von ihm *ausgegangen* werden. In diesem Bereich trifft die Auffassung von *Frisch* (s. o. Rn. 154) uneingeschränkt zu.   **169**

---

[128] BGH 4 StR 7/61 BGHSt 16, 1 ff. (7); zust. *Mitsch* BT 2, S. 336.
[129] Kritisch zu jener Entscheidung *Jescheck/Weigend* AT § 29 III 1 a.

Beispiel 4.26

170   *Alexander Keith* (= *Thomas*)-Fall:[130] Alexander Keith wollte im Dezember 1875 eine Höllenmaschine mit in Gang gesetztem Uhrwerk auf ein Schiff bringen, das von Southampton nach New York fuhr. Nach Ablauf des Uhrwerks sollte am achten Tage eine Explosion bewirkt werden. Auf diese Weise dachte Keith in den Genuss der Versicherungssumme zu kommen. Jedoch explodierte das Fass bereits bei der Verladung in Bremerhaven.

171   Hier wäre – so *Binding*[131] – Tötungsvorsatz anzunehmen. Denn dass es Keith auf die Gewinnung der Versicherungsgelder angekommen sei, schließe den Tötungsvorsatz nicht aus. Wer dies verkenne, „verwechselt den Vorsatz zum Verbrechen mit dem für die juristische Beurteilung der Tat ganz gleichgültigen subjektiven Zweck des Täters."[132]

172   Auch die eingangs genannten *Beispiele 5.22* und *5.23* wären hier einzuordnen. Wer sicher weiß, dass die schädigende Veränderung in der Außenwelt eintritt und dennoch handelt, will diese Veränderung auch. ◀

173   Das Fehlen der Willentlichkeit kann daher erst dann als beachtlich in Erwägung gezogen werden, wenn das Wissenselement des Vorsatzes unterhalb der Stufe des sicheren Wissens bleibt. Dies trifft bei der Vorsatzstufe des dolus eventualis zu:

cc) Dolus eventualis (billigende Inkaufnahme trotz Ernstnahme)

174   Im Unterschied zur Situation bei dolus directus II muss beim dolus eventualis eine Grenze markiert werden, an der das voluntative Element beginnt. Unterhalb dieser Grenze liegt bewusste Fahrlässigkeit vor.[133]

175   Zur Konkretisierung jener Grenze haben sich verschiedene Ansichten herausgebildet, die sich sowohl auf voluntative als auch auf cognitive Kriterien stützen. Dazu

Beispiel 4.27

176   *Benzin*-Fall BGH 4 StR 162/00 NStZ 2000, 583:[134] Die Angeklagte A hatte D gegen 4 Uhr aufgesucht und den Rest der Nacht bei ihm verbracht. Sie wollte bei ihm – wie schon bei früheren Gelegenheiten – „Trost und Rat" suchen.

177   Nachdem sie gegen 10 Uhr in der nahegelegenen Tankstelle einen Kanister Benzin gekauft hatte, fesselte sie D mit Stoffstreifen an sein Bett und schüttete etwa 3 l Benzin über den nackten und unbedeckten Körper des D, insbesondere im Bereich der unteren zwei Drittel des Bettes, sowie auf den Teppichboden vor

---

[130] Nach *Binding* Die Normen und ihre Übertretung, Bd. 2, 2. Aufl. 1916, S. 851 ff.; vgl. auch *Jescheck/Weigend* AT § 29 III 2; *Roxin/Greco* AT 1 § 12 Rn. 18.

[131] A. a. O. S. 855.

[132] *Binding* a. a. O.

[133] S. dazu *Toepel* FS Peaffgen, S. 177 ff.

[134] Vgl. auch *Puppe* AT § 9 Rn. 31 ff.

dem Bett. Die Angeklagte entzündete – möglicherweise mehrfach – ein Feuerzeug. Sie wusste, dass das Entzünden des Feuerzeugs mit der Gefahr verbunden war, dass das verschüttete Benzin in Brand geraten, dass D dadurch zu Tode kommen und das Feuer Bestandteile des Wohnhauses ergreifen konnte. Das Benzin geriet in Brand; es entstand ein Feuerball, der Temperaturen von mehreren 100 Grad Celsius mit sich brachte. D verstarb nach wenigen Atemzügen infolge des Einatmens heißer Gase an einem Hitzeschock. Die nur mit einem Büstenhalter und einem Slip bekleidete Angeklagte erlitt Verbrennungen von mehr als 20 % der Hautoberfläche.

Bei ihrer Exploration durch den psychiatrischen Sachverständigen gab sie an, **178** erst nach anfänglichem Widerstreben sei sie der Aufforderung D's nachgekommen, ihn mit Benzin zu übergießen. D habe geäußert: „So gefällt es mir, der Geruch, die Kälte!" und sie dann aufgefordert, mit einem Feuerzeug zu spielen. Sie habe das Feuerzeug in die Luft über seinen Körper gehalten und es mehrfach gezündet. Dabei sei sie sich der Gefahr, einen Brand zu verursachen, durchaus bewusst gewesen. Sie habe den D nicht töten wollen; sie sei vielmehr seinem Ansinnen aus Naivität und Leichtgläubigkeit nachgekommen. Sie sei froh gewesen, als bei den ersten Zündungen nichts passiert sei, und habe angenommen, dass die Gefahr eines Feuers immer geringer werde.

Das LG verneinte einen Tötungsvorsatz und verurteilte die A wegen fahr- **179** lässiger Brandstiftung. Der BGH hingegen vermochte einen Tötungsvorsatz nicht auszuschließen. ◄

Zu der Frage, in welcher Weise voluntatives und cognitives Element des Vorsatzes **180** vorhanden sein müssen, damit man von dolus eventualis sprechen kann, werden unterschiedliche Ansätze erwogen, die sich im Wesentlichen in folgende Fallgruppen einteilen lassen:[135]

aaa) Möglichkeitstheorie[136]

Nach der Möglichkeitstheorie handelt vorsätzlich, wer die Veränderung in der **181** Außenwelt *für möglich* hält und trotzdem handelt. Die Möglichkeitstheorie setzt damit wie beim dolus directus II am cognitiven Element an. Dieses wird jedoch reduziert auf das Wissen um die *Möglichkeit* des Eintritts der Veränderung. Wenn dieses gegeben ist, bedarf es eines voluntativen Elementes nicht mehr bzw. wird der Täter mit dem Einwand des Nicht-Wollens nicht mehr gehört.

Zu Beispiel 4.27

Wendet man die Möglichkeitstheorie im *Beispiel 4.27 Benzin*-Fall an, so hätte A **182** den D vorsätzlich getötet. ◄

---

[135] Vgl. zur Abgrenzung von Vorsatz und Fahrlässigkeit auch *Hillenkamp/Cornelius* 32 Probleme, Problem 1 mwN; *Gropp/Küpper/Mitsch* 2012, Fall 2.

[136] Vgl. *Jakobs* AT 8 Rn. 21 ff., 23; *Schmidhäuser* JuS 1987, 373 ff.; *Schröder* FS Sauer, S. 207 ff.; *Schladitz* ZStW 134 (2022), 97 ff. (112 f.).

183   *Kritisch* wird gegen die Möglichkeitstheorie deren weite Ausgangsposition eingewandt, vor allem bestehe kaum ein Unterschied zum dolus directus II. Solch ein
Unterschied sei aber tatsächlich gegeben und deshalb normativ zu berücksichtigen.[137]

bbb) Wahrscheinlichkeitstheorie

184   Nach dieser vor allem zunächst von *Hellmuth Mayer*[138] vertretenen Abgrenzungs-
formel soll dolus eventualis vorliegen, wenn der Täter die Veränderung in der
Außenwelt für wahrscheinlich gehalten hat. Dabei bedeute „wahrscheinlich" mehr
als nur „möglich". Das Wahrscheinlichkeitskriterium ist damit enger gefasst als das
Möglichkeitskriterium. Andererseits bedeute „wahrscheinlich" aber auch weniger
als „überwiegend wahrscheinlich", um den Anwendungsbereich des dolus eventualis nicht allzusehr einzuschränken. Ein leichtsinniges Verhalten wäre auch nach der
Wahrscheinlichkeitstheorie nicht vorsätzlich.

185   Hinter der nicht leicht zu erfassenden Formel *Mayers* steht der Versuch, das
„Rechnen mit dem Eintritt" (Vorsatz) und das „Vertrauen auf das Ausbleiben"
(Fahrlässigkeit) der Veränderung in der Außenwelt abzugrenzen. Auf ein Ausbleiben der Veränderung – so die Konkretisierung der Mayer'schen Formel durch *Welzel*[139] – kann der Täter vertrauen, wenn er entweder aufgrund eigener Fähigkeiten
glaubt, die Veränderung vermeiden zu können, oder wenn er den Eintritt der möglichen Nebenfolge nicht beeinflussen zu können glaubt, aber mit ihrem Eintritt dennoch nicht rechnet, sondern nur entfernte Zweifel hat.

Zu Beispiel 4.27

---

186   Nach der Wahrscheinlichkeitstheorie würde die Annahme von bewusster Fahrlässigkeit im *Beispiel 4.27 Benzin*-Fall davon abhängen, dass die Angeklagte entweder darauf vertraut hätte, dass die Veränderung in der Außenwelt ausbleiben
würde, oder trotz entfernter Zweifel mit ihrem Eintritt nicht gerechnet hätte. ◄

187   Zwar gelingt es der Wahrscheinlichkeitstheorie, die Hauptschwäche der Möglichkeitstheorie insofern zu beheben, als das voluntative Element in Form des Vertrauens auf das Ausbleiben zum Tragen kommt und dadurch der Anwendungsbereich des Vorsatzes eingeschränkt wird. Die Schwäche der Wahrscheinlichkeitstheorie besteht – trotz der o. g. Konkretisierung durch *Welzel* – hingegen in der
mangelnden Praktikabilität. Denn es lässt sich nicht nur schwer feststellen, ob ein
Täter mit dem Eintritt der Veränderung in der Außenwelt rechnete bzw. auf ihr Ausbleiben vertraute, vielmehr besteht die Schwierigkeit darin, dass der Täter jederzeit
behaupten kann, auf das Ausbleiben der Veränderung vertraut zu haben, ohne dass
ihm das Gegenteil nachgewiesen werden könnte.[140]

---

[137] Vgl. *Roxin/Greco* AT 1 § 12 Rn. 39; sowie *Kindhäuser/Zimmermann* AT § 14 Rn. 16 ff. auf
Basis der Möglichkeitstheorie (in Form der Risikotheorie).

[138] Vgl. *Mayer* AT, S. 121.

[139] *Welzel* LB, S. 68 f.

[140] Näher *Frister* AT § 11 Rn. 26 ff.

ccc) Die Theorie von der Manifestation des Vermeidewillens[141]

Die Theorie von der Manifestation des Vermeidewillens sucht die Schwäche der **188** Wahrscheinlichkeitstheorie unter Praktikabilitätsgesichtspunkten auszugleichen. Ein Vertrauen auf das Ausbleiben der Veränderung in der Außenwelt und die Annahme von Fahrlässigkeit soll nur dann angenommen werden können, wenn sich die Manifestation eines entsprechenden Vermeidewillens feststellen lässt.

Beispiel 4.28

Aids-Fall: Wenn der HIV-Infizierte A in Kenntnis seiner Erkrankung mit einer **189** Person geschlechtlich verkehrt, könnte die Manifestation des Vermeidewillens bezüglich einer Körperverletzung oder Tötung in der Benutzung eines Kondoms gesehen werden.[142] ◄

Zu Beispiel 4.27

Im *Beispiel 4.27 Benzin*-Fall wäre Fahrlässigkeit nach der Theorie von der Ma **190** nifestation des Vermeidewillens nur dann anzunehmen, wenn die A Vorsichtsmaßnahmen getroffen hätte, um eine Entzündung des Benzins zu vermeiden. Mangels solcher Vorsichtsmaßnahmen wäre nach dieser Theorie eine Strafbarkeit wegen vorsätzlicher Tötung anzunehmen. ◄

Obwohl die Theorie von der Manifestation des Vermeidewillens für sich beanspru **191** chen kann, zur Praktikabilität des *Strafverfahrens* beizutragen, hat sie doch einen großen Nachteil: Sie führt zu einer Beweislastumkehr, indem nicht die Anklage das Vorliegen des Vorsatzes, sondern der Angeklagte dessen Nichtvorliegen mittels Manifestation des Vermeidewillens beweisen muss. Ist dies nicht möglich, geht die Entscheidung zu seinen Lasten. Die zweite Schwäche der Theorie von der Manifestation des Vermeidewillens liegt darin, dass der positive Wille des Täters keine Rolle mehr spielt, sondern dass er mangels Manifestation des Vermeidewillens schlicht unterstellt wird.[143]

ddd) Einwilligungs- oder Billigungstheorie trotz Ernstnahme, Gleichgültigkeitstheorie

Nach der von der Rechtsprechung und h. L. vertretenen Einwilligungs- oder **192** Billigungstheorie handelt mit

---

[141] Vgl. *Arm. Kaufmann* ZStW 70 (1958), 64 ff. und *Behrendt* JuS 1989, 945 ff. (950) sowie *Hillenkamp* GS Arm. Kaufmann, S. 351 ff.; *Schlehofer* NJW 1989, 2017 ff. (2020).

[142] Näher zur Vorsätzlichkeit des Handelns AIDS-Infizierter *Frisch* JuS 1990, 362 ff. (366 f.); vgl. auch *Küpper/Börner* BT 1 § 2 Rn. 19.

[143] Beide Gesichtspunkte sucht die von *Puppe* entwickelte Lehre von der *Vorsatzgefahr* zu vermeiden. Danach liegt Eventualvorsatz vor, wenn der Täter Faktoren setzt oder sich vorstellt, die generell geeignet sind, eine Verletzung herbeizuführen, und er sich dabei vorstellt, dass im Einzelfall keine zwingenden Gegenfaktoren vorhanden sind, die den Eintritt der Veränderung in der Außenwelt unmöglich machen, vgl. GA 2006, 65 ff. (75).

193 ▶ dolus eventualis, wer die schädigende Veränderung in der Außenwelt trotz *Erkennens* und *Ernstnehmens* der naheliegenden Möglichkeit ihres Eintritts *billigend in Kauf nimmt* oder sich um des erstrebten Ziels willen zumindest mit ihr *abfindet*.[144]

194 Hinter jener Kurzformel steht eine Gesamtschau aller objektiven und subjektiven Tatumstände. Bei *Tötungsstraftaten* verlangt der BGH vor der *Bejahung* eines Vorsatzes eine umfassende Indizienwürdigung. Es dürfe nicht schematisch von erkannter objektiver Gefährlichkeit einer Handlung auf einen Vorsatz geschlossen werden. Der Täter könnte schließlich ernsthaft darauf vertraut haben, der Geschädigte werde nicht zu Tode kommen. Dafür habe das Tatgericht in seine Beweiserwägungen alle Umstände einzubeziehen, welche die Überzeugung von einem Handeln mit (bedingtem) Tötungsvorsatz – trotz einer offen zutage tretenden Lebensgefährlichkeit zugefügter Verletzungen – in Frage stellen könnten.[145] Das *cognitive* Element der Einwilligungs- oder Billigungstheorie besteht im Erkennen der naheliegenden Möglichkeit und *Ernstnehmen* der Gefahr des Eintritts der schädigenden Veränderung in der Außenwelt. *Voluntativ* verlangt sie, dass der Täter die Gefahr bzw. das Risiko der Veränderung billigend in Kauf nimmt, sich zumindest mit ihr *abfindet*. Damit liegt unter voluntativem Aspekt Vorsatz auch dann vor, wenn dem Täter der Eintritt der schädigenden Veränderung unerwünscht ist.

Zu Beispiel 4.27

195 Vor dem Hintergrund der Einwilligungs- oder Billigungstheorie stellte der BGH im *Beispiel 4.27 Benzin*-Fall folgende Erwägungen an:[146]

196 • Wenn A „froh" war, „als bei den ersten Zündungen nichts passierte", folge daraus im Umkehrschluss, dass A beim Entzünden des Feuerzeuges wegen des ihr bekannten „besonders großen Gefahrenpotentials" gerade nicht auf einen glücklichen Ausgang vertraut habe. Halte der Täter aber den Eintritt der schädigenden Veränderung in der Außenwelt für möglich und setzte er sein Handeln dennoch fort, liege es bei äußerst gefährlichem Tun nahe, dass er den Eintritt der schädigenden Veränderung in der Außenwelt billigend in Kauf nimmt.

---

[144] Vgl. BGH 2 StR 148/13 StV 2014, 344 ff.; 4 StR 163/14 StV 2015, 295 ff.; 2 StR 428/17 StV 2018, 738 ff.; 4 StR 397/18 StV 2020, 80 ff.; 2 StR 364/18 StV 2020, 73 ff.; 2 StR 304/19 BeckRS 2020, 907; 2 StR 359/20 NStZ 2021, 605; 5 StR 500/20 NStZ 2022, 40 f.; 4 StR 312/20 NStZ 2022, 101 f.; 2 StR 468/22 NStZ 2024, 352; 5 StR 215/23 NStZ 2024, 410; *Rengier* AT § 14 Rn. 26 ff.; *Geppert* Jura 86, 610 ff. (Überblick); *B. Heinrich* AT Rn. 300; *Jescheck/Weigend* AT § 29 III 3 a, S. 299 ff.; *Küpper* ZStW 100 (1988), 758 ff. (766); *Kühl* AT § 5 Rn. 85; Lackner/Kühl/Heger-*Heger* § 15 Rn. 24; *Roxin/Greco* AT 1 § 12 Rn. 27; *Wessels/Beulke/Satzger* § 7 Rn. 333; BGH 4 StR 87/80 VRS 59, 184; BGH 4 StR 558/11 BGHSt 57, 183/186; krit. NK-StGB-*Puppe* § 15 Rn. 26 ff.; SK-*Stein* § 16 Rn. 34 f.; einschränkend *Krey/Esser* AT Rn. 396; zum bedingten Tötungsvorsatz bei „Denkzettel"-Vorhaben BGH 2 StR 312/15 StV 2017, 536 ff.

[145] Vgl. dazu unter dem Schlagwort von der „Hemmschwellentheorie" BGH 1 StR 416/17 NStZ 2018, 206 ff.; BGH 4 StR 558/11 BGHSt 57, 183 (190 f.) mwN sowie *Streng* FS Kühne, S. 47 ff. (53).

[146] BGH 4 StR 162/00 NStZ 2000, 584.

- Zwar mag es A unerwünscht gewesen sein, dass es zur Entzündung des Ben-   **197**
zins und den damit verbundenen Folgen kam. Dies hindere aber die Annahme
eines bedingten Tötungsvorsatzes nicht. Denn angesichts des Bewusstseins
des „besonders großen Gefahrenpotentials" liege es nahe, dass A die weitere
Entwicklung dem Zufall überlassen habe. Dann genüge aber die „Hoffnung,
es werde nichts passieren" nicht, eine Billigung der für möglich gehaltenen
schädigenden Veränderung in der Außenwelt zu verneinen.

Der BGH verwies zur Klärung eines bedingten Tötungsvorsatzes der A an das   **198**
Landgericht zurück. ◄

Die Ergebnisse der Einwilligungs- oder Billigungstheorie lassen sich mittels der   **199**
Faustformel überprüfen, dass dolus eventualis jedenfalls dann vorliegt, wenn sich
der Täter mit dem möglichen Eintritt der schädigenden Veränderung in der Außenwelt unter der Bedingung abfindet, dass er das von ihm erstrebte Ziel nicht anders
erreichen kann, und man sein Vertrauen auf das Ausbleiben der Veränderung nur
noch mit einem realitätsfernen *Gottvertrauen* erklären kann.

An jener Faustformel kann man erkennen, dass die sog. *Gleichgültigkeits-
theorie*[147] eine enge Verwandtschaft mit der Einwilligungs- oder Billigungstheorie
aufweist. Beide Ansätze setzen ein voluntatives Element voraus. Die Gleichgültig-
keitstheorie, die das Billigen durch Gleichgültigkeit ersetzt, ist nur insofern wirk-
lichkeitsnäher, als sie nicht Vorgänge „im Kopf" des Täters zu diagnostizieren vor-
gibt, sondern aus dem Handeln des Täters, obwohl er die Verwirklichung der Elemente der Tatbestandsmäßigkeit für möglich hält, auf sein Wollen *schließt*. Sie kann
sich in der Schlussfolgerung des voluntativen Elementes bei dolus directus II (vgl.
oben Rn. 169 ff.) bestätigt sehen.

Sehr intensiv wurde die Frage des dolus eventualis jüngst im *Berliner-Raser*-Fall
diskutiert:

Beispiel 4.29

Am 1. Februar 2016 lieferten sich zwei Männer mit ihren Sportwagen auf dem
Ku'damm in Berlin spontan ein Rennen. Sie ignorierten mindestens elf rote Am-
peln, bis schließlich an einer Kreuzung kurz vor dem Kaufhaus KaDeWe einer
der Beteiligten mit 160 Stundenkilometern einen Jeep rammte, der 72 m weit geschleudert wurde. Der 69 Jahre alte Jeep-Fahrer starb noch im Auto. Das Landgericht Berlin sprach die beiden Fahrer des Mordes für schuldig und verurteilte
sie zu lebenslangen Freiheitsstrafen. Die Angeklagten hätten gewusst, welche
Auswirkung ihr Verhalten auf andere Verkehrsteilnehmer haben könnte, und sie
hätten diese möglichen Folgen bewusst billigend in Kauf genommen, d. h. sie
hätten sich mit dem Tod anderer Verkehrsteilnehmer abgefunden.[148]

---

[147] Vgl. *Sternberg-Lieben/Schuster,* in: Schönke/Schröder § 15 Rn. 82, 84 mwN; zum Vorsatz bei
Gleichgültigkeit BGH 6 StR 43/20 NStZ 2020, 618 f.
[148] LG Berlin, Urt. v. 27.2.2017 – 535 Ks 8/16.

Der 4. Strafsenat hat die Verurteilung des Landgerichts wegen Mordes im Jahr 2018 aufgehoben. Die Feststellungen des LG Berlin trugen aus Sicht der Bundesrichter ein Urteil wegen vorsätzlicher Tötung nicht.[149] Damit war aber gleichzeitig nicht ausgesprochen, dass bei anderen Feststellungen nicht doch eine Verurteilung wegen einer vorsätzlichen Tötungsstraftat in Frage kommen konnte. Das Landgericht Berlin verurteilte die Angeklagten dann in einem zweiten Verfahren im Jahr 2019 erneut wegen Mordes,[150] jetzt mit der Begründung, die beiden Angeklagten hätten den Tod anderer Verkehrsteilnehmer durch ihre Fahrweise als möglich und nicht ganz fernliegend erkannt und das gebilligt oder sich damit zumindest abgefunden. Der 4. Strafsenat[151] hat die Verurteilung wegen Mordes für einen der Angeklagten im Juni 2020 bestätigt. Die Verurteilung des anderen Angeklagten wurde aufgehoben und muss erneut verhandelt werden.

200   Der *Berliner-Raser*-Fall zeigt die Schwierigkeiten bei der Anwendung der Billigungs-Formel, denn trotz extrem gefährlicher Verhaltensweisen und der Kenntnis der Folgen des eigenen Verhaltens muss sie den Vorsatz verneinen, wenn eine Billigung im Rechtssinne ausgeschlossen ist. Das ist im *Berliner-Raser*-Fall deshalb problematisch, weil das Autorennen bei einem Unfall gerade nicht zu gewinnen war und deshalb der Unfall mit seinen tödlichen Folgen auch von den Angeklagten nicht gebilligt sein konnte.[152] Der 4. Strafsenat überwand diese Schwierigkeit hinsichtlich eines Angeklagten, denn er habe erkannt, dass das Rennen nur bei maximaler Risikosteigerung auch für Dritte unter Zurückstellung aller Bedenken zu gewinnen war. Deshalb seien ihm die Folgen des bewusst hochriskanten Fahrverhaltens gleichgültig gewesen. Im Ergebnis schließt also auch der 4. Strafsenat zu Recht aus dem Wissen um die tödlichen Folgen aktualisierter Handlungsmacht auf das voluntative Element bei hochriskantem Verhalten.[153] Diese Bewertung wurde auch vom BVerfG gebilligt, das in der Auslegung des Vorsatzbegriffs durch den BGH keinen Verstoß gegen das Bestimmtheitsgebot (Art. 103 II GG) erblicken konnte, da die Überlegungen des Revisionsgerichts frei von verfassungsrechtlichen Bedenken und innerhalb der Wortlautgrenzen seien.[154] ◄

200a   Laut BGH dürfe also bei gemeingefährlichen Handlungen oder Gewalttaten regelmäßig von ihrer konkreten Lebensgefährlichkeit auf den Tötungsvorsatz des Täters geschlossen werden. Dies könne jedoch nicht auf alle gefährlichen Handlungen über-

---

[149] BGH 4 StR 399/17 NStZ 2018, 409 ff.; dazu u. a. *Hörnle* NJW 2018, 1576 ff.; *Eisele* JuS 2018, 492 ff.; *Herzog* FS Rogall, S. 147 ff.; *Krey/Esser* AT Rn. 390d ff.; *Stübinger* FS Kindhäuser, S. 515 ff.

[150] LG Berlin, Urt. v. 26.3.2019 – (532 Ks) 251 Js 52/16 (9/18).

[151] Urt. v. 18.6.2020 – 4 StR 482/19 BGHSt 65, 42 m. Anm. *Eisele* JuS 2020, 892 ff.

[152] *Puppe* ZIS 2020, 584 ff.

[153] Vgl. zur Gefährlichkeit als Beweisanzeichen BGH 5 StR 509/20 NStZ 2022, 224 ff.; zu einem weiteren *Raser*-Fall vgl. BGH 4 StR 211/22 NStZ 2023, 546.

[154] BVerfG 2 BvR 1404/20 NStZ 2023, 215 ff.

tragen werden. Bei der Gabe von Medikamenten, deren Auswirkungen auf Kinder auch in ihrer Wechselwirkung untereinander noch nicht erforscht seien, bedeute die Kenntnis der Nichtbeherrschbarkeit nicht automatisch einen Vorsatz beim Täter.[155]

eee) Alternativvorsatz

Von einem Alternativvorsatz wird gesprochen, wenn ein Täter die Herbeiführung der negativen Veränderung in der Außenwelt bei mehreren potenziellen Opfern für möglich hält und billigend in Kauf nimmt, jedoch noch nicht weiß, welches Opfer letztlich betroffen sein wird und ihm dies auch gleichgültig ist.   **200b**

Beispiel

Der T schlägt mit einem Hammer in Richtung der A und ihres unmittelbar hinter ihr stehenden Bruders. Er war sich bewusst, dass der Hammer eine der beiden Personen treffen und verletzen könnte und nahm dies auch billigend in Kauf. ◀

Wie ein solcher Alternativvorsatz strafrechtlich zu würdigen ist, wird unterschiedlich beurteilt. Aus dem Umstand, dass der Täter letztlich nur die Schädigung *eines* Opfers für möglich halte, wird gefolgert, dass ihm nur *die* Verletzung als vorsätzlich verursacht vorzuwerfen und kein Tatentschluss (eine Voraussetzung der Versuchsstrafbarkeit, vgl. § 9 Rn. 20 ff.) hinsichtlich der nichtverletzten Person anzunehmen sei.[156] Die Gegenmeinung nimmt an, dass der Täter vorsätzlich bezüglich aller potenziellen Opfer gehandelt habe. Es liege Handlungseinheit vor und gelöst wird der Fall dann – mit Unterschieden im Einzelfall – auf Konkurrenzebene.[157] Auch die Rechtsprechung nimmt im obigen Beispielsfall Idealkonkurrenz zwischen dem verwirklichten § 223 I (Vollendung) beim dem verletzten und den §§ 223 I, 22 (Versuch) bei den verfehlten Opfern an.[158]

Bezieht sich der Alternativvorsatz nicht nur auf verschiedene Opfer, sondern auf *verschiedene* Achtungsansprüche bzw. Tatbestände, ist ebenfalls umstritten, ob beide Straftatbestände (der eine vollendet der andere versucht) in Tateinheit verwirklicht sind[159] oder nur der Vorsatz bezüglich der schwereren Straftat maßgeblich ist.[160]   **200c**

---

[155] Vgl. BGH 5 StR 28/22 NStZ 2024, 39 f. (40).

[156] *Joerden* ZStW 95 (1983), 565 ff. (589 ff.); *ders.* JZ 1990, 297 f.; NK-StGB-*Puppe* § 15 Rn. 115; LK-*Vogel/Bülte* § 15 Rn. 136; *Lampe* NJW 1958, 332 f.

[157] *Roxin/Greco* AT 1 § 12 Rn. 94; *Sternberg-Lieben/Schuster,* in: Schönke/Schröder § 15 Rn. 91; SK-*Stein* § 16 Rn. 59.

[158] BGH 4 StR 95/20 NStZ 2021, 419 ff.

[159] So beispielsweise SK-*Stein* § 16 Rn. 58.

[160] Lackner/Kühl/Heger-*Heger* § 15 Rn. 29.

| Hinweise zum Leitfall |

I. Strafbarkeit wegen des Todes des B

201 Eine Strafbarkeit nach § 212 scheidet mangels Tötungsvorsatzes aus. Es könnte aber eine Strafbarkeit nach § 227 gegeben sein.

202 Eine Körperverletzung in Form des Schlages liegt hier in beiden Alternativen des § 223 vor. Jedoch wäre zu fragen, ob die tödliche Folge dem D zugerechnet werden kann. § 227, Körperverletzung mit Todesfolge, berücksichtigt diesen Gesichtspunkt bereits, indem § 18 bestimmt, dass die tödliche Folge *mindestens fahrlässig* herbeigeführt sein, d. h. *vorhersehbar* und *vermeidbar* gewesen sein muss.

203 § 18 geht auf den durch das Gesetz vom 04.08.1953 (BGBl. I S. 735) eingefügten § 56 zurück. Während sich die Praxis bis dahin mit der bloßen Kausalität zwischen der Handlung und der qualifizierenden Veränderung in der Außenwelt im Sinne einer condicio sine qua non begnügt hatte, erfüllte § 56 a. F. eine Forderung des Schrifttums auf Einschränkung der strafrechtlichen Verantwortlichkeit.

204 Der BGH konnte zum Zeitpunkt der Entscheidung im Jahr 1951 jedoch noch nicht auf § 56/§ 18 zurückgreifen. Er war deshalb auf eine restriktive Interpretation von § 227 angewiesen. Der BGH entschied, dass es keineswegs außerhalb jeder Erfahrung liege, dass ein kräftiger Schlag gegen den Schädel tödlich verlaufe.

205 Methodischer Hinweis: Die separate Prüfung einer Strafbarkeit gem. § 222 StGB empfiehlt sich nicht, da § 222 hinter § 227 zurücktritt und hier als Gefahrschaffungshandlung an die Körperverletzung anzuknüpfen ist. In einem Gutachten sollte am Ende der Prüfung des § 227 jedoch die fahrlässige Tötung als gleichfalls verwirklicht erwähnt werden.

II. Strafbarkeit wegen der Entwendung der Geldbörse

206 § 251 (Raub mit Todesfolge) scheidet aus, weil sich der Vorsatz bezüglich der Wegnahme der Geldbörse erst bildete, als die Körperverletzung bereits verübt war und die Gewalt somit nicht eingesetzt wurde, um eine Wegnahme zu bewirken. D hat jedoch einen Diebstahl (§ 242) begangen, weil er dem noch lebenden B die Geldbörse wegnahm, um wie ein Eigentümer über sie zu verfügen. Dieser Diebstahl ist jedoch nicht zu problematisieren, weil die Fallfrage sich nicht auf ihn bezieht. ◄

C. Zur Wiederholung

Kontrollfragen
1. Nennen Sie die wichtigsten objektiven Elemente der Tatbestandsmäßigkeit. (Rn. 3 vor § 4; § 4 Rn. 3 ff.)
2. Welche Kausalitätstheorie ist im Strafrecht vorherrschend? (Rn. 33 ff.)
3. Nennen Sie mindestens drei Fallgruppen eines Ausschlusses der objektiven Zurechnung. (Rn. 89 ff.)

4. Unter welchen Voraussetzungen führt die Abweichung des Geschehensablaufs zur Verneinung des Vorsatzes? (Rn. 126)
5. Nennen Sie die drei Intensitätsgrade des Vorsatzes. (Rn. 158 ff.)
6. Nennen Sie drei Theorien zur Abgrenzung der bewussten Fahrlässigkeit vom dolus eventualis und versuchen Sie deren Vor- und Nachteile zu erklären. (Rn. 174 ff.)

Literatur

Achenbach in: Achenbach/Wannenmacher (Hrsg.), Beraterhandbuch zum Steuer- und Wirtschaftsrecht, 1979

Achenbach Die Sanktionen gegen Unternehmensdelinquenz im Umbruch, JuS 1990, 601 ff.

Achenbach Zur aktuellen Lage des Wirtschaftsstrafrechts in Deutschland, GA 2004, 559 ff.

Achenbach Der Entwurf eines Verbandssanktionengesetzes und die großen Ordnungswidrigkeiten, ZIS 2019, 1 ff.

AK-*Bearbeiter* = Alternativkommentar zum Strafgesetzbuch, Bd. 1, 1990, hrsg. von Wassermann

Alwart Strafrechtliche Haftung des Unternehmers – vom Unternehmenstäter zum Täterunternehmer, ZStW 105 (1993), 752 ff.

Arnold Unternehmenskriminalität und Strafrecht in der DDR, in: Schünemann, Bernd (Hrsg.), Deutsche Wiedervereinigung, Bd. III, Unternehmenskriminalität, 1996, S. 35 ff.

Arzt Schutz juristischer Personen gegen Selbstbelastung, JZ 2003, 456 ff.

Bannenberg/Schaupensteiner Korruption in Deutschland: Portrait einer Wachstumsbranche, 2. Aufl. 2004

Baumann/Weber/Mitsch Strafrecht Allgemeiner Teil (AT), 11. Aufl. 2003

Baumann/Weber/Mitsch/Eisele Strafrecht Allgemeiner Teil (AT), 13. Aufl. 2021

Beckemper Unvernunft als Zurechnungskriterium in den „Retterfällen", FS für Roxin 2011, S. 377 ff.

Behrendt Die Rechtsbeugung, JuS 1989, 945 ff.

Beulke Fahrlässige Mitwirkung an eigenverantwortlicher Selbstgefährdung, FS für Andrej Zoll 2012 (Piotr Kardas u. a., Panstwo prawa i prawo karne, Warszawa 2012), Bd. II, S. 735 ff.

Beulke/Bachmann Die Lederspray-Entscheidung – BGHSt 37, 106, JuS 1992, 737 ff.

Binding Die Normen und ihre Übertretung: eine Untersuchung über die rechtmäßige Handlung und die Arten des Delikts, Bd. 2, 2. Aufl. 1916

Blei Strafrecht I Allgemeiner Teil (AT), 18. Aufl. 1983

Bloy Die dogmatische Bedeutung der Strafausschließungs- und Strafaufhebungsgründe, 1976

Böse Die Strafbarkeit von Verbänden und das Schuldprinzip, FS für Jakobs 2007, S. 15 ff.

Brox/Walker Allgemeines Schuldrecht, 48. Aufl. 2024

Burgstaller Aktuelle Wandlungen im Grundverständnis des Strafrechts, JBl 1996, 362

Dannecker Sanktionen und Grundsätze des Allgemeinen Teils im Wettbewerbsrecht der Europäischen Gemeinschaft, in: Schünemann/González (Hrsg.), Bausteine des europäischen Wirtschaftsstrafrechts, 1994, S. 331 ff.

Dannecker Strafrecht der Europäischen Gemeinschaft, 1995 (Beiträge und Materialien aus dem Max-Planck-Institut für Strafrecht, Freiburg i. Br. Band S 40/3)

Dannecker in: Ulsamer (Hrsg.), Lexikon des Rechts, 2. Aufl. 1996, Stichwort „Juristische Personen und Personenvereinigungen"

Dannecker Zur Notwendigkeit der Einführung kriminalrechtlicher Sanktionen gegen Verbände, GA 2001, 101 ff.

Dannecker Die Ahndbarkeit von juristischen Personen im Wandel, FS für Böttcher 2007, 465 ff.

Dencker Mittäterschaft in Gremien, in: Amelung (Hrsg.), Individuelle Verantwortung und Beteiligungsverhältnisse bei Straftaten in bürokratischen Organisationen des Staates, der Wirtschaft und der Gesellschaft, 2000, S. 63 ff.

Drope Strafprozessuale Probleme bei der Einführung einer Verbandsstrafe, 2002

Duttge Erfolgszurechnung und Opferverhalten, FS für Otto 2007, S. 227 ff.

Duttge Recklessness statt dolus eventualis? Zur Systematik der subjektiven Tatseite de lege ferenda, FS für Sieber 2021, S. 81 ff.

Ebert/Kühl Kausalität und objektive Zurechnung, Jura 1979, 561 ff.

Eisele Objektive Zurechnung bei illegalen Straßenrennen, FS für Kühl 2014, S. 159 ff.

Eisele Abgrenzung Vorsatz und Fahrlässigkeit – „Berliner Raserfall", JuS 2018, 492 ff.

Engisch Die Kausalität als Merkmal der strafrechtlichen Tatbestände, 1931

Erb Die Zurechnung von Erfolgen im Strafrecht, JuS 1994, 449 ff.

Fahl 30 Jahre und kein bisschen weiter – eigenverantwortliche Selbstgefährdung im Strafrecht, GA 2018, 418 ff.

Fischer, *Bearbeiter*, in: = Fischer, Strafgesetzbuch, 72. Aufl. 2025

Frank Das Strafgesetzbuch für das Deutsche Reich, 18. Aufl. 1931

Freund/Rostalski Strafrecht, Allgemeiner Teil (AT): personale Straftatlehre, 3. Aufl. 2019

Frisch Vorsatz und Risiko, 1983

Frisch Tatbestandsmäßiges Verhalten und Zurechnung des Erfolgs, 1988

Frisch Riskanter Geschlechtsverkehr eines HIV-Infizierten als Straftat? – BGHSt 36, 1, JuS 1990, 362 ff.

Frisch Selbstgefährdung im Strafrecht, NStZ 1992, 1 ff.

Frisch Faszinierendes, Berechtigtes und Problematisches der Lehre von der objektiven Zurechnung des Erfolgs, FS für Roxin 2001, S. 213 ff.

Frisch Die Conditio-Formel: Anweisung zur Tatsachenfeststellung oder normative Aussage?, FS für Gössel 2002, S. 51 ff.

Frisch Zum gegenwärtigen Stand der Diskussion und zur Problematik der objektiven Zurechnungslehre, GA 2003, 719 ff.

Frisch Erfolgsgeschichte und Kritik der objektiven Zurechnungslehre, GA 2018, 553 ff.

Frister Strafrecht Allgemeiner Teil (AT), 10. Aufl. 2023

Furukawa Tödlicher Unfall bei Feuerwehreinsatz nach Brandstiftung, GA 2010, 169 ff.

Gaede Mord ohne Leiche? – Koinzidenz, unmittelbares Ansetzen zum Versuch und die Ausschaltung der Verteidigungsmöglichkeit des Opfers – BGH NJW 2002, 1057, JuS 2002, 1058 ff.

Geppert Zur Abgrenzung von bedingtem Vorsatz und bewusster Fahrlässigkeit, Jura 1986, 610 ff.

Geppert Zur Unterbrechung des strafrechtlichen Kausalzusammenhangs bei Eigenschädigung/-gefährdung des Opfers oder Fehlverhalten Dritter, Jura 2001, 490 ff.

Gleß Zeitliche Differenz zwischen Handlung und Erfolg – insbesondere als Herausforderung für das Verjährungsrecht, GA 2006, 689 ff.

Goeckenjan Revision der Lehre von der objektiven Zurechnung – Eine Analyse zurechnungsausschließender Topoi beim vorsätzlichen Erfolgsdelikt, 2017

Gössel Objektive Zurechnung und Kausalität, GA 2015, 18 ff.

Greco Objektive Zurechnung als Vorsatzgegenstand? Überlegungen aus Anlass des BGH-Urteils zum Göttinger Transplantationsskandal (BGHSt 62, 233), GA 2018, 539 ff.

Gropp Der Zufall als Merkmal der aberratio ictus, FS für Lenckner 1998, S. 55 ff.

Gropp/Küpper/Mitsch Fallsammlung zum Strafrecht, 2. Aufl. 2012

Haas Die Bedeutung hypothetischer Kausalverläufe für die Tat und ihre strafrechtliche Würdigung, GA 2015, 86 ff.

Haas Zur strafrechtlichen Verantwortlichkeit wegen fahrlässiger Tat bei Selbstgefährdungen und Selbstschädigungen des Opfers, FS für Yamanaka 2017, S. 71 ff.

Haas Die objektive Zurechnung beim unechten Unterlassungsdelikt, FS für Kindhäuser 2019, S. 177 ff.

Hassemer Person, Welt und Verantwortlichkeit. Prolegomena einer Lehre von der Zurechnung im Strafrecht, FS für Bemmann 1997, S. 175 ff.

Hauck Rechtfertigende Einwilligung und Tötungsverbot, GA 2012, 202 ff.

Heine Die strafrechtliche Verantwortlichkeit von Unternehmen, 1995

Heine Die strafrechtliche Verantwortung von Unternehmen; internationale Entwicklung – nationale Konsequenzen, ÖJZ 1996, 211 ff.

Heine Modelle originärer (straf-)rechtlicher Verantwortlichkeit von Unternehmen, in: Hettinger (Hrsg.), 2002, S. 121 ff.

Heine Kollektive Verantwortlichkeit als neue Aufgabe im Spiegel der aktuellen europäischen Entwicklung, FS für Lampe 2003, S. 577 ff.

Heinrich, B. Strafrecht – Allgemeiner Teil (AT), 7. Aufl. 2022

Herzberg Das eigenhändige Delikt, ZStW 82 (1970), 896 ff.

Herzberg Das Wollen beim Vorsatzdelikt und dessen Unterscheidung vom bewußt fahrlässigen Verhalten – Teil 1, JZ 1988, 573 ff.

Herzberg Vorsätzliche und fahrlässige Tötung bei ernstlichem Sterbebegehren des Opfers, NStZ 2004, 1 ff.

Herzog Mörderische Raser? Zur Strafbarkeit von Teilnehmern an illegalen Autorennen mit tödlichem Ausgang, FS für Rogall 2018, S. 147 ff.

Hettinger (Hrsg.), Verbandsstrafe: Bericht der Arbeitsgruppe „Strafbarkeit juristischer Personen" an die Kommission nebst Gutachten sowie Auszug aus dem Abschlußbericht der Kommission zur Reform des strafrechtlichen Sanktionenrechts, Teilband 3 (Verbandsstrafe), 2002

Hettinger Notiz zum „dolus generalis", GA 2006, 289 ff.

Hilgendorf Wozu brauchen wir die „objektive Zurechnung"? Skeptische Überlegungen am Beispiel der strafrechtlichen Produkthaftung, FS für Weber 2004, S. 33 ff.

Hilgendorf Unrechtshandlung und kausale Zurechnung, FS für Sancinetti 2020, S. 451 ff.

Hillenkamp Dolus eventualis und Vermeidewille, GS für Armin Kaufmann 1989, S. 351 ff.

Hillenkamp/Cornelius 32 Probleme aus dem Strafrecht Allgemeiner Teil, 16. Aufl. 2023

Hirsch Die Frage der Straffähigkeit von Personenverbänden, 1993

Hirsch Strafrecht als Mittel zur Bekämpfung neuer Kriminalitätsformen, in: Kühne/Miyazawa (Hrsg.), Neue Strafrechtsentwicklungen im deutsch-japanischen Vergleich, 1995, S. 11 ff.

Hirsch Strafrechtliche Verantwortlichkeit von Unternehmen, ZStW 107 (1995), 285 ff.

Hirsch Zur Lehre von der objektiven Zurechnung, FS für Lenckner 1998, S. 119 ff.

Hirsch Handlungs-, Sachverhalts- und Erfolgsunwert, GS für Meurer 2002, S. 3 ff.

Hirsch Tatstrafrecht – ein hinreichend beachtetes Grundprinzip?, FS für Lüderssen 2002, S. 253 ff.

Hirsch Die subjektive Versuchstheorie, ein Wegbereiter der NS-Strafrechtsdoktrin, JZ 2007, 494 ff.

Hochmayr Die Vorsatzform bei notwendigen Nebenfolgen, JBl. 1998, 205 ff.

Hörnle Vorsatzfeststellung in „Raser-Fällen", NJW 2018, 1576 ff.

Hoyer Strafrecht Allgemeiner Teil (AT), 1996

Hoyer Die traditionelle Strafrechtsdogmatik vor neuen Herausforderungen: Probleme der strafrechtlichen Produkthaftung, GA 1996, 160 ff.

Jäger Die objektive Zurechnung als kognitiver Bezugspunkt im Tatentschluss des versuchten Unterlassungsdelikts, GA 2021, 272 ff.

Jakobs Strafrecht, Allgemeiner Teil: die Grundlagen und die Zurechnungslehre (AT), 2. Aufl. 1991

Jakobs Bemerkungen zur Kausalität als Vorsatzgegenstand, FS für Sancinetti 2020, S. 485 ff.

Jansen Behandlungsabbruch und strafrechtliche Zurechnung, ZfIStW 2022, 289 ff.

Jauernig-Bearbeiter = Jauernig (Hrsg.), Bürgerliches Gesetzbuch, 19. Aufl. 2023

Jerouschek/Kölbel Zur Bedeutung des so genannten Koinzidenzprinzips im Strafrecht, JuS 2001, 417 ff.

Jescheck/Weigend Lehrbuch des Strafrechts, Allgemeiner Teil (AT), 5. Aufl. 1996

Joerden Der auf die Verwirklichung von zwei Tatbeständen gerichtete Vorsatz, ZStW 95 (1983), 565 ff.

Joerden Spuren der duplex-effectus-Lehre im aktuellen Strafrechtsdenken, FS für Jakobs 2007, S. 235 ff.

Kahlo Überlegungen zum gegenwärtigen Stand der objektiven Zurechnungslehre im Strafrecht, FS für Küper 2007, 249 ff.

Kaufmann, Armin Der dolus eventualis im Deliktsaufbau, ZStW 70 (1958), 64 ff.

Kelker Zur Legitimität von Gesinnungsmerkmalen im Strafrecht: eine strafrechtlich rechtsphilosophische Untersuchung, 2007

Kindhäuser Der subjektive Tatbestand im Verbrechensaufbau, GA 2007, 447 ff.

Kindhäuser Risikoerhöhung und Risikoverringerung, ZStW 120 (2008), 481 ff.

Kindhäuser Zurechnung bei alternativer Kausalität, GA 2012, 134 ff.

Kindhäuser/Zimmermann Strafrecht, Allgemeiner Teil (AT), 11. Aufl. 2024

Kindhäuser Zur Kausalität im Strafrecht, FS für Kargl 2015, S. 253 ff.

Krekeler Brauchen wir ein Unternehmensstrafrecht?, FS für Hanack 1999, S. 639 ff.

Kremnitzer/Ghanayim Die Strafbarkeit von Unternehmen, ZStW 113 (2001), 539 ff.

Krey/Esser Deutsches Strafrecht, Allgemeiner Teil (AT): Studienbuch in systematisch-induktiver Darstellung, 7. Aufl. 2022

Kühl Strafrecht, Allgemeiner Teil (AT), 8. Aufl. 2017

Kuhlen Ausschluss der objektiven Zurechnung bei Mängeln der wirklichen und der mutmaßlichen Einwilligung, FS für Müller-Dietz 2001, S. 431 ff.

Kühne Strafrechtliche Produkthaftung in Deutschland, NJW 1997, 1951 ff.

Küper Der Rücktritt vom Versuch des unechten Unterlassungsdelikts, ZStW 112 (2000), 1 ff.

Küpper Zum Verhältnis von dolus eventualis, Gefährdungsvorsatz und bewusster Fahrlässigkeit, ZStW 100 (1988), 758 ff.

Küpper Grenzen der normativierenden Strafrechtsdogmatik, 1990

Küpper/Börner Strafrecht Besonderer Teil 1 (BT 1), 4. Aufl. 2017

Lackner/Kühl/Heger-*Bearbeiter* = Strafgesetzbuch: Kommentar, 30. Aufl. 2023

Lampe Genügt für den Entschluß des Täters in § 43 StGB sein bedingter Vorsatz?, NJW 1958, 332 f.

Ling An den Grenzen rationaler Aufhellbarkeit, JZ 1999, 335 ff.

LK-*Bearbeiter* = Cirener/Radtke/Rissing-van Saan/Rönnau/Schluckebier (Hrsg.), Leipziger Kommentar, Strafgesetzbuch, Bd. 1, 13. Aufl. 2020

Maiwald Der „dolus generalis" Ein Beitrag zur Lehre von der Zurechnung, ZStW 78 (1966), 30 ff.

Maurach/Zipf Strafrecht: Ein Lehrbuch, Allgemeiner Teil 1 (AT 1), 7. Aufl. 1987

Mayer, H. Strafrecht Allgemeiner Teil (AT), 1967

Mitsch Kollektive Verantwortlichkeit als neue Aufgabe im Spiegel der aktuellen europäischen Entwicklung, FS für Lampe 2003, S. 577 ff.

Mitsch Recht der Ordnungswidrigkeiten (OWi), 2. Aufl. 2005

Mitsch Strafrecht Besonderer Teil 2 (BT 2), 3. Aufl. 2015

Mitsch Das erlaubte Risiko im Strafrecht, JuS 2018, 1161 ff.

Murmann Grundkurs Strafrecht (GK), 8. Aufl. 2024

MK-StGB-*Bearbeiter* = Erb/Schäfer (Hrsg.), Münchener Kommentar zum Strafgesetzbuch, Bd. 1, 5. Aufl. 2024

Naucke Strafrecht: eine Einführung, 10. Aufl. 2002

NK-StGB-*Bearbeiter* = Kindhäuser/Neumann/Paeffgen (Hrsg.), Nomos-Kommentar zum StGB, 4. Aufl. 2013 (gekennzeichnet)

NK-StGB-*Bearbeiter* = Kindhäuser/Neumann/Paeffgen/Saliger (Hrsg.), Nomos-Kommentar zum StGB, 6. Aufl. 2023

Otto Die Strafbarkeit von Unternehmen und Verbänden, 1993

Otto Die Haftung für kriminelle Handlungen in Unternehmen, Jura 1998, 409 ff.

Otto Grundkurs Strafrecht – Allgemeine Strafrechtslehre (GK-AT), 7. Aufl. 2004

Otto Die Unterbrechung des Zurechnungszusammenhangs als Problem der Verantwortungszuschreibung, FS für Lampe 2003, S. 491 ff.

Peglau Strafbarkeit von Personenverbänden – Problematik und Entwicklungen, JA 2001, 607 ff.

Puppe Vorsatz und Zurechnung, 1992

Puppe Zur Kausalitätsproblematik bei der strafrechtlichen Produkthaftung, JR 1992, 30 ff.

Puppe Zur Kompetenz des Tatrichters über die Gültigkeit eines zweifelhaften Kausalgesetzes zu entscheiden, JZ 1996, 318 ff.

Puppe Begriffskonzeptionen des dolus eventualis, GA 2006, 65 ff.

Puppe Vorsatz und Kausalabweichung – Zugleich Besprechung von BGH, Urteil vom 26.07.2007, GA 2008, 569 ff.

Puppe Lob der Conditio-sine-qua-non-Formel, GA 2010, 551 ff.

Puppe Das System der objektiven Zurechnung, GA 2015, 203 ff.

Puppe Die Zurechnung des Erfolges zum Vorsatz, ZStW 129 (2017), 1 ff.

Puppe Verursachen durch Verhinderung rettender Kausalverläufe und durch Unterlassen, ZIS 2018, 484 ff.

Puppe Strafrecht Allgemeiner Teil im Spiegel der Rechtsprechung (AT), 5. Aufl. 2023

Puppe Über einige Probleme des Kausalitätsbegriffs im Strafrecht und Merkels Lehren dazu, FS für R. Merkel 2020, S. 681 ff.

Puppe Entscheidungsanmerkung zu BGH 4 StR 482/19 (Berliner-Raserfall), ZIS 2020, 584 ff.

Puppe Strafrechtliches Glück für den Täter, aber nicht für den Opfer?, FS für Sancinetti 2020, S. 609 ff.

Ragués I Vallès Überlegungen zum Vorsatzbeweis, GA 2004, 257 ff.

Rath Zur strafrechtlichen Behandlung der *aberratio ictus* und des *error in objecto* des Täters, 1993

Rautenkranz § 222 StGB: Fahrlässige aktive Sterbehilfe, JA 2004, 190 ff.

Renzikowski Akteurskausalität – Abschied von der Conditio-Formel, FS für Kindhäuser 2019, S. 379 ff.

Rengier Erfolgsqualifizierte Delikte und verwandte Erscheinungsformen, 1986

Rengier Strafrecht Allgemeiner Teil (AT), 16. Aufl. 2024

Rogall Zur Annahme einer alternativen Kausalität und zur strafrechtlich relevanten kausalen Verknüpfung von Handlungen und Erfolg bei mehreren selbständig zum tatbestandsmäßigen Erfolg führenden Täterhandlungen, JZ 1993, 1066 ff.

Rotsch Objektive Zurechnung bei „alternativer Kausalität", FS für Roxin 2011, 377 ff.

Rotsch „Lederspray" redivivus – Zur konkreten Kausalität bei Gremienentscheidungen – Zugleich ein Beitrag zu der vermeintlichen Notwendigkeit der Abgrenzung von Tun und Unterlassen und den Voraussetzungen der Mittäterschaft, ZIS 2018, 1 ff.

Roxin Gedanken zur Problematik der Zurechnung im Strafrecht, FS für Honig 1970, S. 131 ff.

Roxin Fahrlässige Tötung durch Nichtverhinderung einer Tötung auf Verlangen?, FS für Schreiber 2003, S. 399 ff.

Roxin Strafrecht Allgemeiner Teil, Band 2 (AT 2), Besondere Erscheinungsformen der Straftat, 2003

Roxin Zur Erfolgszurechnung bei vorzeitig ausgelöstem Kausalverlauf, GA 2003, 257 ff.

Roxin Zur Normativierung des dolus eventualis und zur Lehre von der Vorsatzgefahr, FS für Rudolphi 2004, S. 243 ff.

Roxin Zur einverständlichen Fremdgefährdung, JZ 2009, 399 ff.

Roxin Nachträgliches Mitverschulden des Opfers, GA 2020, 183 ff.

Roxin/Greco Strafrecht, Allgemeiner Teil, Band 1 (AT 1), Grundlagen, der Aufbau der Verbrechenslehre, 5. Aufl. 2020

Sànchez Lázaro Zur Zurechnung des Erfolgs – Prolegomena einer personalen Zurechnungslehre, ZStW 126 (2014), 277 ff.

Schall Auslegungsfragen des § 179 StGB und das Problem der eigenhändigen Delikte – KG, NJW 1977, 817, JuS 1979, 104 ff.

Schild Vorsatz als „sachgedankliches Mitbewußtsein", FS für Stree/Wessels 1993, S. 241 ff.

Schild Die Strafbarkeit als „actio libera in causa" Bemerkungen zum grundsätzlichen Problem der Zurechnung von Unfreiheit im Strafrecht, FS für Triffterer 1996, S. 203 ff.

Schladitz Normtheoretische Grundlagen der Lehre von der objektiven Zurechnung, 2021.

Schladitz Ein modernes System der subjektiven Zurechnung, JR 2021, 487 ff.

Schladitz Abstraktes Gefahrbewusstsein und die Vorstellung von der konkreten Möglichkeit der Tatbestandsvollendung: Begriffliche Klarstellungen zum Vorsatz, ZStW 134 (2022), 97 ff.

Schlehofer Risikovorsatz und zeitliche Reichweite der Zurechnung beim ungeschützten Geschlechtsverkehr des HIV-Infizierten, NJW 1989, 2017 ff.

Schlüchter Zusammenhang zwischen Pflichtwidrigkeit und Erfolg bei Fahrlässigkeitstatbeständen, JA 1984, 676 ff.

Schlüter Die Strafbarkeit von Unternehmen in einer prozessualen Betrachtung, 1999

Schmidhäuser Gesinnungsmerkmale im Strafrecht, 1958

Schmidhäuser Die Grenze zwischen vorsätzlicher und fahrlässiger Straftat („dolus eventualis" und „bewusste Fahrlässigkeit"), JuS 1980, 241 ff.

Schmidhäuser Über einige Begriffe der teleologischen Straftatlehre, JuS 1987, 373 ff.

Schmoller Fremdes Fehlverhalten im Kausalverlauf, FS für Triffterer 1996, S. 223 ff.

Schmoller Criminal Responsibility of Corporations. A new Regulation in Austria, in: The Operation of the Serbian Legal System, 2006, 180 ff.

Schmoller Strafe ohne Schuld? – Überlegungen zum neuen österreichischen Verbandsverantwortlichkeitsgesetz, FS für Otto 2007, S. 453 ff.

Scholz Strafbarkeit juristischer Personen?, ZRP 2000, 435 ff.

Schönke/Schröder-*Bearbeiter* = Schönke/Schröder, Strafgesetzbuch, 30. Aufl. 2019

Schröder Aufbau und Grenzen des Vorsatzbegriffs, FS für Sauer 1949, S. 207 ff.

Schroeder, F.-C. Die Genesis der Lehre von der objektiven Zurechnung, FS für Androulakis 2003, S. 651 ff.

Schroeder, F.-C. Die so genannte Risikoverringerung, in: Roland Hefendehl (Hrsg.), Empirische Erkenntnisse, dogmatische Fundamente, und kriminalpolitischer Impetus. Symposium für Bernd Schünemann zum 60. Geburtstag, 2005, S. 151 ff.

Schroeder, F.-C. Der Blitz als Mordinstrument, 2009

Schroth, U. Vorsatz und Irrtum, 1998

Schubarth Binnenstrafrechtsdogmatik und ihre Grenzen, ZStW 110 (1998), 827 ff.

Schulz Entscheidungsbesprechung zu BGH, Urteil vom 02.08.1995 – 2 StR 221/94 (LG Frankfurt/M), JA 1996, 185 ff.

Schumann Zur Wiederbelebung des „voluntativen" Vorsatzelements durch den BGH – Zugleich Anmerkung zu dem Urteil des BGH vom 15.11.1987 – 3 StR 449/87, JZ 1989, 427 ff.

Schünemann Strafrechtliche Sanktionen gegen Wirtschaftsunternehmen?, FS für Tiedemann 2008, S. 429 ff.

Simmert/Renzikowski Causa efficiens, FS für R. Merkel 2020, S. 666 ff.

Sinn Straffreistellung aufgrund von Drittverhalten – Zurechnung und Freistellung durch Macht, 2007

SK-*Bearbeiter* = Systematischer Kommentar zum Strafgesetzbuch, hrsg. von Wolter, Bd. I, 9. Aufl. 2017

Sowada Der umgekehrte dolus generalis: Die vorzeitige Erfolgsherbeiführung als Problem der subjektiven Zurechnung, Jura 2004, 814 ff.

Sowada Die Entscheidung des BGH zum Göttinger Organallokationsskandal im Spiegel des Allgemeinen Teils des Strafrechts, GS für Joecks 2018, S. 163 ff.

Spendel Zum Begriff des Vorsatzes, FS für Lackner 1987, S. 167 ff.

Spilgies Die Beschlussregel der Gremienverfassung als Grundlage der Kausalitätsfeststellung bei Gremienentscheidungen?, ZIS 2020, 93 ff.

Streng Hemmschwellentheorie, Vorsatz und Schuldfähigkeit, FS für Kühne 2013, S. 47 ff.

Stübinger Bedingter Tötungsvorsatz beim unbedingten Rasen?, FS für Kindhäuser 2019, S. 515 ff.

Szwarc Die Strafbarkeit juristischer Personen, S. 192 ff., 207 ff. in: Szwarc/Wasek (Hrsg.), Das erste deutsch-japanisch-polnische Strafrechtskolloquium der Stipendiaten der Alexander von Humboldt-Stiftung, Poznan 1998

Thier Zurechenbarkeit von Retterschäden bei Brandstiftungsdelikten nach dem Sechsten Gesetz zur Reform des Strafrechts, 2008

Tiedemann Strafbarkeit von juristischen Personen?, in: Schoch/Stoll/Tiedemann (Hrsg.), Freiburger Begegnung, 1996, S. 30 ff.

Toepel Sich Abfinden mit der Tatbestandsverwirklichung, FS für Paeffgen 2015, S. 177 ff.

Velten Vorsatz und Kausalität, FS für Kindhäuser 2019, S. 585 ff.

von Freier Zurück hinter die Aufklärung: Zur Wiedereinführung von Verbandsstrafen, GA 2009, 98 ff.

Walter, T. Der Kern des Strafrechts, 2006

Walther, S. Eigenverantwortlichkeit und strafrechtliche Zurechnung, 1991

Walther, S. Fahrlässige Tötung bei eigenverantwortlicher Selbstgefährdung des Opfers, StV 2002, 367 ff.

Wehnert Überlegungen zur Entwicklung der strafrechtlichen Risiken im Unternehmensmanagement, FS für Rieß 2002, S. 811 ff.

Weigend Vorsatz und Risikokenntnis – Herzbergs Vorsatzlehre und das Völkerstrafrecht, FS für Herzberg 2008, S. 997 ff.

Weigend Selbst schuld? Zur Zurechnung von Tatfolgen, an deren Entstehung der Verletzte mitgewirkt hat, FS für Rengier 2018, S. 135 ff.

Welzel Der Parteiverrat und die Irrtumsproblematik (Tatbestands-, Verbots- und Subsumtionsirrtum), JZ 1954, 276 ff.

Welzel Das Deutsche Strafrecht (LB), 11. Aufl. 1969

Wessels/Beulke/Satzger Strafrecht, Allgemeiner Teil, 54. Aufl. 2024

Wolter Objektive Zurechnung und modernes Strafrechtssystem, in: Gimbernat u. a. (Hrsg.), Internationale Dogmatik der objektiven Zurechnung und der Unterlassungsdelikte, 1995, S. 3 ff.

Wolters Stichwort „Vorsatz", Lexikon des Rechts, 2003

Zieschang Strafrecht Allgemeiner Teil (AT), 7. Aufl. 2023

§ 5 Rechtswidrigkeit und Rechtfertigungsgründe

A. Tatbestandsmäßigkeit, Rechtswidrigkeit und Rechtfertigung

Leitfall 5.1

A zieht einen Revolver und erschießt B.   **1**

Var. a: Er tut dies, weil er auf B, der ein Liebesverhältnis mit seiner Ehefrau unterhält, eifersüchtig ist.

Var. b: Er tut dies, weil B seinerseits in Tötungsabsicht einen Revolver auf ihn gerichtet hatte, um A, der ein Liebesverhältnis mit der Frau des B unterhielt, aus Eifersucht zu töten, und ihm keine anderen Abwehrmittel zur Verfügung stehen. ◀

I. Zum Verhältnis von Tatbestandsmäßigkeit und Rechtswidrigkeit

Nach der Tatbestandsmäßigkeit bildet die Rechtswidrigkeit die *zweite Stufe* der   **2** Struktur der strafbaren Handlung. Fragt man nach dem Verhältnis von Tatbestandsmäßigkeit und Rechtswidrigkeit, so stößt man sehr schnell auf mehrere, sich scheinbar widersprechende Aussagen:

- Die Tatbestandsmäßigkeit ist die *ratio essendi*[1] (lat. esse = sein) der Rechts-   **3** widrigkeit.

---

[1]Vgl. *Mezger* FS Traeger, S. 190 f.

4   • Die Tatbestandsmäßigkeit indiziert (lat. indicare = anzeigen) die Rechtswidrigkeit.[2]

5   • Die Tatbestandsmäßigkeit ist die *ratio cognoscendi*[3] (lat. cognoscere = erkennen) der Rechtswidrigkeit.

6   Die genannten Beziehungen lassen sich überprüfen, wenn man ihren Prämissen auf den Grund geht:[4]

1. Die Tatbestandsmäßigkeit als *ratio essendi* der Rechtswidrigkeit? – Die Lehre von den negativen Elementen der Tatbestandsmäßigkeit/ den negativen Tatbestandsmerkmalen

7   Wenn die Tatbestandsmäßigkeit *ratio essendi* der Rechtswidrigkeit ist, ist mit der Feststellung der Tatbestandsmäßigkeit ein Verhalten zugleich rechtswidrig. Dem scheint es zu widersprechen, dass in *Leitfall 5.1 Var. b* ein Rechtfertigungsgrund, § 32 (Notwehr), eingreift, aufgrund dessen die Tötung des B nicht rechtswidrig ist, weil sie erforderlich war, um den Angriff des B abzuwehren (unten Rn. 147 ff.). Denn wenn die Tatbestandsmäßigkeit die *ratio essendi* der Rechtswidrigkeit *ist*, würde dies bedeuten, dass das Verhalten des A *rechtswidrig ist*, dass es aber aufgrund des Eingreifens von § 32 doch *nicht rechtswidrig ist* – ein Widerspruch in sich. Indessen lässt er sich auflösen, wenn man den Begriff der Tatbestandsmäßigkeit so weit fasst, dass sie erst dann gegeben ist, wenn die Tat auch rechtswidrig ist, d. h. wenn keine Rechtfertigungsgründe vorliegen.

8   Die Tatbestandsmäßigkeit umfasst dann sowohl jene Elemente, die in den Strafvorschriften des Besonderen Teils und des Nebenstrafrechts beschrieben werden, z. B. in § 212 die (vorsätzliche) Tötung eines Menschen. Sie umfasst aber auch die Rechtfertigungsgründe in der Weise, dass das Nichtvorliegen von Rechtfertigungsgründen die Tatbestandsmäßigkeit begründet. Damit werden die Voraussetzungen der Rechtfertigungsgründe Elemente der Tatbestandsmäßigkeit. Weil die Voraussetzungen von Rechtfertigungsgründen für die Begründung jener „Tatbestandsmäßigkeit i. w. S." aber gerade nicht vorliegen dürfen, bilden sie *negative* Elemente der Tatbestandsmäßigkeit („negative Tatbestandsmerkmale"). Diese Ansicht – die sog. „Lehre von den negativen Tatbestandsmerkmalen" – wird von einer nicht unbedeutenden Minderheitsmeinung in der Tat vertreten.[5]

---

[2] Vgl. *Fischer/Anstötz*, in: Fischer Vor § 13 Rn. 46; *B. Heinrich* AT Rn. 313; *Krey/Esser* AT Rn. 466; SK-*Jäger* Vor § 1 Rn. 59; *Welzel* LB, S. 53, 80; *Wessels/Beulke* AT bis zur 28. Aufl. Rn. 298; eine Aussage, die sich in Klausuren und mündlichen Prüfungen großer Beliebtheit erfreut; and. *Wessels/Beulke/Satzger* AT Rn. 397.

[3] Vgl. *M. E. Mayer* AT, S. 185.

[4] Vgl. zum Ganzen *Otto* Jura 1995, 468 ff.

[5] Vgl. *Merkel* LB, S. 82 sowie *Engisch* ZStW 70 (1958), 565 ff. (583 ff.); *Engisch* FS 100 Jahre Deutscher Juristentag, Bd. 1, S. 401 ff. (406 ff.); *Freund/Rostalski* AT § 3 Rn. 25; *Arth. Kaufmann* JZ 1956, 353 ff.; *Arth. Kaufmann* ZStW 76 (1964), 543 ff. (564 ff.); *Arth. Kaufmann* FS Lackner, S. 185 ff. (187 f.); *Schünemann* GA 1985, 341 ff. (347 ff.); *Schünemann/Greco* GA 2006, 777 ff.; *U. Schroth* FS Arth. Kaufmann, S. 595 ff.; weit. Nachw. bei *Eisele*, in: Schönke/Schröder Vor §§ 13 ff. Rn. 15.

Zu Leitfall 5.1

Nach ihr müsste man die Elemente der Tatbestandsmäßigkeit in § 212 in *Leitfall*   **9**
5.1 Var. a so formulieren:

* Töten (Tathandlung)
* eines anderen Menschen (Tatobjekt)
* Vorsatz
* *Nichtvorliegen* eines gegenwärtigen rechtswidrigen Angriffs, der nicht anders abgewehrt werden kann (Notwehr), oder einer sonstigen rechtfertigenden Situation. ◄

Beim Vorliegen dieser Elemente der Tatbestandsmäßigkeit i. w. S. ist die Tötung   **10**
rechtswidrig. Es gilt: Tatbestandsmäßigkeit *ist* (die ratio essendi der) Rechtswidrigkeit.

Zu Leitfall 5.1

Leitfall 5.1 Var. b wäre nach der Lehre von den negativen Tatbestandsmerkmalen   **11**
so zu lösen:
Es liegen vor die Elemente der Tatbestandsmäßigkeit   **12**

* Töten (Tathandlung)
* eines anderen Menschen (Tatobjekt)
* Vorsatz.

Es fehlt hingegen das (negative) Element der Tatbestandsmäßigkeit   **13**

* „Nichtvorliegen eines gegenwärtigen rechtswidrigen Angriffs, der nicht anders abgewehrt werden kann (Notwehr), oder einer sonstigen rechtfertigenden Situation",

weil eine Notwehrsituation gegeben ist. Folglich ist die Tatbestandsmäßigkeit wegen Eingreifens eines Rechtfertigungsgrundes nicht gegeben. ◄

Die Lehre von den negativen Elementen der Tatbestandsmäßigkeit bedeutet somit,   **14**
dass zwischen Tatbestandsmäßigkeit und Rechtswidrigkeit nicht mehr abgestuft zu werden braucht, dass die Struktur der strafbaren Handlung aus den Stufen des Unrechts (bestehend aus Tatbestandsmäßigkeit und Rechtswidrigkeit) und der Schuldhaftigkeit besteht, also *zweistufig* ist.

Zwar ist zuzugeben, dass die Lehre von den negativen Elementen der Tatbestands-   **15**
mäßigkeit den großen Vorzug hat, die irrige Annahme der Voraussetzungen eines Rechtfertigungsgrundes (sog. Erlaubnistatumstandsirrtum, § 13 Rn. 189 ff.) unkompliziert über § 16 I lösen zu können.

16   Die h. M. ist der Idee eines zweistufigen Aufbaus der strafbaren Handlung mit
negativen Elementen der Tatbestandsmäßigkeit dennoch mit gutem Grund nicht gefolgt. Denn sie liefe darauf hinaus, die Unterscheidung von „nicht straftatbestandsmäßig" und „gerechtfertigt" aufzuheben.[6] Diese Unterscheidung ist aber von Bedeutung. Denn während das Eingreifen eines Rechtfertigungsgrundes *rechtfertigend*
wirkt, gibt es Verhaltensweisen, die zwar nicht straftatbestandsmäßig, aber dennoch
rechtswidrig sind.

Beispiel 5.1

17   Autofahrer A nimmt auf einem Autobahnparkplatz aus dem Kofferraum seines
Nachbarn B eine Wolldecke weg,
           Var. a: um sie vorübergehend als Picknickdecke zu benutzen.
           Var. b: um einen Kabelbrand in seinem Motor zu ersticken.
18   In Var. a verstößt A gegen keine Strafvorschrift. Insbesondere begeht er keinen Diebstahl, weil er sich die Decke zwar aneignen, indessen den B nicht auf
Dauer enteignen will.[7] Dennoch braucht sich B die Wegnahme nicht gefallen zu
lassen. Denn indem A den B im Besitz stört, begeht er eine sog. verbotene Eigenmacht gem. § 858 I BGB, deren sich B mit Gewalt erwehren darf, § 859 I BGB,
insbesondere durch Wegnahme der entwendeten Sache, § 859 II BGB.
19   In Var. b hingegen ist A nach § 904 BGB bzw. § 34 StGB (unten Rn. 243) gerechtfertigt, weil der Verlust seines Fahrzeugs unverhältnismäßig ist im Vergleich
mit der Beschädigung der Decke bzw. das Interesse am Wagen das Interesse an
der Decke wesentlich überwiegt. Obwohl A jetzt eine Sachbeschädigung begeht
(§ 303) und damit straftatbestandsmäßig handelt, ist B zur Duldung verpflichtet.
Denn nunmehr gestattet das Gesetz die Besitzstörung (vgl. § 858 I BGB) und
rechtfertigt die Sachbeschädigung. ◄

20 Wollte man die Voraussetzungen von Rechtfertigungsgründen nur als negative Elemente der Tatbestandsmäßigkeit begreifen, würde der Unterschied zwischen Eingriffs*recht* (*Beispiel 5.1 Var. b*) und schlichter Tatbestandslosigkeit (*Beispiel 5.1 Var.
a*) verloren gehen. Es würde – mit *Welzel*[8] gesprochen – „die Tötung eines Menschen in Notwehr rechtlich genau dasselbe sein wie die Tötung einer Mücke: beides
nicht tatbestandmäßige Vorgänge". Es sei denn, man proklamierte Elemente der
Tatbestandsmäßigkeit unterschiedlichen Wirkungsgehaltes. Dann indessen würde
sich die Lehre von den negativen Elementen der Tatbestandsmäßigkeit im Grunde
nicht mehr vom dreistufigen Aufbau der strafbaren Handlung nach der herrschenden Lehre unterscheiden und hätte allenfalls terminologischen Charakter.

---

[6] Grundlegend zur Kritik *Hirsch* 1957, passim; *Eisele,* in: Schönke/Schröder Vor §§ 13 ff. Rn. 17 f.;
Roxin/Greco AT 1 § 10 Rn. 21 f.; *Tiedemann* 1999, S. 116.
[7] Vgl. zur Zueignungsabsicht *Bosch,* in: Schönke/Schröder § 242 Rn. 46 ff.; *Mitsch* BT 2, S. 41 ff.
[8] *Welzel* ZStW 67 (1955), 196 ff. (210); vgl. auch den Hinweis auf die selbstständige Wertungsstufe
der tatbestandsbezogenen Verhaltensnorm gegenüber Rechtswidrigkeit und Schuldhaftigkeit von
Gössel FS Triffterer, S. 93 ff. (102) sowie *Kindhäuser* GA 2010, 490 ff. (495).

Lehnt man die „Lehre von den negativen Tatbestandsmerkmalen" somit ab, lässt   **21**
sich der Satz, dass die Tatbestandsmäßigkeit die ratio essendi der Rechtswidrigkeit
sei, nicht aufrechterhalten.

2. Die Tatbestandsmäßigkeit als Indiz der Rechtswidrigkeit[9]

Ein Indiz ist ein Umstand, dessen Vorhandensein mit einer gewissen Wahrschein-   **22**
lichkeit auf das Vorliegen eines Sachverhaltes schließen lässt. Die Wahrscheinlichkeit, mit der im konkreten Fall ein tatbestandsmäßiges Verhalten auch rechtswidrig
ist, variiert jedoch von Strafvorschrift zu Strafvorschrift. So dürfte der größte Teil
der Freiheitsberaubungen und Körperverletzungen gerechtfertigt sein, weil jede
Form der Straf- oder Untersuchungshaft formal eine Freiheitsberaubung und –
jedenfalls nach Ansicht der Rechtsprechung[10] – auch jeder ärztliche Heileingriff
eine „Körperverletzung" darstellt. Andererseits dürfte es sehr selten vorkommen,
dass z. B. ein Betrug gerechtfertigt ist. Die Tatbestandsmäßigkeit besagt damit nicht
einmal, dass ein entsprechendes Verhalten *in der Regel* auch rechtswidrig ist.[11] Sie
bildet lediglich einen *Anhaltspunkt* für die Rechtswidrigkeit, gibt *Anlass,* über die
Rechtswidrigkeit eines Verhaltens nachzudenken.

Damit ist die Indiz-Formel missverständlich, entbehrt eines eigenständigen Aus-   **23**
sagegehaltes[12] und ist trotz einer gebetsmühlenhaften Verwendung in der universitären Klausurpraxis abzulehnen.

3. Die Tatbestandsmäßigkeit als *ratio cognoscendi* der Rechtswidrigkeit

Die von der h. M.[13] vertretene Ansicht, die Tatbestandsmäßigkeit sei *ratio cognos-*   **24**
cendi der Rechtswidrigkeit, besagt, dass die Feststellung der Tatbestandsmäßigkeit nur das Mittel ist, um ein *typischerweise* rechtswidriges Verhalten zu *er-*
kennen. Der Straftattypus ist aber nicht mit einem Durchschnitts- oder Häufig-
keitstypus gleichzusetzen,[14] denn das würde auf die bereits abgelehnte These zur
Indizwirkung der Tatbestandsmäßigkeit hinauslaufen. Vielmehr beschreibt die
Tatbestandsmäßigkeit typische Verhaltensweisen, die es zu vermeiden gilt.[15] Die

---

[9] Vgl. BGH 1 StR 5/88 BGHSt 35, 270 (275); *Ebert* AT, S. 58; *Fischer/Anstötz*, in: Fischer Vor § 13 Rn. 13, 46; *Maurach/Gössel/Zipf* AT 1 § 25 Rn. 7 ff.

[10] Vgl. nur BGH 2 StR 434/19 NStZ 2021, 164.

[11] Vgl. *Schmidhäuser* LB Kap. 9/10; *Schmidhäuser* StB AT 6 Rn. 15; krit. auch *Murmann* GK § 15 Rn. 3 Fn. 4.

[12] Vgl. auch die Aussage von *Beling* 1906, S. 145, dass der Tatbestand „rein" sei von allen Rechtswidrigkeitsmomenten. Nicht gefolgt werden kann der Auffassung von *Beling* a. a. O., S. 147, wonach der Tatbestand kein Werturteil enthalte. Zeigt die Tatbestandsmäßigkeit doch, dass ein Zustand tangiert worden ist, dessen Erhaltung gesellschaftlich als so werthaft angesehen wird, dass er strafrechtlichen Schutz genießt. Die Tatbestandsmäßigkeit beschreibt insoweit einen Werteverlust. Ob er auch rechtswidrig ist, ist eine Frage der Rechtswidrigkeit.

[13] Vgl. *Eisele*, in: Schönke/Schröder Vor §§ 13 ff. Rn. 16 mwN.

[14] Vgl. *Arthur Kaufmann*, Analogie und „Natur der Sache", S. 38.

[15] Vgl. a. *T. Walter* 2006, S. 63 ff.

Tatbestandsmäßigkeit reduziert sich damit auf eine *Prüfungsstufe*. Die *Bewertung* eines Verhaltens als rechtswidrig ist hingegen erst nach der Prüfung der Rechtswidrigkeit, d. h. nach der Erörterung und Verneinung in Frage kommender Rechtfertigungsgründe, möglich.

25 Hinsichtlich der Beziehung zwischen der *Funktion* der Tatbestandsmäßigkeit als *ratio cognoscendi der Rechtswidrigkeit* und dem materiellen *Gehalt* der Tatbestandsmäßigkeit (näher dazu § 2 Rn. 12 ff., 18 ff.) gilt Folgendes.

26 Die Verwirklichung der Elemente der Tatbestandsmäßigkeit stellt einen *strafrechtserheblichen Unwert* dar. *Ohne* zusätzliche Bewertungsgesichtspunkte ist jene Un*wert*verwirklichung auch Un*rechts*verwirklichung.[16] Jedoch können Wertungsgesichtspunkte hinzutreten, welche die Unwertverwirklichung als solche zwar nicht aufzuheben vermögen[17] (das Opfer eines vollendeten Totschlags ist und bleibt tot), sie jedoch in ein anderes *rechtliches* Licht setzen, weil die Unwertverwirklichung mit einer Werterhaltung einhergeht, welche das Verhalten des Täters bei Abwägung der betroffenen Werte insgesamt als *rechtmäßig* erscheinen lässt: Hat z. B. wie in *Leitfall 5.1 Var. b* A den B getötet, um einen nicht anders abwendbaren lebensgefährlichen Angriff des B auf sich abzuwehren, dann würde die Werterhaltung durch A in Form der Verteidigung seines Leibes und Lebens und der Rechtsordnung gegen den Angriff des B – wie aus § 32, Notwehr, ersichtlich – so hoch eingeschätzt, dass sein Verhalten trotz der Unwertverwirklichung zu Lasten des B als rechtskonform, d. h. *rechtmäßig* bewertet wird.

27 Typisierende Beschreibungen von wertschöpfenden bzw. -erhaltenden Sachverhalten, welche in Strafvorschriften vertypte Unwertverwirklichungen rechtfertigen, nennt man *Rechtfertigungsgründe*. *Rechtfertigungsgründe* müssen *nicht gesetzlich* und erst recht nicht strafrechtlich vertypt sein. Es gibt deshalb auch keine abgeschlossene Anzahl, keinen *numerus clausus* der Rechtfertigungsgründe. Trotz dieser prinzipiellen Offenheit steht die Einräumung und Ausgestaltung von Rechtfertigungsgründen, vor allem von Notrechten, nicht im Belieben des Gesetzgebers, sondern wird durch die Grundrechte der Betroffenen begrenzt.[18]

II. Suche nach allgemeinen Rechtfertigungsprinzipien

28 Gerade weil es keine abgeschlossene Gruppe von Rechtfertigungsgründen gibt, macht man sich Gedanken über Kriterien, mit deren Hilfe sich die Eigenschaft eines Sachverhalts als Rechtfertigungsgrund erkennen lässt. Da diese Kriterien jedoch allenfalls sehr abstrakt und grundsätzlich beschrieben werden können, spricht man insoweit zurückhaltend von Rechtfertigungs*prinzipien*.

---

[16] Die Tatbestandsmäßigkeit bedeutet dann zugleich Rechtswidrigkeit, sie „indiziert" sie aber nicht.

[17] Vgl. auch *Kindhäuser* 1989, S. 112.

[18] Vgl. *Lagodny* 1996, S. 264 ff.

1. Monistische[19] Ansätze

Nach dem sog. *Zweckprinzip*[20] soll ein Rechtfertigungsgrund immer dann vorlie- **29**
gen, wenn das tatbestandsmäßige Verhalten ein angemessenes Mittel ist, um einen
angemessenen *Zweck* zu verfolgen. Ähnlich der *utilitaristische* Ansatz nach *Sauer,*[21]
wonach ein tatbestandsmäßiges Verhalten rechtmäßig ist, wenn es *mehr nützt als
schadet.* Eng verwandt mit jenem Utilitarismusgedanken ist die Überlegung, nach
der ein Sachverhalt dann rechtfertigend wirkt, wenn das *gewahrte Interesse* (sog.
Erhaltungsinteresse)[22] das *beeinträchtigte Interesse* (sog. *Eingriffsinteresse*) überwiegt (sog. *Interessenabwägungsprinzip*).[23]

2. Pluralistische Ansätze

Einwände gegen eine monistische Deutung von Rechtfertigungsgründen werden **30**
vor allem im Hinblick auf die Einwilligung erhoben. Denn wenn der Interessenträger auf die Wahrung seines Interesses gar keinen Wert legt, sei es, weil er dies
ausdrücklich erklärt hat, sei es, weil dies offensichtlich ist, dann liegt in der Tat die
Frage nahe, inwiefern man hier von einem überwiegenden Interesse soll sprechen können.

Beispiel 5.2

Der Vater gibt seinem 6-jährigen Sohn S einen alten mechanischen Reisewecker, **31**
weil dieser mit Hilfe seines Geburtstagsgeschenkes, eines Schraubenziehers,
gerne einmal erkunden möchte, wie ein solcher Wecker innen aussieht. Die
„Operation" des Weckers endet mit dessen Zerstörung.

Variante: Die Mutter händigt dem Sohn den Reisewecker aus, weil sie an- **32**
nimmt, dass der Vater ohnehin kein Interesse mehr an ihm habe. ◄

Von Fällen wie Notwehr unterscheidet sich der *Wecker*-Fall (*Beispiel 5.2*) dadurch, **33**
dass hier nicht Interessen *kollidieren* und kein Eingriffsinteresse *weichen* muss, sondern dass es an einem Eingriffsinteresse überhaupt *mangelt.* Die Differenzierung
zwischen Rechtfertigungsgründen, welche auf dem *Mangel* eines Eingriffsinteresses
beruhen und solchen, welchen das *Weichen* des Eingriffsinteresses zugrunde liegt,
erscheint daher sachgerecht und erweist die Unterscheidung zwischen den Rechtfertigungsprinzipien vom *mangelnden* und vom *weichenden Interesse*[24] als
überlegen.

---

[19] Von griech. μονοσ = monos = einzeln, allein.

[20] *Dohna* 1905, S. 48.

[21] *Sauer* AT, S. 56.

[22] Vgl. zur Terminologie *Küper* JZ 1976, 515 ff. (516), der bei der Kollision von Vermögenswerten die Bezeichnungen *Eingriffsgut* und *Erhaltungsgut* eingeführt hat.

[23] Vgl. *Roxin* JuS 1988, 425 ff. (426).

[24] Vgl. AnwK-*Hauck* vor § 32 Rn. 7; *Sternberg-Lieben,* in: Schönke/Schröder Vor §§ 32 ff. Rn. 7.

3. Rechtfertigungsprinzipien als Rechtfertigungsstrukturen

34   Die Erwartungen, welche an den Erkenntnisgewinn aus den Rechtfertigungsprinzipien gestellt werden, dürfen freilich nicht zu hoch angesetzt werden.[25] Denn
die genannten Prinzipien vermögen nur Strukturen zu beschreiben und Prämissen wie

- Angemessenheit des Mittels,
- Überwiegen des Nutzens,
- Überwiegen des Erhaltungsinteresses,
- Interessenmangel

zu formulieren.[26] Ob und wann diese Prämissen jeweils erfüllt sein sollen, wird von
den Rechtfertigungsprinzipien nicht festgesetzt, sondern vorausgesetzt.

Beispiel 5.3

35   Ob ein Schwangerschaftsabbruch zur Erhaltung der Gesundheit der Schwangeren gerechtfertigt werden kann, entscheidet nicht das eine oder andere Rechtfertigungsprinzip, sondern im Rahmen der Verfassung der Gesetzgeber (vgl.
§ 218a II) mittels Bewertung der kollidierenden Interessen.

  Dass der Bewertung der kollidierenden Interessen durch den Gesetzgeber verfassungsrechtlich jedoch Grenzen gesetzt sind, zeigt anschaulich die Entscheidung des BVerfG zu § 14 III LuftSiG. Der Gesetzgeber hatte mit dieser Regelung den Abschuss von Flugzeugen unter engen Voraussetzungen erlauben
wollen, wenn diese zu einem Terroranschlag missbraucht werden. Damit sollte
auch die Tötung unbeteiligter Passagiere im Flugzeug gerechtfertigt werden. Das
BVerfG hat die Regelung für nichtig erklärt, weil sie gegen Art. 2 II 2 GG i. V. m.
Art. 1 I GG verstoße.[27] ◄

III. Strukturelle Grundtypen der Rechtfertigung

36   Den strukturellen Grundtypen der Rechtfertigung lassen sich die unterschiedlichen
Rechtfertigungsgründe unschwer zuordnen:

37   1. Rechtfertigungsgrund aufgrund mangelnden Interesses
   - Einwilligung[28]
   2. Rechtfertigungsgründe aufgrund überwiegenden/weichenden Interesses

---

[25] Vgl. *Roxin* JuS 1964, 373 ff.

[26] Vgl. auch die *fünf Ordnungsprinzipien* zur Rechtswidrigkeit und den Rechtfertigungsgründen
„Schutzprinzip", „Rechtsbewährungsprinzip", „Verhältnismäßigkeitsprinzip", „Güterabwägungs-
prinzip", „Autonomieprinzip" bei *Roxin/Greco* AT 1 § 14 Rn. 42 f.

[27] BVerfG Urt. v. 15.02.2006 1 BvR 357/05 BVerfGE 115, 118 ff.

[28] Zur Einwilligung als Unrechtsausschluss eigener Art (Normaufhebungsgrund) *Kindhäuser* GA
2010, 490 ff. (493, 502 ff.).

- Abwehrrechte: Notwehr (§ 32), Besitzwehr (§ 859 I BGB), Selbsthilfe **38** (§§ 229, 859 II BGB)
- Notstandsrechte: rechtfertigender aggressiver/defensiver Notstand (§§ 34 **39** StGB, 904/228 BGB)
- Amts- und Zwangsrechte: Eingriffsrechte von Amtsträgern (z. B. § 81a StPO **40** betr. körperliche Eingriffe, Entnahme von Blutproben; §§ 112 ff. StPO betr. Untersuchungshaft); rechtswidriger, verbindlicher Befehl; Handeln pro magistratu (vorläufige Festnahme, § 127 StPO; Selbsthilferecht, § 229 BGB), Besitzkehr (§ 859 II BGB); Erziehungsrecht
- Erlaubtes Risiko: mutmaßliche Einwilligung; Wahrnehmung berechtigter Interessen: §§ 186, 193; unvermeidbarer Erlaubnistatumstandsirrtum **41**
3. Rechtfertigung trotz der Erhaltung eines nur gleichwertigen Interesses
  - rechtfertigende Pflichtenkollision
  - Unterlassen im rechtfertigenden Notstand (§ 11 Rn. 197) **42**

IV. Wirkungsgehalt und ethische Aussagekraft der Rechtfertigungsgründe

Der Wirkungsgehalt der Rechtfertigungsgründe erstreckt sich nicht nur auf das **43** Strafrecht, sondern auf alle Bereiche der Rechtsordnung (Prinzip von der *Einheit der Rechtsordnung*).[29]

Günther[30] hingegen stellt diesen umfassenden Wirkungsgehalt in Frage und **44** trennt von den Rechtfertigungsgründen der h. M., die er *unechte Strafunrechtsausschließungsgründe* nennt, solche ab, die nur die *bei Strafe* verbotene Unrechtsverwirklichung ausschließen, im Übrigen aber das Rechtswidrigkeitsurteil bestehen lassen: die sog. *echten Strafunrechtsausschließungsgründe*.

Allerdings scheint die Kategorie der echten Strafunrechtsausschließungsgründe **45** weniger auf den Wirkungsgehalt als auf eine *ethische Aussagekraft* der Rechtfertigungsgründe abzuzielen, soll doch gerade die Indikation beim Schwangerschaftsabbruch (§ 218a II, III) solch einen ausschließlich strafrechtsbezogenen Rechtfertigungsgrund minderer Qualität darstellen.[31] Dahinter verbirgt sich das Unbehagen, dass mit der Einordnung der Indikation als Rechtfertigungsgrund der Eindruck erweckt werden könnte, als sei mit der Klassifizierung als „rechtmäßig" zugleich ein Gütesiegel verbunden, eine Ansicht, der nicht gefolgt werden kann.[32] Denn rechtliche Rechtfertigung heißt nicht unbedingt auch ethische Rechtfertigung.[33]

---

[29] Vgl. *Sternberg-Lieben,* in: Schönke/Schröder Vor § 32 ff. Rn. 27.

[30] *Günther* 1983, insbes. S. 119 ff.; zur Lehre von einem strafrechtsspezifischen Unrecht in Japan *Ida*, in Eser/Perron (Hrsg.), 1993, S. 93 ff.

[31] Vgl. *Günther* 1983, S. 314 ff., wobei jedoch nachdenklich macht, dass eine Nothilfe zugunsten des Ungeborenen ausgeschlossen sein soll.

[32] Vgl. *Gropp* GA 1988, 24 ff. mwN Fn. 120.

[33] Zum Verhältnis der theologischen Lehre von der Rechtfertigung zu unserem durch Aufklärung und Moderne geprägten Recht *Schapp* 2002, S. 81 ff.

46   Auf einer engen Verknüpfung von ethischen und rechtlichen Verhaltenserwartungen beruht auch die Lehre vom *„rechtsfreien Raum"*.[34] Sie geht davon aus, dass in existenziellen Situationen alle rechtlichen Verhaltensappelle vergeblich sind. Berühmt ist insoweit der Fall des Schiffbrüchigen, der, um sich zu retten, einen anderen von der nur einen Menschen tragenden Schiffsplanke stößt („Brett des Karneades").[35] Das Recht solle sich hier zurückziehen und i. E. jede Entscheidung akzeptieren. Die Lehre vom rechtsfreien Raum mag *ethisch* überzeugen. *Dogmatisch* ist ein Rückzug des Rechts aus der Regelungspflicht nicht möglich, weil das Recht um des Friedens Willen für jede Lebenssituation eine Entscheidung darüber treffen *muss*, was rechtmäßig ist, was man *darf* und was *nicht*. Selbst Vertreter der Lehre vom rechtsfreien Raum sind deshalb zu einer dogmatischen Transformation bereit und kommen dann zu einem Rechtfertigungsgrund.[36]

V. Subjektives Rechtfertigungselement[37]

47   Voraussetzung für das Eingreifen eines jeden Rechtfertigungsgrundes ist nach ganz herrschender Meinung ein Handeln in Kenntnis und auf Grund der rechtfertigenden Situation.[38] Jenes *subjektive Rechtfertigungselement* wird als eine Folge der *personalen Unrechtslehre* (§ 4 Rn. 110) gesehen: Weil die personale Unrechtslehre auf der Ebene der *Tatbestandsmäßigkeit* voraussetzt, dass der Täter den für strafbar erklärten Sachverhalt auch *subjektiv* nachvollzieht, soll entsprechend umgekehrt eine *Rechtfertigung* nur eingreifen, wenn der Täter zumindest in Kenntnis des rechtfertigenden Sachverhalts handelt.[39] Man könnte daher von einer „personalen Rechtfertigungslehre" sprechen, die sich mit der umstrittenen und letztlich nicht überzeugenden Lehre von den negativen Tatbestandsmerkmalen (s. o. Rn. 8 ff.) erklären ließe. Danach würden die objektiven Voraussetzungen eines Rechtfertigungsgrundes negative objektive Elemente der Tatbestandsmäßigkeit bilden, auf die sich der „Rechtfertigungsvorsatz" des Täters beziehen muss, damit der Täter „rechtfertigungstatbestandsmäßig" und damit rechtmäßig handelt.

---

[34] Vgl. *Arth. Kaufmann* 1964; *Arth. Kaufmann* FS Maurach, S. 327 ff.; *Arth. Kaufmann* JuS 1978, 361 ff.; *Schild* JA 1978, 449 ff., 570 ff., 630 ff.; *Schild* FS Gitter, S. 831 ff. (834) zum Brett des Karneades bei Kant sowie umfassend zum Diskussionsstand *Koriath,* Jahrbuch für Recht und Ethik, 2003, S. 317 ff.

[35] Näher *Kant* 1991, S. 343; zum Brett des Karneades als Gegenstand der Notrechtslehre bei Immanuel Kant: *Küper* FS E.A. Wolff, S. 285 ff. (299 ff.); umfassend zum Brett des Karneades *Koriath* JA 1998, 250 ff.

[36] Vgl. *Arth. Kaufmann* JuS 1978, 361 ff. (366); zur Entschuldigung im Fall des Karneades ausführlich *Baumann/Weber/Mitsch/Eisele* AT § 8 Rn. 27 ff.

[37] Grundlegend *Rath* 2002; vgl. auch *Gropp* FS Sieber, S. 121 ff.

[38] Vgl. BGH 4 StR 294/95 NStZ 1996, 29 (30); näher zum subjektiven Rechtfertigungselement *Geppert* Jura 1995, 103 ff.; *Frisch* FS Lackner, S. 113 ff. (148).

[39] Umfassend LK[11]-*Hirsch* Vor § 32 Rn. 50; vgl. auch *Krey/Esser* AT 1 Rn. 454; *Rath,* S. 194 ff., 576 ff.; *Wessels/Beulke/Satzger* AT Rn. 412 ff.

Jedoch vermag diese Parallele das Erfordernis eines subjektiven Rechtfertigungs- **48** elementes als Voraussetzung für eine Rechtfertigung nicht zu legitimieren. Dies bleibt vielmehr der Formulierung der Rechtfertigungsgründe vorbehalten. Denn ebenso wie Tatbestandsmerkmale entscheiden auch die Voraussetzungen der Recht- fertigungsgründe über die Strafbarkeit des Handelnden und unterliegen dem Grund- satz nullum crimen sine lege (vgl. § 3 Rn. 1 ff.). Auch im Bereich der Recht- fertigungsgründe muss der Handelnde vor seinem Handeln erkennen können, unter welchen Voraussetzungen er rechtmäßig handelt und damit straflos bleibt.[40] Zu die- sen Voraussetzungen gehören auch subjektive Rechtfertigungselemente. Somit haben auch sie am nullum crimen/nulla poena sine lege-Grundsatz teil.[41] Dann aber ist es unzulässig, sie über einen eindeutigen Gesetzeswortlaut hinaus als weitere Voraussetzungen bzw. Hürden für eine Rechtfertigung in den rechtfertigenden Rechtssatz hineinzulesen. Objektiv formulierte Rechtfertigungsgründe wie z. B. die Selbsthilfe des Besitzers (§ 859 I, II BGB) oder der zivilrechtliche Notstand (§ 904 BGB) erfordern deshalb von vornherein kein subjektives Rechtfertigungselement.[42] Aber auch soweit ein subjektives Rechtfertigungselement gefordert werden darf, führt dessen Fehlen beim Täter, d. h. die Unkenntnis der Rechtfertigungslage, – ent- gegen der h. M. – trotz Rechtswidrigkeit des Handelns nicht zur Strafbarkeit (1). Geht der Täter hingegen irrtümlich von einer rechtfertigenden Situation aus oder handelt er im erlaubten Risiko, so wirkt seine subjektive Rechtfertigungsvorstellung entlastend (2).

1. Unkenntnis der Rechtfertigungslage[43]   **49**

Die heute herrschende Meinung nimmt bei Unkenntnis des Täters bezüglich der **50** rechtfertigenden Situation eine Strafbarkeit wegen Versuchs an, weil der Täter nach seiner *Vorstellung* (vgl. § 22) eine Straftat verwirklichen will (Handlungsunrecht), objektiv aber kein Unrecht verwirklichen kann (kein Erfolgsunrecht), was der Struktur des Versuchs entspricht. Diskutiert wird dabei, ob eine Versuchsstrafbar- keit unmittelbar oder nur analog § 22 anzunehmen ist.[44]

Zuzugeben ist, dass die Situation beim Fehlen des subjektiven Rechtfertigungs- **51** elementes *vordergründig* zunächst der Situation beim *untauglichen* (aber ex ante nicht ungefährlichen) *Versuch aus grobem Unverstand nach § 23 III* zu entsprechen scheint.

---

[40] LK-*Rönnau* Vor §§ 32 ff Rn. 62; MK-StGB-*Schmitz* § 1 Rn. 13 ff. jew. mwN; vgl. auch *Engels* GA 1982, 109 ff. (119); das ist freilich eher eine neuere Entwicklung, and. z. B. noch *Günther* FS Grünwald, S. 213 ff. (219): der Grundsatz nullum crimen/nulla poena sine lege gelte nur für genuin strafrechtliche Strafbarkeitsvoraussetzungen, für Erlaubnissätze mithin nicht; *Krey* JZ 1979, 702 ff. (711); weit. Nw. zur älteren ablehnenden Auffassung bei LK-*Rönnau* Vor §§ 32 Rn. 63.

[41] *Satzger* Jura 2016, 154 ff. (156).

[42] Näher *Gropp* FS Sieber, S. 121 ff.

[43] Vgl. *Hillenkamp/Cornelius* 32 Probleme, Problem 4 mwN; *Krey/Esser* AT Rn. 465 ff.

[44] Instruktiv und mwN *Streng* FS Otto, S. 469 ff. (474).

Beispiel 5.4

52   Frau F will ihren Ehemann M töten und schüttet auf einer Reise zu diesem Zweck
        im Frühstücksraum des Hotels aus einem Beutelchen ohne Aufschrift eine weiße
        pulvrige Substanz in seine Kaffeetasse, während sich M gerade ein Bircher Müsli
        holt. Bei der Substanz handelt es sich um „verhexten" Staubzucker, den sich F im
        Glauben um seine tödliche Wirkung bei einem Wunderheiler besorgt hatte.
        Wegen des äußeren Anscheins, dass es sich bei dem Pulver auch um eine gefähr-
        liche Substanz handeln könnte, liegt hier ein zwar untauglicher, ex ante aber
        nicht ungefährlicher Versuch vor. ◄

53   Aus der Tatsache, dass der untaugliche Versuch aus grobem Unverstand vom Gesetz-
        geber als rechtswidrig eingestuft wird und eine Bestrafung nur im Rahmen der
        Strafzumessung vermieden werden kann, könnte man schließen, dass dann auch ein
        „Versuch", der wegen einer objektiv gegebenen Rechtfertigungslage untauglich
        bleiben muss, rechtswidrig und strafbar sein müsse. Diese Schlussfolgerung legt
        weiterhin auch die Einordnung des *ex ante völlig ungefährlichen* Versuchs durch die
        h. M. als strafbar nahe. Bei dieser Form des Versuchs, der z. T. auch der Fallgruppe
        des untauglichen Versuchs aus grobem Unverstand zugeordnet werden kann, setzt
        der Täter zu einem Verhalten unmittelbar an, das aus der Sicht eines mit den Plänen
        des Täters vertrauten objektiven durchschnittlich informierten Betrachters *ex ante
        völlig ungefährlich* ist.[45]

Beispiel 5.5

54   A schickt sich an, mit einer Schrotflinte den drei Kilometer entfernten B zu er-
        schießen. Dass das nicht funktionieren kann, weiß jeder. ◄

Dennoch spricht gegen die „Versuchslösung" beim Fehlen des subjektiven Rechtfertigungselementes, dass ein Versuch nicht nur aus dem bösen Wollen einer Straftat
als Handlungsunrecht besteht, sondern darüber hinaus das „Erfolgsunrecht" bzw.
das objektive Sachverhaltsunrecht des unmittelbaren Ansetzens aufweisen muss.
Dieses unmittelbare Ansetzen ist aber nicht nur die „irgendwie" getätigte Äußerung
jenes bösen Willens. Vielmehr muss sich das unmittelbare Ansetzen – als wesens-
gleiches Minus zur Verwirklichung des gesamten tatbestandlichen Unwertes – auf
die gesetzlich beschriebene Straftat erkennbar beziehen. Dieses Sachverhaltsunrecht des Versuchs entspricht in seiner Struktur dem rechtlich beschriebenen Unwert und Unrecht der vorgestellten Straftat. *Mitsch*[46] spricht in diesem Zusammenhang vom „rechtsgutsbedrohenden Handeln des Täters", mit dem er unmittelbar zur
Verwirklichung des Tatbestandes ansetzt, wobei es nur noch von Zufälligkeiten abhänge, ob das bedrohte Rechtsgut verletzt wird.

---

[45] Umfassend zum ungefährlichen Versuch *Hirsch* FS Roxin 2001, S. 711 ff.

[46] *Baumann/Weber/Mitsch/Eisele* AT § 22 Rn. 24; gemeint wohl Rechtsgut im Sinne von „Angriffsobjekt".

So besehen ist der Versuch seiner Struktur nach etwas, was in der Tat ein den **55** Achtungsanspruch bedrohendes, besser: ein zumindest dem Anschein nach gefährliches Handeln darstellt, das aber auf Grund von „Zufälligkeiten" nicht zum Erfolg führt.

Beispiel

Dementsprechend ist in den Beispielen 5.4 und 5.5 nicht nur das, was Frau F und **56** der Schütze A sich vorstellen (Tötung des M, Tötung des B) als personaler Unwert, sondern auch das, was sie nach außen zu erkennen geben (Verabreichung des Pulvers, Schuss mit der Schrotflinte) als Sachverhaltsunwert rechtswidrig, gegen das Recht gerichtet. ◄

Der „untaugliche Versuch" dessen, der die rechtfertigende Situation nicht erkennt **57** und von dem deshalb ein subjektives Rechtfertigungselement nicht erfüllt wird, weist demgegenüber *keinen rechtswidrigen objektiven Sachverhaltsunwert* auf. Im Unterschied zum untauglichen Versuch und zur Vollendung ist diese Sachverhaltsverwirklichung nicht ein Minus, sondern ein dem Recht gemäßes aliud, ist das unmittelbare Ansetzen in der Rechtfertigungslage im Sinne des Rechts, nicht rechtswidrig, sondern rechtmäßig.[47] Wie der Vollendung der unerkannt gerechtfertigten Straftat kein Erfolgsunrecht innewohnt, stellt auch das unmittelbare Ansetzen zu ihr kein Unrecht dar. Es existiert somit weder ein Erfolgsunrecht noch ein Unrecht des unmittelbaren Ansetzens, für dessen Verwirklichung man den Täter bestrafen könnte. Der Irrende bleibt damit straflos. Diese strukturelle und axiologische Unvereinbarkeit der Willensäußerung des Irrenden mit der Situation beim untauglichen Versuch wird von *Rath* überzeugend begründet.[48] Den Vertretern der herrschenden „Versuchslösung" fehlt bisher freilich der Mut, ihren eigenen richtigen Ansatz konsequent zu Ende zu führen.

Allerdings bleibt die tatbestandsmäßige Willensäußerung des Irrenden rechts- **58** widrig, weil sie nicht durch einen Erlaubnissatz gerechtfertigt wird. Eine Notwehr (§ 32) gegen den ohne subjektives Rechtfertigungselement rechtswidrig Handelnden ist jedoch nicht möglich,[49] weil dieses Handeln objektiv keinen Angriff, sondern eine Verteidigung darstellt. Sein Handeln in Unkenntnis der rechtfertigenden Situation stellt aber auch keine Gefahr im Sinne von § 34 dar. Denn gefährlich ist nur, was eine Veränderung in der Außenwelt zu verursachen geeignet ist, die nicht mit der Rechtsordnung vereinbar ist. Die objektiv die Anforderungen eines Rechtfertigungsgrundes erfüllende Handlung und ihre Veränderungen in der Außenwelt weisen diese Eigenschaft aber nicht auf. Auch die eine Versuchsstrafbarkeit annehmende h. M. lehnt eine Notwehr gegen den ohne subjektives Rechtfertigungselement Handelnden ab, weil objektiv die Notwehrvoraussetzungen jener „un-

---

[47] Vgl. auch *Gropp* FS Kühl, S. 247 ff. (257) mwN.
[48] *Rath* 2002, S. 263.
[49] So im Ergebnis auch *Kühl* AT § 7 Rn. 136; vgl. auch *Roxin/Greco* AT 1 § 15 Rn. 130 mwN.

bewussten" Verteidigungshandlung vorliegen und eine Notwehr dagegen der „Verteidigung des Unrechts" dienen würde.[50]

2. Irrige Annahme der Rechtfertigungslage und Handeln im erlaubten Risiko

59   Stellt sich der Täter den rechtfertigenden Sachverhalt irrtümlich vor, ist ein Erlaubnistatumstandsirrtum gegeben (s. u. § 13 Rn. 189 ff.). Das auf einer Tatsachenverkennung beruhende subjektive Rechtfertigungselement lässt das Unrechtsbewusstsein entfallen und führt nach der eingeschränkten Schuldtheorie dazu, dass der Täter nicht wegen vorsätzlicher, bei Vermeidbarkeit des Irrtums wohl aber ggf. wegen fahrlässiger Verwirklichung der Veränderung in der Außenwelt bestraft werden kann (näher § 13 Rn. 206 ff.).

60   Kann – wie z. B. bei der mutmaßlichen Einwilligung (näher unten Rn. 367 ff.) oder bei der irrigen Annahme der tatsächlichen Voraussetzungen eines Rechtfertigungsgrundes (näher unten Rn. 386 f.) – niemand erkennen, dass – die rechtfertigende Sachlage nicht gegeben ist, so handelt der Täter im erlaubten Risiko rechtmäßig. Sein subjektives Rechtfertigungselement vermag hier eine in Wahrheit nicht gegebene Rechtfertigungslage zu kompensieren und führt zu einer Rechtfertigung, solange sich der Täter unvermeidbar im Irrtum befindet.

3. Zweifel hinsichtlich des Gegebenseins einer Rechtfertigungslage

61   Ein bislang wenig beachtetes Problem stellt die Frage dar, wann und unter welchen Voraussetzungen der Täter rechtstreu handelt, der die tatsächlichen Voraussetzungen eines Rechtfertigungsgrundes nur für möglich hält, sich ihrer aber nicht sicher ist.[51] Auf die für die Abgrenzung von bedingtem Vorsatz und bewusster Fahrlässigkeit herangezogenen Kriterien[52] kann hierbei nicht zurückgegriffen werden. Denn Element der Tatbestandsmäßigkeit und tatsächliche Voraussetzungen einer Rechtfertigung sind als Bezugspunkte für die subjektive Seite nicht strukturell gleich.[53] Es ist vielmehr davon auszugehen, dass Zweifel stets – aber auch nur dann – unschädlich sind, wenn der Täter subjektiv von solchen Wahrscheinlichkeiten ausgeht, die mit den objektiven Anforderungen des entsprechenden Rechtfertigungsgrundes übereinstimmen. In diesem Sinne lassen sich insbesondere durch eine flexible Anwendung von § 34 sachgerechte Ergebnisse auch bei Zweifeln über das Vorliegen eines Angriffs erzielen.[54]

---

[50] *Kühl* AT § 7 Rn. 136; vgl. auch *Roxin/Greco* AT 1 § 15 Rn. 130 mwN.

[51] Vgl. hierzu umfassend *Schüler* 2004; *Roxin/Greco* AT 1 § 14 Rn. 90 ff.; *Warda* FS Welzel S. 499 ff.; *Warda* FS Lange, S. 119 ff.; *U. Schroth* FS Arth. Kaufmann, S. 595 ff.; *Frisch* 1983, S. 415 ff.; *Erb* FS Rengier, S. 15 ff.; für ein an der Gewährung einstweiligen Rechtsschutzes ausgerichtetes Modell *Frister* FS Rudolphi, S. 45 ff. (52 ff.).

[52] So aber wohl *Sternberg-Lieben/Schuster*, in: Schönke/Schröder § 16 Rn. 22.

[53] Dazu ausführlich *Schüler* 2004, S. 97 ff.

[54] Vgl. *Frister* AT § 14 Rn. 16 ff.; *Schüler* 2004, S. 159 ff.

Lösung des Leitfalls 5.1 Variante a (Gutachtenstil)

A könnte sich wegen eines Totschlags gemäß § 212 I strafbar gemacht haben.[55] ◄ **62**

I. A hat einen anderen Menschen, den B, wissentlich und willentlich getötet. **63** Damit hat er die objektiven und subjektiven Elemente der Tatbestandsmäßigkeit verwirklicht.

II. Die Tat könnte aber durch Notwehr nach § 32 gerechtfertigt sein. Voraus- **64** setzung dafür wäre ein gegenwärtiger rechtswidriger Angriff seitens des B. Rechtswidrig ist ein Angriff, der rechtlich geschützte Interessen verletzt und nicht seinerseits gerechtfertigt ist. Als Interessenverletzung könnte der Umstand in Betracht kommen, dass B ein Liebesverhältnis zu der Frau des A unterhält. Man mag darüber streiten, ob Ehebruch ein moralisch verwerfliches Verhalten darstellt. Die Sicherheit, nicht von einem Dritten die Frau ausgespannt zu bekommen, wird aber durch das Recht nicht geschützt. Das Verhalten des B ist daher nicht rechtswidrig. Deshalb ist in der ehewidrigen Beziehung von B zu der Frau des A kein für § 32 erforderlicher rechtswidriger Angriff zu sehen.

A ist nicht gem. § 32 gerechtfertigt, sondern strafbar gemäß § 212 I. **65**

Lösung des Leitfalls 5.1 Variante b (Gutachtenstil)

In Betracht kommt wiederum eine Strafbarkeit wegen Totschlags nach § 212 I. ◄ **66**

I. Die Tatbestandsmäßigkeit liegt vor. **67**

II. Fraglich ist aber, ob hier ein gegenwärtiger rechtswidriger Angriff seitens **68** des B gegeben ist. Wie oben festgestellt wurde, berechtigt eine ehebrecherische Beziehung nicht zu strafbaren Handlungen. Andere Umstände, die B dazu berechtigen könnten, A mit einer Waffe zu bedrohen, sind nicht ersichtlich. Es liegt demnach ein rechtswidriger Angriff seitens des B vor. Dieser ist auch gegenwärtig.

Fraglich ist, ob die Verteidigung des A mittels eines tödlichen Schusses im Sinne **69** des § 32 II erforderlich gewesen ist. Mangels anderer Abwehrmittel ist dies der Fall. Da A schließlich auch zur Abwehr des Angriffs handelte, wäre sein Tun durch Notwehr gerechtfertigt.

---

[55] Für die Prüfung eines Mordes (§ 211) enthält der Sachverhalt keine hinreichenden Anhaltspunkte.

70 In Erwägung zu ziehen ist jedoch, ob eine Einschränkung des Notwehrrechts anzunehmen ist, weil A für die Handlungen des B ursächlich geworden ist, indem er zu dessen Ehefrau ein Liebesverhältnis unterhielt. Man wird aber in einer solchen Handlung zumindest so lange keine Provokation sehen können, wie nicht weitere Umstände, z. B. eine Beleidigung, hinzutreten.

A ist somit nach § 32 gerechtfertigt. Eine Strafbarkeit nach § 212 I entfällt.

B. Rechtfertigungsgründe im Einzelnen

I. Die erklärte Einwilligung

Leitfall 5.2
---

71 *Mensur*-Fall BGHSt 4, 24 – 5 StR 408/52 vom 29.01.1953: „Der Angeklagte hat Anfang 1951 drei Bestimmungsmensuren mit Schlägern gefochten. Die Klingen waren scharf geschliffen; jedoch waren die Kämpfer durch Binden, Bandagen und andere Schutzvorrichtungen gegen lebensgefährliche Verletzungen gesichert."

72 Das Landgericht hatte den Angeklagten von der Anklage des Zweikampfes (§ 205 StGB a. F.) aus Rechtsgründen freigesprochen, weil wegen der Schutzmaßnahmen nicht mit „tödlichen" Waffen gekämpft worden war. Der BGH schloss sich dieser Sichtweise an, prüfte jedoch eine Strafbarkeit des Angeklagten aus § 223a a. F. (gefährliche Körperverletzung/Begehung mittels einer Waffe), begangen zulasten seiner Gegner.

73 Der Angeklagte berief sich demgegenüber auf eine Einwilligung seines jeweiligen Gegners. Mit Recht? ◄

Die *rechtfertigende Wirkung* der Einwilligung beruht darauf, dass es an einem Erhaltungsinteresse des Achtungsanspruchsinhabers *mangelt,* weil dieser auf die Erhaltung seines Gutes keinen Wert legt. Eine allgemeine Vorschrift zu den Voraussetzungen der Einwilligung enthält das StGB nicht. Die Einwilligung ist somit ein gewohnheitsrechtlich anerkannter, weil den Täter begünstigender Rechtfertigungsgrund. Auch § 228 StGB ist keine Rechtsgrundlage für die Einwilligung, sondern legt nur die Grenzen bei einer Einwilligung in eine Körperverletzung fest.

74 Der rechtfertigende Charakter der Einwilligung lässt sich bis ins römische Recht zurückverfolgen. Bereits in den Digesten findet sich der Satz des Ulpian (um 170–228): „Nulla iniuria est, quae in volentem fiat": „kein Unrecht liegt vor, wenn es dem Wollenden zugefügt wird."

75 *Wann* aber liegt ein solches Wollen vor und *was* darf Gegenstand des Wollens sein? Die Antwort geben die folgenden *Wirksamkeitsvoraussetzungen* der Einwilligung:

1. Disponibilität des Eingriffsguts

Disponibilität bedeutet die Befugnis, über ein Interesse frei zu verfügen. Sie ist in **76** der Regel bei individuellen Vermögens- und Freiheitsinteressen vorhanden, fehlt jedoch bezüglich solcher Interessen, die der *Gemeinschaft* zugeordnet sind, wie etwa die staatliche Rechtspflege. Deshalb ist eine Einwilligung z. B. in eine falsche Verdächtigung (§ 164) nicht möglich. *Keine* Dispositionsbefugnis besteht – obwohl Individualinteresse – hinsichtlich des menschlichen *Lebens*, was sich aus § 216, der *Strafbarerklärung* der Tötung auf Verlangen, ergibt, denn die Norm verbietet Fremdtötungen auch, wenn sie durch das ernstliche und ausdrückliche Verlangen des Getöteten motiviert sind.

Allerdings macht sich grundsätzlich nicht strafbar, wer das zu einer *Selbsttötung* **77** oder *Selbstverletzung* führende eigenverantwortliche Handeln des Selbstschädigers vorsätzlich oder fahrlässig veranlasst, ermöglicht oder fördert oder an der Realisierung eines entsprechenden vom Opfer bewusst eingegangenen Risikos mitwirkt.[56] Diese Straffreiheit beruht dann aber nicht auf einer Einwilligung, sondern auf einer nicht tatbestandsmäßigen „*Teilnahme*" an einer nicht tatbestandsmäßigen Selbstverletzung.[57]

Beherrscht jedoch nicht der sich selbst Verletzende, sondern der ihn Fremdverletzende die Sachlage, kommt in einem engen Bereich eine Einwilligung in Betracht. So nimmt der BGH im Straßenverkehr eine rechtfertigende Einwilligung in **78** riskantes Verhalten an, soweit individuelle Achtungsansprüche (§§ 222, 229) betroffen sind. Bei konkreter *Todesgefahr* scheidet eine rechtfertigende Einwilligung allerdings schon *mangels Dispositionsbefugnis* – nach der abzulehnenden Auffassung des BGH stattdessen infolge von *Sittenwidrigkeit* – aus.[58]

Schützt eine Strafvorschrift mehrere Achtungsansprüche, führt die Disposition **79** über eines von ihnen zur Straffreiheit, wenn die Strafbarkeit kumulativ die Verletzung *aller* geschützten Achtungsansprüche voraussetzt.[59]

2. Einsichtsfähigkeit – Aufklärung – hypothetische Einwilligung?

Einsichtsfähigkeit liegt vor, wenn der Einwilligende *generell* in der Lage ist, eine **80** vernünftige Entscheidung zu treffen und wenn er *konkret* erkennt, welche Interessen er in welchem Umfang und unter welchen Risiken preisgibt.[60] Irrelevant ist, ob der Einwilligende dann auch eine Entscheidung trifft, die Dritten „vernünftig" erscheint.[61] Es kommt daher nicht – wie etwa bei der zivilrechtlichen Geschäftsfähig-

---

[56] Vgl. BGH 4 StR 328/08 BGHSt 53, 55 (60) sowie *Puppe* GA 2009, 487 ff.

[57] Näher *Grünewald* GA 2012, 364 ff. (365 f.).

[58] Vgl. *Gropp* ZJS 2012, 602 ff.; *Hauck* GA 2012, 202 (204 ff.) jew. krit. zu BGH 4 StR 328/08 BGHSt 53, 55 (63); vgl. auch *Grünewald* GA 2012, 364 ff. (371 ff.), *Stefanopoulou* ZStW 124 (2012), 689 ff. und unten 6. Für die Einordnung der einverständlichen Fremdgefährdung als Zurechnungsfrage *Roxin* GA 2012, 655 ff.; vgl. auch § 4 Rn. 101 ff.

[59] Vgl. AnwK-*Hauck* Vor § 32 Rn. 14; *Paul* 1997.

[60] Zu den konkreten Anforderungen an die Einsichtsfähigkeit bei der Einwilligung in eine gefährliche Körperverletzung mittels Reizgases BGH 1 StR 417/99 NStZ 2000, 87.

[61] So zu Recht *Amelung* JR 1999, 45 ff. mwN; anders hingegen der BGH 2 StR 372/77 NJW 1978, 1206 im sog. *Zahnextraktions*-Fall, wo eine wirksame Einwilligung mangels Rationalität der Entscheidung abgelehnt wurde.

keit, die mit der Vollendung des 18. Lebensjahres eintritt – auf das Erreichen eines bestimmten Alters an.[62] Einsichtsfähigkeit kann somit durchaus auch bei Kindern und Jugendlichen vorhanden sein und bei Erwachsenen fehlen. Allerdings bedarf es bei der Einwilligung Minderjähriger einer eingehenden Prüfung der Einsichtsfähigkeit.[63] Weil Einsichtsfähigkeit Kenntnis von der Tragweite der Einwilligung bedeutet, fehlt sie, wenn der Betroffene darüber *getäuscht* worden ist.

81   Kennt der Betroffene die Tragweite seiner Interessenpreisgabe nicht, bedarf es einer entsprechenden *Aufklärung*, um ihn in den Zustand der Einsichtsfähigkeit zu bringen. Praktisch relevant wird dies besonders bei ärztlichen Heileingriffen, weil der Patient als medizinischer Laie hier in der Regel nicht wissen wird, welche Maßnahmen an ihm vorgenommen werden, welche Chancen sich ihm eröffnen und welche Risiken er dabei eingeht.[64] Die Aufklärung muss dabei auch die Umstände umfassen, welche die Indikation des Eingriffs betreffen.[65]

82   Auch ohne Aufklärung soll nach der Rechtsprechung des BGH die Rechtswidrigkeit in den Fällen der sog. *hypothetischen Einwilligung* entfallen. „Die Rechtswidrigkeit entfällt [...], wenn der Patient bei wahrheitsgemäßer Aufklärung in die tatsächlich durchgeführte Operation eingewilligt hätte."[66] Denn dann sei die unterbliebene Aufklärung nicht kausal für die erfolgte Einwilligung. Dabei sei im Zweifel – in dubio pro reo – davon auszugehen, dass die Einwilligung auch bei ordnungsgemäßer Aufklärung erfolgt wäre. Eine vermittelnde Auffassung[67] will den Arzt im Falle der hypothetischen Einwilligung wegen Versuchs bestrafen, wenn er die Möglichkeit des Fehlens der dann doch anzunehmenden Einwilligung zumindest billigend in Kauf genommen hat.

83   Jedoch ist die hypothetische Einwilligung im Wesentlichen aus zwei Gründen abzulehnen: Zum einen ist zum Zeitpunkt des ärztlichen Eingriffs nicht entschieden, ob das Vorgehen rechtswidrig oder rechtmäßig ist („Rückwirkungsfiktion"[68]), denn darüber entscheidet der Zeitpunkt, zu dem der Patient befragt oder sonst darüber entschieden wird, ob „der Patient bei wahrheitsgemäßer Aufklärung in die tatsächlich durchgeführte Operation eingewilligt hätte." Zum zweiten könnte die Möglichkeit der Rechtfertigung mittels hypothetischer Einwilligung Ärzte dazu verleiten,

---

[62] Vgl. *B. Heinrich* AT Rn. 465 ff.; *Sternberg-Lieben,* in: Schönke/Schröder Vor § 32 ff. Rn. 40; *Wessels/Beulke/Satzger* AT Rn. 568 f. jeweils mwN; a. A. *Lenckner* ZStW 72 (1960), 446 ff. (456); vgl. auch *Hillenkamp/Cornelius* 32 Probleme, Problem 6 mwN.

[63] Vgl. BGH NStZ 1999, S. 458 mit Anm. *Amelung* NStZ 1999, 458 ff.; BGH NStZ 2004, 442; zu einem mitwirkungsorientierten Ansatz bei der Einwilligung Minderjähriger in ärztliche Heileingriffe *Rothärmel* 2004; für eine fallgruppenorientierte Lösung *Beck* FS R. Merkel, S. 761 ff.

[64] Zum Erfordernis einer umfassenden ärztlichen Aufklärung über die Risiken einer Strahlenbehandlung BGH 3 StR 271/97 BGHSt 43, 306/309; zur Einwilligungsfähigkeit am Lebensende *Spickhoff* NJW 2000, 2297 ff.

[65] Vgl. den *Bohrerspitzen*-Fall BGH 1 StR 319/03 NStZ 2004, 442.

[66] BGH 1 StR 300/03 JZ 2004, S. 800 rechts m. Anm. *Rönnau* JZ 2004, 801 ff. sowie *Sternberg-Lieben,* in: Schönke/Schröder § 223 Rn. 40g ff. mwN.

[67] *Kuhlen* FS Müller-Dietz, S. 433 ff. (436) unter Anwendung der objektiven Zurechnung auf Rechtfertigungsgründe, gegen diese Argumentation *Hefendehl* FS Frisch, S. 465 ff.

[68] *Jäger* FS Jung, S. 345 ff. (354); *Jäger* 2006, S. 25.

sich weniger um die Aufklärung von Patienten zu bemühen. Insoweit leistet die „hypothetische Einwilligung" dem Selbstbestimmungsrecht des Patienten einen Bärendienst.[69]

3. Die Freiheit der Willensbildung und -entschließung

Um wirksam zu sein, darf die Einwilligung weder auf einem spezifischen, i. d. R. auf   **84** den Achtungsanspruch bezogenen[70] *Irrtum* noch auf *Zwang* beruhen.[71]

Ein achtungsanspruchsbezogener Irrtum fehlt etwa im folgenden

---

Beispiel 5.6

Dem alkoholkranken Patienten wird wahrheitswidrig vorgespiegelt, dass nach   **85** der strapaziösen, aber erfolgreichen Entziehungskur seine Frau zu ihm zurückkehren werde. Die daraufhin erfolgende Einwilligung in die medikamentöse Behandlung wäre wirksam. Denn die unzutreffende Vorstellung des Patienten, nach der Kur würde seine Ehefrau zu ihm zurückkehren, wäre als bloßer *Motivirrtum* unbeachtlich. ◄

Ein Irrtum über den Heilerfolg ist hingegen auf den Achtungsanspruch bezogen, so in

---

Beispiel 5.7

Dem alkoholkranken Patienten wird wahrheitswidrig vorgespiegelt, dass er nach   **86** einer strapaziösen, aber erfolgreichen Entziehungskur wieder Alkohol in üblichen Mengen zu sich nehmen könne. Die daraufhin erfolgende Einwilligung in die medikamentöse Behandlung wäre unwirksam. ◄

Obwohl nicht auf den Achtungsanspruch bezogen sind Irrtümer aber auch in den   **87** folgenden Fallgruppen als beachtlich anerkannt[72]

- Vorspiegelung eines altruistischen Zwecks,
- Vorspiegelung einer notstandsähnlichen Lage.

---

[69] Näher *Duttge* FS Schroeder, S. 179 ff. (188); *Gropp* FS Schroeder, S. 197 ff. (201); *Sternberg-Lieben* FS Beulke, S. 299 ff.; *Sickor* JA 2008, 11 ff. (16); abl. auch *Otto* Jura 2004, 683; *Puppe* JR 2004, 470 ff. (471), *Haas* GA 2015, 147 ff.; *Zabel* GA 2015, 219 ff.; *B. Heinrich* AT Rn. 478c m. zahlr. w. Nachw.; *Dias* FS Sancinetti, S. 253 ff.; *El-Ghazi* GA 2022, 449 ff.; zu strafbarkeitseinschränkenden Alternativen *Schlehofer* FS R. Merkel, S. 745 ff.

[70] Zur Rechtsgutsbezogenheit *Arzt* 1970, S. 19 ff. sowie die Nachw. bei *Roxin/Greco* AT 1 § 13 Rn. 98; vgl. auch *Hillenkamp/Cornelius* 32 Probleme, Problem 7 mwN; gegen das Kriterium der Rechtsgutsbezogenheit und für die „Autonomie der Entscheidung" als Wirksamkeitsmaßstab *Amelung* ZStW 109 (1997), 514 ff.; *Mitsch* 2004, S. 507 ff., S. 515; Weiterführung der Überlegungen in *Amelung* 1998; vgl. auch *Rönnau* 2001 mit Bespr. *Amelung* ZStW 115 (2003), 710 ff.

[71] Umfassend zu Wissensmängeln und zum Zwang bei der Einwilligung *Mitsch* 2004, §§ 33–39.

[72] Näher und mit erhellenden Beispielen *Roxin/Greco* AT 1 § 13 Rn. 104; für Wirksamkeit der Einwilligung auch in diesen Fällen hingegen *Kühne* JZ 1979, 241 ff., *Jakobs* AT 7 Rn. 118 ff., 14 Rn. 7 ff.

88   Inwieweit eine *Drohung* oder gar eine *Nötigung* die Wirksamkeit der Einwilligung ausschließt, ist umstritten.

89   Die überwiegende Meinung geht dahin, dass jede Drohung zur Unwirksamkeit der Einwilligung führt.[73] Dagegen nehmen *Kühl* und *Roxin/Greco*[74] erst im Falle der Nötigung Unwirksamkeit an, *Rudolphi*[75] sogar erst dann, wenn die in § 35 genannten Erhaltungsgüter betroffen sind.

90   Das Abstellen auf Nötigung hat den Vorzug, dass einerseits nicht *jede* Beeinträchtigung der Willensfreiheit die Einwilligung unwirksam macht, dass andererseits aber an jene Willensfreiheit zur Disposition über einen Achtungsanspruch und nicht wie in § 35 an dieses selbst angeknüpft wird. Dass auf diesem Wege auch vertretbare Ergebnisse erzielt werden können, zeige

---

Beispiel 5.8

---

91   Die T droht, den herzkranken Vater wegen einer Trunkenheitsfahrt anzuzeigen, wenn er sich nicht schleunigst einer Bypass-Operation unterziehe. Als Genötigter könnte V hier nicht wirksam in die Operation einwilligen.

92   Der Operateur würde im Erlaubnistatumstandsirrtum handeln und bliebe straffrei, wenn die Nötigung durch die T für ihn nicht erkennbar war. ◀

4. Einwilligungserklärung

93   Nach der herrschenden sog. *vermittelnden Auffassung*[76] genügt es, wenn die Erklärung nach *außen erkennbar*, zumindest konkludent, abgegeben worden ist. Der Qualität einer zivilrechtlichen Willenserklärung (so aber die sog. *Rechtsgeschäftstheorie*)[77] bedarf die Einwilligungserklärung als Wahrnehmung der allgemeinen, auch Geschäftsunfähigen zustehenden Handlungsfreiheit nicht. Allerdings reicht die innere Zustimmung allein (sog. *Willensrichtungstheorie*)[78] aus Gründen der Rechtssicherheit nicht hin.

94   Die Einwilligungserklärung muss nicht dem Täter gegenüber abgegeben werden. Auch muss der Erklärende nicht der Träger des Eingriffsgutes sein, wie im Falle der Stellvertretung.

5. Subjektives Rechtfertigungselement

95   Nach h. M. muss der Täter in *Kenntnis des rechtfertigenden Sachverhaltes* handeln (s. o. Rn. 47 ff.). Dabei muss ihm die Erklärung der Einwilligung nicht unmittelbar zugegangen sein. Es genügt, wenn er sie kennt.

---

[73] *Frister* AT § 15 Rn. 22; AnwK-*Hauck* Vor § 32 Rn. 16; *B. Heinrich* AT § Rn. 461; *Krey/Esser* AT Rn. 661.

[74] *Kühl* AT § 9 Rn. 36; *Roxin/Greco* AT 1 § 13 Rn. 113.

[75] ZStW 86 (1974), 68 ff. (85).

[76] Vgl. *Roxin/Greco* AT 1 § 13 Rn. 71 mwN.

[77] Vgl. *Zitelmann* AcP 99 (1906), 1 ff. (51 ff.).

[78] Vgl. *Jakobs* AT 7 Rn. 115.

6. Nichtvorliegen von Sittenwidrigkeit, § 228

Wie der Wortlaut des § 228 besagt, ist eine Körperverletzung trotz Einwilligung **96** rechtswidrig, wenn *die Tat* gegen die guten Sitten verstößt.

Gegen die guten Sitten verstoßen jedenfalls *menschenunwürdige* Behandlungen. **97** Eine Schönheitsoperation ist hingegen nicht deswegen sittenwidrig, weil sie vorgenommen werden soll, damit der Operierte im Fall einer Gegenüberstellung wegen einer früher begangenen Straftat nicht erkannt wird. Im Übrigen ist die Frage, was man in einer pluralistischen Gesellschaft unter Sittenwidrigkeit verstehen soll, kaum zu beantworten.[79] Mit überzeugenden Gründen schlägt *Niedermair*[80] deshalb vor, das Kriterium der Sittenwidrigkeit bis hin zur Unbeachtlichkeit restriktiv zu interpretieren.

Mittlerweile sieht der BGH in einverständlich vorgenommenen sadomaso- **98** chistischen Praktiken, die zu Körperverletzungen führen, als solchen keinen Verstoß gegen die „guten Sitten", solange der Einwilligende durch die Körperverletzung nicht in konkrete Todesgefahr gebracht oder eine schwere Gesundheitsschädigung verursacht wird.[81] Damit schafft der BGH in der Sache das Merkmal der Sittenwidrigkeit bei der Einwilligung in Körperverletzungen ab und ersetzt es unbewusst (aber sachgerecht) durch das Merkmal der Dispositionsbefugnis.[82]

Ganz ähnlich argumentiert der BGH in Fällen verabredeter einverständlicher **99** Schlägereien zwischen rivalisierenden Hooligan-Gruppierungen, wobei aber das Gefährdungspotenzial begrenzende Absprachen zwischen den Beteiligten bei der Frage der Sittenwidrigkeit berücksichtigt werden müssten (Eskalationsgefahr).[83]

Für das Zivilrecht (vgl. § 138 BGB) hat das Reichsgericht[84] die „Sittenwidrig- **100** keit" definiert als

▶ Verstoß gegen das Anstandsgefühl aller billig und gerecht Denkenden. **101**

Mit dieser Umschreibung ist immerhin gewonnen, dass es auf die Einschätzung **102** *aller* billig und gerecht Denkenden ankommt, also ein breiter Konsens bestehen

---

[79] Vgl. *Stree,* in: Schönke/Schröder[27] § 228 Rn. 6; zweifelnd an der Verfassungsmäßigkeit deshalb SK-*Horn/Wolters* § 228 Rn. 8 mwN; für eine Interpretation der Sittenwidrigkeit in der Weise, dass die Einwilligung nicht als Ausdruck der Entscheidung eines Vernünftigen begriffen werden kann, *Frisch* FS Hirsch, S. 485 ff.

[80] 1999; vgl. auch *Duttge* GS Schlüchter, S. 775 ff.

[81] BGH 2 StR 505/03 BGHSt 49, 166 = StV 2004, S. 655 (LS) anschaulich hierzu *Jäger* AT Rn. 192 ff.; BGH 2 StR 325/17 NStZ 2020, 29 (31); vgl. auch *Hirsch* FS Amelung, S. 181 ff.; zur Einwilligung in eine Körperverletzung mittels intravenöser Verabreichung illegaler Betäubungsmittel BGH 3 StR 120/03 BGHSt 49, 34 ff., 39 f. = mit krit. Anm. *Sternberg-Lieben* JuS 2004, 954 ff.; zu einer schweren Körperverletzung als Voraussetzung für die Aufnahme in eine Jugend-Gang BayObLG 5 StRR 153/98, 5 StRR 153/98a, 5 StRR 153/98b NStZ 1999, 458 mit krit. Anm. *Amelung* NStZ 1999, 460.

[82] Näher dazu *Gropp* ZJS 2012, 602 ff.; *Hauck* GA 2012, 204 ff.; vgl. auch *Kühl* FS Jakobs, S. 293 ff. (303); vgl. a. BGH 2 StR 152/18 NStZ-RR 2018, 314.

[83] BGH 1 StR 585/12 BGHSt 58, 140; 3 StR 233/14 BGHSt 60, 166.

[84] RGZ 80, 221.

muss, damit eine Tat als sittenwidrig bezeichnet werden kann. Die Auswirkungen dieser restriktiven Auslegung werden in

---

Leitfall 5.2 deutlich

103 Um über die Sittenwidrigkeit der Schlägermensur urteilen zu können, hinterfragt der BGH die Motive der Studenten: „Die Beweggründe der schlagenden Studenten können nicht nur im Sportlichen gesucht werden. Der studierenden Jugend stehen überaus zahlreiche Sportarten zur Verfügung, auch solche, die den persönlichen Mut ausbilden. Als einzige dieser Sportarten wird die Schlägermensur von weiten Kreisen des Volkes missbilligt, und zwar eben wegen ihrer geschichtlichen und gesellschaftlichen Besonderheiten, nämlich wegen ihres geschichtlichen Zusammenhanges mit dem Vorrechtsanspruch einzelner Stände. Die studierende Jugend erhebt nach ihrer Berufswahl den Anspruch, später die geistige Führung der Nation zu übernehmen. Es ist schwer vorstellbar, dass gerade sie sich aus rein *sportlichen* Gründen eine derart umstrittene Betätigung auswählen sollte."[85] ◄

104 Nicht überraschend kommt der BGH letztlich zu einer Ablehnung der Sittenwidrigkeit:

105 „Eine derart unbestimmte Vorschrift [§ 228] muss, um in einem Rechtsstaat erträglich zu sein, zugunsten des Angeklagten eng ausgelegt werden. Als Verstoß gegen die guten Sitten kann deshalb in diesem *strafrechtlichen* Sinne nur das angesehen werden, was nach dem Anstandsgefühl aller billig und gerecht Denkenden zweifellos kriminell *strafwürdiges* Unrecht ist. Das ist bei der Bestimmungsmensur nicht der Fall. Auch unter ihren Gegnern befinden sich angesehene Persönlichkeiten, die sie aus den verschiedensten Gründen nicht mit krimineller Strafe bedroht sehen wollen. Es kann nicht die Rede davon sein, dass *alle* billig und gerecht Denkenden über die Sittenwidrigkeit der Bestimmungsmensur einig seien."[86]

106 Als Grenze der Rechtfertigung bei Einwilligung bezieht sich § 228 nur auf Körperverletzungen i. S. der §§ 223 ff.[87]

7. Aufbau der Prüfung der erklärten Einwilligung

107 I. Tatbestandsmäßigkeit
II. Rechtswidrigkeit
Rechtfertigung infolge
ausdrücklicher Einwilligung, wenn
   a. Disponibilität des legitimen Achtungsanspruchs
   b. Einsichtsfähigkeit
   c. Freiheit der Willensbildung und -entschließung
   d. Einwilligungserklärung
   e. Vorliegen des subjektiven Rechtfertigungselementes
   f. bei Körperverletzungen nach §§ 223 ff.: keine Sittenwidrigkeit der Tat (§ 228)

---

[85] BGH 5 StR 408/52 BGHSt 4, 31.
[86] BGHSt 4, 32; krit. *Eb. Schmidt* JZ 1954, 373 ff.
[87] Vgl. auch *Sternberg-Lieben,* in: Schönke/Schröder § 228 Rn. 1.

8. Die systematische Einordnung der Einwilligung als Rechtfertigungsgrund[88]

Die aktuell erklärte wirksame Einwilligung ist ein Rechtfertigungsgrund.[89]   **108**

Es mehren sich jedoch die Stimmen, nach denen sie als Ausschluss der   **109**
Tatbestandsmäßigkeit verstanden werden soll.[90] Dahinter steht der Gedanke, dass
die Einwilligung als Verzicht des Berechtigten auf Achtung seiner disponiblen
Achtungsansprüche (bspw. Eigentum und in Grenzen die körperliche Unversehrtheit) in Wahrnehmung seines Selbstbestimmungsrechts den gesetzlich umschriebenen Gehalt der strafbaren Handlung erst gar nicht entstehen lasse.

Daran ist zwar richtig, dass eine wirksame Einwilligung den *Gehalt* einer *straf-*   **110**
baren Handlung nicht entstehen lässt, weil der *Eingriff* in den geschützten Achtungsanspruch in Folge der Einwilligung *nicht* dessen *Verletzung* (Missachtung), sondern
im Gegensatz dessen Respektierung bedeutet. Der Irrtum besteht jedoch darin, dass
nicht zwischen dem bestehenden *Eingriff in* den geschützten Achtungsanspruch und
der *Verletzung des* Achtungsanspruchs unterschieden wird.

Es wird auch überlegt, die fehlende Voraussetzung der Strafbarkeit auf der   **111**
Ebene der Tatbestandsmäßigkeit in einem ungeschriebenen Merkmal der „freien
Selbstbestimmung über disponible Rechtsgüter" zu suchen. Nach den §§ 223 ff.
z. B. handelte dann nur tatbestandsmäßig, wer einen anderen *unter Eingriff in sein*
Selbstbestimmungsrecht körperlich misshandelt oder an der Gesundheit be-
schädigt. Jedoch schützen die betreffenden Tatbestände des Strafrechts nicht die
Selbstbestimmung im Hinblick auf bestimmte Lebensgüter, sondern bestimmte
Lebensgüter „als Voraussetzung und Bezugsobjekt möglicher Selbstbestimmung".[91]

Auch bei wirksamer Einwilligung liegt damit ein *Eingriff* in den geschützten   **112**
Achtungsanspruch und die Verwirklichung des in den Strafvorschriften umschriebenen Un*wertes* vor.[92] Der substanzverletzende ärztliche Heileingriff stellt
sich so zunächst als ein *Eingriff* in den Achtungsanspruch der körperlichen Unversehrtheit in Form einer Gesundheitsschädigung als *Unwertverwirklichung* dar. Dass
dies dennoch keine *Verletzung* des Achtungsanspruchs und Un*rechts*verwirklichung
bedeutet, ergibt sich durch den Ausschluss der Rechtswidrigkeit infolge Einwilligung. Wer eine Sache des Eigentümers ohne Einwilligung zerstört, greift nicht nur
unspezifisch in dessen Autonomie ein, sondern spezifisch in die aus dem *Eigentum*
fließenden, durch § 303 vor vorsätzlicher Missachtung geschützten Rechte.

---

[88] Vgl. *Rengier* AT § 23 Rn. 9 ff.

[89] Vgl. *Wessels/Beulke/Satzger* AT Rn. 554, 565 ff. mwN.

[90] Vgl. MK-StGB-*Schlehofer* Vor § 32 ff. Rn. 146 f.; *Maiwald* FS Tateishi, S. 11 ff. (18 ff.); *Roxin*
FS Amelung, S. 269 ff. sowie die Übersicht bei *Roxin/Greco* AT 1 § 13 Rn. 12 ff.; für einen Unrechtsausschluss eigener Art (Normaufhebungsgrund) *Kindhäuser* GA 2010, 490 ff. (493, 502 ff.).

[91] *Sternberg-Lieben,* in: Schönke/Schröder Vor §§ 32 ff. Rn. 33a mwN; vgl. auch *Amelung/Eymann*
JuS 2001, 938.

[92] Vgl. auch *Köhler* AT, S. 245; *Wessels/Beulke/Satzger* AT Rn. 556; Einwände gegen die Rechtfertigungslehre beruhen nicht selten auf einer unzulässigen Gleichsetzung von Un*wert* und Un-
recht, vgl. z. B. *Kindhäuser/Zimmermann* AT § 12 Rn. 3.

9. Einwilligung und Einverständnis[93]

113   Zum Ausschluss der Tatbestandsmäßigkeit führt die Interessenpreisgabe un-
beschadet der Ausführungen unter Punkt 8 aber dort, wo das umschriebene Verhalten insgesamt gerade ein Handeln *gegen* oder *ohne den Willen des Verletzten* verlangt, z. B. bei der Entführung gegen den Willen des Opfers (§ 239a), beim Gebrauch eines Fahrzeugs gegen den Willen des Berechtigten (§ 248b), bei der
Freiheitsberaubung (§ 239), der Nötigung (§ 240) oder beim Raub (§ 249), aber
auch beim Diebstahl (§ 242: „Wegnahme") und beim Hausfriedensbruch (§ 123:
„Eindringen"). In diesen Fällen spricht man von einem tatbestandsausschließenden
Einverständnis.

Beispiel 5.9

114   *Diebesfalle*-Fall BayObLG RReg. 3 St 230/78 NJW 1979, S. 729:[94] Die Ang. A,
die als Schwesternhelferin tätig war, entwendete aus einer in einem Krankenzimmer abgestellten Handtasche eine Geldbörse mit DM 110.- Inhalt. Zur Aufklärung des Diebstahls wurde die Polizei eingeschaltet. Diese präparierte ihr zur
Verfügung gestellte Geldscheine und ließ sie in einem anderen Krankenzimmer
in eine Geldbörse legen, die in eine auf dem Nachtkästchen abgestellte Toiletten-
tasche gesteckt wurde. Sodann beauftragte die Stationsschwester die A, die
Nachtkästchen abzustauben. „Bei dieser Gelegenheit entnahm die Angeklagte
der Geldbörse einen präparierten 50-DM-Schein und verstaute ihn zunächst in
einer Tasche ihres Kittels ...".

115   Die Vorinstanzen verurteilten A wegen Diebstahls des 50-DM-Scheins. Die
Revision der A hatte insoweit Erfolg. Weshalb?

116   Das BayObLG verneinte hier zutreffend einen vollendeten Diebstahl, weil die
Krankenpflegehelferin die Sachherrschaft erlangen sollte, sie somit *mit Wissen
und Wollen* des Berechtigten erlangt hatte. Weil sie das Einverständnis mit der
Wegnahme aber nicht kannte und den Entschluss gefasst hatte, das Geld wegzunehmen, liegt ein Versuch vor (s. auch unten C). Ein scheinbar paradoxes Ergebnis: die Täterin konnte keinen vollendeten Diebstahl begehen, weil sie einen
Diebstahl begehen *sollte*. ◄

---

117   Das *tatbestandsausschließende Einverständnis* unterscheidet sich von der rechtfertigenden Einwilligung auch hinsichtlich der Voraussetzungen beim *Betroffenen*:[95]

a) Willensfähigkeit anstatt Einsichtsfähigkeit

118   Das Vorliegen der natürlichen Fähigkeit, einen Willen zu bilden, die sog. „*Willens-
fähigkeit*", ist ausreichend. Das Erkennen der Tragweite des Einverständnisses (Ein-

---

[93] Vgl. grundlegend *Brammsen* FS Yamanaka, S. 3 ff.

[94] Hierzu auch *Mitsch* BT 2, S. 25 f.

[95] A. A. freilich jene Meinung, die auch die Einwilligung als Tatbestandsausschluss einordnet, aber
auch Anhänger der verbrechenssystematischen Differenzierung, näher *Roxin/Greco* AT 1 § 13
Rn. 11 mwN.

sichtsfähigkeit) ist nicht erforderlich. Ausschlaggebend ist die *Existenz* eines tatbestandsausschließenden Willens.

b) Entbehrlichkeit der Einverständniserklärung und Unbeachtlichkeit von Willensmängeln

Eine *Erklärung* des Einverständnisses ist *nicht erforderlich*. Es genügt die Tatsache **119** einer bewussten Zustimmung. *Mängel* in der Willens*bildung* (insbesondere durch Täuschung) sind unbeachtlich.

c) Bemerkung zum Aufbau

Weil das Einverständnis *tatbestandsausschließend wirkt,* ist sein Vorliegen im Rahmen des auszu- **120** schließenden Tatbestandsmerkmals zu erörtern, im *Beispiel 5.9* somit bei der Wegnahme. Die Unkenntnis des Täters vom Vorliegen des Einverständnisses bedeutet die *irrtümliche Annahme eines Merkmals der Tatbestandsmäßigkeit.* Die Situation unterscheidet sich vom Fehlen des subjektiven Rechtfertigungselementes in Folge Unkenntnis der rechtfertigenden Situation insoweit, als das Einverständnis *kein Recht* zum Eingriff gibt und das Verhalten des Täters der Unrechtsstruktur des Versuchs entspricht (s. o. Rn. 51 ff.). Deshalb kommt eine Strafbarkeit wegen *Versuchs* in Frage.[96]

> **Hinweise zum Leitfall 5.2 (Information)**
>
> Nachdem der BGH die Sittenwidrigkeit der Schlägermensur abgelehnt hatte, **121** war von einer wirksamen Einwilligung auszugehen. Der Freispruch des Angeklagten durch das Landgericht hatte daher Bestand. Näher oben B I 6 Rn. 52 f. ◄

II. Notwehr (§ 32 StGB) und andere Abwehrrechte (§§ 229, 859 I, II BGB)

§ 32 Notwehr

1. Wer eine Tat begeht, die durch Notwehr geboten ist, handelt nicht rechtswidrig. **122**

2. Notwehr ist die Verteidigung, die erforderlich ist, um einen gegenwärtigen rechtswidrigen Angriff von sich oder einem anderen abzuwenden.

> **Leitfall 5.3**
>
> *Obstdieb*-Fall RG I 384/20 – RGSt 55, 82 vom 20. September 1920: „Der Ange- **123** klagte hat während der Nacht in einer Schutzhütte bei seinen Obstbäumen Wache gehalten; er war von seinem Hunde begleitet und mit geladenem Gewehr ausgerüstet. Am frühen Morgen bemerkte er zwei Männer, die Obst von den Bäumen entwendeten. Auf seinen Anruf ergriffen beide unter Mitnahme des Obstes, das sie gepflückt hatten, die Flucht und leisteten der Aufforderung des Angeklagten, stehen zu bleiben, obwohl er sie durch die Drohung, er werde schie-

---

[96] Näher hierzu die Irrtumslehre, § 13 Rn. 94 f., 113 f.

ßen, unterstützt hatte, keine Folge. Darauf gab der Angeklagte ‚in der Richtung‘ der Fliehenden einen Schrotschuss ab, traf einen von ihnen und verletzte ihn nicht unerheblich."

124	Die Strafkammer sprach den Angeklagten von der Anklage der vorsätzlichen gefährlichen Körperverletzung frei. Dagegen legte die Staatsanwaltschaft Revision ein und begründete dies mit zwei Argumenten: Durch die Wendung der Obstfrevler zur Flucht sei der Angriff schon nicht mehr gegenwärtig gewesen, zumindest aber habe der Angeklagte angesichts des geringen Wertes des Obstes das Maß der Abwehr nicht eingehalten. Das Reichsgericht wies das Rechtsmittel zurück. Zu Recht? ◄

125	Die rechtfertigende Wirkung der Notwehr beruht auf dem Prinzip des *überwiegenden Interesses*. Der tatbestandsmäßig handelnde Täter muss innerhalb einer *Interessenkollision* das *überwiegende Interesse* wahrnehmen. Dieses kann ein eigenes Interesse des Täters sein (Not*wehr*), es kann sich aber auch um das Interesse eines Dritten handeln (Not*hilfe*).[97]

126	Die objektiven Elemente der Notwehr bilden die Notwehr*lage* und die Notwehr*handlung*. Nach h. M. (zw.) erfordert die Notwehr als subjektives Rechtfertigungselement einen *Verteidigungswillen*.

1. Notwehrlage

127	Die Notwehrlage besteht in einem *Angriff* (a) gegen einen *notwehrfähigen Achtungsanspruch* (b), der *rechtswidrig* (c) und *gegenwärtig* (d) sein muss.

a) Angriff

128	Unter einem Angriff versteht man die *Handlung* eines *Menschen*, welche in ein *rechtlich geschütztes Interesse* einzugreifen droht oder eingreift.[98] Auch ein Unterlassen kann einen Angriff darstellen.[99]

129	Zu den *rechtlich geschützten Interessen* zählen nicht nur strafrechtlich geschützte Achtungsansprüche (auch die Ehre),[100] sondern *alle Verhältnisse und Zustände*, die überhaupt *rechtlich begründet* sind.[101] Der Besitzer darf sich deshalb auch dann gegen die Wegnahme einer Sache zur Wehr setzen, wenn der Wegnehmende ohne Zueignungsabsicht handelt, also keinen Diebstahl begeht.[102]

---

[97] Grundlegend zur Nothilfe *Engländer* 2008.

[98] Vgl. *Wessels/Beulke/Satzger* AT Rn. 495 f.; In der Regel kann man hier lesen, dass der Angriff ein rechtlich geschütztes Interesse „*verletzt*". Dass eine Verletzung vorliegt, kann aber erst gesagt werden, wenn der Eingriff rechtswidrig ist; zur Einschränkung der Angriffsqualität auf mindestens bewusst fahrlässiges Verhalten *Sinn* GA 2003, 96 ff. (100 ff.); vgl. auch *Freund/Rostalski* AT § 3 Rn. 99.

[99] Vgl. *Lagodny* GA 1991, 300 ff.

[100] BGH 3 StR 622/17 StV 2018, 724; *Fischer*, in: Fischer § 32 Rn. 8.

[101] Vgl. *Perron/Eisele*, in: Schönke/Schröder § 32 Rn. 4.

[102] Krit. vgl. *Hoyer* FS Kindhäuser, S. 205 ff.; ablehnend *T. Zimmermann* GA 2020, 532 ff.

b) Notwehrfähigkeit des geschützten Achtungsanspruchs

Nicht jeder Achtungsanspruch ist notwehrfähig. In der Regel können nur Angriffe **130** gegen *Individualachtungsansprüche* in Notwehr abgewehrt werden. Die Klimaaktivisten können sich mit ihren Klebe-Blockaden weder auf eine Verteidigung ihrer individuellen Achtungsansprüche noch auf die Verteidigung des Klimas berufen. Auch wenn jede Autofahrt mit einem Verbrennungsmotor wohl kaum noch bestreitbar schädliche Auswirkungen auf Umwelt und Klima hat und daher als Beeinträchtigung eines rechtlich geschützten Gutes angesehen werden könnte, fehlt es bereits an einem geeigneten Notwehrobjekt, wenn lediglich die allgemeinen ökologischen Bedingungen des menschlichen Lebens verschlechtert werden, ohne dass eine unmittelbare Gesundheitsgefährdung eines bestimmten Individuums nachweisbar ist.[103]

Beispiel 5.10

Fernlicht-Fall OLG Düsseldorf (2) Ss 101/61 NJW 1961, 1783: A überholte auf **131** der Bundesstraße mit seinem PKW den VW des Sch. Da diesem der Wagen des A „irgendwie auffällig" vorkam, blendete er nicht ab. Durch die Rückspiegelung verschiedener Gegenstände im Inneren seines Fahrzeugs wurde A so geblendet, dass er nicht schnell davonzufahren wagte. Nach mehreren gegenseitigen Überholvorgängen zwischen A und Sch. fuhr A „mit überhöhter Geschwindigkeit voraus, brachte so einen Abstand von etwa 40 bis 60 m zwischen sich und Sch. und stellte dort sein Fahrzeug quer zur Fahrbahn, um Sch. zum Anhalten zu bringen und ihn alsdann zum Abblenden aufzufordern." Sch. brachte sein Fahrzeug etwa 5 m vor dem Wagen des A zum Stehen. Nach einem scharfen Wortwechsel fuhren beide weiter, Sch. jetzt mit abgeblendeten Scheinwerfern.

Könnte sich A gegen den Vorwurf der Nötigung damit verteidigen, in Not- **132** wehr gehandelt zu haben?

Das OLG lehnte Notwehr mangels eines Angriffs ab. Denn dieser erfordere **133** ein Vorgehen, „das in die Rechtssphäre eines bestimmten anderen Menschen eingreift". Deshalb sei der Verstoß gegen das Abblendgebot der Straßenverkehrsordnung für A nicht notwehrfähig. „Güter, die nur dem Staat als Träger der Staatshoheit zustehen, sind … für den einzelnen Staatsbürger in aller Regel nicht notwehrfähig." Aber auch die Störung seines körperlichen Wohlbefindens berechtige nicht zur Gewaltanwendung, sondern verpflichte wegen des Rücksichtsgebots in § 1 StVO zu einer „rücksichtsvollen Anpassung an die jeweilige Verkehrslage".[104]

Das OLG konnte sich auf die Rechtsprechung des BGH im berühmten „*Sün-* **134** *derin*"-Fall BGH 3 StR 151/53 BGHSt 5, 245 berufen. Dort hatten die Angeklagten die Vorführung eines ihrer Meinung nach sittlich anstößigen[105] Filmes

---

[103] Vgl. *Mitsch* DAR 2023, 234 ff. (235 f.).

[104] NJW 1961, 1784.

[105] Anstoß erregte Anfang der 50er-Jahre in dem Film „Die Sünderin" jene Szene, in der die Filmschauspielerin Hildegard Knef für wenige Augenblicke unbekleidet zu sehen ist.

gestört. Auch hier hatte der BGH eine Rechtfertigung der Nötigung wegen Notwehr abgelehnt: „Einer Störung der *öffentlichen* Ordnung im Allgemeinen, wie sie durch die Aufführung sittlich oder religiös anstößiger Filme ausgelöst werden könnte, kann […] der Staatsbürger, solange nicht auch zugleich *seine* Rechte verletzt werden, in der Regel nicht mit der Notwehr entgegentreten."[106]

135   Aber auch eine *Nothilfe* zugunsten der Theaterbesucher war abzulehnen, weil das rechtlich geschützte Interesse nur dann nothilfefähig ist, wenn sein Inhaber mit der Abwehr des Angriffs einverstanden ist. Hier jedoch waren die Theaterbesucher ja gerade deshalb gekommen, um den Film zu sehen. Es läge deshalb allenfalls eine *aufgedrängte* Nothilfe[107] vor, die nicht zu rechtfertigen vermag.

Nothilfe zugunsten von Tieren ist ebenfalls unzulässig, weil Tiere keine Träger von Individualrechten sind.[108] ◄

c) Rechtswidrigkeit des Angriffs

136   Rechtswidrig ist jeder Angriff, der *nicht* seinerseits durch einen *Erlaubnissatz* (= Rechtfertigungsgrund) *gedeckt* ist. Das Rechtsgebiet, welchem der Erlaubnissatz angehört, spielt keine Rolle.[109] Die Prüfung, ob ein Rechtssatz ein Verhalten *rechtfertigt* und damit mangels eines *rechtswidrigen* Angriffs eine Notwehr gegen dieses Verhalten ausschließt, nennt man „Notwehrprobe".[110]

137   Ob ein rechtswidriger Angriff auch dann vorliegt, wenn der Angreifende die tatsächlichen Voraussetzungen eines Rechtfertigungsgrundes irrtümlich annimmt (Erlaubnistatumstandsirrtum, näher unten § 13 Rn. 189 ff.) und dieser Irrtum sowohl allgemein als auch individuell unvermeidbar ist, ist umstritten und in einer Entscheidung des Bundessozialgerichts[111] diskutiert geworden:

Beispiel 5.11

138   *Hilferuf*-Fall BSG B9 VG 1/98 R = BSGE 84, 54 = JZ 2000, S. 96:[112] Die Ehefrau des P lernte den L auf dem Heimweg von einem Straßenfest kennen und nahm ihn mit nach Hause. Beide waren alkoholisiert. P, der bereits geschlafen hatte, wachte auf und forderte L energisch auf, das Haus zu verlassen, was L auch tat. Es kam nun zu einer Auseinandersetzung zwischen P und Frau P. P

---

[106] BGH 3 StR 151/53 BGHSt 5, 245 (247).

[107] Näher *Sternberg-Lieben/Sternberg-Lieben* JuS 1999, 444 ff.; *Kaspar* JuS 2014, 769 ff.

[108] H. M.: vgl. *Bock* ZStW 131 (2019), 555 ff. (561 ff.); SSW-*Rosenau* § 32 Rn. 8; *Hecker* JuS 2018, 83 ff. (84); *Renzikowski* GS Tröndle, S. 355 ff. (359); LK-*Rönnau/Hohn* § 32 Rn. 82; a. A. *Reinbacher* ZIS 2019, 509; LG Magdeburg 28 Ns 182 Js 32201/14 (74/17) StV 2018, 335 ff., wohl auch OLG Naumburg 2 Rv 157/17 NStZ 2018, 472 ff.; s. auch *Keller* FS R. Merkel, S. 779 ff.

[109] Vgl. aber zu echten und unechten Strafunrechtsausschließungsgründen *Günther* oben Rn. 44.

[110] Vgl. auch *A. Lange* 1994, mit Bespr. *Mitsch* ZStW 110 (1998), 166 ff.

[111] Das Bundessozialgericht war in diesem Fall zuständig, da um Leistungen aus dem Opferentschädigungsgesetz gestritten wurde.

[112] M. Anm. *Roxin* JZ 2000, 99 f.; vgl. auch *Gropp/Küpper/Mitsch* Fallsammlung Fall 6 sowie *Simon* JuS 2001, 639 ff.

packte seine Frau, um sie in das Obergeschoss zu bringen. Frau P wehrte sich, ließ sich im Flur des Erdgeschosses auf den Boden fallen und rief „grundlos" um Hilfe. P ging in die Küche, um sich mit einem 20 cm langen und 4 cm breiten Messer eine Portion rohen Schinkens abzuschneiden, weil er sich ein Brot zubereiten wollte.

Da entschloss sich L, der vor dem Haus stehen geblieben war und das Rufen von Frau P gehört hatte, in das Haus zurückzukehren. **139**

P, der annahm, einer seiner Bekannten suche ihn nach Rückkehr von dem Fest noch auf, öffnete, ohne das Messer wegzulegen. L drang sofort in den Flur ein, sah P mit dem Messer und Frau P schreiend am Boden liegen. In Verkennung der Situation ging er auf Herrn P los, der vor ihm zurückwich und die linke Hand schützend vor seinen Kopf hielt. Mit der rechten Hand machte P zunächst ungezielte Abwehrbewegungen, mit denen er L oberflächlich Schnittverletzungen zufügte. Als L weiterhin versuchte, P mit Faustschlägen zu treffen, stieß P zweimal das Messer in L's Oberkörper. L sank zusammen und verstarb kurze Zeit später. **140**

Stand Herrn P gegen die Faustschläge des L ein Notwehrrecht zu? ◄ **141**

Nach der Meinung des BSG soll die Tatsache, dass objektiv kein rechtswidriger Angriff des P gegen Frau P vorlag, ausreichen, um den Angriff des L als *rechtswidrig* zu erachten und P ein Notwehrrecht zuzuerkennen. Weil L aber – für P erkennbar – einen rechtswidrigen Angriff des P nur irrig annahm, sei das Notwehrrecht *mangels Gebotenheit* der Verteidigung eingeschränkt und P zu einer tödlichen Trutzwehr nicht berechtigt gewesen.[113] **142**

Mit guten Gründen wird allerdings erwogen,[114] dass ein Verhalten wie das des L rechtmäßig ist, wenn der Irrtum angesichts der Umstände (hier: Messer des P, Schreien der Frau P) unvermeidbar ist.[115] „Notwehr scheidet auch dort aus, wo ein Handeln, ohne dass ihm ein Eingriffsrecht zur Seite stünde, lediglich die im Verkehr erforderliche Sorgfalt nicht verletzt", liest man bei *Roxin/Greco*,[116] und „auch wer ohne objektive Sorgfaltspflichtverletzung [irrtümlich][117] die Voraussetzungen der Notwehr annimmt, handelt nicht rechtswidrig".[118] **143**

Hinter diesen Überlegungen verbirgt sich – ohne dass dies m. W. bisher freilich ausgesprochen würde – eine *Rechtfertigung* im Rahmen des *erlaubten Risikos*, die bei der mutmaßlichen Einwilligung (näher unten Rn. 370 ff.) anerkannt ist. Kommt der Täter dort auf Grund der Umstände und einer gewissenhaften Prüfung unver- **144**

---

[113] So das BSG JZ 2000, 97.

[114] Vgl. *Hirsch* FS Dreher, S. 211 ff.; *Perron/Eisele,* in: Schönke/Schröder § 32 Rn. 21; *Roxin/Greco* AT 1 § 14 Rn. 112; *Simon* JuS 2001, 639 ff. (652); *Sinn* GA 2003, 96 ff. (103 ff.); *Sinn* FS Roxin, S. 673 ff. (678 f.).

[115] Vgl. *Roxin* JZ 2000, 99 mwN.

[116] *Roxin/Greco* AT 1 § 15 Rn. 14.

[117] Eingefügt vom Verfasser.

[118] *Roxin/Greco* AT 1 § 15 Rn. 15.

meidbar zu dem Ergebnis, dass die tatsächlichen Voraussetzungen einer Einwilligung gegeben sind, handelt er auch dann rechtmäßig, wenn sich seine Einschätzung später als falsch erweisen sollte. So liegen die Verhältnisse auch hier: So lange objektiv und individuell[119] unvermeidbar der (unrichtige) Eindruck andauert, dass P seine Frau mit dem Messer gegenwärtig angreift, liegt eine (Anscheins-)Gefahr vor, die dem irrenden L das Recht gibt, zum Schutz von Frau P einzugreifen. Sein *Angriff* ist deshalb *nicht rechtswidrig*, solange der wahre Sachverhalt nicht erkennbar ist.

d) Gegenwärtigkeit des Angriffs

145 Der Angriff ist gegenwärtig, wenn er *unmittelbar bevorsteht,*[120] *stattfindet* oder noch *andauert.* Ein Angriff liegt damit so lange vor, bis die Gefahr für das Angriffsobjekt bzw. den Achtungsanspruch entweder völlig abgewendet ist, weil bspw. der Angreifer kampfunfähig zu Boden gebracht wurde,[121] oder nicht mehr ohne obrigkeitliche Hilfe abgewendet werden kann bzw. darf. Ist der Angriff noch nicht gegenwärtig, kommt eine Rechtfertigung nach § 34 oder eine Entschuldigung nach § 35 in Frage, wenn die *Gefahr* eines Angriffs vorliegt und das Aufschieben von Verteidigungshandlungen die Abwehrchancen erheblich verschlechtern würde („Präventiv-Notwehr" bzw. „notwehrähnliche Lage").[122] Hier ist jedoch zu beachten, dass eine Notstandslage nur gegeben ist, wenn die Gefahr *nicht anders abwendbar* ist, also insbesondere keine staatliche Hilfe herbeigerufen werden kann.[123]

Zu Leitfall 5.3

146 In *Leitfall 5.3* war der Angriff auf das Eigentum (Obst) des Angekl. gegenwärtig, sobald die Wegnahmehandlung unmittelbar bevorstand, während sie durchgeführt wurde und solange die Gefährdung der Eigentümerbefugnisse weder abgewehrt noch endgültig in den Verlust umgeschlagen war, etwa durch ein Ver-

---

[119] Dies bedeutet, dass ein durchschnittlich informierter Beobachter der Szene einen rechtfertigenden Sachverhalt annehmen würde. Jedoch müssen (wie beim individuellen Fahrlässigkeitsbegriff, s. u. § 12 Rn. 135 ff.) Sonderfähigkeiten eingesetzt werden. Ist der unrichtige Eindruck hingegen nur *individuell* unvermeidbar, liegt ein Angriff eines Irrenden vor, der nur eingeschränkt wie eine Gefahr im defensiven Notstand abgewendet werden darf, s. u. Rn. 160.

[120] BGH 1 StR 486/16 StV 2018, 727/730; 4 StR 635/16 StV 2018, 730/731; 4 StR 197/17 StV 2018, 731/732; BGH 6 StR 348/21 NStZ 2023, 27 ff.; BGH 2 StR 337/21 NStZ 2022, 540; 4 StR 252/22 StV 2024, 97; insoweit ablehnend *Freund/Rostalski* AT § 3 Rn. 105.

[121] BGH 1 StR 449/13 NJW 2014, 1121 mit Anm. *Theile* ZJS 2014, 206 ff.; BayObLG 202 StRR 9/22 NStZ 2023, 42 ff.

[122] Vgl. *Frister* AT § 16 Rn. 16 sowie BGH 1 StR 483/02 BGHSt 48, 256 (258 f.); für eine analoge Anwendung des § 32 hingegen *Suppert* Studien zur Notwehr und „notwehrähnlichen Lage", S. 356 ff.

[123] Vgl. BGH 3 StR 356/92 BGHSt 39, 133 m. Anm. *Roxin* NStZ 1993, 335; zu den hohen Anforderungen des BGH an die Gegenwärtigkeit BGH 3 StR 503/01 JZ 2003, 50 m. Anm. *Walther* JZ 2003, 52 ff.; BGH 3 StR 400/18 NStZ 2020, 358, AnwK-*Hauck* § 32 Rn. 4; zum Verhältnis von gegenwärtigem Angriff und gegenwärtiger Gefahr näher *Otto* Jura 1999, 552 f.; anschaulich zur „notwehrähnlichen Lage" *Rudolphi* Fälle zum Strafrecht, S. 32 f. mwN.

stecken in der Wohnung. Weil der Angriff während der Flucht somit noch andauerte, nahm das RG zu Recht einen gegenwärtigen Angriff an. ◄

2. Notwehr- oder Verteidigungshandlung

Eine Rechtfertigung mittels Notwehr ist nur dann möglich, wenn das Verhalten des Angegriffenen eine *erforderliche* Verteidigung darstellt. Die Verletzung von Achtungsansprüchen, die nicht zur Sphäre des Angreifers zählen, ist keine Verteidigung. Notwehr scheidet aus.   **147**

a) Erforderlichkeit

Erforderlichkeit bedeutet *Geeignetheit* und *Notwendigkeit*. *Geeignet* ist die Verteidigungshandlung dann, wenn sie – objektiv und ex ante[124] – ein taugliches Mittel darstellt, den Angriff sofort und ohne Gefährdung eigener Interessen abzuwehren.[125] *Notwendig* ist sie, wenn sie das *schonendste* Mittel zur Abwehr des Angriffs ist.[126] Dabei sind lebensgefährliche Abwehrmittel grundsätzlich nicht ausgeschlossen.[127] Denn auf einen Kampf unter Verwendung weniger gefährlicher Mittel, dessen Ausgang dadurch eher ungewiss ist, braucht sich niemand einzulassen.[128] Auch wird vom Angegriffenen nicht erwartet, dass er die Flucht ergreift, denn Flucht wäre schon keine Verteidigung im Sinne des § 32 II StGB.[129] Der Erforderlichkeit der Verteidigung werden also nur insoweit Grenzen gezogen, als unter gleich geeigneten Abwehrmaßnahmen die mildeste gewählt werden muss.[130] Die Rechtsprechung wendet in diesem Zusammenhang das folgende „Deeskalationsprogramm" zur Prüfung der Erforderlichkeit an: Die Benutzung einer (Schuss-)Waffe oder eines anderen gefährlichen Werkzeuges gegenüber dem *unbewaffneten* Angreifer ist *grundsätzlich* anzudrohen.[131] Zur Schonung ist der Angegriffene aber nur dann aufgerufen, wenn die Androhung in der gegenwärtigen Lage Aussicht auf Erfolg verspricht. Denn nur dann, wenn auf der Grundlage einer objektiven ex-ante-Betrachtung der tatsächlichen Verhältnisse im Zeitpunkt der Verteidigungshandlung[132] sich der Angreifer durch die Drohung beeindrucken ließe und er den Angriff   **148**

---

[124] Vgl. *Perron/Eisele*, in: Schönke/Schröder § 32 Rn. 34; BGH 2 StR 363/18 NStZ 2019, 598 f. mit Anm. *Sinn* ZJS 2020, 169 ff.; BGH 3 StR 186/98 StV 1999, 145; krit. *Chr. Schröder* JuS 2000, 235 ff.; BGH 5 StR 276/22 NStZ 2023, 222.

[125] Zur Tauglichkeit der Abwehr im Hinblick auf alle Achtungsansprüche des Angegriffenen und nicht nur des tatbestandlichen Erfolgs der Angriffstat *Joecks*, FS Grünwald, S. 251 ff.

[126] Vgl. BayObLG 202 StRR 9/22 NStZ 2023, 42 ff.

[127] Vgl. BGH 3 StR 186/98 StV 1999, 143 ff.

[128] Vgl. BGH 4 StR 114/98 NStZ 1998, 508 = JuS 1999, 85 f.; BGH 1 StR 435/01 StV 2002, 422; BGH 2 StR 363/18 NStZ 2019, 598 f.; 5 StR 421/18 NStZ 2019, 138; BGH 1 StR 321/21 NStZ 2022, 352.

[129] Vgl. BGH 4 StR 551/12 NJW 2013, 2133.

[130] Vgl. bspw. BGH 5 StR 138/16 NStZ 2016, 593; 2 StR 523/15 StV 2018, 725/726; *Fischer*, in: Fischer § 32 Rn. 30.

[131] BGH 2 StR 451/75 BGHSt 26, 256 (258); 4 StR 236/04 NStZ 2005, 85 (87); 2 StR 252/17 StV 2018, 733/734; BGH 1 StR 321/21 NStZ 2022, 352; vgl. a. *Fischer*, in: Fischer § 32 Rn. 33a.

[132] BGH 5 StR 138/16 NStZ 2016, 593 (594); 2 StR 363/18 NStZ 2019, 598 (599).

beenden würde, wäre unter gleich wirksamen Mitteln das mildeste Mittel in der Drohung zu sehen. Im Umkehrschluss bedeutet das, dass der Angegriffene sich nicht auf eine Drohung einlassen muss, wenn diese keine Wirkung beim Angreifer zeigen würde oder gar keine Zeit dafür zur Verfügung steht.

In Fällen „vorbereiteter Notwehr" durch Selbstschüsse u. ä. m. trägt der Verteidiger das Risiko der Überschreitung des schonendsten Mittels.[133] Kann staatliche Hilfe ohne Gefährdung eigener Interessen in Anspruch genommen werden, ist private Notwehr nicht erforderlich.[134] Da die Verteidigungshandlung zu den objektiven Elementen der Notwehr zählt, beurteilt sich die Erforderlichkeit objektiv und *aus der Verteidigungssituation* (ex ante = aus vorheriger Sicht). Maßstab ist das Urteil eines besonnenen Dritten in der Lage des Angegriffenen.[135] Überschreitet der Täter die Grenzen der Erforderlichkeit, ist eine Rechtfertigung nach § 32 ausgeschlossen. Jedoch kommt eine *Entschuldigung* über § 33, sog. *Notwehrexzess*, in Frage (§ 6 Rn. 155 ff.).

149   Die Rechtfertigung durch Notwehr soll auf dem Gedanken beruhen, dass das *Recht dem Unrecht nicht zu weichen braucht*.[136] Das durch Notwehr geschützte Interesse muss das beeinträchtigte Interesse des Angreifers deshalb nicht überwiegen. Denn die Legitimation für die Verteidigung beruht auch auf der Verteidigung der Rechtsordnung. Der in der Verletzung der Güter des Angreifers liegende Unwert wird also nicht nur dadurch ausgeglichen, dass der Verteidiger Individualgüter schützt, sondern auch dadurch, dass er für die Geltung der Rechtsordnung eintritt. Dieser dualistischen Notwehrkonzeption, die von einem Teil der Literatur[137] und der Rechtsprechung[138] vertreten wird, stehen individualistische Begründungsansätze[139] und weitere Erklärungsmodelle[140] gegenüber. Die dualistische Notwehrkonzeption, die auch das Prinzip der Rechtsbewährung als Begründung heranzieht, vermag deshalb nicht zu überzeugen, weil sie an einem Kategorienfehler leidet. Denn der Konflikt zwischen dem Angreifer und dem Angegriffenen soll rechtlich aufgrund von § 32 gelöst werden, zur Lösung wird aber auf eine weitere Metaebene, das Recht (Rechtsbewährung), Bezug genommen.[141]

---

[133] Zur Erforderlichkeit der Abwehr durch *Selbstschutzanlagen* wie Fußangeln und Selbstschüsse vgl. *Herzog* GS Schlüchter, S. 209 ff.; LK-*Rönnau/Hohn* § 32 Rn. 248 ff.; *Schlüchter* FS Lenckner, S. 313 ff.

[134] Vgl. *Perron/Eisele,* in: Schönke/Schröder § 32 Rn. 41.

[135] Vgl. Lackner/Kühl/Heger-*Heger* § 32 Rn. 10; *Fischer,* in: Fischer § 32 Rn. 28.

[136] Vgl. *Kühl* AT §7 Rn. 10; dazu *Lüderssen* 1995, S. 159 ff., insbes. S. 160 ff.

[137] *Jäger* GA 2016, 258 ff.; *Kühl* AT § 7 Rn. 6 ff.; *Rengier* AT § 18 Rn. 1; *Roxin* FS Kühl, S. 390 ff. (391) ff. alle mwN.

[138] BGH 2 StR 679/71 BGHSt 24, 356 ff. (359); 1 StR 403/02 BGHSt 48, 207 ff. (212); 2 StR 523/15 StV 2018, 725/726.

[139] Vgl. bspw. MK-StGB-*Erb* § 32 Rn. 18; *Frister* AT § 16 Rn. 1 ff.; *Pawlik* ZStW 114 (2002), 259 ff. (265); *Engländer* FS Sancinetti, S. 297 ff. (302 ff.) alle mwN.

[140] Vgl. *Kargl* ZStW 110 (1998), 38 ff. (42 ff.); *Renzikowski* 1994, S. 93 ff., 279 ff.

[141] Vgl. näher dazu *Sinn* FS Beulke, S. 271 ff. (278 ff.).

Zu Leitfall 5.3

In *Leitfall 5.3* kommt dieser Gesichtspunkt deutlich zum Ausdruck: „[…] kann **150** eine […] Rücksicht auf die Verhältnismäßigkeit der Güter unmöglich da gerechtfertigt sein, wo das Recht im Kampf gegen das Unrecht geschützt werden soll; hier dem Verteidiger zuzumuten, bei der Wahrung seiner Rechte darauf zu achten, dass er dem widerrechtlich angreifenden Gegner keinen Schaden zufügt, der höher bewertet wird, als der ihm selbst aus dem rechtswidrigen Angriffe drohende, ist nicht angängig. Freilich wird dann, wenn sich die Notwendigkeit ergibt, zum Schutz von Eigentum und Besitz, vielleicht solchem von ganz geringem Werte, das Leben oder die körperliche Unversehrtheit des Angreifers zu gefährden, die Entschließung zur Aufnahme des Kampfes … von den sittlichen Anschauungen […] des Verteidigers abhängen […]. Ihm aber als Voraussetzung für die Zulässigkeit der Notwehrausübung eine solche Prüfung und Abwägung der Wertverhältnisse in einem Augenblicke zuzumuten, in dem rascher Entschluss und rasches Handeln geboten sein kann, ist nicht zu fordern."[142] ◄

Weil es auf das Überwiegen des geschützten Interesses grundsätzlich nicht an- **151** kommt, kann auch eine Tötung des Angreifers durch § 32 gerechtfertigt werden. Fraglich ist, inwieweit hier Art. 2 II a EMRK[143] einschränkend wirkt. Nach Art. 2 II a EMRK ist die absichtliche Tötung eines Menschen nur zulässig, wenn sie sich als unbedingt erforderliche Gewaltanwendung ergibt, um die Verteidigung eines Menschen gegen rechtswidrige Gewaltanwendung sicherzustellen. Daraus wird zum Teil gefolgert, dass eine notfalls tödliche Abwehr unzulässig ist, wenn sie dem Schutz etwa nur von Vermögensinteressen dient.[144]

Indessen ist zu berücksichtigen, dass die EMRK als völkerrechtlicher Vertrag nur **152** die vertragsschließenden Parteien, also die Mitgliedsstaaten des Europarates, bindet, nicht aber die Bürger dieser Staaten.[145] Die Grenzen *ihres* Notwehrrechts zum Schutz u. a. von Sachwerten werden durch das allgemeine Verhältnismäßigkeitsprinzip (vgl. unten Rn. 153 ff.) gezogen. Aber auch insoweit lassen sich die Grenzen des Notwehrrechts durchaus mit Art. 2 II a EMRK in Einklang bringen, wie *Zieschang*[146] anhand einer rechtsvergleichenden Analyse des englischen und des französischen Wortlauts der EMRK überzeugend dargelegt hat: Bezüglich des Verbotes einer absichtlichen Tötung eines Angreifers zur Verteidigung einer Sache ist die Notwehr auch nach § 32 sozialethisch eingeschränkt, und eine mit Eventualvorsatz oder fahrlässig erfolgte Tötung wird von Art. 2 II a („intention", „l'intension") nicht erfasst und zur Sachverteidigung nach § 32 gerechtfertigt, soweit die übrigen Voraussetzungen vorliegen.

---

[142] RGSt 55, 85 f.

[143] Vgl. auch *Hillenkamp/Cornelius* 32 Probleme, Problem 3 mwN; vgl. zu den Einschränkungen hinsichtlich des Schutzes von Sachgütern *Koriath* 2002, S. 47 ff.

[144] Vgl. *Frister* GA 1985, 553 ff.

[145] Vgl. *Ambos* IntStR § 10 Rn. 109 f.; AnwK-*Hauck* StGB § 32 Rn. 24; *Hecker* EuStR, Kap. 3 Rn. 21 ff.; *B. Heinrich* AT Rn. 365 ff.; *Jescheck/Weigend* AT § 32 V jew. mwN.

[146] GA 2006, 415 ff.

b) Sozialethische Schranken der Notwehr[147]

153 Obwohl Einigkeit darin besteht, dass für die Zulässigkeit der Notwehr eine Proportionalität der betroffenen Güter grundsätzlich nicht Voraussetzung ist, ist inzwischen anerkannt, dass dieses Prinzip nicht lückenlos gilt, sondern es sozialethischer Einschränkungen bedarf. Umstritten ist, wo diese Einschränkungen im Gesetzeswortlaut ihre Grundlage finden.

154 Teilweise wird vertreten, dass bereits das Merkmal der *Erforderlichkeit* durch das in Art. 20 GG niedergelegte Verfassungsprinzip der *Verhältnismäßigkeit* geprägt wird. Erforderlich kann daher nur diejenige Verteidigung sein, die auch verhältnismäßig ist.[148]

155 Die überwiegende Meinung[149] will hingegen auf das Merkmal des „Gebotenseins" in § 32 I zurückgreifen. Während das Abstellen auf die Erforderlichkeit systematisch eher zu überzeugen vermag, hat das „Gebotensein" klausurtechnisch den Vorzug als „Erinnerungsposten". Außerdem kann sich diese Ansicht auf den gesetzgeberischen Willen berufen, denn die Gesetzesbegründung zur Strafrechtsreform aus dem Jahr 1975 will ausdrücklich im Merkmal der Gebotenheit die sozialethischen Einschränkungen verankert wissen.[150] Problematisch sind die innerhalb der Gebotenheit der Notwehr diskutierten Fallgruppen aber dennoch, weil sich die Einschränkungen der Notwehr, die daraus folgen, für den Angegriffenen nicht annäherungsweise aus dem Wortlaut entnehmen lassen. Deshalb verstoßen diese Beschränkungen im Kern gegen das Gesetzlichkeitsprinzip (nullum crimen sine lege scripta).[151] Der Gesetzgeber könnte aber die anerkannten Fallgruppen vertypisieren und in § 32 einfügen.[152]

156 Sozialethische Einschränkungen der Notwehr werden in den folgenden Fallgruppen diskutiert:

aa) Bagatellfälle

157 Zwischen dem verteidigten und dem beeinträchtigten Achtungsanspruch besteht ein *krasses Missverhältnis*.[153]

---

[147] Umfassend *Roxin* ZStW 93 (1981), 68 ff. und MK-StGB-*Erb* § 32 Rn. 201 ff.; sowie AnwK-*Hauck* StGB § 32 Rn. 14 ff.; *B. Heinrich* AT Rn. 361 ff.; *Maiwald* FS Marinucci, S. 1579 ff.; zur restriktiven Auslegung des § 32 am Maßstab der Gerechtigkeitsformenlehre Kants: *Klescewski* FS E. A. Wolff, S. 225 ff (244 ff.); rechtsvergleichend zum österreichischen und schweizerischen Recht sowie rechtshistorisch zur deutschen Notwehrregelung *Kühl* FS Triffterer, S. 149 ff.; vgl. auch *Kühl* FS Hirsch, S. 259 ff.; *Kühl* AT § 7 Rn. 157 ff.

[148] Vgl. dazu umfassend und mit zahlreichen Nachweisen *Lilie* FS Hirsch, S. 277 ff.; *Lenckner* GA 1968, 1 ff.

[149] Vgl. *Amelung* GA 1982, 381 ff. (389); *Fischer*, in: Fischer § 32 Rn. 36; *Frister* AT § 16 Rn. 27 ff.; *Jäger* AT Rn. 161; *Kindhäuser/Zimmermann* AT § 16 Rn. 38 ff.; *Krey/Esser* AT Rn. 528 ff.; Lackner/Kühl/Heger-*Heger* § 32 Rn. 13 ff.; *Rengier* AT § 18 Rn. 54; *Wessels/Beulke/Satzger* AT Rn. 522 ff. mwN; BGH 5 StR 493/93 BGHSt 39, 374 (377); für eine allgemeine Verhältnismäßigkeitsprüfung de lege ferenda hingegen *Bülte* GA 2011, 145 ff. (163 ff.).

[150] BT-Drs. V/4095, S. 14.

[151] So schon *Wolter*, in: Schünemann (Hrsg.) 1995, S. 3 ff. (5); vgl. a. *Sinn* FS Wolter, S. 503 ff.; *ders.* FS Beulke, S. 271 ff.; a. A. *Krey/Esser* AT Rn. 566.

[152] Vgl. den Vorschlag bei *Hoven/Mitsch* GA 2023, 241 ff.; s. dazu auch *Engländer/Rückert* GA 2024, 121 ff.

[153] Vgl. *Kühl* Jura 1990, 244 ff. (249); Lackner/Kühl/Heger-*Heger* § 32 Rn. 14 f; *Perron/Eisele*, in: Schönke/Schröder § 32 Rn. 50; *Fischer*, in: Fischer § 32 Rn. 39.

Beispiel 5.12

Sirup-Fall OLG Stuttgart 1 Ss 30/48 DRZ 1949, S. 42: Der Angeklagte schoss **158** auf einen Dieb, der mit einer Sirupflasche im Wert von 0,10 Reichsmark fliehen wollte. Das OLG lehnte eine Rechtfertigung infolge Notwehr ab: „Das gesunde Rechtsgefühl[154] müsste es beleidigen, wenn man zwar einen wertvollen Hund, der mit einem wertlosen Stück Fleisch davonläuft, nicht töten dürfte (§ 228 BGB), wohl aber einen Menschen, der eine derart wertlose Sache wegnimmt und nicht anders abgewehrt werden kann."[155]

Ein unerträgliches Missverhältnis hat der 3. Strafsenat in einem Fall angenommen, in dem ein massiver Angriff auf die Ehre durch mehrere nicht lebensbedrohliche Stiche mit einem Klappmesser abgewehrt wurde.[156] ◄

Für eine Erweiterung dieses Verhältnismäßigkeitsgedankens[157] im Sinne eines Aus- **159** schlusses tödlicher Notwehr gegen nicht lebensbedrohliche Angriffe spricht sich *Bernsmann*[158] *aus.*

bb) Fehlender Geltungsangriff[159]

Überwiegend abgelehnt wird ein Notwehrrecht gegenüber Angriffen von *Kin-* **160** *dern,*[160] *Geisteskranken, Irrenden und Betrunkenen.* Denn da ein solcher Angriff die Geltung der Rechtsordnung nicht in Frage stellt, scheide das scharfe Notwehrrecht aus. Das Verhalten des Angreifers wird dann wie eine *Gefahr* im Sinne des § 34 bewertet. Gegenüber Angreifern, die sich in einem *objektiv und subjektiv unvermeidbaren Erlaubnistatumstandsirrtum* befinden, scheidet Notwehr schon deshalb aus, weil ihr Angriff *nicht rechtswidrig* ist (s. o. Rn. 137 ff. und u. Rn. 389 ff.).

cc) Notwehr innerhalb enger persönlicher Beziehungen und Garantieverhältnisse

Umstritten sind jene Fallgruppen, in denen dem Angegriffenen das Recht zur Ab- **161** wehr beschränkt werden soll, weil er mit dem Angreifer in einem *Lebenskreis mit engen persönlichen Beziehungen* steht.

---

[154] Die Lingua Tertii Imperii ist noch präsent! Nur wird das „Volksempfinden" durch das „Rechtsgefühl" ersetzt!; vgl. *V. Klemperer* 1998.

[155] OLG Stuttgart DRZ 1949, 43.

[156] BGH 3 StR 622/17 StV 724/725.

[157] Dazu näher *Maiwald* FS Marinucci, S. 1579 ff.

[158] Vgl. *Bernsmann* ZStW 104 (1992), 306 ff.; für einen Ausschluss tödlicher Notwehr zum Schutz selbst gewichtiger Sachwerte *Stiller* 1999.

[159] So *Jescheck/Weigend* AT § 32 III 3 a mwN.

[160] Zur Notwehr gegen verbale ehrverletzende Angriffe von Kindern BayObLG RReg. 5 St 14/91 JR 1992, S. 162 mit abl. Anm. *Mitsch* JuS 1992, 289 ff.; *Vormbaum* JR 1992, 163 ff.

Beispiel 5.13

162   BGH 3 StR 159/74 NJW 1975, S. 62: Die Ang. A ergriff im Verlauf einer tätlichen Auseinandersetzung mit ihrem Ehemann E ein Messer und stieß es ihm in
die linke Brustseite. Der Mann war sofort tot. Nach den Urteilsfeststellungen war
E der A nicht wesentlich überlegen. Beide hatten schon häufiger tätliche Auseinandersetzungen gehabt und A brauchte „bei der langjährigen Kenntnis des
Verhaltens ihres Ehemannes" mit schwereren körperlichen Verletzungen ersichtlich nicht zu rechnen.

163   Unter Fortführung der Entscheidung BGH 3 StR 322/68 NJW 1969, S. 802
schränkte der BGH das Notwehrrecht der E ein: An die Erforderlichkeit des Verteidigungsmittels seien erhöhte Anforderungen zu stellen. Habe der Angegriffene
nur leichtere Körperverletzungen zu befürchten, so dürfe er seinem Ehegatten
gegenüber ein möglicherweise tödlich wirkendes Abwehrmittel nicht einsetzen. ◄

164   Diese Rechtsprechung des BGH stieß zu Recht auf Kritik.[161] Denn zum einen endete eine Verpflichtung zur Hinnahme leichterer körperlicher Beeinträchtigungen
auch unter Ehegatten dort, wo die Aufopferung eigener Interessen nicht mehr zugemutet werden kann (verprügeln lassen muss sich seit Abschaffung der Körperstrafen niemand mehr), und zum anderen wäre es widersprüchlich, wenn der Nutz-
nießer der Verpflichtung Schutz gerade von demjenigen erwarten könnte, den er
wissentlich und willentlich angreift.[162] Schließlich bleibt zu bedenken, dass es dem
jeweils Betroffenen innerhalb der auf Gleichberechtigung aufgebauten Lebensbeziehung überlassen bleiben muss, ob er sich gegen Angriffe seines „Partners" zur
Wehr setzen möchte. Dazu bedarf es jedoch der Erlaubnis zu wirkungsvoller
Abwehr.[163]

165   Auch der BGH hat sich inzwischen in diese Richtung bewegt:

Beispiel 5.14

166   *Schülerstreit*-Fall BGH 1 StR 249/79 NJW 1980, S. 2263: „Der 18jährige Angekl. war über einen längeren Zeitraum hin Ziel provokatorischer Angriffe eines
Mitschülers. Nachdem er am Tattage von diesem wiederum verprügelt worden
war, stach er mit einem Dolch, den er bei sich zu tragen pflegte, zu und tötete den
Angreifer." ◄

---

[161] Vgl. *Geilen* JR 1976, 314 ff.; LK[11]-*Spendel* § 32 Rn. 310.
[162] Vgl. auch *Frister* GA 1988, 291 ff. (308 f.); für eine äußerst restriktive Handhabung von Not-
wehreinschränkungen auf Grund von Solidaritätspflichten auch *Wohlers* JZ 1999, 434 ff.; gegen
jede Einschränkung des Notwehrrechts bei engen persönlichen Beziehungen mit überzeugenden
Gründen *Montaner Fernández/Ortiz de Urbina Gimeo* GA 2013, 641 ff. (648), *Zieschang* Jura
2003, 527 ff.
[163] Zur Behandlung des Problemkreises in der Fallbearbeitung *Amelung/Boch* JuS 2000, 261 ff.

Hier lehnte der BGH eine sozialethische Einschränkung des Notwehrrechts ab. **167**
Nicht nur dass dem 18-jährigen Angekl. nicht zuzumuten gewesen sei, bei einer
Lehrkraft Schutz zu suchen. Das Mitschüler-Verhältnis stelle auch keine enge
persönliche Beziehung dar. Gleiches gilt für ein soziales Näheverhältnis aufgrund
einer Wohngemeinschaft.[164]

Beispiel 5.15

„Du liebst mich ja"-Fall BGH 2 StR 541/83 NJW 1984, S. 986:[165] Der Ehemann **168**
griff seine Frau widerrechtlich tätlich an. „Schließlich ergriff sie ein auf der
Spüle liegendes Küchenmesser und richtete es drohend gegen ihren Mann. Dieser rief ihr wiederholt zu: „Du tust es ja doch nicht, Du liebst mich ja" und holte
erneut zu einem Schlag aus. Die Angekl. hielt sich daraufhin die linke Hand zur
Abwehr vor das Gesicht, stieß mit dem Messer zu und traf ihren Ehemann
ins Herz."

Auch hier gestand der BGH der Angekl. ein Notwehrrecht zu. Der Ehemann
habe kein „verständnisvolles Eingehen und Rücksichtnehmen" erwarten können.

Der BGH lässt Einschränkungen des Notwehrrechts heute nur noch bei enger **169**
familiärer Verbundenheit und eheähnlichen Lebensgemeinschaften zu.[166] ◄

dd) Menschenunwürdige Behandlung des Angreifers – Verbot der (Rettungs)Folter

Wie jede rechtliche Befugnis finden auch Notwehr und Nothilfe – sowohl durch Pri- **170**
vate als auch durch staatliche Organe – ihre Grenze in der Menschenwürde des Angreifers. Diese würde zwar nicht unbedingt durch eine erforderliche Tötung verletzt, weil der Angreifer hier nicht zum „Mittel" der Abwehr gemacht wird.[167] Sie
wird aber verletzt, wenn der Angreifer durch *Folter* dazu gebracht werden soll, eine
nur ihm als Menschen mögliche und von seinem Willen abhängige Handlung zu tätigen, z. B. das Versteck des Opfers zu verraten.[168] Auch die sog., im Fall *Daschner*[169] heftig diskutierte, „Rettungsfolter" ist daher als Verstoß gegen die Menschen-

---

[164] BGH 2 StR 523/15 StV 2018, 725/726.

[165] Mit zust. Anm. *Montenbruck* JR 1985, 115, *Spendel* JZ 1984, 507.

[166] BGH 2 StR 523/15 StV 2018, 725/726; kritisch *Koschmieder* StV 2024, 138 ff.

[167] Eine Menschenwürdeverletzung liegt nur vor, wenn der Betroffene zum Objekt, er verdinglicht
gemacht, also als Mittel zum Zweck genutzt wird, vgl. BVerfGE 30, 1 ff.

[168] So zutreffend *Ebel* Kriminalistik 1995, 827; *Kinzig* ZStW 115 (2003), 791 ff.; *Lüderssen* FS Rudolphi, S. 691 ff.; *Neuhaus* GA 2004, 521 ff. (527 ff.), 535; *Roxin/Greco* AT 1 § 15 Rn. 103 ff.;
Saliger ZStW 116 (2004), 47; vgl. auch *Hilgendorf* JZ 2004, 331 ff. (337 ff.); *Perron* FS Weber,
S. 143 ff.; a. A. für Fälle, in denen das absolute Folterverbot „zu widersinnigen und ungerechten
Ergebnissen", zu einem ‚ethischen Skandalon' führen würde *Brugger* JZ 2000, 165 ff. (172), vgl.
auch *Eser* FS Hassemer, S. 713 ff.; MK-StGB-*Erb* § 32 Rn. 6 ff.; *Erb* NStZ 2005, 593 ff. und Jura
2005, 24 ff.; *Erb* in Nitschke (Hrsg.), S. 149 ff.; *Jerouschek* JuS 2005, 296 ff. (301); *Jerouschek/
Kölbel* JZ 2003, 619 f.

[169] Fall *Daschner* LG Frankfurt 5/27 KLs 7570 Js 203814/03 (4/04) NStZ 2005, 276; näher dazu
Anders in Goerlich (Hrsg.), 2007, S. 13 ff.; *Lüderssen* FS Rudolphi, S. 691 ff.; *Neuhaus* GA 2004,
521 ff. (527 ff., 535); *Saliger* ZStW 116 (2004), 47 ff. (47, 49).

würde, die weder verwirkbar ist noch unter einem Nützlichkeitsvorbehalt steht, unzulässig.[170] Nach *Jäger*[171] sind Folter und Folterdrohungen mit der Würde des
Staates unvereinbar.

c) Notwehr gegen Erpressung?

Beispiel 5.16

171   A sind Unterlagen in die Hände gefallen, aus denen es sich ergibt, dass Bauun-
      ternehmer B illegal Arbeitnehmer beschäftigt hat. Er schickt B einen Brief, in
      dem er ihm anbietet, ihm die Unterlagen gegen Zahlung von 10.000 € auszu-
      händigen. Andernfalls werde er das Material der Polizei zukommen lassen. B
      bricht daraufhin gewaltsam die Wohnungstür des A auf und entwendet die Unter-
      lagen aus dem Schreibtisch.

172   Zwar stellt das Vorgehen des A gegen B einen Angriff auf das Vermögen des
      B (§ 253) dar. Fraglich ist jedoch, ob der Hausfriedensbruch und die Sachbeschä-
      digung des B *erforderlich* sind, um diesen Angriff abzuwehren. Denn als milde-
      res Mittel würde sich der Gang zur Polizei anbieten. Dann jedoch bestünde die
      Gefahr, dass gerade jene Tatsache, um deren Verheimlichung es dem A geht,
      offenbar wird, weshalb dieser Weg keine taugliche Alternative darstellt, selbst
      bei Einstellung des Verfahrens nach § 154c StPO. ◄

173   Einigkeit besteht darüber, dass der mit der Enthüllung kompromittierender Tat-
      sachen, namentlich mit einer Strafanzeige wegen einer von ihm begangenen Straf-
      tat, Erpresste (sog. Schweigegelderpressung oder „Chantage") sich zwar wehren
      darf, dass ihm aber nicht jedes Abwehrmittel erlaubt sein soll. Denn vor allem wenn
      das Vorverhalten des Erpressten nicht nur peinlich, sondern rechtswidrig oder gar
      strafbar ist, kann er nicht als ein besonders glaubwürdiger „Verteidiger der Rechts-
      ordnung" gelten. In diesen Fällen soll dem Erpressten lediglich die Aufzeichnung
      erpresserischer Anrufe (§ 201!) erlaubt sein, ebenso kommunikative Gegenwehr
      oder das Ablisten oder Entwenden des kompromittierenden Materials. Tötungen
      oder schwere Misshandlungen des Erpressers sollen hingegen nicht zulässig sein.[172]

---

[170] So mit erfreulicher Deutlichkeit *Greco* GA 2007, 628 ff.; gegen eine Rechtfertigung der
Rettungsfolter auch *Anders,* in: Goerlich (Hrsg.), 2007, S. 13 ff.; *Hilgendorf* Zeitschrift für Evan-
gelische Ethik 57 (2013), 258 ff. (263); *Kreuzer* in Nitschke (Hrsg.), 2005; *Merkel* FS Jakobs,
S. 375 ff.; *Prittwitz* FS Herzberg, S. 515 ff., *Roxin* FS Eser, S. 461 ff.; *Roxin* FS Nehm, S. 205 ff.;
Schild in Nitschke, Rn. 69 ff.; *Schmoller* in Fischer/Strasser (Hrsg.), Rechtsethik, 2007, 203 ff.
(217); zu den verfahrensrechtlichen Folgen eines Verstoßes gegen das Folterverbot *Seebode* FS
Otto, S. 999 ff.; überlegenswert zur Zulässigkeit von Rettungsfolter gegen folternde Angreifer
durch Private *Engländer* 2008, S. 331 ff.

[171] FS Herzberg, S. 539 ff.

[172] Vgl. *Amelung* GA 1982, 381 ff.; *Roxin/Greco* AT 1 § 15 Rn. 100 f.; zu einer Entscheidung des
Obersten Gerichtshofs der Republik Kroatien *Novoselec* NStZ 1997, 218 ff. mit Entgegnung *Amelung* NStZ 1998, 70 ff.; zur Strafbarkeit des Erpressungsopfers im Bereich von Schutzgelderpressungen *Arzt* JZ 2001, 1052 ff.

Eine solche Einschränkung des Notwehrrechts kommt nach der Rechtsprechung **174** des BGH im *Halsabschneider*-Fall[173] allerdings dann nicht in Betracht, wenn nicht mehr nur eine Schweigegelderpressung, sondern eine „gemischte Drohkulisse" einschließlich Angriffen auf das Vermögen und die körperliche Integrität des Erpressungsopfers gegeben ist. Hier kommt es auf die Verhältnisse im Augenblick des konkreten Angriffs (sog. „Auseinandersetzungslage") an.

3. Verteidigungswille

Aus dem Gesetzeswortlaut, dass die Verteidigung erforderlich sein muss, „*um* einen **175** gegenwärtigen rechtswidrigen Angriff von sich oder einem anderen abzuwenden", schließt die h. M., dass eine Rechtfertigung einen Verteidigungswillen als subjektives Rechtfertigungselement erfordere.[174] In der Rechtsprechung[175] wird sogar gefordert, dass der Angegriffene mit Verteidigungs*absicht* handeln müsse. Ein Teil der Lehre stimmt dem zu.[176]

4. Ausschluss/Einschränkung der Notwehr durch Verursachung der Notwehrlage[177]

Sowohl die Verteidigung der Rechtsordnung, soweit man dieses Leitmotiv als tra- **176** gende Säule der Notwehr anerkennen will,[178] als auch der Interessenschutz des Angegriffenen verlieren an Gewicht, wenn gerade er für die Notwehrsituation *verantwortlich* ist.

Obwohl dieser Zusammenhang im Prinzip einleuchtet, lässt sich darüber strei- **177** ten, *wann* das Opfer des Angriffs für die Notwehrlage verantwortlich gemacht werden soll und *in welchem Maße* infolgedessen die Schutzwürdigkeit seiner Erhaltungsinteressen gemindert ist.[179] In der Rechtsprechung des BGH gilt, dass sich der Angegriffene bei der Wahl eines lebensgefährlichen Abwehrmittels zurückhalten muss, wenn er die Auseinandersetzung schuldhaft provoziert hat. Wer durch ein rechtswidriges, pflichtwidriges oder sozialethisch eindeutig zu missbilligendes Vorverhalten einen Angriff auf sich schuldhaft provoziert hat, ist zunächst verpflichtet, dem Angriff ggf. auszuweichen oder das Risiko hinzunehmen, das mit einem weniger gefährlichen Abwehrmittel verbunden ist. Dieses Vorverhalten führt zu einer

---

[173] 1 StR 403/02, JZ 2003, 961 m. Anm. *Otto* Jura 2003, 612 ff.; *Roxin* JZ 2003, 966 ff.; *H. Schneider* NStZ 2003, 428; *Sowada* FS Herzberg, S. 459 ff. (460 ff.); *Zaczyk* JuS 2004, 750 ff.

[174] Vgl. statt aller *Kühl* Jura 1993, 233 ff. sowie *Kühl* AT § 6 Rn. 11a ff.; *Safferling* GA 2020, 70 ff.

[175] BGH 4 StR 551/12 NJW 2013, 2133 (2134 f.) mwN.

[176] Vgl. *Rengier* AT § 18 Rn. 108 mwN; ablehnend *Gaede* FS Rengier, S. 27 ff.

[177] Vgl. auch *Hillenkamp/Cornelius* 32 Probleme, Problem 2 mwN; *Kühl* AT § 7 Rn. 207 ff.; *Rudolphi* Fälle zum Strafrecht, S. 18 f.; zur Entwicklungsgeschichte der Notwehrprovokation *Stuckenberg* JA 2001, 894 ff. (895 f.).

[178] Vgl. Rn. 148.

[179] Umfassende Einführung gibt *Kühl* Jura 1991, 57 ff., 175 ff.

Einschränkung[180] und in Fällen der Absichtsprovokation grundsätzlich zu einem vollständigen Ausschluss[181] des Notwehrrechts. Folgende Fallgruppen sind zu diskutieren:

a) Absichtsprovokation

178 Eine Absichtsprovokation liegt vor, wenn der Provokateur die Notwehrlage in der Absicht herbeiführt, die Interessen des Angreifers durch die erforderliche Abwehr zu verletzen. Unumstritten ist, dass eine *Absichtsprovokation* mittels eines *rechtswidrigen* Verhaltens zum Verlust des Notwehrrechts führt. Dahinter steht der Gedanke des Rechtsmissbrauchs. Denn in Wahrheit ist der Provokateur der Angreifer. Durch sein Vorverhalten hat er sich disqualifiziert und kann nicht mehr als Bewahrer der Rechtsordnung anerkannt werden. Er repräsentiert nicht mehr das Recht, das dem Unrecht nicht zu weichen braucht. Seine „Abwehr" ist deshalb rechtswidrig, selbst wenn er nicht ausweichen kann.[182]

Beispiel 5.17

179 A weiß, dass der cholerische „Häusle"-Besitzer B sich furchtbar aufregt, wenn ein Falschparker die Einfahrt zu seiner Garage blockiert. Um es dem B einmal so richtig zu zeigen, stellt A seinen Wagen demonstrativ vor der Garageneinfahrt des B ab. B stürmt wie erwartet mit erhobener Faust aus dem Haus und droht, A einen Kinnhaken zu versetzen – ein rechtswidriger Angriff, weil das Verprügeln des A nicht dazu taugt, den Angriff des A auf die Freiheit des B abzuwehren. Hier ist es A verwehrt, den B seinerseits niederzuschlagen. ◄

b) Rechtmäßige sozialadäquate Verursachung des Angriffs

180 Auf der anderen Seite schließt ein zwar provozierendes, jedoch sozialadäquates und rechtmäßiges Verhalten Notwehr weder aus, noch schränkt es sie ein,[183] und zwar selbst im Falle der Absichtsprovokation.[184]

Beispiel 5.18

181 **für ein rechtmäßiges Provokativverhalten:** Im oben geschilderten Fall parkt A sein Fahrzeug zwar ordnungsgemäß, er versperrt dadurch jedoch dem B die freie Sicht vom Wohnzimmerfenster in das Elbetal, was B zur Raserei treibt.[185] ◄

---

[180] BGH 2 StR 252/17 StV 2018, 733 (734) mwN; 2 StR 473/14 StV 2016, 281 (282).

[181] BGH 4 StR 456/18 NStZ 2019, 263 mwN; vgl. dazu die Anm. *Putzke/Putzke* ZJS 2019, 237 ff.

[182] Vgl. *Roxin/Greco* AT 1 § 15 Rn. 65 mwN; zu abweichenden und abzulehnenden Auffassungen, insbesondere zur actio illicita in causa mit überzeugenden Argumenten *Roxin/Greco* AT 1 § 15 Rn. 66-68.

[183] Vgl. *Kühl* AT § 7 Rn. 213 a. E., 215, 222.

[184] Vgl. *Grünewald* ZStW 122 (2010), 51 ff. (83).

[185] Vgl. hierzu auch den *Amateurboxer*-Fall OLG Hamm NJW 1965, 1928.

Beispiel 5.19

für ein sozialadäquates Provokativverhalten: Der an seinem sommerlichen   **182**
Reizhusten leidende R nimmt sein Opernabonnement wahr, obwohl er genau
weiß, dass sich sein Opern-Nachbar B sehr über hustende Opernbesucher aufregt
und dann sogar zu Tätlichkeiten neigt. Solange sich das Husten des A hier noch
im Rahmen des Üblichen hält, darf er sich gegen B wehren. Sobald A indessen
zum „Störer" wird, wäre sein Notwehrrecht eingeschränkt. ◄

c) Rechtmäßige, aber sozialethisch fragwürdige Verursachung des Angriffs

Zu einer Notwehreinschränkung kommt der BGH jedoch im Falle eines zwar nicht   **183**
rechtswidrigen, wohl aber „sozialethisch zu beanstandenden" Vorverhaltens:

Beispiel 5.20

Abteilfenster-Fall BGH 5 StR 432/95 BGHSt 42, 97:[186] In einem überfüllten Eil-   **184**
zug setzte sich J zu dem Ang. A in ein Abteil der 1. Klasse, obwohl J nur eine
Fahrkarte für die 2. Klasse hatte. J war „durch Alkohol leicht bis mittelgradig be-
rauscht und hatte eine geöffnete Bierdose bei sich; Biergeruch breitete sich im
Abteil aus." Obwohl A nach nur wenigen Minuten aussteigen musste, wollte er
den nur leicht bekleideten J aus dem Abteil „hinausekeln", indem er das Abteilfenster öffnete und Kaltluft hereinließ. J schloss das Fenster und drohte A, A öffnete es wieder und drohte J mit einem Messer. Ob J das Messer im Halbdunkel
wahrnahm, ließ sich nicht klären. Es kommt zur Eskalation und zum Kampf, der
mit einer tödlichen Stichverletzung des J endet.

Das LG sah seitens des A die Straftat der Körperverletzung mit Todesfolge   **185**
verwirklicht, nahm aber eine Rechtfertigung des A infolge Notwehr an. Der
BGH lehnte eine Rechtfertigung nach § 32 ab. A habe kein Recht und aufgrund
der verbliebenen kurzen Reisezeit auch keinen Anlass gehabt, das Fenster zu öffnen. Dieses Vorverhalten wirke sich in der Weise aus, dass das Zustechen des A
mit dem Messer als Verteidigungshandlung bei Würdigung aller Umstände nicht
geboten gewesen sei. Denn „ein für den Umfang des Notwehrrechts bedeutsames
Vorverhalten, das ‚von Rechts wegen vorwerfbar' ist (BGHSt 24, 356, 359)"
liege jedenfalls auch dann vor, wenn dieses Vorverhalten seinem „Gewicht nach
einer schweren Beleidigung gleichkommt."[187] Im wiederholten Öffnen des Fens-
ters sei eine solche, ihrem Gewicht nach einer schweren Beleidigung gleich-
kommende Missachtung zu sehen. ◄

Diese Parallele zu den Rufschädigungsstraftaten mag im konkreten Fall die Ent-   **186**
scheidung tragen, indem ein Brückenschlag zu *rechtlichen* Maßstäben wenigstens
versucht wird. Sie kann jedoch nicht verdecken, dass außerhalb dieses Bereichs
Maßstäbe für die Bejahung und für den Umfang einer Restriktion des Notwehr-

---

[186] Vgl. dazu die Anm. von *Krack* JR 1996, 468 ff.
[187] BGH 5 StR 432/95 BGHSt 42, 101.

rechts aufgrund eines „sozialethisch zu beanstandenden" Provokativverhaltens fehlen.[188] Die Rechtsprechung zum sozialethisch verwerflichen Vorverhalten ist durch die Entscheidung im *Teleskop-Schlagstock*-Fall bestätigt worden.[189]

d) Rechtswidrige und schuldhafte Verursachung des Angriffs

187 Abwägungsbedürftig sind die Fälle, in denen der in Notwehr Handelnde die Notwehrlage zwar nicht absichtlich provoziert, sie aber *rechtswidrig* und *schuldhaft* herbeigeführt hat.[190] Die Einschränkung des Notwehrrechts hängt hier vor allem davon ab, ob das Vorverhalten den Angriff als eine adäquate und voraussehbare Folge der Pflichtverletzung des Angegriffenen erscheinen lässt (sog. *Veranlassungszusammenhang*).[191] Dabei ist besonders zu beachten, inwieweit das Vorverhalten des Angegriffenen zur Angriffsmotivation des Angreifers beigetragen hat.[192]

Beispiel 5.21

188 *Finnendolch*-Fall BGH 2 StR 679/71 BGHSt 24, 356:[193] Der Angeklagte A wollte mit einem zuvor von ihm gestohlenen Kraftwagen von einem Parkplatz wegfahren. Dabei streifte er einen daneben geparkten PKW und stieß mit einem vorbeifahrenden weiteren Wagen des R zusammen. Um sich der Feststellung seiner Personalien zu entziehen, fuhr er davon, wurde jedoch von R verfolgt. R verfolgte A auch noch, als dieser wegen einer roten Ampel zu Fuß weiterfloh. R rief A bei der Verfolgung nach, dass er ihn umbringen werde. R konnte A schließlich erreichen und schlug mit den Fäusten auf ihn ein. „Bei der folgenden Auseinandersetzung stach der Angeklagte mit einem Finnendolch auf R ein und verletzte ihn tödlich."

189 Die Strafkammer nahm an, dass von A im Hinblick auf sein vorausgegangenes Verhalten (Verkehrsverstöße, Unerlaubtes Sichentfernen vom Unfallort) habe verlangt werden können, dass er zunächst weniger gefährliche Maßnahmen – wie etwa lediglich die Drohung mit dem Messer – ergreife, und lehnte Notwehr ab. ◄

190 Nach Auffassung des BGH wirkt sich das Vorverhalten hingegen nicht auf das Abwehrmittel, sondern auf die Ausweichpflicht aus:

191 In den Fällen einer vorwerfbaren Provokation, bei der der Herausforderer die Möglichkeit des späteren Angriffs nicht in Rechnung stellt oder gar beabsichtigt,

---

[188] Daher zu Recht krit. *Grünewald* ZStW 122 (2010), 51 ff. (81); *Kühl* FS Bemmann, S. 193 ff. (199 f.); *Martin* JuS 1997, 177 ff.; vgl. auch *Freund/Rostalski* AT § 3 Rn. 122 f.; *Köhler* AT, S. 274.

[189] BGH, 2 StR 237/05 v. 02.11.2005, StV 2006, 234 m. Anm. *Roxin* StV 2006, 235 ff.

[190] Vgl. hierzu den sog. *Tomatenmesser*-Fall BGH 3 StR 490/01, NStZ 2002, 425 sowie bei *Heger* JA 2003, 8 ff.; siehe auch BayObLG 202 StRR 9/22 NStZ 2023, 42 (43).

[191] Vgl. zum Veranlassungszusammenhang auch den *Pfadfindermesser*-Fall BGH StV 1996, 87; vgl. auch BGH 4 StR 318/20 NStZ 2021, 607 f.

[192] Vgl. BGH 4 StR 685/19 NStZ 2021, 93 (94).

[193] M. Anm. *Roxin* NJW 1972, 1821.

darf die Verteidigung nur dann als Rechtsmissbrauch gewertet werden, „wenn und soweit der Täter dem Angriff ausweichen oder über ein Ausweichen zum Einsatz eines weniger gefährlichen Verteidigungsmittels gelangen kann. Bietet sich ihm diese Möglichkeit nicht, so bleibt er zu der erforderlichen Verteidigung befugt.“[194] Allerdings hat der BGH im sog. *Schrotschuss*-Fall[195] den Provokateur hinsichtlich des Erfolges der als solcher rechtmäßigen Verteidigungshandlung aus der fahrlässigen Straftat bestraft.[196]

Ist ein Ausweichen nicht möglich, so gilt im Rahmen der Erforderlichkeit: **192** *Schutzwehr* vor *Trutzwehr*.[197] Es muss also zunächst eine Verteidigung gewählt werden, welche den Angriff defensiv abwehrt. Der Verteidiger darf daher zur Trutzwehr, also einem Gegenangriff, erst übergehen, wenn sich der Angreifer durch die Schutzwehr nicht von weiteren Angriffen abbringen lässt.[198]

Weiß der Verteidiger, dass sein Vorverhalten eine andere Person zu einem rechts- **192a** widrigen Angriff provozieren wird oder nimmt er dies lediglich billigend an, kann daraus noch keine Einschränkung des Notwehrrechts folgen.[199]

5. Wirkung der Notwehr

Die Notwehr entfaltet ihre rechtfertigende Wirkung zugunsten dessen, der sich **193** selbst (Notwehr) oder einen Dritten (Nothilfe) gegen einen gegenwärtigen rechtswidrigen Angriff verteidigt. Sie wirkt aber nur gegen Angreifer, *nicht gegen Dritte*.[200] Wer also bei der Abwehr des Angriffs auch in Angreifer fremde Achtungsansprüche eingreift, kann sich nicht auf § 32, aber u. U. auf die Notstandsregeln berufen (§§ 228, 904 BGB, 34 StGB; vgl. dazu Rn. 212 ff.).

6. Aufbau der Notwehr-Prüfung

I. Tatbestandsmäßigkeit **194**

II. Rechtswidrigkeit

Rechtfertigung infolge

Notwehr, wenn

---

[194] BGH 2 StR 679/71 BGHSt 24, 356 (358 f.); vgl. auch den *Rache*-Fall BGH NJW 1983, 2267 m. Anm. *Berz* JuS 1984, 340, *Lenckner* JR 1984, 206, den *Abteilfenster*-Fall BGH 5 StR 432/95 BGHSt 42, 97 sowie den *Diskotheken*-Fall BGH 5 StR 589/96 NStZ-RR 1997, 194 mit krit. Bespr. *Otto* JK 1998 § 32 Rn. 24; zu Meinungsunterschieden innerhalb der BGH-Strafsenate *Otto* JK 1999 § 32 Rn. 25 Bespr. zu BGH 4 StR 309/98 NStZ-RR 1999, 40.

[195] BGH 3 StR 331/00 v. 22.11.2000 NStZ 2001, 143 ff.; dazu *Mitsch* JuS 2001, 751 ff.; krit. *Jäger* JR 2001, 514; *Roxin* JZ 2001, 666 f.

[196] I. E. zustimmend *Mitsch* JuS 2001, 751 ff. (754 f.); *Engländer* Jura 2001, 534 ff. sieht darin einen Verstoß gegen das Zurechnungskriterium der eigenverantwortlichen Selbstgefährdung des Provozierten; vgl. auch MK-StGB-*Duttge* § 15 Rn. 199; *Stuckenberg* JA 2002, 172 ff. (175 f.).

[197] Vgl. BGH 2 StR 28/92 NStZ 1992, 327, 1 StR 532/92 NStZ 1993, 133; BGH 2 StR 554/18 NStZ 2021, 33.

[198] Vgl. BGH 2 StR 451/75 BGHSt 26, 256 (257); *Küpper* JA 2001, 438 ff. (439); *Roxin/Greco* AT 1 § 15 Rn. 70.

[199] Vgl. BGH 4 StR 318/20 NStZ 2021, 607 (607).

[200] Vgl. hierzu auch den sog. *Wanderstock*-Fall RGSt 58, 27 unten § 13 Rn. 147 ff.

a. Notwehr-*Lage*
- Angriff
- auf notwehrfähigen Achtungsanspruch
- gegenwärtig
- rechtswidrig

b. Notwehr-Handlung
- Verteidigungshandlung gegen den Angreifer
- erforderlich (= tauglich und notwendig),
- Ausschluss einer sozialethischen Einschränkung

c. Subjektives Rechtfertigungs-Element

d. Kein Notwehrausschluss infolge Provokation

7. Zivilrechtliche Abwehrrechte – §§ 229, 859 I, II BGB

a) Selbsthilfe, §§ 229, 230 BGB[201]

195   Die Selbsthilfe in § 229 BGB dient der Abwehr der Anspruchsvereitelung, gibt aber kein Recht zur eigenmächtigen Anspruchserfüllung und ist deshalb *nicht „Selbstjustiz"*. § 229 BGB verlangt keinen gegenwärtigen Angriff und ist deshalb weiter als § 32. Die Vorschrift ist enger, soweit im Übrigen spezifischere Voraussetzungen gegeben sein müssen. § 229 BGB geht § 32 somit vor, ohne jedoch lex specialis zu sein.

196   *Objektiv* erfordert die Selbsthilfe das Bestehen eines *Anspruchs* und der *Gefahr,* dass dessen Verwirklichung vereitelt oder wesentlich erschwert werden könnte, wenn nicht sofort eingegriffen wird. Schließlich darf obrigkeitliche Hilfe nicht rechtzeitig zu erlangen sein (Subsidiarität). Selbsthilfe*handlungen* sind die Wegnahme, Zerstörung oder Beschädigung einer Sache, die Festnahme eines der Flucht verdächtigen Verpflichteten oder die Beseitigung des Widerstands eines Duldungsverpflichteten. Selbsthilfe rechtfertigt nur im Rahmen des Erforderlichen, § 230 I BGB.

197   Die Selbsthilfehandlung muss „zum Zwecke der Selbsthilfe" erfolgen (*subjektives Rechtfertigungselement*).

b) Besitzwehr und Besitzkehr, § 859 I, II BGB

§ 859 I BGB berechtigt den Besitzer, sich gegen Besitzentziehung oder Besitzstörung mit Gewalt zur Wehr zu setzen. § 859 II BGB ist ein spezielles Selbsthilferecht für den Besitzer einer beweglichen *Sache*, die ihm mittels verbotener Eigenmacht (§ 858 I BGB) weggenommen worden ist. Es berechtigt zur Abwehr eines Angriffs auf den Besitz mit *Gewalt*.[202] Voraussetzung ist jedoch, dass der Wegnehmende auf frischer Tat betroffen oder verfolgt worden ist.[203]

---

[201] Näher und mwN hierzu *Baumann/Weber/Mitsch/Eisele* AT § 15 Rn. 180 ff.; *Kühl* AT § 9 Rn. 3 ff.

[202] Zur Rechtfertigung einer Körperverletzung BGH 2 StR 328/98 JA 2000, 188.

[203] Näher und mwN *Kühl* AT § 9 Rn. 10.

Ein subjektives Rechtfertigungselement setzt der Wortlaut des § 859 BGB nicht **198** voraus. Es darf daher – entgegen der h. M.[204] – auch nicht für eine Rechtfertigung gefordert werden.

Lösung des Leitfalls 5.3 (Gutachtenstil)

Strafbarkeit des A gem. §§ 223, 224?

A könnte sich dadurch, dass er mit der Schrotflinte einen Schuss in Richtung **199** der fliehenden Obstdiebe abgab, wegen einer gefährlichen Körperverletzung gem. §§ 223, 224 strafbar gemacht haben. ◀

I. Tatbestandsmäßigkeit
1. Objektive Elemente der Tatbestandsmäßigkeit

Für die Verwirklichung der *objektiven Elemente der Tatbestandsmäßigkeit* des **200** § 224 müsste die einfache Körperverletzung nach § 223 als Grundstraftat vorliegen […].

2. Subjektive Elemente der Tatbestandsmäßigkeit

A müsste vorsätzlich gehandelt haben. Bedingter Vorsatz ist nach h. M. dann **201** gegeben, wenn der Täter die Veränderung in der Außenwelt (den Erfolg) trotz Erkennens und Ernstnehmens der naheliegenden Möglichkeit billigend in Kauf nimmt […]. *Die subjektiven Elemente der Tatbestandsmäßigkeit liegen vor.*

II. Rechtswidrigkeit

A müsste rechtswidrig gehandelt haben. Die Rechtswidrigkeit ist in der Regel **202** bei Tatbestandsmäßigkeit eines Verhaltens gegeben (§ 5 Rn. 26). Hier könnte A jedoch durch Notwehr gem. § 32 gerechtfertigt sein.

a. Hierzu müsste eine *Notwehrlage* (§ 5 Rn. 127 ff.) gegeben sein. Diese **203** erfordert einen gegenwärtigen rechtswidrigen Angriff. Ein *Angriff* ist eine menschliche Handlung, die in ein rechtlich geschütztes Interesse einzugreifen droht oder eingreift. Die Diebe haben durch das Wegnehmen der Äpfel in das Individualachtungsanspruch „Eigentum" des A eingegriffen. Ein Angriff liegt somit vor. Der Angriff müsste rechtswidrig gewesen sein. Die *Rechtswidrigkeit* eines Angriffs ist dann gegeben, wenn er nicht seinerseits durch einen Erlaubnissatz gedeckt, d. h. gerechtfertigt ist. Gründe, die das Verhalten der Obstdiebe rechtfertigen könnten, sind nicht ersichtlich. Der Angriff war demnach auch rechtswidrig.

Weiterhin müsste der Angriff *gegenwärtig* gewesen sein. *Gegenwärtig* ist ein **204** Angriff dann, wenn er unmittelbar bevorsteht, stattfindet oder noch andauert. Für die Gegenwärtigkeit einer Wegnahmehandlung in Zueignungsabsicht ist daher maßgebend, ob der Täter die tatsächliche Sachherrschaft derart erlangt hat, dass

---

[204] Für ein subjektives Rechtfertigungselement auch bei § 859 BGB jedoch die h. M., vgl. Rn. 47 ff.

ihrer Ausübung keine wesentlichen Hindernisse mehr entgegenstehen und der bisherige Gewahrsamsinhaber seine Eigentümerbefugnisse an der Sache endgültig verloren hat. Abzustellen ist hier auf die Anschauungen des täglichen Lebens.[205] Als A auf die Obstdiebe schoss, befanden sie sich gerade auf der Flucht, noch in Reichweite der Schrotflinte des A. Sie hatten daher noch nicht einmal eine den A ausschließende Verfügungsgewalt über die Äpfel erlangt. Die Gefahr für den Achtungsanspruch „Eigentum" war somit noch nicht in dessen Verlust umgeschlagen. Vielmehr dauerte der Angriff auf das Eigentum des A noch an, weswegen die Gegenwärtigkeit zu bejahen ist. Demzufolge ist ein rechtswidriger, gegenwärtiger Angriff, die Notwehrlage, gegeben.

205   b. Das Schießen mit der Schrotflinte müsste eine *Notwehrhandlung* (§ 5 Rn. 147 ff.) i. S. d. § 32 gewesen sein. Das Verhalten des A müsste daher eine *erforderliche Verteidigung* darstellen. Eine Verteidigung ist erforderlich, wenn sie geeignet und notwendig ist. *Geeignet* ist die Verteidigungshandlung dann, wenn sie ein taugliches Mittel zur Abwehr des Angriffs darstellt. *Notwendig* ist diejenige Verteidigung, welche das schonendste Mittel zur Abwehr des Angriffs darstellt. Für die Beurteilung der Erforderlichkeit ist die Sicht eines besonnenen Dritten in der Lage des Angegriffenen maßgebend (ex ante-Betrachtung). Der Schrotflintenschuss war ein geeignetes Mittel, den Angriff auf das Eigentum an den Äpfeln abzuwehren.

206   Fraglich ist, ob der Schrotflintenschuss das schonendste Mittel zur Angriffsabwehr darstellte. Dem in Notwehr Handelnden kann grundsätzlich keine Prüfungspflicht oder Abwägung unter den besonderen, rasche Entscheidungen erfordernden Umständen aufgebürdet werden. Der Angegriffene verteidigt hier die Rechtsordnung und kann deshalb jedes Mittel wählen, ohne besondere Rücksicht auf eventuelle Verletzungen von Achtungsansprüchen bei dem Angreifer nehmen zu müssen. Verteidigt der Angegriffene den angegriffenen Achtungsanspruch mit der Waffe, so ist zu fordern, dass der Waffengebrauch vorher angedroht wird, wenn dies nicht die Abwehrmöglichkeiten unzumutbar verkürzt. Das Risiko eines Fehlschlags der Abwehr hat der Angegriffene nicht zu tragen. A hatte den Obstdieben angekündigt, mit der Schrotflinte zu schießen. Das Schießen war somit die notwendige Verteidigung.

207   Das Notwehrrecht des A könnte hier aber *sozialethischen Einschränkungen* (§ 5 Rn. 153 ff.) unterliegen. Besteht zwischen dem beeinträchtigten und dem verteidigten Achtungsanspruch ein krasses Missverhältnis, liegt also ein Bagatellfall vor, so muss der Angegriffene in eine Art Verhältnismäßigkeitsprüfung eintreten. Über den Wert der entwendeten Äpfel enthält der Sachverhalt keine Angaben. Verneint man einen Bagatellfall, so ist zu

---

[205] Vgl. BGH 2 StR 289/61 BGHSt 16, 271 sowie die Fallgruppen bei *Mitsch* BT 2, S. 20 ff.

berücksichtigen, dass A die Schüsse angedroht hatte. Weitere Beeinträchtigungen seines Eigentums brauchte er nicht mehr hinnehmen. Eine unverhältnismäßige Verteidigung ist hiernach nicht festzustellen, eine Notwehrhandlung i. S. d. § 32 ist demnach gegeben.

A hatte auf die Obstdiebe geschossen, um den Angriff auf sein Eigentum an den **208** Äpfeln abzuwehren. Er kannte daher die rechtfertigende Situation und hatte aufgrund dieser Kenntnis gehandelt. Der Verteidigungswille war somit gegeben.

Die für eine Rechtfertigung durch Notwehr nach § 32 erforderlichen **209** Voraussetzungen sind erfüllt. A handelte folglich nicht rechtswidrig.

Eine Strafbarkeit des A gem. §§ 223, 224 scheidet somit aus. Die Rechtfertigung **210** des Schusswaffengebrauchs erstreckt sich auch auf das damit einhergehende Führen der Schusswaffe.[206]

Nimmt man einen Bagatellfall an, ist Notwehr hingegen ausgeschlossen. Sollte **211** A geglaubt haben, im Rahmen der Notwehr gehandelt zu haben, kommt allenfalls eine Strafmilderung infolge eines (vermeidbaren) Verbotsirrtums (§ 17 S. 2) in Frage (§ 13 Rn. 34 ff., 74 ff.).

III. Rechtfertigender Notstand (§ 34 StGB, §§ 228, 904 BGB)[207]

§ 34 Rechtfertigender Notstand
Wer in einer gegenwärtigen, nicht anders abwendbaren Gefahr für Leben, Leib, **212** Freiheit, Ehre, Eigentum oder ein anderes Rechtsgut eine Tat begeht, um die Gefahr von sich oder einem anderen abzuwenden, handelt nicht rechtswidrig, wenn bei Abwägung der widerstreitenden Interessen, namentlich der betroffenen Rechtsgüter und des Grades der ihnen drohenden Gefahren, das geschützte Interesse das beeinträchtigte wesentlich überwiegt. Dies gilt jedoch nur, soweit die Tat ein angemessenes Mittel ist, die Gefahr abzuwenden.

§ 904 BGB [Notstand]
Der Eigentümer einer Sache ist nicht berechtigt, die Einwirkung eines anderen **213** auf die Sache zu verbieten, wenn die Einwirkung zur Abwendung einer gegenwärtigen Gefahr notwendig und der drohende Schaden gegenüber dem aus der Einwirkung dem Eigentümer entstehenden Schaden unverhältnismäßig groß ist. Der Eigentümer kann Ersatz des ihm entstehenden Schadens verlangen.

---

[206] Vgl. BGH 5 StR 45/99 NStZ 1999, S. 347 sowie BGH 1 StR 285/96 StV 1996, 660 mit Bespr. *Otto* JK 1997, § 32 Rn. 23.
[207] Vgl. auch *Zieschang* JA 2007, 679 ff.

§ 228 BGB [Notstand]

214   Wer eine fremde Sache beschädigt oder zerstört, um eine durch sie drohende
Gefahr von sich oder einem anderen abzuwenden, handelt nicht widerrechtlich,
wenn die Beschädigung oder die Zerstörung zur Abwendung der Gefahr
erforderlich ist und der Schaden nicht außer Verhältnis zu der Gefahr steht. Hat
der Handelnde die Gefahr verschuldet, so ist er zum Schadensersatze verpflichtet.

Leitfall 5.4 Var. a

215   Der dem E gehörende Hund droht den 68-jährigen Rentner A zu beißen: A bricht
aus einem Lattenzaun des D eine Latte heraus und vertreibt den Hund damit.
Strafbarkeit des A nach § 303 wegen der Beschädigung des Zaunes? ◄

Leitfall 5.4 Var. b

216   Der Hund aus Var. a droht den A zu beißen. A nimmt seinen Regenschirm und
schlägt ihn dem Hund auf den Kopf. Dieser erleidet eine Gehirnerschütterung.
Strafbarkeit des A nach § 303 wegen Verletzung des Hundes? ◄

217   Wie die Notwehr leitet auch der rechtfertigende Notstand seine rechtfertigende Wirkung aus dem Rechtfertigungsprinzip des *überwiegenden Interesses* ab.[208] Er ist
sogar die Verkörperung des Rechtfertigungsprinzips „überwiegendes Interesse"
schlechthin. Zu seinen Vätern gehört *Lenckner,*[209] seine Grenzen hat vor allem
Küper[210] deutlich gemacht. Praktische Relevanz erlangte der rechtfertigende Notstand erstmals durch die Entscheidung des Reichsgerichts im sog. *Indikations*-Fall
I StS 105/26 vom 11. März 1927, RGSt 61, 242 als damals noch „übergesetzlicher"
Rechtfertigungsgrund (vgl. § 1 Rn. 91 ff.).

218   Wie § 32 berechtigt auch § 34 im Interesse der Rettung höherwertiger Interessen
(Erhaltungsgüter) zum Eingriff in geringerwertige (Eingriffsgüter). Im Unterschied
zur Notwehr setzt § 34 jedoch nicht einen Angriff des Trägers des Eingriffsgutes voraus, sondern eine *Gefahr,* die nicht anders als durch *Inanspruchnahme des Eingriffsgutes* abgewendet werden kann. Falls eine Notwehrlage im Sinne des § 32 gegeben ist, ist es wegen der beherrschenden Rolle des Angriffs innerhalb der
Interessenabwägung in § 32 deshalb unergiebig und somit methodisch verfehlt,
§ 34 zu prüfen.[211] Nach h. M. rechtfertigt § 34 grundsätzlich auch hoheitliche Eingriffe in Individualachtungsansprüche.[212]

---

[208] Zu § 34 als Ausdruck des utilitaristischen Prinzips des größtmöglichen Gesamtnutzens oder als
Ausdruck des Solidaritätsprinzips *Engländer* GA 2010, 15 ff. (19 f.).

[209] Grundlegend *Lenckner* 1965; zur Reform der Notstandsvorschriften *Zieschang* in Hilgendorf/
Weitzel, S. 177 ff.

[210] Vgl. *Küper* JuS 1971, 474 ff.; JZ 1976, 515 ff.; JZ 1980, 755 ff.; JuS 1981, 745 ff.; GA
1983, 289 ff.

[211] Vgl. *Gropengießer* Jura 2000, 262 ff. (266); zur subsidiären Anwendbarkeit von § 34: *Schüler*
2004, S. 164 ff.

[212] Vgl. *Wessels/Beulke/Satzger* AT Rn. 461; krit. und mwN zum Ganzen LK[11]-*Hirsch* § 34 Rn. 6 ff.

Die Gefahr muss nicht einmal vom in Anspruch genommenen Eingriffsgut ausgehen wie z. B. in *Leitfall 5.4 Var. a*: Die Inanspruchnahme des Zaunes bedeutet eine Aggression gegen den Eigentümer. Man spricht deshalb hier von einem Handeln im *aggressiven* Notstand. Geht sie vom Eingriffsgut aus, so vom Hund in *Leitfall 5.4 Var. b*, liegt ein *defensiver* Notstand vor. **219**

Weil beim rechtfertigenden Notstand nur eine Gefahr und nicht wie bei der Notwehr ein Angriff vorliegen muss, reicht die Erforderlichkeit der Inanspruchnahme des Eingriffsinteresses zum Zwecke der Gefahrenabwehr nicht hin, um den Eingriff zu rechtfertigen. Die Rechtfertigung setzt vielmehr voraus, dass das Erhaltungsinteresse das Eingriffsinteresse (wesentlich) *überwiegt*. **220**

Wie bei der Notwehr lässt sich auch beim rechtfertigenden Notstand eine Notstands*lage* (1) von einer Notstands*handlung* (2) unterscheiden. Auch das *subjektive Rechtfertigungselement* (3) wird uns wieder begegnen. **221**

1. Notstandslage

a) Gegenwärtige Gefahr für einen Achtungsanspruch

Die Notstandslage erfordert zunächst eine *gegenwärtige Gefahr für einen Achtungsanspruch*. Maßstab ist dabei eine *objektive Betrachtung* aus der Notstandssituation (ex ante). **222**

Unter einer *Gefahr* versteht man die auf festgestellte, tatsächliche Umstände gegründete, über die allgemeinen Lebensrisiken hinausgehende *Wahrscheinlichkeit eines schädigenden Ereignisses*.[213] *Gegenwärtig* ist die Gefahr, wenn die Dynamik des Lebenssachverhalts auf das schädigende Ereignis unmittelbar zusteuert. **223**

In *Leitfall 5.4 Var. a* rennt der bissige Hund auf das Opfer zu.

Eine Gegenwärtigkeit ist aber auch zu bejahen, wenn aus einer eher statischen Situation heraus jederzeit mit dem Eintritt des schädigenden Ereignisses gerechnet werden muss: Der seidene Faden, an dem das *Schwert des Damokles* hängt, kann jederzeit reißen.[214] **224**

Als *notstandsfähige Achtungsansprüche* nennt § 34 zwar Leben, Leib, Freiheit, Ehre und Eigentum, der Zusatz „oder ein anderes Rechtsgut" lässt jedoch erkennen, dass es sich hier nur um eine Aufzählung von Beispielen handelt. Folglich kann jeders Individualachtungsanspruch[215] Erhaltungsgut des rechtfertigenden Notstands **225**

---

[213] Vgl. auch *Gropengießer* Jura 2000, 262 ff. sowie *Schüler* 2004, S. 57 ff.; zur Präzisierung des Gefahrbegriffs mittels des Kriteriums einer „intentionalen Nichtvermeidbarkeit" *Koriath* GA 2001, 51 ff.; grundlegend vgl. *Kretschmer* Jura 2005, 662 ff.; *Rotsch* FS Neumann, S. 1009 ff.

[214] Näher zur gegenwärtigen Gefahr *Otto* Jura 1999, 552 f.; *Küper* FS Rudolphi, S. 151 ff.

[215] Vgl. *Frister* AT § 17 Rn. 2; differenzierend NK-StGB-*Neumann* § 34 Rn. 22 ff.; für die Einbeziehung von Achtungsansprüchen der Allgemeinheit MK-StGB-*Erb* § 34 Rn. 59; *B. Heinrich* AT Rn. 410; *Kindhäuser/Zimmermann* AT § 17 Rn. 17; *Krey/Esser* AT Rn. 588; *Perron,* in: Schönke/Schröder § 34 Rn. 9; *Roxin/Greco* AT 1 § 16 Rn. 13; *Stratenwerth/Kuhlen* AT § 9 Rn. 104; *Wessels/Beulke/Satzger* AT Rn. 457 f.

sein. Achtungsansprüche der Allgemeinheit können dann Erhaltungsgut des recht-
fertigenden Notstands sein, wenn die Notstandshandlung *zugleich* dem Schutz von
Individualinteressen dient.[216] Das wird bspw. für die Abwehr von Gefahren für Tiere
(Tierschutz als Achtungsanspruch der Allgemeinheit) bejaht.[217]

226   Umstritten ist, ob § 34 auch dann Anwendung finden kann, wenn der Träger der
kollidierenden Interessen identisch ist (sog. intrapersonale Interessenkollision).[218]
Eine Ablehnung führt zu Schwierigkeiten, wenn eine Rechtfertigung über eine Einwilligung an der fehlenden Dispositionsbefugnis des Interessenträgers scheitert.
Betroffen ist insbesondere die sog. indirekte Sterbehilfe, d. h. die Verabreichung
von Schmerzmitteln an schwer kranke und leidende Patienten auf die Gefahr hin,
dass eine Lebensverkürzung eintritt. Gerade diese Konsequenz ist Anlass genug,
§ 34 auch auf intrapersonale Interessenkollisionen anzuwenden, zumal der Wortlaut
des Gesetzes nicht entgegensteht.[219] Bezüglich des überwiegenden Interesses ist
dabei allerdings die Selbstbestimmung des Betroffenen und nicht die Vernünftigkeit
Dritter entscheidend.[220]

b) Nichtabwendbarkeit der Gefahr auf andere Weise

227   Die Nichtabwendbarkeit der Gefahr auf andere Weise (ultima-ratio-Erfordernis)
enthält zwei Gesichtspunkte:

228   Zum einen muss die Inanspruchnahme des Eingriffsguts überhaupt ein *taugliches* Mittel sein, um die Gefahr abzuwenden:

229   Der Hund in *Leitfall 5.4 Var. a* lässt sich mit der Zaunlatte abwehren.

230   Darüber hinaus enthält das ultima-ratio-Erfordernis den Gesichtspunkt der *Notwendigkeit*: die Inanspruchnahme des Eingriffsguts ist nur dann das letzte Mittel,
wenn es kein anderes, milderes Mittel gibt:

231   In *Leitfall 5.4 Var. a* die Wahrung der körperlichen Unversehrtheit *nur* durch Beschädigung des
Zaunes.

232   Nimmt man beide Gesichtspunkte zusammen, so ergibt sich das von der Notwehrhandlung her bekannte Element der *Erforderlichkeit*. Die Erforderlichkeit ist schon
dann abzulehnen, wenn die Lösung der Konfliktlage zwischen dem Erhaltungsgut
und dem Eingriffsgut innerhalb eines anderen des Rechtsregimes gefunden werden
kann. Das ist bspw. für den Umgang mit Betäubungsmitteln im Rahmen des BtMG

---

[216] Vgl. OLG Frankfurt/Main 3 Ss 116/95 NStZ-RR 1996, 136.

[217] H. M.: *Bock* ZStW 131 (2019), 555 ff. (565 f.); *Dehne-Niemann/Greisner* GA 2019, 205 ff.
(211 ff.); *Hecker* JuS 2018, 83 ff. (84); *Renzikowski* GS Tröndle, S. 355 ff. (360); *Ritz* JuS 2018,
333 ff. (336); LK-*Rönnau/Hohn* § 32 Rn. 82; *Neumann* FS R. Merkel, S. 791 ff. (797 ff.); LG Magdeburg 28 Ns 182 Js 32201/14 (74/17) StV 2018, 335 ff.; OLG Naumburg 2 Rv 157/17 NStZ
2018, 472 ff.

[218] Umfassend dazu *Engländer* GA 2010, 15 ff.; *Neumann* FS Herzberg, S. 575 ff., jew. mwN.

[219] Vgl. auch AnwK-*Hauck* § 34 Rn. 17.

[220] Vgl. *Neumann* FS Herzberg, S. 575 ff (583).

der Fall. Auf § 34 kann sich also eine Person nicht berufen, wenn sie Betäubungsmittel zur Eigentherapie angebaut hat.[221]

Die Möglichkeit, ein anderes Mittel zur Anwendung zu bringen, ist dabei **233** schon deshalb normativ zu sehen, weil das *mildeste, konkret zur Verfügung stehende* und *zumutbare* Mittel zu wählen ist. Auf unzumutbare Alternativen braucht sich der im Notstand Handelnde nicht einzulassen: In *Leitfall 5.4 Var. a* würde man dem A deshalb nicht zumuten, die drohende Gefahr des Hundebisses durch einen Sprung über den Gartenzaun abzuwenden, selbst wenn A noch rüstig ist. ◄

In den Fällen von Blockaden durch die Protestierenden der „Letzten Generation" ist **233a** eine Rechtfertigung wegen Notstandes (§ 34) mangels der Geeignetheit und Angemessenheit der Aktionen und den zur Verfügung stehenden anderen Möglichkeiten zur Einflussnahme auf die politische Meinungsbildung ausgeschlossen.[222] Teilweise wird eine Rechtfertigung auf der Grundlage von Art. 8 GG erwogen, aber im Ergebnis abgelehnt.[223]

c) Überwiegen des Erhaltungsguts

§ 34 verlangt, dass *bei Abwägung der widerstreitenden Interessen*, namentlich der **234** betroffenen Rechtsgüter (Achtungsansprüche) und des Grades der ihnen drohenden Gefahren, das geschützte Interesse (sog. Erhaltungsinteresse) das beeinträchtigte (sog. Eingriffsinteresse) *wesentlich überwiegt.*

Hinter dieser scheinbar schlichten Formulierung verbergen sich zwei Probleme: **235** die Frage, *welche Kriterien* über das Überwiegen des einen Interesses entscheiden (aa) und was unter der „Wesentlichkeit" jenes Überwiegens zu verstehen sein soll (bb).

---

[221] BGH 2 StR 238/16 NStZ 2018, 226.

[222] Vgl. BayObLG 205 StRR 63/23, NStZ 2023, 747; AG Berlin-Tiergarten (298 Cs) 231 Js 3183/22 (269/22), BeckRS 2023, 21344; AG Berlin Tiergarten (324 Cs) 237 Js 2886/22 (196/22), BeckRS 2023, 13582; AG Flensburg 430 Cs 107 Js 4027/23, BeckRS 2023, 32594; AG Freiburg 32 Cs 450 Js 18115/22, BeckRS 2022, 47683; AG München 851 Cs 113 Js 124160/22, BeckRS 2022, 43645; AG München 864 Ds 113 Js 200103/22, BeckRS 2022, 43646; AG Stuttgart-Bad Cannstatt 3 Cs 244 Js 98266/22, BeckRS 2023, 6841; vgl. a. OLG Celle 2 Ss 91/22, NStZ 2023, 113 (Farbaktionen); OLG Schleswig 1 ORs 4 Ss 7/23, NStZ 2023, 740 (Verhinderung, dass Bäume gefällt werden); aus der Literatur vgl. *Busche* KlimR 2023, 103 ff. (105 f.); *Erb* NStZ 2023, 577 ff. (580 ff.); *Mitsch* DAR 2023, 234 ff.; *Preuß* NZV 2023, 60 ff. (71 ff.); *Rönnau* JuS 2023, 112 ff.; *Zimmermann/Griesar* JuS 2023, 401 ff.

[223] Vgl. AG München 864 Ds 113 Js 200103/22, BeckRS 2022, 43646 Rn. 49; AG München 851 Cs 113 Js 124160/22, BeckRS 2022, 43645 Rn. 12; vgl. zur Verwerflichkeit in diesen Fällen und dem Weg „praktischer Konkordanz" MK-StGB-*Sinn* § 240 Rn. 139 ff., 143. Zur Frage der Notwehr gegen „Klima-Kleber" vgl. *Effer-Uhe* NJOZ 2023, 576 ff.; *Erb* NStZ 2023, 577 ff.; *Mitsch* DAR 2023, 234 ff. (235 f.); *Mitsch* JZ 2023, 230 ff.; *Preuß* NZV 2023, 60 ff. (72 ff.).

aa) Interessenabwägung

236 Zu den Kriterien des Überwiegens weist § 34 zunächst auf die betroffenen Rechtsgüter (Achtungsansprüche) hin. Einstiegskriterium ist folglich das *allgemeine Rangverhältnis* der betroffenen Achtungsansprüche. Einen groben Anhaltspunkt hierfür bietet der den Strafvorschriften des Besonderen Teils jeweils zugeordnete *Strafrahmen*. Deshalb ist es z. B. grundsätzlich erlaubt, zur Erhaltung der körperlichen Unversehrtheit eine Sache zu zerstören.

Zu Leitfall 5.4

237 In *Leitfall 5.4 Var. a* bildet der Strafrahmen des § 223 (Freiheitsstrafe bis zu 5 Jahren) ein Indiz dafür, dass die Gesundheit des A die in § 303 (Freiheitsstrafe bis zu 2 Jahren) geschützte Gebrauchstauglichkeit des Zaunes überwiegt. ◄

238 Bei den jeweils betroffenen Achtungsansprüchen kann es sich auch um ganze *Güterkomplexe* handeln. So kann es z. B. für das Überwiegen eines Interessenkomplexes darauf ankommen, dass einer der Interessenträger in den Eingriff einwilligt. Dies ist insbesondere im Bereich des Medizinrechts (Kastration, Transplantation, Arzneimittelprüfung) von Bedeutung.[224]

239 Dieser Anhaltspunkt wird jedoch relativiert durch den *Grad* der den Gütern drohenden *Gefahr*:

Zu Leitfall 5.4

240 Wandelt man *Leitfall 5.4 Var. a* insoweit ab, dass die Körperverletzung eher unwahrscheinlich war, weil der bissige Hund den A noch gar nicht entdeckt hat und zudem offensichtlich an einem Bein lahmt, so würde zu diesem Zeitpunkt das Interesse des A an seiner körperlichen Unversehrtheit das Interesse des D an der Erhaltung seines Zaunes nicht überwiegen. ◄

241 Da § 34 die Abwägung der betroffenen Rechtsgüter (Achtungsansprüche) und den Grad der ihnen drohenden Gefahren aber nur als Beispiele nennt („namentlich …"), sind mittlerweile weitere Abwägungskriterien entwickelt worden: die *Schutzwürdigkeit* des Erhaltungsgutes in der *konkreten Situation*, die *Art* der konkreten Verletzung des Erhaltungsguts und der *Umfang* des konkreten Schadens beim Eingriffsgut. Daneben wären auch die jeweils gegebenen *Rettungschancen* und -risiken zu berücksichtigen.

242 Wichtig ist darüber hinaus, ob die Gefahr gerade vom Eingriffsgut *ausgeht* (sog. *defensiver Notstand*),[225] was zu erhöhten Gefahrtragungspflichten des „angreifenden" Interesses führt. Diese Gefahrtragungspflicht endet im Falle einer Gefährdung durch Sachen nach § 228 BGB erst dort, wo der durch den Eingriff drohende Schaden im Vergleich zum Erhaltungsgut unverhältnismäßig hoch wäre.[226]

---

[224] Näher *Dölling* FS Gössel, S. 209 ff.

[225] Näher *Kindhäuser/Zimmermann* AT § 17 Rn. 49 ff.; *Pawlik* Jura 2002, 26 ff.

[226] Vgl. auch *Murmann* GK § 25 Rn. 43.

Die Möglichkeiten des Eingriffs in „unbeteiligte" Interessen (sog. *aggressiver* 243
Notstand) schränkt § 904 BGB beim Sacheingriff hingegen insoweit ein, als ein
Überwiegen des Erhaltungsinteresses erst dann angenommen werden kann, wenn
der durch Untätigbleiben entstehende Schaden *unverhältnismäßig* wäre.

Obwohl in § 34 nicht ausdrücklich erwähnt, spielen die Modifizierungen des 244
BGB für den defensiven (§ 228 BGB) und den aggressiven Notstand (§ 904 BGB)
auch bei der Abwägung in § 34 eine Rolle. Innerhalb ihres Anwendungsbereichs
(Beschädigung einer/Einwirkung auf eine *Sache*) sind die §§ 228, 904 BGB sogar
leges speciales zu § 34 und gehen § 34 daher vor.[227] Das ist auch deshalb nicht unwichtig, weil § 904 BGB kein subjektives Rechtfertigungselement verlangt. Im Übrigen – insbesondere bei der Einwirkung auf Menschen, von denen Gefahren ausgehen[228] – bilden sie Abwägungsfaktoren innerhalb der Gesamtabwägung.

Zu Leitfall 5.4

In *Leitfall 5.4 Var. a* wäre die Beschädigung des Zaunes nach § 904 BGB deshalb 245
erst dann zulässig, wenn bei A ein unverhältnismäßig hoher Schaden zu befürchten wäre.

In *Leitfall 5.4 Var. b* dürfte A mit seinem Schirm hingegen auf den Hund los- 246
schlagen, solange nicht zu befürchten ist, dass der am Hund zu erwartende Schaden[229] im Vergleich mit der Verletzung des A i. S. v. § 228 BGB unverhältnismäßig ist. ◄

Eine heftige Kontroverse[230] hatte sich 2005 um die Frage entwickelt, ob ein von Ter- 247
roristen gekapertes voll besetztes Passagierflugzeug über unbewohntem Gebiet ab-
geschossen werden darf, um den von den Entführern beabsichtigten Absturz auf
Menschen am Boden zu verhindern.[231] Die entsprechende (rechtfertigende) Rechtsgrundlage in § 14 III Luftsicherheitsgesetz a. F.[232] erklärte das BVerfG u. a. wegen
Verstoßes gegen die Menschenwürde der (angeblich unbeteiligten) Passagiere für
verfassungswidrig.[233] Dies mag im Hinblick auf ein *staatliches* Eingreifen zu Guns-

---

[227] Vgl. *Jescheck/Weigend* § 33 I 2; *Perron,* in: Schönke/Schröder § 34 Rn. 6, auch zur Frage der
Begrenzung der speziellen Notstandsregelungen durch § 34.

[228] Vgl. *Köhler* FS Schroeder, S. 257 ff. (263, 265); *Ladiges* 2007, 414 mwN; krit. im Hinblick auf
Verhältnismäßigkeitsfragen insoweit *Hirsch* FS Küper, S. 149 ff. (157, 159); ablehnend *Engländer*
GA 2017, 242 ff. (252).

[229] Zum Hund als Sache im strafrechtlichen Sinn vgl. § 90 a BGB sowie *Küpper* JZ 1993, 435 ff.

[230] Für Rechtfertigung *Gropp* GA 2006, 284 ff.; *Köhler* FS Schroeder, S. 257 ff.; *Rogall* NStZ
2008, 1 ff.; *Sinn* NStZ 2004, 585 ff. (591 ff.); dagegen *Mitsch* GA 2006, 11 ff. (23 ff.); zahlr.
w. Nachw. zum Streitstand bei *Ladiges* ZIS 2008, 129 ff. (130 Fn. 16–20), *Streng* FS Stöckel
S. 135 ff. (136 Fn. 8).

[231] Umfassend *Ladiges* 2007; *Hoyer* FS R. Merkel, S. 813 ff.; ohne nähere Begründung für
Aggressivnotstand hier jedoch *Günther* FS Amelung, S. 147 ff. (153).

[232] § 14 III Luftsicherheitsgesetz, Gesetz vom 11. Januar 2005 (BGBl. I S. 78): „Die unmittelbare
Einwirkung mit Waffengewalt ist nur zulässig, wenn nach den Umständen davon auszugehen ist,
dass das Luftfahrzeug gegen das Leben von Menschen eingesetzt werden soll und sie das einzige
Mittel zur Abwehr dieser gegenwärtigen Gefahr ist."

ten der Menschen am Boden und zum Nachteil der Passagiere vertretbar sein.[233] Eine strafrechtlich gerechtfertigte, für die Passagiere tödlich endende Rettung der *Menschen* am Boden durch Ablenkung oder Abschießen des entführten Flugzeugs nach den Maßstäben des *defensiven Notstandes* soll nach einer – auch hier in der 4. Auflage noch vertretenen – Ansicht aber nicht ausgeschlossen sein.[235] Denn die Gefahr des Absturzes gehe (auch) von den zwar unschuldigen, aber keineswegs unbeteiligten Flugzeugpassagieren aus. Demnach setzten sie, indem sie den Flug des Flugzeugs gemeinsam verursachen,[236] einen auch bei ungestörtem Fortgang gefährlichen Vorgang in Gang, dessen Risiken nicht auf Dritte abgewälzt werden dürften. Drohe ein Absturz, dürften die Menschen am Boden, von denen – im Unterschied selbst zu evtl. mitfliegenden Kindern[237] – keinerlei Gefahr ausgehe, die für sie tödliche Gefahr abwehren.[238] Dies gelte unabhängig davon, wie es zum Absturz komme, so lange der Absturz der Sphäre der Fliegenden zuzurechnen sei,[239] und unabhängig davon, ob die Passagiere ohnehin todgeweiht seien[240] oder sich durch eine für die Menschen am Boden tödliche Notlandung retten könnten. Auch wenn das Ergebnis – Rechtfertigung – überzeugt, ist die Einbeziehung von neutralen Alltagshandlungen, wie das Fliegen, in den Bereich des Defensivnotstandes ohne die unsere moderne Gesellschaft zum Stillstand kommen würde, abzulehnen. Allein eine sozialadäquate Verursachung kann nicht genügen, um den Eingriff in das Lebensrecht zu begründen. Ehrlicher wäre es, eine eng begrenzte Eingriffsgrundlage für diese Maßnahmen zu schaffen. Nachdem das BVerfG aber § 14 III LuftSiG für verfassungswidrig und nichtig erklärt hat, ist diese Möglichkeit verbaut (vgl. Rn. 35).[241] Der h. M. bleibt nur der Weg über einen Schuldausschließungsgrund (übergesetzlicher entschuldigender Notstand,[242] vgl. § 6 Rn. 183 ff.), was zu Widersprüchen und „unsinnigen Konsequenzen" führt.[243] Auch die rechtfertigende Pflichtenkollision (vgl. Rn. 324 ff.) löst das Problem nicht, weil nicht zwei gleichrangige Handlungspflichten betroffen sind.

---

[233] BVerfG 1 BvR 357/05 BVerfGE 115, 118 ff.; krit. zu Recht *Schünemann* GA 2020, 1 ff. (12 f.)

[234] Kritisch hiergegen jedoch *Isensee* FS Jakobs, S. 205 ff. (221): über der grundrechtlichen Position der Personen an Bord vernachlässige das BVerfG die Position der Menschen am Boden.

[235] Vgl. auch *Ladiges* ZIS 2008, 129 ff. (131).

[236] A. A. *Ladiges* ZIS 2008, 129 ff. (132), der überzeugend meint, die fliegenden Passagiere stellten keinen Gefahrenherd dar; ablehnend unter Verkennung der kumulativen Kausalität *Streng* FS Stöckel, S. 135 ff. (147); ähnlich *Hörnle* New Criminal Law Review 2007, 582 ff. (588); *Stübinger* ZStW 123 (2011), 403 ff. (421).

[237] Vgl. aber *Streng* FS Stöckel, S. 135 ff. (147); auf die Schuld(un)fähigkeit derer, von denen tödliche Gefahren ausgehen, kommt es freilich nicht an, vgl. *Köhler* FS Schroeder, S. 257 ff. (266) sowie *Gropp* GA 2006, 284 ff. (287) mwN.

[238] Näher dazu der *Radartechniker*-Fall, *Gropp* GA 2006, 284 ff.

[239] Grundlegend dazu *Köhler* FS Schroeder, S. 257 ff. (267 ff.).

[240] Für eine Rechtfertigung der Tötung der Passagiere im Falle ihrer Unrettbarkeit über § 34 aber *Ladiges* 2007, 475; ähnlich auch *Murmann* GK § 25 Rn. 51.

[241] Vgl. zu § 14 III LuftSiG *Sinn* NStZ 2004, 585 ff.

[242] Vgl. bspw. *Jäger* FS Rogall, S. 171 ff. (186).

Auch das Bestehen einer besonderen *Gefahrtragungspflicht* (Feuerwehr) gilt es bei der Abwägung zu berücksichtigen. **248**

Zusammengefasst ergibt sich somit eine umfassende *Gesamtinteressenabwägung*,[244] an deren Ende das Urteil über das Überwiegen des Erhaltungsinteresses steht. **249**

bb) Wesentliches Überwiegen[245]

Als Ergebnis der Interessenabwägung verlangt § 34, dass das Erhaltungsinteresse das Eingriffsinteresse *wesentlich* überwiege. Den Gesetzesmaterialien kann insoweit entnommen werden, dass man hier an ein *deutliches* Wertungsgefälle zwischen den beteiligten Interessen dachte.[246] Indessen kann jenem Kriterium allenfalls die „*Klarstellungsfunktion*"[247] zukommen, ein Eingriffsrecht *in Zweifelsfällen* auszuschließen. Dies lässt sich damit erklären, dass nach dem Rechtfertigungsprinzip vom überwiegenden Interesse die Rechtfertigung bei *jedem* Überwiegen eintreten müsste. Aus Gründen der *Praktikabilität* und der Interessen des *Eingriffsgutes* kann daher das Wesentlichkeitserfordernis eine Rechtfertigung nur für Fälle ausschließen, in denen am Überwiegen des Erhaltungsgutes für einen informierten Beobachter *Zweifel* bestehen.[248] **250**

Zur Rechtfertigung eines Unterlassens zur Wahrung eines nicht unverhältnismäßig geringerwertigen Interesses vgl. § 11 Rn. 197.

Nicht zugestimmt werden kann dem Satz, nach dem ein Eingriff in das Leben eines Dritten *nicht* nach § 34 gerechtfertigt werden könne.[249] Denn auch hier gilt es, die Fälle des defensiven Notstandes zu berücksichtigen. Danach ist der hinsichtlich seines Lebens Gefährdete nach § 34 gerechtfertigt, „wenn er den Gefahrverursacher schwer verletzt oder äußerstenfalls sogar tötet."[250] **251**

Beispiel 5.22

Die Tötung des wasserköpfigen Kindes während der Geburt durch *Perforation* ist als einziges Mittel zur Rettung der Mutter nach den Regeln des defensiven Notstandes rechtmäßig.[251] ◄ **252**

Auf eine weitere Fallgruppe hat *Mitsch* zu Recht aufmerksam gemacht: Auch eine Tötung auf Verlangen, bei der sich der Getötete in einer ausweglosen Situation auf- **253**

---

[243] Zu Recht *Schünemann* GA 2020, 1 ff. (12).

[244] Vgl. auch NK-StGB-*Neumann* § 34 Rn. 68 ff.; abl. *Pawlik* 2002, S. 131 ff.

[245] Umfassend *Küper* GA 1983, 289 ff.

[246] Näher zur Entstehungsgeschichte *Küper* GA 1983, 289 ff. (290 f.).

[247] *Küper* GA 1983, 289 ff.

[248] Vgl. *Perron,* in: Schönke/Schröder § 34 Rn. 45.

[249] Vgl. aber *Wessels/Beulke/Satzger* AT Rn. 476; zur a.A. vgl. *Murmann* GK § 25 Rn. 49.

[250] *Roxin/Greco* AT 1 § 16 Rn. 78; vgl. *Roxin* FS Jescheck, S. 457 ff.; *Ebert* AT 3. Abschn. C II 3 e aa; *Jescheck/Weigend* AT § 33 IV 3 a, 5; *Küper* JuS 1981, 785 ff. (789); *Schünemann* GA 2020, 1 ff.; Lackner/Kühl/Heger-*Heger* § 34 Rn. 9; umfassend NK-StGB-*Neumann* § 34 Rn. 87 ff. mwN.

opfern will (Opfertod auf Verlangen), kann das Gewicht des Erhaltungsinteresses so weit reduzieren, dass eine Rechtfertigung nach § 34 möglich erscheint.[252]

254   Außerhalb des defensiven Notstandes und des Opfertodes auf Verlangen kann eine aktive Tötung eines Menschen in Fällen der Kollision von Menschenleben nicht gerechtfertigt werden. Im Fall des „Brettes des Karneades" (s. o. Rn. 46) – um nicht zu ertrinken stößt ein Schiffbrüchiger einen anderen von einer rettenden Planke, die nur einen Menschen trägt – kommt daher nur eine Entschuldigung nach § 35 in Frage (vgl. § 6 Rn. 126 ff.).

d) Schuldhafte Herbeiführung der Notstandslage

255   Bei schuldhafter Herbeiführung der Notstandslage sind im Grunde zwei Lösungsansätze denkbar:

256   Man kann die *Notstandsabwägung unberührt* lassen und das Verschulden „vor die Klammer" ziehen (actio illicita in causa[253]-Ansatz). Die rechtfertigende Notstandssituation ist dann praktisch das „Werkzeug", mit dem der Täter die Veränderung in der Außenwelt rechtswidrig und schuldhaft herbeiführt. Dementsprechend hat der BGH im sog. *Schrotschuss*-Fall[254] den Provokateur hinsichtlich des Erfolges der als solcher rechtmäßigen Verteidigungshandlung aus der Fahrlässigkeitsvorschrift bestraft. Man kann das Verschulden aber auch bei der Abwägung der kollidierenden Interessen berücksichtigen (Abwägungs-Ansatz), was eine Reduzierung des Eingriffsinteresses bewirkt.[255]

Beispiel 5.23

257   *Fäkalien*-Fall BayObLG NJW 1978, 2046: Der Fahrer F eines mit Fäkalien beladenen Tankzuges bog von der Hauptstraße in einen Feldweg ein, der für ein Befahren durch den Lastzug erkennbar zu schmal war. Nachdem F ca. 30 m zurückgelegt hatte, sackte das Fahrzeug mit den rechten Rädern vom Weg in den Graben ab, so dass es umzukippen drohte. Um eine Beschädigung des Fahrzeugs im Wert von 60.000 DM zu vermeiden, ließ der Fahrer die Fäkalien aus dem Tank auf ein anliegendes landwirtschaftliches Grundstück ab und verteilte sie mit einem Schlauch, um eventuelle Schäden möglichst gering zu halten. Mit dem leichter gewordenen Fahrzeug konnte F die Fahrt fortsetzen.

258   Das BayObLG hatte zu entscheiden, ob das Verhalten des Täters eine gegen das Abfallgesetz verstoßende rechtswidrig und schuldhaft begangene Ordnungswidrigkeit sei. Das Gericht bevorzugte hinsichtlich der Frage einer Recht-

---

[251] Vgl. *Roxin* FS Jescheck, S. 457 ff. (475 ff.) Zu weiteren Fallgruppen vgl. *Roxin/Greco* AT 1 § 16 Rn. 73; zu einer neuen Fallgruppe *Sinn* FS Roxin, 673 ff.

[252] Vgl. *Mitsch* FS Weber, S. 49 ff. (66 f.); zur Fallgruppe des Lebensnotstands bei siamesischen Zwillingen s. *Erb* FS R. Merkel, S. 845 ff.

[253] Lat. „actio illicita in causa" = die bei der Verursachung rechtswidrige Handlung; für Anwendbarkeit der actio illicita in causa auch auf Vorsatzstraftaten als Form der mittelbaren Täterschaft durch ein gerechtfertigtes Werkzeug *Puppe* FS Küper, S. 443 ff.

[254] BGH 3 StR 331/00 v. 22.11.2000 NStZ 2001, 143 ff.; dazu *Mitsch* JuS 2001, 751 ff.; krit. *Roxin* JZ 2001, 666 f.

[255] So *Küper* 1983, S. 25 ff. m. Besprechung *Gropp* GA 1984, 485 ff.

fertigung nach Notstandsgesichtspunkten den *actio illicita-Ansatz*: Es nahm an, dass das Ablassen der Fäkalien als solches angesichts des hohen Wertes des LKW unter Berufung auf § 34 StGB bzw. § 16 OWiG gerechtfertigt sei. Jedoch knüpfte es an das Einfahren in den Feldweg an, was eine Verantwortlichkeit wegen eines fahrlässigen Verstoßes gegen das Abfallgesetz zur Folge hatte.

Nach dem *Abwägungsmodell* wäre im Zeitpunkt der Entscheidung über das **259** Ablassen zu erwägen gewesen, inwiefern das Verschulden des Fahrers beim Einfahren in den Feldweg ein Überwiegen des Erhaltungsinteresses (Rettung des LKW) gegenüber dem Eingriffsinteresse (Umweltzerstörung) noch zulässt. ◄

Die Berücksichtigung des Verschuldens im Rahmen der Interessenabwägung ver- **260** dient den Vorzug. Denn der Zeitpunkt der Tat und derjenige der Abwägung fallen zusammen, der Täter kann *zum Zeitpunkt der Tat bewusst* darüber entscheiden, sich rechtmäßig zu verhalten. Verhält er sich rechtswidrig, liegt eine vorsätzliche Herbeiführung der Veränderung in der Außenwelt vor. Demgegenüber hat der actio illicita in causa-Ansatz den Nachteil, dass die Strafbarkeit an eine Tat angeknüpft wird (Einfahren in den zu schmalen Feldweg), welche – um strafbar zu sein – erst noch zum Schutzgut in eine konkrete Beziehung gesetzt werden muss. In der Notstandssituation selbst wird indessen so getan, als ob die Vorgeschichte gar nicht vorliege, wird nicht mehr an das Schuldbewusstsein des Täters appelliert, kurz: alle Einwände gegen die actio illicita in causa-Konstruktion bei der Notwehr gelten auch hier.[256] Der Vorzug gebührt daher auch hier der Abwägungslösung.[257]

2. Notstandshandlung

Nachdem – im Unterschied zur Notwehrprüfung – die Erforderlichkeitsprüfung **261** beim rechtfertigenden Notstand als „Nicht-anders-Abwendbarkeit" (ultima ratio-Erfordernis) bereits innerhalb der Notstandslage zu prüfen ist, bleiben für die Notstandshandlung nur noch wenige Elemente:

a) Abwendung der dem Erhaltungsgut drohenden Gefahr

Zunächst muss der Täter das überwiegende Interesse wahren, d. h. die *Gefahr vom* **262** *Erhaltungsgut abwenden*.

b) Angemessenheit des Mittels

Nach h. M. handelt es sich bei der *Angemessenheit des Mittels* um ein zusätzliches **263** Korrektiv, um eine Übereinstimmung der Notstandshandlung mit den Wertvor-

---

[256] Sie betreffen vor allem die Umwandlung der Vorhandlung zur Tathandlung, vgl. insoweit auch zur actio libera in causa § 7 Rn. 49 ff. Zur Ablehnung der actio illicita in causa bei der verschuldeten Notwehrsituation *Roxin/Greco* AT 1 § 15 Rn. 68 sowie § 16 Rn. 64; vgl. aber auch *Freund* GA 2006, 271 ff.; *Sternberg-Lieben*, in: Schönke/Schröder Vor §§ 32 ff. Rn. 23 mwN.

[257] Vgl. auch MK-StGB-*Erb* § 34 Rn. 143 mwN; vgl. a. *Erb* GA 2024, 1 ff.

[258] Vgl. MK-StGB-*Erb* § 34 Rn. 180 ff.; NK-StGB-*Neumann* § 34 Rn. 21 ff.; *Roxin/Greco* AT 1 § 16 Rn. 91 ff.

stellungen der Allgemeinheit zu gewährleisten (sozialethische Einschränkung der Notstandshandlung).[258]

Beispiel 5.24

264   *Blutübertragungs*-Fall: Y ist schwer verunglückt und kann nur durch eine sofortige Bluttransfusion gerettet werden. Zufälligerweise hat der anwesende Z die seltene Blutgruppe des Y. Z weigert sich jedoch, die Blutübertragung vornehmen zu lassen. Könnte Z notfalls mit Gewalt Blut entnommen werden? ◄

265   Obwohl das Leben die körperliche Unversehrtheit als Achtungsanspruch wesentlich überwiegt, ist man sich im Blutübertragungsfall zu Recht darin einig, dass die Blutübertragung seitens des Z nicht durch einen Eingriff erzwungen werden darf.[259] Die körperliche Unversehrtheit sei vielmehr eine Schranke, die auch um abstrakt höherwertiger Interessen Willen aus *sozialethischen* Gesichtspunkten nicht durchbrochen werden dürfe. Dies ist eine Ausprägung des Gedankens, dass zur Abwehr der Gefahr – selbst im defensiven Notstand – nicht jedes Mittel recht sein darf. Insbesondere Mittel, die gegen die Menschenwürde verstoßen, wie etwa das Zufügen oder Androhen körperlicher Qualen sind bereits zur Abwehr eines Angriffs[260] und damit erst recht zur Abwendung einer Gefahr unzulässig. Auseinander gehen die Meinungen nur darüber, ob jene sozialethischen Aspekte bereits Eingang in die Notstands*lage (Gesamtabwägung)* finden sollten[261] oder ob es hier einer Prüfung innerhalb der Notstands*handlung* im Rahmen des Merkmals der „Angemessenheit" bedürfe.[262]

266   Noch weitgehend ungeklärt ist jedoch, inwieweit ein Lebens- oder Leibes-Garant berechtigt oder gar verpflichtet sein kann, eine gegen materielle Güter gerichtete Straftat zu begehen: Darf bzw. muss der Täter ein sehr teures Medikament notfalls stehlen, um das Leben seiner Frau zu retten?[263]

267   Zwar unterfallen alle im Zusammenhang mit der Angemessenheitsklausel genannten Elemente *sachlich* der Gesamtabwägung, weshalb es der Angemessenheitsklausel in § 34 Satz 2 nicht mehr bedurft hätte. Da der Gesetzgeber aber die Angemessenheitsklausel in den Wortlaut des § 34 aufgenommen hat, bietet es sich an, sie als *Merkposten* zu benutzen, falls die genannten Gesichtspunkte gegen einen Eingriff mittels rechtfertigenden Notstandes sprechen.[264] Über diese *Aufbaufrage* hinaus kommt jenem Meinungsstreit zu § 34 bei der Falllösung aber keine Bedeutung zu.

---

[259] Anders *Roxin/Greco* AT 1 § 16 Rn. 49; zur Legitimation einer Blut*entnahme* durch Bestehen eines Tatverdachtes vgl. § 81a StPO.

[260] Vgl. hierzu den Fall *Daschner* (oben Rn. 170), näher dazu *Lüderssen* FS Rudolphi, S. 691 ff.; *Neuhaus* GA 2004, 521 ff. (527 ff.), 535; *Saliger* ZStW 116 (2004), 47 ff. (49).

[261] So *Perron,* in: Schönke/Schröder § 34 Rn. 46 mwN.

[262] So als Ausprägung des Autonomie- bzw. Zweckprinzips *Jescheck/Weigend* AT § 33 IV 3 d; *Kühl* AT § 8 Rn. 169 ff.; *Fischer,* in: Fischer § 34 Rn. 26 jew. mwN.

[263] So die Frage in dem berühmten „Heinz-Dilemma" nach *Kohlberg* 1996, S. 495 f., ausführlich erörtert durch *Lampe* FS Lenckner, S. 159 ff.

[264] *Kühl* AT § 8 Rn. 167; vgl. auch *B. Heinrich* AT Rn. 427.

Unter dem Aspekt der Angemessenheit werden im Übrigen die Berücksichtigung von *Gefahrtra-* **268** *gungspflichten,* die Unanwendbarkeit von § 34 auf *staatliches Handeln,*[265] soweit nicht abschließende öffentlich-rechtliche Sondervorschriften eingreifen bzw. die Pflicht zur *Einhaltung rechtlich geordneter Verfahren* bei der Gefährdung durch staatliches Handeln erörtert.

3. Subjektives Rechtfertigungselement

Umstritten ist insoweit zunächst, ob der im rechtfertigenden Notstand Handelnde **269** die Voraussetzungen der Rechtfertigung *gewissenhaft prüfen* muss.[266]

Beispiel 5.25

Blutungs-Fall BGH 1 StR 552/51 NJW 1952, 312: Der Angeklagte hatte einen **270** Schwangerschaftsabbruch vorgenommen, ohne die Frau eingehend und gewissenhaft zu untersuchen, die kollidierenden Interessen abzuwägen und die Patientin angemessen ärztlich zu betreuen. Deshalb war ihm die schwangerschaftsbedingte Suizidneigung der Patientin ebenso unbekannt wie die Tatsache, dass die Patientin infolge der (Blut)Krankheiten, an denen sie litt, die Frucht nur unter ernster Gefährdung von Leben oder Gesundheit austragen konnte.

Der BGH lehnte eine Rechtfertigung trotz objektiv gegebener Rechtfertig- **271** ungslage mangels gewissenhafter Prüfung der Rechtfertigungsvoraussetzungen ab. ◄

Indessen darf für die Straflosigkeit nach § 34 nicht verlangt werden, dass der Täter **272** das Vorliegen der objektiven Rechtfertigungsvoraussetzungen gewissenhaft prüft. Denn schon der Wortlaut des § 34 lässt eindeutig ein Handeln des Täters genügen, „um die Gefahr von sich oder einem anderen abzuwenden".

4. Aufbau der Notstands-Prüfung
  I. Tatbestandsmäßigkeit
 II. Rechtswidrigkeit
     Rechtfertigung infolge
     Notstands, wenn
     a. Notstands-*Lage*
        • gegenwärtige Gefahr für einen Achtungsanspruch (Rechtsgut)
        • Nichtabwendbarkeit der Gefahr auf andere Weise (Erforderlichkeit des Eingriffs)
        • Überwiegen des Erhaltungsgutes als Ergebnis der Interessenabwägung
     b. Notstands-*Handlung*
        • Erhaltung des überwiegenden Interesses
        • Angemessenheit des Mittels
     c. Subjektives Rechtfertigungs-Element (nicht erforderlich für § 904 BGB)

---

[265] Hierzu *Hillenkamp/Cornelius* 32 Probleme, Problem 5 mwN.

[266] Für jene Prüfungspflicht vor allem die Rechtsprechung zum früheren übergesetzlichen Notstand, vgl. die Nachweise bei *Perron,* in: Schönke/Schröder § 34 Rn. 49; zu Recht abl. LK[11]-*Hirsch* § 34 Rn. 77; *Kindhäuser/Hilgendorf* LPK-StGB § 34 Rn. 43.

Lösung des Leitfalls 5.4 Variante a (Gutachtenstil)

273 Indem A eine Latte aus dem Zaun brach, könnte er sich wegen Sachbeschädigung gem. § 303 I strafbar gemacht haben. ◄

274 I. A hat eine fremde Sache (§ 90 BGB) wissentlich und willentlich beschädigt.

275 II. Die Tat könnte aber durch aggressiven Notstand nach § 904 BGB gerechtfertigt sein. Die Inanspruchnahme des Zaunes, von dem keine Gefahr ausgeht, bedeutet eine Aggression gegen den Eigentümer.

276 Voraussetzung für eine Rechtfertigung wäre eine Notstandslage. Die gegenwärtige Gefahr besteht darin, dass der bissige Hund auf den A zurennt und ihn zu beißen droht. Um rechtfertigend zu wirken, müsste die Abwehrhandlung mit der Zaunlatte ultima ratio, d. h. zur Gefahrenabwehr erforderlich sein. Der Hund lässt sich mit der Zaunlatte abwehren. Die Wahrung der körperlichen Unversehrtheit kann auch nur durch die Beschädigung des Zaunes gewährleistet werden. Dem A ist es insbesondere nicht zuzumuten, die drohende Gefahr des Hundebisses durch einen Sprung über den Gartenzaun abzuwenden, selbst wenn A noch rüstig ist.

277 Schließlich müsste der dem A aus dem Hundebiss drohende Schaden unverhältnismäßig größer sein als der durch die Beschädigung des Zaunes drohende. Der Vergleich der Strafrahmen (§ 223, Freiheitsstrafe bis zu 5 Jahren; § 303, Freiheitsstrafe bis zu zwei Jahren) lässt auf eine solche Unverhältnismäßigkeit schließen. A hat bei der Notstandshandlung somit das überwiegende Interesse gewahrt.

278 Da A die entsprechenden Tatsachen der rechtfertigenden Situation kennt und sich verteidigen will, ist selbst das von der h. M. bei § 904 BGB zu Unrecht geforderte subjektive Rechtfertigungselement gegeben.

279 Ergebnis: Das Verhalten des A ist gerechtfertigt. Allerdings kann D gem. § 904 Satz 2 BGB von A Ersatz des ihm entstandenen Schadens verlangen.

Lösung des Leitfalls 5.4 Variante b (Gutachtenstil)

280 Indem A den Hund verletzte, könnte er sich wegen Sachbeschädigung gem. § 303 I strafbar gemacht haben. ◄

281 I. A hat eine fremde Sache (Tier gem. § 90a BGB) wissentlich und willentlich beschädigt.

II. Die Tat könnte aber gerechtfertigt sein. Da kein Angriff vorliegt, weil der **282** Hund nicht von E als Werkzeug verwandt worden ist, wäre hier Notstand zu prüfen. Die Gefahr geht vom Hund aus. Es könnte demzufolge ein defensiver Notstand gem. § 228 BGB vorliegen.

Voraussetzung dafür wäre zunächst eine Notstandslage. Die gegenwärtige Gefahr **283** besteht darin, dass der bissige Hund auf A zurennt und ihn zu beißen droht. Weiterhin müsste der Schlag mit dem Schirm die erforderliche Notstandshandlung sein. Dies ist der Fall, weil A den Hund nicht anders abwehren kann. Außerdem dürfte nach § 228 BGB der Schaden am Hund nicht außer Verhältnis zur drohenden Gesundheitsbeschädigung des A stehen. Der Strafrahmen des § 223 (Freiheitsstrafe bis zu 5 Jahren) ist ein Indiz dafür, dass die Gesundheit des A die in § 303 (Freiheitsstrafe bis zu zwei Jahren) geschützte Unversehrtheit des Hundes überwiegt und damit eine Unverhältnismäßigkeit erst recht nicht gegeben ist.

A hat somit die Voraussetzungen von § 228 BGB erfüllt und rechtmäßig **284** gehandelt.

Da A die entsprechenden Tatsachen der rechtfertigenden Situation kannte und **285** sich verteidigen wollte, liegt auch das vom Wortlaut des § 228 BGB vorausgesetzte subjektives Rechtfertigungselement vor.

Das Verhalten des A ist gem. § 228 BGB gerechtfertigt. **286**

IV. Rechtfertigende Pflichtenkollision

Leitfall 5.5 Var. a

Zwillingssohn-Fall: Vater V ist mit seinen beiden 5-jährigen Zwillingen S 1 **287** und S 2 an den Ostseestrand gefahren. Während V S 1 über alles liebt, hasst er S 2 zutiefst. Als sich die Gruppe im flachen Strandbereich aufhält, geraten S 1 und S 2 plötzlich in eine nicht erkennbare Untiefe und drohen zu ertrinken. Aufgrund der Distanz zwischen S 1 und S 2 und der Begrenztheit seiner körperlichen Kräfte erkennt V sofort, dass er nur einen der beiden Nichtschwimmer retten kann. Er entschließt sich daher, S 1 zu retten und den ihm verhassten S 2 ertrinken zu lassen, was auch geschieht. Hat V sich wegen des Todes von S 2 strafbar gemacht? ◄

Leitfall 5.5 Var. b

288 *Respirator*-Fall: In eine Unfallklinik wird der Schwerverletzte S eingeliefert. Durch künstliche Beatmung könnte sein Leben gerettet werden, weshalb er auf die Intensivstation gebracht wird. Dort stellt sich jedoch heraus, dass alle Beatmungsgeräte belegt sind. Um das Leben des S zu retten, entschließt sich der ärztliche Leiter der Intensivstation, Dr. D, den Patienten P, einen alten Mann, dessen Lebenserwartung er auf allenfalls noch drei Monate schätzt, vom Beatmungsgerät abzuhängen und S anzuschließen. S wird gerettet und kann nach drei Wochen zu seiner Frau und den drei Kindern zurückkehren. P stirbt nach wenigen Minuten. Hat sich Dr. D wegen des Todes des P strafbar gemacht? ◄

289 Die rechtliche Bewertung der Kollision von Pflichten gehört trotz umfassender Aufarbeitung durch *Otto* und *Küper*[267] zu jenen Problembereichen der Strafrechtsdogmatik, in denen sich ein Konsens der Meinungen erst nach und nach finden lässt. Der Grund hierfür liegt darin, dass zu wenigen dogmatischen Gebilden so viele Missverständnisse bestanden wie zur rechtfertigenden Pflichtenkollision.[268]

290 Es bedarf daher zunächst einer Klärung des Begriffs und der Art der kollidierenden *Größen* (1). Es folgt die Herausarbeitung und genauere Darstellung jener Konstellation, der gegenüber sonstigen Rechtfertigungsgründen eine eigenständige Struktur zukommt: die Pflichtenkollision i. e. S. (2, 3).[269]

1. Pflichtenkollisionen i. w. S. als Interessenkollisionen

291 Die ganz überwiegende Anzahl der Rechtssätze des Straf- und Ordnungswidrigkeitenrechts beruht auf *Verbots*normen.

Beispiele

292 § 212: „Du sollst nicht töten";
§ 242: „Du sollst nicht stehlen".

293 Nur die Strafvorschriften, die ein Unterlassen beschreiben (näher hierzu unten § 11) verstärken *Gebots*normen.

Beispiele

294 § 323c: „Du sollst in Unglücksfällen Hilfe leisten";
§ 138: „Du sollst der Behörde oder dem Bedrohten von dem Vorhaben oder der Ausführung näher bestimmter Straftaten rechtzeitig Anzeige machen."

295 Mit den *Verbots*normen korrespondieren *Unterlassung*spflichten, mit den *Gebots*normen *Handlungs*pflichten: Indem es verboten ist, einen anderen Menschen zu

---

[267] *Küper* 1979; *Otto* 1978.

[268] Vgl. auch die Nachweise bei *Fischer*, in: Fischer Vor § 32 Rn. 11 ff.

[269] Näher zum Ganzen *Gropp* FS Hirsch, S. 207 ff.

töten, besteht eine *Pflicht*, die Tötung eines anderen Menschen zu *unterlassen*. Indem es geboten ist, bei Unglücksfällen zu helfen, besteht die *Pflicht*, in einer bestimmten Weise aktiv zu *handeln*.

Freilich zeigt uns die Existenz von § 13, dass Verbote/Unterlassungspflichten **296** auch in Gebote/Handlungspflichten umformuliert werden können. Weil jedoch diese Umformulierung mit zusätzlichen, in § 13 formulierten Voraussetzungen verknüpft ist, bildet hier das Verbot die *Grundform* im Vergleich zum Gebot. Insoweit überwiegt die Anzahl der Verbotsnormen die der Gebotsnormen bei Weitem.

Dieses zahlenmäßige Übergewicht sanktionsbewehrter Verbote bzw. Unterlassungspflichten ist in- **297** dessen nicht eine Frage der Formulierung oder des Zufalls, sondern es ergibt sich aus der Funktion der (Straf)Rechtsordnung als *Friedens*ordnung. Denn Frieden und Ordnung lassen sich durch eine Verpflichtung zum Unterlassen augenscheinlich eher gewährleisten als durch eine Verpflichtung zum Tun:[270] Wer begeht, läuft eher Gefahr, die Interessen Dritter zu beeinträchtigen, was dann zu einer Legitimationsbedürftigkeit führt. Wer unterlässt, bedarf indessen in der Regel keiner Legitimation hierfür, weil er dadurch nicht in die Rechte Dritter eingreift.[271]

Wenn aber die Statuierung einer Handlungspflicht einer besonderen Legitimation **298** bedarf – sei es durch Formulierung einer spezifischen Vorschrift wie etwa in § 323c, sei es über die zusätzlichen Voraussetzungen in § 13 (Garantenstellung und Garantenpflicht, Entsprechensklausel, Möglichkeit und Zumutbarkeit des Handelns), dann kommt bei einer „Kollision" einer Unterlassungspflicht mit einer Handlungspflicht die Handlungspflicht nicht zum Entstehen, solange es nicht gelingt, jene besondere Legitimation, d. h. das Überwiegen der Handlungspflicht, darzulegen.

Zu Leitfall 5.5

Auf diesen prinzipiellen *Vorrang der Unterlassungspflicht* vor der Handlungs- **299** pflicht[272] kommt es in *Leitfall 5.5 Var. b* an: Hier verdrängt die durch § 212 repräsentierte Unterlassungspflicht zugunsten des Patienten P die aus der Aufnahme in die Klinik herrührende Handlungspflicht aus § 212 i. V. m. § 13 gegenüber S. Bezüglich des S mag die Garantenstellung und -pflicht zwar ein Tun formal gebieten, den Eingriff in die Rechte des P vermag sie indessen nicht zu legitimieren. Dies gilt jedenfalls dann, wenn man es (mit Recht) ablehnt, Menschenleben nach der mutmaßlichen Lebenserwartung und der Lebensqualität abzuwägen. Denn dann spielt es keine Rolle, dass S jung und kräftig, P hingegen alt und gebrechlich ist. ◄

---

[270] Vgl. insoweit zur „Bescheidenheit" des Strafrechts *Arzt* FS Rudolphi, S. 3 ff.

[271] Vgl. auch *Neumann* FS Roxin, S. 421 ff. (426).

[272] So bereits *Chr. Wolff*, 1738 § 210; vgl. auch *Isensee* 1997, S. 7; *Jakobs* AT 15 Rn. 8; a. A. *Otto* GK AT § 8 Rn. 206 (rechtliche Gleichwertigkeit); zu ärztlichen Auswahlkriterien und dem Behandlungsabbruch im Fall der Pflichtenkollision vor allem angesichts der Corona-Pandemie *Ast* ZIS 2020, 268 ff.; zur Problematik s. auch *Jäger/Gründel* ZIS 2020, 151 ff.

300 Aus dem soeben genannten Beispiel kann man erkennen, dass die verschiedenen Pflichten in Wahrheit gar nicht rechtlich kollidieren, sondern dass sie in einem Rangverhältnis stehen, das nur eine von ihnen rechtlich zur Wirkung kommen lässt.[273] Was kollidiert, sind Interessen[274] bzw. formale Handlungs- oder Unterlassungspflichten, formale *Gebote/Verbote*[275] des StGB. Eine materielle Rechtspflicht entsteht erst, wenn die Vorrangfrage geklärt ist. Andernfalls würde man Rechtspflichten statuieren, deren Befolgung rechtswidrig wäre. Da sich der Vorrang, das Überwiegen eines Interesses aber nach dem Maßstab des § 34 richtet, entscheiden sich auch alle formalen „Pflichtenkollisionen" zunächst nach den Maßstäben des *rechtfertigenden Notstandes*. In welchen Fällen lässt sich danach ein Vorrang feststellen?

2. Konstellationen formaler „Pflichtenkollisionen"

301 Das Zusammentreffen von formalen Handlungs- und Unterlassungspflichten ist in folgenden Konstellationen kombinierbar: Handlungspflicht und Unterlassungspflicht (a), Unterlassungspflicht und Unterlassungspflicht (b), Handlungspflicht und Handlungspflicht (c).

a) „Kollision" einer formalen Handlungspflicht mit einer formalen Unterlassungspflicht

302 Insofern wurde bereits oben (Rn. 298) ausgeführt, dass die Pflicht zum Handeln nur dann materiell besteht, wenn für einen damit verbundenen Eingriff in Rechte Dritter eine spezifische Legitimation vorliegt. Ist dies der Fall, ist ein *besonderer* Fall des rechtfertigenden Notstandes gegeben, weil der im Notstand Handelnde hier nicht nur *berechtigt*, sondern *verpflichtet* ist, zugunsten des Erhaltungsgutes einzuschreiten. Ansonsten überwiegt die Unterlassungspflicht.[276]

Beispiel 5.26

303 Wegen des Vorrangs des formalen Unterlassungsgebots und der daraus resultierenden Unterlassungspflicht ist die Ablehnung einer Rechtfertigung der sog. „Euthanasieärzte" in den *Anstaltstötungs*-Fällen durch den OGH für die britische Zone[277] zutreffend: Um Menschenleben zu retten, hatten Ärzte Kandidaten aus „Todeslisten" gestrichen, dadurch aber indirekt zur Erstellung der Listen beigetragen. Da hier die Handlungspflicht gegenüber der Gesamtheit der auf den Listen Befindlichen den Eingriff in das Lebensrecht der auf den Listen Verbleibenden nicht zu legitimieren vermochte, lag ein Überwiegen der Unterlassungspflicht gegenüber der Handlungspflicht vor. ◄

---

[273] Vgl. auch *Joerden* Jahrbuch für Recht und Ethik Bd. 5 (1977), S. 43 ff.

[274] So treffend SK-*Hoyer* § 34 Rn. 38 ff.; NK-StGB-*Neumann* § 34 Rn. 125; *Neumann* FS Roxin, S. 421 ff. (422).

[275] Vgl. LK[11]-*Hirsch* Vor § 32 Rn. 71 ff.

[276] Vgl. *Küper* 1979, S. 32 ff.

[277] Vgl. OGH StS 19/49 OGHSt 1, 321 sowie BGH 4 StR 23/50 NJW 1953, 513 näher unten § 6 Rn. 183 ff.

Beispiel 5.27

In den sog. *Weichensteller*-Fällen[278] droht der nicht mehr abbremsbare Schnell- **304** zug eine Gruppe von Gleisarbeitern zu erfassen. Der Weichensteller könnte ihn durch Umstellen der Weiche jedoch so umleiten, dass nur ein vorher un- gefährdeter Arbeiter getötet würde. Die mangelnde Legitimation zum aktiven Eingriff in das Lebensrecht Dritter ist auch der Grund dafür, dass die Weiche nicht umgestellt werden *darf*.

Hingegen würde der Weichensteller i. S. von § 34 das überwiegende Interesse **305** wahrnehmen, wenn er die Weiche so stellt, dass der Zug anstatt der Gleisarbeiter nun mehrere Tiere einer Schafherde erfasst und tötet, weil die Handlungspflicht zugunsten von Menschenleben die Unterlassungspflicht zugunsten von Tieren überwiegt.

Da auch in *Leitfall 5.5 Var. b* Dr. D keine Legitimation zum Eingriff in das **306** Lebensrecht des P hat, handelt er rechtswidrig, wenn er P vom Beatmungsgerät nimmt. ◄

Weil die Fälle einer „Kollision" formaler Handlungs- mit Unterlassungspflichten **307** über den rechtfertigenden Notstand zu entscheiden sind, liegt hier folglich gar keine Kollision materieller Pflichten vor. Denn die Kollisionsregeln des rechtfertigenden Notstandes entscheiden den Interessenkonflikt und verhindern eine materielle Pflichtenkollision.[279]

b) Kollision von Unterlassungspflichten?[280]

Jeder von uns sieht sich jederzeit unzähligen Unterlassungspflichten ausgesetzt. Wir **308** sollen es z. B. unterlassen, zu stehlen (§ 242), zu betrügen (§ 263), zu töten (§§ 211 ff.) und ohne Führerschein Auto zu fahren (§ 21 StVG). Diese Unter- lassungspflichten bestehen – im Unterschied zu Handlungs- und Unterlassungs- pflichten – gleichzeitig. Wir können sie auch alle gleichzeitig erfüllen, indem wir *unterlassen*. Weil wir sie aber gleichzeitig erfüllen können, *kollidieren* auch sie in Wahrheit *nicht. Es gibt keine Kollision von Unterlassungspflichten, und es kann sie nicht geben.*[281] Das Gegenteil scheinen hingegen Beispiele zu beweisen:

---

[278] *Welzel* ZStW 63 (1951), 47 ff. (51); vgl. hierzu umfassend *Mitsch* GA 2006, 11 ff.; *Kühl* AT § 12 Rn. 104 f.; *Maurch/Gössel/Zipf* AT 1 § 27 Rn. 26.

[279] Näher *Gropp* FS Hirsch, S. 207 ff. (211 ff.); vgl. auch *Kindhäuser/Hilgendorf* LPK-StGB § 34 Rn. 56.

[280] Näher *Gropp* FS Hirsch, S. 207 ff. (217 ff.).

[281] Zustimmend AnwK-*Hauck* vor §§ 32 ff. Rn. 22; *Satzger* Jura 2010, 753 ff. (754 f.).; a. A. *Fi- scher*, in: Fischer Vor § 32 Rn. 11d; *B. Heinrich* AT Rn. 514 mit Fn. 171; *Kindhäuser/Zimmermann* AT § 18 Rn. 1 f.; *Sternberg-Lieben*, in: Schönke/Schröder Vor §§ 32 ff. Rn. 76; *Stratenwerth/Kuh- len* AT § 9 Rn. 126; *Weigend* ZIS 2017, 599 ff. (603). *Weigend* übersieht in den von ihm unter- suchten Fällen der Programmierung eines autonomen Fahrzeugs und der Frage, wie das Auto in einer Dilemmasituation (unausweichlich kann das Fahrzeug nur nach rechts oder links lenken und dadurch entweder A oder B getötet werden) programmiert werden soll, dass es eine dritte Option gibt: das Auto überhaupt nicht zu programmieren. Auch in diesen Fällen kollidieren also nicht zwei gleichrangige Unterlassungspflichten.

Beispiel 5.28

309   Der „*Hamburger Elbtunnel*-Fall“:[282] Im Hamburger Autobahn-Elbtunnel wird der Verkehr in der mittleren der drei Röhren so geregelt, dass mit der Rush-Hour wechselnd zwei Fahrspuren einmal in die eine, einmal in die andere Richtung führen. Eine „Kollision“ von Unterlassungspflichten soll vorliegen, wenn (wohl aufgrund eines Defektes der Steuerungsanlage oder eines Versehens der Polizei) durch Lichtzeichen die Fahrtrichtung der mittleren Spur gewechselt würde, während sich ein Autofahrer noch in der alten Fahrtrichtung durch den Elbtunnel bewegt. Würde der Autofahrer im Tunnel umkehren bzw. stehenbleiben, würde er jeweils gegen folgende Unterlassungspflichten (Verbote) verstoßen:

310
- in der falschen Richtung zu fahren
- anzuhalten
- zu wenden. ◀

Beispiel 5.29

311   Der *Autobahn-Schnellfahrer*-Fall:[283] Der schnelle Autobahnfahrer gerät an das Ende eines Staus. Bremst er, wird er einen Auffahrunfall des Hintermannes verursachen. Fährt er weiter, wird er auf den Vordermann auffahren. Dieser Fahrer hätte das Anhalten und das Weiterfahren gleichzeitig zu unterlassen. Beides sei ihm verboten. ◀

Beispiel 5.30

312   *Geisterfahrer*-Fall:[284] Der die Autobahn in falscher Fahrtrichtung benutzende „Geisterfahrer“ darf weder halten noch weiterfahren noch wenden. ◀

313   Wendet man sich diesen Beispielen mit den klassischen Instrumenten der Methodenlehre zu, so ergibt sich, dass „kollidierende“ Unterlassungspflichten in Wirklichkeit nicht bestehen.

314   Nehmen wir als Beispiel den *Geisterfahrer* auf der Autobahn. Er soll angeblich verpflichtet sein, sowohl das *Anhalten* als auch das *Wenden* zu unterlassen. Indessen bestehen diese Pflichten für den Geisterfahrer in Wirklichkeit nicht in Kollisionsform, was sich unschwer erkennen lässt, wenn man nach dem *Sinn* der entsprechenden Unterlassungspflichten bzw. -verbote fragt:

---

[282] Vgl. *Hruschka* FS Larenz, S. 257 ff. (261).

[283] Vgl. *Sternberg-Lieben,* in: Schönke/Schröder Vor §§ 32 ff. Rn. 76.

[284] Frei nach *Jescheck/Weigend* AT § 33 V 1.

Sinn aller Verhaltensregeln auf der Autobahn ist es, den Verkehrsfluss in optimaler Weise, d. h. bei **315** minimaler Gefährdung zu gewährleisten. Dies ist der Fall, wenn auf dem jeweiligen Richtungsstreifen alle Fahrzeuge mit einer Mindestgeschwindigkeit fahren, und zwar in die vorgegebene Richtung. Unter diesen Voraussetzungen gewinnt sowohl ein Anhalteverbot als auch Wendeverbot erst seine Berechtigung. Es soll verhindert werden, dass ein Fahrzeug ohne triftigen Grund anhält oder sich entgegen der angeordneten Fahrtrichtung bewegt. § 18 VIII StVO ist daher dahingehend teleologisch zu reduzieren, dass einen Geisterfahrer bereits keine Pflicht trifft, das Anhalten zu unterlassen. Denn es ist für den fließenden Verkehr viel gefährlicher, wenn der Geisterfahrer in der falschen Fahrtrichtung weiterfährt, als wenn er lediglich steht. Der anhaltende Geisterfahrer handelt somit gar nicht pflichtwidrig, wenn er unter Wahrung des Rücksichtsgebots in § 1 II StVO anhält. Ist ein anschließendes Wendemanöver zu gefährlich, ergibt sich die entsprechende – durchaus erfüllbare – Unterlassungspflicht ebenfalls aus § 1 II StVO. Sie ergibt sich nicht aus dem Wendeverbot in § 18 VII i. V. m. § 49 I Nr. 18 StVO. Denn fährt ein Fahrer ohnehin bereits in der falschen Fahrtrichtung, so kann für ihn das Wendeverbot als solches nicht gelten, weil das Wenden den sicheren Verkehrsfluss erst ermöglicht.[285]

Man kommt im Geisterfahrerfall somit zu folgendem Ergebnis: Die Unterlassungspflicht, gegen **316** welche der Geisterfahrer zunächst verstößt, besteht in dem Verbot, die Fahrbahn entgegen der vorgegebenen Fahrtrichtung zu benutzen. Diese Unterlassungspflicht muss und kann er befolgen, indem er anhält, weil eine Pflicht, das Anhalten zu unterlassen, in seiner spezifischen Situation nicht besteht. Ist ein „Wenden" i. S. eines Verbringens des Fahrzeugs in die richtige Fahrtrichtung gefahrlos möglich (menschenleere Autobahn in einer ferienlosen Herbstnacht um 3.30 Uhr), würde dem Wenden das genannte Wendeverbot nicht entgegenstehen, weil es die Fälle des Geisterfahrers nicht betrifft. Wäre ein Wenden hingegen zu gefährlich, müsste der Geisterfahrer sein Fahrzeug in seiner Fahrtrichtung möglichst weit rechts abstellen und die Polizei verständigen.

Das Beispiel des Geisterfahrers auf der Autobahn lässt erkennen, dass die Konstruk- **317** tion einer Kollision von Unterlassungspflichten entgegen der Logik nur dann möglich ist, wenn man die entsprechenden Unterlassungspflichten bewusst entgegen der ratio legis interpretiert. Bei sachgerechter Pflichteninterpretation ist eine Kollision von Unterlassungspflichten hingegen ausgeschlossen.

Dies gilt auch für das von *Neumann*[286] gebildete Beispiel des in einer Menschenmenge nach vorn **318** geschobenen X, der die „Wahl" hat, entweder auf den vor ihm gestürzten A oder den B zu treten. Müsste X *nach Lage der Dinge* auf den A treten, bestünde insoweit eine Handlungspflicht, dies zu vermeiden. Einer Entscheidung zum Nachteil des B stünde jedoch eine (überwiegende) Unterlassungspflicht entgegen – eine typische „Weichensteller"-Konstellation, vgl. oben Beispiel 5.27.

Es bleibt also dabei: Es ist zwar ein Nebeneinander mehrerer Unterlassungspflichten **319** möglich. Jedoch können diese Unterlassungspflichten nicht derart kollidieren, dass die Erfüllung der einen Unterlassungspflicht die Verletzung der anderen mit sich bringt: „Leges prohibitivae nunquam inter se colliduntur"[287] – Verbotsgesetze kolli-

---

[285] Vgl. hierzu auch OLG Karlsruhe 2 Ss 127/83 JZ 1984, 240 m. Anm. *Hruschka*.

[286] *Neumann* FS Roxin, S. 421 ff. (430).

[287] *Chr. Wolff* 1738, § 212.

dieren niemals miteinander. Falls dies doch der Fall sein sollte, hätte der Gesetz-geber durch widersprüchliche Aufstellung von Unterlassungspflichten einen Fehler gemacht, eine *absurde Rechtslage* produziert.[288]

c) „Kollision" von Handlungspflichten?

320   Auch Handlungspflichten können nur *formal* in der Weise kollidieren, dass an den Adressaten der Verpflichtung gleichzeitig Anforderungen gestellt werden, die dieser nicht gleichzeitig erfüllen kann, vgl. *Leitfall 5.5 Var. a.* Stehen die Handlungs-pflichten in einem *Stufenverhältnis,*[289] gelten auch hier die Regeln des recht-fertigenden Notstandes und nur die höherrangige Pflicht kommt materiell zur Wirkung.

Beispiel 5.31

321   Drohen ein Mensch und ein Hund zu ertrinken, so muss der Mensch gerettet wer-den. Die Sachbeschädigung bezüglich des Hundes durch Unterlassen ist nach § 34 gerechtfertigt, weil das überwiegende Interesse wahrgenommen wurde. ◄

322   Der eigenständige Wirkungsbereich der rechtfertigenden Pflichtenkollision liegt je-doch dort, wo zwei *gleichrangige*[290] formale Handlungspflichten kollidieren:[291]

323   Es drohen wie in *Leitfall 5.5 Var. a* zwei Menschen zu ertrinken, von denen nur einer gerettet werden kann. Hier helfen die Maßstäbe des rechtfertigenden Not-standes nicht weiter, weil keines der betroffenen Interessen/keine der formalen Pflichten überwiegt.

3. Die rechtfertigende „Kollision" gleichrangiger formaler Handlungspflichten (rechtfertigende Pflichtenkollision i. e. S.)

324   In diesen Fällen liegt materiell nur *eine* Rechtspflicht vor. Sie gebietet, eine der bei-den Handlungsmöglichkeiten zu ergreifen, und rechtfertigt das Unterlassen im Üb-rigen.[292]

---

[288] Z. B. Verbot 1: Wer redet wird bestraft; Verbot 2: Wer schweigt, wird bestraft. Hier scheinen in der Tat zwei Unterlassungspflichten zu kollidieren. Aber nur scheinbar. Denn das Schweigen ist zugleich ein Unterlassen des Redens. Es kollidiert somit die Unterlassungspflicht bezüglich des Redens mit der Handlungspflicht bezüglich des Redens. Eine absurde Pflichtenkollision, aber keine Kollision von Unterlassungspflichten.

[289] Zu diesem Stufenverhältnis zwischen der allgemeinen Hilfeleistungspflicht aus § 323c und der Handlungspflicht des Garanten bei der unechten Unterlassungsstraftat *Beulke* FS Küper, S. 1 ff.

[290] Z.Teil wird das nicht immer hinreichend genug deutlich gemacht, vgl. etwa bei *Krey/Esser* AT Rn. 630.

[291] Vgl. AnwK-*Hauck* vor §§ 32 ff. Rn. 22; *Murmann* GK § 25 Rn. 64 ff.

[292] So jetzt auch die h. M., vgl. *Frister* AT § 22 Rn. 61; *B. Heinrich* AT Rn. 514; LK[11]-*Hirsch* Vor § 32 Rn. 71 ff. i. V. m. Rn. 6; *Kindhäuser/Zimmermann* AT § 18 Rn. 6 f.; *Krey/Esser* AT Rn. 633; *Kühl* AT § 18 Rn. 134 ff.; *Roxin/Greco* AT 1 § 16 Rn. 125; krit. *Küper* FS Rengier, S. 67 ff. (73) insb. Fn. 38.

Bei der Kollision gleichrangiger formaler Handlungspflichten[293] wird zuweilen die Meinung vertreten, dass die Befolgung *einer* Pflicht keine rechtfertigende, sondern nur entschuldigende Wirkung habe.[294] Dem stehen jedoch folgende Überlegungen entgegen: **325**

Der im Rahmen der formalen Kollision mehrerer gleichrangiger Handlungspflichten Handelnde hat die folgenden Alternativen: er kann entweder *eine* der Handlungspflichten *erfüllen* oder untätig bleiben. Die Untätigkeit ist jedoch eine Alternative, welche die Rechtsordnung um des Schutzes der Angriffsobjekte willen nicht hinnehmen kann. Deshalb müsste man den Täter in diesen Fällen wegen Nichterfüllung der einen *oder* der anderen Handlungspflicht zur Rechenschaft ziehen. Diesem Ergebnis kann der Täter nur entgehen, wenn er handelt. Wenn der Täter nun aber dergestalt aktiv werden *soll*, dann kann dies nicht gleichzeitig rechtswidrig sein, weil die Rechtsordnung nicht die Begehung rechtswidriger Handlungen vorschreiben kann.[295] Die Befolgung einer von mehreren gleichrangigen scheinbar kollidierenden Handlungspflichten wirkt daher als Rechtfertigungsgrund. Denn materiell besteht nur die Pflicht, *eine* der formalen Handlungspflichten (Handlungsgebote) zu erfüllen. Als Rechtfertigungsgrund für die Wahrnehmung eines *gleichrangigen* Interesses kommt der rechtfertigenden Pflichtenkollision eine eigenständige dogmatische Funktion zu.[296] Im Übrigen gelten die Regeln des rechtfertigenden Notstandes. **326**

Problematisch ist im Bereich der rechtfertigenden Pflichtenkollision somit nur noch die Frage, *wann* eine Gleichrangigkeit der kollidierenden Interessen/formalen Handlungsgebote vorliegt. Die Dogmatik der Pflichtenkollision kann hier jedoch keine Anhaltspunkte liefern. Sie bildet nur ein formales Konzept, wie Kollisionen der genannten Art zu lösen sind. Die inhaltliche Bewertung der kollidierenden Interessen ist der Dogmatik der Pflichtenkollision vorgelagert. **327**

Lösung des Leitfalls 5.5 Variante a *Zwillingssohn*-Fall (Gutachtenstil)

V könnte wegen einer vorsätzlichen Tötung seines Sohnes S 2 durch Unterlassen strafbar sein (§§ 212,13). **328**

Die tatbestandsmäßige Veränderung in der Außenwelt – Tod des S 2 durch Ertrinken – liegt ebenso vor wie ein wissentliches und willentliches Unterlassen des V. Zwischen dem Nichthandeln des V und dem Tod des S 2 besteht Quasikausalität, denn bei einem entsprechenden Handeln des V wäre mit an Sicherheit grenzender Wahrscheinlichkeit eine Rettung des S 2 möglich gewesen. **329**

Fraglich ist aber, ob V rechtswidrig gehandelt hat. **330**

---

[293] „Handlungspflichten" ist dem Begriff „Verhaltenspflichten" (so aber *B. Heinrich* AT Rn. 514 f.) vorzuziehen, um die Pflichten zu einem aktiven Tun klar von Unterlassungspflichten abzugrenzen.

[294] Vgl. *Jescheck/Weigend* AT § 33 V 1 c, 2 mwN; *Haft* StrafR AT S. 108; *Fischer*, in: Fischer Vor § 32 Rn. 11b; NK-StGB-*Paeffgen/Zabel* Vor. § 32 Rn. 174; zu Recht kritisch zu diesem „Irrweg" vgl. *Mitsch* NStZ 2024, 641 ff.

[295] Vgl. auch NK-StGB-*Neumann* § 34 Rn. 133.

[296] Vgl. auch LK[11]-*Hirsch* § 34 Rn. 5; *Roxin/Greco* AT 1 § 16 Rn. 122.

331   Es kollidieren hier zwei gleichrangige formale Handlungspflichten, denn V ist für seinen Sohn S 1 ebenso wie für seinen Sohn S 2 Garant aufgrund Gesetzes. Auch wäre es V nicht möglich gewesen, beide Kinder zu retten. Im Widerstreit gleichrangiger formaler Handlungspflichten kann sich V für eine der beiden Möglichkeiten entscheiden und handelt damit nach überwiegender Meinung nicht rechtswidrig. ◄

Lösung des Leitfalls 5.5 Variante b *Respirator*-Fall (Gutachtenstil)

332   Dr. D könnte sich wegen einer vorsätzlichen Tötung (§ 212) des P strafbar gemacht haben, indem er die Behandlung des P durch Abschalten des Beatmungsgerätes abbrach.

333   Für Dr. D kollidieren eine formale Handlungspflicht und eine formale Unterlassungspflicht. Er müsste einerseits die Behandlung des P fortsetzen, andererseits wäre er zur Aufnahme der Behandlung des S verpflichtet. Jedoch erstarkt bei Gleichrangigkeit der betroffenen Interessen allein die formale Unterlassungspflicht zur materiellen Unterlassungspflicht.

334   Die von Dr. D getroffene Entscheidung ist wegen des Verstoßes gegen diese Unterlassungspflicht rechtswidrig, da menschliches Leben als höchstes Gut nicht abwägbar ist und auch nicht unter prognostischen Gesichtspunkten bewertet werden darf. ◄

334a Während der Corona-Pandemie wurde die Problematik der Pflichtenkollision im Allgemeinen und der rechtfertigenden Pflichtenkollision im Besonderen intensiv diskutiert. In der besonders akuten Phase der Pandemie, war es nicht ausgeschlossen, dass Ärzte eine Triage-Entscheidung treffen mussten. Bei der Triage handelt es sich um eine Situation, in der die Behandlungskapazität einer Gesundheitseinrichtung nicht ausreicht, um alle akuten behandlungsbedürftigen Patienten angemessen zu versorgen. Werden also zwei akut und lebensgefährlich an SARS-CoV-2 erkrankte Personen eingeliefert und steht nur ein Beatmungsgerät zur Verfügung, so muss eine Entscheidung getroffen werden, welche Person die Behandlung erhält. Unzweifelhaft ist in diesem Zusammenhang, dass für die Ärzte gleichrangige Handlungspflichten bestehen und sie dennoch priorisierend Behandlungskapazität zuteilen müssen.[297] Allerdings haben weder die Strafrechtsdogmatik noch die Rechtsprechung weitere Maßstäbe erarbeitet, nach denen eine Priorisierung vorgenommen werden könnte. Vielmehr sind die Kriterien, wann eine rechtfertigen Pflichtenkollision vorliegen soll, stark abstrahiert und letztendlich auf die Wahrnehmung *einer* gleichrangigen Handlungspflicht konzentriert. Welche der gleichrangigen Handlungspflichten die verpflichtete Person wahrnimmt, liegt in ihrem Ermessen. Und genau diese kriterienlose Ermessensentscheidung birgt die Gefahr, dass bei der Auswahlentscheidung Motive leitend sind, welche diskriminierend[298] oder sogar lebensfeindlich sind.

---

[297] Siehe dazu auch *Jansen* ZIS 2021, 155 ff.; *Streng-Baunemann* ZIS 2021, 170 ff.; *Rönnau/Wegner* JuS 2020, 403 ff.; *Sowada* NStZ 2020, 452 ff.

[298] *Jansen* ZIS 2021, 155 ff. (159).

Ob handlungsleitend also das Lebensalter, Sympathie oder die Haarfarbe ist, **334b**
spielt keine Rolle, solange mit Rettungswillen eine der gleichrangigen Handlungspflichten erfüllt wird. Deshalb hatte das BVerfG beschlossen, dass der Gesetzgeber
seinem Schutzauftrag aus Art. 3 III 2 folgend Maßnahmen zum Schutz von be-
nachteiligten Personen (insbesondere Menschen mit Behinderung) ergreifen müsse,
um eine Benachteiligung dieser bei sog. Triage-Entscheidungen zu verhindern.[299]
Der Entscheidung des BVerfG entsprechend änderte der Gesetzgeber im Jahr 2022
das Infektionsschutzgesetz (IfSG)[300] dahingehend, dass in § 5c IfSG Regelungen für
die Zuteilungsentscheidung bei knappen Behandlungskapazitäten festgelegt worden sind. Insbesondere darf eine Behinderung, der Grad der Gebrechlichkeit, das
Alter, die ethnische Herkunft, die Religion und Weltanschauung und das Geschlecht
sowie die sexuelle Orientierung keine Rolle bei der Zuteilung von Behandlungskapazität spielen. Lediglich die aktuelle und kurzfristige Überlebenswahrschein-
lichkeit ist maßgeblich, § 5c II IfSG.

V. Amts- und Zwangsrechte als Rechtfertigungsgründe

> **Leitfall 5.6**
>
> Nach einem Mord wird X in der Nähe des Tatortes als Tatverdächtiger fest- **335**
> genommen. Haftrichter R erlässt einen Haftbefehl nach § 112 II Nr. 2 StPO
> wegen *Fluchtgefahr*. Er begründet dies aufgrund des Aktenstudiums damit, dass
> X unverheiratet ist und Verwandte im Ausland hat.
>
> Zwar ist X in der Tat unverheiratet und hat Verwandte im Ausland. Jedoch ist **336**
> er das Opfer einer Verwechslung geworden, weil er sich zur Tatzeit in der Nähe
> des Tatorts aufgehalten hatte. In Wirklichkeit ist Y der Täter. Hat Richter R in
> diesem Falle rechtmäßig gehandelt? ◄

1. Eingriffsrechte von Amtsträgern, insbesondere im Rahmen der Strafverfolgung

Gerade die Strafrechtspflege erfordert vor allem im Rahmen der Strafverfolgung in **337**
weiten Bereichen hoheitliche Eingriffe, die eine Strafvorschrift erfüllen: Sei es
§ 239 (Freiheitsberaubung) im Rahmen der Untersuchungshaft nach §§ 112 ff.
StPO oder des Vollzugs der Freiheitsstrafe, sei es § 340 (Körperverletzung im Amt)
bei der Entnahme einer Blutprobe beim Beschuldigten (§ 81a StPO). Alle diese
Maßnahmen bedürfen der *Rechtfertigung*, um straffrei zu bleiben. Entsprechende
Rechtfertigungsgründe finden sich insbesondere in Form spezieller Eingriffsgrundlagen in der StPO. Ihre Wirkung unterscheidet sich nicht von sonstigen Rechtfertigungsgründen. Dennoch weisen sie Besonderheiten auf:

---

[299] Vgl. BVerfGE 160, 79 ff.

[300] Zweites Gesetz zur Änderung des Infektionsschutzgesetzes vom 8.12.2022 BGBl. I S. 2235.

338   Da bis zur Fällung des Urteils nicht und auch danach *nur zur richterlichen Über-zeugung* feststeht, dass der Verdächtige, Beschuldigte, Angeschuldigte und An-geklagte die Tat schuldhaft begangen hat, tragen alle jene tatbestandsmäßigen Ein-griffe das Risiko in sich, *tatsächlich fehlerhaft* zu sein. Um jedoch die Strafrechts-pflege nicht deshalb zum Erliegen kommen zu lassen, berücksichtigt der Gesetzgeber diese Risiken, indem er Eingriffsgrundlagen formuliert, die gerade jene *Ungewiss-heit einbeziehen.* Dementsprechend sind gesetzliche Formulierungen wie „Ver-dacht" oder „Gefahr" (vgl. z. B. § 112 StPO) beredter Ausdruck dafür, dass in tat-sächlicher Hinsicht Unsicherheit besteht:

339   „Verdacht" verlangt zum Entscheidungszeitpunkt eine gewisse Wahrscheinlichkeit dafür, dass die betreffende Person eine Straftat begangen hat, „Gefahr" die Wahrscheinlichkeit, dass ein be-stimmtes schädigendes Ereignis eintreten wird. Dass die betreffende Person die Straftat in Wahr-heit *nicht* begangen *hat* bzw. das schädigende Ereignis *nicht* eintreten *wird*, ändert nichts daran, dass ein *Verdacht* und eine *Gefahr* bei Vorliegen bestimmter Indizien *bestehen*.

Zu Leitfall 5.6

340   So beruht in *Leitfall 5.6* der *Tatverdacht* gegen X darauf, dass er in der Nähe des Tatortes angetroffen wurde, auch wenn er letztlich nicht der Täter ist. Auch das Merkmal der Fluchtgefahr als Voraussetzung für die Anordnung von Untersu-chungshaft wäre aufgrund der familiären Verhältnisse des X erfüllt. Obwohl also X nicht der Täter ist, sind die Voraussetzungen für eine Anordnung der Untersu-chungshaft nach § 112 I, II Nr. 2 StPO gegeben. R handelt somit rechtmäßig, § 112 StPO stellt einen Rechtfertigungsgrund zu § 239 StGB dar. Der Irrtum des R über die Täterschaft des X ist unbeachtlich. Denn für die Untersuchungshaft nach § 112 I, II Nr. 2 StPO genügt das Bestehen eines Tat-*Verdachts* und einer Flucht-*Gefahr*. ◄

341   Wie § 112 StPO sind auch alle anderen Rechtsgrundlagen, welche zu hoheitlichen Eingriffen ermächtigen, Rechtfertigungsgründe. Zu nennen wären hier vor allem die *Identitätsfeststellung* sowie die *vorläufige Festnahme* nach § 127 I 2, II StPO. Auch diese Eingriffsrechte knüpfen an einen *Tatverdacht* an und sind nur subsidiär und im Rahmen der Verhältnismäßigkeit einsetzbar.[301]

2. Handeln pro magistratu – §§ 229 bis 231 BGB, § 127 StPO[302]

a) Selbsthilferecht, §§ 229 bis 231 BGB[303]

342   Die §§ 229 bis 231 BGB dienen der Geltendmachung *zivilrechtlicher* Ansprüche. Da sie notfalls auch die Anwendung von Gewalt zulassen und der Einsatz solcher Mittel in einem freiheitlichen Rechtsstaat grundsätzlich nur dem Staat vorbehalten ist, setzen sie voraus, dass

---

[301] Vgl. die Verweise auf § 163b StPO bzw. auf die Voraussetzungen eines Haft- oder Unter-bringungsbefehls (§§ 112 ff., 126a StPO).

[302] Zu § 229 BGB und § 127 I 1 StPO in der Fallbearbeitung *Schauer/Wittig* JuS 2004, 107 ff.

[303] Zur Selbsthilfe als *Abwehrrecht* s. o. Rn. 195 ff.

- obrigkeitliche Hilfe nicht rechtzeitig zu erlangen ist oder zu Unrecht verweigert wird und
- ohne sofortiges Eingreifen die Gefahr besteht, dass die Verwirklichung eines Anspruchs vereitelt oder wesentlich erschwert werden würde.

Betroffen von der rechtfertigenden Wirkung des Selbsthilferechts sind insbesondere tatbestandsmäßige Handlungen nach §§ 239, 240 und 303 StGB. Spezielle Ausformungen des Selbsthilferechts finden sich in den §§ 561, 581 II, 704, 859 II-IV, 860, 910, 962 und 1029 BGB. **343**

b) Das Recht zur vorläufigen Festnahme für jedermann, § 127 I 1 StPO[304]

§ 127 I 1 StPO räumt jedermann das Recht ein, einen Fluchtverdächtigen unter bestimmten Voraussetzungen vorläufig festzunehmen. Durch § 127 I 1 StPO überträgt der Staat damit eine öffentliche Funktion – die Ermöglichung strafgerichtlicher Verfolgung durch Festnahme – auf den Bürger. **344**

Voraussetzung für eine Rechtfertigung nach § 127 I 1 StPO sind das Betroffen- oder Verfolgtwerden auf frischer Tat sowie ein Fluchtverdacht oder die Unmöglichkeit der sofortigen Identitätsfeststellung. **345**

Die „Tat" muss i. S. v. § 11 I Nr. 5 StGB tatbestandsmäßig sein. Tatfrische ist gegeben, wenn die gerade ausgeführte oder die soeben beendete Handlung für den Beobachter als Straftat erkennbar ist. Die Tatfrische bezieht sich aber auch auf das Verfolgen. Der Berechtigte muss deshalb unmittelbar nach Wahrnehmung der Tat mit den Verfolgungsmaßnahmen begonnen haben. **346**

Umstritten ist, ob die „Tat" i. S. v. § 127 I 1 StPO wirklich begangen sein muss, oder ob die „Annahme der Tatbegehung ohne Fahrlässigkeit"[305] oder bereits dringender Tatverdacht genügt. Die überwiegende Meinung[306] lässt dringenden Tatverdacht genügen und bürdet dadurch dem Verdächtigen das Risiko eines Irrtums auf. Da jedoch Private – im Unterschied zu Polizeibeamten, vgl. § 127 II StPO – keine Rechtspflicht zur Festnahme Verdächtiger trifft, sprechen die besseren Argumente dafür, dass die Straftat tatsächlich begangen sein muss.[307] **347**

Fluchtverdacht ist gegeben, wenn die äußeren Anzeichen dafürsprechen, dass sich der Betroffene seiner Strafverfolgung entziehen will, unabhängig davon, ob eine solche Absicht wirklich besteht. Entnimmt der Festnehmende den äußeren Umständen hingegen irrtümlich die tatsächlichen Voraussetzungen eines Fluchtverdachts, so ist ein Erlaubnistatumstandsirrtum gegeben, welcher die Vorsatzschuld entfallen lässt, der Tat nach h. M. jedoch ihre Rechtswidrigkeit nicht nimmt.[308] **348**

---

[304] Vgl. zum Ganzen auch *Bülte* ZStW 121 (2009), 377 ff.; *Sickor* JuS 2012, 1074 ff.; zu § 127 II StPO s. u. Beispiel 5.34 Rn. 395.

[305] *Freund/Rostalski* AT § 3 Rn. 13.

[306] Vgl. BGH VI ZR 151/78 NJW 1981, 745/746; OLG Hamm 2 Ss 1526/96 NStZ 1998, 370; *Kargl* NStZ 2000, 8 ff.

[307] So mit weiteren beachtlichen Argumenten *Schlüchter* AT Kap. 8 B Frage 51; *Beulke/Swoboda* 2018, Rn. 235 mwN.

[308] Näher hierzu *Hillenkamp/Cornelius* 32 Probleme, Problem 8 mwN; *Meurer/Kahle* JuS 1993, Lernbogen L 60 ff.; für volle Rechtfertigung bei unvermeidbar irriger Annahme der Voraussetzungen eines Tatverdachts jedoch *Jescheck/Weigend* AT § 35 I 3 sowie hier Rn. 389.

349   Die Rechtfertigung nach § 127 StPO erfasst insbesondere Beeinträchtigungen
der persönlichen Freiheit (§§ 239, 240 StGB). Da § 127 StPO durch den verfassungsrechtlichen Grundsatz der Verhältnismäßigkeit begrenzt wird, sind absichtliche Verletzungen von Leben und Leib des Festzunehmenden unzulässig.[309]

VI. Militärischer Befehl und dienstliche Anordnung (Weisungen)

350   Die rechtfertigende Wirkung von *Weisungen*, d. h. militärischen *Befehlen* sowie
dienstlichen *Anordnungen*, dient der Funktionstüchtigkeit hierarchisch aufgebauter
Systeme. Privilegierter der Rechtfertigung ist der Befehls- bzw. Anordnungs-
empfänger: Er handelt in einem begrenzten Umfang selbst dann rechtmäßig, wenn
der empfangene Befehl *rechtswidrig* ist.[310] Dies erklärt sich folgendermaßen:

351   Das Prinzip der Über- und Unterordnung als Kern einer funktionierenden militärischen oder zivilen beamtenrechtlichen Hierarchie setzt voraus, dass der Untergeordnete dem Übergeordneten
zum *Gehorsam* verpflichtet ist. Diese Gehorsamspflicht bringt es mit sich, dass *nicht jeder* Zweifel
des Untergebenen an der Rechtmäßigkeit der Anordnungen bzw. Befehle beachtlich ist. Andernfalls würde die Funktionstüchtigkeit des Systems aufgehoben. Diese Unbeachtlichkeit von Zweifeln besteht, wenn die Anordnung oder der Befehl *verbindlich* sind. Der Empfänger handelt dann
trotz (u. U. letztlich sogar begründeter) Zweifel an der Rechtmäßigkeit einer Anordnung oder eines
Befehls rechtmäßig.

352   Die Verbindlichkeit des Befehls oder der Anordnung ist somit das Eingangstor zum
rechtmäßigen Handeln auf Befehl. Die *Verbindlichkeit* des Befehls/der Anordnung
besteht unter folgenden Voraussetzungen:

353   1. *Formale* Verbindlichkeit
       • *Zuständigkeit* des Vorgesetzten für eine Weisung dieser Art
       • Einhaltung der *Formvorschriften*
    2. *Materielle* Verbindlichkeit
       • Rechtmäßigkeit oder
       • keine offensichtliche Rechtswidrigkeit
       • Offensichtliche Rechtswidrigkeit der Weisung liegt insbesondere vor, wenn
         das angewiesene Verhalten
         – ordnungswidrig oder
         – strafbar oder
         – menschenrechtswidrig oder
         – völkerrechtswidrig (vgl. Art. 25 GG) ist.

---

[309] Vgl. näher *Jescheck/Weigend* AT § 35 IV 2; zu einem Fall fahrlässiger Tötung vgl. den *Haus-
detektiv*-Fall BGH 4 StR 558/99 NJW 2000, 1348; dazu *Mitsch* JuS 2000, 848 ff. (850); *Trüg/
Wentzell* Jura 2001, 30 ff.

[310] Bedenkenswert kritisch hierzu *Meyer* GA 2012, 556 ff. (560).

- *Vorsicht Ausnahme!!:* auch
- die *ordnungswidrige* dienstliche Anordnung an *Vollzugsbeamte* zur Anwendung unmittelbaren Zwangs
- der ordnungswidrige Befehl an Soldaten
  lassen die materielle Verbindlichkeit unberührt.[311]

Eine grafische Darstellung zur dienstlichen Anordnung/Befehl findet sich in Abb. 5.1.   **354**

Weil sich eine *verbindliche* Weisung nicht auf ein straftatbestandsmäßiges und nur ausnahmsweise auf ein ordnungswidriges Handeln beziehen kann, besteht ihre Funktion darin, ein *sonst rechtliche Interessen beeinträchtigendes* Verhalten zu rechtfertigen und dadurch eine Notwehr nach § 32 auszuschließen.[312]   **355**

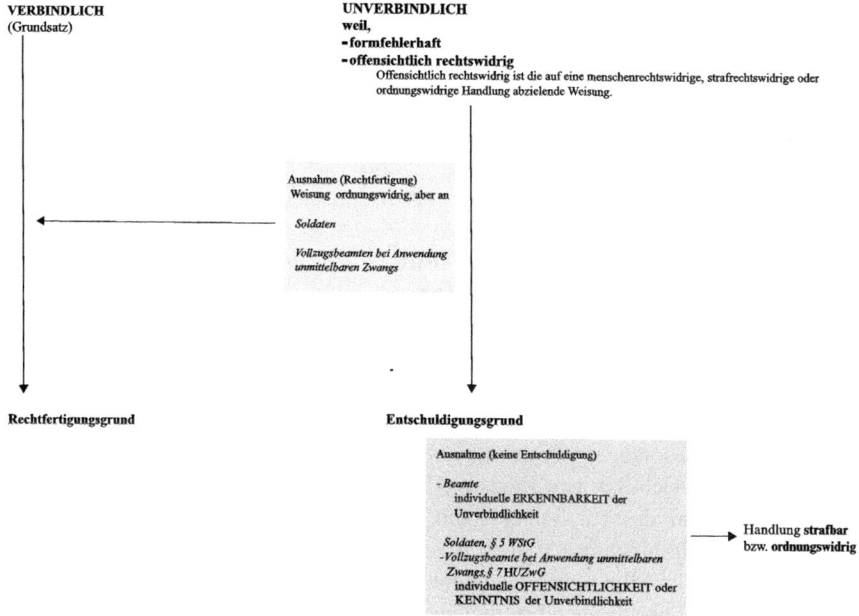

Abb. 5.1 „Dienstliche Anordnung/Befehl"

---

[311] Anschauliche Beispiele bei *Jescheck/Weigend* AT § 35 II 2 b, u. a.: „Der Soldat muß den Befehl, ein möglicherweise dringendes Fernschreiben auf der Kommandantur mit einem Fahrrad abzuholen, dessen Beleuchtung nicht funktioniert, trotz der damit verbundenen Verkehrsordnungswidrigkeit [...] ausführen."; vgl. auch § 22 I WStG.

VII. Erziehungsrecht

356 Beim Züchtigungsrecht, dem Vorläufer des Erziehungsrechts, gedacht als Legitimation zur Verhängung einer Strafe im weitesten Sinne, handelt es sich zumindest insoweit um einen „aussterbenden" Rechtfertigungsgrund,[313] als in einem modernen, der Menschenwürde verpflichteten Rechtsstaat ein *entwürdigendes* Strafen nicht akzeptiert werden kann.

1. Kein „Züchtigungsrecht" als Amtsrecht des Lehrers

357 Eine Rechtfertigung körperlicher Misshandlungen und Gesundheitsschädigungen (§§ 223, 340) als „körperliche Züchtigung" durch Lehrer aus pädagogischen Gründen ist heute nicht mehr anerkannt.[314] Die ausdrückliche gesetzliche Untersagung der körperlichen Züchtigung von Schülern auf Landesebene hat daher nur noch deklaratorische Bedeutung.

358 Eingriffe in die Körperintegrität von Schülern lassen sich daher nur nach allgemeinen Regeln (Notwehr, Notstand, Nothilfe) rechtfertigen.

359 Wenn überhaupt, so spielt eine Rechtfertigung straftatbestandsmäßigen Verhaltens aufgrund eines Amtsrechts des Lehrers vor allem bei der Freiheitsberaubung, § 239, eine Rolle, wenn der Lehrer einen Schüler wegen einer Verfehlung nicht nach dem Ende des Unterrichts nach Hause, sondern „nachsitzen" lässt.

2. Das Erziehungsrecht der Eltern und anderer Personensorgeberechtigter

360 Dass ein Erziehungsrecht der Eltern anerkannt ist,[315] lässt sich aus einem Umkehrschluss aus § 1631 II BGB entnehmen, der körperliche Bestrafungen, seelische Verletzungen und andere entwürdigende Maßnahmen verbietet. Klapse und Ohrfeigen sowie kurzzeitige Freiheitsberaubungen (Hausarrest) sollen damit nach h. M. gerechtfertigt sein, solange man darin noch *kein entwürdigendes* Verhalten zu sehen vermag, was hinsichtlich von Körperverletzungen angesichts der Abschaffung der Prügelstrafe zumindest fraglich erscheint.

361 Die Erwägung einer restriktiven Auslegung des Merkmals „körperliche Misshandlung" zwecks Eliminierung angemessener körperlicher Beeinträchtigungen[316] ist indessen nicht überzeugend, zumal auch nicht weiterführend. Denn auch die Verneinung der Tatbestandsmäßigkeit im Sinne von § 223 schlösse die Rechtswidrigkeit nicht aus. Auch leichte, nicht tatbestandsmäßige körperliche Beeinträchtigungen

---

[312] Vgl. auch *Jescheck/Weigend* AT § 35 II 3 a. E.

[313] Dass das „Züchtigungsrecht", auch international gesehen, faktisch noch immer eine nicht unbedeutende Rolle spielt, zeigt der Beitrag von *Frehsee* FS Schneider, S. 277 ff.

[314] Näher zur Entwicklung und zur Abschaffung des Züchtigungsrechts *Jescheck/Weigend* AT § 35 III 1; *Wessels/Beulke/Satzger* AT Rn. 609 ff.

[315] Näher *Wessels/Beulke/Satzger* AT Rn. 607 ff. mwN; zur Ersetzung des Begriffs „Züchtigungsrecht" durch „Erziehungsrecht" *Maurach/Gössel/Zipf* AT 1 § 28 Rn. 27.

wären Angriffe, die man sich nicht gefallen lassen muss – auch nicht als Kind.[317] Es ist daher sachgerecht, dass mittlerweile schon die Verabreichung von Ohrfeigen seitens der Gerichte als rechtswidrige Körperverletzung gewertet wird.[318] Wenn Eltern mit Stöcken und Gürteln zuschlagen, liegt eine gefährliche Körperverletzung vor.[319] Demgegenüber will *Murmann* an dem elterlichen Züchtigungsrecht als Rechtfertigungsgrund auch bei der Anwendung von Gewalt gegen Kinder festhalten und Ohrfeigen rechtfertigen. Seiner Meinung nach sei § 1631 II BGB unvereinbar mit Art. 6 Abs. 2 GG und verfassungswidrig.[320]

Aber selbst wenn man – trotz massiver straftheoretischer Bedenken[321] – eine **362** maßvolle körperliche Züchtigung für rechtmäßig halten wollte, dürften die wenigsten Misshandlungen von Kindern mit einem rechtfertigenden Züchtigungsrecht auch nur gedanklich in Verbindung gebracht werden können. Denn wenn Kinder geschlagen werden, hat dies nur in den seltensten Fällen mit „Strafe" i. S. v. Sühne, Vergeltung und Spezial- bzw. Generalprävention etwas zu tun.[322] Es handelt sich vielmehr um völlig irrationale Affekttaten, durch welche sich die verzweifelten und ratlosen Erziehungsberechtigten „Luft" zu verschaffen versuchen. Dann dürfte eine Straffreiheit jedoch nicht im Bereich der Rechtfertigung, sondern allenfalls auf Schuldebene zu suchen sein.[323]

VIII. Erlaubtes Risiko

Soweit das erlaubte Risiko nicht als „Fehlen eines rechtlich relevanten Risikos" und **363** damit als Fallgruppe der fehlenden objektiven Zurechnung verstanden wird,[324] beruht es als Rechtfertigungsstruktur[325] auf dem Prinzip des überwiegenden Interesses.[326] Jedoch erfolgt die Rechtfertigung auf einer *unsicheren Tatsachenbasis*.

Aufgrund der Unsicherheit in tatsächlicher Hinsicht ist der Täter nur gerechtfer- **364** tigt, wenn er sich zuvor nach Möglichkeit bemüht hat, die wahre Sachlage zu klären bzw. die prognostische Unsicherheit zu minimieren. Dem im erlaubten Risiko Han-

---

[316] Vgl. *Beulke* FS Hanack, S. 539 ff.; *Beulke* FS Schreiber, S. 29 ff.; AnwK-*Hauck* vor §§ 32 ff. Rn. 23.

[317] And. noch *Beulke* FS Hanack, S. 539 ff. (549).

[318] Vgl. AG Burgwedel BeckRS 2014, 1305; vgl. aber auch AG Augsburg BeckRS 2010, 7390 für Lehrkräfte: Packen eines Schülers am Oberarm zum Eigenschutz und zum Schutz anderer Kinder.

[319] Informativ zum Ganzen mit Rechtsprechungskasuistik *Riemer* FPR 2006, 387 ff.

[320] *Murmann* GK § 25 Rn. 153.

[321] Vgl. *Priester* 1999, insbes. S. 141 ff.

[322] Anschaulich hierzu jedoch der strafende Bischof *Edvar Vergérus* in Ingmar Bergmanns Film „Fanny und Alexander", 1982.

[323] Vgl. auch *Schneider* 1987, S. 202 ff.; für einen persönlichen Strafausschließungsgrund de lege ferenda *Roxin* JuS 2004, 177 ff. (179 f.).

[324] Vgl. *Jakobs* AT 7 Rn. 4b.

[325] Es handelt sich hier um das „im strengen Sinne erlaubte Risiko", vgl. LK[11]-*Hirsch* Vor § 32 Rn. 33, zum erlaubten Risiko i. w. S. dort auch Rn. 30 ff.; vgl. zur Einordnung auch LK-*Rönnau* Vor §§ 32 ff. Rn. 53 in der 13. Aufl.

delnden obliegt somit eine *Prüfungspflicht*. Weil aber eine Vergewisserung insoweit ohne intellektuelle Befassung mit der rechtfertigenden Situation nicht denkbar ist, setzt die Rechtfertigung eines Handelns im erlaubten Risiko ein subjektives Rechtfertigungselement zur Kompensation der unsicheren Tatsachengrundlage voraus.

365   Gerade weil der im erlaubten Risiko Handelnde sich seiner Sache nicht ganz sicher sein kann, gibt ihm das erlaubte Risiko *kein uneingeschränktes, sondern nur ein vorläufiges, hypothetisches Recht zum Eingriff*, welches erlischt, sobald erkennbar wird, dass die Annahme einer rechtfertigenden Sachlage unrichtig ist.[327]

366   Weil es sich beim erlaubten Risiko *nur* um eine besondere Ausformung des Rechtfertigungsprinzips vom „überwiegenden Interesse" handelt, bedarf es zur Konkretisierung dieses Formalbegriffs[328] der Bildung von *Fallgruppen*, deren wichtigste nun betrachtet werden sollen.

1. Mutmaßliche Einwilligung

Leitfall 5.7

367   In die Notaufnahme des Unfallkrankenhauses wird ein 35-jähriger Mann eingeliefert, der bei einem Verkehrsunfall schwere Verletzungen und einen hohen Blutverlust erlitten hat. Ohne eine sofortige Bluttransfusion droht der Patient zu sterben. Trotz intensiver Bemühungen gelingt es Dr. D nicht, die Identität des Mannes festzustellen, um den Willen des Patienten bezüglich einer Blutübertragung zu klären. Da keine Umstände erkennbar sind, welche der Bluttransfusion entgegenstehen, nimmt Dr. D den Eingriff vor und rettet P. Später macht P Dr. D größte Vorwürfe, weil es ihm seine religiöse Überzeugung[329] verbiete, eine Bluttransfusion zu erhalten, und zwar selbst unter Inkaufnahme des eigenen Todes. Hat Dr. D sich strafbar gemacht?

368   *Variante*: Gerade als Dr. D mit der Bluttransfusion beginnen will, tritt die Krankenschwester K hinzu, die den P sehr gut kennt und von dessen religiöser Überzeugung weiß. Darf K nach erfolgter Information des Dr. D notfalls mit Gewalt gegen ihn vorgehen, um ihn an der Bluttransfusion zu hindern? ◄

369 Die mutmaßliche Einwilligung ist – von den Bagatellfällen des mangelnden Interesses abgesehen – eine Geschäftsführung ohne Auftrag, bei der der Täter das Interesse wahrnimmt, welches dem mutmaßlichen Willen des Berechtigten entspricht.[330] Dies gilt auch für die Erprobung neuer Behandlungsmethoden an Notfallpatienten. Therapeutische Versuche kommen daher nur bei eindeutiger Interessenpräferenz in Betracht.[331] Stellt sich nach der Tat heraus, dass die Mutmaßungen über den Willen des Betroffenen falsch waren, wird die Tat dadurch aber nicht rechtswidrig. Der

---

[326] Vgl. *Sinn* ZfIStw 2023, 115 ff. (119).

[327] Vgl. *Sternberg-Lieben*, in: Schönke/Schröder Vor §§ 32 ff. Rn. 11.

[328] Näher zum erlaubten Risiko als Formalbegriff *Maiwald* FS Jescheck, S. 405 ff. (420).

[329] Vgl. zu dieser Problematik *Wolfslast/Rothärmel/Sinn*, in: Pichlmayr/Jaeger (Hrsg.), II – 2.1., S. 23 ff.

[330] Vgl. Lackner/Kühl/Heger-*Heger* Vor § 32 Rn. 19; *Otto* GK AT § 8 Rn. 129.

Handelnde bleibt in Wahrnehmung eines *erlaubten Risikos* vielmehr straffrei, wenn die Voraussetzungen der mutmaßlichen Einwilligung vorlagen und eine gewissenhafte Prüfung hinsichtlich der Erwartbarkeit der Einwilligung erfolgt war.

Die rechtfertigende Wirkung der mutmaßlichen Einwilligung kann auf unterschiedlichen Konstellationen beruhen: **370**

- Es wird ein Erhaltungsinteresse des Betroffenen angenommen, welches höherwertig ist als *sein* Eingriffsinteresse. Das Interesse am Eingriffsgut des Betroffenen weicht dann dem mutmaßlich überwiegenden Interesse am Eingriff (sog. interne Interessenkollision). **371**

Beispiel 5.32

Im Schlafzimmer des Hauseigentümers A ist ein Schwelbrand ausgebrochen, weil A wieder einmal im Bett geraucht hatte und eingeschlafen war. N im Nachbarhaus bemerkt den Brand. Weil er aber keinen Schlüssel zum Haus des A hat, wirft er mit einem Stein die Scheibe zum Schlafzimmer des A ein. Dadurch wird A vor dem sicheren Erstickungstod gerettet und von der herbeigerufenen Feuerwehr alsbald geborgen. ◄ **372**

Dementsprechend kann auch die Verabreichung von Morphin zur Bekämpfung von Vernichtungsschmerzen bei einem Sterbenden durch eine Pflegekraft durch eine mutmaßliche Einwilligung gerechtfertigt sein, selbst wenn sie nicht der ärztlichen Verordnung entspricht.[332]

- Die Rechtfertigung ist aber auch dann möglich, wenn das Interesse eines Dritten in Anspruch genommen wird, so falls in *Beispiel 5.31* A nur Mieter ist und zu seinen Gunsten die Scheiben des Hauseigentümers E eingeworfen werden (sog. externe Interessenkollision). **373**
- Schließlich kann es sein, dass ein Interesse des Berechtigten am Erhaltungsgut gar nicht anzunehmen ist (Bagatellfälle). **374**

Beispiel 5.33

A gibt B ein neues Buch. B möge es C, dem A es schenken will, übergeben. B behält das Buch jedoch, ohne A etwas zu sagen (Unterschlagung nach § 246) und kauft ein anderes Exemplar, das er C übergibt. ◄ **375**

Voraussetzungen der mutmaßlichen Einwilligung sind: **376**

a) Die Nichteinholbarkeit der Einwilligungserklärung
Von den Bagatellfällen abgesehen kommt eine mutmaßliche Einwilligung nur in Frage, wenn eine aktuelle Einwilligungserklärung nicht zu erhalten ist (*Subsidiarität* der mutmaßlichen Einwilligung). **377**

---

[331] Näher *Köhler* NJW 2002, 853 ff.
[332] BGH 2 StR 325/17 NStZ 2020, 29 ff.; BGH 2 StR 434/19 NStZ 2021, 164 ff.

b) Die Erwartbarkeit der Einwilligung

378 Da die Inanspruchnahme des Eingriffsgutes dem mutmaßlichen Willen des *Berechtigten* entsprechen muss, kommt es nicht auf ihre „Vernünftigkeit" an.[333] Ist mit der Einwilligung erfahrungsgemäß nicht zu rechnen – wie etwa bei den Zeugen Jehovas im Falle einer Bluttransfusion – kann auch eine mutmaßliche Einwilligung nicht herangezogen werden. Allerdings schließt dies die Inanspruchnahme sonstiger Rechtfertigungsgründe, wie z. B. rechtfertigenden Notstand (§ 34), nicht aus.

c) Alle sonstigen Voraussetzungen der Einwilligung

379 Insoweit wären Dispositionsbefugnis, Einsichtsfähigkeit[334] und das Fehlen der Sittenwidrigkeit der Tat zu nennen. Darüber hinaus bedarf es zum Ausgleich der Unsicherheit hinsichtlich des Vorliegens der rechtfertigenden Sachlage eines subjektiven Rechtfertigungselementes einschließlich der gewissenhaften Prüfung des mutmaßlichen Willens.

d) Aufbau der Prüfung der mutmaßlichen Einwilligung

380   I. Tatbestandsmäßigkeit

  II. Rechtswidrigkeit

    Rechtfertigung infolge

    mutmaßlicher Einwilligung, wenn

    a. Disponibilität des Achtungsanspruchs

    b. Nichteinholbarkeit der erklärten Einwilligung (Subsidiarität)

    c. Erwartbarkeit der Einwilligung

    d. Mutmaßliche Einsichtsfähigkeit

    e. Vorliegen des subjektiven Rechtfertigungselementes

    f. Gewissenhafte Prüfung des mutmaßlichen Willens für den Fall seiner irrigen Annahme

    g. Keine Sittenwidrigkeit der Tat (§ 228)

Lösung des Leitfalls 5.7

Grundfall (Gutachtenstil)

381   Dr. D könnte sich wegen Körperverletzung gem. § 223 strafbar gemacht haben. ◀

382   I. Zunächst müsste die Bluttransfusion gegen die Strafvorschrift der vorsätzlichen Körperverletzung verstoßen. Da die Transfusion mit einem Eingriff in die körperliche Unversehrtheit verbunden ist (Anlegen des Transfusionsbesteckes), liegt nach h. M. insoweit eine Gesundheitsschädigung vor.

---

[333] So der BGH im sog. „Myom"-Fall BGH 4 StR 525/57 BGHSt 11, 111; vgl. auch zur mutmaßlichen Einwilligung bei Operationserweiterung BGH 5 StR 712/98 BGHSt 45, 219.

[334] Vgl. *Jescheck/Weigend* AT § 34 IV; *Roxin/Greco* AT 1 § 13 Rn. 80 ff.; *Maurach/Gössel/Zipf* AT 1 § 28 Rn. 11.

II. Die Tat könnte aber durch mutmaßliche Einwilligung gerechtfertigt sein. **383**
Voraussetzung dafür wäre, dass Dr. D das Erhaltungsinteresse des Patienten
(Leben) als höherwertig gegenüber dem Eingriffsinteresse (körperliche
Unversehrtheit) angenommen hat. Das Interesse des Betroffenen an der
Unversehrtheit des Eingriffsguts weicht dann dem mutmaßlich überwiegenden
Interesse am Eingriff (sog. interne Interessenkollision). Aufgrund der
Unsicherheit in tatsächlicher Hinsicht ist der Täter nur gerechtfertigt, wenn
er sich zuvor nach Möglichkeit bemüht hat, die wahre Sachlage zu klären.

Da Dr. D diese Voraussetzungen erfüllt, ist sein Verhalten gerechtfertigt. **384**

Variante (Hinweise): In Wahrnehmung eines erlaubten Risikos hat Dr. D kein un- **385**
eingeschränktes, sondern nur ein hypothetisches Recht zum Eingriff. Es erlischt, sobald die wahre Sachlage erkennbar ist. Aufgrund des Hinweises der K ist dies
der Fall.

2. Unvermeidbar irrige Annahme der tatsächlichen Voraussetzungen eines Rechtfertigungsgrundes (unvermeidbarer Erlaubnistatumstandsirrtum)

Leitfall 5.8

Insoweit kann auf den oben (Rn. 138 ff.) geschilderten *Hilferuf*-Fall zurück- **386**
gegriffen werden. Falls man annimmt, dass die irrige Annahme einer Nothilfe-
lage ohne eine entsprechende Aufklärung durch P objektiv und individuell unvermeidbar war, ist das Handeln des L als erlaubtes Risiko gerechtfertigt.[335] ◄

So lange in Leitfall 5.8 sowohl aus der Sicht eines objektiven Beobachters als auch **387**
für den Täter unvermeidbar der (unrichtige) Eindruck andauert, dass P seine Frau
mit dem Messer gegenwärtig angreift, besteht ein Recht des irrenden L, zum Schutz
von Frau P einzugreifen. Die Unvermeidbarkeit des Irrtums bringt es mit sich, dass
während seines Vorliegens auf Grund des äußeren Anscheins davon ausgegangen
werden kann, darf, ja muss, dass P seine Frau wirklich mit dem Messer angreift. Auf
Grund der Unsicherheit liegt somit eine objektiv gefährliche Situation vor. Das Eingreifen des L ist deshalb *nicht rechtswidrig* und es läge an P, L über die wahre Sachlage aufzuklären.[336]

---

[335] And. die 3. Aufl. § 6 Rn. 200; a. A. *Erb* FS Paeffgen, S. 205 ff., der nicht von der Abwesenheit,
sondern vom Fehlgehen rechtlicher Handlungssteuerung des unvermeidbar Irrenden ausgeht, was
den wesentlichen Unterschied zu § 16 ausmache und zu unrechtem Verhalten des Irrenden führe
(S. 210).
[336] Näher *Gropp* FS Wolf, S. 203 ff.

3. Irrige Annahme der tatsächlichen bzw. normativen Voraussetzungen eines Eingriffsrechts durch Amtsträger

---

Leitfall 5.9

388   Der der Unterschlagung in größerem Umfang verdächtige A wird dem Haftrichter H vorgeführt. Die Staatsanwaltschaft beantragt den Erlass eines Haftbefehls wegen Fluchtgefahr. Den Akten entnimmt H, dass A ledig ist und einen Bruder im Ausland hat. Auf Grund einer gewissenhaften Prüfung dieser Tatsachen und der Würdigung der weiteren Umstände kommt H unvermeidbar zu dem Ergebnis, dass Fluchtgefahr vorliege, und ordnet gegen A Untersuchungshaft nach § 112 II Nr. 2 StPO an, eine Maßnahme, die auch jeder andere gewissenhaft arbeitende Haftrichter getroffen hätte. In Wirklichkeit ist die Angabe in den Ermittlungsakten über die familiären Verhältnisse des A aber unrichtig. A ist verheiratet und Vater von drei Kindern. Auch hat A keine Verwandten im Ausland.

    Handelt H rechtswidrig? ◄

389   Im Rahmen hoheitlicher Grundrechtseingriffe wird der Rückgriff auf das erlaubte Risiko dann diskutiert, wenn der Amtsträger tatsächliche Voraussetzungen der Eingriffsnorm irrig annimmt (a) oder trotz zutreffender Tatsachenkenntnis aufgrund einer falschen Wertung irrtümlich von einem Eingriffsrecht ausgeht (b).[337]

a) Irrige Annahme tatsächlicher Eingriffsvoraussetzungen

390   Bei der irrigen Annahme der tatsächlichen Voraussetzungen einer Berechtigung zum Eingriff wäre nach den Maßstäben der allgemeinen Irrtumslehre ein Erlaubnistatumstandsirrtum gegeben (vgl. § 13 Rn. 189 ff.). Nach der herrschenden eingeschränkten Schuldtheorie könnte der Amtsträger nicht wegen vorsätzlicher Verwirklichung einer Straftat verantwortlich gemacht werden. Eine Strafbarkeit wegen fahrlässiger Tatbegehung (z. B. § 229 StGB bei Anordnung einer Blutentnahme nach § 81a StPO) schiede aus, wenn der Irrtum nicht einmal auf Fahrlässigkeit beruht. Hier hätte der Amtsträger bis zur objektiven oder individuellen Erkennbarkeit seines Erlaubnistatumstandsirrtums sogar ein Eingriffsrecht auf Grund erlaubten Risikos.

b) Irrige Annahme eines Eingriffsrechts

391   Nach den Regeln der Irrtumsdogmatik liegt ein Verbotsirrtum in Form eines *Erlaubnisgrenzirrtums* vor (vgl. § 13 Rn. 217 ff.), wenn der Amtsträger zwar von zutreffenden Tatsachen ausgeht, sie jedoch *unrichtig bewertet*. Straffrei bliebe der rechtswidrig handelnde Amtsträger nach § 17 nur, wenn der Irrtum unvermeidbar war.

---

[337] Im Unterschied hierzu ist es unbeachtlich, wenn der Amtsträger aufgrund der festgestellten Tatsachen eine Eingriffsvoraussetzung zum Entscheidungszeitpunkt (ex ante) zutreffend bzw. vertretbar bejaht (z. B. Tatverdacht oder Fluchtverdacht), sich diese Eingriffsvoraussetzung zu einem späteren Zeitpunkt (ex post) aber als materiell nicht gegeben erweist (z. B. weil der „richtige" Verdächtige gefunden ist), vgl. § 5 Rn. 337 f.

Beispiel 5.34

Der Haftrichter nimmt Fluchtgefahr an, obwohl die Umstände hierfür keine hin- **392**
reichenden Anhaltspunkte geben. ◀

c) Strafrechtlicher oder „prozessualer" Rechtmäßigkeitsbegriff?

Dem *Betroffenen* würde gegen den im objektiv und individuell unvermeidbaren **393**
Erlaubnistatumstandsirrtum Handelnden mangels Rechtswidrigkeit des Angriffs
kein Notwehrrecht zustehen, solange der Irrtum nicht erkennbar ist (s. o.
Rn. 137 ff., 144). Gegen den im Verbotsirrtum oder im vermeidbaren Erlaubnis-
tatumstandsirrtum handelnden Amtsträger steht ihm hingegen eine eingeschränkte
Notwehr zu.[338]

Um den Amtsträger zu schützen, behandelt die Rechtsprechung[339] und ein Teil **394**
der Lehre[340] den Erlaubnistatumstandsirrtum – ein anderer Teil der Lehre auch den
Verbotsirrtum[341] – auf der Grundlage des erlaubten Risikos mittels eines *strafrecht-*
lichen Rechtmäßigkeitsbegriffs[342] generell so, als wenn die rechtfertigenden Voraussetzungen wirklich vorgelegen hätten. Voraussetzung ist jedoch, dass diese *pflicht-*
gemäß geprüft worden sind und objektiv eine Zuständigkeit sowie die Einhaltung
der wesentlichen Förmlichkeiten gegeben sind.

Beispiel 5.35

Bei der Feststellung der Identität einer Person durch die *Staatsanwaltschaft* oder **395**
die Beamten des *Polizeidienstes* nach § 127 I 2 StPO sowie der vorläufigen Festnahme bei Gefahr im Verzug nach § 127 II StPO wäre unter den genannten
Voraussetzungen das hoheitliche Handeln auch dann nicht rechtswidrig, wenn
der Festnehmende irrig Tatsachen annimmt, welche die gesetzlichen Voraussetzungen erfüllen. ◀

Gegen solche Grundrechtseingriffe nach pflichtgemäßer Prüfung sollen dem Be- **396**
troffenen nunmehr keine Notwehr- und Notstandsrechte zustehen.[343] Er sei vielmehr
darauf verwiesen, sich der möglichen Rechtsbehelfe zu bedienen. Man spricht hier
vom Irrtums-Privileg des Staates, vom sog. strafrechtlichen Rechtmäßigkeitsbegriff.[344]

---

[338] Vgl. *Sternberg-Lieben*, in: Schönke/Schröder Vor §§ 32 ff. Rn. 21.

[339] Vgl. BGH 3 StR 189/70 BGHSt 24, 125 (130) sowie die Rspr.-Nachweise bei *Roxin/Greco* AT
1 § 17 Rn. 5 ff.

[340] Vgl. *Jescheck/Weigend* AT § 35 I 3; Lackner/Kühl/Heger-*Heger* § 113 Rn. 10.

[341] Vgl. LK-*Rosenau* § 113 Rn. 34.

[342] Vgl. zum Ganzen Lackner/Kühl/Heger-*Heger* § 113 Rn. 10 ff.; LK-*Rosenau* § 113 Rn. 34; *Vitt*
ZStW 106 (1994), 581 ff.

[343] Vgl. *Jescheck/Weigend* AT § 35 I 3.

[344] Vgl. *Seebode* 1988, S. 195 ff.; Lackner/Kühl/Heger-*Heger* § 113 Rn. 10 ff.; vgl. auch BGH 4
StR 51/266 BGHSt 21, 334 (363); 1 StR 606/14 StV 2016, 276 (278).

397   Dem Einwand, der strafrechtliche Rechtmäßigkeitsbegriff trage dazu bei, dass sich Amtsträger mittels einer pflichtgemäßen Prüfung in Wahrheit nicht vorhandene Eingriffsrechte schaffen würden,[345] könnte man partiell damit begegnen, dass das auf einem Rechtsschein beruhende Eingriffsrecht auf Grund erlaubten Risikos endet, sobald der Irrtum objektiv oder individuell erkennbar wird.

398   Trotzdem bleibt zu bedenken, dass sich der allein am Erlaubnistatumstandsirrtum orientierte strafrechtliche Rechtmäßigkeitsbegriff nicht mit Bedürfnissen der Praxis begründen lässt.[346] Denn der Betroffene wird in der Hektik der Situation kaum danach unterscheiden können, ob der Amtsträger tatsächliche Eingriffsvoraussetzungen irrtümlich annimmt oder nur falsch wertet. Wenn man sich schon für einen strafrechtlichen Rechtmäßigkeitsbegriff entscheidet, verdiente daher eher die Lösung den Vorzug, die auch den trotz pflichtgemäßer Prüfung verbleibenden Verbotsirrtum in den strafrechtlichen Rechtswidrigkeitsbegriff einbezieht. Es gälte dann die Regel, dass trotz pflichtgemäßer Prüfung irrtumsbedingt-unrichtige hoheitliche Eingriffe immer ertragen werden müssten und nur mittels Rechtsbehelfen angegangen werden könnten – eine recht „obrigkeitsstaatliche" Lösung, die aber immerhin Gewalt vermeidet und akzeptabel erscheint, wenn beim staatlichen Eingriff die Transparenz gewahrt wird – indem z. B. Polizisten bei Demonstrationen Namensschilder oder Identifikationsmarken tragen – damit der Betroffene wenigstens im Nachhinein seine Rechte wahren kann.

399   Die auf ein erlaubtes Risiko aufbauende Lösung auf der Grundlage der allgemeinen Irrtumslehre weist ihrerseits den Vorteil auf, dass sie systematisch stimmt und nicht mit Rechtmäßigkeitsfiktionen arbeiten muss.[347] Auch ist sie praktikabler, als man auf den ersten Blick meinen könnte. Denn sie überlässt es dem Betroffenen, den Amtsträger aufzuklären und so den den Eingriff rechtfertigenden Rechtsschein zu beseitigen. Auch diese Lösung stößt freilich an ihre Grenzen, weil sie auf den Verbotsirrtum von vornherein nicht anwendbar ist und weil sie ins Leere geht, wenn sich der Amtsträger trotz Erkennbarkeit des Irrtums durch glaubhafte Gegenvorstellungen nicht überzeugen lässt. Denn dann soll eine Abwehr der „hoheitlich-irrenden Gefahr" notfalls mit sanfter Gewalt erlaubt sein. Da dann aber auch die „Praktiker-Lösung" kaum noch von einer pflichtgemäßen Prüfung wird ausgehen können, dürften im Interesse der systematischen Folgerichtigkeit die besseren Gründe gegen einen strafrechtlichen Rechtmäßigkeitsbegriff sprechen.

400   Für die Entbehrlichkeit eines strafrechtlichen Rechtmäßigkeitsbegriffs sprechen schließlich zwei Beschlüsse des 1. Senats des BVerfG,[348] die zwischen der Situationsebene und der Sanktionsebene trennen und dadurch für Rechtsklarheit und Rechtssicherheit auf der Situationsebene sorgen: Auf der Situationsebene muss

---

[345] Vgl. *Roxin/Greco* AT 1 § 17 Rn. 9.

[346] Vgl. aber *Jescheck/Weigend* AT § 35 I 3 a. E.

[347] Vgl. *Sternberg-Lieben,* in: Schönke/Schröder Vor §§ 32 ff. Rn. 11.

[348] BVerfG 1 BvR 88/91; 1 BvR 576/91 NJW 1993, 581 und 1 BvR 1564/92 NJW 1995, 3110; vgl. hierzu auch *Erb* FS Gössel, S. 232 f.

der Betroffene danach selbst materiell unrichtige, aber verwaltungs[349]- bzw. straf-*prozessual durchsetzbare* hoheitliche Eingriffe ertragen.[350] Leistet er dennoch Widerstand (§ 113), ist sein Verhalten zwar ein rechtswidriger Angriff gegen den Hoheitsträger, die Sanktionierbarkeit des Betroffenen hängt jedoch vom Ergebnis der in aller Ruhe zu treffenden Entscheidung ab, ob das Amtsträgerverhalten materiell richtig war.[351] Es wird so der wenig überzeugende „strafrechtliche Rechtmäßigkeitsbegriff" abgeschafft und durch einen verwaltungs- bzw straf-„*prozessualen*" Rechtmäßigkeitsbegriff zum Zeitpunkt des Eingriffs ersetzt, der durch die materielle „Richtigkeit" des Amtsträgerverhaltens als Voraussetzung für eine Sanktionierbarkeit ergänzt wird.[352] Das bedeutet aber nicht, dass der Widerstandleistende bspw. nicht wegen einer dem Amtsträger zugefügten Körperverletzung bestraft werden kann. Es ist nach Ansicht der 1. Kammer des 1. Senats des BVerfG verfassungsrechtlich unbedenklich, Rechtsgutverletzungen (Verletzung von Achtungsansprüchen), die über die Missachtung der behördlichen Maßnahme hinausgehen, nach den allgemeinen Grundsätzen des Strafrechts zu ahnden.[353]

Hinweise zum Leitfall 5.9

In *Leitfall 5.9* nimmt Haftrichter H objektiv und individuell unvermeidbar irrtümlich Voraussetzungen an, welche die Anordnung von Untersuchungshaft wegen Fluchtgefahr rechtfertigen würden (Erlaubnistatumstandsirrtum). Nach der herrschenden eingeschränkten Schuldtheorie (§ 13 Rn. 206, 210 ff.) schließt dies eine Strafbarkeit wegen vorsätzlicher Freiheitsberaubung (§ 239) aus. Aufgrund der Unvermeidbarkeit des Irrtums handelt H sogar im erlaubten Risiko so lange rechtmäßig, bis der Irrtum in Folge von Gegenvorstellungen des A erkennbar wird. Danach dürfte sich A als ultima ratio gegen den nunmehr rechtswidrigen Eingriff im Rahmen der Verhältnismäßigkeit mit Gewalt wehren, indem er z. B. gegen die abführenden Beamten passiven Widerstand leistet. Aggressive körperliche Gewalt wäre allerdings angesichts des (auf Fahrlässigkeit beruhenden) Irrtums des H nicht mehr verhältnismäßig. Auf der Sanktionsebene wäre eine Strafbarkeit des A wegen der materiellen Rechtswidrigkeit des Vorgehens des H jedoch ausgeschlossen.   **401**

Nach der Lehre vom *strafrechtlichen Rechtmäßigkeitsbegriff* würde H hingegen rechtmäßig handeln, selbst nach Erkennbarkeit seines Irrtums auf Grund von Gegenvorstellungen des A. A wäre dann darauf verwiesen, vom jederzeit möglichen Rechtsbehelf der *Haftprüfung* nach §§ 117 ff. StPO Gebrauch zu machen. ◄   **402**

---

[349] Vgl. § 80 II Nr. 2 VwGO sowie die Gefahr- oder verdachtsbezogenen Eingriffsrechte nach der StPO, s. o. Rn. 344.

[350] Vgl. BVerfG NJW 1993, S. 581.

[351] Vgl. BVerfG NJW 1995, 3110 (3111 rechts f.).

[352] Informativ zum Ganzen *Reinhart* StV 1995, 101 ff.; *Reinhart* NJW 1997, 911 ff.

[353] 1 BvR 1090/06 NVwZ 2007, 1180 (1183).

4. Wahrnehmung berechtigter Interessen, § 193 StGB

Leitfall 5.10 Var. a

403 Professor A entdeckt in einer Fachzeitschrift den Aufsatz seines Kollegen X, der große Ähnlichkeit mit einer Veröffentlichung besitzt, welche er selbst vor zwei Jahren in einer ausländischen Zeitschrift in englischer Sprache publiziert hat. Nach einem erfolglosen Gesprächsversuch bezichtigt A seinen Kollegen X daraufhin des Plagiats.[354] Später stellt sich heraus, dass die Ähnlichkeit nur auf Zufall beruht. ◄

Leitfall 5.10 Var. b

404 A schreibt ein Buch, in dem B zu Unrecht – aber durch § 193 gerechtfertigt[355] – einer Straftat verdächtigt wird. B bricht in die Wohnung des A ein und entwendet das Manuskript. Hat sich B nach §§ 242, 244 I Nr. 3 strafbar gemacht?[356] ◄

a) Anwendungsbereich[357]

405 § 193 eröffnet einen straffreien Raum bei Rufschädigungsstraftaten. Hinsichtlich ehrenrühriger Tatsachen, von denen zum Zeitpunkt ihrer Behauptung nicht sicher ist, ob sie wahr sind, dürfen diese Tatsachen nach § 193 in Wahrnehmung des Grundrechts auf freie Meinungsäußerung[358] behauptet werden, wenn daran ein berechtigtes Interesse besteht. Eine wissentlich unwahre Tatsachenbehauptung gegenüber dem Betroffenen ist einer Rechtfertigung gemäß § 193 nicht zugänglich.[359]

406 § 193 enthält bei nicht sicher unwahren Tatsachenbehauptungen damit zum einen Elemente des *rechtfertigenden Notstands*, weil die Wahrnehmung der berechtigten Interessen höher bewertet wird als die Gefahr einer Rufschädigung. Zum anderen rechtfertigt § 193 aber nur die Eingehung eines *Risikos* und stellt sich damit als ein *Fall* des *erlaubten Risikos* und damit als schlichte Handlungsbefugnis dar. Weil nur die *Gefahr* in Kauf genommen werden darf, dass die behaupteten Tatsachen unwahr sind, scheidet eine Anwendung von § 193 bei § 187 (Verleumdung) aus, weil der Täter hier die Wahrheitswidrigkeit der behaupteten Tatsachen kennt.[360]

407 Der Anwendungsbereich von § 193 erstreckt sich damit auf die §§ 185, 186, 188 I und § 192a.

---

[354] Vgl. § 106 I UrhG (Gesetz über Urheberrecht und verwandte Schutzrechte vom 09.09.1965 BGBl. I 1273.

[355] Zur Rechtfertigung einer üblen Nachrede (§ 186) in Form der Äußerung eines nicht erweislichen Tatverdachtes über § 193 vgl. *Eisele/Schittenhelm,* in: Schönke/Schröder § 193 Rn. 20.

[356] Vgl. *Sternberg-Lieben,* in: Schönke/Schröder Vor §§ 32 ff. Rn. 11 f.

[357] Näher SSW-*Sinn* § 193 Rn. 1 ff.; *Puppe* AT § 14 Rn.7 ff., auch zum Fall *Stolpe* BVerfG 1 BvR 1696/98 BVerfGE 114, 339.

[358] Zur Rechtsprechung des BVerfG insoweit *Fischer,* in: Fischer § 193 Rn. 17 ff.

[359] Vgl. SSW-*Sinn* § 193 mwN.

[360] Str., a. A. RGSt 48, 414; 63, 94; differenzierend *Küpper/Börner* BT 1 § 4 Rn. 34.

b) Voraussetzungen einer Straffreiheit nach § 193 bei nicht sicher unwahren Tatsachenbehauptungen im Einzelnen

- Vorliegen eines tatbestandsmäßigen Verhaltens i. S. d. §§ 185, 186 oder 188 I **408** durch Behauptung ehrenrühriger Tatsachen, deren Wahrheitsgehalt nicht erwiesen werden kann;
- ultima-ratio-Erfordernis: Die Interessenwahrung darf nur durch die Äußerung **409** des betreffenden Vorwurfs möglich sein.
- Wahrnehmung berechtigter Interessen: Es kommen sowohl eigene Interessen des **410** Handelnden, aber auch Interessen der Allgemeinheit in Betracht, die den Einzelnen als Bürger nahe berühren. Die Interessen müssen nach Rang und Gewicht in einem vertretbaren Verhältnis zur Rufschädigung stehen. Sie dürfen außerdem weder rechts- noch sittenwidrig sein.
- pflichtgemäße Prüfung: Um das Risiko einer unberechtigten Rufschädigung zu **411** mindern, muss der Täter vorher pflichtgemäß prüfen, ob die von ihm behauptete Tatsache wahr ist.[361]
- subjektives Rechtfertigungselement zur Kompensation der unsicheren Tat- **412** sachengrundlage: Der Täter muss zumindest wissen, dass er zur Wahrnehmung berechtigter Interessen handelt, insbesondere muss er von der Wahrheit der behaupteten ehrenrührigen Tatsache ausgehen.

Zu Leitfall 5.10

In *Leitfall 5.10 Var. a* handelt Professor A somit wohl rechtmäßig im Rahmen des **413** erlaubten Risikos nach § 193, vor allem, weil sein Interesse als Autor an der Aufklärung des Sachverhaltes berechtigt ist. Außerdem ist seine Prüfungspflicht eingeschränkt, weil eine sog. „Aufklärungsanzeige" bei der zuständigen Behörde vorliegt.[362] ◄

Die Wahrnehmung berechtigter Interessen bei nicht sicher unwahren Tatsachen- **414** behauptungen stellt für den von ihr Betroffenen eine im Rahmen des § 34 abwendbare Gefahr dar, wenn die Wahrnehmung im Ergebnis unbegründet ist.[363]

Zu Leitfall 5.10

In *Leitfall 5.10 Var. b* wäre der Diebstahl über § 34 gerechtfertigt, wenn es keine **415** andere Möglichkeit der Gefahrenabwehr gibt.[364] ◄

---

[361] Anschaulich insoweit zu den Sorgfaltspflichten der Presse AG Mainz 302 Js 14.658/91 NStZ 1995, 347 m. Anm. *Otto* NStZ 1995, 349.

[362] Vgl. *Eisele/Schittenhelm*, in: Schönke/Schröder § 193 Rn. 20; *Fischer*, in: Fischer § 193 Rn. 32.

[363] Vgl. *Sternberg-Lieben*, in: Schönke/Schröder Vor §§ 32 ff. Rn. 11.

[364] Vgl. *Sternberg-Lieben*, in: Schönke/Schröder Vor §§ 32 ff. Rn. 11.

c) Beleidigende Werturteile

416   Ob eine mit der Äußerung eines *Werturteils* verbundene Beleidigung nach § 193 gerechtfertigt werden kann, ist mit einem 2-stufigen Prüfprogramm zu entscheiden,[365] bei dem Art. 5 I 1 GG in § 193 zu integrieren ist. Soweit die Äußerung nicht als ein Angriff auf die Menschenwürde, als Formalbeleidigung oder Schmähung bewertet werden kann (1. Stufe), hängt die Rechtfertigung von einer Abwägung (2. Stufe) zwischen dem Grundrecht der Meinungsfreiheit aus Art. 5 I 1 GG und dem in Art. 2 I 1 GG verankerten Persönlichkeitsrecht ab. In diesem Kontext liegt § 193 das *Prinzip der Güter- oder Interessenabwägung* zu Grunde.

5. Riskante Rettungshandlungen (vgl. auch § 12 Rn. 177 ff.)[366]

417   Als Fälle des „erlaubten Risikos" sind auch Rettungshandlungen anerkannt, welche mit einer Gefahrerhöhung verbunden sind, bei denen die völlige Untätigkeit aber noch gefährlicher erscheint. Selbst wenn die Rettung misslingen sollte, ist der Handelnde gerechtfertigt, wenn er sich um eine Minimierung der Gefahr bemüht hat.

IX. Soziale Adäquanz als Rechtfertigungsgrund

418   Der Begriff der sozialen Adäquanz ist bis heute nicht vollends geklärt. *Otto* hat ihn 2009 als *Auslegungsprinzip* bezeichnet und vor seiner „Beliebigkeit" gewarnt.[367] *Welzel* hatte 1939 als sozialadäquat solche Verhaltensweisen eingeordnet, die sich „völlig im Rahmen der ‚normalen', geschichtlich gewordenen sozialen Ordnung des Lebens" bewegen,[368] wie z. B. der Zeugungsakt, der den späteren Mörder hervorbringt, die Aufforderung zur Flugreise in der Hoffnung, dass das Flugzeug zum Absturz komme oder die Beifügung unerheblicher körperlicher Verletzungen. Es liege dann nicht etwa z. B. eine „sozialadäquate Körperverletzung" vor, sondern eine Verletzung, die noch keine „Körperverletzung" i. S. der §§ 223 ff. ist.

419   Die Beispiele zeigen, dass es *Welzel* bei der Sozialadäquanz um die heutige Abschichtung *objektiv zurechenbarer* Verhaltensweisen[369] von der reinen Verursachung einerseits und dem Bereich der Bagatellunwertverwirklichungen andererseits ging. Im Zeugungs- und im Flugreisebeispiel ist ein rechtlich relevantes Risiko für die Herbeiführung der Veränderung in der Außenwelt und damit die objektive Zurechnung auf der Ebene der Tatbestandsmäßigkeit zu verneinen.[370] „Die Ausscheidung geringfügiger sozial allgemein tolerierter Handlungen aus dem Tatbestand,"[371]

---

[365] Vgl. SSW-*Sinn* § 193 Rn. 2 mwN.

[366] Vgl. näher *Maurach/Gössel/Zipf* AT 1 § 28 Rn. 20 ff., 23 ff.

[367] *Otto* FS Amelung, S. 225 ff.; umf. zum Wesen der Sozialadäquanz *Ruppert* ZIS, 14 ff.

[368] *Welzel* LB, S. 56.

[369] Vgl. auch *Otto* FS Amelung, S. 225 ff. (230).

[370] Vgl. § 5 Rn. 43; vgl. auch *Roxin/Greco* AT 1 § 10 Rn. 38.

[371] *Roxin/Greco* AT 1 § 10 Rn. 40; vgl. auch *Eisele*, in: Schönke/Schröder Vor §§ 13ff. Rn. 69; zur Fallgruppe der *mangelnden Sozialschädlichkeit*: *Moos* FS Trechsel, S. 484.

z. B. das kleine Neujahrsgeschenk an den Polizeibeamten,[372] das § 331 nicht unterfallen soll, ist eine an der *ratio legis* orientierte *einschränkende Interpretation* der Tatbestandsmäßigkeit.[373] Ein Prinzip des überwiegenden oder des weichenden Interesses, wie es Grundlage der Rechtfertigungsgründe ist, lässt sich hinter den genannten Straffreiheitsgruppen indessen nicht erkennen.

Soweit eine Straffreiheit für Verhaltensweisen angestrebt wird, die sich zwar **420** innerhalb der „„normalen', geschichtlich gewordenen sozialen Ordnung des Lebens" bewegen, die aber einen strafgesetzlich beschriebenen Unwert *zurechenbar* verwirklichen und *außerhalb des Bagatellbereichs* liegen, scheidet somit der Weg über eine Verneinung der Tatbestandsmäßigkeit aus und es muss nach die Straffreiheit legitimierenden Rechtfertigungsgründen gesucht werden.

Betroffen hiervon ist insbesondere der Bereich des *Sports*. Will man hier ein all- **421** gemein akzeptiertes sportspezifisches riskantes Normalverhalten, das mit einer Körperverletzungen verbunden sein kann, ohne auf diese wie etwa bei Kampfsportarten abzuzielen, aus der *Tatbestandsmäßigkeit* der fahrlässigen Körperverletzung ausklammern,[374] so ist dies somit nur in der Weise möglich, dass man Regeln aufstellt, welche ein solch risikobesetztes Verhalten noch als sorgfaltsgemäß bzw. als im Rahmen des allgemeinen Lebensrisikos liegend akzeptabel gefahrerhöhend einordnet.[375] Nach *Hirsch* soll dies bei „Kontaktsportarten" wie etwa Fußball sogar für Verletzungen mit dolus eventualis im Rahmen der sportarttypischen Risiken gelten.[376] Im Bereich von Kampfsportarten, in denen der Sportler durch ein *vorsätzliches*, wenn auch regelgerechtes Verhalten Körperverletzungen herbeiführt,[377] bedarf es jedoch der Rechtfertigung:

Beispiel 5.36

Boxer A schlägt seinen Gegner B durch eine gezielte rechte Gerade k.o. Später **422** stellt sich heraus, dass B durch diese Aktion einen Nasenbeinbruch erlitten hat, was A als notwendige Begleiterscheinung des Boxsports billigend in Kauf genommen hat. Ist A nach § 223 I strafbar? ◄

Faustschläge, mit entsprechenden Handschuhen ausgeführt, sind im Boxring ein **423** von vornherein und generell akzeptiertes, ja erwartetes Verhalten, obwohl man weiß, dass sie zu Verletzungen und bei Ausführung gegen den Kopf auf die Dauer zu nicht unerheblichen Hirnschädigungen führen können. Sollte deshalb auch ein

---

[372] Beispiel nach *Welzel* LB, S. 56.

[373] Vgl. LK[11]-*Hirsch* vor § 32 Rn. 26; für eine weiterreichende Bedeutung auf der Ebene der Tatbestandsmäßigkeit *Eser* FS Roxin, S. 199 ff., insbes. S. 211.

[374] So *Dölling* ZStW 96 (1984), 36 ff. (55).

[375] Vgl. *Hirsch* FS Szwarc, S. 559 ff. (566); *Rössner* FS Hirsch, S. 313 ff. (321 ff.); a. A. *Schild* 2002, S. 52 ff.: die Spielregeln regeln das Spiel, nicht das Verhältnis der Freiheitssphären der Spieler.

[376] *Hirsch* FS Szwarc, S. 559 ff. (567).

[377] Vgl. hierzu *Schmoller* in Urnig (Hrsg.), S. 199, 203 f.; vgl. auch *Zipf* ZStW 82 (1970), 633 ff. (634 f.).

Nasenbeinbruch keine Gesundheitsschädigung i. S. v. § 223 darstellen? Nimmt man an, dass eine *Einwilligung* des Gegners nur die Gefährdung, nicht aber die Verletzung rechtfertigt,[378] dann könnte allenfalls eine Rechtfertigung mittels eines die Interessen der Sporttreibenden überwiegenden öffentlichen Interesses an gefährlichen Sportarten („panem et circenses") in Frage kommen.

424   Einem Ausschluss der Tatbestandsmäßigkeit würde in diesen Fällen erst recht die Verwirklichung des tatbestandstypischen Unwertes entgegenstehen.[379] Dazu das zwar krasse, aber durchaus realitätsnahe

---

Beispiel 5.37

425   Boxer A schlägt seinen Gegner B durch eine gezielte rechte Gerade k.o. B verliert das Bewusstsein und stirbt zwei Tage später an einer Gehirnblutung. A erklärt, dass er den Tod des B um des Sieges Willen in Kauf genommen habe. Boxen sei eben ein gefährlicher Sport. Das habe auch B gewusst.

426   Eine Strafbarkeit des A wegen vorsätzlicher Tötung (§ 212) ließe sich hier allenfalls (und wenig überzeugend) damit ausschließen, dass der Tod eines Boxers im überwiegenden Interesse der Attraktivität des Boxsportes in Kauf genommen werden müsse.[380] ◄

427   Die bereits in der 3. Aufl.[381] geäußerte Ansicht, dass auch eine *Beschneidung* männlicher Personen aus religiösen Gründen nicht sozialadäquat ist, sondern eine tatbestandsmäßige Körperverletzung gem. § 223 darstellt, sieht sich durch das Aufsehen erregende[382] Urteil des LG Köln[383] vom Mai 2012 bestätigt. Die Beschneidung des nicht einwilligungsfähigen 4-jährigen Jungen entspreche – so das LG – weder unter dem Blickwinkel der Vermeidung einer Ausgrenzung innerhalb des jeweiligen religiös gesellschaftlichen Umfeldes noch unter dem des elterlichen Erziehungsrechts dem Wohl des Kindes. Die Grundrechte der Eltern aus Art. 4 I und Art. 6 II GG würden ihrerseits durch das Grundrecht des Kindes auf körperliche Unversehrtheit und Selbstbestimmung gemäß Art. 2 I und II 1 GG begrenzt. Der Eingriff sei daher tatbestandsmäßig und rechtswidrig gewesen. Der angeklagte muslimische Arzt sei aber wegen eines unvermeidbaren Verbotsirrtums (§ 17 S. 2) frei zu sprechen. Er habe sich zwar keinen sachkundigen Rechtsrat eingeholt, ein entsprechender Versuch habe aber angesichts der unklaren Rechtslage nicht erfolgreich sein können, weshalb der Irrtum unvermeidbar gewesen sei.

---

[378] Vgl. *Schild* 2002, S. 78; vgl. zur Einwilligung *Jahn* JuS 2019, 593 ff.

[379] Vgl. *Klug* FS Eb. Schmidt, S. 249 ff. (264); *Schmidhäuser* LB 9/26; vgl. aber auch *Schild* 2002, S. 116 ff. zu einer „Sportadäquanz" als „Tatbestandsausschließungsgrund" für Handlungen im Rahmen der Sportbetätigung.

[380] Vgl. auch *Herzog* GA 2006, 678 ff.

[381] § 6 Rn. 231.

[382] Eine Recherche bei „Juris" ergab im September 2013 35 Literaturnachweise.

[383] LG Köln 151 Ns 169/11 vom 07.05.2012, NStZ 2012, 449; zur früheren Rechtslage *Putzke* FS Herzberg, S. 669 ff.; *Putzke* NJW 2008, 1568 ff.

Die Diskussion um das Urteil des LG Köln betraf vor allem die Frage, ob eine   **428**
nicht medizinisch indizierte, sondern aus religiösen Gründen erfolgende Beschneidung von Jungen außer durch eine Einwilligung des Betroffenen, die bei der Beschneidung im Frühkindesalter verständlicherweise nicht eingeholt werden kann,
durch sonstige Gründe gerechtfertigt werden kann.[384]

Der Gesetzgeber hat Rechtsklarheit zu schaffen gesucht, indem er in das   **429**
Familienrecht des BGB in rekordverdächtiger Geschwindigkeit § 1631d BGB eingefügt hat:[385]

§ 1631d BGB

1. Die Personensorge umfasst auch das Recht, in eine medizinisch nicht erfo-   **430**
    rderliche Beschneidung des nicht einsichts- und urteilsfähigen männlichen
    Kindes einzuwilligen, wenn diese nach den Regeln der ärztlichen Kunst
    durchgeführt werden soll. Dies gilt nicht, wenn durch die Beschneidung auch
    unter Berücksichtigung ihres Zwecks das Kindeswohl gefährdet wird.

2. In den ersten sechs Monaten nach der Geburt des Kindes dürfen auch von   **431**
    einer Religionsgesellschaft dazu vorgesehene Personen Beschneidungen
    gemäß Absatz 1 durchführen, wenn sie dafür besonders ausgebildet und,
    ohne Arzt zu sein, für die Durchführung der Beschneidung vergleichbar
    befähigt sind.

Die als Rechtfertigungsgrund zu verstehende Regelung gewährt jüdischen und mus- **432**
limischen *Familien* nun zwar Rechtssicherheit bei rituellen Beschneidungen. Denn
der Gesetzgeber räumt hier der Religionsausübung der *Familie*[386] und dem mutmaßlichen *Interesse des Kindes*, als Mitglied seiner Glaubensgemeinschaft anerkannt zu
werden,[387] Vorrang ein vor der körperlichen Unversehrtheit. Die Vorschrift schießt
aber aus mehreren Gründen weit über dieses berechtigte Anliegen hinaus: Sie ermöglicht es Eltern, ihre Söhne auch ohne jeden religiösen Hintergrund und ohne
eine medizinische Indikation aus Gründen der „Optik" beschneiden zu lassen, solange dies lege artis geschieht und dadurch nicht das Kindeswohl gefährdet wird.
Auch die dem Medizinrecht widersprechende *Durchführbarkeit ritueller Beschneidungen durch Nichtärzte* ist nicht akzeptabel, ganz zu schweigen von Ein-

---

[384] Instruktiv *Goerlich/Zabel* JZ 2012, 1058 ff.; *Herzberg* JZ 2009, 332 ff.; *Jerouschek* NStZ 2008, 313 ff.; *Schwarz* JZ 2008, 1125 ff.

[385] Gesetz über den Umfang der Personensorge bei einer Beschneidung des männlichen Kindes vom 20.12.2012, BGBl. I S. 2749.

[386] In einem Fall aus dem Jahr 2006 wollte ein geschiedener Vater seine Zwillingssöhne beschneiden lassen. Die Mutter hingegen, eine Ärztin, der das Personensorgerecht über die Kinder
zugesprochen war, wehrte sich gegen die Absicht ihres Ex-Mannes, weil sie befürchtete, dass es zu
Verletzungen kommen könnte. Sie beantragte vor dem Familiengericht Izmir, dass die Söhne erst
nach ihrer Volljährigkeit selbst über ihre Beschneidung entscheiden sollten. Das Familiengericht
Izmir gab der Klage statt; vgl. auch *Hakeri* 2012, S. 346 sowie http://arsiv.sabah.com.tr/2006/07/15/
gun127.html (zuletzt abgerufen am 28.09.2025).

[387] Vgl. zu den rechtlichen Interessen jüdischer und muslimischer Jungen, beschnitten zu werden,
Beulke/Dießner ZIS 2012, 338 ff.

griffen ohne fachgerechte Anästhesie. Nicht akzeptabel ist des Weiteren ein Eingriff gegen den Willen eines Kindes, das sich – wenn auch nur in kindlicher Weise – verbal artikulieren kann, auch wenn es im Sinne einer wirksamen Einwilligung nicht „einsichts- und urteilsfähig" sein mag. Und schließlich ist die *Nichtbeachtung der Interessen derjenigen selbst, individuell und „hautnah" betroffenen Personen* zu kritisieren, die unter ihrer Beschneidung leiden und sie rückgängig zu machen versuchen.[388] Die Gewährung eines Schadensersatzanspruchs trotz *Rechtmäßigkeit des Eingriffs* wäre kein novum gewesen.[389]

X. Konkurrenz von Rechtfertigungsgründen

433 Rechtfertigungsgründe sind grundsätzlich nebeneinander anwendbar. Jedoch ist zu beachten, dass auch hier die besondere bzw. speziellere Regelung der allgemeineren vorgeht.[390]

434 So beurteilt sich die Rechtfertigung des indizierten Schwangerschaftsabbruchs nach § 218a und nicht nach § 34. Die gerechtfertigte Beeinträchtigung einer fremden Sache muss den Voraussetzungen der §§ 228, 904 BGB genügen. Die Abwehr eines *Angreifers* beurteilt sich nach *Notwehr*gesichtspunkten. Falls eine Notwehrlage im Sinne des § 32 gegeben ist, ist die Prüfung von § 34 deshalb methodisch verfehlt.[391] Droht eine *Gefahr*, sind hingegen die Maßstäbe des *Notstandes* entscheidend.

C. Zur Wiederholung

Kontrollfragen
1. Woher erhält die Lehre von den negativen Elementen der Tatbestandsmäßigkeit bzw. Tatbestandsmerkmalen ihre Bezeichnung? (Rn. 8)
2. Welche strukturellen Grundtypen der Rechtfertigung kennen Sie? (Rn. 36 ff.)
3. Nennen Sie fünf Rechtfertigungsgründe! (Rn. 37 ff.)

---

[388] Siehe z. B. The National Organization of Restoring Men – NORM – www.norm.org.

[389] Zum Beispiel eines Schadensersatzanspruchs aus einem rechtmäßigen Eingriff vgl. § 904 S. 2 BGB.

[390] Näher *Seelmann* 1978; *Warda* FS Maurach, S. 143 ff.; vgl. auch *Mitsch* JuS 2000, 848 ff.; LK[11]-*Hirsch* § 34 Rn. 93, *Jescheck/Weigend* AT § 31 VI 2 Fn. 43 mwN.

[391] Vgl. *Gropengießer* Jura 2000, 262 ff. (266).

4. Was versteht man unter Einsichtsfähigkeit? (Rn. 80 ff.)
5. Worin unterscheiden sich die Einwilligung und das Einverständnis? (Rn. 113 ff.)
6. Nennen Sie die objektiven und subjektiven Elemente der Notwehr (§ 32)! (Rn. 126 ff.)
7. Ist Selbsthilfe eine Form der Selbstjustiz? (Rn. 195 ff.)
8. Wodurch unterscheiden sich Notwehrlage und Notstandslage? (Rn. 127 ff., 222 ff.)
9. Was versteht man unter einer rechtfertigenden Pflichtenkollision i. e. S.? (Rn. 324 ff.)
10. Was versteht man unter einer mutmaßlichen Einwilligung? (Rn. 367)
11. Nennen Sie die Voraussetzungen einer mutmaßlichen Einwilligung! (Rn. 379 ff.)
12. Gibt es klausurtechnisch zu beachtende Konkurrenzregeln bei den Rechtfertigungsgründen? (Rn. 433 ff.)

Literatur

Ambos Internationales Strafrecht, 5. Aufl. 2018
Amelung Das Problem der heimlichen Notwehr gegen die erpresserische Androhung kompromittierender Enthüllungen, GA 1982, 381 ff.
Amelung Über die Einwilligungsfähigkeit, ZStW 104 (1992), 525 ff., 821 ff.
Amelung Willensmängel bei der Einwilligung als Tatzurechnungsproblem, ZStW 109 (1997), 490 ff.
Amelung Irrtum und Täuschung als Grundlage von Willensmängeln bei der Einwilligung des Verletzten, 1998
Amelung Noch einmal: Notwehr gegen sog. Chantage, NStZ 1998, 70 ff.
Amelung Einwilligungsfähigkeit und Rationalität, JR 1999, 45 ff.
Amelung/Boch Hausarbeitsanalyse – Strafrecht – Ein Ehestreit mit dem Hockeyschläger, JuS 2000, 261 ff.
Amelung/Eymann Die Einwilligung des Verletzten im Strafrecht, JuS 2001, 937 ff.
Anders Aktuelles Forum – Die Diskussion zur rechtlichen Zulässigkeit staatlicher Folter in Ausnahmesituationen, in: Goerlich (Hrsg.), Staatliche Folter – heiligt der Zweck die Mittel?, 2007, S. 13 ff.
AnwK-*Bearb.* = Anwaltkommentar StGB, 3. Aufl. 2020, hrsg. v. Leipold/Tsambikakis/Zöller
Arzt Willensmängel bei der Einwilligung, 1970
Arzt Zur Strafbarkeit des Erpressungsopfers, JZ 2001, 1052 ff.
Arzt Dolus eventualis und Verzicht, FS für Rudolphi 2004, S. 3 ff.
Ast Quieta non movere? Ärztliche Auswahlkriterien sowie der Behandlungsabbruch im Fall einer Pflichtenkollision aus strafrechtlicher Sicht, ZIS 2020, 268 ff.
Baumann/Weber/Mitsch/Eisele Strafrecht Allgemeiner Teil (AT), 13. Aufl. 2021
Beck Fiktion vs. Realität: Warum nicht alle Fälle der „hypothetischen Einwilligung" gleich zu behandeln sind, FS für R. Merkel 2020, S. 761 ff.
Beling Die Lehre vom Verbrechen, 1906
Bernsmann Überlegungen zur tödlichen Notwehr bei nicht lebensbedrohlichen Angriffen, ZStW 104 (1992), 290 ff.

Beulke Züchtigungsrecht – Erziehungsrecht – strafrechtliche Konsequenzen der Neufassung des § 1631 Abs. 2 BGB, FS für Hanack 1999, S. 539 ff.

Beulke Neufassung des § 1631 Abs. 2 BGB und Strafbarkeit gemäß § 223 StGB, FS für Schreiber 2003, S. 29 ff.

Beulke „Pflichtenkollisionen" bei § 323c StGB?, FS für Küper 2007, 1 ff.

Beulke/Swoboda Strafprozessrecht, 16. Aufl. 2022

Beulke/Dießner „(…) ein kleiner Schnitt für einen Menschen, aber ein großes Thema für die Menschheit", ZIS 2012, 338 ff.

Bock Straftaten im Dienste der Allgemeinheit – Notwehr- und Notstandsrechte als polizeiliche Generalklauseln für jedermann?, ZStW 131 (2019), 555 ff.

Brammsen Einverständnis und Einwilligung – Der materielle Weg, FS für Yamanaka 2017, S. 3 ff.

Brugger Vom unbedingten Verbot der Folter zum bedingten Recht auf Folter?, JZ 2000, 165 ff.

Bülte § 127 Abs. 1 Satz 1 StPO als Eingriffsbefugnis für den Bürger und als Rechtfertigungsgrund, ZStW 121 (2009), 377 ff.

Bülte Der Verhältnismäßigkeitsgrundsatz im deutschen Notwehrrecht aus verfassungsrechtlicher und europäischer Perspektive, GA 2011, 145 ff.

Busche Verfassungsrechtliche Vorgaben für die strafrechtliche Bewertung der Sitzblockaden von Klimaaktivisten, KlimR 2023, 103 ff.

Dehne-Niemann/Greisner Der Zweck heiligt die Mittel! – Notstandsrechtfertigung des tierschutzmotivierten Betretens von Tierställen – Zugleich Besprechung von OLG Naumburg NJW 2018, 2064, GA 2019, 205 ff.

Dias Hypothetische Einwilligung und Patientenautonomie. Eine analytische Rekonstruktion der Debatte, FS für Sancinetti, 2020, S. 253 ff.

Dohna Die Rechtswidrigkeit, 1905

Dölling Die Behandlung der Körperverletzung im Sport im System der strafrechtlichen Sozialkontrolle, ZStW 96 (1984), 36 ff.

Dölling Einwilligung und überwiegende Interessen, FS für Gössel 2002, S. 209 ff.

Duttge Abschied des Strafrechts von den „guten Sitten"?, GS für Schlüchter 2002, S. 775 ff.

Duttge Die „hypothetische Einwilligung" als Strafausschlußgrund: wegweisende Innovation oder Irrweg?, FS für Schroeder 2006, S. 179 ff.

Schmidt, Eb. Schlägermensur und Strafrecht, JZ 1954, 369 ff.

Ebel Notwehrrecht der Polizei bei Vernehmungen (Befragungen) zum Zwecke der Gefahrenabwehr?, Kriminalistik 1995, 825 ff.

Ebert Strafrecht Allgemeiner Teil (AT), 4. Aufl. 2007

El-Ghazi Die Redundanz der hypothetischen Einwilligung – Plädoyer für eine Subjektivierung der strafrechtlichen Willensmängellehre, GA 2022, 449 ff.

Engels Der partielle Ausschluß der Notwehr bei tätlichen Auseinandersetzungen zwischen Ehegatten, GA 1982, 109 ff.

Engisch Tatbestandsirrtum und Verbotsirrtum bei Rechtsfertigungsgründen, ZStW 70 (1958), 566 ff.

Engisch Der Unrechtstatbestand im Strafrecht. Eine kritische Betrachtung zum heutigen Stand der Lehre von der Rechtswidrigkeit im Strafrecht, FS zum hundertjährigen Bestehen des Deutschen Juristentages 1960, Bd. 1, S. 401 ff.

Engländer Vorwerfbare Notwehrprovokation, Jura 2001, 534 ff.

Engländer Grund und Grenzen der Nothilfe, 2008

Engländer Die Anwendbarkeit von § 34 StGB auf intrapersonale Interessenkollisionen, GA 2010, 15 ff.

Engländer Die Rechtfertigung des rechtfertigenden Aggressivnotstands, GA 2017, 242 ff.

Engländer Zur Begründung der Notwehr im deutschen Strafrecht: üerindividualistisch, dualistisch oder individualistisch?, FS für Sancinetti, 2020, S. 297 ff.

Engländer/Rückert Brauchen wir eine Reform des Notwehrrechts?, GA 2024, 121 ff.

Erb Notwehr gegen rechtswidriges Verhalten von Amtsträgern, FS für Gössel 2002, S. 232 f.

Erb Folterverbot und Notwehrrecht, in Nitschke (Hrsg.), Rettungsfolter im modernen Rechtsstaat? 2005, Rn. 149 ff.

Erb Nothilfe durch Folter, Jura 2005, 24 ff.

Erb Notwehr als Menschenrecht, NStZ 2005, 593 ff.

Erb Der Erlaubnistatbestandsirrtum als Anwendungsfall von § 17 StGB, FS für Paeffgen 2015, S. 205 ff.

Erb Wann ist die Fehleinschätzung von Rechtfertigungslagen vorwerfbar?, FS für Rengier 2018, S. 15 ff.

Erb Der Lebensnotstand bei siamesischen Zwillingen, FS für R. Merkel 2020, S. 845 ff.

Erb Die Bedeutung des Eigenverschuldens für den rechtfertigenden Notstand und für die rechtfertigende Pflichtenkollision, GA 2024, 1 ff.

Erb „Klima-Kleber" im Spiegel des Strafrechts, NStZ 2023, 577 ff.

Eser „Sozialadäquanz": eine überflüssige oder unverzichtbare Rechtsfigur?, FS für Roxin 2001, S. 199 ff.

Eser Zwangsandrohung zur Rettung aus konkreter Lebensgefahr – Gegenkritische Rückfragen zur sogenannten „Rettungsfolter", FS für Hassemer 2010, S. 713 ff.

Fischer, *Bearbeiter*, in: = Fischer, Strafgesetzbuch, 72. Aufl. 2025

Frehsee Einige Daten zur endlosen Geschichte des Züchtigungsrechts, FS für Schneider 1998, S. 277 ff.

Freund Actio ilicita in causa, GA 2006, 267 ff.

Freund/Rostalski Strafrecht, Allgemeiner Teil (AT) personale Straftatlehre, 3. Aufl. 2019

Frisch Grund- u. Grenzprobleme des sog. subjektiven Rechtfertigungselements, FS für Lackner 1987, S. 113 ff.

Frisch Zum Unrecht der sittenwidrigen Körperverletzung (§ 228 StGB), FS für Hirsch 1999, S. 485 ff.

Frisch Vorsatz und Risiko, 1983

Frister Zur Einschränkung des Notwehrrechts durch Art. 2 der Europäischen Menschenrechtskonvention, GA 1985, 553 ff.

Frister Die Notwehr im System der Notrechte, GA 1988, 291 ff.

Frister Erlaubnistatbestandszweifel, FS für Rudolphi 2004, S. 45 ff.

Frister Strafrecht Allgemeiner Teil (AT), 10. Aufl. 2023

Gaede Der Verteidigungswille – konstitutive Voraussetzung bei Notwehr und Notwehrexzess?, FS für Rengier 2018, S. 27 ff.

Geilen Eingeschränkte Notwehr unter Ehegatten, JR 1976, 314 ff.

Geppert Die subjektiven Rechtfertigungselemente, Jura 1995, 103 ff.

Goerlich (Hrsg.) Staatliche Folter, 2007

Goerlich/Zabel Säkularer Staat und religiöses Recht, JZ 2012, 1058 ff.

Gössel Überlegungen zum Verhältnis von Norm, Tatbestand und dem Irrtum über das Vorliegen eines rechtfertigenden Sachverhalts, FS für Triffterer 1996, S. 93 ff.

Greco Die Regeln hinter der Ausnahme. Gedanken zur Folter in sog. ticking time bomb-Konstellationen, GA 2007, 628 ff.

Gropengießer Das Konkurrenzverhältnis von Notwehr (§ 32 StGB) und rechtfertigendem Notstand (§ 34 StGB), Jura 2000, 262 ff.

Gropp Das subjektive Rechtfertigungselement als hermeneutisches Problem, FS für Sieber 2020, S. 121 ff.

Gropp/Küper Der „verschuldete" rechtfertigende Notstand, GA 1984, 485 ff.

Gropp § 218a als Rechtfertigungsgrund – Grundfragen zum rechtmäßigen Schwangerschaftsabbruch, GA 1988, 24 ff.

Gropp Die „Pflichtenkollision": weder eine Kollision von Pflichten noch Pflichten in Kollision, FS für Hirsch 1999, S. 207 ff.

Gropp Der Radartechniker-Fall – ein durch Menschen ausgelöster Defensivnotstand?, GA 2006, 284 ff.

Gropp Hypothetische Einwilligung im Strafrecht?, FS für Schroeder 2006, S. 197 ff.

Gropp Indisponibilität statt Sittenwidrigkeit. Überlegungen zu BGHSt 49, 166, ZJS 2012, 602 ff.

Gropp An der Grenze der Lehre vom personalen Unrecht, FS für Kühl 2014, S. 247 ff.

Gropp/Küpper/Mitsch Fallsammlung zum Strafrecht, 2. Aufl. 2012

Gropp Der unvermeidbare Erlaubnistatumstandsirrtum – ein Rechtfertigungsgrund sui generis, FS für Gerhard Wolf 2018, S. 203 ff.

Grünewald Notwehreinschränkung – insbesondere bei provoziertem Angriff, ZStW 122 (2010), 51 ff.

Grünewald Selbstgefährdung und einverständliche Fremdgefährdung, GA 2012, 364 ff.

Günther Strafrechtswidrigkeit und Strafunrechtsausschluß, 1983

Günther Warum Art. 103 Abs. 2 GG für Erlaubnissätze nicht gelten kann, FS für Grünwald 1999, S. 213 ff.

Günther Defensivnotstand und Tötungsrecht, FS für Amelung 2009, 147 ff.

Haas Zur Bedeutung hypothetischer Geschehensverläufe für den Ausschluss des Tatunrechts, GA 2015, 147 ff.

Haft Strafrecht Allgemeiner Teil, 9. Aufl. 2004

Hakeri Tıp Hukuku, 4. Aufl. 2012

Hauck Rechtfertigende Einwilligung und Tötungsverbot, GA 2012, 202 ff.

Hecker Europäisches Strafrecht, 7. Aufl. 2024

Hecker Strafrecht AT: Nothilfe und Notstand, JuS 2018, 83 ff.

Hefendehl Objektive Zurechnung bei Rechtfertigungsgründen, FS für Frisch 2013, S. 465 ff.

Heger Eingeschränkte Verteidigungsrechte bei selbstverschuldeter Notwehrlage, JA 2003, 8 ff.

Heinrich, B. Strafrecht – Allgemeiner Teil (AT), 7. Aufl. 2022

Herzberg Rechtliche Probleme der rituellen Beschneidung, JZ 2009, 332 ff.

Herzog Feuerspeiende Luxuslimousinen, GS für Schlüchter 2002, S. 209 ff.

Herzog Der Boxer – ein Schläger?, GA 2006, 678 ff.

Hilgendorf Folter im Rechtsstaat?, JZ 2004, 331 ff.

Hilgendorf Problemfelder der Menschenwürdedebatte in Deutschland und Europa und die Ensembletheorie der Menschenwürde, Zeitschrift für Evangelische Ethik 57 (2013), 258 ff.

Hillenkamp/Cornelius 32 Probleme aus dem Strafrecht – Allgemeiner Teil, 16. Aufl. 2023

Hirsch Die Lehre von den negativen Tatbestandsmerkmalen: Der Irrtum über einen Rechtfertigungsgrund, 1957

Hirsch Die Notwehrvoraussetzung der Rechtswidrigkeit des Angriffs, FS für Dreher 1977, S. 211 ff.

Hirsch Defensiver Notstand gegenüber ohnehin Verlorenen, FS für Küper 2007, 149 ff.

Hirsch Einwilligung in sittenwidrige Körperverletzung, FS für Amelung 2009, 181 ff.

Hirsch Zu strafrechtlichen Fragen des Sportrechts, FS für Szwarc 2009, 559 ff.

Hirsch Untauglicher Versuch und Tatstrafrecht, FS für Roxin 2001, S. 711 ff.

Hörnle Hijacked Airplanes: May they be shot down?, New Criminal Law Review 2007, 582 ff.

Hoven/Mitsch Notwehr und Notwehrexzess – Vorschlag einer neuen Formulierung der §§ 32, 33 StGB, GA 2023, 241 ff.

Hoyer Strafrechtliche Notwehr nur gegen strafrechtswidrige Angriffe?, FS für Kindhäuser 2019, S. 205 ff.

Hoyer Das Grundrecht auf Leben als Tötungsverbot für den Staat und als Schutzanspruch gegen den Staat, FS für R. Merkel 2020, S. 813 ff.

Hruschka Pflichtenkollisionen und Pflichtenkonkurrenzen, FS für Larenz 1983, S. 257 ff.

Ida Die Stellung von Rechtfertigung und Entschuldigung im System der Strafbarkeitsvoraussetzungen, in Eser/Perron (Hrsg.), Rechtfertigung und Entschuldigung IV, 1993, S. 93 ff.

Isensee „Die Begründungslast hat der Veränderer", Die Welt, 30. Juni 1997, S. 7

Isensee Leben gegen Leben, FS für Jakobs 2007, S. 205 ff.

Jäger Zurechnung und Rechtfertigung als Kategorialprinzipien im Strafrecht, 2006

Jäger Die hypothetische Einwilligung – ein Fall der rückwirkenden juristischen Heilung in der Medizin, FS für Jung 2007, S. 345 ff.

Jäger Das dualistische Notwehrverständnis und seine Folgen für das Recht auf Verteidigung – zugleich eine Untersuchung zum Verhältnis der Garantenlehre zu den sozialethischen Einschränkungen des Notwehrrechts, GA 2016, 258 ff.

Jäger Tatbestandsmäßigkeit, Rechtswidrigkeit und Schuld – Drei Standorte im juristischen Dilemma „Leben gegen Leben", FS für Rogall 2018, S. 171 ff.

Jäger Examens-Repetitorium, Strafrecht, Allgemeiner Teil, 11. Aufl. 2024

Jäger/Gründel Zur Notwendigkeit einer Neuorientierung bei der Beurteilung der rechtfertigenden Pflichtenkollision im Angesicht der Corona-Triage, ZIS 2020, 151 ff.

Jahn Doping als Körperverletzung des Gegners beim Boxsport, JuS 2019, 593 ff.

Jakobs Strafrecht, Allgemeiner Teil: die Grundlagen und die Zurechnungslehre (AT), 2. Aufl. 1991

Jansen Pflichtenkollision bei Triage-Entscheidungen, ZIS 2021, 155 ff.

Jerouschek Gefahrenabwendungsfolter – Rechtsstaatliches Tabu oder polizeirechtlich legitimierter Zwangseinsatz?, JuS 2005, 296 ff.

Jerouschek Beschneidung und das deutsche Recht, NStZ 2008, 313 ff.

Jerouschek/Kölbel Folter von Staats wegen?, JZ 2003, 619 f.

Jescheck/Weigend Lehrbuch des Strafrechts, Allgemeiner Teil (AT), 5. Aufl. 1996

Joecks Erfolglose Notwehr, FS für Grünwald 1999, S. 251 ff.

Joerden Der Widerstreit zweier Gründe der Verbindlichkeit, Jahrbuch für Recht und Ethik Bd. 5 (1977), S. 43 ff.

Kant Werkausgabe in 12 Bänden, hrsg. von Wilhelm Weischedel, Bd. 8, Die Metaphysik der Sitten, 9. Aufl. 1991

Kargl Die intersubjektive Begründung und Begrenzung der Notwehr, ZStW 110 (1998), 38 ff.

Kargl Inhalt und Begründung der Festnahmebefugnis nach § 127 I StPO, NStZ 2000, 8 ff.

Kaspar Die Strafbarkeit der aufgedrängten Nothilfe, JuS 2014, 769 ff.

Kaufmann, Arthur Tatbestand, Rechtfertigungsgründe und Irrtum, JZ 1956, 353 ff.

Kaufmann, Arthur Die Irrtumsregelung im Strafgesetz-Entwurf 1962, ZStW 76 (1964), 543 ff.

Kaufmann, Arthur Recht und Sittlichkeit, 1964

Kaufmann, Arthur Rechtsfreier Raum und eigenverantwortliche Entscheidung, FS für Maurach 1972, S. 327 ff.

Kaufmann, Arthur Strafrechtspraxis und sittliche Normen, JuS 1978, 361 ff.

Kaufmann, Arthur Analogie und „Natur der Sache" Zugleich ein Beitrag zur Lehre vom Typus, 1982

Kaufmann, Arthur Einige Anmerkungen zu Irrtümern über den Irrtum, FS für Lackner 1987, S. 185 ff.

Keller Nothilfe für Tiere als Anthropozentrik, FS für R. Merkel 2020, S. 779 ff.

Kindhäuser Gefährdung als Straftat, 1989

Kindhäuser Zur Unterscheidung von Einverständnis und Einwilligung, FS für Rudolphi 2004, S. 135 ff.

Kindhäuser Normtheoretische Überlegungen zur Einwilligung im Strafrecht, GA 2010, 490 ff.

Kindhäuser Strafgesetzbuch. Lehr- und Praxiskommentar (LPK-StGB), 5. Aufl. 2013

Kindhäuser/Zimmermann Strafrecht, Allgemeiner Teil (AT), 11. Aufl. 2024

Kinzig Not kennt kein Gebot?, ZStW 115 (2003), 791 ff.

Klemperer, Victor LTI – Notizbuch eines Philologen, 17. Aufl. 1998

Klescewski Ein zweischneidiges Recht – Zu Grund und Grenzen der Notwehr in einem vorpositiven System der Erlaubnissätze, FS für E. A. Wolff 1998, S. 225 ff.

Klug Sozialkongruenz und Sozialadäquanz im Strafrechtssystem, FS für Eb. Schmidt 1961, S. 249 ff.

Kohlberg Die Psychologie der Moralentwicklung, 1996

Köhler Strafrecht Allgemeiner Teil (AT), 1997

Köhler Medizinische Forschung in der Behandlung des Notfallpatienten, NJW 2002, 853 ff.

Köhler Die objektive Zurechnung der Gefahr als Voraussetzung der Eingriffsbefugnis im Defensivnotstand, FS für Schroeder 2006, S. 257 ff.

Koriath Das Brett des Karneades, JA 1998, 250 ff.

Koriath Einige Gedanken zur Notwehr, FS für Müller-Dietz 2001, S. 361 ff.

Koriath Zum Streit um die Gefährdungsdelikte, GA 2001, 51 ff.

Koriath Einschränkung des deutschen Notwehrrechts (§ 32 StGB) durch Art. 2 II a EMRK?, in: Filippo Ranieri (Hrsg.), Die Europäisierung der Rechtswissenschaft, 2002, S. 47 ff.

Koriath Über rechtsfreie Räume in der Strafrechtsdogmatik, Jahrbuch für Recht und Ethik, 2003, S. 317 ff.

Koschmieder Wider die Einschränkung der Notwehr im Rahmen enger persönlicher Nähebeziehungen, StV 2024, 138 ff.

Kretschmer, B. Der Begriff der Gefahr in § 34 StGB, Jura 2005, 662 ff.

Kreuzer Zur Not ein bisschen Folter?, Diskussionen um Ausnahmen vom absoluten Folterverbot anlässlich polizeilicher Rettungsfolter, in Nitschke (Hrsg.), Rettungsfolter im modernen Rechtsstaat? Eine Verortung, 2005, Rn. 69 ff.

Krey Zur Einschränkung des Notwehrrechts bei der Verteidigung von Sachgütern, JZ 1979, 702 ff.

Krey/Esser Deutsches Strafrecht, Allgemeiner Teil (AT), 7. Aufl. 2022

Kühl „Sozialethische" Einschränkungen der Notwehr, Jura 1990, 244 ff.

Kühl Die „Notwehrprovokation", Jura 1991, 57 ff., 175 ff.

Kühl Angriff und Verteidigung bei der Notwehr, Jura 1993, 57, 119, 233 jew. ff.

Kühl Die Notwehr: Ein Kampf ums Recht oder Streit, der missfällt?, FS für Triffterer 1996, S. 149 ff.

Kühl Gebotene Verteidigung gegen provozierte Angriffe, FS für Bemmann 1997, S. 193 ff.

Kühl Freiheit und Solidarität bei den Notrechten, FS für Hirsch 1999, S. 259 ff.

Kühl Der Abschied des Strafrechts von den guten Sitten, FS für Jakobs 2007, S. 293 ff.

Kühl Strafrecht Allgemeiner Teil (AT), 8. Aufl. 2017

Kuhlen Ausschluss der objektiven Zurechnung bei Mängeln der wirklichen und der mutmaßlichen Einwilligung, FS für Müller-Dietz 2001, S. 433 ff.

Kühne Die strafrechtliche Relevanz eines auf Fehlvorstellungen gegründeten Rechtsgutverzichts, JZ 1979, 241 ff.

Küper Noch einmal: Rechtfertigender Notstand, Pflichtenkollision und übergesetzlicher Notstand, JuS 1971, 474 ff.

Küper Zum rechtfertigenden Notstand bei Kollision von Vermögenswerten, JZ 1976, 515 ff.

Küper Grund- und Grenzfragen der rechtfertigenden Pflichtenkollision im Strafrecht, 1979

Küper Die sog. „Gefahrtragungspflichten" im Gefüge des rechtfertigenden Notstandes, JZ 1980, 755 ff.

Küper Tötungsverbot und Lebensnotstand Zur Problematik der Kollision „Leben gegen Leben", JuS 1981, 745 ff.

Küper Tötungsverbot und Lebensnotstand, JuS 1981, 785 ff.

Küper Das „Wesentliche" am „wesentlich überwiegenden Interesse", GA 1983, 289 ff.

Küper Der „verschuldete" rechtfertigende Notstand, 1983

Küper Grundsatzfragen der „Differenzierung" zwischen Rechtfertigung und Entschuldigung, JuS 1987, 81 ff.

Küper „Es kann keine Not geben, welche, was unrecht ist, gesetzmäßig machte.", FS für E. A. Wolff 1998, S. 285 ff.

Küper Notstand und Zeit. Die „Dauergefahr" beim rechtfertigenden und entschuldigenden Notstand, FS für Rudolphi 2004, S. 151 ff.

Küper Kollidierende Pflichtenmehrheit oder singuläre Pflichteneinheit? – Zur Rekonstruktion und Rehabilitierung der rechtfertigenden Pflichtenkollision, FS für Rengier 2018, S. 67 ff.

Küpper Die „Sache mit den Tieren" oder – Sind Tiere noch „Sachen"?, JZ 1993, 435 ff.

Küpper Die „Abwehrprovokation", JA 2001, 438 ff.

Küpper/Börner Strafrecht Besonderer Teil 1 (BT 1), 4. Aufl. 2017

Lackner/Kühl/Heger-*Bearbeiter* Strafgesetzbuch: Kommentar, 30. Aufl. 2023

Ladiges Die Bekämpfung nicht-staatlicher Angreifer im Luftraum, 2007

Ladiges Die notstandsbedingte Tötung von Unbeteiligten im Fall des § 14 Abs. 3 LuftSiG – ein Plädoyer für die Rechtfertigungslösung, ZIS 2008, 129 ff.

Lagodny Notwehr gegen Unterlassen, GA 1991, 300 ff.

Lagodny Strafrecht vor den Schranken der Grundrechte, 1996

Lampe Zum Verhältnis von Handlungsrecht und Handlungspflicht, FS für Lenckner 1998, S. 159 ff.

Lange, A. Zum Bewertungsirrtum über die Rechtswidrigkeit des Angriffs bei der Notwehr, 1994 (mit Bespr. *Mitsch* ZStW 110 (1998), 166 ff.)

Lenckner Die Einwilligung Minderjähriger und deren gesetzlicher Vertreter, ZStW 72 (1960), 446 ff.

Lenckner Der rechtfertigende Notstand, 1965

Lenckner „Gebotensein" und „Erforderlichkeit" der Notwehr, GA 1968, 1 ff.

Lenckner Zum Notwehrrecht des Angreifers, JR 1984, 206 ff.

Lilie Zur Erforderlichkeit der Verteidigungshandlung, FS für Hirsch 1999, S. 277 ff.

LK[11]-*Bearbeiter* = Jähnke/Laufhütte/Odersky (Hrsg.), Leipziger Kommentar, Strafgesetzbuch, 11. Aufl. 1992 ff.

LK-*Bearbeiter* = Cirener/Radtke/Rissing-van Saan/Rönnau/Schluckebier (Hrsg.), Leipziger Kommentar, Strafgesetzbuch, Bd. 3, 13. Aufl. 2020

LK-*Bearbeiter* = Cirener/Radtke/Rissing-van Saan/Rönnau/Schluckebier (Hrsg.), Leipziger Kommentar, Strafgesetzbuch, Bd. 5, 13. Aufl. 2022

LK-*Bearbeiter* = Cirener/Radtke/Rissing-van Saan/Rönnau/Schluckebier (Hrsg.), Leipziger Kommentar, Strafgesetzbuch, Bd. 7, 13. Aufl. 2021

Lüderssen Notwehrelemente in der Strafe – Strafelemente in der Notwehr, in: Institut für Kriminalwissenschaften Frankfurt a. M. (Hrsg.), Vom unmöglichen Zustand des Strafrechts, 1995, S. 159 ff.

Lüderssen Die Folter bleibt tabu, FS für Rudolphi 2004, S. 691 ff.

Maiwald Zur Leistungsfähigkeit des Begriffs „erlaubtes Risiko" für die Strafrechtssystematik, FS für Jescheck 1985, S. 405 ff.

Maiwald Die Einwilligung im deutschen Strafrecht, in: Eser/Perron, Rechtfertigung und Entschuldigung III, 1991, S. 165 ff.

Maiwald Das Prinzip der Verhältnismäßigkeit zwischen Angriff und Verteidigung im Recht der Notwehr, FS für Marinucci 2006, S. 1579 ff.

Maiwald Probleme der heutigen Tatbestandslehre in Deutschland, FS für Tateishi 2010, S. 11 ff.

Martin Einschränkung der Notwehr in einem Fall sozialethisch zu beanstandenden Vorverhaltens, JuS 1997, 177 ff.

Maurach/Gössel/Zipf Strafrecht: Ein Lehrbuch, Allgemeiner Teil 1 (AT 1), 8. Aufl. 1992

Mayer, M. E. Der Allgemeine Teil des deutschen Strafrechts (AT), 1915

Merkel, A. Lehrbuch des deutschen Strafrechts (LB), 1889

Merkel, R. Folter und Notwehr, FS für Jakobs 2007, S. 375 ff.

Meyer, Frank Ausschluss und Minderung strafrechtlicher Verantwortung bei Handeln auf Weisung, GA 2012, 556 ff.

Mezger Vom Sinn der strafrechtlichen Tatbestände, FS für Traeger 1926, S. 187 ff.

Mitsch Nothilfe gegen provozierte Angriffe, GA 1986, 533 ff.

Mitsch Trunkenheitsfahrt und Notstand, JuS 1989, 965 ff.

Mitsch Rechtfertigung einer Ohrfeige (BayObLG, NJW 1991, 2031) JuS 1992, 289 ff.

Mitsch Festnahme mit Todesfolge – BGH, NJW 2000, 1348, JuS 2000, 848 ff.

Mitsch Notwehr gegen fahrlässig provozierten Angriff – BGH, NStZ 2001, 143, JuS 2001, 751 ff.

Mitsch Strafrecht Besonderer Teil 2 (BT 2), 3. Aufl. 2015

Mitsch „Nantucket Sleighride" – der Tod des Matrosen Owen Coffin, FS für Weber 2004, S. 49 ff.

Mitsch Rechtfertigung und Opferverhalten, 2004

Mitsch Flugzeugabschüsse und Weichenstellungen, GA 2006, 11 ff.

Mitsch Autofahrer versus Klimaretter – wer ist gerechtfertigt?, DAR 2023, 234 ff.

Mitsch Notwehr gegen Klimakleber?, JZ 2023, 230 ff.

Mitsch Buridans Esel und die Pflichtenkollision, NStZ 2024, 641 ff.

MK-StGB-*Bearbeiter* = Erb/Schäfer (Hrsg.), Münchener Kommentar zum Strafgesetzbuch, Bd. 1, 5. Aufl. 2024

Montaner, Fernández/Ortiz, de Urbina Gimeo Einwirkung einer Garantenstellung auf die Reichweite von Rechtfertigungsgründen?, GA 2013, 641 ff.

Moos Objektive Zurechnung und sozialadäquates Verhalten bei wertneutraler Gehilfenschaft, FS für Trechsel 2002, S. 484

Murmann Grundkurs Strafrecht (GK), 8. Aufl. 2024

Neuhaus Die Aussageerpressung zur Rettung des Entführten – strafbar!, GA 2004, 521 ff.

Neumann Der strafrechtliche Nötigungsnotstand – Rechtfertigungs- oder Entschuldigungsgrund?, JA 1988, 329 ff.

Neumann Der Rechtfertigungsgrund der Kollision von Rettungsinteressen, FS für Roxin 2001, S. 421 ff.

Neumann Sterbehilfe im rechtfertigenden Notstand (§ 34 StGB), FS für Herzberg 2008, 575 ff.

Neumann Rechtspositionen, Rechtsgüter und Rettungsinteressen in der aktuellen Diskussion zu Problemen des rechtfertigenden Notstands (§ 34 StGB), FS für R. Merkel 2020, S. 791 ff.

Niedermair Körperverletzung mit Einwilligung und die Guten Sitten. Zum Funktionsverlust einer Generalklausel, 1999

NK-StGB-*Bearbeiter* = Kindhäuser/Neumann/Paeffgen/Saliger (Hrsg.), Nomos-Kommentar zum StGB, 6. Aufl. 2023

Novoselec Notwehr gegen Erpressung i. e. S. und Chantage, NStZ 1997, 218 ff.

Otto Pflichtenkollision und Rechtswidrigkeitsurteil, 3. Aufl. 1978

Otto Die Rechtsfolgen der Straftat, Jura 1995, 468 ff.

Otto Gegenwärtiger Angriff (§ 32) und gegenwärtige Gefahr (§§ 34, 35, 249, 255), Jura 1999, 552 f.

Otto Grundkurs Strafrecht, Allgemeine Strafrechtslehre (GK-AT), 7. Aufl. 2004, § 18

Otto Einwilligung, mutmaßliche, gemutmaßte und hypothetische Einwilligung, Jura 2004, 683 ff.

Otto Soziale Adäquanz als Auslegungsprinzip, FS für Amelung 2009, S. 225 ff.

Paul Einwilligung und zusammengesetztes Delikt, 1997

Pawlik Der rechtfertigende Defensivnotstand, Jura 2002, 26 ff.

Pawlik Der rechtfertigende Notstand, 2002

Pawlik Die Notwehr nach Kant und Hegel, ZStW 114 (2002), 259 ff.

Perron Foltern in Notwehr?, FS für Weber 2004, S. 143 ff.

Preuß Die strafrechtliche Bewertung der Sitzblockaden von Klimaaktivisten, NZV 2023, 60 ff.

Priester Das Ende des Züchtigungsrechts, 1999

Prittwitz Strafwürdigkeit und Strafbarkeit von Folter und Folterandrohung im Rechtsstaat, FS für Herzberg 2008, S. 515 ff.

Puppe Hypothetische Einwilligung bei medizinischen Eingriffen, JR 2004, 470 ff.

Puppe Das sog. gerechtfertigte Werkzeug, FS für Küper 2007, S. 443 ff.

Puppe Mitverantwortung des Fahrlässigkeitstäters bei Selbstgefährdung des Verletzten, GA 2009, 487 ff.

Puppe Strafrecht Allgemeiner Teil im Spiegel der Rechtsprechung (AT), 5. Aufl. 2022

Putzke Die strafrechtliche Relevanz der Beschneidung von Knaben, FS für Herzberg 2008, S. 669 ff.

Putzke Juristische Positionen zur religiösen Beschneidung, NJW 2008, 1568 ff.

Rath Das subjektive Rechtfertigungselement, 2002

Reinbacher Nothilfe bei Tierquälerei?, ZIS 2019, 509 ff.

Reinhard Das Bundesverfassungsgericht wechselt die Pferde – Der strafrechtliche Rechtmäßigkeitsbegriff, StV 1995, 101 ff.

Reinhart Abschied vom strafrechtlichen Rechtmäßigkeitsbegriff, NJW 1997, 911 ff.

Rengier Strafrecht Allgemeiner Teil (AT), 16. Aufl. 2024

Renzikowski Notstand und Notwehr, 1994

Renzikowski Rechtfertigender Notstand zum Schutz von Tieren – zur Subsidiarität von privater Selbsthilfe gegenüber staatlichen Verfahren, GS für Tröndle 2019, S. 355 ff.

Riemer Auswirkung des Gewaltverbots in der Erziehung nach § 1631 II BGB auf das Strafrecht, FPR 2006, 387 ff.

Ritz Das Tier in der Dogmatik der Rechtfertigungsgründe, JuS 2018, 333 ff.

Rogall Ist der Abschuss gekaperter Flugzeuge widerrechtlich?, NStZ 2008, 1 ff.

Rönnau Willensmängel bei der Einwilligung im Strafrecht, 2001

Rönnau Grundwissen – Strafrecht: Klimaaktivismus und ziviler Ungehorsam, JuS 2023, 112 ff.

Rönnau/Wegner Grundwissen – Strafrecht: Triage, JuS 2020, 403 ff.

Rothärmel Einwilligung, Veto, Mitbestimmung – Die Geltung der Patientenrechte für Minderjährige, 2004

Rotsch Achtung: Gefahr! Anregungen für eine neue Diskussion über die Voraussetzungen der Notstandslage i. S. d. § 34 StGB, FS für Neumann 2017, S. 1009 ff.

Roxin Verwerflichkeit und Sittenwidrigkeit als unrechtsbegründende Merkmale im Strafrecht, JuS 1964, 373 ff.

Roxin Die „sozialethischen Einschränkungen" des Notwehrrechts, ZStW 93 (1981), 68 ff.

Roxin Der durch Menschen ausgelöste Defensivnotstand, FS für Jescheck 1985, S. 457 ff.

Roxin Rechtfertigungs- und Entschuldigungsgründe in Abgrenzung zu sonstigen Strafausschließungsgründen, JuS 1988, 425 ff.

Roxin Gewaltopferentschädigung – vorsätzlich rechtswidriger Angriff – Irrtum – Einschränkung des Notwehrrechts aus sozialethischen Gründen – Notstand, JZ 2000, 99 f.

Roxin Anmerkung zu BGH, Urteil v. 22.11.2000 – 3 StR 331/00, JZ 2001, 666 f.

Roxin Die strafrechtliche Beurteilung der elterlichen Züchtigung, JuS 2004, 177 ff.

Roxin Kann staatliche Folter in Ausnahmefällen zulässig oder wenigstens straflos sein?, FS für Eser 2005, S. 461 ff.

Roxin Einwilligung, Persönlichkeitsautonomie und tatbestandliches Rechtsgut, FS für Amelung 2009, S. 269 ff.

Roxin Der Streit um die einverständliche Fremdgefährdung, GA 2012, 655 ff.

Roxin Notwehr und Rechtsbewährung, FS für Kühl 2014, S. 390 ff.

Roxin/Greco Strafrecht, Allgemeiner Teil, Band 1 (AT 1), Grundlagen, der Aufbau der Verbrechenslehre, 5. Aufl. 2020

Roxin Rettungsfolter?, FS für Nehm, 2006, S. 205 ff.

Rössner Fahrlässiges Verhalten im Sport als Prüfstein der Fahrlässigkeitsdogmatik, FS für Hirsch, 1999, S. 313 ff.

Rudolphi Fälle zum Strafrecht, Allgemeiner Teil, 5. Aufl. 2000

Ruppert Die metateleologische Reduktion im Strafrecht: Zum Wesen der Sozialadäquanz, ZIS 2020, 14 ff.

Safferling Eventualverteidigungsvorsatz und Verteidigungswille bei Notwehr, GA 2020, 70 ff.

Saliger Absolutes im Strafprozessrecht – Über das Folterverbot, seine Verletzung und die Folgen seiner Verletzung, ZStW 116 (2004), 47 ff.

Satzger Die rechtfertigende Pflichtenkollision, Jura 2010, 753 ff.

Satzger Gesetzlichkeitsprinzip und Rechtfertigungsgründe, Jura 2016, 154 ff.

Sauer Allgemeine Strafrechtslehre (AT), 3. Aufl. 1955

Schapp Rechtfertigung und Recht, in: Gerechtigkeit, Glauben und Erfahren, Veröffentlichungen der Kirchlichen Hochschule Wuppertal, Neue Folge Bd. 7, 2002

Schauer/Wittig Rechtfertigung des Fahrausweisprüfers nach § 127 I 1 StPO oder § 229 StGB, JuS 2004, 107 ff.

Schild Die strafrechtsdogmatischen Grenzen des rechtsfreien Raumes, JA 1978, 449 ff., 570 ff., 630 ff.

Schild Anmerkungen zur Straf- und Verbrechensphilosophie Immanuel Kants, FS für Gitter 1995, S. 831 ff.

Schild Sportstrafrecht, 2002

Schild Folter einst und jetzt, in Nitschke (Hrsg.), Rettungsfolter im modernen Rechtsstaat? Eine Verortung, 2005, Rn. 69 ff.

Schlehofer Strafbarkeitseinschränkende Alternativen zur hypothetischen Einwilligung im Arztstrafrecht?, FS für R. Merkel 2020, S. 745 ff.

Schlüchter Antizipierte Notwehr, FS für Lenckner 1998, S. 313 ff.

Schlüchter Fit im Recht. Strafrecht Allgemeiner Teil (AT), 3. Aufl. 2000

Schmidhäuser Strafrecht Allgemeiner Teil. Lehrbuch (LB), 2. Aufl. 1975

Schmoller Ethische Dispute im Strafrecht, in Fischer/Strasser (Hrsg.), Rechtsethik, 2007, S. 203 ff.

Schmoller Verletzung oder Tötung des Gegners im Kampf- und Wettkampfsport: (k)ein Fall des Strafrechts? in Urnik (Hrsg.), Sport und Gesundheit in Wirtschaft und Gesellschaft, 2007

Schneider, Ursula Körperliche Gewaltanwendung in der Familie, 1987

Schönke/Schröder, *Bearbeiter,* in: = Schönke/Schröder, Strafgesetzbuch, 30. Aufl. 2019

Schröder, Chr. Angriff, Scheinangriff und die Erforderlichkeit der Abwehr vermeintlich gefährlicher Angriffe, JuS 2000, 235 ff.

Schroth, U. Die Annahme und das „Für-Möglich-halten" von Umständen, die einen anerkannten Rechtfertigungsgrund begründen, FS für Arthur Kaufmann 1993, S. 595 ff.

Schüler Der Zweifel über das Vorliegen einer Rechtfertigungslage, 2004

Schünemann Die deutschsprachige Strafrechtswissenschaft nach der Strafrechtsreform im Spiegel des Leipziger Kommentars und des Wiener Kommentars, GA 1985, 341 ff.

Schünemann/Greco Der Erlaubnistatbestandsirrtum und das Strafrechtssystem, GA 2006, 777 ff.

Schünemann Kritische Anmerkungen zum tragischen Dilemma im Strafrecht, GA 2020, 1 ff.

Schwarz Verfassungsrechtliche Aspekte der religiösen Beschneidung, JZ 2008, 1125 ff.

Seebode Die Rechtmäßigkeit der Diensthandlung in § 113 III, IV StGB, 1988

Seebode Folterverbot und Beweisverbot, FS für Otto 2007, 999 ff.

Seelmann Das Verhältnis des § 34 StGB zu anderen Rechtfertigungsgründen, 1978

Sickor Die Übertragung der hypothetischen Einwilligung auf das Strafrecht, JA 2008, 11 ff.

Sickor Das Festnahmerecht nach § 127 I 1 StPO im System der Rechtfertigungsgründe, JuS 2012, 1074 ff.

Simon Einschränkung des Notwehrrechts bei unvermeidbar irrendem Angreifer – BSGE 84, 54, JuS 2001, 639 ff.

Sinn Notwehr gegen nicht sorgfaltswidriges Verhalten, GA 2003, 96 ff.

Sinn Tötung Unschuldiger auf Grund § 14 III Luftsicherheitsgesetz – rechtmäßig?, NStZ 2004, 585 ff.

Sinn Recht im Irrtum, FS für Roxin 2011, S. 673 ff.

Sinn Der Kerngehalt des Gesetzlichkeitsprinzips. Ein Beitrag zu den sozialethischen Beschränkungen des Notwehrrechts, FS für Wolter 2013, S. 503 ff.

Sinn Die Notwehr als Lotteriespiel, FS für Beulke 2015, S. 271 ff.

Sinn Compliance-Maßnahmen als Grund für eine Straffreistellung?, ZfIStw 2023, 115 ff.

SK-Bearbeiter = Systematischer Kommentar zum Strafgesetzbuch, hrsg. von Wolter, Bd. 1, 9. Aufl. 2017

Sowada Sind zwei Halbe ein Ganzes? – Zur Addierbarkeit teilverwirklichter Fallgruppen bei den sozialethischen Notwehrbeschränkungen, FS für Herzberg 2008, S. 459 ff.

Sowada Strafrechtliche Probleme der Triage in der Corona-Krise, NStZ 2020, 452 ff.

Spickhoff Die Patientenautonomie am Lebensende: Ende der Patientenautonomie?, NJW 2000, 2297 ff.

SSW-Bearbeiter = Satzger/Schluckebier/Werner Strafgesetzbuch, Kommentar, 6. Aufl. 2024

Stefanopoulou Einwilligung in die Lebensgefährdung: Rechtfertigung der fahrlässigen Tötung?, ZStW 124 (2012), 689 ff.

Sternberg-Lieben Strafrechtliche Behandlung ärztlicher Aufklärungsfehler: Reduktion der Aufklärungslast anstelle hypothetischer Einwilligung, FS für Beulke 2015, S. 299 ff.

Sternberg-Lieben/Sternberg-Lieben Zur Strafbarkeit der aufgedrängten Nothilfe, JuS 1999, 444 ff.

Stiller Grenzen des Notwehrrechts bei der Verteidigung von Sachwerten, 1999

Stratenwerth/Kuhlen Strafrecht Allgemeiner Teil, Die Straftat, 6. Aufl. 2011

Streng Das subjektive Rechtfertigungselement und sein Stellenwert, FS für Otto 2007, S. 469 ff.

Streng Gerechtfertigte Aufopferung Unbeteiligter?, FS für Stöckel 2010, S. 135 ff.

Streng-Baunemann „Corona"-Triage – verfassungsrechtliche und strafrechtliche Perspektive, ZIS 2021, 170 ff.

Stübinger „Not macht erfinderisch" – Zur Unterscheidungsvielfalt in der Notstandsdogmatik – am Beispiel der Diskussion über den Abschuss einer sog. „Terrormaschine", ZStW 123 (2011), 403 ff.

Stuckenberg Provozierte Notwehrlage und Actio illicita in causa: Der Meinungsstand im Schrifttum, JA 2001, 894 ff.

Stuckenberg Provozierte Notwehrlage und Actio illicita in causa – Die Entwicklung der Rechtsprechung bis BGH NJW 2001, 1075, JA 2002, 172 ff.

Suppert Studien zur Notwehr und „notwehrähnlichen Lage", 1973

Tiedemann Anfängerübung, 4. Aufl. 1999

Trüg/Wentzell Grenzen der Rechtfertigung und Erlaubnistatbestandsirrtum, Jura 2001, 30 ff.

Vitt Gedanken zum Begriff der „Rechtmäßigkeit der Diensthandlung" bei § 113 StGB, ZStW 106 (1994), 581 ff.

Walter, T. Der Kern des Strafrechts, 2006

Warda Zur Konkurrenz von Rechtfertigungsgründen, FS für Maurach 1972, S. 143 ff.

Warda Schuld und Strafe beim Handeln mit bedingtem Unrechtsbewusstsein, FS für Welzel 1974, S. 499 ff.

Warda Vorsatz und Schuld bei ungewisser Tätervorstellung über das Vorliegen strafbarkeitsausschließender Umstände, FS für Lange 1976, S. 119 ff.

Weigend Notstandsrecht für selbstfahrende Autos?, ZIS 2017, 599 ff.

Welzel Zum Notstandsproblem, ZStW 63 (1951), 47 ff.

Welzel Die Regelung von Vorsatz und Irrtum als legislatorisches Problem, ZStW 67 (1955), 196 ff.

Welzel Das Deutsche Strafrecht (LB), 11. Aufl. 1969

Wessels/Beulke/Satzger Strafrecht Allgemeiner Teil (AT), 54. Aufl. 2024

Wohlers Einschränkungen des Notwehrrechts innerhalb sozialer Näheverhältnisse, JZ 1999, 434 ff.

Wolff, Christian Philosophia practica universalis, 1738

Wolfslast/Rothärmel/Sinn Juristische Aspekte anästhesiologischer Komplikationen, in: Pichlmayr/Jaeger (Hrsg.), Kompendium Anästhesiologie, 2003

Wolter Menschenrechte und Rechtsgüterschutz in einem europäischen Strafrechtssystem, in: Schünemann (Hrsg.), Bausteine eines europäischen Strafrechts, 1995, S. 3 ff.

Zabel Die Einwilligung als Bezugspunkt wechselseitiger Risikoverantwortung – Haftungsbegrenzungen und Opferschutz in der aktuellen Rechtfertigungsdogmatik, GA 2015, 219 ff.

Zieschang Einschränkung des Notwehrrechts bei engen persönlichen Beziehungen?, Jura 2003, 527 ff.

Zieschang Tödliche Notwehr zur Verteidigung von Sachen und Art. 2 II a EMRK, GA 2006, 415 ff.

Zieschang Der rechtfertigende und der entschuldigende Notstand, JA 2007, 679 ff.

Zieschang Die deutsche Strafrechtsentwicklung zwischen 1945 und 1975 am Beispiel der Vorschriften über den Notstand, in: Hilgendorf/Weitzel, Der Strafgedanke in seiner historischen Entwicklung, 2007, S. 173 ff.

Zimmermann Setzt ein „rechtswidriger Angriff" i. S. von § 32 II StGB ein straftatbestandsmäßiges Verhalten voraus?, GA 2020, 532 ff.

Zimmermann/Griesar Die Strafbarkeit von Straßenblockaden durch Klimaaktivisten gem. § 240 StGB, JuS 2023, 401 ff.

Zipf Rechtskonformes und sozialadäquates Verhalten im Strafrecht, ZStW 82 (1970), 633 ff.

Zitelmann Ausschluss der Widerrechtlichkeit, AcP 99 (1906), 1 ff./51 ff.

§ 6 Schuldhaftigkeit und Schuld – Schuldausschließungsgründe– Entschuldigungsgründe

Leitfall 6.1

Lieferwagen-Fall BGHSt 42, 235 = NStZ 1997, 228 – BGH Urt. vom 22.08.1996 – **1**
4 StR 217/96:[1] Der Angeklagte A, der keine gültige Fahrerlaubnis besaß, fuhr mit
seinem Lieferwagen von Dänemark durch das Bundesgebiet in die Niederlande,
um dort Kunden aufzusuchen. Unmittelbar nach der Einreise in die Niederlande,
wo er für die Nacht ein Hotel suchen wollte, kaufte der bis dahin nüchterne A
kurz nach 18:00 Uhr alkoholische Getränke. In der Folgezeit trank er etwa fünf
Liter Bier sowie Schnaps in nicht feststellbarer Menge. Zwischen 21:15 und
21:30 Uhr fuhr der zu dieser Zeit erheblich alkoholisierte A in deutlichen
Schlangenlinien auf der niederländischen Autobahn in Richtung der deutschen
Grenze. Gegen 21:30 Uhr erreichte er den Grenzübergang Bad Bentheim. Er
fuhr mit einer Geschwindigkeit von mindestens 70 km/h auf die Kontrollstelle
zu. Dabei überfuhr er zunächst einige Leitkegel, mit denen die rechte Fahrspur
abgesperrt war. Sodann stieß er – mit unverminderter Geschwindigkeit – mit der
rechten vorderen Seite seines Fahrzeugs gegen die hintere linke Seite eines auf
der rechten Spur stehenden Personenkraftwagens. Dabei erfasste er zwei Grenz-
schutzbeamte, die dieses Fahrzeug kontrollierten. Die Beamten erlitten tödliche
Verletzungen und starben an der Unfallstelle. Eine dem A um 22:30 Uhr ent-
nommene Blutprobe ergab eine Blutalkoholkonzentration von 1,95 ‰.

Das Landgericht Osnabrück verurteilte den Angeklagten wegen fahrlässiger **2**
Tötung (§ 222), vorsätzlicher Gefährdung des Straßenverkehrs (§ 315c I Nr. 1 a)
und vorsätzlichen Fahrens ohne Fahrerlaubnis (§ 21 I StVG). Zu Recht? ◄

---

[1] Mit krit. Anm. *Hirsch* NStZ 1997, 230 ff.; vgl. auch *Geppert* JK 1997 § 20 Rn. 2; *Hruschka* JZ
1997, 22 ff.; *Otto* Jura 1999, 217 ff.

A. Grundlagen: Schuldhaftigkeit und Schuld

3   Die dritte Stufe des Begriffs von der strafbaren Handlung dient der Klärung, ob die *Handlung* des Täters *schuldhaft* war, ob der *Täter schuldig ist*. Genau besehen gilt es hier, zwei Fragen zu beantworten:[2] Die erste lautet, *ob* dem Täter sein Verhalten zum Vorwurf gemacht werden kann, ob er *schuldhaft* gehandelt hat, ob er sich *strafbar* gemacht hat. Diese Frage betrifft die persönliche Zurechenbarkeit,[3] die sog. Straf*begründungsschuld*,[4] *d. h.* die schuldhafte Begehung (*Schuldhaftigkeit*) der strafbaren Handlung (I). Die zweite Frage lautet, *was* dem Täter vorgeworfen werden soll, was als Kriterium für seine Bestrafung dienen soll, *wie* er *bestraft* werden kann. Hier wird nach der Straf*zumessungsschuld*[5] gefragt (II 1). Dabei ist die Schuld, die der Täter auf sich geladen hat, kein naturgesetzliches Ergebnis, sondern eine Zuschreibung von Verantwortung anhand normativer Kriterien.[6]

4   Überlegungen, die Unterscheidung von Unrecht und Schuld (als Maßstäbe des Strafens) bzw. von Rechtswidrigkeit und Schuldhaftigkeit (als Eigenschaften der strafbaren Handlung) in Frage zu stellen, weil ein „objektives", auch von einem nicht ansprechbaren Normadressaten zu verwirklichendes Unrecht im Strafrecht auf Bedenken stößt, wurden im 19. Jh. diskutiert. Sie traten jedoch durch die im bürgerlichen Recht herrschende Erkenntnis von einem schuldlosen Unrecht in Verbindung mit der Lehre von der Einheit der Rechtsordnung in den Hintergrund.[7] Am Ende einer epochalen Diskussion zwischen *Rudolf von Jhering*[8] und *Adolf Merkel*[9] wurde die Unterscheidung zwischen Zivil- und Strafunrecht aufgegeben und seither gilt die Trennung von Unrecht und Schuld als kaum mehr angreifbar.[10] Die gegenwärtige Trennung von Unrecht und Schuld durch den Strafgesetzgeber lässt sich u. a. an der gesetzgeberischen Unterscheidung zwischen *Strafen und Maßregeln* und am Erfordernis eines *Bewusstseins des Unrechts bzw. der Rechtswidrigkeit* als Voraussetzungen strafbaren Verhaltens (vgl. §§ 17, 20, 21) erkennen.[11] Aber jenseits dieses rein positivistischen Befundes ist die Unterscheidung im

---

[2] Vgl. zur Strafbegründungs- und Strafzumessungsschuld auch MK-StGB-*Schlehofer* Vor § 32 Rn. 255 ff.

[3] *Maurach/Gössel/Zipf* AT 1 § 30 Rn. 2.

[4] *Hirsch* ZStW 106 (1994), 746 ff.

[5] *Maurach/Gössel/Zipf* AT 1 § 30 Rn. 2.

[6] Vgl. *Neumann* FS Sancinetti, S. 119 ff.

[7] Näher *Sinn* FS Gießen, S. 321 ff.; *ders.* 2007, S. 244 ff.

[8] *V. Jhering* 1867.

[9] *A. Merkel* 1867.

[10] Vgl. bspw. *Welzel* JuS 1966, 421 ff. (421): „Ich sehe in der Zerlegung des Verbrechens in die drei Elemente Tatbestandsmäßigkeit, Rechtswidrigkeit, Schuld den wichtigsten dogmatischen Fortschritt der letzten zwei bis drei Menschenalter."; vgl. dazu *Pawlik* FS Otto, S. 133 ff.

[11] Hierzu mwN *Greco* GA 2009, 636 ff.; vgl. auch *Roxin* GA 2011, 692 ff.

Schrifttum[12] nicht unumstritten, weil es der h. M. nur mittels der Kategorie des „objektiven Unrechts" zu erklären gelingt, dass eine Person, die bspw. wegen Geisteskrankheit normativ nicht ansprechbar ist, das Recht brechen, also Unrecht begehen kann. Auch kommunikationstheoretisch sieht sich die Unterscheidungsthese Kritik ausgesetzt, weil der logisch binäre Schematismus von Recht und Unrecht aufgegeben wird, indem man eine dritte Größe einführt: schuldloses Unrecht. Damit wird das Prinzip symbolisch generalisierter Kommunikationsmedien verlassen. Die Folge ist, dass die Erwartbarkeit von Anschlusskommunikation, also Normbefolgung, abnimmt.[13]

I. Die Schuldhaftigkeit der tatbestandsmäßigen und rechtswidrigen Handlung (Strafbegründungsschuld)

Spricht man nicht vereinfachend von „Schuld", sondern unterscheidet man genauer   5
zwischen „Schuld" und „Schuldhaftigkeit",[14] so wird deutlich, dass auch die dritte Stufe des Aufbaus der Straftat durch die strafrechtsrelevante *Handlung* geprägt ist. Welche Eigenschaften jene Handlung haben muss, um als *schuldhaft* bezeichnet werden zu können, ist Gegenstand der Diskussion zum *Schuldbegriff*, der somit auch und vor allem ein *Schuldhaftigkeitsbegriff* ist (2, 3). Die Schuldhaftigkeit der Handlung ist dabei *rechtlich* zu beurteilen (1).

1. Die Schuldhaftigkeit als Rechtsbegriff
Die Schuldhaftigkeit der tatbestandsmäßigen und rechtswidrigen Handlung ist   6
ein *strafrechtlicher* Begriff. Folglich ist z. B. eine Betrugshandlung nicht etwa deshalb ein schuldhaftes Verhalten, weil sie – wie etwa die Lüge – *unsittlich* ist, sondern weil sie Bestandteil eines Verhaltens ist, das von einer *Strafvorschrift* (§ 263) erfasst wird. Weil nur die Schuldhaftigkeit der *tatbestandsmäßigen* Handlung interessiert, fehlt jede Schuldhaftigkeit der Handlung dort, wo der Handelnde – aus welchen Motiven und wie trickreich auch immer – die Verwirklichung tatbestandsmäßigen Verhaltens vermeidet, mag er auch einen noch so üblen Charakter haben.

   Was die tatbestandsmäßige und rechtswidrige Handlung zu einer schuldhaften   7
macht, ist umstritten und hängt von der jeweiligen Handlungslehre ab.[15]

---

[12]Vgl. bspw. *Jakobs* 2012, S. 60; *ders.* GA 1996, 253 ff.; *T. Walter* 2006, S. 208; *Zabel* 2007, S. 235; *Falcone* ZIS 2020, 212 ff.; *Wohlers* FS R. Merkel, S. 422 ff.; *Kindhäuser* FS R. Merkel, S. 351 ff.

[13]Vgl. umfassend *Sinn* Straffreistellung aufgrund von Drittverhalten – Zurechnung und Freistellung durch Macht 2007, S. 271 ff.

[14]Vgl. auch *Gropp* FS Puppe, S. 483 ff.; *Jakobs* AT 17 Rn. 20; AK-*Schild* Rn. 161, S. 204 vor § 13; *Schild* GA 1995, 102; die Überlegung, zwischen Schuldhaftigkeit und Schuld zu unterscheiden, ist naheliegend und findet sich bereits bei *Beling* 1906, S. 42; näher zum Ganzen *Schild* 1979, insbes. S. 104 ff., S. 124 ff.; *Frommel* GS Tröndle, S. 203 ff.; ob die heutige Unterscheidung der h. M. zwischen *Strafbegründungsschuld* und *Strafzumessungsschuld* (vgl. dazu die Nachweise bei *Hörnle* JZ 1999, 1082) zur Begriffsklarheit beiträgt, muss bezweifelt werden.

[15]*Naucke* 1998, § 7 Rn. 123 ff.

2. Schuld(haftigkeits)begriffe[16] und Handlungslehren oder: die Voraussetzungen der Schuldhaftigkeit vor dem Hintergrund der Handlungslehren

a) Psychologischer Schuld(haftigkeits)begriff[17]

8 Nimmt man mit der *kausalen Handlungslehre* an, dass das Unrecht der vorsätzlichen strafbaren Handlung allein durch die *willentliche Verursachung* der rechtswidrigen Verwirklichung einer tatbestandsmäßigen Handlung begründet wird, dann werden Vorsatz und Fahrlässigkeit als subjektive Beziehungen des Täters zur Tat zu Elementen der Schuldhaftigkeit. Die tatbestandsmäßige und rechtswidrige Handlung ist schuldhaft begangen, wenn und weil der Täter die objektiven Elemente der Tatbestandsmäßigkeit *vorsätzlich* oder *fahrlässig* verwirklicht hat.

9 Die Schuldhaftigkeit als Vorsätzlichkeit und damit als *psychische Beziehung* zwischen Täter und Tat gab jener Grundform der Schuldhaftigkeit im Rahmen der kausalen Handlungslehre ihren Namen als *psychologisch* begründete Schuldhaftigkeit, kurz: *psychologischer Schuld(haftigkeits)-begriff:*

▶ Die Schuldhaftigkeit innerhalb der Struktur der strafbaren Handlung nach der *kausalen Handlungslehre* als Grundlage des klassischen Begriffs von der strafbaren Handlung[18] (§ 2 Rn. 81)

10 I. Tatbestandsmäßigkeit
II. Rechtswidrigkeit
III. *Schuldhaftigkeit* (psychologisch)
Zurechnungsfähigkeit als „Schuld(haftigkeits)voraussetzung"[19]
Schuld(haftigkeits)bestandteile:
- Vorsatz (Unrechtsbewusstsein str.)[20] u. ä. m.
- Fehlen von „Schuldausschließungsgründen" (Notstand u. ä. m.)

11 Jener psychologisch-naturwissenschaftlich begründete Schuld(haftigkeits)begriff war jedoch in dreierlei Hinsicht angreifbar:[21]

---

[16] Vgl. auch *Baumann/Weber/Mitsch/Eisele* AT § 16 Rn. 7 ff.; *Koriath* GA 2011, S. 618 ff.; *Moos* FS Triffterer, S. 169 ff. sowie *Schild* Widmungsschrift Rehbinder, S. 119 ff.

[17] Vgl. *Beling* 1906, S. 10, 178 ff.; *v. Liszt* LB 1905, §§ 36 ff. (= S. 157 ff.); *Radbruch* 1903; vgl. auch *Naucke* 1998, § 7 Rn. 136.

[18] Dargestellt am Beispiel einer vorsätzlichen, eine Veränderung in der Außenwelt bewirkenden Straftat.

[19] Vgl. *v. Liszt* LB 1888, § 35: Die Zurechnungsfähigkeit, § 36: Die Fälle der Zurechnungsunfähigkeit, § 37: Die Schuld (Vorsatz und Fahrlässigkeit).

[20] Für Anerkennung des Bewusstseins der Rechtswidrigkeit als notwendigem Bestandteil des Vorsatzes *Beling* 1906, S. 180 ff.; dagegen *v. Liszt* LB 1888, § 28 II (S. 109).

[21] Näher *Frank* FS Giessen, S. 519 ff. (522 ff.); *Roxin/Greco* AT 1 § 19 Rn. 11.

- Zunächst konnte man nicht erklären, weshalb die Handlung eines *Geisteskranken*　**12**
  nicht schuldhaft sein sollte, obwohl der Geisteskranke in einem natürlichen
  Sinne *vorsätzlich* handeln kann: Der geisteskranke Amokläufer weiß durchaus,
  dass er Menschen tötet, und will dies auch. So war man gezwungen, die Zurechnungsunfähigkeit von Geisteskranken als „Voraussetzung" der Schuldhaftigkeit vor die Klammer zu ziehen.
- Vorsätzlich handelt auch derjenige, der sich im *Notstand* befindet. Auch seine　**13**
  Straffreiheit ließ sich mit dem psychologischen Schuld(haftigkeits)begriff allein
  nicht erklären.
- Schließlich war der rein psychologische Schuld(haftigkeits)begriff umgekehrt　**14**
  nicht in der Lage, die Schuldhaftigkeit einer *unbewusst fahrlässigen Handlung*
  zu erklären, da insoweit eine psychische Beziehung zwischen Täter und Tat nicht
  vorhanden ist.

b) Der psychologisch-normative Schuld(haftigkeits)begriff[22]

Die Lücken des psychologischen Schuld(haftigkeits)begriffs suchte *Reinhard*　**15**
Frank[23] durch eine Auswahl relevanter Gesichtspunkte auszufüllen, welche im Rahmen eines neoklassischen Verbrechensbegriffs die *Bewertung* der tatbestandsmäßigen und rechtswidrigen Handlung als „schuldhaft" rechtfertigten. Jene Elemente waren:

- die normale geistige Beschaffenheit des Täters („Zurechnungsfähigkeit", nach　**16**
  heutiger Terminologie: Schuldfähigkeit),
- die konkrete psychische Beziehung des Täters zur Tat (Vorsatz) oder die Möglich-　**17**
  keit einer solchen (Fahrlässigkeit),
- die „normale Beschaffenheit der Umstände" (nach heutiger Terminologie: Feh-　**18**
  len von Notstand und anderen Entschuldigungsgründen).

Zusammengenommen bilden die drei Elemente die *Bewertung* der *Handlung* als　**19**
schuldhaft. Damit wird dem *Täter* zum *Vorwurf* gemacht, dass er die Handlung trotz
seiner normalen geistigen Beschaffenheit und der normalen Beschaffenheit der
Umstände vorsätzlich oder fahrlässig begangen hat.

Über die Bewertung der Handlung hinaus gelingt es dem von *Frank* gebildeten　**20**
Begriff der Schuld(haftigkeit), die Schwächen des rein psychologischen Schuld(haftigkeits)begriffs zu überwinden:

- Trotz Vorsatzes entfällt die Schuldhaftigkeit als Vorwerfbarkeit, wenn der Täter
  schuldunfähig ist oder im entschuldigenden Notstand handelt.
- Trotz objektiver Verletzung der Sorgfaltspflicht entfällt die Schuldhaftigkeit,
  wenn der Täter nicht die Möglichkeit hatte, die Sorgfaltspflicht subjektiv zu
  erfüllen.

---

[22] Vgl. *Mezger* AT 1949, S. 247 ff.
[23] *Frank* FS Giessen, S. 519 ff. (530); vgl. auch *Jescheck/Weigend* AT § 22 III 2 d; *Roxin/Greco* AT
1 § 19 Rn. 12; zur weiteren Entwicklung *Moos* ZStW 116 (2004), 893.

21 ▶ Die Schuldhaftigkeit innerhalb der Struktur der strafbaren Handlung nach der *kausalen Handlungslehre* als Grundlage des neo-klassischen Begriffs von der strafbaren Handlung (§ 2 Rn. 94)

I. Tatbestandsmäßigkeit
II. Rechtswidrigkeit
III. *Schuldhaftigkeit* (normativ-psychologisch)
  • Schuldfähigkeit
  • die konkrete psychische Beziehung zur Tat (Vorsatz, einschl. Unrechtsbewusstsein str.) bzw. die Möglichkeit dazu
  • Fehlen von Entschuldigungsgründen

c) Der rein normative Schuld(haftigkeits)begriff

22 Nach der *finalen Handlungslehre* ist menschliches Handeln Zwecktätigkeit, weshalb der Unwert der strafrechtserheblichen Handlung auch durch Zwecktätigkeit begründet wird. Der Vorsatz wird damit als subjektives *Unwertelement* zum Bestandteil der *Tatbestandsmäßigkeit*, der tatbestandsmäßige Unwert wird *personaler Unwert*. Durch Eliminierung des Vorsatzes aus den Elementen, welche die Schuldhaftigkeit konstituieren, enthält diese nur noch *normative*, d. h. wertende Elemente, deren *Objekt* der personale Unwert und dessen rechtswidrige Verwirklichung ist.[24]

23 ▶ Die Schuldhaftigkeit innerhalb der Struktur der strafbaren Handlung nach der *finalen Handlungslehre* als Grundlage des finalen Begriffs von der strafbaren Handlung (§ 2 Rn. 97)

I. Tatbestandsmäßigkeit
II. Rechtswidrigkeit
III. *Schuldhaftigkeit* (rein normativ)
  • Schuldfähigkeit
  • Unrechtsbewusstsein
  • Fehlen von Entschuldigungsgründen

d) Der normative Schuld(haftigkeits)begriff der h. M.

24 Der Begriff der strafbaren Handlung auf der Grundlage der *vermittelnden Handlungslehre* der h. M. ordnet zwar Vorsatz und Fahrlässigkeit als Elemente der Tatbestandsmäßigkeit und damit als Objekt der *Wertung* der Handlung als schuldhaft ein. Er bewertet Vorsatz und Fahrlässigkeit aber auch *innerhalb* der Strafzumessungsschuld als Schuld*formen*. Es wird dem Täter *vorgeworfen*, dass er vorsätzlich oder fahrlässig gehandelt hat. Daneben bilden besondere subjektive Merkmale Elemente der Schuldhaftigkeit, insbesondere sog. *Gesinnungsmerkmale*.[25]

---

[24] Vgl. *Dohna* 1947, S. 22, 39; *Dohna* ZStW 32 (1911), 323; 66 (1954), 505.
[25] Näher oben § 4 Rn. 111 ff.; vgl. auch *Eisele*, in: Schönke/Schröder Vor §§ 13 ff. Rn. 122; *Hake* 1994, S. 118 ff.; grundlegend zu den Gesinnungsmerkmalen *Schmidhäuser* 1958.

▶   Die Schuldhaftigkeit innerhalb der Struktur der strafbaren Handlung nach der   **25**
    vermittelnden Handlungslehre als Grundlage des vermittelnden Begriffs von
    der strafbaren Handlung (§ 2 Rn. 114)

I. Tatbestandsmäßigkeit
II. Rechtswidrigkeit
III. *Schuldhaftigkeit* (normativ)
    • Schuld*fähigkeit* (§§ 19–21)
    • Vorsatz bzw. Fahrlässigkeit als Schuld(haftigkeits)*formen*
    • bes. personale Merkmale (Gesinnungsmerkmale)/schuldbegründend
    • (potenzielles) Unrechtsbewusstsein[26]
    • Fehlen von *Entschuldigungsgründen*

e) Modifikationen des Schuld(haftigkeits)begriffs der h. M. durch funktionale Elemente

Im Sinne einer funktionalen Betrachtungsweise werden die Elemente der Schuld-   **26**
haftigkeit der Handlung in der Weise modifiziert, dass Schuldhaftigkeit nur dann
vorliegen soll, wenn dies mit den Strafzwecken vereinbar ist.

Nach *Roxin* und ihm folgend *Greco* verlangt strafrechtliche *Verantwortlichkeit*   **27**
mehr als nur die Schuldhaftigkeit der Handlung. Zur Schuldhaftigkeit müsse die
präventive Notwendigkeit der Strafe hinzutreten.[27] Diese fehle z. B. beim entschuldigenden Notstand (§ 35) sowie bei sonstigen Entschuldigungsgründen. Sie
fehle aber auch bei den Schuldausschließungsgründen wie etwa bei der Schuldunfähigkeit (§ 20) oder beim unvermeidbaren Verbotsirrtum (§ 17), wenn man zu einer
quantitativen Abschichtung der Einsichtsfähigkeit oder der Unvermeidbarkeit bereit ist.[28]

Das Hinzufügen der präventiven Notwendigkeit ermöglicht es *Roxin* und *Greco*,   **28**
die Straflosigkeit infolge entschuldigenden Notstandes oder Verbotsirrtums zu begründen, auch wenn in diesen Fällen die Schuld nur vermindert und nicht restlos beseitigt ist: Der Gesetzgeber hält eine Bestrafung in Fällen dieser Art für *nicht erforderlich.*

Fraglich ist jedoch, ob die präventive Notwendigkeit ein *Element* der Schuld-   **29**
haftigkeit ist. Es hat eher den Anschein, dass sie als Element der *Strafbedürftigkeit*
zur Schuldhaftigkeit hinzutritt, ohne selbst Teil der Schuldhaftigkeit zu sein:[29]

---

[26] Näher zum Unrechtsbewusstsein unten § 13 Rn. 76 ff. Da auch der im *vermeidbaren* Verbotsirrtum nach § 17 S. 2 handelnde Täter als vorsätzlich-schuldhaft Handelnder klassifiziert wird, genügt für die Begründung der Schuldhaftigkeit ein potenzielles Unrechtsbewusstsein, vgl. *Wessels/
Beulke/Satzger* AT Rn. 684; krit. *Frisch* GA 2017, 699 ff.

[27] *Roxin/Greco* AT 1 § 19 Rn. 3 ff.; *Roxin* FS Kaiser, S. 885 ff., 889 ff.; *Roxin* GA 2011, 684 ff.

[28] Vgl. *Roxin/Greco* AT 1 § 19 Rn. 5, 57, § 21 Rn. 40 ff.; vgl. auch *Roxin* FS für Arthur Kaufmann,
S. 519 ff.

[29] Vgl. auch *Hirsch* ZStW 106 (1994), 757.

30 ▶ Strafrechtliche Verantwortlichkeit = Schuldhaftigkeit der Handlung + präventive Notwendigkeit der Strafe

31 Bildet die präventive Notwendigkeit der Strafe bei *Roxin* und ihm folgend *Greco* eine *zusätzliche* Bestrafungsvoraussetzung neben der Schuldhaftigkeit der Handlung, so findet bei *Jakobs* eine *Modifizierung* der Schuldhaftigkeit durch *generalpräventive Gesichtspunkte,* durch „Einübung in Rechtstreue",[30] statt. Das generalpräventive Erfordernis der Einübung in Rechtstreue ist das Ergebnis der Bewertung der tatbestandsmäßigen und rechtswidrigen Handlung: Einübung in Rechtstreue ist nicht erforderlich, wenn dem Täter die Schuldfähigkeit fehlt und der gesellschaftliche Frieden durch Einweisung in eine Heilanstalt wiederhergestellt werden kann. Sie ist auch dann nicht erforderlich, wenn der Täter weder vorsätzlich noch fahrlässig gehandelt hat oder wenn ein Entschuldigungsgrund gegeben ist.

32 Das Erfordernis der Einübung in Rechtstreue ist dann nur eine andere Bezeichnung für die *Eigenschaft* der vorsätzlichen und rechtswidrigen Handlung als *schuldhaft.* Es drückt die Skepsis gegenüber der Auffassung aus, „Schuld" empirisch feststellen zu können. Die Einübung in Rechtstreue verselbstständigte sich jedoch, wenn der schuldunfähige Täter im Interesse der Einübung in Rechtstreue deshalb für „schuldig" erklärt würde, weil er nicht behandlungsfähig ist und der gesellschaftliche Frieden nur durch eine „Bestrafung" erhalten werden kann.[31]

f) Die Schuldhaftigkeit als Element des Begriffs von der strafbaren Handlung

33 Aus den heute anerkannten Elementen der Schuldhaftigkeit lässt sich zweierlei ablesen:

34 *Zum einen* wird erkennbar, dass die Schuldhaftigkeit der tatbestandsmäßigen und rechtswidrigen Handlung die *Regel* darstellt. Die Elemente der Schuldhaftigkeit sind somit grundsätzlich als vorliegend anzunehmen. Der Begründung bedarf folglich der Ausnahmefall ihres Fehlens. In der Fallprüfung wirkt sich dies so aus, dass auf die Elemente der Schuldhaftigkeit der Handlung nur eingegangen wird, wenn Anlass zur Annahme besteht, dass ein Element fehlt bzw. Entschuldigungs- oder Schuldausschließungsgründe vorliegen.

35 *Zum anderen* zeigen die Elemente der Schuldhaftigkeit, dass mit der Schuldhaftigkeit als *Eigenschaft* der strafbaren Handlung eine materielle, quantifizierbare Größe korrespondieren muss, wie dies auch bei der *Rechtswidrigkeit* der Fall ist, mit der das *Unrecht* korrespondiert. Denn wenn z. B. beim entschuldigenden Notstand etwas vermindert wird, so kann dieses „Etwas" nicht die Schuld*haftigkeit* sein, weil eine Eigenschaft als klassifikatorische Größe entweder vorliegt oder nicht: die Schuldhaftigkeit kann nicht vermindert werden, sie kann nur entfallen. Die gesuchte Größe ist die *Schuld.*

---

[30] *Jakobs* 1976, S. 10; vgl. auch *Jakobs* AT 17 Rn. 1 ff.; krit. *Köhler* AT, S. 317.
[31] Vgl. *Jakobs* 1976, S. 11 f.; *Jakobs* AT 17 Rn. 18 ff.; krit. hierzu *Arth. Kaufmann* Jura 1986, 229; *Roxin* Ehrengabe Brauneck, S. 391; *Roxin* FS Mangakis, S. 243 ff.

Damit korrespondieren auf den Stufen des Begriffs der strafbaren Handlung fol- **36**
gende klassifikatorische und quantifizierbare Größen miteinander:[32]

	Eigenschaft der Handlung *strafbarkeits*bezogen	Gehalt *straf(zumessungs)*bezogen
1. Stufe	Tatbestandsmäßigkeit	Unwert
2. Stufe	Rechtswidrigkeit	Unrecht
3. Stufe	Schuldhaftigkeit	Schuld

37

3. Die Schuldhaftigkeit als Schuldhaftigkeit der Tat

Indem wir zwischen Schuldhaftigkeit und Schuld unterschieden haben und die **38**
Schuldhaftigkeit als Eigenschaft der tatbestandsmäßigen und rechtswidrigen Handlung erkannt haben, bezieht sich die Schuldhaftigkeit auf die jeweilige konkrete *Tat*,
einschließlich der *Gesinnungsfaktoren*,[33] die in der Einzeltat zum Ausdruck gekommen sind. Auch aus machttheoretischer Perspektive (§ 2 Rn. 128 ff.) muss der Begriff der Schuld nicht aufgegeben werden, denn der Schuldvorwurf besagt hier, dass
der Täter seine individuelle Macht missbraucht und deshalb das Recht gebrochen,
also Unrecht begangen hat.[34] Davon ist die Schuldhaftigkeit zu unterscheiden, denn
der Machtmissbrauch setzt voraus, dass die Person als Subjekt in der Lage war, ein
normatives Urteil abzugeben, was ihre Normverletzungsmacht kennzeichnet.[35]

Zu Leitfall 6.1

In *Leitfall 6.1* war A zum Zeitpunkt der Tötungshandlung schuldunfähig. A kann **39**
seine Tat folglich nicht als schuldhaft verwirklicht vorgeworfen werden. ◄

„*Schuld*" ist hingegen das, was dem Täter als seine Tat zum Vorwurf gemacht wird. **40**

II. Schuld als Vorwurf der tatbestandsmäßigen, rechtswidrigen und schuldhaften Verwirklichung eines Unwertes (Strafzumessungsschuld)

Trotz aller Unsicherheit über den Begriff der materiellen Schuld[36] (im Unterschied **41**
zur Schuldhaftigkeit der strafbaren Handlung) kann man sich ihm nähern, wenn
man sich anhand der oben nach Rn. 37 dargestellten Übersicht in Erinnerung ruft,
wie die Schuld als Strafrechtsbegriff Bestandteil des Straftatbegriffs ist. Dann gilt
aber Folgendes:

---

[32] Vgl. AnwK-*Hauck* vor §§ 32 ff. Rn. 1.

[33] Vgl. *Gallas* ZStW 67 (1955), 45 ff.; *Jescheck/Weigend* AT § 38 II 5.

[34] *Sinn* 2007, S. 314; ähnlich *Pawlik* 2004, S. 78.

[35] *Sinn* 2007, S. 315.

[36] Vgl. zum materiellen Schuldbegriff *Cerezo Mir* ZStW 108 (1996), 9 ff.; *Hirsch* ZStW 106
(1994), 746 ff.; *Hörnle* FS Schünemann, S. 93 ff.

42
- Weil *Unrecht* die tatbestandsmäßige und *rechtswidrige* Verwirklichung eines Unwertes darstellt und
- *Schuld* die *schuldhafte* Verwirklichung von Unrecht ist,
- ist Schuld die tatbestandsmäßige, rechtswidrige und schuldhafte Verwirklichung eines Unwertes

---

Beispiel 6.1

43   Wenn A den B vorsätzlich tötet und keine Anhaltspunkte vorliegen, welche die Rechtswidrigkeit und die Schuldhaftigkeit dieser Handlung ausschließen, dann besteht die Schuld des A darin, dass er den Unwert „Tod des B" tatbestandsmäßig, rechtswidrig und schuldhaft verwirklicht hat. Es wird ihm die Tötung des B *vorgeworfen*. A ist des Totschlags zum Nachteil des B *schuldig*. ◀

---

44   Schuld ist somit Unwertverwirklichung, wenn diese Unwertverwirklichung tatbestandsmäßig, rechtswidrig und schuldhaft erfolgt. Man kann dieser Überlegung keine Zirkelschlüssigkeit vorwerfen. Denn ebenso wie Unrecht darauf beruht, dass eine tatbestandsmäßige Handlung *rechtswidrig* ist, beruht Schuld darauf, dass eine tatbestandsmäßige und rechtswidrige Handlung das Prädikat „*schuldhaft*" trägt. Schuld ist schuldhafte Unrechtsverwirklichung.[37] Sie ist *nicht* Vorwerf*barkeit* als Eigenschaft des Unrechts, sondern der *Vorwurf,* dessen Objekt das Unrecht ist.[38] Was dem Täter vorgeworfen wird, ist die *schuldhafte rechtswidrige Tat, z. B.* die Tötung eines Menschen. Wir werfen ihm den Leichnam vor die Füße und *beschuldigen* ihn seiner Tat.

Oft wird Schuld als *Vorwerfbarkeit* von etwas, als ein „Dafür-Können", also klassifikatorisch und nicht quantitativ beschrieben.[39] *Vorwerfbar* ist indessen die *Handlung*. Die *Vorwerfbarkeit* beschreibt somit gar nicht die Schuld, sondern die tatbestandsmäßige und rechtswidrige Handlung.[40] Wer von Tatbestandsmäßigkeit, Rechtswidrigkeit und „Schuld" als den Stufen des Aufbaus der strafbaren Handlung spricht, benutzt somit nur eine ungenaue Bezeichnung für „Tatbestandsmäßigkeit, Rechtswidrigkeit und Schuldhaftigkeit".[41]

45   Konsequent will *Hörnle* auf ein anspruchsvolles Schuldkonzept im Strafrecht verzichten, weil es im Kern nicht um einen Schuldvorwurf, sondern um einen Unrechtsvorwurf gehe. Die normative Ansprechbarkeit einer Person (also Merkmale

---

[37] Nicht zu Unrecht spricht sich *Hörnle* JZ 1999, 1087 f., daher für eine Anbindung des Strafzumessungsrechts an die Verbrechenslehre aus.

[38] Vgl. auch *Eisele,* in: Schönke/Schröder Vor §§ 13 ff. Rn. 114; *Maurach/Gössel/Zipf* AT 1 § 30 Rn. 2; AK-*Schild* vor § 13 Rn. 129: „Schuld ist nur die Strafbarkeit als Ganzes."

[39] Vgl. *Welzel* LB, S. 140; *Wessels/Beulke/Satzger* AT Rn. 623 ff. sowie die Nachweise bei *Roxin/Greco* AT 1 § 19 Rn. 20.

[40] Ebenso *Herzberg* GA 2015, 250 f. (251).

[41] Vgl. auch *Eisele,* in: Schönke/Schröder Vor §§ 13 ff. Rn. 114; *Roxin/Greco* AT 1 § 19 Rn. 15.

der Schuldhaftigkeit wie § 19 oder § 20) sollten als Vorbedingungen von Kommunikation verstanden und auf einen Unrechtsvorwurf solle in den Fällen der §§ 17, 33 und 35 verzichtet werden.[42]

Als Vorwurf des schuldhaft verwirklichten *Unrechts* ist Schuld ein substanzieller **46** *quantifizierbarer* Vorwurf, dessen Maß vom Maß des verwirklichten Unrechts *abhängig* ist.[43]

Weil das in der Tat verwirklichte Unrecht aber auch *personales* Unrecht ist, hängt **47** die Schuld auch von der Person des Täters ab. Dies ist insoweit unproblematisch, als die Person und die Persönlichkeit des Täters in der gesetzlichen Unwertbeschreibung – etwa als Mordmerkmal – zum Ausdruck kommt. Außerhalb dieses Bereichs ist die Berücksichtigung der Täterpersönlichkeit jedoch nicht möglich, weil die Einzeltat nicht nur den Anknüpfungsgrund, sondern auch die Grenze der Bewertung der Tat als schuldhaft bildet. Man überlegt deshalb, neben der Einzeltatschuld auf eine Lebensführungsschuld oder Charakterschuld[44] bzw. eine „Dispositionsschuld"[45] zurückzugreifen.

Überlegungen dieser Art sind insofern berechtigt, als die quantifizierbare Schuld **48** die „Grundlage für die Zumessung der Strafe" (§ 46 I) ist und in diesem Zusammenhang auch die „Umstände, die für und gegen den Täter sprechen", gegeneinander abzuwägen sind (§ 46 II). Dennoch dürfen diese Umstände nicht dazu führen, dass die Grenze der aus der Verwirklichung der *gesetzlich beschriebenen Tat* resultierenden Schuld und Strafe überschritten wird.[46] Sie können und müssen jedoch *innerhalb* dieser Grenze bei der Festsetzung der für den konkreten Täter *erforderlichen* Strafe berücksichtigt werden.[47]

Für die Strafzumessungsschuld spielt es schließlich auch eine Rolle, ob die **49** gesetzlich geforderte Veränderung in der Außenwelt vorsätzlich oder fahrlässig herbeigeführt worden ist. Es ist deshalb der h. M. zuzustimmen, die Vorsatz und Fahrlässigkeit nicht nur als Elemente des Unrechts, sondern auch als Kriterien für die Größe des Schuldvorwurfs versteht. Der Vorwurf vorsätzlichen Handelns wird daher nach der herrschenden sog. eingeschränkten Schuldtheorie zu Recht verneint, wenn der Täter zwar vorsätzlich die objektiven Elemente der Tatbestandsmäßigkeit verwirklicht hat, dies aber in der irrigen Annahme geschehen ist, dass die tatsächlichen Voraussetzungen eines Rechtfertigungsgrundes vorliegen, wie z. B. bei Putativnotwehr (§ 13 Rn. 110 ff.).

---

[42] *Hörnle* FS Schünemann, S. 93 (105 f.); vgl. dazu a. *Herzberg* GA 2015, 250 ff.

[43] Vgl. auch *Puppe* FS Otto, S. 389 ff. (392 f.).

[44] Vgl. *Mezger* ZStW 57 (1938), 688 ff.; *Engisch* ZStW 61 (1942), 170 ff.

[45] Vgl. *Maihofer* FS Hellmuth Mayer, S. 185 ff. (215): objektive Schuldelemente als Gegenindikationen für bestimmte Fälle der Anormalität von „Umwelt" und „Anlage" nach dem Prinzip der Sozialschuld und Dispositionsschuld.

[46] Sog. *strafbegrenzende* Wirkung des Schuldprinzips, *Hirsch* ZStW 106 (1994), 748.

[47] *Otto* GK AT § 12 Rn. 23.

III. Willensfreiheit als Voraussetzung von Schuld?

50 Strafe setzt Schuld voraus (*nulla poena sine culpa*, Schuldprinzip). Es gilt also: Keine Strafe ohne schuldhafte Verwirklichung tatbestandsmäßigen Unrechts (§ 3 Rn. 85 ff.).

51 Als *Vorwurf* an den Täter, gesetzliches Unrecht schuldhaft verwirklicht zu haben, setzt Schuld als Größe innerhalb eines an Vernunft und Menschenwürde orientierten Strafrechts voraus, dass der Täter die Tat überhaupt hätte vermeiden *können*. Dies wiederum ist aber nur möglich, wenn ein Mensch überhaupt in der Lage ist, sich frei für oder gegen ein Handeln zu entscheiden, wenn von einer *Willensfreiheit* auszugehen ist.[48]

52 Gegen eine freie Willensentscheidung spricht – unter Hinweis auf die Hirnforschung[49] – die Auffassung des *Determinismus*, wonach alles Geschehen in der Welt durch Vorbedingungen eindeutig festgelegt ist. Auch die Entscheidung eines Menschen beruht immer auf Vorbedingungen. Selbst Spontanreaktionen sind nicht Ausdruck von Willensfreiheit, sondern das Ergebnis zwangsläufiger Stoffwechselvorgänge im Gehirn des Menschen. Die Straftat wäre danach ein naturhafter Vorgang, der menschliche Wille nicht frei, sondern Ausdruck von Zwang. Die Straftat könnte dem Täter nicht zum Vorwurf gemacht werden, weil er sein Verhalten gar nicht vermeiden kann. Dass jedes menschliche Handeln auf hirnorganischen Prozessen beruht, überrascht indessen nicht. Und ebenso wenig ist diese Erkenntnis ein Beweis dafür, dass menschliches Handeln *allein* darauf beruht.[50]

53 Deshalb vertreten Anhänger eines sog. *Indeterminismus* die Ansicht, dass Kausalvorgänge die Natur betreffen, die Willensfreiheit hingegen ein Ausdruck menschlichen Gestaltens ist, welches der Natur entzogen ist. Ob dies eine überzeugende Argumentation darstellt, mag ebenfalls bezweifelt werden. Denn sie widerlegt nicht, dass auch Spontaneität, Kreativität und Persönlichkeit naturgesetzlich erklärbar sind.

54 *Burkhardt*[51] versucht deshalb, Willensfreiheit – gestützt auf *Haddenbrock*[52] – subjektiv-prospektiv mit dem *Bewusstsein* des Anderskönnens zu begründen: Wir sind frei, weil wir in dem Bewusstsein

---

[48] Umfassend zu Determinismus und Indeterminismus *Dreher* 1987; vgl. auch *Eisele,* in: Schönke/ Schröder Vor §§ 13 ff. Rn. 108 ff.; *Mezger* AT 1949, S. 251 ff.; *Welzel* LB, S. 142 ff.; für Willensfreiheit im Sinne eines Freiseins von Not, Unreife, Krankheit und Irrtum *Herzberg* FS Kühl, S. 259 ff. (280).

[49] Vgl. *Libet* 2004, S. 268 ff., dazu *Schnabel* Die Zeit Nr. 17 2008, S. 37 ff.; kritisch zu Methodik und Validität der Untersuchung Libets *Kröber* in Kröber u. a. (Hrsg.) 2007, S. 179; *Roth* Forschung und Lehre 2004, S. 132 f.; *Roth* FS Lampe, S. 43 ff.; *Singer* 2003; *Soon* et alt. 2008, S. 545; krit. zur Verneinung der Willensfreiheit *Rath*, Zeitschrift für Rechtsphilosophie 2004, 164 ff.; *Hillenkamp* ZStW 127 (2015), 10 ff.; *Schild,* in: Sinn/Hauck/Nagel/Wörner (Hrsg.) 2020, S. 233 ff. (242 ff.); *Fahl* FS R. Merkel, S. 335 ff.; *Herzberg* FS R. Merkel, S. 371 ff.; *Walde* FS R. Merkel, S. 317 ff.; die Debatte um die Willensfreiheit unberührt lassend *Haas* FS R. Merkel, S. 413 ff.

[50] Vgl. auch *Schreiber/Rosenau,* in: Venzlaff/Foerster/Dreßing/Habermeyer (Hrsg.) 2015, S. 93.

[51] *Burkhardt* FS Lenckner, S. 1 ff. (6, 24) sowie in *Eser/Burkardt* StK I Nr. 14 A 25 f., 31; vgl. auch *Hirsch* ZStW 106 (1994), 763.

[52] *Haddenbrock* 1972, S. 886 ff./105 ff., S. 116, S. 244 ff.; *Haddenbrock* GA 2003, 529.

leben, in der jeweils konkreten Situation auch anders handeln zu können. Nach *Schild*[53] hat Freiheit immer mit Verantwortung vor sich selbst (seinem Gewissen) oder vor den anderen, mit denen man in Rechtsverhältnissen lebt, zu tun. Indeterminismus und Determinismus stellen als abstrakte Theorien jeweils ein Moment der wirklichen, endlichen, sich selbstbestimmenden Freiheit als Praxis einseitig heraus. Sie theoretisieren und verfehlen daher die immer vorausgesetzte Einheit der Freiheit als Praxis. *Tiemeyer*[54] kommt zu dem Ergebnis, dass das strafrechtliche Normengefüge eine Systematik aufweise, die es vom Indeterminismus unabhängig mache.

Überwiegend geht man heute davon aus, dass eine Entscheidung zwischen den abs-   **55** trakten Theorien des Determinismus und des Indeterminismus nicht getroffen werden kann und auch nicht getroffen werden muss, zumal keine der beiden Auffassungen inhaltlich beweisbar ist.[55] Stattdessen eliminiert man die Freiheitsfrage aus den Überlegungen, indem man das Schuldhaftigkeitsurteil als Vorwurf zu begründen sucht, ohne auf den Nachweis der Willensfreiheit angewiesen zu sein.[56] Die Lösung liegt darin, dass man nicht mehr auf Freiheit als absolute Größe abstellt, sondern sich strafzweckorientiert mit einer *vergleichend* feststellbaren und beweisbaren *Beeinflussbarkeit*[57] durch Normen begnügt und auf die bisher zumindest *nicht vollständige Erklärbarkeit von Kriminalität* verweist, was auch als eine Folge menschlicher Entscheidungsfreiheit gedeutet werden könnte.[58] Es genügt somit die Möglichkeit einer *Überdetermination*,[59] „eine von Freiheitsbewusstsein umfasste Handlungsfreiheit oder Steuerungsfähigkeit",[60] die nicht als Freiheit *von* äußeren Einflüssen, wohl aber als Freiheit *zu* eigener Mitgestaltung der Zukunft aufzufassen ist.[61]

Beispiel 6.2

Wenn durch entsprechende Schilder die Höchstgeschwindigkeit in einer Straße von 50 auf 30 km/h reduziert wird, lässt sich durch Geschwindigkeitsmessungen feststellen, dass ein gewisser Anteil der Kraftfahrer die Geschwindigkeit in der Tat reduziert. Sekundär ist es nun, ob diese Kraftfahrer freiwillig oder unfreiwillig ihre Geschwindigkeit reduzieren, ob sie unter einem Zwang handeln oder nicht. Entscheidend bleibt, dass man durch die Geschwindigkeitsbegrenzung das Verhalten der Kraftfahrzeugführer beeinflussen kann.

---

[53] AK Vorbemerkungen zu §§ 20, 21 Rn. 68 ff.

[54] *Tiemeyer* ZStW 105 (1993), 519 ff.; vgl. auch *Griffel* GA 1996, 457 ff.; *Haddenbrock* NStZ 1995, 581; *Krümpelmann* GA 1983, 337 ff.

[55] Vgl. auch *Eisele,* in: Schönke/Schröder Vor §§ 13ff. Rn. 110; *Naucke* 1998, § 7 Rn. 32 ff.; *Weißer* GA 2013, 26 ff.

[56] Vgl. *Donna* ZStW 123 (2011), 387 ff.; *Herzberg* ZStW 124 (2012), 12 ff.; *Lüderssen* 2003, S. 33; *Lüderssen* FS-Jakobs, S. 680 ff.

[57] Vgl. *Hillenkamp*, in: Gestrich/Wabel (Hrsg.) 2005, S. 71 ff.; *Lampe* ZStW 118 (2006), 42; *Roxin* FS für Arthur Kaufmann, S. 519 ff.; *Schöch*, in: Kröber u. a. (Hrsg.) 2007, S. 94 ff.; *Schreiber/Rosenau*, in: Venzlaff/Foerster/Dreßing/Habermeyer (Hrsg.) 2015, S. 92 f.; zur Diskussion in Japan *Ida* 1991, S. 151 f.

[58] So *Dölling,* in: Lampe u. a. (Hrsg.) 2008, S. 390.

[59] *Arth. Kaufmann* Jura 1986, 226.

[60] *Streng* FS Jakobs, S. 675 ff. (687).

[61] Vgl. auch *Müller-Dietz* GA 2006, 341 ff.; *Jäger* GA 2013, 7 ff. unter Hinweis auf die „psychisch vermittelte Kausalität".

56   Für jedermann sichtbar und erfahrbar war die Möglichkeit zur Einflussnahme auf menschliches Verhalten während der COVID-19-Pandemie, denn dass aufgrund von Ausgangssperren weniger Menschen auf den Straßen waren, war offensichtlich. ◄

57   Wenn man somit von einer Beeinflussbarkeit[62] ausgehen kann, dann kann man dem tatbestandsmäßig und rechtswidrig Handelnden, bei dem sonstige, die Schuldhaftigkeit einschränkende Gesichtspunkte nicht vorliegen, in der Tat vorwerfen, dass er sein Handeln nicht durch die strafrechtlich verstärkte Verhaltensnorm hat beeinflussen lassen, obwohl ihm dies möglich gewesen wäre. *Schreiber/Rosenau*[63] sprechen deshalb von einem „pragmatischen" Schuldbegriff, der auf die normale, vorausgesetzte Bestimmbarkeit durch soziale Normen abstellt. *Herzberg* bekennt sich zu einem positivistischen Schuldbegriff, bei dem „Willensfreiheit" als ein Freisein „von Defiziten und Bedrängnissen, die nach gesetzlicher Wertung eine Schuld entfallen lassen" verstanden wird.[64]

B. Schuldausschließungs- und -minderungsgründe

58   Um schuldhaft zu handeln, dürfen keine Schuldausschließungsgründe eingreifen. *Schuldausschließungsgründe* sind vom Gesetzgeber *abschließend* (numerus clausus) festgelegte Sachverhalte, bei deren Vorliegen zugunsten des Täters *Nachsicht* geübt werden und die tatbestandsmäßige und rechtswidrige Handlung deshalb von vornherein nicht schuldhaft sein soll (§§ 17 S. 1, 20). Bei den Schuld*minderungsgründen* ist die Handlung zwar schuldhaft, der Schuldvorwurf an den Täter jedoch gemindert (§§ 17 S. 2, 21).

59   Der numerus clausus der Schuldausschließungs- und -minderungsgründe hat seinen Grund darin, dass die *gesetzliche* Anerkennung der Fälle, in denen dem Täter sein rechtswidriges Handeln dennoch nicht oder nur eingeschränkt zum Vorwurf gemacht werden soll, das Ergebnis eines in Gesetzesform gegossenen *gesellschaftlichen Konsenses* bildet. Die Erweiterung oder Einschränkung ist ohne jene förmliche Konsensbildung nicht möglich, weil sich ein natürlicher Konsens in Fragen des Übens von Nachsicht erfahrungsgemäß nicht ergibt.

I. Schuldunfähigkeit und verminderte Schuldfähigkeit (§§ 19, 20, 21 StGB; § 1 II JGG)

60   Das Strafgesetz geht von der Schuldfähigkeit des Menschen *als Regel* aus und beschränkt sich auf die Beschreibung von Sachverhalten in den §§ 20 und 21, bei

---

[62] Krit. vgl. MK-StGB-*Streng* § 20 Rn. 57.

[63] *Schreiber/Rosenau*, in: Venzlaff/Foerster/Dreßing/Habermeyer (Hrsg.) 2021, S. 88.

[64] *Herzberg* GA 2015, 250 ff. (258).

deren Vorliegen die Schuldfähigkeit ausnahmsweise nicht gegeben ist. Dementsprechend wird bei gegebenem Anlass nur geprüft, ob die Schuldhaftigkeit der Tatbegehung im konkreten Fall entsprechend den gesetzlichen Vorgaben *ausnahmsweise verneint* werden muss.[65] Dies kann darauf beruhen, dass der *individuelle Täter* unfähig ist, das Unrecht der Tat einzusehen (*Einsichtsfähigkeit*) oder nach dieser Einsicht zu handeln (*Steuerungsfähigkeit* als Fähigkeit, seinen Willen unter Aufbietung aller Widerstandskräfte durch vernünftige Erwägungen zu bestimmen) (s. u. Rn. 86 ff.). Die Ausnahme kann ihre Grundlage aber auch darin haben, dass das Gesetz bei bestimmten Personengruppen *generell* von einer Schuldunfähigkeit ausgeht (s. u. 1).

1. Altersabhängige Schuld(un)fähigkeitsstufen

Nach § 19 sind *Kinder*, d. h. Personen, die bei Begehung der Tat noch nicht 14 Jahre   **61** alt sind, schuldunfähig.[66] Ausschlaggebend ist allein das Alter.

Jugendliche, d. h. Personen, die z. Z. der Tat 14, aber noch nicht 18 Jahre alt sind   **62** (vgl. § 1 II JGG) sind gemäß § 3 S. 1 JGG nur dann strafrechtlich verantwortlich, wenn sie z. Z. der Tat nach ihrer „sittlichen und geistigen Entwicklung" reif genug sind, das Unrecht der Tat einzusehen und nach dieser Einsicht zu handeln. § 3 S. 1 JGG ist so formuliert, dass die Schuldfähigkeit eines Jugendlichen anhand der gesetzlichen Kriterien (sittliche und geistige Entwicklung, Charakter der begangenen Straftat) *positiv* festgestellt werden muss.[67] Ist jene Feststellung nicht möglich, muss von Schuldunfähigkeit ausgegangen werden. Man spricht insoweit von einer *bedingten Schuldfähigkeit* Jugendlicher.

Personen, die z. Z. der Tat 18, aber noch nicht 21 Jahre alt sind (*Heranwach-*   **63** *sende*, vgl. § 1 II JGG) sind *schuldfähig* wie Erwachsene. Zwar kann auf sie nach den §§ 105, 106 JGG Jugendstrafrecht angewandt bzw. die Rechtsfolgen nach allgemeinem Strafrecht gemildert werden, ihre Schuldfähigkeit bleibt von diesen Vorschriften jedoch unberührt.

2. §§ 20, 21 StGB, psychisch bedingte Schuldunfähigkeit und verminderte Schuldfähigkeit[68]

§ 20 Schuldunfähigkeit wegen seelischer Störungen

Ohne Schuld handelt, wer bei Begehung der Tat wegen einer krankhaften   **64** seelischen Störung, wegen einer tiefgreifenden Bewusstseinsstörung oder wegen einer Intelligenzminderung oder einer schweren anderen seelischen Störung unfähig ist, das Unrecht der Tat einzusehen oder nach dieser Einsicht zu handeln.

---

[65] *Hirsch* ZStW 106 (1994), 750 ff.; *Schreiber/Rosenau*, in: Venzlaff/Foerster/Dreßing/Habermeyer (Hrsg.) 2021, S. 91.

[66] Zum Hintergrund dieser Altersgrenze *Wolfslast* FS Bemmann, S. 274 ff.

[67] Vgl. *Schreiber/Rosenau*, in: Venzlaff/Foerster/Dreßing/Habermeyer (Hrsg.) 2021, S. 108.

[68] Die folgende Darstellung stützt sich im Wesentlichen auf die Darstellungen von *Nedopil/Müller* 2017, S. 37 ff., *Schöch* und *Kröber*, in: Kröber/Dölling/Leygraf/Sass (Hrsg.) 2007, S. 92 ff., S. 159 ff. sowie *Schreiber/Rosenau*, in: Venzlaff/Foerster/Dreßing/Habermeyer (Hrsg.) 2021, S. 90 ff.

§ 21 Verminderte Schuldfähigkeit

65 Ist die Fähigkeit des Täters, das Unrecht der Tat einzusehen oder nach dieser Einsicht zu handeln, aus einem der in § 20 bezeichneten Gründe bei der Begehung der Tat erheblich vermindert, so kann die Strafe nach § 49 Abs. 1 gemildert werden.

66 In den §§ 20 und 21, den Bestimmungen zur Schuldunfähigkeit und zur verminderten Schuldfähigkeit, bedient sich der Gesetzgeber einer *zweistufigen Methode*. Auf der *ersten* Stufe werden *vier psychische Befunde* („die in § 20 bezeichneten Gründe") genannt, die sich – einzeln oder zu mehreren[69] – auf die *zweite Stufe*, die *Fähigkeit* des Täters zur *Einsicht* und *Steuerung*, auswirken müssen.

67 Die vier psychischen Befunde der ersten Stufe sind:

1. krankhafte seelische Störungen
2. tiefgreifende Bewusstseinsstörungen
3. organisch befundlose Oligophrenien (Gesetzeswortlaut: „Intelligenzminderung")
4. nichtkrankhafte schwere seelische Störungen.

Im März 2020 hat der Gesetzgeber eine sprachliche Modernisierung des § 20 vorgenommen. Die Begriffe „Schwachsinn" und „Abartigkeit" wurden durch die Begriffe „Intelligenzminderung" und „Störung" ersetzt. Eine inhaltliche Änderung soll damit nicht verbunden sein.[70]

68 Um einen Dammbruch von Freisprüchen wegen Schuldunfähigkeit zu vermeiden, hatte man im Rahmen der Strafrechtsreform zunächst vorgesehen, dass die nicht krankhaften seelischen Störungen nur zu einer verminderten Schuldfähigkeit nach § 21 sollten führen können (sog. „differenzierende Lösung").[71] Im Hinblick auf Grenzfälle, in denen aus psychiatrischer Sicht aber auch bei *nicht krankhaften seelischen Störungen* Schuldunfähigkeit gegeben sein kann, beließ man die Fallgruppe letztlich doch in § 20. Dadurch sind die vier psychischen Befunde in den §§ 20 und 21 identisch (sog. „Einheitslösung").

69 Die Prüfung der psychischen Befunde der ersten Stufe ist eine „genuin psychiatrische Aufgabe".[72] Wird ein Befund bejaht, „ist gutachterlich in einem zweiten Schritt zu prüfen, ob eine relevante Kausalbeziehung zwischen der Störung und der konkret vorgeworfenen Tat besteht."[73] Dies ist der Fall, wenn die Störung zu einer Aufhebung oder zumindest erheblichen Beeinträchtigung der Einsichts- oder der Steuerungsfähigkeit geführt hat. Im Zentrum der praktischen Begutachtung steht dabei in der Regel die Steuerungsfähigkeit.[74]

---

[69] Vgl. *Schreiber/Rosenau*, in: Venzlaff/Foerster/Dreßing/Habermeyer (Hrsg.) 2021, S. 91 ff.

[70] Vgl. BT-Drs. 19/19859, S. 3; siehe ebenfalls *Streng* ZStW 2021, 613 (613 ff.).

[71] Vgl. *Schreiber/Rosenau*, in: Venzlaff/Foerster/Dreßing/Habermeyer (Hrsg.) 2021, S. 92 mwN.

[72] *Kröber*, in: Kröber u. a. (Hrsg.) 2007, S. 184.

[73] *Kröber*, in: Kröber u. a. (Hrsg.) 2007, S. 184.

[74] Vgl. *Kröber*, in: Kröber u. a. (Hrsg.) 2007, S. 184.

Von ihrem Anteil her spielen die Aburteilungen bei Schuldunfähigkeit zwar nur **70** eine geringe Rolle,[75] bei 662.100 Abgeurteilten im Jahr 2021 waren es aber immerhin 1147 Personen, bei denen Schuldunfähigkeit angenommen wurde.[76] Größer ist die Zahl der Fälle verminderter Schuldfähigkeit mit 15.120 vermindert schuldfähig Verurteilten.[77] Bedenkt man, dass auch bei einer Bejahung einer fraglichen Schuldfähigkeit in der Regel eine psychiatrische Begutachtung erforderlich sein wird, so wird deutlich, dass die §§ 20, 21 die Psychiatrie vor eine gewaltige Aufgabe stellen.

a) Die vier psychischen Befunde

aa) Krankhafte seelische Störung[78]

Unter einer „Störung" werden erworbene oder angeborene, vorübergehende oder **71** dauernde Abweichungen von einem Normalzustand verstanden.[79]

Eine *seelische* Störung liegt vor, wenn das *intellektuelle Vermögen* oder das **72** *emotionale Befinden* (Willens-, Gefühls- und Triebleben) des Täters betroffen ist.[80]

Krankhaft ist die seelische Störung nicht schon bei einer pathologischen Ab- **73** weichung vom Normalzustand. Mit Rücksicht auf die Gesetzgebungsgeschichte[81] wird vielmehr ein *körperlicher* (somatischer) Krankheitsbegriff zu Grunde gelegt (sog. „psychiatrischer Krankheitsbegriff"). Der Anwendungsbereich der krankhaften seelischen Störung ist dadurch stark eingeschränkt auf *organisch* bedingte oder zumindest als *organisch bedingt postulierbare* psychische Befunde. Durch ihre organische Bedingtheit erscheinen sie der Verantwortung des Täters entzogen und damit schicksalhaft. Daher ist ihre Bejahung – im Unterschied zu den nicht krankhaften seelischen Störungen – für die Frage der Schuldunfähigkeit auch im Hinblick auf die zweite Stufe (unten b) praktisch schon (vor)entscheidend.

---

[75] Vgl. *Nedopil/Müller* 2017, S. 38.

[76] Vgl. Statistisches Bundesamt Fachserie 10, Reihe 3, 2022, S. 16, 370.

[77] Vgl. Statistisches Bundesamt Fachserie 10, Reihe 3, 2022, S. 372; *Nedopil/Müller* 2017, S. 42; umfassend *Schöch*, in: Kröber u. a. (Hrsg.) 2007, S. 103 ff.

[78] Näher hierzu *Schreiber/Rosenau*, in: Venzlaff/Foerster/Dreßing/Habermeyer (Hrsg.) 2021, S. 91 f.

[79] Vgl. *Schreiber/Rosenau*, in: Venzlaff/Foerster/Dreßing/Habermeyer (Hrsg.) 2021, S. 92 mwN.

[80] Vgl. Lackner/Kühl/Heger-*Heger* § 20 Rn. 3; *Schreiber/Rosenau*, in: Venzlaff/Foerster/Dreßing/Habermeyer (Hrsg.) 2021, S. 92 mwN.

[81] Näher *Schild* 2009, S. 23 ff., 32 ff.; insbesondere auch zur Rolle des sog. psychiatrischen Krankheitsbegriffs, entwickelt durch den Psychiater Kurt Schneider.

74 Unter die Störungen mit einer hirnorganischen Ursache fallen *exogene* („von außen kommende") Psychosen nach Hirnverletzungen, Intoxikations- und Infektionspsychosen, Epilepsie, Stoffwechseldefekte, Psychosen auf Grund von Hirntumoren und hirnorganisch bedingter Persönlichkeitsabbau. Auch toxisch oder traumatisch bedingte Durchgangssyndrome wie Rauschzustände aufgrund von Alkohol- oder Drogenkonsum können als Vergiftungen krankhafte seelische Störungen sein.[82] Anlass zur Prüfung insoweit wird ab einer BAK von 2 ‰ angenommen mit einer möglichen Steuerungsunfähigkeit ab 3 ‰.[83] Jedoch besteht seit der Entscheidung BGHSt 43, 66 ff.[84] Einigkeit darüber, dass es keinen Erfahrungssatz gibt, nach dem ab einem bestimmten Grenzwert der Blutalkoholkonzentration eine alkoholbedingt erheblich verminderte Schuldfähigkeit vorliegt. Vielmehr bedarf es einer Gesamtwürdigung von Tatablauf und Tatumständen unter Berücksichtigung psychodiagnostischer Kriterien.[85]

75 Zumindest postulierbar[86] organisch bedingt gelten *endogene* („von innen kommende") Psychosen, insbesondere Schizophrenie[87] (Bewusstseinsspaltung) und affektive Störungen (früher so genannte Zyklothymie = manisch-depressives Irresein).[88] Auch sie werden den krankhaften seelischen Störungen zugerechnet, weil sie sich in gleicher Weise wie die exogenen Psychosen auf die Fähigkeit des Täters zur Einsicht und Steuerung auswirken.

76 Die an der zumindest postulierbaren Körperlichkeit orientierte Abschichtung zwischen krankhaften und nicht krankhaften seelischen Störungen wird zu Recht kritisiert, weil auch nicht körperlich begründete oder postulierbare psychische Störungen die Bestimmbarkeit des Täters durch soziale Normen, d. h. seine Schuldfähigkeit, beeinträchtigen bzw. ausschließen können,[89] was für einen einheitlichen Krankheitsbegriff spricht. Ein solcher wird jedoch – wie von *Schreiber/Rosenau* zutreffend formuliert – durch den „Wortlaut des Gesetzes blockiert".[90] Es sollte auch zu denken geben, dass in der psychiatrischen Praxis nicht mehr der Begriff der „Krankheit", sondern die „Störung" den Grundbegriff bildet.[91]

---

[82] Vgl. Lackner/Kühl/Heger-*Heger* § 20 Rn. 4; *Fischer/Anstötz*, in: Fischer § 20 Rn. 11; *Nedopil/Müller* 2017, S. 39; bis zur Entscheidung BGH 1 StR 511/95 BGHSt 43, 66 bestand eine Tendenz der Praxis, den Alkoholrausch bzw. die Alkohol-Intoxikationspsychose in die tiefgreifende Bewusstseinsstörung einzuordnen.

[83] Vgl. *Schreiber/Rosenau*, in: Venzlaff/Foerster/Dreßing/Habermeyer (Hrsg.) 2021, S. 95 mwN.

[84] BGH 1 StR 511/95 BGHSt 43, 66 ff.; bestätigt von BGH 1 StR 492/21 NStZ 2022, 473.

[85] Näher *Schreiber/Rosenau*, in: Venzlaff/Foerster/Dreßing/Habermeyer (Hrsg.) 2021, S. 95 rechts mwN.

[86] Umfassend und krit. zum „somatischen" Ansatz AK-*Schild* § 20 Rn. 4, zu den Psychosen Rn. 111 ff.; *Schild* 2009, S. 23 ff.

[87] Vgl. BGH 2 StR 128/13 StV 2015, 215; 1 StR 477/22 StV 2024, 230.

[88] Vgl. *Nedopil/Müller* 2017, S. 39; *Schöch*, in: Kröber u. a. (Hrsg.) 2007, S. 109 f.; *Schreiber/Rosenau*, in: Venzlaff/Foerster/Dreßing/Habermeyer (Hrsg.) 2021, S. 97 rechts mwN.

[89] Vgl. *Schreiber/Rosenau*, in: Venzlaff/Foerster/Dreßing/Habermeyer (Hrsg.) 2021, S. 93.

[90] *Schreiber/Rosenau*, in: Venzlaff/Foerster/Dreßing/Habermeyer (Hrsg.) 2021, S. 94.

[91] Näher *Schreiber/Rosenau*, in: Venzlaff/Foerster/Dreßing/Habermeyer (Hrsg.) 2021, S. 94 mwN. auch zum ICD-10 = 10th Revision of the International Classification of Diseases als Ausgangspunkt für die als Grundlage der ersten psychischen Stufe der §§ 20, 21 dienenden Diagnose.

bb) Tiefgreifende Bewusstseinsstörungen[92]

Da die *krankhaften* seelischen Störungen bereits der ersten Fallgruppe zugeordnet **77** werden, hat die tiefgreifende Bewusstseinsstörung nur bei *nichtkrankhaften* Zuständen Bedeutung, d. h. Bewusstseinsveränderungen, die nicht auf nachweisbaren oder postulierbaren organischen Defekten beruhen.

Eine *Bewusstseinsstörung* ist die Beeinträchtigung der Fähigkeit zur Vergegenwär- **78** tigung des intellektuellen und emotionellen Erlebens,[93] ohne dass das Bewusstsein völlig fehlen darf. *Tiefgreifend* ist die Störung dann, wenn sie einen solchen Grad erreicht hat, dass das seelische Gefüge des Täters zerstört bzw. erheblich erschüttert ist[94] und die Fähigkeit des Täters zu sinnvollem, normgemäßem Handeln wie bei einer Psychose in Frage gestellt ist.[95] Damit sollte eine Vergleichbarkeit mit der krankhaften seelischen Störung erreicht werden.[96] Die praktische Bedeutung der tiefgreifenden Bewusstseinsstörung liegt in den psychischen Beeinträchtigungen, die beim gesunden Menschen in extremen Belastungs- und Bedrängnissituationen auftreten.[97]

Tiefgreifende Bewusstseinsstörungen sind in der Regel „Folgen von massiven affektiven Be- **79** lastungen, wie Angst und Zorn, oder auch von Gefühlsabstumpfung",[98] wobei die Einzelheiten umstritten sind.[99] Diskutiert wird auch, ob das vorwerfbare Nichtvermeiden des Affekts eine Exkulpation ausschließt.[100] Dem steht jedoch der Wortlaut „bei Begehung der Tat" entgegen. Allenfalls im Rahmen der actio libera in causa (dazu unten Rn. 99 ff.) wird man eine Exkulpation ablehnen können.

cc) Organisch befundlose Oligophrenien (Gesetzeswortlaut: „Intelligenzminderung")

Bei der Oligophrenie handelt es sich um eine angeborene oder auf seelischer Fehlentwicklung be- **80** ruhende Intelligenzschwäche. Graduell werden traditionell Idiotie (geistige Entwicklung eines Kindes im 6. Lebensjahr wird nicht erreicht), Imbezillität (Geisteszustand eines Kindes zu Beginn der Pubertät) und Debilität (Geisteszustand eines Menschen beim Abschluss der Pubertät) unterschieden. Vorzugswürdig erscheint hingegen eine Abschichtung nach der Entwicklungsfähigkeit: Schwerstgeschädigte Pflegefälle – Trainierbare – Bildungsfähige – Grenzfälle.[101]

---

[92] Näher hierzu *Schöch*, in: Kröber u. a. (Hrsg.) 2007, S. 115 ff.

[93] Vgl. *Nedopil/Müller* 2017, S. 40; LK-*Verrel/Linke/Koranyi* § 20 Rn. 61.

[94] Vgl. BT-Drs. V/4095, 11 sowie BGH 3 StR 500/82 NStZ 1983, 280; 3 StR 370/89 NStZ 1990, 231.

[95] So *Lenckner* 1972, S. 117.

[96] Vgl. *Schreiber/Rosenau*, in: Venzlaff/Foerster/Dreßing/Habermeyer (Hrsg.) 2021, S. 96; die Rechtsprechung verlangt insoweit eine Störung „mit Krankheitswert" als Maßbegriff, zur Ungeeignetheit dieses Merkmals jedoch mit guten Gründen *Schreiber/Rosenau* a. a. O.

[97] Vgl. *Nedopil/Müller* 2017, S. 40.

[98] *Nedopil/Müller* 2017, S. 40.

[99] Näheres bei *Schreiber/Rosenau*, in: Venzlaff/Foerster/Dreßing/Habermeyer (Hrsg.) 2021, S. 96 ff.; zur Problematik der forensischen Begutachtung von Affektstraftaten *Endres* JZ 1998, 674 ff.; zum Affekt aus rechtsphilosophischer Sicht *Köhler*, in: Klesczewski (Hrsg.) 2004, S. 9 ff.

[100] Näher hierzu Lackner/Kühl/Heger-*Heger* § 20 Rn. 7; *Theune* NStZ 1999, 273 ff.

[101] Näher *Schreiber/Rosenau*, in: Venzlaff/Foerster/Dreßing/Habermeyer (Hrsg.) 2021, S. 98 mwN.

81 Die organisch befundlosen Oligophrenien (Gesetzeswortlaut: *„Intelligenz-minderung"*) sind eine Form der nichtkrankhaften schweren seelische Störungen, s. u. Rn. 82 ff. Durch die Einheitslösung, nach der auch die nichtkrankhaften seelischen Störungen in die Gruppe der psychischen Störungen in § 20 aufgenommen worden sind, wäre eine gesonderte Nennung der organisch befundlosen Oligophrenien in § 20 nicht erforderlich gewesen. Jedoch lässt sich die Nennung mit der deutlichen Abgrenzbarkeit und der Bedeutung für die forensische Praxis rechtfertigen.[102]

dd) Nichtkrankhafte schwere seelische Störungen[103]

82 Unter dem „Sammelbegriff"[104] der nichtkrankhaften schweren seelischen Störungen[105] werden alle Störungen erfasst, die nicht den ersten zwei psychischen Befunden zugeordnet werden können.[106] Es handelt sich um psychische Auffälligkeiten, die „nicht wie eine Krankheitsepisode eine Persönlichkeit vorübergehend befallen, sondern das Verhalten eines Individuums ständig oder über längere Zeiträume bestimmen, auch wenn dieses Verhalten nicht unabhängig von zusätzlichen Umständen ist".[107] Die Störung muss ein solches Gewicht haben, dass sie den Täter im Kern seiner Persönlichkeit beeinträchtigt und damit seine Fähigkeit zu sinnvollem Handeln völlig oder in gewissen Beziehungen zerstört.[108] Zu den nichtkrankhaften Persönlichkeitsstörungen zählen insbesondere *Psychopathien, Neurosen* und *Triebstörungen*.[109]

83 Unter Psychopathien werden Persönlichkeitsabweichungen verstanden, „die sich im Charakter, Willens- und Gefühlsleben zeigen, an deren Abnormität der Betroffene selbst und die Gesellschaft leiden".[110] Die Defizite des Psychopathen liegen im Bereich der sittlichen und sozialen Persönlichkeit.[111] Ob eine nichtkrankhafte Persönlichkeitsstörung vorliegt, hängt davon ab, ob die Schwere

---

[102] Vgl. *Wolfslast* JA 1981, 467 sowie *Schreiber/Rosenau*, in: Venzlaff/Foerster/Dreßing/Habermeyer (Hrsg.) 2021, S. 98.

[103] Siehe zum früheren Sprachgebrauch *Jakobs* AT 18 Rn. 19 mit Fn. 47; *Nedopil/Müller* 2017, S. 40 f.; zur Feststellung schwerer seelischer Störung *Fischer* FS R. Merkel, S. 394 ff.

[104] *Nedopil/Müller* 2017, S. 40.

[105] Zur Terminologie vgl. *Schreiber/Rosenau*, in: Venzlaff/Foerster/Dreßing/Habermeyer (Hrsg.) 2021, S. 98 ff.; vgl. auch BGH 5 StR 605/97 NStZ-RR 1998, 194 (196).

[106] *Nedopil/Müller* 2017, S. 40.

[107] *Schreiber/Rosenau*, in: Venzlaff/Foerster/Dreßing/Habermeyer (Hrsg.) 2009, S. 102 unter Hinweis auf *Konrad/Rasch* 2014.

[108] Vgl. BGH 4 StR 153/97 StV 1997, 628 f.

[109] So die Terminologie nach *Schreiber/Rosenau*, in: Venzlaff/Foerster/Dreßing/Habermeyer (Hrsg.) 2021, S. 99 ff.; *Nedopil/Müller* 2017 sprechen von Persönlichkeitsstörungen, neurotischen Entwicklungen und sexuellen Verhaltensabweichungen; für eine breiter gefächerte Differenzierung *Schöch*, in: Kröber u. a. (Hrsg.) 2007, S. 121 ff.

[110] *Schreiber/Rosenau*, in: Venzlaff/Foerster/Dreßing/Habermeyer (Hrsg.) 2021, S. 99 unter Hinweis auf *Kurt Schneider* Klinische Psychopathologie, 1950; vgl. auch LK-*Verrel/Linke/Koranyi* § 20 Rn. 168.

[111] Vgl. *Maurach/Gössel/Zipf* AT 1 § 36 II B 4.

der Störung und ihr Einfluss auf das Handlungsgefüge des Täters[112] in ihrem Gewicht den krankhaften seelischen Störungen entspricht und in ihrer Gesamtheit das Leben des Täters vergleichbar schwer und mit ähnlichen – auch sozialen – Folgen stört, belastet oder einengt.[113]

Bei Neurosen handelt es sich um psychische „Störungen bei geistesgesunden, weitgehend norma- **84** len Personen, die unter besonderen äußeren Bedingungen ausnahmsweise und vorübergehend zu einem abnormen Verhalten kommen."[114] Genannt werden z. B. paranoische und querulatorische Entwicklungen, depressive Reaktionen und neurotische Depressionen.[115] Wie bei den Psychopathien hängt auch bei den Neurosen die Einordnung als nichtkrankhafte Persönlichkeitsstörung von der Schwere der Störung und ihrem Einfluss auf das Handlungsgefüge des Täters ab.

Triebstörungen sind dann als nichtkrankhafte Persönlichkeitsstörungen einzuordnen, wenn sie mit **85** einer das Hemmungsvermögen betreffenden Persönlichkeitsveränderung verbunden sind,[116] der Sexualtrieb derart gesteigert ist, dass der Täter ihm „selbst bei Aufbietung aller ihm eigenen Willenskräfte nicht zu widerstehen vermag".[117] Relevant für die Anerkennung als nichtkrankhafte Persönlichkeitsstörung ist die Stärke und die Ausprägung des Triebs „und das Maß der dadurch bedingten Beeinträchtigungen des Verhaltensspielraums".[118] Anhaltspunkt dafür kann es sein, wenn die Triebstörung Suchtcharakter erreicht.[119]

b) Die Unfähigkeit des Täters zu Einsicht und Steuerung, § 20 StGB

Die zweite, normativ zu bestimmende[120] Stufe der Schuldunfähigkeit verlangt als **86** Auswirkung der psychischen Störungen der ersten Stufe in § 20 die *Unfähigkeit des Täters,*

- das Unrecht der Tat einzusehen (mangelnde *Einsichtsfähigkeit*) oder
- nach dieser Einsicht zu handeln (mangelnde *Steuerungsfähigkeit*).

Das ist bezogen auf die jeweilige Tathandlung zum Tatzeitpunkt zu prüfen.[121] Ob die **87** zweite Stufe der Schuldunfähigkeit, die Unfähigkeit des Täters zu Einsicht und Steuerung, gegeben ist, entscheidet der Richter im konkreten Einzelfall unter

---

[112] *Schreiber/Rosenau,* in: Venzlaff/Foerster/Dreßing/Habermeyer (Hrsg.) 2021, S. 101 mwN.

[113] *Schreiber/Rosenau,* in: Venzlaff/Foerster/Dreßing/Habermeyer (Hrsg.) 2021, S. 101 unter Hinweis auf BGH NStZ-RR 1998, 174. Diese Formulierung verdient gegenüber der missverständlichen Formel vom „Krankheitswert" – vgl. *Perron/Weißer,* in: Schönke/Schröder § 20 Rn. 22 – den Vorzug.

[114] *Schreiber/Rosenau,* in: Venzlaff/Foerster/Dreßing/Habermeyer (Hrsg.) 2021, S. 101 unter Verweis auf *Witter,* in: Göppinger/Witter (Hrsg.) 1972, S. 996.

[115] Vgl. *Schreiber/Rosenau,* in: Venzlaff/Foerster/Dreßing/Habermeyer (Hrsg.) 2021, S. 105.

[116] Näher *Perron/Weißer,* in: Schönke/Schröder § 20 Rn. 21 ff.; MK-StGB-*Streng* § 20 Rn. 40 ff.

[117] SK-*Rudolphi* 2003, § 20 Rn. 17; *Schreiber/Rosenau,* in: Venzlaff/Foerster/Dreßing/Habermeyer (Hrsg.) 2021, S. 102.

[118] *Schreiber/Rosenau,* in: Venzlaff/Foerster/Dreßing/Habermeyer (Hrsg.) 2021, S. 102.

[119] Näher zum Suchtbegriff *Giese* 1973, S. 155 ff.

[120] Näher *Nedopil/Müller* 2017, S. 41.

[121] Vgl. BGH 2 StR 477/13 StV 2014, 336.

Einbeziehung von Sachverständigen. Feste Maßstäbe gibt es insoweit nicht. Die Abschätzung der psychischen Verfassung des Täters anhand der aus der klinischen Erfahrung bekannten psychischen Störungsbilder lässt hier einen gewissen Beurteilungsspielraum.[122] Dabei strahlen die normativen Elemente innerhalb der ersten Stufe (krankhaft, tiefgreifend, schwer) auf die Abwägung auf der zweiten Stufe aus. *Schreiber/Rosenau* empfehlen daher, über die Schwere der psychischen Befunde der ersten Stufe und die Unfähigkeit zu Einsicht und Steuerung der zweiten Stufe in *einem* Schritt zu entscheiden.[123]

88   Die Unfähigkeit des Täters zu Einsicht und Steuerung kann beim tateinheitlichen Zusammentreffen mehrerer Straftaten unterschiedlich ausfallen, je nachdem welche Fähigkeiten des Täters mit welchen Elementen der betreffenden Strafvorschriften konfrontiert werden.[124]

aa) Unfähigkeit, das Unrecht der Tat einzusehen (mangelnde Einsichtsfähigkeit)

89   „Einsichtsunfähigkeit besteht, wenn die *kognitiven Funktionen nicht ausreichen, eine Einsicht in das Unrecht eines Handelns zu ermöglichen.*"[125] Dies kann bei schwerwiegenden intellektuellen Einbußen, aber auch bei „psychotischen Realitätsverkennungen" der Fall sein.[126]

90   Vom Verbotsirrtum in § 17, der voraussetzt, dass dem Täter die Einsicht fehlt, Unrecht zu tun, unterscheidet sich die mangelnde Einsichtsfähigkeit als erste Alternative der zweiten Stufe der Schuldunfähigkeit darin, dass § 20 besonders naheliegende Ausschlussgründe für die Einsichtsfähigkeit nennt und dass nur unter den zweistufigen Voraussetzungen der §§ 20 f. die Maßregeln nach den §§ 63, 64 und 69 I in Frage kommen.[127]

bb) Unfähigkeit, entsprechend der Unrechtseinsicht zu handeln (mangelnde Steuerungsfähigkeit)

91   Eine Unfähigkeit, „entsprechend der Unrechtseinsicht" zu handeln, setzt zunächst voraus, dass der Täter Unrechtseinsicht hat. Deshalb kann die mangelnde Steuerungsfähigkeit erst geprüft werden, wenn die Unrechteinsicht bejaht worden ist.[128] Unter mangelnder Steuerungsfähigkeit versteht man die Unfähigkeit, seinen Willen trotz Aufbietung aller Widerstandskräfte durch vernünftige Erwägungen zu bestimmen, zu einer „normgemäßen Motivation"[129] im Stande zu sein. Den Hinter-

---

[122] Vgl. auch *Schreiber/Rosenau*, in: Venzlaff/Foerster/Dreßing/Habermeyer (Hrsg.) 2021, S. 107.

[123] *Schreiber/Rosenau*, in: Venzlaff/Foerster/Dreßing/Habermeyer (Hrsg.) 2021, S. 102.

[124] Vgl. *Schöch*, in: Kröber u. a. (Hrsg.) 2007, S. 135; *Schreiber/Rosenau*, in: Venzlaff/Foerster/Dreßing/Habermeyer (Hrsg.) 2021, S. 104 mwN.

[125] *Nedopil/Müller* 2017, S. 41, Hervorhebungen dort.

[126] *Nedopil/Müller* 2017, S. 41.

[127] Vgl. *Schöch*, in: Kröber u. a. (Hrsg.) 2007, S. 132 f.; *Schreiber/Rosenau*, in: Venzlaff/Foerster/Dreßing/Habermeyer (Hrsg.) 2021, S. 106.

[128] Vgl. *Nedopil/Müller* 2017, S. 41; *Schreiber/Rosenau*, in: Venzlaff/Foerster/Dreßing/Habermeyer (Hrsg.) 2021, S. 107; BGH 1 StR 477/22 StV 2024, 230; 3 StR 229/23 StV 2024, 234.

[129] *Schöch*, in: Kröber u. a. (Hrsg.) 2007, S. 133.

grund mangelnder Steuerungsfähigkeit bilden „in der Regel *Einbußen voluntativer Fähigkeiten, die zu einem Handlungsentwurf beitragen.*"[130] Die psychische Störung kann sich somit bereits bei der Bestimmung der Zielvorstellung, d. h. bei der Motivationsbildung, auswirken.[131]

c) Die erheblich verminderte Fähigkeit des Täters zu Einsicht und/oder Steuerung, § 21 StGB

Die vier psychischen Befunde des § 20 bilden nach der sog. „Einheitslösung" auch **92** die Basis für die erheblich verminderte Fähigkeit des Täters zu Einsicht und/oder Steuerung in § 21. Fälle erheblich verminderter Einsichts- und/oder Steuerungsfähigkeit sind mit ca 2,3 % der Abgeurteilten in der Praxis häufiger vertreten als Fälle von Schuldunfähigkeit.[132]

Die Feststellung der verminderten Schuldfähigkeit beruht auf zwei „Quanti- **93** fizierungsschritten".[133] Zunächst muss die *Schwere* der psychischen Störung (erste Stufe) festgestellt und bewertet werden. Mit dem zweiten Schritt muss „begründet werden, wie sich die Störung konkret auf die psychischen Funktionen des Täters ausgewirkt und zu einer Beeinträchtigung [...] der Steuerungsfunktion geführt hat".[134] Entscheidend für § 21 ist dabei, dass die psychischen Befunde die Fähigkeit des Täters zu Einsicht und/oder Steuerung nicht ausschließen, sondern nur vermindern. Nach § 21 ist der Täter *schuldfähig*, seine Handlung *schuldhaft*, jedoch ist der gegen den Täter erhobene Schuldvorwurf gemindert, was zu der *Möglichkeit* einer Strafmilderung nach § 49 I führt.[135]

Die Strafmilderung nach § 21 wird von der herrschenden Meinung – im Rahmen **94** einer vom Schuldgrundsatz gebotenen engen Interpretation – im Hinblick auf die vier psychischen Befunde nicht nur als *Möglichkeit*, sondern als *Regel* interpretiert, es sei denn

- dass *schulderhöhende Umstände* wie eine besondere Verwerflichkeit der Tat oder eine Intensität des verbrecherischen Willens vorliegen, die die an sich gebotene Milderung wieder kompensieren, oder
- dass der Täter den *Zustand der verminderten Schuldfähigkeit* (außerhalb der actio libera in causa (dazu unten Rn. 99 ff.)) *selbst verschuldet* hat,[136] insbeson-

---

[130] *Nedopil/Müller* 2017, S. 41.

[131] Vgl. *Nedopil/Müller* 2017, S. 42.

[132] Vgl. dazu oben Rn. 70; vgl. auch *Nedopil/Müller* 2017, S. 42; umfassend *Schöch*, in: Kröber u. a. (Hrsg.) 2007, S. 103 ff.; z. B. auch BGH 3 StR 332/19 BeckRS 2020, 2834; BGH 2 StR 175/20 BeckRS 2020, 20926; zu den Anforderungen an die Annahme verminderter Schuldfähigkeit bei Drogenentzugserscheinungen BGH 2 StR 493/19 BeckRS 2020, 12567.

[133] Vgl. *Nedopil/Müller* 2017, S. 42.

[134] *Nedopil/Müller* 2017, S. 42.

[135] Näher zur Diskussion um die Kann-Bestimmung *Schreiber/Rosenau*, in: Venzlaff/Foerster/Dreßing/Habermeyer (Hrsg.) 2021, S. 106 f. mwN.

[136] Vgl. BGH 3 StR 435/02 NStZ 2003, 480 sowie bei *Baier* JA 2004, 104 ff.

dere in Fällen des Affektes, der Sucht und bei Rauschzuständen, bei letzteren vor allem bei Kenntnis des Täters von seiner Neigung zu Straftaten nach Alkoholgenuss.[137]

95 § 21 ist nach h. M. nicht anwendbar, wenn der Täter trotz erheblich verminderter Einsichts- und/oder Steuerungsfähigkeit tatsächlich über die entsprechende Unrechtseinsicht und das erforderliche Steuerungsvermögen verfügt hat.[138] Umgekehrt formuliert: die verminderte Schuldfähigkeit setzt nach h. M. voraus, dass dem Täter Unrechtseinsicht und/oder Steuerungsvermögen zur Zeit der Tat tatsächlich fehlen. Dies entspricht hinsichtlich der fehlenden Unrechtseinsicht der Sachlage beim vermeidbaren Verbotsirrtum in § 17 S. 2. In diesem Sinne versteht die h. M. die §§ 20 und 21 in der Tat als Unterfälle des Verbotsirrtums nach § 17.[139] § 21 würde danach nur dort eine eigenständige Wirkung entfalten, wo bei gegebener Unrechtseinsicht die Steuerungsfähigkeit vermindert und kein Steuerungsvermögen gegeben ist.[140]

96 Dem Täter würde damit – entgegen dem Wortlaut – die mögliche Strafmilderung nach § 21 versagt, wenn aufgrund der psychischen Befunde zwar seine Einsichts- und Steuerungsfähigkeit erheblich *vermindert* war, er aber dennoch über Einsichtsfähigkeit und ein Hemmungsvermögen verfügt hat. Diese Versagung der Strafmilderung übersieht aber, dass für die Anwendbarkeit der §§ 20, 21 die vier psychischen Befunde des § 20 die Grundlage sind, während § 17 keine weiteren Voraussetzungen für die mangelnde Unrechtseinsicht fordert.[141] Es gibt keinen zwingenden Grund, weshalb die für die Strafmilderung in § 21 erforderliche Schuldminderung nicht bereits auf den psychischen Befunden und der darauf beruhenden *verminderten* Einsichts*fähigkeit* soll beruhen können.[142] Die h. M. ist daher zu Recht abzulehnen.[143]

97 Der Schwerpunkt des Anwendungsbereichs von § 21 liegt im Bereich alkoholbedingter Rauschzustände.[144] Die Höhe der Blutalkoholkonzentration stellt dabei

---

[137] Ausführlicher *Schreiber/Rosenau*, in: Venzlaff/Foerster/Dreßing/Habermeyer (Hrsg.) 2021, S. 107; krit. hierzu *Schild* 2009, S. 112.

[138] Vgl. BGH 2 StR 405/12 StV 2015, 214/215; 5 StR 449/18 NStZ 2019, 78; 4 StR 535/20 NStZ 2022, 34; Lackner/Kühl/Heger-*Heger* § 21 Rn. 1, *Nedopil/Müller* 2017, S. 42; *Schreiber/Rosenau*, in: Venzlaff/Foerster/Dreßing/Habermeyer (Hrsg.) 2021, S. 107 jew. mwN; a. A. *Frister* AT § 18 Rn. 14.

[139] Vgl. *Keiser* Jura 2001, 376 ff. (378) sowie MK-StGB-*Streng* § 20 Rn. 17 mwN.

[140] Vgl. auch BGH 5 StR 449/18 NStZ 2019, 78.

[141] Vgl. auch *Schild* 2009, S. 269, der für § 17 entsprechend der Entstehungsgeschichte auf Sozialisationsdefekte abstellt; für eine Differenzierung auch *Frister* AT § 18 Rn. 14.

[142] Anders aber BGH 2 StR 529/65 BGHSt 21, 27 (28): die Schuld des Täters werde nicht gemindert, wenn er trotz erheblich verminderter Einsichtsfähigkeit das Unrecht tatsächlich eingesehen hatte.

[143] So *Frister* AT § 18 Rn. 14; *Schild* 2009, S. 269.

[144] Vgl. Lackner/Kühl/Heger-*Heger* § 21 Rn. 2; *Perron/Weißer*, in: Schönke/Schröder § 21 Rn. 9 mwN. Weil die Blutentnahme nach der Tat erfolgt, muss die BAK für den Tatzeitpunkt rückgerechnet werden. Lässt sich der individuelle Abbauwert nicht feststellen, muss zu Gunsten des Angeklagten von einem möglichst hohen (0,2 ‰ pro Stunde, z. B. bei Zweifeln über die Schuldfähigkeit) bzw. von einem möglichst niedrigen (0,1 ‰ pro Stunde, z. B. beim Verdacht einer Trunkenheitsfahrt) Abbauwert ausgegangen werden, vgl. *Wessels/Beulke/Satzger* AT Rn. 649 ff.

ein nach den Umständen des Einzelfalls gewichtiges, aber keinesfalls allein maßgebliches Beweisanzeichen (Indiz) für eine verminderte Schuldfähigkeit dar. Für
die Beurteilung der Schuldfähigkeit maßgeblich ist vielmehr eine „Gesamtschau
aller wesentlichen objektiven und subjektiven Umstände, die sich auf das Erscheinungsbild des Täters vor, während und nach der Tat beziehen." Der Beweiswert der
BAK ist umso geringer, je mehr sonstige aussagekräftige psychodiagnostische Kriterien zur Verfügung stehen.[145] Dies bedeutet eine Aufgabe der Entscheidung BGH
4 StR 117/90 BGHSt 37, 231, die noch davon ausging, dass ohne Rücksicht auf
psychodiagnostische Beurteilungskriterien allein wegen einer bestimmten Blutalkoholkonzentration zur Tatzeit in aller Regel das Vorliegen einer erheblich verminderten Steuerungsfähigkeit anzunehmen sei. So kann sich aus den konkreten
Umständen eine erheblich verminderte Steuerungsfähigkeit auch bei einer BAK
von unter 2 ‰ ergeben und bei errechneten Maximalwerten von über 3 ‰ ausschließen lassen.[146]

Zu Leitfall 6.1

In *Leitfall 6.1* nahm der BGH an, dass der Täter zur Tatzeit schuldunfähig war.   **98**
Denn die Blutalkoholkonzentration von 1,95 ‰ habe bei A zu einer *tiefgreifenden
Bewusstseinsstörung*[147] geführt, auf der wiederum die Unfähigkeit beruht habe,
das Unrecht einzusehen oder nach dieser Einsicht zu handeln. ◄

3. Scheinbare Ausnahmen von der Straflosigkeit bei Schuldunfähigkeit

a) Actio libera in causa[148]

Beispiel 6.3

A will B umbringen, trinkt sich Mut an und tötet wie erwartet B im schuldun-   **99**
fähigen Zustand aufgrund mangelnder Einsichtsfähigkeit infolge einer durch
eine Blutalkoholkonzentration von 3,3 ‰ verursachten krankhaften psychischen
Störung. ◄

Unter einer *actio libera in causa* versteht man das verantwortliche Ingangsetzen   **100**
eines Verhaltens, das zur Verwirklichung der Straftat im Zustand der Schuldunfä-

---

[145] Vgl. BGH 1 StR 59/12 BGHSt 57, 247 (252).

[146] BGH 1 StR 59/12 BGHSt 57, 247 (252).

[147] Seit BGH 1 StR 511/95 BGHSt 43, 66 (69) ordnet der BGH alkoholbedingte Rauschzustände
als krankhafte seelische Störungen ein.

[148] Wörtlich übersetzt: die in der Ursache freie Handlung. Umfassend zur actio libera, auch unter
Einbeziehung des rechtshistorischen und des rechtsvergleichenden Aspektes *Hettinger* 1988; vgl.
auch *Ebert* AT, S. 99 ff.; *Hillenkamp/Cornelius* 32 Probleme, Problem 13 mwN; *Jerouschek* JuS
1997, 385 ff.; *Kühl* AT § 11 Rn. 6 ff.; *Perron/Weißer,* in: Schönke/Schröder § 20 Rn. 33 ff.; kritisch
und i. E. ablehnend *Sydow* 2002.

higkeit führt.[149] Die Bestrafung soll dann so erfolgen, als ob der Täter zum Tatzeitpunkt einsichts- und steuerungsfähig gewesen wäre.

Zu Beispiel 6.3

101 Im *Beispiel 6.3* beruht diese Erstreckung des strafrechtlichen Vorwurfs darauf, dass der Täter in noch verantwortlichem Zustand eine *vorwerfbare innere Beziehung* zur späteren Tat hergestellt hat. Denn er ließ sich trotz der Vorstellung, dass er im Rausch voraussichtlich eine bestimmte Straftat begehen werde, nicht vom übermäßigen Alkoholgenuss abhalten.[150] ◄

102 Die Anknüpfung der Verantwortlichkeit an den Zeitpunkt der Schuldfähigkeit droht freilich mit dem *Schuldprinzip* zu kollidieren, dessen Konkretisierung in § 20 verlangt, dass der Täter *„bei Begehung der Tat"* schuldhaft gehandelt hat. Nach einem Ausweg suchen im Wesentlichen folgende Begründungsansätze:[151]

aa) Mittelbare Täterschaft

103 Bei der mittelbaren Täterschaft (§ 10 Rn. 46 ff.) bedient sich der Täter eines Werkzeugs zur Begehung der Tat. Bei der actio libera in causa würde der Täter sich selbst als Werkzeug benutzen.[152] Jene Konstruktion ist dann unproblematisch, wenn sich der Täter eines Dritten bedient.

Zu Beispiel 6.3

104 So könnte A im *Beispiel 6.3* seine Tat auch dadurch begehen, dass er den infolge Trunkenheit schuldunfähigen C mit einer Pistole versieht und ihn auf den Weg schickt, den B zu töten. ◄

105 Dass der Täter sich selbst als Werkzeug benutzt, bildet inhaltlich keinen wesentlichen Unterschied. Und dennoch ist die Konstruktion über die mittelbare Täterschaft nicht unproblematisch, widerspricht sie doch dem Wortlaut von § 25 I 2. Alt. Denn dieser „mittelbare Täter" begeht die Tat eben nicht „durch einen anderen", sondern durch sich selbst. Wenn man mittels eines streng restriktiven Täterbegriffs (§ 10 Rn. 26 ff.) § 25 I 2. Alt. als Strafausdehnungsgrund versteht, dann hätte die Konstruktion einer mittelbaren Täterschaft „durch sich selbst" in § 25 I 2. Alt. keine gesetzliche Grundlage. Die Konstruktion „mittelbare Täterschaft" erscheint aber auch bei eigenhändigen und Sonderstraftaten nicht tragfähig, da der Täter bei diesen

---

[149] Vgl. BGH 4 StR 500/67 BGHSt 21, 381; zur Rolle des actio libera-Gedankens auch im Bereich „alltäglicher" Straftatbegehung *Schild* FS Triffterer, S. 203 ff. (215 ff.).

[150] Vgl. BGH 4 StR 217/96 NJW 1997, 138 (139); vgl. auch BGH 4 StR 88/62 BGHSt 17, 333 (334 f.); *Perron/Weißer,* in: Schönke/Schröder § 20 Rn. 33.

[151] Vgl. *Hettinger* 1988, S. 436 ff.; LK-*Verrel/Linke/Koranyi* § 20 Rn. 194 ff.; *Sydow* 2002, S. 49 ff.

[152] Vgl. RGSt 22, 413, 415; *Jakobs* AT 17/64; kritisch jedoch *Eser/Burkhardt* StK I Nr. 17 A 8; *Roxin/Greco* AT 1 § 20 Rn. 61 mit Fn. 250.

Straftaten die Tathandlung gerade selbst vornehmen muss, und sie stimmt auch nicht mit der Struktur der actio libera in causa überein, die unter Tatherrschaftsgesichtspunkten eine „Selbst-*Anstiftung*" darstellt.[153] Im Zusammenhang mit der actio libera in causa kann es somit nur um die *übertragene* Anwendung des Lösungsansatzes der Rechtsfigur der mittelbaren Täterschaft gehen,[154] die letztlich zur überwiegend vertretenen sog. Tatbestandslösung (bb) führt.

bb) Tatbestandslösung

Nach der Tatbestandslösung stellt das Sichbetrinken die eigentliche Tathandlung **106** dar.[155] Die Elemente der Tatbestandsmäßigkeit werden um des sich Betrinkens erweitert.

Zu Beispiel 6.3

Im *Beispiel 6.3* würde A mit der Tötung des B beginnen, indem er sich Mut an- **107** trinkt. ◄

Im Vergleich betrachtet scheint die Tatbestandslösung noch am ehesten mit dem **108** Schuldprinzip in Einklang zu stehen, weil sie dem Wortlaut von § 20 nicht offen widerspricht. Auch findet sie in sonstigen Fällen eine Parallele, in denen der Täter im schuldfähigen Zustand ein Geschehen zurechenbar in Gang setzt, das in der tatbestandsmäßigen Veränderung in der Außenwelt (Erfolg) endet: Das Töten mittels Betätigung des Abzugs am Gewehr unterscheidet sich nicht wesentlich vom Töten in *Beispiel 6.3*. Es ist als solches ebenso wenig ein Töten wie das sich Betrinken. Und dennoch sind beide Handlungen ein vorsätzlich-zurechenbares Verursachen des Todes eines Menschen.[156] Andererseits vermag diese Argumentation bei denjenigen Straftaten nicht zu überzeugen, deren Tatbestandsmäßigkeit nicht (nur) die Verwirklichung einer Veränderung in der Außenwelt verlangt, sondern ein spezifisches Verhalten (sog. verhaltensgebundene Straftaten). Deshalb lehnte der BGH im *Leitfall 6.1* auch die Anwendbarkeit der Tatbestandslösung ab (Rn. 120).

cc) Ausdehnungsmodell

Die „Ausdehnung" im Rahmen dieses Modells bezieht sich auf den Begriff der **109** „Tat" i. S. von § 20. Während die h. M. hierunter das tatbestandsmäßige Verhalten,

---

[153] So überzeugend *Mitsch* FS Küper, S. 347 ff. Die personale Identität bei der actio libera in causa aufzugeben, überzeugt nicht. So aber *Porciúncula* ZfIStw 2022, 298 ff.

[154] Vgl. *Hirsch* FS Nishihara, S. 88 ff. (95 ff.).

[155] Vgl. BGH 4 StR 88/62 BGHSt 17, 333 (335); BayObLG bei Janiszewski NStZ 1988, 264; vgl. auch *Hirsch* NStZ 1997, 230 ff.; *Jakobs* FS Nishihara, S. 105 ff. (117 ff., 120 f.); SK-*Rogall* § 20 Rn. 69, 72; *Maurach/Gössel/Zipf* AT 1 § 36 Rn. 57; *Puppe* JuS 1980, 347 ff.; *Roxin/Greco* AT 1 § 20 Rn. 59 ff.; *Schlüchter* FS Hirsch, S. 345 ff. (348 ff.); *Spendel* FS Hirsch, S. 379 ff.

[156] Vgl. auch *Jakobs* FS Nishihara, S. 105 ff. (109 ff.); *Schild* FS Triffterer, S. 203 ff. (204, 206); bemerkenswert in diesem Zusammenhang auch der Vergleich zwischen § 17 und actio libera in causa bei *Streng* JZ 2000, 20 ff. – allerdings im Rahmen des von ihm bevorzugten Ausdehnungsmodells.

die *Tathandlung* im Sinne von § 8 versteht,[157] soll der Begriff im prozessualen Sinne auf den Lebensvorgang ausgeweitet werden, der Gegenstand der Anklage ist. Damit würde das auf die Verwirklichung der tatbestandsmäßigen Handlung bezogene Vorverhalten und schließlich sogar das Vorbereitungsstadium der „Tat" zugerechnet werden.[158]

110 Dagegen ist jedoch einzuwenden, dass solch eine Ausdehnung dem in den §§ 16 und 17 verwendeten Tatbegriff widerspricht und – weit gravierender – eine starke Einschränkung der Anwendbarkeit von § 20 zur Folge hätte. Denn aufgrund der weiten Ausdehnung des Tatbegriffs wären kaum noch Sachverhalte vorstellbar, bei denen der Täter nicht zu irgendeinem Zeitpunkt der „Tat" schuldfähig i. S. von § 20 gewesen ist.

dd) Ausnahmemodell

111 Das Ausnahmemodell nimmt eine Vorverlagerung des Schuldvorwurfs an und gibt damit den Grundsatz vom Erfordernis der Schuldfähigkeit *bei Begehung der Tat* (sog. Koinzidenz) in § 20 auf. Auf diesem Wege wird dem Täter das schuldhafte Vorverhalten als schuldhafte Tatbegehung angelastet.[159]

Gegen das Ausnahmemodell spricht der Wortlaut des § 20. Würde man unter der „Begehung der Tat" auch deren Vorfeld verstehen, dürfte die Grenze von Art. 103 II GG (Wortlautgrenze, Verbot strafbegründenden Gewohnheitsrechts) überschritten sein.[160]

112 Insgesamt lässt sich festhalten, dass die Begründungen für die actio libera in causa die Bedenken hinsichtlich eines Verstoßes gegen das Schuldprinzip nicht überzeugend ausräumen können, weshalb diese Konstruktion abzulehnen ist.[161] Es bleibt bei einer Strafbarkeit gemäß § 323a. Ein neuer Ansatz von *Beck* versucht die Fälle der a.l.i.c. als Unterlassungsstraftaten im Zusammenhang mit § 13 zu erfassen, indem sie dem Täter das Unterlassen von Schutzmaßnahmen vor sich selbst vorwirft.[162] Wisse der Täter, dass er sich alsbald in einen schuldunfähigen und somit gefährlichen Zustand versetze, treffe ihn auch eine Überwachergarantenstellung.[163]

---

[157] Vgl. *Fischer/Anstötz,* in: Fischer § 20 Rn. 2a.

[158] Vgl. *Streng* JZ 1994, 709 ff. (711); a. A. *Roxin/Greco* AT 1 § 20 Rn. 70; *Neumann* FS Arthur Kaufmann S. 581 ff. (587 ff.).

[159] Vgl. Lackner/Kühl/Heger-*Heger* § 20 Rn. 25 ff.; LK-*Verrel/Linke/Koranyi* § 20 Rn. 199 ff.; *Jescheck/Weigend* § 40 VI 1; *Perron/Weißer,* in: Schönke/Schröder § 20 Rn. 35a; *Wessels/Beulke/ Satzger* AT Rn. 658.

[160] A. A. *Kühl* AT § 11 Rn. 18; *Otto* Jura 1986, 426 ff., S. 431; deshalb nur für eine Anwendbarkeit auf § 21 durch Verzicht auf die *fakultative* Strafmilderung *Perron/Weißer,* in: Schönke/Schröder § 20 Rn. 35a.

[161] Vgl. a. SSW-*Kaspar* § 20 Rn. 103 f.; *Hruschka* JZ 1996, 64 ff. (71); *Streng* JZ 2000, 20 ff. (26 f.).

[162] Vgl. *Beck* ZIS 2018, 204 ff. (207); krit. demgegenüber *Streng* FS Sieber, S. 147 ff.

[163] Vgl. *Beck* ZIS 2018, 204 ff. (208); s. dazu auch BGH 2 StR 152/23 StV 2024, 228.

b) Vollrausch, § 323a[164]

§ 323a Vollrausch

(1) Wer sich vorsätzlich oder fahrlässig durch alkoholische Getränke oder   **113**
andere berauschende Mittel in einen Rausch versetzt, wird … bestraft,
wenn er in diesem Zustand eine rechtswidrige Tat begeht und ihretwegen
nicht bestraft werden kann, weil er infolge des Rausches schuldunfähig
war oder weil dies nicht auszuschließen ist.

Eine Ausnahme vom Erfordernis der Schuldfähigkeit stellt § 323a gerade nicht dar.   **114**
Denn die Strafwürdigkeit des Vollrausches wird bereits darin gesehen, dass sich der
Täter in einen Rausch versetzt. Die Rauschtat ist demgegenüber nur sog. objektive
Bedingung der Strafbarkeit (§ 7 Rn. 6 ff.). Der Unterschied zur actio libera in causa
besteht darin, dass zwischen dem Sichbetrinken und der Rauschtat kein psychischer
Zusammenhang besteht. Die Rauschtat bildet nur den Anlass, die Trunkenheit als
solche zu bestrafen.

II. Der unvermeidbare Verbotsirrtum, § 17 S. 1 StGB

Wie die Schuldunfähigkeit bildet auch der unvermeidbare Verbotsirrtum einen   **115**
Schuldausschließungsgrund, weil er die Handlung von vornherein als nicht schuldhaft einstuft.[165] Neben der Unvermeidbarkeit des Verbotsirrtums setzt § 17 S. 1 voraus, dass dem Täter bei Begehung der Tat die Einsicht fehlt, Unrecht zu tun (näher
zum Verbotsirrtum unten § 13 Rn. 27 ff., 56 ff.).

Der Verbotsirrtum hat keine Schuldunfähigkeit zur Folge, wenn er für den Täter   **116**
vermeidbar (näher § 13 Rn. 62 f.) war. In diesen Fällen wird dem Täter zum Vorwurf
gemacht, dass er den Irrtum nicht vermieden hat (zum Verhältnis zwischen § 17 S. 2
und § 21 s. o. Rn. 95 f.). Damit wird de lege lata eine Person wegen der Verwirklichung *vorsätzlichen Unrechts* bestraft, obwohl sie aktuell keine Kenntnis vom
Verbotensein des Verhaltens hat, ihr also die Normverletzungsmacht (vgl. § 2
Rn. 129) fehlt (vgl. dazu noch § 13 Rn. 56 ff.).[166]

Hinweise zum Leitfall 6.1

In *Leitfall 6.1* stützte sich das Landgericht Osnabrück auf die actio libera in   **117**
causa und verurteilte A wegen fahrlässiger Tötung (§ 222), vorsätzlicher Gefährdung des Straßenverkehrs (§ 315c I Nr. 1 a) sowie vorsätzlichen Fahrens ohne
Fahrerlaubnis (§ 21 I StVG).

---

[164] Vgl. zu *Hecker*, in: Schönke/Schröder § 323a Rn. 1 ff. mwN.
[165] Für einen Wegfall der Vorsatzschuld *Eisele*, in: Schönke/Schröder Vor §§ 13 ff. Rn. 120,121.
[166] Krit. *Sinn* 2007, S. 330 f.

118   Der BGH bestätigte allein die Verurteilung nach § 222, die jedoch einer Anwendung der actio libera in causa nicht bedürfe, weil Gegenstand des strafrechtlichen Vorwurfs bei einer fahrlässigen Straftat, die eine Veränderung in der Außenwelt voraussetzt, „jedes in Bezug auf den tatbestandsmäßigen ‚Erfolg' sorgfaltswidrige Verhalten des Täters" sei.[167] Es bestünden deshalb keine Bedenken, den Fahrlässigkeitsvorwurf an ein zeitlich früheres Verhalten anzuknüpfen, das dem Täter – anders als das spätere – auch als schuldhaft verwirklicht vorgeworfen werden kann. Hingegen könne die Verurteilung wegen vorsätzlicher Gefährdung des Straßenverkehrs und vorsätzlichen Fahrens ohne Fahrerlaubnis keinen Bestand haben. Denn zum Zeitpunkt der Tat sei A laut Gutachten des Sachverständigen mangels Steuerungsfähigkeit schuldunfähig gewesen, und ein Vorgehen über eine actio libera in causa sei nicht möglich.

119   Denn wegen Verstoßes gegen das Schuldprinzip lasse sich die actio libera in causa weder über das Ausdehnungs- noch das Ausnahmemodell begründen. Die Tatbestandslösung sowie das Vorgehen über mittelbare Täterschaft seien zwar noch akzeptabel, jedoch im vorliegenden Fall nicht tragfähig:

120   Die *Tatbestandslösung* sei nicht auf Strafvorschriften anwendbar, die wie die hier fraglichen ein Verhalten verbieten, das nicht auch als die Herbeiführung eines vom Verhalten trennbaren *„Erfolges"* begriffen werden kann.[168] Ein Fahrzeug *Führen* sei nicht gleich bedeutend mit *Verursachen der Bewegung*. Denn für die Tatbestandsmäßigkeit sei nach der Rechtsprechung des BGH der Bewegungsvorgang *selbst* erforderlich. Das Anlassen und das Einschalten des Abblendlichtes genügten hingegen nicht.[169]

121   Nach dem Ansatz über *mittelbare Täterschaft* müsste das tatbestandsmäßige Handeln letztlich das Sichberauschen sein. Ein *Führen eines Fahrzeugs* könne darin aber auch nicht gesehen werden.[170] Schließlich ist auch zu berücksichtigen, dass es sich bei der Straßenverkehrsgefährdung um eine eigenhändige Straftat handelt, die nicht in mittelbarer Täterschaft begangen werden kann.

122   Im Ergebnis kommt der BGH zu einer Strafbarkeit wegen Vollrausches nach § 323a. Die Folgen der Entscheidung des BGH für sonstige Tätigkeitsstraftaten sind noch nicht abzusehen.[171] ◄

C. Entschuldigungsgründe

123 Von den individuellen Schuldausschließungs- und -minderungsgründen unterscheiden sich die Entschuldigungsgründe dadurch, dass die Schuldminderung hier aufgrund einer *Unrechtsminderung* in Verbindung mit dem Bestehen eines generell be-

---

[167] BGH 4 StR 217/96 NJW 1997, 139; vgl. auch *Sternberg-Lieben* GS Schlüchter, S. 217 ff.

[168] Vgl. auch *Hettinger* 1988, S. 451 ff.

[169] Vgl. BGH 4 StR 259/88 BGHSt 35, 390 (394).

[170] Vgl. BGH 4 StR 217/96 NJW 1997, 139; vgl. aber auch mit bedenkenswerten Argumenten *Hirsch* NStZ 1997, 231.

[171] Vgl. *Hruschka* JZ 1997, 22 ff.; vgl. auch *Salger* NStZ 1993, 561 ff.; auf die begrenzte Reichweite der Entscheidung macht allerdings zu Recht *Otto* Jura 1999, 217 ff. aufmerksam.

rücksichtigungswürdigen *Motivationsdrucks*[172] eintritt. Da dieser Motivationsdruck aber voraussetzt, dass sich der Täter der Konfliktlage bewusst ist, setzen die Entschuldigungsgründe ein entsprechendes *subjektives Entschuldigungselement* voraus.

Die Schuldminderung braucht nicht bis zum Ausschluss der Schuld zu reichen. **124** Es genügt, wenn die Schuld auf ein solches Maß gemindert wird, dass eine Bestrafung trotz Schuldhaftigkeit der Handlung nicht mehr erforderlich ist.

Wie bei den Schuldausschließungs- und -minderungsgründen besteht auch hin- **125** sichtlich der Entschuldigungsgründe ein numerus clausus (oben Rn. 58 f.).

I. Entschuldigender Notstand, § 35 StGB

§ 35 Entschuldigender Notstand

(1) Wer in einer gegenwärtigen, nicht anders abwendbaren Gefahr für Leben, **126** Leib oder Freiheit eine rechtswidrige Tat begeht, um die Gefahr von sich, einem Angehörigen oder einer anderen ihm nahestehenden Person abzuwenden, handelt ohne Schuld. Dies gilt nicht, soweit dem Täter nach den Umständen, namentlich weil er die Gefahr selbst verursacht hat oder weil er in einem besonderen Rechtsverhältnis stand, zugemutet werden konnte, die Gefahr hinzunehmen; jedoch kann die Strafe nach § 49 Abs. 1 gemildert werden, wenn der Täter nicht mit Rücksicht auf ein besonderes Rechtsverhältnis die Gefahr hinzunehmen hatte.

(2) Nimmt der Täter bei Begehung der Tat irrig Umstände an, welche ihn nach **127** Absatz 1 entschuldigen würden, so wird er nur dann bestraft, wenn er den Irrtum vermeiden konnte. Die Strafe ist nach § 49 Abs. 1 zu mildern.

Leitfall 6.2

A hat X im Streit getötet. Um nicht wegen Totschlags verurteilt zu werden, droht A **128** der B, sie ebenfalls umzubringen, falls sie nicht vor Gericht aussage, mit A am Tatabend im Kino gewesen zu sein. Aus Angst vor der Drohung des A sagt B falsch aus.

B's Verhalten erfüllt die Elemente der Tatbestandsmäßigkeit des § 153 (fal- **129** sche uneidliche Aussage). Eine Rechtfertigung nach § 32 scheidet aus, weil die Abwehr sich nicht gegen den Angreifer A richtet. Auch § 34 ist nicht einschlägig, weil das Erhaltungsinteresse (Leben der B) das Eingriffsinteresse (Funktionstüchtigkeit der Rechtspflege) nicht überwiegt, da B – wenn auch gezwungenermaßen – auf die Seite des Unrechts tritt.[173] Schließlich greift auch § 157 (Aussagenotstand) nicht ein, weil B nicht gehandelt hat, um die Gefahr abzuwenden, bestraft zu werden.

Könnte eine Straffreiheit über entschuldigenden Notstand, § 35, in Frage **130** kommen? ◄

---

[172] Sog. „doppelte Schuldminderung", krit. dazu *Pawlik* Jahrbuch für Recht und Ethik, 2003, S. 294 ff.; zum sachlichen Unterschied zwischen Schuldausschließungs- und Entschuldigungsgründen auch *Tiedemann* 1997, S. 139; krit. *Frister* AT § 20 Rn. 2 ff.

[173] Vgl. *Perron,* in: Schönke/Schröder § 34 Rn. 41b.

131   Der entschuldigende Notstand weist insoweit Parallelen zum rechtfertigenden Notstand auf,[174] als auch hier eine *Gefahr für ein Erhaltungsgut* vorliegt, welche die Inanspruchnahme eines *Eingriffsgutes* erforderlich macht. Im Unterschied zu § 34 liegt jedoch *kein Überwiegen* des Erhaltungsgutes vor. Da die Tat jedoch im Interesse des Erhaltungsgutes begangen wird, ist ihr Unwert und damit auch das *Unrecht vermindert*. Mangels eines Überwiegens ist das Verhalten rechtswidrig. Der zweite Unterschied zum rechtfertigenden Notstand besteht im *Motivationsdruck* des im entschuldigenden Notstand Handelnden.

132   Wie beim rechtfertigenden Notstand ist auch beim entschuldigenden Notstand zwischen einer Notstandslage (1) und einer Notstandshandlung (2) zu unterscheiden. Als subjektives Element ist ein auf der Kenntnis der Notstandslage beruhender Motivationsdruck zur Rettung des Erhaltungsgutes erforderlich (3). Umstritten ist, ob die Straffreiheit aufgrund entschuldigenden Notstandes eine pflichtgemäße Prüfung voraussetzt (4).

1. Notstandslage

a) Gefahr für Leib, Leben oder Freiheit des Täters, eines Angehörigen oder nahestehender Personen

133   Die Herkunft jener Gefahr[175] ist irrelevant. Auch Naturgewalten oder Sachen können „Gefahren" i. S. von § 35 sein. Sogar von Menschen kann Gefahr ausgehen, solange kein Angriff i. S. von § 32 vorliegt. Soweit die Gefahr für die Freiheit des Täters bestehen muss, ist die *Bewegungsfreiheit* gemeint.[176] Die Angehörigeneigenschaft wird in § 11 Nr. 1 definiert. Auch der Begriff der nahestehenden Person orientiert sich am Angehörigenbegriff, indem die Person mit dem Täter in Hausgemeinschaft leben oder mit ihm in ähnlicher Weise wie ein Angehöriger persönlich verbunden sein muss.[177]

134   Wie beim rechtfertigenden Notstand ist somit auch bei § 35 eine *Kollision* von Achtungsansprüchen erforderlich.

b) Nichtabwendbarkeit der Gefahr auf andere Weise (Erforderlichkeit)

135   Wie beim rechtfertigenden Notstand muss auch bei § 35 der Eingriff in das Eingriffsgut *erforderlich* sein (ultima-ratio-Erfordernis). Er muss somit zur Gefahrenabwehr *geeignet* und das *mildeste* der konkret zur Verfügung stehenden Mittel sein.

136   Probleme bereitet das ultima-ratio-Erfordernis insbesondere in den Fällen der Tötung des gewalttätigen „Haustyrannen" im Schlaf durch ein Mitglied der verzweifelten Familie.

---

[174] Vgl. auch *Zieschang* JA 2007, 679 ff.

[175] Zum Begriff der Gefahr s. o. § 5 Rn. 222 f.

[176] Vgl. LK-*Zieschang* § 35 Rn. 27.

[177] Vgl. LK-*Zieschang* § 35 Rn. 44 ff. mwN.

Im *Haustyrannen*-Fall BGH 1 StR 483/02 BGHSt 48, 255[178] – hatte die Angeklagte gegen Mittag **137** ihren schlafenden Ehemann mit dessen Revolver erschossen. „Dieser hatte sie über viele Jahre hinweg durch zunehmend aggressivere Gewalttätigkeiten und Beleidigungen immer wieder erheblich verletzt und gedemütigt. Als sie die Tat beging, sah sie keinen anderen Ausweg mehr, um sich und auch die beiden gemeinsamen Töchter vor weiteren Tätlichkeiten zu schützen." Nachdem der BGH einen gegenwärtigen Angriff des Opfers wegen der Tötung im Schlaf und einen rechtfertigenden Notstand mangels eines überwiegenden Erhaltungsinteresses (Tötung zwecks Wahrung der körperlichen Unversehrtheit) zu Recht abgelehnt hatte, kam es für eine Entschuldigung nach § 35 darauf an, ob die Täterin die von ihrem Mann ausgehende Dauergefahr „nicht anders" als durch dessen Tötung abwenden konnte. Der BGH verneinte dies unter Hinweis auf behördliche Hilfe, die Flucht in ein Frauenhaus oder eine Anrufung der Polizei (BGH 1 StR 483/02 BGHSt 48, 260),[179] verwies jedoch auf die Möglichkeit eines entschuldigenden oder strafmildernden Irrtums der Ehefrau wegen der irrigen Annahme der Nicht-anders-Abwendbarkeit nach § 35 II.

Zu Leitfall 6.2

In *Leitfall 6.2* wäre zu überlegen, ob die Zeugin B anstatt durch eine Falschaus- **138** sage durch Anrufung gerichtlichen oder polizeilichen Schutzes oder durch Verweigerung der Aussage die Gefahr hätte beseitigen können. ◄

Beispiel 6.4

Zeugeneinschüchterungs-Fall – RGSt 66, 222: Fragen dieser Art hat auch das **139** Reichsgericht im sog. *Zeugeneinschüchterungs*-Fall[180] erörtert. Hinsichtlich der Anrufung gerichtlichen und polizeilichen Schutzes verwies es darauf, dass es sich hier nur um eine vorübergehende Möglichkeit gehandelt habe, welche die Gegenwärtigkeit der Gefahr nicht ausgeschlossen hätte. Die Verweigerung der Aussage auf die Gefahr der Verhängung von Zwangsmitteln nach § 70 StPO (Ordnungsgeld, -haft) sah das Reichsgericht hingegen als das kleinere Übel gegenüber der Verletzung der Eidespflicht und damit wohl auch der Wahrheitspflicht an, was aus heutiger Sicht wohl bezweifelt werden müsste. ◄

c) Mangelndes Überwiegen des Erhaltungsgutes – Proportionalität

Im Unterschied zum rechtfertigenden Notstand muss die Abwägung der kollidieren- **140** den Interessen beim entschuldigenden Notstand *nicht* zu einem Überwiegen des Erhaltungsgutes führen. Dies bedeutet indessen nicht, dass die Gewichtigkeit des Erhaltungsgutes nicht an eine Untergrenze stoßen würde. Denn da die Straffreiheit aufgrund entschuldigenden Notstandes auch auf einer Unrechtsminderung beruht, darf jene Unrechtsminderung nicht völlig unbedeutendes Gewicht haben. Maßstab ist insoweit das verfassungsrechtliche *Verhältnismäßigkeitsprinzip*, das auch den entschuldigenden Notstand mitprägt. Es darf somit das Gewicht des Erhaltungsgutes gegenüber dem Verlust beim Eingriffsgut nicht unverhältnismäßig gering

---

[178] Mit Anm. *Hillenkamp* JZ 2004, 48 ff.

[179] Zu Recht kritisch zur Bereitwilligkeit, mit der Gerichte das ultima-ratio-Erfordernis verneinen, *Ringelmann* in Mona/Seelmann (Hrsg.), S. 210, 212.

[180] RGSt 66, 222; hierzu *Eser/Burkhardt* StK I Nr. 18.

sein. Konkret bedeutet dies z. B., dass Tötungen im Notstand nicht bereits aufgrund geringfügiger Leibesgefahren entschuldigt werden können.

Beispiel 6.5

141   *Meineid*-Fall – RGSt 66, 397: Die Angeklagte A hatte den von ihr geleisteten Meineid im Rahmen eines Verfahrens wegen Beamtenbeleidigung damit entschuldigt, dass der wegen Beamtenbeleidigung angeklagte H ihr gedroht habe, er werde sie schlagen und nicht mehr für den Unterhalt ihres von ihm gezeugten Kindes sorgen, wenn sie zu seinen Ungunsten aussage. Wie erheblich die Leibesgefahr sein müsse, um die Begehung eines Meineids zu entschuldigen, hänge von den tatsächlichen Umständen ab, führte das Reichsgericht aus. Da jedoch im Verhältnis der A zu dem Angeklagten H die Drohung mit Schlägen nichts Außergewöhnliches gewesen sei, sei die Annahme eines Notstandes nicht möglich. ◄

Zu Leitfall 6.2

142   Indem in *Leitfall 6.2* der B nicht nur mit Schlägen, sondern mit dem Tode gedroht wurde und der von B gesuchte Ausweg nur in einer uneidlichen Falschaussage bestand, darf von der Proportionalität der kollidierenden Güter ausgegangen werden. ◄

2. Notstandshandlung

143   Die Notstandshandlung besteht in einem *rechtswidrigen* Verhalten, „um die Gefahr von sich, einem Angehörigen oder einer anderen […] nahestehenden Person abzuwenden."

3. Rettungswille als subjektives Entschuldigungselement

144   Schon die gesetzliche Formulierung der Notstandshandlung lässt erkennen, dass der Täter *zur Gefahrabwendung* handeln muss. Nachsicht wird somit nur gewährt, wenn der Täter aufgrund eines Motivationsdruckes die Rettung des Erhaltungsgutes anstrebt, was die Kenntnis der Notstandslage voraussetzt. Bei Kenntnis der Sachlage ist jener Gefahrabwendungswille anzunehmen.[181]

4. Prüfungspflicht?

145   Im *KZ-Wachmann*-Fall ging der BGH – BGH 4 StR 500/62 BGHSt 18, 311 – von einer Prüfungspflicht aus: „Wer sich darauf beruft, durch unwiderstehliche Drohung (§ 52 StGB [a. F.]) zu der Straftat genötigt worden zu sein, ist nur entschuldigt, wenn er sich nach dem Maß aller seiner Kräfte bemüht hat, der (hier vermeintlichen) Gefahr auf andere, die Straftat vermeidende Weise zu entgehen. In dieser Richtung muss er alle Möglichkeiten gewissenhaft geprüft haben. […] Je schwerer die ihm (vermeintlich) abgenötigte Straftat ist, umso sorgfältiger muss die Prüfung sein."[182] Findet der Täter trotz jener Prüfung aus Fahrlässigkeit keinen gangbaren Ausweg „so mag er, was den Vorwurf vorsätzlichen Handelns angeht, entschuldigt sein."[183]

---

[181] Vgl. *Perron,* in: Schönke/Schröder § 35 Rn. 16.

[182] BGH 4 StR 500/62 BGHSt 18, 311 f.

[183] BGH 4 StR 500/62 BGHSt 18, 311 (312); zur Prüfungspflicht vgl. auch BGH 5 StR 80/23 NStZ 2024, 222.

Da hier die irrige Annahme der tatsächlichen Voraussetzungen des ent- **146**
schuldigenden Notstandes zur Diskussion steht, ist die Frage der Prüfungspflicht im
Rahmen der *Irrtumsregeln* zu erörtern, wobei beim entschuldigenden Notstand § 35
II als lex specialis zu berücksichtigen ist.[184] Danach spielt die Prüfungspflicht bei
der Frage eine Rolle, ob die irrige Annahme der tatsächlichen Voraussetzungen des
entschuldigenden Notstandes *vermeidbar* war.[185] Fehlt die gewissenhafte Prüfung
der Voraussetzungen, wird man nicht von einer Unvermeidbarkeit des Irrtums ausgehen können.[186] Ist umgekehrt die Notstandslage hingegen gegeben, schadet das
Nichtvorliegen der Prüfung nicht.[187] Denn bezüglich des Motivationsdrucks genügt
es, wenn der Täter in *Kenntnis* der Notstandslage handelt.

Befindet sich der Täter hingegen in Unkenntnis der Notstandslage, kann ihm **147**
§ 35 mangels einer entsprechenden Motivation nicht zu Gute kommen.[188]

5. Wirkung

Die Rechtsfolge des § 35 besteht zunächst in einer vollständigen strafbefreienden **148**
Entschuldigung, wenn Notstandslage, Notstandshandlung und Rettungswille gegeben sind. Jene Entschuldigung beruht auf der aus der *Unrechtsminderung* und
dem *Motivationsdruck* herrührenden *doppelten Schuldminderung*.

Lediglich eine obligatorische Strafmilderung nach Versuchsgrundsätzen tritt im **149**
Falle des vermeidbaren „Entschuldigungs-Tatumstands-Irrtums" nach § 35 II ein.

6. Einschränkung der Entschuldigung durch § 35 I 2 StGB

Die entschuldigende Wirkung wird zunächst eingeschränkt, wenn der Täter die Ge- **150**
fahr „selbst verursacht" hat. Einigkeit besteht darüber, dass jene Formulierung zumindest i. S. von *„objektiv pflichtwidrig herbeigeführt"* zu verstehen ist.[189] Hat der
Täter die Gefahr pflichtwidrig herbeigeführt, ist ihm zuzumuten, die Gefahr
hinzunehmen.

Gleiches gilt, wenn der Täter in einem besonderen Rechtsverhältnis steht. Erfor- **151**
derlich ist, dass ihm infolge dieses Rechtsverhältnisses eine Schutzpflicht gegenüber
der Allgemeinheit auferlegt ist. Dies trifft z. B. auf Angehörige der Feuerwehr oder
auf Soldaten zu. Da dem in einem besonderen Rechtsverhältnis Stehenden aber nur
die Hinnahme der *Gefahr* zugemutet wird, endet die Zumutbarkeitsgrenze, wo das
Bestehen der Gefahr den sicheren Tod bedeuten würde.[190]

---

[184] Instruktiv dazu der o. g. *Haustyrannen*-Fall BGH 1 StR 483/02 BGHSt 48, 255.

[185] Vgl. *Jescheck/Weigend* AT § 44 V 1 b; *Perron,* in: Schönke/Schröder § 35 Rn. 43.

[186] *Roxin/Greco* AT 1 § 22 Rn. 59.

[187] *B. Heinrich* Rn. 579; *Kühl* AT § 12 Rn. 58; *Perron,* in: Schönke/Schröder § 35 Rn. 17.

[188] Vgl. oben Rn. 123.

[189] Vgl. LK-*Zieschang* § 35 Rn. 71; im Hinblick auf die Entstehungsgeschichte fordern objektive
und subjektive Pflichtwidrigkeit *Perron,* in: Schönke/Schröder § 35 Rn. 20; *Jescheck/Weigend* AT
§ 44 III 2 a mwN; zu weiteren Restriktionen vgl. die Nachweise bei NK-StGB-*Neumann* § 35
Rn. 34 Fn. 140–142; vgl. näher *Erb* GA 2020, 605 ff.

[190] Vgl. auch *Momsen* 2006, S. 359 ff. zur absolut-individuellen Grenze strafrechtlicher Rechtspflichten.

152 Ein besonderes Rechtsverhältnis wird nicht dadurch begründet, dass sich der Täter dem Opfer gegenüber in einer Garantenstellung befindet. Denn die daraus resultierende Garantenpflicht ist *die Pflicht zum Tätigwerden, nicht* hingegen eine erhöhte *Gefahrtragungspflicht*.

Beispiel 6.6

153 Wenn der mit seinem Sohn im Meer badende und in eine gefährliche Strömung geratene Vater es unterlässt, den Sohn aus den Wogen zu retten, dann macht die Garantenstellung den Vater zum *Täter* einer Unterlassungsstraftat, sie verpflichtet ihn jedoch nicht zu einer *erhöhten* Gefahrtragung. ◄

7. Aufbauschema zum entschuldigenden Notstand (§ 35 StGB)

154 1. Notstands*lage*
   a. *Gefahr* für eines der in § 35 genannten Erhaltungsgüter
   b. *Nichtabwendbarkeit* der Gefahr auf andere Weise (Erforderlichkeit des Eingriffs)
   c. *Nicht-Überwiegen* des Erhaltungsgutes, *Proportionalität* der kollidierenden Achtungsansprüche
2. Notstands*handlung*
   Erhaltung des gefährdeten Interesses durch eine rechtswidrige Handlung
3. *Rettungswille* als subjektives Entschuldigungselement

II. Notwehrexzess, § 33 StGB

§ 33 Überschreitung der Notwehr

155 Überschreitet der Täter die Grenzen der Notwehr aus Verwirrung, Furcht oder Schrecken, so wird er nicht bestraft.

Beispiel 6.7

156 Die rüstige Rentnerin R sieht sich plötzlich dem Angriff des Handtaschenräubers H gegenüber. Obwohl sie dadurch ganz furchtbar erschrickt, kann sie gerade noch ihren Spazierstock umklammern und H damit einen kräftigen Schlag auf den Kopf versetzen. H bricht daraufhin besinnungslos zusammen und bleibt am Boden liegen. Obwohl H sich nicht mehr bewegt, versetzt R ihm noch zwei kräftige Schläge mit dem Spazierstock in die Rippengegend. Dann ruft sie laut um Hilfe. Bei H hat der erste Stockschlag eine Gehirnerschütterung, die beiden folgenden Rippenbrüche hervorgerufen. ◄

157 Im Unterschied zur Notwehr als Rechtfertigungsgrund kann der Täter beim Notwehrexzess nicht gerechtfertigt sein, weil er über die Grenzen der zulässigen Notwehr hinausgeht.

Welche Grenze der Notwehr beim Notwehrexzess überschritten wird, ist umstrit- **158**
ten. Die h. M.[191] geht davon aus, dass § 33 die Fälle regelt, in denen der Täter innerhalb der Notwehrhandlung die Erforderlichkeit der Abwehr überschreitet (sog. *intensiver* Notwehrexzess). Aufgrund der damit verbundenen Unrechts- und Schuldminderung handelt es sich beim Notwehrexzess um einen Entschuldigungsgrund.[192]
Nach anderer Ansicht soll § 33 auch dann eingreifen, wenn der Täter zu einem Zeitpunkt handelt, zu dem eine Notwehr*lage* nicht mehr besteht (*nachzeitiger extensiver*
Notwehrexzess).[193] Dieser Streit wirkt sich auf die Elemente der Notwehrexzess-
Lage aus.

1. Notwehrexzess-Lage

Die Notwehrexzess-Lage setzt zunächst einen *rechtswidrigen Angriff* voraus. Mit **159**
der h. M., welche die Anwendung von § 33 auf den extensiven Notwehrexzess verneint,[194] müsste der Angriff *gegenwärtig* sein, d. h. unmittelbar bevorstehen, stattfinden oder noch andauern. Das Hauptargument der h. M. besteht darin, dass § 33,
als Entschuldigungsgrund gedacht, eine Unrechtsminderung in Form der Abwehr
eines Angriffes voraussetze. Dem wird entgegnet, dass es unter kriminalpolitischen
Gesichtspunkten keinen wesentlichen Unterschied mache, ob der Täter während
des Angriffs oder erst nach dessen Beendigung über die Grenzen der Notwehr
hinausgeht.

Gegen die Anerkennung eines extensiven Notwehrexzesses sprechen indessen **160**
neben dem Erfordernis der Unrechtsminderung bei Entschuldigungsgründen, die
zum Zeitpunkt der Handlung gegeben sein muss, folgende Überlegungen:

Ist sich der Täter der Beendigung des Angriffs *bewusst*, so ist nicht einzusehen, **161**
dass er hinsichtlich eines erneuten Zuschlagens straffrei bleiben soll.

Zu Beispiel 6.7

Hat die R im *Beispiel 6.7* erkannt, dass der Angreifer zu einem weiteren Angriff **162**
nicht mehr fähig ist, dann kann ein erneutes Zuschlagen nicht entschuldigt
werden. ◄

Hat der Täter die Beendigung des Angriffs hingegen *nicht erkannt*, so können die **163**
Regeln des Erlaubnistatumstandsirrtums angewandt werden. Die Strafbarkeit

---

[191] Vgl. *Jescheck/Weigend* AT § 45 II 3; BGH 3 StR 356/92 BGHSt 39, 133 (139); BGH 3 StR
269/86 NStZ 1987, 20; vgl. auch *Hillenkamp/Cornelius* 32 Probleme, Problem 12 mwN; grundlegend *Rosenau* FS Beulke, S. 225 ff.
[192] So zu Recht auch MK-StGB-*Erb* § 33 Rn. 1; *B. Heinrich* AT Rn. 583; *Krey/Esser* AT Rn. 764;
Kühl AT § 12 Rn. 128; *Perron/Eisele*, in: Schönke/Schröder § 33 Rn. 2; *Rengier* AT § 27 Rn. 1;
Roxin/Greco AT § 22 Rn. 69; *Wessels/Beulke/Satzger* AT Rn. 702; für eine Einordnung als Schuldausschließungsgrund hingegen *Fischer*, in: Fischer § 33 Rn. 2.
[193] Vgl. *Baumann/Weber/Mitsch/Eisele* AT § 18 Rn. 53 ff.; NK-StGB-*Kindhäuser* § 33 Rn. 9 ff.;
Köhler AT S. 423 f.; *Motsch* 2003, S. 92 ff.; *Otto* Jura 1987, 604; *Perron/Eisele*, in: Schönke/Schrö-
der § 33 Rn. 7; *Roxin/Greco* AT 1 § 22 Rn. 88; *Wessels/Beulke/Satzger* AT Rn. 705.
[194] Vgl. BGH 4 StR 36/22 NStZ 2023, 407 (408).

wegen fahrlässiger Körperverletzung bei Vermeidbarkeit des Irrtums erscheint hier als sachgerechte Lösung. Die Erstreckung des Notwehrexzesses nach § 33 auf diese Fälle ist somit *nicht erforderlich*.

164   Gegen die Anwendbarkeit von § 33 auf den extensiven Notwehrexzess spricht auch, dass § 33 unbestrittenermaßen auf Fälle der *Putativnotwehr nicht anwendbar* ist. Nimmt der Täter also nur irrig an, dass ein Angriff vorliege, gelten die Regeln des Erlaubnistatumstandsirrtums.[195]

2. Notwehrexzess-Handlung

a) Verteidigungshandlung gegen den Angreifer

165   Insofern unterscheidet sich die Handlung beim Notwehrexzess nicht von der Handlung bei der Notwehr.

b) Erforderlichkeit

166   Der Unterschied zur Notwehr liegt hier darin, dass die Straffreiheit nach § 33 auch dann eintritt, wenn der Täter hinsichtlich der Notwehrhandlung über das Maß der Erforderlichkeit hinausgeht.

Zu Beispiel 6.7

---

167   Hätte im *Beispiel 6.7* die R die beiden Schläge in die Rippengegend des H während der Fortdauer des Angriffs geführt, obwohl sie zur Abwehr nicht erforderlich waren, so wäre § 33 insoweit anwendbar. ◄

c) Vorliegen der asthenischen Affekte

168   Um straffrei zu bleiben, muss der im Notwehrexzess Handelnde aus Verwirrung, Furcht oder Schrecken die Grenzen der Notwehr überschreiten. Es handelt sich hierbei um sog. *asthenische*,[196] d. h. *Schwäche*-Affekte.[197] Umstritten ist, ob diese Affekte nur im Falle einer *un*bewussten Überschreitung der Notwehrgrenzen angenommen werden können.[198] Entscheidend dürfte insoweit sein, dass die in § 33 genannten Affekte als solche jedenfalls gegeben sein müssen.[199] Da asthenische Affekte aber ohnehin mit einer Bewusstseinstrübung einhergehen, dürfte mit dem Erfordernis des Affektes gleichzeitig auch dem Erfordernis des unbewussten Vor-

---

[195] Andernfalls entstünden Widersprüche zur eingeschränkten Schuldtheorie beim Erlaubnistatumstandsirrtum in Form der sog. *Putativnotwehr*, s. u. § 13 Rn. 189 ff., 206 ff.

[196] Von griech. ἀσθενής = asthenás = schwach.

[197] Im Unterschied zu den asthenischen Affekten wie Wut oder Zorn, die nicht § 33 unterfallen; vgl. BGH 3 StR 306/92 BGHSt 39, 133 (139 f.) Die psychische Disposition kann für einen asthenischen Affekt mitursächlich sein vgl. BGH 3 StR 622/17 StV 2018, 724 (725).

[198] So *Frister* 1993, S. 229 ff.; vgl. auch *Welzel* LB, S. 88; zur Anwendbarkeit bei bewusster Überschreitung BGH 1 StR 244/94 NStZ 1995, 76.

[199] Zur „Furcht" bei bewusster Überschreitung der Notwehrgrenzen BGH 1 StR 244/94 NStZ 1995, 76.

gehens Genüge getan sein: Wer dem Angreifer kaltblütig einen zusätzlichen Schlag versetzt, handelt nicht aus Verwirrung, Furcht oder Schrecken.

3. Subjektives Entschuldigungselement

Wie alle Entschuldigungsgründe erfordert auch der Notwehrexzess, dass der Täter in Kenntnis der Notwehrexzess-Lage als Grundlage des Motivationsdrucks handelt.

169

4. Ausschluss von § 33 StGB bei verschuldetem Notwehrexzess?

> **Beispiel 6.8**
>
> *Bordell*-Fall BGH 3 StR 306/92 BGHSt 39, 133: Die angeklagten Zuhälter A und B hatten sich entschlossen, einen bevorstehenden Angriff mehrerer rechtsradikaler Jugendlicher auf das Bordell nicht mit Hilfe der Polizei, sondern selbst abzuwehren. Dies gelang zwar zunächst mittels Drohens mit einer Schrotflinte. Als A und B in ihrem Fahrzeug wieder wegfahren wollten, näherte sich jedoch S – mit einem Messer in der Hand – dem halb auf dem Beifahrersitz sitzenden A bis auf 1 m. Auch mehrere Anhänger von S waren aus der Deckung bis auf wenige Meter an das Fahrzeug herangekommen. Um den offensichtlich bevorstehenden Angriff abzuwehren, sprühte B an A vorbei zunächst Reizgas auf S. Gleich darauf schoss A mit bedingtem Tötungsvorsatz auf den Kopf von S und verletzte ihn tödlich.
>
> Den Freispruch durch das Tatgericht aufgrund von § 33 hob der BGH auf. Denn die Angekl. hätten die Konfrontation planmäßig gesucht, um gegen die Rechtsradikalen vorzugehen. Ursache für die Notwehrüberschreitung seien daher nicht asthenische Affekte in der Notwehrsituation, sondern asthenische Affekte bei deren Herbeiführung. ◀

170

171

Als Parallele zur Einschränkung der Notwehr bei *planmäßiger* Notwehrprovokation ist die Entscheidung des BGH immerhin folgerichtig.[200] Beruht die Einschränkung der Notwehr aber (nur) auf einem sozialethisch zu beanstandenden Vorverhalten (§ 5 Rn. 183 ff.), das den Angriff schuldhaft provoziert hat, so will auch der BGH den Anwendungsbereich des § 33 grundsätzlich nicht ausschließen.[201]

172

5. Aufbauschema zum (intensiven) Notwehrexzess, § 33 StGB

1. Notwehrexzess-*Lage*
   a. Angriff, rechtswidrig
   b. gegenwärtig (str., h. M. (+))

173

---

[200] Gegen eine solche Einschränkung hier wie dort aus dem Prinzip der Eigenverantwortlichkeit des Angreifers jedoch *Renzikowski* FS Lenckner, S. 249 ff. (264), da die vorangegangene Provokation die Eigenverantwortlichkeit des Angreifers nicht aufhebe.

[201] BGH 2 StR 473/14 StV 2016, 281 (282 f.); zustimmend *Rosenau* FS Beulke, S. 225 ff. (336).

2. Notwehrexzess-*Handlung*
   a. Verteidigungshandlung gegen den Angreifer
   b. Überschreitung der erforderlichen Abwehr
   c. Asthenische Affekte: Verwirrung, Furcht, Schrecken
3. Subjektives Entschuldigungselement

III. Befolgung einer unverbindlichen Weisung (militärischer Befehl/dienstliche Anordnung), §§ 5, 22 WStG, § 63 BBG[202]

174 Die verbindliche Weisung (dazu § 5 Rn. 350 ff.) wirkt *rechtfertigend*. Als Entschuldigungsgrund kommt eine Weisung daher erst dann in Frage, wenn ihre *Verbindlichkeit* ausgeschlossen worden ist.

1. Unverbindlichkeit

175 Grundsätzlich[203] *unverbindlich* sind dienstliche Anordnung und militärischer Befehl, wenn sie *formfehlerhaft* oder auf ein *offensichtlich rechtswidriges* Verhalten gerichtet sind.

176   Von einer *offensichtlichen Rechtswidrigkeit* ist auszugehen, wenn das angeordnete Verhalten menschenrechtswidrig ist oder gegen eine Strafvorschrift verstößt.

2. Entschuldigung

177 Trotz der Unverbindlichkeit der dienstlichen Anordnung bzw. des Befehls ist der Ausführende grundsätzlich entschuldigt. Denn der Untergebene handelt mit dem Willen, eine ihm obliegende Gehorsamspflicht zu erfüllen, weshalb sein Verhalten ihm nicht zum Vorwurf gemacht wird.

3. Ausnahmen von der Entschuldigung

178 Allerdings gibt es hiervon wiederum Ausnahmen:

179 • Einen *Beamten* vermag die unverbindliche dienstliche Anordnung *nicht zu entschuldigen*, wenn für ihn die Unverbindlichkeit *individuell erkennbar* war. Führt der Beamte die dienstliche Anordnung trotz individueller Erkennbarkeit ihrer Unverbindlichkeit aus, handelt er schuldhaft.

180 • Einen *Soldaten* (§ 5 I WStG; § 11 II 2 SG) bzw. einen *Vollzugsbeamten bei Anwendung unmittelbaren Zwangs* (§ 7 II 2 UZwG)[204] entschuldigt der unverbind-

---

[202] Vgl. auch § 36 BeamtStG, § 30 ZDG, § 11 SG, § 97 StVollzG, § 3 VStGB, § 124 SeeArbG sowie § 72 NPOG.

[203] Ausnahmsweise kann auch die auf ein offensichtlich rechtswidriges Verhaltens gerichtete Weisung verbindlich sein, wenn dieses Verhalten in einer *Ordnungswidrigkeit* besteht und der Empfänger ein *Soldat* ist oder ein *Vollzugsbeamter*, der unmittelbaren Zwang anwendet, s. o. § 5 Rn. 353.

[204] Vgl. auch § 97 II 2 StVollzG, § 72 II 2 NPOG.

liche Befehl/die unverbindliche dienstliche Anordnung (*nur*) *dann nicht*, wenn die Unverbindlichkeit *nach den ihm bekannten Umständen offensichtlich* war[205] oder er *in Kenntnis der Unverbindlichkeit* gehandelt hat.[206]

Soweit eine Entschuldigung Kraft einer unverbindlichen Weisung nicht möglich ist, **181** kommt im militärischen Bereich jedoch noch eine *Strafmilderung* nach § 49 I in Betracht (§ 5 II WStG). Im Übrigen schließt das Scheitern einer Entschuldigung aufgrund einer unverbindlichen Weisung/eines unverbindlichen Befehls eine Entschuldigung nach § 35 bzw. einen Schuldausschluss nach § 17 nicht aus.

4. Entschuldigungsgrund „eigener Art"?

Vergleicht man die Entschuldigung aufgrund einer unverbindlichen Weisung mit **182** den Entschuldigungsgründen in den §§ 33 und 35, liegt insofern eine strukturelle Abweichung vor, als ein Handeln unter *Motivationsdruck nicht verlangt* wird, was eher für eine Einordnung als Schuldausschließungsgrund sprechen könnte. Jedoch überzeugt dies nicht.[207] Denn die Schuldausschließungsgründe beruhen gerade nicht auf einer Unrechtsminderung. Bei der Befolgung des unverbindlichen Befehls liegt die Unrechtsminderung jedoch im Willen zur Erfüllung einer Gehorsamspflicht. *Jescheck/Weigend* sprechen deshalb von einem Entschuldigungsgrund *eigener Art*, zugleich einer *Sonderregelung* für den *Verbotsirrtum*.[208]

IV. Übergesetzlicher entschuldigender Notstand

Beispiel 6.9

Anstaltstötungen OGH StS 19/49 OGHSt 1, 321 v. 5. März 1949 (vgl. auch BGH **183** 4 StR 23/50 NJW 1953, 513):[209] „Zur Vorbereitung der von Hitler am 1.9.1939 befohlenen Anstaltstötungen hatten die in Betracht kommenden Heil- und Pflegeanstalten gemäß einem Erlass des Reichsinnenministers für jeden Insassen schriftliche Angaben über die Krankheit, das Verhältnis des Kranken zu seinen Angehörigen, den Kostenträger und vor allem über die Arbeitsfähigkeit des Kranken zu machen, angeblich für Zwecke der Reichsverteidigung [...] In Westfalen, wie überall im Reiche, waren diese Meldungen im Sommer 1940 an den Reichsinnenminister gegangen. Eine Ausnahme bildeten einige konfessionelle

---

[205] Zur Entschuldigung der Grenzsoldaten an der Berliner Mauer für tödliche Schüsse auf fliehende DDR-Bürger und zur Offensichtlichkeit der Unverbindlichkeit des Schießbefehls *Eser* FS Odersky, S. 337 ff.; *Miehe* FS Gitter, S. 647 ff.

[206] Näher zu Kenntnis und Offensichtlichkeit BGH 1 StR 158/08 BGHSt 53 145 (161 ff.).

[207] So aber Lackner/Kühl/Heger-*Heger* Vor § 13 Rn. 27.

[208] *Jescheck/Weigend* AT § 46 I 4 mwN Fn. 5.

[209] Vgl. zum Ganzen auch *Eser/Burkhardt* StK I Nr. 18 A 48 ff.; zum OGH *Rüping* NStZ 2000, 355 ff.; Hitlers Euthanasiebefehl ist einsehbar unter: https://www.ns-archiv.de/medizin/euthanasie/faksimile/ (zuletzt 18.09.2025).

Anstalten, wo man ihren Zweck erkannt hatte. [...] Nach diesen schriftlichen Meldungen entschieden zwei Unter- und ein Obergutachter im Rahmen der „Reichsarbeitsgemeinschaft Heil- und Pflegeanstalten" in Berlin über die Tötung. Die zu Tötenden wurden listenmäßig zusammengefaßt.

184 Im Januar 1941 wurde der Angeklagte Dr. P., seit 1934 ärztlicher Leiter der Anstalt W., Parteimitglied seit 1933, SA-Sanitätssturmführer und formell seit 1934 Mitarbeiter beim rassepolitischen Amt des Kreises, ,zur besonderen Verwendung in der Kanzlei des Führers' ohne sein Vorwissen uk[210]-gestellt und übernahm die Anstaltsleitung wieder. Den Grund der Uk-Stellung – Mitarbeit bei den geplanten Tötungen – vermutete er. Vom Frühjahr 1941 ab gingen bei den Anstalten dann die erwähnten Verlegungsanweisungen ein. Anfang Juni 1941 [...] wurde die Provinzialverwaltung vom Reichsinnenminister aber angewiesen, aus den zu verlegenden [...] Fälle auszusondern. Der Landeshauptmann [...] bestimmte hierzu den Angeklagten Dr. P. und den Landesrat Dr. Po [...]. Po. zog zu seiner Unterstützung den angeklagten Landesverwaltungsrat Dr. Sch. heran, Dr. P., soweit die Überprüfung in W. in Betracht kam, den dortigen Abteilungs- und Oberarzt, den Angeklagten Dr. S. [...].

185 Diese Kommission P.-Po.-Sch. überprüfte im Juni, Juli und bis Anfang August 1941 die den Anstalten in D., E., G. und W. zugegangenen Verlegungslisten, also die ursprünglich durch die Gutachter zur Tötung bestimmten Kranken, und zwar nach den Anstaltsunterlagen und nach Vorschlägen der jeweiligen Anstaltsärzte in gemeinsamer Beratung mit diesen. In W. war der Angeklagte Dr. S. hieran beteiligt [...]. Nach den Urteilsfeststellungen haben sich Dr. P. und Dr. S. hierbei bemüht [...] unter bewusster Überschreitung der engen Richtlinien möglichst viele Kranke von den Listen zu streichen. Das ist ihnen in zahlreichen Fällen gelungen."[211] ◄

Beispiel 6.10

186 Der Vergnügungsdampfer „Europa" hat einen Felsen gerammt und ist am Kiel leckgeschlagen. Das Wasser hat bereits das unterste Deck gefüllt und droht weiter nach oben zu steigen. Die Feriengäste stürmen von den untersten Decks nach oben. Das Schiff ist aber so beschädigt, dass es alsbald zu sinken droht, wenn nicht die Sicherheitstüren (Schotten) zu den Decks unterhalb der Wasseroberfläche geschlossen werden. Um zu verhindern, dass alle Passagiere den sicheren Tod finden, entschließt sich Kapitän K, die Sicherheitstüren im Unterschiff schließen zu lassen („Schotten dicht!"), so dass das Wasser nicht weiter als bis zum dritten Deck (vom Kiel des Schiffes aus gesehen) steigen kann. Zwar werden auf diese Weise alle Passagiere, die sich im vierten Deck des Schiffes und den weiter oben gelegenen Decks befinden, gerettet. Jedoch wird durch die Aktion vielen der Passagiere die Flucht in das vierte Deck abgeschnitten. Hat sich Kapitän K strafbar gemacht? ◄

---

[210] „uk" = Abkürzung für „unabkömmlich".
[211] OGH StS 19/49 OGHSt 1, S. 321 f.

Die Fälle des übergesetzlichen entschuldigenden Notstandes bilden keine homogene Gruppe. Es werden folgende Fallgruppen diskutiert:

- Situationen des kleineren Übels
- Gefahrengemeinschaften mit mehrseitiger Chancenverteilung
- Gefahrengemeinschaften mit einseitiger Chancenverteilung

In Fällen wie diesen gerät die Strafrechtsdogmatik an die Grenzen ihrer Leistungs-   **187** fähigkeit. Einmütigkeit herrscht wohl nur über die Struktur des Sachverhalts: Es geht um Dilemmasituationen, in denen Leben nur auf Kosten der Opferung anderen Lebens gerettet werden kann. Es ist dabei jeweils ausgeschlossen, dass keine Personen getötet werden. Gleich welche Entscheidung eine Person trifft, immer werden Menschen getötet und immer werden Menschen gerettet. Jede Entscheidung hat also eine positive und eine negative Folge.

Betrachtet man zunächst die kollidierenden *Interessen*, so ist der Täter den-   **188** jenigen gegenüber, die er retten kann, formal zum *Handeln* verpflichtet, den Preisgegebenen gegenüber zum *Unterlassen*.

In den Fällen der *Anstaltstötungen* traf die Angeklagten *den zu Tötenden* gegen-   **189** über die formale Pflicht, *jede Mitwirkung* an den Tötungsaktionen, sei es durch gutachtliche Stellungnahmen, durch Anordnung, Vorbereitung, Absendung und Begleitung von Transporten, *zu unterlassen*. Im Verhältnis zur formalen Handlungspflicht den Rettbaren gegenüber geht jene Unterlassungspflicht vor und erstarkt nach Notstandsgesichtspunkten zur materiellen Unterlassungspflicht (§ 5 Rn. 300 ff.), weil das Erhaltungsinteresse, das Leben der geretteten Menschen, das Eingriffsinteresse, das Leben der *zu Tötenden*, nicht überwiegt:

Das Gesetz wertet „das menschliche Leben selbst gleichmäßig, und das mit   **190** Recht. Jeder andere Maßstab wäre unerträglich und entwürdigend. Selbst die Zulässigkeit der Todesstrafe bei schwersten Verbrechen ist mit gewichtigen Gründen umstritten. Jede rechtliche Wertung und Abwägung des Menschenlebens nach dessen Wert für andere, nach Gesundheit, Nützlichkeit, Lebensbewährung, nach ‚gut‘ oder ‚böse‘ ist ausgeschlossen.[212] Auch das Leben des zum Tode Verurteilten, der der Vollstreckung entgegensieht, ist nicht ‚wertlos‘ und nicht der eigenmächtigen Vorwegnahme der Vollstreckung ausgesetzt. Dass das bloße günstige Zahlenverhältnis zwischen den Geretteten und den zur Rettung Aufgeopferten deren Tötung für sich allein niemals zu rechtfertigen vermag, ergibt sich danach von selbst und außerdem auch bereits aus dem Umstande, dass nicht der – vom Täter gar nicht beherrschte – später eintretende, mehr oder weniger zufällige Erfolg über die Rechtmäßigkeit der Tat entscheiden kann."[213]

Es besteht folglich nur jene Unterlassungspflicht. Auch eine *rechtfertigende*   **191** *Pflichtenkollision* scheidet aus. Denn diese ist nur bei der Kollision von gleichrangigen Handlungspflichten anerkannt (§ 5 Rn. 287 ff., 320 ff.).

---

[212] Vgl. aber auch zu den Fällen des rechtfertigenden Defensivnotstandes § 5 Rn. 242 ff.
[213] OGH StS 19/49 OGHSt 1, 321 (334).

192   Betrachtet man nach dem Ausscheiden einer Rechtfertigung die Anstaltstötungen unter dem Blickwinkel einer Entschuldigung nach § 35, so wäre die Mitwirkung an der Preisgabe der *zu Tötenden* ein Handeln, um eine Gefahr für die *Rettbaren* abzuwenden. Indessen handelt es sich bei den zu Rettenden nicht um nahestehende Personen i. S. von § 35, weshalb eine direkte Anwendung dieses Entschuldigungsgrundes nicht in Frage kommt. Nimmt man aber an, dass die Gefahr für die Rettbaren nicht anders abwendbar war als durch die Mitwirkung an der Preisgabe der anderen und nimmt man weiterhin eine Notstandshandlung, d. h. eine Handlung *zur Abwendung der Gefahr*, seitens der Angeklagten an, dann würde sich die Frage einer analogen Anwendung von § 35 stellen, wenn man eine Lückenhaftigkeit der Vorschrift annehmen könnte.

193   Könnte man davon ausgehen, dass der Gesetzgeber bei der Einführung der „nahestehenden Person" in § 35 Fälle wie die „Anstaltstötungen" schlicht übersehen hat, dann würde gegen eine vorsichtige Analogie nichts sprechen. Insbesondere wäre eine *Unrechtsminderung* durch Rettung der Rettbaren und eine doppelte Schuldminderung durch die Unrechtsminderung und durch den Motivationsdruck auf Seiten der Ärzte gegeben. In den Materialien finden sich keine Hinweise auf eine bewusste Ausklammerung der Problematik. Eine analoge Anwendung von § 35 wäre folglich nicht ausgeschlossen. Es handelt sich um die Fallgruppe einer Gefahrengemeinschaft mit mehrseitig verteilten Rettungschancen.[214]

194   Der Oberste Gerichtshof für die britische Zone vermied eine Analogiebildung und nahm aufgrund der Exzeptionalität der Umstände einen *persönlichen Strafausschließungsgrund* zugunsten der Ärzte an – eine verständliche, dogmatisch zunächst aber doch eher an den „Gordischen Knoten" erinnernde Lösung:

195   „Der Tötungserlass Hitlers hat zu der bereits gekennzeichneten, kriminalpolitisch einzigartigen Lage geführt, dass ein rücksichtsloser, mächtiger, Menschwert und Menschenwürde missachtender Staat die Ausrottung einer ganzen, nach Hunderttausenden zählenden Menschengruppe von Kranken und Hilflosen anstrebte und offensichtlich weitgehend auch verwirklichte. Die staatliche Planung und Durchführung eines solchen Verbrechens unter solchen Gesichtspunkten und Formen ist in der Geschichte der gesitteten Menschheit auf der heutigen Erkenntnisstufe einzigartig. Sie stellt den Tatrichter vor Tatformen, Täterpersönlichkeiten und Tatbeweggründe, denen die für normale Tatverhältnisse in einem Rechtsstaate geschaffenen Rechtsregeln nicht immer und nicht in jeder Beziehung gerecht werden können. Gleichwohl genügen die allgemeinen Regeln des Strafrechts fast durchweg auch zur Aburteilung der Anstaltstötungen. Indessen fordert die Gerechtigkeit, einen Beteiligungsfall auszunehmen, in welchem der Täter zwar nicht als gerechtfertigt oder entschuldigt gelten kann, wohl aber einen persönlichen Strafausschließungsgrund zur Seite hat."[215]

196   Dass die Ablehnung einer Entschuldigung durch den OGH letztlich aber doch Zustimmung verdient, ergibt der Unterschied zwischen der Problematik der Anstaltstötungen und der Situation des Kapitäns im *Schulbeispiel 6.10*. Er liegt darin, dass das Unterlassen einer Mitwirkung der Anstaltsärzte nur dann die tödliche Folge herbeigeführt hätte, wenn andere, „willfährigere Helfer an deren Stelle getreten wären".[216] Der OGH will damit sagen, dass die Anstaltsärzte es auf das Eingreifen

---

[214] Vgl. näher dazu *Sinn* NStZ 2004, 585 ff.
[215] OGH StS 19/49 OGHSt 1, 321 (335).
[216] OGH StS 19/49 OGHSt 1, 321 (330).

jener „willfährigeren Helfer" hätten ankommen lassen müssen, anstatt dem Zeit-
geist entsprechend im vorauseilenden Gehorsam zur „Selektion" zu schreiten. Im
Falle des Schiffskapitäns würde der Tod aller hingegen mit *naturgesetzlicher Sicherheit* eintreten. Angesichts dieses naturgesetzlichen Ablaufs wäre es wenig verständlich, wenn man dem Kapitän sein Rettungshandeln zum Schuldvorwurf machen
würde. In Fällen wie dem Kapitänsfall erscheint es daher vertretbar, trotz des numerus clausus der Entschuldigungsgründe in vorsichtiger Analogie zu § 35 einen Entschuldigungsgrund des übergesetzlichen entschuldigenden Notstands anzunehmen.[217] Es handelt sich um einen Fall der Gefahrengemeinschaft mit einseitig
verteilten Rettungsgschancen.[218]

Auch im Fall des Weichenstellers (§ 5 Rn. 304) kommt nur eine Entschuldigungs-   **196a**
lösung in Frage. Notwehr (§ 32) scheidet mangels eines gegenwärtigen, rechtswidrigen Angriffs aus. Auch der rechtfertigende Notstand kommt nicht in Frage,
denn eine Abwägung Leben gegen Leben ist ausgeschlossen, und es steht auch
außer Zweifel, dass die Gleisarbeiter nicht Ursprung der Gefahr für die Passagiere
im Zug sind. Deshalb tragen auch Überlegungen zum Defensivnotstand nicht. Die
rechtfertigende Pflichtenkollision scheitert, weil keine gleichrangigen Handlungspflichten kollidieren.

Was bleibt ist der Weg über die Entschuldigung, genaugenommen dem über-   **196b**
gesetzlichen entschuldigenden Notstand. Denn der positiv rechtlich geregelte entschuldigende Notstand (§ 35) ist nicht einschlägig, da der Weichensteller weder
sich selbst noch eine ihm nahestehende Person rettet, sondern die ihm unbekannten
Personen im Zug. Es handelt sich um die Fallgruppe einer „Situation des kleineren
Übels".[219] Der Täter lenkt das drohende Unglück auf eine kleinere Gruppe *unbeteiligter* und von der Gefahr nicht ursprünglich betroffener Personen um, damit
eine größere Anzahl von Menschen gerettet werden kann. Im Rahmen der Schuldhaftigkeit werden also anders als auf Rechtfertigungsebene Quantitäten berücksichtigt. Letztendlich geht es um eine unter Motivationsdruck gefasste Gewissens-
entscheidung, zur Rettung mehrerer Personen, was gleichzeitig eine Unrechtsminderung bewirkt. Der Weichensteller handelt rechtwidrig, aber entschuldigt. Er
durfte also die Weiche nicht umstellen, aber weil er im Angesicht der Situation das
kleinere Übel wählte, ist die Rechtsgemeinschaft nachsichtig und sieht von einer
Bestrafung ab.[220]

---

[217] Vgl. auch *Roxin/Greco* AT 1 § 22 Rn. 146 ff. und *Hirsch* FS Küper, S. 149 ff. (151).

[218] Vgl. näher dazu *Sinn* NStZ 2004, 585 ff.

[219] Vgl. dazu *Roxin/Greco* AT 1 22 Rn. 161 ff.; *Sinn* NStZ 2004, 585 ff.

[220] Vgl. auch *Kühl* AT § 12 Rn. 105; *Murmann* GK § 26 Rn. 95; a.A. *B. Heinrich* AT Rn. 596; *Jakobs* AT 20 Rn. 42; *Roxin/Greco* AT 1 22 Rn. 162.

V. Unzumutbarkeit als allgemeiner Entschuldigungsgrund?

197 Die Unzumutbarkeit ist als Entschuldigungs*prinzip* anerkannt, auf welches sich die Entschuldigungsgründe stützen. Hingegen bildet sie keinen allgemeinen Entschuldigungsgrund.[221] Als Prinzip steht die Unzumutbarkeit dogmatisch somit im Hintergrund. Eine Funktion der Unzumutbarkeit innerhalb des Verbrechensaufbaus wird bei der *Unterlassungs-* und bei der *Fahrlässigkeitsstraftat* diskutiert (näher § 11 Rn. 107 ff.; § 12 Rn. 185 ff.).

Lösung des Leitfalls 6.2

Strafbarkeit der B wegen uneidlicher Falschaussage, § 153 ◄

I./II. Tatbestandsmäßigkeit/Rechtswidrigkeit (siehe hierzu oben Rn. 129)

III. Schuldhaftigkeit

198 B könnte allerdings gem. § 35 I 1 *entschuldigt* sein. Dies setzt voraus, dass für B eine gegenwärtige Gefahr für Leben, Leib oder Freiheit bestand. Eine solche Gefahr könnte in der Drohung des A liegen, die B umzubringen, falls diese vor Gericht nicht seinen Vorstellungen gemäß aussage.

199 Die Ankündigung des A, B zu töten, stellt für diese eine *Gefahr* für *ihr Leben* dar, unabhängig davon, ob A seine Drohung überhaupt in die Tat umgesetzt hätte. Entscheidend ist allein, dass A den Eindruck der Ernsthaftigkeit bei B erwecken konnte (ex-ante Urteil, vgl. *Perron,* in: Schönke/Schröder § 35 Rn. 11). Die Besonderheit dieser Gefahr liegt darin, dass sie für B eine Nötigung i. S. v. § 240 darstellt, weshalb man bei diesen Fällen auch von einem Nötigungsnotstand spricht (vgl. BGH 4 StR 140/92 NStZ 1992, 487).

200 Fraglich ist, ob für B die Gefahr zum Zeitpunkt der Gerichtsverhandlung überhaupt *gegenwärtig* war. Der Begriff der Gegenwärtigkeit wird in § 34 und § 35 gleich bestimmt und besagt, dass die Gefahr „alsbald oder in allernächster Zeit in einen Schaden umschlagen kann." Erfasst sind davon auch die Fälle der sog. Dauergefahr, bei der die Möglichkeit der Gefahrverwirklichung sich über einen längeren Zeitraum erstreckt (zum Ganzen *Perron,* in: Schönke/Schröder § 34 Rn. 17). Da B nach der Gerichtsverhandlung jederzeit damit rechnen musste, dass A seine Ankündigung wahr machen würde, lag eine gegenwärtige Gefahr in Form einer Dauergefahr vor.

---

[221] Vgl. auch *Frister* AT § 20 Rn. 23; *Moos* ZStW 116 (2004), 891 ff.; *Roxin/Greco* AT 1 22 Rn. 142; vgl. auch LK-*Zieschang* Vor §§ 32 ff Rn. 344 ff.; zur Anerkennung als allgemeiner übergesetzlicher Schuldausschließungsgrund in Japan *Ida* Die heutige japanische Diskussion über das Strafrechtssystem, S. 139 f.

Dass die Falschaussage der B erforderlich und die auf dem Spiel stehenden **201** Achtungsansprüche (staatliche Rechtspflege – vgl. dazu BGH GSSt 1/55 BGHSt 8, 301 (309) – versus Leben) sich zueinander *proportional* verhielten, wurde bereits ausgeführt. Ebenfalls, dass B darüber hinaus eine *rechtswidrige Tat* in der Form einer uneidlichen Falschaussage (§ 153) beging.

Schließlich müsste das subjektive Entschuldigungselement bei B gegeben sein. **202** Da B die Tat in *Kenntnis* der Gefahrenlage und zu dem *Zweck* verübte, der Gefahr zu entgehen, ist auch diese Voraussetzung gegeben und eine Entschuldigung nach § 35 I 1 zu bejahen.

Fraglich ist, ob eine Einschränkung der Entschuldigung gem. § 35 I 2 in Betracht **203** kommt. Dies ist jedoch nicht der Fall, weil B kein *Eigenverschulden* traf und sie keine *Gefahrtragungspflicht* hatte.

Ergebnis: B bleibt straffrei.

D. Zur Wiederholung

Kontrollfragen

1. Welchem Ziel dient die dritte Stufe des Verbrechensbegriffs? (Rn. 5)
2. Was ist am „psychologischen" Schuld(haftigkeits)begriff psychologisch? (Rn. 8 ff.)
3. Weshalb korrespondiert der rein normative Schuldbegriff mit der finalen Handlungslehre? (Rn. 22)
4. Nennen Sie die Elemente der Schuldhaftigkeit nach dem heute vertretenen normativen Schuldbegriff der vermittelnden Handlungslehre. (Rn. 25)
5. Was besagt das Schuldprinzip? (Rn. 50 ff., § 3 Rn. 89 ff.)
6. Was sind Schuldausschließungs- und Schuldminderungsgründe? (Rn. 58)
7. Nach welchen Kriterien entscheidet das Gesetz über die Schuldunfähigkeit? (Rn. 61 ff., 64 ff.)
8. Nennen Sie die beiden scheinbaren Ausnahmen von der Straflosigkeit bei Schuldunfähigkeit! (Rn. 99 ff., 113 f.)
9. Wodurch unterscheiden sich die Entschuldigungsgründe von den Schuldausschließungs- und -minderungsgründen? (Rn. 123)
10. Weshalb setzen die Entschuldigungsgründe ein subjektives Entschuldigungselement voraus? (Rn. 123)
11. Setzt die Entschuldigung nach § 35 die Erfüllung einer Prüfungspflicht voraus? (Rn. 145 ff.)
12. Worin unterscheidet sich der intensive vom extensiven Notwehrexzess und von welcher Form des Notwehrexzesses geht § 33 aus? (Rn. 158 ff.)

Literatur

AK-*Bearbeiter* = Alternativkommentar zum Strafgesetzbuch, Bd. 1, 1990, hrsg. von Wassermann
AnwK-*Bearbeiter* = Anwaltkommentar StGB, 3. Aufl. 2020, hrsg. v. Leipold/Tsambikakis/Zöller
Baier Strafzumessung bei Trunkenheit, JA 2004, 104 ff.
Baumann/Weber/Mitsch/Eisele Strafrecht, Allgemeiner Teil (AT), 13. Aufl. 2021
Beck Neue Konstruktionsmöglichkeiten der actio libera in causa, ZIS 2018, 204 ff.
Beling Die Lehre vom Verbrechen, 1906
Burkhardt Freiheitsbewußtsein und strafrechtliche Schuld, FS für Lenckner 1998, S. 1 ff.
Cerezo Mir Der materielle Schuldbegriff, ZStW 108 (1996), 9 ff. = Leipziger Juristische Vorträge,
    Heft 31 1997
Dohna Zum neuesten Stand der Schuldlehre, ZStW 32 (1911), 323 ff.
Dohna Aufbau der Verbrechenslehre, 3. Aufl. 1947
Dohna Ein unausrottbares Mißverständnis, ZStW 66 (1954), 505 ff.
Dölling Willensfreiheit und Verantwortungszuschreibung unter kriminalitätstheoretischen Aspek-
    ten, in Lampe u. a. (Hrsg.), Willensfreiheit und rechtliche Ordnung, 2008, S. 371 ff.
Donna Die Schuldfrage und die Problematik des menschlichen Genoms – Zwischen dem Sein und
    dem Sein-Müssen, ZStW 123 (2011), 387 ff.
Dreher Die Willensfreiheit, 1987
Ebert Strafrecht, Allgemeiner Teil, 4. Aufl. 2001
Endres Zur Problematik der forensischen Begutachtung von Affektdelikten, JZ 1998, 674 ff.
Engisch Zur Idee der Täterschuld, ZStW 61 (1942), 166 ff.
Erb Die „selbst verursachte" Gefahr im Sinne von § 35 I 2 StGB bei der Notstandshilfe, GA
    2020, 605 ff.
Eser/Burkhardt Juristischer Studienkurs Strafrecht I (StK I), 4. Aufl. 1992
Eser Schuld und Entschuldbarkeit von Mauerschützen und ihren Befehlsgebern, FS für Odersky
    1996, S. 337 ff.
Fahl Das schlechte Gewissen des Strafrechtlers und die Willensfreiheit, FS für R. Merkel 2020,
    S. 335 ff.
Falcone Die Renaissance der strengen – sog. extremen – Akzessorietät, ZIS 2020, 212 ff.
Fischer Zur Feststellung schwerer seelischer Abartigkeit, oder: Wieviel Selbstreferentialität ver-
    trägt die Schuld?, FS für R. Merkel 2020, S. 394 ff.
Fischer, *Bearbeiter*, in: = Fischer, Strafgesetzbuch, 72. Aufl. 2025
Frank Über den Aufbau des Schuldbegriffs, Festschrift für die juristische Fakultät in Gießen 1907,
    S. 519 ff.
Frisch Schwächen und Notwendigkeit einer Revision der Lehre vom Unrechtsbewusstsein, GA
    2017, 699 ff.
Frister Die Struktur des „voluntativen Schuldelements", 1993
Frister Strafrecht, Allgemeiner Teil (AT), 10. Aufl. 2023
Frommel Der Streit um die Systemkategorie „Schuld", GS für Tröndle 2019, S. 203 ff.
Gallas Zum gegenwärtigen Stand der Lehre vom Verbrechen, ZStW 67 (1955), 45 ff.
Geppert Jura Kartei (JK), 1997
Giese Zur Psychopathologie der Sexualität, 1973
Greco Wider die jüngere Relativierung der Unterscheidung von Unrecht und Schuld, GA
    2009, 636 ff.
Griffel Willensfreiheit und Strafrecht, GA 1996, 457 ff.
Haas Schuldfähigkeit als Fertigkeit, FS für R. Merkel 2020, S. 413 ff.
Haddenbrock Strafrechtliche Handlungsfähigkeit und „Schuldfähigkeit" (Verantwortlichkeit), in:
    Göppinger/Witter (Hrsg.), Handbuch der forensischen Psychiatrie, Bd. 2, 1972
Haddenbrock Geistesfreiheit und Geisteskrankheit, NStZ 1995, 581 ff.
Haddenbrock Das rechtliche Schuldprinzip in wissenschaftlich-anthropologischer (= global ak-
    zeptabler) Sicht, GA 2003, 521 ff.
Hake Beteiligtenstrafbarkeit und „besondere persönliche Merkmale", 1994
Heinrich, B. Strafrecht, Allgemeiner Teil (AT), 7. Aufl. 2022

Herzberg Setzt Strafrechtliche Schuld Vertreten-müssen voraus?, ZStW 124 (2012), 12 ff.

Herzberg Kausalgesetz und strafrechtliche Schuld, FS für Kühl 2014, S. 259 ff.

Herzberg Der strafrechtliche Schuldbegriff im 21. Jahrhundert, GA 2015, 250 ff.

Herzberg Das Anderskönnen in der strafrechtlichen Schuldlehre, FS für R. Merkel 2020, S. 371 ff.

Hettinger Die „actio libera in causa": Strafbarkeit wegen Begehungstat trotz Schuldunfähigkeit?, 1988

Hillenkamp Willensfreiheit ist Illusion – oder: Was lässt die Hirnforschung vom Strafrecht übrig?, in Gestrich/Wabel (Hrsg.), Freier oder unfreier Wille?, 2005, S. 72 ff.

Hillenkamp/Cornelius 32 Probleme aus dem Strafrecht Allgemeiner Teil, 16. Aufl. 2023

Hillenkamp Hirnforschung, Willensfreiheit und Strafrecht – Versuch einer Zwischenbilanz, ZStW 127 (2015), 10 ff.

Hirsch Das Schuldprinzip und seine Funktion im Strafrecht, ZStW 106 (1994), 746 ff.

Hirsch Anwendbarkeit der Grundsätze der actio libera in causa, NStZ 1997, 230 ff.

Hirsch Zur actio libera in causa, FS für Nishihara 1998, S. 88 ff.

Hirsch Defensiver Notstand gegenüber ohnehin Verlorenen, FS für Küper 2007, S. 149 ff.

Hörnle Das antiquierte Schuldverständnis der traditionellen Strafzumessungsrechtsprechung und -lehre, JZ 1999, 1080 ff.

Hörnle Grenzen der Individualisierung von Schuldurteilen, FS für Schünemann 2014, S. 93 ff.

Hruschka Die actio libera in causa – speziell bei § 20 StGB mit zwei Vorschlägen für die Gesetzgebung, JZ 1996, 64 ff.

Hruschka Die actio libera in causa bei Vorsatztaten und bei Fahrlässigkeitstaten, JZ 1997, 22 ff.

Ida Die heutige japanische Diskussion über das Strafrechtssystem, 1991

Jäger Strafrecht, Allgemeiner Teil (AT), 11. Aufl. 2024

Jakobs Schuld und Prävention, 1976

Jakobs Strafrecht, Allgemeiner Teil (AT): Die Grundlagen und die Zurechnungslehre, 2. Aufl. 1993

Jakobs Akzessorietät. Zu den Voraussetzungen gemeinsamer Organisation, GA 1996, 253 ff.

Jakobs Die sogenannte actio libera in causa, FS für Nishihara 1998, S. 105 ff.

Jakobs System der strafrechtlichen Zurechnung, 2012

Jerouschek Die Rechtsfigur der actio libera in causa: Allgemeines Zurechnungsprinzip oder verfassungswidrige Strafbarkeitskonstruktion?, JuS 1997, 385 ff.

Jescheck/Weigend Lehrbuch des Strafrechts, Allgemeiner Teil (AT), 5. Aufl. 1996

Kaufmann, Arthur Unzeitgemäße Betrachtungen zum Schuldgrundsatz im Strafrecht, Jura 1986, 225 ff.

Keiser Schuldfähigkeit als Voraussetzung der Strafe, Jura 2001, 376 ff.

Kindhäuser Setzt Unrecht Schuld voraus?, FS für R. Merkel 2020, S. 351 ff.

Köhler Strafrecht, Allgemeiner Teil (AT), 1997

Köhler Zur Zurechnung von Affekt und Leidenschaft – Gesichtspunkte der praktischen Philosophie, in: Klesczewski (Hrsg.), Affekt und Strafrecht, 2004, S. 9 ff.

Konrad/Rasch Forensische Psychiatrie, 4. Aufl. 2014

Koriath Zum Streit um den Schuldbegriff. Eine Skizze, GA 2011, 618 ff.

Krey/Esser Deutsches Strafrecht, Allgemeiner Teil (AT), 7. Aufl. 2022

Kröber Steuerungsfähigkeit und Willensfreiheit aus psychiatrischer Sicht, in Kröber/Dölling/Leygraf/Sass (Hrsg.), Handbuch der forensischen Psychiatrie, Bd. 1, 2007, S. 159 ff.

Krümpelmann Dogmatische und empirische Probleme des sozialen Schuldbegriffs, GA 1983, 337 ff.

Kühl Strafrecht, Allgemeiner Teil (AT), 8. Aufl. 2017

Lackner/Kühl/*Heger-Bearbeiter* Strafgesetzbuch: Kommentar, 30. Aufl. 2023

Lampe Willensfreiheit und strafrechtliche Unrechtslehre, ZStW 118 (2006), 1 ff.

Lenckner Strafe, Schuld und Schuldfähigkeit, in: Göppinger/Witter (Hrsg.), Handbuch der forensischen Psychiatrie, Bd. 1, 1972, S. 3 ff.

Libet Haben wir einen freien Willen? in Geyer (Hrsg), Hirnforschung und Willensfreiheit – Zur Deutung der neuesten Experimente, 2004, S. 268 ff.

Liszt v. Lehrbuch des Deutschen Strafrechts, 3. Aufl. 1888; 14. u. 15. Aufl. 1905

LK-*Bearbeiter* = Cirener/Radtke/Rissing-van Saan/Rönnau/Schluckebier (Hrsg.), Leipziger Kommentar, Strafgesetzbuch, Bd. 2, 13. Aufl. 2021

LK-*Bearbeiter* = Cirener/Radtke/Rissing-van Saan/Rönnau/Schluckebier (Hrsg.), Leipziger Kommentar, Strafgesetzbuch, Bd. 3, 13. Aufl. 2019

Lüderssen Ändert die Hirnforschung das Strafrecht?, Frankfurter Allgemeine Zeitung v. 4.11.2003, S. 33

Maatz Schuldfähigkeit süchtiger und alkoholisierter Straftäter, StV 1998, 279 ff.

Maihofer Objektive Schuldelemente, FS für Hellmuth Mayer 1966, S. 185 ff.

Maurach/Gössel/Zipf Strafrecht, Allgemeiner Teil, Teilband 1, 8. Aufl. 1992

Merkel, A. Kriminalistische Abhandlungen I, Zur Lehre von den Grundeintheilungen des Unrechts und seiner Rechtsfolgen, 1867

Merkel, G. Hirnforschung, Sprache und Recht, Festschrift für Herzberg 2008, S. 3 ff.

Mezger Die Strafe als Ganzes, ZStW 57 (1938), 675 ff.

Mezger Strafrecht, Allgemeiner Teil (AT), 3. Aufl. 1949, 5. Aufl. 1954

Miehe Rechtfertigung und Verbotsirrtum, FS für Gitter 1995, S. 647 ff.

MK-StGB-*Bearbeiter* = Erb/Schäfer (Hrsg.), Münchener Kommentar zum Strafgesetzbuch, Bd. 1, 5. Aufl. 2024

Momsen Die Zumutbarkeit als Begrenzung strafrechtlicher Pflichten, 2006

Moos Der Schuldbegriff im österreichischen StGB, FS für Triffterer 1996, S. 169 ff.

Moos Der allgemeine übergesetzliche Entschuldigungsgrund der Unzumutbarkeit in Deutschland und Österreich, ZStW 116 (2004), 891 ff.

Motsch Der straflose Notwehrexzess, 2003

Murmann Grundkurs Strafrecht (GK), 8. Aufl. 2024

Müller-Dietz Hirnforschung und Schuld, GA 2006, 338 ff.

Naucke Strafrecht, Eine Einführung, 8. Aufl. 1998

Nedopil/Müller Forensische Psychiatrie. Klinik, Begutachtung und Behandlung zwischen Psychiatrie und Recht, 5. überarb. Aufl. 2017, Strafrecht S. 37 ff.

Neumann Konstruktion und Argument in der neueren Diskussion zur actio libera in causa, FS für Arthur Kaufmann 1993, S. 581 ff.

Neumann Zufall, Gerechtigkeit und strafrechtliche Zurechnung, FS für Sancinetti 2020, S. 119 ff.

NK-StGB-*Bearbeiter* = Kindhäuser/Neumann/Paeffgen/Saliger (Hrsg.), Nomos-Kommentar zum StGB, 6. Aufl. 2023

Otto Actio libera in causa, Jura 1986, 426 ff.

Otto Grenzen strafloser Überschreitung der Notwehr, § 33 StGB, Jura 1987, 604 ff.

Otto BGHSt 42, 235 und die actio libera in causa, Jura 1999, 217 ff.

Otto Grundkurs Strafrecht, Allgemeine Strafrechtslehre (GK AT), 7. Aufl. 2004

Pawlik Eine Theorie des entschuldigenden Notstandes: Rechtsphilosophische Grundlagen und dogmatische Ausgestaltung, Jahrbuch für Recht und Ethik, 2003, S. 287 ff.

Pawlik Person, Subjekt, Bürger – Zur Legitimation von Strafe, 2004

Pawlik „Der wichtigste dogmatische Fortschritt der letzten Menschenalter?" Anmerkungen zur Unterscheidung zwischen Unrecht und Schuld im Strafrecht, FS für Otto 2007, S. 133 ff.

Porciúncula Actio libera in causa, mittelbare Täterschaft und personale Identität, ZfIStw 2022, 298 ff.

Puppe Grundzüge der actio libera in causa, JuS 1980, 346 ff.

Puppe Der Aufbau des Verbrechens, FS für Otto 2007, S. 389 ff.

Radbruch Der Handlungsbegriff in seiner Bedeutung für das Strafrechtssystem, 1903

Rath Freiheit der Hirnforschung, Zeitschrift für Rechtsphilosophie 2004, 164 ff.

Rengier Strafrecht Allgemeiner Teil (AT), 16. Aufl. 2024

Renzikowski Der „verschuldete" Notwehrexzess, FS für Lenckner 1998, S. 249 ff.

Ringelmann Mord an der Grenze von Unrecht und Schuld. Der Haustyrannenmord zwischen Unrecht, Schuld und Strafe, in: Mona/Seelmann (Hrsg.), Grenzen des rechtfertigenden Notstands, 2006

Rönnau Dogmatisch-konstruktive Lösungsmodelle zur actio libera in causa, JA 1997, 707 ff.

Rosenau Der Notwehrexzess, FS für Beulke 2015, S. 225 ff.

Roth Willensfreiheit, Verantwortlichkeit und Verhaltensautonomie des Menschen aus Sicht der Hirnforschung, FS für Lampe 2003, S. 43 ff.

Roth Kant und die Hirnforschung, Forschung und Lehre 2004, S. 132 f.

Roxin Das Schuldprinzip im Wandel, FS für Arthur Kaufmann 1993, S. 519 ff.

Roxin Zur kriminalpolitischen Fundierung des Strafrechtssystems, FS für Günther Kaiser 1998, S. 885 ff.

Roxin Die strafrechtliche Verantwortlichkeit zwischen Können und Zumutbarkeit, Ehrengabe für Brauneck 1999, S. 385 ff.

Roxin Schuld und Schuldausschluß im Strafrecht, FS für Mangakis 1999, S. 243 ff.

Roxin Zur neueren Entwicklung der Strafrechtsdogmatik in Deutschland, GA 2011, 678 ff.

Roxin/Greco Strafrecht, Allgemeiner Teil, Band 1 (AT 1), Grundlagen, der Aufbau der Verbrechenslehre, 5. Aufl. 2020

Rüping Das „kleine Reichsgericht", NStZ 2000, 355 ff.

Salger Die actio libera in causa – eine rechtswidrige Rechtsfigur, NStZ 1993, 561 ff.

Schild Die „Merkmale" der Straftat und ihres Begriffs, 1979

Schild Der strafrechtliche Vorsatz zwischen psychischem Sachverhalt und normativem Konstrukt, Widmungsschrift für Rehbinder 1995, S. 119 ff.

Schild Strafrechtsdogmatik als Handlungslehre ohne Handlungsbegriff, GA 1995, 102 ff.

Schild Die Straftat als „actio libera in causa", FS für Triffterer 1996, S. 203 ff.

Schild Dimensionen der Schuldunfähigkeit. Eine alternative Kommentierung der §§ 20, 21 StGB aus 1990, 2009

Schild Das nicht-rechtliche Wissen der Strafrechtswissenschaft in Sinn/Hauck/Nagel/Wörner (Hrsg.), Populismus und alternative Fakten – (Straf-)Rechtswissenschaft in der Krise? Abschiedskolloquium für Walter Gropp, 2020, S. 233 ff.

Schlüchter Zur vorsätzlichen actio libera in causa bei Erfolgsdelikten, FS für Hirsch 1999, S. 345 ff.

Schmidhäuser Gesinnungsmerkmale im Strafrecht, 1958

Schnabel Der unbewusste Wille, DIE ZEIT Nr. 17/2008, S. 37 ff.

Schöch Die Schuldfähigkeit, in Kröber/Dölling/Leygraf/Sass (Hrsg.), Handbuch der forensischen Psychiatrie, Bd. 1, 2007, S. 92 ff.

Schönke/Schröder, *Bearbeiter,* in: = Schönke/Schröder, Strafgesetzbuch, 30. Aufl. 2019

Schreiber/Rosenau Rechtliche Grundlagen der psychiatrischen Begutachtung, in: Venzlaff/Foerster/Dreßing/Habermeyer (Hrsg.), Psychiatrische Begutachtung, 7. Aufl. 2021, S. 86 ff.

Singer Ein neues Menschenbild? Gespräche über Hirnforschung, 2003

Sinn Die Unterscheidung von Unrecht und Schuld und ihre Bedeutung für die Lehre von der Straftat, FS für Gießen 2007, S. 321 ff.

Sinn Straffreistellung aufgrund von Drittverhalten – Zurechnung und Freistellung durch Macht, 2007

Sinn Tötung Unschuldiger auf Grund § 14 III Luftsicherheitsgesetz – rechtmäßig?, NStZ 2004, 585 ff.

SK-*Bearbeiter* = Systematischer Kommentar zum Strafgesetzbuch, hrsg. von Wolter, Bd. I, 9. Aufl. 2017

SK-*Rudolphi* 2003 = Systematischer Kommentar zum Strafgesetzbuch, von Rudolphi, Horn, Samson (Stand 2003)

Soon, Chun Siong u. a. Unconscious determinants of free decisions in the human brain, Nature Neuroscience 11 (2008), 543 ff.

Spendel Actio libera in causa und kein Ende, FS für Hirsch 1999, S. 379 ff.

SSW-*Bearbeiter* = Satzger/Schluckebier/Werner Strafgesetzbuch, Kommentar, 6. Aufl. 2024

Sternberg-Lieben Grenzen fahrlässiger actio libera in causa, GS für Schlüchter 2002, S. 217 ff.

Streng Der neue Streit um die actio libera in causa, JZ 1994, 709 ff.

Streng Actio libera in causa und Vollrauschstrafbarkeit – rechtspolitische Perspektiven, JZ 2000, 20 ff.

Streng Schuldbegriff und Hirnforschung, FS für Jakobs 2007, S. 675 ff.

Streng Actio libera in causa als Unterlassenskonstruktion?, FS für Sieber 2021, S. 147 ff.

Streng Persöhnlichkeitsstörungen als Herausforderung für die Schuldfähigkeitsentscheidung, ZStW 133 (2021), 613 ff.

Sydow Die actio libera in causa nach dem Rechtsprechungswandel des Bundesgerichtshofs, 2002

Theune Auswirkungen des normalpsychologischen (psychogenen) Affektes auf die Schuldfähigkeit sowie den Schuld- und Rechtsfolgenausspruch, NStZ 1999, 273 ff.

Tiedemann Die Anfängerübung im Strafrecht, 1997

Tiemeyer Der „relative Indeterminismus" und seine Bedeutung für das Strafrecht, ZStW 105 (1993), 483 ff.

v. Jhering Das Schuldmoment im römischen Privatrecht, 1867

Vogler Der Irrtum über Entschuldigungsgründe im Strafrecht, GA 1969, 103 ff.

Walde Zum normativen Charakter menschlicher Freiheit und der Frage nach dem objektiven Fundament des Schuldprinzips, FS für R. Merkel 2020, S. 317 ff.

Walter, T. Der Kern des Strafrechts, 2006

Welzel Die deutsche strafrechtliche Dogmatik der letzten 100 Jahre und die finale Handlungslehre, JuS 1966, 421 ff.

Welzel Das Deutsche Strafrecht: Eine systematische Darstellung (LB), 11. Aufl. 1969

Wessels/Beulke/Satzger Strafrecht, Allgemeiner Teil, 54. Aufl. 2024

Wohlers Das tradierte Schuldstrafrecht – ein Auslaufmodell?, FS für R. Merkel 2020, S. 422 ff.

Wolfslast Die Regelung der Schuldfähigkeit im StGB, JA 1981, 464 ff.

Wolfslast Strafrecht für Kinder? Zur Frage einer Herabsetzung der Strafmündigkeitsgrenze, FS für Bemmann 1997, S. 274 ff.

Zabel Schuldtypisierung als Begriffsanalyse 2007

Zenker Actio libera in causa, 2003

§ 7 Besondere Rechtsfolgevoraussetzungen und -hindernisse

Verlobten-Fall RGSt 61, 270; I 227/27 vom 25. März 1927:[1] A und B hatten sich 1 „verlobt". Allerdings wusste die A nicht, dass B noch verheiratet war, was die Wirksamkeit eines Verlöbnisses ausschließt. Im Zusammenhang mit einer Straftat des B beging A in der folgenden Zeit in der Annahme eines wirksamen Verlöbnisses mehrere *Strafvereitelung*shandlungen zugunsten von B. Gegen die Anklage der Staatsanwaltschaft verteidigte sich A mit dem Hinweis, dass eine Strafvereitelung zugunsten Angehöriger gem. § 257 II a. F. = § 258 VI straffrei bleibe.

Ist die Verteidigung von A stichhaltig? ◀

Von den bisher erörterten Elementen der strafbaren Handlung unterscheiden sich 2 die besonderen *Rechtsfolgevoraussetzungen* und *-hindernisse* dadurch, dass sie außerhalb von Tatbestandsmäßigkeit, Rechtswidrigkeit und Schuldhaftigkeit eingeordnet werden.

Die besonderen Rechtsfolgevoraussetzungen und -hindernisse werden also 3 außerhalb der drei Stufen des *Liszt/Beling*'schen Aufbaus der strafbaren Handlung eingeordnet bzw. besser: aus diesen ausgeordnet. Dies hat zur Folge, dass jene Elemente an den Rückbezüglichkeiten innerhalb von Tatbestandsmäßigkeit, Rechtswidrigkeit und Schuldhaftigkeit – vor allem an der Verknüpfung des Vorsatzes mit den objektiven Elementen der Tatbestandsmäßigkeit – nicht teilhaben. Für die Nichterweislichkeit der behaupteten ehrenrührigen Tatsache in § 186 als objektive Bedingung der Strafbarkeit spielt es deshalb z. B. keine Rolle, ob der Täter zum Zeitpunkt der Tatsachenbehauptung der Meinung war, die behauptete Tatsache auch beweisen zu können. Liegen die Rechtsfolgevoraussetzungen nicht vor, darf keine Verurteilung erfolgen und auch weitere Ermittlungsmaßnahmen wegen dieses konkreten Tatvorwurfs sind unzulässig.

---

[1] Vgl. auch *Eser/Burkhardt* StK I Nr. 19.

4   Die besonderen Rechtsfolgevoraussetzungen und -hindernisse führen zu einer *dogmatischen Zirkelschlüssigkeit*. Denn ihre Besonderheiten werden mit ihrer besonderen Stellung begründet, welche wiederum den Zweck hat, genau jene Besonderheiten hervorzurufen.

A. Besondere Rechtsfolgevoraussetzungen

5   Die besonderen Rechtsfolge*voraussetzungen* müssen *zusätzlich* vorliegen, damit die für die tatbestandsmäßige, rechtswidrige und schuldhafte Tat vorgesehenen Rechtsfolgen eintreten können. Zu den besonderen Rechtsfolge*voraussetzungen* zählen die *objektiven Bedingungen der Strafbarkeit* (I), der *Strafantrag* (II) und die *Ermächtigung* (III).

I. Objektive Bedingungen der Strafbarkeit

6   Objektive Bedingungen der Strafbarkeit sind

- die Rauschtat in § 323a,
- der Tod eines Menschen oder die schwere Körperverletzung bei der Beteiligung an einer Schlägerei nach § 231,
- die Nichterweislichkeit der behaupteten ehrenrührigen Tatsache in § 186 sowie
- die Zahlungseinstellung, die Eröffnung des Insolvenzverfahrens oder die Abweisung des Eröffnungsantrags mangels Masse in §§ 283 VI, 283b III, 283c III, 283d IV.[2]

7   Infolge ihrer systematischen Ausonderung gelten für die objektiven Bedingungen der Strafbarkeit folgende Besonderheiten:

1. Sie sind bedeutungslos für die Tatbestandsmäßigkeit, Rechtswidrigkeit und Schuldhaftigkeit der Tat.
2. Sie sind bedeutungslos für die Vollendung der Tat.
3. Sie sind bedeutungslos für die Bestimmung der Tatzeit nach § 8.[3]
4. Sie brauchen nicht vom Vorsatz erfasst zu sein und sind deshalb resistent gegenüber Irrtümern.

8   Punkt 4 erweckt Zweifel bezüglich der Vereinbarkeit der objektiven Bedingungen der Strafbarkeit mit dem *Schuldprinzip*. Diesen Zweifeln begegnet die h. M. mit

---

[2] Umstritten ist die Einordnung der Rechtmäßigkeit der Diensthandlung nach § 113 III als objektive Bedingung der Strafbarkeit, vgl. im Zusammenhang mit einem hierauf gerichteten Irrtum des Täters gem. § 113 IV Lackner/Kühl/Heger-*Heger* § 113 Rn. 17 ff.

[3] Bedeutung kommt ihnen jedoch für den Tatort nach § 9 zu, vgl. Leitfall 6.1 BGH 4 StR 217/96 NJW 1997, 228 (230): Die Tat ist dort begangen, wo die Rauschtat begangen wird.

dem prinzipiell zutreffenden Argument, dass der Unrechtsgehalt jener Strafvorschriften unabhängig vom Vorliegen der Bedingung erfüllt ist:[4] Bereits das Sich-Berauschen in § 323a z. B. ist ein gefährliches Verhalten, das der Gesetzgeber – wenn es etwa in der Öffentlichkeit geschieht – bei Strafe verbieten könnte. Jedoch wird das an sich strafwürdige Verhalten toleriert und nicht bestraft, solange nicht eine Rauschtat begangen wird. Das Begehen der Rauschtat muss aber nicht vom Vorsatz umfasst sein, weil schon das Sich-Berauschen einen hinreichenden Unwert darstellt und dessen Strafwürdigkeit gerade nicht von einer subjektiven Beziehung des Täters zur Rauschtat abhängt.

Zweifelhaft ist allerdings, ob von der Unwertgelöstheit der objektiven Bedingungen der Strafbarkeit wirklich ausnahmslos ausgegangen werden kann.[5]

Beispiel 7

Kommt es bei einer Schlägerei nach § 231 zu der objektiv vorausgesetzten *schweren Folge,* so braucht sich der Vorsatz der Beteiligten nicht auf diese schwere Folge zu beziehen. Man geht davon aus, dass jeder Beteiligte zur schweren Folge beigetragen haben kann und damit zum Unrecht einen Beitrag geleistet hat. Hat ein Beteiligter erst an der Schlägerei teilgenommen, *nachdem* die schwere Folge eingetreten war, kann er die schwere Folge folgerichtig nicht verursacht haben. Nach überwiegender Lehre soll er deshalb auch nicht nach § 231 strafbar sein.[6] Dies wird damit begründet, dass die von § 231 verlangte Gefährlichkeit der Beteiligung an der Schlägerei für die schwere Folge zwar nur abstrakt, aber doch zumindest denkmöglich ursächlich sein muss. Dann allerdings kann die „schwere Folge" nicht völlig losgelöst vom Unrecht der Strafvorschrift über die Schlägerei gesehen werden.

Auch im Hinblick auf die subjektive Seite werden Zugeständnisse gemacht. So wird neben dem Eintritt der objektiven Bedingung der Strafbarkeit zusätzlich gefordert, dass der Täter das Risiko ihres Eintritts habe *erkennen* können.[7] ◀

9

10

Umstritten ist, ob objektive Bedingungen der Strafbarkeit über den *Tatort,* der nach § 9 I auch durch den Eintritt des *Erfolgs* bestimmt wird, entscheiden. Dann müsste der Eintritt der objektiven Bedingungen der Strafbarkeit der „Erfolg" der strafbaren Handlung sein. Weil die objektiven Bedingungen jedoch gerade nicht Elemente der Tatbestandsmäßigkeit sein sollen, können sie auch nicht der „zum Tatbestand" gehörende Erfolg im Sinne von § 9 I sein.[8]

11

---

[4] Vgl. hierzu *Lagodny* 1996, S. 233 ff.; *Satzger* Jura 2006, 108 ff. (110 f.); nach *Geisler* GA 2000, 166 ff. ist sogar das Vorliegen strafbedürftigen Unrechts erforderlich.

[5] Vgl. auch den Überblick bei *Beckemper* ZIS 2018, 394 ff. mwN.

[6] Vgl. *Sternberg-Lieben,* in: Schönke/Schröder § 231 Rn. 9; LK-*Popp* § 231 Rn. 21 ff.; SK-*Wolters* § 231 Rn. 11; *Fischer,* in: Fischer § 231 Rn. 8c f.; *Küpper/Börner* BT 1 § 2 Rn. 63; and. die Rechtsprechung – vgl. BGH 1 StR 139/61 BGHSt 16, 130 – und Teile des Schrifttums, vgl. MK-StGB-*Hohmann* § 231 Rn. 25.

[7] Vgl. LK[11]-*Hirsch* § 231 Rn. 1, 15.

[8] So zutreffend *Satzger* Jura 2006, 108 ff. (111) mwN; and. die überw. Meinung und der BGH z. B. oben § 6 Leitfall 6, BGH 4 StR 217/96 BGHSt 42, 235.

II. Strafantrag, §§ 77–77d StGB

12 Bei manchen Straftaten ist die Stellung eines Strafantrags neben der Tatbestandsmäßigkeit, Rechtswidrigkeit und Schuldhaftigkeit der Tat eine zusätzliche Voraussetzung ihrer Verfolgbarkeit, die zwar prozessualen Charakter hat,[9] aber im StGB geregelt ist. Die Erforderlichkeit eines Strafantrags beruht im Wesentlichen auf drei voneinander unabhängigen Grundgedanken:

13 1. Der Bagatellgedanke
   - z. B. Hausfriedensbruch, § 123; Vermögensstraftaten mit geringwertigen Sachen als Angriffsobjekt, § 248a;

14 2. Der Versöhnungsgedanke
   - z. B. einfache vorsätzliche und fahrlässige Körperverletzung, § 230; Beleidigung, § 194; Haus- und Familiendiebstahl, § 247;

15 3. Der Intimitätsgedanke
   - z. B. Geheimnisverletzung, § 205 und Verletzungen des Urheberrechts, § 109 UrhG.[10]

16 Strafantragsberechtigt ist primär der Verletzte,[11] in bestimmten Fällen auch der Dienstvorgesetzte. Relativiert wird das Strafantragserfordernis teilweise dadurch, dass die Staatsanwaltschaft in Fällen des besonderen öffentlichen Interesses auch ohne Strafantrag ermitteln darf, so etwa im Falle der Sachbeschädigung, vgl. § 303c. Man spricht dann von *unechten* Antragsstraftaten.

17 Die Aufgabe des Antragserfordernisses in Fällen der Sachbeschädigung bei Bejahung eines „besonderen öffentlichen Interesses" erfolgte 1985 zur effektiveren Verfolgung organisiert begangener Straftaten, vor allem von Schutzgelderpressungen im Bereich des Gaststättengewerbes.[12] Zahlt das Erpressungsopfer nicht, droht ihm die Zerstörung des Gaststättenmobiliars. Aus Angst vor weiteren Gewaltanwendungen, auch gegen Personen, nahmen die Betroffenen davon Abstand, wegen der Zerstörungen einen Strafantrag zu stellen, und be- bzw. verhinderten dadurch die weiteren Ermittlungen der Strafverfolgungsorgane.

III. Ermächtigung, § 77e StGB

18 Die Ermächtigung ist mit dem Strafantrag nahe verwandt, was schon die Verweisung in § 77e auf die §§ 77 und 77d zeigt. Aus jener nur teilweisen Verweisung ergibt sich andererseits, dass die Ermächtigung nicht befristet ist.

---

[9] Vgl. MK-StPO-*Kudlich* Einleitung Rn. 382.

[10] Näher Lackner/Kühl/Heger-*Heger* § 77 Rn. 1; NK-StGB-*Paeffgen/Böse/Eidam* § 230 Rn. 3.

[11] Näher zum Begriff des Verletzten – allgemein und bei einzelnen Straftaten – LK-*Greger/Weingarten* § 77 Rn. 23 ff.

[12] Vgl. 22. Strafrechtsänderungsgesetz (StÄG) vom 18.7.1985 BGBl. I 1510 betr. §§ 303 III, 303c.

Die Ermächtigung spielt insbesondere bei Straftaten gegen den demokratischen **19** Rechtsstaat und seine Organe (§§ 90 IV, 90b II; §§ 89a IV, 89b IV, 89c IV), Straftaten zum Schutze der äußeren Sicherheit (§ 97 III), Straftaten zum Schutz der diplomatischen Beziehungen mit ausländischen Staaten (§ 353a) und solchen zum Schutz des Rufes von Gesetzgebungsorganen des Bundes oder eines Landes oder anderer inländischer politischer Körperschaften eine Rolle (bspw. §§ 90b, 194 IV).

B. Besondere Rechtsfolgehindernisse

Charakteristisch für die besonderen Rechtsfolgehindernisse ist *ihr persönlicher An-* **20** *wendungsbereich.* Dritte, bei denen die persönlichen Hindernisse nicht gegeben sind, partizipieren somit nicht an der Straffreiheit (§ 28 II, vgl. näher dazu § 10 Rn. 239 ff.). Die Strafbarkeitshindernisse lassen sich einteilen in *Strafausschließungsgründe,* bei denen die Strafbarkeit von vornherein nicht eintritt (I), und *Strafaufhebungsgründe,* bei denen die bereits vorhandene Strafbarkeit wieder beseitigt wird (II).

I. Persönliche Strafausschließungsgründe

Auch *persönliche Strafausschließungsgründe* greifen nach überwiegender Meinung **21** unabhängig von der Kenntnis des Täters von ihrem Vorliegen ein.[13] Sieht man von der persönlichen Geltung ab, so unterscheiden sich die persönlichen Strafausschließungsgründe von den objektiven Strafbarkeitsbedingungen nur hinsichtlich der Formulierung. Anstatt z. B. bei der üblen Nachrede (§ 186) auf die Nichterweislichkeit der ehrenrührigen Tatsache abzustellen, wäre auch eine Formulierung möglich, nach welcher „straffrei bleibt, wer die ehrenrührige Tatsache nachweisen kann [...]".

Die Straffreiheit als Folge persönlicher Strafausschließungsgründe beruht auf **22** zwei Grundgedanken: auf *sachlichen Gründen,* welche an einer Person lediglich *anknüpfen* (1), und auf *schuldbezogenen Gründen,* die in den betroffenen Personen *selbst* liegen (2).

1. Persönliche Strafausschließungsgründe mit sachbezogenem Hintergrund

a) Art. 46 I GG; §§ 36, 37 StGB, Indemnität von Abgeordneten
Die freie Diskussion vor dem Forum eines Parlaments soll dadurch geschützt wer- **23** den, dass Äußerungen und Berichte nicht strafrechtlich verfolgt werden dürfen, solange es sich nicht um verleumderische, d. h. bewusst wahrheitswidrige Beleidigungen handelt.[14]

---

[13] Vgl. *Jescheck/Weigend* AT § 29 V 7 d; *Otto* GK AT § 20 Rn. 4; *Fischer/Anstötz,* in: Fischer § 16 Rn. 43; umfassend *Bloy* 1976.

[14] Im Unterschied zur Indemnität bezieht sich die *Immunität* auf sonstige strafbare Handlungen von Abgeordneten und bedeutet, dass eine strafrechtliche Verfolgung und jede Beschränkung der persönlichen Freiheit der Genehmigung des Bundestages bedarf, Art. 46 II, III GG und Strafverfahren auf Verlangen des Bundestages auszusetzen sind, Art. 46 IV GG. Die Immunität dient dem Schutz der Handlungsfähigkeit des Bundestages.

b) §§ 18–20 GVG, Nichtverfolgung Exterritorialer

24 Die Befreiung der Mitglieder ausländischer diplomatischer Missionen im Inland, ihrer Familienmitglieder und ihrer privaten Hausangestellten von der deutschen Gerichtsbarkeit, der Mitglieder ausländischer konsularischer Vertretungen im Inland und der Staatsgäste der Bundesrepublik dient der Wahrung der diplomatischen Beziehungen der Bundesrepublik Deutschland mit dem Ausland.[15]

2. Persönliche Strafausschließungsgründe mit schuldbezogenem Hintergrund

25 Bei dieser Fallgruppe persönlicher Strafausschließungsgründe wird davon ausgegangen, dass der Betroffene unter einem besonderen Motivationsdruck steht, was den Schuldgehalt der Tat vermindert und die Rechtsfolge „Strafe" unzweckmäßig erscheinen lässt.

26 Beispiele:

- § 173 III, die Straffreiheit aufgrund jugendlichen Alters des am Inzest Beteiligten;
- § 218 IV 2, die Straffreiheit der Frau, die einen illegalen Schwangerschaftsabbruch *versucht;*
- § 258 VI, die Straffreiheit dessen, der eine Strafvereitelung zugunsten eines *Angehörigen* begeht.

3. Schuldbezogene persönliche Strafausschließungsgründe und Irrtumslehre

27 Die Schuldbezogenheit bestimmter persönlicher Strafausschließungsgründe nimmt eine Minderheitsmeinung[16] zum Anlass, einen beachtlichen Irrtum anzunehmen, wenn der Täter die tatsächlichen Voraussetzungen des Strafausschließungsgrundes nur irrig annimmt.

Zu Leitfall 7

28 Jene Minderheitsmeinung ist im Zusammenhang mit *Leitfall 7* von Interesse: Nach der Auffassung des Reichsgerichts und der auch heute noch h. M. soll für die Straffreiheit der Strafvereitelung zugunsten Angehöriger allein die *objektive Lage* entscheidend sein. Da kein wirksames Verlöbnis zustande kommt, wenn einer der Partner verheiratet ist,[17] liegt objektiv keine Angehörigeneigenschaft vor. Damit käme A der Strafausschließungsgrund in § 258 VI nicht zugute. „Mit diesen Bestimmungen hat nach der Auffassung des Gesetzgebers [...] den nahen natürlichen Beziehungen Rechnung getragen werden sollen, die zwischen Blutsverwandten und anderen durch ähnliche Verhältnisse miteinander verbundenen Personen bestehen und die Möglichkeit des Widerstreits von Rechtspflichten mit natürlichen Pflichten begründen. Im Hinblick darauf hat anerkannt werden sol-

---

[15] Vgl. hierzu den *Fall Taba-Tabai* OLG Düsseldorf 1 Ws 1102/85 NStZ 1987, 87 m. Anm. *Jakobs.*

[16] Vgl. *Eser/Burkhardt* StK I Nr. 19 A 26 ff.; *Sternberg-Lieben/Schuster,* in: Schönke/Schröder § 16 Rn. 34 mwN; vgl. auch *Hillenkamp/Cornelius* 32 Probleme, Problem 11 mwN.

[17] Vgl. hierzu auch *Hecker,* in: Schönke/Schröder § 11 Rn. 9.

len, dass bei dem Vorliegen der bezeichneten nahen Beziehungen bei gewissen strafbaren Handlungen das […] Strafverfolgungsrecht des Staates zurücktreten müsse gegenüber den durch das Bestehen des Angehörigenverhältnisses gebotenen Rücksichten […]. Dementsprechend kommt es […] nur auf das tatsächliche („objektive") Vorhandensein des Umstandes […], nicht aber darauf an, ob der Täter irrigerweise das Bestehen eines derartigen Verhältnisses annahm."[18]

Geht man indessen von einer Schuldbezogenheit des Angehörigenprivilegs in § 258 VI aus, dann ist nicht einzusehen, weshalb „natürlichen Beziehungen" nicht auch dann Rechnung getragen werden muss, wenn diese nur irrig angenommen werden. Denn unter Schuldgesichtspunkten unterscheidet sich die Situation nicht von jener, bei der diese Beziehungen auf Tatsachen beruhen,[19] wofür insbesondere die Irrtumsregelung in § 35 II spricht. ◄   **29**

Ob allerdings umgekehrt die Unkenntnis der Angehörigeneigenschaft zum Wegfall des Privilegs führt, erscheint fraglich.[20] Jene Auslegung wäre nur dann möglich, wenn die Formulierung „zugunsten eines Angehörigen" nur subjektiv verstanden werden kann. Dafür spricht zwar, dass die Straffreiheit nach § 258 VI auf eine Schuldminderung infolge eines Motivationsdruckes zurückgeht.[21] Im Hinblick auf den Wortlaut des § 258 würde dies allerdings auf Bedenken stoßen.[22]   **30**

II. Persönliche Strafaufhebungsgründe

Den persönlichen Strafaufhebungsgründen liegen Sachverhalte zugrunde, bei denen eine zunächst gegebene Strafbarkeit des Täters wieder beseitigt wird. Im Einzelnen seien genannt   **31**

- der *Rücktritt* vom Versuch und vom Versuch der Beteiligung, §§ 24, 31 sowie
- die *tätige Reue* bei Straftaten mit vorverlagertem Vollendungszeitpunkt, vgl. §§ 83a, 98 II, 129 VII, 149 II, 264a III, 265b II, 306e und 314a;[23]
- § 56g, Straferlass nach Ablauf der Bewährungszeit;
- Art. 60 II GG, Begnadigung;[24]
- §§ 78 ff. Verjährung.

---

[18] RG I 277/27 RGSt 61, 270 (271).

[19] Vgl. auch *Frister* AT § 21 Rn. 13; *Roxin/Greco* AT 1 § 22 Rn. 139, § 23 Rn. 16: Ausschluss der Verantwortlichkeit.

[20] So aber *Sternberg-Lieben/Schuster*, in: Schönke/Schröder § 16 Rn. 34; *Hecker*, in: Schönke/Schröder § 258 Rn. 41 mwN.

[21] Vgl. Lackner/Kühl[29]-*Kühl* § 258 Rn. 17; SK-*Hoyer* § 258 Rn. 36; *Hecker*, in: Schönke/Schröder § 258 Rn. 41; zur Berücksichtigung der irrigen Annahme der Verwandteneigenschaft zugunsten des Täters vgl. § 13 Rn. 254.

[22] Vgl. *Eser/Burkhardt* StK I Nr. 19 A 31; *Baumann/Weber/Mitsch/Eisele* AT § 19 Rn. 12; LK[11]-*Ruß* § 258 Rn. 37.

[23] Zum Teil handelt es sich hier um echte Strafaufhebung, z. T. nur um ein Absehen von Strafe, d. h. eine Reduzierung des Strafmaßes auf Null, indem der Täter schuldig gesprochen, jedoch keine Strafe verhängt wird.

[24] Näher *Jescheck/Weigend* AT § 88.

32 Siehe zunächst oben Rn. 28 f.

33 Da aufgrund der noch bestehenden Ehe des B kein wirksames Verlöbnis zustande gekommen war, lag objektiv keine Angehörigeneigenschaft vor. Infolge des Abstellens auf diese objektive Lage verneinte das Reichsgericht den Strafausschließungsgrund nach § 258 VI.

34 Geht man indessen von einer Schuldbezogenheit des Angehörigenprivilegs in § 258 VI aus, dann liegt ein beachtlicher Irrtum vor, wenn der Täter die tatsächlichen Voraussetzungen des Strafausschließungsgrundes nur irrig annimmt. A wäre bei analoger Anwendung von § 35 II straffrei. ◄

C. Zur Wiederholung

Kontrollfragen
1. Welche systematische Stellung haben die besonderen Rechtsfolgevoraussetzungen und -hindernisse im Aufbau der strafbaren Handlung? (Rn. 2 f.)
2. Nennen Sie drei objektive Bedingung der Strafbarkeit. (Rn. 6)
3. Kann der Eintritt der objektiven Bedingung der Strafbarkeit für den Ort, an dem die Tat nach § 9 I begangen worden ist, von Bedeutung sein? (Rn. 11)

Literatur

Baumann/Weber/Mitsch/Eisele Strafrecht Allgemeiner Teil (AT), 13. Aufl. 2021

Beckemper Die Funktion der objektiven Bedingung der Strafbarkeit Einschränkung auf strafbedürftige Fälle oder Verstoß gegen das Schuldprinzip?, ZIS 2018, 394 ff.

Bloy Die dogmatische Bedeutung der Strafausschließungs- und Strafaufhebungsgründe, 1976

Eser/Burkhardt Juristischer Studienkurs Strafrecht I (Stk I), 4. Aufl. 1992

Fischer, *Bearbeiter*, in: = Fischer, Strafgesetzbuch, 72. Aufl. 2025

Frister Strafrecht Allgemeiner Teil (AT), 10. Aufl. 2023

Geisler Objektive Strafbarkeitsbedingung und „Abzugsthese" – Methodologische Vorüberlegungen zur Vereinbarkeit objektiver Strafbarkeitsbedingungen mit dem Schuldprinzip, GA 2000, 166 ff.

Hillenkamp/Cornelius 32 Probleme aus dem Strafrecht Allgemeiner Teil, 16. Aufl. 2023

Jescheck/Weigend Lehrbuch des Strafrechts, Allgemeiner Teil (AT), 5. Aufl. 1996

Küpper/Börner Strafrecht Besonderer Teil 1 (BT 1), 4. Aufl. 2017

Lackner/Kühl[29]-*Bearbeiter* Strafgesetzbuch, Kommentar, 29. Aufl. 2018

Lackner/Kühl/Heger-*Bearbeiter* Strafgesetzbuch, Kommentar, 30. Aufl. 2023

Lagodny Strafrecht vor den Schranken der Grundrechte, 1996

LK[11]-*Bearbeiter* = Jähnke/Laufhütte/Odersky (Hrsg.), Leipziger Kommentar, Strafgesetzbuch, Bd. 6, 11. Aufl. 2005

LK-*Bearbeiter* = Cirener/Radtke/Rissing-van Saan/Rönnau/Schluckebier (Hrsg.), Leipziger Kommentar, Strafgesetzbuch, Bd. 6, 13. Aufl. 2020

LK-Bearbeiter = Cirener/Radtke/Rissing-van Saan/Rönnau/Schluckebier (Hrsg.), Leipziger Kommentar, Strafgesetzbuch, Bd. 11, 13. Aufl. 2023

MK-StGB-*Bearbeiter* = Erb/Schäfer (Hrsg.), Münchener Kommentar zum Strafgesetzbuch, Bd. 4, 4. Aufl. 2021

MK-StPO-*Bearbeiter* = Knauer/Kudlich/Schneider (Hrsg.), Münchener Kommentar zur Strafprozessordnung, Bd. 1, 2. Auflage 2023

NK-StGB-*Bearbeiter* = Kindhäuser/Neumann/Paeffgen/Saliger (Hrsg.), Strafgesetzbuch, Kommentar, 6. Aufl. 2023

Otto Grundkurs Strafrecht – Allgemeine Strafrechtslehre (GK-AT), 7. Aufl. 2004

Roxin/Greco Strafrecht, Allgemeiner Teil, Band 1 (AT 1), Grundlagen, der Aufbau der Verbrechenslehre, 5. Aufl. 2020

Satzger Die objektive Bedingung der Strafbarkeit, Jura 2006, 108 ff.

Schönke/Schröder, *Bearbeiter,* in: = Schönke/Schröder, Strafgesetzbuch, 30. Aufl. 2019

SK-*Bearbeiter* = Systematischer Kommentar zum Strafgesetzbuch, hrsg. von Wolter, Bd. IV, 10. Aufl. 2024, Bd. V, 9. Aufl. 2019

Teil III

Weitere Erscheinungsformen der strafbaren Handlung

Alle bisherigen Überlegungen zum Aufbau und zur Struktur der strafbaren Hand- 1
lung haben an eine Form der Straftat angeknüpft, bei der die handelnde Person eine
gesetzlich beschriebene Veränderung in der Außenwelt vorsätzlich herbeiführt (*vorsätzliche vollendete Begehungsstraftat*).

Beispiel 8.1

A will B töten und schießt auf B. B wird durch den Schuss getötet 2
    A hat den *Vorsatz* gefasst, B umzubringen, d. h. den Tod des B als Veränderung 3
in der Außenwelt herbeizuführen. Diese Veränderung ist auch eingetreten, die
Elemente der Tatbestandsmäßigkeit des § 212 sind somit erfüllt, die Tat ist *vollendet*. Weil A die Veränderung in der Außenwelt durch aktives Tun herbeigeführt
hat, spricht man von einer *Begehungsstraftat (Begehungsdelikt)*. ◄

Eine strafbare Handlung kann aber durchaus auch anders in Erscheinung treten. So 4
ist es beispielsweise möglich, dass der Täter die Veränderung in der Außenwelt
nicht durch aktives Tun herbeiführt, sondern dass er es *unterlässt*, die tatbestandsmäßige Veränderung zu verhindern. Weiterhin kann es vorkommen, dass die Veränderung nicht wissentlich und willentlich, sondern nur infolge Unachtsamkeit, also
fahrlässig, herbeigeführt wird. Auch kann es sein, dass das strafbare Verhalten gar
nicht in der Verwirklichung der Elemente der Tatbestandsmäßigkeit besteht, sondern darin, dass zu der tatbestandsmäßigen Handlung Hilfe geleistet oder zu ihr angestiftet wird. Es liegt in diesem Fall eine strafbare Handlung in Form der *Teilnahme* vor. Schließlich kann bei einer Straftat die tatbestandsmäßige Veränderung
in der Außenwelt ausbleiben. Dann stellt sich die Frage nach einer Strafbarkeit
wegen *Versuchs*.

    Alle genannten Sachverhalte fasst man unter der Bezeichnung „*Erscheinungs-* 5
formen der strafbaren Handlung" zusammen.

    Alle Erscheinungsformen der strafbaren Handlung folgen dem dreistufigen Auf- 6
bau von Tatbestandsmäßigkeit, Rechtswidrigkeit und Schuldhaftigkeit. Bei genauer
Betrachtung jedoch werden innerhalb dieser Prüfungsstufen Besonderheiten erkennbar, denen wir uns jetzt zuwenden wollen.

7   Zunächst sollen die Voraussetzungen der strafbaren Handlung in einer „theoretisch schwierigen und praktisch wichtigen Sondergruppe der Erfolgsdelikte"[1] erörtert werden, der Erscheinungsform der durch eine *besondere Folge* der Tat *qualifizierten strafbaren Handlung* (sog. „erfolgsqualifiziertes Delikt").

---

[1] *Jescheck/Weigend* AT § 26 II 1 a; zu Sonderformen der durch eine besondere Folge qualifizierten Straftat *Schroeder* FS Lüderssen, S. 599 ff.

§ 8 Qualifikation durch eine besondere Folge der Tat (Erfolgsqualifizierte Straftat)

Leitfall 8

Hochsitz-Fall BGH 2 StR 226/82 BGHSt 31, 96 ff.: Der Angeklagte A warf am 1
13.11.1980 im Wald bei W den Hochsitz um, auf dem sein Onkel, der später ver-
storbene D, saß, um die Jagd auszuüben. Der Abstand zwischen der Sitzfläche
des Hochsitzes und dem Waldboden betrug etwa 3,50 m. D fiel herunter und
brach sich dabei den rechten Knöchel. „Der Bruch wurde in den Städtischen Kliniken D operativ behandelt und mit Metallschrauben sowie einer Metalllasche
stabilisiert. Am 2.12.1980 wurde D aus dem Krankenhaus entlassen. Weder hierbei noch vorher waren ihm blutverflüssigende Mittel gegeben oder Anweisungen
darüber erteilt worden, wie er sich zuhause verhalten solle. Auch eine Nach-
behandlung fand nicht statt. Zuhause war der Verletzte fast ausschließlich bett-
lägerig. Am 19.12.1980 wurde er mit akuter Atemnot in die Städtischen Kliniken
W eingeliefert, wo er noch am Morgen desselben Tages verstarb. Todesursache
war – wie die Obduktion ergab – Herz-Kreislauf-Versagen infolge des Zusammenwirkens einer doppelseitigen Lungenembolie mit einer herdförmigen
Lungenentzündung in beiden Lungenunterlappen; Embolie und Lungenentzündung hatten sich in Abhängigkeit zu dem verletzungsbedingten längeren
Krankenlager entwickelt. Darüber hinaus wurden bei dem Verstorbenen altersbedingte Verschleißerscheinungen am Herz- und Kreislaufsystem festgestellt."

Hat sich A wegen einer Körperverletzung mit Todesfolge nach § 227 strafbar
gemacht? ◄

A. Struktur

Durch eine besondere Folge der Tat qualifizierte strafbare Handlungen (erfolgs- 2
qualifizierte strafbare Handlungen, von der h. M. „erfolgsqualifizierte Delikte" genannt) setzen sich aus einer *Grundstraftat* und einer *qualifizierenden Folge* (Verän-

derung in der Außenwelt) zusammen.[1] Grundstraftat z. B. in § 227 ist die Körperverletzung nach §§ 223–226. Die qualifizierende Veränderung in der Außenwelt besteht im Tod des Verletzten. Grundtatbestand des § 239 III Nr. 2 ist § 239 I. In diesem Beispiel ist der Eintritt der schweren Gesundheitsschädigung beim Opfer die qualifizierende Veränderung in der Außenwelt. Diese qualifizierende Folge muss nach § 18 zumindest fahrlässig herbeigeführt worden sein. Daraus folgt, dass eine vorsätzliche Herbeiführung der schweren Folge erst recht erfasst sein muss. Die durch eine besondere Folge der Tat qualifizierten strafbaren Handlungen sind also als *Vorsatz-Vorsatz-Kombination* und als *Vorsatz-Fahrlässigkeits-Kombination* denkbar. Die letztgenannte Möglichkeit hat der Gesetzgeber in § 11 II den Vorsatzstraftaten zugeordnet, was dazu führt, dass sie grundsätzlich nach den Regeln der Vorsatzstraftat zu behandeln sind. Deshalb ist auch der Versuch einer durch eine besondere Folge qualifizierten Straftat anerkannt (näher § 9 Rn. 90 ff.). In der Regel ist – wie bei § 227 – bereits die tatbestandsmäßige Verwirklichung der „Veränderung in der Außenwelt" der Grundstraftat für sich besehen eine Straftat (§§ 223 bis 226), und die Fahrlässigkeitskomponente wirkt strafschärfend (sog. *uneigentliche* Vorsatz-Fahrlässigkeits-Kombinationen).[2] Es ist aber auch möglich, dass die Fahrlässigkeitskomponente selbst im Hinblick auf den Vorsatz-Bestandteil *strafbegründend* wirkt (sog. *eigentliche* Vorsatz-Fahrlässigkeits-Kombinationen). So ist etwa die grob verkehrswidrige und rücksichtslose Nichtbeachtung der Vorfahrt erst dann strafbar, wenn dadurch zumindest fahrlässig Leib oder Leben eines anderen Menschen oder fremde Sachen von bedeutendem Wert gefährdet werden (§ 315c I Nr. 2 a, III Nr. 1).[3]

B. Legitimation des erweiterten Strafrahmens

3   Im Vergleich mit der tateinheitlichen (unten § 14 Rn. 46 ff.) Begehung der vorsätzlich verwirklichten Grundstraftat und der wenigstens fahrlässig herbeigeführten Folge wird die durch die besondere Folge qualifizierte Straftat erheblich höher bestraft. So sieht etwa die Körperverletzung mit Todesfolge (§ 227) einen Strafrahmen von drei bis 15 Jahren Freiheitsstrafe vor.

Beispiel 8.2 Var. a

4   A schießt B mit Körperverletzungsvorsatz in den Bauch, B stirbt jedoch an der Schussverletzung. ◀

---

[1] Zur erfolgsqualifizierten Straftat vgl. auch *Ambos* GA 2002, 455; *Rönnau* JuS 2020, 108 ff.; *Steinberg* JuS 2017, 1061 ff.

[2] Vgl. *Jescheck/Weigend* AT § 26 II 1; *Rengier* 1986; zur Körperverletzung mit Todesfolge durch Unterlassen BGH 3 StR 479/16 NStZ 2017, 410 ff.

[3] Vgl. *Jescheck/Weigend* AT § 26 II 1 a.

Werden hingegen Körperverletzung (z. B. § 224 I Nr. 2) und fahrlässige Tötung 5
(§ 222) in sonstiger Weise durch eine Handlung verwirklicht, dann ist der Strafrahmen nach § 52 II 1 aus § 224 zu entnehmen.

Beispiel 8.2 Var. b

Wie Var. a, die Kugel durchschlägt jedoch den Körper des B und verletzt dadurch 6
den C, der sich hinter dem B versteckt hatte, tödlich. ◀

Der Strafrahmen beträgt somit sechs Monate bis 10 Jahre. Rechtspolitisch ist diese 7
Erhöhung des Strafrahmens unter dem Aspekt des Gleichheitssatzes zu Recht auf
Kritik gestoßen.[4] Man versucht, dieser Kritik durch die Formulierung von Umständen zu begegnen, die auf ein erhöhtes Maß an Strafwürdigkeit der Tat hindeuten. De lege ferenda wird erwogen, durchgehend zumindest eine *leichtfertige*
Herbeiführung der schweren Folge zu verlangen.[5] Bereits de lege lata strebt man
eine Restriktion dahingehend an, dass sich in der qualifizierenden Folge eine gerade
in der vorsätzlichen Grundstraftat angelegte spezifische, besonders naheliegende
Gefahr realisiert und der Täter das entsprechende Risiko zumindest hätte erkennen
können.[6] Erst wenn diese Verbindung zwischen Grundstraftat und der qualifizierenden Folge vorliegt, ist eine Verurteilung wegen einer erfolgsqualifizierten
Straftat möglich und der erhöhte Strafrahmen verhältnismäßig. Umstritten ist aber,
zwischen welchen Elementen der Grundstraftat und der qualifizierenden Folge dieser Zusammenhang herzustellen ist, denn die Grundstraftat, soweit sie vollendet ist,
besteht aus einem Handlungs- und einem Erfolgsteil (Veränderung in der Außenwelt). Dementsprechend kann der Zusammenhang auch zwischen der Handlung
oder der Veränderung in der Außenwelt („Erfolg") und der qualifizierenden Folge
hergestellt werden.

C. Der spezifische Gefahrzusammenhang zwischen Grundstraftat und qualifizierender Folge

Im RStGB von 1871 wurde die Strafschärfung der durch eine besondere Folge 8
qualifizierten strafbaren Handlung allein an die *Verursachung* der besonderen Folge
geknüpft.[7] Dies führte jedoch zu unverhältnismäßig harten Strafen, wenn etwa die
schwere Folge nicht auf der *spezifischen* Gefährlichkeit der Vorsatzhandlung beruhte, sondern das Ergebnis *zufälliger, nicht einmal vorhersehbarer* Umstände war,

---

[4]Vgl. *Roxin/Greco* AT 1 § 10 Rn. 110 f.; *Küpper* ZStW 111 (1999), 801 ff.; zur noch deutlicheren
Schieflage vor dem 6. StRG *Paeffgen* JZ 1989, 220 ff. (221); *Wolter* JuS 1981, 168 ff.

[5]Vgl. *Paeffgen* JZ 1989, 220 ff. (222); *Roxin/Greco* AT 1 § 10 Rn. 110.

[6]*Wolter* JuS 1981, 168 ff. (169).

[7]*Jescheck/Weigend* AT § 26 II 1; zur historischen Entwicklung insgesamt vgl. z. B. *Chr. Köhler*
2000, S. 6 ff.; *Sowada* Jura 1994, 643 (644).

wie etwa im sog. *Gesichtsschlag*-Fall (oben § 4 Leitfall 4).[8] Um dem abzuhelfen, wurde § 18 (= § 56 a. F.) durch das 3. StRÄG vom 04.08.1953[9] dahin geändert, dass die erhöhte Strafe den Täter nur trifft, wenn er die Folge *wenigstens fahrlässig* herbeigeführt hat.[10]

9   Heute ist sich die Lehre zumindest darin einig, dass der Anwendungsbereich der durch eine besondere Folge qualifizierten strafbaren Handlung über § 18 hinaus möglichst eng zu halten ist.[11] Keine Einigkeit besteht jedoch hinsichtlich der Frage, worin die strafbarkeitsbegrenzenden unrechts- und schulderhöhenden Umstände im Einzelnen bestehen sollen.

10   Ein Teil der Lehre[12] interpretiert die Formulierung in § 18 „besondere Folge der Tat" dahingehend, dass die *Veränderung in der Außenwelt* der Grundstraftat („Erfolg") die Grundlage für die qualifizierende Folge (besondere Folge) bilden muss (bei § 227 als sog. Letalitätsthese bezeichnet). Der Tod des Verletzten muss danach auf der Tödlichkeit der Verletzung beruhen. Der spezifische Gefahrzusammenhang ist demnach zwischen dem Erfolg (Veränderung in der Außenwelt) der Grundstraftat und der qualifizierenden Folge herzustellen.

11   Ein anderer Teil der Lehre hält diesen Ansatz für zu eng und knüpft an die spezifische Gefährlichkeit der Verwirklichung der *gesamten Grundstraftat* an und bezieht damit die zur Veränderung in der Außenwelt führende Tathandlung mit in den spezifischen Gefahrzusammenhang ein. Damit wird auch und bereits der Zusammenhang zwischen der spezifischen Gefährlichkeit der Verwirklichung der Grundstraftat und der qualifizierenden Folge (besondere Folge) zum haftungskonstituierenden Element.[13] Auch die Rechtsprechung,[14] die zunächst eher konturlos die Unmittelbarkeit und die Vorhersehbarkeit als Verknüpfung zwischen der Verwirklichung der Grundstraftat und der besonderen Folge verlangte,[15] fordert nunmehr aufgrund zweifelhafter und z. T. heftig kritisierter Ergebnisse,[16] dass sich in der qualifizierenden Folge gerade diejenige Gefahr realisiert, die die spezifische Gefährlichkeit der Grundstraftat bildet.[17]

---

[8] Vgl. auch *Jescheck/Weigend* AT § 26 II 1.

[9] BGBl. I S. 735 ff.

[10] Vgl. auch *Küpper* ZStW 111 (1999), 797 ff.; krit. *Chr. Köhler* 2000, S. 32 ff.

[11] Näher *Chr. Köhler* 2000, S. 106 ff., 138; vgl. auch *Sowada* Jura 1994, 646 mwN; zu Unsicherheiten bei der Begriffsbestimmung *Duttge* FS Herzberg, S. 309 ff.

[12] Vgl. *Küpper* 1982, S. 98, 101, 109 jew. ff.; *Paeffgen* JZ 1989, 225 ff.; sowie die Nachweise bei *Otto* GK AT § 11 Rn. 5.

[13] Vgl. *Otto* GK AT § 11 Rn. 6 ff.; vgl. auch das Erfordernis der „Todes-Leichtfertigkeit" nach NK-StGB-*Paeffgen* § 18 Rn. 45 ff.

[14] Vgl. die Nachweise bei *Sowada* Jura 1994, 643 ff. Fn. 47.

[15] RG III 746/10 RGSt 44, 137/139; BGH 1 StR 14/60 BGHSt 14, 112; 1 StR 216/64 BGHSt 19, 382 (387); 3 StR 146/71 BGHSt 24, 213 ff.; 4 StR 143/78 BGHSt 28, 18 (20); 5 StR 407/81 NStZ 1982, 27; vgl. hierzu auch *Sowada* Jura 1994, 646 ff.

[16] Vgl. die Analyse der Rechtsprechung durch *Roxin/Greco* AT 1 § 10 Rn. 111 ff.

[17] Vgl. BGH 4 StR 375/16 NJW 2017, 2211 ff.; 2 StR 150/83 BGHSt 32, 25 (28); BGH 1 StR 109/20 m. Anm. *Kudlich* JA 2020, 785; zum Gefahrzusammenhang bei Körperverletzung durch Unterlassen mit Todesfolge BGH 1 StR 354/16 NJW 2017, 418 ff. m. Anm. *Berster*; BGH 1 StR 109/20 BeckRS 2020, 18287; *Otto* GK AT § 11 Rn. 9 mit Rspr.-Nachweisen.

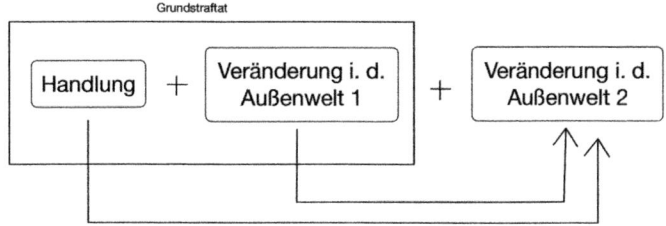

Abb. 8.1 Der gefahrspezifische Zusammenhang zwischen der Grundstraftat und der qualifizierenden Folge bei der erfolgsqualifizierten Straftat

Die Möglichkeiten der Verknüpfung zwischen Grundstraftat und der qualifizierenden Folge stellen sich somit wie in Abb. 8.1 dar. **11a**

Zu Leitfall 8

Dass die Rechtsprechung dabei auf die *generelle Gefährlichkeit* der Grundstraf- **12**
tat abstellt, zeigt *Leitfall* 8: Während das Landgericht als Tatgericht Zweifel
hatte, dass der Tod des D ausschließlich oder mindestens überwiegend auf die
der zugefügten Körperverletzung eigentümlichen Gefahren zurückgehe, nahm
der BGH einen solchen Zusammenhang an. Denn der Begriff der „Körperverletzung" innerhalb der Grundstraftat umfasse *auch das Handeln des Täters, das
zu der Körperverletzungsfolge geführt* hat. Liege der tatsächliche Geschehensablauf, der Körperverletzung und Todesfolge miteinander verknüpft, nicht außerhalb jeder Lebenswahrscheinlichkeit wie etwa bei der außergewöhnlichen Ver-
kettung unglücklicher Zufälle, dann könne sich im Tod des Opfers jene Gefahr
verwirklicht haben, die bereits der Körperverletzungshandlung anhaftete; dies
gelte auch dann, wenn diese Gefahr in der zunächst eingetretenen Verletzungsfolge als solcher noch nicht zum Ausdruck gekommen war. So verhalte es sich
hier: Der Angeklagte habe, indem er den Hochsitz umwarf, um seinen Onkel zu
verletzen, eine Handlung begangen, die für das Opfer das Risiko eines tödlichen
Ausgangs in sich barg. Die Gefahr für das Leben des Verletzten habe sich im tödlichen Ausgang niedergeschlagen. Daran ändere es nichts, dass die zunächst verursachte Verletzung (Knöchelbruch) für sich genommen nicht lebensbedrohlich
erschien. Der Tod des Verletzten sei aufgrund eines Geschehensablaufs eingetreten, der *nicht außerhalb jeder Lebenswahrscheinlichkeit* lag. Dass eine
Sprunggelenkfraktur zu einem längeren Krankenlager des Verletzten führt, stelle
sich nicht als ein außergewöhnlicher Verlauf dar.[18] Das Landgericht habe deshalb
prüfen müssen, ob der Angeklagte bei der Vornahme der Körperverletzungshandlung selbst, also vor Eintritt der Verletzungsfolge, vorhergesehen habe oder
zumindest habe vorhersehen können, dass seine Handlung den Tod des Opfers
nach sich ziehen werde.

Deshalb verwies der BGH den Fall zur neuerlichen Verhandlung an das Land- **13**
gericht zurück. ◄

---

[18]Vgl. BGH 2 StR 226/82 BGHSt 31, 96 (100).

14 Die Entscheidung ist im Hinblick darauf zu Recht auf Kritik gestoßen, dass nicht die generelle Gefährlichkeit des Sturzes, sondern das *Fehlverhalten der Ärzte* zum Tode des Verletzten geführt hatte.[19] Denn wenn man schon auf die Gefährlichkeit der Grundstraftat abstellen will, so müsste es die konkrete Gefährlichkeit sein, die sich auch in der besonderen Folge der Tat realisiert. Die besondere Gefährlichkeit des Sturzes tritt im Tod des Verletzten aber nicht in Erscheinung. Dies bedeutet, dass eine Strafbarkeit aus der durch eine besondere Folge qualifizierten Strafvorschrift über die Voraussetzungen des § 18 hinaus nur möglich ist, wenn dem Täter der Grundstraftat die besondere Veränderung in der Außenwelt auch *als sein Werk objektiv zurechenbar* ist.[20]

Das Abstellen auf die Realisierung der spezifischen Gefahr der Grundstraftat – sei es deren Handlung oder die sich daraus ergebende Veränderung in der Außenwelt – in der schweren Folge ist allerdings nur eine von mehreren Fallgruppen, ohne dass sich mit hinreichender Deutlichkeit ein System erkennen ließe. Es dürfte daher kaum möglich sein, eine abschließende Antwort auf die Zurechnungsvoraussetzungen der durch eine besondere Folge der Tat qualifizierten Straftaten zu formulieren.[21] Es empfiehlt sich aber, jede erfolgsqualifizierte Straftat daraufhin zu untersuchen, ob der Handlungsteil oder die Veränderung in der Außenwelt die typische Gefährlichkeit der Grundstraftat beschreiben. So ist beim Raub mit Todesfolge (§ 251) der Handlungsteil (Gewalt oder Drohung mit gegenwärtiger Gefahr für Leib und Leben) straftattypisch gefährlich und typischerweise nicht die Wegnahme einer fremden beweglichen Sache. Demgegenüber besteht bei Körperverletzungen die straftattypische Gefährlichkeit darin, dass sich die Köperverletzungsfolge als tödlich erweist, weshalb bei § 227 zwischen der zugefügten Verletzung und dem Eintritt der qualifizierenden Folge der spezifische Gefahrzusammenhang herzustellen ist.[22]

15 Die Erfolgsqualifikation kann auch durch ein Unterlassen verwirklicht werden.[23] Bei einer Körperverletzung durch Unterlassen mit Todesfolge (§§ 227, 13) ist der Gefahrzusammenhang dann zu bejahen, wenn der Garant bereits in einer ihm vorwerfbaren Weise den lebensgefährlichen Zustand herbeigeführt hat, aufgrund dessen der Tod der zu schützenden Person eintritt.[24]

16 Nach BGH 3 StR 66/98 NJW 1998, 3361 soll ein versuchter Raub mit Todesfolge (§§ 251, 22) auch dann vorliegen, wenn die den Tod des Opfers herbeiführende Handlung zwar nicht mehr in finaler Verknüpfung mit der *Wegnahme* steht, mit dem Raubgeschehen aber derart eng verbunden ist, dass sich in der Todesfolge die dem Raubversuch eigentümliche besondere Gefährlichkeit verwirklicht.

---

[19] Vgl. *Roxin/Greco* AT 1 § 10 Rn. 116.

[20] Vgl. *Paeffgen* JZ 1989, 226; zur Rolle der objektiven Zurechnung insbesondere auch bei Eigenverantwortlichkeit des selbstschädigenden Opferverhaltens *Kühl* Jura 2002, 814.

[21] Vgl. auch *Kühl* Jura 2002, 811 f.; *Sowada* Jura 1994, 645.

[22] So auch *Roxin/Greco* AT 1 § 10 Rn. 115; differenzierend auch *Fischer/Anstötz*, in: Fischer § 18 Rn. 2; *Kindhäuser/Zimmermann* § 34 Rn. 7 f.; *Hertel* Jura 2011, 391 ff.

[23] H. M.: BGH 1 StR 354/16 NJW 2017, 418 ff.; *Fischer*, in: Fischer § 227 Rn. 6; MK-StGB-*Hardtung* § 18 Rn. 47 alle mwN.

[24] BGH 1 StR 354/16 NJW 2017, 418 ff. m. Anm. *Kudlich* JA 2017, 229 ff.

Die genannte Entscheidung lässt darüber hinaus erkennen, dass auch die Möglich-   **17**
keit einer durch eine besondere Folge qualifizierten strafbaren Handlung bei einer
nur *versuchten* Grundstraftat anerkannt ist (durch die besondere Folge qualifizierter
[„erfolgsqualifizierter"] Versuch).[25] Diese und weitere Versuchskonstellationen bei
der durch eine besondere Folge qualifizierten strafbaren Handlung, einschließlich
der Frage eines Rücktritts, sind Gegenstand der Erörterungen zum Versuch (§ 9
Rn. 90 ff. und Rn. 155 ff.).

D. „Wenigstens fahrlässige" Verursachung der qualifizierenden Folge

Hinsichtlich des Zusammenhangs der qualifizierenden Folge mit der Grundstraftat   **18**
ist zu beachten, dass die unwerterhöhenden Umstände, insbesondere die Gefahrerhöhung bzw. Sorgfaltspflichtverletzung (näher unten § 12 Rn. 28 ff., 121 ff.) mit
der Begehung der vorsätzlichen Grundstraftat regelmäßig schon vorliegen. Dementsprechend wird sich bei durch eine besondere Folge qualifizierten Straftaten die
Prüfung zumeist auf die Vorhersehbarkeit der besonderen Folge beziehen.[26] Teilweise wird darüber hinaus in Rücksicht auf das Schuldprinzip zu Recht gefordert,
dass beim Täter hinsichtlich der der Grundstraftat innewohnenden spezifischen Gefahr Vorsatz und hinsichtlich des Zusammenhangs mit der qualifizierenden Veränderung in der Außenwelt (Folge 2) konkrete Vorhersehbarkeit gegeben sein muss.[27]

Hinsichtlich der qualifizierenden Folge schreibt § 18 vor, dass dem Täter *wenigs-*   **19**
tens Fahrlässigkeit zur Last fallen muss. § 18 geht auf den durch das Gesetz vom
04.08.1953[28] eingefügten § 56 zurück. Während sich die Praxis bis dahin mit der bloßen Kausalität zwischen der Handlung und der qualifizierenden Veränderung in der
Außenwelt im Sinne einer condicio sine qua non begnügt hatte, erfüllte § 56 a. F. eine
Forderung des Schrifttums auf Einschränkung der strafrechtlichen Verantwortlichkeit.

Sofern das Gesetz eine *leichtfertige* Herbeiführung der besonderen Tatfolge   **20**
voraussetzt – hiervon macht der Gesetzgeber zunehmend Gebrauch –, ist eine ge-
steigerte auf die besondere Folge bezogene Gefahrerhöhung bzw. Sorgfaltspflichtverletzung zu fordern.[29]

Selbst die *vorsätzliche* Herbeiführung der qualifizierenden Folge durch den Täter   **21**
erfüllt die Voraussetzungen der durch die besondere Folge qualifizierten Straftat,
weil § 18 „wenigstens" Fahrlässigkeit verlangt.[30] Dies führt bei Straftaten, die als

---

[25] Z. B. BGH 1 StR 191/19 m. Anm. *Jäger* JA 2020, 153 ff.; vgl. auch den Überblick bei *Gössel* ZIS
2011, 386 ff., der aber die Möglichkeit eines erfolgsqualifizierten Versuchs ablehnt (389 ff.).

[26] *Jescheck/Weigend* AT § 26 II; BGH 3 StR 146/71 BGHSt 24, 213.

[27] *Wessels/Beulke/Satzger* AT Rn. 1148; SK-*Stein* § 18 Rn. 31 („Vorsatznähe hinsichtlich der
Folgenherbeiführung"); *Wolter* JuS 1981, 168 ff. (170 ff.); *Rengier* 1986, S. 151; vgl. auch *Küpper*
ZStW 111 (1999), 785 ff. (796).

[28] BGBl. I S. 735.

[29] Vgl. *Wessels/Beulke/Satzger* AT Rn. 1151.

[30] Vgl. BGH GSSt 1/92 BGHSt 39, 100; *Kühl* Jura 2002, 811; sog. *Konkurrenzlehre*, im Gegensatz
zur *Exklusivitätslehre*, nach der eine vorsätzliche Verursachung der schweren Folge die Anwendbarkeit der Erfolgsqualifikation ausschließen soll, vgl. dazu *Paeffgen* JZ 1989, 223 mwN.

besondere qualifizierende Folge den Tod des Opfers voraussetzen (z. B. § 227 oder § 239 IV), dazu, dass bei vorsätzlicher Herbeiführung der schweren Folge auch eine Tötungsstraftat gem. § 212 I oder sogar § 211 verwirklicht ist. Die erfolgsqualifizierte Straftat tritt dann entweder hinter die Tötungsstraftat zurück[31] oder sie steht aus Klarstellungsgründen zu dieser im Verhältnis der Tateinheit[32] (vgl. näher zu den Konkurrenzen § 14 Rn. 1 ff.) Wird die qualifizierende Todesfolge fahrlässig herbeigeführt, verdrängt die erfolgsqualifizierte Straftat die ebenfalls verwirklichte fahrlässige Tötung (§ 222).[33]

E. Beteiligung mehrerer Personen[34]

22 Sind an der Verwirklichung der Grundstraftat mehrere Personen beteiligt, trifft nach dem Wortlaut des § 18 nur denjenigen die Strafschärfung der durch die besondere Folge qualifizierten Straftat, der hinsichtlich der schweren Folge wenigstens fahrlässig gehandelt hat. Ist z. B. für den Täter, nicht aber für den Anstifter, der Tod des Opfers vorhersehbar gewesen, so ist der Täter nach § 227, der Anstifter dagegen nach §§ 223, 26 strafbar. Im umgekehrten Fall ist der Täter gem. § 223, der Anstifter gem. §§ 227, 26 strafbar.[35] Die Beteiligungsform richtet sich somit nach der Mitwirkung an der Grundstraftat, die Haftung des Beteiligten für die schwere Folge ausschließlich nach *seiner* Fahrlässigkeit.[36]

F. Aufbauschema für die durch die besondere Folge qualifizierte Straftat – am Beispiel des § 227

23 I. Tatbestandsmäßigkeit
   1. Grundstraftat, §§ 223–226
      • *Objektive Elemente* (Sachverhaltsunwert)
         – Handlung
         – Veränderung in der Außenwelt (Erfolg) etc.
         – Kausalität
         – *Spezifische Gefährlichkeit* der Verwirklichung der Grundstraftat bzw. der durch sie bewirkten Veränderung in der Außenwelt (str.) für die qualifizierende Folge

---

[31] So bei § 227 I im Verhältnis zu §§ 212 I, 211; vgl. BGH 1 StR 269/65 BGHSt 20, 269 (271).

[32] So der BGH für das Verhältnis von § 251 zu § 211; vgl. BGH GSSt 1/92 BGHSt 39, 100 (100 ff.).

[33] Vgl. BGH 5 StR 233/55 BGHSt 8, 54 (54 ff.).

[34] Ausführlich zur Teilnahme an der durch eine besondere Folge qualifizierten Straftat *Kudlich* JA 2000, 511 ff.; *Chr. Köhler* 2000, S. 140 ff.; zur Anstiftung zur Körperverletzung mit Todesfolge BGH 1 StR 349/15 NStZ-RR 2016, 43 ff.

[35] Vgl. *Wessels/Beulke/Satzger* AT Rn. 1153; *Jescheck/Weigend* AT § 54 III 2.

[36] Vgl. *Chr. Köhler* 2000, S. 57; *Sowada* Jura 1995, 644 ff.; zur mittäterschaftlichen Verwirklichung des § 227 BGH 1 StR 496/16 NStZ 2018, 462; BGH 1 StR 109/20 BeckRS, 18287; speziell zum Mittäterexzess *Isfen* Jura 2014, 1087 ff.;

- *Subjektive Elemente* (personaler Unwert)
  - Vorsatz bezüglich aller (str.) objektiven Elemente
2. Besondere Folge
  - Objektive Elemente (Sachverhaltsunwert)
    - Eintritt der qualifizierenden Veränderung in der Außenwelt (§ 227, Tod)
    - Kausalität und objektive Zurechnung
    - Realisierung der *spezifischen Gefährlichkeit* aus der Grundstraftat (im Einzelnen str.) in der besonderen Folge
  - *Subjektive Elemente* (personaler Unwert)
    - mindestens Fahrlässigkeit (§ 18) bezüglich der besonderen Folge
II. Rechtswidrigkeit
III. Schuldhaftigkeit
  - Schuldfähigkeit
  - Vorsatzschuld → Grundstraftat
  - Vorsatz-/Fahrlässigkeitsschuld → besondere Folge
  - kein Vorliegen von Entschuldigungsgründen
  - Unrechtsbewusstsein

G. Zur Wiederholung

Kontrollfragen
1. Wie sind die durch eine besondere Folge qualifizierten Straftaten zusammengesetzt? (Rn. 2)
2. Wie versucht man es zu legitimieren, dass die durch die besondere Folge qualifizierte Straftat im Vergleich mit der tateinheitlichen Begehung der vorsätzlich verwirklichten Grundstraftat und der fahrlässig herbeigeführten Folge erheblich höher bestraft wird? (Rn. 3 ff.)
3. Was bedeutet die sog. Letalitätsthese? (Rn. 10)
4. Wie muss die besondere Folge mit der Grundstraftat verknüpft sein? (Rn. 18 ff.)
5. Erfüllt auch die *vorsätzliche* Herbeiführung der qualifizierenden Folge durch den Täter die Voraussetzungen der durch die besondere Folge qualifizierten Straftat? (Rn. 21)

Literatur

Ambos Präterintentionalität und Erfolgsqualifikation-Rechtsvergleichende Überlegungen, GA 2002, 455.
Duttge Zum Begriff des erfolgsqualifizierten Delikts, FS für Herzberg 2008, S. 309 ff.
Fischer, *Bearbeiter*, in: = Fischer, Strafgesetzbuch, Kommentar, 72. Aufl. 2025
Gössel Über die Straftat des versuchten erfolgsqualifizierten Delikts, ZIS 2011, 386 ff.

Hertel Von Kanarienvögeln und Schnapsdrosseln, Jura 2011, 391 ff.

Isfen Der Exzess beim erfolgsqualifizierten Delikt, Jura 2014, 1087 ff.

Jescheck/Weigend Lehrbuch des Strafrechts, Allgemeiner Teil (AT), 5. Aufl. 1996

Kindhäuser/Zimmermann Strafrecht Allgemeiner Teil, 11 Aufl. 2024

Köhler, Chr. Beteiligung und Unterlassen beim erfolgsqualifizierten Delikt am Beispiel der Körperverletzung mit Todesfolge (§ 227 I StGB), 2000

Kudlich Die Teilnahme am erfolgsqualifizierten Delikt, JA 2000, 511 ff.

Kühl Das erfolgsqualifizierte Delikt (Teil I): Das vollendete erfolgsqualifizierte Delikt, Jura 2002, 810 ff.

Küpper Der „unmittelbare" Zusammenhang zwischen Grunddelikt und schwerer Folge beim erfolgsqualifizierten Delikt, 1982

Küpper Zur Entwicklung der erfolgsqualifizierten Delikte, ZStW 111 (1999), 785 ff.

MK-StGB-*Bearbeiter* = Erb/Schäfer (Hrsg.), Münchener Kommentar zum Strafgesetzbuch, Bd. 1, 5. Aufl. 2024

NK-StGB-*Bearbeiter* = Kindhäuser/Neumann/Paeffgen/Saliger (Hrsg.), Strafgesetzbuch, Nomos-Kommentar, 6. Aufl. 2023

Otto Grundkurs Strafrecht – Allgemeine Strafrechtslehre (GK-AT), 7. Aufl. 2004

Paeffgen Die erfolgsqualifizierten Delikte – eine in die allgemeine Unrechtslehre integrierbare Deliktsgruppe?, JZ 1989, 220 ff.

Rengier Erfolgsqualifizierte Delikte und verwandte Erscheinungsformen, 1986

Rönnau Grundwissen – Strafrecht: Erfolgsqualifiziertes Delikt, JuS 2020, 108 ff.

Roxin/Greco Strafrecht, Allgemeiner Teil, Band 1 (AT 1), Grundlagen, der Aufbau der Verbrechenslehre, 5. Aufl. 2020

Schroeder, F.-Chr. Verborgene Probleme der erfolgsqualifizierten Delikte, FS für Lüderssen 2002, S. 599 ff.

SK-*Bearbeiter* = Systematischer Kommentar zum Strafgesetzbuch, hrsg. von Wolter, Bd. I, 9. Aufl. 2017

Sowada Das sog. „Unmittelbarkeits"-Erfordernis als zentrales Problem der erfolgsqualifizierten Delikte, Jura 1994, 643 ff.

Steinberg Die Erfolgsqualifikation im juristischen Gutachten, JuS 2017, 1061 ff.

Wessels/Beulke/Satzger Strafrecht Allgemeiner Teil (AT), 53. Aufl. 2023

Wolter Zur Struktur der erfolgsqualifizierten Delikte, JuS 1981, 168 ff..

§ 9 Versuch und Rücktritt – strafbare Vorbereitungshandlungen – tätige Reue

Bauer B, der in Geldnöte geraten ist, beschließt, von der mehrere Kilometer ent- **1** fernten, abgelegenen Weide des C einen Jungbullen zu entwenden und ihn dem Wurstfabrikanten W als „eigenen" zu „verkaufen". B holt seinen Viehtransporter aus der Garage und fährt zur Weide des C.

    Var. a: Bei der Weide angekommen treibt er einen Jungbullen auf den Vieh- **2** transporter und bringt ihn zu W, der ihm einen guten Preis zahlt.

    Var. b: Als er an der Weide angekommen und gerade dabei ist, das Gatter zu **3** öffnen, stellt er zu seiner Überraschung fest, dass gar keine Rinder zu sehen sind. Auch der große Holzschuppen, der den Tieren zum Schutz gegen schlechtes Wetter dient, ist leer. C hatte die Jungbullen am Tag zuvor bereits abtransportiert. Enttäuscht schließt B das Gatter, setzt sich in den Wagen und fährt nach Hause. ◀

A. Der Versuch als Verwirklichungsstufe der Straftat

Als raum-zeitlicher Lebensvorgang hat jede strafbare Handlung einen Beginn und **4** ein Ende. In *Leitfall 9* beginnt der mit der Entwendung des Jungbullen zusammenhängende Lebenssachverhalt mit dem Entschluss des B, einen Jungbullen abzutransportieren. Er endet, sobald der nichts ahnende W gesicherten Gewahrsam an dem Tier erlangt hat. Denn dieser kann dem W von C nicht mehr ohne Weiteres streitig gemacht werden. Vielmehr müsste C, der aufgrund von § 935 I 1 BGB Eigentümer geblieben ist, gegen W auf Herausgabe klagen (§ 985 BGB).

© Der/die Herausgeber bzw. der/die Autor(en), exklusiv lizenziert an Springer-Verlag GmbH, DE, ein Teil von Springer Nature 2025
A. Sinn, *Strafrecht Allgemeiner Teil*, Springer-Lehrbuch,
https://doi.org/10.1007/978-3-662-71556-7_9

5   Um sich darüber zu verständigen, von welchem Stadium an dieser Lebenssachverhalt Strafrechtsrelevanz besitzt, insbesondere strafbar ist, werden die verschiedenen Stadien, die sog. *Verwirklichungsstufen* der Straftat mit Fachbegriffen belegt:

- Vorbereitung,
- Versuch,
- Vollendung,
- Beendigung.

6   Fixpunkt für die Einordnung des Lebenssachverhalts in das Raster der Verwirklichungsstufen ist die Stufe der *Vollendung*. Denn indem sie vorliegt, wenn alle Elemente der Tatbestandsmäßigkeit erfüllt sind, korrespondiert sie unmittelbar mit den Strafvorschriften des Besonderen Teils des StGB.

7   *Beendet* ist die Tat nach h. M., wenn das auf die Verletzung des Achtungsanspruchs bezogene Handeln des Täters nach der Vollendung zum Abschluss gekommen ist.[1] Die Beendigung ist nicht nur als Zeitpunkt für den Beginn der *Verjährung* von Bedeutung (§ 78a S. 1). Vielmehr können *bis* zu diesem Zeitpunkt *qualifizierende Merkmale* erfüllt werden, kann eine *Beteiligung*, insbesondere Beihilfe, stattfinden und können Straftaten begangen werden, die die Vollendung einer Straftat als *Vortat* voraussetzt.[2]

Beispiel 9.1

8   Der räuberische Diebstahl (§ 252) setzt voraus, dass der Täter „bei einem Diebstahl auf frischer Tat betroffen" wird und gegen eine Person Gewalt verübt oder Drohungen mit gegenwärtiger Gefahr für Leib oder Leben anwendet, um sich den Besitz des gestohlenen Gutes zu erhalten. Dabei muss der Diebstahl als Vortat vollendet, d. h. die Wegnahme der Sache erfolgt sein. Vor diesem Zeitpunkt würde der Einsatz der Gewalt usw. als *Mittel zur Wegnahme* dienen und damit die Strafvorschrift des Raubes, § 249, verwirklichen. ◄

9   Die strafschärfende Anknüpfung an den *unbestimmten* Zeitraum zwischen Vollendung und Beendigung ist angesichts des Fehlens einer *gesetzlichen* Grundlage und im Hinblick auf das Bestimmtheitsgebot in Art. 103 II GG nicht unproblematisch. Eine strafbegründende bzw. -schärfende Funktion des Zeitraums bis zur Beendigung wird deshalb von einer beachtlichen Minderheitsmeinung nur bei solchen Straftaten anerkannt, bei denen auch nach der Vollendung ein *tatbestandsmäßiges* Verhalten vorliegt (sog. *tatbestandsbezogene Beendigung*).[3] Dies trifft insbesondere auf Dauerstraftaten wie z. B. die Freiheitsberaubung nach § 239 zu.

---

[1] Vgl. *Eser/Bosch*, in: Schönke/Schröder Vor §§ 22 ff. Rn. 4; vgl. auch LK-*Murmann* Vor §§ 22 ff. Rn. 20 ff.

[2] Vgl. zum Ganzen *Eser/Bosch*, in: Schönke/Schröder Vor §§ 22 ff. Rn. 10 f. mwN.

[3] Ausführlich und mwN hierzu *Kühl* FS Roxin, S. 665 ff. (671 ff.).

Versucht ist die Tat, sobald der Täter zumindest „nach seiner Vorstellung von der **10** Tat zur Verwirklichung des Tatbestandes [= der gesetzlich beschriebenen strafbaren Handlung, d. Verf.] unmittelbar an(ge)setzt" (hat) (§ 22). Dabei genügt es, dass der Täter nach seiner Vorstellung zur Verwirklichung der strafbaren *Handlung* unmittelbar ansetzt, mag die Vollendung auch erst später eintreten sollen.[4]

Bei den sog. Unternehmensstraftaten (vgl. z. B. § 81, Hochverrat gegen den Bund: „Wer es unter- **11** nimmt, [...] den Bestand der Bundesrepublik Deutschland zu beeinträchtigen [...]"; § 82, Hochverrat gegen ein Land)[5] sind Versuch und Vollendung zusammengezogen. Denn nach § 11 I Nr. 6 bedeutet „Unternehmen" Versuch und Vollendung. Von den echten Unternehmensstraftaten, bei denen schon der Wortlaut entsprechend formuliert ist, werden nach h. M.[6] die sog. unechten Unternehmensstraftaten unterschieden. Bei ihnen lässt die Formulierung erkennen, dass das materielle Versuchsstadium einbezogen ist (vgl. z. B. das „Nachstellen" bei der Wilderei, § 292). Die Gleichstellung von Vollendung und Versuch hat zu Folge, dass die (fakultative) Strafmilderung nach § 23 II ausgeschlossen ist.[7] Außerdem kann eine Unternehmensstraftat nicht noch einmal „versucht" werden. Umstritten ist, ob der Täter einer Unternehmensstraftat nach § 24 strafbefreiend zurücktreten kann, solange die Vollendung noch nicht eingetreten ist. Während dies überwiegend unter Verweis auf die formelle Vollendung abgelehnt wird, soweit nicht jeweils besondere Rücktrittsregelungen bestehen,[8] wird nicht zu Unrecht eine analoge Anwendung jener Rücktrittsregelungen gefordert.[9] Aufgrund einer eingehenden historischen Analyse plädiert *Wolters* sogar für eine unmittelbare Anwendung der Rücktrittsvorschriften.[10]

Hat der Täter nach seiner Vorstellung von der Tat noch nicht zur Verwirklichung der **12** objektiven Elemente der Tatbestandsmäßigkeit unmittelbar angesetzt, liegt nur eine *Vorbereitungshandlung* vor.

Zu Leitfall 9

Betrachtet man die Verwirklichungsstufen in *Leitfall 9*, so kommt zunächst als **13** Strafvorschrift Diebstahl, § 242, in Frage. Die objektiven Elemente der Tatbestandsmäßigkeit verlangen die Wegnahme einer fremden beweglichen Sache. Wegnahme bedeutet den Bruch fremden und die Begründung neuen, nicht unbedingt eigenen Gewahrsams. Indem B den Jungbullen in *Leitfall 9 Var. a* auf den Viehtransporter geladen hat, hat er den Gewahrsam des C, dessen tatsächliches, von einem Beherrschungswillen getragenes Herrschaftsverhältnis, gebrochen und neuen begründet. Es liegt somit eine Vollendung vor. Beendet ist der Diebstahl nach h. M. mit der Ablieferung bei W. Der Entschluss zur Entwendung

---

[4] Vgl. *Frister* FS Wolter, S. 376 ff.

[5] Umfassend *Wolters* 2001; *Mitsch* Jura 2012, 526 ff.

[6] Vgl. *Hecker*, in: Schönke/Schröder § 11 Rn. 44 ff.; zur Unterscheidung von *formellen* und *materiellen* Unternehmensstraftaten *Wolters* 2001, S. 25 ff.

[7] A. A. mit beachtlichen Gegenargumenten allerdings *Wolters* FS Rudolphi, S. 347 ff.; für eine Strafmilderung beim untauglichen Versuch sowie nach § 23 III *Mitsch* Jura 2012, 526 ff. (528).

[8] Vgl. LK-*Hilgendorf* § 11 Rn. 84 und *Murmann* Vor §§ 22 ff Rn. 134 jew. mwN.

[9] Vgl. MK-StGB-*Radtke* § 11 Rn. 138 f.; krit. *Hecker*, in: Schönke/Schröder § 11 Rn. 49.

[10] *Wolters* 2001, S. 184 ff., 254.

eines Jungbullen sowie die Anfahrt mit dem Viehtransporter sind zunächst Vorbereitungshandlungen. In das Versuchsstadium tritt das Verhalten von B, wenn nach seiner Vorstellung von der Tat keine weiteren wesentlichen Zwischenschritte mehr zur Verwirklichung der objektiven Elemente der Tatbestandsmäßigkeit erforderlich sind. Beim Diebstahl ist dies der Fall, wenn die *Wegnahme* als *Tathandlung* beginnt, indem z. B. der Gewahrsam des C durch Öffnen des Gatters gelockert wird.

14 In *Leitfall 9 Var. b* lässt sich darüber streiten, ob das Versuchsstadium bereits erreicht ist, obwohl gar keine Rinder da sind, oder ob nur eine Vorbereitungshandlung gegeben ist. ◄

15 Von der Beurteilung als Vorbereitungshandlung oder Versuch hängt sehr oft zugleich die Strafbarkeit oder die Straffreiheit des Betroffenen ab. Der Grund dafür liegt darin, dass der *Versuch* einer Straftat *ganz überwiegend* für *strafbar* erklärt ist, während dies auf *Vorbereitungshandlungen* nur *selten*[11] zutrifft.

16 Die *Abgrenzung* zwischen der (in der Regel) *straflosen Vorbereitung* und dem (ganz überwiegend) *strafbaren Versuch* ist deshalb die *zentrale Fragestellung* innerhalb der Dogmatik des Versuchs. Der Gesetzgeber hat die Antwort durch eine Formulierung des Versuchsstadiums in § 22 vorgezeichnet.

I. „Vorstellung von der Tat" und „unmittelbares Ansetzen" als unwertbegründende Elemente des Versuchs (§ 22 StGB)

§ 22 Begriffsbestimmung

17 Eine Straftat versucht, wer nach seiner Vorstellung von der Tat zur Verwirklichung des Tatbestandes unmittelbar ansetzt.

18 Wie der Unwert einer vorsätzlich-vollendeten Straftat wird auch derjenige einer versuchten Straftat durch objektive und subjektive Elemente begründet. Nur bildet den Ausgangspunkt der strafrechtlichen Würdigung des Lebenssachverhaltes jetzt die subjektive Seite, insbesondere die *Vorstellung von der Straftat,* der *Tatentschluss.* Denn ohne Kenntnis des Tatentschlusses – d. h. allein aufgrund des äußeren Erscheinungsbildes der Tat – ließe sich oft gar nicht feststellen, gegen welche Strafvorschrift der Täter hatte verstoßen wollen. Nach dem Tatentschluss beurteilt sich dann, ob der Täter zur Verwirklichung der objektiven Elemente der Tatbestandsmäßigkeit *unmittelbar ansetzt.* Man spricht deshalb von einer *subjektiv-objektiven Versuchslehre,* obwohl es sich im Grunde um eine primär *subjektive Begründung* des Versuchsunwertes handelt.[12]

---

[11] Vgl. auch *Frister* AT § 23 Rn. 45 ff.; *Knobloch,* in: Sinn u. a. (Hrsg.), 2011, S. 197 ff.

[12] Zur Entscheidung des Gesetzgebers für eine subjektive Versuchslehre LK-*Murmann* Vor §§ 22 ff Rn. 61 ff.; rechtshistorisch aufschlussreich *Safferling* ZStW 118 (2006), 682 ff.

So würde sich das Geschehen hinsichtlich des äußeren Erscheinungsbildes von *Leitfall 9 Var. b* **19** nicht unterscheiden, wenn B anlässlich einer Fahrt zur Viehauktion an der Weide des C vorbeigekommen wäre und aus Gefälligkeit dem C gegenüber bei dieser Gelegenheit nachgeschaut hätte, ob das Gatter auch gut verriegelt ist. Ohne Information über die Vorstellung des B sind wir folglich nicht in der Lage, sein Verhalten überhaupt einer Strafvorschrift zuzuordnen.

1. Die Vorstellung von der Tat (Tatentschluss) und weitere subjektive Elemente der Tatbestandsmäßigkeit des Versuchs (personaler Unwert)

a) Die Vorstellung von der Tat (Tatentschluss)

aa) Bestandteile und Unbedingtheit des Tatentschlusses
Der Tat-*Entschluss* besteht aus dem Vorsatz und ggf. weiteren subjektiven Un- **20** rechtselementen der vom Täter beabsichtigten Straftat.[13] Der Vorsatz muss sich auf eine *Tat*, d. h eine *Straftat*, d. h. ein *tatbestandsmäßiges* Verhalten, richten, d. h. auf die *objektiven Merkmale* der intendierten Straftat.

Als Bestandteil des Tatentschlusses ist der Vorsatz mit dem *Vorsatz* der *voll-* **21** *endeten strafbaren Handlung* identisch,[14] was sich schon daraus ergibt, dass sich Versuch und Vollendung nicht subjektiv, sondern nur objektiv darin unterscheiden, ob die tatbestandsmäßige Veränderung in der Außenwelt eingetreten ist. Deshalb muss der Vorsatz hinsichtlich seiner Intensität auch den Anforderungen genügen, welche die jeweilige Strafvorschrift an den Vorsatz des Täters stellt.

Beispiel 9.2

Ein Entschluss zur falschen Verdächtigung (§ 164) liegt nur vor, wenn der Täter **22** weiß, dass die rechtswidrige Tat, der er einen Dritten verdächtigen will, nicht begangen worden ist, weil die falsche Verdächtigung ein Handeln des Täters „wider besseres Wissen" verlangt.[15] Umgekehrt liegt ein Entschluss zum Totschlag bereits dann vor, wenn der Täter bezüglich des Todes mit Eventualvorsatz handelt, weil § 212 insoweit dolus eventualis ausreichen lässt. ◄

Bestandteil des Tatentschlusses sind aber auch *besondere subjektive Elemente der* **23** *Tatbestandsmäßigkeit*, wenn sie zur angestrebten Straftat gehören: wer einen Diebstahl begehen will, muss auch in Zueignungsabsicht handeln.

Obwohl in § 22 nicht eigens erwähnt, setzen die subjektiven Elemente der **24** Tatbestandsmäßigkeit des Versuchs nach h. M. schließlich voraus, dass der *Wille* des Täters zur Verwirklichung der Tat nicht an den Eintritt weiterer Bedingungen geknüpft sein darf, „unbedingt" sein muss.[16]

---

[13] Vgl. *Hillenkamp* FS Roxin, S. 690 ff. (701); umf. zum Tatentschluss *Murmann* FS R. Merkel, S. 727 ff.

[14] Vgl. auch *Roxin* AT 2 § 29 Rn. 71 mwN.

[15] Vgl. *Küpper/Börner* BT 1 § 8 Rn. 31.

[16] Vgl. auch BGH 3 StR 21/14 NStZ 2014, 633.

Zu Leitfall 9

25 Nehmen wir z. B. an, in *Leitfall 9* wolle sich der Täter erst einmal einen Überblick über die Rinder auf der Weide verschaffen, um dann ein besonders geeignetes Tier auszuwählen, dann fehlt ein Tatentschluss i. S. v. § 22, solange diese Auswahl nicht erfolgt ist. Denn bis zu diesem Zeitpunkt hat der Täter noch keinen Willen hinsichtlich des Tatobjektes gebildet. Es liegt bloße *Tatgeneigtheit* vor.[17] ◄

26 Hingegen ist ein unbedingter Tatentschluss gegeben, wenn nicht der Wille des Täters, sondern nur die Verwirklichung der Tat von einer weiteren Bedingung abhängt. Eine solche Sachlage wäre in *Leitfall 9* anzunehmen, wenn der Täter es von vornherein auf ein bestimmtes Tier abgesehen hätte,[18] das er beim Auffinden hätte mitnehmen wollen. Eine andere äußere Bedingung könnte die Anzahl der Menschen am Tatort sein. Der Bankräuber könnte seinen Tatentschluss zum Beispiel davon abhängig machen, ob sich am Tattag mehr als fünf Personen im Schalterraum der Bank befinden.

bb) Entschluss zum untauglichen Versuch einschließlich des grob unverständigen und des ex ante ungefährlichen Versuchs

27 Weil es für die Konstituierung des subjektiven Versuchs-Unwertes genügt, dass sich der Täter die Verwirklichung eines tatbestandsmäßigen Verhaltens *vorstellt*,[19] ist es grundsätzlich unbeachtlich, aus welchen Gründen es nicht zur Verwirklichung dieser Vorstellung kommt.

28 Deshalb schließt die Definition in § 22 auch den *untauglichen Versuch* ein und bildet somit die Grundlage für dessen Strafbarkeit.[20] Ein untauglicher Versuch liegt vor, wenn das betreffende Tatsubjekt oder Tatobjekt zur Verwirklichung der tatbestandsmäßigen Veränderung in der Außenwelt ungeeignet ist: Die Täterin des § 218 ist gar nicht schwanger; der zum Öffnen der Tür vorgesehene Nachschlüssel passt nicht; der im Halbdunkel „erschossene" Nebenbuhler entpuppt sich als Vogelscheuche.[21]

---

[17] Vgl. auch *Joecks/Jäger* StK § 22 Rn. 8.

[18] Sog. „Entschluss auf bewusst unsicherer Tatsachengrundlage", *Roxin* AT 2 § 29 Rn. 84; vgl. hierzu auch BGH 4 StR 303/87 StV 1987, 528 sowie den sog. *Lenkradschloss*-Fall BGH 4 StR 559/67 BGHSt 22, 80 und dazu *Eser* StK II Nr. 32 A 10–12, 27–34.

[19] Zu dieser Ausrichtung der „Vorstellungs"-Formel auf die Strafbarkeit des untauglichen Versuchs *Hillenkamp* FS Roxin, S. 690 ff.; krit. *Wörner*, in: Sinn u. a. (Hrsg.), 2011, S. 138 ff., 153.

[20] Dazu lesenswert *Bloy* ZStW 113 (2001), 79 ff.; sowie *Herzberg* GA 2001, 257 ff.; MK-StGB-*Hoffmann-Holland* § 22 Rn. 48 ff. mwN.

[21] Rechtsvergleichend zum untauglichen Versuch *Jung* ZStW 117 (2005), 937 ff.; sowie – in den Grundsätzen immer noch gültig – *Frank*, in: v. Birkmeyer u. a. (Hrsg.), 1908, S. 243 ff.; vgl. etwa auch *Zoll* FS Eser, S. 655.

Und auch die in § 23 III beschriebenen Fälle des *grob unverständigen Versuchs* **29** setzen einen Entschluss i. S. v. § 22 voraus:

(3) Hat der Täter aus grobem Unverstand verkannt, dass der Versuch nach der Art des Gegenstandes, an dem, oder des Mittels, mit dem die Tat begangen werden sollte, überhaupt nicht zur Vollendung führen konnte, so kann das Gericht von Strafe absehen oder die Strafe nach seinem Ermessen mildern (§ 49 II).

Nur handelt es sich dabei um völlig abwegige Vorstellungen über Ursachen- **30** zusammenhänge, die für jeden *durchschnittlich informierten* Menschen *offensichtlich* sind:

Beispiel 9.3

Die Schwangere A glaubt, mittels Kamillentee einen Schwangerschaftsabbruch **31** herbeiführen zu können. ◄

Hier räumt der Gesetzgeber nur auf der Rechtsfolgenseite fakultativ eine Straf- **32** milderung ein.

Noch unterhalb der Schwelle des Versuchs aus grobem Unverstand sind die Fälle **33** des *ex ante ungefährlichen Versuchs* einzuordnen. Bei diesem setzt der Täter zu einem Verhalten unmittelbar an, das aus der Sicht sowohl eines mit den Plänen des Täters vertrauten objektiven durchschnittlich *informierten* Betrachters als auch eines *außenstehenden* Beobachters *völlig ungefährlich* erscheint.[22]

Beliebtes Beispiel 9.4

A schickt sich an, mit einer Schrotflinte den drei Kilometer entfernten B zu er- **34** schießen. Auch für den, der die Pläne des A nicht kennt, ist die Ungefährlichkeit dieses Versuchs offensichtlich. ◄

Die h. M. hält den ex ante objektiv ungefährlichen Versuch zwar für nicht straf- **35** würdig, unter Verweis auf § 23 III und den Willen des Gesetzgebers jedoch für strafbar.[23] Eine Minderheitsmeinung[24] will hingegen bereits einen Entschluss i. S. v. § 22 verneinen. Nun stimmt der ex ante objektiv ungefährliche Versuch mit dem Versuch aus grobem Unverstand insoweit überein, als der Täter trotz Kenntnis der Tatsachen (Kamillentee zum Herbeiführen des Schwangerschaftsabbruchs; Schrotflinte als Tatmittel zum Abschießen eines Flugzeugs) die Gefährlichkeit seines Tuns nur irrig annimmt. Man wird deshalb im Hinblick auf § 23 III den Entschluss auch beim ex ante objektiv ungefährlichen Versuch nicht verneinen können (vgl. a. Rn. 61).

---

[22] Umfassend zum ungefährlichen Versuch *Hirsch* FS Roxin, S. 711 ff.; *Hirsch* JZ 2007, 501.

[23] Vgl. *Roxin* FS Jung, S. 834 f.

[24] Vgl. *Hirsch* FS Roxin, S. 711 ff.; *Zieschang* 1998, 127 ff.

cc) Kein Entschluss bei der Wahnstraftat (Wahndelikt), beim abergläubischen Versuch und beim Fehlen eines Vollendungswillens

36 Da dem im Entschluss zum Ausdruck kommenden personalen Unwert des Versuchs die geistige Vorwegnahme eines *tatbestandsmäßigen* Verhaltens zu Grunde liegt, liegt weder bei der Wahnstraftat (Wahndelikt) noch beim abergläubischen Versuch ein Entschluss i. S. v. § 22 vor.

37 Bei der *Wahnstraftat* irrt der Täter *nur* über das Verbotensein, während er den Sachverhalt kennt. Er nimmt irrig an, dass sein in Wirklichkeit strafloses Verhalten strafbar sei.[25] Er stellt sich deshalb nicht etwas vor, was strafbar *ist*. Ihm *fehlt der Entschluss* zu einer strafbaren Handlung:

Beispiel 9.5

38 Wenn der vergeistigte Philosophiestudent für die mündliche Prüfung vorübergehend die Krawatte seines Zimmernachbarn entwendet, weil er selbst keine hat, so liegt schon deshalb kein Diebstahl vor, weil es an einem auf eine dauernde Enteignung gerichteten Willen fehlt. Der Student begeht vielmehr eine nicht tatbestandsmäßig vertypte und deshalb straflose *Sachentziehung*. Selbst wenn der Student nun infolge einer fehlerhaften Beurteilung annimmt, einen Diebstahl begangen zu haben, so liegt dennoch kein Versuch vor. Denn er hat sich keinen Sachverhalt, der die Elemente des Diebstahls erfüllen würde, vorgestellt, sondern die Strafbarkeit einer in Wahrheit nicht tatbestandsmäßigen Handlung. Er wird dadurch „Täter" einer von ihm nur „gewähnten" Straftat, einer in Wirklichkeit aber straflosen, weil nicht tatbestandsmäßigen „Wahnstraftat" in Form einer Sachentziehung.[26] ◄

---

39 Die Straffreiheit des *abergläubischen Versuchs* rührt ebenfalls daher, dass der Täter einer versuchten Straftat sich die Verwirklichung eines *strafbaren* Sachverhalts vorstellen muss.

Beispiel 9.6

40 Wenn der Täter T sich vorstellt, eine tatbestandsmäßige Veränderung in der Außenwelt – den Tod seines Erbonkels – dadurch herbeiführen zu können, dass er durch übersinnliche Kräfte das Flugzeug zum Absturz bringt, mit dem der Onkel gerade in die Karibik fliegt, dann mag die angestrebte *Veränderung* tatbestandsmäßig sein. Ihr Eintreten würde T aber *nicht* als Ergebnis seines *Handelns zugerechnet*.[27] T's Entschluss richtet sich deshalb auf einen nicht

---

[25] Ausführlich und überzeugend hierzu – auch zu den Streitfragen – *Burkhardt* GA 2013, 346 ff.; grundlegend vgl. *Frisch* GA 2019, 305 ff.; z. B. auch BayObLG 207 StRR 2737/19 m. Anm. *Kudlich* JA 2020, 470 ff.

[26] Näher zur Wahnstraftat *Putzke* JuS 2009, 898 ff.; *Struensee* ZStW 102 (1990), 41 f.

[27] Näher hierzu im Rahmen der objektiven Zurechnung § 4 Rn. 89 f.

tatbestandsmäßigen Sachverhalt und bleibt als abergläubischer Versuch straf-frei.[28] Nach *Roxin* sind naturwissenschaftlich unfassbare irreale Phänomene keine Gegenstände für das Strafrecht.[29] Auch auf machttheoretischer Basis fallen alle die Bezugspunkte des „Wissens" des Täters aus dem Tatentschluss heraus, die außerhalb der potenziellen Handlungsmacht einer Person liegen. Da Hand-lungsmacht nicht durch transzendente Kräfte hergestellt wird, kann auch die Be-schwörung solcher Kräfte nicht das Macht- und damit das Rechtsverhältnis zwi-schen den Personen strafrechtlich relevant stören und damit Unrecht sein.[30] ◄

Auch der Täter, der ohne Vollendungswillen handelt, fasst keinen Tatentschluss, weil dazu auch der Vorsatz bezüglich der gesetzlich beschriebenen Veränderung in der Außenwelt (Tat*erfolg*) gehört. **41**

Beispiel 9.7

Wenn die betrogene Ehefrau E ihre Ehe und materielle Versorgung dadurch zu erhalten trachtet, dass sie ihren Mann mittels einer Giftdosis vorübergehend bett-lägerig machen und ihn dadurch an weiteren Seitensprüngen hindern will, dann handelt sie gerade *ohne* Tötungsvorsatz. Sollte ihr Mann die Giftgabe doch nicht überleben, käme bezüglich des Todes allenfalls Fahrlässigkeit in Frage. ◄ **42**

▶ Erfahrungsgemäß bereitet die Prüfung des Tatentschlusses Studierenden in der Klausursituation erhebliche Probleme. Wichtig ist, sich klar zu machen, dass die Vorstellung des Täters die Grundlage für die Prüfung darstellt. Dieser sich vom Täter vorgestellte Sachverhalt muss als gegeben unterstellt werden und auf dieser Grundlage ist zu prüfen, ob ein Tatentschluss anzunehmen ist. **42a**

b) Weitere subjektive Elemente der Tatbestandsmäßigkeit

Obwohl in § 22 nicht ausdrücklich genannt, gehören zu den subjektiven Elementen der Tatbestandsmäßigkeit des Versuchs auch jene Absichten und Motive des Täters, die er sich nicht vorstellen kann und die deshalb auch nicht Gegenstand seines Ent-schlusses sein können, die er aber *aufweisen* muss. Wer z. B. einen Diebstahl bege-hen will, muss mit *Zueignungsabsicht* handeln. Wer einen Betrug begehen will, muss in der *Absicht* handeln, sich oder einem Dritten einen *rechtswidrigen Vermö-gensvorteil* zu verschaffen. Wer einen Verdeckungsmord begehen will, muss sich zur Tötung entschließen in der *Absicht,* dadurch eine Straftat zu verdecken. Zwar muss der Täter die Umstände kennen, aus denen sich seine Absicht ergibt. Diese Umstände sind daher Bestandteil der Vorstellung von der Tat. Die Absicht als solche kann der Täter indessen nicht kennen, er muss sie vielmehr *haben*. **43**

---

[28] Vgl. auch *Herzberg* Jura 1990, 19; sowie *Jakobs* AT 25 Rn. 22.
[29] *Roxin* GA 2017, 656 ff. (668).
[30] *Sinn* 2007, S. 306; siehe auch *Frisch* FS Sancinetti, S. 347 ff. (352); *Murmann* GK § 28 Rn. 56.

2. Das unmittelbare Ansetzen als objektives Unwertelement des Versuchs (Sachverhaltsunwert)

44   Dass § 22 ein strafbares Versuchen erst dann annimmt, wenn der Täter nach seiner Vorstellung von der Tat zur Verwirklichung der objektiven Elemente der Tatbestandsmäßigkeit *unmittelbar ansetzt*, trägt dem Satz des römischen Juristen *Ulpian* Rechnung, dass die Gedanken frei sind, auch wenn sie sich auf Verbotenes beziehen.[31]

45   So unangefochten das unmittelbare Ansetzen als objektives Unwertelement des Versuchs ist, so umstritten und kaum lösbar ist die Frage, *wann* ein unmittelbares Ansetzen angenommen werden kann.[32] Die unterschiedlichen Auffassungen hierzu unterscheiden sich darin, dass die subjektive Seite (die Vorstellung des Täters) als Grundlage für die Entscheidung[33] und die objektive Seite (die Verwirklichung der objektiven Elemente der Tatbestandsmäßigkeit) unterschiedlich gewichtet werden.[34] Erwähnt seien insoweit die folgenden Ansätze:

a) Die formal-objektive Theorie[35]

46   Die formal-objektive Sichtweise schob – unter Vernachlässigung der Vorstellung des Täters – den Anfang des Versuchsstadiums am weitesten hinaus und ließ es erst dann beginnen, wenn der Täter ein *objektives Element* der Tatbestandsmäßigkeit zu verwirklichen begann.

Zu Leitfall 9

47   In *Leitfall 9* würde Bauer B erst dann zum Versuch des Diebstahls ansetzen, wenn geeignete Rinder vorhanden sind und B den Riegel des Gatters zurückschiebt. Denn dann beginnt die Wegnahme des Jungbullen, weil der Gewahrsam des C an den Rindern gelockert und damit der Gewahrsamsbruch als erstes Teilelement der Wegnahme eingeleitet wird. ◄

48   Die Schwäche dieser Sichtweise zeigt sich allerdings bei Strafvorschriften, die einfach strukturiert sind und letztlich nur *einen* Erfolg als Veränderung in der Außenwelt beschreiben, wie z. B. die Tötungsstraftaten. Hier wäre das Versuchsstadium unter einer formal-objektiven Betrachtungsweise erst dann erreicht, wenn das Herbeiführen des Todes begonnen hat, indem etwa der tödliche Schuss abgefeuert worden ist. Versuch und Vollendung fallen dann praktisch zusammen. Als Versuch verbleiben so im Wesentlichen nur die Fälle, in denen der Täter zwar trifft, die Verletzung aber nicht tödlich ist. Der Bereich der Strafbarkeit bleibt hinter dem Bereich der Opfergefährdung zurück, was im Hinblick auf den Opferschutz unerwünscht ist.

---

[31] Zitiert in den Digesten des Justinian Dig. 48, 19, 18.

[32] Umfassend *Vogler* FS Stree/Wessels, S. 285 ff.; vgl. auch *v. Hippel* LB, § 46 IV; zur Uneinheitlichkeit der Rechtsprechung in den sog. „Haustürfällen" *Wessels/Beulke/Satzger* AT Rn. 955.

[33] Vgl. LK-*Murmann* § 22 Rn. 84 ff.

[34] Zu einem an den unterschiedlichen Straftattypen orientierten Ansatz jedoch *Meyer* GA 2002, 367 ff.

[35] Nachweise bei *Jescheck/Weigend* AT § 49 II 1; zum ungarischen Strafrecht *Szomora*, in: Sinn u. a. (Hrsg.), 2011, S. 156 ff.

b) Die materiell-objektive Theorie

Die von *Reinhard Frank* entwickelte materiell-objektive Theorie versucht diese Fol- **49**
gen zu vermeiden, indem sie bereits alle Tätigkeitsakte dem unmittelbaren Ansetzen
zuordnet, die „vermöge ihrer notwendigen Zusammengehörigkeit mit der Tatbestandshandlung für die natürliche Auffassung als deren Bestandteile erscheinen".[36] Dadurch unterfallen auch solche Handlungen dem Versuchsstadium, die
zwar noch nicht einmal partiell tatbestandsmäßig sind, aber dennoch eine *Gefährdung* des Tatobjekts darstellen.

Das Versuchsstadium würde danach nicht erst mit dem Abfeuern des Schusses, sondern bereits mit **50**
dem Anlegen des Fingers an den Abzug beginnen.

Ob die Auffassung *Franks* solche Versuche nicht zu erfassen vermag, die das An- **51**
griffsobjekt objektiv nicht gefährden, weil sie absolut untauglich sind (die Pistole
erweist sich nach Betätigung des Abzugs als ungeladen), kann dahinstehen. Denn
die Frage der Strafbarkeit des untauglichen Versuchs gründet nicht im unmittelbaren Ansetzen, sondern im *Strafgrund* des Versuchs (Rn. 85 ff.). Auch zum untauglichen Versuch wird unmittelbar angesetzt.

c) Die subjektive Theorie

Den Gegenpol zu den objektiven Theorien bildete die vor allem in der früheren **52**
Rechtsprechung[37] vorherrschende subjektive Theorie. Danach sollte das *Vorstellungsbild des Täters* der alleinige Maßstab für den Eintritt in das Versuchsstadium sein. Das entsprechende Vorstellungsbild sollte der Täter im Sinne eines „Jetzt
geht's los"[38] z. B. haben, wenn er sich zwecks Begehung eines Raubes vorstellte,
dass „das Opfer jeden Augenblick komme".[39]

Freilich hatte auch diese Auffassung ihre Schwächen: Sie löste durch die Täter- **53**
vorstellung als Kriterium für den Tatbeginn den Zusammenhang zwischen dem Beginn der Tat und der Verwirklichung der Elemente der Tatbestandsmäßigkeit auf. Je
nach Vorstellung des Täters geriet der Bereich des strafbaren Versuchens eng oder
weit. Es sollte deshalb nicht die Vorstellung des *individuellen* Täters entscheidend
sein, sondern die „natürliche Auffassung".[40] Damit erhielt aber auch die subjektive
Versuchstheorie normativen Charakter, ohne allerdings den Makel der Unbestimmtheit zu verlieren.

---

[36] *Frank* 1931, § 43 Anm. II 2 b.

[37] Vgl. BGH 4 StR 274/54 BGHSt 6, 302; 2 StR 282/55 BGHSt 9, 62; Modifizierung in BGH 4 StR
76/99 NStZ 1999, 395 = JuS 1999, 1134: subjektiv „jetzt geht's los" und objektiv Ansetzen zur
tatbestandsmäßigen Angriffshandlung, sodass der Übergang in die Elemente der Tatbestandsmäßigkeit ohne weitere Zwischenschritte erfolgt.

[38] Zu dieser Formel als subjektive Komponente in der Rspr. BGH 1 StR 351/86 NStZ 1987, 20; vgl.
auch BGH 3 StR 108/80 NJW 1980, 1759.

[39] Vgl. BGH bei *Dallinger* MDR 1966, 726 links.

[40] Vgl. BGH 2 StR 282/55 BGHSt 9, 62 (64).

d) Die heute herrschende gemischt subjektiv-objektive Theorie

54   Die soeben aufgezeigten Lücken sucht die heute herrschende[41] und dem § 22 durch den Gesetzgeber im Jahr 1975 zu Grunde gelegte gemischt subjektiv-objektive Theorie auszugleichen. Sie nimmt ein unmittelbares Ansetzen an, wenn

> ▶   **nach der „Vorstellung von der Tat"**[42] **nach dem Gesamtplan des Täters** (subjektiv)

eine so enge *Verknüpfung* des Täterverhaltens mit der tatbestandsmäßigen Ausführungshandlung besteht *(Frank)*,

55 ▶   **dass es bei ungestörtem Fortgang der Dinge ohne weitere wesentliche Zwischenschritte** *unmittelbar* **zur Verwirklichung der Elemente der Tatbestandsmäßigkeit kommt** (zeitlicher Aspekt der objektiven Komponente).[43]

56   Das Ansetzen zum Versuch ist damit der letzte Teilakt vor der vorgestellten Verwirklichung der objektiven Elemente der Tatbestandsmäßigkeit, gekennzeichnet durch einen engen zeitlichen Zusammenhang und eine „Sphärenberührung".[44] Handlungen, wie sie in der Strafvorschrift beschrieben werden, müssen einerseits noch nicht begangen worden sein,[45] der Vollzug der gesetzlich beschriebenen Tathandlung schließt den Versuchsbeginn indessen andererseits ein.[46]

57 ▶   Indiz für eine enge Verknüpfung und Unmittelbarkeit ist eine **konkrete Gefährdung des Angriffs-Objekts aus Tätersicht** (Gefährdungsaspekt der objektiven Komponente).[47]

58   Bei jener Tätersicht kann es im Rahmen der Gefährdung als Beurteilungsmaßstab jedoch nicht auf die Vorstellung des Täters zum Zeitpunkt der Planung ankommen, sondern auf die Vorstellung zum Zeitpunkt der *Ausführung* der Tat. Wie es im Falle des Rücktritts auf den sog. „Rücktrittshorizont" (Rn. 118 ff.) ankommt, kann im Falle des Versuchs erst dann ein unmittelbares Ansetzen angenommen werden, wenn sich der Täter zum Zeitpunkt der Tatausführung vorstellt, das Angriffsobjekt unmittelbar zu gefährden (sog. *Versuchshorizont*).[48]

---

[41] Die gesetzgeberische Entscheidung spricht nicht dagegen, deren Grundlage als „herrschend" zu bezeichnen. So aber *Krack* JA 2015, 905 ff. (908 Fn. 8).

[42] Vgl. zu dieser Ausrichtung der „Vorstellungs"-Formel auf das unmittelbare Ansetzen *Hillenkamp* FS Roxin, S. 696 ff.

[43] Vgl. BGH 5 StR 173/20 NStZ 2020, 598.

[44] So die „konkretisierte Teilaktstheorie" nach *Roxin* FS Herzberg, S. 341 ff.

[45] Vgl. BGH 1 StR 234/97 StV 1997, 632.

[46] Vgl. *Kühl* FS Küper, S. 289.

[47] Vgl. auch *Roxin* AT 2 § 29 Rn. 139.

[48] Vgl. *Gropp* FS Gössel, S. 175 ff., insbes. 186 ff.

Mit der gemischt subjektiv-objektiven Theorie ist somit eine Formel gefunden, **59** welche zwar auf der *Vorstellung* des Täters aufbaut, das Stadium des Versuchs jedoch möglichst eng an die *Verwirklichung* der *Elemente der Tatbestandsmäßigkeit* anbindet. Sie ermöglicht es außerdem, im Interesse des Schutzes des Achtungsanspruches einen Versuch auch dann anzunehmen, wenn im Falle einer vom Täter *vorgestellten Gefährlichkeit* objektiv weder ein Element der Tatbestandsmäßigkeit betroffen noch eine wirkliche Gefährdung des Angriffsobjekts eingetreten ist.

Beispiel

Betrachtet man daraufhin *Leitfall 9 Var. a*, so ist das Versuchsstadium nicht erst **60** mit dem Öffnen des Gatters erreicht, sondern bereits dann, wenn B auf das Gatter zuschreitet, um es zu öffnen. Auch bei *Variante b* hat B unmittelbar angesetzt. Denn nach seiner *Vorstellung* hat durch das Öffnen des Gatters die Verwirklichung der Wegnahme beim Diebstahl in Form einer Gewahrsamslockerung bereits begonnen (zeitlicher Aspekt) und auch die konkrete Gefährdung eines geeigneten Jungbullen ist nach seiner Vorstellung gegeben (Gefährdungsaspekt).[49] ◄

e) Kein unmittelbares Ansetzen beim ex ante offensichtlich ungefährlichen Versuch und beim Fehlen des subjektiven Rechtfertigungselementes

Nach der h. M. findet die Strafbarkeit des Versuchs ihre Legitimation darin, dass er **61** durch die Betätigung des rechtsfeindlichen Willens den Eindruck eines Angriffs auf die Rechtsordnung erweckt und dadurch das Vertrauen der Rechtsgemeinschaft in den Rechtsfrieden erschüttert.[50] Diese Formel berücksichtigt auch § 23 III, die Strafbarkeit des untauglichen Versuchs aus grobem Unverstand, der trotz seiner Ungefährlichkeit strafwürdig ist. Eine Strafbarkeit des ex ante offensichtlich ungefährlichen Versuchs vermag die Formel indessen nicht zu tragen.[51] Denn der Unterschied zu § 23 III liegt darin, dass die *Ausführung* beim Versuch nach § 23 III durchaus den Eindruck eines gefährlichen Verhaltens erwecken kann: die Schwangere nimmt eine für den Außenstehenden unbekannte Flüssigkeit zu sich, um das ungeborene Kind zu töten. Der *ex ante* ungefährliche Versuch – das „Abschießen" eines Flugzeugs mit einer Schrotflinte – ist hingegen auch in der Ausführung ein für jedermann als offensichtlich ungefährlich erkennbares Verhalten. Ein nach der Vorstellung des Täters nur irrtümlich für gefährlich *gehaltenes*, selbst nach dem von ihm vorgestellten Sachverhalt indessen objektiv *offensichtlich ungefährliches* Ausführungsverhalten (ex ante objektiv ungefährlicher Versuch) vermag den Eindruck eines Angriffs auf die Rechtsordnung nicht zu erwecken und auch das Vertrauen der

---

[49] Vgl. als Beispiel für die Abgrenzung zwischen Vorbereitung und Versuch auch den *Lenkradschloss*-Fall BGH 4 StR 559/67 BGHSt 22, 80 (näher *Eser* StK II Nr. 32, insbes. A 1–12, 27–34) sowie den *Schlüsselbeschaffungs*-Fall BGH 4 StR 429/78 BGHSt 28, 162 (näher *Eser* StK II A 41 a).

[50] *Eser/Bosch,* in: Schönke/Schröder Vor §§ 22 ff. Rn. 22 mwN.

[51] *Roxin* GA 2017, 656 ff. (668) spricht von „statistischer Gefährlichkeit".

Rechtsgemeinschaft in den Rechtsfrieden schwerlich zu erschüttern. Das unmittelbare Ansetzen muss somit auf der Grundlage der Vorstellung des Täters zumindest auch *objektiv gefährlich erscheinen.* Das ist bei dem Schuss mit der Schrotflinte zwecks Abschießens eines Flugzeugs indessen nicht der Fall. Denn es fehlt der Gefährdungsaspekt der objektiven Komponente des Versuchsunwerts.[52]

62   Ein unmittelbares Ansetzen ist weiterhin auch dann abzulehnen, wenn ein dem unmittelbaren Ansetzen entsprechendes Sachverhaltsunrecht bereits strukturell nicht gegeben ist, weil das Handeln des Täters (wenn auch für ihn unerkannt) *rechtmäßig* ist. Diese Problematik wurde im Rahmen des Fehlens des subjektiven Rechtfertigungselementes eingehend erörtert. Auf jene Ausführungen sei verwiesen (§ 5 Rn. 49 ff.).

Zu Leitfall 9

63   In *Leitfall 9 Var. b erscheint* das Handeln des B auf der Grundlage seiner Vorstellung objektiv *gefährlich*, weil zunächst nicht klar ist, ob die Rinder auf der Weide sind. Ein ex ante objektiv ungefährlicher Versuch liegt daher nicht vor. ◄

f) Das unmittelbare Ansetzen bei erweiterten Strafvorschriften, insbesondere Qualifikationen, Regelbeispielen und Strafvorschriften mit mehreren Tathandlungen

64   Die gemischt subjektiv-objektive Theorie beurteilt das unmittelbare Ansetzen nach einem *raum-zeitlichen* Maßstab aus Tätersicht. Zusätzliche Elemente der Tatbestandsmäßigkeit können daher nur insoweit von Bedeutung für das unmittelbare Ansetzen sein, als sie sich auf die vorgestellte raum-zeitliche Gefährdung des Angriffsobjekts beziehen. Elemente, die Qualifikationen begründen oder die Grundlage für Regelbeispiele darstellen (vgl. § 2 Rn. 44 ff.), können daher nur dann das unmittelbare Ansetzen beeinflussen, wenn sie sich auf die vorgestellte raumzeitliche Gefährdung des Angriffsobjekts auswirken, d. h. die *Vornahme der Tathandlung* betreffen.[53] Das Mitführen eines gefährlichen Werkzeuges nach § 244 I Nr. 1a hat folglich keine Auswirkungen auf den Beginn des Versuchs. Hingegen liegt ein Versuch des § 244 I Nr. 3 bereits mit dem Einbrechen oder Einsteigen in eine Wohnung vor, wenn dies eine Lockerung des Gewahrsams als Element der Wegnahmehandlung darstellt.

65   Gleiches gilt für die Regelbeispiele in § 243 I. Zwar hat der BGH angenommen, dass das unmittelbare Ansetzen zur Verwirklichung eines Regelbeispiels die Schwelle zum strafbaren Versuchsstadium überschreitet.[54] Von der h. L. wird dies

---

[52] Ausführlich und lesenswert zum ungefährlichen Versuch *Hirsch* GS Vogler, S. 31 ff. mwN; vgl. auch *Roxin* AT 2 § 29 Rn. 139.

[53] Vgl. *Kühl* FS Küper, S. 303; *Putzke* JuS 2009, 989.

[54] Vgl. BGH 3 StR 291/85 BGHSt 33, 370.

aber im Hinblick darauf zu Recht abgelehnt, dass die Regelbeispiele keine Elemente der *Tatbestandsmäßigkeit* sind und daher ein unmittelbares Ansetzen erst recht nicht begründen können.[55]

Nicht so eindeutig ist die Lage bei Strafvorschriften mit mehreren Tathandlungen **66** wie z. B. § 249, Raub, mit den Komponenten „Nötigung mit Raubmitteln" und „Wegnahme". Hier wird überwiegend vertreten, dass mit dem unmittelbaren Ansetzen zu *einer* Tathandlung bereits das unmittelbare Ansetzen zur gesamten Straftat vorliege.[56] Jedoch wird man darauf abstellen müssen, ob nach der Vorstellung des Täters ein unmittelbarer Eingriff in *alle* durch die zusammengesetzte Strafvorschrift geschützten Rechtsgüter gegeben ist. Ist im unmittelbaren Ansetzen zur Nötigung bei § 249 aus Tätersicht zugleich auch ein Eingriff in das Eigentums durch Gewahrsamslockerung zu sehen, dann liegt ein Versuch des Raubes vor. Hat der Täter hingegen mit der Wegnahme begonnen, ohne dass nach seiner Vorstellung eine unmittelbare Gefährdung der Person gegeben ist (weil z. B. der Berechtigte die Wegnahme der Sache noch gar nicht entdeckt hat), dann scheidet ein Versuch des Raubes insoweit aus, was den Versuch eines Diebstahls aber nicht ausschließt.

Nicht um Strafvorschriften mit mehreren Tathandlungen handelt es sich, wenn **67** eine Strafvorschrift die Verwirklichung einer anderen Strafvorschrift voraussetzt, wie z. B. der räuberische Diebstahl nach § 252. Denn hier wird an einen vollendeten Diebstahl als Vortat angeknüpft. Zum räuberischen Diebstahl setzt daher nicht schon an, wer zum Diebstahl ansetzt, sondern erst der, der nach der Vollendung des Diebstahls nach seiner Vorstellung dazu ansetzt, sich gem. § 252 den Besitz der Sache mittels Raubmitteln zu erhalten.

g) Das unmittelbare Ansetzen bei notwendiger Mitwirkung des Opfers

Beispiel 9.8

Bayerwaldbärwurz-Fall (auch „*Giftfallen*"-Fall genannt) – BGH 1 StR 234/97 **68** BGHSt 43, 177 = NStZ 1998, 241:[57] In das Einfamilienhaus des A waren Unbekannte eingedrungen, hatten sich in der Küche warme Speisen zubereitet und auch dort vorhandene Flaschen mit verschiedenen Getränken ausgetrunken. Auch war Beute in das Dachgeschoss des Hauses verbracht worden. Die von A

---

[55] Vgl. *Kühl* AT § 15 Rn. 52 f. sowie *Arzt* JuS 1972, 518 links: Die Behandlung der Regelbeispiele wie Elemente der Tatbestandsmäßigkeit habe ihre Begründung darin, dass der Vorsatz des Täters auf jene Merkmale bezogen sein muss. Im Übrigen jedoch könnten die Regelbeispiele in ihrer Wirkung nicht über das hinausgehen, was unbenannte minder schwere oder besonders schwere Fälle hinsichtlich des Versuchsstadiums vermögen. Insoweit bestehe jedoch Einigkeit, dass die unbenannten schweren Fälle auf den Beginn des Versuchsstadiums keine Auswirkung haben. Dies könne nicht deshalb anders sein, weil jene Sachverhalte, auf denen die besondere Schwere beruhen kann, eigens beispielhaft beschrieben werden.

[56] Vgl. *Kühl* AT § 15 Rn. 48 mwN.

[57] Hierzu *Böse* JA 1999, 342 ff.; *Geppert* JK 1998 § 22 Rn. 18; *Heckler* NStZ 1999, 79 ff. (79 f.); *Kudlich* JuS 1998, 596 ff.; *Otto* NStZ 1998, 243 f.; *Puppe* AT § 20 Rn. 28 ff.; *Roxin* JZ 1998, 211 f.; *Wolters* NJW 1998, 578 ff.

verständigte Polizei ging deshalb davon aus, dass die Täter in den folgenden Tagen noch einmal zurückkehren würden, um die Beute abzuholen. In der Nacht vom 08. zum 09.03.1994 hielten sich deshalb vier Polizeibeamte in dem Haus auf, um dort mögliche Einbrecher ergreifen zu können.

69   A hatte zugleich am Nachmittag des 08.03. aus Verärgerung über den Einbruch im Flur des Erdgeschosses eine handelsübliche Steingutflasche mit der Aufschrift „Echter Hiekes Bayerwaldbärwurz" aufgestellt, die er mit einer hochgiftigen Flüssigkeit gefüllt und wieder verschlossen hatte. A, der im Haus blieb, wusste, dass bereits der Konsum geringster Mengen rasch zum Tode führen konnte. Er nahm es beim Aufstellen dieser Flasche aber in Kauf, dass möglicherweise erneut Einbrecher im Haus erscheinen, aus der Flasche trinken und tödliche Vergiftungen erleiden könnten.

Hat sich A wegen einer versuchten Tötungsstraftat strafbar gemacht? ◄

70   Der *Bayerwaldbärwurz*-Fall betrifft die Frage, wann ein unmittelbares Ansetzen zum Versuch anzunehmen ist, wenn zur Verwirklichung der Straftat die Mitwirkung des Opfers zwingend erforderlich ist.

71   In der *Lehre* wird hier ein Versuch bejaht, wenn der Täter entweder den Geschehensverlauf aus seinem eigenen Herrschaftsbereich entlassen hat oder das Opfer nach seiner Vorstellung in der Weise gefährdet wird, dass in engem raumzeitlichem Zusammenhang mit der Verwirklichung der Tatbestandsmäßigkeit auf seine Sphäre eingewirkt wird.[58] Strukturell ist die Vergleichbarkeit mit dem Versuchsbeginn bei mittelbarer Täterschaft offensichtlich (§ 10 Rn. 133 ff.). Beide Kriterien vermögen im Beispielsfall eine Versuchsstrafbarkeit nicht zu begründen.

72   Auch der *BGH* lehnt einen Versuch ab. Die vorgestellte Opfergefährdung sei maßgeblich, wenn der Täter das Erscheinen des Opfers lediglich für möglich, aber noch ungewiss hält. Steht für den Täter das Erscheinen des Opfers hingegen fest, liege eine unmittelbare Gefährdung bereits mit Abschluss der Tathandlung vor.

73   Die Kriterien der Lehre erscheinen überzeugender, weil sie – ausgehend von der Vorstellung des Täters – auf einer objektiv zu beurteilenden *Gefährdungsintensität* des Opfers als Grundlage einer jeden Versuchsstrafbarkeit aufbauen. Diese entsteht entweder mangels Kontrolle durch den Täter oder infolge der Annäherung durch das Opfer. Das Abstellen auf die Intensität des Vorsatzes seitens des Täters beim Abschluss der Tathandlung lässt jene Gefährdung dagegen außer Acht. Denn die Vorstellung des sicheren Erscheinens gefährdet das noch abwesende Opfer nicht, wohl aber der Verlust von Kontrolle. Und die Vorstellung von der Ungewissheit des Erscheinens verringert die Gefährdung nicht, wenn der Täter die Kontrolle aufgibt.[59]

---

[58] Vgl. *Roxin* JZ 1998, 211.
[59] Zu weiteren Kritikpunkten *Roxin* JZ 1998, 212; vgl. auch *Streng* GS Zipf, S. 330 ff.

h) Das unmittelbare Ansetzen zum Unterlassen

Auch der Täter eines Versuchs durch Unterlassen muss nach seiner Vorstellung un- **74** mittelbar zur Verwirklichung des Unterlassens ansetzen. Die Feststellung dieses Zeitpunktes ist jedoch nicht unproblematisch:[60]

Beispiel 9.9

Kemptener Tee-Fall – BGH 1 StR 357/94 BGHSt 40, 257:[61] Der behandelnde **75** Arzt A beschloss, die alte, hirngeschädigte Patientin, die nicht ansprechbar war, auf Schmerzreize nur mit Lidbewegungen, auf Lichtreize mit einer Blickwendung und auf starke Lautreize mit einem Zusammenzucken reagierte, künftig nicht mehr mit Sondennahrung, sondern nur noch mit Tee zu versorgen und sie dadurch verhungern zu lassen. Freilich blieb es beim Versuch, weil sich das Pflegepersonal weigerte, die Sondennahrung abzusetzen.

Hat A zum Versuch des Totschlags durch Unterlassen unmittelbar angesetzt, **76** wenn er

a. zum ersten Mal anstatt der Sondennahrung hätte Tee verabreichen lassen?
b. nach fortdauernder Absetzung der Sondennahrung nicht die letzte Möglichkeit wahrgenommen hätte, das Leben der Patientin durch Wiederaufnahme der Sondenernährung zu retten?
c. die Patientin infolge des Absetzens der Sondenernährung nach seiner Vorstellung in eine konkrete Lebensgefahr gebracht hätte? ◀

Die überwiegend vertretene Variante (c) – Eintritt einer konkreten Lebensgefahr **77** nach der Vorstellung des Täters – hat den Vorteil, dass sie mit dem Gefährdungskriterium beim aktiven Tun korrespondiert. Die Annahme eines unmittelbaren Ansetzens mit der ersten Unterlassungshandlung (a) dehnt demgegenüber den Bereich der Strafbarkeit sehr weit nach vorne aus, während die Nichtwahrnehmung der letzten Möglichkeit nach der Vorstellung des Täters als Zeitpunkt für das unmittelbare Ansetzen (b) den Bereich des Versuchs durch Unterlassen auf Fälle beschränken würde, in denen die Vorstellung des Täters fehlgeht, also ein untauglicher Versuch vorliegt, weil ja ansonsten die Vollendung eintreten müsste.[62]

---

[60] Ausführlich hierzu *Roxin* AT 2 § 29 Rn. 271 ff.; zu diesem Problem in der Fallbearbeitung *Frisch/Murmann* JuS 1999, 1196 ff. (1199); vgl. auch *Stein* GA 2010, 129 ff.

[61] Dazu *Schöch* NStZ 1995, 153 ff.; vgl. auch *Lilie* FS Steffen, S. 285; *Stoffers* Jura 1998, 580 ff. mwN Fn. 2; aus ärztlicher Sicht *Hiersche* FS Hanack, S. 697 ff.; zum Versuch des Unterlassens auch *Hillenkamp/Cornelius* 32 Probleme, Problem 14 mwN.

[62] Vgl. zum Meinungsspektrum auch *B. Heinrich* AT Rn. 752 ff.; *Maurach/Gössel/Zipf* AT 2 § 40 Rn. 142 ff.; *Joecks/Jäger StK* § 13 Rn. 97 f.; NK-StGB-*Gaede* § 13 Rn. 22 ff. jew. mwN.

78   Die 1. Strafkammer des Landgerichts Kempten verurteilte A wegen eines versuchten Totschlags durch Unterlassen[63] in einem minderschweren Fall, §§ 212, 213, 22, 23, 13. Der BGH konnte darin keinen Rechtsfehler erkennen, verwies aber zur weiteren Sachaufklärung an die 2. Strafkammer des Landgerichts Kempten zurück. Die 2. Strafkammer sprach A frei, weil das Vorgehen des A dem Willen der Patientin entsprochen habe.[64] ◄

II. Formale Begrenzungen der Versuchsstrafbarkeit (§ 23)

79   Nicht jede Verwirklichung eines unter I. beschriebenen materiellen Versuchsunwerts ermöglicht eine Bestrafung, und selbst im Falle der Strafbarkeit bestehen Einschränkungen gegenüber der vollendeten Straftat. Begrenzend wirkt hier § 23:

§ 23 Strafbarkeit des Versuchs

80   (1)   Der Versuch eines Verbrechens ist stets strafbar, der Versuch eines Vergehens nur dann, wenn das Gesetz es ausdrücklich bestimmt.

   (2)   Der Versuch kann milder bestraft werden als die vollendete Tat (§ 49 Abs. 1).

   (3)   Hat der Täter aus grobem Unverstand verkannt, dass der Versuch nach der Art des Gegenstandes, an dem, oder des Mittels, mit dem die Tat begangen werden sollte, überhaupt nicht zur Vollendung führen konnte, so kann das Gericht von Strafe absehen oder die Strafe nach seinem Ermessen mildern (§ 49 Abs. 2).

81   § 23 I legt den Bereich fest, innerhalb dessen Obersätze aus einer Kombination von gesetzlicher Strafvorschrift und Versuchstrafbarkeit überhaupt gebildet werden können. Außerhalb dieses Bereichs ist die Verwirklichung eines Versuchsunwertes folglich schon nicht *tatbestandsmäßig*. So bleibt z. B. derjenige, der den Versuchsunwert einer uneidlichen Falschaussage (§ 153) verwirklicht, deshalb straffrei, weil infolge von § 23 I ein aus den §§ 153 und 22 gebildeter Rechtssatz

„Wer nach seiner Vorstellung von der Tat unmittelbar ansetzt, vor Gericht [...] als Zeuge oder Sachverständiger uneidlich falsch auszusagen, wird bestraft"

nicht existiert.

82   Die Absätze 2 und 3 beziehen sich hingegen auf die *Rechtsfolgen* versuchter Straftaten. Die generelle fakultative Strafmilderung beim Versuch (Abs. 2) rührt daher, dass dem Täter der versuchten Straftat schon definitionsgemäß kein Unwert für die Vollendung zugerechnet werden kann, was die Straf*würdigkeit* herabsetzt.

---

[63] Zweifelnd an der Einordnung als Unterlassen *Stoffers* Jura 1998, 580 ff.

[64] Näher *Hiersche* FS Hanack, S. 700 f., 714 f.

Die Strafmilderung beim Versuch aus grobem Unverstand, die bis zum Absehen **83** von Strafe (§ 60, Schuldspruch ohne Strafausspruch) reichen kann, beruht hingegen auch auf Straf*bedürftigkeits*erwägungen und hat damit auch einen *(general)präven-tiven* Hintergrund: gerade weil der Täter hier aus grobem Unverstand handelt, ist sein Angriff auf den Achtungsanspruch und die Geltung der Rechtsordnung für jedermann sichtbar nicht ernst zu nehmen: Die Schwangere (*Beispiel 9.3* oben Rn. 31), die meint, mittels für jedermann als solchen erkennbaren Kamillentees ab-treiben zu können, wird ebenso wenig ernst genommen wie der Bauer beim Gift-mordversuch mittels einer weißen Substanz aus einer Dose mit der Aufschrift „Dex-trose" (= Traubenzucker).[65]

Es bedarf hier daher nur abgeschwächter oder gar keiner Anstrengungen, um die **84** Geltung der Rechtsnorm deutlich zu machen.

III. Der Strafgrund des Versuchs[66]

Mit Hilfe des in den §§ 22 und 23 festgelegten gesetzlichen Rahmens der Versuchs- **85** strafbarkeit lassen sich nun Erkenntnisse darüber gewinnen, weshalb und wann eine Tat strafbar sein soll, obwohl die als Erfolg gesetzlich beschriebene Veränderung in der Außenwelt überhaupt nicht eingetreten ist.

In Widerspruch zu den §§ 22, 23 stehen *objektive* Versuchslehren, welche den **86** Strafgrund des Versuchs jedenfalls auch in der konkreten Gefährdung des ge-schützten Handlungsobjekts erblicken.[67] Nach ihnen hätte der Versuch die Struktur einer konkreten Gefährdungsstraftat (vgl. § 2 Rn. 20 ff.), der „Erfolg" des Versuchs wäre die Verursachung einer konkreten Gefahr für das Angriffsobjekt. Gegen diese Auffassung spricht vor allem die Strafbarkeit des untauglichen (§ 23 I, II) und die des grob unverständigen Versuchs (§ 23 III). Denn in diesen Fällen liegt eine objek-tive Gefährdung eines Angriffsobjekts als Element der Tatbestandsmäßigkeit der §§ 211 ff. nicht vor – man denke nur an den Schuss auf die Vogelscheuche (Sache, § 303), die der Täter in der Dunkelheit für einen Menschen (§§ 211 ff.) hält –, und dennoch werden sie mit Strafe bedroht.

Man könnte daraus schließen, dass der Strafgrund eines Tötungsversuchs in **87** Form eines Schusses auf die Vogelscheuche zwar nicht in der Gefährdung des An-griffsobjektes *„Sache"*, wohl aber darin zu sehen sei, dass der Täter das *Leben* als abstrakten Achtungsanspruch („*Rechtsgut"*, § 2 Rn. 12 ff.) durch Nichtbeachtung angreife. Aber auch diese am *Täterwillen* orientierte *subjektive* Versuchstheorie ver-

---

[65] Diese Fälle könnten nach der Argumentation bei Rn. 61 auch gut begründbar als ex ante völlig ungefährliche Versuche eingeordnet werden, was nach der hier vertretenen Ansicht eine Versuchs-strafbarkeit schon mangels unmittelbaren Ansetzens ausschließen würde.

[66] Umfassend hierzu *Zaczyk* 1989, der das angegriffene „Rechtsgut", das Verhältnis des Täters zu diesem, den die Nichtvollendung begründenden Mangel und den den Mangel ausgleichenden Wil-len als Kriterien für die Konstituierung des Versuchsunrechts entwickelt.

[67] Informativ zur objektiven Versuchslehre im *japanischen* Strafrecht *Kawaguchi* ZStW 110 (1998), 561 ff.

mag nicht zu überzeugen. Denn dann müsste – selbst bei Wahrung der Freiheit der achtungsanspruchsfeindlichen Gedanken – schon *jede betätigte Nichtbeachtung eines strafrechtlich geschützten Achtungsanspruchs*, d. h. die betätigte achtungsanspruchsfeindliche Gesinnung des Täters, den Versuchsunwert begründen. Diese Sicht hingegen würde den Bereich der Versuchsstrafbarkeit auf *alle* Verhaltensweisen ausdehnen, mittels derer der Täter seine achtungsanspruchsfeindliche Gesinnung zu betätigen *meint*. Materielle Vorbereitungshandlungen würden so zu Versuchen umfunktioniert, weil die Betätigung der rechtsfeindlichen Gesinnung bereits vor der Gefährdung des Angriffsobjekts die Strafbarkeit begründete. Um dies zu vermeiden, bedarf es einer Restriktion, welche die Gesinnung des Täters in eine Beziehung zum Angriffsobjekt im Sinne eines unmittelbaren Ansetzens bringt.

88   Der Strafgrund des Versuchs wird deshalb angesichts der Strafbarkeit auch des untauglichen Versuchs[68] einerseits und des Erfordernisses eines unmittelbaren Ansetzens zur Verwirklichung der Straftat andererseits *gemischt subjektiv-objektiv* darin gesehen, dass der Täter sich aus einer rechtsfeindlichen Gesinnung heraus („nach seiner *Vorstellung*", subjektiv) in der Weise *nach außen* betätigt, dass das *tatbestandsmäßige Angriffsobjekt* – auf der Grundlage der Vorstellung des Täters – *unmittelbar gefährdet* erscheint (objektiv). Die zusätzliche Strafmilderungsmöglichkeit beim Versuch aus grobem Unverstand (§ 23 III, s. o. Rn. 83),[69] die unumstrittene Straffreiheit des abergläubischen Versuchs (s. o. Rn. 39) und die hier vertretene Straffreiheit des ex ante objektiv ungefährlichen Versuchs (s. o. Rn. 61 ff.) zeigen darüber hinaus, dass nur ein solches Versuchen strafbar sein soll, welches einen *Eindruck* hinterlässt, der das Vertrauen der Allgemeinheit auf die Geltung der Rechtsordnung erschüttern und den Rechtsfrieden beeinträchtigen kann.[70] Die subjektiv-objektive Legitimation der Strafbarkeit des Versuchs wird daher auch als *Eindruckstheorie* bezeichnet.[71]

89   Ein so beschriebener Strafgrund des Versuchs entspricht nicht nur den §§ 22, 23, er vermag auch der Aufgabe des Strafrechts, dem Schutz der Achtungsansprüche durch den Schutz der Angriffsobjekte Geltung zu verschaffen, am ehesten gerecht zu werden. Denn soweit wir ex ante noch nicht wissen, ob ein Versuch untauglich ist oder nicht, stellt auch ein Versuch, von dem man später weiß, dass er untauglich war, zunächst eine *objektiv* gefährliche Situation dar. Und selbst wenn wir im Unterschied zum Täter wissen, dass sein Verhalten völlig ungefährlich ist, stellt auch das

---

[68] Zur Legitimation der Strafbarkeit des untauglichen Versuchs *Bloy* ZStW 113 (2001), 79 ff. mwN; z. B. auch BGH 3 StR 305/19 NStZ-RR 2020, 203 ff.

[69] Zum groben Unverstand als „Kriterium fehlender Rechtsfriedensstörung" *Bloy* ZStW 113 (2001), 79 ff. (98 ff.).

[70] Vgl. auch *Lesch* 1999, S. 202.

[71] Vgl. *Eser/Bosch*, in: Schönke/Schröder Vor §§ 22 ff. Rn. 22; Lackner/Kühl/Heger-*Heger* § 22 Rn. 11; *Maurach/Gössel/Zipf* AT 2 § 40 Rn. 22; krit. zur Eindruckstheorie *Murmann* GK § 28 Rn. 32; *Roxin* GA 2017, 656 ff. (663 ff.); nach der neueren *Gefährlichkeitstheorie* soll hingegen die konkrete Gefährlichkeit des Versuchs*verhaltens* die Strafbarkeit des Versuchs begründen, was sich einschränkend auf die Strafbarkeit des untauglichen Versuchs auswirkt, informativ und mwN hierzu *Bloy* GA 2000, 498 ff.

unmittelbare Ansetzen zu diesem untauglichen Versuch *ex ante* eine objektive Gefahr dar, so lange es außenstehenden Dritten gegenüber auch nur den *Anschein von Gefährlichkeit* erweckt. Da dieser durch den Täter verursachte objektive Anschein die Geltung der Norm erschüttert, ein Angriff auf das Sollen selbst darstellt,[72] wird der (auch untaugliche) Versuch bestraft.

IV. Sonderfragen

1. Versuch bei der durch eine besondere Folge qualifizierten (erfolgsqualifizierten) Straftat[73]

Gem. § 11 II ist auch die durch eine besondere Folge qualifizierte Straftat eine *vor-* **90** *sätzliche* Tat, was eine Versuchsstrafbarkeit möglich macht.[74] Die dogmatische Kombination eines Versuchs mit einer durch eine besondere Folge qualifizierten Straftat ist daher grundsätzlich anerkannt,[75] wobei im Einzelnen folgende Fallgruppen unterschieden werden: Vollendung der Grundstraftat und Versuch der besonderen Folge (a), Versuch der Grundstraftat und Eintritt der besonderen Folge (b) sowie Versuch der Grundstraftat und Versuch der besonderen Folge (c).

a) Vollendung der Grundstraftat und Versuch der besonderen Folge („Versuch der Erfolgsqualifikation")

Ein sog. „Versuch der Erfolgsqualifikation" liegt vor, wenn der Täter bei der voll- **91** endeten Grundstraftat die besondere Folge in seinen Vorsatz aufgenommen hat, ihr Eintritt aber ausbleibt.[76] Der Versuch der Erfolgsqualifikation steht dann mit der vollendeten Grundstraftat in Tateinheit.[77]

b) Versuch der Grundstraftat und Eintritt der besonderen Folge („erfolgsqualifizierter Versuch")[78]

Schwieriger ist die Entscheidung in den Fällen des sog. „erfolgsqualifizierten Ver- **92** suchs": Der Täter führt die besondere Folge fahrlässig bzw. leichtfertig schon durch den Versuch der Grundstraftat herbei.

---

[72] Vgl. *Lesch* 1999, S. 204. *Lesch* begreift den Versuch als „genuin strafrechtliches Unrecht", S. 200 ff.

[73] Vgl. auch *Hardtung* 2002; *Hillenkamp/Cornelius* 32 Probleme, Problem 16 mwN; *Jescheck/Weigend* AT § 49 VII; *Joecks/Jäger* StK § 18 Rn. 4 ff.; *Kühl* FS Gössel, S. 191 ff.; *Laue* JuS 2003, 743 ff.; *Kuhli* JuS 2020, 289 ff.; Aufbauschemata bei *Schlüchter* AT Kap. 17 A.

[74] Vgl. *Kühl* FS Küper, S. 297.

[75] Vgl. *Baumann/Weber/Mitsch/Eisele* AT § 22 Rn. 81 f.; *Rengier* 1986, S. 234 ff.

[76] Vgl. BGH 3 StR 99/01 NStZ 2001, 534; BGH 1 StR 34/19 BGHSt 64, 80 ff. m. Anm. *Schiemann* NJW 2019, 3662; *Eisele* JuS 2020, 275 ff.; *Jäger* NStZ 2020, 244 f.; *Kudlich* JA 2020, 64 ff.; *Küper* GA 2020, 584, 586 ff.; *Renzikowski* JR 2021, 129 ff.; *Wessels/Beulke/Satzger* AT Rn. 1002; *Hillenkamp/Cornelius* 32 Probleme, Problem 16 mwN.

[77] BGH 1 StR 640/66 BGHSt 21, 194.

[78] Umfassend zum erfolgsqualifizierten Versuch *Küper* FS Herzberg, S. 323 ff.

93   Auszuscheiden sind hier zunächst die Fälle, in denen der Versuch der Grundstraftat als solcher nicht strafbar ist (z. B. § 221 III).[79] Denn dann wäre die besondere Folge *nicht strafschärfend* i. S. v. § 18, sondern straf*begründend*. Im Übrigen differenziert die h. M. hier zu Recht nach der Struktur der Strafvorschrift: Wenn die besondere Folge mit der Tat*handlung* verknüpft ist, ist Raum für einen erfolgsqualifizierten Versuch,[80] denn dann knüpft die Folge an einen Sachverhalt an, dessen spezifische Gefahr sich in ihr realisiert hat.[81] Ein durch die Folge qualifizierter Versuch scheidet indessen aus, wenn die Qualifikation nach der Konzeption der Strafvorschrift auf der *Veränderung in der Außenwelt* der Grundstraftat aufbaut (z. B. § 313 II i. V. m. § 308 III).[82]

c) Versuch der Grundstraftat und Versuch der besonderen Folge („Versuch des erfolgsqualifizierten Delikts")

94   Auch der „Versuch eines erfolgsqualifizierten Delikts" in der Form, dass sowohl die Grundstraftat als auch die qualifizierende Folge im Versuchsstadium steckenbleiben, ist anerkannt.[83] Über die unter b) genannten Voraussetzungen hinaus ist jedoch erforderlich, dass für beide Komponenten bereits das unmittelbare Ansetzen bejaht werden kann.

2. Versuch und Regelbeispiel[84]

95   Auch in Bezug auf Grundstraftat und Regelbeispiel lässt die Verwirklichungsstufe des Versuchs drei Kombinationsmöglichkeiten zu (a.-c.):

a) Vollendung der Grundstraftat und „Versuch" des Regelbeispiels

96   Eine vollendete Grundstraftat mit einem „versuchten" Regelbeispiel ist z. B. gegeben, wenn der Täter zur Begehung eines Diebstahls in ein Gebäude einbrechen will, die Tür jedoch wider Erwarten unverschlossen ist. Begeht der Täter den beabsichtigten Diebstahl, so nimmt die h. L. an, dass der Versuch des Regelbeispiels nicht eigens ins Gewicht fällt und allenfalls aufgrund einer Gesamtbewertung ein Diebstahl in einem besonders schweren Fall angenommen werden kann.[85]

---

[79] A. A. *Otto* GK AT § 18 Rn. 88 f. mwN.

[80] So z. B. bei § 178, vgl. RG 3 D 705/35 RGSt 69, 332, oder bei § 251, vgl. RG II 1320/28 RGSt 62, 422; BGH 1 StR 51/96 BGHSt 42, 158; BGH 4 StR 204/98 NStZ 1998, 511; zu § 227 instruktiv BGH 5 StR 42/02 BGHSt 48, 34 im sog. *Glasscheiben*-Fall mit Bespr. *Laue* JuS 2003, 743; vgl. dazu auch *Engländer* GA 2008, 669 ff.

[81] Beim Versuch der Körperverletzung mit Todesfolge fordert *Engländer* GA 2008, 683 f. mit bedenkenswerten Argumenten als Grundstraftat eine *das Leben gefährdende* Körperverletzungshandlung nach § 224 I Nr. 5.

[82] Vgl. auch *Wessels/Beulke/Satzger* AT Rn. 1004.

[83] Vgl. BGH 3 StR 415/20 NStZ-RR 2021, 376; krit. dazu *Fahl* GA 2022, 272 ff.; vgl. auch *Jescheck/Weigend* AT § 49 VII 2 b mwN.

[84] Vgl. auch *Graul* JuS 1999, 852 ff. zu BGH 5 StR 232/97 NStZ-RR 1997, 293; umfassend zu den Regelbeispielen des Diebstahls in einem besonders schweren Fall *Wessels/Hillenkamp/Schuhr* BT 2 Rn. 213 ff.; *Maurach/Schroeder/Maiwald/Hoyer/Momsen* BT 1 § 33 Rn. 105 ff. jew. mwN; vgl. auch *Arzt* JuS 1972, 517.

[85] Vgl. *Bosch,* in: Schönke/Schröder § 243 Rn. 44 mwN; a. A. OLG Köln Ss 262/72 MDR 1973, 779; *Zipf* JR 1981, 121; krit. zur BGH-Rspr. auch *Zieschang* Jura 1999, 565.

b) Versuch der Grundstraftat und Verwirklichung des Regelbeispiels

Ist die Grundstraftat versucht, das Regelbeispiel hingegen verwirklicht, nimmt die **97** überwiegende Meinung den Versuch eines Diebstahls in einem besonders schweren Fall an, sieht die Regelwirkung folglich gegeben.[86]

Beispiel 9.10

Der Täter ist in ein Gebäude eingebrochen, findet aber nichts und verlässt unver- **98** richteter Dinge den Tatort. ◄

c) Versuch sowohl des Regelbeispiels als auch der Grundstraftat

Beispiel 9.11

Der Täter findet die Tür wider Erwarten unverschlossen, kann in dem Gebäude **99** auch keine Diebesbeute finden und geht unverrichteter Dinge wieder von dannen. ◄

Der BGH nimmt hier eine Regelwirkung an und verurteilt wegen eines versuchten **100** Diebstahls in einem besonders schweren Fall.[87]

Eine sachgerechte Behandlung der in a.-c. beschriebenen Problematik hat zu- **101** nächst zu berücksichtigen, dass es nur darum geht, ob ein besonders schwerer Fall als *Regel*wirkung angenommen werden kann oder ob seine Annahme einer besonderen Begründung bedarf. Da die Regelbeispiele, gleich ob tat- oder täterbezogen, einen Sachverhalt beschreiben, der einen gesteigerten Unwert aufweist, wird es zur Begründung der Regelwirkung darauf ankommen, ob jener Unwert im Verhältnis zur Grundstraftat ins Gewicht fällt. Das ist dann der Fall, wenn die Grundstraftat nicht vollendet ist. Es ist daher sachgerecht, in den Fallgruppen b) und c) eine Regelwirkung zu bejahen.

V. Der Aufbau der versuchten Straftat

▶ **Vorprüfung**   **102**

• Die Straftat, die der Täter begehen wollte, ist nicht vollständig verwirklicht worden bzw. kann dem Täter nicht als vollständig verwirklicht zugerechnet werden.

---

[86]Vgl. *Bosch,* in: Schönke/Schröder § 243 Rn. 44 mwN.

[87]Vgl. BGH 3 StR 291/85 BGHSt 33, 370; ebs. *Maurach/Schroeder/Maiwald/Hoyer/Momsen* BT 1 § 33/107; gegen eine Indizwirkung hingegen die überwiegende Meinung, vgl. *Bosch,* in: Schönke/Schröder § 243 Rn. 44 mwN.

- Ein Versuch dieser Straftat ist nach § 23 I strafbar.
  - I. Tatbestandsmäßigkeit
    1. Subjektive Elemente der Tatbestandsmäßigkeit (personaler Unwert)
       a. Die „Vorstellung von der Tat" („*Entschluss*") = Vorsatz bezüglich der objektiven Elemente der Tatbestandsmäßigkeit
       b. Das Vorliegen persönlicher Merkmale (Absichten usw.)
    2. Objektives Element der Tatbestandsmäßigkeit (Sachverhaltsunwert) = Unmittelbares Ansetzen
       - auf der Grundlage des Tatentschlusses
       - unmittelbare Gefährdung des Angriffsobjekts, da
       - keine weiteren wesentlichen Zwischenschritte zur Verwirklichung der Tatbestandsmäßigkeit
  - II. Rechtswidrigkeit
    wie bei der vollendeten Straftat
  - III. Schuldhaftigkeit
    wie bei der vollendeten Straftat, wobei jedoch der Vorsatz selbst nach der kausalen Handlungslehre den Entschluss bildet.

B. Rücktritt (§ 24)

§ 24 Rücktritt

103 (1) Wegen Versuchs wird nicht bestraft, wer freiwillig die weitere Ausführung der Tat aufgibt oder deren Vollendung verhindert. Wird die Tat ohne Zutun des Zurücktretenden nicht vollendet, so wird er straflos, wenn er sich freiwillig und ernsthaft bemüht, die Vollendung zu verhindern.

I. Freiwilliges „Aufgeben der weiteren Tatausführung" bzw. „Verhindern der Tatvollendung" als unwertbegrenzende Elemente des Rücktritts

1. Die gesetzliche Unterscheidung zwischen unbeendetem und beendetem Versuch

a) Aufgeben der Tat oder Verhinderung der Tatvollendung

104 Ungeachtet der Rücktrittsmodalität (Aufgeben/Verhindern) ist ein Rücktritt vorab nur dann denkbar, wenn die Veränderung in der Außenwelt nicht eingetreten ist, nicht kausal[88] auf die Angriffshandlung des Täters zurückgeführt oder ihm nicht zugerechnet werden kann. In den beiden letzgenannten Fällen ist zwar die Veränderung in der Außenwelt eingetreten. Weil diese dem Täter aber nicht anzulasten ist, bleibt es bei einer versuchten Tat, von der zurückgetreten werden kann.

---

[88] BGH 2 StR 588/15 StV 2017, 676 mit Anm. *Kudlich* NStZ 2016, 665 f.

> **Beispiel**
>
> Im *Herzinfarkt*-Fall (BGH 2 StR 588/15 StV 2017, 676) fand die Ehefrau E ihren Ehemann M bewusstlos auf dem Boden liegend und fasste spontan den Entschluss, ihn zu töten. Sie legte ihm einen Schal um den Hals und zog diesen fest zusammen. Nach einiger Zeit erschrak sie über ihr Tun und ließ von dem M ab. Sie beseitigte den Schal und lief zu den Nachbarn, um Hilfe zu holen. Im Verfahren gegen die E wurde festgestellt, dass der M an dem Herzinfarkt verstorben war.
>
> Da der Tod des M durch die E nicht verursacht wurde, geht der BGH zu Recht davon aus, dass ein Rücktritt vom Versuch eines Totschlags möglich bleibt. ◄

Nach § 24 I 1 wird der Täter der versuchten Straftat[89] straffrei, wenn er die Tat „aufgibt" bzw. deren „Vollendung verhindert". Mit dem Anknüpfen an das Aufgeben einerseits sowie das Verhindern der Tatvollendung andererseits als hinreichende Voraussetzungen für einen strafbefreienden Rücktritt macht § 24 I die Straffreiheit von dem Stadium des Versuchs abhängig. Dabei korrespondiert mit dem *Aufgeben* der sog. *unbeendete*, mit der Vollendungs*verhinderung* der sog. *beendete* Versuch. **105**

Unter „Aufgeben" ist die Abstandnahme von der weiteren Verwirklichung des Tatentschlusses zu verstehen. Das Motiv für das Aufgeben ist irrelevant. Nach BGH 2 StR 665/87 BGHSt 35, 184 ist es daher unschädlich, wenn der Täter nur deshalb aufgibt, um eine andere, gleich schwere oder schwerere Straftat zu begehen.[90] Erforderlich ist ein Entschluss zum endgültigen Verzicht auf die weitere Tatausführung; ein Innehalten des Täters genügt nicht.[91] **106**

Eine „Verhinderung der Vollendung" liegt hingegen vor, wenn der Täter *Aktivitäten* entfaltet, welche die Vollendung zurechenbar abwenden, d. h. das Ausbleiben der Vollendung nicht als zufällig erscheinen lassen.[92] **106a**

Die reine Verhinderungskausalität genügt für den strafbefreienden Rücktritt folglich nicht. Nach der von *Roxin*[93] entwickelten sog. *Differenzierungstheorie*[94] wird man im Falle einer eigenhändigen Vollendungsverhinderung verlangen müssen, dass die Vollendung aufgrund einer vom Zurücktretenden eröffneten Rettungschance verhindert worden ist (Chanceneröffnungstheorie). Bei fremdhändiger Vollendungsverhinderung darf er sich nicht mit Rettungsmaßnahmen begnügen, **107**

---

[89] Zum „Rücktritt" von Tatbeiträgen im *Vorbereitungsstadium* vgl. *Angerer* 2004. Nach *Angerer* beruht die Straffreiheit hier auf der fehlenden Zurechenbarkeit, fehlendem Vorsatz oder – falls es zum Versuch kommt – auf einer analogen Anwendung von § 24.

[90] Z. B. auch BGH 2 StR 284/19 NStZ 2020, 341 ff.; krit. hierzu *Schlüchter* AT 14. Kap. B Frage 47.

[91] Vgl. BGH 2 StR 147/21 NStZ 2023, 482 ff. (483); 1 StR 408/21 NStZ-RR 2023, 74.

[92] *Zieschang* GA 2003, 358; umfassend zu den Anforderungen an das Verhindern *Boß* 2002.

[93] FS Hirsch, S. 327 ff./335 ff. mwN und erhellenden Beispielen; sowie *Roxin* AT 2 § 30/243 ff.

[94] Krit. *Boß* 2002, S. 141 f.

die möglicherweise unzureichend sind.[95] Eine (aus seiner Sicht) optimale Leistung muss der Zurücktretende aber auch nicht erbringen (so aber die sog. Bestleistungstheorie).[96] Das Ergreifen *erforderlicher* Maßnahmen genügt.[97]

107a Auch der BGH fordert für einen Rücktritt vom Versuch gemäß § 24 I 1 Var. 2 nicht, dass der Täter bei mehreren Möglichkeiten der Erfolgsverhinderung die sicherste oder „optimale" gewählt hat.[98] Vielmehr genüge es, wenn sich das auf Erfolgsabwendung gerichtete Verhalten des Versuchstäters als erfolgreich und für die Verhinderung der Tatvollendung als ursächlich erwiesen habe.[99] Erforderlich sei aber stets, dass der Täter eine neue Kausalkette in Gang gesetzt habe, die für die Nichtvollendung der Tat ursächlich oder jedenfalls mitursächlich geworden ist.[100] Ohne Belang sei dabei, ob der Täter noch mehr hätte tun können, sofern er nur die ihm bekannten und zur Verfügung stehenden Mittel benutzt habe, die aus seiner Sicht den Erfolg verhindern konnten.[101]

108 Nach § 24 I 2 ist auf der anderen Seite nicht erforderlich, dass das Ausbleiben der Vollendung gerade auf den Verhinderungsbemühungen des Zurücktretenden beruht. Denn es genügt hier bereits ein ernsthaftes[102] Bemühen, die Vollendung zu verhindern. Die irrtümliche Annahme der Verhinderungskausalität ist in diesem Rahmen folglich unschädlich, wenn die Vollendung nur anderweitig tatsächlich verhindert wird.[103]

b) Die Vorstellung des Täters als Maßstab für das Beendetsein

109 Beurteilungsmaßstab für die Einordnung des Versuchs als beendet oder unbeendet ist die *Vorstellung des Täters*.[104] Dies ergibt sich schon aus § 22. Danach liegt ein unbeendeter Versuch zunächst dann vor, wenn der Täter glaubt, dass sein Vorhaben

---

[95] Ähnlich differenzierend zwischen einer quasi-täterschaftlichen und einer anstiftungsgleichen fremdhändigen Erfolgsabwendung *Engländer* JuS 2003, 641 ff.

[96] Vgl. auch BGH 4 StR 49/97 StV 1997, 518 sowie *Roxin* AT 2 § 30/247 f.

[97] So wohl BGH 5 StR 584/98 StV 1999, 204 und BGH 3 StR 112/04 (*Ukrainer*-Fall) JZ 2005, 203 m. Anm. *Rotsch/Sahan* JZ 2005, 801 ff.; zum Rücktritt vom Unterlassungsversuch BGH 2 StR 251/02 BGHSt 48, 147 mit krit. Anm. *Jakobs* JZ 2003, 743 ff.; zust. *Engländer* JuS 2003, 641 ff. und *Zwiehoff* StV 2003, 631 ff; vgl. auch *Boß* 2002, S. 143 ff., 196 f.; *Herzberg* NJW 1989, 862 ff.; *Puppe* AT § 21/37 ff.

[98] Vgl. BGH 1 StR 34/19 BGHSt 64, 80 ff. (86).

[99] Vgl. BGH 1 StR 34/19 BGHSt 64, 80 ff. (86); 1 StR 201/18 NJW 2018, 2908.

[100] Vgl. BGH 1 StR 34/19 BGHSt 64, 80 ff.; 4 StR 610/07 NStZ 2008, 508; 3 StR 78/10 NStZ-RR 2010, 276.

[101] Vgl. BGH 1 StR 34/19 BGHSt 64, 80 ff. (86 f.); 4 StR 326/85 BGHSt 33, 295 (301); 1 StR 201/18 NJW 2018, 2908.

[102] Umfassend zur Ernsthaftigkeit *Maiwald* FS Wolff, S. 337 ff. Es wirken auch grob unverständige, nicht hingegen abergläubische Bemühungen strafbefreiend. Voraussetzung ist jedoch, dass das Bemühen nicht „halbherzig" ist. Auch ein Unterlassen kann genügen; zust. *Küpper* JuS 2000, 229 links.

[103] Vgl. *Luminal*-Fall BGH 5 StR 28/58 BGHSt 11, 324 (Rücktritt vom untauglichen Versuch): hierzu *Eser* StK II Nr. 34 A 23–35b; vgl. auch *Wessels/Beulke/Satzger* AT Rn. 1067 f.

[104] Vgl. BGH 1 StR 343/19 NStZ 2020, 340.

(noch) nicht gelungen sei,[105] dass er noch nicht alles getan habe, was für die Vollendung erforderlich ist. *Beendet* ist der Versuch hingegen, wenn der Täter der Ansicht ist, dass sein Vorhaben gelungen sei, dass er bereits alles für die Herbeiführung der Vollendung getan habe.

Beispiel 9.12

Stellt der Täter A sich vor, es sei die Beibringung von 10 Tropfen Gift erforderlich, um sein Opfer B zu töten, dann läge nach Beibringung von fünf Tropfen ein unbeendeter, nach der Gabe von 10 Tropfen ein beendeter Tötungsversuch vor. Anschließend verselbstständigte sich nach der Vorstellung des Täters der Geschehensablauf und führte ohne weiteres Zutun zur Vollendung. ◄ **110**

Allerdings wird die Vorstellung des Täters insoweit durch die allgemeine Lebenserfahrung „*normativ überlagert*": von einem Beendetsein wird ausgegangen, wenn der Täter die tatsächlichen Umstände erkannt hat, die die Vollendung nach der Lebenserfahrung nahelegen. An die Annahme eines Unbeendetseins werden deshalb strenge Anforderungen gestellt.[106] Macht der Täter sich *keine* Vorstellungen über die Folgen seines Tuns, nimmt der BGH einen beendeten Versuch an.[107] Denn dann rechne der Täter auch mit der Möglichkeit, dass die angestrebte oder in Kauf genommene Vollendung eintritt.[108] Diese Rechtsprechung steht in Einklang mit der Annahme von dolus eventualis bei Gleichgültigkeit bezüglich des Eintritts der Vollendung.[109] **111**

Wenn aber die Kenntnis der tatsächlichen Umstände zum Zeitpunkt des Rücktrittsgeschehens über die Vorstellung des Täters vom Beendetsein des Versuchs und die Voraussetzungen des strafbefreienden Rücktritts mit entscheidet, dann kommt es darauf an, welches der *maßgebliche Zeitpunkt* für die Vorstellung des Täters sein soll. Diese Frage ist nicht unumstritten. **112**

2. Der maßgebliche Bezugspunkt für die Vorstellung des Täters vom Beendetsein des Versuchs

---

Beispiel 9.13

In *Beispiel 9.12* habe der Täter eine kleine Flasche Gift gekauft. Davon bringt er dem Opfer 10 Tropfen mit Tötungsvorsatz bei. **113**

Var. a: Wider Erwarten reichen die 10 Tropfen nicht aus. A erkennt dies. Er könnte B weiteres Gift beibringen, nimmt davon jedoch Abstand, weil er ein besserer Mensch werden will, wodurch B völlig genest.

---

[105] Vgl. *Wörner* NStZ 2010, 71.

[106] Vgl. BGH GSSt 1/93 BGHSt 39, 221; 5 StR 434/93 NStZ 1994, 76.

[107] BGH 1 StR 343/19 StV 2020, 76 mwN.

[108] Vgl. BGH 2 StR 449/94 BGHSt 40, 304 m. Anm. *Puppe* NStZ 1995, 403; BGH 3 StR 618/98 NStZ 1999, 300.

[109] Vgl. BGH 5 StR 131/60 NJW 1960, 1821/1822.

Var. b: A bricht sein Vorhaben nach 8 Tropfen ab, weil er Gewissensbisse bekommt. Sicherheitshalber alarmiert er sogar einen Arzt. Jedoch stirbt B wider Erwarten am nächsten Tag infolge des Giftes, weil dieses doch eine stärkere Wirkung gehabt hatte. ◄

114 In Frage kommen insoweit im Wesentlichen zwei Bezugspunkte: die Planungsphase (a) und das Ende der Tatausführung (b).

a) Die Lehre vom Tatplankriterium

115 Nach der Lehre vom *Tatplankriterium* soll es für das Beendetsein des Versuchs darauf ankommen, was der Täter geplant hat. Hat der Täter den Plan erfüllt, im *Beispiel 9.13 Var. a* die Beibringung von 10 Tropfen Gift, dann ist der Versuch beendet.[110] Um zurückzutreten, müsste der Täter die Vollendung aktiv verhindern, selbst wenn die 10 Tropfen gar nicht ausreichen und er dies erkennt.

116 Umgekehrt nützt es dem Täter nichts, wenn sein Plan wie in *Beispiel 9.13 Var. b* die Beibringung von 10 Tropfen vorsieht, er nach 8 Tropfen aufhört und das Opfer dennoch stirbt. Denn mit dem Eintritt der tatbestandsmäßigen Veränderung in der Außenwelt schneidet ihm die h. M. jede Rücktrittsmöglichkeit ab (s. u. Rn. 130 ff.). Deshalb kann er sich nicht darauf berufen, dass seiner Vorstellung entsprechend ein unbeendeter Versuch vorgelegen habe, von dem er strafbefreiend durch Aufgeben zurückgetreten sei.

117 Die Lehre vom Tatplankriterium benachteiligt damit den Rücktrittswilligen in jeder Hinsicht. Außerdem privilegiert sie denjenigen, der schon zu Beginn seiner Aktivitäten einen weitreichenden Tatplan fasst. Denn je umfangreicher der Tatplan, desto eher bleibt der Versuch unbeendet. Die Tatplanlehre führt daher zu unsachlichen Ungleichbehandlungen und wird deshalb nicht mehr vertreten.

b) Die Lehre vom Rücktrittshorizont

118 Mittlerweile hat sich die Lehre vom *Rücktrittshorizont* etabliert.[111] Über das Beendetsein des Versuchs entscheidet danach die Vorstellung des Täters über die Möglichkeit des Eintritts der Vollendung *zum Zeitpunkt der Rücktrittshandlung*, genauer: zum Zeitpunkt der Entscheidung darüber, ob weitergehandelt werden soll oder nicht.

119 Der Täter muss sich zu diesem Zeitpunkt ein Urteil darüber bilden, ob die Vollendung ohne weitere Aktivitäten eintreten wird oder nicht (*Bewirkungshorizont*).[112] Danach richtet sich, ob der Versuch beendet ist oder nicht (Abb. 1):

120 Eine grafische Darstellung zum Beendetsein des Versuchs findet sich in Abb. 1.

---

[110] Vgl. *Stilett*-Fall BGH 2 StR 537/68 BGHSt 22, 330.

[111] Vgl. *Würgungs*-Fall BGH 2 StR 550/82 BGHSt 31, 170; 4 StR 326/85 BGHSt 33, 295; 4 StR 541/87 BGHSt 35, 90; BGH 3 StR 25/86 NStZ 1986, 264; 1 StR 390/89 NStZ 1990, 30; 2 StR 540/98 NStZ 1999, 299/300; 4 StR 56/99 StV 1999, 594; BGH 4 StR 587/19 NStZ-RR 2020, 102 ff.; BGH 5 StR 601/19 BeckRS 2020, 17786; 3 StR 32/23 NStZ 2023, 673; 2 StR 147/21 StV 2024, 94.

[112] *Wörner,* in: Gropp u. a. (Hrsg.), 2010, S. 321, 328; *Wörner* 2010, S. 94 ff.

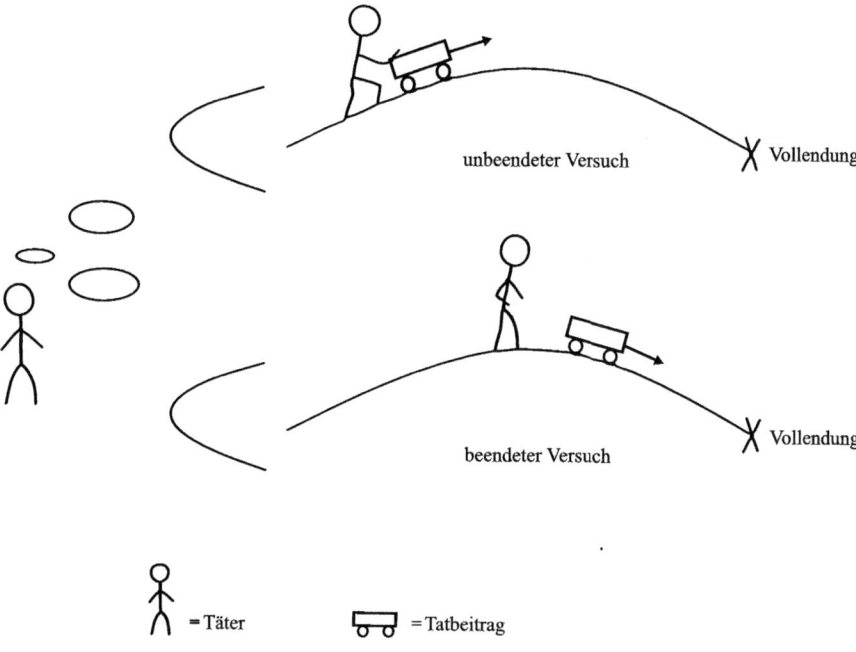

unbeendeter Versuch

Vollendung

beendeter Versuch

Vollendung

= Täter   = Tatbeitrag

Abb. 1 „Beendetsein des Versuchs"

Unbeendet ist der Versuch, wenn der Täter zum Zeitpunkt der Entscheidung über   **121**
das weitere Vorgehen aufgrund der Umstände den Eintritt der Vollendung (noch)
nicht für möglich hält.[113] *Beendet* ist der Versuch, wenn der Täter zu jenem Zeitpunkt eine Vollendung aufgrund der Umstände für (naheliegend) möglich hält.[114]
An die Annahme, der Täter habe die Vollendung nicht für möglich gehalten, sind
strenge Anforderungen zu stellen. Das gilt nach Ansicht des Großen Senats „bei gefährlichen Gewalthandlungen und schweren Verletzungen, deren Wirkungen der
Täter wahrgenommen hat". In diesen Fällen liege es auf der Hand, dass der Täter die
lebensgefährliche Wirkung seines Verhaltens und die Möglichkeit des Eintritts der
Vollendung erkennt.[115] Es ist dann von einem beendeten Versuch auszugehen. Gleiches gilt, wenn der Täter sich bei erkennbar lebensgefährlichen Verletzungen keine
Gedanken über den Eintritt der Veränderung in der Außenwelt gemacht hat.[116]

---

[113] Ähnlich *Wörner*, in: Gropp u. a. (Hrsg.) 2010, S. 321 ff. (327); krit. zur Nichtumstellung der Definition durch die h. M. *Sözüer/Wörner*, in: Gropp u. a. (Hrsg.) 2014, S. 363 ff., insbes. S. 376 ff.

[114] Vgl. *Wörner* 2010, S. 95 mwN; *Wörner*, in: Gropp u. a. (Hrsg.) 2010, S. 321 ff. (327 f.) mit Verweis auf BGH 4 StR 308/86 v. 07.08.1986 und BGH 3 StR 259/86 v. 08.09.1986.

[115] BGH GSSt 1/93 NJW 1993, 2061 ff. (2063).

[116] Vgl. *Roxin* FS Paeffgen, S. 255 ff. (264); BGH 1 StR 343/19 StV 2020, 76; i. E. auch BGHSt
40, 304 NStZ 1995, 121.

122 Der Vorteil der Lehre vom Rücktrittshorizont besteht darin, dass die Rücktrittsaktivitäten dem Entscheidungszeitpunkt angepasst sind und damit der Tatplan den Täter weder unangemessen privilegiert noch einer Würdigung des Rücktrittsverhaltens im Wege steht. In *Beispiel 9.13 Var. a* kann der Täter deshalb auch nach der Verabreichung von 10 Tropfen durch Aufgeben strafbefreiend zurücktreten.

123 Aus der Flexibilität jenes Entscheidungszeitpunktes folgt, dass sich der Rücktrittshorizont des Täters bei fortbestehender Tatsituation, d. h. solange eine zeitliche Zäsur noch nicht vorliegt, auch wieder verändern kann (sog. *Korrektur des Rücktrittshorizonts*).[117] So liegt beispielsweise ein unbeendeter Tötungsversuch auch dann vor, wenn der Täter bei unverändert fortbestehender Handlungsmöglichkeit zunächst glaubt, eine Vollendung sei (naheliegend) möglich, aber unmittelbar darauf erkennt, dass mit einer tödlichen Wirkung doch nicht zu rechnen ist.[118]

c) Einzelaktstheorie und Gesamtbetrachtungslehre[119]

124 Tatplantheorie und Rücktrittshorizont beziehen sich auf Fälle, in denen die Aktivitäten des Täters kumulativ auf die tatbestandsmäßige Veränderung in der Außenwelt zulaufen. Wählt der Täter hingegen ein Vorgehen, welches aus *mehreren, jeweils* zur Herbeiführung der Veränderung *geeigneten* Handlungen besteht, werden Tatplan und Rücktrittshorizont durch das Begriffspaar *Einzelaktstheorie* und *Gesamtbetrachtungslehre* abgelöst.

Beispiel 9.14

125 A will B erschießen und lädt den Trommelrevolver mit sechs Patronen, nimmt sich also die Abgabe von erforderlichenfalls sechs Schüssen vor. ◄

---

126 Geht im genannten *Beispiel 9.14* der erste Schuss fehl und schießt der Täter noch einmal vorbei, so wäre er vom ersten Tötungsversuch mangels einer Rücktrittshandlung nicht zurückgetreten und könnte auch nach dem zweiten Schuss nicht mehr zurücktreten. Dieses Ergebnis vermeidet die Gesamtbetrachtungslehre, indem sie – dem Rücktrittshorizont entsprechend – darauf abstellt, ob der Täter nach dem letzten Teilakt aufgibt, obwohl er meint, die Vollendung noch herbei-

---

[117] BGH 2 StR 147/21 StV 2024, 94.

[118] Vgl. BGH 5 StR 189/98 NStZ 1998, 614 = NStZ 1999, 608 m. Anm. *Jäger*; 1 StR 604/16 StV 2017, 672; 3 StR 501/16 StV 2018, 707; 4 StR 367/14 NStZ 2015, 26; 2 StR 340/19 m. Anm. *Eisele* JuS 2020, 465 alle mwN; vgl. auch LK-*Murmann* § 24 Rn. 90; *Otto* JK 2000 StGB § 24 Rn. 29; zum umgekehrten Fall – späteres Erkennen der hinreichenden Wirkung – BGH 5 StR 189/96 NStZ 1998, 614 („Butterfly-Messer") mit Bespr. *Otto* JK 1999 § 24 Rn. 26; einschränkend *Puppe* AT § 21 Rn. 26; *Puppe* ZIS 2011, 524 ff. (525 f.).

[119] Vgl. auch BGH 2 StR 147/21 NStZ 2023, 482; *Roxin* AT 2 § 30 Rn. 175 ff.; *ders.* FS Paeffgen, S. 255; *Freund/Rostalski* AT § 9 Rn. 27 ff.; *Frister* AT § 24 Rn. 13 ff.; *B. Heinrich* AT Rn. 819 ff.; *Kindhäuser/Zimmermann* AT § 32 Rn. 13 f.; *Kühl* AT § 16 Rn. 18 ff.; *Rengier* AT § 37 Rn. 41 ff.; *Wessels/Beulke/Satzger* AT Rn. 1019 ff.; für die Einzelaktstheorie vgl. *Paeffgen* FS Puppe, S. 791 ff.

führen zu können. Voraussetzung ist jedoch, dass die vorausgegangenen *wirkungslosen* Teilakte mit dem neuen Anlauf, auf den der Täter verzichtet, einen einheitlichen Lebensvorgang bilden.[120]

Beispiel 9.15

Balkon-Fall – BGH 3 StR 470/06 v. 08.02.2007 = NStZ 2007, 399: Der Angeklagte A drang gewaltsam in die eheliche Wohnung ein, verfolgte Ehefrau E und ihre Tochter auf den Balkon und stürzte aus einem spontan gefassten Beschluss die Ehefrau vom Balkon. Der E, die sich gerade noch am Balkongeländer festhalten konnte, schlug A mit voller Kraft so lange gegen ihre Hände, bis E sich nicht mehr halten konnte und auf die ca. 4,70 m unterhalb liegende Rasenfläche stürzte. Nachdem A bemerkt hatte, dass E entgegen seiner Vorstellung (sie könne sich das Genick brechen) kaum verletzt war, hangelte er sich von dem Balkon herunter, um E jetzt auf andere Weise zu töten. Er packte sie an den Haaren, zerrte sie zu dem die Rasenfläche begrenzenden gepflasterten Gehweg und versuchte ihren Kopf auf die Platten des Gehwegs zu schlagen. Dies gelang ihm aufgrund der heftigen Gegenwehr der E nicht. Zwei Nachbarn und die Tochter versuchten, den weiter auf die E eintretenden und einschlagenden A von seinem Vorhaben durch Rufen bzw. durch Werfen ihrer Rollerblades abzubringen. A ärgerte sich, dass er kein Messer dabei hatte und überlegte, ob er E mittels seines Gürtels erwürgen solle. Letztlich entschloss er sich, von ihr abzulassen, weil sich seine Wut durch den Stoß vom Balkon und die anschließenden Gewalttätigkeiten entladen hatte. Er zerrte E an den Haaren zu einer an den Gehweg anschließenden Böschung, ging ins Haus, um eine dort abgestellte Tüte mit ihm gehörenden Kleidungsstücken zu holen, und begab sich zu Fuß zur nächsten S-Bahn-Haltestelle. Am nächsten Tag stellte er sich der Polizei.   **127**

Hier bildeten die vorausgegangenen Teilakte des Stoßens vom Balkon, des Schlagens auf die Hände von E, des Aufschlagens der E auf den gepflasterten Gehweg sowie das Schlagen und Treten einen insgesamt einheitlichen Lebensvorgang, bei dessen Abschluss der A erkannte, dass er die Vollendung nicht bewirkt hatte und im unmittelbaren raum-zeitlichen Zusammenhang des Geschehens auch nicht mehr bewirken würde. Hingegen müsste man nach der Einzelaktstheorie jede der Handlungen als einen eigenen Tötungsversuch bewerten, sodass ein Rücktritt nur hinsichtlich der letzten Handlung in Betracht käme. ◄   **128**

Ein Rücktritt wie im *Balkon*-Fall ist allerdings nur möglich, wenn die Tat als einheitlicher Vorgang zu bewerten ist. Im Falle eines *mehraktigen* Geschehens muss die Frage des Rücktritts für jeden Teilakt gesondert beurteilt werden.[121]   **129**

---

[120] Vgl. BGH 1 StR 33/94 NStZ 1994, 535 mit Anm. *Haft* NStZ 1994, 536; weitergehend BGH 5 StR 465/95 BGHSt 41, 368 mit Bespr. und wN aus der Rspr. *Wörner* 2010, S. 230 ff.; BGH 2 StR 147/21 StV 2024, 94.

[121] Vgl. den *Lebensversicherungs*-Fall v. 19.03.2013 BGH 1 StR 647/12 NStZ-RR 2013, 273.

3. Der Irrtum des Täters über die Wirksamkeit des Getanen[122] – beachtlich?

130 Noch keiner abschließenden Klärung ist die Frage zugeführt, ob und wie ein *Irrtum des Täters über die Wirksamkeit des Getanen* in Form der *Unkenntnis der Vollendungsgeeignetheit* beachtlich ist. Wegen der normativen Überlagerung der Vorstellung des Täters vom Beendetsein des Versuchs (s. o. Rn. 111) setzt die Beachtlichkeit eines solchen Irrtums freilich voraus, dass der Täter aufgrund der Kenntnis der Umstände vernünftigerweise davon ausgehen konnte, dass die Vollendung ohne ein weiteres Zutun seinerseits nicht eintreten würde.

Beispiel 9.16

131 Der Täter geht nachvollziehbar davon aus, dass zur Herbeiführung des Todes durch Vergiftung 10 Tropfen Gift erforderlich seien. Nach Gabe von fünf Tropfen stellen sich bei dem Opfer jedoch bereits deutliche Krankheitszeichen ein, was den reumütigen Täter zur Aufgabe veranlasst. Wider Erwarten war jedoch bereits die Verabreichung der fünf Tropfen zur Herbeiführung des Todes ausreichend. Das Opfer stirbt. ◄

132 Die h. M. hält den Irrtum für unbeachtlich, versagt dem Täter die Berufung auf § 24 und bestraft ihn wegen einer vorsätzlichen vollendeten Straftat, weil die Vollendung eingetreten ist und damit ein Rücktritt nicht mehr in Frage komme.[123]

133 Nach einer vorzugswürdigen Minderheitsmeinung[124] hingegen ist der Irrtum jedenfalls dann beachtlich, wenn der Täter zu einem Zeitpunkt aufgibt, zu dem die Vollendung noch nicht eingetreten und ein Aufgeben erfahrungsgemäß noch möglich ist. Mit dem Aufgeben entfalle dann der Vorsatz, weshalb die Vollendung allenfalls als fahrlässig herbeigeführt zugerechnet werden könne.

134 Gegen diese Meinung wird wiederum geltend gemacht, dass auch bei sonstigen Erfolgsstraftaten ein Fortdauern des Vorsatzes bis zum Eintritt der Vollendung nicht gefordert werde: Schicke der Täter z. B. eine Briefbombe mit Tötungsvorsatz an das Opfer ab, so entfalle die Zurechnung des Todes als vorsätzlich verursacht nicht deshalb, weil der Täter nach dem Absenden seine Tat bereut und vergeblich versucht hat, die Vollendung zu verhindern. Freilich vermag dieses Argument aus zwei Gründen nicht zu überzeugen:

135 Zum einen geht der Täter, der sich aufgrund der Umstände nachvollziehbar vorstellt, durch schlichtes Aufgeben zurücktreten zu können, im Gegensatz zum Bombenversender gerade *nicht* davon aus, dass die Vollendung eintreten wird. Er hat damit zum Zeitpunkt seines Handelns keinen Tötungsvorsatz mehr, was ihn von dem Briefbombenversender unterscheidet. Denn dieser geht davon aus, dass der Tod eintreten wird, wenn es ihm nicht gelingt, ihn zu verhindern. Sein subjek-

---

[122] Näher *Gropp* Jura 1988, 542, 546 links; *Rohnfelder* 2012; *Wessels/Beulke/Satzger* AT Rn. 1067 f.

[123] Vgl. *B. Heinrich* AT Rn. 769; *Jescheck/Weigend* AT § 51 III 3; Lackner/Kühl/Heger-*Heger* § 24 Rn. 20; *Otto* Jura 2001, 341, 344; SK-*Jäger* § 24 Rn. 52 f.

[124] Vgl. *Bottke* 1979, S. 556 f.; *Eser*, in: Schönke/Schröder (bis zur 28. Aufl.) § 24 Rn. 22 ff.; *Eser* StK II Nr. 33 A 45 ff.; *Herzberg* FS Oehler, S. 173; *Jakobs* AT 26 Rn. 13; *Rohnfelder* 2012, S. 72, 91; LK[11]-*Schroeder* § 16 Rn. 34; *Wolter* GA 2006, 406 ff.; a. A. nun *Eser/Bosch,* in: Schönke/Schröder § 24 Rn. 25a; für objektive Zurechnung als Abgrenzungsmaßstab *Kühl* AT § 16 Rn. 79 ff.; krit. zur Lehre vom „Mangel des Vollendungsvorsatzes" *Küper* ZStW 112 (2000), 1 ff.

tives Wissen (cognitives Element) verhindert aber ein Entfallen seines Vorsatzes, denn allein das Fehlen des voluntativen Elementes (das Unerwünschtsein der Veränderung in der Außenwelt) vermag den Täter nicht zu entlasten (näher § 4 Rn. 194 f.).

Zum Zweiten lässt es sich nachweisen, dass es auf dieses Entfallen eines Tötungsvorsatzes ankommt. Denn die Basis für die Versuchsstrafbarkeit ist die *Vorstellung* des Täters, welche auch die Grundlage für die unmittelbare Gefährdung des tatbestandsmäßigen Angriffsobjekts bildet. Die nachvollziehbare Vorstellung des Täters ist aber auch für das Beendetsein des Versuchs maßgeblich. Stellt sich der Täter zum Zeitpunkt des Rücktritts („Rücktrittshorizont") nachvollziehbar vor, noch nicht alles Erforderliche für die Vollendung getan zu haben, so liegt folglich selbst dann ein unbeendeter Versuch vor, wenn der Täter in Wirklichkeit alles Erforderliche getan hat. Gibt der Täter in dieser Situation auf, endet der Unwert des strafbaren Versuchs an dieser Stelle, denn es endet der personale Unwert durch das Ende der Vorstellung von der Tat. Was bleibt, ist der Sachverhaltsunwert bestehend aus dem Kausalverlauf und dem Vollendungsunwert, die jedoch beide nicht mehr von der „Vorstellung von der Tat" getragen werden. War die Vollendung vorhersehbar, kommt eine Verantwortlichkeit wegen Fahrlässigkeit in Betracht. Andernfalls bleibt der Täter insoweit straffrei.   **136**

Wenn die h. M. demgegenüber wegen vorsätzlicher Vollendung bestraft, dann verknüpft sie unzulässigerweise einen durch Rücktritt *aufgehobenen* personalen Unwert einschließlich des bis zur Rücktrittshandlung verwirklichten *Sachverhaltsunwertes* mit einem *gesondert* zuzurechnenden Sachverhaltsunwert bestehend aus dem Kausalverlauf und dem Vollendungsunwert ohne einen zu Grunde liegenden vorsätzlichen personalen Unwert.   **137**

Die Ausführungen zur Beachtlichkeit des Irrtums über die Wirksamkeit des Getanen gelten nicht bei Irrtümern über die Wirksamkeit des Unterlassens. Nimmt in *Beispiel 9.18* (Rn. 146) der Bademeister irrtümlich an, den N durch einfaches Bergen aus dem Wasser retten zu können, so fehlt bereits die Rücktrittshandlung „Verhindern der Vollendung" als notwendige Rücktrittsvoraussetzung.[125]   **138**

4. Unbeendetsein des Versuchs trotz Erreichens des außertatbestandsmäßigen Ziels?

Eine rege Diskussion zu der Frage, ob auch der Täter, der bereits sein Ziel erreicht hat, von einem unbeendeten Versuch zurücktreten kann, obwohl die *tatbestandsmäßige* Veränderung in der Außenwelt noch nicht eingetreten ist, löste der 1993 entschiedene *Denkzettel*-Fall aus.   **139**

Denkzettel-Fall – BGH GSSt 1/93 BGHSt 39, 221:[126] Der Täter T stieß dem Opfer O, um ihm einen „Denkzettel" zu verpassen, mit Tötungsvorsatz (dolus eventualis) ein Messer in den Bauch. Weil er sein Ziel, den Denkzettel, erreicht   **140**

---

[125] So im Ergebnis auch *Küper* ZStW 112 (2000), 1 ff. (41), allerdings in Folge der Annahme eines Vollendungsvorsatzes.

[126] Mit krit. Anm. *Roxin* JZ 1993, 896; gegen strafbefreienden Rücktritt BGH 2 StR 251/89 NStZ 1990, 77; BGH 5 StR 480/90 NStZ 1991, 127, dazu *Puppe* NStZ 1990, 433; *Puppe* JZ 1993, 361 und krit. AT 2 § 36 Rn. 28; *Rudolphi* Anm. JZ 1991, 525; SK-*Jäger* § 24 Rn. 23 ff.; für strafbefreienden Rücktritt hingegen BGH 1 StR 273/92 JZ 1993, 359; BGH 1 StR 390/89 NStZ 1990, 30; BGH 1 StR 36/89 NStZ 1989, 317; 3 StR 137/23 NStZ 2024, 31; vgl. zum Ganzen auch *Pahlke* 1993, S. 117; *Streng* NStZ 1993, 257.

sah, ließ er von O ab, wobei er (unwiderlegbar) davon ausging, noch nicht alles zur Herbeiführung des Todes Erforderliche getan zu haben. O überlebte.

141   Der Große Strafsenat des BGH nahm einen strafbefreienden Rücktritt durch Aufgeben des Tötungsversuchs an.[127] ◀

142 Da Orientierungspunkt für die Bewertung eines Verhaltens aus strafrechtlicher Sicht dessen Tatbestandsmäßigkeit ist und da der Entschluss des T sich auch darauf bezog, ist der Entscheidung des BGH beizupflichten, soweit ein *unbeendeter Versuch* einer *Tötungsstraftat* angenommen wird. Denn die Vorstellung des T ging ja in der Tat dahin, noch nicht alles Erforderliche für die Herbeiführung des Todes des O getan zu haben. Die zu erbringende Rücktrittsleistung ist dann, dass der Täter die weitere *Tat-ausführung aufgibt*. Hier erneut die Diskussion zu beginnen, ob ein Aufgeben genügt, weil der Täter sein außertatbestandliches Ziel erreicht hat, ist überflüssig.[128] Denn bei der Einordnung der *Denkzettel*-Fälle als unbeendete Versuche kann die außertatbestandliche Zielerreichung keine rücktrittshemmende Wirkung haben, weil das außertatbestandliche Ziel eben gerade außerhalb des Tatbestandes steht und § 24 tatbestandsbezogen ist. Das Aufgeben kann sich bei der Einordnung der *Denkzettel*-Fälle als einen unbeendeten Versuch auf das außertatbestandliche Ziel nicht beziehen.

143   Der Annahme eines Aufgebens steht auch nicht entgegen, dass T sein *tatbestands-mäßiges* Ziel, die Tötung des O, nur mit dolus eventualis verfolgte. Denn andernfalls wäre ein Rücktritt von einem mit dolus eventualis begangenen unbeendeten Versuch nie möglich. Von einem Aufgeben ist daher auch in Fällen dieser Art auszugehen.[129]

144   Da der strafbefreiende Rücktritt außer dem Aufgeben nur noch Freiwilligkeit erfordert, war der Rücktritt des T wirksam. Dass T nicht aus Treue zum Recht, sondern wegen des erfolgreich verabreichten Denkzettels zurückgetreten war, mag dem Rechtsgefühl widersprechen, darf im Hinblick auf die Formulierung des Rücktritts aber keine Rolle spielen. Außerdem ist zu bedenken, dass die Strafbarkeit des T wegen gefährlicher Körperverletzung (§ 224) nicht vom Rücktritt erfasst wird.

5. Rücktritt vom Unterlassungsversuch

145 Auch vom Unterlassungsversuch ist ein strafbefreiender Rücktritt möglich. Die Besonderheit besteht jedoch darin, dass das Rücktrittsverhalten hier in der Vornahme der zur Abwendung der Vollendung erforderlichen Handlung bestehen muss, weshalb nur die *Verhinderung*salternative in Frage kommt.[130] Unbeendet ist der Versuch, wenn der Täter glaubt, die Vollendung durch Vornahme der *ursprünglich* erforderlichen Handlung verhindern zu können; beendet ist er, wenn der Täter nun-

---

[127] In diesem Sinne auch der *Portemonnaie*-Fall BGH 4 StR 29/02 NStZ 2002, 427; bestätigt auch durch BGH 6 StR 431/21 NStZ 2022, 349; 3 StR 137/23 NStZ 2024, 31.

[128] Darauf hat *Mitsch* aufmerksam gemacht: FS Kindhäuser, S. 293 ff. (307). Anders noch in der Vorauflage.

[129] Ausführlich *Scheinfeld* 2006, S. 53 f., 140 ff.

[130] Vgl. BGH 2 StR 251/02 BGHSt 48, 147/149; *Jescheck/Weigend* § 60 II 3; *Kühl* AT § 18 Rn. 152; *Maihofer* GA 1958, 289 ff. (298); *Puppe* AT § 32 Rn. 9.

mehr *weitere* Maßnahmen für erforderlich hält.[131] Vom Beendetsein des Unterlassungsversuchs hängt es ab, welche Aktivitäten vom Täter als Voraussetzung des Rücktritts vom Unterlassungsversuch zu fordern sind.

Beispiel 9.18

Der Bademeister B hat beschlossen, den ihm verhassten Nichtschwimmer N, der **146** sich in der Wassertiefe verschätzt hat, ertrinken zu lassen. Eine schwimmbegeisterte Jurastudentin redet ihm jedoch ins Gewissen, den bereits auf den Boden des Hallenbades gesunkenen N zu retten.

Var. a: B rettet N sofort. N geht nach einem Hustenanfall nach Hause: Rücktritt vom unbeendeten Unterlassungsversuch.

Var. b: B gibt seinen todbringenden Entschluss erst nach Ablauf von 3 Min. auf. Dann rettet er N, indem er mittlerweile notwendig gewordene Wiederbelebungsmaßnahmen durchführt: Rücktritt vom beendeten Unterlassungsversuch.

In beiden Fällen erfolgt der Rücktritt zwar nach § 24 I 1 2. Alt. Der Unter- **147** schied besteht aber darin, dass der Täter beim beendeten Unterlassungsversuch davon ausgeht, weitere Verhinderungsaktivitäten entfalten zu müssen, wobei auch zwar nicht optimale,[132] aber erfolgreiche Aktivitäten genügen. Entfaltet er sie nicht, kommt ein Rücktritt entgegen § 24 I 2 selbst dann nicht in Frage, wenn N auf sonstige Weise gerettet wird.

Ein Irrtum des B über die Wirksamkeit des bisherigen Unterlassens ist – im **148** Unterschied zur Situation beim unbeendeten Versuch durch aktives Tun (s. o. Rn. 130 ff.) – auch in Var. a unbeachtlich: Zwar geht B in Var. a davon aus, N durch einfaches Einschreiten noch retten zu können und handelt daher im Falle des Einschreitens ohne Vollendungsvorsatz.[133] Jedoch kann B die geforderte Rücktrittshandlung, die Verhinderung der Vollendung (im Unterschied zum „Aufgeben" beim aktiven Tun), nicht erbringen. ◄

Umstritten ist, ob ein Rücktritt vom Unterlassungsversuch auch dann möglich ist, **149** wenn es sich um einen untauglichen Unterlassungsversuch handelt, weil der Täter selbst bei sofortigem Eingreifen die Vollendung nicht mehr verhindern könnte:

Beispiel 9.19

Heizkörper-Fall – BGH 5 StR 127/97 NStZ 1997, 485:[134] Das Opfer G hatte sich **150** vor dem Angekl. A in eine Nische hinter einem heißen Heizkörper geflüchtet, aus der sie sich nicht mehr selbst befreien konnte, weil A sie dort noch weiter

---

[131] Vgl. *Eser* StK II Nr. 33 A 51; *Wessels/Beulke/Satzger* AT Rn. 1231 f.; umfassend und krit. zu diesem differenzierenden Ansatz *Küper* ZStW 112 (2000), 1 ff.; vgl. auch *Roxin* AT 2 § 29 Rn. 270.

[132] Näher BGH 2 StR 251/02 BGHSt 48, 147.

[133] Für einen Vollendungsvorsatz hingegen *Küper* ZStW 112 (2000), 1 ff. (41).

[134] Vgl. *Jäger* AT § 8 Rn. 327; sowie *Brand/Fett* NStZ 1998, 507; *Kudlich/Hannich* StV 1998, 370 ff.; *Küpper* JuS 2000, 225 ff.

hinuntergedrückt hatte. A ließ G stecken und legte sich schlafen. Am nächsten Morgen gegen 7 Uhr fand A die G in unveränderter Lage vor und verließ das Haus. G war zu diesem Zeitpunkt zwar noch am Leben, aber bereits tödlich verletzt. Dreieinhalb Stunden später ermöglichte A auf Zureden des E die Befreiung der G aus ihrer Lage. G verstarb am übernächsten Tag.

151   Das LG verurteilte A wegen Körperverletzung mit Todesfolge in Tateinheit mit Freiheitsberaubung. Der BGH nahm u. a. eine Strafbarkeit wegen *versuchten* Mordes durch Unterlassen an. Denn als A sich um 7 Uhr der möglicherweise tödlichen Folge seines Verhaltens bewusst geworden sei, habe er den Tod nicht mehr verhindern können. Es fehle deshalb die Quasikausalität des Unterlassens, weshalb eine Vollendung durch Unterlassen ausscheide. Allerdings sei A vom Versuch durch Unterlassen trotz seiner Aktivitäten nicht strafbefreiend zurückgetreten, „weil er die Vollendung der Tat nicht mehr verhindern konnte". ◀

152   *Küpper*[135] wendet zu Recht ein, dass nach dieser Rechtsprechung ein Rücktritt vom untauglichen Unterlassungsversuch generell nicht möglich wäre, und schlägt eine Lösung über § 24 I 2 vor. Voraussetzung wäre eine „Nichtvollendung der Tat ohne Zutun des Zurücktretenden". Davon ist in der Tat auszugehen, denn der Unterlassungsversuch konnte den Tod der G nicht herbeiführen, weil dieser Tod ohnehin unvermeidbar war. So besehen trat der Tod der G in einer Weise ein, die dem Unterlassen des A um 7 Uhr nicht zurechenbar ist. Aus der Sicht des Täters kann es aber keinen Unterschied machen, ob die Tat „nicht vollendet" wird, weil die Vollendung nicht eintritt oder weil sie nicht in einer dem Täter zurechenbaren Weise eintritt.[136]

153   Gegen die Verneinung einer Rücktrittsmöglichkeit durch den BGH spricht weiterhin, dass selbst nach der abzulehnenden Lehre vom fehlgeschlagenen Versuch (s. u. Rn. 161 ff.) das Fehlschlagen von der Vorstellung des Täters abhängt. Wer sich aber vorstellt, die Vollendung durch aktives Tun noch verhindern zu können, geht gerade nicht von einem fehlgeschlagenen Versuch aus und kann unter den Voraussetzungen des § 24 zurücktreten.[137] Allein die Untauglichkeit des Unterlassungsversuchs kann die Möglichkeit des Rücktritts somit nicht hindern.[138]

154   Dies bedeutet indessen nicht zwingend, dass im *Heizkörper*-Fall A strafbefreiend zurückgetreten wäre. Denn vieles spricht gegen eine *Ernsthaftigkeit* und *Freiwilligkeit* der Rücktrittsbemühungen des A.[139]

---

[135] *Küpper* JuS 2000, 229 links.

[136] Vgl. auch *Kudlich/Hannich* StV 1998, 371 links.

[137] Vgl. *Brand/Fett* NStZ 1998, 507 rechts f.

[138] Anders BGH 2 StR 588/15 StV 2017, 677 mit Anm. *Kudlich* NStZ 2016, 665; vgl. zu anderen Fallgestaltungen des untauglichen Unterlassungsversuchs *Mitsch* FS Kindhäuser, S. 293 ff.

[139] So auch *Kudlich/Hannich* StV 1998, 372; *Küpper* JuS 2000, 229 links; gleiches gilt für BGH 2 StR 588/15 StV 2017, 677.

6. Rücktritt vom Versuch einer durch eine besondere Folge qualifizierten (= erfolgsqualifizierten) Straftat

Ein Rücktritt vom strafbaren Versuch einer durch eine besondere Folge quali-   **155**
fizierten (erfolgsqualifizierten) Straftat (s. o. § 8) ist möglich.[140] Dies gilt sogar
dann, wenn der Täter in Kenntnis der eingetretenen besonderen Folge von der
Grundstraftat zurücktritt. Dementsprechend nahm der BGH[141] eine Strafbarkeit
lediglich nach § 222 (fahrlässige Tötung) und nicht nach § 251 (Raub mit Todesfolge) in einem Fall an, in dem der Täter einen Raub begehen wollte. Er hatte zur
Tatausführung die Pistole auf das Opfer gerichtet, um den möglichen Widerstand
gegen die beabsichtigte Wegnahmehandlung zu brechen. Dabei löste sich ein
Schuss, der das Opfer tötete. Der Täter brach die weitere Tatausführung ab und verließ den Tatort ohne Beute.[142]

Ob dabei ein Rücktritt von *allen* Tathandlungsbestandteilen – im Beispielsfall   **156**
Wegnahme und *Nötigung mit Raubmitteln* – zu fordern ist,[143] erscheint fraglich.
Denn der Rücktritt nur vom Wegnahmeversuch schließt eine Strafbarkeit wegen
Nötigung nicht aus, steht aber der Annahme eines strafbaren Raubversuchs im Wege.

Der Täter kann auch derart vom erfolgsqualifizierten Versuch zurücktreten, dass   **156a**
er den Eintritt der besonderen Folge freiwillig verhindert.[144] So hat der 1. Strafsenat
des BGH[145] einen Rücktritt vom (beendeten) Versuch der (besonders) schweren räuberischen Erpressung mit Todesfolge (§§ 250, 255, 251, 22, 23) in einem Fall bejaht,
in dem der Täter zunächst fünf Gläser mit vergifteter Babynahrung in verschiedenen
Lebensmittel- und Drogeriemärkten verschiedener Einzelhandelsketten ausbrachte,
um im Anschluss daran Geld von den Unternehmen zu erpressen. Deshalb verfasste
er eine E-Mail u. a. an das Bundeskriminalamt und an die Unternehmen in der er
wahrheitsgemäß mitteilte, dass sich in fünf Märkten namentlich bezeichneter Unternehmen, die fünf mit einer tödlichen toxischen Menge versetzte Produkte befänden.
Dabei bezeichnete der Täter die Marke und die Geschmacksrichtung konkret, nicht
aber die direkt betroffene Filiale. In der E-Mail forderte der Täter von den Verantwortlichen der Unternehmen die Zahlung von Bargeld. Würden seine Forderungen nicht erfüllt, werde er die „Aktion" abbrechen und noch mehr vergiftete Produkte platzieren. Die vergifteten fünf Gläser konnten von der Polizei gefunden werden.

---

[140] So BGH 1 StR 61/96 BGHSt 42, 158; *Eser/Bosch,* in: Schönke/Schröder § 24 Rn. 26; *Kindhäu-
ser/Zimmermann* AT § 32 Rn. 35; *Kühl* AT § 17a Rn. 53 ff.; *Lotz/Reschke* Jura 2012, 484 f.; sowie
mwN zum Streitstand *Frister* AT § 24 Rn. 10; *B. Heinrich* AT Rn. 845 ff.; anders *Roxin* AT 2 § 30
Rn. 289 ff.; *Ulsenheimer* FS Bockelmann, S. 405 ff. (414); vermittelnd auf der Grundlage eines
allgemeinen personalen Rechtsbegriffs *Anders* GA 2000, 64 ff.

[141] BGHSt 42, 158; krit. zur Entscheidung des BGH *Jäger* NStZ 1998, 161 ff.; *Jäger* AT Rn. 325 ff.;
Wolters GA 2007, 65 ff.

[142] Krit. dazu *Wolters* GA 2007, 65 ff.: nicht die versuchte Wegnahme, sondern die versuchte Nötigung sei Anknüpfungspunkt für den Tod. Hier sei die Nötigung aber nicht nur versucht.

[143] Vgl. *Streng* FS Küper, S. 529 ff. (636).

[144] Vgl. BGH 1 StR 34/19 BGHSt 64, 80 ff. (88); LK-*Vogel/Bülte* § 18 Rn. 84; MK-StGB-*Sander*
§ 251 Rn. 14; *Fischer/Anstötz,* in: Fischer § 18 Rn. 10; vgl. zum „Teilrücktritt" von der Qualifikation auch BGH 2 StR 34/07 BGHSt 51, 276.

[145] Vgl. BGH 1 StR 34/19 BGHSt 64, 80 ff.; vgl. dazu und weiterführend zum Teilrücktritt *Streng*
GA 2021, 487 ff.

7. Freiwilligkeit und Endgültigkeit des Rücktritts

157 Um strafbefreiend zu wirken, muss der Rücktritt *freiwillig* sein. Dies ist der Fall, wenn die Abstandnahme von der Tat aus *autonomen Motiven* erfolgt.[146] *Reinhard Frank*[147] hat hierzu die Faustformel geprägt, der Täter müsse sich sagen „Ich will nicht zum Ziele kommen, selbst wenn ich es könnte". Im konkreten Fall kann die Unterscheidung aber erhebliche Probleme aufwerfen. Letztendlich kommt es darauf an, dass der Täter sich nicht zum Rücktritt *gezwungen* sehen darf. Dass aber auch diese Umschreibung nicht einfach ein Sein beschreibt, sondern auf ein Sollen abstellt und damit auf einer *normativen Betrachtung* beruht,[148] zeigt die Angst vor Strafe, welche als Motiv zur Umkehr die Freiwilligkeit nach h. M. nicht ausschließt. Der Anstoß zum Rücktritt kann von außen kommen, solange dabei die Autonomie der Entscheidung des Täters nicht aufgehoben wird.[149] Der BGH zieht die Grenze dort, wo der Täter von weiteren Ausführungshandlungen deshalb Abstand nimmt, weil er das mit der weiteren Tatausführung verbundene Entdeckungsrisiko für nicht mehr vertretbar hält. Dann soll Freiwilligkeit nicht mehr anzunehmen sein.[150] Auch wenn den Täter heteronome Motive beherrschen („Ich kann nicht zum Ziele kommen, selbst wenn ich es wollte"), ist Freiwilligkeit und damit ein strafbefreiender Rücktritt zu verneinen. Es kommt darauf an, dass der Täter noch „Herr seiner Entschlüsse" geblieben ist und er die Ausführung seines Verbrechensplans noch für möglich hält, er also weder durch eine äußere Zwangslage daran gehindert, noch durch einen seelischen Druck unfähig geworden ist, die Tat zu vollbringen.[151]

158 Ausgehend von dem *Zweck* des strafbefreienden Rücktritts als „Prämierung einer geltungsbestätigenden Gefährdungsumkehr"[152] hat *Amelung* die folgende Formel für die Freiwilligkeit des Rücktritts entwickelt: „Freiwillig tritt zurück, wer einen Versuch unabhängig von Rechtsdurchsetzungszwang[153] und vergleichbaren Zwängen sowie ohne die bestimmende Wirkung einer unbeherrschbaren Reaktion körperlicher oder seelischer Art abbricht."[154]

---

[146] Vgl. hierzu den *Lilo*-Fall BGH 5 StR 352/55 BGHSt 9, 48 sowie BGH 1 StR 402/03 StV 2004, 595 f.; 2 StR 284/19 NStZ 2020, 341 ff.; das Einwirken eines Dritten auf den Täter steht dessen Autonomie nicht von Vornherein entgegen BGH 5 StR 233/20 BeckRS 2020, 17784 mwN; zu an Täterschaftsgrundsätzen orientierten Fallgruppen ausgeschlossener Freiwilligkeit mangels Autonomie *Jäger* ZStW 112 (2000), 783 ff. (794 ff.).

[147] *Frank* 1931, § 45 Rn. 46 Anm. II.

[148] Dass aber auch die *psychologisierende* Betrachtung der Freiwilligkeit seitens der Rechtsprechung normative Züge aufweist, hat *Maiwald* GS Zipf, S. 255 ff. dargelegt; umfassend zur psychologisierenden und normativen Betrachtungsweise LK-*Murmann* § 24 Rn. 235 ff.

[149] BGH 2 StR 289/13 StV 2014, 336 f.; 2 StR 383/14 StV 2015, 687 f.; 1 StR 83/18 StV 2018, 710; 2 StR 141/18 NStZ 2019, 594 jeweils mwN.

[150] BGH 1 StR 646/18 StV 2020, 77; vgl. auch BGH 5 StR 75/20 BeckRS 2020, 9039; 2 StR 284/19 NStZ 2020, 341; 1 StR 315/21 NStZ 2022, 94.

[151] BGH 4 StR 442/22 NStZ 2023, 599 f. (599).

[152] *Amelung* ZStW 120 (2008), 205 ff. (220).

[153] Im Unterschied zu a) moralischen, religiösen und ähnlichen Zwängen und b) zum Androhungszwang der Strafnorm, vgl. *Amelung* ZStW 120 (2008), 205 ff. (244 f.).

[154] *Amelung* ZStW 120 (2008), 205 ff. (244).

Da § 24 I 1 das Aufgeben bzw. das Verhindern der Vollendung der *Tat* verlangt, ge- **159**
nügt es nicht, dass der Täter nur von der konkreten Ausführungs*handlung* ablässt
oder die Vollendung zum konkreten Zeitpunkt verhindert, um die Tathandlung durch
eine andere Begehungsweise zu ersetzen oder die Vollendung auf eine andere Weise
eintreten zu lassen. Die Rückkehr in die Legalität und der Opferschutz erfordern
vielmehr, dass der Täter von der *Beeinträchtigung des konkreten Tatobjekts* zumindest so weit *Abstand* nimmt, dass im Falle späterer Angriffe das Geschehen nicht
mehr als einheitlicher Lebensvorgang, sondern als neuer Entschluss erscheint.[155]

Beispiel 9.20

Der Täter beschließt, die fremde bewegliche Sache nicht mit Gewalt gegen die **160**
Person, sondern mittels Täuschung wegzunehmen, indem er dem Opfer als an-
geblicher Kriminalbeamter vorgaukelt, zur Beschlagnahme der Sache berechtigt
zu sein. Hier läge ein strafbefreiender Rücktritt vom versuchten Raub vor, die
Strafbarkeit wegen versuchten Diebstahls bliebe freilich bestehen. Denn das getäuschte Opfer gibt die Sache nicht freiwillig, sondern nur wegen der angeb-
lichen Beschlagnahme heraus. ◄

8. (Subjektiv) fehlgeschlagener Versuch[156]

Im Rahmen der vor allem von der früheren Rechtsprechung im Zusammenhang mit **161**
dem Tatplankriterium entwickelten[157] und inzwischen auch in weiten Teilen der Literatur[158] zu Unrecht[159] favorisierten Lehre vom *fehlgeschlagenen Versuch* stellt sich
die Frage eines freiwilligen Aufgebens von vornherein nicht, weil der Rücktritt ausgeschlossen ist. *Fehlgeschlagen* soll der Versuch danach sein, wenn der Täter nach
Abschluss der letzten Ausführungshandlung *erkennt* bzw. *irrig annimmt*, dass die
Vollendung im unmittelbaren Handlungsfortgang und mit naheliegenden Mitteln

---

[155] Vgl. BGH 1 StR 33/94 BGHSt 40, 75 (77); 2 StR 284/19 NStZ 2020, 341; *Wessels/Beulke/Satz-ger* AT Rn. 1052 ff. mwN; vgl. auch *Hillenkamp/Cornelius* 32 Probleme, Problem 17 mwN.

[156] Grundlegend *Wörner* 2010, passim.

[157] Zur Tatplanabhängigkeit der Lehre vom fehlgeschlagenen Versuch in der Rspr. *Wörner* 2010, S. 168–199 (frühere tatplanorientierte Rspr.), S. 199 ff.; Rücktrittshorizont, insbes. BGH 4 StR 89/86 BGHSt 34, 53; 4 StR 541/87 BGHSt 35, 90; 4 StR 33/93 BGHSt 39, 244; 4 StR 359/15 StV 2017, 671; 2 StR 213/15 NStZ 2017, 149; 5 StR 6/17 NStZ 2017, 576; vgl. auch die Argumenta-tion bei *Roxin* NStZ 2009, 319.

[158] *Eser/Bosch*, in: Schönke/Schröder § 24 Rn. 7; *Freund/Rostalski* AT § 9 Rn. 22; *B. Heinrich* AT Rn. 770 ff.; MK-StGB-*Hoffmann-Holland* § 24 Rn. 52 ff.; *Kindhäuser/Zimmermann* AT § 32 Rn. 5 ff.; *Krey/Esser* AT Rn. 1271 ff.; SSW-*Kudlich/Schuhr* § 24 Rn. 16 f.; *Kühl* AT § 16 Rn. 9 ff.; LK-*Murmann* § 24 Rn. 233; *Murmann* GK § 28 Rn. 109 ff.; *Otto* GA 1967, 154 ff.; *Otto* Jura 1992, 423 ff.; *Paeffgen* FS Puppe, S. 791 ff. (809 ff.); *Rengier* AT § 37 Rn. 15; *Roxin* JuS 1981, 1 ff.; *Roxin* AT 2 § 30 Rn. 77 ff.; *Roxin* NStZ 2009, 319; SK-*Jäger* § 24 Rn. 11 ff.; NK-StGB-*Engländer* § 24 Rn. 12 ff.; *Murmann* JuS 2021, 385 ff.; die Anerkennung eines darüber hinaus objektiv fehl-geschlagenen Versuchs fordert *Yamanaka* FS Roxin, S. 779 f.

[159] Näher *Gössel* GA 2012, 65 ff. mwN; krit. a. *Fahl* GA 2014, 453 ff.; *Mitsch* FS Kindhäuser, S. 293 ff.; *Mitsch* GA 2022, 618 ff.; *Rostalski* FS Sancinetti, S. 635 ff.

nicht mehr möglich ist:[160] sei es, dass sich z. B. das Tatwerkzeug als untauglich erweist (die Pistole ist nicht geladen und andere Tötungsmittel stehen nicht zur Verfügung) oder die erstrebte Veränderung in der Außenwelt bereits eingetreten ist (das Opfer ist bereits von einem Dritten umgebracht worden). Ist der Versuch objektiv fehlgeschlagen, weil der Täter die Vollendung nicht mehr herbeiführen kann, er dies aber nicht weiß, so bleibt es bei der Möglichkeit des Rücktritts,[161] weil kein subjektiv fehlgeschlagener Versuch vorliegt.

Beispiel 9.21

162   *Menses*-Fall – BGH 1 StR 389/65 BGHSt 20, 279/280: Der Angeklagte sah sich an einer geplanten Vergewaltigung gehindert, weil das Opfer gerade seine Menses hatte. Dazu der BGH: „Dem Angeklagten erwies sich die Überfallene wegen ihres Zustandes für den von ihm […] erstrebten Geschlechtsverkehr als ungeeignet. Dieser Umstand war für ihn ein zwingender Grund, die Durchführung seines Vorhabens aufzugeben (Fall des fehlgeschlagenen Versuchs; délit manqué)." ◀

163   Wie bei der Frage nach dem Beendetsein spielt auch beim Fehlschlagen der *Rücktrittshorizont* bzw. die Gesamtbetrachtung eine Rolle (s. o. Rn. 118 ff., 124 ff.). So betrifft die Lehre vom fehlgeschlagenen Versuch nur jene Fälle, in denen der Täter *zum Zeitpunkt des Rücktritts* meint, die Vollendung in keiner Weise mehr herbeiführen zu können, in denen ansonsten also ein unbeendeter Versuch vorläge, von dem der Täter mangels Freiwilligkeit nicht zurücktreten kann.

Beispiel 9.22

164   A will B mittels eines Pistolenschusses töten. Der Schuss geht fehl. Eine weitere Möglichkeit, zum Ziel zu kommen, sieht der dem B körperlich unterlegene A nicht. Der Versuch ist fehlgeschlagen. Ein strafbefreiender Rücktritt kommt nicht in Frage. ◀

Beispiel 9.23

165   A will B mittels eines Pistolenschusses töten. Der Schuss geht fehl. A könnte B aber auch mittels der Pistole erschlagen. Der Versuch ist daher nicht fehlgeschlagen. A kann vom unbeendeten Versuch durch freiwilliges Aufgeben zurücktreten.[162] ◀

---

[160] Vgl. BGH 2 StR 336/07 NStZ 2008, 393; 4 StR 359/15 StV 2017, 671; 4 StR 493/18 BeckRS 2018, 36259; 1 StR 637/19 BeckRS 2020, 6231; KG 3 Ws 76/20-161 AR 47/20 BeckRS 2020, 18284.

[161] BGH 3 StR 458/14 NStZ 2015, 331.

[162] Zur Bedeutungslosigkeit des fehlgeschlagenen Versuchs in der Praxis *Schlüchter* AT Kap. 14 B Frage 35.

Weil die Lehre vom fehlgeschlagenen Versuch nur auf den unbeendeten Versuch an- **166**
wendbar ist, bleibt auch ihr die Frage des Beendetseins faktisch nicht erspart. Ihr
prüfungsökonomischer Vorteil besteht aber darin, dass Überlegungen, ob der Rücktritt freiwillig erfolgt ist, nicht eigens erforderlich sind.

Dieser geringfügige Vorteil vermag die Schwäche jener Lehre in der dogmati- **167**
schen Begründung freilich nicht aufzuwiegen.[163] Denn begründet wird jene Lehre
vor allem damit, dass ein Täter, nach dessen Vorstellung die Vollendung der Tat
nicht mehr eintreten kann, die Tat gar nicht „aufgeben" könne,[164] weshalb ein eigent-
licher Rücktritt hier nicht vorliege.[165] Denn der Täter entschließe sich nicht unfreiwillig zur Aufgabe, kehre nicht unfreiwillig in die Legalität zurück, sondern er füge
sich schlicht in die aus seiner Sicht *unabänderliche* Sachlage.

Diese Argumentation wäre nur dann überzeugend, wenn ein Aufgeben „der wei- **168**
teren Ausführung der Tat" (§ 24 I 1) nur als Aufgabe der „Verwirklichung der
gesetzlichen Tatbestandsmerkmale" verstanden werden könnte[166] *und wenn* dem
Merkmal des Aufgebens selbst ein (subjektives) Element des „*Rücktrittsent-
schlusses*"[167] oder des „*Fortsetzungsbewusstseins*"[168] innewohnen würde. Ein Aufgeben wäre dann deshalb nicht mehr möglich, weil sich der Täter mangels einer bestehenden Wahlmöglichkeit *subjektiv* weder zum Rücktritt noch zur Fortsetzung der
Tat entschließen könnte.

Jedoch erschöpft sich das objektive, rein deskriptive Element des Aufgebens der **169**
„weiteren Ausführung der Tat" nach § 24 I in dem Unterlassen weiterer Handlungen
zum Erreichen der Vollendung. Denn bei dem „Aufgeben" selbst handelt es sich um
einen „nur semantischen Begriff", dem es an einer Finalität fehlt.[169]

Auch nach dem *allgemeinen Sprachgebrauch* kann die Erkenntnis der Nicht- **170**
Erreichbarkeit zur Aufgabe führen: Der Sportler gibt auf, weil er keine Kraft mehr
hat, der Schachspieler, weil er keine Gewinnchance mehr sieht. Vermutlich findet
ein Aufgeben sogar überwiegend in aussichtslosen Situationen statt. Gegenstand
des Aufgebens ist das *Handeln, nicht das unerreichbare Ziel*. „Aufgeben kann man
auch, was zu vollenden unmöglich ist."[170]

---

[163] Krit. deshalb u. a. *Borchert/Hellmann* Jura 1982, 658 ff.; *Gössel* GA 2012, 65 ff.; *von Heintschel-Heinegg* ZStW 109 (1997), 29 ff.; *Scheinfeld* 2006, S. 23 f.; *Schroeder* NStZ 2009, 9 ff.;
Wörner 2010, passim und S. 289 ff.; krit., wenn auch nicht insgesamt ablehnend, auch *Feltes* GA
1992, 422 ff.; befürwortend hingegen MK-StGB-*Hoffmann-Holland* § 24 Rn. 52; *Baumann/
Weber/Mitsch/Eisele* AT § 23 Rn. 26; *Frister* AT § 24 Rn. 20; *Roxin* NStZ 2009, 319 ff.; *Straten-
werth/Kuhlen* AT § 11 Rn. 78; zum Begründungsaufwand für einen fehlgeschlagenen Versuch im
Vergleich mit der Verneinung der Freiwilligkeit beim Rücktritt *Brand/Wostry* GA 2008, 611 ff.

[164] Vgl. *Jescheck/Weigend* § 51 III 6; *Paeffgen* FS Puppe, S. 791 ff. (815 ff.) mwN.

[165] Vgl. *Eser/Bosch,* in: Schönke/Schröder § 24 Rn. 7.

[166] BGH GSSt 1/93 BGHSt 39, 221.

[167] So *Bottke* JZ 1994, 71 ff.

[168] So *Kampermann* 1992, S. 208 ff.

[169] Vgl. *Borchert/Hellmann* Jura 1982, 658 ff. (661); *Streng* NStZ 1993, 257 ff. (258); *Wörner*
2010, S. 117 f.

[170] *Borchert/Hellmann* Jura 1982, 658 ff. (661).

171   Die Lehre vom fehlgeschlagenen Versuch übersieht damit, dass die entscheidende Wertungsfrage beim Rücktritt nicht ist, ob der Täter „aufgibt", sondern ob er dies „freiwillig" tut.[171] Sie ist der klassischen Konstruktion eines unfreiwilligen Rücktritts vom unbeendeten Versuch nicht überlegen und deshalb entbehrlich.[172]

172   Statt der Annahme eines fehlgeschlagenen Versuchs bleibt es somit beim Aufgeben im Rahmen eines unbeendeten Versuchs. Jedoch wäre dieses Aufgeben nicht freiwillig und ein strafbefreiender Rücktritt folglich ausgeschlossen.[173]

II. Der Straffreiheitsgrund des Rücktritts

173   Fragt man nach dem Grund für die strafbefreiende Wirkung des Rücktritts, so wird eine Vielzahl von Erklärungen angeboten,[174] die sich im Wesentlichen in zwei Gruppen einteilen lassen: Erklärungen, die die strafbefreiende Wirkung zum Zeitpunkt des Rücktritts verankern (1.) und solche, die auf die Situation zum Zeitpunkt der Aburteilung eingehen (2.):

1. „Rücktrittsorientierte" Ansätze

174   Zu den rücktrittsorientierten Ansätzen gehört insbesondere jene Ansicht, welche die Straffreiheit durch Rücktritt als eine *„goldene Brücke"* zum rechtstreuen Verhalten versteht, zu deren Überschreitung der Täter durch die Aussicht auf Straffreiheit *motiviert* werden soll.[175] Diese Ansicht vermag zwar die *Schutzwirkung*[176] des Rücktritts zugunsten des Angriffsobjekts und des dahinterstehenden Achtungsanspruchs recht einleuchtend zu beschreiben. Ihr entscheidender Nachteil liegt indessen darin, dass sie die Wirklichkeit zum Zeitpunkt der Tat kaum angemessen wiedergibt. Denn es leuchtet wenig ein, dass sich der Täter z. B. durch das Tötungsverbot des § 212 zwar nicht von der Tat abhalten lässt, sich durch die In-Aussicht-Stellung von Straffreiheit durch Rücktritt hingegen von deren Vollendung abhalten lassen soll. Es wird deshalb zu Recht bezweifelt, dass der Täter in der Ausnahmesituation der Tat überhaupt motivierbar ist.

2. „Aburteilungsorientierte" Ansätze

175   Die aburteilungsorientierten Ansätze lassen sich wiederum in solche aufteilen, welche – rückwärtsgewandt – ein Verhalten *belohnen* („Prämientheorie": Belohnung

---

[171]Vgl. *Wörner* 2010, S. 117 ff.

[172]Vgl. *Gössel* GA 2012, 69 ff. mwN; *Fahl* GA 2014, 453 ff.

[173]So *Welzel* LB S. 197; *Wörner* 2010, S. 117 ff., 254 ff.; vgl. auch die Bespr. von BGH 1 StR 433/96 StV 1997, 128 durch *Otto* JK 1997 § 24 Rn. 24; krit. *Roxin* AT 2 § 30 Rn. 80.

[174]Umfassend *Eser/Bosch,* in: Schönke/Schröder § 24 Rn. 2 ff. mwN; vgl. auch *Haas* ZStW 123 (2011), 226 ff. (232 ff.).

[175]So vor allem die Rechtsprechung des Reichsgerichts, vgl. RGSt 6, 341; 17, 244; 39, 39; 63, 159; 72, 350; 73, 60.

[176]Zum Opferschutz als Legitimierung für das Rücktrittsprivileg *LK-Murmann* § 24 Rn. 10 ff.

für den Rücktritt)[177] und solche, die – vorwärtsgewandt – fragen, welchen *Zweck* eine Strafe angesichts des Rücktritts noch zu erfüllen vermag.[178]

Zusammenhänge zwischen den aburteilungsorientierten Begründungen und den Straftheorien sind nicht zu übersehen. Bei konsequenter Anwendung dieses Ansatzes muss dann aber auch hier eine *Vereinigungstheorie* gelten.[179] Wie die Strafe mit absoluten und relativen Elementen begründet werden kann, so müsste dies auch hinsichtlich der Straffreiheit des Versuchs möglich sein: der Versuch bleibt straffrei, *weil* der Täter *zurückgetreten ist* (absolute Straftheorien, Vergeltungsgedanke), aber auch deshalb, weil der *Täter* seine rechtstreue Gesinnung unter Beweis gestellt hat und deshalb keiner Bestrafung bedarf (Spezialprävention) und weil er durch sein Verhalten die Geltungskraft der Norm bestätigt hat, was eine Dokumentation der Normgeltung der Allgemeinheit gegenüber nicht mehr erforderlich macht (Integrationsprävention).[180]   **176**

Die genannten Erklärungsversuche für die Straffreiheit durch Rücktritt wirken sich auf den *verbrechenssystematischen Standort* der Straffreiheit aus: Wer den Rücktritt als eine Art „Verrechnungsposten" innerhalb der Vorwerfbarkeitsbilanz aus Versuch und Rücktritt auffasst, gelangt zu einer Struktur, die wir bereits aus § 35 kennen: Reduktion der Schuld auf ein Maß, welches Strafe nicht mehr erforderlich macht.[181] So verstanden würde es sich beim Rücktritt um einen *Ent-schuld*igungsgrund handeln.[182]   **177**

Legt man – wie die h. M.[183] – das Schwergewicht der Straffreiheitsbegründung hingegen *kriminalpolitisch* darauf, dass der Täter sowohl *spezial-* als auch *general-präventiv* keiner Strafe mehr *bedürfe* (*Strafzweck-* oder *Indiztheorie* als Pendant zur strafbegründenden Eindruckstheorie), weil sich weder der verbrecherische noch der rechtserschütternde Eindruck als hinreichend stark erwiesen haben,[184] dann treten   **178**

---

[177] Vgl. *Amelung* ZStW 120 (2008), 205 ff. (245): „strafrechtliche Anerkennung eines nachträglichen Unrechtsausschlusses"; zur „Verdienstlichkeitstheorie" vgl. *Bockelmann/Volk* AT § 27 V 4; *Jescheck/Weigend* AT § 51 I 3; *Rengier* AT § 37 Rn. 7; *Wessels/Beulke/Satzger* AT Rn. 1008.

[178] Kriminalpolitische Begründung der Straffreiheit: Wegfall der *Strafwürdigkeit* oder der *Strafbedürftigkeit*, vgl. *Roxin* FS Heinitz, S. 269 ff.; SK-*Jäger* § 24 Rn. 5; *Eser/Bosch*, in: Schönke/Schröder § 24 Rn. 2b; *Herzberg* FS Lackner, S. 325 ff. (349) favorisiert eine einheitliche Betrachtung von Versuch und Rücktritt, indem er den Versuch als Betätigung einer rechtsfeindlichen Gesinnung beschreibt, die subjektiv rechtsgutsgefährdend wirkt, den Rücktritt hingegen als zurechenbare Leistung zur Erfüllung der Schuld; dazu *Rudolphi* NStZ 1989, 508 ff. mit Entgegnung *Herzberg* NStZ 1990, 172 ff.

[179] Vgl. auch *Eser/Bosch*, in: Schönke/Schröder § 24 Rn. 2b; sowie *Baumann/Weber/Mitsch/Eisele* AT § 23 Rn. 10.

[180] Ähnlich *Rostalski* FS Sancinetti, S. 635 ff. (645).

[181] Vgl. § 6 Rn. 123 ff.; sowie *Roxin/Greco* AT 1 § 23 Rn. 17.

[182] Vgl. *Schumann* 2006.

[183] Vgl. *Eser/Bosch*, in: Schönke/Schröder § 24 Rn. 2b, 4; LK-*Murmann* § 24 Rn. 6 ff., 31 ff.; BGH 5 StR 352/55 BGHSt 9, 48 ff. (52).

[184] Konsequent unter diesem Gesichtspunkt die Auffassung von *Burkhardt* 1975, den Rücktritt als Element der *Strafzumessung* zu verstehen.

Schuldaspekte in den Hintergrund und der Rücktritt wäre ein bloßer persönlicher Strafaufhebungsgrund. *Jäger* vertritt die Auffassung, dass § 24 ein eigener Strafbefreiungstatbestand, ein Rechtsinstitut sui generis sei.[185] Für die h. M. dürfte folgende Überlegung sprechen: Zwar lässt es sich nicht leugnen, dass auch die Straffreiheit infolge Rücktritts auf Unrechts- und darauf beruhenden Schuld*minderungs*aspekten beruht. Jedoch fehlen im Unterschied zu § 35 ein straftatspezifischer *Vollendungsunwert* sowie ein schuldmindernder *Motivationsdruck*, welcher den Täter dazu bringt, das Erhaltungsgut auf Kosten des Eingriffsgutes zu bevorzugen. Die Entscheidung des Zurücktretenden wird daher nicht nur nachgesehen, sie ist im Ergebnis sogar erwünscht, geht also über eine bloße Entschuldigung hinaus.

III. Rücktritt bei Tatbeteiligung mehrerer (§ 24 II)

§ 24 Rücktritt

179 (2) Sind an der Tat mehrere beteiligt, so wird wegen Versuchs nicht bestraft, wer freiwillig die Vollendung verhindert. Jedoch genügt zu seiner Straflosigkeit sein freiwilliges und ernsthaftes Bemühen, die Vollendung der Tat zu verhindern, wenn sie ohne sein Zutun nicht vollendet oder unabhängig von seinem früheren Tatbeitrag begangen wird.

180 Weil der Rücktritt als *persönlicher* Strafaufhebungsgrund wirkt, ist die Straffreiheit jeweils auf den zurücktretenden Tatbeteiligten beschränkt. Um straffrei zu bleiben, muss ein Beteiligter folglich *selbst* zurücktreten. Eine Tatbegehung durch mehrere kann jedoch eine komplexe *Eigendynamik* entwickeln, welche die Verhinderungskausalität wenig durchschaubar macht.[186] Deshalb kann der Zurücktretende hier nicht mehr davon ausgehen, dass ein einfaches Aufgeben als Rücktrittsverhalten hinreicht, selbst wenn er sich vorstellt, *selbst* noch nicht alles für die Herbeiführung der Vollendung Erforderliche getan zu haben. Diesen Gesichtspunkt greift § 24 II auf, indem er bestimmt, dass der Rücktrittswillige bei der Tatbeteiligung mehrerer – Mittäter, Anstifter und Gehilfen – grundsätzlich die Tat *verhindern* muss.

181 Nimmt ein Mittäter noch während des Vorbereitungsstadiums von der Tat Abstand und wird die Tat von den übrigen Mittätern ohne seine Mitwirkung ausgeführt, scheidet ein Rücktritt aus.[187] Umstritten ist die Form der Beteiligung an der Tat nach der Abstandnahme im Vorbereitungsstadium. Gegen eine Mittäterschaft spricht, dass der Ausgeschiedene die Tat nicht mehr mitbeherrscht. Jedoch kommt eine Beihilfe in Frage, wenn die Mitwirkung bei der Planung die Tat gefördert hat.[188]

---

[185] SK-*Jäger* § 24 Rn. 10.

[186] Vgl. LK-*Murmann* § 24 Rn. 455 ff.

[187] Vgl. BGH 1 StR 290/21 NStZ 2022, 605.

[188] Umfassend hierzu *Roxin* FS Frisch, S. 613 ff. mwN zum Streitstand.

Bei angestifteten oder unterstützten Einzeltätern wird § 24 II zugunsten einer **182** Anwendung von § 24 I abgelehnt.[189] Im Hinblick auf den klaren Wortlaut des § 24 II erscheint es jedoch vorzugswürdig, § 24 II dahingehend restriktiv auszulegen, dass in jenen Konstellationen auch ein Aufgeben hinreicht.

Ein Aufgeben genügt danach auch im Rahmen von § 24 II – ausnahmsweise – **183** zunächst dann, wenn die mehreren Beteiligten gemeinschaftlich (u. U. durch konkludent erklärtes Einverständnis) vereinbaren, die Tat aufzugeben.[190]

Beispiel 9.24

A, B und C lauern D auf, um ihn zu töten. D kommt aber nicht. Man beschließt **184** deshalb, nicht mehr länger zu warten und das Vorhaben insgesamt aufzugeben. ◄

Ein Rücktritt eines Tatbeteiligten durch einfaches Aufgeben ist weiterhin dann mög- **185** lich, wenn der Beteiligte die Fäden so in der Hand hat, dass ohne sein Zutun die Tat nicht mehr vollendet werden kann (sog. „erfolgskontrolliertes" Unterlassen).

Beispiel 9.25

Nur der Beteiligte B kennt die Kombination des Zahlenschlosses am fest ein- **186** gebauten Tresor. ◄

Schließlich ist diese Fallgruppe auch dann gegeben, wenn der Haupttäter die Tat so **187** beherrscht, dass er davon ausgehen kann, sein Aufgeben werde auch den Anstifter oder Gehilfen von weiteren Aktivitäten abhalten.[191]

Ansonsten gibt § 24 II dem Tatbeteiligten *drei Möglichkeiten* zum Rücktritt: **188**

1. § 24 II 1: Vollendungs*verhinderung*, z. B. durch Eingreifen der vom Beteiligten **189** alarmierten Polizei oder durch erfolgreiches Abstiften der übrigen Beteiligten. Im Rahmen einer Tötungsanordnung innerhalb eines organisierten Systems kommt ein Rücktritt auf Grund einer Anordnung, das Opfer eines (beendeten) Tötungsversuchs möglichst zu retten, allen Beteiligten zugute.[192]
2. § 24 II 2 1. Alt.: Entfaltung nichtkausaler *Verhinderungsbemühungen*, wenn die **190** Tat aus sonstigen Gründen nicht vollendet wird.

---

[189] Vgl. LK-*Murmann* § 24 Rn. 427; *Roxin* FS Lenckner, S. 267 ff. (269 f.) mwN.

[190] Vgl. BGH 4 StR 125/89 NStZ 1989, 317; 5 StR 176/98 BGHSt 44, 204, dazu krit. *Rotsch* GA 2002, 165, der zumindest eine mitkausale Rettungshandlung des Zurücktretenden fordert; BGH 1 StR 367/13 StV 2014, 472 f.; 6 StR 488/22 NStZ 2023, 541; 6 StR 464/23 NStZ 2024, 348.

[191] Vgl. hierzu auch *Mitsch* FS Baumann, S. 89 ff.; sowie BGH 4 StR 39/97 NStZ-RR 1997, 289 mit Bespr. *Otto* JK 1998 § 31 Rn. 3.

[192] Vgl. BGH 5 StR 176/98 BGHSt 44, 204 ff. (206 f.) mit Bespr. *Otto* JK 1999 § 24 Rn. 27.

In diesen Fällen ist es für den Beteiligten einfach nur ein *glücklicher Zufall*, dass die Vollendung nicht eingetreten ist. Es genügt dann sein *ernstliches Bemühen,* um Straffreiheit zu erlangen. Ernstlich ist sein Bemühen dann, wenn er das aus seiner Sicht optimale Mittel einsetzt.[193]

§ 24 II 2 1. Alt. betrifft Fälle des Rücktritts vom *untauglichen Versuch*, der *Rettung von dritter Seite* sowie des *Rücktritts eines anderen* Tatbeteiligten.

191 3. § 24 II 2 2. Alt.: Verhinderungsbemühungen bei Vollendung unabhängig von einem früheren Tatbeitrag.

Beispiel 9.26

192 A stellt das Fluchtauto nicht mehr zur Verfügung und versucht, die Übrigen von der geplanten Tat abzubringen. Diese begehen die Tat aber am nächsten Tag mit einem anderen Fluchtauto. ◄

IV. Folgen des Rücktritts

193 Sind die Voraussetzungen des § 24 erfüllt, bleibt der Zurücktretende obligatorisch straffrei. Diese Folge tritt aber nur hinsichtlich des Versuchs als solchem ein. Sonstige gleichzeitig verwirklichte vollendete Straftaten bleiben in der Regel strafbar.[194] Man spricht dann von einem sog. *„qualifizierten Versuch"*. Der auf die versuchte Straftat gerichtete Vorsatz sowie ausschließlich darauf bezogene Tathandlungen dürfen nicht strafschärfend berücksichtigt werden.[195] Dies gilt auch beim Rücktritt von der Verwirklichung eines Regelbeispiels.

194 Als *persönlicher* Strafaufhebungsgrund wirkt der Rücktritt nur für denjenigen Beteiligten, der zurückgetreten ist.

V. Der Aufbau der Rücktrittsprüfung

195 Ordnet man den Rücktritt mit der h. M. *verbrechenssystematisch* zu Recht als *Strafaufhebungsgrund* ein, so erfolgt seine Prüfung, nachdem festgestellt worden ist, dass ein schuldhaft verwirklichter Versuch vorliegt.

196 Falls man der Lehre vom fehlgeschlagenen Versuch (Rn. 161 ff.) folgt, wäre vorab das Fehlschlagen zu prüfen und im Falle eines positiven Ergebnisses ein Rücktritt zu verneinen.

---

[193] Vgl. *Roxin* FS Lenckner, S. 267 ff. (280 f.).

[194] Zur Frage der Strafbarkeit aus der vollendeten Gefährdungsstraftat (§ 310a I a. F. = § 306f n. F., Herbeiführen einer Brandgefahr) trotz Rücktritts von der versuchten Verletzungsstraftat (§ 308 a. F. = § 306 n. F., Brandstiftung) BGH 4 StR 638/92 StV 1994, 18 mit krit. Anm. *Gropengießer* StV 1994, 19 ff.

[195] Vgl. BGH 2 StR 225/00 StV 2000, 554.

Die Prüfung erfolgt nach den folgenden Prüfungsschritten: **197**

- Ist der Rücktritt *eines* Tatbeteiligten zu prüfen? (dann weiter bei 1.)
- Ist der Rücktritt unter *mehreren* Tatbeteiligten zu prüfen? (dann weiter bei 2.)
  1. Ist der Versuch
     unbeendet? (dann weiter bei a.) oder *fehlgeschlagen?* (dann Ablehnung eines Rücktritts an dieser Stelle)
     beendet? (dann weiter bei b.)
     a. Hat der Zurücktretende *aufgegeben?*
        (falls nein, scheidet Rücktritt aus, falls ja, weiter bei c.)
     b. Hat der Zurücktretende die Vollendung *verhindert?*
        (falls nein, scheidet Rücktritt aus, falls ja, weiter bei c.)
     c. Hat der Zurücktretende *freiwillig* aufgegeben/verhindert?
        (falls ja, Straffreiheit im Rahmen des Versuchs; falls nein, scheidet Rücktritt aus)
  2. Hat der Zurücktretende die Vollendung *verhindert* – sei es durch aktives Tun, sei es durch Aufgeben in Form des „erfolgskontrollierten" Unterlassens? (falls nein, weiter bei 2. a.; falls ja, weiter oben 1. c.)
     a. Hat der Zurücktretende sich *ernstlich um die Vollendungsverhinderung bemüht, ohne dass* sein Verhalten jedoch ursächlich geworden wäre für die *Verhinderung* der Vollendung?
        (falls nein, weiter bei 2. b.; falls ja, Straffreiheit im Rahmen des Versuchs)
     b. Hat der Zurücktretende sich ernstlich um die Vollendungsverhinderung bemüht, und beruht die Vollendung nicht auf dem Tatbeitrag des Zurücktretenden?
        (falls ja, Straffreiheit im Rahmen des Versuchs; falls nein, scheidet Rücktritt aus)

C. Strafbare Vorbereitungshandlungen/Versuch der Beteiligung (§§ 30 f.)

§ 30 Versuch der Beteiligung

(1) Wer einen anderen zu bestimmen versucht, ein Verbrechen zu begehen oder   **198**
zu ihm anzustiften, wird nach den Vorschriften über den Versuch des Verbrechens bestraft. Jedoch ist die Strafe nach § 49 Abs. 1 zu mildern. § 23 Abs. 3 gilt entsprechend.

(2) Ebenso wird bestraft, wer sich bereit erklärt, wer das Erbieten eines anderen   **199**
annimmt oder wer mit einem anderen verabredet, ein Verbrechen zu begehen oder zu ihm anzustiften.

I. Zum Begriff der strafbaren Vorbereitungshandlungen[196]

200 Strafbare Vorbereitungshandlungen sind Verhaltensweisen, die mit Strafe bedroht sind, obwohl der Täter noch nicht einmal im Sinne des Versuchs (§ 22) unmittelbar zur Verwirklichung der Elemente der Tatbestandsmäßigkeit angesetzt hat. Die Strafbarkeit dieser Verhaltensweisen ist in § 30 als „Versuch der Beteiligung" gesetzlich festgelegt.

Historisch geht § 30 auf ein Ereignis während des Kulturkampfes zwischen Bismarck und der katholischen Kirche zurück.[197] Im Jahr 1873 erbot sich ein belgischer Kesselschmied namens Duchesne in drei Briefen gegenüber dem Erzbischof von Paris gegen einen Lohn von 60.000 Franken Bismarck zu ermorden. Der Erzbischof wies das Angebot zurück, eine Bestrafung des Duchesne war in Belgien aber mangels einer einschlägigen Strafvorschrift nicht möglich. Die deutsche Reichsregierung drängte deshalb Belgien in der Folge dazu, eine Vorschrift in das StGB aufzunehmen, damit dort künftig solche Handlungen bestraft werden können. Dem kam Belgien 1875 nach.[198] Im Jahr 1876 wurde dann auch eine entsprechende Vorschrift (§ 49a RStGB) in das Reichsstrafgesetzbuch aufgenommen,[199] die bis heute oft geändert wurde.

201 Zwar findet man im Besonderen Teil des StGB Strafvorschriften, welche ein Verhalten unter Strafe stellen, das das *Vorfeld* der Gefährdung des Angriffsobjekts betrifft, und die deshalb *materiell* ebenfalls als Vorbereitungshandlungen verstanden werden, z. B. § 83 (Vorbereitung eines hochverräterischen Unternehmens), § 310 (Vorbereitung eines Explosions- oder Strahlungsverbrechens). Dennoch interessieren diese Vorbereitungshandlungen hier nicht. Denn formal sind sie als selbstständige Tatbestände ausgestaltet, stellen folglich keine Verwirklichungsstufen dar. Deshalb können auch diese Tatbestände wiederum in der Erscheinungsform des Versuchs, ja sogar der Vorbereitung i. S. der §§ 30 f. vorliegen.

202 Da sich die Vorbereitungshandlungen definitionsgemäß noch im Vorfeld der eigentlichen Tathandlung abspielen, geht der Gesetzgeber bezüglich des Androhens von Strafe in diesem Bereich sehr zurückhaltend vor.[200] Jene Zurückhaltung bezieht sich zum einen auf die mit einem strafbaren Vorbereitungsstadium versehenen *Strafvorschriften* – nur die Vorbereitung *schwerwiegender Unrechtsverwirklichungen* soll unter Strafe gestellt werden – zum anderen auf die *Begehungsformen* der Vorbereitung.

[196] Vgl. *Frister* AT § 23 Rn. 42 ff.; *B. Heinrich* AT Rn. 1362 ff.; *Kindhäuser/Zimmermann* AT § 43; *Krey/Esser* AT Rn. 1334 ff.; *Kühl* AT § 20 Rn. 243 ff.; *Murmann* GK § 28 Rn. 1 ff.; *Rogall* FS Puppe, S. 859 ff.

[197] Vgl. den Überblick bei MK-StGB-*Scheinfeld* § 30 Rn. 6 ff.; *Dessecker* JA 2005, 549.

[198] Vgl. dazu die Nw bei MK-StGB-*Scheinfeld* § 30 Rn. 6.

[199] RGBl. 1876, S. 25.

[200] Zur verfassungsrechtlichen Zulässigkeit von Vorbereitungshandlungen *Lagodny* 1996, S. 231 ff.

Hinsichtlich der *Strafvorschriften* legt § 30 I, II fest, dass nur die Vorbereitung **203** von *Verbrechen* (vgl. § 12)[201] strafbar ist. Für die Einordnung kommt es auf die Person des Ausführenden an. Dies ist z. B. beim Sichbereiterklären zur Anstiftung nach § 30 II nicht die Person des Anstifters, sondern die des Anzustiftenden.[202]

Darüber hinaus sind nur *bestimmte Formen* der Verbrechensvorbereitung straf- **204** bar: nach § 30 I die *versuchte Anstiftung* („Wer (…) zu bestimmen versucht") zum Verbrechen oder zu dessen Anstiftung, nach § 30 II das Sichbereiterklären, die Annahme des Erbietens und die Verabredung, nicht hingegen die versuchte Beihilfe.

1. Versuchte Anstiftung

Eine *versuchte Anstiftung* ist in drei Formen denkbar: **205**

- Es gelingt nicht, im potenziellen Täter bzw. Anstifter des angesonnenen Ver- **206** brechens einen entsprechenden Tatentschluss hervorzurufen, weil dieser *sich nicht bestimmen lässt*.
- Es gelingt nicht, im potenziellen Täter bzw. Anstifter des angesonnenen Ver- **207** brechens einen entsprechenden Tatentschluss hervorzurufen, weil dieser *bereits zur Begehung des Verbrechens entschlossen ist* (sog. omnimodo facturus).[203]
- Zwar kann der Entschluss im potenziellen Täter bzw. Anstifter hervorgerufen **208** werden, jedoch ist die vorbereitete *Haupttat nicht einmal bis zum Versuchsstadium verwirklicht* worden und scheidet deshalb als Haupttat i. S. v. § 26 aus. In dieser Fallgruppe füllt § 30 im Bereich der Verbrechen die Strafbarkeitslücke aus, die infolge der Akzessorietät der Teilnahme entsteht, wenn die Haupttat nicht einmal versucht wird. Demgegenüber ist eine versuchte mittelbare Täterschaft, ohne dass die Tat bereits ins Versuchsstadium gelangt wäre, straflos. Mangels unmittelbaren Ansetzens zur Tat existiert rechtlich nichts, was der Hintermann durch das Werkzeug beherrschen könnte (vgl. dazu § 10 Rn. 130b f.).[204]

Was die Bestimmtheit der angesonnen Tat anbelangt, genügt es, dass ein Tatplan **209** vorliegt, der das Tatopfer, den Tatort, das Tatwerkzeug und den Täter so konkretisiert, dass der Haupttäter die Tat begehen könnte, wenn er wollte.[205]

---

[201] Näher zum Begriff des Verbrechens i. e. S. oben § 2 Rn. 30 f.; hinsichtlich straf*begründender* täterbezogener Merkmale (§ 28 I) ist bezüglich des Verbrechenscharakters die Person des in Aussicht genommenen Täters maßgeblich, hinsichtlich straf*modifizierender* täterbezogener Merkmale (§ 28 II) die Person des Teilnehmers, vgl. *Wessels/Beulke/Satzger* AT Rn. 919 f., näher zur i. E. umstrittenen Problematik LK-*Schünemann/Greco* § 30 Rn. 35 ff.

[202] Vgl. BGH 2 StR 165/08 BGHSt 53, 174.

[203] Krit. zu dieser Fallgruppe *Puppe* AT § 25 Rn. 8 ff.

[204] Vgl. dazu auch den Fall BGH 5 StR 200/23 NStZ 2024, 150 mit Anm. *Eisenberg* StV 2024, 534; *Rotsch* ZfIStw 2024, 292; *Sinn* ZJS 2024, 591.

[205] Vgl. BGH 2 StR 239/97 NStZ 1998, 347 mit Anm. *J. Kretschmer* NStZ 1998, 401 ff.; BGH 1 StR 76/19 StV 2020, 86; *Graul* JR 1999, 249 ff.

210 In subjektiver Hinsicht genügt es, dass der erfolglose Anstifter hinsichtlich der Entschlussfassung und Tatbegehung durch den präsumtiven Haupttäter mit dolus eventualis handelt, d. h. die Verwirklichung des Verbrechens ernstlich für möglich hält und sich mit ihr abfindet. Ein darüber hinausgehendes, ungeschriebenes Merkmal der „Ernstlichkeit" des Anstiftungsversuchs ist nicht erforderlich.[206]

211 Wird die angesonnene Tat versucht oder vollendet, so tritt die versuchte Anstiftung in Gesetzeskonkurrenz dahinter zurück.[207] Anders hingegen im Fall BGH 1 StR 635/96 BGHSt 44, 91 ff.[208]: Hier war der Täter mit dem Versuch, einen Killer zu beauftragen, zunächst gescheitert. Aufgrund eines neuen Entschlusses ließ er einen anderen Killer beauftragen, der bezüglich desselben Opfers einen Mordversuch beging. Der BGH entschied, dass die versuchte Anstiftung und die Anstiftung zum Versuch trotz Identität des Opfers aufgrund des neuen Entschlusses und des neuen Adressaten der Anstiftung selbstständige Handlungen in materieller (§ 53) und prozessualer Hinsicht seien. Obwohl der Angekl. bereits rechtskräftig wegen versuchter Anstiftung zum Mord verurteilt worden war, konnte er in einem neuen Verfahren wegen Anstiftung zum versuchten Mord verurteilt werden.

2. Sonstige Vorbereitungshandlungen

212 Ein *Sich-Bereiterklären* liegt vor, wenn der Beteiligte *ernsthaft kundgibt,* zur Begehung *willens* zu sein, sei es, weil er *sich erbietet,* sei es, weil er eine *Aufforderung* zur Begehung *annimmt.* Ein Sich-Bereiterklären erfasst auch die Fälle, in denen es gegenüber dem potenziellen Tatopfer erklärt wird.[209]

213 Von der *Annahme eines Erbietens* spricht man, wenn der Beteiligte die erklärte *Bereitschaft* eines Dritten zur Begehung *ausdrücklich* und *ernstlich annimmt.*[210]

214 Eine *Verabredung* ist gegeben, wenn mindestens zwei Personen *ernstlich*[211] zumindest stillschweigend übereinkommen, ein bestimmtes Verbrechen als *Mittäter*[212] zu begehen oder als *Mittäter* zu ihm anzustiften. Die Verabredung bildet damit eine Vorstufe zur Mittäterschaft. Die in Aussicht genommene Tat muss zumindest in ihren wesentlichen Grundzügen konkretisiert sein, um eine ausufernde Vorverlagerung der Strafbarkeit zu vermeiden.[213]

215 Es bietet sich an, die bei Rn. 210 genannte Rechtsprechung des BGH zur „Ernstlichkeit" der versuchten Anstiftung auf die sonstigen Vorbereitungshandlungen zu übertragen.[214]

---

[206] Vgl. den *Fußball-Hooligan*-Fall BGH 3 StR 113/98 BGHSt 44, 99/101 mit Anm. *Roxin* NStZ 1998, 616 f.; *Bloy* JZ 1999, 157 ff.; *Otto* JK 1999 § 30 Rn. 5.

[207] Vgl. Lackner/Kühl/Heger-*Heger* § 30 Rn. 10.

[208] Mit zust. Anm. *Beulke* NStZ 1999, 26 ff.; vgl. dazu auch den Anfragebeschluss BGH 1 StR 635/96 NStZ 1998, 189 mit zust. Anm. *Geppert* NStZ 1998, 190 f.

[209] Vgl. BGH 2 StR 245/17 NStZ 2019, 199 mit Anm. *Kudlich* NJW 2019, 453 und *Sinn* ZJS 2019, 241 ff.; ablehnend *Schiemann* NStZ 2019, 186 ff.

[210] Vgl. Lackner/Kühl/Heger-*Heger* § 30 Rn. 6.

[211] Näher zur Ernstlichkeit insoweit BGH 1 StR 801/97 NStZ 1998, 403; 5 StR 581/10 NStZ 2011, 570 mit Anm. *Weigend*; BGH 3 StR 260/16 StV 2018, 721; 4 StR 282/21 NStZ 2022, 539.

[212] BGH 1 StR 506/18 NStZ 2019, 655 mit zahlr. Nw.

[213] So auch BGH 1 StR 506/18 NStZ 2019, 655 f. (656) mit Anm. *Theile* ZJS 2019, 246; 6 StR 179/23 NJW 2024, 369 ff.; näher zur Verbrechensverabredung *Hoffmann-Holland/Winter* GA 2024, 331 ff.

[214] Vgl. OLG Hamm 3 Ss 1180/96 NStZ-RR 1997, 133; aber auch MK-StGB-*Scheinfeld* § 30 Rn. 42 ff.

II. Aufbaufragen

Hinsichtlich der *versuchten Anstiftung* liegt der Aufbau als *Versuch* auf der Hand:　**216**

▶　**Vorprüfung**　**217**
- Nichtvorliegen einer Anstiftung/einer tauglichen Haupttat i. S. v. § 26
- Strafbarkeit der versuchten Beteiligung
  - I.　Tatbestandsmäßigkeit
    1. Subjektive Elemente der Tatbestandsmäßigkeit (personaler Unwert)
    Die „Vorstellung von der Tat" („Entschluss") = Vorsatz[215] bezüglich
    der angesonnenen vollendeten Haupttat (einschließlich der persön-
    lichen Merkmale des Haupttäters) und der Teilnahme an ihr
    2. *Objektives Element der Tatbestandsmäßigkeit* (Sachverhaltsunwert)
    unmittelbares Ansetzen zur Anstiftung
  - II.　Rechtswidrigkeit
  - III.　Schuldhaftigkeit
  - IV.　Strafaufhebungsgründe
- Rücktritt gem. § 31 I Nr. 1

Hinsichtlich der *sonstigen Vorbereitungshandlungen* ist ebenfalls von einer Ver-　**218**
suchsstruktur, d. h. einem an den subjektiven Elementen der Tatbestandsmäßigkeit
orientierten Aufbau auszugehen.[216] Denn die *sonstigen Vorbereitungshandlungen*
sind *Erscheinungsformen* von Strafvorschriften des StGB und nicht selbst Strafvorschriften.[217] Deshalb existiert auch keine „Strafbarkeit gemäß § 30", wie man häufig
in Klausuren lesen kann, sondern immer nur eine Strafbarkeit eines Verbrechens in
der Erscheinungsform des § 30, was in der Liste der anwendbaren Vorschriften
(Paragrafenkette) abgebildet werden muss: bspw. § 211 II, 30 II.
　Dafür spricht　**219**

- die Verankerung der versuchten Beteiligung im Allgemeinen Teil.
- dass § 30 II nur einen Teil des intendierten Unrechts beschreibt.
- dass § 30 II seinen typischen Unwertgehalt erst durch den Bezug auf eine Strafvorschrift des Besonderen Teils des StGB erhält.
- dass die Modalitäten in § 30 II auf Straftaten bezogen sind, die nicht einmal in
  der Verwirklichungsstufe des Versuchs vorliegen, weshalb sich das intendierte
  Unrecht nur beschreiben lässt, wenn zunächst geprüft wird, was sich der Beteiligte *vorgestellt* hat.

---

[215] Zur Möglichkeit der versuchten Anstiftung mit bedingtem Vorsatz BGH 3 StR 113/98 BGHSt
44, 99 mit Anm. *Roxin* NStZ 1998, 616 f.

[216] Vgl. auch *Heine/Weißer,* in: Schönke/Schröder § 30 Rn. 3 f.; LK-*Schünemann/Greco* § 30 Rn. 1;
a. A. *Schlüchter* AT Kap. 15 A.

[217] Vgl. auch *Heine/Weißer,* in: Schönke/Schröder § 30 Rn. 2 mwN; SSW-*Murmann* § 30 Rn. 1;
BGH 4 StR 708/93 BGHSt 40, 73 ff. (75).

220 ▶ **Vorprüfung**
- Nichtvorliegen einer Beteiligung
- Strafbarkeit der versuchten Beteiligung
  - I. Tatbestandsmäßigkeit
    1. Subjektive Elemente der Tatbestandsmäßigkeit (personaler Unwert)
       a. Die „Vorstellung von der Tat" („*Entschluss*") = Vorsatz[218] bezüglich der angesonnenen vollendeten Haupttat einschließlich der persönlichen Merkmale des Haupttäters betr.
          - die Annahme des Erbietens
          - das Sichbereiterklären, anzustiften
          - das Sichverabreden, anzustiften
       b. Das Vorliegen persönlicher Merkmale (Absichten usw.) betr.
          - das Sichbereiterklären, zu begehen
          - das Sichverabreden, zu begehen
    2. Objektive Elemente der Tatbestandsmäßigkeit (Sachverhaltsunwert) Verwirklichung einer der Beteiligungsformen im Vorbereitungsstadium nach § 30 II.
  - II. Rechtswidrigkeit
  - III. Schuldhaftigkeit
  - IV. Strafaufhebungsgründe
- Rücktritt gem. § 31 I Nr. 2, 3

III. Rücktritt vom Versuch der Beteiligung/tätige Reue

§ 31 Rücktritt vom Versuch der Beteiligung

221 (1) Nach § 30 wird nicht bestraft, wer freiwillig
1. den Versuch aufgibt, einen anderen zu einem Verbrechen zu bestimmen, und eine etwa bestehende Gefahr, dass der andere die Tat begeht, abwendet,
2. nachdem er sich zu einem Verbrechen bereit erklärt hatte, sein Vorhaben aufgibt oder
3. nachdem er ein Verbrechen verabredet oder das Erbieten eines anderen zu einem Verbrechen angenommen hatte, die Tat verhindert.

222 (2) Unterbleibt die Tat ohne Zutun des Zurücktretenden oder wird sie unabhängig von seinem früheren Verhalten begangen, so genügt zu seiner Straflosigkeit sein freiwilliges und ernsthaftes Bemühen, die Tat zu verhindern.

---

[218] Zur Möglichkeit der versuchten Anstiftung mit bedingtem Vorsatz BGH 3 StR 113/98 BGHSt 44, 99 mit Anm. *Roxin* NStZ 1998, 616 f.

Weil § 30 die Strafbarkeit materiell in die Verwirklichungsstufe der Vorbereitung **223** vorverlegt und die Regelungen des Rücktritts vom Versuch deshalb nicht anwendbar sind, sieht § 31 spezifische Rücktrittsregeln zur Aufhebung einer Strafbarkeit wegen versuchter Beteiligung vor.[219] Wie § 24 wirkt auch § 31 als Strafaufhebungsgrund.[220] Ein Rücktritt von der Verabredung eines Verbrechens setzt die Verhinderung der Tat voraus. Das ist auch dann anzunehmen, wenn sämtliche Tatbeteiligte übereinkommen, von der verabredeten Tat abzusehen.[221] Ein Rücktritt vom beendeten Versuch der Anstiftung nach § 31 II Alt. 1 setzt ein *ernsthaftes Bemühen* voraus, die *Vollendung* zu *verhindern*. Dieses liegt nur vor, wenn der Täter „alle Kräfte anspannt, um den vermeintlichen Tatentschluss des präsumtiven Täters rückgängig zu machen, und er dadurch die aus seiner Sicht bestehende Gefahr beseitigt, dass der Angestiftete die Tat begeht."[222]

Auch viele Strafvorschriften im Besonderen Teil, die *materiell* Vorbereitungs- **224** handlungen unter Strafe stellen und deshalb sehr frühzeitig formell vollendet sind, enthalten eigene „Rücktrittsklauseln" in Form „tätiger Reue" von der formal vollendeten Straftat, vgl. §§ 83a, 314a III Nr. 2, IV. Allerdings wirken diese Klauseln nur strafmildernd bis zum Absehen von Strafe.

Hinsichtlich des freiwilligen Aufgebens und Verhinderns als Rücktrittshandlungen **225** gelten die Ausführungen zum Rücktritt vom Versuch entsprechend (Rn. 104 ff.).

Lösung des Leitfalls 9 Variante a (Gutachtenstil)

Strafbarkeit wegen Diebstahls, § 242

Indem B den Jungbullen auf den Viehtransporter trieb, um ihn dem W zu ver- **226** kaufen, könnte er einen Diebstahl gem. § 242 I begangen haben. ◄

1. Tatbestandsmäßigkeit

a. *Objektive Elemente*

B müsste zunächst eine fremde bewegliche Sache weggenommen haben. Der **227** Jungbulle, der entsprechend § 90a BGB im strafrechtlichen Sinne Sachqualität besitzt, stand weder im Alleineigentum des B noch war er herrenlos, sodass er für B fremd war. Vielmehr hatte C Eigentum an dem Tier. Man kann den Bullen zudem auch abtransportieren, sodass er eine bewegliche Sache ist.

Die Wegnahme des Bullen setzt voraus, dass der Gewahrsam des Berechtigten **228** gebrochen und neuer begründet wird. Gewahrsam ist ein tatsächliches Herrscha-

---

[219] Zu Fragen der Abstandnahme von der Tat vor Versuchsbeginn bei mehreren Beteiligten außerhalb der „Sonderkonstellation" in § 31 *Eisele* ZStW 112 (2000), 745 ff.

[220] Zur Abgrenzung der Anwendungsbereiche von § 31 und 24, insbes. dessen Abs. 2, *Mitsch* FS Herzberg, S. 443 ff.

[221] BGH 1 StR 202/16 StV 2017, 679.

[222] BGH 1 StR 503/04 BGHSt 50, 142 = ZIS 2005, 99 m. Anm. *Mosenheuer*.

ftsverhältnis über die Sache. C konnte jederzeit über den Bullen verfügen und hatte, obwohl das Tier auf der Weide stand, jederzeit die Möglichkeit, ungehindert seine Sachherrschaft auszuüben. Somit hatte er Gewahrsam an dem Bullen. B müsste diesen Gewahrsam auch gebrochen haben. Dies setzt voraus, dass der Gewahrsam gegen bzw. ohne den Willen des Berechtigten aufgehoben wird. C wollte seine Sachherrschaft über den Bullen nicht aufgeben. Ein Gewahrsamsbruch ist somit gegeben.

229 Die Vollendung des Diebstahls setzt die Begründung neuen, nicht notwendig tätereigenen, Gewahrsams voraus. Spätestens zu dem Zeitpunkt als B den Bullen auf den Viehtransporter getrieben hatte, hatte C die Sachherrschaft verloren und B neue begründet.

230 Die Wegnahme einer fremden beweglichen Sache liegt somit vor.

b. Subjektive Elemente

231 B müsste in Bezug auf die objektiven Elemente des § 242 vorsätzlich, d. h. wissentlich und willentlich hinsichtlich der Verwirklichung der Tatbestandsmerkmale gehandelt haben. B kannte den wesentlichen Sachverhalt und wollte den Bullen auch wegnehmen.

232 Außerdem müsste B in der Absicht gehandelt haben, den Bullen sich oder einem Dritten rechtswidrig zuzueignen. Zueignungsabsicht setzt voraus, dass es dem Täter darauf ankommt, sich die einem Eigentümer zustehenden Rechte an der Sache anzumaßen (mit dolus directus I erstrebte Aneignung) und er zumindest billigend in Kauf nimmt, dass die Eigentumsrechte dem/den Berechtigten auf Dauer vorenthalten werden (Enteignung mit dolus eventualis).

233 Die von B beabsichtigte Aneignung ist darin zu sehen, dass er so tat, als sei er Eigentümer des Bullen, vor allem, indem er gegenüber W als Berechtigter auftrat. Außerdem ging B bei der Wegnahme davon aus, dass C seine Eigentumsrechte an dem Tier nicht mehr würde ausüben können. Damit handelte er auch mit Enteignungsvorsatz.

234 Somit ist auch eine Zueignungsabsicht gegeben. Die beabsichtigte Zueignung ist rechtswidrig, wenn der Täter keinen fälligen und einredefreien Anspruch auf Übereignung der Sache hat. C war nicht verpflichtet, B den Bullen zu übereignen, sodass die beabsichtigte Zueignung auch rechtswidrig war, wovon B zudem ausging.

2. Rechtswidrigkeit/Schuldhaftigkeit

235 Durch sein tatbestandsmäßiges Handeln hat B den Unwert eines Diebstahls verwirklicht. Zugunsten des B greift kein Rechtfertigungsgrund ein, sodass seine Tat auch rechtswidrig war. Mangels eines einschlägigen Entschuldigungsgrundes ist auch Schuldhaftigkeit gegeben.

3. Vorliegen eines besonders schweren Falls nach § 243 I 2 Nr. 2

Fraglich ist, ob bei der Zumessung der Strafe der Strafrahmen eines besonders   **236**
schweren Falles nach § 243 I zu Grunde zu legen ist. B könnte gemäß § 243 I 2
Nr. 2 zur Ausführung der Tat in einen umschlossenen Raum eingebrochen sein.
Ein umschlossener Raum ist jedes Raumgebilde, das dazu bestimmt ist von
Menschen betreten zu werden und durch Vorrichtungen umgeben ist, die das
Eindringen von Unbefugten abwehren sollen. Die Weide ist (zumindest auch)
dazu bestimmt, von Menschen betreten zu werden. Die Aufgabe des Weidenzaunes
des C ist es jedoch, die Tiere zusammenzuhalten, nicht aber Diebe fernzuhalten.
Dafür spricht vor allem die Tatsache, dass das Gatter nicht verschlossen ist.
Überdies setzt ein Einbrechen das gewaltsame Öffnen von Umschließungen
voraus. Deshalb ist § 243 I 2 Nr. 2 nicht erfüllt. Auch sonstige Regelbeispiele
liegen nicht vor und B ist nicht mit besonderer krimineller Energie vorgegangen,
sodass eine Anwendung von § 243 nicht in Betracht kommt.

Ergebnis: B hat sich wegen eines Vergehens des Diebstahls nach § 242 I strafbar   **237**
gemacht.

Lösung des Leitfalls 9 Variante b (Gutachtenstil)

Strafbarkeit wegen eines versuchten Diebstahls, §§ 242 I, II, 22, 23 I   **238**
    B könnte sich wegen eines versuchten Diebstahls, §§ 242 I, II, 22, 23 I straf-
bar gemacht haben, indem er den Riegel am Weidegatter zurückschob, um einen
Jungbullen auf den Viehtransporter zu treiben. ◄

Vorprüfung

B hat keinen neuen Gewahrsam begründet, also keinen Bullen weggenommen,   **239**
weshalb ein vollendeter Diebstahl nicht vorliegt. Der Versuch des Diebstahls ist
gem. §§ 23 I 2. Alt., 242 II strafbar.

1. Tatbestandsmäßigkeit
a. *Subjektive Elemente*

B müsste den Entschluss gefasst haben, einen Diebstahl zu begehen. Er müsste   **240**
somit den Vorsatz gehabt haben, eine fremde bewegliche Sache einem anderen
wegzunehmen. Außerdem müsste er die Absicht gehabt haben, sich die
wegzunehmende Sache rechtswidrig zuzueignen.

Der zu stehlende Jungbulle, der im strafrechtlichen Sinne Sachqualität besitzt,   **241**
hätte weder im Alleineigentum des B gestanden noch wäre er herrenlos gewesen.
Also wäre er für B fremd gewesen. … (vgl. oben I. 1.). C war nicht verpflichtet,
B den zu entwendenden Bullen zu übereignen, sodass die beabsichtigte
Zueignung ebenfalls rechtswidrig gewesen wäre.

Die subjektiven Elemente des versuchten Diebstahls liegen somit vor.   **242**

b. *Objektive Elemente*

243 B müsste nach seiner Vorstellung unmittelbar zur Verwirklichung der objektiven Elemente des Diebstahls angesetzt haben. Nach der herrschenden subjektiv-objektiven Versuchstheorie dürften nach der Vorstellung des B keine weiteren wesentlichen Zwischenschritte zur Verwirklichung der Wegnahme der fremden beweglichen Sache „Jungbulle" erforderlich gewesen sein und es müsste ein geeigneter Jungbulle nach der Vorstellung des B gefährdet gewesen sein.

244 Durch das Öffnen des Gatters könnten sich die Bullen von der Weide entfernen. Deshalb würde der bestehende Gewahrsam des C, der gerade in der Sicherung der Bullen besteht, gelockert werden, was den Beginn der Wegnahmehandlung darstellen würde. B geht nach seiner Vorstellung von der Tat zunächst auch vom Vorhandensein der Tiere und damit einer Gefährdung aus. Damit hat B unmittelbar zum Diebstahl angesetzt.

2. Rechtswidrigkeit/Schuldhaftigkeit

245 Hier gelten die Ausführungen unter I. 2. entsprechend.

3. Rücktritt?

246 Indem B festgestellt hat, dass „gar keine Rinder mehr da sind", das Gatter geschlossen hat und nach Hause gefahren ist, könnte er durch freiwilliges Aufgeben vom unbeendeten Versuch mit strafbefreiender Wirkung zurückgetreten sein.

247 Unbeendet wäre der Versuch dann, wenn B zum Zeitpunkt der Entscheidung über das weitere Vorgehen (Rücktrittshorizont) davon ausging, dass die Vollendung, die Wegnahme eines Jungbullen, ohne ein weiteres Zutun nicht eintreten würde. B stellte fest, dass keine Rinder auf der Weide waren. Er ging daher davon aus, dass sein Vorhaben (noch) nicht gelungen war und er noch nicht alles getan habe, was für die Herbeiführung dieses Erfolges erforderlich war. Damit war der Versuch unbeendet.

248 Um Strafbefreiung zu erlangen, müsste B freiwillig aufgegeben haben, d. h. seinen Plan zur Wegnahme eines Bullen freiwillig endgültig verworfen haben. Allerdings gab B auf, weil keine Jungbullen da waren. Eine Rückkehr zur Legalität aus autonomen Motiven ist darin nicht zu sehen. Vielmehr machten es B die äußeren Umstände unmöglich, sein Ziel zu erreichen. B gab somit nicht freiwillig auf. Ein strafbefreiender Rücktritt scheidet somit aus.

249 *Ergebnis:* B hat sich eines versuchten Diebstahls gem. §§ 242 II, 22, 23 schuldig gemacht.

250 *Hinweis:* Nach der Lehre vom fehlgeschlagenen Versuch wäre ein strafbefreiender Rücktritt des B folgendermaßen abzulehnen: B erschien es mit keinem der ihm zur Verfügung stehenden Mittel mehr möglich, die Vollendung – Wegnahme eines Bullen – herbeizuführen, denn er hatte feststellen müssen, dass sich gar keine Rinder mehr auf der Weide befanden. Danach ist sein „Tatplan" – Wegnahme eines Jungbullen – „fehlgeschlagen" und ein strafbefreiender Rücktritt nicht mehr möglich.

D. Zur Wiederholung

Kontrollfragen
1. Nennen Sie die vier Verwirklichungsstufen der Straftat. (Rn. 5)
2. Was versteht man unter einer Wahnstraftat? (Rn. 37 f.)
3. Wann setzt der Täter nach der subjektiv-objektiven Theorie des § 22 zur Verwirklichung der tatbestandsmäßigen Handlung unmittelbar an? (Rn. 54 ff.)
4. Nennen Sie die Aufgabe und die Bedeutung der Begriffe „Tatplankriterium" und „Rücktrittshorizont" (Rn. 115 ff., 118 ff.)
5. Wann liegt ein *freiwilliger* Rücktritt vor? (Rn. 157 ff.)
6. In welchen drei Formen ist eine versuchte Anstiftung i. S. v. § 30 denkbar? (Rn. 205 ff.)

Literatur

Amelung Zur Theorie der Freiwilligkeit eines strafbefreienden Rücktritts vom Versuch, ZStW 120 (2008), 205 ff.

Anders Zur Möglichkeit des Rücktritts vom erfolgsqualifizierten Versuch, GA 2000, 64 ff.

Angerer Rücktritt im Vorbereitungsstadium, 2004

Arzt Die Neufassung der Diebstahlsbestimmungen – Gleichzeitig ein Beitrag zur Technik der Regelbeispiele, JuS 1972, 515 ff.

Baumann/Weber/Mitsch/Eisele, Strafrecht Allgemeiner Teil (AT), 13. Aufl. 2021

Bloy Besprechung von *Malitz*, Der untaugliche Versuch beim unechten Unterlassungsdelikt. Zum Strafgrund des Versuchs, 1998, GA 2000, 498 ff.

Bloy Unrechtsgehalt und Strafbarkeit des grob unverständigen Versuchs, ZStW 113 (2001), 76 ff.

Bockelmann/Volk Strafrecht Allgemeiner Teil (AT), 4. Aufl. 1987

Borchert/Hellmann Übungsklausur Strafrecht, Fall aus den Bereichen: Rücktritt vom Versuch; Tötungsdelikte, Jura 1982, 658 ff.

Böse Der Beginn des beendeten Versuchs: Die Entscheidung des BGH zur „Giftfalle", JA 1999, 342 ff.

Boß Der halbherzige Rücktritt, 2002

Bottke Strafrechtswissenschaftliche Methodik und Systematik bei der Lehre vom strafbefreienden und strafmildernden Täterverhalten, 1979

Bottke Misslungener oder fehlgeschlagener Vergewaltigungsversuch bei irrig angenommenem Einverständnis? – Zugleich Besprechung von BGH, Urteil v. 24.06.1993-4 StR 33/93, JZ 1994, 71 ff.

Brand/Fett Zum Rücktritt bei einem untaglichen versuchten Totschlag durch Unterlassen, NStZ 1998, 507 ff.

Brand/Wostry Kein Rücktritt vom beendeten „fehlgeschlagenen" Versuch?, GA 2008, 611 ff.

Burkhardt Der „Rücktritt" als Rechtsfolgenbestimmung – Eine Untersuchung anhand des Abgrenzungsproblems von unbeendetem und beendetem Versuch, 1975

Burkhardt Nachschlag zum Wahndelikt, GA 2013, 346 ff.

Dessecker Im Vorfeld eines Verbrechens: die Handlungsmodalitäten des § 30 StGB, JA 2005, 549 ff.

Eisele Abstandnahme von der Tat vor Versuchsbeginn bei mehreren Beteiligten, ZStW 112 (2000), 745 ff.

Eisele Anmerkung zu BGH 1 StR 34/19, JuS 2020, 275 ff.

Eisenberg Veranlassen einer vorsätzlich begangenen rechtswidrigen Tat eines Strafunmündigen, StV 2024, 534 ff.

Engländer Die hinreichende Verhinderung der Tatvollendung – BGH, NJW 2003, 1058, JuS 2003, 641 ff.

Engländer Der Gefahrenzusammenhang bei der Körperverletzung mit Todesfolge, GA 2008, 669 ff.

Eser Juristischer Studienkurs Strafrecht II (StK II), 3. Aufl. 1980

Fahl Der „fehlgeschlagene Versuch" – ein „Fehlschlag"?, GA 2014, 452 ff.

Fahl Zum Versuch der Erfolgsqualifikation, GA 2022, 272 ff.

Feltes Der (vorläufig) fehlgeschlagene Versuch – Zur Abgrenzung von fehlgeschlagenem, beendetem und unbeendetem Versuch, GA 1992, 395 ff.

Fischer, *Bearbeiter*, in: = Fischer, Strafgesetzbuch, 72. Aufl. 2025

Frank Vollendung und Versuch, in: v. Birkmeyer u. a. (Hrsg.) Vergleichende Darstellung des Deutschen und Ausländischen Strafrechts, Allgemeiner Teil, Band V, 1908

Frank Das Strafgesetzbuch für das Deutsche Reich, 18. Aufl. 1931

Freund/Rostalski Strafrecht Allgemeiner Teil: Personale Straftatlehre, 3. Aufl. 2019

Frisch Untauglicher Versuch und Wahndelikt, insbesondere bei Irrtümern über außerstrafrechtliche Normen – Normtheoretische, straftheoretische und verfassungsrechtliche Überlegungen, GA 2019, 305 ff.

Frisch Konzepte der Unrechtsbegründung, FS für Sancinetti 2020, S. 347 ff.

Frisch/Murmann Der praktische Fall – Strafrecht: Ein folgenschwerer Denkzettel, JuS 1999, 1196 ff.

Frister Straftrecht Allgemeiner Teil (AT), 10. Aufl. 2023

Frister Der Begriff „Verwirklichung des Tatbestandes" in § 22 StGB, FS für Wolter 2013, S. 375 ff.

Geppert Jura Kartei (JK) 1998 § 22/18

Gössel Der fehlgeschlagene Versuch: Ein Fehlschlag, GA 2012, 65 ff.

Graul „Versuch eines Regelbeispiels" – BayObLG, NStZ 1997, 442; BGH, NStZ-RR 1997, 293; JuS 1999, 852 ff.

Gropp Der verflixte Einkaufswagen, Jura 1988, 542 ff.

Gropp Vom Rücktrittshorizont zum Versuchshorizont, FS für Gössel 2002, S. 175 ff.

Gropp/Öztürk/Sözüer/Wörner (Hrsg.) Beiträge zum deutschen und türkischen Strafrecht und Strafprozessrecht, 2010

Gropp/Öztürk/Sözüer/Wörner (Hrsg.) Die Entwicklung von Rechtssystemen in ihrer gesellschaftlichen Verankerung, 2014

Haas Zum Rechtsgrund von Versuch und Rücktritt, ZStW 123 (2011), 226 ff.

Hardtung Versuch und Rücktritt bei den Teilvorsatzdelikten des § 11 Abs. 2 StGB, 2002

Heckler Versuchsbeginn bei Erforderlichkeit der Mitwirkung des Opfers – Giftfalle, NStZ 1999, 79 ff.

Heinrich, B. Strafrecht – Allgemeiner Teil (AT), 7. Aufl. 2022

Heintschel-Heinegg, v. Versuch und Rücktritt – Eine kritische Bestandsaufnahme, ZStW 109 (1997), S. 29 ff.

Herzberg Wegfall subjektiver Tatbestandsvoraussetzungen vor Vollendung der Tat, FS für Oehler 1985, S. 163 ff./173

Herzberg Grund und Grenzen der Strafbefreiung beim Rücktritt vom Versuch – Von der Strafzwecklehre zur Schulderfüllungstheorie, FS für Lackner 1987, S. 325 ff.

Herzberg Problemfälle des Rücktritts durch Verhindern der Tatvollendung, NJW 1989, 862 ff.

Herzberg Abergläubische Gefahrabwendung und mittelbare Täterschaft durch Ausnutzung eines Verbotsirrtums – BGHSt 35, 347; Jura 1990, 16/19

Herzberg Theorien zum Rücktritt und teleologische Gesetzesdeutung – Erwiderung auf Rudolphi, NStZ 1989, 508 ff.; NStZ 1990, 172 ff.

Herzberg Zur Strafbarkeit des untauglichen Versuchs, GA 2001, 257 ff.

Hiersche Der „Kemptener Fall"- cui bono? Aus der Sicht des Arztes, FS für Hanack 1999, S. 697 ff.

Hillenkamp Zur „Vorstellung von der Tat" im Tatbestand des Versuchs, FS für Roxin 2001, S. 689 ff.

Hillenkamp/Cornelius 32 Probleme aus dem Strafrecht – Allgemeiner Teil, 16. Aufl. 2023

Hippel, v. Lehrbuch des Strafrechts (LB), 1932

Hirsch Untauglicher Versuch und Tatstrafrecht, FS für Roxin 2001, S. 711 ff.

Hirsch Zur Behandlung des ungefährlichen „Versuchs" de lege lata und de lege ferenda, GS für Vogler, 2004, S. 31 ff.

Hirsch Die subjektive Versuchstheorie, ein Wegbereiter der NS-Strafrechtsdoktrin, JZ 2007, 494 ff.

Hoffmann-Holland/Winter Steigerung der Tatbegehungswahrscheinlichkeit – zu Grund und Grenzen der Verbrechensverabredung gem. § 30 Abs. 2 Var. 3 StGB, GA 2024, 331 ff.

Jäger Der Rücktritt vom erfolgsqualifizierten Versuch, NStZ 1998, 161 ff.

Jäger Das Freiwilligkeitsmerkmal beim Rücktritt vom Versuch – Ein Beitrag zur Angleichung von Täterschafts- und Rücktrittslehre, ZStW 112 (2000), 783 ff.

Jäger Examens-Repetitorium, Strafrecht, Allgemeiner Teil (AT), 11. Aufl. 2024

Jäger Anmerkung zu BGH 1 StR 34/19, NStZ 2020, 224 f.

Jakobs Strafrecht, Allgemeiner Teil: die Grundlagen und die Zurechnungslehre, (AT) 2. Aufl. 1991

Jescheck/Weigend Lehrbuch des Strafrechts, Allgemeiner Teil (AT), 5. Aufl. 1996

Joecks/Jäger Studienkommentar (StK), 13. Aufl. 2021

Jung Zur Strafbarkeit des untauglichen Versuchs – ein Zwischenruf aus rechtsvergleichender Sicht, ZStW 117 (2005), 937 ff.

Kampermann Grundkonstellationen beim Rücktritt vom Versuch – Zur Abgrenzung von fehlgeschlagenem, unbeendetem und beendetem Versuch in § 24 Abs. 1 StGB, 1992

Kawaguchi Der untaugliche Versuch im japanischen Strafrecht – unter Berücksichtigung der deutschen Versuchslehre, ZStW 110 (1998), 561 ff.

Kindhäuser/Zimmermann Strafrecht Allgemeiner Teil (AT), 11. Aufl. 2024

Knobloch Die Bestrafung von Vorbereitungshandlungen aus deutscher Sicht – Eine Untersuchung insb. des § 30 dStGB, in: Sinn u. a. (Hrsg.), 2011, S. 197 ff.

Krack Jetzt geht's los – typische Klausurfehler im Rahmen der Versuchsprüfung, JA 2015, 905 ff.

Krey/Esser Deutsches Strafrecht, Allgemeiner Teil (AT), 7. Aufl. 2022

Kudlich Ein Schnäpschen in Ehren – die Giftfalle des Apothekers – BGH, NJW 1997, 3453; JuS 1998, 596 ff.

Kudlich Anmerkung zu BGH 1 StR 34/19, JA 2020, 64 ff.

Kudlich/Hannich Strafbefreiender Rücktritt auch vom untauglichen Versuch eines Unterlassungsdelikts StV 1998, 370 ff.

Kühl Grundfälle zur Vorbereitung, Versuch, Vollendung und Beendigung, JuS 1979, 718/874; 1980, 120/273/506/650/811; 1981, 193; 1982, 110/189 jew. ff.

Kühl Die Beendigung des vollendeten Delikts, FS für Roxin 2001, S. 665 ff.

Kühl Der Versuch des erfolgsqualifizierten Delikts, FS für Gössel 2002, S. 191 ff.

Kühl Das erfolgsqualifizierte Delikt (Teil II): Versuch des erfolgsqualifizierten Delikts und Rücktritt, Jura 2003, 19 ff.

Kühl Versuchsstrafbarkeit und Versuchsbeginn, FS für Küper 2007, S. 289 ff.

Kühl Strafrecht Allgemeiner Teil (AT), 8. Aufl. 2017

Küper Versuchs- und Rücktrittsprobleme bei mehreren Tatbeteiligten, JZ 1979, 775 ff.

Küper Der Rücktritt vom „erfolgsqualifiziertenVersuch", JZ 1997, 229 ff.

Küper Der Rücktritt vom Versuch des unechten Unterlassungsdelikts, ZStW 112 (2000), 1 ff.

Küper „Erfolgsqualifizierter" oder „folgenschwerer" Versuch?, FS für Herzberg 2008, S. 323 ff.

Küper Anmerkung zu BGH 1 StR 34/19, GA 2020, 584 ff.

Küpper Rücktritt vom Versuch eines Unterlassungsdelikts – BGH, NStZ 1997, 485; JuS 2000, 229

Küpper/Börner Strafrecht Besonderer Teil 1 (BT 1), 4. Aufl. 2017

Kuhli Der Versuch beim erfolgsqualifizierten Delikt, JuS 2020, 289 ff.

Lackner/Kühl/Heger-*Bearbeiter* Strafgesetzbuch: Kommentar, 30. Aufl. 2023

Lagodny Strafrecht von den Schranken der Grundrechte, 1996

Laue Ist der erfolgsqualifizierte Versuch einer Körperverletzung mit Todesfolge möglich? – BGH, NJW 2003, 150; JuS 2003, 743 ff.

Lesch Der Verbrechensbegriff, 1999

Lilie Hilfe zum Sterben, FS für Steffen 1995, S. 273 ff.

LK¹¹-Bearbeiter = Jähnke/Laufhütte/Odersky (Hrsg.), Leipziger Kommentar, Strafgesetzbuch, 11. Aufl. 1992

LK-Bearbeiter = Cirener/Radtke/Rissing-van Saan/Rönnau/Schluckebier (Hrsg.), Leipziger Kommentar, Strafgesetzbuch, Bd. 1, 13. Aufl. 2020

LK-Bearbeiter = Cirener/Radtke/Rissing-van Saan/Rönnau/Schluckebier (Hrsg.), Leipziger Kommentar, Strafgesetzbuch, Bd. 2, 13. Aufl. 2021

Lotz/Reschke Giro d'Italia, Jura 2012, 481 ff.

Maihofer Der Versuch beim Unterlassungsdelikt, GA 1958, 289 ff.

Maiwald Das Erfordernis des ernsthaften Bemühens beim fehlgeschlagenen oder beendeten Versuch (§ 24 Abs. 1 Satz 2 StGB), FS für E.A. Wolff 1998, S. 337 ff.

Maiwald Psychologie und Norm beim Rücktritt vom Versuch, Gedächtnisschrift für Zipf 1999, S. 255 ff.

Maurach/Gössel/Zipf Strafrecht, Allgemeiner Teil, Teilband 2 (AT 2), 8. Aufl. 2014

Maurach/Schroeder/Maiwald/Hoyer/Momsen Strafrecht Besonderer Teil 1 (BT 1), 11. Aufl. 2019

Meyer, M.-K. Das Unmittelbarkeitsprinzip am Beispiel des Versuchs, GA 2002, 367 ff.

Mitsch Der Rücktritt des Angestifteten oder unterstützten Täters, FS für Baumann 1992, S. 89 ff.

Mitsch Zum Anwendungsbereich des § 31 StGB, FS für Herzberg 2008, S. 443 ff.

Mitsch Das Unternehmensdelikt, Jura 2012, 526 ff.

Mitsch Fehlgeschlagener Versuch und Rücktritt beim unechten Unterlassungsdelikt, FS für Kindhäuser 2019, S. 293 ff.

Mitsch Der fehlgeschlagene Versuch der qualifizierten Straftat, GA 2022, 618 ff.

MK-StGB-Bearbeiter = Erb/Schäfer (Hrsg.), Münchener Kommentar zum Strafgesetzbuch, Bd. 1, 5. Aufl. 2024

Murmann Grundkurs Strafrecht (GK), 8. Aufl. 2024

Murmann Tatentschluss und Legitimation der Versuchsstrafbarkeit, FS für R. Merkel 2020, S. 727 ff.

Murmann Der fehlgeschlagene Versuch, JuS 2021, 385 ff.

NK-StGB-Bearbeiter = Kindhäuser/Neumann/Paeffgen/Saliger (Hrsg.), Nomos-Kommentar zum StGB, 6. Aufl. 2023

Otto Fehlgeschlagener Versuch und Rücktritt, GA 1967, 144 ff.

Otto Fehlgeschlagener Versuch und Rücktritt, Jura 1992, 423 ff.

Otto Versuchsbeginn bei Erforderlichkeit der Mitwirkung des Opfers – Giftfalle, NStZ 1998, 243 f.

Otto Jura Kartei (JK) StGB 1997–2000

Otto Rücktritt und Rücktrittshorizont, Jura 2001, 341 ff.

Otto Grundkurs Strafrecht, Allgemeine Strafrechtslehre (GK-AT), 7. Aufl. 2004

Paeffgen Rücktrittshorizont vs. fehlgeschlagener Versuch, FS für Puppe 2011, S. 791 ff.

Pahlke Rücktritt bei dolus eventualis, 1993

Puppe Rücktritt vom Versuch des Totschlags, NStZ 1990, 433 ff.

Puppe Anmerkung zu BGH, Beschl. v. 27.10.1992, 1 StR 273/92, JZ 1993, 361 ff.

Puppe Die Rechtsprechung des BGH zum Rücktrittshorizont, ZIS 2011, 524 ff.

Puppe Strafrecht Allgemeiner Teil im Spiegel der Rechtsprechung (AT), 5. Aufl. 2022

Putzke Der strafbare Versuch, JuS 2009, 894 ff./985 ff.

Rengier Erfolgsqualifizierte Delikte und verwandte Erscheinungsformen, 1986

Rengier Strafrecht Allgemeiner Teil (AT), 16. Aufl. 2024

Renzikowski Anmerkung zu BGH 1 StR 34/19, JR 2021, 129 ff.

Rogall Bemerkungen zum Versuch der Beteiligung, FS für Puppe 2011, S. 859 ff.

Rohnfelder Probleme der Diskongruenz von Kausalverlauf und Vorsatz, 2012

Rostalski Straftatbegriff und strafbefreiender Rücktritt, FS für Sancinetti 2020, S. 635 ff.

Rotsch Rücktritt durch Einverständnis, GA 2002, 165 ff.

Rotsch Zur Abgrenzung von mittelbarer Täterschaft und Anstiftung bei der Veranlassung eines schuldunfähigen Kindes zur Tat (zugl. Besprechung von BGH 5 StR 200/23), ZfIStw 2024, 292 ff.

Roxin Über den Rücktritt vom unbeendeten Versuch, FS für Heinitz 1972, S. 251 ff.

Roxin Der fehlgeschlagene Versuch, JuS 1981, 1 ff.

Roxin Zur Abgrenzung von Versuchsbeginn und Vorbereitungshandlung, JZ 1998, 211 ff.

Roxin Der Rücktritt bei Beteiligung mehrerer, FS für Lenckner 1998, S. 267 ff.

Roxin Die Verhinderung der Vollendung als Rücktritt vom beendeten Versuch, FS für Hirsch 1999, S. 327 ff.

Roxin Strafrecht Allgemeiner Teil, Band 2 (AT 2), Besondere Erscheinungsformen der Straftat, 2003

Roxin Zur Strafbarkeit des untauglichen Versuchs, FS für Jung 2007, S. 829 ff.

Roxin Zum unbeendeten Versuch des Einzeltäters, FS für Herzberg 2008, S. 341 ff.

Roxin Der fehlgeschlagene Versuch – eine Kapazität vergeudende, überflüssige Rechtsfigur?, NStZ 2009, 319 ff.

Roxin Der im Vorbereitungsstadium ausscheidende Mittäter, FS für Frisch 2013, S. 613 ff.

Roxin Der Strafgrund beim untauglichen und beim tauglichen Versuch, GA 2017, 656 ff.

Roxin Einzelaktstheorie und Gesamtbetrachtungslehre, FS für Paeffgen 2015, S. 255 ff.

Roxin/Greco Strafrecht, Allgemeiner Teil, Band 1 (AT 1), Grundlagen, der Aufbau der Verbrechenslehre, 5. Aufl. 2020

Rudolphi Rücktritt vom beendeten Versuch durch erfolgreiches, wenngleich nicht optimales Rettungsbemühen – Zugleich eine Besprechung der Entscheidung des BGH vom 01.02.1989 – 2 StR 703/88 –, NStZ 1989, 508 ff.

Safferling Die Abgrenzung zwischen strafloser Vorbereitung und strafbarem Versuch im deutschen, europäischen und im Völkerstrafrecht, ZStW 118 (2006), 682 ff.

Scheinfeld Der Tatbegriff des § 24, 2006

Schiemann Der Versuch der Beteiligung und die Srafbarkeit des Sich-Bereit-Erklärens gegenüber dem Opfer eines Tötungsverbrechens, NStZ 2019, 186 ff.

Schiemann Anmerkung zu BGH 1 StR 34/19, NJW 2019, 3662 ff.

Schlüchter Fit im Recht. Strafrecht Allgemeiner Teil (AT), 3. Aufl. 2000

Schöch Beendigung lebenserhaltender Maßnahmen – Zugleich eine Besprechung der Sterbehilfeentscheidung des BGH vom 13.09.1994, NStZ 1995, 153 ff.

Schönke/Schröder, *Bearbeiter,* in: = Schönke/Schröder, Strafgesetzbuch, 30. Aufl. 2019

Schroeder, F.-C. Rücktrittsunfähig und fehlerträchtig: der fehlgeschlagene Versuch, NStZ 2009, 9 ff.

Schumann, A. Zum Standort des Rücktritts vom Versuch im Verbrechensaufbau – eine Untersuchung anhand der Dogmatik zum System von Versuch und Rücktritt seit dem 19. Jahrhundert, 2006

Seier/Gaude Untaugliche, grob unverständige und abergläubische Versuche, JuS 1999, 456 ff.

Sinn Straffreistellung aufgrund von Drittverhalten – Zurechnung und Freistellung durch Macht, 2007

Sinn/Gropp/Nagy (Hrsg.), Grenzen der Vorverlagerung in einem Tatstrafrecht – Eine rechtsvergleichende Analyse am Beispiel des deutschen und ungarischen Strafrechts, 2011

Sinn Zur Abgrenzung der mittelbaren Täterschaft von der (versuchten) Anstiftung bei der Veranlassung eines schuldunfähigen Kindes (§19 StGB) zur Tat (zugl. Besprechung von BGH 5 StR 200/23), ZJS 2024, 591 ff.

SK-*Bearbeiter* = Systematischer Kommentar zum Strafgesetzbuch, Wolter/Hoyer (Hrsg.), Bd. I, 10. Aufl. 2025

Sözüer/Wörner Der unbeendete Versuch – eine systematische Verortung, in: Gropp u. a. (Hrsg.), 2014, S. 363 ff.

SSW-*Bearbeiter* = Satzger/Schluckebier/Werner Strafgesetzbuch, Kommentar, 6. Aufl. 2024

Stein Beendeter und unbeendeter Versuch beim Begehungs- und Unterlassungsdelikt, GA 2010, 129 ff.

Stoffers Die Abgrenzung von Tun und Unterlassen in der neueren Rechtsprechung – eine Anmerkung zu BGHSt. 40, 257 – Jura 1998, 580 ff.

Streng Handlungsziel, Vollendungsneigung und „Rücktrittshorizont" – Anmerkung zum Vorlagenbeschluss des 1. Strafsenats des BGH vom 27.10.1982 – 1 StR 273/92, NStZ 1993, 280; NStZ 1993, 257 ff.

Streng Wie „objektiv" ist der objektive Versuchstatbestand?, Gedächtnisschrift für Zipf 1999, S. 330 ff.

Streng Rücktritt vom erfolgsqualifizierten Versuch?, FS für Küper 2007, S. 629 ff.

Streng Rücktrittsoptionen beim Versuch deliktsqualifizierender Tatbegehung, GA 2021, 487 ff.

Struensee Verursachungsvorsatz und Wahnkausalität, ZStW 102 (1990), 21 ff.

Szomora Die ungarische Versuchsdogmatik – eine Frage der Vorverlagerung der Strafbarkeit im Strafrecht?, in Sinn u. a. (Hrsg.) 2011, S. 156 ff.

Ulsenheimer Zur Problematik des Rücktritts vom Versuch erfolgsqualifizierter Delikte, FS für Bockelmann 1978, S. 405 ff.

Vogler Der Beginn des Versuchs, FS für Stree/Wessels 1993, S. 285 ff.

Welzel, Das Deutsche Strafrecht (LB), 11. Aufl. 1969

Wessels/Hillenkamp/Schuhr BT 2, 46. Aufl. 2023

Wessels/Beulke/Satzger Strafrecht Allgemeiner Teil (AT), 54. Aufl. 2024

Wotter Zum umgekehrten dolus generalis, GA 2006, 406 ff.

Wolters Versuchsbeginn bei Einsatz eines sich selbstschädigenden Tatmittlers, NJW 1998, 578 ff.

Wolters Das Unternehmensdelikt, 2001

Wolters Die Milderung des Strafrahmens wegen versuchter Tat beim echten Unternehmensdelikt, FS für Rudolphi 2004, S. 347 ff.

Wolters Der Rücktritt beim „erfolgsqualifizierten" Delikt, GA 2007, 65 ff.

Wörner, L. Der fehlgeschlagene Versuch zwischen Tatplan und Rücktrittshorizont, 2010

Wörner, L. Der fehlgeschlagene Versuch zwischen Tatplan und Rücktrittshorizont – eine Rechtsprechungsanalyse, in: Gropp u. a. (Hrsg.), 2010, S. 321 ff.

Wörner, L. Der so genannte fehlgeschlagene Versuch zwischen Tatplan und Rücktrittshorizont – zugleich eine Besprechung von BGH 2 StR 576/08, Urteil vom 20.05.2009, NStZ 2010, 66 ff.

Wörner, L. Die deutsche Versuchsdogmatik – eine Frage der Vorverlagerung der Strafbarkeit?, in: Sinn u. a. (Hrsg.), 2011, S. 135 ff.

Yamanaka Betrachtungen über den Strafbefreiungsgrund des Rücktritts vom Versuch, FS für Roxin 2001, S. 773 ff.

Zaczyk Das Unrecht der versuchten Tat, 1989

Zieschang Die Gefährdungsdelikte, 1998

Zieschang Besonders schwere Fälle und Regelbeispiele – ein legitimes Gesetzgebungskonzept?, Jura 1999, 565 ff.

Zieschang Anforderungen an die Vollendungsverhinderung beim beendeten Versuch gemäß § 24 I 1, 2. Alt. StGB, GA 2003, 353 ff.

Zoll Der untaugliche Versuch im polnischen Strafrecht, FS für Eser 2005, S. 655 ff.

Zwiehoff Das Rücktrittsverhalten beim beendeten Versuch, StV 2003, 631 ff.

§ 10 Beteiligung

Katzenkönig-Fall BGH 4 StR 352/88 BGHSt 35, 347 ff. vom 15.09.1988:[1] Die **1**
Angeklagten H, P und R lebten in einem von „Mystizismus, Scheinerkenntnis
und Irrglauben" geprägten „neurotischen Beziehungsgeflecht" zusammen. H
und P gelang es schließlich, den leicht beeinflussbaren R von der Existenz eines
„Katzenkönigs" zu überzeugen, der seit Jahrtausenden das Böse verkörpere und
die Welt bedrohe. R sei auserkoren, gemeinsam mit H und P den Kampf gegen
den „Katzenkönig" aufzunehmen. Als die Angeklagte H von der Heirat ihres früheren Freundes N erfuhr, entschloss sie sich aus Hass und Eifersucht, dessen
Frau Annemarie N von R unter Ausnutzung seines Aberglaubens töten zu lassen.
Im Einverständnis mit P spiegelte sie R vor, dass der Katzenkönig wegen der vielen von ihm begangenen Fehler ein Menschenopfer in Gestalt der Frau N for-
dere. Falls R die Tat nicht binnen kurzer Frist ausführe, würde die Menschheit
oder Millionen von Menschen vom „Katzenkönig" vernichtet. R erkannte zwar,
dass die von ihm verlangte Tat Mord sei, und hatte starke Gewissensbisse. Jedoch wog er die Gefahr für Millionen Menschen ab, die er durch das Opfern von
Frau N retten könne. Er suchte deshalb Frau N in ihrem Blumenladen auf und
stach der ahnungs- und wehrlosen Frau entsprechend dem ihm von P im Einverständnis mit H gegebenen Rat mit einem ihm zu diesem Zweck von P über-
lassenen Fahrtenmesser hinterrücks in den Hals, in das Gesicht und den Körper,
um sie zu töten. Dabei rechnete er mit dem Tod seines Opfers, der jedoch
ausblieb. ◄

---

[1] Anmerkungen hierzu u. a. von *Herzberg* Jura 1990, 16 ff.; *Küper* JZ 1989, 617 ff.; *Nibbeling* JA
1995, 216 f.; *Schaffstein* NStZ 1989, 153 ff.; *Schumann* NStZ 1990, 32 ff.; *Spendel* FS Lüderssen,
S. 608 ff.

2 In der bisherigen Erörterung der Straftat standen Fragen zu Tatbestandsmäßigkeit, Rechtswidrigkeit und Schuldhaftigkeit der Handlung im Vordergrund. Ob diese durch eine oder mehrere Personen verwirklicht wurde und in welchem Verhältnis mehrere Personen zusammenwirkten, war zweitrangig. Der Schwerpunkt der folgenden Überlegungen soll nun dem *Subjekt* der strafbaren Handlung gewidmet sein: *Wer* handelt tatbestandsmäßig, rechtswidrig und schuldhaft und wie sind bei mehreren Mitwirkenden die Rollen bei der Verwirklichung des strafbaren Sachverhalts verteilt?[2] Gerade weil der Eindruck besteht, dass sich die Lehre von der Beteiligung in einem Stadium der „Differenzierung, Diversifizierung und Divisionalisierung"[3] befinde, gilt es, die Begrifflichkeiten in ihren Grundstrukturen herauszuarbeiten.

3 *Oberbegriff* für die Mitwirkung an der Verwirklichung eines strafbaren Sachverhaltes ist die *Beteiligung*.[4] Die Beteiligung zerfällt wiederum in die Unterbegriffe der *Täterschaft* und der *Teilnahme* (vgl. a. § 28 II). Die Lehre von Täterschaft und Teilnahme müsste daher *Beteiligungslehre* heißen und sie wird hier auch so bezeichnet. Jedoch nennt die überwiegende Meinung bis heute sie etwas ungenau „Teilnahmelehre".

4 Zunächst sollen die Grundlagen der im Allgemeinen Teil des StGB vorzufindenden Beteiligungslehre dargestellt werden (A). Es schließt sich dann eine Betrachtung der Lehren zu Täterschaft (B) und Teilnahme i. e .S. (C) an.

A. Grundlagen

I. Gesetzliche Vorgaben

1. § 25, Täterschaft

§ 25 Täterschaft

5 (1) Als Täter wird bestraft, wer die Straftat selbst oder durch einen anderen begeht.

(2) Begehen mehrere die Straftat gemeinschaftlich, so wird jeder als Täter bestraft (Mittäter).

6 § 25 I 1. Alt. ([…] wer die Straftat selbst […] begeht) regelt die *Alleintäterschaft* in Form der *Selbsttäterschaft*.

Beispiel 10.1

7 A erschießt B mit Tötungsvorsatz. A ist Alleintäter in Form der Selbsttäterschaft einer Tötungsstraftat zum Nachteil des B. ◄

---

[2] Demgegenüber zweifeln NK-StGB-*Schild/Kretschmer* § 25 Rn. 2 ff. bereits den Sinn eines Täterbegriffs an, denn strafrechtsdogmatisch existierten nur Straf*taten*, nicht hingegen Straf*täter*.

[3] *Rotsch* ZIS 2007, 260 ff.

[4] Grundsätzlich *Kühl* JA 2014, 668 ff.

§ 25 I 1. Alt. bildet aber auch die gesetzliche Grundlage für die *Nebentäterschaft* in **8** Form der *Selbsttäterschaft*. Hierunter versteht man ein tatbestandsmäßiges Verhalten mehrerer Personen im Hinblick auf dieselbe Veränderung in der Außenwelt, die jedoch unabhängig voneinander handeln.

Beispiel 10.2

A und B schießen mit Tötungsvorsatz auf C, ohne voneinander zu wissen. Hier **9** sind A und B Nebentäter. Unwichtig ist, ob C getötet wird. Denn auch der Täter eines Versuchs ist Täter. ◄

§ 25 I 2. Alt. ([…] wer die Straftat […] durch einen anderen begeht) beschreibt die **10** Alleintäterschaft in Form der *mittelbaren Täterschaft*. Der mittelbare Täter begeht die Tat *durch* einen Anderen. Den „Anderen" nennt man „Tatmittler" oder auch „Werkzeug".

Beispiel 10.3

Ärztin A gibt dem Krankenpfleger K die Anweisung, dem Patienten P eine von **11** ihr vorbereitete Spritze zu verabreichen. Gegenüber K behauptet A, in der Spritze befinde sich ein Medikament. Sie verschweigt dem K jedoch, dass sie P töten möchte und sich in der Spritze Gift befindet. Der gutgläubige K gibt P die Spritze. P verstirbt. ◄

§ 25 II enthält eine Legaldefinition der *Mittäterschaft*. Diese Form der Beteiligung **12** ist gegeben, wenn mehrere *gemeinschaftlich* die Straftat begehen. Unter einem gemeinschaftlichen Begehen versteht man ein *bewusstes und gewolltes Zusammenwirken*.

Beispiel 10.4

A und B wollen C töten und ausrauben. A kauft eine Pistole, B die Munition. **13** Dann gehen sie zur Wohnung des C. Wie verabredet, läutet A an der Wohnungstür. Als C öffnet, wird er von B erschossen. A und B betreten die Wohnung und nehmen das vorhandene Bargeld sowie eine Rolex-Uhr mit. ◄

Zu Leitfall 10

In *Leitfall 10* ist R Täter einer versuchten Tötung der N in Form der Selbsttäter- **14** schaft. H und P könnten in Bezug auf R mittelbare Täter sein, wenn sie die Tat *durch R* begangen haben, R also ihr *Werkzeug* gewesen ist. Außerdem könnten H und P wegen ihres Zusammenwirkens in *Mittäterschaft* gehandelt haben. H und P wären dann *mittelbare Mittäter*. ◄

§ 25 enthält nur Festlegungen zu den *Formen* der Täterschaft. *Wer* Täter einer Straf- **15** tat sein kann – natürliche Personen oder auch juristische Personen? – ist eine davon unabhängig zu erörternde Frage. Sie wird im Rahmen der Tatbestandsmäßigkeit beim Tatsubjekt aufgeworfen (§ 4 Rn. 4 ff.).

2. §§ 26, 27, Anstiftung und Beihilfe als gesetzliche Formen der Teilnahme – Akzessorietät

§ 26 Anstiftung

16   Als Anstifter wird gleich einem Täter bestraft, wer vorsätzlich einen anderen zu dessen vorsätzlich begangener rechtswidriger Tat bestimmt hat.

§ 27 Beihilfe

17   (1)   Als Gehilfe wird bestraft, wer vorsätzlich einem anderen zu dessen vorsätzlich begangener rechtswidriger Tat Hilfe geleistet hat.

(2)   Die Strafe für den Gehilfen richtet sich nach der Strafdrohung für den Täter. Sie ist nach § 49 Abs. 1 zu mildern.

18   Unter einer Anstiftung versteht man das vorsätzliche *Hervorrufen des Tatentschlusses* in einem Anderen. Beihilfe bedeutet *Hilfeleisten* zur Tat.

19   Weil sowohl die Strafbarkeit des Anstifters als auch die Strafbarkeit des Gehilfen vom Vorliegen einer vorsätzlich begangenen rechtswidrigen Tat eines Anderen (= Haupttat) abhängen, spricht man von der Abhängigkeit, d. h. *Akzessorietät*, der Teilnahme. Weil die Haupttat nicht schuldhaft sein muss, ist diese Akzessorietät nicht vollständig, sondern begrenzt, d. h. *limitiert*.[5]

20   Die Haupttat muss nicht vollendet sein. Ein rechtswidriger Versuch genügt. Ist sie nur versucht, liegt eine *Teilnahme am Versuch* – genauer: eine Teilnahme an einer „im Versuch steckengebliebenen" Haupttat – vor.[6]

Zu Leitfall 10

21   In *Leitfall 10* wäre unter dem Gesichtspunkt der Teilnahme zu erwägen, ob H und P anstatt mittelbare Täter der versuchten Tötung der N durch R nur *Anstifter* zur Haupttat des R gewesen sind. ◄

22   Weil das StGB bei den Beteiligungsformen der Straftat zwischen Erscheinungsformen täterschaftlicher Natur und solchen mit Teilnahmecharakter unterscheidet, spricht man von einem (*Täterschafts- und*) *Teilnahme-System*.

23   Ein solches System setzt voraus, dass man eine Beteiligung als Täter und eine Beteiligung als Teilnehmer *unterscheiden kann*. Dies hängt davon ab, ob die *gewählte* Beteiligungslehre für Beteiligungsformen nichttäterschaftlicher Art überhaupt Raum lässt. Denn selbst wenn man davon ausgeht, dass die Aufgliederung der Erscheinungsformen der Beteiligung durch feststehende Strukturen sozialer Beziehungen vorgeprägt ist,[7] ist die gesetzgeberische Entscheidung für ein Täter-

---

[5] Siehe dazu *Kindhäuser* GS Tröndle, S. 295 ff.

[6] Davon streng zu unterscheiden ist die *versuchte Beteiligung*, bei der eine vorsätzliche und rechtswidrige Haupttat (Versuch, Vollendung) gerade fehlt und die nur in Form der *versuchten Anstiftung* (s. o. § 9 Rn. 205 ff.) strafbar ist.

[7] Vgl. *Jescheck/Weigend* AT § 61 I 3.

schafts- und Teilnahmesystem zwar eine gesellschaftlich nahe liegende, aber keineswegs die einzig denkbare. Dies sei nunmehr erörtert.

II. Beteiligungsprinzipien und Täterbegriffe

Wirken mehrere an einer Straftat mit, so lässt sich die Verwirklichung des tatbestandsmäßigen Unwertes grundsätzlich auf zwei Wegen zurechnen:[8] **24**

- *Jede* Mitwirkung ist *Täterschaft*. Soll ein Mitwirkender *ausnahmsweise nicht* als **25** Täter verantwortlich sein, so muss dies ausdrücklich festgelegt werden. Die Täterschaft wird somit als *Regelform* auf alle Erscheinungsformen strafbaren Verhaltens *ausgedehnt* (*extensiver Täterbegriff*). Nichttäterschaftliche Mitwirkungsformen bilden demgegenüber Beschränkungen der Zurechnung (*Strafeinschränkungsgründe*). Mit dem extensiven Täterbegriff korrespondiert ein *Einheitstätersystem*.
- Eine Mitwirkung ist *nur* in den Beteiligungsformen zurechenbar, die *ausdrück-* **26** *lich gesetzlich* festgelegt sind (*restriktiver* Täterbegriff). Dadurch werden die gesetzlich beschriebenen Beteiligungsformen zu *Strafausdehnungsgründen*. Mit dem restriktiven Täterbegriff korrespondiert ein *Täterschafts- und Teilnahmesystem*.

1. Einheitstätersystem – extensiver Täterbegriff[9]

§ 14 OWiG Beteiligung

(1) Beteiligen sich mehrere an einer Ordnungswidrigkeit, so handelt jeder von **27** ihnen ordnungswidrig.

§ 14 I 1 OWiG stellt den Versuch dar, ein Einheitstätersystem im deutschen Ord- **28** nungswidrigkeitenrecht zu formulieren.

Jede Beteiligung an einer Ordnungswidrigkeit ist Täterschaft. Da Beteiligung im **29** Sinne von *Verursachung* verstanden wird, ist Täter der Ordnungswidrigkeit jeder, dessen Handlung für die Begehung einer vollendeten oder versuchten Ordnungswidrigkeit kausal wird. Es wird also nicht danach gefragt, wer in welcher Intensität zur Verwirklichung der Elemente der Tatbestandsmäßigkeit beigetragen hat. Differenzierungen werden nicht auf der Unrechtsebene, sondern erst bei der Bemessung der Geldbuße vorgenommen.

Zu Leitfall 10

Auf der Grundlage eines Einheitstätersystems wären in *Leitfall 10* H, P und R **30** jeweils Täter einer versuchten Tötung zu Lasten der N. ◄

---

[8] Zum restriktiven und extensiven Täterbegriff vgl. *B. Heinrich* AT Rn. 1179 ff.; *Maiwald* FS Bockelmann, S. 343 ff.; *Rotsch* 2009.

[9] Näher *Mitsch* OWiG, § 13 Rn. 10 ff., 28 ff.; zur Kritik an der Einheitstäterschaft vgl. *Schünemann* GA 2020, 224 ff. (225 ff.).

31 Die undifferenzierte Ausdehnung der Täterschaft auf Mitwirkungen jeder Art zur Verwirklichung der Elemente der Tatbestandsmäßigkeit hat weitreichende Folgen:

32 • Eine *Akzessorietät* der Teilnahme existiert *nicht*.

33 • Es entstehen *keine Strafbarkeitslücken*, weil jeder, der irgendwie zur Verwirklichung der Elemente der Tatbestandsmäßigkeit beigetragen hat, Beteiligter ist.

34 • Das reale *Gewicht* der Beteiligung, insbesondere die Berücksichtigung des speziellen Sachverhalts- und des personalen Unwertes, liegt nicht auf Tatbestandsebene, sondern kann nur bei der Gestaltung der *Rechtsfolgen* Beachtung finden.

35 • Eine Unterscheidung zwischen *versuchter Teilnahme* (z. B. versuchte Anstiftung) und *Versuch der Tat* entfällt, weil versuchte Teilnahme versuchte Täterschaft (Verursachung) ist.

36 • Eine obligatorische *strafrahmenorientierte Strafmilderung* bei bestimmten Teilnahmeformen ist *nicht möglich*, weil diese Teilnahmeformen nicht gesetzlich vertypt werden können.

37 Insgesamt ist das auf dem extensiven Täterbegriff aufbauende Einheitstätersystem und die daraus folgende Vermeidung von Strafbarkeitslücken mit einem *Verlust an Differenzierung* verbunden, der im Bereich des Ordnungswidrigkeitenrechts hingenommen werden kann.

38 Ein praktisches Bedürfnis nach Differenzierung kann man indessen daraus ersehen, dass sogar im Bereich des Ordnungswidrigkeitenrechts das reine Einheitstäterprinzip durch die Rechtsprechung aufgelockert worden ist, indem auch dort für die „Beteiligung" an der Ordnungswidrigkeit eines Anderen gemäß § 14 I OWiG vorausgesetzt wird, dass der Andere vorsätzlich handelt.[10]

Zu Leitfall 10

39 Auch *Leitfall 10* lässt Differenzierungen sachgerecht erscheinen. So wäre zu würdigen, dass R in seiner Wahnidee Frau N nicht aus selbstsüchtigen Motiven töten will, sondern zur Rettung der Menschheit. Bei H und P liegen hingegen durchaus verachtenswerte Motive vor: Hass und Eifersucht. Außerdem haben H und P den „leicht beeinflussbaren" R durch die Vorspiegelung der Existenz des Katzenkönigs in der Hand. Die eigentlichen „Bösewichte" sind damit H und P. Diese *Verteilung* der Rollen müsste sich auch in einem strafrechtlichen *Beteiligungs*system widerspiegeln. ◀

40 Als Einheitstätersystem sind auch die §§ 12–15 öStGB gedacht.[11] Da jedoch das Gesetz auch die für die Strafzumessung bedeutsamen Formen der Bestimmungs-

---

[10] So BGH 2 StR 547/82 BGHSt 31, 309 ff.; vgl. auch KK-OWiG *Rengier* § 14 Rn. 4 ff., 16 ff.; sowie *Mitsch* OWiG, § 13 Rn. 19.

[11] § 12 öStGB: „Nicht nur der unmittelbare Täter begeht die strafbare Handlung, sondern auch jeder, der einen anderen dazu bestimmt, sie auszuführen, oder der sonst zu ihrer Ausführung beiträgt."; zum dänischen, italienischen und norwegischen Recht vgl. *B. Heinrich* AT Rn. 1174 mit Fn. 2657.

täterschaft und der Beitragstäterschaft kennt, ist auch diesem Einheitstätersystem eine abgestufte Strafwürdigkeit nicht fremd.[12] Es wird sogar lebhaft darüber diskutiert, ob die §§ 12–14 öStGB auch im Sinne eines akzessorischen Teilnahmesystems ausgelegt werden können.[13]

2. Täterschafts- und Teilnahme-System (§§ 25–27) – restriktiver Täterbegriff

Aufbauend auf die Beteiligungsvorschriften des preußischen StGB von 1851 und **41** somit auf die Beteiligungssystematik des französischen Code Pénal von 1810 (Art. 60) hatte schon das StGB von 1871 einem Täterschafts- und Teilnahmesystem den Vorzug gegeben, bei dem zwischen unterschiedlichen Formen der Beteiligung bereits auf der Ebene der Tatbestandsmäßigkeit differenziert wird. In der Vorbereitung der Reform des Allgemeinen Teils wurde die Wahl eines Einheitstätersystems ernsthaft und gründlich erwogen, letztendlich aber doch verworfen.[14] Einer der Gründe hierfür dürfte darin zu sehen sein, dass durch eine Differenzierung auf der Ebene der Tatbestandsmäßigkeit dem Unwert der verschiedenen Mitwirkungsformen Rechnung getragen werden kann, was letztendlich zu einer angemesseneren Bestrafung und damit zur Rechtssicherheit beiträgt.[15]

Die Entscheidung für einen restriktiven Täterbegriff und eine Differenzierung **42** zwischen Täterschaft und Teilnahme zeigt sich darin, dass *nicht jede Mitwirkung*, sondern nur eine der in den §§ 25 ff. festgelegten Formen zur Verantwortlichkeit des Beteiligten führt. Die §§ 25 ff. bilden somit „Strafbarkeits-Inseln". Mögen sich auch zwischen diesen Inseln allenfalls schmale Rinnsale der Straffreiheit finden, so handelt es sich doch im Prinzip um klar voneinander abgegrenzte Beteiligungsformen, die eine „Architektur" bilden, die insbesondere durch eine extensive Interpretation der Täterschaft auf Kosten der Anstiftung in eine Schieflage zu geraten droht.[16]

Allerdings gilt auch im Bereich des Strafgesetzbuches der restriktive Täterbegriff **43** nicht ausnahmslos, weil im Bereich der *Fahrlässigkeit* ohnehin jede Verursachung eines tatbestandsmäßigen Geschehens täterschaftlich geschieht.[17]

---

[12] Näher und umfassend *Schmoller* GA 2006, 365 ff.

[13] Vgl. *Burgstaller* ÖRiZ 1975, 13 ff. (16); lesenswerte Gegenüberstellung der Systeme bei *Fuchs* AT I 32. Kap. II, III sowie instruktiv *Friedrich* FS Triffterer, S. 43 ff.

[14] Vgl. Niederschriften über die Sitzungen der Großen Strafrechtskommission, Bd. 2, 1958, S. 94 ff.; sowie LK-*Schünemann/Greco* Vor § 25 Rn. 5.

[15] Zu Strafzumessungsgesichtspunkten BGH 3 StR 428/15 NStZ 2016, 525 f.

[16] Näher dazu *Puppe* GA 2013, 514 ff.; zu besorgniserregenden Ausweitungstendenzen den strafbaren Bereich betreffend auch *Satzger* FS Volk, S. 649 ff.

[17] Für eine Erstreckung des restriktiven Täterbegriffs auch auf die Fahrlässigkeit *Renzikowski* 1997; *S. Walther* 1991, S. 68 f.; Diskussionsbedarf signalisieren auch die Überlegungen von *Heine/Weißer*, in: Schönke/Schröder Vor §§ 25 ff. Rn. 107 ff.; nach *Rotsch* 2009, S. 485, führt aber auch die als „Mischsystem" praktizierte Beteiligungsdogmatik bei der vorsätzlichen Straftat zu einer beliebig begründbaren Täterschaft und damit faktisch zu einem Einheitstätersystem. *Rotsch* ersetzt die Lehre von Täterschaft und Teilnahme deshalb durch ein Einheitstäterprinzip, bei dem die unmittelbare oder mittelbare Beeinträchtigung des Eingriffsgutes die Grundlage der Täterschaft bil-

44   Der restriktive Täterbegriff des Täterschafts- und Teilnahmesystems ist zugleich ein *primärer Täterbegriff.* Denn es gilt der Satz:

45 ▶   *Wer Täter ist, ist nicht Teilnehmer,* [18]

oder:

▶   *Teilnehmer kann nur sein, wer nicht Täter ist.*

46   Und wegen der Akzessorietät der Teilnahme gilt:

47 ▶   *Keine Teilnahme ohne Täterschaft.*

48   Der primäre Täterbegriff macht den Täter zur *Zentralgestalt*[19] des tatbestandsmäßigen Geschehens. Im Kern geht es dabei um die *Macht* zur Tatbestandsverwirklichung, weshalb sich in der Täterschaftsdogmatik eindeutig machttheoretische Prämissen finden lassen, ohne dass dies immer ausgesprochen würde.[20] Täter ist, wer in einer bestimmten sozialen Konstellation die Macht zur Tatbestandsverwirklichung hat und deshalb Gestalter eines Machtverhältnisses ist[21] (vgl. zu einer machttheoretischen Verbrechenslehre § 2 Rn. 128). Am Anfang eines jeden Täterschaft- und Teilnahmesystems die Frage, wer Täter ist, genauer: Welche Kriterien darüber entscheiden, dass ein Beteiligter Täter ist.

49   Vor der Erörterung jener Kriterien sei angemerkt, dass gerade die Täterschaftsmäßigkeit einer Handlung untrennbar mit ihrer Tatbestandsmäßigkeit verbunden ist und umgekehrt. Es gilt:

50 ▶   Keine Täterschaft(smäßigkeit) ohne Tatbestandsmäßigkeit, keine Tatbestandsmäßigkeit ohne Täterschaft(smäßigkeit).[22]

---

den. Lässt sich die Beeinträchtigung über die objektive Zurechnung begründen, ist Täterschaft gegeben, andernfalls nicht, mit der Folge der Straffreiheit. Die täterschaftsbegründende Zurechnung ist zu bejahen, wenn der Täter die Wahrscheinlichkeit des Eintritts des tatbestandsmäßigen Erfolges relevant erhöht und diese Risikoerhöhung sich auch im tatbestandsmäßigen Erfolg niedergeschlagen hat.

[18] Im Hinblick auf dieselbe tatbestandsmäßige Handlung.

[19] Vgl. *Roxin* AT 2 § 25 Rn. 10; krit. *Sinn* 2007, S. 153 f.

[20] *Sinn* 2007, S. 143 ff.

[21] *Sinn* 2007, S. 155.

[22] Dabei wird Tatbestandsmäßigkeit unter Einschluss des subjektiven Tatbestandes verstanden, vgl. auch *Fischer/Anstötz*, in: Fischer Vor § 13 Rn. 14; die Täterschaft bedarf insoweit zu ihrer Begründung nicht der Tatherrschaft, vgl. auch *Schild* 1994, insbes. S. 47 f.

Dies bedeutet zum einen, dass Täterschaft ein (Straf-)Rechtsbegriff ist, der, wie das **51** gesamte Strafrecht, seine Grundlage in der Tatbestandsmäßigkeit hat.[23] Täterschaft im straf- bzw. ordnungsrechtlichen Sinne ist folglich nur gegeben, wenn das Handeln der in Frage stehenden Person tatbestandsmäßig ist, d. h. die objektiven und subjektiven Elemente der Handlungsbeschreibung erfüllt, sei es als Straftat, sei es als Ordnungswidrigkeit. Dass man durch das Spielen einer Bach-Sonate nicht zum Täter wird, leuchtet unmittelbar ein. Dass man aber auch nicht „Täter" eines Suizids sein kann, ist weniger selbstverständlich.

Zum anderen bedeutet der Satz „keine Tatbestandsmäßigkeit ohne Täter- **52** schaft(smäßigkeit)", dass es im Rahmen der Begehung einer tatbestandsmäßigen Handlung zumindest einen Beteiligten geben muss, der Täter ist. Keine Tat ohne Täter. Für die Täterschaftsmäßigkeit ist es dabei völlig irrelevant, ob der tatbestandsmäßig Handelnde darüber hinaus auch rechtswidrig oder schuldhaft handelt:[24] Auch der straflos Handelnde bleibt Täter, soweit er die Elemente der Tatbestandsmäßigkeit vorsätzlich bzw. fahrlässig verwirklicht.

Beispiel 10.5

A erschlägt B in Putativnotwehr. Nach der herrschenden eingeschränkten Schuld- **53** theorie/Fallgruppe Rechtsfolgenanalogie zu § 16 I (§ 13 Rn. 210 ff.) ist A Täter eines Totschlags, für den er bei Vermeidbarkeit aus der Fahrlässigkeitsstraftat bestraft werden kann. Bei direkter Anwendung von § 16 I wäre A Täter einer fahrlässigen Tötung. Wie auch immer: A ist Täter, denn B kann nicht durch das tatbestandsmäßige Handeln eines Menschen zu Tode gekommen sein, ohne dass ein Täter zu dieser Tat existiert.[25] ◄

III. Täterschaftstheorien

Die Suche nach Kriterien für die Bestimmung der Täterschaft steht im Mittelpunkt **54** der Täterschaftstheorien. Die praktische Bedeutung jener Theorien erhellt das berühmte

---

[23] Umfassend zur Entwicklung der Täterschaftsdogmatik NK-StGB-*Schild/Kretschmer* Vor §§ 25 ff. Rn. 1 ff.; anders *Stein* 1988, insbes. S. 238 ff., der als Maßstab für die unterschiedlichen Beteiligungsformen nicht die Beschreibungen in den §§ 25 ff., sondern die unterschiedliche „Dringlichkeit" der hinter den Rechtssätzen stehenden Täter-, Anstifter- und Gehilfenverhaltensnormen heranzieht. Hinsichtlich der besseren Geeignetheit jener Kriterien zweifelnd LK[11]-*Roxin* § 25 Rn. 13; zu Unschärfen des Täterbegriffs im Ermittlungsverfahren, insbesondere in der Abgrenzung zum Verdächtigen, *Diercks* Anwaltsblatt 1999, 311 ff.

[24] Vgl. *Jescheck/Weigend* AT § 61 I 2: „Täter ist […], wer in eigener Person alle Tatbestandsmerkmale der strafbaren Handlung verwirklicht […]"; vgl. auch Lackner/Kühl/Heger-*Heger* Vor § 13 Rn. 6; *Fischer/Anstötz*, in: Fischer Vor § 13 Rn. 1.

[25] Vgl. aber *Roxin* Täterschaft und Tatherrschaft, S. 366 ff.

Beispiel 10.6

55 *Badewannen*-Fall RG 3 D 69/40 RGSt 74, 84 ff.:[26] Auf Verlangen der M, die gerade ein nichteheliches Kind geboren hatte, ertränkte ihre Schwester S das Kind in der Badewanne, um der M die Schande zu ersparen.

56 Ist die S Täterin einer Tötungsstraftat und hat M hierzu angestiftet? Oder ist M Täterin einer Tötungsstraftat und S Gehilfin? Sind S und M Mittäterinnen? ◄

57 Die Täterschaftstheorien lassen sich in objektive (1) und subjektive (2) einteilen.

1. Objektive Täterschaftstheorien

a) Die formal-objektive Theorie[27]

58 Nach der vornehmlich von *v. Liszt/Schmidt*[28] und von *v. Hippel*[29] vertretenen formal-objektiven Theorie ist Täter *nur*, aber *jedenfalls*, wer die Straftat, d. h. die tatbestandsmäßige Handlung, (wenigstens zum Teil) *selbst* begeht. Auf das faktische Gewicht seiner Mitwirkung kommt es nicht an. Wer nicht Täter ist, kann Teilnehmer sein, wenn er die entsprechenden Voraussetzungen erfüllt.

59 Die *Stärke* der formal-objektiven Täterschaftstheorie besteht in der klaren Abgrenzung der Täterschaft. In der damit notwendig verbundenen *Lückenhaftigkeit* liegt zugleich ihre *Schwäche*:

60 • Eine *mittelbare* Täterschaft ist auf der Basis einer formal-objektiven Täterschaftslehre nicht möglich.[30]

Beispiel 10.7

61 A lässt sich von dem nichts ahnenden B aus dem Bücherregal des C ein Buch bringen, das er, A, dem C geliehen habe. In Wirklichkeit handelt es sich um ein Buch des C. Obwohl A den gutgläubigen B als Werkzeug benutzt, könnte er nicht mittelbarer Täter eines Diebstahls sein, weil er die Wegnahmehandlung nicht selbst ausführt. ◄

62 • Bei *Mittäterschaft* könnte nur der Täter sein, der selbst Elemente der Tatbestandsmäßigkeit verwirklicht.

---

[26] Zu den Hintergründen der Entscheidung vgl. *Hartung* JZ 1954, 430 ff.; s. auch *Hillenkamp* FS Schünemann, S. 407 ff. (408 f.).

[27] S. auch *Kindhäuser* GS Tröndle, S. 295 ff. (303 ff.).

[28] *Liszt, v./Schmidt* 1927, S. 334 f.

[29] *V. Hippel* 1930, S. 453 ff.

[30] Vgl. aber *Freund/Rostalski* AT § 10 Rn. 36 ff.

Beispiel 10.8

Wie mit C verabredet, lockt A den B an eine einsame Stelle, wo B von C aus- **63** geraubt wird. Nach der formal-objektiven Theorie könnte A nur Gehilfe des C sein.

Im *Badewannen*-Fall (Beispiel 10.6) wäre nach der formal-objektiven Täter-schaftslehre die Schwester S die Täterin der Tötungsstraftat. Die Mutter wäre Anstifterin.

In *Leitfall 10* könnten auf der Grundlage der formal-objektiven Theorie nur R, nicht hingegen H und P Täter der versuchten Tötung der N sein. ◄

b) Die materiell-objektive Theorie[31]

Die *materiell-objektive Theorie*[32] vermeidet die Lückenhaftigkeit der formal- **64** objektiven Theorie dadurch, dass anstatt auf die Ausführung der tatbestandsmäßigen Handlung auf die *Gefährlichkeit des Tatbeitrages* abgestellt wird. Dies ermöglicht die Anerkennung mittelbarer Täterschaft sowie die Anerkennung von Mittäterschaft auch desjenigen, der die Tathandlung nicht selbst begeht.

Die materiell-objektive Theorie würde in *Leitfall 10* die Möglichkeit für eine **65** mittelbare Täterschaft von H und P einräumen.

2. Der animus auctoris als Kriterium der subjektiven Täterschaftslehre[33]

Die vor allem von der früheren Rechtsprechung favorisierte subjektive „animus- **66** Theorie" baut zunächst objektiv auf einem *extensiven* Täterbegriff auf: Täter ist jeder, der für die Verwirklichung der Tatbestandsmäßigkeit *ursächlich* ist. Die Ab-schichtung erfolgt dann nach subjektiven Kriterien: Täter ist, wer die Tat mit *Täter-willen* (animus auctoris), Teilnehmer hingegen, wer sie nur mit *Teilnehmerwillen* (animus socii) verursacht hat.

Zu Beispiel 10.6

Im *Beispiel 10.6 Badewannen*-Fall betrachtete das Reichsgericht demgemäß die **67** S als Gehilfin der M, weil sie nicht im eigenen Interesse handeln, sondern der M die Schande ersparen wollte.[34] ◄

Auch im

---

[31] S. auch *Kindhäuser* GS Tröndle, S. 295 ff. (301 ff.).

[32] Vgl. *Feuerbach* 1847, S. 80 ff. sowie die umfassende Darstellung bei *Roxin* Täterschaft und Tat-herrschaft, S. 42 ff.

[33] Zur Berücksichtigung des Täterwillens *Hillenkamp* FS Schünemann, S. 407 ff.; s. auch *Kindhäu-ser* GS Tröndle, S. 295 ff. (299 ff.).

[34] Diese auf den ersten Blick unverständliche Entscheidung, die mit eigenen Händen tötende Schwester als Gehilfin der passiven Mutter zu betrachten, wird nachvollziehbar, wenn man be-denkt, dass nur dadurch die Todesstrafe für die Schwester zu vermeiden war; vgl. näher *Hartung* JZ 1954, 430 ff.; *Hillenkamp* FS Schünemann, S. 407 ff. (408 f.).

Beispiel 10.9

68   *Staschinsky*-Fall BGH 9 StE 4/62 BGHSt 18, 87 spielte der animus socii die ent-
      scheidende Rolle. Auf Befehl des Ministeriums für Staatssicherheit beim Minis-
      terrat der UdSSR ermordete Staschinsky zwei russische Emigranten. Die Tatmo-
      dalitäten waren durch die Auftraggeber in allen Einzelheiten festgelegt worden.
      Nach der Tat wurde Staschinsky mit einem Orden ausgezeichnet.

69   Auch hier nimmt der BGH eine Gehilfenschaft des S an: Maßgebend sei die
      innere Haltung zur Tat. Danach komme als Täter auch in Betracht, wer die Tat
      vollständig durch einen Anderen ausführen lässt, andererseits als bloßer Gehilfe
      auch derjenige, der alle Tatbestandsmerkmale eigenhändig erfüllt. Die innere
      Haltung des Angeklagten bei beiden Attentaten ergebe unter Berücksichtigung
      aller Umstände, dass er diese Taten nicht als eigene gewollt, dass er kein eigenes
      Interesse an ihnen und keinen eigenen Tatwillen gehabt, dass er sich fremdem
      Täterwillen nur widerstrebend gebeugt, dass er sich letztlich der Autorität seiner
      damaligen politischen Führung wider seinem Gewissen unterworfen und dass er
      die Tatausführungen in keinem wesentlichen Punkt selber bestimmt habe. Ein
      eigenes materielles oder politisches Interesse als Indiz für seinen Täterwillen
      habe nicht bestanden. Es sei ihm kein Tatlohn versprochen worden, wie einem
      gedungenen Handlanger, und er habe auch keinen erhalten. Die Ordensver-
      leihung habe ihn überrascht und abgestoßen. Er habe sich jedoch nicht entziehen
      können.[35] ◀

70   In der im *Badewannen*-Fall sowie im *Staschinsky*-Fall in Erscheinung tretenden
      Stringenz wird die animus-Theorie heute selbst von der Rechtsprechung nicht mehr
      aufrechterhalten, sondern in einer Art „normativen Kombinationstheorie" weiter-
      geführt.[36] Gegen die animus-Theorie spricht insbesondere § 25 I 1, wonach die
      Selbstbegehung der Tat, d. h. die Verwirklichung aller Tatbestandsmerkmale, zwin-
      gend Täterschaft ist.[37]

71   Unabhängig davon ist auch in der Rechtsprechung seit jeher anerkannt, dass
      selbst ein noch so ausgeprägter animus auctoris nicht Täterschaft begründet, wenn
      der Handelnde bestimmte Elemente der Tatbestandsmäßigkeit gar nicht erfüllen
      kann. Dies trifft für die *eigenhändigen* sowie für die *Sonderstraftaten* zu.

Beispiel 10.10

72   Täter einer *Aussagestraftat* kann nur sein, wer selbst falsch aussagt, weil die
      §§ 153 ff. nur eigenhändig begangen werden können. Deshalb kann auch derjenige,
      der einen Anderen täuscht und dadurch zu einer Falschaussage veranlasst, nicht
      mittelbarer Täter dieser Falschaussage sein. Um die dadurch entstehende Lücke zu
      füllen, sieht § 160 die Strafbarkeit der *Verleitung zur Falschaussage* vor. ◀

---

[35] Vgl. BGH 9 StE BGHSt 18, 87 ff. (89 f., 95); s. auch *Hillenkamp* FS Schünemann, S. 407 ff. (409).
[36] Näher *Roxin* AT 2 § 25 Rn. 22 ff.
[37] Krit. *Hillenkamp* FS Schünemann, S. 407 ff.

Beispiel 10.11

Straftaten im *Amt* kann nur begehen, wer selbst Amtsträger oder einem solchen   73
gleichgestellt ist, weil es sich hier um *Sonderstraftaten* handelt. Deshalb ist auch
hier eine mittelbare Täterschaft durch Nicht-Amtsträger nicht möglich. Wer eine
Falschbeurkundung im Amt (§ 348) durch Täuschung des Amtsträgers verursacht, wird folglich nicht mittelbarer Täter dieser Falschbeurkundung, sondern
er bleibt Täter einer mittelbaren Falschbeurkundung nach § 271. ◄

Zu Leitfall 10

Im *Leitfall 10* wären auf der Basis einer strengen animus-Theorie eine Täter-   74
schaft von H und P hinsichtlich der versuchten Tötung der N aus Hass und Eifersucht sowie eine Gehilfenschaft des leichtgläubigen R anzunehmen. ◄

Mehr und mehr grenzt die Rechtsprechung indessen Täterschaft und Teilnahme an-   75
hand einer Gesamtbewertung der Tat ab und „weicht" so die animus-Theorie auf.
Die zu Grunde zu legenden Kriterien sind danach der Grad des eigenen Interesses
an der gesetzlich beschriebenen Veränderung in der Außenwelt, der Umfang der
Tatbeteiligung und die Tatherrschaft oder wenigstens der Wille zur Tatherrschaft,[38]
ohne dass innerhalb dieser Kriterien eine Rangfolge festgelegt würde.[39]

Eine rechtsgutsorientierte Täterschaftslehre hat *Manfred Heinrich*[40] entwickelt. Auf Grund einer   76
Zusammenführung der Kriterien der *Einwilligungsdogmatik* und der tatherrschaftsorientierten
Täterschaftsdogmatik kommt *Heinrich* zu dem Ergebnis, dass Täter ist, wer *Entscheidungsträger*
ist. Entscheidungsträger ist, wer als Normadressat eine tatbestandsgerichtete Entscheidung trifft,
„als gerade deren unmittelbare Umsetzung das in Rede stehende tatbestandsberührende Geschehen
anzusprechen ist".[41] Täter ist aber auch (nur), wer einen *Rechtsgutszugriff, d. h.* ein gegen fremde
Rechtsgüter gerichtetes Verhalten verwirklicht.[42] Dieser Ansatz ermöglicht es, die Täterschaft insbesondere für solche Konstellationen tragfähig zu begründen und abzugrenzen, in denen mehrere
Personen zusammenwirken (Mitwirkung an einer Selbstverletzung oder mittelbare Fremdverletzung? [Rn. 151 ff. sowie § 4 Rn. 101 ff.], Täter hinter dem Täter oder Anstiftung? [unten
Rn. 146 ff.]). Freilich steht und fällt dieser Ansatz mit der nicht unumstrittenen und hier ab-
gelehnten (§ 5 Rn. 108 ff.) Ansicht, dass eine Einwilligung bereits die Tatbestandsmäßigkeit und
nicht erst die Rechtswidrigkeit entfallen lässt. Denn nur dann fehlt es in Folge der Entscheidungsträgerschaft des Einwilligenden an einem tatbestandsgerichteten Rechtsgutszugriff des Handelnden.[43]

---

[38] Vgl. BGH 2 StR 300/03 NStZ-RR 2004, 40 f.; 3 StR 416/10 NJW 2011, 2375 ff.; 2 StR 161/17
StV 2019, 88 ff.; 1 StR 43/20 BeckRS 2020, 13810; 4 StR 449/19 NStZ 2020, 600; sowie weitere
Nachweise bei *B. Heinrich* AT Rn. 1207 Fn. 2722.

[39] *Frister* AT § 26 Rn. 19; *Roxin* AT 2 § 25 Rn. 25 mwN.

[40] *M. Heinrich* Rechtsgutszugriff und Entscheidungsträgerschaft, 2002.

[41] *M. Heinrich* 2002, S. 182.

[42] *M. Heinrich* 2002, S. 352.

[43] Zu weiterer Kritik vgl. *Roxin* AT 2 § 25 Rn. 183 ff., 263 ff.

3. Tatherrschaftslehre

Beispiel 10.12

77 *Fahrtenschreiber*[44]-Fall OLG Stuttgart 3 Ss 497/77 NJW 1978, 715 f.:[45] In einem Fuhrbetrieb mit mehreren Lastkraftwagen kam es in einer Vielzahl von Fällen zu Überschreitungen der vorgeschriebenen Lenkzeiten. Diese Überschreitungen konnten aus den Fahrtenschreiberblättern der einzelnen Lastkraftwagen ersehen werden. Die Staatsanwaltschaft hatte anlässlich von Ermittlungen gegen einen Fahrer der Firma, der Manipulationen an einem Fahrtenschreiber vorgenommen hatte, die Sicherstellung sämtlicher bei der Firma vorhandenen Fahrtenschreiberblätter angeordnet. Daraufhin beauftragten die Inhaber der Firma die Angeklagte A, in alle Schaublätter, aus denen eine Überschreitung der Lenkzeit hervorging, den Namen eines zusätzlichen Fahrers einzutragen. Die A, der Sinn und Zweck dieser Anweisung klar war, verfuhr entsprechend und setzte in über 100 Schaublätter den Namen eines weiteren Aushilfsfahrers ein.

78 Das Amtsgericht verurteilte A wegen Beihilfe zur Urkundenfälschung, §§ 267, 27. Das OLG Stuttgart berichtigte den Schuldspruch dahingehend, dass A nicht nur einer gehilfenschaftlichen, sondern einer (mit)täterschaftlichen Urkundenfälschung schuldig sei. ◄

79 Nach der zu ihrer heutigen Form[46] im Wesentlichen durch *Roxin* fortentwickelten[47] *Tatherrschaftslehre* ist im Mehrpersonenverhältnis Täter, wer die *Tatherrschaft* besitzt, wobei der objektive Gehalt der „Tatmacht" bei *Niese*[48] in sein Konzept[49] einfließt. Nach einer von *Maurach* geprägten Formel bedeutet Tatherrschaft in diesem Sinne

80 ▶ „das vom Vorsatz umfasste In-den-Händen-Halten des tatbestandsmäßigen Geschehensablaufes".[50]

81 Ausgangspunkt jener Formel ist ein restriktiver Täterbegriff, der mit der tatbestandsmäßigen Handlung als einer objektiv-subjektiven Sinneinheit korrespondiert. Die

---

[44] Ein Fahrtenschreiber war zur Tatzeit ein technisches Gerät, welches die Bewegungen des LKW (Zeit, aktuell gefahrene Geschwindigkeit) mittels einer Mechanik auf eine kreisförmige skalierte Papierscheibe übertrug und so ein Weg-Zeit-Geschwindigkeits-Diagramm herstellte. In diese Aufzeichnung trug der Fahrer seinen Namen ein, um zu dokumentieren, dass es sich um die Aufzeichnung der von ihm zurückgelegten Fahrt handelte.

[45] Näher hierzu auch *Eser* StK IV Nr. 19.

[46] Zu einzelnen Varianten der Tatherrschaftslehre und ihren Begründungen *Schild* 2009.

[47] *Roxin* Täterschaft und Tatherrschaft, 1. Aufl. 1963; mittlerweile erschienen in der 11. Aufl. 2022; LK[11]-*Roxin* § 25 Rn. 30 ff.; krit. *Stein* 1988, S. 189 ff.

[48] DRiZ 1952, 21 ff.

[49] *Roxin* Täterschaft und Tatherrschaft, S. 349 f.

[50] *Maurach* AT 1954 § 47 III B 2 b, § 49 II C 2; vgl. auch *Maurach/Gössel/Zipf* AT 2 § 47 Rn. 87; krit. *Haas* ZStW 119 (2007), 519 ff.; *Schild* 1994, insbes. S. 47 f.

Tat ist das Werk eines das Geschehen steuernden Willens i. V. m. einer Mit-
beherrschung des Tatablaufs. Der Träger des das Geschehen steuernden Willens und
(Mit)Beherrscher des Tatablaufs ist der Täter.

In der Lehre hat sich die Tatherrschaftslehre durchgesetzt. *Beispiel 10.12*, der **82**
Fahrtenschreiber-Fall, ist ein schöner Beleg dafür, dass auch die Rechtsprechung
um eine Berücksichtigung von Tatherrschaftsgesichtspunkten nicht mehr herum-
kommt:

Zu Beispiel 10.12

„Die Angekl. ist Täterin i. S. von § 25 StGB, weil sie alle Merkmale des § 267 **83**
StGB in eigener Person verwirklicht hat. Dass diese Tatbestandserfüllung aus
ihrer Sicht nur ‚Hilfe' für die (früheren mitangekl.) Mittäter gewesen sein mag,
rechtfertigt keine andere Beurteilung. Für eine rein subjektive Abgrenzung von
Täterschaft und Teilnahme (…) lässt § 25 I StGB jedenfalls bei voller Tatbestandsverwirklichung in eigener Person keinen Raum mehr."[51] ◄

Die Rechtsprechung stellt somit innerhalb einer Gesamtwertung auf das Tat*inte-* **84**
resse und die Tat*herrschaft* oder wenigstens den *Willen* zur *Tatherrschaft* als „Anhaltspunkte" für eine Täterschaft ab,[52] wobei die Selbsttäterschaft in § 25 I 1. Alt.
den Kernbereich der Täterschaft bildet.

Zu Leitfall 10

Auf der Basis der Tatherrschaftslehre wäre in *Leitfall 10* von einer Tatbeherr- **85**
schung durch H und P auszugehen. Allerdings ist zu bedenken, dass auch R trotz
seines Glaubens an den Katzenkönig die Verwirklichung der Tötung der N „vom
Tötungsvorsatz umfasst in den Händen hält". Sollten deshalb alle drei Personen
Tatherrschaft besitzen und somit Täter sein? (Näher hierzu unten Rn. 110,
364 ff.). ◄

Die Attraktivität der Tatherrschaftslehre als Maßstab für die Zuordnung der Täter- **86**
schaft im Mehrpersonenverhältnis geht vor allem auf die Systematisierung durch
Roxin in seiner Monografie „Täterschaft und Tatherrschaft" (Rn. 79) zurück. Nach
jener als offenes System aufzufassenden Systematik ruht die Tatherrschaft auf folgenden Grundlagen:

- *Handlungsherrschaft* (betreffend den Selbsttäter)
- *Willensherrschaft* (betreffend den mittelbaren Täter) kraft überlegenen Wissens
  infolge eines Irrtums des Werkzeugs, kraft Nötigung und kraft organisatorischer
  Machtapparate
- *Funktionale* Handlungsherrschaft (betreffend Mittäterschaft).

---

[51] OLG Stuttgart NJW 1978, 715 f. (716 links).

[52] Vgl. BGH 1 StR 35/84 GA 1984, 287 zu Mittäterschaft; näher hierzu und mwN *Jescheck/Wei-
gend* AT § 61 III 4.

86a ▸ *Roxin* grenzt die Fälle der Willensherrschaft, für die paradigmatisch die mittelbare Täterschaft steht, von der Handlungsherrschaft ab. Während bei der Handlungsherrschaft die eigenhändige Verwirklichung der Tatbestandshandlung die Täterschaft begründe, handele es sich bei der mittelbaren Täterschaft um Fallgestaltungen, bei denen eine ausführende „Handlung" des Hintermannes gerade fehle und die Tatherrschaft allein auf der Macht des steuernden Willens beruhen könne.[53] Im Weiteren setzt *Roxin* diese Macht des Täters gleich mit „Willensherrschaft". Ohne sich mit den Begriffen „Macht" oder „Herrschaft" weiter zu beschäftigen, nennt *Roxin* mehrere Fallgruppen, die eine Willensherrschaft des Täters begründen können: erheblicher psychischer Motivationsdruck, intellektuelle Überlegenheit, Kombination psychischer und intellektueller Überlegenheitsmomente, organisatorische Apparate und dolose Werkzeuge. Machttheoretisch korrespondieren mit diesen Fallgruppen am ehesten die Machgrundlagen „Stärke", „Wissen" und „Funktion".[54]

87 ▸ Die Differenzierung zwischen Handlungsherrschaft und Willensherrschaft erscheint in *Roxins* Konzeption nicht unproblematisch. In beiden Fällen soll Tatherrschaft vorliegen, aber nur bei der Selbsttäterschaft gehe es um Handlungsherrschaft. Da der Straftatbegriff *handlung*sbezogen ist (vgl. § 2), müsste auch der mittelbare Täter Handlungsherrschaft haben. Ausgangspunkt für die Beseitigung dieses Widerspruchs ist § 25 I 2. Alt.: Der mittelbare Täter begeht die Straftat „durch einen anderen" (§ 25 I 2. Alt.). Das Handeln des Anderen ist normativ sein Handeln, also hat er auch die Handlungsherrschaft. Zum *machthabend Handelnden* wird der mittelbare Täter dadurch, dass er steuernden Einfluss auf den Tatmittler ausübt (vgl. dazu Rn. 99 ff.). Terminologisch bedeutet dies, bei der unmittelbaren oder Selbst-Täterschaft (§ 25 I 1. Alt., unten Rn. 90) den Begriff „unmittelbare Handlungsherrschaft" zu verwenden, während es bei der mittelbaren Täterschaft in Form der Willensherrschaft um die „mittelbare Handlungsherrschaft" geht.

88 Neben jene Fallgruppen einer *faktisch* durch Tatherrschaft begründeten Täterschaft tritt eine *rechtlich* durch eine spezifische *Pflichtenstellung* begründete Täterschaft (betreffend Sonderstraftaten und Unterlassungsstraftaten).[55]

89 Die genannten Fallgruppen einer tatherrschafts- bzw. pflichtbegründeten Täterschaft bilden das *Programm* für die Spezifizierung der verschiedenen Täterschaftsformen in § 25 und ihre Abgrenzung zu den Teilnahmeformen in den §§ 26 f.

89a In der Literatur wird darauf hingewiesen, dass „Tatherrschaft", als alle Erscheinungsformen von Täterschaft erfassender Begriff (o. Rn. 87), eine Fiktion ist. Zu Recht geht *Rotsch* deshalb davon aus, dass sich Tatherrschaft faktisch verstanden

---

[53] *Roxin* Täterschaft und Tatherrschaft, S. 158.

[54] *Sinn* 2007, S. 149.

[55] Krit. zur Unterscheidung zwischen Herrschafts- und Pflichtstraftaten *Putzke* FS Roxin 2011, S. 425 ff.

nur in der Form der Handlungsherrschaft wirklich begründen lässt.[56] Das spricht für eine Konzeption, die an der unmittelbaren und der mittelbaren Handlungsherrschaft anknüpft (vgl. o. Rn. 87). Täterschaft ist ein an Handlungen, d. h. an den Straftatbegriff selbst gebundener Typ verschiedener Tatbestandsverwirklichungen. „Straftat", „Handlung" und „Täterschaft" sind sich in Wechselwirkung zueinander entwickelnde und gegenseitig bedingende Begriffe mit strukturellen Gemeinsamkeiten. Im machttheoretischen Zusammenhang geht es folglich bei der Täterschaft um den oder die Machthaber – um den oder die *machthabend Handelnden*.[57]

B. Formen der Täterschaft, § 25

I. Unmittelbare oder Selbst-Täterschaft, § 25 I 1. Alt. (unmittelbare Handlungsherrschaft)[58]

§ 25 Täterschaft
(1) Als Täter wird bestraft, wer die Straftat selbst [...] begeht.   **90**

Unmittelbarer Täter ist aufgrund seiner Handlungsherrschaft, wer die Tat selbst,   **91**
d. h. ohne Mitwirkung eines Dritten, begeht, so § 25 I 1. Alt. Die objektiv geprägte Täterschaftslehre kann sich damit durch den Gesetzgeber bestätigt sehen.[59]

Als Selbsttäter bzw. unmittelbarer Täter kommt zunächst der Alleintäter in Be-   **92**
tracht, d. h. derjenige, der die Elemente der Tatbestandsmäßigkeit in eigener Person allein erfüllt. Täter ist aber auch der *unmittelbar handelnde Vordermann* bei mittelbarer Täterschaft, der *Tatmittler*, das *Werkzeug* des mittelbaren Täters. Voraussetzung ist allerdings, dass er trotz seiner Qualität als Werkzeug täterschaftliche Merkmale erfüllt (z. B. die Zueignungsabsicht beim Diebstahl) und die Verwirklichung des Tatbestandes bewusst in den Händen hält. Das getäuschte Werkzeug ist deshalb nicht Täter der Vorsatzstraftat, wenn die Täuschung den Verlust des Vorsatzes zur Folge hat, was auf das genötigte Werkzeug nicht zutrifft.

Beispiel 10.13

für Täterschaft trotz Nötigung: Eiskunstläuferin A droht B zu erschießen, falls   **93**
B nicht die Konkurrentin C mittels eines Schlages mit einem Eisenrohr gegen das Knie „wettkampfunfähig" macht und dadurch die Chancen für Eiskunstläuferin A erhöht. ◄

Hier ist B Täter einer gefährlichen Körperverletzung, mag er auch infolge ent-   **94**
schuldigenden Notstandes straffrei bleiben. A ist mittelbare Täterin jener Körperverletzung.

---

[56] *Rotsch* ZfIStw 2024, 292 ff. (297).
[57] *Sinn* 2007, S. 167.
[58] Vgl. *Roxin* AT 2 § 25 Rn. 38 ff.
[59] Über den „Ausnahmevorbehalt" zu § 25 I 1. Alt. *Hillenkamp* FS Schünemann, S. 407 ff.

Beispiel 10.14

95 **für Täterschaft trotz Täuschung:** A will B auf die Probe stellen und stiftet ihn scheinbar an, unter Vortäuschung eines Jagdunfalls den Nebenbuhler N zu töten. Als man im Gebüsch eine Gestalt entdeckt, redet A dem B ein, das sei der N, und überredet B, zu schießen. Wie A erkannt hat, handelt es sich bei der Gestalt um eine Vogelscheuche. ◄

96 Wenn B schießt und trifft, hat er als Täter eine versuchte Tötungsstraftat begangen. Die Unkenntnis des B bezüglich der Sachbeschädigung macht A zum mittelbaren Täter nur des § 303.[60]

Zu Leitfall 10

97 In *Leitfall 10* befindet sich R zwar im Irrtum über die Existenz des Katzenkönigs und dessen Forderung nach einem Menschenopfer. Dennoch weiß R zum Zeitpunkt der Tat, dass er einen Menschen töten wird und will dies auch. R ist Täter einer versuchten Tötungsstraftat. ◄

98 Unmittelbarer Täter ist schließlich auch der *Nebentäter*, der in unbewusstem Zusammenwirken mit einem Dritten die tatbestandsmäßige Handlung verwirklicht (vgl. Rn. 8).

II. Mittelbare Täterschaft, § 25 I 2. Alt. (mittelbare Handlungsherrschaft/Willensherrschaft)[61]

§ 25 Täterschaft

99 (1) Als Täter wird bestraft, wer die Straftat [...] durch einen anderen begeht.

1. Kriterien mittelbarer Täterschaft

a) Unterlegenheit des Tatmittlers

100 § 25 I 2. Alt. ordnet denjenigen als Täter ein, der die Tat „durch einen anderen" begeht. Der Täter bedient sich hier zur Ausführung der tatbestandsmäßigen Handlung einer weiteren Person, des *Tatmittlers*. Um mittelbare Täterschaft begründen zu können, muss das Wirken des Tatmittlers zumindest Handlungsqualität haben,[62] weil es anderenfalls keinen Unterschied macht, ob sich der Täter eines Menschen oder einer Sache als Werkzeug bedient, um die Tat auszuführen.

---

[60] Eine Teilnahme des A am Tötungsversuch des B scheidet mangels Vollendungsvorsatzes aus, vgl. *Jescheck/Weigend* AT § 64 II 2 b; sowie unten Rn. 275 ff.

[61] Vgl. *Roxin* AT 2 § 25 Rn. 45 ff.; zu Fallgruppen mittelbarer Täterschaft *Beulke/Witzigmann* Ad Legendum 2013, 59 ff.; *Koch* JuS 2008, 496 ff.

[62] Vgl. *Küpper* GA 1998, 520.

b) Mittelbare Handlungsherrschaft des mittelbaren Täters

Da die mittelbare Täterschaft darauf beruht, dass der mittelbare Täter *mittelbare*   **101**
Handlungsherrschaft besitzt, muss der mittelbare Täter den Tatmittler *steuern*[63]
können. Diese Steuerung ist der Grund dafür, dass der mittelbare Täter machthabend Handelnder ist, also mittelbare Handlungsherrschaft besitzt. Nach *Beulke/*
Witzigmann muss der Hintermann beim Vordermann zumindest die Motivation
hervorrufen, die vom mittelbaren Täter angestrebte Handlung vorzunehmen.[64] Es
gilt daher, den Bereich abzustecken, innerhalb dessen von der Unterlegenheit des
Tatmittlers ausgegangen und eine Steuerung durch den mittelbaren Täter angenommen werden kann.[65]

aa) Straftatbezogene Irrtümer des Tatmittlers

Mittelbare Täterschaft liegt aufgrund überlegenen Wissens des Hintermanns[66] zu-   **102**
nächst vor, wenn sich der Tatmittler gerade über solche straftatbezogenen Tatsachen
im Irrtum befindet,[67] von denen er sein Verhalten abhängig macht (*Irrtumsherr-*
schaft). Dies war im sog. *Sirius-Fall gegeben.*

Beispiel 10.15

Sirius-Fall BGH 1 StR 168/83 BGHSt 32, 38/42: Der Täter hatte einen Suizid-   **103**
versuch des Opfers bewirkt, indem er der Frau vorgespiegelt hatte, dass sie sich –
nach einem tödlichen Stromstoß in der Badewanne – als Künstlerin am Genfer
See wiederfinden werde, wo in einem roten Raum für sie ein neuer Körper
bereitstehe.

In der Täuschung darüber, dass das Opfer – obgleich es scheinbar als Leich-   **104**
nam in der Wanne liege – zunächst als Mensch seinen irdischen Lebensweg fortsetzen werde, wenn auch körperlich und geistig so gewandelt, dass die Höherent-
wicklung zum astralen Wesen gewährleistet sei, sah der BGH jenes überlegene
Wissen, welches die Tatherrschaft als Grundlage der mittelbaren Täterschaft her-
stelle.[68] ◀

---

[63] Vgl. *Eser* StK II Nr. 38 A 5 ff.: Steuerungselement; zur „vermeintlichen" mittelbaren Täterschaft
als Irrtum über die Beteiligungsform *Beulke* FS Kühl, S. 115 ff.

[64] Ad Legendum 2012, 251 ff. (256), bei voller Verantwortung des Vordermanns kommt also nur
Anstiftung in Betracht.

[65] Vgl. hierzu umfassend SK-*Hoyer* § 25 Rn. 42 ff.

[66] Vgl. aber auch *Jakobs* GA 1997, 553 ff.: Nicht die Vorsatzlosigkeit des Ausführenden entscheide
über die mittelbare Täterschaft, sondern die Unzuständigkeit für seine Orientierung und umgekehrt
die Zuständigkeit des Hintermanns für die Unzuständigkeit des Ausführenden. Mittelbare Täterschaft sei eine der Formen objektiver Zurechenbarkeit.

[67] Zum Erfordernis einer Aufklärungspflicht beim Ausnutzen eines bereits bestehenden Irrtums allerdings SK-*Hoyer* § 25 Rn. 105 f. mwN.

[68] BGH 1 StR 168/83 BGHSt 32, 38 ff. (42); gegen mittelbare Täterschaft hingegen *Spendel* FS Lüderssen, S. 605 ff.

Unproblematisch ist mittelbare Täterschaft auch dann gegeben, wenn der Tatmittler *Tatsachen* nicht kennt, die sein eigenes Verhalten tatbestandsmäßig bzw. rechtswidrig machen.

Beispiel

105 A bittet den B, seine Jacke aus seinem Büro zu holen. Er verschweigt dem B jedoch, dass es sich gar nicht um sein eigenes Büro und seine Jacke handelt, sondern um das Büro und die Jacke des C. Der nichts ahnende B holt die Jacke aus dem Büro und übergibt sie A. A hat einen Diebstahl in mittelbarer Täterschaft (§§ 242 I, 25 I Var. 2) begangen. B wusste nicht, dass er fremden Gewahrsam bricht und er kann deswegen nicht bestraft werden. ◄

bb) Nötigung des Tatmittlers

106 Anerkannt ist weiterhin die mittelbare Handlungsherrschaft/Willensherrschaft aufgrund einer *Nötigung*, die sich gegen die in § 35 genannten Erhaltungsgüter (Leben, Leib, Freiheit) richtet. Der Hintermann ist auch hier mittelbarer Täter, obwohl der Tatmittler in diesen Fällen weiß, was er tut, und von daher selbst unmittelbarer Täter ist. In den Fällen des § 35 scheidet eine Strafbarkeit des Vordermanns mangels schuldhaften Verhaltens aus (anders beim sog. Täter hinter dem Täter, vgl. Rn. 146).

cc) Steuerbarkeit des Tatmittlers aufgrund (staatlicher) Organisationsherrschaft

107 Etabliert hat sich die mittelbare Täterschaft aufgrund einer sog. *Organisationsherrschaft*.[69] Jene zunächst von *Roxin*[70] entwickelte und verteidigte[71] Fallgruppe unterscheidet sich von den Fällen des Nötigungsnotstandes dadurch, dass in der konkreten Tatsituation eine Nötigung i. S. von § 240 nicht vorliegt. Jedoch erscheint der Tatmittler als Rädchen in einem „deliktsspezifisch rechtsgelösten"[72] staatlichen Organisationssystem so lenk- und manipulierbar, dass ihn der Hintermann mit Hilfe der Organisationsherrschaft jederzeit steuern kann.[73] Während *Roxin* hier ursprünglich an Fälle nationalsozialistischen Unrechts gedacht hatte, hat der BGH auf die

---

[69] Umfassend zum Streitstand *Herzberg,* in: Amelung (Hrsg.) 2000, S. 7 ff.; vgl. dazu auch *B. Heinrich* AT Rn. 1255 ff.; *Murmann* GA 1996, 269 ff.; zur Übertragbarkeit der Rechtsfigur auf das Völkerstrafrecht *Schlösser* Völkerstrafrecht 2004.

[70] Vgl. *Roxin* Täterschaft und Tatherrschaft, S. 269 ff.; LK[11]-*Roxin* § 25 Rn. 128 ff.; Überlegungen zu einer Weiterentwicklung bei *Ambos* GA 1998, 226 ff.; zur unterschiedlichen Beurteilung von NS- und DDR-Unrecht insoweit *Heine* JZ 2000, 920 ff.

[71] *Roxin* GA 2012, 395 ff.; näher zu den Merkmalen Anordnungsgewalt, Rechtsgelöstheit des Machtapparates, Fungibilität, wesentlich erhöhte Tatbereitschaft der Ausführenden *Roxin* SchwZStrR 2007, 1 ff.; zur Ausnutzung unbedingter Tatbereitschaft *Rotsch* ZIS 2007, 260 ff. (261).

[72] Näher *Roxin,* in: Amelung (Hrsg.) 2000, S. 55 ff.

[73] Zweifelnd *Herzberg,* in: Amelung (Hrsg.) 2000, S. 39 ff.; während *Roxin* in einer Replik S. 55 auf eine „Verflechtung empirischer und normativer Gegebenheiten" verweist, wäre es überlegenswert, jedenfalls in den Fällen, in denen die Tatmittler geschossen haben, von einer Tatherrschaft der Hintermänner auszugehen.

Organisationsherrschaft zur Begründung mittelbarer Täterschaft im Zusammenhang mit der Verantwortlichkeit für die Tötung von Flüchtlingen an der Grenze zwischen der Bundesrepublik Deutschland und der DDR zurückgegriffen (sog. *Mauerschützen-Fälle*)[74] und auch auf Verhaltensweisen in Wirtschaftsunternehmen[75] übertragen.

Vergleicht man die „mittelbare Täterschaft kraft Organisationsherrschaft" mit der Dogmatik der klassischen mittelbaren Täterschaft, so ist eine sehr weitgehende Normativierung dieser Täterschaftslehre nicht zu übersehen,[76] droht doch die Loslösung der Täterschaft von der strikten Orientierung an der gesetzlichen Formulierung der Strafvorschrift.[77]   **108**

dd) Verbotsirrtum des Tatmittlers

Nicht unumstritten ist die mittelbare Täterschaft auch dann, wenn der Tatmittler im *Verbotsirrtum* handelt. Während bei einem unvermeidbaren Verbotsirrtum hier überwiegend mittelbare Täterschaft angenommen wird,[78] gibt es Stimmen, die beim vermeidbaren Verbotsirrtum des Tatmittlers die Steuerung durch den mittelbaren Täter verneinen.[79] Ausschlaggebend ist jedoch der beachtliche Irrtum des Tatmittlers und nicht dessen Vermeidbarkeit.[80]   **109**

---

[74] Hier nimmt der BGH eine Organisationsherrschaft der Mitglieder des Nationalen Verteidigungsrats der DDR an, weil sie durch Organisationsstrukturen bestimmte Rahmenbedingungen ausgenutzt hätten, innerhalb derer der Tatbeitrag regelhafte Abläufe ausgelöst habe. „Derartige Rahmenbedingungen mit regelhaften Abläufen kommen insbesondere bei staatlichen, unternehmerischen oder geschäftsähnlichen Organisationsstrukturen und bei Befehlshierarchien in Betracht," (BGH 5 StR 98/94 BGHSt 40, 218 ff. (236); Anmerkungen hierzu u. a. von *Gropp* JuS 1996, 13 ff.; *Jakobs* NStZ 1995, 26 f.; *Roxin* JZ 1995, 49 ff.; ebenfalls für mittelbare Täterschaft *Küpper* GA 1998, 520 ff. (523 f.); Bestätigung dieser Rechtsprechung durch BGH 5 StR 632/98 BGHSt 45, 270 ff. sowie BGH 5 StR 281/01 JZ 2003, 575 m. krit. Anm. *Ranft* JZ 2003, 582 ff.); Demgegenüber sieht der BGH trotz der hierarchischen Struktur der DDR-Grenztruppen in der Vergatterung der Grenzsoldaten durch die Vorgesetzten lediglich eine Beihilfe zum Totschlag, da der Tatentschluss lediglich bestärkt worden sei (vgl. BGH 5 StR 259/01 BGHSt 47, 100 ff. (104)). Hinsichtlich der Mitglieder des Politbüros der DDR bejahte der BGH eine Pflicht aus § 9 StGB-DDR, in diesem Gremium darauf hinzuwirken, dass Tötungen an der innerdeutschen Grenze unterbleiben. Dementsprechend erfolgte eine Verurteilung wegen Beihilfe durch Unterlassen zu den Tötungen an der innerdeutschen Grenze, vgl. BGH 5 StR 281/01 BGHSt 48, 77 ff.

[75] Vgl. zunächst die Andeutung in BGH 5 StR 98/94 BGHSt 40, 218 ff. (237), sodann das obiter dictum in BGH 5 StR 632/98 BGHSt 45, 270 ff. (296) und konkret BGH 2 StR 384/07 NStZ 2008, 89 ff. Rn. 1; BGH 5 StR 73/03 BGHSt 49, 147 ff. (163 f.); gegen eine Ausdehnung der Organisationsherrschaft auf wirtschaftliche Unternehmen *Roxin* AT II § 25 Rn. 129 ff.

[76] Vgl. auch *Schlösser* GA 2007, 161 ff.

[77] Näher dazu *Zaczyk* GA 2006, 411 ff. (414).

[78] Vgl. *Frister* AT § 27 Rn. 10; *Jakobs* AT 21 Rn. 94; *Jescheck/Weigend* § 62 II 5; *Kühl* AT § 20 Rn. 69 mwN.

[79] Vgl. *Jakobs* AT 21 Rn. 94; *Puppe* GA 2013, 514 ff. (526).

[80] Vgl. a. *Sinn* 2007, S. 330 f.

110 Auch der BGH hat in *Leitfall 10* zu Recht[81] eine mittelbare Täterschaft der Angeklagten H und P angenommen. Denn obwohl R als Werkzeug gewusst habe, dass er einen Menschen töte, und auch hinsichtlich des Verbotenseins der Tötung eines Menschen über die Einsichtsfähigkeit verfügt habe, hätten die Angeklagten H und P die Tatherrschaft gehabt. Denn sie hätten bei R die Wahnideen hervorgerufen, die sie später ausgenutzt hatten, und auf diese psychologische Weise die Tatplanung gesteuert. Auch hätten sie wesentliche Teile der Tatausführung bestimmt.[82] ◄

ee) Keine mittelbare Täterschaft bei Irrtum des Werkzeugs außerhalb von Tatbestandsmäßigkeit, Rechtswidrigkeit und Schuldhaftigkeit

111 Keine mittelbare Täterschaft liegt vor, soweit der scheinbare Tatmittler Defekte aufweist, die mit der Begehung seiner tatbestandsmäßigen, rechtswidrigen und schuldhaften Handlung in keiner Weise zusammenhängen, sondern sein voll strafrechtlich verantwortliches Verhalten unberührt lassen.

112 Jurastudent J holt seinen Kommilitonen C von der mündlichen Prüfung ab. Dieser ist völlig frustriert, weil er durchgefallen ist, und der Ansicht, dass dies nur auf den total unmöglichen Prüfungsstil des Prüfers P zurückzuführen sei. Als man nun gerade an dem nagelneuen Mercedes-Coupé des Zivilrechtsprofessors X vorbeikommt, über den J sich sehr geärgert hatte, spiegelt J dem C vor, dass dies „die neue Kutsche" des Prüfers P sei. Daraufhin zerkratzt C, wie von J erhofft, die Beifahrertür des Mercedes.

113 Der Irrtum des C ist strafrechtlich unbeachtlich, denn C kennt alle Tatumstände einer Sachbeschädigung, er handelt vorsätzlich, ohne gerechtfertigt zu sein und schuldhaft. Den Irrtum des C hat der J zwar ausgelöst, aber er hat keine strafrechtsspezifisch steuernde Macht über ihn. J wird also nicht zum mittelbaren Täter einer Sachbeschädigung, vielmehr ist er aufgrund seiner Vorspiegelung Anstifter.[83] ◄

114 Gleiches gilt, wenn der Hintermann beim Vordermann einen error in obiecto vel persona verursacht.[84]

---

[81] Vgl. auch *B. Heinrich* AT Rn. 1260; *Frister* AT § 27 Rn. 12 f. mwN.

[82] BGH 4 StR 352/88 BGHSt 35, 347 ff. (354).

[83] Für mittelbare Täterschaft aufgrund eines weit verstandenen omnimodo facturus-Begriffes *Frister* AT § 27 Rn. 14, *Roxin* AT 2 § 25 Rn. 102 ff. jew. mwN; krit. *Murmann* GK § 27 Rn. 38.

[84] Für mittelbare Täterschaft *Heine/Weißer,* in: Schönke/Schröder § 25 Rn. 24 mwN.

Beispiel 10.17

A weiß, dass B den C töten will, sobald er seiner habhaft wird. A seinerseits hasst **115** den D. An Fastnacht behauptet er nun B gegenüber, C werde zum Fastnachtsumzug unter einer Löwenmaske erscheinen. In Wahrheit kommt D als Löwe verkleidet und wird von B getötet. ◄

c) Tätermerkmale des mittelbaren Täters

▶   *Mittelbarer* Täter kann nur sein, wer auch *unmittelbarer* Täter der durch den **116** Tatmittler begangenen Tat sein kann,

d. h. die erforderlichen Tätermerkmale aufweist. Ist dies der Fall, so ist der Hinter- **117** mann so zu behandeln, als ob er selbst die Tat ausgeführt hätte.

Beispiel 10.18

Der Amtsträger, der sich eines Nichtamtsträgers zur Begehung einer Körperver- **118** letzung im Amt bedient, ist wegen Körperverletzung im Amt in mittelbarer Täterschaft strafbar (§§ 340, 25 I 2. Alt.), obwohl der Tatmittler allenfalls wegen einfacher Körperverletzung strafbar sein kann. Umgekehrt kann nicht mittelbarer Täter einer Falschbeurkundung im Amt sein, wer nicht selbst Amtsträger ist. ◄

2. Typische Fallgruppen mittelbarer Täterschaft

a) Tatbestandslos handelndes Werkzeug[85]   **119**

Beispiel 10.19

Dr. A bewirkt mittels der bewussten Falschdiagnose „Krebs", dass sich sein Pa- **120** tient B schließlich, wie von Dr. A erhofft, das Leben nimmt.
   B: Selbsttötung, nicht tatbestandsmäßig, keine Täterschaft, keine (Haupt-)Tat.
   A: Totschlag in mittelbarer Täterschaft, §§ 212, 25 I 2. Alt. ◄

b) Vorsatzlos handelndes Werkzeug   **121**

Beispiel 10.20

Bauunternehmer A bittet mit Zueignungsabsicht den nichts ahnenden An- **122** gestellten B, ihm von angeblich seiner Baustelle eine vermeintlich ihm (A) gehörende Tischkreissäge zu holen. In Wahrheit ist es die Baustelle des C, dem auch die Kreissäge gehört.

---

[85] So auch im *Sirius*-Fall oben Rn. 103 f.

A: Diebstahl in mittelbarer Täterschaft, §§ 242, 25 I 2. Alt.

B: Straffreiheit, da B davon ausgeht, keinen Gewahrsam an der Kreissäge zu brechen. Er handelt ohne Vorsatz (§ 16 I). Ausscheiden von Beihilfe ebenfalls infolge der Unkenntnis des B vom Gewahrsamsbruch des A durch B. Vgl. a. Rn. 105. ◄

c) Vorsätzlich, aber absichtslos handelndes Werkzeug (sog. „absichtslos-doloses Werkzeug")

123   Mit der Einfügung der Drittzueignung(sabsicht) in die Zueignungsstraftaten durch das 6. StRG ist die Problematik des absichtslos-dolosen Werkzeugs für die Fälle weggefallen, in denen der Wegnehmende zwar nicht mit Selbst-, wohl aber mit Drittzueignungsabsicht handelt. In jenem viel zitierten *Gummiball*-Fall,[86] in dem A mit Zueignungsabsicht den B gebeten hatte, ihm aus dem Garten des C einen dem C gehörenden Gummiball zu holen, läge nach § 242 n. F. ein Diebstahl des B in Drittzueignungsabsicht und eine Anstiftung des A hierzu vor.

124   Dass sich die Problematik des absichtslos-dolosen Werkzeugs aber auch trotz Einfügung einer Drittzueignungsabsicht in die Zueignungsstraftaten nicht erledigt hat, zeigen Fälle, in denen die *Absicht* der Drittzueignung fehlt:

Beispiel 10.21

125   A, Inhaber einer schlecht laufenden Baufirma, beauftragt den Angestellten B, für ihn von der Großbaustelle des Unternehmers C heimlich die dem C gehörende Tischkreissäge zu entwenden. B nimmt den Auftrag des A nur mit Widerwillen entgegen. Er erfüllt ihn aber dennoch, um sich weitere Scherereien zu ersparen.

126   Weil es B *nicht darauf ankommt*, die Kreissäge *sich oder A zuzueignen*,[87] handelt er *ohne* Zueignungs*absicht* (absichtslos). Auf Grund seiner Kenntnis davon, dass A sich die fremde Maschine zueignen will, handelt er vorsätzlich (dolos). Weil A nicht selbst wegnimmt, ist Selbsttäterschaft bei ihm ausgeschlossen. Eine mittelbare Täterschaft des A würde voraussetzen, dass er B steuern kann. Dem widerspricht jedoch die Kenntnis des B von der Wegnahme einer fremden beweglichen Sache sowie die Tatsache, dass B von A nicht so unter Druck gesetzt worden ist, dass er ihn „in der Hand" hätte (hierzu oben Rn. 106).

127   Man könnte nun behaupten, dass zum Zeitpunkt der Wegnahme der Maschine keiner der Beteiligten § 242 selbst erfüllt. Dies nimmt eine durchaus beachtenswerte Minderheitsmeinung zum Anlass, ein strafbares Verhalten erst zum Zeitpunkt der Übergabe der Kreissäge an A anzunehmen, wobei A Täter einer Unterschlagung mittels Selbstzueignung (§ 246 I 1. Alt.) und B Täter einer Unterschlagung mittels Drittzueignung ist (§ 246 I 2. Alt.).[88] Auch eine Mittäterschaft von A und B erscheint nicht ausgeschlossen.[89] ◄

---

[86] RGSt 39, 37 ff. hierzu *Eser* StK II Nr. 35, insbesondere A 1–4.

[87] Zum dolus directus I bei Zueignungsabsicht *Mitsch* BT 2, S. 41 ff.

[88] Vgl. *Maiwald* 1970, S. 236 ff.

[89] Vgl. Lackner/Kühl/Heger-*Heger* § 242 Rn. 26a; für Teilnahme an der Unterschlagung des Hintermannes jedoch *Wessels/Hillenkamp/Schuhr* BT 2 Rn. 172.

Die h. M. zum absichtslos-dolosen Werkzeug nimmt eine Steuerbarkeit des B durch **128**
A an. Allerdings sei diese nicht faktischer, sondern rechtlicher Art, indem sie in der
Zueignungsabsicht des A bestehen soll, die bei B nicht vorliegt.[90] Jene *voluntativ-
normative* Überlegenheit mutet doch eher wie eine Hilfskonstruktion an, wenn man
die Tatherrschaft des mittelbaren Täters primär nach den tatsächlichen Umständen
und nur bei den Sonderstraftaten und den eigenhändigen Straftaten nach rechtlichen
Gesichtspunkten bestimmt. Tatsächlich existiert kein Machtgefälle, das dem A die
mittelbare Handlungsherrschaft ermöglichen würde. Mittelbare Täterschaft beim
absichtslos-dolosen „Werkzeug" ist deshalb abzulehnen.

d) Rechtmäßig handelndes Werkzeug[91]

Beispiel 10.22

Denunziantin-Fall BGH 1 StR 123/51 BGHSt 3, 110 ff.:[92] Die Angeklagte hatte **129**
im Jahre 1943 an die Luftwaffeneinheit, bei der ihr Schwiegersohn St. als Unter-
offizier und Flugzeugwart stand, geschrieben, „St. treibe Sabotage, er nehme
Handgriffe an Flugzeugen vor, damit sie abstürzten, er gehöre an die Wand gestellt. St. wurde daraufhin von der geheimen Feldpolizei festgenommen und befand sich 15 bis 20 Tage in Haft. Vom Kriegsgericht wurde er dann freigesprochen. Die Angeklagte wusste, dass ihre Anzeige wahrscheinlich unbegründet war. Sie wollte durch sie ihrem Schwiegersohn Ungelegenheiten
bereiten […]". ◄

Werden Strafverfolgungsorgane aufgrund falscher Anzeigen zu Aktivitäten veranlasst, die eine Strafvorschrift erfüllen (insbesondere Freiheitsberaubung, § 239),
so handeln sie rechtmäßig, soweit sie entsprechend den gesetzlichen Grundlagen für
strafprozessuale Grundrechtseingriffe vorgehen. An der mittelbaren Täterschaft des
Anzeigeerstatters ändert dies allerdings nichts. Denn die Willensherrschaft liegt bei
dem Täuschenden, unabhängig davon, ob der Getäuschte rechtmäßig oder rechtswidrig handelt. Voraussetzung für die mittelbare Täterschaft bei rechtmäßig
handelnden Strafverfolgungsorganen ist jedoch, dass der Anzeigeerstatter hinsichtlich der Unrichtigkeit seiner Anzeige zumindest vorsätzlich handelt.

---

[90] Vgl. *Wessels/Beulke/Satzger* AT Rn. 848; *Bosch,* in: Schönke/Schröder § 242 Rn. 72 zur Rechtslage nach dem 6. StrRG; vgl. zum Ganzen auch LK-*Schünemann/Greco* § 25 Rn. 158 ff., auch zu
dem ebenfalls zweifelhaften Vorschlag, eine Zueignung und damit Unterschlagung (§ 246) des
Wegnehmenden bei Übergabe an den Hintermann anzunehmen.

[91] Zur Anwendbarkeit der actio illicita in causa (s. o. § 6 Rn. 256 ff.) auf diese Fallgruppe *Puppe*
FS Küper, S. 443 ff.

[92] Vgl. *Eser* StK II Nr. 38, insbes. A 20–24.

e) Entschuldigt handelndes Werkzeug[93]

129a Der mittelbare Täter kann auch so auf das Werkzeug einwirken und es beherrschen, dass die Tat des Werkzeugs entschuldigt ist.

Beispiel 10.23

Der A hält dem B eine geladene und entsicherte Waffe an den Kopf und droht, ihn zu erschießen, wenn B nicht seinerseits den C tötet.

B ist in diesem Fall entschuldigt (§ 35). A hat die Notstandslage für den B durch den Zwang (Drohung mit gegenwärtiger Gefahr für das Leben des B) bewusst zur Tötung des C geschaffen. Durch den Zwang und den bei B ausgelösten Motivationsdruck (§ 6 Rn. 131) beherrscht A den B. A ist mittelbarer Täter eines Totschlages bzw. Mordes hinsichtlich C. ◀

---

f) Schuldunfähige und vermindert schuldfähige Werkzeuge[94]

130 Die mittelbare Täterschaft kann auch darauf beruhen, dass ein schuldunfähiges Werkzeug zur Tat veranlasst wird. Das betrifft schuldunfähige Personen (§ 20), Kinder (§ 19) und verantwortungsunfähige Jugendliche (§ 3 JGG). Auch in diesen Fällen muss der mittelbare Täter beim Werkzeug den Entschluss zur Tatausführung veranlassen (s. o. Rn. 101). Dabei kann er sich aber Mittel bedienen, die noch nicht zu einer Situation, wie sie § 35 schildert, führen.[95]

aa) Schuldunfähige Werkzeuge (Erwachsene, § 20 StGB)

Beispiel 10.24

A verspricht, dem geisteskranken B ein Eis zu kaufen, wenn er ihm aus dem Supermarkt eine Flasche Schnaps „besorgt". A weiß, dass B kein Geld hat, und wie geplant stiehlt B die Flasche und übergibt sie dem A. Da B schuldlos handelt, kann er nicht bestraft werden. A ist mittelbarer Täter eines Diebstahls. ◀

130a Die Überlegenheit des mittelbaren Täters gegenüber dem schuldlosen Werkzeug und damit das Machtgefälle zwischen den beiden Personen wird durch § 20 erfasst. Wer nicht fähig ist, „das Unrecht der Tat einzusehen oder nach dieser Einsicht zu handeln" (§ 20 StGB), der kann sich nicht zu rechtskonformem Verhalten motivieren. Es kommt dabei stets auf die konkrete Tatbestandserfüllung an.[96] Eine Person, welche die schuldunfähigkeitsbegründenden Umstände ausnutzt, wie dies in Beispiel 10.24 geschildert ist, und den geisteskranken B zum Diebstahl veranlasst, hat mittelbare Handlungsherrschaft, wenn der B hinsichtlich des Diebstahls unfähig war, das Unrecht der Tat einzusehen oder nach dieser Einsicht zu handeln. Steht die

---

[93] Vgl. a. *Roxin* AT 2 § 25 Rn. 47; *Frister* AT § 27 Rn. 26.

[94] Vgl. a. *Roxin* AT 2 § 25 Rn. 139 ff.; *Frister* AT § 27 Rn. 34.

[95] *Roxin* AT 2 § 25 Rn. 139.

[96] *Roxin* AT 2 § 25 Rn. 141.

Schuldunfähigkeit in Bezug auf die konkrete Tat aufgrund von Geisteskrankheit fest (§ 20), so bedarf es keiner weiteren Prüfung der psychologischen Konstitution des Werkzeugs, die seine Unterlegenheit belegen müsste.[97]

bb) Schuldunfähige Werkzeuge (Kinder, § 19 StGB)

Anders als bei schuldunfähigen Erwachsenen (§ 20 StGB) muss bei Kindern nicht festgestellt werden, dass sie nicht in der Lage waren „das Unrecht der Tat einzusehen oder nach dieser Einsicht zu handeln", um den Schuldausschluss zu begründen. § 19 StGB ordnet diesen auch dann an, wenn derartige Mängel nicht erkennbar sind. Die Regelung enthält eine unwiderlegliche Vermutung der Strafunmündigkeit, ohne eine individuelle Prüfung der Einsichts- oder Steuerungsfähigkeit des Kindes anstrengen zu müssen, um aufwendige Begutachtungen und mögliche negative Folgen für die kindliche Entwicklung zu vermeiden. Die Regelung ist Ausdruck der Anerkennung eines besonderen Verhältnisses des Kindes zu strafrechtlichen Normen, sie enthält jedoch keine Aussage zum Verhältnis zu einer anderen Person.[98] Ein *Machtverhältnis* zwischen dem Hintermann und dem Kind muss deshalb *konkret* begründet sein. Altersbedingte Defizite des Kindes können die Steuerungsmacht des Hintermanns begründen, müssen aber im Einzelfall geprüft werden. Eine Generalisierung der mittelbaren Täterschaft bei Veranlassung eines Kindes würde die Teilnahmelehre verdrängen, was gesetzessystematisch und historisch nicht gerechtfertigt wäre. Deshalb sind diese Fälle auch anders zu behandeln und mittelbare Täterschaft auf der Grundlage einer faktisch-bewertenden Betrachtung festzustellen. Auch der BGH folgt einer solchen Sichtweise.[99] Mittelbare Täterschaft ist nur dann anzunehmen, wenn der Hintermann objektiv steuernd in das Tatgeschehen eingreift. In einem Fall hatte der BGH die Steuerungsmacht des Onkels über seinen kindlichen Neffen verneint, da kein Einfluss auf die Einsichtsfähigkeit des Neffen festgestellt werden konnte. Der Onkel hatte das Unrecht seiner Forderung offengelegt, sodass keine mittelbare Täterschaft, sondern lediglich versuchte Anstiftung zum Mord vorlag.

Wollte man demgegenüber eine normative Sichtweise vertreten, wonach es *nicht* auf die faktische Beherrschung des Tatmittlers ankommen soll, so würde auch der nicht machthabend Handelnde mittelbarer Täter sein: ein offensichtlicher Widerspruch. Auch eine „höhere[r] Tatherrschaftsstufe"[100] (?) kann darüber nicht hinwegtäuschen. Der nicht machthabend Handelnde, der das Kind zur Tat bestimmt, ist als Anstifter zu bestrafen. Gelangt die Tat nicht über das Versuchsstadium hinaus, so liegt eine Anstiftung zum Versuch vor. Liegt auch keine versuchte Straftat vor, so

130b

130c

---

[97] Vgl. a. *Roxin* AT 2 § 25 Rn. 141; *Frister* AT § 27 Rn. 34; a. A. *Bockelmann/Volk* AT § 25 II a; *Schmidhäuser* StB AT § 14 Rn. 48; *Welzel* LB, S. 13.

[98] Zustimmend *Rotsch* ZfIStw 2024, 292 (296); es gibt also diesbezüglich keine gesetzgeberische Entscheidung, wie tw. behauptet wird: vgl. *Murmann* GK § 27 Rn. 34; i. E. ebenso *Krey/Esser* AT Rn. 898 ff.

[99] BGH 5 StR 200/23 NStZ 2024, 150 ff. mit Anm. *Eisenberg* StV 2024, 536 ff.; *Rotsch* ZfIStw 2024, 292 ff.; *Sinn* ZJS 2024, 591 ff.

[100] *Roxin* Täterschaft und Tatherrschaft, S. 265.

kommt eine versuchte Anstiftung zu einer Straftat, § 30 I StGB in Frage (vgl. § 9 Rn. 204 ff.). Daraus ergibt sich die interessante Konsequenz, dass die Strafbarkeit bei der versuchten Anstiftung früher beginnt (bei Aufnahme der Kommunikation), als bei der mittelbaren Täterschaft (beim unmittelbaren Ansetzen, vgl. u. Rn. 133 ff.), denn das Gesetz kennt nur die Strafbarkeit eines Versuchs in mittelbarer Täterschaft und nicht die strafbare versuchte mittelbare Täterschaft.[101]

cc) Vermindert schuldfähige Werkzeuge

130d Umstritten und ungeklärt ist, ob bei verminderter Schuldfähigkeit (§ 21) eine mittelbare Täterschaft anzuerkennen ist.[102] Jedenfalls dann, wenn sich der Einsichtsmangel des Werkzeugs gleichzeitig als ein vermeidbarer Verbotsirrtum (Rn. 146 ff.) darstellt, so ist eine mittelbare Täterschaft anzuerkennen.

3. Ausschluss mittelbarer Täterschaft

131 Weil mittelbarer Täter nur sein kann, wer Täter sein kann, ist mittelbare Täterschaft bei eigenhändigen Straftaten und Sonderstraftaten ausgeschlossen (§ 4 Rn. 5 f.).[103]

132 Ebenso kann nicht mittelbarer Täter sein, wer fahrlässig handelt. Denn die Bildung einer Willensherrschaft ist im Rahmen fahrlässigen Handelns nicht möglich. Im Übrigen bedarf es des Rückgriffs auf die mittelbare Täterschaft im Bereich der Fahrlässigkeit auch deshalb nicht, weil aufgrund des dort geltenden Einheitstäterbegriffs (vgl. a. Rn. 43) ohnehin jeder (unmittelbarer) Täter ist, der zur Verwirklichung der Elemente der Tatbestandsmäßigkeit einen ursächlichen Beitrag leistet.

4. Sonderfragen

a) Versuch in mittelbarer Täterschaft[104]

> **Beispiel 10.25**

133 *Vergiftungs*-Fall RG II 337/24 RGSt 59, 1 f.: Die Angeklagte hatte ohne Tötungsvorsatz die Absicht, ihrer Schwiegertochter einen Stoff beizubringen, den sie für geeignet und ausreichend hielt, deren Gesundheit zu zerstören. „Diesen Entschluss hat sie dadurch betätigt, dass sie dem für ihre erkrankte Schwiegertochter bestimmten Pfefferminztee, – den deren Mutter bereits auf dem Küchenherd be-

---

[101] Missverständlich *Rotsch* ZfIStw 2024, 292 ff., der von versuchter mittelbarer Täterschaft spricht.

[102] Dafür *Frister* AT § 27 Rn. 35; dagegen *Jakobs* AT 21 Rn. 94; *Stratenwerth/Kuhlen* AT § 12 Rn. 52; nur hinsichtlich verminderter Einsichtsfähigkeit *Roxin* AT 2 § 25 Rn. 150 f.; *Kühl* AT § 20 Rn. 68; *Heine/Weißer,* in: Schönke/Schröder § 25 Rn. 46.

[103] Zu Aussagestraftaten vgl. a. *Mitsch* ZfIStw 2022, 35 ff.

[104] Vgl. auch *Gropp/Küpper/Mitsch* 2012, Fall 4; sowie *Herzberg* FS Roxin, S. 749 ff.; *Hillenkamp/Cornelius* 32 Probleme, Problem 15 mwN; *Jäger* StK § 25 Rn. 69; zu Fragen des Rücktritts siehe § 9 Rn. 179 ff.

reit gestellt hatte, um ihn der Kranken zu bringen, – heimlich einen Aufguss von Nachtschattenbeeren zusetzte. Dabei erwartete sie, das Getränk werde alsbald durch einen gutgläubigen Dritten (durch die mit der Pflege befasste Mutter) der Kranken zum Genuss verabfolgt und von dieser getrunken werden. Hierzu ist es jedoch nicht gekommen." ◄

Die Problematik des Versuchs in mittelbarer Täterschaft liegt in der Frage, wann die Verwirklichung des Sachverhaltsunwerts des Versuchs, das *unmittelbare Ansetzen*, beginnt und damit die Schwelle von der straflosen Vorbereitung zum strafbaren Versuch überschritten wird (§ 9 Rn. 44 ff., 54 ff.).[105]   **134**

Zu Beispiel 10.25

Im *Beispiel 10.25 Vergiftungs*-Fall bestätigte das Reichsgericht die Ablehnung einer nur vorbereitenden Handlung durch das Schwurgericht. Denn die Angeklagte habe nach der natürlichen Auffassung durch die Herstellung des Tranks mit dessen Beibringung begonnen, und die von ihr entfaltete Tätigkeit hätte bei ungestörtem Fortgang *unmittelbar* zur Verwirklichung des Elementes der Tatbestandsmäßigkeit „Beibringen" geführt, dessen Vollendung nur durch die Entdeckung der Tat verhütet worden sei. Unter den festgestellten Umständen habe die Bereitstellung des Tranks als Bestandteil der Ausführungshandlung angesehen werden können. ◄   **135**

Das Stadium strafbaren Versuchens beginnt für den mittelbaren Täter somit spätestens beim unmittelbaren Ansetzen des Tatmittlers (Gesamtlösung).[106] Es beginnt nach h. M. sogar schon dann, wenn der mittelbare Täter das Tatgeschehen derart aus der Hand gibt, dass es ohne längere zeitliche Unterbrechung oder andere Hemmnisse unmittelbar in die Tatbestandsverwirklichung einmünden *soll* (Einzellösung).[107] Letztlich kommt es darauf an, inwieweit die Tatteile des Tatmittlers dem mittelbaren Täter nach seiner Vorstellung vom Tatgeschehen zurechenbar sind.[108] Deshalb genügt es auf der Grundlage der subjektiven Versuchstheorie sogar, wenn sich der mittelbare Täter nur irrtümlich vorstellt, den Vordermann zu steuern, während dieser in Wahrheit bösgläubig ist.[109]   **136**

Diese Auffassung stimmt mit der subjektiv-objektiven Theorie beim Versuch in Selbsttäterschaft überein, nach der die Vorstellung des Täters von der Tat die Basis für das Urteil über die Gefährdung des Tatobjekts bildet.   **137**

---

[105] Hierzu *Rönnau* JuS 2014, 109 ff.

[106] Vgl. *Krack* ZStW 110 (1998), 625 ff. und die Situation bei der Mittäterschaft, unten Rn. 191.

[107] Vgl. BGH 4 StR 44/20 NStZ 2021, 92 f.; *Wessels/Beulke/Satzger* AT Rn. 979; *Jescheck/Weigend* AT § 62 IV 1.

[108] Vgl. auch *Kühl* FS Küper, S. 289 ff. (304).

[109] Krit. hierzu jedoch *Krack* GS Eckert, S. 467 ff. (473).

138 In *Leitfall 10* würde das strafbare Versuchsstadium für H und P als mittelbare Täter somit beginnen, sobald R mit dem Messer loszieht, um N zu töten. Aus der Sicht des R als Selbsttäter erfolgt das unmittelbare Ansetzen hingegen erst mit der Annäherung an N. ◄

b) Mittelbare Täterschaft durch Unterlassen?

139 Weil Tatherrschaftsgesichtspunkte im Rahmen eines Unterlassens nicht zum Tragen kommen, könnte Täter und damit auch mittelbarer Täter durch Unterlassen nur sein, wer ein zur Abwendung der tatbestandsmäßigen Veränderung in der Außenwelt (Erfolg) durch aktives Tun *besonders Verpflichteter* ist.

140 Jedoch wäre zwischen mittelbarer Täterschaft *zum Unterlassen* und mittelbarer Täterschaft *durch Unterlassen* zu unterscheiden.

Beispiel 10.26

141 A täuscht dem Rettungssanitäter B vor, C sei bereits tot. Daraufhin unterlässt B weitere Rettungsmaßnahmen, wodurch C stirbt.

142 In diesem Fall liegt nicht mittelbare Täterschaft durch Unterlassen, sondern eine mittelbare Täterschaft *zum Unterlassen* vor, und zwar in Form des Tuns. ◄

Beispiel 10.27

143 Psychiatriepfleger P lässt die strafbare Handlung eines Geisteskranken geschehen.

144 Nun handelt es sich in der Tat um eine Verwirklichung der Straftat seitens des Krankenpflegers *durch Unterlassen*. Allerdings ist die Täterschaft des Pflegers keine mittelbare, sondern eine unmittelbare Unterlassungstäterschaft, wobei der Pfleger als Überwachungsgarant zur Verhinderung der Straftat verpflichtet ist.[110] ◄

145 Die Beispiele bestätigen, dass *mittelbare* Täterschaft *durch Unterlassen* nicht möglich ist. Denn die mittelbare Täterschaft beruht auf der *tatsächlichen* Tatherrschaft, die Unterlassungstäterschaft des Garanten hingegen auf der durch die *rechtliche* Sonderstellung begründeten Handlungspflicht.[111]

c) Der Täter hinter dem Täter[112] – Tatherrschaftslehre oder Verantwortungsprinzip?

146 Die Annahme einer mittelbaren Täterschaft bei gleichzeitiger Täterschaft des Tatmittlers (Rn. 106 ff.) stößt vor allem dann auf Kritik, wenn der Tatmittler nicht nur

---

[110] Vgl. *Jescheck/Weigend* AT § 62 IV 2.

[111] Vgl. auch *Roxin* AT 2 § 31 Rn. 175; *Otto* Jura 2001, 759 ff.; a. A. *Beulke/Witzigmann* Ad Legendum 2012, 251 ff. (257) mwN.

[112] Grundlegend hierzu *Schroeder* 1965; vgl. auch *Schroeder,* in: Hoyer (Hrsg.) 2001, S. 189 ff.

als Täter, sondern darüber hinaus *verantwortlich*, ja sogar *strafbar* handelt. Im Wesentlichen unumstritten sind die folgenden Fallgruppen:[113]

- Irrtum des Vordermanns über die Qualität (Wert, Identität) des Tatobjekts,[114]
- Handeln des Vordermanns im vermeidbaren Verbotsirrtum (§ 17 S. 2),[115]
- Tatherrschaft des Hintermanns mittels rechtsgelöster organisatorischer Macht- **147**
apparate.[116]

Gegen eine Täterschaft des Hintermanns wird eingewandt, dass infolge der Ver- **148**
antwortlichkeit des Vordermanns nur dieser Täter sein könne, während der Hintermann anstiftet.[117] Begründet wird diese Auffassung mit normativen Überlegungen,
insbesondere mit der Lehre vom Verantwortungsprinzip.

Nach der Lehre vom *Verantwortungsprinzip*[118] wird die Verantwortung für die **149**
Tat den verschiedenen Beteiligten streng nach den §§ 25 ff. *zugeteilt.* Sinn des Ver-
antwortungsprinzips ist es, Verantwortung auf bestimmte zuständige Personen zu
bündeln und andere aus der Verantwortung zu entlassen. Zuordnungskriterium ist
die grundsätzliche Verantwortlichkeit für eigenes Verhalten.

Als *Begrenzungsprinzip* vermag das Verantwortungsprinzip allerdings nicht **150**
positiv zu begründen, was Täterschaft ist: es wird nur gefragt, wer den „Schwarzen
Peter" (die Verantwortung als Täter) *hat*, nicht, welche typischen Eigenschaften der
„Schwarze Peter" *hat*. Nimmt man jedoch an, dass Täterschaft in jedem Fall durch
ein tatbestandsmäßiges Handeln begründet wird, dann verstößt eine Anerkennung
mehrerer Mitwirkender als verantwortliche Täter auch außerhalb der Mittäterschaft,
d. h. eine „abgestufte" Täterschaft mehrerer, nicht gegen das Verantwortungsprinzip: an der Selbsttäterschaft des Vordermanns vermag auch das Verantwortungsprinzip nichts zu ändern, und die Verantwortlichkeit des den Vordermann beherrschenden Hintermanns als Täter widerspricht dem Verantwortungsprinzip nicht.

---

[113] Zu diesen und weiteren Fallgruppen *Schlüchter* AT Kap. 11 B Frage 33.

[114] Vgl. LK-*Schünemann/Greco* § 25 Rn. 117 ff.: Irrtümer über den konkreten Handlungssinn.

[115] S. o. *Leitfall 10*; die Annahme von mittelbarer Täterschaft ist zutreffend, weil die Vermeidbarkeit des Verbotsirrtums ein Handeln *im Verbotsirrtum* nicht ausschließt, vgl. auch *Otto* FS Roxin,
S. 483 ff. (501); *Zieschang* FS Otto, S. 505 ff.; s. *Sinn* 2007, S. 330 f.; für Anstiftung jedoch *Je-
scheck/Weigend* AT § 62 II 5 mwN.

[116] Hierzu *Roxin* JZ 1995, 49 ff.; für Mittäterschaft *Frister* AT § 27 Rn. 40; *Jescheck/Weigend* AT
§ 62 II 8; vgl. auch *Gropp* JuS 1996, 13 ff. (15 f.); BGH 5 StR 632/98 NJW 2000, 443 ff.; zur Übertragbarkeit der rechtsgelösten organisatorischen Machtapparate auf organisiert begangene Straftaten *Roxin* FS Grünwald, S. 549 ff.; zur Übertragbarkeit auf wirtschaftliche Organisationsstrukturen BGH 4 StR 323/97 NJW 1998, 767 ff. (769) sowie *Hefendehl* GA 2004, 575 ff. (586);
krit. *Muños Conde* FS Roxin, S. 609 ff. (624); *Rengier* AT § 43 Rn. 76 ff.; *Rotsch* NStZ 1998,
491 ff.; *Rotsch* NStZ 2005, 13 ff.; *Koch* JuS 2008, 496 ff. (498 f.); *Diaz y Garcia Conlledo* GA
2017, 711 ff.; für Beihilfe des Vordermanns *Schlösser* JR 2006, 102 ff. (108).

[117] Vgl. z. B. *Herzberg,* in: Amelung (Hrsg.) 2000, S. 7 ff. (50): „Zwischenschaltung eines fremden
Verhaltens […], welches als verantwortliche Begehung des Vorsatzdelikts erfasst werden kann";
vgl. auch *Krey/Esser* AT Rn. 932 ff.

[118] Vgl. hierzu umfassend *Hillenkamp/Cornelius* 32 Probleme, Problem 21 mwN; *Eisele,* in:
Schönke/Schröder Vor §§ 13 ff. Rn. 101 ff.; *Puppe* GA 2013, 514 ff. (526 ff.)

151 Der mittelbare Täter wird somit nicht dadurch Täter, dass der Tatmittler *nicht* Täter ist,[119] sondern dadurch, dass er ihn strafrechtsspezifisch (vgl. Rn. 13) beherrschen, steuern kann, unabhängig davon, ob der Tatmittler selbst Täter ist.[120]

152 Dass es für die Täterschaft des Hintermanns auf die fehlende Täterschaft des Tatmittlers nicht ankommen kann, zeigen im Übrigen die den Mittelpunkt der Verantwortungslehre bildenden Fälle, in denen der Tatmittler schon deshalb gar nicht Täter sein kann, weil aus seiner Sicht eine *tatbestandslose* Selbstverletzung[121] vorliegt:

Beispiel 10.28

153 A überredet B zum Suizid, B nimmt sich das Leben.

154 Obwohl in diesem Fall B mangels Tatbestandsmäßigkeit überhaupt nicht Täter sein kann, scheidet eine Tötung seitens des A in mittelbarer Täterschaft mit B als Werkzeug aus, wenn B sich *freiverantwortlich* zum Suizid entschlossen hat. Teils wird angenommen, dass die Freiverantwortlichkeit erst dann entfalle, wenn sich der Suizident im Zustand der Schuldunfähigkeit (§ 20) oder in einer dem entschuldigenden Notstand (§ 35) vergleichbaren Zwangslage befinde, teils wird auf die Regeln der wirksamen Einwilligung zurückgegriffen.[122] Die freiverantwortliche Preisgabe seiner Interessen durch den Vordermann führt dazu, dem Hintermann den Tod des Vordermanns nicht als Fremdtötung zuzurechnen. Eine fehlende Freiverantwortlichkeit des Vordermanns führt hingegen zur Verantwortlichkeit des Hintermanns als mittelbarer Täter einer Fremdtötung.[123] ◄

154a Relevant ist in diesem Zusammenhang auch das Urteil des BVerfG zur Verfassungswidrigkeit des Verbots der geschäftsmäßigen Förderung der Selbsttötung (§ 217 StGB a. F.).[124] In diesem Urteil hat das Gericht ein Grundrecht auf selbstbestimmtes Sterben aus dem Allgemeinen Persönlichkeitsrecht (Art. 2 I i. V. m. Art. 1 I GG)

---

[119] So aber *Krey/Esser* AT Rn. 889.

[120] Vgl. hierzu die – nach *Hillenkamp/Cornelius* 32 Probleme, Problem 21 B. – „eingeschränkte Verantwortungstheorie"; ob der Tatmittler vollverantwortlich, ja sogar *strafbar* ist, hat mit seiner Täterschaft gar nichts zu tun. Nach dem von *Hassemer* FS Lenckner, S. 97 ff. (110 f.) favorisierten Prinzip der Verteilung von Autonomie entscheidet über die Hierarchie innerhalb der strafrechtlichen Zurechnung die reale Chance, die eigene Entscheidung autonom zu bilden und sie folgenreich durchzusetzen; zum Verhältnis der Begriffe „Freiheit" und „Verantwortung" insbesondere im Rahmen einer „mittelbaren Täterschaft kraft sozialer Tatherrschaft" *Schlösser* Tatherrschaft 2004, S. 314 ff.

[121] Vgl. *Eisele,* in: Schönke/Schröder Vor §§ 13 ff. Rn. 101.

[122] Näher hierzu *Gropp,* in: Pohlmeier (Hrsg.) 1996, S. 13 ff., insbes. S. 24 ff.; die Einwilligungslösung verdient Zustimmung, weil man in jenen Fällen existenzieller Entscheidung nicht vom *Grundsatz* der Freiverantwortlichkeit ausgehen kann, sondern in jedem Einzelfall die Wirksamkeit der Entscheidung nach Einwilligungsmaßstäben wird feststellen müssen, vgl. auch *Amelung,* in: Schünemann u. a. (Hrsg.) 1995, S. 247 ff.; *Otto* FS Tröndle, S. 157 ff.; *Wessels/Beulke/Satzger* AT Rn. 852; BGH 1 StR 168/83 BGHSt 32, 38 ff.

[123] So oben im *Sirius*-Fall Rn. 103 f.

[124] BVerfG 2 BvR 2347/15 NStZ 2020, 528 ff.

abgeleitet. Dieses umfasse auch die Möglichkeit, sich für die Selbsttötung der Hilfe Dritter zu bedienen. Indem § 217 StGB a. F. diese Möglichkeit faktisch stark einschränke, stelle der Tatbestand einen unverhältnismäßigen Eingriff in das Grundrecht auf selbstbestimmtes Sterben dar. Die Auswirkungen des Urteils auf § 216 StGB sind nicht zu überschätzen.[125]

d) Irrtumsfragen

Wie sonst im Bereich der Irrtumsdogmatik (§ 13 Rn. 15 ff.) ist auch im Rahmen von Irrtümern zur mittelbaren Täterschaft zwischen der Unkenntnis der Tatherrschaft als mittelbarer Täter (aa) und ihrer irrigen Annahme (bb) zu unterscheiden.   **155**

aa) Unkenntnis des Hintermannes von der Beherrschung des Tatmittlers

Kennt der Hintermann seine faktische Beherrschung des Tatmittlers nicht, so nimmt die überwiegende Meinung eine Anstiftung als Minus im Verhältnis zur mittelbaren Täterschaft an, was allerdings wegen § 26 voraussetze, dass der Tatmittler vorsätzlich handelt.[126] Soweit Anstiftung danach nicht in Frage kommt, wäre allenfalls noch die Möglichkeit einer versuchten Anstiftung oder einer fahrlässigen Herbeiführung der Veränderung in der Außenwelt zu erwägen.[127]   **156**

Beispiel 10.29

A will die Krankenschwester B anstiften, den C mittels einer Giftspritze zu töten. Er glaubt, die B habe bemerkt, was er vorhat. B geht aber davon aus, dass die Spritze ein ungefährliches Kreislaufmittel enthalte.   **157**

Eine Strafbarkeit wegen versuchter Anstiftung, § 30 I, wäre damit zu begründen, dass sich der Vorsatz des A lediglich darauf bezog, die B anzustiften. Damit fehlte ihm die Kenntnis seiner eigenen beherrschenden Stellung, ein „Tatumstand" i. S. von § 16 I. ◄   **158**

---

bb) Irrige Annahme einer Tatherrschaft als mittelbarer Täter durch den Hintermann[128]

Beispiel 10.30

A übergibt der Krankenschwester B eine Tablette, die angeblich ein Kreislaufmittel enthält, um sie dem C zu verabreichen. In Wahrheit enthält die Tablette ein schnell wirkendes tödliches Gift, weil A den ihm verhassten C töten will. Obwohl B die Wahrheit erkannt hat, verabreicht sie C die Tablette, weil C sie tags zuvor beleidigt hat. C stirbt. ◄   **159**

---

[125] Vgl. SK-*Sinn* § 216 Rn. 10.

[126] Vgl. Lackner/Kühl/Heger-*Heger* Vor § 25 Rn. 10; *Jescheck/Weigend* AT § 62 III 1 mwN.

[127] Vgl. auch *Kretschmer* Jura 2003, 535 ff. (536 links) mwN.

[128] Vgl. *Küper* FS Roxin, S. 895 ff.; dazu ausführlich *Beulke* FS Kühl, S. 115 ff.

160   Nimmt ein Beteiligter nur irrig an, eine Tatherrschaft als mittelbarer Täter inne zu
haben („Verleitungsversuch"),[129] so geht die überwiegende Meinung[130] von einer
Anstiftung aus, weil der Anstifter-Vorsatz als Minus im Tätervorsatz enthalten sei.
Dies ist jedoch fraglich, denn der Hintermann will gerade nicht, dass eine vorsätz-
liche Tat durch sein vermeintliches Werkzeug begangen wird. Ihm fehlt daher der
Vorsatz bezüglich der Haupttat.[131]

161   Überzeugender dürfte deshalb die von *Herzberg*[132] favorisierte Annahme einer versuchten Tatbegehung in mittelbarer Täterschaft sein. Für die Strafbarkeit wäre insoweit jedoch Voraussetzung, dass
der Beteiligte *nach seiner Vorstellung* als mittelbarer Täter zur Verwirklichung des *Tatbestandes*
unmittelbar angesetzt hat (Einzellösung). Die früher vertretene Auffassung, dass allein aufgrund
des Täterwillens des Beteiligten in Fällen dieser Art eine mittelbare Täterschaft angenommen werden könne,[133] ist hingegen nur auf der Grundlage einer subjektiven Täterschaftstheorie möglich,
die vor dem Hintergrund der Tatherrschaftslehre nicht mehr zu überzeugen vermag. Falls der vermeintliche Tatmittler die Veränderung in der Außenwelt herbeiführt, ist dieser dem Hintermann als
fahrlässig verursacht zuzurechnen.[134]

cc) Error in obiecto vel persona des Werkzeugs

> **Beispiel 10.31**
>
> **162**   Der Arzt A beauftragt die Krankenschwester S, der Patientin P eine „Insulin-
> spritze" zu verabreichen. Die von A an S übergebene Spritze enthält jedoch –
> was die S nicht weiß – ein tödliches Gift. Aufgrund einer Verwechslung der Pa-
> tientinnen verabreicht S die tödliche Spritze jedoch nicht der P, sondern der Pa-
> tientin X, die alsbald stirbt. ◄

163   Ein Teil der Lehre[135] will im Falle des error in persona (vgl. dazu § 13 Rn. 159 ff.)
beim Werkzeug hinsichtlich des Hintermannes eine aberratio ictus annehmen, wenn
das Werkzeug unvorsätzlich handelt. Nach h. M. soll dies sogar bei Bösgläubigkeit
des Werkzeugs zutreffen.[136] Begründet wird diese Auffassung damit, dass der Vorsatz des Hintermannes den Erfolg mit umfassen müsse.[137]

---

[129] *Küper* FS Roxin, S. 895 ff. (912).

[130] Vgl. *Jescheck/Weigend* AT § 62 III 1; Lackner/Kühl/Heger-*Heger* § 25 Rn. 5; *Beulke* FS Kühl,
S. 115 ff.

[131] Vgl. aber *Beulke* FS Kühl, S. 115 ff. (120 ff.).

[132] *Herzberg* 1977, S. 45; ebenso *Kretschmer* Jura 2003, 535 ff. (537).

[133] Vgl. RG IV 653/22 RGSt 57, 274 f.; *Baumann* JZ 1958, 230 ff. (233 links).

[134] Näher *Küper* FS Roxin, S. 895 ff. (915).

[135] Vgl. *Welzel* LB S. 75; differenzierend *Jakobs* AT 21 Rn. 106.

[136] Vgl. *Hillenkamp* 1971, S. 49 ff.; *Roxin* Täterschaft und Tatherrschaft, S. 238 f.; *Jescheck/Wei-
gend* AT § 62 III 2; diff. *Wessels/Beulke/Satzger* AT Rn. 866.

[137] So *Jescheck/Weigend* AT § 62 III 2.

Im *Beispielsfall 10.31* wäre Dr. A somit wegen eines versuchten Totschlags in   **164**
mittelbarer Täterschaft zu Lasten der Patientin P und einer fahrlässigen Tötung
zu Lasten der Patientin X strafbar. ◄

Beide Auffassungen vermögen indessen nicht zu überzeugen. Denn hier gilt das-   **165**
selbe wie hinsichtlich des Anstifters im Falle des error in persona beim Haupttäter
(§ 13 Rn. 166 ff. sowie unten Rn. 283). Unabhängig davon, ob das Werkzeug gut-
oder bösgläubig ist, hat Dr. A ein Werkzeug losgeschickt, welches ein Angriffsobjekt ansteuert, das der Hintermann hinsichtlich der Elemente der Tatbestandsmäßigkeit festgelegt hat: einen Menschen. Die von Dr. A bewerkstelligte Konstellation ist damit darauf angelegt, dass jenes durch Elemente der Tatbestandsmäßigkeit
umschriebene Ziel erreicht wird. Dies unterscheidet die Situation grundlegend von
der Lage bei der aberratio ictus, wo nur *zufällig* ein demselben Tatbestandsmerkmal
unterfallendes Angriffsobjekt getroffen wird. Der error in persona des Tatmittlers ist
folglich für die Strafbarkeit des Hintermannes unbeachtlich, wenn nicht sonst eine
wesentliche Abweichung des Geschehensablaufs vorliegt.

Im *Beispielsfall 10.31* wäre Dr. A somit wegen eines vollendeten Totschlags in   **166**
mittelbarer Täterschaft zu Lasten der Patientin X strafbar. ◄

5. Prüfungsschema bei mittelbarer Täterschaft

Vorbemerkung

Die Prüfung der mittelbaren Täterschaft kann wegen der Tatherrschaftsfragen erst   **167**
nach der Prüfung des mutmaßlichen Tatmittlers erfolgen!

▶   a.   Feststellung, dass die objektiven Merkmale der Tatbestandsmäßigkeit
           von dem als mittelbarer Täter in Frage kommenden Beteiligten nicht
           vollständig selbst erfüllt werden;
      b.   Prüfung, ob die fehlenden Elemente der Tatbestandsmäßigkeit durch
           einen Dritten erfüllt werden, der Werkzeug des tatbeherrschenden Be-
           teiligten ist; falls ja:
      c.   Prüfung, ob der betreffende Beteiligte alle sonstigen Voraussetzungen für
           eine Täterschaft erfüllt (betrifft eigenhändige Straftaten, Sonderstraf-
           taten); falls ja:

▶   mittelbare Täterschaft liegt vor.

▶   Falls b/c nein: Prüfung einer Anstiftung (§ 26) oder Beihilfe (§ 27) an der Tat
      des Dritten.

III. Mittäterschaft, § 25 II (funktionelle Tatherrschaft)

§ 25 Täterschaft

168   (1) […]

(2) Begehen mehrere die Straftat gemeinschaftlich, so wird jeder als Täter bestraft (Mittäter).

169   Die Zurechnungsform der Mittäterschaft beruht auf dem Prinzip des *arbeitsteiligen Handelns* und der *funktionellen Rollenverteilung*. § 25 II beschreibt Mittäterschaft als „gemeinschaftliche" Tatbegehung. Auf eine Kurzformel gebracht, versteht man darunter ein

170   ▶   Handeln aller in bewusstem und gewolltem Zusammenwirken[138] aufgrund eines gemeinsamen Tatplans.

1. Allgemeine Kriterien

a) Gemeinsamer Tatentschluss (animus coauctoris)

171   Durch den gemeinsamen Tatentschluss – d. h. die Bildung eines Willens, die Elemente der Tatbestandsmäßigkeit der geplanten Straftat zu verwirklichen – machen die Mittäter sich die fremden Tatbeiträge jeweils gegenseitig zu eigen.[139] Dass der Mittäter wie ein Täter bestraft wird, obwohl er nicht wie dieser die Tatherrschaft allein, sondern nur in Verbindung mit anderen ausüben kann, sieht *Puppe* zu Recht darin, dass die Mittäter sich im Tatentschluss in einer Art „Unrechtspakt" gegenseitig angestiftet haben.[140]

172   Der Tatentschluss muss auf die gemeinschaftliche Begehung „der Straftat" gerichtet sein. Es genügt daher nicht, dass sich die Täter entschließen, jeweils eine gesonderte Straftat zu begehen, z. B. unterschiedliche Opfer zu verprügeln.[141]

173   Das Erfordernis des gemeinsamen Tatentschlusses ist einer der Gründe dafür, dass bei *Fahrlässigkeit* eine Mittäterschaft bisher nicht anerkannt wird.[142] Denn während

---

[138] RG 2978/82 RGSt 8, 42 ff. (43); BGH 4 StR 350/54 BGHSt 6, 248 ff. (249); vgl. auch *B. Heinrich* AT Rn. 1218; *Jescheck/Weigend* AT § 63 II 1; *Jakobs* AT 21 Rn. 40 ff.; *Kühl* AT § 20 Rn. 98; SSW-*Murmann* § 25 Rn. 32; AnwK-*Waßmer* § 25 Rn. 50; *Wessels/Beulke/Satzger* AT Rn. 815 ff.

[139] Dazu BGH 1 StR 424/15 NStZ 2016, 400 f.

[140] ZIS 2007, 234 ff.; GA 2013, 514 ff. (522).

[141] So aber BGH 4 StR 343/96 StV 1997, 581 f. mit zu Recht krit. Anm. *Stein* StV 1997, 582 f.; auch eine Beobachtung und gleichzeitige innerliche Billigung eines Tatgeschehens ist nicht ausreichend, s. BGH 5 StR 554/15 StV 2017, 443 f.

[142] And. *Renzikowski* 1997, S. 284 ff., 288 ff.; der einen gemeinsamen Tatentschluss als Voraussetzung der Mittäterschaft ablehnt, vgl. auch *Weißer* JZ 1998, 230 ff.; *Lesch* JA 2000, 73 ff. (78).

sich jener Tatentschluss auf das bewusste und gewollte Zusammenwirken bezieht, fehlt es bei der Fahrlässigkeit definitionsgemäß zumindest am *Willen* zur Verwirklichung des Tatbestandes.

Wegen des Exklusivitätsverhältnisses zwischen Mittäterschaft und mittelbarer Täterschaft ist ein gemeinsamer Tatentschluss auch dann nicht gegeben, wenn eine der beteiligten Personen derart gesteuert wird, dass eine mittelbare Täterschaft vorliegt.[143] **174**

Der *Unterschied zur Beihilfe* (Rn. 290 ff.) liegt darin, dass der Mittäter **175**

* nicht *fremdes Tun fördern*, sondern sich im Gegenteil das fremde Tun zu eigen machen will. **176**
* keine untergeordnete Tätigkeit ausübt, sondern selbst bei einer Mitwirkung von geringerem Gewicht als *Gleichgeordneter* beteiligt ist.[144] **177**

b) Gemeinsame Tatherrschaft

Auf der Basis der Tatherrschaftslehre müssen die Mittäter auch gemeinsam die Tatherrschaft ausüben. Es genügt daher jedenfalls nicht, dass ein Beteiligter aufgrund eines gemeinsamen Tatentschlusses für die Ausführung der Tat *ursächlich* ist, wie dies auf der Basis der subjektiven Beteiligungslehre möglich war.[145] Ansonsten geht die überwiegende Meinung davon aus, dass der Mittäter zumindest an der Verwirklichung eines wesentlichen Teilstückes des Gesamtplans beteiligt sein müsse.[146] **178**

Praktische Bedeutung erlangen die Erfordernisse an die Tatherrschaft der Mittäter bei der Frage, ob Mittäterschaft eine Mitwirkung *an der Durchführung* voraussetzt. Von einer engeren Ansicht[147] wird dies im Interesse einer deutlichen Abgrenzung der Beteiligungsformen gefordert. Die überwiegende Meinung geht jedoch davon aus, dass die Gewichtung der Tatplanung und der Tatausführung bei der Mittäterschaft in einem Ergänzungsverhältnis stehen: Je stärker die Mitwirkung bei der Tatplanung, desto eher ist die Anwesenheit bei der Tatausführung verzichtbar und umgekehrt.[148] Jene Auffassung ermöglicht es, den Mafia-Boss im Hintergrund auch dann als Mittäter zur Verantwortung zu ziehen, wenn er aus der sicheren Deckung „die Fäden zieht", während sich die untergeordneten Mitglieder der Organisation „die Finger schmutzig machen". Die engere Auffassung würde hier wegen Anstiftung bestrafen unter Hinweis darauf, dass der Anstifter nach § 26 „gleich einem Täter bestraft" wird. **179**

Eine Ausdehnung dieser Rechtsprechung erfolgte durch den BGH im sog. NSU-Verfahren:

---

[143] Vgl. *Schlösser* Tatherrschaft 2004, Teil G.

[144] Näher BGH 5 StR 153/86 BGHSt 34, 124 ff. (125); vgl. auch *Frister* AT § 26 Rn. 25 ff.

[145] Vgl. LK-*Schünemann/Greco* § 25 Rn. 203; vgl. auch *Zieschang* ZStW 107 (1995), 361 ff.

[146] Vgl. *Jescheck/Weigend* AT § 63 I 1 a; so begründet die bloße Auswahl und Auskundschaftung der Tatobjekte für sich genommen keine Tatherrschaft; vgl. BGH 3 StR 129/16 StV 2017, 676.

[147] Vgl. *Puppe* GA 2013, 514 ff. (522); *Roxin* AT 2 § 25 Rn. 198 f.

[148] Vgl. *Jescheck/Weigend* AT § 63 III 1; *Wessels/Beulke/Satzger* AT Rn. 823 ff.; BGH 2 StR 470/84 BGHSt 33, 50 ff. (53); BGH 3 StR 438/84 JZ 1985, 100; BGH 2 StR 482/94 NStZ 1995, 285 f.; vgl. auch BGH 1 StR 769/93 NStZ 1995, 122 m. krit. Anm. *Küpper* NStZ 1995, 331 ff.

Beispiel

NSU-Fall BGH 3 StR 441/20 BGHSt 66, 226 ff.: Die Angeklagte Z lebte mit zwei anderen Mitgliedern (B und M) einer inländischen terroristischen Vereinigung (sog. Nationalsozialistischer Untergrund) zusammen und teilte deren Ideologie. Zwischen ihnen war vereinbart, dass B und M Morde ausführen und Z unmittelbar bei der Tatausführung nicht mitwirken sollte. Ihre Aufgabe war es vor allem, den Personenzusammenschluss abzutarnen (bspw. durch Beschaffung von falschen Identitätspapieren), die finanziellen Angelegenheiten zu regeln und erforderlichenfalls dafür zu sorgen, dass sich der „NSU", dessen drei Mitglieder anonym bleiben sollten, in der geplanten Weise zu den Taten bekennt. ◀

179a Der BGH bestätigte die Verurteilung der Angeklagten Z als Mittäterin der Mordanschläge. Zwar sei sie bei der Tatausführung nicht vor Ort gewesen, allerdings genügten ihre Tatbeiträge im Vorbereitungsstadium und nach der Tat, um eine Mittäterschaft zu rechtfertigen, denn insbesondere diese Beiträge hätten zur Verwirklichung des übergeordneten Plans der Gruppierung beigetragen. Diese Ausdehnung der mittäterschaftlichen Zurechnung wird in der Literatur zu Recht kritisiert.[149]

c) Eigener Tatbeitrag

180 Weil Mittäterschaft als bewusstes und gewolltes *Zusammenwirken* zu verstehen ist, muss jeder Mittäter einen eigenen Tatbeitrag leisten, der als Teil der Tätigkeit des Anderen erscheint.[150] Umstritten ist jedoch, in welchem Verwirklichungsstadium und in welcher Tatnähe die Mitwirkung erfolgen muss.[151] Die Rechtsprechung und ein Teil der Literatur hält es für irrelevant, ob dieser Tatbeitrag im Vorbereitungsstadium, im Versuchsstadium, bei der Tatausführung oder zwischen Vollendung und Beendigung geleistet wird. Nach der Rechtsprechung des BGH soll dabei schon die Mitwirkung bei der Verabredung der Tat als Beitrag ausreichen können.[152] Nach anderer Ansicht muss der Tatbeitrag zwischen Versuchsbeginn und materieller Beendigung liegen, jedoch nicht unbedingt am Tatort geleistet werden, wenn der abwesende Mittäter die Durchführung der Tat koordinieren und steuern kann.[153]

181 Vorzugswürdig ist die letztgenannte Ansicht, weil sie dem Täterschafts- und Teilnahmesystem des StGB angemessen ist, Strafbarkeitslücken durch Rückgriff auf

---

[149] Vgl. *Schlösser* NStZ 2022, 335 ff.

[150] Vgl. BGH 1 StR 430/97 StV 1998, 540; 2 StR 220/17 NStZ 2018, 144 ff. m. Anm. *Jäger*; 3 StR 266/17 NStZ 2018, 650 ff.; 3 StR 336/15 StV 2017, 444; 2 StR 161/17 StV 2019, 88 ff.; 5 StR 685/18 NStZ 2019, 514 ff.; 2 StR 463/19 BeckRS 2020, 16201; 4 StR 287/19 NStZ 2020, 730 ff.; 2 StR 463/19 NStZ 2021, 354 f.; 1 StR 83/21 NStZ 2022, 95 ff.

[151] Umfassende Darstellung des Streitstandes bei *Zieschang* ZStW 107 (1995), 361 ff.; zu Fällen mit Lossagung im Vorbereitungsstadium *Graul* GS Meurer, S. 91 ff.

[152] Vgl. BGH 5 StR 492/90 BGHSt 37, 289 ff. (292), krit. hierzu *Puppe* NStZ 1991, 571 ff.; BGH 1 StR 769/93 NStZ 1995, 122 m. krit. Anm. *Küpper* NStZ 1995, 331; BGH 4 StR 134/19 BeckRS 2020, 13937.

[153] Vgl. LK-*Schünemann/Greco* § 25 Rn. 207; enger *Herzberg* 1977, S. 68.

Teilnahmeformen vermeiden kann und nicht wie die erstgenannte Ansicht über eine extensive Annahme von Mittäterschaft zu einer Verwischung der Grenzen von Täterschaft und Teilnahme führt.[154]

d) Vorliegen der erforderlichen Täterqualifikationen

Wie bei der mittelbaren Täterschaft gilt auch bei der Mittäterschaft, dass Mittäter   **182** nur sein kann, wer Täter sein kann. Mittäter an einer eigenhändig zu begehenden Straftat kann folglich nur sein, wer die tatbestandsmäßige Handlung selbst mitbegeht, an einer Straftat, die eine besondere Eigenschaft des Täters voraussetzt nur, wer selbst diese Täterqualifikationen besitzt.[155] Auch täterschaftsbegründende Absichten müssen bei allen Mitwirkenden gegeben sein, damit Mittäterschaft angenommen werden kann.

Beispiel 10.32

Mittäter eines Raubes kann nur sein, wer mit Zueignungsabsicht handelt, die   **183** Sache also *sich oder einem Dritten zueignen* will.[156] ◀

2. Zurechnung

a) Gesamtzurechnung

Die Annahme von Mittäterschaft hat zur Folge, dass das gesamte Tatgeschehen   **184** jedem der Mittäter zugerechnet wird.[157] Weil das gesamte Tatgeschehen zugerechnet wird, können Mittäter sogar für Handlungen verantwortlich gemacht werden, die sie selbst nicht einmal begrifflich hätten begehen können.

Beispiel 10.33

Verfolger-Fall BGH 4 StR 613/57 BGHSt 11, 268 ff.: Die Komplizen P, M und   **185** Th hatten versucht, nachts in ein Lebensmittelgeschäft einzudringen. Jeder von ihnen war dabei mit einer geladenen Pistole bewaffnet. Hinsichtlich der Verwendung der Pistolen hatten sie abgesprochen, dass auch auf Menschen gefeuert werden solle, wenn die Gefahr der Festnahme eines der Teilnehmer drohe. Als die Mittäter von dem Inhaber des Lebensmittelgeschäfts überrascht wurden, gaben M und Th je einen Schuss ab. Danach versuchten sich die Mittäter in Sicherheit zu bringen. „An der […] Hausecke bemerkte M rückwärtsschauend, dass ihm in einer Entfernung von nicht mehr als zwei bis drei Metern eine Person

---

[154] Vgl. auch *Zieschang* ZStW 107 (1995), 361 ff. (377 ff.).

[155] Deshalb kann nicht Mittäter einer Unterlassungstat sein, wer nicht selbst Garant ist: auch der gemeinschaftlich mit dem Garanten gefasste Entschluss zum Unterlassen begründet eine Garantenstellung nicht, vgl. BGH 1 StR 430/97 StV 1998, 125 f. (126).

[156] Vgl. BGH 4 StR 44/99 NStZ 1999, 510 f.

[157] Dem steht auch der error in persona des Mittäters hinsichtlich des Angegriffenen nicht entgegen, vgl. BGH 3 StR 651/17 NStZ 2019, 511 ff.

folgte. Diese war der Angeklagte P. Ihn hielt M aber für einen Verfolger und fürchtete, von ihm ergriffen zu werden. Um der vermeintlich drohenden Festnahme und der Aufdeckung seiner Täterschaft zu entgehen, schoss er auf die hinter ihm hergehende Person. Dabei rechnete er mit einer tödlichen Wirkung seines Schusses und billigte diese Möglichkeit. Das Geschoss traf P am rechten Oberarm, durchschlug aber nur den gefütterten Ärmel seines Rockes und verfing sich im aufgekrempelten Hemdsärmel."[158]

186   Der BGH bestätigte die Verurteilung des Angeklagten P durch das Landgericht wegen versuchten Mordes. Denn P müsse sich die Tat des M zurechnen lassen.[159]

187   Auch bei Verwirklichung unterschiedlicher Strafvorschriften durch die verschiedenen Beteiligten ist Mittäterschaft möglich, wenn zumindest das *gemeinsam* begangene Unrecht eine Straftat darstellt, wie etwa § 212 bei gemeinschaftlicher Begehung von Totschlag bzw. Mord[160] in Mittäterschaft. ◄

b) Grenzen der Gesamtzurechnung

188   Der Verfolger-Fall überrascht zunächst, weil P – im Ergebnis zu Recht! – wegen einer Tat verantwortlich gemacht wird, die zu seinen Lasten geht. Fast wird dabei übersehen, dass die Entscheidung zugleich bilderbuchartig die Grenzen der Gesamtzurechnung für Mittäter deutlich macht.

189   *Eine* Grenze der Gesamtzurechnung liegt zunächst dort, wo der Mittäter nicht für Beiträge verantwortlich gemacht werden kann, die er in eigener Person nicht verwirklichen könnte. Dies trifft auch im Verfolger-Fall zu. Denn nur durch die spezifische Konstellation jenes Falles wird dem P das gesamte von M verwirklichte Unrecht (dessen *Versuch*) zugerechnet. Hätte M den P hingegen *verletzt*, so wäre M wegen einer *vollendeten* gefährlichen Körperverletzung, P hingegen nur wegen einer *versuchten* gefährlichen Körperverletzung strafbar. Dies beruht darauf, dass P in Bezug auf sich selbst nie eine tatbestandsmäßige, d. h. fremdverletzende vollendete gefährliche Körperverletzung über M hätte begehen können. Insofern stellt sich aus der Sicht des P die Verletzung seiner eigenen Interessen durch M als eine tatbestandslose Selbstverletzung dar, die als *untauglicher Versuch* einer Fremdverletzung strafbar ist.[161]

190   Eine *weitere* Grenze der Gesamtzurechnung liegt darin, dass Mittäter für *Exzesse* anderer Mittäter nicht haften müssen. Was nicht verabredet ist, braucht sich der Mittäter nicht zurechnen zu lassen.[162]

---

[158] BGH 4 StR 613/57 BGHSt 11, 268 ff. (269).

[159] Für Verbrechensverabredung mangels eines Tatentschlusses hingegen *Jäger* AT § 6 Rn. 325 ff.

[160] So der *Tante-Fall* BGH 1 StR 479/88 BGHSt 36, 231 f., dazu *Beulke* NStZ 1990, 278 f.; *Hassemer* JuS 1990, 148 ff.; *Küpper* JuS 1991, 639 ff.

[161] Auch insoweit anders *Jäger* AT § 6 Rn. 325 ff.

[162] Z. B. BGH 5 StR 55/20 NStZ-RR 2020, 246 f., 5 StR 623/19 NStZ 2020, 143 ff.; dafür sei jedoch ein wesentliches Abweichen vom gemeinsamen Tatplan erforderlich, vgl. BGH 2 StR 177/16 NStZ 2017, 272 ff. m. Anm. *Eidam.*

3. Sonderfragen

a) Versuch und Rücktritt

Die Gesamtzurechnung im Rahmen der Mittäterschaft hat unmittelbare Aus-   **191**
wirkungen auf den Beginn des Versuchsstadiums i. S. von § 22. So beginnt das „unmittelbare Ansetzen" als Übergang von der straflosen Vorbereitung zum strafbaren
Versuch dann, wenn von den *gesamten* Mittätern auch nur einer das Tatgeschehen
soweit vorangebracht hat, dass die Verwirklichung des Tatbestandes ohne wesentliche weitere Zwischenschritte unmittelbar zu erwarten ist (sog. *Gesamtlösung*).[163]
Nach der subjektiv-objektiven Versuchstheorie ist dieser Zeitpunkt unter Zugrundelegung des Tatplans zu bestimmen.[164] In Fällen des *untauglichen Versuchs in Mittä-*
terschaft genügt sogar die bloße Vorstellung vom unmittelbaren Ansetzen eines der
vermeintlichen Mittäter. Aufschlussreich sind hierzu zwei vom BGH unterschiedlich bzw. widersprüchlich entschiedene Fälle:[165]

Beispiel 10.34

Münzhändler-Fall BGH 4 StR 173/94 BGHSt 40, 299 ff.:[166] C erzählte dem B,   **192**
der Münzhändler A wolle seine Versicherung betrügen. C und B könnten A daher
mit A's Einverständnis überfallen und berauben. C versprach B für seine Mitwirkung 50.000.- DM, von denen 15.000.- im Voraus gezahlt werden sollten. Die
restlichen 35.000.- DM sollte sich B aus dem Tresor des A nehmen dürfen. B erklärte sich daraufhin zum Überfall bereit. Die zum Schein zu raubenden Münzen
sollten C übergeben werden. C wies den B an, A gegenüber nicht zu erkennen zu
geben, dass er die Zustimmung des A kenne. Einige Tage vor der Ausführung
zahlte C dem B 15.000.- DM und teilte ihm Namen und Adresse des A mit. B
überfiel zusammen mit einem Dritten den nichts ahnenden A unter Verwendung
einer Scheinwaffe. A wurde gefesselt und in den Waschkeller des Hauses verbracht. Es wurde eine Beute im Wert von 350.000.- bis 400.000.- DM gemacht.
A konnte sich befreien und meldete seiner Versicherung den Schadensfall.

Der BGH bestätigte die Verurteilung des B wegen versuchten Betruges in   **193**
Mittäterschaft zulasten der Versicherung.[167] ◄

---

[163] Vgl. *Kühl* AT § 20 Rn. 123; *Wessels/Beulke/Satzger* AT Rn. 966 ff.; sowie *Buser* 1998; *Krack*
ZStW 110 (1998), 611 ff.; krit. *Roxin* FS Odersky, S. 489 ff., insbes. S. 491 ff.; *Rönnau* JuS
2014, 109 ff.

[164] Näher zur Gesamtlösung *Küper* 1978; zum unmittelbaren Ansetzen § 9 Rn. 44 ff.

[165] Lesenswert zu beiden Entscheidungen *Gropp* u. a. Fallsammlung Fall 1 sowie *Erb* NStZ 1995,
424 ff.; vgl. auch *Heckler* GA 1997, 72 ff.; *Roxin* FS Odersky, S. 498 ff.; sowie *Weber* FS Lenckner, S. 435 ff.

[166] Mit krit. Besprechung *Küpper/Mosbacher* JuS 1995, 488 ff. und Anfrage-Beschluss BGH 4 StR
173/94 NStZ 1994, 534 f.

[167] Dazu *Globke/Hettinger* FS Kühl, S. 213 ff.; in der Literatur ist die Entscheidung vorwiegend auf
Ablehnung gestoßen, vgl. MK-StGB-*Joecks/Scheinfeld* § 25 Rn. 270 ff.; *Kindhäuser/Zimmermann*
AT § 40 Rn. 16 ff.; *Kühl* AT § 20 Rn. 123a sowie die Nachweise bei *Weber* FS Lenckner,
S. 435 ff. (447 Fn. 36); der Lösung des BGH zustimmend hingegen AnwK-*Waßmer* § 25 Rn. 87.

194 Dem wäre auf Grund der subjektiv-objektiven Versuchstheorie zuzustimmen, wenn bei ihr die Basis für die objektive Komponente allein die subjektive Vorstellung bildete. Denn dass objektiv A nicht Mittäter war und sein Versicherungsanspruch zu Recht bestand, ändert nichts an der *Vorstellung* des B, dass A Mittäter sei (*vorgestellte Mittäterschaft*). Indem A den Schaden der Versicherung meldete, setzte A – und nach der Gesamtzurechnung auch B und C – *nach*[168] der Vorstellung des B zum gemeinschaftlichen Betrug unmittelbar an.[169]

195 Anders liegt der Fall freilich, wenn man die Unrechtsstruktur des Sachverhaltsunrechts des Versuchs berücksichtigt: im Zusammenhang mit dem Fehlen des subjektiven Rechtfertigungselementes hatte es sich ergeben, dass es dem Sachverhaltsunrecht des Versuchs (dem unmittelbaren Ansetzen) widerspricht, wenn der verwirklichte Sachverhalt *rechtmäßig* ist (vgl. § 5 Rn. 50 ff.). So liegt die Sache aber hier: weil A wirklich überfallen worden und der Versicherungsfall gegeben war, hatte A einen Anspruch gegen die Versicherung. Das Verhalten des A war rechtmäßig. Es konnte damit das Sachverhaltsunrecht eines Versuchs von C und B nicht begründen. B hat somit trotz seiner Vorstellung nicht unmittelbar angesetzt.[170]

Der durch C begangene schwere Raub mit einer Scheinwaffe in mittelbarer Täterschaft (§§ 249, 250 I lit. b, 25 I 2. Var.) bleibt davon unberührt.

196 Eine Strafbarkeit wegen Versuchs lehnte der BGH ab im

Beispiel 10.35

197 *Türklingel*-Fall BGH 2 StR 158/93 BGHSt 39, 236 ff.: B und C hatten vereinbart, ein Ehepaar in dessen Haus zu überfallen und auszurauben. Später wollten sie A als Mittäter gewinnen. A sagte zunächst zu, offenbarte sich aber später der Polizei, die er über den Stand der Planung informierte. A ließ B und C im Glauben an seine Mittäterschaft (*Scheinmittäterschaft*). A sollte an der Haustür klingeln und die voraussichtlich öffnende Ehefrau überwältigen. B sollte dann den Ehemann in der Wohnung überwältigen, während C die Eheleute zur Herausgabe des Tresorschlüssels und zur Offenbarung der Zahlenkombination zwingen sollte. Wie verabredet klingelte A. Dies war das Zeichen für die durch A alarmierte Polizei zur Festnahme von B, C und A.

198 Der BGH verneinte eine Strafbarkeit von B und C wegen versuchten Raubes. Denn als unmittelbares Ansetzen sei das Verhalten des A den anderen Tatbeteiligten nur zuzurechnen, sofern es sich für den Handelnden als mittäterschaftlicher Tatbeitrag darstelle, also von dem Willen getragen sei, gemeinschaftlich mit den anderen Beteiligten zum Zwecke der Tatausführung zusammenzuwirken.[171] ◀

---

[168] Da A wirklich auf die Versicherung zugeht, liegt nicht nur ein unmittelbares Ansetzen *in* der Vorstellung des B vor, so aber *Krack* ZStW 117 (2005), 555 ff. (561).

[169] Näher hierzu *Weber* FS Lenckner, S. 435 ff. (446 ff.); krit. zur Entscheidung des BGH im *Münzhändler*-Fall LK[12]-*Hillenkamp* § 22 Rn. 176; *Mitsch* FS Kühne, S. 31 ff.; *Streng* GS Zipf, S. 325 ff.

[170] And. die 3. Aufl. auf der Grundlage der uneingeschränkt subjektiv-objektiven Versuchstheorie.

[171] Dazu *Globke/Hettinger* FS Kühl, S. 213 ff.; i. E. zustimmend u. a. *Eser/Bosch*, in: Schönke/Schröder § 22 Rn. 55a sowie die bei *Weber* FS Lenckner, S. 435 ff. (443 Fn. 24) Genannten.

Ein unmittelbares Ansetzen müsste man annehmen, wenn man für die Versuchs- **199**
strafbarkeit von B und C als Mittäter nur auf *ihre Vorstellung* abstellen wollte. Dann
hätten B und C auf Grund ihres Tatplans zum Versuch in Mittäterschaft unmittelbar
angesetzt.[172] Das auf den objektiven Gehalt der Handlung des A abstellende Argument des BGH ist mit der auf die Vorstellung des Beteiligten aufbauenden Versuchstheorie jedoch nicht zu vereinbaren und wird in der Entscheidung auch nicht
begründet.

Eine Begründung könnte indessen so lauten: B und C hatten sich zwar ein rechts- **200**
widriges unmittelbares Ansetzen durch A vorgestellt. Was sie erreicht hatten, war
aber „nur" ein *rechtmäßiges* Vorgehen des A. Ein rechtmäßiger Sachverhalt genügt
aber – wie im Fall des Münzhändlers – strukturell nicht dem Sachverhaltsunrecht
des unmittelbaren Ansetzens zum Versuch. Mittels eines rechtmäßigen Verhaltens
kann man nicht zum rechtswidrigen Versuch unmittelbar ansetzen.[173] Man wird dem
BGH somit – jedenfalls im Ergebnis – zustimmen können.[174]

Die Voraussetzungen für einen wirksamen *Rücktritt* bestimmen sich nach den er- **201**
höhten Anforderungen bei Beteiligung mehrerer in § 24 II (näher § 9 Rn. 179 ff.).

b) Unterlassen

Weil auf Unterlassungsstraftaten die Regeln über die Tatherrschaft nicht anwendbar **202**
sind, sondern die Täterschaft auf einer besonderen *Pflichtenstellung* beruht, kann
sich auch ein mittäterschaftliches Unterlassen nur auf die gemeinschaftliche
Pflichtenstellung beziehen. Ein anschauliches Beispiel für das mittäterschaftliche
Nichterfüllen einer gemeinschaftlichen Handlungspflicht findet sich bei *Jescheck/
Weigend*:[175]

Die zur Einkommensteuer zusammen Veranlagten – z. B. Eheleute im gesetzlichen Güterstand – **203**
sind verpflichtet, eine *gemeinsame* Steuererklärung abzugeben. Entschließen sie sich in bewusstem und gewolltem Zusammenwirken, diese Pflicht nicht zu erfüllen, liegt eine gemeinschaftliche
Steuerhinterziehung durch Unterlassen vor.

In den meisten Fällen, in denen mehrere Personen scheinbar „gemeinschaftlich" **204**
unterlassen, liegt hingegen jeweils eine selbstständige Selbsttäterschaft durch
Unterlassen vor, ohne dass es der Zurechnung der beiderseitigen Unterlassungs-
„Beiträge" bedürfte.

Beispiel 10.36

Die Eltern beschließen, ihr Kleinkind verhungern zu lassen. Zwar mag hier ein **205**
bewusstes und gewolltes Zusammenwirken vorliegen, zu einer Zurechnung

---

[172] Vgl. auch *Weber* FS Lenckner, S. 435 ff. (441, 446) sowie *Buser* 1998, S. 114, 150 f.

[173] Vgl. insoweit auch die Argumentation zur Ablehnung einer Versuchsstrafbarkeit beim Fehlen
des subjektiven Rechtfertigungselementes, § 5 Rn. 50 ff.

[174] And. noch die 3. Aufl.

[175] *Jescheck/Weigend* AT § 63 IV 2.

einzelner Beiträge kommt es jedoch nicht. Vielmehr sind sowohl Vater als auch Mutter jeweils Täter einer Tötungsstraftat durch Unterlassen, wenn es zum Tode des Kindes kommt. ◄

c) Sukzessive Mittäterschaft

206   Eine in ihrer praktischen Bedeutung kaum zu überschätzende Problematik der Zurechnung fremden Unrechts ist die Anerkennung der sog. *sukzessiven Mittäterschaft*. Darunter versteht man, dass Bestandteile des Tatgeschehens, an denen ein später Hinzutretender keinerlei Anteil hat, ihm auch dann zugerechnet werden, wenn er von ihnen Kenntnis hat, in dieser Kenntnis dem gemeinsamen Tatplan beitritt und einen für die Tatbestandsverwirklichung *ursächlichen* Tatbeitrag leistet.[176]

Beispiel 10.37

207   *2. Verkaufsbuden*-Fall:[177] P war unter Mitführung einer Handfeuerwaffe in eine Verkaufsbude eingebrochen, hatte eine größere Menge Lebensmittel entwendet und diese in die Wohnung des Angeklagten N gebracht. Er weckte den Angeklagten, teilte ihm den Diebstahl mit und bemerkte, dass in der Verkaufsbude noch weitere Ware lagere. Die Pistole wolle er zu Hause lassen, weil sich in der Verkaufsbude niemand befinde und offenbar auch keine Alarmanlage vorhanden sei. Daraufhin begaben sich P und der Angeklagte N an den Tatort und entwendeten dort gemeinsam größere Mengen Lebensmittel. Zu Hause wurde die Gesamtbeute, also auch der von P allein herbeigeschaffte Teil, zwischen beiden geteilt.

208   Die Problematik des geschilderten Sachverhalts liegt in der Frage, ob dem Angeklagten N durch das bewusste und gewollte Zusammenwirken mit P beim erneuten Aufsuchen der Verkaufsbude und dem Teilen der insgesamt erbeuteten Waren auch das Mitführen der Handfeuerwaffe des P beim ersten Aufsuchen der Verkaufsbude zugerechnet werden kann. In diesem Falle wäre N wegen eines gemeinschaftlichen Diebstahls mit Waffen, §§ 244 I Nr. 1 a, 25 II strafbar, anderenfalls nur wegen eines gemeinschaftlichen Diebstahls nach §§ 242, 25 II.[178] ◄

209   Bei der Zurechnung von Tatbestandsverwirklichungen, die vor Eintritt des sukzessiven Mittäters geschehen sind, wird folgendermaßen unterschieden:

210   „Wenn jemand in Kenntnis und Billigung des bisher Geschehenen als Mittäter eintritt, so bezieht sich sein Einverständnis auf einen verbrecherischen Gesamtplan

---

[176] Vgl. BGH 2 StR 664/97 NStZ 1998, 565 f. mit Bespr. *Geppert* JK 1999 § 25 II/12; BGH 4 StR 583/19 NStZ 2020, 727 f.

[177] Der Fall ist dem *Verkaufsbuden*-Fall BGH 3 StR 48/52 BGHSt 2, 344 ff. nachgebildet und hinsichtlich der in Frage kommenden Tatbestände auf die heutige Rechtslage angepasst; zum *1. Verkaufsbuden*-Fall näher *Eser* StK II Nr. 40.

[178] Wobei das Problem der Anwendbarkeit von § 243 I Nr. 1 auch auf N ausgeklammert sei. Da die h. M. die Strafzumessungsmerkmale in § 243 wie Tatbestandsmerkmale behandelt, dürfte sich auch insoweit die Frage einer Zurechnung jener Strafzumessungskriterien mittels sukzessiver Mittäterschaft stellen; vgl. hierzu *Bosch*, in: Schönke/Schröder § 243 Rn. 47.

und das Einverständnis hat die Kraft, dass ihm auch das einheitliche Verbrechen als solches strafrechtlich zugerechnet wird. Nur für das, was schon vollständig abgeschlossen vorliegt, vermag das Einverständnis trotz Kenntnis, Billigung oder Ausnutzung der durch den anderen Mittäter geschaffenen Lage die strafbare Verantwortlichkeit nicht zu begründen. Besteht der Gesamtplan aus mehreren selbstständigen, zeitlich aufeinanderfolgenden Straftaten und tritt der Mittäter erst nach vollständigem Abschluss der ersten dieser strafbaren Handlungen ein, so wird also hierfür keine strafrechtliche Haftung durch das Einverständnis herbeigeführt."[179] Dieser Rechtsprechung ist zumindest insoweit zuzustimmen, als eine sukzessive Mittäterschaft *nach der materiellen Beendigung* einer Straftat nicht mehr möglich ist.[180]

Zu Beispiel 10.37

Im *2. Verkaufsbuden*-Fall kam es somit darauf an, ob der P, als er mit dem Angeklagten beschloss, die Verkaufsbude erneut aufzusuchen und nochmals Lebensmittel zu stehlen, einen *neuen Entschluss* gefasst hatte, oder ob er die Absicht hatte, die Entwendung in Teilhandlungen durchzuführen. Im ersten Fall läge eine vollständig abgeschlossene Tat vor, was eine Zurechnung des Mitführens der Schusswaffe dem Angeklagten N gegenüber abschnitte. Im zweiten Fall würde N im Rahmen eines einheitlichen Diebstahls mit Schusswaffen der qualifizierende Umstand zugerechnet und er wäre wegen eines mittäterschaftlichen Diebstahls mit Schusswaffen strafbar. ◄   211

In der Literatur wird eine sukzessive Mittäterschaft mit guten Gründen überwiegend hingegen nur bis zum Zeitpunkt der *Vollendung* für zulässig gehalten.[181] Und selbst dann wird die Möglichkeit einer sukzessiven Mittäterschaft insoweit enger gezogen, als dem später Hinzutretenden bereits vorgenommene Gewalttätigkeiten – insbesondere die Wegnahme mit Gewalt gegen die Person beim Raub – nicht zugerechnet werden. Stattdessen wird Beihilfe angenommen.[182] Auch nach dem tatbestandsbezogenen Beendigungsbegriff kommt eine sukzessive Beteiligung nur dann in Betracht, wenn auch nach der Vollendung tatbestandsmäßig gehandelt wird (§ 9 Rn. 9).   212

---

[179] BGH BGHSt 2, 344 ff. (346); vgl. auch 2 StR 620/96 NStZ 1997, 336; 2 StR 123/15 NStZ 2016, 524 f.; 5 StR 264/14 StV 2016, 106; 2 StR 123/15 StV 2017, 444 f.; 2 StR 594/18 NStZ 2019, 513 f.

[180] Vgl. *Roxin* AT 2 § 25 Rn. 223.

[181] Vgl. *Murmann* GK § 27 Rn. 61; *Roxin* AT 2 § 25 Rn. 220 f., 227; LK-*Schünemann/Greco* § 25 Rn. 221; für sukzessive Mittäterschaft nach Vollendung bei Dauerstraftaten hingegen *Kühl* AT § 20 Rn. 126; AnwK-*Waßmer* § 25 Rn. 69; *Brodowski* ZStW 133 (2021), 913 ff.

[182] Vgl. *Baumann/Weber/Mitsch/Eisele* AT § 25 Rn. 82 f. mwN; zur Unvereinbarkeit einer sukzessiven Beteiligung mit dem österreichischen Einheitstätersystem *Schmoller* GS Zipf, S. 295 ff.

d) Keine fahrlässige Herbeiführung der Veränderung in der Außenwelt in Mittäterschaft

Beispiel 10.38

213   *Rolling Stones*-Fall[183]: Zwei Jugendliche Bergsteiger A und B vertreiben sich die
Zeit damit, schwere Felsbrocken einen Steilhang hinunter zu werfen, ohne sehen
zu können, wo die Steine auftreffen. Einer der Brocken trifft den X tödlich. Es
lässt sich nicht feststellen, wer den tödlichen Stein geworfen hat.
Var. a: A und B haben sich durch gegenseitiges Anspornen beim Spiel beeinflusst.
Var. b: A und B haben unabhängig voneinander gehandelt. ◄

214   Die Strafbarkeit von A und B in *Var. a* wird zum Teil damit begründet, dass A und
B bewusst und gewollt zusammengewirkt, d. h. als *Mittäter* gehandelt, hätten. Der
Tod sei deshalb beiden zuzurechnen, ohne dass die Einzelkausalität nachgewiesen
werden müsse.[184]

215   Dem wird zunächst zu Recht entgegnet, dass im Rahmen eines restriktiven Täterbegriffs § 25 II die einzige Grundlage für eine Mittäterschaft bildet. Jedoch lasse
§ 25 II die Konstruktion einer solchen Zurechnung im Bereich der Fahrlässigkeit
selbst bei weitester Ausschöpfung des noch möglichen Wortsinns nicht zu.[185] Außerdem setzten alle Beteiligungsformen subjektiv Vorsatz voraus.[186] Beide Positionen
überzeugen nur zum Teil. Richtig ist zwar, dass in *Var. a* das nicht tatbestandsbezogene[187] bewusste und gewollte Zusammenwirken die Verbindung bildete, mittels derer beiden „Beteiligten" der Tod zugerechnet werden könnte. Auch kann
diese Zurechnung in der Tat nicht über die vorsatzbezogenen Beteiligungsformen
der §§ 25 ff. erfolgen. Dennoch muss dies eine Zurechnung im Rahmen der Fahrlässigkeit aber nicht ausschließen. Denn hier ist die *Vorhersehbarkeit* (und Vermeidbarkeit) als Zurechnungselement anerkannt:

216   Für A wie für B ist es in *Var. a* vorhersehbar, dass ihr Wetteifern im Werfen der
Steine zur Schädigung Dritter führen kann, unabhängig davon, wessen Stein gerade
trifft. Beide könnten die Gefahr dadurch bannen, dass sie ihr „Spiel" beenden. Beide
sind daher Täter einer fahrlässigen Tötung. Das Wetteifern begründet als „*fakti-*

---

[183] Nach *Renzikowski* 1997, S. 1.
[184] Vgl. *Frister* AT § 26 Rn. 4 ff.; SK-*Hoyer* § 25 Rn. 155; MK-StGB-*Joecks/Scheinfeld* § 25
Rn. 291 ff.; *Lesch* JA 2000, 73 ff. (78); *Rengier* AT § 53 Rn. 3 ff.; *Renzikowski* 1997, S. 288 ff.;
Renzikowski FS Otto, S. 423 ff.; *Roxin* AT 2 § 25 Rn. 242; LK-*Schünemann/Greco* § 25 Rn. 241;
AnwK-*Waßmer* § 25 Rn. 76; nach *Kamm* 1999, soll indessen erforderlich sein, dass die Veränderung in der Außenwelt nur durch das Zusammenwirken der Mittäter verwirklicht werden konnte.
[185] Überzeugend *Bottke* GA 2001, 463 ff.
[186] Vgl. *Bringewat* Grundbegriffe des Strafrechts, Rn. 714.
[187] Zum außertatbestandlichen Handlungssinn der mittäterschaftlichen Komponente bei der fahrlässigen Erfolgsherbeiführung *Bloy* GA 2000, 394 f.

sches" Zusammenwirken außerhalb der Tatbestandsmäßigkeit folglich *rechtlich* die *Vorhersehbarkeit* im Rahmen der Fahrlässigkeit. Die Konstruktion einer „fahrlässigen Mittäterschaft" ist somit im Rahmen der Fahrlässigkeitsdogmatik weder zulässig noch erforderlich – auch nicht zur Begründung einer Kausalität – und deshalb abzulehnen.[188]

In *Var. b* fehlt die „faktische Verbindung" von A und B. In dubio pro reo könnte weder A noch B wegen fahrlässiger Tötung bestraft werden. **217**

4. Aufbauschema zur Mittäterschaft

Die Vorschläge zum Prüfungsablauf bei Mittäterschaft sind nicht einheitlich. Nicht selten wird empfohlen, die Mittäterschaft im Bereich der objektiven Elemente der Tatbestandsmäßigkeit zu prüfen, sobald sich herausstellt, dass einer der Beteiligten zwar Täter ist, aber nicht alle Elemente der Tatbestandsmäßigkeit selbst verwirklicht.[189] Zweckmäßigerweise wird man den Aufbau danach ausrichten müssen, wie sich das bewusste und gewollte Zusammenwirken nach außen hin darstellt. Dabei lassen sich drei Fallgruppen unterscheiden: **218**

1. Fallgruppe
Gemeinschaftliche Ausführung der Tathandlung **219**

Beispiel 10.39

Wie besprochen begeben sich die Beteiligten gemeinsam zum Tatort und verprügeln dort ihr Opfer. ◄ **220**

Hier empfiehlt sich eine gemeinsame Prüfung der Tatbeteiligten bezüglich Tatbestandsmäßigkeit, Rechtswidrigkeit und Schuldhaftigkeit ihrer Handlungen. Die Frage der Mittäterschaft ist aber nicht „vor die Klammer", also vor die Tatbestandsmäßigkeit zu ziehen, denn es gibt keine Mittäterschaft ohne Tatbestandsmäßigkeit. Die gemeinsame Tatausführung und der gemeinsame Tatentschluss können aber gemeinsam in der objektiven Tatseite geprüft werden.[190] **221**

2. Fallgruppe
Bei allen Beteiligten ist nur eine anteilige Verwirklichung der tatbestandsmäßigen Handlung gegeben. **222**

---

[188] Näher *Gropp* GA 2009, 265 ff.; vgl. auch *Baumann/Weber/Mitsch/Eisele* AT § 25 Rn. 87; *Bottke* GA 2001, 463 ff. (479 ff.); *Fischer*, in: Fischer § 25 Rn. 50 ff.; *Greco* ZIS 2011, 674 ff. (685 f.); *B. Heinrich* AT Rn. 997; *Jescheck/Weigend* AT § 63 I 3a; *Kindhäuser/Zimmermann* AT § 38 Rn. 55; *Kraatz* 2006, S. 249 ff.; *Krey/Esser* AT Rn. 1342; *Kühl* AT § 20 Rn. 116b ff.; Lackner/Kühl/Heger-*Heger* § 25 Rn. 13; *Mitsch* JuS 2001, 110 ff. (110 links); SSW-*Murmann* § 25 Rn. 34; *Puppe* GA 2004, 129 ff.; *Rotsch* FS Puppe, S. 887 ff. (905 ff.); für eine Lösung unabhängig von § 25 II vgl. *Wessels/Beulke/Satzger* AT Rn. 839; für fahrlässige Mittäterschaft vgl. *Heine/Weißer*, in: Schönke/Schröder, Vor §§ 25 ff. Rn. 115 ff.; *Renzikowski* ZIS 2021, 92 ff.; *Heng-da Hsu* ZIS 2021, 100 ff.

[189] Vgl. z. B. *Jäger* AT Rn. 321.

[190] Vgl. a. *Rengier* AT § 44 Rn. 8.

Beispiel 10.40

223   Beim Raub (§ 249 = *Wegnahme* einer fremden beweglichen Sache *mit Gewalt gegen die Person* in Zueignungsabsicht) hält einer der Beteiligten das Opfer absprachegemäß fest (Gewalt), der Andere nimmt ihm die Beute weg (Wegnahme). ◄

224   Hier ist es zweckmäßiger, die Strafbarkeit der Beteiligten getrennt zu prüfen. Die Prüfung beginnt mit dem Tatnäheren, d. h. mit dem Beteiligten, der die Elemente der Tatbestandsmäßigkeit in eigener Person am lückenlosesten verwirklicht:

225   ▶   a.   Feststellung, dass die objektiven Elemente der Tatbestandsmäßigkeit nicht vollständig vom geprüften Beteiligten selbst erfüllt werden.

      b.   Prüfung, ob die Tatbeiträge des/der weiteren Beteiligten dem geprüften Beteiligten aufgrund Mittäterschaft zugerechnet werden können, d. h. aufgrund eines
      • gemeinschaftlichen *Tatentschlusses* sowie einer
      • gemeinschaftlichen *Tatherrschaft*

      c.   Prüfung, ob der geprüfte Beteiligte alle sonstigen Voraussetzungen für eine Täterschaft erfüllt.

226   Falls die unter a–c genannten Voraussetzungen vorliegen, ist Mittäterschaft gegeben und die Tatbeiträge der Mittäter können dem geprüften Beteiligten zugerechnet werden.

3. Fallgruppe

227   Mitwirkung von Beteiligten, die die Elemente der Tatbestandsmäßigkeit selbst oder durch einen Anderen verwirklichen und solchen, die ihn nur teilweise selbst oder durch einen Anderen verwirklichen. Man stelle sich den Fall vor, dass A und B den O ausrauben möchten. A hält O fest und nimmt ihm dabei seine Uhr in Zueignungsabsicht weg. B wendet selbst zwar keine Gewalt gegenüber O an, entwendet ihm aber die Geldbörse aus der Jackentasche, während A ihn festhält.

228   Zunächst erfolgt die Prüfung derjenigen Beteiligten, die die Elemente der Tatbestandsmäßigkeit selbst oder durch einen Anderen verwirklichen. Dann werden die übrigen Beteiligten, wie in der 2. Fallgruppe unter a–c beschrieben, geprüft.

C. Teilnahme

I. Strafgrund der Teilnahme

1. Die akzessorietäts-orientierte Verursachung fremden Unrechts

229   Die Teilnahme ist strafbar, weil der Teilnehmer *fremdes Unrecht verursacht*,[191] indem er einen Tatentschluss weckt (Anstiftung) oder die fremde Tat mittels Rat oder Tat unterstützt (Beihilfe).

---

[191] Näher zu den Verursachungstheorien *Lüderssen*, 1967, S. 61 ff.; krit. auch *Stein* 1988, S. 100 ff.

Im Rahmen eines restriktiven Täterbegriffs, der primär selbst verwirklichtes **230**
tatbestandsmäßiges Unrecht zurechnet, sind die Vorschriften über die strafbare Teilnahme *Strafausdehnungsgründe*. Denn nicht jede Verursachung fremden Unrechts
ist strafbar, sondern nur die den §§ 26 ff. entsprechende. Da die Strafbarkeit der
Teilnahme außerdem davon abhängt, dass eine Haupttat begangen worden ist, bildet
den Strafgrund der Teilnahme eine eingeschränkte, *akzessorietäts-orientierte Verursachung* fremden Unrechts; (nur) akzessorietäts-*orientiert* (und nicht streng akzessorisch) deshalb, weil die Abhängigkeit der Teilnahme durch die §§ 28, 29 in
spezifischer Weise durchbrochen wird.[192]

Das durch den Teilnehmer hervorgerufene Unrecht beim Haupttäter ist aber *auch* **231**
Unrecht des Teilnehmers.[193] Als ein solches Unrecht muss es dem Unrecht des
Haupttäters *entsprechen*. Der Strafgrund der Teilnahme liegt somit darin, dass der
Teilnehmer *eigenes*, dem Unrecht der Haupttat *entsprechendes* Unrecht, verwirk-
licht.[194] Aus diesem Grunde kann sich derjenige nicht strafbar machen, der einen
Dritten i. S. v. § 216 bittet, ihn selbst umzubringen.

Beispiel 10.41

A bittet B, ihn zu erschießen. B will A die Bitte erfüllen, schießt aber versehent- **232**
lich vorbei.

A macht sich nicht wegen Anstiftung zu einer im Versuch steckengebliebenen **233**
Tötung auf Verlangen des B (§§ 216, 22, 26) strafbar, weil A nicht ein der Tat des
B *entsprechendes* Unrecht verwirklicht, sondern im Unterschied zu B eine nicht-
vertypte Selbsttötung begehen würde. ◄

2. Die Verursachung fremder Schuld: kein Strafgrund der Teilnahme

Bereits *Beispiel 10.41* macht deutlich, dass die Verstrickung des B in strafrechtliche **234**
Schuld (sog. Korrumpierungstheorie)[195] nicht den Strafgrund der Teilnahme bilden
soll. Eine Teilnahme ist deshalb auch an der Haupttat eines Schuldunfähigen
möglich.

Beispiel 10.42

Wenn A den schuldunfähigen B zum Diebstahl anstiftet, ist A dennoch strafbar, **235**
weil die Tat des B eine vorsätzliche und rechtswidrige Tat i. S. von § 26 darstellt.
Die *Limitierung der Akzessorietät* durch Entbindung der Haupttat vom Erforder-

---

[192] Näher hierzu *Kindhäuser* GS Tröndle, S. 295 ff.; Lackner/Kühl/Heger-*Heger* Vor § 25
Rn. 8 mwN.

[193] Vgl. *Lüderssen* 1967, S. 25 f., 168.

[194] Vgl. auch die Formel vom akzessorischen Rechtsgutsangriff, LK-*Schünemann/Greco* Vor §§ 26,
27 Rn. 7 sowie *Roxin* FS Stree/Wessels, S. 370 ff.; *Schumann* 1986, S. 58, 60 legt das Schwergewicht insoweit auf die Solidarisierung mit dem Haupttäter, krit. hierzu *Niedermair* ZStW 107
(1995), 507 ff. (512 f.).

[195] Näher *Jescheck/Weigend* AT § 64 I 1.

nis der Schuldhaftigkeit erfolgte 1943 (Einführung von § 50 I a. F. = § 29 n. F. durch Verordnung vom 29.05.1943 RGBl. I S. 341.) und entschied den Streit um den Strafgrund der Teilnahme im Sinne einer Unrechtsteilnahme.[196] ◄

II. Akzessorietät der Teilnahme (§§ 26–29)

1. Die Limitierung der Akzessorietät

236   Die soeben erwähnte Limitierung der Akzessorietät von 1943 kommt in den §§ 26 und 27 als Erfordernis einer vorsätzlichen, rechtswidrigen Haupttat und als Verzicht auf die Schuldhaftigkeit der Haupttat zum Ausdruck. Der Verzicht auf das Schuldhaftigkeitserfordernis beruht auf dem Gedanken, der heute § 29 zu entnehmen ist: „Jeder Beteiligte wird ohne Rücksicht auf die Schuld des anderen nach seiner Schuld bestraft."

237   Im Unterschied zur limitierten Akzessorietät wäre auch eine Abhängigkeit von der *Strafbarkeit* der Haupttat oder von einer *schuldhaft* begangen Haupttat denkbar. Im ersten Fall würde der Rücktritt des Haupttäters dem Teilnehmer zugute kommen, im zweiten Fall bliebe der Teilnehmer bei fehlender Schuldhaftigkeit der Tat des Haupttäters straffrei. Dass der Gesetzgeber Abhängigkeiten dieser Art gerade nicht schaffen wollte, liegt daran, dass der Teilnehmer nicht aus einer Straffreiheit Vorteile ziehen soll, die in der Person des Haupttäters begründet ist und mit dem Teilnehmer nichts zu tun hat.

238   Die in §§ 26, 27 gewählte Limitierung der Akzessorietät führt zwar zu Lücken, wenn dem in eigener Person Handelnden nur Fahrlässigkeit zur Last fällt und der Mitwirkende nicht Täter sein kann, weil es sich z. B. um eine eigenhändige Straftat handelt. Diese Lücken werden jedoch im Sinne einer fragmentarischen Natur des Strafrechts als „Preis der Freiheit" in Kauf genommen.

2. Die Berücksichtigung „besonderer persönlicher Merkmale" (§ 28)[197]

239   Um jeden Beteiligten *nach seiner Schuld* zu bestrafen und so der unterschiedlichen Persönlichkeit des jeweiligen Beteiligten gerecht zu werden, schreibt § 28 die Berücksichtigung *besonderer persönlicher (täterbezogener)*[198] *Merkmale* vor.

240   Trotz des Verweises in § 28 I auf § 14 I ist die Bedeutung dieser Merkmale in § 28 und § 14 unterschiedlich.[199] § 14 bezieht sich auf einen besonderen *Status* des

---

[196] Krit. aus der Perspektive der Unterscheidung von Unrecht und Schuld vgl. *Falcone* ZIS 2020, 212 ff.

[197] Vgl. auch *Hake* 1994, dazu *Mitsch* ZStW 110 (1998), 187 ff.; *Hirsch* FS Schreiber, S. 153 ff.; zu § 28 I in der praktischen Fallbearbeitung instruktiv *Seier* JuS 2000, Lernbogen L 85 ff.; vgl. auch *Gaede* JA 2007, 757 ff.; sowie zur Teilnahme an Mord und Totschlag *Engländer* JA 2004, 410 ff.

[198] Nähere Beispiele zur Tat-/Täterbezogenheit bei SK-*Hoyer* § 28 Rn. 20 ff.; zu den Merkmalen in § 28 I als „Sonderpflichtmerkmalen" näher *Otto* Jura 2004, 469 ff. (472 f.).

[199] Vgl. *Jäger* StK § 14 Rn. 4 ff.; NK-StGB-*Böse/Bülte* § 14 Rn. 12.

Vertretenen, der auf den Vertreter projiziert wird.[200] § 28 bezieht sich hingegen auf Merkmale von höchstpersönlichem Charakter[201] und greift daher nur bei *täter-bezogenen* Merkmalen ein. Strafbegründend sind z. B. die Tätereigenschaften bei den echten Sonderstraftaten wie die Soldateneigenschaft bei militärischen Straftaten oder die Amtsträgerschaft, aber auch das Treueverhältnis in § 266 I. Straf-schärfend wirken die Amtsträgerschaft bei den unechten Amtsstraftaten,[202] die gewohnheitsmäßige oder die bandenmäßige Begehung, strafmildernd die Motivierung durch das ernstliche Verlangen in § 216.[203]

Als besondere persönliche täterbezogene Merkmale wären hier insbesondere auch die Mordmerkmale der ersten und dritten Gruppe in § 211 II zu nennen.[204]   **241**

Nicht hierher gehören die Garantenstellungen, weil sich aus ihnen eine Handlungspflicht ergibt, welche lediglich der *allgemeinen* Unterlassungspflicht bei der Begehungsstraftat entspricht, die sich jedoch an alle richtet und von der Persönlichkeit des Täters unabhängig ist.[205]   **242**

§ 28 ist deshalb nicht ganz leicht zu verstehen, weil er trotz des sehr ähnlich klingenden Wortlauts in Abs. 1 und 2 völlig verschiedene Voraussetzungen und Rechtsfolgen aufweist.[206] Abs. 1 bezieht sich auf besondere persönliche täterbezogene Merkmale, welche die Strafbarkeit des Täters *begründen* und ist nur anwendbar, falls diese besonderen persönlichen Merkmale beim Teilnehmer *fehlen*. Abs. 2 hingegen hat besondere persönliche täterbezogene Merkmale zum Gegenstand, welche die Strafe *schärfen, mildern* oder *ausschließen*.   **243**

§ 28 I wahrt die *Akzessorietät* der Teilnahme: Fehlen die besonderen persönlichen täterbezogenen *strafbarkeitsbegründenden* Merkmale beim Teilnehmer, so ist dieser dennoch wegen Teilnahme an der Tat des Haupttäters strafbar, wenn er dessen besondere persönliche täterbezogene Merkmale *kannte*. Allerdings ist seine Strafe nach § 49 I zu mildern.   **244**

§ 28 II durchbricht hingegen die *Akzessorietät* und sieht in Gestalt einer *Verschiebung der einschlägigen Strafvorschriften* eine Strafbarkeit entsprechend dem Vorliegen schärfender, mildernder oder strafausschließender besonderer persönlicher Merkmale bei dem Beteiligten vor, der sie *erfüllt*.[207]   **245**

---

[200] Näher Lackner/Kühl/Heger-*Heger* § 14 Rn. 1.

[201] H. M., vgl. *Heine/Weißer,* in: Schönke/Schröder § 28 Rn. 10–14; *Jescheck/Weigend* AT § 61 VII 4 a; Lackner/Kühl/Heger-*Heger* § 28 Rn. 4.

[202] Zur vergleichbaren nicht-akzessorischen Beteiligung an Sonderstraftaten im polnischen Strafrecht *Zoll* FS Triffterer, S. 275 ff.

[203] Vgl. Lackner/Kühl/Heger-*Heger* § 28 Rn. 9 f.

[204] Vgl. *Küpper/Börner* BT 1 § 1 Rn. 41 ff.; 59 ff.

[205] Näher zu den besonderen persönlichen Merkmalen mit Beispielen *Jescheck/Weigend* AT § 61 VII 4 a; *Fischer/Gutzeit* JA 1998, 41 ff.

[206] Nicht ohne Grund wird daher bezweifelt, ob die beiden Absätze des § 28 überhaupt logisch in Einklang stehen, vgl. *Hake* 1994, S. 141 ff.: auch § 28 II sei als Strafzumessungsregel zu verstehen.

[207] Von einer abweichenden Auffassung wird § 28 II hingegen als bloße Strafzumessungsregel auf akzessorischer Grundlage verstanden; näher zur Streitfrage *Küper* FS Jakobs, S. 311 ff.; *Roger* GA 2013, 694 ff.

246 Die Handhabung von § 28 wird dadurch erschwert, dass bei manchen besonderen persönlichen täterbezogenen Merkmalen umstritten ist, ob sie die Strafbarkeit des Täters begründen (§ 28 I) bzw. schärfen, mildern oder ausschließen (§ 28 II). Zu jenen hinsichtlich ihrer Einordnung umstrittenen Tatbestandsmerkmalen gehören vor allem die Mordmerkmale der ersten und dritten Gruppe in § 211 II. Denn die Rechtsprechung geht (noch)[208] davon aus, dass die Mordmerkmale Tatbestandselemente sind, die einen eigenständigen Tatbestandstypus des Mordes beschreiben. § 211 wäre danach delictum sui generis gegenüber § 212.[209] In der Lehre herrscht hingegen überwiegend die Auffassung, dass § 211 eine Qualifikation zu § 212 ist, weshalb die Mordmerkmale die Strafbarkeit modifizieren und nicht begründen.

247 Diese Diskussion über die Zuordnung der Mordmerkmale zu § 28 I oder II betrifft jedoch nur die Merkmale der ersten und dritten Gruppe in § 211 II. Zu den Merkmalen der zweiten Gruppe (heimtückisch, grausam, mit gemeingefährlichen Mitteln) wird ganz überwiegend die Auffassung vertreten, dass sie keine besonderen persönlichen täterbezogenen Merkmale sind und deshalb dem Anwendungsbereich des § 28 gar nicht unterfallen.[210]

248 Zur praktischen Wirkungsweise von § 28 zwei Beispiele:

Beispiel 10.43

249 A beauftragt B, C gegen Zahlung von 10.000,- Euro umzubringen. Nehmen wir an, dass A keine Mordmerkmale erfüllt, während B aus Habgier handelt. ◄

Strafbarkeit des B:

250 B ist strafbar wegen eines Mordes aus Habgier, § 211.

Strafbarkeit des A:

251 Nimmt man mit der Rechtsprechung an, dass die Strafvorschrift des Mordes selbstständig ist im Verhältnis zum Totschlag, dann wäre die Habgier des B ein strafbegründendes täterbezogenes besonderes persönliches Merkmal und die Strafbarkeit des A bestimmt sich nach § 28 I akzessorisch zum Mordmerkmal des B: A ist strafbar wegen Anstiftung zum Mord aus Habgier mit der obligatorischen Milderung nach §§ 28 I, 49 I.[211]

252 Nach überwiegender Lehre ist Mord eine Qualifikation zum Totschlag, weshalb § 28 II anwendbar ist. Die Strafbarkeit des A ist nun nicht mehr akzessorisch gegenüber dem Mordmerkmal des B, sondern A wird entsprechend den be-

---

[208] Vgl. das obiter dictum des 5. Strafsenats 5 StR 341/05 NJW 2006, 1008 ff. (1013).

[209] Vgl. BGH 2 StR 296/51 BGHSt 1, 368 ff. (370); 4 StR 362/54 BGHSt 6, 329 ff. (330); 5 StR 658/68 BGHSt 22, 375 ff. (377).

[210] Vgl. *Küpper/Börner* BT 1 Teil I § 1 Rn. 81; *Eser/Sternberg-Lieben*, in: Schönke/Schröder § 211 Rn. 5 f. mwN.

[211] Sollte A in eigener Person ein täterbezogenes Mordmerkmal erfüllen – Fall sog. *gekreuzter Mordmerkmale* – lehnt die Rechtsprechung (vgl. 5 StR 704/68 BGHSt 23, 39 f.) eine Milderung ab, vgl. *Nibbeling* JA 1995, 216 f.

sonderen persönlichen täterbezogenen Merkmalen bestraft, die *bei ihm selbst* vorliegen. A wäre deshalb wegen Anstiftung zum Totschlag, §§ 212, 26, strafbar, da er selbst keine Mordmerkmale erfüllt.

Beispiel 10.44

C ist der Erbonkel des A. A beauftragt deshalb den B, den C zu töten, weil er an 253
das Erbe kommen will, und handelt damit habgierig. B hingegen hat keinerlei
Vorteile von seiner Tat, sondern erweist A „einen Freundschaftsdienst". ◄

Strafbarkeit des B:

B ist strafbar wegen eines Totschlags, § 212. 254

Strafbarkeit des A:

Nach Auffassung der *Rechtsprechung* richtet sich die Strafbarkeit des A akzesso- 255
risch nach der Strafbarkeit des B (§ 28 I). Weil B keine besonderen persönlichen
täterbezogenen Merkmale aufweist, ist A wegen Anstiftung zum Totschlag
strafbar, obwohl er selbst aus Habgier handelt.

Nach der *Lehre* wird bezüglich der besonderen persönlichen täterbezogenen 256
Mordmerkmale die Akzessorietät bezüglich der Tat des B nach § 28 II durchbrochen, weil die Mordmerkmale strafschärfende Merkmale darstellen. Dann
kommt es nicht mehr darauf an, ob Täter B Mordmerkmale aufweist, sondern
darauf, ob A als Anstifter selbst täterbezogene Mordmerkmale erfüllt. Indem A
aus Habgier handelt, ist dies der Fall. A ist deshalb strafbar wegen einer
Anstiftung zum Mord aus Habgier, §§ 211, 26, *obwohl* B keine Mordmerkmale
erfüllt, weil A selbst habgierig handelt.

Wie auch immer man sich im Zusammenhang mit dem Vorliegen besonderer täter- 257
bezogener persönlicher Merkmale aber entscheidet: Es sind solche Merkmale einem
Beteiligten nur dann zuzurechnen, wenn er die Tatsachen, auf denen sie beruhen,
kennt. Wer nicht weiß, dass der Täter Mordmerkmale erfüllt, dem können diese
auch bei aller Akzessorietät nicht nach § 28 I zugerechnet werden.

3. § 29

§ 29 stellt den Grundsatz auf, dass jeder Beteiligte nach seiner Schuld zu bestrafen 258
ist. Er bringt damit die limitierte Akzessorietät, die Unabhängigkeit der Schuld eines
Beteiligten von der Schuld der Anderen, gesetzlich zum Ausdruck. § 29 bezieht sich
unumstritten auf die allgemeinen Voraussetzungen von Schuldhaftigkeit und Schuld
(§ 6 Rn. 24 ff.). Umstritten ist, ob sich § 29 auch auf die besonderen persönlichen
täterbezogenen *Schuldmerkmale* (z. B. die Rücksichtslosigkeit in § 315c I Nr. 2) in
§ 28 bezieht,[212] oder ob § 28 als lex specialis – so die h. M.[213] – vorgeht. Bei den straf-

---

[212] Vgl. *Jescheck/Weigend* AT § 61 VII 4 c mwN.

[213] Vgl. *Heine/Weißer,* in: Schönke/Schröder § 28 Rn. 3 mwN.

modifizierenden Merkmalen in § 28 II spielt die Streitfrage im Ergebnis keine Rolle. Denn nimmt man mit der h. M. an, dass deren Berücksichtigung durch § 28 II geregelt wird, können sie dem Beteiligten, der sie nicht aufweist, nicht zugerechnet werden.

Beispiel 10.45

259   Stiftet A die B an, ihr ungeborenes Kind zu töten, so verwirklichte B § 218 III („Selbst"-Schwangerschaftsabbruch). A hingegen würde sowohl nach § 29 als auch nach § 28 II wegen Anstiftung zum „Fremd"-Schwangerschaftsabbruch bestraft, weil er über das besondere persönliche *strafmodifizierende Merkmal* der Schwangerschaft nicht verfügt.[214] ◄

260   Fehlen hingegen besondere persönliche täterbezogene straf*begründende Schuldmerkmale* beim Teilnehmer, käme die h. M. zu einer gemilderten Strafbarkeit über § 28 I, die Gegenmeinung zu einer Straffreiheit über § 29. Für die Gegenmeinung spricht, dass sie es vermeidet, den Teilnehmer mit fremder Schuld strafbegründend zu belasten.[215] Will man den Grundsatz von der limitierten Akzessorietät ernst nehmen, wird man jener Meinung zustimmen müssen. Die Problematik liegt dann darin, jeweils die *ausschließliche Schuldbezogenheit* eines besonderen persönlichen täterbezogenen Merkmals festzustellen.

III. Anstiftung § 26

§ 26 Anstiftung

261   Als Anstifter wird gleich einem Täter bestraft, wer vorsätzlich einen anderen zu dessen vorsätzlich begangener rechtswidriger Tat bestimmt hat.

262   Der Unwert der Anstiftung unterscheidet sich vom Unwert der Täterschaft und der Mittäterschaft dadurch, dass der Anstifter „an der Tatausführung selbst nicht teilnimmt, die Entscheidung über das Ob und Wie der Tat also letztlich einem anderen überlassen muss".[216]

1. Haupttat

263   Wie jede Teilnahme ist auch die Anstiftung von einer rechtswidrigen und vorsätzlichen tatbestandsmäßigen Haupttat[217] abhängig. Auch ein rechtswidriger *Versuch* kann Haupttat sein.

---

[214] Vgl. *Stratenwerth/Kuhlen* AT § 12 Rn. 184.

[215] Vgl. *Stratenwerth/Kuhlen* AT § 12 Rn. 187; krit. *Roxin* AT 2 § 27 Rn. 11 f.

[216] *Puppe* ZIS 2007, 234 ff. (246).

[217] Näher dazu *Frister* AT § 28 Rn. 1 ff.; vgl. a. *Kindhäuser* GS Tröndle, S. 295 ff. zu der Frage, ob auch die Teilnahme an einer unvorsätzlichen Haupttat möglich sein könnte.

2. „Bestimmen" zur Tat

Tathandlung der Anstiftung ist das „Bestimmen zur Tat". Es bedeutet das *Hervor-*   **264**
rufen des Tatentschlusses, d. h. des Vorsatzes, eine tatbestandsmäßige Handlung zu
begehen. Auch die *Bestärkung* eines noch nicht fest Entschlossenen stellt ein „Bestimmen" dar. Liegt hingegen bereits ein Entschluss vor (*omnimodo facturus*),[218] ist
kein Bestimmen gegeben.[219]

Umstritten ist die Behandlung der sog. *Aufstiftung*. Darunter versteht man Fälle,   **265**
in denen der Teilnehmer im bereits Tatentschlossenen den zusätzlichen Entschluss
hervorruft, die Tat so zu begehen, dass weitere qualifizierende Tatbestandsmerkmale erfüllt werden.

Beispiel 10.46

Stuhlbein-Fall BGH 2 StR 14/64 BGHSt 19, 339 ff.:[220] Der Angeklagte A und die   **266**
Täter O und S beabsichtigten, aus der Wohnung der Ladeninhaberin M, einer
alten Dame von 80 Jahren, Geld zu entwenden. A wollte sich (wegen einer Vor-
strafe) an der Tat selbst nicht beteiligen, sollte jedoch an der Beute teilhaben. O
und S rechneten damit, bei der Tat von Frau M bemerkt zu werden und wollten
sie niederschlagen, um unerkannt entkommen zu können. Der Angeklagte A
schlug ihnen vor, einen Knüppel mitzunehmen und Frau M auf den Hinterkopf
zu schlagen, damit sie bewusstlos werde. Daraufhin nahmen O und S ein Stuhlbein mit und führten die Tat wie besprochen aus. Frau M starb infolge der ihr mit
dem Stuhlbein zugefügten Hiebe auf den Schädel. ◄

Da ein bloßes Bestimmen zur Änderung von Tatmodalitäten im Allgemeinen nicht   **267**
zur Anstiftung ausreicht,[221] ist die Lösung der Aufstiftungs-Fälle umstritten.[222] Während der BGH eine Anstiftung zum schweren Raub (§ 250 I Nr. 1) unter Hinweis auf
den erheblich erhöhten Unwertgehalt der Tat und damit verbundenen „Über-
steigerung" des Tatentschlusses bejaht,[223] wird von der Gegenmeinung darauf hingewiesen, dass ein zur Tat Entschlossener nicht mehr angestiftet werden könne. Anstiftung komme deshalb nur in Betracht, wenn die qualifizierenden Umstände, zu
denen angestiftet wird, selbstständig strafbar sind, ansonsten komme eine psychische Beihilfe in Frage.[224] Dem ist zuzustimmen, weil dem Teilnehmer anderenfalls
auch solche Umstände zugerechnet werden, die er nicht veranlasst hat.

---

[218] Lat. facturus = jemand, der im Begriff ist, etwas zu tun; omnimodo = ohnehin.

[219] *Puppe* AT § 25 Rn. 8 ff.; dazu auch BGH 1 StR 231/16 NStZ 2017, 401 ff. m. Anm. *Immel*.

[220] Hierzu auch *Eser* StK II Nr. 43.

[221] Vgl. BGH 1 StR 377/95 NStZ-RR 1996, 1 zur Abgrenzung zwischen psychischer Beihilfe und
als Anstiftung zu bewertende „Umstiftung".

[222] Zusammenfassend *Küpper* JuS 1996, 23 ff. (24); vgl. auch *Heine/Weißer,* in: Schönke/Schröder
§ 26 Rn. 9.

[223] Zustimmend *Frister* AT § 28 Rn. 18 f.; LK-*Schünemann/Greco* § 26 Rn. 31 ff. mwN.

[224] Vgl. *Eser* StK II Nr. 43 A 7 ff.; *B. Heinrich* AT Rn. 1302 mwN.

Zu Beispiel 10.46

268   In *Beispiel 10.46* kommt seitens des A eine Anstiftung zum Raub mit Todesfolge
       (§ 251) in Frage, wenn man von einer Vorhersehbarkeit der tödlichen Folge aus-
       geht. Der BGH bestätigte die Verurteilung des Angeklagten durch die Jugend-
       kammer wegen Anstiftung zu § 251.[225] Nach der genannten und bevorzugten
       Meinung wäre indessen nur die Unrechtssteigerung zuzurechnen. Es ergäbe sich
       dann eine Anstiftung zur Körperverletzung mit Todesfolge (§§ 227, 26) in Tat-
       einheit mit Beihilfe zum Raub (§§ 249, 27). ◄

3. Anstiftungsmittel

269   Die Mittel, deren sich der Anstifter bedient, sind beliebig. Der Anstifter kann den
       Entschluss unmittelbar hervorrufen, er kann auch einen Dritten bestimmen, der
       seinerseits den Entschluss des Täters hervorruft (*Kettenanstiftung*)[226]. Wird der
       Dritte nur als Werkzeug benutzt, liegt mittelbare Anstiftung vor.[227] Geschieht die
       Anstiftung im bewussten und gewollten Zusammenwirken, ist Mitanstiftung ge-
       geben. Wird der Entschluss im Anzustiftenden von mehreren unabhängig voneinan-
       der hervorgerufen, liegt Nebenanstiftung vor.

270   Umstritten ist, ob als Anstiftungsmittel die *schlichte Verursachung* des Ent-
       schlusses beim Haupttäter genügt,[228] ob es eines *geistigen*, tatbezogenen Kontaktes
       zwischen dem Täter der Haupttat und dem Anstifter bedarf[229] und welche Qualität
       dieser haben muss.[230] Nach *Puppe*[231] soll sogar die Schließung eines *Unrechtspaktes*
       in der Form erforderlich sein, dass der Angestiftete dem Anstifter gegenüber eine
       Art Verpflichtung zur Tatbegehung eingeht.

271   Die Überlegungen zur gedanklichen Verbindung zwischen Angestiftetem und
       Anstifter haben folgenden Hintergrund: Die Strafdrohung für den Anstifter ent-
       spricht derjenigen für den Täter. Dies veranlasst dazu, über eine restriktive Anwen-
       dung der Anstiftungsstrafbarkeit nachzudenken. Die Aufstellung jenes gedank-
       lichen Zusammenhangs zwischen Anstifter und Täter ist indessen nur *eine* von vie-
       len Möglichkeiten, auf Tatbestandsebene restriktiv vorzugehen.

272   Ungeachtet dessen müsste man auch überlegen, weshalb die Strafbarkeit des An-
       stiftenden enger umschrieben sein soll als die des Täters, zumal der Vorsatz des An-
       stifters doppelt ausgerichtet sein muss. Zwar ist es richtig, dass der Anstifter die Tat
       nicht selbst begeht und deswegen auch nicht einer so großen kriminellen Energie
       bedarf wie der Täter. Aus Opfersicht ist der Anstifter aber deshalb ein besonders ge-
       fährlicher Beteiligter, weil er der „Vater des bösen Gedankens" ist, denn ohne ihn
       wäre es zur Tat in der ausgeführten Form gar nicht gekommen.

---

[225] Kritisch deshalb *Cramer* JZ 1965, 31 ff.

[226] Vgl. BGH 3 StR 796/53 BGHSt 6, 359 ff. sowie *Joerden* 1988.

[227] Vgl. BGH 3 StR 266/55 BGHSt 8, 137 ff.

[228] So *Bloy* 1985, S. 328; *Herzberg* JuS 1976, 40 ff. (41 f.); Lackner/Kühl/Heger-*Heger* § 26 Rn. 2.

[229] So z. B. *Jakobs* AT 22 Rn. 22; *Jescheck/Weigend* AT § 64 II 2 a; *Otto* GK AT § 22 Rn. 35.

[230] Vgl. etwa zum Anstiften durch Fragen *Riklin* GA 2006, 361 ff.

[231] *Puppe* GA 1984, 101 ff. (112 ff.) und GA 2013, 514 ff. (517 f.); zust. SK-*Hoyer* § 26 Rn. 10 ff., 12.

4. Die doppelte Ausrichtung des Anstiftervorsatzes

Der Vorsatz des Anstifters bezieht sich zum einen auf die Haupttat (a), zum anderen **273**
auf das „Bestimmen" hierzu (b). In beiderlei Hinsicht genügt es, dass der Anstifter
mit dolus eventualis handelt.

a) Vorsatz bezüglich der Haupttat

aa) Hinreichende Bestimmtheit, Vollendungsvorsatz

Der Anstifter muss sich eine *bestimmte* Haupttat[232] eines *bestimmten* Täters vorstel- **274**
len. Bei der *Kettenanstiftung* ist es unschädlich, wenn es dem Angestifteten überlassen bleibt, den Haupttäter auszuwählen, oder wenn der Anstifter die Zahl der
Zwischenglieder zwischen ihm und dem Haupttäter nicht kennt.[233]

Obwohl es objektiv genügt, wenn die Haupttat ins Versuchsstadium getreten ist, **275**
ist in subjektiver Hinsicht erforderlich, dass der Anstifter den Entschluss zu einer
vollendeten Haupttat herbeiführen will. Denn nur dann liegt beim Anstifter das
Handlungsunrecht in Form des Willens zum Angriff gegen den geschützten
Achtungsanspruch vor.[234]

Das Erfordernis des Vorsatzes hinsichtlich einer *vollendeten* Haupttat ist im Zu- **276**
sammenhang mit dem Einsatz eines Verdeckten Ermittlers (§ 110a StPO) von größ-
ter praktischer Bedeutung, wenn dieser als *agent provocateur* eingesetzt wird.[235]

Beispiel 10.47

Der Verdeckte Ermittler V bestellt bei dem A nach längeren Verhandlungen 7 kg He- **277**
roin oder Kokain, je nach Verfügbarkeit, zum Gesamtpreis von 700.000.- Euro, das
von einer syrisch-libanesischen Händlergruppe bzw. aus Paraguay bezogen werden
soll.[236] Auch wenn V handelt, um die Bezugsquellen des A zu ergründen und ihn als
Rauschgifthändler zu überführen, würde er sich wegen Anstiftung zum unerlaubten
Handeltreiben mit Betäubungsmitteln[237] strafbar machen, wenn er die Vollendung
der Straftat des A zumindest billigend in Kauf nimmt. Geht der Verdeckte Ermittler
indessen davon aus, dass die Strafverfolgungsbehörden die Bezugsquellen des A bereits ermittelt haben, bevor die Tat des A vollendet ist, dann wäre V straffrei.

Die Schwierigkeit liegt darin, dass im Bereich des Betäubungsmittelrechts **278**
nahezu jede Aktivität unter Strafe gestellt ist.[238] Lösungen werden deshalb in der

---

[232] Vgl. BGH 3 StR 430/16 NStZ 2017, 274 f.; BGH 2 StR 661/85 BGHSt 34, 63 ff.; näher *Roxin*
FS Salger, S. 129 ff. (131): Erfassung des Tatbestandes und der wesentlichen Dimensionen des
Unrechts.

[233] Vgl. BGH 1 StR 325/93 NStZ 1994, 29 f. (30).

[234] Vgl. LK-*Schünemann/Greco* § 26 Rn. 60 ff.

[235] Vgl. auch *Hillenkamp/Cornelius* 32 Probleme, Problem 24 mwN; *Mitsch* 1986.

[236] Vgl. BGH 2 StR 267/91 StV 1992, 516, m. Anm. *Roxin* StV 1992, 517 ff.

[237] Vgl. § 29 I Nr. 1 BtMG.

[238] Exemplarisch die Entscheidungen BGH 1 StR 273/91 und 2 StR 267/91 StV 1992, 516 mit krit.
Anm. *Roxin* StV 1992, 517 ff.

Weise gesucht, dass man als Gegenstand des Anstiftervorsatzes nicht nur eine formal, sondern eine materiell (i. S. von „irreparabel") vollendete Haupttat verlangt.[239] Die Straffreiheit des Einsatzes Verdeckter Ermittler sollte indessen nicht zum Anlass genommen werden, in fundamentale Bereiche der Teilnahmedogmatik mit unübersehbaren Folgen einzugreifen. Vielmehr gilt es, spezifische, den Verdeckten Ermittler rechtfertigende Eingriffsgrundlagen zu schaffen, die auch die Herbeiführung tatbestandsmäßiger Haupttaten in begrenztem Umfang rechtfertigen, soweit dadurch nicht höchstpersönliche Rechtsgüter beeinträchtigt werden.[240] ◄

279   Wäre A in *Beispiel 10.47* zunächst unverdächtig und nicht tatgeneigt und würde er von V erst zu einer Straftat verleitet, läge darin nach der Rechtsprechung des EGMR[241] und des BGH[242] ein Verstoß gegen den Grundsatz des fairen Verfahrens gem. Art. 6 I 1 EMRK mit der Folge einer Kompensation.

bb) Hinreichende Kongruenz von Vorsatz und Haupttat

280   Hinsichtlich der Bestimmtheit der Haupttat ist weiterhin umstritten, wie *genau* die ausgeführte Haupttat den *Vorstellungen* des Anstifters *entsprechen* muss. Während in der Lehre z. T. für hinreichend erachtet wird, dass „wesentliche Dimensionen" des Unrechts im Vorsatz des Anstifters und in der Durchführung der Haupttat übereinstimmen,[243] soll nach überwiegender Auffassung erforderlich sein, dass der Anstiftervorsatz die in ihren wesentlichen Merkmalen oder Grundzügen konkretisierte Tat widerspiegelt.[244] Zeit, Ort, Opfer sowie Einzelheiten der Tatbegehung müssen indessen nicht endgültig festgelegt sein.[245]

281   Liegt die erforderliche Übereinstimmung zwischen Anstiftervorsatz und ausgeführter Haupttat nicht vor, bleibt hilfsweise u. U. eine Strafbarkeit des Anstifters wegen öffentlicher Aufforderung zu Straftaten, § 111.

282   Aktivitäten des Haupttäters, die vom Anstiftervorsatz nicht erfasst sind, muss sich der Anstifter nicht zurechnen lassen. Dies gilt sowohl in quantitativer wie auch in qualitativer Hinsicht (sog. quantitative bzw. qualitative Exzesse des Haupttäters).

---

[239] Eine beendete Haupttat als Gegenstand des Anstiftervorsatzes verlangt hingegen *Krey* 1993, Rn. 531 ff.; vgl. auch *Heine/Weißer,* in: Schönke/Schröder § 26 Rn. 23 mwN; *Rudolphi* Fälle zum Strafrecht, S. 106 f.

[240] Näher hierzu *Gropp,* in: Gropp (Hrsg.) 1993, S. 878 ff.

[241] Vgl. EGMR Furcht ./. Deutschland 54648/09 = NStZ 2015, 412 ff. m. Anm. *Sinn/Maly* NStZ 2015, 379 ff.; im Anschluss an diese Entscheidung ist in Deutschland eine heftige Diskussion darüber entbrannt, wie der Verfahrensverstoß kompensiert werden muss, vgl. dazu den Überblick zur Rspr. bei *Beukelmann* NJW-Spezial 2018, 568.

[242] Vgl. BGH 1 StR 221/99 JZ 2000, 363 m. Anm. *Roxin,* der für einen Strafausschließungsgrund zu Gunsten des Verleiteten plädiert; näher – auch zur Rechtsprechung des EGMR – *Beulke/Swoboda* Strafprozessrecht, Rn. 444.

[243] Vgl. LK-*Schünemann/Greco* § 26 Rn. 39 ff.

[244] Vgl. BGH 2 StR 661, 85 BGHSt 34, 63 ff. (66) m. ablehnender Anm. *Roxin* JZ 1986, 908.

[245] Vgl. *Jescheck/Weigend* AT § 64 III 2 b.

cc) Error in obiecto vel persona und Fahrlässigkeit des Angestifteten

Äußerst umstritten ist die Auswirkung eines error in obiecto/persona beim Haupt-   **283**
täter auf die Strafbarkeit des Anstifters.[246] Den Vorzug verdient jene Auffassung,
nach der der error in obiecto/persona des Haupttäters für die Strafbarkeit des Anstifters *unbeachtlich* ist.[247]

Eine vom Haupttäter *fahrlässig* herbeigeführte Veränderung in der Außenwelt (Er-   **284**
folg) ist dem Anstifter dann als fahrlässige Tat zuzurechnen, wenn die Veränderung in
der Außenwelt (der Erfolg) auch für den Anstifter vorhersehbar war. Es liegt dann eine
vorsätzliche Anstiftung zu einer im Versuchsstadium steckengebliebenen Haupttat in
Tateinheit mit einer fahrlässigen Nebentäterschaft des Anstifters vor.

b) Vorsatz bezüglich des Bestimmens

Insoweit genügt, dass der Anstifter zumindest mit dolus eventualis davon ausgeht,   **285**
im Haupttäter den Entschluss hervorzurufen.

5. Sonderfragen

a) Anstiftung mehrerer Personen

Erforderlich ist insoweit, dass ein individualisierter Personenkreis Adressat des Be-   **286**
stimmens ist. Ist eine Individualisierung nicht mehr möglich, muss auch hier auf das
öffentliche Auffordern zu Straftaten, § 111, zurückgegriffen werden.

b) Anstiften durch Unterlassen?

Das Hervorrufen des Entschlusses in einem Anderen durch Unterlassen ist in Fällen   **287**
denkbar, in denen der Anstifter erst nachträglich bemerkt, dass er durch sein Verhalten einen Dritten dazu bestimmt hat, eine Straftat zu begehen (*dolus subsequens*-
Fälle). War das Verhalten des Anstifters pflichtwidrig, so wäre er aus Ingerenz verpflichtet, die Haupttat zu verhindern. Allerdings liegt auch in diesen Fällen streng
genommen kein Anstiften durch Unterlassen vor, weil der Entschluss nicht durch
das Unterlassen *hervorgerufen* wird. Jedoch hat der „fahrlässige Anstifter" hier eine
Gefahrenquelle eröffnet, zu deren Überwachungsgaranten er wird. Unternimmt er
nichts, wird er zum Gehilfen des Haupttäters durch Unterlassen.[248]

c) Abstiftung

Auch der Abstiftende, der dem Haupttäter die Begehung einer weniger schweren   **288**
Straftat oder eine weniger schwerwiegende Tatausführung empfiehlt, „bestimmt"
i. S. von § 26. Dennoch bleibt er straffrei, weil er im Interesse einer *Risikover-*
ringerung gehandelt hat.[249]

---

[246] *B. Heinrich* AT Rn. 1307 ff. mwN.

[247] Vgl. hierzu den Fall *Rose/Rosahl* Preußisches Obertribunal GA 7 (1859), 328 ff. und den *Hof-*
erben-Fall BGH 4 StR 371/90 BGHSt 37, 214 ff.; näher unten § 13 Rn. 84 ff.

[248] Vgl. zu Täterschaft und Teilnahme bei der Unterlassungsstraftat § 11 Rn. 43; *Noll* ZStW 130
(2018), 1007 ff.

[249] Zur Risikoverringerung als Rechtfertigungsgrund vgl. § 4 Rn. 94 ff.

6. Aufbauschema für die Anstiftung

289 ▶   a. Objektive Elemente der Tatbestandsmäßigkeit
- (Zumindest versuchte) vorsätzliche rechtswidrige *Haupttat*
- *Bestimmen* (= Hervorrufen des Entschlusses zur Haupttat)

   b. Subjektive Elemente der Tatbestandsmäßigkeit:

▶   Anstifter-Vorsatz mit *doppelter Ausrichtung*
- Bezüglich der vorsätzlichen rechtswidrigen vollendeten *Haupttat*
- Bezüglich des *Bestimmens*

IV. Beihilfe § 27

§ 27 Beihilfe

290   (1)   Als Gehilfe wird bestraft, wer vorsätzlich einem anderen zu dessen vorsätzlich begangener rechtswidriger Tat Hilfe geleistet hat.

  (2)   Die Strafe für den Gehilfen richtet sich nach der Strafdrohung für den Täter. Sie ist nach § 49 Abs. 1 zu mildern.

291   Der Unwert der Beihilfe unterscheidet sich von dem der Anstiftung dadurch, dass der Gehilfe weder selbst Tatherrschaft „noch einen bestimmenden Einfluss auf diejenigen hat, die sie ausüben".[250] Ihm fehlt die Macht, die Tatausführung zu beherrschen. Die Macht des Gehilfen besteht darin, die Tat des Täters zu fördern.

1. Abgrenzung zur Mittäterschaft[251]

292   Im Unterschied zur Mittäterschaft hat der Gehilfe keine Tatherrschaft.[252] Seine Mitwirkung beschränkt sich auf das *Fördern* der Haupttat, sei es *physisch* (der Gehilfe besorgt z. B. die Tatwaffe), sei es *psychisch* (der Gehilfe bestärkt den Haupttäter hinsichtlich des schon vorhandenen Tatentschlusses).

2. Qualität der Haupttat

293   Wie die Anstiftung verlangt auch die Beihilfe das Vorhandensein einer vorsätzlichen rechtswidrigen Haupttat. Beihilfe ist jedoch nur gegeben, wenn der Täter auch die vom Gehilfen intendierte Haupttat begeht.

---

[250] *Puppe* ZIS 2007, 234 ff. (246).

[251] Hierzu auch *Bode* JA 2018, 34 ff.; BGH 2 StR 220/17 m. Anm. *Putzke* ZJS 2018, 293 ff.; zur Abgrenzung beim untätigen Garanten BGH 3 StR 126/18 NStZ 2019, 341 f.

[252] Zur Abhängigkeit der Tatherrschaft vom sozialen Kontext informativ BGH 4 StR 599/97 NJ 1998, 602 m. Anm. *Arnold* NJ 1998, 603 und Bespr. *Otto* JK 1999 § 25 II/13.

Beispiel 10.48

Um ein Kraftfahrzeug aus einem Verkaufsraum stehlen zu können, besorgt der A **294** dem B einen Nachschlüssel. B traut sich jedoch nicht, das Fahrzeug aus dem Gebäude herauszuholen. Er wartet deshalb, bis das Fahrzeug auf dem Hof des Autohändlers abgestellt ist und entwendet es in einem günstigen Moment.

Hier ist die Entwendung des Wagens im Hof des Fahrzeughändlers nicht mehr **295** *dieselbe Tat*, zu der A Hilfe geleistet hat.[253] Die Tat, auf die sich die Beihilfe des A bezog, ist demgegenüber nicht einmal bis in das Versuchsstadium gelangt. Insoweit liegt nur eine straflose versuchte Beihilfe vor. ◄

Ergebnis: A bleibt straffrei. ◄

3. Beihilfehandlung: „Hilfeleisten"

Unter *„Hilfeleisten"* wird jede *Förderung* der Haupttat verstanden, d. h. jedes Er- **296** möglichen oder Erleichtern der Tat bzw. Verstärken der *tatbestandsmäßigen* Unwertverwirklichung im Sinne einer Gefahrerhöhung für das Tatobjekt.[254] Die Beihilfehandlung kann auch während des Vorbereitungsstadiums vorgenommen werden.[255] Ebenso ist Beihilfe nach h. M. auch nach der Vollendung bis zur Beendigung möglich (*sukzessive Beihilfe*).[256]

Beispiel 10.49

Wer dem Täter eines Diebstahls beim Bergen der Beute behilflich ist, leistet Bei- **297** hilfe zum Diebstahl, obwohl die Tat mit der Begründung neuen Gewahrsams bereits vollendet ist.

Nach dem tatbestandsbezogenen Beendigungsbegriff (§ 9 Rn. 9) wäre in *Bei-* **298** *spiel 10.47* Beihilfe hingegen abzulehnen. Jedoch kommt eine Begünstigung, § 257, in Frage. ◄

Geschieht das Hilfeleisten durch *psychisches* Mitwirken, spricht man von *psychi-* **299** *scher/intellektueller Beihilfe bzw. Rathilfe,* ist die Unterstützung *physischer* Art, liegt eine *technische* Beihilfe oder *Tathilfe* vor.[257] Eine bloße Anwesenheit am Tatort

---

[253] Vgl. hierzu auch den „*Pessar*-Fall" RGSt 58, 113 ff.

[254] Vgl. auch *Zieschang* FS Küper, S. 733 ff.

[255] So für den Fall der Zusage einer Falschaussage BGH 2 StR 505/97 BGHSt 43, 356 ff. (357).

[256] Vgl. zum Ganzen Lackner/Kühl/Heger-*Heger* § 27 Rn. 3, differenzierend *Heine/Weißer,* in: Schönke/Schröder, § 27 Rn. 20 jew. mwN; krit. zur sukzessiven Beihilfe *Rudolphi* FS Jescheck, S. 559 ff.; *Rudolphi* 2000, S. 96; abl. LK-*Schünemann/Greco* § 27 Rn. 42 ff.; für eine sukzessive Beihilfe im Rahmen einer *kausalen* Mitwirkung *Schmoller* 2002, S. 35 ff. (42).

[257] Vgl. *Heine/Weißer,* in: Schönke/Schröder § 27 Rn. 15; MK-StGB-*Joecks/Scheinfeld* § 27 Rn. 5 ff.; NK-StGB-*Schild/Kretschmer* § 27 Rn. 9 jew. mwN; *Roxin* FS Miyazawa, S. 501 ff. (505 ff.); *Stoffers* Jura 1993, 11 ff.; BGH 5 StR 2/14 StV 2014, 474; BGH 2 StR 419/15 StV 2017, 307 ff.; zu der Frage, ob im Unterlassen einer Strafanzeige eine psychische Beihilfe gesehen werden kann vgl. BGH 2 StR 419/15 NStZ 2016, 463 f.; zur Frage einer psychischen Beihilfe durch Zusage von Rechtsschutz-Versicherungsschutz auch für nur vorsätzlich begehbare Straftaten *Backes* Ehrengabe für Brauneck, S. 239 ff.; zur Abgrenzung von Anstiftung und (Mit-)täterschaft *Charalambakis* FS Roxin, S. 625 ff. (633 f.).

kann ein Hilfeleisten sein, wenn darin eine Bestärkung im Tatentschluss zu sehen ist.[258] Auch berufstypische Handlungen, wie etwa Beratungs- oder Unterstützungshandlungen von Rechtsanwälten, können eine Hilfeleistung darstellen (Rn. 317 f.).[259]

4. Kausalität der Beihilfe

300 Äußerst umstritten ist, ob das Hilfeleisten im Rahmen der Beihilfe für die Veränderung in der Außenwelt (den Erfolg) der Haupttat kausal sein muss.[260]

Beispiel 10.50

301 A hat sich entschlossen, in die Wohnung des X einzubrechen. Er nimmt einen Werkzeugkasten mit, in dem sich ein Kreuzschraubenzieher befindet, mit dem er den Schließmechanismus der Wohnungstür aufschrauben möchte. B, ein Freund des A, legt A einen Akkuschraubenzieher in den Werkzeugkasten mit der Bemerkung, dass es so doch viel besser gehe. A legt auf den Akkuschraubenzieher zwar überhaupt keinen Wert, fühlt sich durch B eher gegängelt und durch das Gewicht des Akkuschraubers behindert, möchte den B jedoch nicht kränken und legt den Akkuschraubenzieher ganz unten in den Werkzeugkasten. Am Tatort entnimmt er dem Werkzeugkasten den Handschraubenzieher, dreht die Schrauben auf und dringt in die Wohnung ein. Der Akkuschrauber kommt ihm erst zu Hause wieder in den Sinn. ◄

302 Nach herrschender Lehre ist es für das Hilfeleisten i. S. von § 27 erforderlich, dass die Handlung des Gehilfen für die Verwirklichung der Haupttat im Sinne einer Ermöglichung oder Erleichterung *kausal* geworden ist.[261] Unter dieser Voraussetzung wäre B im o. g. Fall nicht ursächlich für die Tat des A geworden. Die Macht des B, die darin besteht, dem A ein die Tatausführung erleichterndes Werkzeug zur Verfügung zu stellen, hat sich nicht realisiert. Er könnte nicht wegen Beihilfe bestraft werden. Auch eine Strafbarkeit wegen Versuchs scheidet aus, weil die versuchte Beihilfe nicht strafbar ist, wie man einem Umkehrschluss aus § 30 (Strafbarkeit allenfalls der versuchten *Anstiftung*) entnehmen kann (§ 9 Rn. 204 ff. und unten Rn. 314 f.).

303 Nach der *Rechtsprechung* soll ein Hilfeleisten hingegen bereits dann vorliegen, wenn die Beihilfehandlung die Haupttat in ihrer konkreten Gestalt *gefördert* hat, ohne dass sie für den Erfolg ursächlich gewesen sein muss.[262] Hierfür genügt bereits

---

[258] Vgl. BGH 2 StR 84/95 NStZ 1995, 490 f. (491); BGH 5 StR 515/10 NStZ-RR 2011, 111 f.

[259] Handelt es sich um eine „neutrale" berufstypische Handlung, sei jedoch eine bewertende Betrachtung des Einzelfalls erforderlich; vgl. BGH 1 StR 112/16 NStZ 2017, 337 ff. m. Anm. *Kudlich*; BGH 1 StR 56/17 NStZ 2018, 328 f. m. Anm. *Kudlich*.

[260] Vgl. auch *Hillenkamp/Cornelius* 32 Probleme, Problem 27 mwN; *Geppert* Jura 1999, 268 ff.; umfassend *B. Heinrich* AT Rn. 1325 ff.; MK-StGB-*Joecks/Scheinfeld*, § 27 Rn. 26 ff.; *Osnabrügge* 2002.

[261] Vgl. *Kühl* AT § 20 Rn. 214 ff.; LK-*Schünemann/Greco* § 27 Rn. 2 mwN.

[262] BGH 1 StR 108/18 NStZ 2019, 461; 4 StR 453/00 NStZ 2001, 365 f.; zust. *Krey/Esser* AT Rn. 1079.

die bloße Anwesenheit des Gehilfen bei der Haupttat, wenn der Täter dadurch in seinem schon gefassten Tatentschluss gestärkt und ihm ein erhöhtes Gefühl der Sicherheit vermittelt wird.[263] Die Auffassung der Rechtsprechung ist vor allen Dingen in Fällen relevant, in denen die Haupttat im Versuch stecken bleibt, z. B. weil ein vom Gehilfen geliefertes Tatwerkzeug nicht passt.[264]

Zu Beispiel 10.50

Ob B nach dieser Ansicht in *Beispiel 10.50* wegen Beihilfe bestraft werden könnte, ist fraglich. Denn es ist fernliegend, dass das Beifügen des Akkuschraubers in den Werkzeugkoffer die Ausführung der Tat mindestens insoweit gefördert hat, dass A sich in seinem Entschluss, die Tat zu begehen, bestärkt sah. Das Beispiel zeigt im Übrigen, dass auch das Förderungskriterium wenig griffig ist. ◄   **304**

Nach einer im Zusammenhang mit der *Risikoerhöhungslehre* diskutierten Ansicht[265]   **305** soll eine Beihilfe indessen schon dann vorliegen, wenn der Tatbeitrag des Gehilfen generell zur Herbeiführung des Erfolges geeignet ist und das Risiko der Tatbegehung erhöht.

Die Auffassung der Rechtsprechung und die *Risikoerhöhungslehre* sind zu Recht   **306** auf Kritik gestoßen:[266] Denn sie überschreiten eine in der Beteiligungslehre bisher anerkannte absolute Grenze: Die *Verursachung* der Elemente der Tatbestandsmäßigkeit – sei es in Form des unmittelbaren Ansetzens zum Versuch, sei es in Form der Vollendung der Haupttat – *als Voraussetzung einer jeden Zurechnung* als Beteiligung. Selbst der extensive Täterbegriff setzt die Kausalität der Mitwirkung voraus. Die Lehre von der Risikoerhöhung geht innerhalb der Beteiligungslehre zudem weiter als der vom Gesetzgeber des StGB abgelehnte extensive Täterbegriff und würde die Teilnahmeformen in konkrete oder gar abstrakte Gefährdungsstraftaten umwandeln. Sie ersetzt die ohnehin schon „*unendliche*" Kausalität als Grundlage der Zurechnung durch eine *grenzenlose* Risikoerhöhung, rüttelt somit an der Garantiefunktion des Strafgesetzes und ist deshalb abzulehnen.

Nach h. M. findet trotz Kausalität auch bei der Beihilfe keine Zurechnung der   **307** verursachten Haupttat in Fällen der *Risikoverringerung* statt.[267] Nach der hier vertretenen Ansicht zur Risikoverringerung (§ 4 Rn. 94) ist die risikoverringernde Beihilfe hingegen in Folge Rechtfertigung straffrei.

---

[263] Vgl. BGH 3 StR 516/92 StV 1993, 357 f.; 2 StR 641/95 NStZ-RR 1996, 290 f.

[264] Vgl. RG I. Strafsenat 580/82 RGSt 6, 169 f.

[265] Vgl. *Schaffstein* FS Honig, S. 169 ff. (176); *Herzberg* GA 1971, 6 ff.: Beihilfe als „Beistandsleisten"; vgl. auch *Murmann* JuS 1999, 548 ff. (551).

[266] Vgl. *Küpper* 1990, S. 112 ff.; LK-*Schünemann/Greco* § 27 Rn. 30 ff.; *Roxin* FS Miyazawa, S. 501 ff.; *Samson* FS Peters, S. 123 ff.; *Heine/Weißer,* in: Schönke/Schröder § 27 Rn. 5 ff. mwN.

[267] Anschaulich hierzu der *Ehemakler*-Fall OLG Stuttgart 3 Ss (8) 237/79 NJW 1979, 2573 f. m. Anm. *Müller* JuS 1981, 255.

5. Die doppelte Ausrichtung des Gehilfenvorsatzes

308 Wie bei der Anstiftung ist auch der Vorsatz des Gehilfen auf die *Haupttat* und auf das *Hilfeleisten* hierzu ausgerichtet. Bei der Unterstützung im Vorbereitungsstadium muss die Person des Haupttäters noch nicht feststehen.[268] Auch Opfer, Tatzeit und nähere Details der konkreten Begehungsweise müssen dem Gehilfen nicht bekannt sein. Es genügt, wenn der Gehilfe durch seine Handlung bewusst das Risiko erhöht, dass die Haupttat verübt wird.

Beispiel 10.51

309 *Edelstein*-Fall BGH 1 StR 14/96 BGHSt 42, 135 ff.: Ein Kunde hatte dem Angekl., Sachverständiger für Juwelen, Edelsteine zur Schätzung vorgelegt. Es bestand stillschweigend Einigkeit darüber, dass der Angekl. einen überhöhten Wert bescheinigen und der Kunde diese Feststellung zu betrügerischen Handlungen (im Zusammenhang mit Beleihungen bzw. Veräußerungen) ausnutzen sollte.

310 Der BGH begründete die Strafbarkeit wegen Beihilfe zum Betrug damit, dass der Angekl. dem Täter ein entscheidendes Tatmittel an die Hand gegeben und damit bewusst das Risiko erhöht habe, dass eine durch den Einsatz gerade dieses Mittels typischerweise geförderte, mittels Täuschung gegen fremdes Vermögen gerichtete Haupttat verübt wurde.[269] ◀

---

311 Ein Verhalten des Haupttäters, das vom Vorsatz des Gehilfen nicht umfasst ist (Haupttäterexzess), wird dem Gehilfen nicht zugerechnet.

6. Sonderfragen

a) Beihilfe durch Unterlassen

312 Beihilfe durch Unterlassen ist möglich, wenn der Gehilfe dazu verpflichtet ist, die Veränderung in der Außenwelt (den Erfolg) zu verhindern. Die Antwort auf die Frage, ob der Unterlassende Gehilfe oder Täter ist, ist äußerst umstritten[270] und richtet sich nach seinem Status als Garant. Gehilfe ist er, wenn er eine Gefahrenquelle geschaffen hat, aus der die Begehung der Straftat ihre „Nahrung" erhält.[271]

313 Der unterlassende *Beschützergarant* ist hingegen Unterlassungs*täter*, wenn dem von ihm zu schützenden Interesse durch Dritte Schaden zugefügt wird.[272]

b) Versuchte Beihilfe?

314 Versuchte Beihilfe liegt vor, wenn es dem Täter nicht gelingt, zur Haupttat Hilfe zu leisten. Aus § 30, der die versuchte Anstiftung beim Verbrechen mit Strafe bedroht, ist zu schließen, dass die versuchte Beihilfe nicht strafbar ist.

---

[268] BGH 1 StR 757/81 BGHSt 31, 93 f.

[269] Mit zust. Anm. *Kindhäuser* NStZ 1997, 273 ff., *Otto* JK 1997 § 27/11; *Roxin* JZ 1997, 210 ff.; näher auch *Roxin* FS Salger, S. 129 ff. (136).

[270] *Otto* JuS 2017, 289 ff.; *Kühl* AT § 20 Rn. 229 ff. mwN.

[271] Vgl. hierzu den *Tanzbar*-Fall BGH 5 StR 280/66 NJW 1966, 1763; hierzu *Eser* StK II Nr. 27 A 16–22; siehe auch § 11 Rn. 43.

[272] Vgl. BGH 1 StR 597/18 StV 2020, 86 f.

Streng zu unterscheiden von der straflosen versuchten Beihilfe ist die strafbare Beihilfe zu der im **315**
Versuchsstadium steckengebliebenen Haupttat, weil auch ein Versuch eine taugliche Haupttat
i. S. von § 27 darstellt.

c) Verselbstständigte Beihilfe?

Nicht um Beihilfe i. S. von § 27, sondern um die täterschaftliche Ausführung einer **316**
Straftat handelt es sich, wenn der Täter gegen eine Strafvorschrift verstößt, die *ma-*
teriell ein Hilfeleisten zu einer anderen Bezugstat darstellt. Beispiele wären in diesem Zusammenhang die Gefangenenbefreiung in § 120 als „Hilfeleistung" zum
Entweichen des Gefangenen sowie die Begünstigung nach § 257 als Hilfeleisten,
um die Vorteile einer Straftat zu sichern. Trotz der materiellen Ausgestaltung als
Hilfeleistungen gelten bei diesen Strafvorschriften die allgemeinen Regeln über
Täterschaft und Teilnahme, insbesondere der Satz: *keine Tatbestandsmäßigkeit*
ohne Täterschaft(smäßigkeit) (vgl. oben Rn. 50).

d) Neutrale Beihilfehandlungen?[273]

„Neutral" und deshalb straffrei sollen Beihilfehandlungen sein, die sich in Hand- **317**
lungen des „täglichen Lebens" erschöpfen: Der Verkäufer eines Haushaltswaren-
geschäfts verkauft dem T ein Küchenmesser, obwohl er genau weiß, dass T damit
seine Schwiegermutter töten will. Die Hausfrau kauft Gemüse auf dem Wochenmarkt, obwohl sie (zutreffend) davon ausgeht, dass der Bauer das Entgelt nicht
versteuert.

Versuche, die „neutralen Beihilfehandlungen" mittels objektiver oder subjekti- **318**
ver[274] Kriterien zu kategorisieren, werden mit beachtlichen Argumenten in Zweifel
gezogen.[275] Gegen jene Kategorisierungen spricht vor allem die Überlegung, dass
eine Handlung, die eine tatbestandsmäßige rechtswidrige Haupttat fördert, schon
aus diesem Grund nicht mehr „neutral" ist.[276] Eine Lösung dürfte hier jedoch der
Rückgriff auf die allgemeinen Kriterien der *objektiven Zurechnung* bieten:[277] Bei-

---

[273] Vgl. z. B. *B. Heinrich* AT Rn. 1330 ff.; *Otto* FS Lenckner, S. 193 ff. (200 ff.); *Otto* JZ 2001,
436 ff.; *Hillenkamp/Cornelius* 32 Probleme, Problem 28 mwN; MK-StGB-*Joecks/Scheinfeld* § 27
Rn. 54 ff.; *Ransiek* wistra 1997, 41 ff.; *Rotsch* Jura 2004, 14 ff.; *Roxin* FS Miyazawa, S. 512 ff.;
Wohlers NStZ 2000, 169 ff.; krit. *Niedermair* ZStW 107 (1995), 507 ff.; zu berufstypischen neut-
ralen Handlungen BGH 1 StR 112/16 NStZ 2017, 337 ff. m. Anm. *Kudlich*; BGH 1 StR 56/17
NStZ 2018, 328 m. Anm. *Kudlich*.

[274] Vgl. BGH 5 StR 729/98 NStZ 2000, 34 ff. (34 rechts): Beihilfe nur bei *Kenntnis* des ausschließlich kriminellen Zwecks der Handlung des Täters; 1 StR 391/19 NStZ 2022, 226 f.

[275] Vgl. FS Grünwald, S. 9 ff.; *Heine/Weißer*, in: Schönke/Schröder § 27 Rn. 9 ff.; *Weigend* FS Nishihara, S. 197 ff. (199 ff.) mwN.

[276] So zutreffend *Niedermair* ZStW 107 (1995), 507 ff.; vgl. auch *Ambos* JA 2000, 721 ff. (724);
zur Beihilfe zur Steuerhinterziehung durch Mitarbeiter von Geldinstituten BGH 5 StR 624/99 JZ
2000, 1175 mit Anm. *Kudlich* JZ 2000, 1178.

[277] Vgl. oben § 4 Rn. 85 ff. sowie *Schall* GS Meurer, S. 103 ff. (119); ausgehend von einer auch das
Handlungsunrecht einbeziehenden objektiven Zurechnung *Freund/Rostalski* AT § 10 Rn. 138 f.;
Moos FS Trechsel, S. 477 ff.; vgl. auch zur Diskussion in Japan *Yamanaka* FS Jakobs, S. 767 ff.

hilfehandlungen sind danach vor allem so lange nicht tatbestandsmäßig, wie sie *kein* rechtlich *relevantes* Risiko setzen,[278] es nicht auf sie ankommt – der Schwiegersohn hatte viele weitere Möglichkeiten, ein Küchenmesser zu erwerben – oder sie nicht dem Schutzbereich der Norm unterfallen: Die Hausfrau auf dem Wochenmarkt bleibt straffrei, weil es nicht der Schutzzweck der Steuerhinterziehungsvorschriften ist, Bargeschäfte des täglichen Lebens zu unterbinden.[279]

319   In subjektiver Hinsicht dürfte die Inkaufnahme des *generellen* Risikos, durch die „neutrale" Handlung eine Straftat zu fördern, nicht hinreichen, will man nicht das Wirtschaftsleben zum Erliegen bringen. Schlichter dolus eventualis genügt folglich nicht. Die Strafbarkeitsgrenze bildet jedoch die objektiv zurechenbare Förderung eines erkennbar tatgeneigten Täters.[280]

7. Strafmilderung

320   Im Unterschied zur Anstiftung ist die Strafe des Gehilfen *obligatorisch* nach Versuchsgrundsätzen (§ 49 I) zu *mildern*. Dies folgt aus dem im Vergleich zur Haupttat verminderten Unrechtsgehalt der Beihilfe (vgl. Rn. 291).

8. Aufbauschema der Beihilfeprüfung

321 ▶   a. Objektive Elemente der Tatbestandsmäßigkeit:
- (Zumindest versuchte) vorsätzliche rechtswidrige *Haupttat*
- *Hilfeleisten*

b. Subjektive Elemente der Tatbestandsmäßigkeit:
- Gehilfenvorsatz mit doppelter *Ausrichtung*
- Bezüglich der vorsätzlichen rechtswidrigen vollendeten *Haupttat* Bezüglich des *Hilfeleistens*

V. Straffreie Sonderbeteiligung anstatt „Notwendige Teilnahme"

1. „Notwendige Teilnahme"

322   Nach bisheriger Lehre unterscheidet man im Rahmen der sog. „notwendigen Teilnahme" *Konvergenz-* (a) und *Begegnungsstraftaten* (b).

---

[278] *Weigend* FS Nishihara, S. 197 ff. (210): keine messbare Förderung; *Kindhäuser* FS Otto, S. 355 ff. (371): Erforderlichkeit einer „tatspezifischen Risikosteigerung".

[279] *Weigend* FS Nishihara, S. 197 ff. (210): keine messbare Erhöhung der Tatbereitschaft; für eine generelle Ausklammerung der Erzeugung eines Besteuerungstatbestandes *Amelung* FS Grünwald, S. 9 ff. (29).

[280] Vgl. *Amelung* FS Grünwald, S. 9 ff. (29); BGH 5 StR 746/97 NStZ-RR 1999, 184 ff. mit Bespr. *Otto* JK 1999 § 27/13; BGH 5 StR 624/99 BGHSt 46, 107 ff., zust. *Ambos* JA 2000, 721 ff. (724) und *Roxin* AT 2 § 26 Rn. 247 ff.; vgl. zur Rspr. a. BGH 5 StR 592/04 BeckRS 2005, 04000; 1 StR 112/16 NStZ 2017, 337 ff.; 1 StR 56/17 NZWiSt 2019, 26 f.

a) Konvergenzstraftaten

Bei den sog. Konvergenzstraftaten handelt es sich um Strafvorschriften, die nur er-   **323**
füllt sind, wenn mehrere Beteiligte mitwirken. Dogmatisch kommt der Bildung
einer solchen Gruppe von Straftaten allerdings kaum Aussagekraft zu. Denn auf die
Strafbarkeit und Straffreiheit der Beteiligten hatte die Zuordnung einer Strafvorschrift zu den Konvergenzstraftaten bisher nicht mehr Auswirkungen als sonstige
Kategorisierungen innerhalb des Besonderen Teils wie z. B. als Zueignungs-, als
Vermögens- oder als Urkundenstraftaten. Jedoch unternimmt *Küper*[281] den be-
grüßenswerten Versuch, aus der Natur als Konvergenzstraftat eine restriktive Beurteilung der Beteiligung Extraner herzuleiten, ein Ansatz, der der Extranenbeteili-
gung an der Zentripetalstraftat (unten Rn. 348 ff.) nicht unähnlich ist.

Unter dem Gesichtspunkt der gegenseitigen Anstiftung sind die Konvergenz-   **324**
straftaten vom Standpunkt der h. M. gesehen unergiebig. Schließlich stellt sich auch
die Frage, ob bei den Konvergenzstraftaten alle Beteiligten strafbar sein müssen,
damit Tatbestandsmäßigkeit gegeben ist,[282] angesichts der limitierten Akzessorietät
nicht mehr.

Als Beispiele für Konvergenzstraftaten seien die *Gefangenenmeuterei*, § 121, bzw. der *Landfrie-*   **325**
densbruch, § 125, genannt. Ein weiteres oft genanntes Beispiel ist die *gefährliche Körperverlet-*
zung „von mehreren gemeinschaftlich" nach § 224.

b) Begegnungsstraftaten

Die *Begegnungsstraftaten* erfordern ein *denknotwendiges Zusammenwirken* mehre-   **326**
rer, ohne dass Mittäterschaft gegeben ist. Hinsichtlich des Status der Beteiligten lassen sich hier umgangssprachlich „Täter" und „Opfer", „Überlegene" und „Unterlegene" unterscheiden.

Es gibt scheinbare „*Teilnahme-Tatbestände*", bei denen bestimmte Personen als   **327**
Täter ausgeschlossen sind, so § 216 oder § 120 (ausgeschlossen sind der die Tötung
Verlangende als Täter sowie der sich selbst befreiende Gefangene). Eine oft genannte Fallgruppe sind auch die *Sexualstraftaten*, insbesondere §§ 174, 180. Zu
nennen wäre aber auch die *Begünstigung*, die den Täter der Bezugstat gerade nicht
als tauglichen Täter vorsieht.

Auch die Fallgruppen innerhalb der Begegnungsstraftaten haben bisher eine   **328**
überzeugende Konzeption nicht erkennen lassen.[283]

2. Straffreie Sonderbeteiligung

Trotz des Anscheins von Konzeptionslosigkeit innerhalb der „notwendigen Teil-   **329**
nahme" und der Fallgruppen der Konvergenz- bzw. Begegnungsstraftaten lassen
sich aber *Kriterien* bilden, mit denen eine *formal* an sich gegebene Teilnahme bzw.
Beteiligung bestimmter Mitwirkender als *materiell* straffrei begründet werden
kann. Bei diesen Fallgruppen handelt es sich insbesondere um folgende:[284]

---

[281] *Küper* GA 1997, 301 ff.

[282] Vgl. die Nachweise bei *Gropp* 1992, S. 19.

[283] Vgl. *Gropp* 1992, S. 10 f.

[284] Näher zu den Fallgruppen *Gropp* 1992, §§ 14–18; vgl. auch *Sowada* 1992.

a) Die selbstverletzende Teilnahme des Dispositionsbefugten[285]

Beispiel 10.52

330   F, die vor kurzem den schmächtigen Jagdgesellen A verlassen hat, besucht mit ihrem neuen Freund D ein Restaurant. Als man bereits bezahlt hat und allmählich aufbrechen will, kommt gerade A zur Tür herein. F und D beschließen nun, den eifersüchtigen A zu ärgern. Demonstrativ tauschen sie Zärtlichkeiten aus, was A wie erwartet die Zornesröte ins Gesicht treibt. Schließlich droht A dem D, ihn zu verprügeln, falls er sich nicht sofort hinausschere. Da müsse A wohl schon seinen großen Bruder mitbringen, meint D, und verlässt mit lautem Hohngelächter das Lokal.

Sind F und D wegen Anstiftung des A zur versuchten Nötigung strafbar? ◄

331   Schutzgut des Nötigungstatbestandes ist nach h. M. die Willensentschließungs- und Willensbetätigungsfreiheit.[286] Mangels entgegenstehender rechtlicher Anhaltspunkte konnten F und D über dieses Individualgut disponieren. Durch das Vorgehen von A wurden sie in keiner Weise in der Disposition über ihre Freiheit eingeschränkt, vielmehr entsprach A's Verhalten genau den Erwartungen. A konnte folglich das Erfolgsunrecht einer Nötigung nicht verwirklichen,[287] weshalb eine Strafbarkeit wegen vollendeter Nötigung ausscheidet. Jedoch liegt eine – nach § 240 III strafbare – versuchte Nötigung am untauglichen Objekt vor, weil A den Entschluss gefasst hatte, D durch Drohung mit einem empfindlichen Übel zum Verlassen des Lokals zu nötigen, wobei die Androhung von Prügeln zum Zweck der Vertreibung aus dem Lokal und der Verhinderung des weiteren Austauschs von Zärtlichkeiten wohl als verwerflich anzusehen ist.

332   Einer strafbaren Teilnahme am Versuch des A steht jedoch die *Dispositionsbefugnis* von F und D entgegen, als Recht, ein strafrechtlich geschütztes Interesse (Freiheit) zugunsten eines Dritten seines strafrechtlichen Schutzes zu entkleiden. Wer disponiert, handelt folglich rechtmäßig, solange nicht ein weiterer Rechtssatz im Interesse Dritter die Dispositionsbefugnis spezifisch einschränkt.[288] Die Dispositionsbefugnis hat rechtfertigenden Charakter. Sie stellt einen Rechtfertigungsgrund zugunsten des Disponierenden dar. Der rechtmäßige Charakter des disponierenden Verhaltens ändert sich nun nicht dadurch, dass ein Dritter in Unkenntnis der Disposition die Freiheit angreift, also rechtswidrig handelt.

b) Die selbstverletzende Teilnahme des Nichtdispositionsbefugten[289]

Beispiel 10.53

333   A hat erfahren, dass er krebskrank ist und nur noch wenige Monate zu leben hat. Um seiner Frau jedoch die bei unnatürlichem Tod doppelt so hohe Lebensver-

---

[285] Vgl. *Gropp* 1992, § 14.

[286] Vgl. *Eisele*, in: Schönke/Schröder, § 240 Rn. 1 mwN.

[287] Vgl. *Weigend* ZStW 98 (1986), 44 ff. (61).

[288] Vgl. auch *Otto* FS Lange, S. 197 ff. (211).

[289] Vgl. *Gropp* 1992, § 15; ebenso *Sowada*, 1992, S. 62.

sicherungssumme zu sichern, dingt er Killer K gegen Bezahlung von 5000,- Euro, eine von ihm genau beschriebene Person zu töten. Diese Person ist – ohne Wissen des K – A selbst.

Alles geschieht wie verabredet. Jedoch schießt K im entscheidenden Moment **334** vorbei. Ist A wegen Anstiftung zum (versuchten) Totschlag oder gar Mord (Habgier), §§ 212, 211, 22, 23, 26 strafbar? ◄

Während der Dispositionsbefugte berechtigt ist, frei darüber zu entscheiden, ob er **335** ein strafrechtlich geschütztes Interesse zugunsten eines Dritten des Schutzes entkleidet oder unter dem Schutz des Strafgesetzes belässt, steht dem nunmehr zu betrachtenden Sonderbeteiligten dieses Wahlrecht gerade nicht zu: Der Träger des indisponiblen Individualgutes kann es nicht des schützenden Strafrechtsschirmes berauben, er kann Dritte nicht aus der sanktionsrechtlichen Verantwortung entlassen. Und dennoch bleibt seine Teilnahme straffrei.

Denn der sich selbst mittelbar verletzende Sonderbeteiligte ist nicht Adressat der **336** Strafvorschrift der Haupttat, weil die durch diese Strafvorschrift geschützten Interessen die *eigenen* Interessen des Teilnehmers sind, die mangels Vertypung vor Angriffen ihres Trägers nicht strafrechtlich geschützt werden. Vor diesem Hintergrund sind die Bemerkungen *Roxins*[290] zu sehen, wonach als Voraussetzung einer strafbaren Teilnahme zu fordern sei, dass die durch die Haupttat geschützten Interessen auch dem Teilnehmer gegenüber geschützt sind. Bezogen auf *Beispiel 10.53* bedeutet dies:

Die §§ 211, 212 schützen den (wie aus § 216 ersichtlich)[291] *indisponiblen Achtungsanspruch* **337** „Leben".

Um des Schutzes der in den §§ 211 ff. beschriebenen Personen willen wird die auch dem Achtungs- **338** anspruch Leben gegenüber prinzipiell bestehende allgemeine Handlungsfreiheit in der Weise eingeschränkt, dass die vorsätzliche Beendigung fremden Lebens mit Strafe bedroht wird, und zwar gegenüber *jedermann in jeder Beteiligungsform*, also auch gegenüber A.

Die vorsätzliche Beendigung des *eigenen* Lebens hingegen ist – bei aller sittlichen Umstritten- **339** heit[292] – als solche jedenfalls *nicht bei Strafe* verboten.[293] Der seine eigene Tötung Veranlassende ist deshalb ein wesentlich ungleicher Beteiligter, der ungleich behandelt werden muss. Denn er verwirklicht kein dem Unrecht der Haupttat *entsprechendes* Teilnahmeunrecht (vgl. oben Rn. 231). Die wesentliche Gleichheit besteht hingegen mit der Straffreiheit der Selbsttötung. A kann daher nicht wegen Teilnahme an einer versuchten (Fremd-)Tötungsstraftat bestraft werden.

c) Die periphere Beteiligung an der Zentrifugal- bzw. Zentripetalstraftat

Obwohl der Straftattypus der Zentrifugal- bzw. Zentripetalstraftaten eine klaffende **340** Begründungslücke im Rahmen der sog. „Notwendigen Teilnahme" schließt, be-

---

[290] LK[11]-*Roxin* Vor § 26 Rn. 2; vgl. auch LK-*Schünemann/Greco* Vor § 26, 27 Rn. 2; *Wolter* JuS 1982, 345 ff.

[291] Vgl. statt aller LK-*Rissing-van Saan/Zimmermann* § 212 Rn. 13.

[292] Vgl. BGH GSSt 4/53 BGHSt 6, 147 ff. (153), sowie mwN *Bottke* 1982, S. 51.

[293] Vgl. BVerfGE 153, 182 ff.

ginnt er sich in der deutschen Dogmatik erst zaghaft durchzusetzen. Immerhin erkennt auch *Roxin* eine „periphere Beteiligung unterhalb der Strafwürdigkeitsschwelle" an[294] und *Schlösser* begründet die Straffreiheit begünstigter Betriebsratsmitglieder von § 119 Betriebsverfassungsgesetz mit deren peripherer Beteiligung.[295] In Japan hat die Tragfähigkeit des Ansatzes inzwischen breiteren Anklang gefunden.[296]

aa) Zentrifugalstraftaten[297]

341   Zentrifugalstraftaten beschreiben Verhaltensweisen, bei denen von einem Mittelpunkt – dem Täter – Gegenstände in alle Richtungen losgeschickt werden, wodurch der Eindruck einer „Flucht" aus dem Zentrum entsteht. Den abgesandten Gegenständen wohnt eine Gefahr[298] inne, die insbesondere im Falle eines Kontaktes mit bestimmten Personen zu einem Schaden führt oder führen kann:

342   Die Abgabe pornografischer Schriften im Versandhandel[299] bildet eine abstrakte Gefahr für Jugendliche, weil so nicht gewährleistet werden kann, dass der Empfänger eine Person über 18 Jahre ist. Ist der Empfänger tatsächlich ein Jugendlicher, würde sich die abstrakte Gefahr konkret realisieren.

343   Das spezifische Unrecht der Zentrifugalstraftat liegt in der typischen Multiplikatorwirkung.

Beispiel 10.54

344   *Teilnahme an einer Zentrifugalstraftat*: A hat Büroräume angemietet, in denen sich zuvor die Zentrale einer politischen Organisation befunden hatte. Beim Renovieren entdeckt er in einem Nebenraum einen riesigen Bücherstapel. Bei näherem Hinsehen erkennt er sogleich, dass es sich um Inhalte handelt, die i. S. von § 130 „zum Hass aufstacheln". Als sich A zwecks Beseitigung gerade telefonisch an eine Altpapiersammelstelle wenden will, rät ihm sein Freund F, für die Bücher doch per unzweideutiger Anzeige in einer einschlägigen Zeitung zu werben. Auf das Inserat hin bestellt und erhält B ein seinen Erwartungen entsprechendes Exemplar. Strafbarkeit des B wegen Anstiftung zu § 130 II Nr. 1 lit. a)?

345   Dass F wegen Anstiftung zur Verbreitung von Inhalten, welche zum Rassenhass aufstacheln, strafbar ist, bedarf keiner weiteren Begründung, denn seine Aktivität trägt zur Multiplikatorwirkung gerade bei. Da bei einer Mehrzahl zur Verbreitung bestimmter Stücke aber schon die Ausgabe eines Exemplars genügt,[300] hat auch B in A den Entschluss zur Begehung des § 130 II Nr. 1 lit. a) hervor-

---

[294] *Roxin* AT 2 § 26 Rn. 55.

[295] *Schlösser* NStZ 2007, 562 ff. (566).

[296] Vgl. *Magata* Jura 1999, 246 ff. (252 f.); *Toyota* Ritsumeikan Law Review Nr. 265 = 1999 Nr. 3.

[297] Vgl. *Gropp* 1992, § 16 A.

[298] Vgl. *Horn* NJW 1977, 2330 ff. (2330 links).

[299] § 184 I Nr. 3.

[300] A. A. *Franke* GA 1984, 470 ff.

gerufen, also formal zur Verbreitung der Inhalte angestiftet. Und dennoch scheuen wir davor zurück, B entsprechend zu bestrafen, weil die Mitwirkung in Form des Bestellens und Inempfangnehmens von Hetzschriften nicht als strafbar vertypt ist.[301] ◄

Gegen die Vertypung der peripher mitwirkenden Besteller bzw. Abnehmer spricht vor allem die Unverhältnismäßigkeit einer solchen Regelung.   **346**

Denn die Kriminalisierung mittels Vertypung der Besteller und Empfänger von Schriften, deren Verbreitung verboten ist, wäre vielleicht ein geeignetes Mittel zum Erreichen des Zwecks. Jedoch wäre dieses Vorgehen sicher nicht das schonendste Mittel. Kriminalisiert man hingegen nur den vertreibenden Täter, dann resultiert aus der Versendung von 1000 Büchern bei gleicher Gefahrenlage die Strafbarkeit nur eines Beteiligten. Dass dies unter dem Gesichtspunkt des Rechts auf Handlungsfreiheit der schonendere Weg ist, bedarf keiner näheren Begründung. Dennoch neigt der moderne Gesetzgeber mehr und mehr dazu, periphere Beteiligungen als sog. „Besitzstraftaten" unter Strafe zu stellen.[302]   **347**

bb) Zentripetalstraftaten[303]

Zentripetalstraftaten beziehen sich auf Verhaltensweisen, bei denen der Täter als Mittelpunkt des Geschehens zur Begehung der Tat typischerweise Dritte anlockt.   **348**

Übereinstimmung besteht zwischen Zentrifugal- und Zentripetalstraftat hinsichtlich des *Gefährlichkeitsgefälles* zum Sonderbeteiligten, weil auch dieser nur peripher teilhat, weshalb sein Teilnahmeunrecht dem Täterunrecht qualitativ nicht mehr entspricht.   **349**

Beispiel 10.55

Zentripetalstraftat: Obwohl die zuständige Behörde gegen den an Hepatitis B erkrankten Chirurgen Dr. A gem. § 31 Infektionsschutzgesetz (IfSG)[304] ein berufliches Tätigkeitsverbot ausgesprochen hat, führt er weiterhin Operationen durch. Damit macht sich Dr. A nach § 75 I Nr. 1 IfSG (Zentripetalstraftat) strafbar. Patient P, der sich von Dr. A wegen dessen legendärer Berufserfahrung trotz Kenntnis der Ansteckungsgefahr operieren lässt, nimmt hingegen nur peripher an der Zentripetalstraftat teil und bleibt daher straffrei.[305] ◄   **350**

---

[301] So auch die Begründung des Berliner Kammergerichts v. 1.12.1982, NStZ 1983, 561 ff. (562 rechts) für die Straffreiheit des Erwerbers von Video-Raubkopien über den Versandhandel bezüglich einer Beihilfe zum Verbreiten (§ 106 UrheberrechtsG, § 27 I StGB): „Es handelt sich hier um einen Fall der straffreien notwendigen Teilnahme, weil der Tatbestand des Verbreitens nur den Veräußerer, nicht aber den Erwerber erfasst"; vgl. zu § 106 UrheberrechtsG auch *Ganter* NJW 1986, 1479 f.; sowie *Friedrich* MDR 1985, 368 ff. (368 rechts) mwN.

[302] Dazu *Gropp* FS Otto, S. 249 ff.; *Böse* ZStW 116 (2004), 680 ff.

[303] Vgl. *Gropp* 1992, § 16 B.

[304] Infektionsschutzgesetz vom 20.7.2000 (BGBl. I S. 1045), zuletzt geändert durch Art. 5 Corona-Steuerhilfegesetz vom 19.6.2020 (BGBl. I S. 1385), vgl. http://www.gesetze-im-internet.de/bundesrecht/ifsg/gesamt.pdf</Emphasis>, zuletzt besucht am 25.9.2025.

[305] Vgl. auch *Gropp* 1992, S. 225 f.; sowie *Graalmann/Scherer* GA 1995, 349 f.

351   Die Begründung der Straffreiheit infolge Wahrnehmens der zentripetal gebotenen
      Gelegenheit folgt jener bei der Zentrifugalstraftat.

d) Die Beteiligung des als Täter wegen einer persönlichen berücksichtigungswürdigen Zwangslage Ausgeschlossenen[306]

Beispiel 10.56

352   A verbüßt eine mehrjährige Freiheitsstrafe. Auf seine flehentliche Bitte hin lässt
      Wärter W eines Abends die Tür unverschlossen und ermöglicht so A die Flucht.
      Ist A wegen Anstiftung des W zur Gefangenenbefreiung (§ 120) strafbar? ◄

353   Die Zwangslage von Gefangenen wird in der Weise berücksichtigt, dass die Flucht
      des Gefangenen in der Strafvorschrift der „Gefangenenbefreiung" (§ 120) gerade
      nicht vertypt ist, weil der Gefangene insoweit gerade nicht Täter sein *soll* (spezi-
      fischer Täterausschluss).[307]

354   Der Gehalt der für die Straffreiheit der einfachen Selbstbefreiung gegebenen Be-
      gründung hat sich seit der Aufklärung nicht mehr wesentlich geändert:

355   Der Drang des Menschen nach Freiheit liegt im Wesen seines Selbsterhaltungs-
      triebes und ist daher etwas jedem Menschen von Natur aus Beigegebenes.[308] Ein
      eingesperrter Mensch befindet sich in einem durch diesen Freiheitsdrang auf-
      gebauten Motivationsdruck.[309] Dass ein Gefangener zu entweichen sucht, ist somit
      als eine als natürlich zu respektierende Reaktion zu betrachten, deren Bestrafung
      mit einem an der Humanität orientierten Menschenbild nicht zu vereinbaren wäre.[310]

356   Die soeben für die Straffreiheit der einfachen Selbstbefreiung dargelegten
      Gründe gelten in gleicher Weise für die „mittelbare" Selbstbefreiung durch Teil-
      nahme an der Fremdbefreiung nach § 120. Denn wenn man in Ablehnung einer
      Schuldteilnahmetheorie[311] davon ausgeht, dass die Verführung eines Menschen zu

---

[306] Vgl. *Gropp* 1992, § 17.

[307] Vgl. *Eser*, in: Schönke/Schröder § 120 Rn. 9; SK-*Wolters* § 120 Rn. 14; Lackner/Kühl/Heger-
Heger § 120 Rn. 2; umfassend und mwN auch aus der Rechtsprechung LK-*Rosenau* § 120 Rn. 2 f.;
Ulsenheimer GA 1972, 1 ff. (19).

[308] Vgl. schon *Boehmer* 1770, S. 878 sowie Anmerkungen zum Strafgesetzbuche für das Königreich Baiern […], 1814 Bd. 3, Anmerkung zu Art. 330, S. 86 f.

[309] Vgl. LK-*Rosenau* § 120 Rn. 2.

[310] Vgl. *Herzberg* JuS 1975, 794 ff. (794 rechts); *Herzberg* 1977, S. 136; *Welzel* LB S. 123; vgl.
auch *Jescheck/Weigend* AT § 4 III; zur Intensität des Motivationsdrucks und der Art der Ent-
weichungsmotive aus empirischer Sicht *Diekmann* 1964, S. 28. Als mit Abstand häufigstes Motiv
(23,41 %) nennt *Diekmann* die Sorge um Angehörige (Familie, Ehefrau, Braut), danach folgen die
Beeinflussung durch Mitgefangene (18,25 %). 6,35 % der Befragten nannten Heimweh, ebenso
viele „Feierlust" als Entweichungsmotiv. Der familienbezogen-kommunikative Einschlag der Ent-
weichungsmotive zeigt sich auch an den jeweils gewählten Fluchtzielen: Elternhaus, Geschwister
(31,64 %), Familie, Ehefrau (23,61 %), Verwandte (3,39 %) sowie Braut, Freundin (7,92 %), vgl.
Diekmann, S. 63; zur Rechtslage eingangs des 20. Jahrhunderts rechtsvergleichend *M. E. Mayer*
1906, S. 38 ff.

[311] Vgl. *Schmidhäuser* 1988, S. 19.

strafbarem Tun als solche die Strafbarkeitsbilanz eines Verhaltens nicht beeinflusst, dann kann es keine Rolle spielen, ob der Gefangene den amtlichen Gewahrsam durch Selbstbefreiung oder durch eigennützige Anstiftung eines Dritten zur Fremdbefreiung verletzt.[312]

e) Die Beteiligung des als Täter wegen einer strafbaren Bezugstat Ausgeschlossenen[313]

Die 5. Kategorie der Straftattypen mit Sonderbeteiligung bilden einige wenige, **357** dafür aber mit vielen Streitfragen verknüpfte Strafvorschriften mit spezifischem Täterausschluss: die Nichtanzeige geplanter Straftaten (§ 138), die Begünstigung (§ 257), die Hehlerei (§ 259) sowie die damit nahe verwandte Steuerhehlerei (§ 374 AO). Der Täter der Bezugstat kann nicht Täter dieser Straftattypen sein. Dieser Täterausschluss beruht im Wesentlichen auf dem Gedanken der straflosen Vor- bzw. Nachtat:[314] Fraglich ist, ob dadurch auch andere Beteiligungsformen ausgeschlossen sind.

Beispiel 10.57

Nach Verbüßung einer mehrjährigen Freiheitsstrafe wegen eines Banküberfalls **358** werden Täter A und Gehilfe B aus der Haft entlassen. Die Beute hat A in der Nähe des alten Friedhofs vergraben. Weil der Friedhof jedoch demnächst erweitert wird, droht das Versteck entdeckt zu werden. A sind wegen der Beobachtung durch die Polizei freilich die Hände gebunden. Deshalb beauftragt er den B, das Geld in ein sicheres Versteck zu bringen, was auch geschieht.

A kann als Vortäter nicht Täter einer Begünstigung sein (vgl. § 257 I). Ist A **359** wegen *Anstiftung* zur Begünstigung, §§ 257 I, 26 strafbar?

Die Fallfrage ist bereits gesetzlich entschieden: nach § 257 III 1 bleibt A straf- **360** frei. Warum? ◀

Im Gegensatz zu den Tätern etwa der Tötungs- und Körperverletzungsstraftaten, die **361** zumeist ja gerade nicht rational, sondern emotional agieren, handeln die Täter der Bezugstaten zu § 257 typischerweise rational: Sie begehen eine Tat, aus der sie sich einen Vorteil versprechen. Dieser Vorteil bzw. die ihn betreffende Absicht gibt der Tat überhaupt erst ihren Sinn, bildet nicht selten sogar schon von der Formulierung des Tatbestandes her eine notwendige Voraussetzung für die Strafbarkeit des Verhaltens.[315] Wer aber eine Tat trotz Strafdrohung um eines Vorteils willen begeht,

---

[312] So bereits überzeugend *Geyer* ZStW 2 (1882), 299 ff. (319 f.); vgl. auch *Deubner* NJW 1962, 2261 f.; *Eser.* in: Schönke/Schröder § 120 Rn. 15; *Maurach/Schroeder/Maiwald* BT 2 § 72 Rn. 13; LK-*Rosenau* § 120 Rn. 33 mwN.

[313] Näher *Gropp* 1992, § 18.

[314] Vgl. *Herzberg* JuS 1975, 794 ff. (795 links); Lackner/Kühl/Heger-*Heger* § 257 Rn. 8; *Lenckner* JuS 1962, 303 ff. (303 links); SK-*Hoyer* § 257 Rn. 34 ff.; LK-*Walter* § 257 Rn. 79 mwN sowie BT-Drs. 7/550, S. 248 rechts.

[315] Vgl. z. B. §§ 242 ff.; 263 ff.

lässt sich nicht allein durch eine Strafdrohung dazu motivieren, diesen Vorteil ohne Zwang wieder herauszugeben, weil er sein Vorverhalten damit seines Sinnes berauben würde, „alles umsonst" gewesen wäre.[316] Für den rational denkenden Verbrecher hat seine Tat nur Sinn, wenn sie sich lohnt. Und diesen Lohn lässt er sich auch durch eine zusätzliche Kriminalisierung allein nicht wieder abnehmen.

362   Als Mittel zur Wiederherstellung eines rechtmäßigen Zustandes wäre die Vertypung der Selbstbegünstigung dem Sonderbeteiligten gegenüber angesichts der Begehung der Bezugstat ein untaugliches Instrument, dessen Einsatz daher auch nicht notwendig ist. Sie verstieße damit gegen das Prinzip der Verhältnismäßigkeit.

363   Die mangelnde Beeinflussbarkeit bezieht sich aber nicht nur auf die unmittelbare Selbstbegünstigung in Täterschaft, sondern auch auf die mittelbare Selbstbegünstigung durch (Beteiligung an der) Fremdbegünstigung, vgl. § 257 III 1.[317] Deshalb bleibt die Anstiftung des B durch A (§§ 257 I, 26) gem. § 257 III 1 straffrei.

D. Vorstufen der Beteiligung, § 30

Vgl. hierzu § 9 Rn. 205 ff.

Hinweise zum Leitfall 10

364   Der BGH bestätigte die Verurteilung der Angeklagten H, P und R wegen eines *täterschaftlich* begangenen Mordversuchs.

365   R habe Frau N heimtückisch zu töten versucht.[318] Dabei habe er auf Grund der erfolgreichen „Überzeugungsarbeit" von H und P in „Wahngewissheiten" gelebt, die durch Annahme einer eingeschränkten Schuldfähigkeit (§ 21) hinreichend gewürdigt worden seien. Notwehr liege nicht vor. Auch auf § 34 könne sich R nicht berufen, weil § 34 die Tötung von Menschen nicht gestatte. Indem R geglaubt habe, das überwiegende Interesse wahrzunehmen, unterliege er einem (vermeidbaren) Verbotsirrtum nach § 17.

366   Hinsichtlich H und P nahm der BGH einen gemeinschaftlichen Mordversuch (niedrige Beweggründe) in mittelbarer Täterschaft an.[319] Die Beherrschung des R durch die Mittäter H und P beruhe im Wesentlichen darauf, dass R aufgrund seines Verbotsirrtums die Unrechtseinsicht gefehlt habe. ◄

---

[316] Auf diese „besondere Situation" des Vortäters verweist *Herzberg* JuS 1975, 794 ff. (795 links); vgl. auch *Herzog* GerS 29 (1878), 161 ff. (insbes. 175, 177).

[317] In diesem Sinne bereits *Geyer* ZStW 2 (1882), 299 ff. (319 f.); vgl. auch *Herzberg* JuS 1975, 794 ff. (795 links); SK-*Hoyer* § 257 Rn. 34 ff.; *Stree* JuS 1976, 137 ff. (138 links), *Hecker*, in: Schönke/Schröder § 257 Rn. 25; auch hier wird der Gedanke der mitbestraften Nachtat bemüht, vgl. *Geppert* Jura 1980, 327 ff. (329); *Stree* JuS 1976, 137 ff. (138 rechts).

[318] Vgl. BGH 4 StR 352/88 BGHSt 35, 347 ff. (348 ff.).

[319] Vgl. BGHSt 35, 351 ff.

E. Zur Wiederholung

Kontrollfragen

1. Welche Formen der Beteiligung sehen die §§ 25 ff. vor? (Rn. 5 ff., 16 ff.)
2. Nennen Sie drei Täterschaftstheorien und geben Sie das jeweils täter-schaftsbegründende Kriterium an! (Rn. 58 ff.)
3. Nennen Sie drei typische Fallgruppen der mittelbaren Täterschaft! (Rn. 119 ff.)
4. Nennen Sie drei Fallgruppen des Täters hinter dem Täter! (Rn. 146 f.)
5. Was ist der Strafgrund der Teilnahme? (Rn. 229 ff.)
6. Nennen Sie die Übereinstimmungen und Unterschiede in § 28 I und II! (Rn. 239 ff., 244 ff.)
7. Was heißt „Bestimmen" in § 26? (Rn. 264)

Literatur

Ambos Täterschaft durch Willensherrschaft kraft organisatorischer Machtapparate, GA 1998, 226 ff.

Ambos Beihilfe durch Alltagshandlungen, JA 2000, 721 ff.

Amelung Zum Verantwortlichkeitsmaßstab bei der mittelbaren Täterschaft durch Beherrschung eines nicht verantwortlichen Selbstschädigers, in: Schünemann u. a. (Hrsg.), Bausteine des europäischen Strafrechts 1995, S. 247 ff.

Amelung Die „Neutralisierung" geschäftsmäßiger Beiträge zu fremden Straftaten im Rahmen des Beihilfetatbestands, FS für Grünwald 1999, S. 9 ff.

Amelung (Hrsg.) Individuelle Verantwortung und Beteiligungsverhältnisse bei Straftaten in büro-kratischen Organisationen des Staates, der Wirtschaft und der Gesellschaft, 2000

Anmerkungen zum Strafgesetzbuche für das Königreich Baiern nach den Protokollen des könig-lichen geheimen Raths, 1814 Bd. 3

AnwK-Bearb. = AnwaltKommentar StGB, 3. Aufl. 2020, hrsg. v. Leipold/Tsambikakis/Zöller

Baumann Mittelbare Täterschaft oder Anstiftung bei Fehlvorstellungen über den Tatmittler?, JZ 1958, 230 ff.

Baumann/Weber/Mitsch/Eisele Strafrecht Allgemeiner Teil (AT), 13. Aufl. 2021

Beukelmann Neues zur rechtsstaatswidrigen Tatprovokation, NJW-Spezial 2018, 568 ff.

Beulke Mittäterschaftliche Tötung in der Weise, daß der eine Täter einen Mord und der andere einen Totschlag begeht?, NStZ 1990, 278 f.

Beulke/Swoboda Strafprozessrecht, 16. Aufl. 2022

Beulke/Witzigmann Mittelbare Täterschaft – gesetzliche und dogmatische Grundlagen, Ad Legen-dum 2012, 251 ff.

Beulke/Witzigmann Fallgruppen mittelbarer Täterschaft, Ad Legendum 2013, 59 ff.

Beulke Die vermeintliche mittelbare Täterschaft, FS für Kühl 2014, S. 115 ff.

Bloy Die Beteiligungsform als Zurechnungstypus, 1985.

Bloy Besprechung *Kamm* GA 2000, 394 f.

Bockelmann/Volk Strafrecht Allgemeiner Teil (AT), 4. Aufl. 1987

Bode Mittäter oder Gehilfe? – Grundsätzliches und Spezifisches zur Abgrenzungsproblematik von Täterschaft und Teilnahme, JA 2018, 34 ff.

Boehmer Meditationes in Constitutionem Criminalem Carolinam, 1770, S. 878

Böse Das Einschleusen von Ausländern, ZStW 116 (2004), 680 ff.

Bottke Suizid und Strafrecht, 1982

Bottke Mittäterschaft bei gemeinsam fahrlässiger oder leichtfertiger Erfolgswirkung, GA 2001, 463 ff.

Bringewat Grundbegriffe des Strafrechts, 2003

Brodowski Sukzessive Beteiligung und Tätige Reue, ZStW 133 (2021), 913 ff.

Burgstaller Zur Täterschaftsregelung im neuen StGB, ÖRiZ 1975, 13 ff.

Buser Zurechnungsfragen beim mittäterschaftlichen Versuch, 1998

Charalambakis Zur Problematik der psychischen Beihilfe, FS für Roxin 2001, S. 625 ff.

Cramer Straf- und Strafprozessrecht – Zugleich eine Anmerkung von BGH, Urteil v. 03.06.1964 - 2 StR 14/64, JZ 1965, 31 ff.

Deubner §§ 120, 48 (Gemeinsame Flucht von Gefangenen; Anstiftung zur Beihilfe zur Selbstbefreiung), NJW 1962, 2261 f.

Diaz y Garcia Conlledo Das Handeln im Rahmen eines organisatorischen Machtapparates: Täterschaft oder Teilnahme?, GA 2017, 711 ff.

Diekmann Das Entweichen Gefangener, 1964

Diercks Der verfassungsrechtlich anstößige Begriff „Täter" im Ermittlungsverfahren, Anwaltsblatt 1999, 311 ff.

Eisenberg Veranlassen einer vorsätzlich begangenen rechtswidrigen Tat eines Strafunmündigen, StV 2024, 534 ff.

Engländer Die Teilnahme an Mord und Totschlag, JA 2004, 410 ff.

Erb Zur Konstruktion eines untauglichen Versuchs der Mittäterschaft bei scheinbarem unmittelbarem Ansetzen eines vermeintlichen Mittäters zur Verwirklichung des Straftatbestandes, NStZ 1995, 424 ff.

Eser Juristischer Studienkurs, Strafrecht II (StK II), 3. Aufl. 1980

Eser Juristischer Studienkurs, Strafrecht IV (StK IV), 4. Aufl. 1983

Falcone Die Renaissance der strengen – sog. extremen – Akzessorietät, ZIS 2020, 212 ff.

Feuerbach Lehrbuch des gemeinen in Deutschland gültigen Peinlichen Rechts, 14. Aufl. 1847.

Fischer, *Bearbeiter*, in: = Fischer, Strafgesetzbuch, 72. Aufl. 2025

Fischer/Gutzeit Grundfragen zu § 28 StGB, JA 1998, 41 ff.

Franke Strukturmerkmale der Schriftenverbreitungstatbestände des StGB, GA 1984, 470 ff.

Freund/Rostalski Strafrecht, Allgemeiner Teil (AT) personale Straftatlehre, 3. Aufl. 2019

Friedrich Strafbarkeit des Endabnehmers von Raubkopien, MDR 1985, 368 ff.

Friedrich Strafbare Beteiligung – akzessorische oder originäre Täterschaft?, FS für Triffterer 1996, S. 43 ff.

Frister Strafrecht Allgemeiner Teil (AT), 10. Aufl. 2023

Fuchs Strafrecht Allgemeiner Teil I (AT I), 8. Aufl. 2012

Gaede Die strafbare Beihilfe und ihre aktuellen Probleme – Die gelungene Prüfung der §§ 27 und 28 StGB, JA 2007, 757 ff.

Ganter Strafrechtliche Probleme im Urheberrecht, NJW 1986, 1479 f.

Geppert Begünstigung (§ 257 StGB), Jura 1980, 327 ff.

Geppert Die Beihilfe, Jura 1999, 266 ff.

Geyer Bemerkungen zu Entscheidungen des Reichsgerichts, ZStW 2 (1882), 299 ff.

Globke/Hettinger Zur vermeintlichen Mittäterschaft, FS für Kühl 2014, S. 213 ff.

Graalmann/Scherer Die Privilegierung des Freiers im Straf- und Ordnungswidrigkeitenrecht, GA 1995, 349 f.

Graul Zur Haftung eines (potentiellen Mittäters für die Vollendung bei Lossagung von der Tat im Vorbereitungsstadium, GS für Meurer 2002, S. 91 ff.

Greco Kausalitäts- und Zurechnungsfragen bei unechten Unterlassungsdelikten, ZIS 2011, 674 ff.

Gropp Deliktstypen mit Sonderbeteiligung, 1992

Gropp (Hrsg.) Besondere Ermittlungsmaßnahmen zur Bekämpfung der Organisierten Kriminalität, 1993

Gropp Rechtsvergleichender Querschnitt, in: Gropp (Hrsg.), Besondere Ermittlungsmaßnahmen zur Bekämpfung der Organisierten Kriminalität, 1993, S. 878 ff.

Gropp Die Mitglieder des Nationalen Verteidigungsrates als „Mittelbare Mit-Täter hinter den Tätern?", JuS 1996, 13 ff.

Gropp Zur Freiverantwortlichkeit des Suizids aus juristisch-strafrechtlicher Sicht, in Pohlmeier u. a. (Hrsg.), Suizid zwischen Medizin und Recht, 1996, S. 13 ff.

Gropp Besitzdelikte und periphere Beteiligung, FS für Otto 2007, S. 249 ff.

Gropp Die fahrlässige Verwirklichung des Tatbestandes einer strafbaren Handlung – miteinander oder nebeneinander, GA 2009, 265 ff.

Gropp/Küpper/Mitsch Fallsammlung zum Strafrecht, 2. Aufl. 2012

Haas Kritik der Tatherrschaftslehre, ZStW 119 (2007), 519 ff.

Hake Beteiligtenstrafbarkeit und „besondere persönliche Merkmale". Ein Beitrag zur Harmonisierung des § 28 StGB, 1994

Hartung „Der Badewannenfall", JZ 1954, 430 ff.

Hassemer Mord und Totschlag in Mittäterschaft, JuS 1990, 148 ff.

Hassemer Freistellung des Täters aufgrund von Drittverhalten, FS für Lenckner 1998, S. 97 ff.

Heckler Versuchsbeginn bei vermeintlicher Mittäterschaft, GA 1997, 72 ff.

Hefendehl Tatherrschaft in Unternehmen vor kriminologischer Perspektive, GA 2004, 575 ff.

Heine Täterschaft und Teilnahme in staatlichen Machtapparaten, JZ 2000, 920 ff.

Heinrich, B. Strafrecht – Allgemeiner Teil (AT), 7. Aufl. 2022

Heinrich, M. Rechtsgutszugriff und Entscheidungsträgerschaft, 2002

Heng-da Hsu Zur kausalitätsersetzenden Wirkung der fahrlässigen Mittäterschaft, ZIS 2021, 100 ff.

Herzberg Anstiftung und Beihilfe als Straftatbestände, GA 1971, 1 ff.

Herzberg Die Akzessorietät der Teilnahme, JuS 1975, 794 ff.

Herzberg Grundfälle zur Lehre von Täterschaft und Teilnahme – Fallbeispiel: Der abgelistete Schuss, JuS 1976, 40 ff.

Herzberg Täterschaft und Teilnahme, 1977

Herzberg Abergläubische Gefahrabwendung und mittelbare Täterschaft durch Ausnutzung eines Verbotsirrtums, Jura 1990, 16 ff.

Herzberg Mittelbare Täterschaft und Anstiftung in formalen Organisationen, in: Amelung (Hrsg.), Individuelle Verantwortung und Beteiligungsverhältnisse bei Straftaten in bürokratischen Organisationen des Staates, der Wirtschaft und der Gesellschaft 2000, S. 7 ff.

Herzberg Der Versuch, die Straftat durch einen anderen zu begehen, FS für Roxin 2001, S. 749 ff.

Herzberg Täterschafts und Teilnahme: eine systematische Darstellung, JuS 1977, 136 ff.

Herzog Kann ein bei der Haupttat Beteiligter sich in Ansehung derselben Tat einer Begünstigung schuldig gemacht haben?, GerS 29 (1878), 161 ff.

Hillenkamp Die Bedeutung von Vorsatzkonkretisierungen bei abweichendem Kausalverlauf, 1971

Hillenkamp/Cornelius 32 Probleme aus dem Strafrecht Allgemeiner Teil, 16. Aufl. 2023

Hillenkamp Über den „Ausnahmevorbehalt" zu § 25 I 1. Alt. StGB, FS für Schünemann 2014, S. 407 ff.

Hippel, v. Deutsches Strafrecht, Bd. II: Das Verbrechen. Allgemeine Lehren, 1930

Hirsch Zur Notwendigkeit der Auslegungsänderung und Neufassung der Teilnahmeregelung bei „besonderen persönlichen Merkmalen", FS für Schreiber 2005, S. 153 ff.

Horn Das „Inverkehrbringen" als Zentralbegriff des Nebenstrafrechts, NJW 1977, 2330 ff.

Jakobs Strafrecht, Allgemeiner Teil: die Grundlagen und die Zurechnungslehre (AT), 2. Aufl. 1991

Jakobs Zur täterschaftlichen Verantwortlichkeit der Mitglieder des Nationalen Verteidigungsrates der früheren DDR für die Tötung von Flüchtlingen, NStZ 1995, 26 f.

Jakobs Objektive Zurechnung bei mittelbarer Täterschaft durch ein vorsatzloses Werkzeug, GA 1997, 553 ff.

Jäger Examens-Repetitorium Strafrecht Allgemeiner Teil (AT), 11. Aufl. 2024

Jescheck/Weigend Lehrbuch des Strafrechts, Allgemeiner Teil (AT), 5. Aufl. 1996

Joecks/Jäger Strafgesetzbuch, Studienkommentar (StK), 13. Aufl. 2021

Joerden Strukturen des strafrechtlichen Verantwortlichkeitsbegriffs: Relationen und ihre Verkettungen, 1988.

Kamm Die fahrlässige Mittäterschaft, 1999

Kamm Die fahrlässige Mittäterschaft, GA 2000, 392 ff.

Kindhäuser Zur Bestimmtheit des Gehilfenvorsatzes, NStZ 1997, 273 ff.

Kindhäuser Zum Begriff der Beihilfe, FS für Otto 2007, S. 355 ff.

Kindhäuser/Zimmermann Strafrecht, Allgemeiner Teil (AT), 11. Aufl. 2024

Kindhäuser Zur limitierten Akzessorietät der Teilnahme, GS für Tröndle 2019, S. 295 ff.

KK-OWiG-Bearbeiter = Karlsruher Kommentar zum Ordnungswidrigkeitengesetz, 5. Aufl. 2018

Koch Grundfälle zur mittelbaren Täterschaft, § 25 I Alt. 2 StGB, JuS 2008, 496 ff.

Kraatz Die fahrlässige Mittäterschaft, 2006

Krack Der Versuchsbeginn bei Mittäterschaft und mittelbarer Täterschaft, ZStW 110 (1998), 611 ff.

Krack Die Münzhändlerkonstellation – Eine Fallgruppe für die Unterlassungsdelikte?, ZStW 117 (2005), 555

Krack Unmittelbares Ansetzen durch einen nur vermeintlichen Tatmittler?, GS für Eckert 2008, S. 467 ff.

Kretschmer Mittelbare Täterschaft – Irrtümer über die tatherrschaftsbegründende Situation, Jura 2003, 535 ff.

Krey Rechtsprobleme des strafprozessualen Einsatzes Verdeckter Ermittler, 1993

Krey/Esser Deutsches Strafrecht, Allgemeiner Teil (AT), 7. Aufl. 2022

Kudlich Zum Problem der „neutralen Beihilfe" im Rahmen der Mitwirkung eines Angestellten eines Kreditinstituts bei der Steuerhinterziehung durch Geldtransfer ins Ausland, JZ 2000, 1178 ff.

Kühl Versuchsstrafbarkeit und Versuchsbeginn, FS für Küper 2007, S. 289 ff.

Kühl Strafrecht Allgemeiner Teil (AT), 8. Aufl. 2017

Kühl Täterschaft und Teilnahme, JA 2014, 668 ff.

Küper Versuchsbeginn und Mittäterschaft, 1978

Küper Die dämonische Macht des „Katzenkönigs" oder – Probleme des Verbotsirrtums und Putativnotstandes an den Grenzen strafrechtlicher Begriffe, JZ 1989, 617 ff.

Küper Konvergenz: Die gemeinschaftliche Körperverletzung im System der Konvergenzdelikte, GA 1997, 301 ff.

Küper Die „Sphinx" des § 28 Abs. 2 StGB. Zurechnungs- oder Strafzumessungsnorm?, FS für Jakobs 2007, S. 311 ff.

Küper Anmerkungen zum Irrtum über die Beteiligungsform, FS für Roxin 2011, S. 895 ff.

Küpper Grenzen der normativierenden Strafrechtsdogmatik, 1990

Küpper Mord und Totschlag in Mittäterschaft, JuS 1991, 639 ff.

Küpper Mittäterschaft schon bei Beteiligung nur im Vorbereitungsstadium der Tat?, NStZ 1995, 331 ff.

Küpper Besondere Erscheinungsformen der Anstiftung, JuS 1996, 23 ff.

Küpper Zur Abgrenzung der Täterschaftsformen, GA 1998, 520 ff.

Küpper/Börner Strafrecht Besonderer Teil 1 (BT 1) 4. Aufl., 2017

Lackner/Kühl/Heger-Bearbeiter Strafgesetzbuch: Kommentar, 30. Aufl. 2023

Lenckner Das Zusammentreffen von strafbarer und strafloser Begünstigung, JuS 1962, 303 ff.

Lesch Gemeinsamer Tatentschluß als Voraussetzung der Mittäterschaft?, JA 2000, 73 ff.

Liszt, v./Schmidt, Lehrbuch des deutschen Strafrechts (LB), 25. Aufl. 1927

LK11-Bearbeiter = Laufhütte/Rissing-van Saan (Hrsg.), Leipziger Kommentar, Strafgesetzbuch, Bd. 1, 11. Aufl. 2003

LK11-Bearbeiter = Jähnke/Laufhütte/Odersky (Hrsg.), Leipziger Kommentar, Strafgesetzbuch, Bd. 5, 11. Aufl. 2005

LK12-Bearbeiter = Laufhütte/Rissing-van Saan (Hrsg.), Leipziger Kommentar, Strafgesetzbuch, Bd. 1, 12. Aufl. 2007

LK-Bearbeiter = Cirener/Radtke/Rissing-van Saan/Rönnau/Schluckebier (Hrsg.), Leipziger Kommentar, Strafgesetzbuch, Bd. 2, 13. Aufl. 2021

LK-Bearbeiter = Cirener/Radtke/Rissing-van Saan/Rönnau/Schluckebier (Hrsg.), Leipziger Kommentar, Strafgesetzbuch, Bd. 7, 13. Aufl. 2021

LK-Bearbeiter = Cirener/Radtke/Rissing-van Saan/Rönnau/Schluckebier (Hrsg.), Leipziger Kommentar, Strafgesetzbuch, Bd. 11, 13. Aufl. 2023

LK-*Bearbeiter* = Cirener/Radtke/Rissing-van Saan/Rönnau/Schluckebier (Hrsg.), Leipziger Kommentar, Strafgesetzbuch, Bd. 13, 13. Aufl. 2022

Lüderssen Zum Strafgrund der Teilnahme, 1967

Magata Die Entwicklung der Lehre von der notwendigen Teilnahme, Jura 1999, 246 ff.

Maiwald Der Zueignungsbegriff im System der Eigentumsdelikte, 1970

Maiwald Historische und dogmatische Aspekte der Einheitstäterlösung, Festschrift für Bockelmann 1979, S. 343 ff.

Maurach Deutsches Strafrecht, Allgemeiner Teil (AT), 1. Aufl. 1954

Maurach/Gössel/Zipf Strafrecht Allgemeiner Teil, Teilband 2 (AT 2), 8. Aufl. 2014

Maurach/Schroeder/Maiwald Strafrecht Besonderer Teil 2 (BT 2), 10. Aufl. 2012

Mayer, M. E. Die Befreiung von Gefangenen, 1906

Mitsch Straflose Provokation strafbarer Taten, 1986

Mitsch Buchbesprechung: Zum Bewertungsirrtum über die Rechtswidrigkeit des Angriffs bei Notwehr, ZStW 110 (1998), 187 ff.

Mitsch Fahrlässigkeit und Straftatsystem, JuS 2001, 110 ff.

Mitsch Strafrecht Besonderer Teil 2 (BT 2/1), 3. Aufl. 2015

Mitsch Recht der Ordnungswidrigkeiten (OWiG), 2. Aufl. 2005

Mitsch Nichts ging los im „Münzhändler-Fall", FS für Kühne 2013, S. 31 ff.

Mitsch Aussagedelikte und Dolmetscher, ZfIStw 2022, 35 ff.

MüKo-*Bearbeiter* = Erb/Schäfer (Hrsg.), Münchener Kommentar zum Strafgesetzbuch, Bd. 1, 4. Aufl. 2020

Moos, Objektive Zurechnung und sozialadäquates Verhalten bei wertneutraler Gehilfenschaft, FS für Trechsel 2002, S. 477 ff.

Muños Conde Willensherrschaft kraft organisatorischer Machtapparate im Rahmen „nichtgelöster" Organisationen?, FS für Roxin 2001, S. 609 ff.

Murmann Tatherrschaft durch Weisungsmacht, GA 1996, 269 ff.

Murmann Zum Tatbestand der Beihilfe, JuS 1999, 548 ff.

Murmann Grundkurs Strafrecht (GK), 8. Aufl. 2024

Nibbeling Gekreuzte Mordmerkmale: Noch einmal – Der Klassiker „Katzenkönig-Fall" BGHSt 35, 347, JA 1995, 216 f.

Niedermair Straflose Beihilfe durch neutrale Handlungen?, ZStW 107 (1995), 507 ff.

Niese Die finale Handlungslehre und ihre praktische Bedeutung, DRiZ 1952, 21 ff.

NK-StGB-*Bearbeiter* = Kindhäuser/Neumann/Paeffgen/Saliger (Hrsg.), Nomos-Kommentar zum StGB, Bd. 1, 6. Aufl. 2023

Noll Die Teilnahme durch Unterlassen und das Akzessorietätsprinzip, ZStW 130 (2018), 1007 ff.

Osnabrügge Die Beihilfe und ihr Erfolg. Zur objektiven Beziehung zwischen Hilfeleistung und Haupttat in § 27 StGB, 2002

Otto Eigenverantwortliche Selbstschädigung und -gefährdung sowie einverständliche Fremdschädigung und -gefährdung, FS für Tröndle 1989, S. 157 ff.

Otto Jura-Kartei (JK) 1997, 1999

Otto Vorgeleistete Strafvereitelung durch berufstypische oder alltägliche Verhaltensweisen als Beihilfe, FS für Lenckner 1998, S. 193 ff.

Otto Das Strafbarkeitsrisiko berufstypischen, geschäftsmäßigen Verhaltens, JZ 2001, 436 ff.

Otto Mittelbare Täterschaft und Verbotsirrtum, FS für Roxin 2001, S. 483 ff.

Otto Täterschaft kraft organisatorischen Machtapparates, Jura 2001, 759 ff.

Otto Besondere persönliche Merkmale im Sinne des § 28 StGB, Jura 2004, 469 ff.

Otto Grundkurs Strafrecht, Allgemeine Strafrechtslehre (GK-AT), 7. Aufl. 2004

Otto Straflose Teilnahme?, FS für Lange 1976, S. 197 ff.

Otto Beihilfe durch Unterlassen, JuS 2017, 289 ff.

Puppe Der objektive Tatbestand der Anstiftung, GA 1984, 101 ff.

Puppe Wie wird man Mittäter durch konkludentes Verhalten?, NStZ 1991, 571 ff.

Puppe Wider die fahrlässige Mittäterschaft, GA 2004, 129 ff.

Puppe Der gemeinsame Tatplan der Mittäter, ZIS 2007, 234 ff.

Puppe Das sog. gerechtfertigte Werkzeug, FS für Küper 2007, S. 443 ff.

Puppe Strafrecht Allgemeiner Teil im Spiegel der Rechtsprechung (AT), 5. Aufl. 2023

Puppe Die Architektur der Beteiligungsformen, GA 2013, 514 ff.

Putzke Pflichtdelikte und objektive Zurechnung, FS für Roxin 2011, S. 425 ff.

Ranft Zur strafrechtlichen Verantwortlichkeit der Mitglieder des Politbüros, JZ 2003, 582 ff.

Ransiek Pflichtwidrigkeit und Beihilfeunrecht, wistra 1997, 41 ff.

Rengier Strafrecht Allgemeiner Teil (AT), 16. Aufl. 2024

Renzikowski Restriktiver Täterbegriff und fahrlässige Beteiligung, 1997

Renzikowski Die fahrlässige Mittäterschaft, FS für Otto 2007, S. 423 ff.

Renzikowski Die fahrlässige Mittäterschaft, ZIS 2021, 92 ff.

Riklin Anstiftung durch Fragen, GA 2006, 361 ff.

Roger Die sog. Zumessungslösung zu § 28 II StGB: ihre (zweifelhafte) Berechtigung und ihre Bedeutung für die Vorfeldbestrafung (§ 30 StGB), GA 2013, 694 ff.

Rönnau Grundwissen – Strafrecht: Versuchsbeginn bei Mittäterschaft, mittelbarer Täterschaft und unechten Unterlassungsdelikten, JuS 2014, 109 ff.

Rotsch Die Rechtsfigur des Täters hinter dem Täter bei der Begehung von Straftaten im Rahmen organisatorischer Machtapparate und ihre Übertragbarkeit auf wirtschaftliche Organisationsstrukturen, NStZ 1998, 491 ff.

Rotsch Tatherrschaft kraft Organisationsherrschaft?, ZStW 112 (2000), 518 ff.

Rotsch „Neutrale Beihilfe" Zur Fallbearbeitung im Gutachten, Jura 2004, 14 ff.

Rotsch Neues zur Organisationsherrschaft, NStZ 2005 13 ff.

Rotsch Der ökonomische Täterbegriff, ZIS 2007, 260 ff.

Rotsch „Einheitstäterschaft" statt Tatherrschaft, 2009

Rotsch „Gemeinsames Versagen" Zu Legitimität und Legalität der fahrlässigen Mittäterschaft, FS für Puppe 2011, S. 887 ff.

Rotsch Zur Abgrenzung von mittelbarer Täterschaft und Anstiftung bei der Veranlassung eines schuldunfähigen Kindes zur Tat (zugl. Besprechung von BGH 5 StR 200/23), ZfIStw 2024, 292 ff.

Roxin Zum Strafgrund der Teilnahme, FS für Stree/Wessels 1993, S. 365 ff.

Roxin Was ist Beihilfe?, FS für Miyazawa, 1995, S. 501 ff.

Roxin Zur Bestimmtheit des Teilnehmervorsatzes, FS für Salger 1995, S. 129 ff.

Roxin Anmerkung von BGH, Urteil v. 26.07.1994-5 StR 98/94, JZ 1995, 49 ff.

Roxin Zur Mittäterschaft beim Versuch, FS für Odersky 1996, S. 489 ff.

Roxin Anmerkung von BGH, Urteil v. 18.04.1996 - 1 StR 14/96, JZ 1997, 210 ff.

Roxin Probleme von Täterschaft und Teilnahme bei organisierter Kriminalität, FS für Grünwald 1999, S. 549 ff.

Roxin Die Abgrenzung von Täterschaft und Teilnahme in der höchstrichterlichen Rechtsprechung, in: C.-W. Canaris u. a. (Hrsg.), 50 Jahre Bundesgerichtshof, 2000, S. 177 ff.

Roxin Individuelle Verantwortung und Beteiligungsverhältnisse bei Straftaten in bürokratischen Organisationen des Staates, der Wirtschaft und der Gesellschaft, in: Amelung (Hrsg.) 2000, S. 55 ff.

Roxin Strafrecht Allgemeiner Teil, Band 2 (AT 2), Besondere Erscheinungsformen der Straftat, 2003

Roxin Täterschaft und Tatherrschaft, 11. Aufl. 2022

Roxin Organisationsherrschaft als eigenständige Form mittelbarer Täterschaft, SchwZStrR 2007, 1 ff.

Roxin Zur neuesten Diskussion über die Organisationsherrschaft, GA 2012, 395 ff.

Rudolphi Fälle zum Strafrecht, Allgemeiner Teil, 5. Aufl. 2000

Samson Die Kausalität der Beihilfe, FS für Peters 1974, S. 123 ff.

Satzger Die Ausweitung der (Mit-)Täterschaft – Besorgnis erregende Entwicklungen (nur) im Völkerstrafrecht?, FS für Volk 2009, S. 649 ff.

Schaffstein Die Risikoerhöhung als objektives Zurechnungsprinzip im Strafrecht, insbesondere bei der Beihilfe, FS für Honig 1970, S. 169 ff.

Schaffstein Der Täter hinter dem Täter bei vermeidbarem Verbotsirrtum und verminderter Schuldfähigkeit des Tatmittlers, NStZ 1989, 153 ff.

Schall Strafloses Alltagsverhalten und strafbares Beihilfeunrecht, GS für Meurer 2002, S. 103 ff.

Schild Täterschaft als Tatherrschaft, 1994

Schild Tatherrschaftslehren, 2009

Schlösser Soziale Tatherrschaft, 2004

Schlösser Mittelbare individuelle Verantwortlichkeit im Völkerstrafrecht, 2004

Schlösser Der Täter hinter dem Gehilfen, JR 2006, 102 ff.

Schlösser Organisationsherrschaft durch Tun und Unterlassen, GA 2007, 161 ff.

Schlösser Zur Strafbarkeit des Betriebsrates nach § 119 BetrVG – ein Fall straffreier notwendiger Teilnahme?, NStZ 2007, 562 ff.

Schlösser Täterschaft kraft Sinnstiftung, NStZ 2022, 335 ff.

Schlüchter Fit im Recht. Strafrecht Allgemeiner Teil (AT), 3. Aufl. 2000

Schmidhäuser Strafrecht Allgemeiner Teil. Studienbuch (StB), 2. Aufl. 1984

Schmidhäuser Form und Gehalt der Strafgesetze, 1988

Schmoller Sukzessive Beteiligung und Einheitstäterschaft, GS für Zipf 1999, S. 295 ff.

Schmoller Sukzessive Beteiligung, Kansai University Review of Law and Politics, 2002, 35 ff.

Schmoller Erhaltenswertes der Einheitstäterschaft, GA 2006, 365 ff.

Schönke/Schröder, *Bearbeiter*, in: = Schönke/Schröder, Strafgesetzbuch, 30. Aufl. 2019

Schroeder Der Täter hinter dem Täter, 1965

Schroeder Der Sprung des Täters hinter dem Täter aus der Theorie in die Praxis, in: Hoyer, Andreas (Hrsg.) Friedrich-Christian Schroeder. Beiträge zur Gesetzgebungslehre und zur Strafrechtsdogmatik, 2001, S. 189 ff.

Schünemann Der Begriff der sog. Einheitstäterschaft im Strafrecht – Kritik eines dogmatischen Monstrums, GA 2020, 224 ff.

Schumann Der Einheitstäterbegriff des § 14 OWiG, 1979

Schumann Strafrechtliches Handlungsunrecht und das Prinzip der Selbstverantwortung der Anderen, 1986

Schumann Zur Abgrenzung von mittelbarer Täterschaft und Anstiftung, wenn der Tatmittler sich in einem vermeidbaren Verbotsirrtum befindet, NStZ 1990, 32 ff.

Seier Der Einheitstäter im Strafrecht und im Gesetz über Ordnungswidrigkeiten, JA 1990, 142 ff., 382 ff.

Seier Der willfährige Arzt, JuS 2000, Lernbogen L 85 ff.

Sinn Straffreistellung aufgrund von Drittverhalten – Zurechnung und Freistellung durch Macht, 2007

Sinn Zur Abgrenzung der mittelbaren Täterschaft von der (versuchten) Anstiftung bei der Veranlassung eines schuldunfähigen Kindes (§ 19 StGB) zur Tat (zugl. Besprechung von BGH 5 StR 200/23), ZJS 2024, 591 ff.

SK-*Bearbeiter* = Systematischer Kommentar zum Strafgesetzbuch, hrsg. von Wolter und Hoyer, Bd. I, 10. Aufl. 2025; Bd. III, 9. Aufl. 2019; Bd. IV, 10. Aufl. 2024; Bd. V, 9. Aufl. 2019

Sowada Die „notwendige Teilnahme" als funktionales Privilegierungsmodell im Strafrecht, 1992

Spendel Zum Begriff der Täterschaft, FS für Lüderssen 2002, S. 605 ff.

SSW-*Bearbeiter* = Satzger/Schluckebier/Werner Strafgesetzbuch, Kommentar, 6. Aufl. 2024

Stein Die strafrechtliche Beteiligungsformenlehre, 1988

Stoffers Streitige Fragen der psychischen Beihilfe im Strafrecht, Jura 1993, 11 ff.

Stratenwerth/Kuhlen Strafrecht Allgemeiner Teil (AT), Die Straftat, 6. Aufl. 2011

Stree Begünstigung, Strafvereitelung und Hehlerei – Betrachtungen zur Neuregelung, JuS 1976, 137 ff.

Streng Wie „objektiv" ist der objektive Versuchstatbestand?, GS für Zipf 1999, S. 325 ff.

Toyota Hitsuyoteki Kyohan (Notwendige Teilnahme), Ritsumeikan Law Review Nr. 263 ff. = Ritsumeikan Law Review 1999 Nr. 1 ff.

Ulsenheimer Zumutbarkeit normgemäßen Verhaltens bei Gefahr eigener Strafverfolgung, GA 1972, 1 ff.

Walther, S. Eigenverantwortlichkeit und strafrechtliche Zurechnung, 1991.

Weber Probleme der Versuchsstrafbarkeit bei mehreren Tatbeteiligten, FS für Lenckner 1998, S. 435 ff.

Weigend Über die Begründung der Straflosigkeit bei Einwilligung des Betroffenen, ZStW 98 (1986), 44 ff.

Weigend Grenzen strafbarer Beihilfe, FS für Nishihara 1998, S. 197 ff.

Weißer Gibt es eine fahrlässige Mittäterschaft?, JZ 1998, 230 ff.

Welzel Das Deutsche Strafrecht (LB), 11. Aufl. 1969

Wessels/Beulke/Satzger Strafrecht Allgemeiner Teil (AT), 54. Aufl. 2024

Wessels/Hillenkamp/Schuhr Strafrecht Besonderer Teil 2 (BT 2), 46. Aufl. 2023

Wohlers Hilfeleistung und erlaubtes Risiko – zur Einschränkung der Strafbarkeit gemäß § 27 StGB, NStZ 2000, 169 ff.

Wolter Notwendige Teilnahme und straflose Beteiligung, JuS 1982, 345 ff.

Yamanaka Objektive Zurechnung bei neutralen Beihilfehandlungen, FS für Jakobs 2007, S. 767 ff.

Zaczyk Die „Tatherrschaft kraft organisatorischer Machtapparate" und der BGH, GA 2006, 411 ff.

Zieschang Mittäterschaft bei bloßer Mitwirkung im Vorbereitungsstadium?, ZStW 107 (1995), 361 ff.

Zieschang Der Begriff „Hilfeleisten" in § 27 StGB, FS für Küper 2007, S. 733 ff.

Zieschang Gibt es den Täter hinter dem Täter?, FS für Otto 2007, S. 505 ff.

Zoll Strafbare Beteiligung an Sonderdelikten im polnischen Strafrecht, FS für Triffterer 1996, S. 275 ff.

§ 11 Unterlassen

Dachgeschossbrand-Fall – BGH 1 StR 175/70, bei *Dallinger* MDR 1971, 361 f.:[1]   **1**
Im teilweise ausgebauten Dachgeschoss eines Hauses, in dem A mit seiner Familie zwei Zimmer bewohnte, war zu nächtlicher Stunde aus nicht aufzuklärender
Ursache ein offener Brand ausgebrochen, und zwar in unmittelbarer Nähe eines
Mansardenzimmers, in dem der zweijährige Sohn und die ein halbes Jahr alte
Tochter des A schliefen. Auch A selbst hielt sich zu dem fraglichen Zeitpunkt
wach und voll angekleidet […] in dem Dachgeschosszimmer auf. Als der Brand
um sich griff, nahm A die Kinder aus ihren Betten und trat […] mehrfach an das
offene (einzige) Fenster des Raumes und rief „Feuer" und „Wo ist die Feuerwehr?" Diese war inzwischen bereits alarmiert. Am Brandplatz fand sich eine
Reihe von Menschen ein. Drei kräftige junge Männer stellten sich mit auffang-
bereiten Armen unter das Fenster und riefen dem A immer wieder laut zu, er
solle das Kind herabwerfen. Dieses heulte und strampelte heftig, während es der
Vater auf dem Arm hielt. Von dem Fenster ging es (gemessen vom unteren
Fenstersims an) 6,30 m in die Tiefe bis zur asphaltierten, unbeleuchteten Straße,
die ohne Gehsteig bis unmittelbar an das Wohnhaus heranreichte. A konnte sich
zu keinem Entschluss durchringen.
   Die Flammen breiteten sich rasch aus, zumal die Wände und die Decke des   **2**
Mansardenzimmers aus leicht brennbaren Sperrholzplatten bestanden. Bald
wurde eine Flucht aus dem Zimmer über den brennenden Vorraum und die in
Flammen stehende Treppe unmöglich. Nach der sicheren Überzeugung des Tatrichters hätten jedoch die vor dem Hause stehenden Menschen, insbesondere die
drei unter dem Fenster mit erhobenen Armen wartenden Männer, die Kinder so
auffangen können, „dass sie mit fast absoluter Gewissheit jedenfalls am Leben

---

[1] Mit Anm. *Geilen* JZ 1973, 320 ff. (321 f.); *Herzberg* MDR 1971, 881 ff.; *Schlüchter* JuS 1976,
793 ff.; *Spendel* JZ 1973, 137 ff.; *Ulsenheimer* JuS 1972, 252 ff.

© Der/die Herausgeber bzw. der/die Autor(en), exklusiv lizenziert an   517
Springer-Verlag GmbH, DE, ein Teil von Springer Nature 2025
A. Sinn, *Strafrecht Allgemeiner Teil*, Springer-Lehrbuch,
https://doi.org/10.1007/978-3-662-71556-7_11

geblieben wären", vorausgesetzt, dass A mit der von ihm zu fordernden Sorgfalt gehandelt hätte. A erkannte, dass ein Belassen der Kinder in dem brennenden Zimmer in allerkürzester Zeit deren sicheren Tod bedeutete. Es war ihm bewusst, dass auf rechtzeitige andere Hilfe von außen nicht mehr zu hoffen war und „dass er als der mit seinen Kindern in dem brennenden Zimmer eingeschlossene Vater der einzige Mensch war, der mindestens noch eine mit ziemlicher Erfolgsaussicht verbundene Chance hatte, die beiden Kinder lebend zu bergen", indem er sie aus dem Fenster des Dachgeschosses fallen ließ. Trotzdem konnte sich A zu der – auch aus seiner Sicht – allein noch in Betracht kommenden Rettungshandlung wegen des damit verbundenen Risikos nicht entschließen. Möglicherweise hörte A von der Straße auch nur unbestimmte Rufe, ohne einzelne Worte zu verstehen, und sah wegen der Dunkelheit unten nicht die drei jungen Männer. Er fürchtete (unwiderlegt), „seine Kinder dadurch zu verletzen oder sogar ungünstigstenfalls ihren Tod herbeizuführen, dass er sie aus der ihm bekannten Höhe nach unten warf".

3   A war unschlüssig und ratlos. Als dann plötzlich dichter Qualm von hinten in das Zimmer drang und die Flammen bereits bis nahe an das Fenster heranschlugen, rannte er – infolge der starken Rauchentwicklung hustend – ans Fenster; die Kinder ließ er zurück. A bangte jetzt um sein eigenes Leben; er glaubte – wenn er nicht selbst in den Flammen umkommen wolle – keine Zeit mehr für irgendwelche Handlungen zur Rettung seiner Kinder zu haben. A kletterte aus dem Fenster und ließ sich nach unten fallen. Die unten stehenden Personen sprangen zur Seite, als sie bemerkten, dass A selbst herabstürzte. In diesem Augenblick fuhr das erste Löschfahrzeug der Feuerwehr vor. A erlitt neben einer leichten Gehirnerschütterung einige Verletzungen und blieb bewusstlos auf der Straße liegen. Die beiden Kinder kamen in dem Zimmer durch den Brand ums Leben. ◄

A. Grundfragen

4   In den bisher besprochenen Fällen hatte der Täter die tatbestandsmäßige Veränderung in der Außenwelt (Erfolg) jeweils durch ein Tun bewirkt. Auch die ganz überwiegende Anzahl der im Strafgesetzbuch und im Nebenstrafrecht beschriebenen strafbaren Verhaltensweisen haben ein Tun zum Inhalt. Dies liegt daran, dass in einer Rechtsordnung, die sich als Friedensordnung versteht, das Unterlassen die Grundform *rechtskonformen* Verhaltens darstellt. Wer nichts tut, tut in der Regel auch nichts Unrechtes, „wer schläft, der sündigt nicht".[2] Auch kann eine Verpflichtung zu aktivem Handeln nicht jedermann beliebig auferlegt werden. Es finden sich deshalb nur ganz wenige Tatbestände, in denen ein strafbares Unterlassen beschrieben wird, z. B. die unterlassene Hilfeleistung (§ 323c), die Nichtanzeige geplanter Straftaten (§ 138) oder das Unterlassen des Sichentfernens nach einer entsprechenden Aufforderung beim Hausfriedensbruch, § 123 I 2. Var.

---

[2] Vgl. auch *Isensee* in „Die Welt" vom 30.06.1997, S. 7: „Die Begründungslast hat der Veränderer"; zur „Bescheidenheit" des Strafrechts insoweit *Arzt* FS Rudolphi, S. 3 ff.

Nach *Jakobs*[3] ist die Haftung für Unterlassen mit der für Tun hingegen kongruent. Die Haftung für Tun wie für Unterlassen beruhe auf derselben Organisationszuständigkeit, sei es eine Zuständigkeit[4] wegen des negativen Status (die Pflicht, andere nicht zu verletzen), sei es diejenige wegen eines positiven Status (die Pflicht zu einer ganz oder ausschnittsweise gemeinsamen Weltgestaltung). *Jakobs* gelingt so eine bruchlose normative Begründung für die Gleichwertigkeit von Tun und Unterlassen in bestimmten Situationen. Davon unabhängig besteht jedoch nach wie vor Begründungsbedarf, *wann* eine Organisationszuständigkeit – sei es für Tun, sei es für Unterlassen – anzunehmen ist.

Auf einer machttheoretischen Grundlage (§ 2 Rn. 128 ff.) besteht der Normbruch in der nicht erfüllten *Erwartung*, dass Handlungsmacht aktualisiert wird. Der Täter wird bestraft, weil er aktuell die Macht hatte, die Veränderung in der Außenwelt zu verhindern. Wo der Einsatz von Macht zur Erhaltung des gesellschaftlichen Friedens eingefordert wird, trägt Macht zur Bestätigung des Rechts, der Norm und damit zur Gesellschaftsstabilisierung selbst bei.[5]   **5**

I. Echte und unechte Unterlassungsstraftaten

Von *echten* Unterlassungsstraftaten (delicta omissiva) spricht man, wenn das   **6** strafbare *Unterlassen unmittelbar in der Strafvorschrift beschrieben* wird. Dies ist bei den soeben genannten Strafvorschriften (§§ 323c, 138, 123 I 2. Alt. und §§ 174 ff. [jeweils in der Tatmodalität „an sich vornehmen lassen"]) gegeben. Täter einer echten Unterlassungsstraftat kann jedermann sein. Insofern unterscheiden sie sich nicht von den Begehungsstraftaten. Ebenso wie bei den Begehungsstraftaten reicht auch die in den Strafvorschriften der echten Unterlassungsstraftaten enthaltene Verhaltensbeschreibung zur Begründung des rechtsrelevanten Unwertes hin.

Unechte Unterlassungsstraftaten (delicta commissiva per omissionem) sind als   **7** solche weder im Strafgesetzbuch noch im Nebenstrafrecht gesetzlich umschrieben.[6] *Inhaltlich* gehen sie daher aus Begehungsstraftaten hervor, die auf eine Veränderung in der Außenwelt gerichtet sind (*Erfolgs*straftaten), wobei die Veränderung jedoch nicht auf ein Tun, sondern auf ein *Unterlassen* bezogen wird.[7]

---

[3] *Jakobs* 1996, S. 36 f., 42 f.; vgl. auch *Freund* FS Herzberg, S. 225 ff.

[4] Vgl. auch *Kahlo* GA 1987, 66 ff. (71): begehungsgleiches *Bewirken* durch Entziehen einer nach der gemeinsamen praktischen Vernunft zustehenden Rettungsmöglichkeit trotz Zuständigkeit aus besonderem Grund für die Abwendung der Gefahr.

[5] *Sinn* 2007, S. 304.

[6] Nach *Jescheck/Weigend* AT § 58 III charakterisiert die unechten Unterlassungsstraftaten, dass sie die Herbeiführung einer Veränderung in der Außenwelt durch Unterlassen voraussetzen. Dann gibt es auch gesetzlich formulierte Unterlassungsstraftaten, die dennoch unechte sind, vgl. § 315c I Nr. 2 g i. V. m. III (Straßenverkehrsgefährdung durch Nichtkenntlichmachen von haltenden und liegengebliebenen Fahrzeugen); dazu auch *Hecker*, in: Schönke/Schröder § 315c Rn. 24 f.

[7] Die *formale* Unterscheidung, nach der echte Unterlassungsstraftaten als solche in den Strafgesetzen in Erscheinung treten, während dies bei den unechten nicht der Fall ist, tritt nach *Jescheck/Weigend* a. a. O. als eher zufällige Begleiterscheinung in den Hintergrund.

8   A kann den gelähmten B töten, indem er ihn erdrosselt. Er kann ihn aber auch dadurch töten, dass er es unterlässt, ihn mit Nahrung zu versorgen.

9   Wenn B verdurstet und verhungert, dann fragte es sich, ob A § 212 I verwirklicht hat. Voraussetzung wäre, dass A i. S. von § 212 I „getötet" hat. Obwohl § 212 I die Aktivform „Töten" als Tathandlung enthält, war man sich im deutschen Strafrecht darin einig, dass darunter auch die vorsätzliche Herbeiführung des Todes eines Menschen *durch Unterlassen* zu verstehen sei, wenn weitere *besondere Voraussetzungen* gegeben sind. ◄

10   Diese „besonderen Voraussetzungen" sind seit dem Allgemeinen Teil von 1975 in § 13 formuliert.

§ 13 Begehen durch Unterlassen

11   (1) Wer es unterlässt, einen Erfolg abzuwenden, der zum Tatbestand eines Strafgesetzes gehört, ist nach diesem Gesetz nur dann strafbar, wenn er rechtlich dafür einzustehen hat, dass der Erfolg nicht eintritt, und wenn das Unterlassen der Verwirklichung des gesetzlichen Tatbestandes durch ein Tun entspricht.

(2) Die Strafe kann nach § 49 Abs. 1 gemildert werden.

12   Der Obersatz einer unechten Unterlassungsstraftat setzt sich somit aus der gesetzlichen Unwertbeschreibung einer Straftat, die eine Veränderung in der Außenwelt beschreibt (Erfolgsstraftat) und den spezifischen Voraussetzungen in § 13 zusammen. Schon im Obersatz muss deshalb bei der Nennung des konkreten Sachverhalts auf ein Unterlassen abgestellt werden. § 13 enthält im Wesentlichen *zwei Komponenten*:

13   • Einen besonderen Status, der den Unterlassenden zum *Garanten* für den Nichteintritt der Veränderung in der Außenwelt (des Erfolges) macht. Aus jener *Garantenstellung* folgt die *Erfolgsvermeidepflicht*, die sog. *Garantenpflicht* als Gegenstück zur Unterlassungspflicht bei den Begehungsstraftaten.

14   In *Leitfall 11* ist es die Stellung als *Vater*, die A zur Vermeidung des Todeseintritts bei seinen beiden Kindern verpflichtete.

15   • Die Verwirklichung des tatbestandsmäßigen Unwertes durch Unterlassen muss derjenigen durch aktives Tun *entsprechen* (sog. *Entsprechens-Formel*, § 13 I). Jene Entsprechens-Formel erlangt bei sog. *verhaltensgebundenen* Straftaten Bedeutung (Rn. 178 ff.). Bei Straftaten, deren Unwertbeschreibung sich in der Herbeiführung einer Veränderung in der Außenwelt erschöpft, spielt sie hingegen keine Rolle.

16   In *Leitfall 11* entspricht daher das Verbrennenlassen der Kinder ohne Weiteres dem „Töten" i. S. von § 212 I. ◄

II. Verfassungsrechtliche Zulässigkeit unechter Unterlassungsstraftaten?

Bis zur Einfügung des § 13 durch das 2. StrRG von 1975 in das StGB stieß die An- **17** erkennung und Anwendung unechter Unterlassungsstraftaten durch die Praxis in theoretischer Hinsicht unter zwei Gesichtspunkten auf Bedenken:

Zum einen ließ sich das Argument nicht ohne Weiteres entkräften, dass hier **18** durch Umformulierung der aktiven Handlungsbeschreibungen zu „Erfolgsverursachungen durch Unterlassen" gegen das *Analogieverbot* verstoßen werde, und zum anderen ließ sich das Fehlen einer schriftlichen Fixierung der näheren *Voraussetzungen* für eine Gleichstellung des Unterlassens mit dem aktiven Tun nur schwer mit dem Bestimmtheitsgrundsatz (*lex scripta* und *lex certa*)[8] vereinbaren.[9]

Mit § 13 sind zumindest die Bedenken hinsichtlich des Analogieverbotes in den **19** Hintergrund getreten. Eine Schwachstelle bildet indessen noch immer das Bestimmtheitserfordernis. Denn die Formulierung in § 13, dass der Täter rechtlich dafür *einzustehen* habe, dass der Erfolg nicht eintritt, und dass das Unterlassen der Verwirklichung der Strafvorschrift („des gesetzlichen Tatbestandes") durch ein Tun *entsprechen* müsse, gibt noch keine Auskunft darüber, *wann* diese Voraussetzungen gegeben sind.

Indessen wird man einräumen müssen, dass der Gesetzgeber 1969/1975 noch kaum in der Lage **20** war, genauere Maßstäbe zu formulieren. Durch Lehre und Rechtsprechung sind hier jedoch mittlerweile Kriterien in einem Umfang erarbeitet worden, der einem Mindesterfordernis an Rechtssicherheit gerecht werden dürfte. Wenn man nicht – wie dies etwa in Frankreich,[10] der Schweiz und der Türkei der Fall ist[11] – unechte Unterlassungsstraftaten rundweg ablehnen will, wird man daher das Gesetzlichkeitsprinzip als noch gewahrt betrachten können.[12]

B. Die Tatbestandsmäßigkeit der Unterlassungsstraftaten – die wesentlichen unwertbegründenden Elemente

I. Die Garantenstellung des Täters – unechte Unterlassungsstraftaten als Sonderstraftaten

Im Unterschied zu den allgemeinen Begehungs- und den echten Unterlassungsstraf- **21** taten kann Täter einer unechten Unterlassungsstraftat *nicht jedermann* sein, sondern nur der, der dafür einzustehen hat, dass die tatbestandsmäßige Veränderung in der

---

[8] Vgl. § 3 Rn. 18 ff., 61 ff.

[9] Näher zur Garantie des Strafgesetzes bei den unechten Unterlassungsstraftaten *Jescheck/Weigend* AT § 58 IV 2; *Welzel* LB S. 209 f.; vgl. auch BT-Drs. V-4095 S. 8.

[10] Vgl. *Lelieur/Pfützner/Volz*, in: Sieber/Cornils (Hrsg.) 2008, S. 516 ff.; *Bernardini* 2012, n°328 f. (329); *Rassat* 2006, n°260 ff.

[11] MK-StGB-*Freund/Rostalski* § 13 Rn. 37; *Sözüer* ZStW 119 (2007), 717 ff. (719 f.).

[12] Vgl. hierzu auch *Bosch*, in: Schönke/Schröder § 13 Rn. 5, 6; *Fischer/Anstötz*, in: Fischer § 13 Rn. 2; LK-*Weigend* § 13 Rn. 18 f.; krit. NK-StGB-*Gaede* § 13 Rn. 3; *Lilie* JZ 1991, 541 ff.; *Seebode* FS Spendel, S. 328 ff.; *Seebode* JZ 2004, 305 ff., Anm. zu BVerfG 2 BvR 2202/01 JZ 2004, 303 f.; zum Ganzen *Roxin* AT 2 § 31 Rn. 31 ff.; *Roxin* GA 2021, 190 ff.

Außenwelt (der Erfolg) unterbleibt. Unechte Unterlassungsstraftaten sind deshalb *Sonderstraftaten,* ihr Tatsubjekt ist ein besonders Gestellter, der Inhaber einer *Garantenstellung.*

1. Die Funktion der Garantenstellung

22 Die *Garantenstellung* hat die Funktion, aus der Vielzahl derer, denen durch ein Einschreiten die Abwendung der Veränderung in der Außenwelt (des Erfolges) *möglich* gewesen wäre, denjenigen auszuwählen, dessen *Aufgabe* die Erfolgsabwendung gewesen wäre. Sie dient somit dazu, die beim Tatobjekt eingetretene Veränderung einem bestimmten Unterlassenden (oder mehreren) *zuzurechnen.* Die Garantenstellung bildet das zentrale objektive Gleichstellungskriterium der unechten Unterlassenssstraftat mit dem aktiven Tun. Die reale Gleichwertigkeit sieht *Kahlo* in einer wirklichen verschlechternden Veränderung zum Nachteil des durch die Strafvorschrift Geschützten im gegenseitigen rechtlichen Verhältnis der beteiligten Personen.[13]

Zu Leitfall 11

23 In *Leitfall 11* hätte zu Beginn des Feuers vielleicht auch der eine oder andere Straßenpassant noch die Möglichkeit gehabt, in das Haus zu gehen und die Kinder zu retten. Als Vater ist aber A für die Rettung der Kinder primär *zuständig,* deshalb wird er für den Tod als Täter einer Tötungsstraftat durch Unterlassen *verantwortlich* gemacht. ◄

24 Aus der Garantenstellung folgt die Garanten*pflicht* als Erfolgsabwendungspflicht.[14] Sie ist eine *Rechtspflicht,* nicht nur eine sittliche Pflicht.

25 Die Garantenpflicht bildet als *Handlungspflicht* den normtheoretischen Hintergrund der unechten Unterlassungsstraftaten und entspricht damit – wie jedoch nicht selten verkannt[15] – der *Unterlassungspflicht* bei den Begehungsstraftaten.[16] Denn ebenso wenig wie die Unterlassungspflicht bei den Begehungsstraftaten eigenständiger Bestandteil der Tatbestandsmäßigkeit und des Verbrechensaufbaus ist, ist auch die Handlungspflicht als Grundlage der Unterlassungsstraftaten Tatbestandsmäßigkeits- oder Verbrechens-Bestandteil. Als Handlungspflicht ist sie vielmehr normative Voraussetzung für die Existenz unechter Unterlassungsstraftaten überhaupt.

26 Da die Garantenpflicht i. S. einer Handlungspflicht das „Gebotensein" als solches betrifft, ist der Irrtum über die Garantenpflicht ein „Gebots-Irrtum" und damit ein (umgekehrter) „Verbots-Irrtum" i. S. v. § 17.[17]

---

[13] Vgl. *Kahlo* 2001, S. 3 f., 250 ff.

[14] *Freund/Rostalski* AT § 6 Rn. 10; *Roxin* AT 2 § 32 Rn. 1.

[15] *Joecks/Jäger* StK § 13 Rn. 27 ff.; *Kindhäuser/Hilgendorf* LPK § 13 Rn. 18 ff.; *Rengier* AT § 50 Rn. 39 ff.; *Stratenwerth/Kuhlen* AT § 13 Rn. 11; NK-StGB-*Gaede* § 13 Rn. 29 ff.; undeutlich bei *B. Heinrich* AT Rn. 913 ff., 923 ff.; LK-*Weigend* § 13 Rn. 23 ff.; *Wessels/Beulke/Satzger* AT Rn. 1175 ff.

[16] Vgl. *Sternberg-Lieben/Schuster,* in: Schönke/Schröder § 15 Rn. 96; *Jescheck/Weigend* AT § 59 VI 1 sowie *D. Albrecht* 1998, S. 19.

[17] Vgl. BGH GSSt 1/61 BGHSt 16, 155 ff.; 5 StR 394/08 NStZ 2009, 686 ff. mit zust. Anm. *Rotsch* ZJS 2009, 712 ff. (715) sowie § 13 Rn. 27, 34 ff., 56 ff.

2. Voraussetzungen von Garantenstellungen

Zur Begründung der Garantenstellung als Grundlage für das „rechtlich dafür Ein- **27**
stehenmüssen" i. S. von § 13 haben sich unterschiedliche Ansätze herausgebildet.
Den „klassischen" Ansatz stellt die Herleitung von Garantenstellungen aus *rechtlichen* bzw. *tatsächlichen* Gegebenheiten („weshalb") dar (a). Ein zweiter Ansatz
hebt auf die *Schutzrichtung* der Garantenstellungen („wofür") ab (c). Beide Sicht-
weisen schließen sich nicht aus, sondern ergänzen sich.

a) Garantenstellungen aus rechtlichen bzw. tatsächlichen Gegebenheiten (erweiterte Garantentrias)

aa) Garantenstellungen auf Grund Gesetzes
Die Handlungspflicht des Unterlassenden kann sich daraus ergeben, dass er die **28**
Merkmale eines Rechtssatzes – nicht selten aus dem Bereich des Zivilrechts[18] – er-
füllt, dessen Rechtsfolge jene Handlungspflicht enthält.

Als *Beispiele* wären hier die Personensorge der Eltern für die Kinder (§§ 1626, 1631 BGB), die **29**
Sorgepflicht des Vormundes für das Mündel (§§ 1773 ff., 1789 BGB), die Verpflichtung zur
Lebensgemeinschaft unter Eheleuten (§ 1353 BGB) oder die Beistandspflicht zwischen Eltern und
Kindern (§ 1618a BGB)[19] zu nennen.

Zu Leitfall 11

In *Leitfall 11* folgt die Pflicht des Vaters zur Rettung der Kinder aus der Personen- **30**
sorgepflicht (§ 1631 BGB). ◄

bb) Garantenstellungen auf Grund Vertrages
Als Grundlage einer Garantenstellung kommen Rechtsgeschäfte jeder Art in Be- **31**
tracht: gegenseitige, einseitige, Verträge zugunsten Dritter oder Verträge mit Schutzwirkung für Dritte.

Vereinbart z. B. die Krankenpflegerin mit dem bettlägerigen B, dessen Pflege zu übernehmen, so
übernimmt sie damit zugleich die Verpflichtung, den B durch ein entsprechendes Handeln vor drohenden Gefahren zu schützen. Ein Vertrag mit Schutzwirkung für Dritte liegt etwa dann vor, wenn
das Kindermädchen mit den Eltern[20] vertraglich vereinbart, auf die minderjährigen Kinder aufzupassen. Der Vertrag muss nicht entgeltlich sein, um die Handlungspflichten zu begründen. So ist es
durchaus auch denkbar, dass sich eine Nachbarin gefälligkeitshalber verpflichtet, an einem Abend
Babysitterdienste zu übernehmen. Auch hieraus erwächst die Pflicht, die Kinder vor Schaden zu
bewahren. Die Nachbarin muss sie deshalb retten, falls im Haus ein Brand ausbrechen sollte.[21]

---

[18] Umfassend und kritisch zum Einfluss zivilrechtlicher Kriterien und Argumentationsfiguren bei
der Begründung von Garantenstellungen im Strafrecht *Grünewald* 2001.

[19] Vgl. BGH 3 StR 248/16 NStZ 2017, 401; 4 StR 169/17 NStZ 2018, 34 ff. m. Anm. *Kudlich* und
Eisele JuS 2018, 179 ff.; 2 StR 491/20 NStZ 2022, 601 ff.

[20] Zur Garantenstellung aus familiärer Verbundenheit als Grundlage für eine soziale Rollenerwartung *Bülte* GA 2013, 389 ff.

[21] Zum Nichtvorliegen einer Erfolgsabwendungspflicht des Bankkunden beim Täuschen durch
Unterlassen hinsichtlich eines zu viel überwiesenen Betrags BGH 4 StR 648/93 BGHSt 39, 392 ff.

32 Die Garantenstellung eines behandelnden Hausarztes endet, wenn ein Patient seinen Sterbewunsch gegenüber dem Arzt äußert und diesen mit der akzeptierten Bitte verbindet, der Arzt solle den Patienten nach der Einnahme der tödlichen Tabletten zu Hause betreuen. In diesen Fällen respektiert der Arzt das Selbstbestimmungsrecht des Patienten und es obliegt ihm nun nur noch, als Sterbebegleiter etwaige Leiden oder Schmerzen während des Sterbens zu lindern oder zu verhindern.[22]

33 In seinem Urteil zu den *Berliner Stadtreinigungsbetrieben* hat der BGH Leitlinien zur Garantenstellung von Personen entwickelt, denen in Betrieben die Überwachung regelkonformen Verhaltens obliegt (sog. *Compliance-Beauftragte*).[23]

cc) Garantenstellungen aus der tatsächlichen Herbeiführung einer Gefahrenlage (Ingerenz)

34 In den Fällen der *Ingerenz* entsteht die Garantenstellung durch ein pflichtwidriges Vorverhalten, das die nahe liegende Gefahr des Eintritts der konkret untersuchten tatbestandsmäßigen Veränderung in der Außenwelt (des Erfolges) verursacht hat.[24]

Beispiel 11.2

35 Wenn A den B mit seinem Kraftfahrzeug versehentlich angefahren und verletzt hat, dann ist A verpflichtet, den infolge der Verletzung drohenden Tod des B durch Herbeirufen ärztlicher Hilfe zu verhindern. Anderenfalls würde er sich wegen eines Totschlags durch Unterlassen strafbar machen. ◄

---

36 Die unter aa-cc genannten Garantenstellungen werden als sog. *Garanten-Trias* zusammengefasst.

dd) Garantenstellungen aus einer engen persönlichen Lebensbeziehung[25]

37 Zu denken ist hier etwa an Lebensgemeinschaften, die gerade zum Zweck des gemeinsamen Durchstehens gefährlicher Unternehmungen begründet werden, wie etwa der Zusammenschluss von Bergsteigern oder Teilnehmern einer gefährlichen Expedition. Die Fallgruppe der Garantenstellung aus einer engen persönlichen Lebensbeziehung hat sich neben der Garantrias erst im Laufe der Zeit herausgebildet.

b) Kritik

38 Die klassische Herleitung der Garantenstellungen hat zwei Nachteile: Sie stellt erstens zu sehr auf die rechtlichen und nicht hinreichend auf die tatsächlichen Verhält-

---

[22] Damit hat sich der *5. Strafsenat* (endlich) von der stark kritisierten *Wittig*-Entscheidung (BGH 3 StR 96/84 BGHSt 32, 367 ff.) distanziert, BGH 5 StR 393/18 NStZ 2019, 666 ff. Rn. 25 ff. m. Anm. *Sowada*; *Hecker* JuS 2020, 82 ff.; *Neumann* StV 2020, 126 ff.; vgl. a. BGH 5 StR 132/19 NStZ 2019, 662 ff.

[23] BGH 5 StR 394/08, BGHSt 54, 44 ff.; kritisch dazu *Beulke* FS Geppert, S. 26 mwN.

[24] Vgl. BGH 5 StR 394/08 BGHSt 54, 44 ff. (47); näher hierzu unten Rn. 69 ff.

[25] Vgl. auch *Otto* FS Herzberg, S. 255 ff. sowie unten Rn. 45 ff.; krit. zur Garantenstellung aus enger Lebensgemeinschaft wegen Unvereinbarkeit mit dem Wortsinn von § 13 I *D. Albrecht* 1998, S. 167 ff.

nisse ab, indem z. B. bei der vertraglich vereinbarten Handlungspflicht vernachlässigt wird, ob die vertraglich vereinbarte Handlung auch wirklich in die *Tat* umgesetzt, ob der Vertrag *vollzogen* wird.[26]

Beispiele 11.3

Das Kindermädchen wird nicht schon durch den Vertragsabschluss Garantin für   39
das leibliche Wohl des zu behütenden Kindes, sondern erst dann, wenn es aufgrund des Vertrages auch wirklich vor Ort erscheint und die Überwachung des Kindes übernimmt.

Die Garantenpflicht aus § 1353 BGB endet, „wenn sich ein Ehegatte von dem   40
anderen in der ernsthaften Absicht getrennt hat, die eheliche Lebensgemeinschaft nicht wiederherzustellen".[27] ◄

Der zweite Nachteil der klassischen Betrachtungsweise liegt darin, dass sie die   41
Interaktionen bei Beteiligung mehrerer allenfalls *selektiv wahrnimmt*. Sie ist nicht darauf angelegt, über die Form der Beteiligung des Unterlassenden nähere Angaben zu machen. Jedoch bedeutet nicht jedes Einstehenmüssen für das Ausbleiben einer Veränderung in der Außenwelt (eines Erfolges) zugleich Täterschaft.

c) Die Unterscheidung von Beschützer- und Überwachungsgaranten

Den beiden unter b) genannten Kritikpunkten wird Genüge getan, wenn man die tat-   42
sächlichen Verhältnisse berücksichtigt und zusätzlich danach fragt, in welcher Richtung die zur Erfolgsabwendung verpflichtenden Sachverhalte wirken. Aus diesem Blickwinkel lassen sich Schutzpflichten von Überwachungspflichten unterscheiden. Letztlich nimmt die heute vorherrschende Lehre von den Garantenstellungen die Unterscheidung zwischen Beschützer- und Überwachungsgaranten als *Rahmen*, innerhalb dessen auf der Grundlage der formalen Unterscheidungsmerkmale das Bild der Garantenstellungen gezeichnet wird.[28] Zwar ist es möglich, dass eine Garantenstellung sowohl Schutz- als auch Überwachungsfunktion hat (der Aufsicht führende Lehrer hat auf dem Schulhof die Streithähne zu überwachen und ihre Opfer zu schützen). Durch die Ausrichtung auf die jeweiligen Bezugsobjekte kann von einer „beliebigen Austauschbarkeit"[29] aber nicht gesprochen werden.

Hinsichtlich der *Beteiligungsverhältnisse* kann als grobe Leitlinie gelten, dass   43
der Beschützergarant in der Regel *Täter* durch Unterlassen ist, während der Überwachungsgarant in der Regel *Gehilfe* ist, wenn er Straftaten der zu überwachenden Personen zulässt.[30] Ergibt sich so keine klare Abgrenzung, dann kommt es – man-

---

[26] Vgl. auch *B. Heinrich* AT Rn. 935 ff.; *Bosch*, in: Schönke/Schröder § 13 Rn. 28 jew. mwN.

[27] BGH 3 StR 153/03 BGHSt 48, 301 ff. sowie bei *Baier* JA 2004, 354 ff.

[28] Vgl. die Übersichten bei *Frister* AT § 22 Rn. 48; *Kühl* AT § 18 Rn. 46a.

[29] Vgl. aber *Pawlik* ZStW 111 (1999), 335 ff. (342).

[30] *Murmann* FS Beulke, S. 181 ff. (193) bindet diese Idee in das normative Verständnis von Tatherrschaft ein und entscheidet dementsprechend danach, ob der Schutzzweck der Garantenpflicht die Erfolgsverhinderung (Täterschaft) oder die Reduzierung des Haupttatrisikos (Teilnahme) ist; and. *Krüger* ZIS 2011, 1 ff.; krit. auch *Noll* ZStW 130 (2018), 1007 ff. (1028 ff.), der grundsätzlich die Akzessorietät einer Teilnahme durch Unterlassen ablehnt.

gels eines möglichen Rückgriffs auf Tatherrschaftsgesichtspunkte – darauf an, ob
das Unterlassen Ausdruck eines sich die Tat des anderen zu eigen machenden *Täterwillens* ist, oder ob sich der Unterlassende dem anderen im Willen unterordnet und
das Geschehen ohne innere Beteiligung und ohne Interesse an der drohenden Veränderung in der Außenwelt (am drohenden Erfolg) im Sinne eines bloßen *Gehilfen-
willens* lediglich ablaufen lässt.[31]

aa) Beschützergaranten[32]

44 Beschützergarant ist, wer für den uneingeschränkten Bestand eines rechtlich geschützten Interesses – insbesondere für die körperliche Unversehrtheit einer Person – einzustehen hat. Der Status als Beschützer-Garant wird im Wesentlichen
durch folgende Fallgruppen konkretisiert:

aaa) Stellung als Beschützergarant aus engen Gemeinschaftsbeziehungen auf einer familienrechtlichen Basis

45 Die Stellung als Beschützergarant beruht hier auf der Mitgliedschaft innerhalb der
Familie als einer rechtlichen und tatsächlichen Lebensgemeinschaft. Dies gilt selbst
dann, wenn zwischen dem zum Schutz verpflichteten Familienmitglied und dem zu
Schützenden keine gesetzliche Verpflichtung zum Schutz besteht.

> **Beispiel 11.4**
>
> **46** *Familienkomplott*-Fall BGH 4 StR 390/63 BGHSt 19, 167 ff.[33] ist hierfür ty-
> pisch: Der jüngste Sohn hatte bemerkt, dass die übrigen Familienmitglieder den
> tyrannischen Vater mittels Giftes töten wollten. Dennoch unternahm er nichts,
> die Tat zu verhindern. Der Vater starb an dem beigebrachten Gift.
>
> **47**   Ist der Sohn wegen einer strafbaren Tötung durch Unterlassen strafbar?
>
> **48**   Der BGH nahm eine Garantenstellung des Sohnes an. Zwar bestehe eine
> gesetzliche Schutzbestimmung, wie sie für das Verhältnis der Eltern zu ihren
> Kindern (§ 1621 BGB) oder für die Ehegatten untereinander (§§ 1353, 1354
> BGB) gegeben ist, im Verhältnis der Kinder zu den Eltern nicht. Auch werde man
> kaum die Verpflichtung zwischen Verwandten gerader Linie zum Unterhalt
> (§ 1601 BGB) zur Begründung einer solchen Schutzpflicht heranziehen können,
> weil die Unterhaltspflicht nur begrenzten Inhalt habe. Jedoch könnten auch ohne
> eine gesetzliche Bestimmung aus dem Grundgedanken der Rechtsordnung be-
> stimmte enge Gemeinschaftsverhältnisse rechtliche Erfolgsabwendungspflichten
> begründen. Im Falle des Angeklagten sei davon auszugehen. Denn er habe als
> leiblicher Sohn in der Familie des Vaters gelebt und damit, trotz aller Familien-
> zerwürfnisse, innerhalb einer der engsten Lebensgemeinschaften.[34] ◀

---

[31] So BGH 3 StR 95/91 JR 1993, 159 ff. mit Anm. *Neumann* JR 1993, 161 ff.; BGH 3 StR 126/18
NStZ 2019, 341 f. (342) mwN; für eine Abschichtung anhand der Direktheit der Steuerung des An-
griffs auf den zu Beschützenden i. V. m. der Situationsabhängigkeit der Schutzpflicht *Hoffmann-
Holland* ZStW 118 (2006), 620 ff.; vgl. auch den Überblick bei *Otto* JuS 2017, 289 ff.

[32] Beispiele bei *Jescheck/Weigend* AT § 59 IV 3.

[33] Vgl. *Eser* StK II Nr. 26.

[34] Zu Garantenstellungen für nahestehende Personen auch *Lilie* JZ 1991, 541 ff.

D. Albrecht[35] hingegen sieht – vor allem im Bereich der Familien- und familienähnlichen Beziehungen – die Figur der *nahestehenden Person* als geeignete Grundlage für die Konstruktion von Garantenstellungen. Dieser Ansatz hat den Vorzug, dass jener Begriff bereits im geltenden StGB (§§ 35 I, 241) verankert ist und von daher über ein hinreichendes Maß an Bestimmtheit verfügt. **49**

bbb) Stellung als Garant aus engen Gemeinschaftsbeziehungen ohne familienrechtliche Basis

Unumstritten ist eine Garantenstellung in Fällen dieser Art dann, wenn es sich um eine *Gefahrgemeinschaft* handelt, für die ein gegenseitiges Vertrauens- und Abhängigkeitsverhältnis typisch ist, wie z. B. bei Expeditionen, gefährlichen Bergtouren oder gemeinsamen Tauchsportveranstaltungen. Innerhalb dieser Gemeinschaften bestehen sozialethische Beziehungen, welche die gegenseitige Hilfeleistung einbeziehen. **50**

Beispiel 11.5

Im *Zecherei*-Fall BGH 1 StR 612/53 NJW 1954, 1047 f. fehlte eine solche Beziehung nach Ansicht des BGH: Der Angeklagte war von A aufgefordert, sogar fast genötigt worden, mit ihm zu essen und zu trinken. Im Anschluss daran kam es zu einer Trunkenheitsfahrt des A, bei der A einen Unfall verursachte und verletzt wurde. Der Angeklagte ließ den bewusstlosen A liegen, weil er ihn für tot hielt. A starb. **51**

Eine Strafbarkeit des Angeklagten nach § 222 durch Unterlassen wurde vom BGH abgelehnt: Nur wenn man davon ausgehen könne, dass der Angeklagte durch sein Mitfahren eine ihm erkennbare Gefahrenlage für den Verunglückten geschaffen habe, sei im Rahmen des für den Angeklagten Möglichen und Zumutbaren eine Pflicht zum Handeln entstanden. Diese könne indessen nicht durch das bloße gemeinsame Zechen begründet werden. Denn einer so losen und „jeder sittlichen Bedeutung entbehrenden Verbindung, wie sie die Zechgemeinschaft ist",[36] fehle es an der verlangten sozialethischen Beziehung. Auch ein Fall von Ingerenz liege nicht vor, weil A völlig unbeeinflusst getrunken habe und der Angeklagte sich von jeder Aufforderung fern gehalten habe. ◄ **52**

Die Garantenstellung aus *häuslicher Gemeinschaft* ist neben der Gefahrgemeinschaft die zweite Form einer Garantenstellung aus einer engen Gemeinschaftsbeziehung. Auch hier ist die Garantenstellung zu bejahen, wenn die häusliche Gemeinschaft gerade zu dem Zweck begründet wird, Schutzbedürftigen Hilfe zu leisten. Allein die Tatsache des Zusammenlebens innerhalb einer häuslichen Gemeinschaft genügt für die Begründung einer Garantenstellung hingegen noch nicht: **53**

---

[35] *D. Albrecht* 1998, S. 183 ff.

[36] Auch beim losen Zusammenschluss von Rauschgiftkonsumenten hat der BGH unter weiteren Voraussetzungen eine Garantenstellung verneint, BGH 2 StR 563/18 BeckRS 2019, 34879.

54 *Chantal*-Fall BGH 2 StR 239/83 NStZ 1984, 163 f.:[37] Der Angeklagte hatte nach seiner Entlassung aus der Strafhaft durch seinen Freund L Aufnahme in der 3-Zimmer-Wohnung gefunden, die dieser zusammen mit seiner damaligen Lebensgefährtin S und ihrem neun Monate alten Kind Chantal bewohnte. Das Kind wurde zunächst ausschließlich von Frau S und L versorgt. Nach etwa acht Wochen wurde L verhaftet. Der Angeklagte A schrieb daraufhin an L einen Brief, in dem er u. a. versprach, auf Chantal aufzupassen. In der Folgezeit verließ Frau S sich stillschweigend darauf, dass der Angeklagte während ihrer berufsbedingten Abwesenheit sich um Chantal kümmerte. Diese Zusammenarbeit verlief problemlos, bis der bis dahin arbeitslose A nach Ablauf von vier Monaten eine Beschäftigung fand. Obwohl A nun länger abwesend war, wurde zwischen ihm und Frau S keine besondere Vereinbarung über die Betreuung des Kindes getroffen. Nach etwa 20 Tagen wurde Chantal verhungert und verdurstet von Frau S aufgefunden.

55 Während das Landgericht A wegen fahrlässiger Tötung durch Unterlassen verurteilt hatte, hob der BGH das Urteil auf und verwies zur weiteren Sachverhaltsklärung zurück. Denn das tatsächliche Zusammenwohnen allein begründe noch keine Handlungspflicht i. S. von § 13, weil der Kreis der Handlungspflichtigen sonst in unüberschaubarer und teils unvertretbarer Weise ausgedehnt werde. Zudem müsse man zugunsten von A davon ausgehen, dass er seine berufsbedingte Abwesenheit Frau S angezeigt habe. Auch könne dem mitgeteilten Sachverhalt nicht mit der erforderlichen Sicherheit zu Lasten des A entnommen werden, dass seine Sorgepflicht für ihn erkennbar fortbestanden habe und dass er habe voraussehen können, Frau S werde ihre Pflicht weiterhin vernachlässigen. Den Vorwurf der fahrlässigen Tötung könne man gegenüber A im Übrigen allenfalls dann erheben, wenn der lebensbedrohliche Zustand schon vor seiner Berufstätigkeit vorhanden und für ihn erkennbar gewesen sei.

56 Mit der Entscheidung des *Chantal*-Falles führte der BGH die Rechtsprechung im *Jugendfreund*-Fall (BGH 2 StR 494/82 NStZ 1983, 117 f.) weiter. Der BGH hatte in diesem Fall entschieden, dass durch die Aufnahme des Jugendfreundes in die Wohnung des Angeklagten keine Handlungspflicht dahingehend entstehe, das Sterben des Freundes zu verhindern. Der Angeklagte hatte den zunehmend verwahrlosenden Jugendfreund auch deshalb sterben lassen, weil dieser ärztliche Hilfe ablehnte und der Angeklagte annahm, dass ein Arzt ohnehin nicht mehr helfen könne. ◄

ccc) Garantenstellung kraft tatsächlicher Übernahme

57 Die Anerkennung einer Garantenstellung aufgrund tatsächlicher Übernahme modifiziert die formale Fallgruppe der Garantenstellung aufgrund Vertrages. Denn zum einen bedarf es eines Vertrages nicht, wenn der Garant seine Verpflichtung ohne

---

[37] Vgl. zu dieser Entscheidung auch *Rudolphi* NStZ 1984, 151 ff.

Rechtsgrund übernimmt. Zum anderen reicht auch der Abschluss eines Vertrages nicht hin, wenn nicht davon ausgegangen werden kann, dass der vertraglich Verpflichtete auch *tatsächlich* eine Schutzfunktion in der Weise übernimmt, dass darauf vertraut werden kann.

Dass die Freiwilligkeit der Übernahme jener Schutzfunktion unerheblich ist, **58** wenn die Übernahme tatsächlich geschieht, zeigt

---

Beispiel 11.7

Bereitschaftsdienst-Fall BGH 5 StR 583/54 BGHSt 7, 211 ff.: Der Angeklagte **59** Arzt A hatte einen nächtlichen Bereitschaftsdienst übernommen, eine Einrichtung auf freiwilliger Grundlage. Aufgrund einer fehlerhaften Ferndiagnose lehnte es A ab, einen Hausbesuch bei einer Patientin durchzuführen. Diese starb aufgrund einer perforierten Eileiterschwangerschaft.

Die Strafkammer hatte den A wegen fahrlässiger Tötung verurteilt. Der BGH **60** bestätigte diese Entscheidung. Denn wer als Bereitschaftsarzt den Schutz der Bevölkerung vor gesundheitlichen Gefahren übernehme, müsse schon deshalb für pflichtwidriges Unterlassen ebenso einstehen wie für tätiges Handeln, weil die Pflichten anderer Ärzte gegenüber ihren Patienten für die Dauer des Bereitschaftsdienstes mindestens erheblich eingeschränkt werden. Es komme aber noch nicht einmal entscheidend darauf an, dass A als Bereitschaftsarzt verpflichtet gewesen sei, die Behandlung der Patientin zu übernehmen. Denn er habe ja die Behandlung *faktisch* übernommen, indem er dem Ehemann ärztliche Ratschläge über die Behandlung seiner Frau gegeben habe. ◄

Auf die tatsächliche Übernahme der Schutzpflicht stellt auch bereits das OLG **61** Celle in

---

Beispiel 11.8

Streupflicht-Fall OLG Celle 1 Ss 12/61 NJW 1961, 1939 ff.[38] ab: Der Neben- **62** kläger N stürzte vor einem Wohnhaus infolge von Schnee- und Eisglätte. Dabei zog er sich nicht unerhebliche Verletzungen zu. Zur Unfallzeit war auf dem Gehweg vor dem Haus nicht gestreut. In den Mietverträgen hatten die im Haus wohnenden Mieter – zwei Ehepaare, darunter die Angeklagte A mit ihrem Ehemann – die Pflicht zum Streuen übernommen. Diese Streupflicht hatten sie in Wechselschicht wahrzunehmen. Ihr waren sie sonst auch nachgekommen. Am Unfalltag waren A und ihr Ehemann mit dem Streuen an der Reihe. Die Angeklagte wurde vom Amtsgericht wegen fahrlässiger Körperverletzung verurteilt. Dieses Urteil wurde vom Landgericht bestätigt. Hiergegen legte A Revision ein. Mit Aussicht auf Erfolg?

Das Besondere an jenem Fall liegt darin, dass die Angeklagte sich nicht der **63** Stadt, sondern nur dem Hauseigentümer gegenüber im Mietvertrag verpflichtet

---

[38] Näher *Eser* StK II Nr. 25; vgl. a. OLG Frankfurt 2 Ws 7/18 BeckRS 2018, 36888.

hatte, *für den Hauseigentümer* die Räum- und Streupflicht zu übernehmen. Als entscheidend sah das Gericht hier die „sozialethische Gebundenheit" der Angeklagten an, beruhend auf der durch die Verpflichtung dem Hauseigentümer gegenüber geschaffenen Vertrauenslage. Es sei so ein enges Lebensverhältnis naher Verbundenheit mit den zu schützenden Rechtsgütern, der körperlichen Unversehrtheit der am Hause vorbeigehenden Menschen, entstanden. ◄

64   Der Garant, der den Schutz eines Gutes übernommen hat, ist *Täter* durch Unterlassen, wenn an dem zu schützenden Gut die zu vermeidende Veränderung eintritt, obwohl sie hätte vermieden werden können. Diese Täterschaft endet auch nicht dadurch, dass die Veränderung gerade durch einen Dritten in Täterschaft herbeigeführt wird. Es liegt dann Nebentäterschaft, bei bewusstem und gewolltem Zusammenwirken sogar Mittäterschaft vor.

ddd) Garantenstellung als Amtsträger oder als Organ juristischer Personen[39]

65   Die Stellung von Amtsträgern als Beschützergaranten hängt davon ab, ob der Schutz der betroffenen Interessen zu ihrem Aufgabenbereich gehört. So kann der Leiter der Innenrevision eines Stadtreinigungsbetriebes dafür verantwortlich sein, Betrügereien im Zusammenhang mit der Tarifkalkulation zu unterbinden.[40] Betroffen sind nicht nur hohe staatliche oder kommunale Repräsentanten mit einem entsprechenden Schutzauftrag, sondern auch Polizeibeamte,[41] Beamte der Ordnungsbehörde, Bedienstete im Maßregelvollzug, Mitarbeiter von kommunalen Jugendämtern und Sozialdiensten[42] sowie Beauftragte für Gewässer-, Immissions- und Strahlenschutz.[43] Organe einer juristischen Person, wie beispielsweise der Vorstand einer AG, haben ebenfalls eine Beschützergarantenstellung zugunsten der juristischen Person, um bspw. Vermögensschäden abzuwenden.[44]

bb) Überwachungsgaranten

66   Während der Beschützergarant Gefahren abwehren soll, die von außen her dem Schutzobjekt drohen, ist der Überwachungsgarant umgekehrt dafür verantwortlich, dass aus einer Gefahrenquelle[45] – sei es Mensch oder Sache – Dritte nicht mehr als den Umständen nach unvermeidbar gefährdet oder geschädigt werden.

---

[39] Vgl. auch *B. Heinrich* AT Rn. 947 ff.; SK-*Stein/Eckstein* § 13 Rn. 73 ff.

[40] Vgl. BGH 5 StR 394/08 BGHSt 54, 44 ff.

[41] BGH 2 StR 326/99 NStZ 2000, 147 mit Anm. *Wollschläger* wistra 2000, 338 ff.; OLG Nürnberg 1 Ws 297/17 BeckRS 2017, 130748 mit Anm. *Jahn* JuS 2018, 181 ff.; vgl. auch *Pawlik* ZStW 111 (1999), 335 ff.

[42] OLG Stuttgart 1 Ws 78/98 NJW 1998, 3131 ff.; vgl. auch zur Garantenstellung von Sozialarbeitern OLG Oldenburg Ss 249/96 NStZ 1997, 238 m. Anm. *St. Cramer* NStZ 1997, 238 f.; *Bringewat* StV 1997, 135 ff.; sowie *Otto* JK 1997 § 13 Rn. 26; umfassend *Dießner* 2008; *Beulke/Swoboda* FS Gössel, S. 73 ff.; restriktiv differenzierend *Bohnert* ZStW 117 (2005), 290 ff. (320 f.); *Zaczyk* FS Rudolphi, S. 361 ff.

[43] Nachweise in BGH 5 StR 394/08 BGHSt 54, 44 ff. (48).

[44] *B. Heinrich* AT Rn. 951.

[45] Zum Ansatz über die Destabilisierung eines Gefahrenherdes bei *Roxin* GA 2009, 73 ff.

Für menschliche „*Gefahrenquellen*" ist z. B. der Heimaufseher verantwortlich, der dafür zu sorgen 67
hat, dass die Zöglinge des Heims nicht Dritte schädigen. Praktisch von größerer Bedeutung ist jedoch die Eröffnung von Gefahrensituationen durch Betreiber von Anlagen, die durch ein größeres Publikum genutzt werden, wie etwa der Betreiber eines Skiliftes, der dafür verantwortlich ist, dass die Anlage gefahrlos arbeitet. Dazu würde auch gehören, dass die Anlage bei Unglücksfällen abgeschaltet wird oder sich von selbst abschaltet.

Nach gegenwärtigem Meinungsstand betrifft der Status als Überwachungsgarant im 68
Wesentlichen drei Fallgruppen: gefährdendes pflichtwidriges *Vorverhalten* (aaa),
Sachherrschaft über eine *Gefahrenquelle* (bbb) sowie *Haftung für fremdes Handeln* (ccc).

aaa) Garantenstellung aus vorangegangenem rechtswidrigem gefährdendem Handeln (Ingerenz)

In den Fällen der *Ingerenz* entsteht die Garantenstellung durch ein pflichtwidriges 69
Vorverhalten, das die naheliegende Gefahr des Eintritts der konkret untersuchten
tatbestandsmäßigen Veränderung in der Außenwelt (des Erfolges) verursacht,[46] dessen Vermeidung gerade den Zweck der *übertretenen Norm* darstellt.[47]

Gefahrbegründend bzw. -*erhöhend* ist ein Verhalten dann, wenn es die Wahr- 70
scheinlichkeit eines Schadens hervorruft, die über das allgemeine Lebensrisiko
hinausgeht.

Beispiel 11.9

Taxi-Fall: Der Taxifahrer, der einen Kunden irgendwo mitten in der Stadt des 71
Fahrzeugs verweist, weil ihm dessen politische Ansichten nicht behagen, mag
pflichtwidrig handeln. Er wird jedoch nicht zum Garanten für das Leben des
Kunden, wenn dieser beim Überqueren der Fahrbahn von einem Fahrzeug angefahren wird. Denn in dieser Verletzung verwirklicht sich das allgemeine
Lebensrisiko und nicht die durch das erzwungene Aussteigen erhöhte Gefährdung. Außerdem verpflichtet der Beförderungsvertrag mit dem Kunden den
Taxifahrer nicht, ihn beim selbstverantwortlichen Überqueren der Fahrbahn vor
Schaden zu bewahren. ◄

Rechtswidrigkeit ist gegeben, wenn das vorangegangene Verhalten rechtlich ge- 72
schützte Interessen verletzt, ohne seinerseits gerechtfertigt zu sein. An dieser
Interessenverletzung kann es fehlen, wenn die Gefahrbegründung oder -erhöhung

---

[46] Vgl. BGH 5 StR 394/08 BGHSt 54, 44 ff. (47).

[47] Näher *Freund* JuS 1990, 213 ff. (215 f.); *Jescheck/Weigend* AT § 59 IV 4 a; SK-*Stein/Eckstein*
§ 13 Rn. 50 f.; umfassend zum Meinungsstand *Hillenkamp/Cornelius* 32 Probleme, Problem 29
mwN; zur Garantenstellung des Herstellers gesundheitsgefährdender Produkte vgl. BGH 2 StR
549/89 BGHSt 37, 106 ff. (*Lederspray*-Fall, siehe auch oben § 4 Rn. 41 ff.); deshalb keine
Garantenstellung aus Ingerenz bei Planung eines Raubes, wenn die Mittäter das Opfer vergewaltigen, vgl. BGH 4 StR 116/97 NStZ-RR 1997, 292 f. mit Bespr. *Otto* JK 1998 § 13 Rn. 27.

nicht einmal auf Fahrlässigkeit beruht oder rechtmäßig erfolgt.[48] Als Rechtfertigungsgrund kommt insbesondere Notwehr in Frage.[49]

73 *Notwehr*-Fall: Lässt der Angegriffene den im Rahmen einer Notwehr verletzten Angreifer blutend liegen und tritt dadurch der Tod des Angreifers ein, ist der Angegriffene nicht wegen einer Tötungsstraftat durch Unterlassen strafbar, weil sein vorangegangenes Tun durch Notwehr gerechtfertigt war. Hier kommt nur eine Strafbarkeit wegen einer echten Unterlassungsstraftat (§ 323c) in Frage, die keine Garantenstellung voraussetzt.[50] ◄

74 Die Rechtswidrigkeit des Vorverhaltens lässt sich u. U. nur schwer von sozialadäquaten Verhaltensweisen abgrenzen. Besonders anschaulich tritt dies zutage im

75 *Ausschank*-Fall BGH 4 StR 267/65 BGHSt 19, 152 ff.:[51] In der Gastwirtschaft des Angeklagten A knobelten drei Gäste zusammen mit diesem 10 bis 12 Runden Whisky aus. Gegen drei Uhr morgens wollten sie mit einem PKW wegfahren. A erkannte, dass keiner von ihnen mehr sicher fahren konnte und riet ihnen deshalb, eine Taxe zu nehmen. Sie folgten diesem Ratschlag nicht. Der Blutalkoholgehalt betrug bei dem, der den Wagen führte, 2,14 ‰, bei dem mitfahrenden Halter 1,97 ‰. Auf der Fahrt kam der Wagen infolge Fahruntüchtigkeit des Fahrers von der Straße ab und geriet auf einen Acker. Dort überschlug er sich. Zwei Personen wurden verletzt.

76 Das *Amtsgericht* verurteilte den Angeklagten wegen fahrlässiger Körperverletzung nach § 229. Seine *Berufung* wurde vom *Landgericht* verworfen. Denn A habe als Gastwirt das Wegfahren der Gäste mit dem fahruntüchtigen Fahrer am Steuer verhindern müssen, indem er den Zündschlüssel abzog oder die Polizei herbeirief.

77 Der Angeklagte legte *Revision* beim *OLG Braunschweig* ein. Dieses wollte der Revision stattgeben, weil es der Ansicht war, dass ein Wirt nur dann eingreifen müsse, wenn der Gast infolge offensichtlich hochgradiger Trunkenheit unfähig ist, die verantwortliche Entscheidung darüber selber zu treffen, ob sein Zustand das sichere Fahren eines Kraftfahrzeuges erlaubt. Das OLG in Braunschweig sah sich an seiner Entscheidung jedoch durch das Urteil des Bundesgerichtshofs BGH 4 StR 417/52 BGHSt 4, 20 ff. gehindert. Dort hatte der BGH

[48] Vgl. zur Überlassung eines Joints mit einem nicht verbotenem Wirkstoff BGH 2 StR 563/18 BeckRS 2019, 34879 Rn. 22.

[49] Näher zur Rechtswidrigkeit des Vorverhaltens *Sowada* Jura 2003, 236 ff.

[50] So die Anhänger der sog. Pflichtwidrigkeitstheorie, vgl. zum Ganzen einschließlich abw. Auffassungen *Hillenkamp/Cornelius* 32 Probleme, Problem 29 mwN; für eine „minimale Hilfspflicht" S. *Walther* FS Herzberg, S. 503 ff.

[51] Näher hierzu *Eser* StK II Nr. 27.

entschieden, dass ein Gastwirt, der einem Kraftfahrer so viel Alkohol aus-
schenke, dass dieser „völlig fahrunfähig" sei, die Fortsetzung der Fahrt verhindern müsse, wenn ihm dies möglich sei. Das OLG Braunschweig legte deshalb die Sache gemäß § 121 II GVG dem BGH zur Entscheidung vor.

Unter Einschränkung der Entscheidung BGHSt 4, 20 lehnte der BGH eine   **78**
Garantenstellung des Gastwirtes ab. Zwar sei im Grundsatz daran festzuhalten,
dass derjenige, der durch sein Verhalten die Gefahr eines Schadens geschaffen
oder mitgeschaffen hat, rechtlich verpflichtet sei, den Schaden nach Kräften abzuwenden. Jedoch könne dies nicht bedeuten, dass dies auch für jedes *sozial übliche* und von der Allgemeinheit gebilligte Verhalten zu gelten hätte. Zu den allgemein als sozial üblich anerkannten Verhaltensweisen gehöre aber das Aus-
schenken und der Genuss alkoholischer Getränke in Gastwirtschaften. Wäre der
Gastwirt für die Folgen, zu denen übermäßiger Alkoholgenuss seiner Gäste führen kann, allgemein strafrechtlich verantwortlich zu machen, so würde er in den
meisten der Fälle auf dem Wege über die strafrechtliche Garantenpflicht gleich-
sam zum *Vormund oder Hüter seiner Gäste* bestellt. Jedoch entfalle eine Haftung
des Gastwirtes dafür, dass Gäste, denen er Alkohol ausgeschenkt hat, einen Unfall verursachen, nicht schlechthin. Die Grenze liege vielmehr da, wo die
Trunkenheit des Gastes offensichtlich einen solchen Grad erreicht hat, dass er
nicht mehr verantwortlich handeln kann. Dies treffe allerdings nicht erst dann zu,
wenn der Gast sinnlos betrunken ist, sondern bereits im Zustand der Schuldunfähigkeit (§ 6 Rn. 73 f.). ◄

Ein *rechtmäßiges* Vorverhalten – etwa durch Wahrnehmung zulässiger Ver-   **79**
teidigungsmittel im Strafverfahren – kann eine Garantenstellung nicht begründen.[52]
Im Rahmen des rechtfertigenden aggressiven Notstandes kann das Vorverhalten
trotz seiner Rechtmäßigkeit eine Garantenstellung begründen, wenn es gefahrbegründend bzw. -erhöhend in die Rechtssphäre sonst Unbeteiligter eingreift.[53]

Umstritten ist, ob sich eine Garantenstellung auch aus einem vorsätzlichen Tat-   **80**
beginn ergibt.

Beispiel 11.12

Der Täter schlägt zunächst mit Tötungsvorsatz auf das Opfer ein und lässt es   **81**
dann in hilfloser Lage zurück. Der BGH[54] hat eine Garantenstellung zu Recht
verneint. Denn das Unterlassen eines Rücktritts vom beendeten Begehungsver-
such bedeutet keine Unterlassungsstraftat. Man ist als Adressat einer Begehungs-

---

[52]Vgl. *Meurer/Kahle* JuS 1993 Lernbogen L 11 ff.; anders OLG Hamm 3 Ss 1128/91 NStZ 1993,
82 ff. zur Garantenstellung bezüglich der Verhinderung einer erwarteten Falschaussage infolge der
Benennung eines Mittäters als Entlastungszeugen; krit. hierzu mit überzeugenden Argumenten
Brammsen StV 1994, 135 ff.; *Scheffler* GA 1993, 341 ff.; *Seebode* NStZ 1993, 83 ff.; a. A. LG
Münster 7 Qs 216/91.
[53]Vgl. *Roxin* AT 2 § 32 Rn. 186 ff.; vgl. auch Otto FS *Gössel*, S. 99 ff. (115): es genüge, dass sich
in einem bestimmten Erfolg die Gefahr realisiert hat, für die der „Vortäter" verantwortlich ist.
[54]BGH 1 StR 465/95 NStZ-RR 1996, 131.

straftat nur verpflichtet, die Herbeiführung einer tatbestandsmäßigen Veränderung in der Außenwelt (eines Erfolges) zu unterlassen, nicht indessen,
dieselbe bevorstehende Veränderung in der Außenwelt (Erfolg) als Garant seiner
selbst zu verhindern. Eine andere Entscheidung würde der Möglichkeit, nach
§ 24 freiwillig zurücktreten zu können, die Grundlage entziehen.[55] ◄

bbb) Garantenstellung aufgrund einer Sachherrschaft über Gefahrenquellen

82   Wer eine Gefahrenquelle eröffnet, die Gelegenheit zur Gefährdung Dritter schafft,
übernimmt die Garantie dafür, dass die Gefahr sich nicht bei Dritten durch Um-
schlag in einen Schaden realisiert. Dies gilt auch im Falle der Arbeitsteilung.[56]
    Von praktischer Wichtigkeit sind hier zunächst jene Fälle, in denen der Täter ge-
fährliche Gegenstände zum Einsatz bringt. Sei es, dass er Kraftfahrzeuge eines Be-
triebes auf ihre Verkehrssicherheit hin zu überwachen hat[57] oder dass er Fahrunfähige
oder Fahrunkundige nicht am Führen eines Kraftfahrzeugs hindert.[58] Ähnliches gilt
für die Halter gefährlicher Tiere, die dafür verantwortlich sind, dass diese Tiere keinen Dritten verletzen. Schließlich stellen auch Fahrgerätschaft auf Rummelplätzen
Gefahrenquellen dar, welche eine Garantenstellung des Schaustellers mit sich bringen. Ein weiterer wichtiger Bereich ist die Auslieferung gefährlicher Produkte.[59]

83   Die Eröffnung der Gefahrenquelle muss aber die „nahe liegende Gefahr"[60]
hervorrufen, dass Achtungsansprüche anderer Personen verletzt werden. Daran
fehlt es z. B., wenn eine eingeräumte unmittelbare Zugriffsmöglichkeit auf den an
sich gefährlichen Gegenstand nicht besteht oder der Zugriff durch Dritte nicht vorhersehbar ist.[61]

84   Die zweite Fallgruppe im Bereich der Eröffnung von Gefahrenquellen ist die
Öffnung von Räumlichkeiten für den Publikumsverkehr, wenn dies zu gefährlichen
Situationen führen kann. Insbesondere Gaststätten werden von der Rechtsprechung
in diesem Sinne als Gefahrenherde angesehen.

Beispiel 11.13

85   *Tanzbar*-Fall BGH 5 StR 280/66 NJW 1966, 1763:[62] „Als Inhaberin einer Gastwirtschaft duldete die Angeklagte, daß vier männliche Stammgäste einer jungen
Frau, die sich geweigert hatte, mit einem von ihnen zum zweiten Mal zu tanzen,

---

[55] Ausführlich zum Streitstand *Hillenkamp* FS Otto, S. 287 ff.

[56] Vgl. den Fall *Wuppertaler Schwebebahn* BGH 4 StR 289/01 BGHSt 47, 224 ff. mit krit. Anm.
Freund NStZ 2002, 424 f.

[57] Vgl. OLG Hamm 1 Ss 891/60 VRS 20, 465.

[58] Vgl. BGH 4 StR 96/63 BGHSt 18, 359 ff. (361); BGH VRS 14, 191 ff. (195); BGH VRS 20, 282.

[59] Vgl. hierzu *Otto* FS Hirsch, S. 291 ff. (301 ff.).

[60] BGH 2 StR 563/18 BeckRS 2019, 34879 Rn. 34.

[61] Vgl. zu Gefahrenquellen im Zusammenhang mit Betäubungsmitteln einerseits BGH 1 StR
328/15 BGHSt 61, 21 ff. (vgl. dazu *Zöller* FS Rogall, S. 299 ff.) und andererseits BGH 2 StR
563/18 BeckRS 2019, 34879 Rn. 27 ff.

[62] Vgl. *Eser* StK II Nr. 27 A 16 ff.

gewaltsam das Haupthaar und einen Teil der Schamhaare abschnitten. Die Angeklagte und die vier mitangeklagten jungen Männer […] sind wegen gefährlicher Körperverletzung in Tateinheit mit Nötigung und Beleidigung […] verurteilt worden.“

Der BGH bestätigte die Verurteilung durch das Landgericht. Denn die Angeklagte sei verpflichtet gewesen, das Treiben der vier jungen Männer zu unterbinden. Die Pflicht, in den Räumen für Ordnung zu sorgen, insbesondere ihre Gäste vor Ausschreitungen anderer Gäste zu schützen, leitet der BGH daraus ab, dass die Angeklagte eine Gaststätte betrieb. ◄ **86**

Die Garantenstellung des Hausrechtsinhabers beginnt jedoch erst dort, wo die entstehenden Gefahren über das allgemeine Lebensrisiko hinausgehen. Deshalb ist der Gastwirt nicht verpflichtet, seine Gäste gegen schlechthin jede Straftat zu schützen, so etwa gegen geringfügige Beleidigungen oder kleine Betrügereien beim Kartenspiel. Die Garantenstellung wird jedoch wirksam, sobald die Grenze zur schweren Kriminalität überschritten wird.[63] **87**

Bei *Privatwohnungen* ist es für die Annahme einer Garantenstellung zugunsten von Menschen, die sich dort aufhalten, erforderlich, dass zur Rolle als Wohnungsinhaber ein zusätzliches Kriterium hinzutritt. Andernfalls würde man den Wohnungsinhaber ohne Weiteres in die Rolle des Beschützers aller in seiner Wohnung befindlichen Menschen und in die einer Aufsichtsperson gegenüber denjenigen von ihnen zwingen, die andere angreifen. **88**

Dieses Kriterium kann darin bestehen, dass der Wohnungsinhaber dem Dritten die Wohnung speziell als *Schutzbereich* zur Verfügung stellt. Daran fehlt es, wenn Dritte ohne bzw. gegen den Willen des Hausrechtsinhabers Menschen in die Wohnung bringen, um an ihnen Straftaten zu begehen. In diesen Fällen kann der Hausrechtsinhaber nur dann zum Garanten werden, wenn die Wohnung wegen ihrer besonderen Beschaffenheit oder Lage als solche bereits eine Gefahrenquelle darstellt, die der Wohnungsinhaber so zu sichern und zu überwachen hat, dass sie nicht zum Mittel für die leichtere Ausführung von Straftaten gemacht werden kann.[64] **89**

Eine allgemeine, über die Nichtanzeige geplanter Straftaten (§ 138) hinausgehende Pflicht als Vermieter von Räumen, die Begehung von Straftaten Dritter in diesen Räumen zu verhindern, besteht nicht.[65] So genügt bspw. die Kenntnis des Wohnungsinhabers, dass eine andere Person in diesen Räumlichkeiten mit Betäubungsmitteln handelt, noch nicht, um daraus eine Garantenstellung abzuleiten.[66] Nur dann, wenn die Wohnung – etwa durch ihre Lage und/oder Beschaffenheit – eine besondere Gefahrenquelle für eine leichtere Ausführung von Straftaten darstellt, kommt eine Pflicht zum Einschreiten in Betracht. **90**

---

[63] Näher zu dieser Abgrenzung der BGH im *Rentner*-Fall BGH 3 StR 202/76 BGHSt 27, 10 ff. (13).

[64] Näher hierzu und mwN der BGH im *Türkin*-Fall BGH 3 StR 34/82 BGHSt 30, 391 ff. (insb. 394 ff.); vgl. auch KG 1 Ss 308/97 (196/97) NStZ 1998, 571 f. mit Bespr. *Otto* JK 1999 § 13 Rn. 28.

[65] Vgl. BGH 2 StR 397/92 StV 1993, 25 betreffend die Vermietung einer Garage, in der der Mieter gestohlene Wagen für den Verkauf mit falschen Typenschildern und Fahrgestellnummern versah.

[66] BGH 1 StR 598/18 BeckRS 2019, 9718.

ccc) Garantenstellung als Grundlage einer Haftung für fremdes Handeln

91   Eine Garantenstellung als Grundlage für eine Haftung für fremdes Handeln liegt im
      Rahmen von Autoritäts- und Aufsichtsstellungen vor, die gerade die Minimierung
      von Gefahren bezwecken, die von den Beaufsichtigten ausgehen. Typische Garan-
      ten sind insoweit die Eltern bezüglich der minderjährigen Kinder und Lehrer bezüg-
      lich der minderjährigen Schüler im Schulbereich.[67] Hingegen garantieren Ange-
      stellte einer Justizvollzugsanstalt nicht dafür, dass Straftaten, die Anstaltsbedienstete
      an Gefangenen verübt haben, bei den Strafverfolgungsbehörden zur Anzeige ge-
      bracht werden.[68] Jedoch kann ein Betriebsinhaber oder Vorgesetzter Garant dafür
      sein, dass Mitarbeiter keine betriebsbezogenen Straftaten begehen (sog. Geschäfts-
      herrenhaftung).[69]

II. Rechtlich relevantes Handeln in Form des Unterlassens

92   Wie bei den Begehungsstraftaten entfaltet der Handlungsbegriff auch bei den Unter-
      lassungsstraftaten seine Funktion als *Grenzelement* (§ 2 Rn. 69 ff.). Damit das
      Unterlassen rechtlich relevante Verhaltensqualität besitzt, ist ein *bewusstes Untätig-
      bleiben* erforderlich.

Zu Leitfall 11

93   In *Leitfall 11* besteht jenes Untätigbleiben darin, dass der Vater es unterlässt, die
      Kinder aus dem Fenster in die Arme der unten stehenden Retter zu werfen. ◄

1. Ausscheiden von Sachverhalten ohne Handlungsqualität

94   Wie beim Tun werden auch beim Unterlassen zunächst Fallgruppen ausgeschieden,
      bei deren Vorliegen bereits die Handlungsqualität verneint wird.

a) Schlaf oder Bewusstlosigkeit

95   Zunächst schließen auch bei der Unterlassungsstraftat *Schlaf* oder *Bewusstlosigkeit*
      des Täters die Handlungsqualität aus.

b) Vis absoluta

96   Ein Nicht-Handeln infolge von *vis absoluta* liegt vor, wenn der Nichthandelnde
      durch unwiderstehliche Gewalt daran gehindert wird, Aktivitäten zur Verhinderung
      der tatbestandsmäßigen Veränderung in der Außenwelt (des Erfolges) zu ergreifen.

---

[67] Vgl. *Jescheck/Weigend* AT § 59 IV 4 c.

[68] Vgl. BGH 2 StR 670/96 BGHSt 43, 82 ff. mit Anm. *Klesczewski* JZ 1998, 313 ff.; BGH 5 StR
629/17 NStZ 2018, 648; 4 StR 71/11 BGHSt 57, 42 ff.; vgl. zur Geschäftsherrenhaftung *Geneuss*
ZIS 2016, 259 ff.; *Sommer/Lindemann* JuS 2015, 1057 ff. mwN.

[69] Vgl. BGH 4 StR 71/11 BGHSt 57, 42 ff.; vgl. ausführlich zur Geschäftsherrenhaftung *Rotsch/
Wagner*, in: Rotsch/Wagner/Wittig (Hrsg.) 2025, Rn. 141 ff., 188.

Beispiel 11.14

Bademeister-Fall: Der Bademeister kann den Ertrinkenden nicht retten, weil er 97
von D festgehalten wird. ◄

c) Sonstige Unmöglichkeit der Erfolgsabwendung

Letztlich verbindet die Ausführungen in den Rn 92 ff. aber die Frage, ob es dem 98
nicht Eingreifenden *möglich* bzw. *unmöglich* ist, die Veränderung in der Außenwelt
(den Erfolg) abzuwenden.[70] Diese Unmöglichkeit kann einerseits auf *objektiven*
Ursachen beruhen (dem in Osnabrück Weilenden ist es unmöglich, den in Berlin Ertrinkenden zu retten), sie kann aber auch *subjektiv* begründet sein.[71]

Beispiel 11.15

Bilanz-Fall BGH 3 StR 437/02 NStZ 2003, 546 ff.: Das Landgericht hatte den 99
Angeklagten des Bankrotts nach § 283 I Nr. 7b i. V. m. § 14 schuldig gesprochen,
weil die von ihm geführten Gesellschaften für mehrere Geschäftsjahre keine Bilanz erstellt hatten.

Der BGH hob den Schuldspruch auf. § 283 I Nr. 7b sei eine echte Unter- 100
lassungsstraftat. Eine Strafbarkeit entfalle daher, wenn der Täter aus fachlichen
oder finanziellen Gründen zur Erstellung einer Bilanz nicht in der Lage ist. Nach
den Feststellungen sei eine Erledigung der Buchhaltungsaufgaben weder „im
eigenen Haus" möglich gewesen noch sei der Angeklagte im Hinblick auf seinen
Werdegang selbst in der Lage gewesen, eine Bilanz aufzustellen. Es hätte daher
der Feststellung bedurft, dass die vom Angeklagten geführten Gesellschaften im
maßgeblichen Zeitraum noch über die finanziellen Mittel verfügten, einen
Steuerberater mit der Erstellung der Bilanz zu beauftragen. ◄

Dies entspricht der Nichthandlung im Falle der vis absoluta bei der Begehungsstraf- 101
tat. Denn hier wird eine Nichthandlung schon dann angenommen, wenn es dem
Täter nicht möglich war, sich der gewaltsamen Verwirklichung der Tatbestandsmäßigkeit zu widersetzen.

Vom Fehlen der Quasikausalität unterscheiden sich die Fälle der objektiven Unmöglichkeit und 102
des subjektiven Unvermögens dadurch, dass sich eine erfolgsverhindernde Handlung nach menschlichen Maßstäben durchaus formulieren lässt, während dies im Falle einer fehlenden Quasikausalität nicht gelingt (vgl. unten Rn. 161 ff.).

Die Unmöglichkeit der Erfolgsabwendung muss nicht unbedingt faktisch, sie kann 103
auch *rechtlich* bestehen.

---

[70] Vgl. LK-*Weigend* § 13 Rn. 65 f.; *Wessels/Beulke/Satzger* AT Rn. 1172 f. mwN.

[71] Vgl. zur individuellen Handlungsfähigkeit als Voraussetzung des Unterlassens *Roxin* AT 2 § 31
Rn. 8 f.; SK-*Stein/Eckstein* Vor § 13 Rn. 9 ff.; *Stratenwerth/Kuhlen* AT § 13 Rn. 58; *Bosch,* in:
Schönke/Schröder Vor § 13 ff. Rn. 142 f.

104 *Terrier*-Fall OLG Bremen 1 Ss 24/55 NJW 1957, 72 f.:[72] Die Ehefrau des Angeklagten A hatte einen Airedale-Terrier von einem Dritten geschenkt bekommen. A war zunächst mit der Aufnahme des Hundes in seinen Haushalt einverstanden. Nachdem der Hund jedoch mehrere Personen angefallen hatte, bat er
seine Frau, den Hund abzuschaffen oder außerhalb des Hauses in Pflege zu
geben. Dem widersetzte sie sich jedoch. Bald darauf biss der Hund erneut zwei
Menschen. A wurde deshalb wegen fahrlässiger Körperverletzung verurteilt.

105 Das als Revisionsgericht angerufene OLG Bremen stellte fest, dass A aufgrund seiner Stellung als Haushaltsvorstand verpflichtet gewesen wäre, besondere Maßnahmen zur Beseitigung der von dem Hund ausgehenden Gefahren
zu treffen. Fraglich sei jedoch, ob für A neben der festgestellten Rechtspflicht
zum Einschreiten auch die *Möglichkeit* gegeben war, durch geeignete Maßnahmen Verletzungen zu vermeiden. Zu einer Fortgabe des nicht ihm gehörenden
Hundes gegen den ausdrücklichen Willen seiner Frau als Eigentümerin des Tieres sei der Angeklagte schon aus *rechtlichen* Gründen nicht in der Lage
gewesen. ◀

106 Dass nicht nur vis absoluta, sondern auch jede andere faktische und auch die rechtliche *Unmöglichkeit* der Erfolgsabwendung bei der Unterlassungsstraftat eine Nicht-
Handlung bedeutet, ergibt sich durch einen Vergleich mit der Begehungsstraftat:
Dort ist eine Nichthandlung anzunehmen, wenn es dem Betroffenen unmöglich ist,
das tatbestandsmäßige Verhalten zu unterlassen. Da man nicht *rechtlich* gezwungen
werden kann, Unrecht zu tun, können hier nur die Fälle der vis absoluta einschlägig
sein. Die Unmöglichkeit, durch Tun die Veränderung in der Außenwelt (den Erfolg)
zu verhindern, muss hingegen nicht auf vis absoluta beruhen, sondern kann vielfältige Gründe haben, wie bspw. das Unvermögen zu schwimmen, wie in Bsp. 11.17.

2. Ausschluss der Tatbestandsmäßigkeit durch Unzumutbarkeit?

107 Überlegungen zur Unzumutbarkeit der unterlassenen Handlung setzen zunächst vo-
raus, dass der Täter überhaupt die *Möglichkeit* hat, jene Handlung vorzunehmen.
Anderenfalls würde es bereits an einem rechtserheblichen Unterlassen fehlen (oben
Rn. 94 ff.).

108 *Nichtschwimmer*-Fall: Der Nichtschwimmer kann den Ertrinkenden nicht retten.
Sein Unterlassen ist nicht rechtserheblich i. S. der Unterlassungsstraftaten. Vgl.
zur mangelnden Handlungsqualität schon § 2 Rn. 76. ◀

109 Hat der Unterlassende jedoch die Möglichkeit, die unterlassene, d. h. die erforderliche Handlung vorzunehmen, dann betreffen Unzumutbarkeitserwägungen die

---

[72] Hierzu näher *Eser* StK II Nr. 28.

Frage, inwieweit der Unterlassende die Beeinträchtigung eigener Interessen in Kauf nehmen muss. Insofern wird ganz überwiegend vertreten, dass die Unzumutbarkeit der Erfolgsverhinderung bereits die Pflicht zum Tun begrenze und damit die *Tatbestandsmäßigkeit* des Unterlassens entfallen lasse.[73] Auch die Rechtsprechung scheint zuweilen den Gedanken der Unzumutbarkeit in einem die Garantenpflicht begrenzenden Sinne zu verstehen.[74]

Diesen Überlegungen ist jedenfalls insoweit zuzustimmen, als die Grenze der   **110** Unzumutbarkeit bei der Verpflichtung zum Handeln anders zu beurteilen ist als bei der Verpflichtung zum Unterlassen, wo Unzumutbarkeitserwägungen die Schuldhaftigkeit betreffen. Denn während es dem Täter der Begehungsstraftat durchaus zuzumuten ist, Aktivitäten zu unterlassen, sind dem Täter der Unterlassungsstraftat nicht alle zur Verhinderung der Veränderung in der Außenwelt (des Erfolges) *möglichen* Aktivitäten zuzumuten, weil er durch die Handlungspflicht wesentlich stärker belastet wird als der Täter der Begehungsstraftat durch die Unterlassungspflicht.

Beispiel 11.18

Nierenspende-Fall: Sohn S leidet an akutem Nierenversagen. Vater V ist als In-   **111** haber der Personensorge verpflichtet, drohende Schäden von seinem Sohn abzuwenden. Sollte sich herausstellen, dass der Vater als Nierenspender für den Sohn in Frage kommt, so könnte er durch die Nierenspende das Leben des Sohnes retten. Es wäre ihm somit durch jene Organspende *möglich*, den Erfolg zu verhindern. Obwohl V Garant ist, ist er jedoch nicht verpflichtet, eine Niere zu spenden. Denn einen derart massiven Eingriff in höchstpersönliche Achtungsansprüche kann die Rechtsordnung von dem Vater nicht erzwingen. ◄

Die aus der Garantenstellung hervorgehende Pflicht, die Veränderung in der Außen-   **112** welt (den Erfolg) zu verhindern, hat somit eine sozialethische Grenze in Form der *Opfergrenze*. Nicht das Mögliche, nur das *Erforderliche* und damit das *Verhältnismäßige* wird vom Garanten verlangt. Der h. M. ist deshalb zunächst durchaus zuzustimmen, wenn eine Handlungspflicht jenseits der Opfergrenze infolge Unzumutbarkeit verneint wird.[75]

Systematisch muss die h. M. jedoch in Frage gestellt werden. Denn wie die   **113** Unterlassungspflicht bei den Begehungsstraftaten eine Frage des Verbotenseins und damit der Rechtswidrigkeit insgesamt, nicht aber der Tatbestandsmäßigkeit als Verwirklichung eines Unwertes, darstellt, betrifft auch die Handlungspflicht das *Gebotensein insgesamt* und nicht nur die Elemente der Tatbestandsmäßigkeit als Unwertbeschreibung.

---

[73] Vgl. *Bosch,* in: Schönke/Schröder Vor § 13 ff. Rn. 155.
[74] Vgl. BGH 2 StR 294/93 NStZ 1994, 29; 1 StR 244/97 NStZ 1997, 545 f.; sowie die Rechtsprechungsnachweise bei *Jescheck/Weigend* AT § 59 VIII 3.
[75] Anschaulich BGH 1 StR 325/93 NStZ 1994, 29.

114   Der Tod des Sohnes ist im *Beispielsfall 11.18* genau der dem Vater als Garant durch die §§ 212, 13 zugerechnete Unwert. Er ist aber kein Unrecht, weil der Vater ein *Recht* hat, die Nierenspende zu unterlassen. ◄

115   Die Verneinung der Handlungspflicht ist damit ebenso eine Frage der Rechtswidrigkeit/Rechtfertigung wie die Verneinung der Unterlassungspflicht z. B. im Fall der Notwehr oder des rechtfertigenden Notstandes. Die Entpflichtung des Unterlassenden vom Tun erfolgt auf Rechtswidrigkeitsebene. Er hat ein *Recht zum Unterlassen*, sein Unterlassen ist *gerechtfertigt*.

116   Für *Rechtfertigung* infolge Unzumutbarkeit spricht auch eine weitere Überlegung: Die Handlungspflicht des Unterlassenden endet hier deshalb, weil ihm die Preisgabe eigener Interessen nicht mehr zugemutet werden kann, weil diese Interessen *höher* bewertet werden als die durch die Handlungspflicht geschützten. Wir haben es deshalb mit Interessenkollisionen in Form des *rechtfertigenden Notstandes* (§ 34) zu tun.[76]

117   Indem sich der Vater im *Beispielsfall 11.18* weigert, seine Niere zu spenden, nimmt er das überwiegende Interesse wahr und ist im rechtfertigenden Notstand straffrei. Ist das vom Garanten wahrgenommene Interesse nicht überwiegend im Verhältnis zum Interesse des aus der Garantenstellung Begünstigten, kommt eine Entschuldigung nach § 35, nicht aber ein Ausschluss der Tatbestandsmäßigkeit in Frage (Rn. 203 ff.). Gleiches gilt für die echten Unterlassungsstraftaten (Rn. 211). ◄

3. Nichterfüllung der Pflicht zu einem bestimmten Handeln

a) Echte Unterlassungsstraftaten

118   Was der Täter zur Vermeidung der Tatbestandsmäßigkeit unternehmen soll, wird ihm bei den echten Unterlassungsstraftaten durch den Wortlaut der gesetzlichen Strafvorschrift mitgeteilt: Die Strafbarkeit nach § 138 lässt sich vermeiden, indem die geplante Straftat *angezeigt* wird. Wer in einer Wohnung ohne Befugnis verweilt, soll sich auf die Aufforderung des Berechtigten *entfernen*, will er eine Strafbarkeit nach § 123 vermeiden. Die Grenzen werden allerdings dort erreicht, wo es dem Gesetzgeber nicht möglich ist, genau zu beschreiben, wie sich der Täter verhalten soll. Bei der unterlassenen Hilfeleistung z. B. wird nicht ausgeführt, *wie* Hilfe geleistet werden soll. Nur bedingt einen Rahmen bildet die *Erforderlichkeit* der Hilfeleistung, die alle Handlungen einschließt, die eine reelle Chance zur Abwendung des drohenden Schadens bieten.

---

[76] Vgl. auch *Köhler* AT S. 207; *Küper* 1979, S. 87; für Entschuldigung hingegen LK-*Rönnau* Vor §§ 32 ff. Rn. 334.

b) Unechte Unterlassungsstraftaten

Bei den unechten Unterlassungsstraftaten ergibt sich der Inhalt der Handlungs-   **119**
pflicht aus den konkreten Umständen,[77] insbesondere aus der Verpflichtung zur Vermeidung der gesetzlich beschriebenen Veränderung in der Außenwelt. Zwischen
mehreren Handlungsmodalitäten, deren Vornahme das Ausbleiben der Veränderung
erwarten lässt, kann der Täter wählen.[78] Gelingt ihm die Erfolgsvermeidung nicht,
weil er sich für eine untaugliche Variante entschieden hat, kann er wegen fahrlässiger Herbeiführung der Veränderung zur Verantwortung gezogen werden.[79]

4. Abgrenzung von Tun und Unterlassen[80]

Wegen der zusätzlichen Voraussetzungen in § 13 kann die Strafbarkeit eines Han-   **120**
delns davon abhängen, ob man es als Tun oder als Unterlassen einordnet.

> **Beispiel 11.19**
>
> *Insulin*-Fall OLG Düsseldorf 2 Ss 91/83 JMBl. NRW 1983, 199:[81] Die Ange-   **121**
> klagte behandelte ein Kind, das an Diabetes erkrankt war. Sie ordnete an, dass
> die dem Jungen täglich verordnete Insulinmenge zukünftig nicht mehr verab-
> reicht werden solle, um dadurch die Bauchspeicheldrüse wieder zur Produktion
> eigenen Insulins anzuregen. Jedoch führte dieses Vorgehen nicht zur Gesundung,
> sondern zum Tod des Kindes.
>
> Zur Unterscheidung zwischen Begehen und Unterlassen stellt das OLG ent-   **122**
> sprechend dem von der Rechtsprechung angewendeten Verfahren auf den
> *Schwerpunkt des Täterverhaltens* ab.[82] Danach habe zwar die *Mutter* im Ver-
> trauen auf den Therapieerfolg den Behandlungsanweisungen der Angeklagten
> Folge geleistet und bei dem Jungen fortan jede Insulingabe *unterlassen*. Den-
> noch liege das Schwergewicht des Verhaltens der *Angeklagten* auf einem *Tun* in
> Form der Verhaltensanweisungen an die Eltern. Auch das Zerstreuen der Zweifel
> der Eltern an der Zweckmäßigkeit der vorgeschlagenen Behandlung sei als *ak-
> tive* Verhinderung einer offensichtlich erfolgversprechenden Rettungshandlung
> zu sehen. ◀

> **Beispiel 11.20**
>
> *Ziegenhaar*-Fall RG I 1265/28 RGSt 63, 211 ff.: Der Angeklagte hatte für seine   **123**
> Pinselfabrik von einer Händlerfirma chinesische Ziegenhaare bezogen und diese

---

[77] Vgl. *Jescheck/Weigend* AT § 59 I.

[78] Vgl. *Jakobs* AT 29 Rn. 12.

[79] Vgl. *Jakobs* AT 29 Rn. 94; vgl. auch *Maiwald* JuS 1981, 473 ff.

[80] Näher zum Ganzen *Gropp* GS Schlüchter, S. 173 ff.; vgl. auch *Puppe* AT § 28 Rn. 1 ff.; *Roxin* FS
Spinellis, S. 945 ff.; zu Abgrenzungsfragen in „Schutzschildsituationen" *Mitsch* FS R. Merkel,
S. 827 ff.

[81] Näher *Eser* StK II Nr. 25 A 11–24.

[82] Unter Hinweis auf BGH GSSt 3/53 BGHSt 6, 46 ff. (59); vgl. auch BGH 1 StR 390/99 NStZ
1999, 607 f.; 2 StR 239/02 NStZ 2003, 657 f.

trotz der Mitteilung der Händlerfirma, dass sie zu desinfizieren seien, ohne vorherige Desinfektion durch seine Arbeiter zu Pinseln verarbeiten lassen. Ein Arbeiter und drei Arbeiterinnen, die mit der Herstellung der Pinsel beschäftigt waren, und eine Arbeiterin, die mit dem ersteren in Berührung kam, wurden durch Milzbrandbazillen, mit denen die Haare behaftet waren, angesteckt. Die vier Arbeiterinnen sind an Milzbrand gestorben.

124   Auch hier bedarf es einer Entscheidung darüber, ob der Tod der Opfer durch ein Tun (Übergabe nichtdesinfizierter Pinselhaare) oder durch ein Unterlassen (Unterbleiben der Desinfektion der Pinselhaare vor der Übergabe) herbeigeführt worden ist. Das Reichsgericht stellte diese Frage nicht, sondern ging stillschweigend von einem Tun aus. ◄

125 In den genannten Beispielen wurde eines der in diesem Zusammenhang erörternden Abgrenzungskriterien,[83] der *Schwerpunkt des Täterverhaltens*, bereits erwähnt. Darüber hinaus sucht man den *sozialen Sinn* des Verhaltens als Abgrenzungskriterium heranzuziehen,[84] verschiedentlich wird auch von einem Tun als *Regelfall* ausgegangen und nur in *Ausnahme*fällen ein Unterlassen angenommen.[85] Die genannten Abgrenzungsversuche mögen getroffene Einordnungen *nachträglich* plausibel *begründen*, es fehlt ihnen indessen ein hinlänglich zwingender Charakter, um eine Einordnung *im Voraus herzuleiten*.[86] Zu diesem Zweck bietet es sich an, zunächst das äußere Erscheinungsbild in Verbindung mit der äquivalenten Verursachung einer Veränderung in der Außenwelt (eines Erfolges) als Grundlage heranzuziehen (a), und anschließend nach abweichenden Kriterien zu fragen (b).

a) Regel: Äußeres Erscheinungsbild und Kausalität als Kriterien für die Unterscheidung von Tun und Unterlassen

126 Unter aktivem Tun versteht man ein Verhalten, welches durch Einsatz von Energie eine Veränderung der erlebten Wirklichkeit verursacht.[87] Ein Unterlassen liegt hingegen dann vor, wenn eine Veränderung der erlebten Wirklichkeit nicht verhindert wird, obwohl die Möglichkeit hierzu besteht, d. h. wenn man den Dingen „ihren Lauf lässt".[88] Als *strafrechtlich relevantes* Verhalten setzt sowohl das aktive Tun als auch das Unterlassen voraus, dass sich die bewirkte bzw. nicht verhinderte Veränderung der erlebten Wirklichkeit auf die Verwirklichung einer Strafvorschrift bezieht, sei es in Form des Versuchs oder der Vollendung.

---

[83] Näher zu den Abgrenzungskriterien *Jescheck/Weigend* AT § 58 II 3; vgl. auch *Brammsen* GA 2002, 194 ff.; *Kargl* GA 1999, 459 ff.

[84] Vgl. *Eb. Schmidt* 1939, S. 160 ff.; ebs. *Geilen* JZ 1968, 145 ff. (151); *Meyer-Bahlburg* GA 1968, 49 ff.

[85] Vgl. *Jescheck/Weigend* AT § 58 II 2; MK-StGB-*Freund/Rostalski* § 13 Rn. 8 ff. mwN.

[86] Krit. auch *Merkel* FS Herzberg, S. 193 ff. (196).

[87] Vgl. *Schlüchter* JuS 1976, 793 ff. (795); *Sieber* JZ 1983, 431 ff. (435); *Zieschang* AT Kap. 1 Rn. 46; sowie die zahlreichen Nachweise bei *Kühl* AT § 18 Rn. 15.

[88] Vgl. *Kühl* AT § 18 Rn. 15; *Küpper* 1990, S. 73.

Beispiel 11.21

Krankenschwester A verabreicht Patient B mittels einer intravenösen Injektion 127
eine todbringende Substanz. B stirbt. ◄

Beispiel 11.22

Krankenpfleger C verabreicht dem an Diabetes mellitus erkrankten Patienten D 128
die erforderliche lebensrettende Insulininjektion nicht. D stirbt. ◄

Die Verbindung zwischen dem aktiven Tun (hier: der A) bzw. dem Unterlassen (hier:
des C) und der Veränderung der erlebten Wirklichkeit entsprechend der gesetzlichen
Strafvorschrift wird durch die Kausalität bzw. Quasi-Kausalität hergestellt. Die Begründung der Kausalität orientiert sich an der erlebten Wirklichkeit mittels der Formel von der „condicio sine qua non" (oben § 4 Rn. 33 ff.). Die Quasi-Kausalität des
Unterlassens ergibt sich hingegen aus dem Hinzudenken nicht irgendeines, sondern
gerade *jenes aktiven Tuns, das* – wie die Insulininjektion des C im zweiten Beispiel –
*erfahrungsgemäß geeignet ist, die Verwirklichung der in der Strafvorschrift be-
schriebenen Veränderung in der Außenwelt zu verhindern.*[89] Die Mutter, die das Kind
von der Schule abholt und vergisst, vor dem Verlassen des Hauses die Fritteuse abzu-
schalten, wodurch es zu einem Hausbrand kommt, unterlässt, denn das Wegfahren
allein ist nicht einmal kausal für den Hausbrand, kann es doch hinweggedacht werden, ohne dass die Veränderung in der Außenwelt (der Erfolg) entfiele.[90]

Ebenso ist der *Göttinger Transplantations*-Fall[91] zu entscheiden: Der Ange- 129
klagte Arzt A hatte mehreren Patienten jeweils eine Spenderleber transplantiert.
Gegenüber Eurotransplant war zuvor in allen Fällen auf Veranlassung des A jeweils der Wahrheit zuwider angegeben worden, es seien zuvor zwei Nierenersatz-
therapien durchgeführt worden. Die Patienten hatten deshalb an den zum Organ-
angebot und zur Organannahme führenden Match-Verfahren mit einem höheren
als dem sich ohne die Falschangaben ergebenden MELD-Score und in der Folge
auf einem ihnen an sich nicht gebührenden höheren Listenplatz teilgenommen.
Ziel der von A veranlassten Falschmeldungen war es, die Aussichten der Patienten
auf eine Organzuteilung zu erhöhen. Der *5. Strafsenat* geht zu Recht von einem
Unterlassen des Arztes aus, denn der „überholte" Patient stirbt nicht aufgrund einer
Handlung des A (Manipulationen), sondern an den Folgen seiner Krankheit infolge
der *Nichtzuteilung* des Organs. Im Ergebnis verneint er eine vollendete Tötungsstraftat, da nicht der Nachweis zu erbringen sei, dass das Leben der überholten Patienten ohne die Manipulationen verlängert worden wäre.[92] Zu den *Retterfällen*
(vgl. Rn. 140 ff.).

---

[89] Vgl. auch *Baumann/Weber/Mitsch/Eisele* AT § 21 Rn. 25.

[90] Insofern sind die „ohne zu"-Fälle (s. auch Rn. 131) unproblematisch, vgl. *Kühl* AT § 18 Rn. 23 ff.

[91] BGH 5 StR 20/16 NStZ 2017, 701 ff.

[92] BGH 5 StR 20/16 NStZ 2017, 701 ff. (705) mit Anm. *Hoven* und *Kudlich* NJW 2017, 3255 f. und
Rosenau/Lorenz JR 2018, 168 ff.

130 Die geschilderte Grundform der Unterscheidung zwischen Tun und Unterlassen bezieht sich sowohl auf vorsätzliches wie auf fahrlässiges Verhalten. Denn wie bei der vorsätzlichen ist es auch bei der fahrlässigen Straftat das aktive Verändern bzw. das Nichtverändern der erlebten Außenwelt, was für Tun und Unterlassen ausschlaggebend ist.

131 Dass ein aktives Tun von einem Unterlassen zusätzlicher Maßnahmen begleitet ist (sog. „ohne zu"-Fälle),[93] welche der Gefahrerhöhung entgegengewirkt hätten, lässt die Gefahrerhöhung durch aktives Tun unberührt.

Beispiel 11.23

132 Wer als Chirurg in einem der Infektion mit Hepatitis-B ausgesetzten Umfeld tätig ist und operiert, *ohne* sich vorsorglich auf Hepatitis-B untersuchen *zu* lassen, begeht fahrlässige Körperverletzungen durch aktives Tun, wenn es zu Infektionen an Patienten kommt.[94] Entsprechend würde auch niemand auf die Idee kommen, den Schützen S, der nicht nachkontrolliert hat, dass sein Gewehr keine Munition enthält, wegen einer fahrlässigen Tötung durch Unterlassen zur Verantwortung zu ziehen, wenn S zum Scherz auf D gezielt und diesen dann versehentlich erschossen hat. ◄

Zu Beispiel 11.20

133 Auch *Beispiel 11.20 – Ziegenhaar*-Fall – ist ein solcher „ohne zu"-Fall. Zwar besteht durch die Nichtdesinfektion der angelieferten Haare zunächst eine *Gefahr* fort. Diese Gefahr ist aber noch nicht tatbestandsmäßig i. S. von § 222. Erst wenn die Haare den Arbeiterinnen ausgehändigt werden, *ohne sie desinfiziert zu haben*, wird ein zum Tode führender Kausalvorgang in Gang gesetzt. Damit liegt ein tatbestandsmäßiges Tun vor, weshalb auf das Unterlassen der Desinfektion nicht mehr zurückgegriffen werden muss. ◄

134 Von der Einordnung eines Verhaltens als Tun oder Unterlassen ist die Frage zu unterscheiden, ob die strafrechtliche *Verantwortlichkeit* des Täters für eine Veränderung in der Außenwelt (einen Erfolg) an sein Tun, sein Unterlassen oder an beides angeknüpft werden kann.

135 Nur wenn der Täter für das aktive Tun nicht verantwortlich gemacht werden kann, weil es für die eingetretene Veränderung in der Außenwelt (den Erfolg) gar *nicht kausal* ist (die Verabreichung eines unwirksamen Medikamentes lässt sich hinwegdenken, ohne dass die Veränderung in der Außenwelt [der Erfolg], der Tod des Patienten, entfiele)[95] oder weil der Täter gerechtfertigt oder entschuldigt ist, kommt eine Anknüpfung an ein Unterlassen in Frage.[96]

---

[93] Vgl. *Engisch* FS Gallas, S. 184 ff.; *Kühl* AT § 18 Rn. 23 ff.

[94] Vgl. BGH 2 StR 239/02 StV 2007, 76 f. m. Anm. *Ulsenheimer* StV 2007, 77 ff.

[95] Vgl. *Gropp* GS Schlüchter, S. 173 ff.; *Otto* Jura 2000, 549 ff. (550).

[96] Vgl. *Jescheck/Weigend* AT § 58 II 2.

Beispiel 11.24

Wenn A im Zustand der Schuldunfähigkeit den B mit einem Messer schwer ver- **136**
letzt, so liegt dennoch ein strafrechtlich relevantes aktives Tun vor, für das A
mangels Schuldhaftigkeit nicht zur Rechenschaft gezogen werden kann. Lässt A
den B anschließend verbluten, ist eindeutig ein Unterlassen gegeben. Sollte A
zum Zeitpunkt des Unterlassens wieder schuldfähig sein, kommt eine Verantwortlichkeit für dieses Unterlassen in Frage. ◄

Beispiel 11.25

Wenn C den D mit dem Wagen fahrlässig erfasst und anschließend weiter fährt, **137**
obwohl er weiß, dass der schwer verletzte D sterben wird, dann hat er den Tod
des D sowohl durch ein fahrlässiges Tun als auch durch ein vorsätzliches Unterlassen herbeigeführt. Die Strafbarkeit des A hängt dann davon ab, in welchem
Konkurrenzverhältnis[97] die beiden Verhaltensweisen stehen. ◄

Fragen der *objektiven Zurechnung*[98] schließen sich an die Klärung von Tun und **138**
Unterlassen erst an und sind unabhängig von der Verhaltensform zu beantworten.

Mit dem an der erlebten Wirklichkeit orientierten Abstellen auf die Alternative **139**
„Veränderung der Außenwelt" bzw. „den Dingen ihren Lauf lassen" unter Berücksichtigung der „ohne zu"-Fälle und in Verbindung mit Kausalität und Quasi-
Kausalität lässt sich die Abgrenzung von aktivem Tun und Unterlassen im Wesentlichen leisten.[99] Eines Rückgriffs auf die eher nichtssagende[100] und letztlich zirku-
läre Zauberformel vom „Schwerpunkt der Vorwerfbarkeit" oder den sozialen Sinn
eines Verhaltens bedarf es somit nicht.

b) Ausnahme: Bewertung aktiven Tuns als Unterlassen (Unterlassen durch Tun) in den so genannten Retterfällen[101]

Die Bewertung eines nach seinem äußeren Erscheinungsbild aktiven Tuns als Unter- **140**
lassen wird dort erwogen, wo durch den Täter auf Kausalverläufe eingewirkt wird,
die die *Verhinderung* einer Veränderung in der Außenwelt erstreben (Rettungshandlungen). Die Struktur von Rettungshandlungen entspricht in dem Bemühen um *Verhinderung einer Veränderung* dabei im Wesentlichen dem Rücktrittsverhalten beim

---

[97] Vgl. auch *Jescheck/Weigend* AT § 58 II 2 am Ende; *Baumann/Weber/Mitsch/Eisele* AT § 27
Rn. 4 f.

[98] Vgl. oben § 4 Rn. 85 ff.; zur objektiven Zurechnung beim unechten Unterlassen *Kölbel* JuS
2006, 309 ff.

[99] Vgl. auch *Struensee* FS Stree/Wessels, S. 133 ff. (143 ff., 152 ff.), krit. jedoch zur Kausalität
(140 ff.).

[100] Völlig zutreffend deshalb kritisch *Jescheck/Weigend* AT § 58 II 3; *Kühl* AT § 18 Rn. 14; *Bau-
mann/Weber/Mitsch/Eisele* AT § 21 Rn. 28; *Stoffers* JuS 1993, 27 ff.; *Stoffers* Jura 1998, 580 ff.
(582 f.); *Struensee* FS Stree/Wessels, S. 133 ff. (137 ff.).

[101] Vgl. dazu auch *Gropp/Küpper/Mitsch* Fallsammlung Fall 3.

Versuch: Hat der Retter bereits das Erforderliche getan, um den Eintritt der Veränderung für eine gewisse Zeit zu verhindern, liegt ein „*hinreichender Rettungs- bzw. Veränderungsverhinderungsversuch*"[102] vor. Müssen hingegen noch (weitere) Aktivitäten entfaltet werden, um die unmittelbar bevorstehende Veränderung zu verhindern, ist ein „*nicht hinreichender Veränderungsverhinderungsversuch*" gegeben. Die Frage eines Unterlassens durch Tun betrifft nur Fälle der Täterschaft. Die *Teilnahme folgt hingegen den allgemeinen Regeln*. Wer zum Unterlassen anstiftet, handelt aktiv. Wer durch Unterlassen anstiftet, unterlässt.

141 Die Bewertung eines aktiven Tuns als Unterlassen (sog. *Unterlassen durch Tun*) kommt *allerdings nur für das Abbrechen nicht hinreichender eigener oder fremder Rettungsmaßnahmen* in Frage. Um dies näher zu erklären, soll zwischen dem Abbruch eigener Rettungsversuche (aa) und denen eines Dritten (bb) unterschieden werden.

aa) Abbruch eigener Rettungsversuche

142 *Nicht hinreichende eigene Rettungsversuche* können vom äußeren Erscheinungsbild her sowohl durch aktives Tun als auch durch schlichtes untätig Bleiben abgebrochen werden. Im Ergebnis liegt rechtlich immer ein Unterlassen vor.

Beispiel 11.26

143 Krankenschwester F kann Patient G dadurch sterben lassen, dass sie es *unterlässt*, die leere Infusionsflasche durch eine bereitgestellte neue, volle, zu ersetzen, oder dadurch, dass sie die neue Infusionsflasche durch *aktives Tun* zerstört. ◄

---

144 Das Beispiel zeigt, dass ein auf den Abbruch eines *nicht hinreichenden* Rettungsversuchs gerichtetes aktives Tun nicht kausal ist.[103] Denn nicht schon das Hinwegdenken der Vernichtung, sondern erst das *Hinzudenken* der Verabreichung der Infusion lässt den Tod entfallen. Aus diesem Hinzudenken ergibt sich die Quasikausalität des Unterlassens,[104] nicht die Kausalität des aktiven Tuns.

145 *Hinreichende* Rettungshandlungen wie etwa das Anhängen der Infusion, welches das Überleben des Patienten für die nächsten 60 min garantiert, können dagegen nur durch aktives Tun abgebrochen werden. Denn könnte die Veränderung in der Außenwelt bereits durch Unterlassen herbeigeführt werden, wären die Rettungsversuche nicht hinreichend. Wer hinreichende Rettungsversuche verhindert, handelt aktiv.

---

[102] Vgl. *Gropp* GS Schlüchter, S. 173 ff. (178 f.); sowie den „beendeten Rettungsversuch" nach *Baumann/Weber/Mitsch/Eisele* AT § 21 Rn. 32; und den „beendeten Gebotserfüllungsversuch" bei *Samson* FS Welzel, S. 579 ff. (598); ebenso *Stoffers* MDR 1992, 621 ff. (626 f.).

[103] Vgl. auch *Baumann/Weber/Mitsch/Eisele* AT § 21 Rn. 33.

[104] Vgl. oben § 4 Rn. 71 mwN.

bb) Verhinderung/Abbruch fremder Rettungsversuche

Eine *Verhinderung fremder Rettungsversuche* kann zunächst in der Weise gesche-   **146**
hen, dass dem Retter Mittel zur Rettung vorenthalten werden:

Beispiel 11.27

Täter A weigert sich, dem Retter den Schlüssel zum Verbandskasten zur Verfü-   **147**
gung zu stellen. Der Verunfallte verblutet. ◄

In diesen Fällen liegt unstreitig ein *Unterlassen* des Täters vor.[105] Dies gilt auch   **148**
dann, wenn der Täter Aktivitäten entfaltet:

Beispiel 11.28

Täter B schließt den Verbandskasten ab, hindert den Retter so an der Versorgung   **149**
einer stark blutenden Wunde und führt dadurch den Tod des Opfers herbei. ◄

Täter B vereitelt den *nicht hinreichenden* Rettungsversuch durch aktives Tun.   **150**
Dieses aktive Tun ist nicht einmal kausal für den Tod, weil es hinweg gedacht
werden kann, ohne dass der Eintritt des Todes entfiele. Kausal ist vielmehr das erzwungene Unterlassen des Retters. Weil aber der Hintermann als mittelbarer Täter
die Tatherrschaft über den Retter hat, ist seine Tathandlung nicht die Einwirkung
auf den Retter, sondern die Auswirkung auf den zu Rettenden. Die Tötungshandlung besteht hier in der erzwungenen Nichtversorgung der blutenden Wunde,
nicht hingegen im Abschließen des Schrankes.[106] Dass wir das Verhalten des
mittelbaren Täters trotz seines aktiven Handelns als Unterlassen bewerten, liegt
somit in der Situation des Opfers, d. h. gerade im *nicht Hinreichen* des Rettungsversuchs begründet.

Zu Beispiel 11.19

In *Beispiel 11.19 Insulin*-Fall wird die strafrechtliche Verantwortlichkeit daher   **151**
zu Unrecht an die Anordnung (als aktives Tun) geknüpft, das Insulin nicht mehr
zu verabreichen. ◄

Anders sind hingegen jene Fälle zu beurteilen, in denen ein *hinreichender* Rettungs-   **152**
versuch durch aktives Tun behindert wird:

---

[105] Vgl. *Samson* FS Welzel, S. 579 ff. (598).

[106] So auch der BGH im *Kemptener Tee*-Fall BGH 1 StR 357/94 BGHSt 40, 257 ff. bezüglich der
Anordnung des Arztes, die Magensonde zu entfernen und die Patientin zukünftig nur noch mit Tee
zu versorgen; der Entscheidung des BGH insoweit zustimmend *Lilie* FS Steffen, S. 273 ff. (285);
R. Merkel ZStW 107 (1995), 545 ff. (552 f.); *Roxin*, in: Roxin/Schroth (Hrsg.) 2001, S. 105 ff.;
Schöch NStZ 1995, 153 ff. (154); *Vogel* MDR 1995, 337 ff. (338 f.); näher § 9 Rn. 75 ff.; and. wohl
die überwiegende Meinung, die jedes Abbrechen der Rettungshandlung eines Dritten als aktives
Tun bewertet, vgl. *Kühl* AT § 18 Rn. 20 mwN.

Beispiel 11.29

153 Täter C droht, den Retter zu erschießen, falls dieser den angelegten Druckverband nicht wieder entfernt. Der Retter fügt sich und der Verletzte verblutet. ◄

154 Täter C findet das Opfer in einer gesicherten Position vor. Hier ist der Rettungsversuch *hinreichend*. Der Retter könnte – wie oben (aa) dargestellt – die eigene Rettungshandlung nur durch aktives Tun rückgängig machen. Dasselbe gilt für den (mittelbaren) Täter und dessen Einwirkung auf das Opfer mittels des Retters.

c) Das Abstellen des Respirators: ein Tun
Für das

Beispiel 11.30

155 *Respirator*-Fall – der Arzt schaltet das Beatmungsgerät ab, weil er die Patientin von einem weiteren qualvollen Leben erlösen will – ergibt sich aus den Überlegungen unter b), dass das Abschalten des Beatmungsgerätes ein Tun ist, weil die künstliche Beatmung einen *hinreichenden Rettungsversuch* darstellt, indem dem Patienten die Möglichkeit gegeben wird, eine gewisse (u. U. nur kurze) Zeit zu überleben. Wer den Respirator abstellt, zerstört diese Möglichkeit und tötet damit durch aktives Tun. ◄

156 Im Interesse einer straffreien „passiven" Sterbehilfe bewertete die ganz überwiegende Meinung das Abschalten des Respirators (sog. „technischer Behandlungsabbruch") jedoch als Unterlassen.[107] Denn dies gab insbesondere in Fällen, in denen ein unheilbar schwer kranker und leidender Patient das Abschalten im Sinne von § 216 (Tötung auf Verlangen) ernstlich verlangte, die Möglichkeit, die Garantenstellung des Arztes zu verneinen und so zu einer Straffreiheit bezüglich einer Tötung auf Verlangen durch Unterlassen (§§ 216, 13) zu kommen. Entsprechend war auch anerkannt, dass das Leben eines Menschen durch Unterlassen jedenfalls dann beendet werden dürfe, wenn mit an Sicherheit grenzender Wahrscheinlichkeit davon auszugehen ist, dass er nie mehr zum Bewusstsein kommen wird (sog. passive Sterbehilfe in Form des einseitigen Behandlungsabbruchs).[108]

Die Vordergründigkeit jener Hilfskonstruktion zeigt jedoch

Beispiel 11.31

157 *Ravensburger-Sterbehilfe*-Fall LG Ravensburg 3 Kls 31/86 NStZ 1987, 299 ff.: Der Angeklagte hatte bei seiner an einer unheilbaren, im Endstadium begriffenen Krankheit leidenden Ehefrau auf deren Wunsch hin, sterben zu wollen, das Beatmungsgerät abgeschaltet. Dies führte zum alsbaldigen Tod der Ehefrau.

---

[107] Vgl. *Roxin* FS Engisch, S. 380 ff. (397 ff.); sowie *Eser/Sternberg-Lieben*, in: Schönke/Schröder Vor § 211 ff. Rn. 32 mwN.

[108] Näher *Eser/Sternberg-Lieben*, in: Schönke/Schröder Vor § 211 ff. Rn. 29.

Das LG sah eine Rechtfertigung des Angeklagten deshalb gegeben, weil die **158** Ehefrau das Recht gehabt habe, eine künstliche Beatmung abzulehnen und demgemäß auch das Recht, zu verlangen, dass eine künstliche Behandlung abgestellt werde. ◄

Der *Ravensburger-Sterbehilfe*-Fall deutet bereits deutlich darauf hin, dass es beim **159** Abschalten des Respirators nicht die Frage von Tun oder Unterlassen ist, die in den Fällen der Beendigung der Behandlung eines todkranken Patienten auf sein Verlangen hin entscheidend sein darf. Vielmehr ist die Bedeutung entscheidend, die dem wirklichen oder mutmaßlichen Willen, d. h. dem *Selbstbestimmungsrecht* des Patienten zukommt. Wie sich niemand einen Herzschrittmacher gegen seinen Willen einpflanzen lassen muss, so sollte auch niemand gezwungen sein, das Gerät gegen seinen freien und ernstlichen Willen zu behalten. Gleiches gilt für die künstliche Beatmung. Gesetzentwürfe zur Regelung der Sterbehilfe von 1986 und 2005 haben versucht, dem Rechnung zu tragen,[109] ohne sich durchsetzen zu können. In einer wegweisenden Entscheidung hat der 2. Strafsenat des BGH 2010 endlich entschieden, dass ein Behandlungsabbruch gerechtfertigt ist, wenn er dem Willen des Patienten entspricht und dazu dient, einem ohne Behandlung zum Tode führenden Krankheitsprozess seinen Lauf zu lassen.[110] Einer wirklichkeitsfremden Umdeutung des Tuns in ein Unterlassen bedarf es in den Respirator-Fällen damit nicht mehr.[111] Diese Rechtslage ist mittlerweile in § 1827 BGB auch Gesetz geworden.

Die vom 6. Strafsenat angestrengte[112] noch weitergehende normative Betrachtung **159a** zur Abgrenzung von Selbst- und Fremdtötung im Zusammenhang mit § 216 geht jedoch zu weit, weil sie auch ein Sterben von fremder Hand entgegen des Wortlauts des § 216 unter bestimmten Voraussetzungen für nicht tatbestandsmäßig erklärt.[113]

d) „Passives Tun" als Handlungsform[114]
Unter bestimmten Umständen kann ein faktisches Unterlassen rechtlich ein Tun be- **160** deuten und die Zurechnung einer Veränderung in der Außenwelt (eines Erfolges) bewirken, ohne dass der Täter eine Garantenstellung innehaben muss. In den Fällen des „beredten Schweigens" gibt der Täter durch sein Unterlassen in Form des Schweigens eine Erklärung ab: Beim Täuschen als Tathandlung des Betruges ist dies an-

---

[109] Vgl. hierzu *Baumann* u. a. AE-Sterbehilfe, § 214: Abbruch oder Unterlassung lebenserhaltender Maßnahmen als Rechtfertigungsgrund; *Schöch/Verrel* Alternativ-Entwurf Sterbebegleitung GA 2005, 553 ff.; sowie *Heine* u. a. Alternativ-Entwurf Leben GA 2008, 193 ff. jew. § 214: Beenden, Begrenzen oder Unterlassen lebenserhaltender Maßnahmen; vgl. auch *Hufen* NJW 2001, 849 ff. (855 rechts).

[110] BGH 2 StR 454/09 BGHSt 55, 191 ff.; dazu *Fischer* FS Roxin 2011, S. 557 ff.

[111] Vgl. *Gropp* GS Schlüchter, S. 173 ff. (183 ff.); sowie *Brammsen* GA 2002, 193 ff. (210) mwN.

[112] Vgl. BGH 6 StR 68/21 NStZ 2022, 663 ff.

[113] Vgl. weiter dazu SK-*Sinn* § 216 Rn. 10; auch eine teleologische Reduktion des § 216 überzeugt nicht, so aber *Murmann* GK § 23 Rn. 96 mwN zu diesem Problem.

[114] Umfassend hierzu *Streng* ZStW 122 (2010), 1 ff.

[115] Näher *Streng* ZStW 122 (2010), 1 ff. (19).

erkannt.[115] Aber auch wer den Gruß eines Dritten demonstrativ nicht erwidert, „erklärt" seine Nichtachtung durch Unterlassen und begeht so eine Beleidigung (§ 185), auch ohne Garant zu sein. Eine Freiheitsberaubung durch passives Tun kommt z. B. in Frage, wenn die Gefesselte beim Fesselspiel nicht mehr mitmachen will, ihr Partner aber nicht daran denkt, sie wieder zu befreien.

III. Tatbestandsmäßige Veränderung in der Außenwelt („Erfolg") und Quasi-Kausalität

1. Anforderungen an die Quasi-Kausalität

161   Hinsichtlich der zu vermeidenden Veränderung in der Außenwelt bestehen keine Unterschiede zwischen den Begehungsstraftaten und den unechten Unterlassungsstraftaten. Jedoch liegt es in der Natur der Sache, dass die condicio sine qua non-Formel als gedankliche Verbindung zwischen dem Unterlassen und der tatbestandsmäßigen Veränderung in der Außenwelt nicht angewandt werden kann. Die „Verhinderungs-Kausalität" wird daher in eine Formel gekleidet, welche eine *Umkehrung* der condicio sine qua non-Formel darstellt:

162 ▶   Quasi-kausal ist ein Unterlassen dann, wenn „die unterlassene Handlung"[116] nicht hinzugedacht werden kann, ohne dass die tatbestandsmäßige Veränderung in der Außenwelt mit an Sicherheit grenzender Wahrscheinlichkeit entfiele.[117]

Zu Leitfall 11

163   In *Leitfall 11* wäre deshalb eine Quasikausalität jedenfalls dann zu verneinen, wenn sich der Vater mit den beiden Kindern im 20. Stockwerk eines Hochhauses aufhalten würde. Denn dann würde es schon an der *Möglichkeit* fehlen, die Kinder durch Hinabwerfen zu retten, „die unterlassene Handlung", die eine Rettungshandlung ist, ließe sich hier nicht einmal formulieren. ◀

164   Probleme tun sich jedoch auf, wenn eine Rettung möglich, aber nicht zweifelsfrei ist. Lässt sich nicht nachweisen, dass die unterlassene Handlung die tatbestandsmäßige Veränderung in der Außenwelt mit an Sicherheit grenzender Wahrscheinlichkeit hätte entfallen lassen, verneint die Rechtsprechung eine Quasi-Kausalität *in dubio pro reo*:[118]

---

[116] Gemeint ist „*die für die Abwendung der Veränderung in der Außenwelt (des Erfolges) erforderliche Handlung*".

[117] Vgl. RGSt 58, 130/131; BGH 2 StR 269/87 NJW 1987, 2940; 4 StR 473/13 NStZ 2015, 641 ff. Rn. 7; *B. Heinrich* AT Rn. 888 mwN.

[118] Vgl. *Jescheck/Weigend* AT § 59 III 4; BGH 4 StR 266/84 StV 1985, 229 ff.; differenzierend *Kahlo* 1990, S. 319 ff.

Beispiel 11.32

Heustockbrand-Fall RGSt 75, 49/50: „Am 06.10.1939 um 7½ Uhr brach im   **165**
Wirtschaftsgebäude des […] Angeklagten ein Brand aus, durch den dieses Gebäude, das zugleich zur Wohnung von Menschen diente, sowie erhebliche Vor-
räte an Heu, Öhmd[119] und Getreide, ferner landwirtschaftliche Geräte und andere
Gegenstände vernichtet wurden. Die erste Ursache des Brandes lag in der Selbst-
entzündung des Öhmds."

Das *Landgericht* verurteilte den Angeklagten wegen fahrlässiger Brandstif-   **166**
tung. Denn er habe das Ausbrechen des Brandes durch fahrlässige Unterlassung
verursacht, weil er nicht rechtzeitig die Heustocksonde zur Untersuchung des
Öhmdstockes angefordert habe.

Zur *Ursächlichkeit* führt das *Reichsgericht* aus, dass diese dann zu bejahen   **167**
sei, „wenn die unterlassene Handlung nicht hinzugedacht werden kann, ohne
dass zugleich der Erfolg entfiele".[120] Jene Ursächlichkeit könne nur bejaht werden, wenn eine an Gewissheit grenzende Wahrscheinlichkeit dafür bestehe, dass
der Brand nicht ausgebrochen wäre oder einen wesentlich geringeren Umfang
angenommen hätte, falls der Angeklagte die Heustocksonde in dem Zeitpunkt
angefordert hätte, in dem er […] dazu verpflichtet war. Weil die Ausführungen
des Landgerichts insoweit nicht hinreichend waren, verwies das Reichsgericht
zur weiteren Sachaufklärung zurück. ◄

Jene restriktive Rechtsprechung des Reichsgerichts zur Quasi-Kausalität ist vom   **168**
BGH übernommen worden.

Zu Leitfall 11

Deshalb hat der BGH in *Leitfall 11* als Voraussetzung für die Quasi-Kausalität   **169**
des Unterlassens gefordert, dass der Tod der Kinder durch die unterbliebene
Handlung verhindert worden wäre, wofür zumindest die Feststellung einer an
Sicherheit grenzenden Wahrscheinlichkeit erforderlich sei.[121] ◄

Zum Teil wird vertreten, dass Quasi-Kausalität bereits dann gegeben sei, wenn das   **170**
Risiko des Eintritts der tatbestandsmäßigen Veränderung in der Außenwelt durch
das Unterlassen erhöht worden ist (sog. *Risikoerhöhungslehre*).[122] Jedoch wird man
hier dieselben Einwände geltend machen müssen, die gegen die Risikoerhöhungslehre im Bereich der fahrlässigen Straftaten erhoben werden (§ 12 Rn. 86 ff.).[123]

---

[119] Südwestdeutsch: Heu vom zweiten Mähen.
[120] RG 1 D 223/40 RGSt 75, 49 ff. (50).
[121] BGH 1 StR 175/70 bei Dallinger MDR 1971, 361 f. rechts.
[122] Vgl. *Roxin/Greco* AT 1 § 11 Rn. 88 ff.; umfassend zu den unterschiedlichen Spielarten *Kahlo*
1990, S. 55 ff.
[123] Krit. auch *Maiwald* FS Küper, S. 329 ff.

Zu Leitfall 11

171 Nicht ganz unproblematisch ist allerdings die Frage, was man in diesem Zusammenhang unter „Veränderung in der Außenwelt/Erfolg" verstehen soll. Die Rechtsprechung geht hier augenscheinlich *abstrakt* von der Verwirklichung der Elemente der Tatbestandsmäßigkeit aus.[124] In *Leitfall 11* wird deshalb nicht zwischen dem Tod in den Flammen und dem Tod durch den Sturz unterschieden. Die Quasikausalität des Unterlassens wird deshalb verneint, wenn nicht auszuschließen ist, dass anstatt des Todes in den Flammen der Tod durch den Sturz eingetreten wäre.

172 Geht man jedoch von *der Veränderung in der Außenwelt in ihrer konkreten Gestalt* aus, so ließe sich der „Tod in den Flammen" durch das Hinabwerfen vermeiden, weil *dieser* Tod selbst durch den sicheren Tod in Form des Aufschlagens auf die Straße vermieden würde.[125] Jene Argumentation wirkt jedoch im konkreten Fall nicht nur lebensfremd und zynisch, sie übersieht auch die Funktion der Elemente der Tatbestandsmäßigkeit. Denn diese beschreiben nicht konkrete Fälle, sondern legen einen abstrakten *Rahmen* fest, innerhalb dessen der jeweilige Lebenssachverhalt ein „Fall" dieser Elemente der Tatbestandsmäßigkeit ist. Solange deshalb beim Tun nicht eine *wesentliche* Abweichung des eingetretenen Kausalverlaufs vorliegt, ist die Zurechnung der Veränderung in der Außenwelt (des Erfolges) zu bejahen bzw. ein diesbezüglicher Irrtum unbeachtlich. Solange beim Unterlassen durch die Vornahme der unterlassenen Handlung nicht mit an Sicherheit grenzender Wahrscheinlichkeit eine *wesentliche* Abweichung des Kausalverlaufs zu erwarten ist, ist die Quasi-Kausalität zu verneinen, weil auch durch ein Handeln die Veränderung in der Außenwelt nicht hätte vermieden werden können. Der Tod durch den Sturz unterscheidet sich in *Leitfall 11* aber nicht wesentlich vom Tod in den Flammen. Der Rechtsprechung ist daher zuzustimmen. ◄

2. Ablehnung eines gesonderten Pflichtwidrigkeitszusammenhangs

173 Eng mit der Frage nach der Quasi-Kausalität des Unterlassens hängt das Schein-Erfordernis des *Pflichtwidrigkeitszusammenhangs*[126] zusammen: Während es bei der Quasikausalität darauf ankommt, ob das unterlassene Tun die Veränderung in der Außenwelt mit an Sicherheit grenzender Wahrscheinlichkeit verhindert hätte, ist die Fragestellung beim Pflichtwidrigkeitszusammenhang gerade umgekehrt: Die Zurechnung der Veränderung in der Außenwelt wird mangels eines Pflichtwidrigkeitszusammenhangs verneint, wenn *nicht auszuschließen* ist, dass die Veränderung in der Außenwelt auch bei pflichtgemäßem Verhalten – bei den Unterlassungsstraftaten mittels Vornahme des unterlassenen Tuns – eingetreten wäre.[127] Vergleicht

---

[124] Vgl. *Wessels/Beulke/Satzger* AT Rn. 1177.

[125] Vgl. hierzu *Puppe* ZStW 92 (1980), 878 ff.

[126] Zum Pflichtwidrigkeitszusammenhang bei Unterlassungsstraftaten *Kahlo* 1990, S. 306; *Wessels/Beulke/Satzger* AT Rn. 1207; *Kühl* AT § 19 Rn. 4a ff. mwN.

[127] Für eine Abgrenzung danach, ob das Unterlassen nachweisbar reale Chancen des Opfers, unverletzt zu bleiben, vernichtet hat, *Kahlo* GA 1987, 66 ff. (79).

man die Fragestellungen, so wird freilich deutlich, dass Quasikausalität und Pflichtwidrigkeitszusammenhang nur die beiden Seiten derselben Medaille sind. Anhand des *Leitfalles 11* lässt sich dies unschwer nachweisen:

Zu Leitfall 11

In *Leitfall 11* verlangt die Quasikausalität, dass das Hinabwerfen der Kinder   174
nicht hinzugedacht werden kann, ohne dass der Tod der Kinder mit an Sicherheit grenzender Wahrscheinlichkeit entfiele. Sie ist zu verneinen, wenn nicht ausgeschlossen werden kann, dass der Tod auch durch das Hinabwerfen eingetreten wäre. Auch der Pflichtwidrigkeitszusammenhang ist zu verneinen, wenn nicht ausgeschlossen werden kann, dass der Tod auch bei (handlungs)pflichtgemäßem Verhalten, d. h. beim Hinabwerfen der Kinder, eingetreten wäre. Das Beispiel zeigt: ◀

▶   Quasikausalität und Pflichtwidrigkeitszusammenhang sind identisch.

Oder anders ausgedrückt: 175

Neben der Prüfung der Quasikausalität bedarf es der Prüfung eines Pflicht   176
widrigkeitszusammenhangs nicht.

Der Grund hierfür liegt darin, dass schon innerhalb der Quasikausalität nach   177
„*der unterlassenen Handlung*" gefragt wird. Diese Handlung ist aber gerade jene der Handlungs*pflicht gemäße*. Die Bejahung der Quasikausalität (= Verhinderung der Veränderung in der Außenwelt durch *pflichtgemäßes* Handeln) bedeutet damit bereits Bejahung des Pflichtwidrigkeitszusammenhangs.[128]

IV. Die Entsprechens-Formel, § 13

1. Handlungsäquivalenz

Um strafbar zu sein, muss das Bewirken der Unrechtsverwirklichung durch Unter   178
lassen der Unrechtsverwirklichung durch Tun *entsprechen*. Bei Strafvorschriften, die sich in der Beschreibung einer Veränderung in der Außenwelt erschöpfen (z. B. § 212), sog. „reine Erfolgsstraftaten", wird jene Handlungs-Äquivalenz in der Regel gegeben sein.[129] Bedeutung erlangt sie nach h. M. jedoch bei sog. „*verhaltensgebundenen*" Straftaten.[130]

---

[128] Vgl. auch *Burgstaller* 1974, S. 131 f.; krit. *Erb* 1991, S. 248 ff.

[129] Anders *Freund* 1992, insbes. S. 124 ff., der als tertium comparationis den das Handlungsunrecht prägenden Verhaltensnormverstoß fordert; vgl. auch *Kargl* ZStW 119 (2007), 250 ff. (281); für eine Anwendung der Entsprechens-Klausel auch bei erfolgsqualifizierten Unterlassungen *C. Köhler*, 2000, S. 126 ff.

[130] Vgl. BGH 3 StR 204/09 NStZ 2010, 87 f.; *Kühl* AT § 18 Rn. 123; *Roxin* AT 2 § 32 Rn. 225 ff.; *Bosch*, in: Schönke/Schröder § 13 Rn. 4; *Wessels/Beulke/Satzger* AT Rn. 1209; NK-StGB-*Gaede* § 13 Rn. 19.

179   Hierzu zählt man vor allem

- § 263 bezüglich des *Täuschens*,[131]
- § 253 bezüglich des Nötigens *durch Gewalt oder Drohung mit einem empfindlichen Übel,*
- § 211 bezüglich der 2. Gruppe der Mordmerkmale,[132]
- § 224 bezüglich der Körperverletzung *mittels eines gefährlichen Werkzeugs.*

180   Die Handlungsäquivalenz soll sich zunächst auf die *Tathandlung* beziehen,[133] beim Betrug somit darauf, ob das Unterlassen einem *Täuschen* entspricht. Mit *Streng* würde insoweit vermutlich schon ein „passives Tun" vorliegen.[134]

Beispiel 11.33

---

181   *Eigenbedarfs*-Fall BayObLG JR 1988, 299 ff.:[135] Aufgrund eines Prozessvergleichs hatten sich die Mieter verpflichtet, die Wohnung des Vermieters wegen Eigenbedarfs zu räumen. Auch als der Grund für den Eigenbedarf nachträglich weggefallen war, unterließ der Vermieter die Verständigung der Mieter, obwohl ihm dies ohne Hindernisse möglich gewesen wäre.

Dieses Verhalten entspreche bei Bejahung der subjektiven Tatseite der Verwirklichung des Täuschens durch ein Tun, so das BayObLG.[136]

182   Die Handlungsäquivalenz hat der BGH auch beim bewussten Unterlassen der Entstörung eines Fahrtenschreibers verneint und eine Strafbarkeit gemäß §§ 268 I Nr. 1, 13 abgelehnt.[137] Dem ist zuzustimmen, denn das Unterlassen des „Entstörens" kann nicht der Verwirklichung des gesetzlichen Tatbestandes durch störendes Einwirken gleichgestellt werden. ◄

183   Relevanz kommt hingegen dem zweiten Gesichtspunkt der Handlungsäquivalenz zu, der sich auf den *Garanten* bezieht: Es wird gefragt, *in wessen Sphäre* das spezifische Verhalten fällt. Handelt es sich um den Fall eines Beschützer-Garanten, so wird ihm die besondere verbrecherische Handlungsmodalität eines Angreifers nicht

---

[131] Dazu *Kargl* ZStW 119 (2007), 250 ff.

[132] *Rauber* 2008, insb. S. 42 f., 150.

[133] NK-StGB-*Gaede* § 13 Rn. 19 bezieht auch Fragen der Kausalität und des unmittelbaren Ansetzens mit ein.

[134] Vgl. oben Rn. 160 und *Kargl* ZStW 119 (2007), 250 ff. (286 f.).

[135] Mit Anm. *Hillenkamp* JR 1988, 301 ff., zur Entsprechens-Klausel insbes. S. 303; vgl. auch *Fischer*, in: Fischer § 263 Rn. 15a f.

[136] Jedoch lässt sich – auch im Hinblick auf *Beispiel* 11.24 – zumindest bezüglich des Betruges und der Nötigung mit Recht bezweifeln, ob neben der Verwirklichung der Elemente der Tatbestandsmäßigkeit durch Unterlassen für eine zusätzliche Handlungsäquivalenz überhaupt noch Raum bleibt, vgl. *Roxin* AT 2 § 32 Rn. 230 ff.

[137] BGH 1 StR 648/78 BGHSt 28, 300 ff. (307).

zugerechnet. Der Überwachungsgarant ist hingegen für den aus seiner „Gefahren-quelle" herrührenden besonderen Handlungsunwert zuständig.[138]

Beispiel 11.34

Messer-Fall für die Irrelevanz des externen Handlungsunwerts beim Beschützer-   **184**
Garanten: Der Beschützer-Garant (z. B. der Vater) lässt es zu, dass sein Kind von einem Dritten mit einem Messer verletzt wird, obwohl er dies verhindern könnte. Als Beschützergarant ist der Vater Täter einer *einfachen* Körperverletzung durch Unterlassen, weil ihm das Handlungsunrecht der Begehungs-Tat nicht zugerech-net wird. ◄

Beispiel 11.35

Passanten-Fall für die Relevanz des internen Handlungsunwerts beim Über-   **185**
wachungsgaranten: Der aufsichtsführende Lehrer im Schulhof schaut zu, wie der jugendliche Schüler S mit einem Messer einen den Pausenhof überquerenden Passanten P verletzt. In diesem Falle wird die Nichthinderung des Verhaltens des S dem aufsichtsführenden Lehrer zugerechnet. Da der Lehrer Überwachungs-garant ist, liegt eine Beihilfe zur gefährlichen Körperverletzung vor. ◄

Zu Leitfall 11

In *Leitfall 11* ist der Vater Beschützergarant für die beiden Kinder. Da es sich bei   **186**
dem Totschlag um eine Erfolgsstraftat handelt, ist das Unterlassen auch hinsicht-lich der Handlungsäquivalenz wie ein Tun zu bewerten. ◄

2. Fakultative Strafmilderung

Bei den unechten Unterlassungsstraftaten lässt § 13 II eine Strafmilderung nach   **187**
§ 49 I zu. Der Grund liegt darin, dass der Schuldgehalt der tatbestandsmäßigen, rechtswidrigen und schuldhaften Begehung durch Unterlassen geringer ist als eine Begehung durch Tun. Denn indem der Täter nur unterlässt, ist seine rechtsfeindliche Gesinnung nicht so ausgeprägt wie beim Tun, weil die Schwelle zum Unterlassen viel niedriger ist als jene zum Tun.[139] Auch der *Unrechtsgehalt* der durch Unterlas-sen bewirkten Veränderung in der Außenwelt kann geringer sein als jener des durch Tun bewirkten, obwohl die Entsprechens-Formel dem gerade entgegenwirken soll.

V. Subjektive Elemente der Tatbestandsmäßigkeit

1. Besondere subjektive Elemente der Tatbestandsmäßigkeit

Wie bei der Begehungsstraftat spielen auch bei der Unterlassungsstraftat Absichten   **188**
und Motive eine das Unrecht der Tat gestaltende Rolle. Man denke etwa an die Zu-

---

[138]Vgl. *Bosch,* in: Schönke/Schröder § 13 Rn. 4; vgl. auch *Roxin* AT 2 § 32 Rn. 239 ff.; und *Roxin* FS Lüderssen, S. 583 ff. zu sog. „begehungstäterbezogenen Qualifikationsmerkmalen".
[139]Vgl. BGH 4 StR 451/91 NStZ 1992, 125 f.; abl. *Lerman* GA 2008, 78 ff.

eignungsabsicht beim Diebstahl oder die Verdeckungsabsicht beim Mord. Ein besonderes Augenmerk ist insoweit jedoch auf die Entsprechens-Formel zu legen.

2. Allgemeine subjektive Unrechtselemente

189   Insoweit ist *Vorsatz* hinsichtlich aller objektiven Elemente der Tatbestandsmäßigkeit erforderlich.[140] Dieser kann darin bestehen, dass der Täter in Kenntnis (cognitives Vorsatzelement) der objektiven Elemente einschließlich der Quasikausalität den *Entschluss* (voluntatives Vorsatzelement) fasst, untätig zu bleiben, *nichts zu tun*.[141] Der Tatentschluss muss sich dabei auf sämtliche Merkmale des objektiven Tatbestands beziehen, also sowohl auf die dort beschriebenen Umstände als auch auf die Garantenpflicht, das Untätigbleiben trotz physisch-realer Handlungsmöglichkeit, die hypothetische Kausalität und die objektive Zurechnung der Veränderung in der Außenwelt (des Erfolges).[142] Gerade die Anforderungen an die subjektive Tatseite im Hinblick auf die hypothetische Kausalität waren bislang in der Rechtsprechung nicht deutlich umrissen worden. Nach einer Anfrage des 4.[143] an den 5. Strafsenat gab dieser seine entgegenstehende Rechtsprechung[144] auf,[145] sodass nun geklärt ist, dass ein Für-möglich-halten des Rettungserfolgs im Falle des Tätigwerdens zur Bejahung des Vorsatzes hinsichtlich der hypothetischen Kausalität genügt.[146] Es kann aber auch sein, dass sich der Täter in Kenntnis der Situation nur schlicht *nicht entschließt, etwas* zu tun.[147] In diesen Fällen lässt die h. M. die Kenntnis zur Begründung des Vorsatzes genügen,[148] die dogmatische Situation entspricht damit jener des dolus directus II bei den Begehungsstraftaten (§ 4 Rn. 169 ff.). Dolus eventualis liegt vor, wenn der Täter in *Kenntnis* der Situation sich mit der *Möglichkeit* des Eintritts der Veränderung in der Außenwelt *abfindet*, bewusste Fahrlässigkeit, wenn er auf das Ausbleiben der Veränderung vertraut (§ 4 Rn. 174 ff.).

Zu Leitfall 11

190   In *Leitfall 11* verwies der BGH den Fall auch deshalb an die Strafkammer zurück, weil in den Urteilsgründen nicht hinreichend zum Ausdruck gekommen sei, dass der Angeklagte mit Kenntnis hinsichtlich der Herbeiführung des Todes der Kinder durch Unterlassen gehandelt habe. ◄

---

[140] Vgl. *Ebert* AT 5. Teil 2. Abschnitt A IV mit zahlr. Beispielen zur Unkenntnis; *Jescheck/Weigend* AT § 59 VI.

[141] Vgl. *Jescheck/Weigend* AT § 59 VI 2 a.

[142] Vgl. BGH 4 StR 200/21 NStZ 2023, 153 ff.

[143] Vgl. BGH 4 StR 200/21 NStZ 2023, 153 ff.

[144] Vgl. BGH 5 StR 20/16 BGHSt 62, 223 ff.

[145] Vgl. BGH 5 ARs 34/22 medstra 2023, 114.

[146] Vgl. dazu auch *Eisele* JuS 2022, 1175 ff.; *Jäger* JA 2022, 955 ff., *Putzke* ZJS 2023, 353 ff.

[147] Jedenfalls bedarf es zur Bejahung des Vorsatzes der Feststellung, dass der Täter im Bewusstsein *möglichen Handelns* untätig geblieben ist.

[148] Vgl. *Roxin* AT 2 § 31 Rn. 184 ff.; *Wessels/Beulke/Satzger* AT Rn. 1211.

Von Anhängern einer streng finalen Handlungslehre wird betont, dass die subjekti- **191**
ven Elemente der Tatbestandsmäßigkeit bei der Unterlassungsstraftat schon dann
vorliegen, wenn der Entschluss, die gebotene Handlung vorzunehmen, trotz Erkennbarkeit ihrer Erforderlichkeit fehlt, d. h. dass ein Unterlassungswille als Gegenstück zu einem Verwirklichungswillen bei den Begehungsstraftaten nicht erforderlich sei.[149] Jedoch kann zum einen die Erkenn*barkeit* das cognitive Vorsatzelement
nicht ersetzen. Zum anderen dürfte es sich hier insoweit um ein Scheinproblem handeln, als auch die h. M. als voluntatives Element des Vorsatzes bei den Unterlassungsstraftaten einen Verwirklichungswillen nicht verlangt.[150]

VI. Fahrlässiges Unterlassen

Wie Vorsatzstraftaten sind selbstverständlich auch Fahrlässigkeitsstraftaten durch **192**
Unterlassen begehbar. Der Kern der Unwertverwirklichung wird dabei nicht selten
in der unvorsätzlichen Verletzung einer Sorgfaltspflicht durch Unterlassen gesehen.[151]

Nach der hier zu den Fahrlässigkeitsstraftaten vertretenen Ansicht (§ 12 **193**
Rn. 121 ff.) besteht der Unwertgehalt der fahrlässigen Unterlassungsstraftat darin,
dass durch Unterlassen unvorsätzlich, jedoch individuell vorhersehbar, vermeidbar
und objektiv zurechenbar eine erhöhte Gefahr geschaffen und dadurch das strafbare
Verhalten verwirklicht wird.

Wie bei der Vorsatzstraftat lassen sich auch bei der Fahrlässigkeitsstraftat echte **194**
und unechte Unterlassungsstraftaten unterscheiden:

Hintergrundinformationen
- als echte fahrlässige Unterlassungsstraftat z. B. § 283 V Nr. 1 i. V. m. I Nr. 5 (Bankrott in Form **195**
  des fahrlässigen Unterlassens der Führung von Handelsbüchern bei fahrlässiger Unkenntnis
  von der Überschuldung oder der drohenden oder eingetretenen Zahlungsunfähigkeit),
- als unechte fahrlässige Unterlassungsstraftaten alle fahrlässigen Begehungsstraftaten i. V. m. **196**
  der Entsprechens-Formel in § 13.

C. Rechtswidrigkeit

Innerhalb der Elemente der Rechtswidrigkeit bestehen zwischen Begehungs- und **197**
Unterlassungsstraftaten zunächst keine Unterschiede. Hier wie dort gilt es, *Rechtfertigungsgründe* bei gegebenem Anlass zu erörtern. Der rechtfertigende Notstand

---

[149] Vgl. *Arm. Kaufmann* 1959, S. 66 ff., 110 ff., 309 ff.; *Welzel* LB, S. 201.

[150] Vgl. LK-*Vogel/Bülte* § 15 Rn. 59.

[151] Vgl. *Hoffman/Holland* AT Rn. 837; *Jescheck/Weigend* AT § 54 I 4 mit Fn. 17; *Krey/Esser* AT
Rn. 1110; SSW-*Kudlich* § 13 Rn. 52; NK-StGB-*Gaede* § 13 Rn. 21.

lässt sich allerdings nicht ohne Weiteres auf die unechten Unterlassungsstraftaten anwenden, weil sein Wortlaut („eine Tat begeht") eindeutig auf die Begehungsstraftaten ausgerichtet ist.[152] Zu Recht ist nach *Küper* deshalb nur eine analoge Anwendung der gesetzlichen Grundvoraussetzungen des rechtfertigenden Notstandes in
Betracht zu ziehen.[153] Im Kern wird um den richtigen Abwägungsmaßstab gerungen.
Hier gilt, dass für eine Rechtfertigung bereits der Erhalt eines – im Vergleich zum
durch Unterlassen beeinträchtigten Interesse – annähernd gleichwertigen Interesses
genügt.[154] Das folgt aus dem Grundgedanken des § 34, dass in Achtungsansprüche
Unbeteiligter zur Abwendung einer Gefahr nur dann aktiv eingegriffen werden darf,
wenn dies zum Schutz eines wesentlich überwiegenden Interesses erforderlich ist.

Beispiel

Nach einem Schiffsunglück rettet sich A mit einem wertvollen, aber großen Gemälde auf ein überfülltes Rettungsboot. Das Gemälde wurde ihm von einem seiner Klienten für eine Versteigerung auf dem Luxusschiff überlassen. Wenn A das
ihm anvertraute Gemälde nur dadurch retten kann, dass er einen anderen Passa-
gier aus dem Boot stößt, so wäre die Tötung des Passagiers nicht gemäß § 34 gerechtfertigt, weil das Leben einer anderen Person höherwertiger ist als das Gemälde. Wenn der Eingriff also rechtswidrig wäre, so kann das Unterlassen dieses
Eingriffs (zu Lasten des Gemäldes, §§ 266, 303, 13) nur rechtmäßig sein.[155]

Wenn nun im o. g. Beispiel der B eine wertvolle, aber schwere und platz-
raubende Büchersammlung von gleichem Wert wie das Gemälde mit ins
Rettungsboot gebracht hätte und A das ihm anvertraute Gemälde wiederum nur
dadurch schützen könnte, dass er die Büchersammlung des B aus dem Boot
wirft, so würde auch in diesem Fall der Eingriff rechtswidrig bleiben, weil die
Güterabwägung immer noch zu Lasten des A ausfällt. Das Unterlassen der Rettung des Gemäldes wäre also auch in diesem Fall bei Gleichwertigkeit der Interessen rechtmäßig.

Erst wenn der A zur Rettung des Gemäldes untätig bleibt, er aber einen wertlosen alten Koffer des C aus dem Boot werfen könnte, wäre der Eingriff gerechtfertigt, das Unterlassen des Eingriffs zur Rettung des Gemäldes also rechtswidrig. ◄

Die Überlegungen zeigen, dass die Rechtmäßigkeit des Unterlassens bereits dann anzunehmen ist, wenn durch das Unterlassen ein annähernd gleichwertiges Interesse erhalten wird (sog. Umkehrprinzip).[156] Allerdings entspricht dies nicht dem Wortlaut

---

[152] Vgl. *Küper* ZStW 131 (2019), 1 ff. (35); SK-*Stein/Eckstein* Vor § 13 Rn. 75; den Anwendungsbereich des § 34 bei annähernder Gleichwertigkeit verneinend *Neumann* FS Yamanaka, S. 171 ff.
(176 ff.); *ders.* FS R. Merkel, S. 791 ff. (799 ff.).

[153] *Küper* ZStW 131 (2019), 1 ff. (20).

[154] *Küper* ZStW 131 (2019), 1 ff. (29).

[155] Vgl. ein ähnliches Bsp. bei *Roxin* AT 2 § 31 Rn. 205.

[156] Vgl. SK-*Stein/Eckstein* Vor § 13 Rn. 75; *Küper* ZStW 131 (2019), 1 ff. (20 ff.); *Hruschka* JuS
1979, 385 ff. (390 ff.).

des § 34, nach dem ein *wesentliches* Überwiegen des Erhaltungsinteresses gefordert wird. Im Ergebnis kann § 34 also auf unechte Unterlassungsstraftaten in den Gleich- wertigkeits- und unwesentlich Geringerwertigkeitsfällen nicht angewendet werden und es bleibt nur der Weg über eine übergesetzliche Rechtfertigung.[157]

Nach h. M. soll auch die *Garantenpflicht* ein eigenständiges Element der Rechts- widrigkeit sein (Rn. 24 ff.). **198**

Beweggrund der h. M. ist der Wille, den Irrtum über die Garantenpflicht – vor allem in Form der **199** Unkenntnis – befriedigend zu berücksichtigen. Die Unkenntnis der Garantenpflicht soll deshalb als Gebotsirrtum, zu behandeln als Verbotsirrtum nach § 17 (§ 13 Rn. 34 ff.), beachtlich sein.

Im Ergebnis ist der h. M. zuzustimmen. Jenes Ergebnis setzt jedoch nicht voraus, dass die **200** Garantenpflicht ein gesonderter *Bestandteil* der Rechtswidrigkeit ist. Denn entsprechend der Sach- lage bei den Begehungsstraftaten besagt die (auf der in die Tatbestandsmäßigkeit einzuordnenden Garanten*stellung* beruhende) Garantenpflicht nicht mehr, als dass der Täter zum Handeln *ver- pflichtet* ist. Die Garantenpflicht ist damit *Handlungspflicht* und entspricht somit der *Unter- lassungspflicht* bei den Begehungsstraftaten.[158] Wie aber auch die Unterlassungspflicht bei den Be- gehungsstraftaten nicht als Element der Rechtswidrigkeit eigens in Erscheinung tritt, sondern das allgemeine Verbotensein des Verhaltens zum Ausdruck bringt, so geht auch die Garantenpflicht im *Gebotensein* der unterlassenen Handlung auf. Weiß der Täter somit nicht, dass die unterlassene Handlung *geboten* ist, befindet er sich in der Tat im *Gebots*irrtum, der § 17 folgt.

Nach der hier vertretenen Ansicht wird man auch die *Unzumutbarkeit* des Tätig- **201** werdens innerhalb der Rechtswidrigkeit als Rechtfertigungsgrund einordnen müs- sen, soweit der Garant zur Abwendung der gesetzlichen Veränderung in der Außen- welt Interessen preisgeben müsste, die das Interesse an der Vermeidung ihres Ein- tritts überwiegen (Rn. 113 ff.).

Zu Leitfall 11

In *Leitfall 11* hätte das überwiegende Interesse darin bestanden, die Kinder aus **202** dem Fenster hinabzuwerfen, um auf diesem Wege die mit an Sicherheit grenzen- der Wahrscheinlichkeit gegebene Rettungschance wahrzunehmen. Bezüglich eingetretener Verletzungen, ja selbst des Todes der Kinder hätte sich A auf ein er- laubtes Risiko berufen können. ◄

D. Schuldhaftigkeit

Auch bezüglich der Schuldhaftigkeit gelten für Unterlassungsstraftaten zunächst **203** dieselben Grundsätze wie für Begehungsstraftaten.

Darüber hinaus bedarf es der Abklärung, inwieweit bei den Unterlassungsstraf- **204** taten die *Unzumutbarkeit* des Tuns auch entschuldigend wirken kann. Es müsste sich hier um Fälle handeln, in denen die Rechtswidrigkeit des Unterlassens feststeht, dem

---

[157] *Küper* ZStW 131 (2019), 1 ff. (35).

[158] Vgl. *Jescheck/Weigend* AT § 59 VI 1; i. E. wohl zustimmend *B. Heinrich* AT Rn. 918 Fn. 2011.

Täter sein Unterlassen jedoch nicht zum Vorwurf gemacht werden soll. Nicht betroffen sind somit jene Fälle, in denen bereits die Garanten*pflicht* eingeschränkt werden soll. Auch ein Rückgriff auf § 35 erscheint nur begrenzt möglich.[159] Denn unter Berücksichtigung einer an Verhältnismäßigkeitsgesichtspunkten orientierten Opfergrenze ist der Garant grundsätzlich nicht gezwungen, „Selbst-Eingriffe" in die in § 35 erwähnten höchstpersönlichen Interessen vorzunehmen. Eine Ausnahme bilden hier jedoch die nach § 35 zur *besonderen* Gefahrtragung Verpflichteten.

Beispiel 11.36

205   *Feuerwehrmann*-Fall: Der Feuerwehrmann, der nicht bereit ist, beim Löschen des Hauses Menschen zu retten, weil er sich aus der Lebensgefahr begeben will, wäre nicht aufgrund eines überwiegenden eigenen Interesses gerechtfertigt, sondern nach § 35 nur entschuldigt.[160] ◄

---

206   Fälle, in denen dem Unterlassenden sein rechtswidriges Unterlassen aus Gründen der Unzumutbarkeit nachgesehen wird, ohne dass ein Fall einer besonderen Gefahrtragungspflicht vorliegt, sind eher selten.

Beispiel 11.37

207   Die Hilfsargumentation des OLG Bremen im *Terrier*-Fall NJW 1957, 72 f.: Nach dem Hinweis darauf, dass es dem Angeklagten weder tatsächlich noch rechtlich möglich gewesen sei, den nicht ihm gehörenden bissigen Hund gegen den ausdrücklichen Willen seiner Frau als Eigentümerin des Tieres fortzugeben,[161] führt das OLG ergänzend aus: „Dass er das nicht zu billigende Verhalten seiner Frau der Polizei meldete, war ihm nicht zuzumuten (RGSt 77, 126)". Angesichts der Verletzung Dritter durch die Bisse des Hundes wäre der Angeklagte durchaus *verpflichtet* gewesen, sich zur Beseitigung der Gefahr notfalls auch an die Polizei zu wenden. Sein Verhalten ist deshalb rechtswidrig. Dass es seine Ehefrau war, gegen die er bei der Polizei hätte Anzeige erstatten müssen, führt dazu, dass ihm aus Gründen der Unzumutbarkeit kein *Vorwurf* gemacht werden kann. ◄

E. Besonderheiten bei den echten Unterlassungsstraftaten

§ 323c Unterlassene Hilfeleistung

208   Wer bei Unglücksfällen oder gemeiner Gefahr oder Not nicht Hilfe leistet, obwohl dies erforderlich und ihm den Umständen nach zuzumuten, insbesondere ohne erhebliche eigene Gefahr und ohne Verletzung anderer wichtiger Pflichten möglich ist, wird mit Freiheitsstrafe von einem Jahr oder mit Geldstrafe bestraft.

---

[159] Vgl. aber *Jescheck/Weigend* AT § 59 VIII 3.
[160] Vgl. *Küper* 1979, S. 87 mit Fn. 204.
[161] Jene Unmöglichkeit der Fortgabe des Hundes würde bereits die rechtlich relevante Handlungsqualität des Unterlassens des Angeklagten entfallen lassen, vgl. oben Rn. 98 ff.

Der inhaltliche Unterschied zwischen den unechten und den gesetzlich fixierten **209** echten Unterlassungsstraftaten besteht darin, dass die echten Unterlassungsstraftaten nicht eine Pflicht zur Verhinderung einer bestimmten Veränderung in der Außenwelt, sondern nur eine *schlichte Handlungspflicht* statuieren und außerdem keine Garantenstellung voraussetzen. Sie bilden damit die Gegenstücke zu den reinen Tätigkeitsstraftaten.[162]

Nach h. M. ist die Unzumutbarkeit des Handelns, in § 323c die Unzumutbarkeit **210** der Hilfeleistung, im Bereich der *Tatbestandsmäßigkeit* einzuordnen.[163] Begründet wird dies damit, dass eine Rechtspflicht zum Handeln erst gar nicht entstehe, wenn dem Täter ein Handeln nicht zumutbar ist.[164]

Mit der hier vertretenen Auffassung von der Tatbestandsmäßigkeit als der Beschreibung einer *Un-* **211** *wertverwirklichung* (§ 2 Rn. 18 ff.) kann dem jedoch nicht ohne Weiteres gefolgt werden. Denn der Sachverhaltsunwert in Form einer Gefährdung durch Unterlassen ist auch dann vorhanden, wenn dem Täter das Handeln unzumutbar ist. Dass bei Unzumutbarkeit die *Rechtspflicht* zum Handeln entfällt, wird dadurch nicht in Frage gestellt. Das Entfallen jener Handlungspflicht kann jedoch den Unterlassungsunwert nicht beseitigen, sie kann ihn nur für mit der Rechtsordnung vereinbar, also für *nicht rechtswidrig* erklären. Wie den unechten Unterlassungsstraftaten wäre daher auch bei den echten Unterlassungsstraftaten die Unzumutbarkeit des Tuns in den Fällen als Rechtfertigungsgrund einzuordnen, in denen die Interessen des Unterlassenden die Hilfeleistungsinteressen überwiegen.[165] Für diese Sicht spricht im Übrigen, dass die Unzumutbarkeit in § 323c durch den Hinweis auf die erhebliche eigene Gefahr und die Verletzung anderer wichtiger Pflichten präzisiert wird, was sich als klassischer Fall der Kollision einer Handlungspflicht und einer Unterlassungspflicht bei Vorrang der Unterlassungspflicht und damit als Fall des rechtfertigenden Notstandes erweist.

Freilich kann zugunsten des Unterlassenden nur ein solches Interesse geltend ge- **212** macht werden, welches von der Rechtsordnung als berücksichtigungswürdig anerkannt ist. Als Beispiel für ein *nicht berücksichtigungswürdiges Interesse* sei

Beispiel 11.38

Taschenmesser-Fall BGH 1 StR 24/58 BGHSt 11, 353 ff. genannt:[166] Nachdem S **213** dem Opfer V ein Messer in die Brust gestochen hatte, liefen die Mitangeklagten K und R auf den Ruf des S, „abzuhauen", überstürzt davon und begaben sich nach Hause, ohne sich um den Schwerverletzten V zu kümmern. Gegen den Vorwurf der unterlassenen Hilfeleistung wandten K und R ein, dass sie sich durch ein Verbleiben am Tatort mit großer Wahrscheinlichkeit der Gefahr einer sofortigen Strafverfolgung mit vorläufiger Festnahme durch die alsbald zu erwartende Polizei ausgesetzt hätten.

---

[162] Vgl. *Jescheck/Weigend* AT § 58 III.

[163] Vgl. *Jescheck/Weigend* AT § 59 VII 2.

[164] Vgl. *Seelmann* JuS 1995, 281 ff. (285 f.); *Bosch,* in: Schönke/Schröder Vor § 13 ff. Rn. 155 ff.

[165] Vgl. auch *Köhler* AT, S. 298.

[166] Vgl. *Eser* StK II Nr. 30 A 7 ff.

214   Nach Auffassung des BGH macht eine solche Gefahr die Hilfeleistung nicht schlechthin und in jedem Falle unzumutbar. Vielmehr seien – wie in den sonstigen Fällen der Unzumutbarkeit – auch hier die widerstreitenden Interessen vor allem des Verletzten und des Dritten gegeneinander abzuwägen. In diesem Zusammenhang sei beachtlich, dass der Angeklagte K dem Mitangeklagten S das zur Tat benutzte Taschenmesser kurz vorher überlassen und damit das Leben des dann zu Tode gekommenen V, wenn auch unbewusst, in Gefahr gebracht habe. „Er musste deshalb, sobald er dies erkannte, alles ihm Mögliche und Zumutbare zur Rettung des bedrohten Lebens tun, wenn er sich nicht an dem Verbrechen des S mitschuldig machen wollte. Zu dieser Erfolgsabwendung war er ohne Rücksicht darauf verpflichtet, ob er die für V entstandene Gefahr schuldhaft oder ohne Verschulden herbeigeführt hat."[167]

215   Ähnlich auch das bei *Jescheck/Weigend* § 59 VIII 2 genannte Beispiel: Der verfolgte Verbrecher kann gegenüber der Aufforderung des Hausherren, sich zu entfernen (§ 123 I 2. Alt.), nicht auf die Gefahr der Verhaftung verweisen. ◄

F. Irrtum über die Handlungspflicht: Gebotsirrtum

216 Wie bei den Begehungsstraftaten der Irrtum über das Verbotensein als Verbotsirrtum im Rahmen von § 17 beachtlich ist, gilt dies bei den Unterlassungsstraftaten für den Irrtum über das Gebotensein als Gebotsirrtum. Jedoch ist zu unterscheiden zwischen dem Gebotensein als solchem und den tatsächlichen Voraussetzungen des Gebotenseins, d. h. den Voraussetzungen der Garantenstellung. Ist der Täter in Unkenntnis über die tatsächlichen Voraussetzungen der Garantenstellung, befindet er sich in einem Irrtum über Elemente der Tatbestandsmäßigkeit, der nach § 16 den Vorsatz entfallen lässt.[168]

> **Beispiel**
>
> Der Vater, der nicht erkennt, dass das ertrinkende Kind sein eigenes Kind ist, irrt über die tatsächlichen Voraussetzungen der Garantenstellung. Der Vater, der zwar erkennt, dass es sein Kind ist, das gerade ertrinkt, er aber glaubt, dass man seine Kinder nicht retten müsse, irrt über das Gebotensein.[169] ◄

---

[167] BGH 1 StR 24/58 BGHSt 11, 353 ff. (355); zur Subsidiarität der unterlassenen Hilfeleistung gegenüber der Beteiligung an der Begehungstat BGH 5 StR 458/96 NStZ 1997, 127.

[168] A. A. *Puppe* ZStW 134 (2022), 320 ff. (331 ff.), welche die Garantenpflicht als gesamttatbewertendes Merkmal einordnet; vgl. zu den gesamttatbewertenden Merkmalen *Roxin/Greco* AT 1 § 10 Rn. 45 ff.

[169] Vgl. auch *Murmann* GK § 29 Rn. 77.

Bei Annahme eines Gebotsirrtums gelten hinsichtlich der *Unvermeidbarkeit* nach **217** § 17 Besonderheiten: Während der Täter, der die Tat durch Tun begeht, das volle Rechtswidrigkeitsrisiko trägt und deshalb hohe Anforderungen zu stellen sind, um eine Unvermeidbarkeit des Verbotsirrtums anzunehmen, ist dies beim Unterlassungstäter anders: Er kann als Mitglied einer freiheitlichen Rechtsordnung davon ausgehen, dass ein Unterlassen grundsätzlich nicht rechtswidrig ist. Hat der Unterlassungstäter keinen Anlass, an der Rechtmäßigkeit seines Unterlassens zu zweifeln, kann man von ihm nicht verlangen, sich eigens über die Rechtmäßigkeit seines Verhaltens zu erkundigen. Die Pflichten zur Vermeidung des Verbotsirrtums sind daher gegenüber dem aktiven Tun *eingeschränkt*.[170]

G. Aufbau der vorsätzlichen unechten Unterlassungsstraftat

Hinsichtlich der unterstrichenen Gliederungspunkte unterscheidet sich der hier **218** dargestellte Aufbau der unechten Unterlassungsstraftat von der überwiegenden Meinung

I. Tatbestandsmäßigkeit
  1. *Objektive Elemente der Tatbestandsmäßigkeit* (Sachverhaltsunwert)
    a. Untätigbleiben trotz *individueller Möglichkeit* der Abwendung der gesetzlich beschriebenen Veränderung in der Außenwelt
    b. Garantenstellung nach § 13
      • als Beschützergarant
      • als Überwachungsgarant
    c. Gesetzlich beschriebene Veränderung in der Außenwelt
    d. Quasi-Kausalität
    e. Entsprechens-Formel (Gleichwertigkeit des Unterlassens mit dem Tun)
    f. Objektive Zumutbarkeit der Erfolgsabwendung [h. M.]
  2. Subjektive Elemente der Tatbestandsmäßigkeit (personaler Unwert)
II. Rechtswidrigkeit
  • Garantenpflicht [ü. M.]
  • *Zumutbarkeit der Erfolgsabwendung* (kein überwiegendes Unterlassungsinteresse)
  • keine sonstigen Rechtfertigungsgründe
III. Schuldhaftigkeit
  • Individuelle Zumutbarkeit des Handelns
  • *keine Unzumutbarkeit des Tuns*, insbes. im Rahmen des § 35

---

[170] Näher *Jescheck/Weigend* § 60 I 3.

Hinweise zum Leitfall[171]

I. Tatbestandsmäßigkeit

219 A bleibt untätig, obwohl ihm individuell ein Tätigwerden möglich gewesen wäre. Die Garantenstellung des A ergibt sich aus der Pflicht zur Personensorge gem. § 1626 I 2 BGB.

220 Die Veränderung in der Außenwelt, der Tod, ist eingetreten. Fraglich ist die Quasikausalität des Unterlassens von A für den Tod der Kinder. Das Landgericht als Tatgericht hatte festgestellt, dass der Tod der Kinder durch das unterbliebene Hinabwerfen mit an Sicherheit grenzender Wahrscheinlichkeit verhindert worden wäre. Da das Tatgericht somit keinen vernünftigen Zweifel an der Verhinderungskausalität des Hinabwerfens hatte und keine Fehler in der Beweiswürdigung zutage traten, musste der BGH von der Quasikausalität des Unterlassens ausgehen.

221 Der Vorsatz des A setzt die Kenntnis der tatbestandsmäßigen Situation, insbesondere die an Sicherheit grenzende Wahrscheinlichkeit der Rettung der Kinder durch Hinabwerfen voraus. Ein solches Bewusstsein hatte das Tatgericht nicht festgestellt. Deshalb hatte der BGH das angefochtene Urteil mit den Feststellungen aufgehoben und die Sache zurückverwiesen.

II. Rechtswidrigkeit

222 Als Rechtfertigungsgrund zugunsten des A könnte allenfalls § 34, rechtfertigender Notstand, in Frage kommen. Zwar lag eine Notstandslage vor, wobei die kollidierenden Interessen der Kinder einerseits die Rettung vor dem Flammentod und andererseits die Bewahrung vor Schädigungen durch den Sturz auf die Straße bilden. Höherwertig ist die Bewahrung vor dem (sicheren) Tod in den Flammen durch Hinabwerfen. Dieses überwiegende Interesse hat A jedoch nicht wahrgenommen, weshalb eine Rechtfertigung nach § 34 ausscheidet.

III. Schuldhaftigkeit

223 Eine Entschuldigung kommt nicht in Frage. Insbesondere scheidet entschuldigender Notstand, § 35, aus. Zwar sprang A letztlich selbst aus dem Fenster, um sein Leben zu retten. Nicht jedoch an diese Handlung, sondern an das Unterlassen der Rettung der Kinder zu einem Zeitpunkt, zu dem dies noch möglich war, knüpft die Entscheidung des LG und des BGH an. ◄

224 Schlussbemerkung: Nach der Zurückverweisung durch den BGH wurde A aufgrund einer neuen Hauptverhandlung vom Schwurgericht wegen zweier tateinheitlicher Vergehen der fahrlässigen Tötung zu einem Jahr und sechs Monaten Freiheitsstrafe verurteilt (vgl. *Spendel* JZ 1973, 137 ff.; *Ulsenheimer* JuS 1972, 252 ff. (256)). Offenbar hatte das Gericht A nicht nachweisen können, dass er sich der Situation, vor allem der einer Rettung der Kinder mit an Sicherheit grenzender Wahrscheinlichkeit durch Hinabwerfen bewusst gewesen war.

---

[171] Zu den Unterlassungsstraftaten in der Fallbearbeitung vgl. *Gropp/Küpper/Mitsch* Fallsammlung Fall 2.

H. Zur Wiederholung

Kontrollfragen

1. Welche zwei Grundtypen der Unterlassungsstraftaten kennen Sie und wodurch unterscheiden sie sich grundlegend? (Rn. 6 ff.)
2. Welche Funktion hat die Garantenstellung und wie entsteht die Garantenstellung? (Rn. 22, 27, 42 jew. ff.)
3. Wann sprechen wir beim Unterlassen von einer Verneinung der Handlungsqualität? (Rn. 94 ff.)
4. Wie wird bei den Unterlassungsstraftaten die gedankliche Verbindung zwischen dem Unterlassen und der Veränderung in der Außenwelt (dem Erfolg) hergestellt? (Rn. 161 ff.)
5. Gibt es ein fahrlässiges Unterlassen? (Rn. 192 ff.)

Literatur

Albrecht, D. Begründung von Garantenstellungen in familiären und familienähnlichen Beziehungen, 1998

Arzt Dolus eventualis und Verzicht, FS für Rudolphi 2004, S. 3 ff.

Baier Garantenpflicht beim unechten Unterlassungsdelikt, JA 2004, 354 ff.

Baumann u. a., Alternativentwurf eines Gesetzes über Sterbehilfe (AE-Sterbehilfe) 1986

Baumann/Weber/Mitsch/Eisele Strafrecht Allgemeiner Teil, 13. Aufl. 2021

Bernardini, Droit criminel, Volume 2: L'infraction et la responsabilité, 2012

Beulke Der „Compliance Officer" als Aufsichtsgarant?, FS für Geppert 2011, S. 23 ff.

Beulke/Swoboda Beschützergarant Jugendamt. Zur Strafbarkeit von Mitarbeitern des Jugendamtes bei Kindestod, Kindesmisshandlung oder -missbrauch innerhalb der betreuten Familie, FS für Gössel 2002, S. 73 ff.

Bohnert Die Verletzung der Fürsorgepflicht und die Garantie der Sozialarbeiter, ZStW 117 (2005), 290 ff.

Brammsen Kann das Benennen eines Zeugen und Schweigen zu dessen Falschaussage eine strafbare Teilnahme an dem Aussagedelikt des Zeugen sein? StV 1994, 135 ff.

Brammsen Tun oder Unterlassen? Die Bestimmung der strafrechtlichen Verhaltensformen, GA 2002, 193 ff.

Bringewat Zur Garantenstellung eines Angehörigen des Jugendamtes für das Leben von Kindern aus vom Jugendamt betreuten sozial schwierigen Familien, StV 1997, 135 f.

Bülte Garant aufgrund familiärer Verbundenheit: Haftung aus Verwandtschaft oder aus sozialer Rollenerwartung?, GA 2013, 389 ff.

Burgstaller Das Fahrlässigkeitsdelikt im Strafrecht, 1974

Cramer, St. Tod eines von Sozialarbeitern betreuten Kindes, NStZ 1997, 238 f.

Dießner Die Unterlassungsstrafbarkeit der Kinder- und Jugendhilfe bei familiärer Kindeswohlgefährdung, 2008

Ebert Strafrecht Allgemeiner Teil (AT), 4. Aufl. 2001

Engisch Tun und Unterlassen, FS für Gallas 1973, S. 163 ff.

Erb Rechtmäßiges Alternativverhalten, 1991

Eisele Anmerkung zu BGH, Beschl. v. 9.3.2022 – 4 StR 200/21, Anforderungen an den Vorsatz beim (versuchten) Unterlassungsdelikt, JuS 2022, 1175 ff.

Eser Juristischer Studienkurs, Strafrecht II (StK II), 3. Aufl. 1980

Fischer Direkte Sterbehilfe, FS für Roxin 2011, S. 557 ff.

Fischer/Bearbeiter, in: = Fischer, Strafgesetzbuch, 72. Aufl. 2025

Freund Der praktische Fall – Ein Kneipenbummel mit Folgen, JuS 1990, 213 ff.

Freund Erfolgsdelikt und Unterlassen, 1992

Freund Tatbestandsverwirklichungen durch Tun und Unterlassen, FS für Herzberg 2008, S. 225 ff.

Freund/Rostalski Strafrecht Allgemeiner Teil: Personale Straftatlehre, 3. Aufl. 2019

Frister Strafrecht Allgemeiner Teil (AT), 10. Aufl. 2023

Geilen Neue juristisch-medizinische Grenzprobleme, JZ 1968, 145 ff.

Geneuss Unternehmensbezogene Vorgesetztenverantwortlichkeit, betriebsbezogene Straftaten und „Firmenpolitik", ZIS 2016, 259 ff.

Gropp Das Abschalten des Respirators – Ein Unterlassen durch Tun?, GS für Schlüchter 2002, S. 173 ff.

Grünewald Zivilrechtlich begründete Garantenpflichten im Strafrecht?, 2001

Hecker Beteiligung eines Arztes am freiverantwortlichen Suizid seines Patienten bleibt straflos, JuS 2020, 82 ff.

Heine u. a. Alternativ-Entwurf Leben, GA 2008, 193 ff.

Heinrich, B. Strafrecht – Allgemeiner Teil (AT), 7. Aufl. 2022

Herzberg Die Kausalität beim unechten Unterlassungsdelikt, MDR 1971, 881 ff.

Hillenkamp. Zur Bestrafung wegen Unterlassung in Fällen, in denen aktives strafwürdiges Tun nicht nachgewiesen werden kann – zum Betrug durch Unterlassen der nach dem Wegfall des Eigenbedarfs gebotenen Aufklärung des Mieters, JR 1988, 301 ff.

Hillenkamp Garantenpflichtwidriges Unterlassen nach vorsätzlichem Tatbeginn?, FS für Otto 2007, S. 287 ff.

Hillenkamp/Cornelius 32 Probleme aus dem Strafrecht: Allgemeiner Teil, 16. Aufl. 2023

Hoffmann-Holland Die Beteiligung des Garanten am Rechtsgutsangriff, ZStW 118 (2006), 620 ff.

Hruschka Rettungspflichten in Notstandssituationen, JuS 1979, 385 ff.

Hufen In dubio pro dignitate, NJW 2001, 849 ff.

Jakobs Strafrecht, Allgemeiner Teil (AT), 2. Aufl. 1991

Jakob Die strafrechtliche Zurechnung von Tun und Unterlassen, Nordrhein-Westfälische Akademie der Wissenschaften, Vorträge G 344, 1996

Jäger Anmerkung zu BGH, Beschl. v. 9.3.2022 – 4 StR 200/21 – Wer Mögliches erkennt, der weiß genug, JA 2022, S. 955 ff.

Jescheck/Weigend Lehrbuch des Strafrechts, Allgemeiner Teil (AT), 5. Aufl. 1996

Joecks/Jäger Strafgesetzbuch Studienkommentar, 13. Aufl. 2021

Kahlo Das Bewirken durch Unterlassen bei drittvermitteltem Rettungsgeschehen, GA 1987, 66 ff.

Kahlo Das Problem des Pflichtwidrigkeitszusammenhangs bei den unechten Unterlassungsdelikten, 1990

Kahlo Die Handlungsform der Unterlassung als Kriminaldelikt, 2001

Kargl Zur kognitiven Differenz zwischen Tun und Unterlassen, GA 1999, 459 ff.

Kargl Die Bedeutung der Entsprechensklausel beim Betrug durch Schweigen, ZStW 119 (2007), 250 ff.

Kaufmann, Armin Die Dogmatik der Unterlassungsdelikte, 2. Aufl. 1988

Kindhäuser/Hilgendorf Strafgesetzbuch, Lehr- und Praxiskommentar (LPK), 10. Aufl. 2025

Kindhäuser/Zimmermann Strafrecht Allgemeiner Teil (AT), 11. Aufl. 2024

Köhler, M. Strafrecht Allgemeiner Teil (AT), 1997

Köhler, C. Beteiligung und Unterlassen beim erfolgsqualifizierten Delikt, 2000

Kölbel Objektive Zurechnung beim unechten Unterlassen, JuS 2006, 309 ff.

Krey/Esser Deutsches Strafrecht, Allgemeiner Teil (AT), 7. Aufl. 2022

Krüger Beteiligung durch Unterlassen an fremden Straftaten, ZIS 2011, 1 ff.

Kühl Strafrecht, Allgemeiner Teil (AT), 8. Aufl. 2017

Küper Grund- und Grenzfragen der rechtfertigenden Pflichtenkollision im Strafrecht, 1979

Küper Die Anwendung des rechtfertigenden Notstandes beim unechten Unterlassensdelikt, ZStW 131 (2019), 1 ff.

Küpper Grenzen der normativierenden Strafrechtsdogmatik, 1990

Lelieur/Pfützner/Volz, Objektive Tatseite – Frankreich, in: Sieber/Cornils (Hrsg.), Nationales Strafrecht in rechtsvergleichender Darstellung, Allgemeiner Teil, Teilband 3, 2008, S. 516 ff.

Lerman Die fakultative Strafmilderung für die unechten Unterlassungsdelikte, GA 2008, 78 ff.

Lilie Garantenstellungen für nahestehende Personen, JZ 1991, 541 ff.

Lilie Hilfe zum Sterben, FS für Steffen 1995, S. 273 ff.

LK-*Bearbeiter* = Cirener/Radtke/Rissing-van Saan/Rönnau/Schluckebier (Hrsg.), Leipziger Kommentar, Strafgesetzbuch, Bd. 3, 13. Aufl. 2019

LK-*Bearbeiter* = Cirener/Radtke/Rissing-van Saan/Rönnau/Schluckebier (Hrsg.), Leipziger Kommentar, Strafgesetzbuch, Bd. 1, 13. Aufl. 2020

Maiwald Grundlagenprobleme der Unterlassungsdelikte, JuS 1981, 472 ff.

Maiwald Risikoerhöhung oder an Sicherheit grenzende Wahrscheinlichkeit? – Rechtsvergleichende Bemerkungen zur „Kausalität" des Unterlassens, FS für Küper 2007, S. 329 ff.

Merkel, R. Tödlicher Behandlungsabbruch und mutmaßliche Einwilligung bei Patienten im apallischen Syndrom, ZStW 107 (1995), 545 ff.

Merkel Die Abgrenzung von Handlungs- und Unterlassungsdelikt, FS für Herzberg 2008, S. 194 ff.

Meurer/Kahle JuS 1993 Lernbogen L 11 ff.

Meyer-Bahlburg Unterlassen durch Begehen, GA 1968, 49 ff.

Mitsch Die Weigerung ein menschlicher Schutzschild zu sein, FS für R. Merkel 2020, S. 827 ff.

MK-StGB-*Bearbeiter* = Erb/Schäfer (Hrsg.), Münchener Kommentar zum Strafgesetzbuch, Bd. 1, 5. Aufl. 2024

Murmann Beteiligung durch Unterlassen, FS für Beulke 2015, S. 181 ff.

Murmann Grundkurs Strafrecht (GK), 8. Aufl. 2024

Neumann Rechtspositionen, Rechtsgüter und Rettungsinteressen in der aktuellen Diskussion zu Problemen des rechtfertigenden Notstands (§ 34 StGB), FS für R. Merkel 2020, S. 791 ff.

Neumann Zur Garantenstellung durch Gefahrerhöhung, JR 1993, 161 ff.

Neumann Zur Struktur des strafrechtlichen Instituts der „Pflichtenkollision", FS für Yamanaka 2017, S. 171 ff.

NK-StGB-*Bearbeiter* = *Kindhäuser/Neumann/Paeffgen/Saliger* (Hrsg.), Nomos-Kommentar zum StGB, 6. Aufl. 2023

Noll Teilnahme durch Unterlassen und Akzessorietät, ZStW 130 (2018), 1007 ff.

Otto Jura-Kartei (JK), 1997

Otto Die strafrechtliche Haftung für die Auslieferung gefährlicher Produkte, FS für Hirsch 1999, S. 291 ff.

Otto Das Problem der Abgrenzung von Tun und Unterlassen, Jura 2000, 549 ff.

Otto Ingerenz und Verantwortlichkeit, FS für Gössel 2002, S. 99 ff.

Otto Entwicklungen im Rahmen der Garantenstellung aus enger menschlicher Verbundenheit, FS für Herzberg 2008, S. 255 ff.

Otto Beihilfe durch Unterlassen, JuS 2017, 289 ff.

Pawlik Der Polizeibeamte als Garant zur Verhinderung von Straftaten, ZStW 111 (1999), 335 ff.

Puppe Der Erfolg und seine kausale Erklärung im Strafrecht, ZStW 92 (1980), 863 ff.

Puppe Strafrecht Allgemeiner Teil im Spiegel der Rechtsprechung, 5. Aufl. 2022

Puppe Der Irrtum über die Garanteneigenschaft, ZStW 134 (2022), 320 ff.

Putzke Anmerkung zu BGH, Beschl. v. 9.3.2022 – 4 StR 200/21 – Gefahr erkannt, Gefahr gebannt? ZJS 2023, 353 ff.

Rassat Droit pénal général, 2ème édition, 2006

Rauber Mord durch Unterlassen?, 2008

Rengier Strafrecht Allgemeiner Teil (AT), 16. Aufl. 2024

Rosenau/Lorenz Der Schlussakt des „Göttinger Organallokationsskandals" – Neues, Bekanntes und (zu) viel Offenes, JR 2018, 168 ff.

Rotsch/Wagner, Der Geschäftsführer der GmbH als Akteur des (Wirtschafts-)Strafrechts, in: Rotsch/Wagner/Wittig (Hrsg.), Die Strafrechtliche Verantwortlichkeit des GmbH-Geschäftsführers, 2025, Rn. 1 ff.

Roxin An der Grenze von Begehung und Unterlassung, FS für Engisch 1969, S. 380 ff.

Roxin Zur strafrechtlichen Beurteilung der Sterbehilfe, in: Roxin/Schroth (Hrsg.), Medizinstrafrecht, 2. Aufl. 2001, S. 105 ff.

Roxin Die Abgrenzung von Begehung und Unterlassung, FS für Spinellis 2001, S. 945 ff.

Roxin Strafrecht Allgemeiner Teil, Band 2 (AT 2), Besondere Erscheinungsformen der Straftat, 2003

Roxin Kausalität und Garantenstellung bei den unechten Unterlassungen, GA 2009, 73 ff.

Roxin Die Entsprechungsklausel beim unechten Unterlassen, FS für Lüderssen, S. 577 ff.

Roxin Zur Verfassungsmäßigkeit der unechten Unterlassung, GA 2021, 190 ff.

Roxin/Greco Strafrecht, Allgemeiner Teil, Band 1 (AT 1), Grundlagen, der Aufbau der Verbrechenslehre, 5. Aufl. 2020

Rudolphi Häusliche Gemeinschaften als Entstehungsgrund für Garantenstellungen, NStZ 1984, 149 ff.

Samson Begehung und Unterlassung, FS für Welzel 1974, S. 579 ff.

Scheffler Beihilfe zur Falschaussage durch Unterlassen seitens des Angeklagten, GA 1993, 341 ff.

Schlüchter Grundfälle zur Lehre von der Kausalität, JuS 1976, 793 ff.

Schmidt, E. Der Arzt im Strafrecht, 1939

Schöch, Beendigung lebenserhaltender Maßnahmen, NStZ 1995, 153 ff.

Schöch/Verrel, Alternativ- Entwurf Sterbebegleitung (AE-StB), GA 2005, 553 ff.

Schönke/Schröder, Bearbeiter, in: = Schönke/Schröder, Strafgesetzbuch, 30. Aufl. 2019

Seebode Zur gesetzlichen Bestimmtheit des unechten Unterlassungsdelikts, FS für Spendel 1992, S. 317 ff.

Seebode OLG Hamm, 29.1.1992–3 Ss 1128/91: Beihilfe zur Falschaussage durch Unterlassen, NStZ 1993, 82 ff.

Seelmann „Unterlassene Hilfeleistung" oder: Was darf das Strafrecht?, JuS 1995, 281/285 f.

Sieber Die Abgrenzung von Tun und Unterlassen bei der „passiven" Gesprächsteilnahme JZ 1983, 431 ff.

Sinn Straffreistellung aufgrund von Drittverhalten – Zurechnung und Freistellung durch Macht, 2007

SK-*Bearbeiter* = Wolter/Hoyer (Hrsg.), Systematischer Kommentar zum Strafgesetzbuch, Bd. II, 10. Aufl. 2024

Sommer/Lindemann Die strafrechtliche Geschäftsherrenhaftung und ihre Bedeutung für den Bereich der Criminal Compliance, JuS 2015, 1057 ff.

Sowada Die Garantenstellung aus vorangegangenemTun, Jura 2003, 236 ff.

Sözüer Die Reform des türkischen Strafrechts, ZStW 119 (2007), 717 ff.

Spendel Zur Dogmatik der unechten Unterlassungsdelikte, JZ 1973, 137 ff.

SSW-*Bearbeiter* = Satzger/Schluckebier/Werner Strafgesetzbuch, Kommentar, 6. Aufl. 2024

Stoffers Sterbehilfe: Rechtsentwicklungen bei der Reanimator-Problematik, MDR 1992, 621 ff.

Stoffers „Schwerpunkt der Vorwerfbarkeit" und die Abgrenzung von Tun und Unterlassen, JuS 1993, 23 ff.

Stoffers Die Abgrenzung von Tun und Unterlassen in der neueren Rechtsprechung, Jura 1998, 580 ff.

Stratenwerth/Kuhlen Strafrecht Allgemeiner Teil (AT), Die Straftat, 6. Aufl. 2011

Streng „Passives Tun" als dritte Handlungsform – nicht nur beim Betrug, ZStW 122 (2010), 1 ff.

Struensee Handeln und Unterlassen, Begehungs- und Unterlassungsdelikt, FS für Stree/Wessels 1993, S. 133 ff.

Ulsenheimer Strafbarkeit des Garanten bei Nichtvornahme der einzig möglichen, aber riskanten Rettungshandlung, JuS 1972, 252 ff.

Vogel Die versuchte „passive Sterbehilfe" nach BGH MDR 1995, 80 ff., MDR 1995, 337 ff.

Vogel Norm und Pflicht bei den unechten Unterlassungsdelikten, 1993

Walther, S. Notwehr – und danach?, FS für Herzberg 2008, S. 503 ff.

Welzel Das Deutsche Strafrecht (LB), 11. Aufl. 1969

Wessels/Beulke/Satzger Strafrecht Allgemeiner Teil (AT), 54. Aufl. 2024

Zaczyk Zur Garantenstellung von Amtsträgern, FS für Rudolphi 2004, S. 361 ff.

Zöller Garantenpflicht nach eigenverantwortlicher Selbstgefährdung, FS für Rogall 2018, S. 299 ff.

§ 12 Fahrlässigkeit

Radfahrer-Fall: Ein LKW-Fahrer überholt einen Radfahrer, ohne den nach § 5 IV 1
2, 3 StVO erforderlichen „ausreichenden" Seitenabstand von 1,5 m einzuhalten.
Dadurch wird der Radfahrer während des Überholvorgangs unsicher, fährt eine
„Schlangenlinie", gerät unter den Anhänger und wird getötet. ◄

BGH 4 StR 354/57 vom 25.09.1957 BGHSt 11, 1:[1] Ein LKW-Fahrer überholt 2
einen Radfahrer, ohne den nach § 5 IV 2 StVO[2] erforderlichen „ausreichenden"
Seitenabstand einzuhalten. Während des Überholvorgangs fährt der Radfahrer
eine „Schlangenlinie", gerät unter den Anhänger und wird getötet.

In der Gerichtsverhandlung ergibt sich, dass der Radfahrer betrunken war und 3
der Unfall mit hoher Wahrscheinlichkeit auch bei Einhaltung des vorgeschriebenen Seitenabstandes geschehen wäre. ◄

§ 222 Fahrlässige Tötung
Wer durch Fahrlässigkeit den Tod eines Menschen verursacht, wird mit 4
Freiheitsstrafe bis zu fünf Jahren oder mit Geldstrafe bestraft.

A. Vorbemerkung

Strafbarkeit infolge fahrlässigen Handelns ist eine typische Begleiterscheinung der 5
modernen Industriegesellschaft. Die von den Menschen geforderten Aktivitäten
sind nicht selten von so komplexer Natur, dass schon kleine Unvorsichtigkeiten Fol-

---

[1] Vgl. auch *Puppe* AT § 3 Rn. 18 ff.
[2] Mittlerweile in § 5 IV 3 StVO auf 1,5 m konkretisiert.

© Der/die Herausgeber bzw. der/die Autor(en), exklusiv lizenziert an   569
Springer-Verlag GmbH, DE, ein Teil von Springer Nature 2025
A. Sinn, *Strafrecht Allgemeiner Teil*, Springer-Lehrbuch,
https://doi.org/10.1007/978-3-662-71556-7_12

gen herbeiführen, die nicht gewollt sind, die aber eine Strafvorschrift erfüllen. Im Bereich des Straßenverkehrs etwa dürfte die fahrlässige Verursachung von Schäden die Regel darstellen.

6   Im Gegensatz zur Bedeutung der Fahrlässigkeit als Grundlage für die Zuschreibung strafrechtlicher Verantwortlichkeit im Rechtsalltag[3] geht der Gesetzgeber auf die Spezifika der fahrlässigen Straftat nur sehr sporadisch ein. Anders etwa als beim Versuch enthält das deutsche StGB nirgends eine Definition dessen, was man unter Fahrlässigkeit verstehen soll. Es gibt keine *allgemeine* Vorschrift über die Voraussetzungen fahrlässiger Verstöße gegen Strafvorschriften. Das StGB legt vielmehr bei *jeder* Strafvorschrift fest, ob und inwieweit eine fahrlässige Begehungsform strafbar ist. Der Gesetzgeber hat insoweit also gerade davon Abstand genommen, strafbegründende Elemente der Fahrlässigkeitsstraftaten „vor die Klammer" zu ziehen – so ausdrücklich § 15 StGB. Erwähnungen der Fahrlässigkeit im Allgemeinen Teil des StGB sind daher modifizierender Natur: § 18 StGB legt fest, dass straferschwerende Folgen mindestens fahrlässig herbeigeführt sein müssen, § 16 I, dass die Unkenntnis von Elementen der Tatbestandsmäßigkeit zwar den Vorsatz entfallen lässt, eine Strafbarkeit wegen Fahrlässigkeit hiervon jedoch unberührt bleibt. Insgesamt kann man somit feststellen, dass das StGB – auch im Allgemeinen Teil von 1975 – sich mit Festlegungen zur Strafbarkeit fahrlässig begangener Taten auffallend zurückhält – im Unterschied etwa zum StGB der *Türkei* von 2004.[4]

7   Die deutsche *Dogmatik* indessen hat sich der Erforschung der Fahrlässigkeit mittlerweile angenommen, wenn auch mit einer gewissen Verzögerung im Vergleich zum Vorsatz.[5] Denn die wichtigsten Impulse erhielt die deutsche Strafrechtsdogmatik im ersten Drittel des 20. Jahrhunderts durch die *finale Handlungslehre* (oben § 2 Rn. 95 ff.) und die damit zusammenhängende personale Unrechtslehre. Im Mittelpunkt dieser Lehre steht nun aber die Erkenntnis, dass nicht erst und nur die Schuld, sondern bereits das strafrechtserhebliche *Unrecht* von der psychischen Beziehung des Täters zum Sachverhaltsunwert der Straftat geprägt wird: die Straftat als *Willenshandlung*.

8   Weil eine psychische Beziehung des Täters zum Sachverhaltsunwert bei der fahrlässig begangenen Straftat jedoch in der Regel gerade *nicht* vorliegt – in den *Leitfällen 12.1/12.2* hatte sich der Lastwagenfahrer ja gerade keine Gedanken über die Tötung des Radfahrers gemacht –, sieht die finale Handlungslehre die gesetzlich beschriebene Veränderung in der Außenwelt nicht von der Willenshandlung des Täters umspannt.[6]

---

[3] Informativ hierzu *Schlüchter* FS Kaiser, S. 359 ff.; zu einigen kriminologischen Befunden zur Fahrlässigkeitsstraftat *Singelnstein* ZStW 131 (2019), 1069 ff.

[4] Vgl. Art. 22 Abs. 2 des türkischen StGB vom 26.09.2004 in der Übersetzung von Tellenbach 2008, S. 25: „Fahrlässigkeit ist ein Verhalten, bei dem der im gesetzlichen Tatbestand bezeichnete Erfolg durch eine Sorgfaltspflichtverletzung verwirklicht wird, ohne dass er vorhergesehen wurde."; Abs. 3: „Tritt ein Erfolg ein, den eine Person vorhergesehen, aber nicht gewollt hat, so liegt bewusste Fahrlässigkeit vor; in diesem Fall wird die Strafe für die Fahrlässigkeitstat um ein Drittel bis um die Hälfte verschärft."

[5] Näher *B. Heinrich* AT Rn. 974 ff.

[6] Vgl. *Hirsch* GS Meurer, S. 3 ff. (21).

Dennoch besteht heute im Wesentlichen Einigkeit dahingehend, dass auch das *Un-* **9**
recht der Fahrlässigkeitsstraftat über die bloße *Verursachung* der Veränderung in
der Außenwelt *hinausgeht*, dass Fahrlässigkeit somit nicht nur eine Frage der
Schuldhaftigkeit ist.[7] Wie sich das Unrecht bzw. der Unwert der fahrlässigen Straftat im Einzelnen zusammensetzt, ist freilich umstritten und bildet den Gegenstand
der gegenwärtigen Auseinandersetzungen zur Fahrlässigkeitsstraftat.

B. Der Unwert der Fahrlässigkeitsstraftat – am Beispiel der fahrlässigen Tötung (§ 222)

Die Elemente der Tatbestandsmäßigkeit von Straftaten, die eine fahrlässig herbei- **10**
geführte Veränderung in der Außenwelt erfordern, weisen zunächst starke *Paralle-*
len zum Sachverhaltsunwert entsprechender *Vorsatzstraftaten* auf:[8]

- rechtsrelevantes *Tun* oder *Unterlassen* (Handlung);
  in den Leitfällen 12.1/12.2 das *Überholen* des LKW-Fahrers.
- Eintritt der tatbestandsmäßigen *Veränderung in der Außenwelt* (Erfolg);
  in den Leitfällen 12.1/12.2 der Tod des Fahrradfahrers.
- *Ursächlichkeit* der Handlung für die Veränderung in der Außenwelt (Kausalität);
  in den Leitfällen 12.1/12.2 müsste der Tod des Radfahrers darauf beruhen, dass
  der Lastwagenfahrer ihn überholt hat.

Dennoch wird die Fahrlässigkeitsstraftat überwiegend als *besonderer*, d. h. einer **11**
spezifischen Unrechtsstruktur folgender Typus der strafbaren Handlung verstanden.[9]
Den Grund sieht man darin, dass das Gesetz – z. B. in § 222 – eine Herbeiführung
der Veränderung in der Außenwelt *durch Fahrlässigkeit* verlangt. Dies deutet darauf
hin, dass die Tatbestandsmäßigkeit fahrlässigen Handelns einen eigenständigen *Ge-*
halt haben muss.[10] Weil dieser Gehalt einer jeden Strafvorschrift angeblich erst noch
hinzugefügt werden muss, um das gesetzliche Unrecht zu definieren, ist man überwiegend der Meinung, dass die Strafvorschriften über die Fahrlässigkeit „offen",
d. h. der *Ergänzung* um eine Komponente namens „Sorgfaltspflichtverletzung" be-
dürftig seien.[11]

Ob diese Sichtweise vollends überzeugt, sei mittels einer näheren Betrachtung **12**
des Sachverhaltsunwerts solcher Fahrlässigkeitsstraftaten erfragt, die eine Veränderung in der Außenwelt (Erfolg) beschreiben.

---

[7] Mittlerweile h. M. vgl. MK-StGB-*Duttge* § 15 Rn. 85 ff.; *Kindhäuser/Zimmermann* AT § 33
Rn. 58 f.; Lackner/Kühl/Heger-*Heger* § 15 Rn. 36; SSW-*Momsen* § 15 Rn. 60 ff.; *Roxin/Greco* AT
1 § 24 Rn. 3 ff.; *Wessels/Beulke/Satzger* AT Rn. 1106 sowie bereits *Burgstaller* 1974, S. 21 ff. und
Laue JA 2000, 666 links.

[8] Vgl. oben vor § 4 Rn. 3; *Roxin/Greco* AT 1 § 24 Rn. 94.

[9] Vgl. auch LK-*Vogel/Bülte* § 15 Rn. 153 mwN.

[10] Nach MK-StGB-*Schmitz* § 1 Rn. 58 mwN verstößt das Schweigen des Gesetzgebers zur Beschreibung von „Fahrlässigkeit" sogar gegen das Bestimmtheitsgebot.

[11] Vgl. *Jescheck/Weigend* AT § 54 I 3; *Kühl* AT § 17 Rn. 9; *Sternberg-Lieben/Schuster*, in: Schönke/
Schröder § 15 Rn. 116.

I. Handlung und Veränderung in der Außenwelt (Erfolg)

13　Was die *Handlungsqualität* anbelangt, so geht es – wie bei der Vorsatzstraftat – zunächst lediglich um die *Aussonderung* sog. *Nichthandlungen*. Es genügt also insoweit, dass der Täter sich rechtserheblich verhält, dass er beispielsweise nicht durch *vis absoluta* bewegt *wird* oder eine *Reflexbewegung* anzunehmen ist.

14　Hinsichtlich der *Veränderung in der Außenwelt* (Erfolg) ist man sich uneins, ob diese überhaupt Bestandteil des tatbestandsmäßigen Unrechts bzw. Unwertes ist.[12] Aber auch diese Diskussion dürfte letztlich auf partielle Begründungsschwächen der finalen Handlungslehre zurückgehen. Denn wenn eine psychische Beziehung des Täters zur Veränderung in der Außenwelt *fehlt*, liegt es nahe, den Unwert der Fahrlässigkeitsstraftat lediglich im willensgetragenen Verhalten und in dessen Bezug zu einer *möglichen* Veränderung in der Außenwelt, nicht aber in dieser selbst zu sehen.

15　Dass der Veränderung in der Außenwelt – ungeachtet des übrigen Sachverhaltsunwertes – eine Unwertrelevanz zukommt, zeigt sich dann, wenn sie – trotz einer auf sie gerichteten Willenshandlung – ausbleibt: Wäre die Willenshandlung und der in ihr verkörperte personale Unwert *allein* maßgebend, dann müsste es auch bei der *vorsätzlichen* Erfolgsstraftat unerheblich sein, ob die Veränderung in der Außenwelt eintritt oder nicht. Dass dem nicht so ist, zeigt die Strafmilderungsmöglichkeit beim *Versuch* nach § 23 II. Und auch bei der Fahrlässigkeitsstraftat ist es der Grad der Gefährlichkeit des fahrlässigen *Handelns*, der über den Eintritt der Veränderung in der Außenwelt mitentscheidet. Wenn man aber einen Unwert der Veränderung in der Außenwelt als solchen überhaupt anerkennt,[13] indem man wie die überwiegende Meinung die strafrechtlichen Normen nicht nur als *Bestimmungs-*, sondern auch als *Bewertungs*normen versteht,[14] dann ist es auch für den durch die Fahrlässigkeitsstraftat beschriebenen Unwert von *Bedeutung*, ob die Veränderung in der Außenwelt eintritt oder nicht.

16　Die Veränderung in der Außenwelt hat somit auch bei der Fahrlässigkeitsstraftat *unwertbegründenden* Charakter.

II. Fahrlässigkeit als Begrenzung einer reinen Haftung für eine Veränderung in der Außenwelt

17　Wie bei der Vorsatzstraftat bedarf auch bei der Fahrlässigkeitsstraftat die bloße *Verursachung* der Veränderung in der Außenwelt als Begründung des tatbestandsmäßigen Unwertes der Begrenzung. Nicht für *jede*, sondern nur für die *fahrlässig* herbeigeführte Veränderung in der Außenwelt soll der Täter verantwortlich sein. Während die Begrenzung der Verantwortlichkeit bei der Vorsatzstraftat mittels der *objektiven Zurechnung* erfolgt, besteht bei der Fahrlässigkeitsstraftat allenfalls

---

[12] Vgl. *Jescheck/Weigend* AT § 55 II 1 a; *Welzel* LB, S. 136.

[13] Vgl. *Küpper* ZStW 111 (1999), 789; *Stratenwerth* FS für Schaffstein, S. 177 ff.

[14] Näher *Kühl* AT § 3 Rn. 5 f. sowie *Jescheck/Weigend* AT § 24 II 2 mwN.

Einigkeit darin, dass auch hier die Begrenzung schon auf der Ebene der Tatbestandsmäßigkeit[15] zu erfolgen hat, weil auch die Fahrlässigkeitsstraftat vor dem Hintergrund von Bestimmungsnormen zu sehen ist und einen Sachverhaltsunwert aufweist, der u. U. fehlen kann. Der Meinungsstreit beginnt jedoch bereits bei der Frage, wie die Begrenzung zu geschehen hat:

Die überwiegende Meinung versucht die Begrenzung der Zurechnung mittels **18** des Erfordernisses eines *Sorgfaltspflichtverstoßes* herbeizuführen (Rn. 28 ff.). Nach einer anderen – vorzugswürdigen – Ansicht besteht der materielle Kern des Fahrlässigkeitsunwertes in der Schaffung einer *erhöhten Gefahr* (Rn. 116 ff.). Da aber – wie zu zeigen sein wird – auch diese Ansicht materiell letztlich Bestandteile der sog. Sorgfaltspflichtenverletzungen aufgreift, soll zunächst die überwiegende Meinung dargestellt werden.

1. Der Fahrlässigkeitsbegriff der überwiegenden Meinung: unvorsätzliche Verursachung eines objektiv vorhersehbaren und vermeidbaren tatbestandsmäßigen Sachverhaltsunwertes durch Verletzung einer Sorgfaltspflicht

Zu Leitfall 12.1

Um wegen fahrlässiger Tötung strafbar zu sein, müsste in *Leitfall 12.1* der LKW- **19** Fahrer den Tod des Radfahrers *fahrlässig* verursacht haben. ◄

Über eine reine Haftung für eine Veränderung in der Außenwelt im Sinne einer con- **20** dicio sine qua non hinaus setzt sich nach überwiegender Meinung der Unwert der Fahrlässigkeitsstraftat im Wesentlichen aus drei objektiv zu beurteilenden Komponenten zusammen:

- der *Verletzung einer Sorgfaltspflicht*, ergänzt durch das Erfordernis der
- *Vorhersehbarkeit* des Eintritts der Veränderung in der Außenwelt im Falle der Sorgfaltspflichtverletzung und der
- *Vermeidbarkeit* der Veränderung in der Außenwelt bei Erfüllung der Sorgfaltspflicht.[16]

Jene Fahrlässigkeitskomponenten werden von der überwiegenden Meinung nun **21** folgendermaßen zum Fahrlässigkeitsunwert zusammengefügt:

▶ Fahrlässig handelt, wer gegen eine *Sorgfaltspflicht verstößt* (b, c) und *da-* **22** *durch ungewollt* (a) den Sachverhaltsunwert eines Strafgesetzes verwirklicht, obwohl dies (d) nach allgemeiner Lebenserfahrung *vorhersehbar* und (e) *vermeidbar* ist.

---

[15] Vgl. *Roxin/Greco* AT 1 § 24 Rn. 3.
[16] Vgl. *Lenckner* FS Engisch, S. 490 ff. (498).

a) Ungewollte Verwirklichung des Sachverhaltsunwerts: Unbewusste und bewusste Fahrlässigkeit, Leichtfertigkeit – Abgrenzung vom Eventual-Vorsatz (dolus eventualis) – Vorsatz-Fahrlässigkeits-Kombinationen

23 Die – im Unterschied zum Vorsatz – *ungewollte*[17] Verwirklichung des Sachverhaltsunwerts kann *unbewusst* oder *bewusst* erfolgen.

24 Bei der *unbewussten* Verwirklichung (negligentia) denkt der Täter zum Tatzeitpunkt gar nicht daran, dass er gegen eine Strafvorschrift verstoßen könnte. Anders bei der *bewussten* Fahrlässigkeit (luxuria): Hier ist sich der Täter der Möglichkeit der Verwirklichung eines strafbaren Sachverhaltsunwerts bewusst, sei es einer Verletzung (z. B. §§ 222, 229, Tod, Körperverletzung) oder einer Gefährdung (z. B. §§ 315c I Nr. 2 b, III Nr. 1: riskantes Überholen). Trotz dieses Bewusstseins vertraut er jedoch darauf, dass der Sachverhaltsunwert nicht verwirklicht wird. Er *will* diese Verwirklichung *nicht*. Jenes Fehlen eines voluntativen Elementes unterscheidet somit die bewusste Fahrlässigkeit vom Eventualvorsatz.

25 Wegen der nur fragmentarisch vertypten Strafbarkeit fahrlässigen Verhaltens kommt der Abgrenzung zwischen dolus eventualis und *bewusster* Fahrlässigkeit größte Bedeutung zu. Insofern hat sich heute die Formulierung durchgesetzt, dass derjenige mit Eventualvorsatz handelt, der die Möglichkeit der Verwirklichung des tatbestandsmäßigen Sachverhaltsunwerts *erkennt*, sie *ernst nimmt* und sie *billigend in Kauf nimmt* oder sich zumindest mit ihr *abfindet* (Vgl. oben § 4 Rn. 192 ff.).

26 Zum Teil verlangt das Gesetz auch *Leichtfertigkeit* (z. B. in § 251 bezüglich der tödlichen Folge). Darunter ist ein zur „Grobheit" gesteigertes Maß an Fahrlässigkeit zu verstehen. Für deren Bejahung soll entscheidend sein, wie leicht die Herbeiführung der Veränderung in der Außenwelt vermeidbar gewesen war.[18]

27 Auf Fahrlässigkeit kommt es auch dann an, wenn an vorsätzliche Taten qualifizierende Folgen geknüpft werden – sog. *Vorsatz-Fahrlässigkeits-Kombinationen als erfolgsqualifizierte Straftaten*, vgl. z. B. § 227.[19] Dass hier zwischen der Folge und der Grundstraftat eine besondere Beziehung bestehen muss, ergibt sich daraus, dass die Strafdrohung der *Vorsatz-Fahrlässigkeits-Kombination* (in § 227 Freiheitsstrafe nicht unter drei Jahren) wesentlich höher ist als die Kombination aus Grundstraftat (§ 224: Freiheitsstrafe von sechs Monaten bis zu zehn Jahren) und einer gesetzlichen Vertypung allein der Folge (§ 222: Freiheitsstrafe bis zu fünf Jahren). Die h. M. verlangt deshalb, dass sich die spezifische Gefahr aus der Handlung[20] oder aus der Veränderung der Außenwelt der Grundstraftat[21] in der qualifizierenden Folge realisieren muss.[22]

---

[17] Vgl. zur Fahrlässigkeit als *besonderem Typus* im Vergleich zum Vorsatz *Burgstaller* 1974, S. 29.

[18] Vgl. *Jakobs* AT 9 Rn. 23, 24; *Radtke* FS Jung, S. 737 ff.; zu unterschiedlichen Graden sorgfaltswidrigen Verhaltens im Straßenverkehr BGH 4 StR 638/96 BGHSt 43, 241 (245 ff.).

[19] Grundlegend zu den Vorsatz-Fahrlässigkeits-Kombinationen *Rengier* 1986; vgl. auch *Bloy* JuS 1995 Lernbogen L 17 ff.; *Wessels/Beulke/Satzger* AT Rn. 1151 ff.; sowie oben § 8 Rn. 1 ff.

[20] Vgl. BGH 2 StR 226/82 BGHSt 31, 96 ff. (*Hochsitz*-Fall); LK-*Grünewald* § 227 Rn. 9; *Rengier* 1986, S. 214 ff., 217; *Wessels/Hettinger/Engländer* BT 1, Rn. 261 mwN.

[21] Vgl. *Küpper* BT 1 Teil I § 2 Rn. 29; Lackner/Kühl/Heger-*Kühl* § 227 Rn. 2.

[22] Vgl. zum Ganzen auch *Sowada* Jura 1994, 643 ff. sowie oben § 8 Rn. 8 ff.

b) Verletzung einer Sorgfaltspflicht[23]

Die in Frage kommenden, objektiv formulierten (unten Rn. 29 ff.) Sorgfalts- **28**
pflichten, deren Verletzung zur Begründung der Fahrlässigkeit erforderlich ist,
unterliegen als Ergebnisse gesellschaftlicher Entwicklungen einem stetigen Ver-
änderungsprozess und sind daher einer jederzeitigen Ergänzung zugänglich. Nur
der Übersichtlichkeit halber werden sie in die folgenden – nicht als abschließend zu
verstehenden – Fallgruppen eingeteilt:

aa) Sorgfaltspflichten aus Rechtsnormen

Zu Leitfall 12.1

In *Leitfall 12.1* hätte der Kraftfahrer nach § 5 IV 2, 3 StVO beim Überholen **29**
einen „ausreichenden Seitenabstand zu anderen Verkehrsteilnehmern, insbesondere zu Fußgängern und Radfahrern" von mindestens 1,5 m, einhalten
müssen. ◄

bb) Sorgfaltspflichten aus Normen des Verkehrskreises (Vorsorgepflichten)

Z. B.: Berufsausübungsregeln, Unfallverhütungsvorschriften, Dienstvorschriften des **30**
Straßenbahnfahrers.[24]

Auch wenn es sich hier nicht um Rechtsnormen handelt, so kommt Verstößen **31**
gegen jene Regelungen doch *Indizwirkung* insoweit zu, als im Schadensfalle jedenfalls der erste Anschein dafür spricht, dass gegen die im Verkehr erforderliche Sorgfalt verstoßen worden ist.

cc) Prüfungspflichten bei Übernahme riskanter Tätigkeit („Übernahme-Fahrlässigkeit")[25]

Beispiel 12.1

Gesundbeterin-Fall RG II 318/25 RGSt 59, 355: Ein Junge hatte sich verletzt. In **32**
der Wunde befanden sich Fremdkörper. Die Mutter ging mit ihm zur D, einer An-
hängerin der „Christlichen Wissenschaft des Gesundbetens". Trotz der Behandlung kam es zur Blutvergiftung und zum Tod des Jungen.

Das Reichsgericht sah die Sorgfaltspflichtverletzung der Gesundbeterin in **33**
Übereinstimmung mit dem Berufungsgericht darin, dass sie hätte prüfen müssen,
ob sie angesichts der Möglichkeiten ihrer „Wissenschaft" einen solchen Fall
überhaupt würde übernehmen können, weil sie „schon nach den Lehren ihrer
,Christlichen Wissenschaft' unter den gegebenen Umständen (schwerer Fall,

---

[23] Vgl. Lackner/Kühl/Heger-*Heger* § 15 Rn. 37.

[24] Weitere Beispiele bei *Roxin/Greco* AT 1 § 24 Rn. 18.

[25] Die h. M. spricht insoweit von Übernahme-*Verschulden*. Diese Terminologie ist jedoch dann ungenau, wenn man Fahrlässigkeit richtigerweise bereits als eine besondere Form des *Unrechts* begreift, vgl. auch *Wessels/Beulke/Satzger* AT Rn. 1121.

nicht genügend sicheres Vertrauen der Beteiligten zu ihr) stark mit der Erfolg-
losigkeit ihrer Behandlungsweise rechnen musste." Auch habe sie „nach ihrer
Bildung und Ausbildung die bei erfolgloser Behandlung bestehende Gefahr einer
Infektion der Wunde durch eingedrungene Fremdkörper erkennen müssen, auch
nicht im Unklaren darüber sein können, dass solcher Infektion gegenüber nur ein
sofortiges ärztliches Eingreifen den Tod des Verletzten an allgemeiner Blutvergiftung noch mit annähernder Sicherheit abzuwenden vermag." ◄

34 Zwar wird man im *Beispiel 12.1* nicht behaupten können, dass D ihre „Christliche
Wissenschaft" nicht gewissenhaft ausgeübt hätte. Deshalb wird der Sorgfaltspflichtverstoß hier nicht in der *Ausübung* gesehen. Die mangelnde Sorgfalt liegt vielmehr
darin, dass D glaubte, einen solchen Fall überhaupt *übernehmen* und mittels der
Methoden der „Christlichen Wissenschaft" sachgerecht behandeln zu können.

dd) Kontroll- und Überwachungspflichten

Beispiel 12.2

35 *Rouxhaken*-Fall BGH 1 StR 632/54 NJW 1955, 1487/links: Während einer
Kaiserschnittoperation „geriet ein zum Spreizen der geöffneten Bauchdecke ver-
wendeter sog. Rouxhaken, ohne dass die Ärzte es wahrnahmen, in den Leib der
Patientin (E) und wurde dort eingenäht. Zu seiner Entfernung wurde Frau E
einen Monat später (…) im Krankenhaus in H. ein zweites Mal operiert. Im Anschluss an diesen Eingriff entwickelte sich bei ihr eine Thrombose; diese führte
zu einer Lungenembolie, der Frau E erlag. Aufgrund dieses Sachverhalts ist der
Angeklagte wegen fahrlässiger Tötung zu vier Monaten Gefängnis verurteilt
worden, für die ihm Strafaussetzung zur Bewährung bewilligt worden ist." ◄

36 Der BGH nahm Fahrlässigkeit des Arztes zu Recht an. Denn man hätte kontrollieren
müssen, ob die Krankenschwester die Anzahl der Operationshaken überwacht:

37 Die dem Angeklagten als Operateur obliegende Aufsichts- und Überwachungspflicht „habe es ihm geboten, Anstalten zu treffen, die ein Abgleiten des Hakens in die Bauchhöhle der Patientin verhindert,
zumindest aber zu dessen rechtzeitiger Entdeckung und Entfernung am Schluss der Operation geführt
hätten. Als solche Maßnahmen kamen nach der Ansicht des LG in Betracht: Eine Belehrung der bei
der Operation als zweiter Assistent mitwirkenden Schwester R über die Gefahr des Abgleitens kleiner
Haken in die Bauchhöhle in Verbindung mit der Anweisung, diese Haken keinesfalls loszulassen und
das etwaige Fehlen eines Hakens sofort anzuzeigen; ferner eine Überprüfung der Vollzähligkeit der bei
der Operation verwendeten Instrumente unmittelbar nach dem Eingriff, (…)"[26]

38 Kontroll- und Überwachungspflichten entstehen vor allem auch dann, wenn Tätig-
keiten auf Dritte übertragen werden. Wer sich eines Dritten zur Erledigung seiner eigenen Aufgaben bedient, handelt nur dann nicht fahrlässig, wenn er bei der *Auswahl*, der
Anleitung und der *Überwachung* die Erfordernisse des Verkehrskreises erfüllt.

---

[26] BGH NJW 1955, 1487.

ee) Erkundigungspflichten

Beispiel 12.3

Zahnarzt-Fall BGH 2 StR 36/66 BGHSt 21, 59: Eine korpulente Patientin er-   **39**
schien zur Zahnbehandlung. Der behandelnde Zahnarzt stellte fest, dass eine
Zahnextraktion erforderlich war. Obwohl ihm die Patientin mitgeteilt hatte, dass
sie „etwas am Herzen" habe und ihr körperlicher Zustand eine eingehendere Prüfung ihres Gesundheitszustandes nahegelegt hätte, führte der Arzt die Extraktion
ohne weiteres mittels einer Chloräthyl-Vollnarkose durch. Es kam infolge des
Herzschadens zu einem Narkosezwischenfall mit Herzstillstand. Zwar waren
Wiederbelebungsversuche zunächst erfolgreich. Schließlich trat aber doch der
Tod der Patientin ein. ◄

Die Annahme einer Sorgfaltspflichtverletzung des Zahnarztes seitens des LG fand   **40**
Zustimmung durch den BGH. Auf die Bemerkung der Patientin hin, sie habe „etwas
am Herzen", habe sich der Angeklagte *erkundigen* müssen, um was es sich dabei
handelte:

Es sei ihm vorzuwerfen, dass er es unterlassen habe, zunächst eine eingehende Untersuchung   **41**
durch einen Internisten zu veranlassen. Wenn auch nicht zu erwarten gewesen sei, dass dabei die
Myokarditis als solche diagnostiziert worden wäre, so hätte aber jedenfalls die Möglichkeit bestanden, dass sich Hinweise auf eine erhebliche Schädigung des Herzens ergeben hätten. Außerdem
habe der Angeklagte angesichts der besonderen Umstände des Falles einen Anästhesiefachmann
hinzuziehen müssen.[27]

ff) Objektiv-generalisierender Maßstab

Nach überwiegender Meinung ist das Vorliegen der unrechtsbezogenen Sorgfalts-   **42**
pflichtverletzung anhand eines *objektiv-generalisierenden* Maßstabes festzustellen:
   Fahrlässig handelt danach derjenige, der im Sinne von § 276 II BGB „die im Ver-   **43**
kehr erforderliche Sorgfalt außer Acht lässt". Unter der *im Verkehr* erforderlichen
Sorgfalt versteht man

▶   **die Verkehrsgepflogenheiten der gewissenhaften und verständigen An-**   **44**
     gehörigen des Verkehrskreises.[28]

Dementsprechend werden an den Retter/die Retterin eines verunglückten Berg-   **45**
wanderers unterschiedliche Anforderungen abhängig davon gestellt, ob es sich um
einen Jurastudenten, einen Medizinstudenten im ersten oder im sechsten Semester,
einen Tierarzt, einen praktischen Arzt, einen Hautarzt, eine Krankenschwester aus der
Hals-Nasen-Ohren-Abteilung oder der Unfallchirurgie, einen Rettungssanitäter, einen
Orthopäden oder einen mit dem Rettungshubschrauber eingeflogenen Notarzt handelt.

---

[27] So BGH 2 StR 36/66 BGHSt 21, 60.

[28] Vgl. *Sternberg-Lieben/Schuster,* in: Schönke/Schröder § 15 Rn. 133; *Jescheck/Weigend* AT § 55
I 2 b; *Kühl* AT § 17 Rn. 25; vgl. a. *Wessels/Beulke/Satzger* AT Rn. 1122 f.; näher und teils krit. zur
Argumentation mit Maßstabsfiguren *Schmoller* JBl. 1990, 631 ff.

46   Nicht-fahrlässig handelt von den Angehörigen des Verkehrskreises aber nur derjenige, der sich so verhält, wie sich die Angehörigen des Verkehrskreises verhalten *sollen*. Allerdings genügt „das Ergreifen solcher Maßnahmen, die nach den Gesamtumständen zumutbar sind und die ein verständiger und umsichtiger Mensch für notwendig und ausreichend hält, um Andere vor Schäden zu bewahren".[29] Ein innerhalb des Verkehrskreises eingetretener „Schlendrian" entlastet freilich nicht.

Beispiel 12.4

47   Der gewissenhafte Autofahrer vergewissert sich vor Fahrtantritt, dass die Beleuchtung seines Fahrzeugs funktioniert. Kommt es durch Ausfall des Bremslichtes während der Fahrt zu einem Auffahrunfall mit Personenschaden, scheidet eine Strafbarkeit wegen fahrlässiger Körperverletzung aus, weil keine Sorgfaltspflichtverletzung gegeben ist. Unterlässt der Autofahrer jedoch die Kontrolle vor Fahrtantritt und verursacht er dadurch einen Unfall, dann kann sich der Autofahrer nicht darauf berufen, dass andere Autofahrer die Kontrolle der Beleuchtung ebenfalls unterlassen. ◄

48   *Unterdurchschnittliche* Fähigkeiten entlasten den Täter nicht („Generalisierung nach unten"). Jedoch müssen *Sonderwissen* und *Sonderfähigkeiten* eingesetzt werden („Individualisierung nach oben").[30] Denn zum einen gilt es, Schäden zu vermeiden, zum anderen bildet der Einsatz von Sonderfähigkeiten für den besonders Befähigten wiederum nur die Aktivierung einer *durchschnittlichen* Leistungsbereitschaft.[31]

49   Inhaltliche Unterschiede zwischen der h. L. und der Rechtsprechung bezüglich des Gehalts der Fahrlässigkeit bestehen nicht, obwohl die Rechtsprechung die Fahrlässigkeit als reines Schuld(haftigkeits)problem ausweist. Denn auch sie unterscheidet zwischen der Nichterfüllung der objektiv erforderlichen und der individuell möglichen Sorgfalt.

c) Nichtvorliegen einer Sorgfaltspflichtverletzung in Fällen berechtigten Vertrauens auf die Rechtstreue Dritter (Vertrauensgrundsatz)[32]

50   In den folgenden Fällen wird bereits eine Sorgfaltspflicht verneint, obwohl es sich um Situationen handelt, in denen der Eintritt eines gesetzlich beschriebenen Schadens nach allgemeiner Lebenserfahrung im Bereich des Vorhersehbaren liegt. Dies hat seinen Grund darin, dass die betroffenen Lebensbereiche nur funktionieren können, wenn sich *alle* an diese Regeln halten. Deshalb soll auch der *einzelne* damit rechnen können, dass die anderen jene Regeln befolgen. Dieser sog. *Vertrauensgrundsatz* spielt vor allem in folgenden Lebensbereichen eine Rolle:

---

[29] BGH 4 StR 252/08 BGHSt 53, 38 (42).

[30] Vgl. BGH VI ZR 68/86 JZ 1987, 877 (Sonderwissen); zum Sonderkönnen *Sternberg-Lieben/Schuster,* in: Schönke/Schröder § 15 Rn. 138 ff. mwN; vgl. auch *de Vicente Remesal* GA 2020, 194 ff.; für eine Begrenzung durch Zuständigkeitsbereiche *Jakobs* GS Armin Kaufmann, S. 271 ff. (283 ff.); LK-*Vogel/Bülte* § 15 Rn. 161 ff.; krit. LK[11]-*Schroeder* § 16 Rn. 147 ff.

[31] Vgl. *Roxin/Greco* AT 1 § 24 Rn. 61, 62, 64; sowie *Murmann* FS Herzberg, 130 ff.

[32] Näher *Murmann* GK § 23 Rn. 50; *Puppe* AT § 5; *Roxin/Greco* AT 1 § 24 Rn. 21–28; *Sternberg-Lieben/Schuster,* in: Schönke/Schröder § 15 Rn. 148 ff.

aa) Straßenverkehr

Im Straßenverkehr bedeutet der Vertrauensgrundsatz, dass ein Verkehrsteilnehmer, der sich ordnungsgemäß verhält, grundsätzlich darauf vertrauen darf, dass auch andere dies tun. Wer z. B. auf der vorfahrtberechtigten Straße fährt, darf grundsätzlich damit rechnen, dass der wartepflichtige Einbieger anhält. Der Vorfahrtberechtigte braucht sein Tempo auch nicht zu drosseln, um notfalls anhalten zu können. Eine Haftung wegen Fahrlässigkeit scheitert im Falle einer Kollision hier daran, dass keine Verletzung der Sorgfaltspflicht vorliegt. **51**

Beispiel 12.5

Vorfahrt-Fall BGH VGS 1/54 BGHSt 7, 118: Der Angeklagte A befuhr mit seinem Fahrzeug eine vorfahrtberechtigte Straße, in welche eine wartepflichtige Straße einmündete. Als A mit einer Geschwindigkeit von 30 km/h an der Einmündung jener wartepflichtigen Straße anlangte, fuhr aus dieser ein Lastkraftwagen heraus, der die linke, dem A nähere Fahrbahn benutzte. Der LKW schleuderte das Fahrzeug des A nach links, wobei Sachschaden entstand. **52**

Das Amtsgericht sah im Verhalten des A einen Verstoß gegen die Straßenverkehrsordnung. A legte Rechtsmittel ein und gelangte schließlich bis vor das Bayerische Oberste Landesgericht. Dieses war der Auffassung, dass auch der auf einer Hauptstraße fahrende Fahrer seine Geschwindigkeit an einer unübersichtlichen Einmündung zumindest so herabsetzen müsse, dass er notfalls anhalten könne, falls der Wartepflichtige auf der *vorschriftsmäßigen* Fahrbahnseite der Querstraße einfahre. **53**

Weil sich das BayObLG an seiner Rechtsauffassung durch die Rechtsprechung des Bundesgerichtshofs gehindert sah, legte es die Sache gemäß § 121 II GVG dem BGH vor. Der zur Entscheidung berufene 1. Strafsenat des BGH teilte zwar die Rechtsauffassung des BayObLG. Er sah sich aber in Kollision mit Urteilen des 3. Strafsenats (BGH 3 StR 755/52 BGHSt 4, 47) und des 6. Zivilsenats (VI ZR 32/52 NJW 1953, 583 Nr. 7) und rief deshalb gemäß § 136 II GVG a. F.[33] die Entscheidung der Vereinigten Großen Senate an. **54**

Die Vereinigten Großen Senate lehnten die Rechtsauffassung des BayObLG und des 1. Strafsenats ab. Denn „jene Forderung würde bedeuten, dass der Kraftfahrer auch auf der Vorfahrtsstraße fortlaufend gezwungen wäre, auf Geschwindigkeiten von 15 bis 25 km/h herunter zu gehen und seine Fahrweise genau so einzurichten, wie es der Kraftfahrer auf einer nichtbevorrechtigten Straße muss. Er hätte insoweit nichts mehr voraus. Macht man mit dem Grundsatz ernst, würde er auch gegenüber dem Seitenverkehr aus Stopstraßen gelten. Auch wäre nicht ohne weiteres selbstverständlich, dass sich der Vorfahrtberechtigte darauf verlassen könnte, der Wartepflichtige werde die rechte Fahrbahn der Seitenstraße benutzen (…). Das Vorfahrtsrecht wäre dann im städtischen Straßenverkehr weitgehend entwertet."[34] **55**

---

[33] N.F. vgl. § 132 II GVG.
[34] BGH VGS 1/54 BGHSt 7, 121 f.

56 In ihrer Entscheidung sprechen die Vereinigten Großen Senate den Vertrauensgrundsatz ausdrücklich an: „(…) ist es gerade der Sinn der gesetzlichen Vorfahrtregelung (§ 13 II StVO[35]), dass der Vorfahrtberechtigte auf der Vorfahrtstraße bei Einmündungen und Kreuzungen Vertrauen haben und grundsätzlich durchfahren soll, während vom Wartepflichtigen verlangt wird, dass er mit Misstrauen an die Vorfahrtsstraße heranzufahren und im Zweifel zu warten hat." ◄

57 Die Entscheidung der Vereinigten Großen Senate des BGH ist plausibel, denn andernfalls wäre eine zügige Gestaltung des modernen Massenverkehrs nicht mehr möglich. Dabei darf sich auf den Vertrauensgrundsatz selbst der berufen, der sich *nicht verkehrsgerecht* verhält, solange sein Verhalten keine Auswirkungen auf den Dritten hat.[36]

Beispiel 12.6

Auch wer eine vorfahrtberechtigte Kreuzung mit 100 km/h anstatt mit 70 km/h passiert, darf darauf vertrauen, dass der Wartepflichtige anhält. ◄

---

58 Eindrucksvoll hierzu auch

Beispiel 12.7

59 *Überhol*-Fall BGH 3 StR 894/52 BGHSt 4, 182: Der Angeklagte A fuhr auf einer Bundesstraße und näherte sich mit einer Geschwindigkeit von 70 km/h einer voll übersichtlichen Kreuzung. Vor ihm in derselben Richtung fuhren scharf rechts nebeneinander zwei Radfahrer. Der linke dieser beiden Radfahrer wusste, dass der rechte nach links in die Kreuzung der Straße einbiegen wollte. Er verabschiedete sich von ihm etwa fünf Meter vor der Kreuzung, indem er ihm mit der Hand auf die Schulter klopfte. Als A, der sich inzwischen genähert und seine Geschwindigkeit etwas ermäßigt hatte, dies sah, gab er Signal und fuhr, da die Radfahrer zunächst ihre Richtung beibehielten, etwas nach links, um zu überholen. Unmittelbar darauf bog der rechte Radfahrer, der etwas zurückgeblieben war, scharf nach links ab, ohne seine Absicht vorher durch ein Zeichen anzukündigen. Mitten auf der Kreuzung wurde er vom Kraftwagen des A erfasst und getötet.

60 Im Verhalten des A sah der 3. Strafsenat des BGH keine Fahrlässigkeit im Sinne von § 222 StGB. Zwar habe A gegen das Überholverbot aus § 10 I 3 StVO a. F. (Verbot des Überholens an einer Straßenkreuzung) verstoßen, indessen begründe ein solcher Verstoß weder für sich allein und notwendig den Vorwurf der Fahrlässigkeit noch werde dieser Vorwurf durch die Einhaltung der Verkehrsvorschriften unbedingt ausgeschlossen. Freilich würden die Verkehrsvorschriften durch die Erfahrungen, die in ihnen niedergelegt sind, im Einzelfall einen wich-

---

[35] § 8 StVO n. F.
[36] Vgl. auch *Roxin/Greco* AT 1 § 24 Rn. 24.

tigen Anhaltspunkt für die Beurteilung der Voraussehbarkeit geben. Denn sie seien das Ergebnis einer auf Erfahrung und Überlegung beruhenden umfassenden Voraussicht möglicher Gefahren. Sie besagten schon durch ihr Dasein, dass durch ihre Übertretung die Gefahr eines Unfalls im Bereich des Möglichen liege. Die Übertretung gestatte deshalb häufig den Schluss auf die Voraussehbarkeit des Unfalls, selbst wenn die Verkehrslage einen bestimmten Anhalt für die Gefahr eines Unfalls nicht enthielt.

Weil das Überholen an einer völlig übersichtlichen Kreuzung bei sonst **61** ordnungsgemäßer Fahrweise an sich ungefährlich sei und die Gefahr erst durch ein grobes Verschulden des Überholten eintreten könne, sei es nicht angängig, die Voraussehbarkeit des Unfalls schon allgemein wegen der Übertretung des Überholverbots zu bejahen. Vielmehr komme es darauf an, ob *nach der Verkehrslage bestimmte Anzeichen dafür vorlagen,* durch das Überholen werde die Gefahr eines Unfalls herbeigeführt. Bis zu dem Zeitpunkt, in dem sich die Radfahrer verabschiedet hätten, habe sich A nach den Urteilsfeststellungen nicht der geringste Anhaltspunkt für die Annahme geboten, der rechte Radfahrer werde plötzlich nach links einbiegen. Dass dessen Verhalten auf einer Bundesstraße mit flüssigem und schnellem Verkehr in besonders hohem Maße leichtfertig und unvernünftig war, bedürfe keiner Begründung. Mit einer solchen Fahrweise habe der Angeklagte nicht zu rechnen brauchen. ◄

Der *Überhol*-Fall macht deutlich, dass der Vertrauensgrundsatz dort endet, wo auf- **62** grund der Umstände erkennbar wird, dass der Dritte sich nicht ordnungsgemäß verhält, verhalten kann (Kinder, desorientierte Verkehrsteilnehmer) oder verhalten will (rücksichtslose Verkehrsteilnehmer). Gleiches gilt, wenn auf Grund der besonderen Umstände nicht mit einem verkehrsgerechten Verhalten gerechnet werden kann.

Beispiel 12.8

Der Autofahrer, der kurz vor Beginn oder nach Beendigung einer Vorstellung in **63** der OsnabrückHalle auf dem Neuen Graben fährt, muss damit rechnen, dass der eine oder andere vergeistigte Besucher der Vorstellung die Straße überquert, ohne auf die rote Fußgängerampel zu achten. ◄

bb) Arbeitsteiliges Zusammenwirken
Hier ist zwischen gleichgeordnetem und unter-/übergeordnetem Zusammenwirken **64** zu unterscheiden.

Bei *gleichgeordnetem* Zusammenwirken – wie etwa häufig im Ärzteteam[37] oder bei Baumaßnahmen[38] – gelten die unter aa) genannten Kriterien. Insbesondere im Baugewerbe spielt die Abgrenzung von Verantwortungsbereichen und das Ver-

---

[37] Zum Vertrauensgrundsatz im Fall einer misslungenen Strahlenbehandlung in einer Gemeinschaftspraxis BGH 3 StR 271/97 BGHSt 43, 306 (310).
[38] Vgl. BGH 4 StR 252/08 BGHSt 53, 38 (43); 2 StR 418/19 NStZ 2022, 669.

trauensprinzip eine wichtige Rolle, denn hier arbeiten zahlreiche Gewerke miteinander und deren Arbeiten schließen aneinander an, ohne dass jeder Handwerker
dieselbe Sachkenntnis über die ordnungsgemäße Erstellung der Einzelleistung hat.
Deshalb liegt es auf der Hand, dass jedes Gewerk auf die ordnungsgemäße Erstellung des anderen Gewerks vertrauen muss. Das entbindet die an der Erstellung der
Gesamtbauleistung beteiligten Personen aber nicht davon, sich in zumutbarer Weise
gegenseitig zu informieren und abzustimmen, um vermeidbare Risiken für Dritte
auszuschalten.[39] Sobald ein Unternehmer selbst konkrete Zweifel an der Ordnungs-
gemäßheit der Vorarbeiten hat, muss er den die Vorarbeiten ausführenden Bauunternehmer hierauf hinweisen und ggf. eigene Sicherheitsvorkehrungen zur Gefahrenabwehr treffen.[40]

65   Im Falle der Über-/Unterordnung sind die oben (Rn. 35) genannten Kontroll-
und Überwachungspflichten des Übergeordneten zu beachten. Dabei erstrecken
sich die Sorgfaltspflichten neben der *Auswahl* einer fachlich und persönlich geeigneten Person aus dem Bewerberkreis auch auf deren *Anleitung* und *Überwachung*. Bei Beachtung dieser Pflichten darf der Übergeordnete grundsätzlich darauf
vertrauen, dass der Dritte ordnungsgemäß arbeitet.[41]

cc) Straftaten Anderer (Regressverbot)

66   Gegen die im Verkehr erforderliche Sorgfalt verstößt schließlich auch derjenige
nicht, der im Vertrauen auf die Rechtstreue Dritter gefährliche Gegenstände weiter-
gibt, seien es Messer, Pistolen oder Kraftfahrzeuge, solange er nicht gegen sonstige
Normen (Waffengesetz u. a.) verstößt.[42]

67   Diese Einschränkung der Sorgfaltspflichten ist schon deshalb vonnöten, weil nahezu alles als Tatmittel benutzt werden kann. So kann man mit Stricknadeln stricken und mit Kochsalz salzen, man
kann aber auch einen (höchst gefährlichen) Schwangerschaftsabbruch damit vornehmen.

68   Das berechtigte Vertrauen endet allerdings dort, wo der Täter erkennen kann, dass
der Dritte die Sache zu einer vorsätzlichen Straftat verwenden will, d. h. erkennbar
tatgeneigt[43] ist.
       Bei *fahrlässigen* Drittschädigungseffekten kommt es darauf an, ob das Handeln
des Dritten dem Handeln des Ersten zugerechnet werden kann. Dies ist nur dann der
Fall, wenn der Schaden trotz des Drittverhaltens noch als adäquate Folge des Erst-
Fehlverhaltens angesehen werden kann.[44]

---

[39] BGH 4 StR 252/08 NStZ 2009, 146 ff. Rn. 18.

[40] Vgl. *Kraatz* JR 2009, 182 ff.

[41] Zu den Anforderungen an ein arbeitsteiliges Zusammenwirken BGH 4 StR 289/01 BGHSt 47,
224 mit krit. Anm. *Freund* NStZ 2002, 424 f.

[42] Näher *Roxin/Greco* AT 1 § 24 Rn. 26 ff.; vgl. hierzu im Bereich des Vorsatzes die sog. „neutralen
Beihilfehandlungen", oben § 10 Rn. 317 ff.

[43] Vgl. *Roxin/Greco* AT 1 § 24 Rn. 31.

[44] Näher *Hauck* GA 2009, 285 ff.

Beispiel

A verletzt den B fahrlässig. Dieser kommt in ein Krankenhaus und wird von Arzt **69** C behandelt. C begeht einen fahrlässigen Behandlungsfehler und verursacht so den Tod des B. Ob dies dem A zugerechnet werden kann, bestimmt sich danach, ob der Tod eine adäquate Folge der fahrlässigen Körperverletzung des A ist. ◄

d) Begrenzung der Fahrlässigkeitshaftung durch das Erfordernis der objektiven Vorhersehbarkeit der Veränderung in der Außenwelt[45]

Von Fahrlässigkeit geht die h. L. aber nur aus, wenn der Eintritt der Veränderung in der **70** Außenwelt *objektiv* – d. h. für einen gewissenhaften und verständigen Angehörigen des Verkehrskreises nach allgemeiner Lebenserfahrung – *vorhersehbar* – gewesen ist. Wegen eines Sorgfaltsverstoßes soll man nur für das verantwortlich sein, was man als durchschnittlicher Angehöriger des Verkehrskreises vorhersehen kann. Allerdings müssen auch hier Sonderwissen und -fähigkeiten eingesetzt werden.[46]

Auch die Rechtsprechung, die Fragen der Vorhersehbarkeit vollständig innerhalb **71** der Schuldhaftigkeit erörtert,[47] unterscheidet zwischen einer *allgemeinen* und einer *individuellen* Vorhersehbarkeit.[48] Deshalb kann auch die von der Rechtsprechung innerhalb der Schuldhaftigkeit behandelte *allgemeine* Vorhersehbarkeit bereits hier im Rahmen der objektiven Vorhersehbarkeit berücksichtigt werden.

Beispiel 12.9

Der vom LKW-Fahrer mit 50 cm Seitenabstand überholte Radfahrer ist herz- **72** krank. Durch den Schrecken erleidet er einen Herzinfarkt und stirbt.[49] ◄

Die Vorhersehbarkeit bezieht sich zunächst auf die Veränderung in der Außenwelt. **73** Daneben muss aber auch der Kausalverlauf in seinen *wesentlichen Zügen* vorhersehbar sein.

Beispiel 12.10

Bluter-Fall RG I 211/20 RGSt 54, 349:[50] Der Angeklagte A hatte im Streit mit **74** seinem Bruder nach diesem einen Stein geworfen und den in der Nähe vorbeigehenden Schüler G am Kopf getroffen. Trotz der Unerheblichkeit der dem G zugefügten blutenden Verletzung starb G, der ein „Bluter" war, am folgenden Tage.

---

[45] Zur objektiven Voraussehbarkeit *Triffterer* FS Bockelmann, S. 201 ff.; Verknüpfung von Handlungs- und Erfolgsunwert bei der Fahrlässigkeitsstraftat mittels einer Adäquanzregel *Hauck* GA 2009, 280 ff.

[46] Vgl. *Murmann* FS Herzberg, S. 123 ff.

[47] Vgl. die Nachweise in OLG Stuttgart JZ 1980, 620 links.

[48] Vgl. RG I 211/20 RGSt 54, 349; BayObLG 4 St RR 221/97 NJW 1998, 3580 mit Bespr. *Otto* JK 1999 § 15 Rn. 6.

[49] Zur Verneinung der Vorhersehbarkeit in Fällen dieser Art vgl. OLG Hamm 2 Ss 1107/59 VRS 18, 356 (Eunarkonnarkose); OLG Stuttgart 2 Ss 455/59 VRS 18, 365 (Herzinfarkt des überholten Kraftfahrers); OLG Karlsruhe 2 Ss 111/76 JuS 1977, 52 (Herzinsuffizienz des Unfallgegners).

[50] Näher *Eser* StK II Nr. 21 A 23 bis 26, Nr. 23 insbesondere A 7 ff.

75   Das Reichsgericht nahm eine fahrlässige Herbeiführung des Todes an. Denn es komme nicht darauf an, dass A die Blutereigenschaft des Opfers habe vorhersehen können. Vielmehr reiche aus, dass er die Möglichkeit der tödlichen Verletzung eines Menschen *überhaupt* habe erkennen können. Dies aber sei der Fall, weil der Angriff auf den Bruder an einem Ort erfolgte, an dem Menschen verkehrten, weshalb der Angeklagte damit habe rechnen müssen, dass solche in der Nähe seien und von dem Stein getroffen werden könnten. Da es nach den Umständen des Einzelfalles möglich sei, dass auch Menschen durch einen Steinwurf getötet werden können, die keine „Bluter" sind, könne die Blutereigenschaft des Opfers den Angeklagten nicht entlasten. ◀

Beispiel 12.11

76   Im *Hirnödem*-Fall, OLG Stuttgart 3 Ss 886/79 JZ 1980, 618, war die Angeklagte A mit ihrem Fahrzeug mit überhöhter Geschwindigkeit in eine geschlossene Ortschaft eingefahren. Als ein Kind die Fahrbahn überquerte, konnte sie aufgrund der überhöhten Geschwindigkeit das Fahrzeug nicht mehr rechtzeitig zum Stillstand bringen. Das Mädchen wurde erfasst, zu Boden geworfen und erlitt ein Schädel-Hirn-Trauma. Im Krankenhaus verschlechterte sich der Zustand des Kindes nach eineinhalb Tagen dramatisch. Nach zwei Tagen verstarb das Mädchen an einem Hirn-Ödem.

77   Mit der Revision machte die A geltend, dass das Mädchen nicht durch den Unfall, sondern primär infolge eines ärztlichen Behandlungsfehlers ums Leben gekommen sei.

78   Diese Ansicht lehnte das OLG Stuttgart ab. Denn selbst wenn die Ärzte die Gefahr eines Hirn-Ödems infolge des Unfalls pflichtwidrig nicht erkannt haben sollten, hätte sich im tödlichen Verlauf doch die von der Angeklagten verbotenerweise gesetzte Gefahr realisiert. Sollten die Ärzte keine oder nicht die richtige Maßnahme getroffen haben, handele es sich allenfalls um die Modifizierung des bereits von der Angeklagten gesetzten Risikos, nicht aber um eine die Erstursache suspendierende Neueröffnung einer vom Ausgangsrisiko unabhängigen Ursachenkette. ◀

e) Begrenzung der Fahrlässigkeitshaftung durch das Erfordernis der Vermeidbarkeit der Veränderung in der Außenwelt bei pflichtgemäßem Verhalten (Lehre vom Pflichtwidrigkeitszusammenhang/rechtmäßigen Alternativverhalten)

aa) Die Lehre vom Pflichtwidrigkeitszusammenhang/rechtmäßigen Alternativverhalten und die Risikoerhöhungslehre

79   Auch ein sorgfaltswidriges Verhalten, welches für die vorhersehbare Veränderung in der Außenwelt condicio sine qua non ist, soll eine Haftung wegen Fahrlässigkeit nicht begründen, wenn die Veränderung in der Außenwelt nicht speziell *auf der Ver-*

letzung der Sorgfaltspflicht beruht, d. h. wenn sie auch bei sorgfältigem Verhalten, einem *rechtmäßigen Alternativverhalten,* eingetreten wäre und damit *unvermeidbar* war. Denn die Veränderung in der Außenwelt muss *durch Fahrlässigkeit* (vgl. den Wortlaut von § 222) verursacht worden sein. Andernfalls fehlt der *Zusammenhang* zwischen Sorgfaltspflichtverletzung und Veränderung in der Außenwelt (deshalb *Pflichtwidrigkeitszusammenhang*).

Die Formel von der condicio sine qua non erfährt somit nicht nur bei der Unter-   **80** brechung von Rettungshandlungen (vgl. oben § 4 Rn. 73), sondern auch beim Pflichtwidrigkeitszusammenhang eine Modifizierung. Denn wie dort wird auch hier nicht nur die pflichtwidrige Handlung hin*weg*-, sondern (in einem zweiten Prüfungsschritt) die erforderliche pflichtgemäße Handlung *hinzu*gedacht.

Beispiel 12.12

Kraftfahrer K fährt mit 60 km/h innerhalb einer geschlossenen Ortschaft. Er   **81** überfährt ein Kind, welches unvorhersehbar hinter einem geparkten Fahrzeug hervorgesprungen ist, und verletzt es tödlich. Hätte K auch bei Einhaltung der ordnungsgemäßen Geschwindigkeit von 50 km/h sein Fahrzeug nicht mehr hinreichend abbremsen können und das Kind tödlich verletzt, wäre der Schaden auch bei pflichtgemäßem Verhalten eingetreten. Damit beruht er nicht auf der Pflichtwidrigkeit des Verhaltens von K. ◀

Zu Beispiel 12.3

Im *Beispiel 12.3 Zahnarzt*-Fall (vgl. oben Rn. 39) wäre der Pflichtwidrigkeits-   **82** zusammenhang zu bejahen gewesen, wenn infolge der Behandlung, die nach Durchführung der für erforderlich gehaltenen Erkundigungs- und Untersuchungsmaßnahmen vorgenommen worden wäre, der Tod der Patientin hätte vermieden werden können.[51] ◀

Freilich muss man sich darüber im Klaren sein, dass Aussagen über das Fehlen des   **83** Pflichtwidrigkeitszusammenhangs nur *prognostischer* und damit *hypothetischer* Natur sein können. Denn es besteht immer nur eine gewisse *Wahrscheinlichkeit,* dass der Schaden auch bei pflichtgemäßem Verhalten eingetreten oder ausgeblieben wäre.[52] Obwohl man sich im Ergebnis hinsichtlich des Haftungsausschlusses bei fehlendem Pflichtwidrigkeitszusammenhang einig ist, wird deshalb heftig darüber diskutiert, *wie groß* die Wahrscheinlichkeit für ein Entfallen der Veränderung in der Außenwelt bei pflichtgemäßem Verhalten sein muss, vor allem, ob der *in dubio-Satz* auch hier *gilt.*

---

[51] Vgl. BGH 2 StR 36/66 BGHSt 21, 61.
[52] Vergleichbar mit der Quasikausalität bei der Unterlassungsstraftat, s. o. § 11 Rn. 161 ff.

Zu Leitfall 12.2

84 Im *Leitfall 12.2* konnte man *nicht zweifelsfrei* ausschließen, dass der Radfahrer auch bei gehörigem Seitenabstand infolge seiner Trunkenheit unter den LKW geraten wäre. Der BGH wandte in Übereinstimmung mit der h. L.[53] den *in dubio pro reo*-Satz an, ging zugunsten des LKW-Fahrers davon aus, dass der Tod auch bei rechtmäßigem Alternativverhalten eingetreten wäre und bestätigte die Aufhebung der Verurteilung durch das Landgericht. Denn „als ursächlich für den schädlichen Erfolg darf ein *verkehrswidriges* Verhalten nur dann angenommen werden, wenn sicher ist, dass es bei *verkehrsgerechtem* Verhalten nicht zu dem Erfolg gekommen wäre."[54]

Der vom BGH mitgeteilte Sachverhalt lässt offen, ob der LKW-Fahrer bei der Annäherung an den Fahrradfahrer wahrgenommen hatte, dass dieser Schlangenlinien gefahren ist. Dafür spricht, dass es sich um eine gerade und übersichtliche Straße gehandelt hat. Unterstellt man, dass der LKW-Fahrer die Ausfallerscheinungen des Radfahrers gesehen hat, so könnte der Fahrlässigkeitsvorwurf vorverlagert werden. Er lautet dann, dass er den Fahrradfahrer überholt hat, obwohl er gesehen hat, dass dieser Schlangenlinien fährt. Denn dann würde ein erhöhter Sorgfaltsmaßstab gelten, der beim Überholen einen größeren Seitenabstand als normalerweise einfordert. Sieht man in dem unkoordinierten Fahren des Fahrradfahrers eine „unklare Verkehrslage" (§ 5 III Nr. 1 StVO), so ist das Überholen sogar unzulässig. ◄

85 Das bedeutet, dass eine ernsthaft in Erwägung zu ziehende *Möglichkeit* des Eintritts der Veränderung in der Außenwelt auch bei rechtmäßigem Verhalten die Verantwortlichkeit wegen Fahrlässigkeit entfallen lässt.[55] Die Möglichkeit der gleichen Veränderung in der Außenwelt muss sich dabei „aufgrund bestimmter Tatsachen so verdichten, dass die Überzeugung vom Gegenteil mit an Sicherheit grenzender Wahrscheinlichkeit vernünftigerweise ausgeschlossen ist."[56]

86 Um eine Entscheidung in dubio pro reo zu vermeiden, stellt die sog. *Risikoerhöhungslehre*[57] darauf ab, ob der Täter durch sein Verhalten ein *erhöhtes Risiko* für das Angriffsobjekt geschaffen habe. Dies reiche hin, um ihn für die Veränderung in der Außenwelt verantwortlich zu machen. Teilweise wird einschränkend verlangt, dass die Zurechnung der Veränderung in der Außenwelt nur dann zulässig sei, wenn das Risiko ihres Eintritts durch das Verhalten des Täters *nachweislich* gesteigert worden ist.[58]

---

[53] Vgl. *Baumann/Weber/Mitsch/Eisele* AT § 12 Rn. 43 ff.; *Jakobs* AT 7 Rn. 103; LK-*Walter* Vor §§ 13 ff Rn. 101.

[54] BGH 4 StR 354/57 BGHSt 11, 1 (Leitsatz).

[55] Vgl. hierzu *Hillenkamp/Cornelius* 32 Probleme, Problem 31 mwN.

[56] BGH 1 StR 272/09 NStZ 2011, 31.

[57] Vgl. Lackner/Kühl/Heger-*Heger* § 15 Rn. 44; umfassend *Roxin/Greco* AT 1 § 11 Rn. 88 ff.

[58] Vgl. *Jescheck/Weigend* AT § 55 II 2 b aa; sowie *Schmoller* FS Wolter, S. 479 ff. (492): Bestätigung der ex-ante-Prognose, nach der mit der Tathandlung ein höheres als das erlaubte Risiko verbunden war, durch eine ex-post-Betrachtung des konkret eingetretenen Schadens und aller nachträglich bekannt gewordenen Umstände.

Nun kann man gegen jene *Risikoerhöhungslehre* im Rahmen der Fahrlässigkeit nicht einwenden,   **87**
dass sie eine nicht nachweisbare Kausalität durch Risikoerwägungen ersetze. Denn im Sinne einer
condicio sine qua non kann das sorgfaltswidrige Verhalten in der Tat nicht hinweggedacht werden,
ohne dass die Veränderung in der Außenwelt entfiele. Die Unsicherheit liegt folglich nicht beim
Hinwegdenken des sorgfaltswidrigen, sondern bei der Wirkung des hinzugedachten sorgfältigen
Verhaltens. An der Kausalität des sorgfaltswidrigen Verhaltens wird folglich gar nicht gezweifelt.[59]

Und dennoch wird man der Risikoerhöhungslehre nicht folgen können, weil sie gegen den *Wort-*   **88**
laut, z. B. des § 222 verstößt: Denn „*durch* Fahrlässigkeit" wird der Tod eines Menschen nur *ver-*
ursacht, wenn *ohne ernstliche Zweifel* feststeht, dass der Tod bei sorgfältigem Vorgehen nicht eingetreten wäre. Den Vorzug verdient daher die h. M.[60]

bb) Missverständnisse im Zusammenhang mit der Lehre vom Pflichtwidrigkeitszusammenhang

Die Lehre vom Pflichtwidrigkeitszusammenhang besagt, dass eine Haftung nach Fahr-   **89**
lässigkeitsmaßstäben entfällt, wenn nicht auszuschließen ist, dass die Veränderung in
der Außenwelt auch bei pflichtgemäßem Verhalten eingetreten wäre. Die Pflichtwidrigkeit ist damit *notwendige Bedingung* für die Zurechnung der verursachten Veränderung
in der Außenwelt (keine Zurechnung der Veränderung ohne Pflichtwidrigkeit). Die
Lehre vom Pflichtwidrigkeitszusammenhang besagt indessen *nicht*, dass eine Zurechnung entfällt, wenn es Fälle gibt, in denen die Veränderung in der Außenwelt trotz
Pflichtwidrigkeit nicht eintritt. Denn die Pflichtwidrigkeit ist *nicht hinreichende Be-*
dingung (keine Pflichtwidrigkeit ohne Veränderung in der Außenwelt) für die Herbeiführung der Veränderung in der Außenwelt.

Dies verkannte die Verteidigung im   **90**

Beispiel 12.13

Betonplatten-Fall OLG Hamm 5 Ss 1271/71 NJW 1972, 1531: Der Fahrer eines   **91**
mit Betonplatten beladenen LKW durchfuhr eine Kurve mit 40 km/h, obwohl er
sie nach dem Urteil des Sachverständigen allenfalls mit Schrittgeschwindigkeit – schon 25 km/h seien zu schnell gewesen – hätte passieren dürfen. Die
Betonplatten stürzten vom Fahrzeug auf den Gehweg und erschlugen ein Mädchen, das gerade dort lief.

Die Verteidigung begründete die mangels Pflichtwidrigkeitszusammenhangs   **92**
fehlende Verantwortlichkeit des LKW-Fahrers für den Tod des Mädchens damit,
dass andere LKW-Fahrer die gleichen Betonplatten ohne Probleme mit einer Geschwindigkeit von 25 km/h transportiert hätten. Diese Argumentation konnte den
Angekl. nicht entlasten. Denn sie beseitigte weder die Pflichtwidrigkeit seines Verhaltens noch vermochte sie zu beweisen, dass der Schaden auch bei pflichtgemäßem Verhalten (Schrittgeschwindigkeit) eingetreten wäre. Sie suchte nur darzulegen, dass der Schaden bei pflichtwidrigem Verhalten auch ausbleiben konnte,
was den Pflichtwidrigkeitszusammenhang aber nicht auszuschließen vermag. ◄

---

[59] Vgl. auch *Kahlo* GA 1987, 75.
[60] Vgl. *Baumann/Weber/Mitsch/Eisele* AT § 10 Rn. 90 sowie § 12 Rn. 43; MK-StGB-*Duttge* § 15
Rn. 183 f.; *B. Heinrich* AT Rn. 1044; *Jakobs* AT 7 Rn. 98 ff., 103; *Kindhäuser/Hilgendorf* LPK
§ 15 Rn. 71 f.; *Rengier* AT § 52 Rn. 35 jew. mwN.

93 Bei der Prüfung des rechtmäßigen Alternativverhaltens ist der tatsächliche Geschehensablauf zugrunde zu legen. Hinwegzudenken und durch das korrespondierende sorgfaltsgemäße Verhalten zu ersetzen ist daher nur der dem Täter vorwerfbare Tatumstand. Darüber hinaus darf von der konkreten Risikolage nichts weggelassen, ihr nichts hinzugedacht und an ihr nichts verändert werden.

In Verkennung dieses Gesichtspunktes hatte im *Psychiatrie*-Fall[61] das Tatgericht den Freispruch des zuständigen Anstaltsarztes vom Vorwurf der fahrlässigen Tötung darauf gestützt, dass der untergebrachte Patient die fraglichen Tötungsstraftaten auch dann begangen hätte, wenn ihm nicht (sorgfaltswidrig) ein unbeaufsichtigter Ausgang gewährt worden wäre. Denn es sei nicht auszuschließen, dass der Patient im Falle der Verweigerung des Ausgangs gewaltsam aus der Klinik ausgebrochen wäre. Dies bedeutet eine unzulässige Ersetzung des Risikos „Ausgang" durch das Risiko „Ausbruch".

94 Ein weiterer häufig anzutreffender Denkfehler beim Pflichtwidrigkeitszusammenhang besteht in der Verkennung des Schutzzweckes der zur Sorgfalt verpflichtenden Norm:

f) Haftungsbegrenzung durch den Schutzzweck der die Sorgfaltspflicht begründenden Norm

95 Eine Begrenzung kann die Fahrlässigkeitshaftung auch durch den Schutzzweck der die Sorgfaltspflicht begründenden Norm erfahren.

Beispiel 12.14

96 Wenn ein Autofahrer mit überhöhter Geschwindigkeit ein Kind, das völlig unerwartet hinter einem geparkten Fahrzeug hervorgesprungen ist, um die Fahrbahn zu überqueren, überfährt und tödlich verletzt, dann beruht die Tötung nicht auf Fahrlässigkeit, wenn der Autofahrer auch bei Einhaltung der erlaubten Geschwindigkeit nicht mehr rechtzeitig hätte bremsen können. ◄

97 Dagegen lässt sich nun *nicht einwenden*, dass der Kraftfahrer bei Einhaltung der erlaubten Geschwindigkeit zum fraglichen Zeitpunkt noch gar nicht an der Unfallstelle gewesen wäre. Denn dies ist nicht der *Schutzzweck* der Geschwindigkeitsbegrenzung. Dieser zielt darauf ab, Gefahren infolge zu schnellen Autofahrens zu minimieren, nicht aber auf die Anwesenheit zu einer bestimmten Zeit an einem bestimmten Ort.[62]

98 Ebenso ist es nicht Zweck der *Helmtragepflicht* auf Baustellen, vor „Querschlägern" eines Bauarbeiters zu schützen, der mangels Nachschubs mit seinem Luftgewehr gelangweilt auf Spatzen schießt.

---

[61] BGH 5 StR 327/03 BGHSt 49, 4 = StV 2004, 484 mit Anm. *Roxin*; zu diesem Fall auch *Schatz* NStZ 2003, 585.

[62] Weitere Beispiele zur Begrenzung der Fahrlässigkeitshaftung durch den Schutzzweck der Sorgfaltspflichten bei *Roxin/Greco* AT 1 § 24 Rn. 41–45.

Zu Beispiel 12.3

Dass jener Hinweis auf den Schutzzweck der Norm durchaus nicht zum wirklich-   **99**
keitsfernen Inventar akademischer Elfenbeintürme gehört, zeigt sehr schön das
oben erwähnte *Beispiel 12.3 Zahnarzt*-Fall (Vgl. oben Rn. 39 ff.). Dort wollte die
Strafkammer das Beruhen des tödlichen Ausgangs auf dem Unterlassen der erforderlichen Herzuntersuchung damit begründen, dass bei Vornahme der erforderlichen Untersuchung der Schaden auf jeden Fall um die Zeitspanne der Untersuchung hinausgezögert worden wäre. Jedoch haben die Sorgfaltsanforderungen,
welche die Durchführung der Untersuchung vorsehen, nicht den Zweck, die Behandlung *aufzuschieben,* sondern den Schadenseintritt zu verhindern. Zur Verneinung des Pflichtwidrigkeitszusammenhangs hätte es hier i. Ü. der Weckung von
Zweifeln, d. h. der Darlegung einer ernsthaft in Erwägung zu ziehenden *Möglichkeit* des Schadenseintritts auch bei sorgfältigem Verhalten, bedurft.

Schutzzweckerwägungen spielen auch dort eine Rolle, wo es um die Frage
der Unterbrechung des Zurechnungszusammenhangs bei arbeitsteiligem Verhalten geht. Grundsätzlich können mehrere Fahrlässigkeitstäter für einen
Schadensverlauf in Frage kommen, da im Bereich der fahrlässigen Straftaten das
Prinzip der Einheitstäterschaft gilt (§ 10 Rn. 43). Daraus folgt, dass mehrere
Nebentäter unabhängig voneinander für eine tatbestandsmäßige Veränderung in
der Außenwelt verantwortlich sein können.[63] Der Verantwortungsbereich des
Ersttäters endet aber dort, wo ein Dritter vollverantwortlich eine neue *selbstständig* auf den Erfolg hinwirkende Gefahr begründet, die sich im Erfolg auch
realisiert. Diskutiert wird dies in den Fällen, in denen eine Person (Zweittäter) an
das Verhalten des Ersttäters grob fahrlässig oder vorsätzlich anknüpft und der Erfolg (mit-)verursacht wird. Grundsätzlich gilt, dass der Schutzzweck des Tatbestandes solche Erfolge nicht mehr erfasst, deren Verhinderung in den Verantwortungsbereich eines anderen fällt.[64] In der Wissenschaft sind der Umfang
und die Grenzen der Lehre von Verantwortungsbereichen und die Umstände, die
eine Zurechnung des Erfolges ausschließen sollen, noch nicht hinreichend aus-
gearbeitet.[65] In der Literatur werden verschiedene Fallgruppen diskutiert.[66] ◄

g) Haftungsbegrenzung durch eigenverantwortliche Selbstgefährdung (Verantwortungsprinzip)[67]

Als weitere Situation, in welcher die Fahrlässigkeitshaftung trotz pflichtwidriger   **100**
Herbeiführung einer tatbestandsmäßigen Veränderung in der Außenwelt ausge-
schlossen wird, ist die *eigenverantwortliche Selbstgefährdung* anerkannt.[68] An die
Eigenverantwortlichkeit werden jedoch hohe Anforderungen gestellt:

---

[63] *Roxin/Greco* AT 1 § 24 Rn. 27.

[64] *Roxin/Greco* AT 1 § 11 Rn. 137.

[65] *Roxin/Greco* AT 1 § 11 Rn. 138.

[66] Vgl. bei *Rengier* AT § 52 Rn. 44 ff.

[67] Vgl. *Roxin/Greco* AT 1 § 11 Rn. 107 ff.; *Schumann* 1986, S. 70 f.; BayObLG 4 St RR 4/97 JZ
1997, 521 mit Anm. *Otto* JZ 1997, 521 f.; *Frisch* GA 2021, 65 ff.

[68] Eingehend *Walther* 1991, insbes. S. 8 ff.; 144 ff.; *Frisch* NStZ 1992, 1 ff.

Beispiel 12.15

101   *Illegales Autorennen*-Fall BGH 4 StR 328/08 BGHSt 53, 55/60:[69] Die Angeklagten B (mit dem später getöteten Opfer J.-P. Sim. als Beifahrer) und H mit dem Angeklagten S als Beifahrer führten auf einer autobahnähnlich ausgebauten Bundesstraße illegale Autorennen durch. Die Beifahrer zählten durch Handzeichen von 3 auf 0 und die Fahrer beschleunigten die Pkw auf über 200 km/h. Der Beschleunigungstest wurde von beiden Beifahrern gefilmt, wobei J.-P. Sim. die Videokamera des Angeklagten B und der Angekl. S seine Handykamera benutzte.

102   Als die Fahrer einem mit vier Personen besetzten und knapp 120 km/h schnellen Pkw Opel Astra ausweichen müssen, kommt es zu einem Unfall, bei dem J.-P. Sim. aus dem Wagen geschleudert wird und stirbt.

103   Das Landgericht hatte die Angeklagten B und H zunächst (nur) wegen vorsätzlicher Gefährdung des Straßenverkehrs je zu einer Freiheitsstrafe von einem Jahr und sechs Monaten sowie den Angeklagten S wegen Beihilfe hierzu zu einer Freiheitsstrafe von acht Monaten verurteilt und die Vollstreckung der Strafen wurden zur Bewährung ausgesetzt. Auf die vom Generalbundesanwalt vertretene Revision der Staatsanwaltschaft und die Revision der Nebenklage hat der BGH das landgerichtliche Urteil bezüglich der beiden Fahrer B und H dahin verschärft, dass sie auch der fahrlässigen Tötung schuldig sind.

104   Der BGH lehnt zunächst eine *eigenverantwortliche Selbstgefährdung* des J.-P. Sim. ab. Maßgebliches Abgrenzungskriterium zwischen strafloser Beteiligung an einer Selbstschädigung und der – grundsätzlich tatbestandsmäßigen – Fremdschädigung eines anderen sei die Trennungslinie zwischen Täterschaft und Teilnahme. Liege die Tatherrschaft über die Gefährdungs- bzw. Schädigungshandlung nicht allein bei dem Gefährdeten bzw. Geschädigten, sondern zumindest auch bei dem sich hieran Beteiligenden, begehe dieser eine eigene Tat und könne nicht aus Gründen der Akzessorietät wegen einer fehlenden Haupttat des Geschädigten straffrei sein. Dies gelte auch bei fahrlässiger Selbst- bzw. Fremdgefährdung. Die Herrschaft über das Geschehen habe im vorliegenden Fall aber bei den Fahrzeugführern, nicht bei den Beifahrern gelegen.

105   Auch habe J.-P. Sim. nicht in eine derart massive Lebensgefahr einwilligen können. Denn die Einwilligungsfähigkeit ende jedenfalls dort, wo der Einwilligende in konkrete Todesgefahr gebracht wird.[70]

106   Der BGH nahm deshalb eine Strafbarkeit der Angeklagten wegen fahrlässiger Tötung des J.-P. Sim. an. ◀

107   Eine straffreie Teilnahme an fremder Selbstgefährdung liegt hingegen in den beiden folgenden Fällen nahe:

---

[69] Dazu *Hauck* GA 2012, 203 ff.

[70] Dazu auch oben § 5 Rn. 76 ff.

Beispiel 12.16

Heroinspritzen-Fall BGH 1 StR 808/83 BGHSt 32, 262:[71] Der Angeklagte und H **108** waren sich seit langem freundschaftlich zugetan. „H sagte dem Angeklagten, er habe Heroin, ,das man zusammen drücken könne'. Der Angeklagte entschloss sich, die erforderlichen Spritzen zu besorgen, als H, der als Konsument harter Drogen bekannt war, ihm eröffnete, er bekomme ,nirgends mehr' eine Spritze. Nachdem der Angeklagte drei Einwegspritzen gekauft hatte, gingen er und H auf die Toilette einer Gaststätte. H verschaffte sich einen Löffel und brachte drei ,Hunderter-Hit' in diesem Löffel ,zum Aufkochen'. Den ,aufgekochten Stoff' füllte er in zwei Spritzen und überließ eine dem Angeklagten. Alsbald nach der Injektion des Stoffes, der neben Heroin auch Koffein enthielt, wurden H und der Angeklagte bewusstlos. Lokalbesucher veranlassten nach einiger Zeit die Öffnung der Toilettentür und die Verständigung des Notarztes. Als der Arzt eintraf, war H bereits tot. Die Injektion hatte zu Atemstillstand und Herzkreislaufversagen geführt."

Der BGH sprach den Angeklagten vom Vorwurf der fahrlässigen Tötung frei, **109** denn es liege lediglich eine *Beteiligung* an der vorsätzlichen Selbstgefährdung des H vor, der diese (möglicherweise) eigenverantwortlich gewollt habe. Es fehle daher eine tatbestandsmäßige Haupttat. Wenn aber eine vorsätzliche Beteiligung des Angeklagten straffrei wäre, dann müsse auch fahrlässige Verursachung straflos sein.[72] ◄

Beispiel 12.17

Bando Mitsugoro-Fall:[73] *Bando Mitsugoro*, ein berühmter japanischer Kabuki- **110** Schauspieler, war Stammgast in einem Lokal, das für seine *Fugu*-Gerichte bekannt war. „Fugu" ist der Name einer Kugelfisch-Art, deren Fleisch besonders schmackhaft ist. Der Genuss des Fugu ist indessen nicht ungefährlich. Denn die Gallenblase des Fugu enthält ein Gift, das in kleinsten Mengen genossen anregend, in nur geringfügig größeren Mengen indessen absolut tödlich wirkt. Der Fisch darf deshalb nur von besonders qualifizierten Personen zubereitet werden. Mitsugoro wollte den Genuss steigern und bat den Fugu-Koch um eine minimale Erhöhung der Gift-Dosis. Der Koch lehnte unter Hinweis auf die tödliche Gefahr ab. Auf Mitsugoros dringende Bitte stellte ihm der Koch jedoch einen Fisch zur Verfügung, den Mitsugoro selbst zerlegte und zubereitete. Wie vom Koch befürchtet, war der Genuss für Mitsugoro so überwältigend, dass er mit dem blitzartigen Tode des Schauspielers endete.

Der *Saiko Sai*, der Oberste Gerichtshof Japans, verurteilte den Koch wegen **111** fahrlässiger Tötung. Denn es sei vorhersehbar gewesen, dass Mitsugoro an dem Genuss des Fisches sterben werde. ◄

---

[71] Mit Anm. *Roxin* NStZ 1984, 410.

[72] Zu Recht kritisch zu dieser Argumentation *Puppe* GA 2009, 489 f.

[73] Für nähere Informationen zu diesem Fall sei den Kollegen *Harro Otto* (Bayreuth) und *Hirokazu Kawaguchi* (Osaka) herzlich gedankt.

112 Aus deutscher Sicht würde der Tod des Schauspielers dem Koch wohl nicht zugerechnet werden können, weil Mitsugoro das tödliche Risiko kannte und bewusst in Kauf nahm.

113 Dieser Zurechnungsausschluss beruhte hier wie auch im *Heroinspritzen*-Fall darauf, dass der Verantwortungsbereich des Täters dort endet, wo der Träger des Schutzgutes *eigenverantwortlich* selbstgefährdend oder -verletzend tätig wird und sich nur das mit der Selbstverletzung bewusst eingegangene Risiko verwirklicht. Die Haftungsbegrenzung durch eigenverantwortliche Selbstgefährdung ist deshalb zu verneinen, sobald der Täter infolge seiner Informationen das Risiko der Selbstverletzung besser einschätzen kann als das Opfer.

114 Die Fallgruppe der Haftungsbegrenzung durch eigenverantwortliche Selbstgefährdung wird oft auch als Fall der Gruppe f) (Schutzzweck der Norm, Rn. 95 ff.) gesehen. Da es sich jedoch um den die unterschiedlichsten Schutzgüter übergreifenden Aspekt der Beteiligung an einer nicht tatbestandsmäßigen Selbstverletzung handelt, sei hier eine eigene Fallgruppe gebildet.

2. Überlegungen zu einem gefahrbezogenen individuellen Fahrlässigkeitsbegriff

115 Kaum ein Bereich der Dogmatik des Allgemeinen Teils des StGB ist so umstritten wie die unwertbegründenden Elemente der Fahrlässigkeit.[74] Um den Rahmen dieser Darstellung in übersichtlichen Grenzen zu halten, seien daher nur die wichtigsten Gedanken herausgegriffen. Sie betreffen zum einen die Materialisierung der Verletzung der Sorgfaltspflicht (a) und zum anderen die Wahl zwischen einem generellen und einem individuellen Fahrlässigkeitsbegriff (b).

a) Verstoß gegen Sorgfaltspflichten oder Schaffung einer erhöhten Gefahr?[75]

116 Wie soeben (1) dargestellt wurde, füllt die „traditionelle" Meinung den Begriff der Fahrlässigkeit dadurch aus, dass der Täter gegen Sorgfaltspflichten verstoßen muss und dass dieser Pflichtverstoß nicht hinweggedacht bzw. das pflichtgemäße Verhalten nicht hinzugedacht werden kann, ohne dass die Veränderung in der Außenwelt entfiele.

117 Dass neben Handlung, Veränderung in der Außenwelt und kausaler Verknüpfung ein weiteres Element hinzutreten muss, um den Unwert der fahrlässigen Straftat zu begründen, ist allgemeine Auffassung. Allerdings haben gewichtige Stimmen[76] zu Recht darauf aufmerksam gemacht, dass die Erfüllung einer Sorgfaltspflicht von den Fahrlässigkeitsvorschriften normtheoretisch gar nicht gefordert wird. Denn im Kontext einer Begehungsstraftat besteht keine Pflicht zu sorgfältigem Verhalten. Es besteht nur die Pflicht, ein sorgfaltswidriges Verhalten zu *unterlassen*. *Roxin/Greco*

---

[74] Vgl. die Übersichten bei *Schlüchter* 1996.

[75] Anschaulich zum Ganzen *Burkhardt*, in: Wolter u. a. (Hrsg.) 1996, S. 114 ff.; vgl. auch *Schroeder*, in: Hoyer (Hrsg.) 2001, S. 135 ff.

[76] Vgl. *Gössel* FS Bengl, S. 23 ff. (30); *Jakobs* AT 9 Rn. 6; *Schöne* GS Hilde Kaufmann, S. 649 ff. (652 f.).

bringen diesen Satz auf die einprägsame Kurzformel: „Wer etwas nicht kann, muss es lassen".[77] Dann aber ist nicht eine *Pflicht*, sorgfältig zu handeln, Element der Fahrlässigkeitsvorschriften des StGB, sondern die Pflicht, sorgfaltswidriges Verhalten *zu unterlassen*. Jene Unterlassungspflicht ist freilich nicht nur für die Fahrlässigkeitsstraftaten charakteristisch, sondern sie bildet den normativen Hintergrund einer jeden Begehungsstraftat.

Auch für Österreich dürfte die normtheoretische Situation trotz der Legaldefinition in § 6 öStGB nicht anders sein:[78]   **118**

§ 6 öStGB

(1) Fahrlässig handelt, wer die Sorgfalt außer acht lässt, zu der er nach den Umständen verpflichtet und nach seinen geistigen und körperlichen Verhältnissen befähigt ist und die ihm zuzumuten ist, und deshalb nicht erkennt, dass er einen Sachverhalt verwirklichen könne, der einem gesetzlichen Tatbestand entspricht.   **119**

Denn auch diese Definition enthält selbst keine Verpflichtung, stellt keinen mit einer Rechtsfolge versehenen Rechtssatz auf. Es ließe sich also auch zu § 6 öStGB vertreten, dass nur eine Pflicht zum Unterlassen sorgfaltswidrigen Handelns besteht.   **120**

Worin besteht nun der spezifische Unwert der fahrlässig begangenen Straftat? Es liegt nahe, wiederum bei der Sorgfaltspflicht anzusetzen, jedoch unter Vermeidung des normtheoretisch verfehlten Begriffs der „Pflicht". *Ida*[79] sieht in einem Gefährdungsverbot und einem Gefahrkontrollierungsgebot die beiden Normtypen der Vorschriften, die fahrlässige Veränderungen in der Außenwelt mit Strafe bedrohen. Ganz ähnlich wird das Fahrlässigkeitsunrecht auf machttheoretischer Grundlage begriffen: Wie bei vorsätzlichen Begehungsstraftaten gilt der Grundsatz, schädigendes Verhalten zu unterlassen. Diesem Gebot kann der Einzelne nur gerecht werden, wenn er seine eigene Machtsphäre so organisiert, dass die ihm aufgrund bestimmter Machtmittel zur Verfügung stehende Handlungsmacht nicht in Organisationskreise anderer eingreift. In diesen *Vermeidemöglichkeiten* kraft Wissen-Könnens liegt die *Normverletzungsmacht* des Fahrlässigkeitstäters begründet. Zur Organisation der eigenen Machtsphäre gehören deshalb die *Kontrolle* der eigenen Machtressourcen und die Abschirmung gefährlichen Verhaltens von anderen Personen. Die individuelle Fahrlässigkeit zeugt vom Fehlen einer Gefahrenkontrolle des Täters bei der Verwaltung des eigenen Machtkreises trotz individueller Erkennbarkeit der Folgen eigener aktualisierter Handlungsmacht.[80] *Roxin* und ihm folgend *Greco*[81] schlagen   **121**

---

[77] *Roxin/Greco* AT 1 § 24 Rn. 36; ebenso *Jakobs* AT 9 Rn. 6; *Schmoller* FS Kindhäuser, S. 441 ff. (449); *Sinn* 2007, S. 300.

[78] Vgl. auch Art. 9 § 2 des polnischen StGB von 1997; näher dazu *Janiszewski* FS Nishihara, S. 122 ff. (127 ff.).

[79] *Ida* FS Hirsch, S. 225 ff. (235 f.).

[80] *Sinn* 2007, S. 300.

[81] *Roxin/Greco* AT 1 § 24 Rn. 5.

vor, die Verletzung der Sorgfaltspflicht durch das Element der „Verwirklichung einer vom Täter geschaffenen, über das erlaubte Risiko hinausgehenden Gefahr im Rahmen des Schutzzwecks der Norm" zu ersetzen. Zuweilen ist auch nur in Kurzform von der „Schaffung einer unerlaubten Gefahr" die Rede.[82]

122   Dieser Ansatz lässt sich sprachlich plausibel begründen. Denn im Wort *„fahrlässig"* steckt neben dem *mangelnden Vorsatz* der Begriff der G*efahr*.[83] Probleme bereitet jedoch die „Unerlaubtheit". Denn sie läuft Gefahr, ein Rechtswidrigkeitsurteil vorwegzunehmen, das auch bei der Fahrlässigkeit erst auf der zweiten Prüfungsstufe gefällt werden kann. Berücksichtigung findet jener Aspekt in der Definition der Sorgfaltspflichtverletzung durch *Burgstaller* zu § 6 öStGB: objektive Sorgfaltswidrigkeit als „sozialinadäquate Gefährlichkeit".[84] Um nicht verbrechenssystematisch missverstanden zu werden, sei deshalb nur von einer *nicht unerheblich erhöhten* Gefahr gesprochen, wobei hinsichtlich ihres Bestehens die objektive ex post-Perspektive maßgeblich ist.[85] Gemeint ist damit die Schaffung einer Gefahr, die *objektiv* über die im gesellschaftlichen Interesse generell hingenommenen, die im „Gesellschaftsplan" vorgesehenen Gefahren hinausgeht, „gesellschaftsplanwidrig" ist.[86] Ob der in der erhöhten Gefahrschaffung liegende Unwert auch rechtswidrig verwirklicht ist, Un*recht* ist, ist eine Frage der Rechtswidrigkeit.[87]

Beispiel 12.18

123   Der Kraftfahrer überschreitet die (laut „Gesellschaftsplan") innerörtlich zugelassene Höchstgeschwindigkeit von 50 km/h. Gefährlich ist sein Verhalten auch bei Einhalten der Höchstgeschwindigkeit. Ihre Überschreitung stellt somit eine *erhöhte* Gefahr dar, ein erhöhtes Risiko, den tatbestandsmäßigen Unwert. Ob die geschaffene Gefahr konkret un*erlaubt* war, ist eine Frage der Rechtswidrigkeit. Wäre die Schaffung der erhöhten Gefahr durch Überschreiten der zulässigen Höchstgeschwindigkeit z. B. erforderlich, um einen Menschen aus Lebensgefahr zu retten, dann wäre die Gefahrschaffung zwar noch immer ein Unwert, weil Dritte erhöht gefährdet werden, sie wäre aber nicht „unerlaubt". Die durch die fahrlässige Straftat hervorgerufene Gefahr ist somit nicht von vornherein unerlaubt, sie überschreitet nur die *Grenzen* des allgemeinen oder spezifisch durch Vorschriften geregelten Lebensrisikos. Wie bei der Vorsatzstraf-

---

[82] *Roxin/Greco* AT 1 § 24 Rn. 14 ff.; zustimmend *Weigend* FS Gössel, S. 129 ff. (134); vgl. auch *Schöne* JZ 1977, 150 ff.

[83] Vgl. *Pfeifer* 1995, Stichwörter „fahren" i. V. m. „Gefahr"; vgl. auch die Überlegungen bei MK-StGB-*Duttge* § 15 Rn. 39.

[84] *Burgstaller* 1974, S. 39.

[85] So mit überzeugender Begründung *Burkhardt,* in: Wolter u. a. (Hrsg.) 1996, S. 133; dieser Ansatz erlaubt auch die bruchlose Berücksichtigung von Sonderwissen und Sonderfähigkeiten, weil diese über das objektiv-nachträgliche Wissensoptimum nicht hinausgehen können.

[86] Vgl. auch *Gropp* FS Roxin 2011, S. 779 ff.; dem folgend *Sinn* 2007, S. 300.

[87] Verkannt von *Dehne-Niemann* GA 2012, 90 f.

tat bildet jene erhöhte – nach *Burgstaller*[88] „sozialinadäquate" – Gefahr, d. h. die nach allgemeiner Lebenserfahrung durch die Handlung begründete *erhöhte Wahrscheinlichkeit eines Schadenseintritts* – zusammen mit der evtl. laut Gesetz erforderlichen Veränderung in der Außenwelt den gesetzlich beschriebenen *Unwert* der Fahrlässigkeitsstraftat. ◄

Ob diese Unwertverwirklichung dem Täter zugerechnet werden kann, hängt nun   124 aber zunächst genau von jenen Elementen ab, die uns in Form der *objektiven Zurechnung* bei der Vorsatzstraftat bereits bekannt sind.

Somit *entfällt* die Tatbestandsmäßigkeit der Fahrlässigkeitsstraftat zunächst   125 dann, wenn die unvorsätzliche Verwirklichung des tatbestandsmäßigen Unwertes dem Täter nicht objektiv zugerechnet werden kann,[89] weil

- das Verhalten des Täters *keine rechtlich relevante Gefahr* für das Angriffsobjekt geschaffen hat,
- der Täter durch sein Verhalten sich innerhalb der Grenzen des *gesellschaftlich tolerierten Risikos* gehalten hat, insbesondere der Täter auf ein ordnungsgemäßes Verhalten des Geschädigten *vertrauen* durfte,
- der Täter nur einen Beitrag zu einer *vorsätzlichen Selbstgefährdung* geleistet hat,
- die eingetretene Veränderung der Außenwelt nicht mehr im Rahmen des *Schutzzwecks* der betroffenen Norm liegt,[90]
- die eingetretene Veränderung der Außenwelt *nicht vorhersehbar* war,
- die eingetretene Veränderung der Außenwelt auch bei „normal-gefährlichem" Handeln *nicht vermeidbar* war,
- sonst ein Grund mangelnder Zurechenbarkeit gegeben ist.

Die Elemente, welche die Verletzung der von der überwiegenden Meinung bevor-   126 zugten Sorgfaltspflicht ausschließen, stimmen mit denen überein, welche die objektive Zurechnung trotz Verwirklichung einer erhöhten Gefahr *entfallen* lassen.[91]

Umgekehrt bedeutet dies aber, dass der Unwert der Fahrlässigkeitsstraftaten   127 durch die gesetzliche Umschreibung einer *erhöht gefährlichen Handlung* und/oder einer eine solche Gefahrschaffung voraussetzenden *Veränderung in der Außenwelt vollständig* ist. Die gesetzlichen Vorschriften zur Strafbarkeit fahrlässiger Handlungen sind deshalb *nicht offen* (näher unten Rn. 158 ff.).

---

[88] *Burgstaller* 1974, S. 39.

[89] Vgl. *Roxin/Greco* AT 1 § 24 Rn. 10 f.; *Seher* Jura 2001, 817 f.; zum österreichischen Recht *Burgstaller* 1974, S. 69 ff.

[90] Zum Erfordernis der generellen Eignung der verletzten Norm zur Verhinderung des tatbestandsmäßigen Schadens *Puppe* FS Bemmann, S. 227 ff.

[91] Vgl. *Jakobs* AT 9 Rn. 7, 17; sowie aus der Rechtsprechung BayObLG 1 St RR 81/96 NStZ-RR 1997, 51; zur Abgrenzung Fremdgefährdung/eigenverantwortliche Selbstgefährdung mit Bespr. *Otto* JK 1998 vor § 13 Rn. 12.

128 Wie § 212 die vorsätzliche Tötung eines Menschen als Unrechtstypus hinreichend beschreibt, geschieht dies durch § 222 für die fahrlässige Herbeiführung des Todes. § 222 unterscheidet sich von § 212 hinsichtlich des vertypten Unwertes *allein* dadurch, dass der Täter in § 222 den Sachverhaltsunwert *ohne Vorsatz aufgrund einer erhöhten Gefahrschaffung* verwirklicht. Wie es nun Fälle gibt, in denen bei § 212 der Tod dem Täter *nicht zugerechnet* wird, so gibt es auch Fälle, in denen dem Täter der *ohne Vorsatz aufgrund einer erhöhten Gefahrschaffung* herbeigeführte Tod nicht zugerechnet wird.

129 Verletzung einer Sorgfaltspflicht und erhöhte Gefahrschaffung sind somit nichts anderes als andere Bezeichnungen dafür, dass dem Täter der zwar unvorsätzlich, jedoch *durch* seine (die Nichtbeachtung des gesetzlich geschützten Wertes zum Ausdruck bringende) *erhöht gefährliche Handlung* verursachte Sachverhaltsunwert zugerechnet wird.

130 Im Unterschied zur Verletzung der Sorgfaltspflicht hat der Maßstab der *erhöhten Gefahrschaffung* den Vorteil, dass er normtheoretisch stimmt, in der Fallbearbeitung einfach zu handhaben ist und durch das Abstellen auf die Gefahr auch begrifflich die Verbindung zur objektiven Zurechnung herstellt.

131 Gegen die „Verletzung einer Sorgfaltspflicht" als Element des Sachverhaltsunwerts der Fahrlässigkeitsstraftaten spricht schließlich das Verhältnis von Tatbestandsmäßigkeit und Rechtswidrigkeit (Vgl. oben § 5 Rn. 2 ff., 24 ff.). Denn es ist widersprüchlich, dass ein Verhalten einerseits gegen eine Sorgfalts*pflicht ver-stößt*, also pflicht*widrig* ist, andererseits aber gerechtfertigt sein soll:[92]

Beispiel 12.19

132 Wenn jemand ein Unfallopfer dadurch vor dem sicheren Tod zu retten versucht, dass er in aller Hast eine Herzmassage vornimmt, durch die das Opfer jedoch mehrere vermeidbare Rippenbrüche erleidet, dann handelt er nicht zunächst sorgfaltspflichtwidrig. Man kann nicht im Rahmen der Tatbestandsmäßigkeit die sorgfalts*pflichtwidrige*(!) Herbeiführung des Schadens zunächst bejahen, um dann auf Rechtswidrigkeitsebene zu dem Ergebnis zu kommen, dass dieser Nachteil im Interesse der Lebensrettung erlaubt war. Vielmehr läge hier auf der Ebene der Tatbestandsmäßigkeit die Schaffung einer erhöhten Gefahr für die Gesundheit vor, deren Herbeiführung jedoch im überwiegenden Interesse des Lebensschutzes hingenommen, d. h. gerechtfertigt wird. ◄

Die Widersprüchlichkeit lässt sich auch nicht dadurch beseitigen, dass man in diesen Fällen die *Tatbestandsmäßigkeit* mangels Fahrlässigkeit verneint. Denn die den Sachverhaltsunwert[93] begründende Gefahrerhöhung liegt vor – auch im Falle einer Rechtfertigung.

---

[92] Die Argumentation mit der Sorgfaltspflicht zwingt dann in Rechtfertigungsfällen dazu, von einer „an sich sorgfaltswidrigen" Handlung zu sprechen, vgl. *Sternberg-Lieben,* in: Schönke/Schröder Vor §§ 32ff. Rn. 94 a. E.

[93] So aber MK-StGB-*Freund/Rostalski* Vor § 13 Rn. 23; ebenso BayObLG RReg. 1 St 49/88 (*Bierglas*-Fall) NStZ 1988, 409 und BGH 2 StR 421/77 (*Pistolenknauf*-Fall) BGHSt 27, 313, wenn die ungewollte Auswirkung der Verteidigungshandlung zu den typischen Risiken der berechtigt gewählten Verteidigungsart gehört.

b) Genereller oder individueller Fahrlässigkeitsbegriff? – die individuelle Vorhersehbarkeit als „personaler Fahrlässigkeitsunwert"

Auch wenn als anerkannt gelten kann, dass Fahrlässigkeit nicht nur ein Schuld-, sondern auch ein Unrechtsproblem darstellt (sog. *Zweistufigkeitslehre*), ist damit indessen noch nicht geklärt, ob hinsichtlich der *Vorhersehbarkeit* und der *Vermeidbarkeit* der Gefahrerhöhung innerhalb des Unrechts ein objektiver oder ein individueller Maßstab angelegt werden soll.   **133**

Die überwiegende Meinung legt einen objektiven Maßstab an und stellt damit die Sicherheit des Rechtsverkehrs in den Vordergrund. Es werden – entsprechend § 276 II BGB – *Standards* formuliert, wann der Durchschnitts-Täter die „im Rechtsverkehr erforderliche Sorgfalt außer Acht lässt" (vgl. oben Rn. 42 ff.). Die Verpflichtung, überdurchschnittliche Kenntnisse und Fähigkeiten einzusetzen (vgl. oben Rn. 48 mwN), ist zwar ebenfalls vor dem Hintergrund des Schutzes von Achtungsansprüchen zu sehen, passt allerdings nicht in das „standardisierte" System. Das Fahrlässigkeitsunrecht der h. M. ist daher – abgesehen von eventuellem Sonderwissen (Rn. 142) – kein individuelles, personales Unrecht. Der Durchschnitts-Täter ist eben gerade nicht der Täter, dem die fahrlässige Schädigung vorgeworfen wird. Das verwirklichte Unrecht der h. M. ist ein objektives und kein individuelles Unrecht. Bei vorsätzlichen Begehungsstrafen wird das personale Element im Unrecht durch den Vorsatz konstituiert. Beim Fahrlässigkeitsunrecht fehlt diese personale Komponente. Diesen Mangel gilt es zu überwinden: **134**

Nach einer vorzugswürdigen Meinung[94] ist das Vorliegen fahrlässigen Handelns ausschließlich nach *individuellen* Kriterien zu beurteilen. Vorhersehbarkeit und Vermeidbarkeit sind danach an den individuellen Gegebenheiten auszurichten. Die individuelle Vorhersehbarkeit entspricht dem kognitiven Element des Vorsatzes (Wissen) bei der Vorsatzstraftat. Die individuelle Vermeidbarkeit bildet das Pendant zum voluntativen Element (Wollen) der Vorsatzstraftat (vgl. näher unten Rn. 152 ff.). Der Einwand hiergegen, dass so der besonders Sorglose privilegiert werde, überzeugt nicht. Denn wie es keine Verpflichtung für den Täter der Vorsatzstraftat gibt, die Verwirklichung des Sachverhaltsunwerts kognitiv zu erfassen, gibt es auch keine Pflicht, die der erhöhten Gefahrschaffung zugrunde liegenden Tatsachen zu (er)kennen. Entsprechend ist für die Vorhersehbarkeit und Vermeidbarkeit hinreichend, dass der Täter die der erhöhten Gefahrschaffung zugrunde liegenden Tatsachen erkennen *kann*. Anderenfalls ist die Verwirklichung des Sachverhaltsunwerts nicht vorherseh*bar*. In den individuellen Vermeidemöglichkeiten einer Schädigung kraft Wissen-Könnens liegt die Normverletzungsmacht begründet.[95]   **135**

---

[94] Vgl. *Freund/Rostalski* AT § 5 Rn. 23 ff.; *Frister* AT § 12 Rn. 8 ff.; SK-*Hoyer* Anhang zu § 16 Rn. 8 ff.; *Jakobs* AT 9 Rn. 8 ff.; *Stratenwerth/Kuhlen* AT § 15 Rn. 12 ff.; *Stratenwerth* FS Jescheck, S. 285 ff.; zustimmend *Weigend* FS Gössel, S. 138 ff.; krit. *Kaminski* 1992, S. 57 ff.

[95] *Sinn* 2007, S. 300; ähnlich *Schmoller* FS Kindhäuser, S. 441 ff.

136 Selbstverständlich trägt auch die individuelle Erkennbarkeit normativen Charakter, weil sie von dem ausgeht, was der individuelle Täter unter den konkreten Umständen leisten kann. Niemand ist gezwungen, für ihn überdurchschnittliche Anstrengungen zu unternehmen, um die Möglichkeit des Schadenseintritts zu erkennen. Deshalb ist das Argument, dass ein objektiver Maßstab erforderlich sei, um festzulegen, in welchem Umfang sich der Täter um die Erlangung nicht vorhandener Kenntnisse bemühen müsse, kein stichhaltiger Einwand gegen die rein individuelle Erkennbarkeit. Wer angesichts der Umstände und seiner Fähigkeiten nur aus Nachlässigkeit nicht erkennt, der *kann* erkennen. Für ihn liegt Erkenn*barkeit* vor. Schon der Begriff der Erkennbarkeit zeigt den normativen Charakter – im Unterschied zum Wissen beim Vorsatz.

137 *Kann* der Täter vorhersehen, so trifft ihn die Pflicht, jene Verwirklichung zu *vermeiden*. Er hat seine Machtsphäre entsprechend zu organisieren. Diese Pflicht ist freilich nichts anderes als die hinter jeder Begehungsstraftat stehende Pflicht, die Verwirklichung des Sachverhaltsunwerts zu unterlassen.

138 *Für* die Beurteilung der Erkennbarkeit und Vermeidbarkeit nach *individuellen* Kriterien sprechen im Übrigen vor allem folgende Argumente:

139 • Weil es Maßstäbe für die *Strafbarkeit* fahrlässigen Handelns zu formulieren gilt, ist die Orientierung an dem auf die *Sicherheit des Geschäftsverkehrs* ausgerichteten Maßstab in § 276 II BGB nicht zwingend.[96] Gleiches gilt für den an der Optimierung des Straßenverkehrs ausgerichteten Fahrlässigkeitsmaßstab in § 7 II StVG.

140 • Es gibt keine Tat ohne Täter. Damit gibt es auch keine tatbestandsmäßige Unwertverwirklichung, die nicht an einen Täter gebunden ist. Jede tatbestandsmäßige Unwertverwirklichung ist damit individuelle Unwertverwirklichung.[97]

141 • Ob *Vorsatz* gegeben ist, hängt davon ab, ob *der Täter* wissentlich und willentlich handelt. Zwar ist das Opfer der vollendeten Tötungsstraftat auch dann tot, wenn der Täter unvorsätzlich gehandelt hat. Die Errungenschaft der Abkehr vom reinen Erfolgsstrafrecht liegt aber gerade darin, dass dieser Täter dennoch nicht wie ein vorsätzlich Handelnder bestraft wird. Aber auch die *Vorhersehbarkeit* ist die Vorhersehbarkeit *des Täters* und hängt davon ab, ob *dieser Täter* hätte vorhersehen können. Sie kann nicht einfach unterstellt werden, falls sie fehlt. Deshalb überzeugt die Bemerkung von *Jakobs*,[98] dass die Annahme einer objektiven Vorhersehbarkeit ebenso unrichtig ist wie die eines objektiven Vorsatzes.

142 • Die objektive Vorhersehbarkeit geht bereits in der objektiven Zurechnung auf. Denn was objektiv nicht vorhersehbar ist, kann auch nicht objektiv zugerechnet werden.

143 *Roxin*[99] und ihm folgend *Greco* weisen zutreffend darauf hin, dass die Unterschiede zwischen einem individuellen und einem objektiven Fahrlässigkeitsbegriff im Er-

---

[96] Vgl. *H. Mayer* AT, S. 130 f.

[97] Vgl. *Jakobs* AT 9 Rn. 8 zur Individualität des Handlungsbegriffs.

[98] *Jakobs* AT 9 Rn. 12; vgl. auch MK-StGB-*Duttge* § 15 Rn. 93, 95 zur „kategorialen Parallelität der Fahrlässigkeit zum Vorsatz".

[99] *Roxin/Greco* AT 1 § 24 Rn. 56.

gebnis geringer ausfallen, als man dies erwarten mag. Denn auch nach der objektiven Lehre gelten für Spezialisten besondere Maßstabsfiguren. Da auch nach der objektiven Lehre somit Sonderwissen und Sonderfähigkeiten eingesetzt werden müssen, findet eine täterbezogene Steigerung der Anforderungen bereits statt.[100]

Der Unterschied zwischen dem objektiven und dem individuellen Fahrlässig-   **144** keitsbegriff besteht somit nur noch darin, dass nach dem individuellen Fahrlässigkeitsbegriff *unterdurchschnittliche* Fähigkeiten den personalen Unwert der Straftat mindern oder ausschließen: Wer aufgrund unterdurchschnittlicher Fähigkeiten nicht vorhersehen kann, verwirklicht schon nicht den personalen Unwert der fahrlässig begangenen Straftat.

Das Abstellen auf einen generellen Maßstab wird damit begründet, dass gegenüber der Rechtsge-   **145** meinschaft die Frage des Unrechts nicht davon abhängen könne, wozu der Täter der Fahrlässigkeitsstraftat fähig ist oder nicht. Hier müsse das Unrecht vielmehr nach bestimmten Standards festgelegt sein.[101]

Diese Meinung verkennt indessen, dass es im Strafrecht immer um die *Strafbarkeit* eines *Täters* geht.   **146** Wir empfinden es als selbstverständlich, dass der Täter einer Vorsatzstraftat, der hinsichtlich des Sachverhaltsunwerts nicht mit Wissen und Wollen handelt, auch nicht aus der Vorsatzstraftat bestraft werden kann, dass insoweit also ein straftattypischer Unwert, ein strafbares Unrecht fehlt. Es ist daher nur konsequent, dass auch ein strafbarer Unwert der Fahrlässigkeitsstraftat nur dann verwirklicht ist, wenn es für den *Täter nach seinen Fähigkeiten* vorhersehbar gewesen ist, dass aufgrund seines Verhaltens der Sachverhaltsunwert einer fahrlässig begangenen Straftat erfüllt werden kann.

Beispiel 12.20

Der unerkannt an morbus Alzheimer erkrankte Witwer A holt am Ostersonntag   **147** seinen alten gepflegten Opel „Kapitän" aus der Garage und fährt zum Gottesdienst. Am ersten Zebrastreifen ist es für ihn aufgrund seiner Krankheit nicht vorhersehbar, dass ein herannahender Fußgänger den Zebrastreifen benutzen will. Er setzt deshalb seine Fahrt mit unverminderter Geschwindigkeit fort. Am Zebrastreifen erfasst er den Fußgänger F und verletzt ihn schwer.

Selbstverständlich greift in diesem Fall die zivilrechtliche Gefährdungs-   **148** haftung nach § 7 I StVG ein. Für eine Strafbarkeit nach § 229 fehlt aber nicht erst die Schuldhaftigkeit der Handlung, sondern bereits der personale Unwert in Form der individuellen Vorhersehbarkeit. ◄

---

[100] Jene Annäherung lässt sich im Übrigen auch dadurch erzielen, dass man seitens der objektiven Fahrlässigkeitslehre das Raster der „besonnenen und gewissenhaften Menschen in einer konkreten Situation" immer differenzierter gestaltet. Denn dann findet sich der Träger des Sonderwissens und der Sonderfähigkeit plötzlich innerhalb einer besonders befähigten Gruppe, deren Anforderungen er wiederum als „Durchschnittsangehöriger" erfüllen muss. Wenn man diesen Weg weiter geht, gibt es letztendlich überhaupt keine Sonderfähigkeiten mehr; zum „individuellen Leistungsoptimum" auch *Heine* 1995, S. 139 f.

[101] Vgl. *Jescheck/Weigend* AT § 54 I 3; LK[11]-Schroeder § 16 Rn. 147 ff.

149   Es ist somit jener Meinung zuzustimmen, welche das Fahrlässigkeitsunrecht individuell bestimmt. Individuelle Fähigkeiten und individuelles Wissen müssen eingesetzt werden, individuelle *Defizite* lassen die Zurechnung und damit die Tatbestandsmäßigkeit entfallen. Dass das Verhalten deshalb insgesamt auch *rechtmäßig* wird, ist damit nicht gesagt.[102] Denn wie in § 5 erörtert, bedeutet Ausschluss der Tatbestandsmäßigkeit nicht zugleich Ausschluss der Rechtswidrigkeit.[103] Und schließlich stellt es auch keinen Widerspruch dar, ein Verhalten zwar nicht als tatbestandsmäßig im *strafrechtlichen* Sinne einzuordnen, dies aber im Bereich des *Zivilrechts* in Rücksicht auf die Gewährung von Qualitätsstandards zu tun.

150   Auch Einwände im Hinblick auf eine Unanwendbarkeit von Maßregeln der Besserung und Sicherung nach §§ 63 ff. und § 323a[104] schlagen letztlich nicht durch. Was die Maßregeln anbelangt, hat *Stratenwerth* dargelegt, dass sie – wegen des ausschließlichen Bezugs auf die Schuldfähigkeit – auch im Rahmen des objektiven Fahrlässigkeitsbegriffs in Fällen individueller Unfähigkeit nicht eingreifen.[105] Außerdem bedarf es in den meisten Fällen auch deshalb nicht des Rückgriffs auf das Strafrecht, weil bereits die verwaltungsrechtliche Gefahrenabwehr eingreift. So könnte A im *Beispiel 12.20* die Fahrerlaubnis mangels einer rechtswidrigen Tat zwar nicht auf strafrechtlicher Grundlage (§ 69 I) entzogen werden, wohl aber nach Verwaltungsrecht (§ 3 I 1 StVG) wegen Ungeeignetheit zum Führen von Kraftfahrzeugen.

151   Im Bereich der vorsätzlichen Rauschtat verlangt § 323a nach h. M. ein entsprechendes individuelles cognitives und voluntatives Element des rauschbedingt schuldunfähigen Täters.[106] Es ist daher nur konsequent, im Bereich der Fahrlässigkeit eine individuelle Vorhersehbarkeit und Vermeidbarkeit der Veränderung in der Außenwelt trotz Schuldunfähigkeit für eine *Strafbarkeit* nach § 323a zu verlangen. Diesbezügliche Strafbarkeitslücken, die sich in der Praxis freilich äußerst selten zeigen dürften – sind nicht mittels Leugnung des individuellen Fahrlässigkeitsbegriffs zu schließen, sondern durch eine angemessene Interpretation des § 323a[107] sowie durch Maßnahmen außerhalb des strafrechtlichen Bereichs.

III. Der personale Unwert der Fahrlässigkeitsstraftat

152   Wenn von einem *personalen Fahrlässigkeitsunwert* bzw. *-unrecht* die Rede ist, liegt die Frage nach subjektiven Elementen der Tatbestandsmäßigkeit, d. h. einem personalen Unwert der Fahrlässigkeitsstraftat, nahe.

---

[102] Näher *Weigend* FS Gössel, S. 129 ff. (142 f.).

[103] Vgl. § 5 Rn. 16, 24; sowie *Stratenwerth* FS Jescheck, S. 258 ff. (293).

[104] Vgl. *Hirsch* ZStW 94 (1982), 272; *Jescheck/Weigend* AT § 54 I 3; *Sternberg-Lieben/Schuster*, in: Schönke/Schröder § 15 Rn. 142 a. E.; *Schünemann* JA 1975, 515.

[105] Vgl. *Stratenwerth* FS Jescheck, S. 285 ff. (298).

[106] Vgl. *Hecker*, in: Schönke/Schröder § 323a Rn. 14.

[107] So *Stratenwerth* FS Jescheck, S. 285 ff. (299).

Der Erwähnung bedarf in diesem Zusammenhang der Vorschlag, bei *bewusster* **153**
Fahrlässigkeit hinsichtlich der gefahrbegründenden Umstände subjektive Elemente
der Tatbestandsmäßigkeit anzunehmen.[108] Die Folge wäre, dass immer dann, wenn
sich der Täter der gefahrbegründenden oder -steigernden Umstände *nicht* bewusst
ist, jene subjektiven Elemente der Tatbestandsmäßigkeit entfielen. Weitergehend
will *Struensee*[109] alle Umstände, die dem Urteil über das Vorhandensein einer erhöhten Gefahr zugrunde liegen, als Bezugspunkte für subjektive Elemente der
Tatbestandsmäßigkeit auch bei unbewusster Fahrlässigkeit einordnen.

Um *rechtlich* von Bedeutung zu sein, müssten die fraglichen Bezugspunkte frei- **154**
lich *Teil* der *Tatbestandsmäßigkeit sein* oder doch zumindest Elemente der
Tatbestandsmäßigkeit *betreffen*. Denn auch bei der Vorsatzstraftat muss sich das *relevante* Wissen und Wollen auf *Tatumstände* beziehen, *„die zum gesetzlichen Tatbestand gehören"* (§ 16 I). Überträgt man diese Überlegungen auf die Fahrlässigkeitsstraftat, so kommen als mögliche Bezugspunkte für subjektive Elemente der
Tatbestandsmäßigkeit die objektiven Elemente der Tatbestandsmäßigkeit „Handlung" und „Kausalität" sowie – nach der überwiegenden Meinung – die „objektive
Verletzung der Sorgfaltspflicht" und die „objektive Vorhersehbarkeit und Vermeidbarkeit der Veränderung in der Außenwelt", – nach der hier vertretenen Ansicht –
die „Schaffung einer erhöhten Gefahr" in Frage.

Im Unterschied zur Vorsatzstraftat, bei der die subjektiven Elemente der **155**
Tatbestandsmäßigkeit im *Wissen* und *Wollen des Täters* bezüglich der objektiven
Elemente bestehen, erschöpfen sich die gesuchten subjektiven Elemente der
Tatbestandsmäßigkeit bei der fahrlässig begangenen Straftat in der *Vorhersehbar-
keit* und *Vermeidbarkeit* der Verwirklichung der objektiven Elemente der
Tatbestandsmäßigkeit *durch den Täter.*[110]

Die *individuelle Vorhersehbarkeit* der Verwirklichung der objektiven Elemente **156**
der Tatbestandsmäßigkeit (z. B. Verletzung eines Fußgängers) schließt die *Kenntnis*
bzw. die individuelle *Möglichkeit* der Kenntnis jener Umstände ein, welche – nach
der hier bevorzugten Meinung – der *Gefahrerhöhung* zugrunde liegen (cognitives
Element), z. B. das Lenken eines PKW mit überhöhter Geschwindigkeit. Die *individuelle Vermeidbarkeit* der Verwirklichung der objektiven Elemente der
Tatbestandsmäßigkeit setzt neben der (potenziellen) *Kenntnis* der gefahrerhöhenden
Umstände die *Möglichkeit* voraus, die Gefahrerhöhung zu beseitigen. Wer diese
Möglichkeit nicht ergreifen *kann* (plötzlicher epileptischer Anfall), handelt nicht
fahrlässig. Wer sie nicht ergreifen *will*, findet sich zumindest mit der Gefahrerhöhung ab (voluntatives Element) und handelt fahrlässig. Wer die gefahrerhöhenden Umstände nicht einmal erkennen kann (und deshalb auch nicht vermeiden kann), handelt nicht fahrlässig.

---

[108] Vgl. *Köhler* AT, S. 200; *Roxin/Greco* AT 1 § 24 Rn. 73.

[109] *Struensee* JZ 1987, 53 ff. (60) mit krit. Anmerkung *Herzberg* JZ 1987, 536 ff. und Replik *Struensee* JZ 1987, 541 ff.; vgl. auch *Mitsch* JuS 2001, 108 links; *Renzikowski* 1997, S. 323.

[110] Deshalb ist es sprachlich auch nicht „irreführend", wie *Roxin/Greco* AT 1 § 24 Rn. 76a es darstellen wollen, wenn von einem „subjektiven Tatbestand" der Fahrlässigkeitsstraftat gesprochen wird.

157 *Individuelle* Vorhersehbarkeit und Vermeidbarkeit bilden damit die subjektiven Elemente der Tatbestandsmäßigkeit, den personalen Unwert der Fahrlässigkeitsstraftat.[111]

C. Rechtswidrigkeit

I. Fahrlässigkeitsunwert und Fahrlässigkeitsunrecht – Fahrlässigkeitsstrafvorschriften als „offene" Strafvorschriften?

158 Bei der vorsätzlichen Begehungsstraftat hatten wir gesehen, dass die Strafvorschriften Sachverhalte beschreiben, welche einen strafrechtserheblichen *Unwert* verwirklichen. Ob die Verwirklichung dieses Unwertes auch Unrecht darstellt, hing davon ab, ob Rechtfertigungsgründe vorliegen.

159 Ob jenes Verhältnis von Unwert und Unrecht auch bei der Fahrlässigkeitsstraftat gegeben ist, wird bezweifelt. Vor allem wird geltend gemacht, dass die fahrlässiges Verhalten verbietenden Strafvorschriften einen Unwert gar nicht hinreichend beschreiben würden. Es handele sich vielmehr um *offene* Vorschriften, die erst noch durch die Konkretisierung von Sorgfaltspflichten bzw. die Beschreibung einer strafrechtsrelevanten Gefahr geschlossen werden müssten. Es sei die Bildung eines Straftattypus, der für Rechtfertigungsgründe Raum lässt, erschwert.[112]

160 Wie bei der vorsätzlichen, eine Veränderung in der Außenwelt betreffenden Straftat, ist der Typus der entsprechenden fahrlässigen Straftat jedoch durch die folgenden Elemente abschließend festgelegt:

- Handlung (als Äußerung der Nichtbeachtung der gesetzlich geschützten Werte),
- Schaffung einer erhöhten Gefahr,
- Veränderung in der Außenwelt,
- Kausalität,
- objektive Zurechenbarkeit,
- individuelle Vorhersehbarkeit und Vermeidbarkeit.

161 Dass dem Täter die Verwirklichung des Unwertes u. U. objektiv nicht zugerechnet werden kann, ändert an der abgeschlossenen Unwertbeschreibung der fahrlässigen Straftat nichts.[113]

---

[111] Vgl. zur Vorhersehbarkeit auch *Gössel* FS Bengl, S. 23 ff. (35); *Kindhäuser/Zimmermann* AT § 33 Rn. 54 ff.; *Kindhäuser* GA 2007, 447 (461); *Weigend* FS Gössel, S. 129 ff. (140); zur individuell-subjektiven Voraussicht als subjektives Tatbestandsmerkmal der Fahrlässigkeitsstraftat s. *Maurach/Gössel/Zipf* AT 2 § 43 Rn. 166 ff.; zur zunehmend vertretenen Annahme eines „subjektiven Tatbestandes" der Fahrlässigkeitsstraftat in Österreich *Schmoller* FS Frisch, S. 237 ff. (255) mit Fn. 45; *ders.* ZStW 129 (2017), 1063 ff. (1065 ff.); *ders.* FS Kindhäuser, S. 441 ff.; *ders.* FS Kühl, S. 433 ff.; krit. zum Ganzen *Hirsch* FS Lampe, S. 524 ff.

[112] Vgl. *Roxin/Greco* AT 1 § 24 Rn. 98; *Schöne* GS Hilde Kaufmann, S. 656 ff.; vgl. auch *Struensee* GA 1987, 105.

[113] Vgl. auch *Jakobs* AT 9 Rn. 12; *Eisele*, in: Schönke/Schröder Vor §§ 13 ff. Rn. 66.

II. Rechtfertigungsgründe

Bei der Behandlung von Rechtfertigungsgründen bei Fahrlässigkeitsstraftaten emp- **162**
fiehlt es sich, zwei Grundkonstellationen zu unterscheiden: Die vorsatzlose Verwirklichung der Elemente der Tatbestandsmäßigkeit *in Unkenntnis* der rechtfertigenden Situation (1.) und die *ungewollte* Auswirkung beim Handeln in Kenntnis der rechtfertigenden Situation (2.).

1. Unvorsätzliche Verwirklichung der Elemente der Tatbestandsmäßigkeit in Unkenntnis der Rechtfertigungslage am Beispiel der Notwehr

Beispiel 12.21

Förster F sitzt gerade vor dem Forsthaus und putzt sein Gewehr. Entgegen der **163**
Dienstvorschrift hat er es beim Putzen nicht gesichert. Als er den Abzug reinigt,
löst sich ein Schuss, welcher den A tödlich trifft. F wusste nicht, dass jener A, der
sich hinter einem Busch versteckt hatte, gerade auf F angelegt hatte, um ihn aus
Eifersucht zu töten.

Hätte F den A wissentlich und willentlich getötet, ohne zu bemerken, dass A **164**
gerade auf ihn selbst angelegt hatte, dann wäre ein Irrtum in Form der Unkenntnis der tatsächlichen Voraussetzungen eines Rechtfertigungsgrundes gegeben
(Vgl. oben § 5 Rn. 49 ff. und unten § 13 Rn. 180 ff.).

Die h. M. würde hier eine Strafbarkeit nach Versuchsgrundsätzen anneh- **165**
men.[114] Mangels eines dem Versuch entsprechenden Sachverhaltsunrechts in
Form des unmittelbaren Ansetzens wird hier jedoch Straffreiheit angenommen,
mag das Verhalten des F infolge Fehlens eines Rechtfertigungsgrundes auch
rechtswidrig sein.[115] ◄

Im Bereich der Fahrlässigkeit kommt aber auch die nicht überzeugende Versuchs- **166**
lösung der h. M. nicht zum Zuge:[116] Liegen die tatsächlichen Voraussetzungen einer
Notwehrlage vor, ist ein Sachverhaltsunrecht nicht gegeben. Was bleibt, wäre das
personale Unrecht in Form einer nach außen nicht erkennbaren Haltung der Gering-
schätzung des gesetzlich geschützten Wertes – hier: des Lebens Dritter.

Dieses verbleibende personale Unrecht ist aber nicht vertypt, was eine Strafbar- **167**
keit ausschließt.

Selbst wenn man somit mit der h. M. der Versuchslösung beim Fehlen des sub- **168**
jektiven Rechtfertigungselementes bei der Vorsatzstraftat den Vorzug geben wollte
(vgl. hierzu § 13 Rn. 184), ändert dies nichts an der Straffreiheit der unvorsätzlichen
Herbeiführung einer tatbestandsmäßigen Veränderung in der Außenwelt in Unkenntnis der Notwehrlage.

---

[114] § 5 Rn. 49 ff.

[115] § 5 Rn. 58.

[116] Vgl. *Roxin/Greco* AT 1 § 24 Rn. 103; *Jescheck/Weigend* AT § 56 I 3; *Sternberg-Lieben*, in:
Schönke/Schröder Vor §§ 32ff. Rn. 97 ff.

2. Ungewollte Auswirkungen eines Verhaltens in Wahrnehmung eines Rechtfertigungsgrundes

169   In den hier zu behandelnden Fällen weiß der Täter, dass er in einer rechtfertigenden Situation handelt. Jedoch kommt es in Wahrnehmung des Rechtfertigungsgrundes zu ungewollten Auswirkungen. Die Folgen seien an Hand der wichtigsten Rechtfertigungsgründe dargestellt.

a) Notwehr, § 32

> **Beispiel 12.22**

170   *Warnschuss*-Fall BGH 1 StR 48/01 NStZ 2001, 591:[117] Um weitere Körperverletzungshandlungen des V gegen die P zu verhindern, richtete der Angeklagte A aus einer Entfernung von weniger als zwei Metern einen Revolver auf den Gesichtsbereich des V und zog den Abzug schnell hintereinander durch. Er hoffte, V werde erschrecken und von P ablassen.

171   A ging fälschlicherweise davon aus, dass der Revolver nicht geladen sei. Ihm war in der konkreten Situation nicht bewusst, dass er vor mehreren Jahren eine Patrone in die Trommel des Revolvers verbracht hatte. Bei der wiederholten Betätigung des Abzugs löste sich ein Schuss, der V unmittelbar unter der Nase traf und binnen kurzer Zeit zu dessen Tod führte.

172   Der BGH hob die Verurteilung durch das LG wegen fahrlässiger Tötung auf. Die nur fahrlässige, aber letztlich ebenfalls vom Verteidigungswillen des A getragene Herbeiführung der Todesfolge beim Einsatz der Schusswaffe als Drohmittel könne nach § 32 gerechtfertigt sein, wenn A in der gegebenen besonderen Lage auch einen gezielten, möglicherweise tödlichen Schuss auf V hätte abgeben dürfen. Die Herbeiführung des Todes sei auch dann gerechtfertigt, wenn sie konkret vom Abwehrenden nicht gewollt war und bei Anwendung der ihm möglichen Sorgfalt hätte vermieden werden können. ◄

173   Nach h. M. genügt in Fällen dieser Art jedenfalls ein genereller Verteidigungswille.[118] Bei bewusster Fahrlässigkeit wird man davon in der Regel ausgehen können. Gleiches gilt aber auch bei unbewusster Fahrlässigkeit. Denn nicht bewusst ist sich der Täter insoweit nur der ungewollten Folge, nicht hingegen der rechtfertigenden Situation. Neben dem generellen Verteidigungswillen ist allerdings vorauszusetzen, dass sich auch die ungewollt herbeigeführte Folge noch im Rahmen des Erforderlichen hält.

---

[117] Mit Anm. *Otto*, vgl. auch *Kretschmer* Jura 2002, 114 ff.; sowie den *Bierglas*-Fall BayObLG RReg. 1 St 49/88 und den *Pistolenknauf*-Fall BGH 2 StR 421/77 BGHSt 27, 313.

[118] Vgl. *Eser* StK II Nr. 21 A 21 b; *Sternberg-Lieben*, in: Schönke/Schröder Vor §§ 32 ff. Rn. 97 f.

b) Rechtfertigender Notstand, § 34

Beispiel 12.23[119]

174 Um einer schwerkranken Patientin das Leben zu retten, unternimmt der einzig verfügbare Arzt eine Trunkenheitsfahrt, in deren Verlauf er einen anderen Verkehrsteilnehmer verletzt.

175 Eine Rechtfertigung tritt hier wie bei der Vorsatzstraftat nach § 34 dann ein, wenn das Erhaltungsinteresse (das Leben der Patientin) das Eingriffsinteresse (die Gefährdung anderer Verkehrsteilnehmer) wesentlich überwiegt. Dies wäre der Fall, wenn die Trunkenheit des Arztes nicht sehr erheblich ist. ◄

c) Mutmaßliche Einwilligung und Einwilligung in unvorsätzlich verwirklichte Straftaten[120]

176 Der besonderen Aufmerksamkeit bedarf hier die Frage, was Gegenstand der Einwilligung ist. So wird es viele Fälle geben, in denen das Opfer *nicht in die schädigende Veränderung in der Außenwelt*, sondern *nur in die Gefährdung* seiner Interessen einwilligt. In diesen Fällen kann auf die Einwilligung als Rechtfertigungsgrund für fahrlässig herbeigeführte Schädigungen nicht zurückgegriffen werden.[121]

d) Erlaubtes Risiko

177 Wenn man mit der überwiegenden Meinung Fahrlässigkeit als Verletzung einer Sorgfaltspflicht definiert, dann müsste ein Handeln im erlaubten Risiko ausgeschlossen sein. Denn der Täter kann nicht gegen eine Sorgfaltspflicht verstoßen und zugleich über ein *erlaubtes* Risiko gerechtfertigt sein. Die Einhaltung des erlaubten Risikos würde einen Verstoß gegen eine Sorgfaltspflicht ausschließen. Die überwiegende Meinung lehnt daher – aus ihrer Sicht konsequent – das erlaubte Risiko als Rechtfertigungsgrund bei Fahrlässigkeitsstraftaten ab.[122]

178 Versteht man unter Fahrlässigkeit die unvorsätzliche, zurechenbare Verwirklichung einer Straftat durch Schaffung einer erhöhten Gefahr trotz individueller Vorhersehbarkeit und Vermeidbarkeit, dann wäre ein Rechtfertigungsgrund des erlaubten Risikos anzuerkennen.

179 Jedoch gilt es zu berücksichtigen, dass das erlaubte Risiko lediglich einen Oberbegriff für eine Reihe von Rechtfertigungsgründen darstellt, bei denen der Täter auf einer unsicheren Tatsachenbasis handelt (vgl. § 5 Rn. 363 ff.). Da das erlaubte Risiko die betreffenden Rechtfertigungsgründe nur klassifizieren, sie aber nicht ersetzen kann, ist auch im Rahmen der Rechtfertigung der Fahrlässigkeitstat das erlaubte Risiko als solches nicht als selbstständiger Rechtfertigungsgrund anzuerkennen.

---

[119] Nach *Roxin/Greco* AT 1 § 24 Rn. 104.

[120] Näher hierzu *Roxin/Greco* AT 1 § 24 Rn. 107 f.; nach *Roxin* wirkt die Einwilligung allerdings tatbestandsausschließend.

[121] Krit. *Rudolphi* Fälle zum Strafrecht, S. 181 mwN.

[122] Vgl. *Jescheck/Weigend* AT § 56 III; *Schünemann* GS Meurer, S. 37 ff. (40).

D. Schuldhaftigkeit

I. Übereinstimmungen mit der Vorsatzstraftat

180   Wie bei der vorsätzlichen Straftat sind auch bei der Fahrlässigkeitsstraftat die anerkannten Schuldausschließungs- und Entschuldigungsgründe anwendbar: Schuldunfähigkeit und verminderte Schuldfähigkeit (§§ 20, 21), Verbotsirrtum (§ 17), entschuldigender Notstand (§ 35) und Notwehrexzess (§ 33).

II. Besonderheiten

1. Fahrlässigkeit als Schuldform

181   Da die überwiegende Meinung die Vorhersehbarkeit und Vermeidbarkeit ausschließlich als *objektive* Elemente der Tatbestandsmäßigkeit der Fahrlässigkeitsstraftat beurteilt, wird im Rahmen der Schuldhaftigkeit fahrlässigen Handelns nur geprüft, ob es dem Täter zum Vorwurf gemacht werden kann. Dieser Vorwurf entfällt,
wenn die Entwicklung für den Täter weder vorhersehbar noch vermeidbar war.[123]

182   Als *Beispiele* werden hier der unerfahrene Fahrschüler, der gegen Verkehrsvorschriften verstößt
oder das altersbedingte Versagen des Kurzzeitgedächtnisses genannt.[124]

183   Die Grenze wird im Übernahmeverschulden bzw. in Charaktermängeln des Täters
gesehen. Sonderwissen belastet.[125]

184   Aber auch die hier bevorzugte *individuelle* Interpretation von Vorhersehbarkeit
und Vermeidbarkeit als subjektive Elemente der Tatbestandsmäßigkeit hindert nicht
daran, auch hier im Rahmen der Schuldhaftigkeit eine Bewertung der individuellen
Vorhersehbarkeit vorzunehmen. Die individuelle Vorhersehbarkeit bei fahrlässig
begangenen Straftaten wäre dann sowohl als Element der Tatbestandsmäßigkeit als
auch der Schuldhaftigkeit (Fahrlässigkeit als Schuldform, vgl. Rn. 190) der Handlung zu verstehen.

2. Die Unzumutbarkeit pflichtgemäßen Verhaltens/der Unterlassung der Gefahrerhöhung als (übergesetzlicher) Entschuldigungsgrund bei der Fahrlässigkeitsstraftat?

> **Beispiel 12.24**

185   *Leinenfänger*-Fall RGSt 30, 25:[126] Der Angeklagte stand seit Oktober 1895 als
Kutscher im Dienst eines Droschkenbesitzers. „Er führte während dieser Zeit eine
mit zwei Pferden bespannte Droschke. Eines der Pferde war ein sog. ‚Leinenfänger', d. h. es hatte zeitweise die Gewohnheit, den Schweif über die Fahrleine zu

---

[123] Vgl. *Jescheck/Weigend* AT § 57 II, III; *Kühl* AT § 17 Rn. 89 ff.; zum österreichischen Recht
Burgstaller 1974, S. 182 ff.

[124] Vgl. *Roxin/Greco* AT 1 § 24 Rn. 114 ff.

[125] Vgl. *Jescheck/Weigend* AT § 57 III 2.

[126] Vgl. auch *Eser* StK II Nr. 24; *Maiwald* FS Schüler-Springorum, S. 474 ff. (481 ff.).

schlagen und diese mit demselben herunter- und fest an den Körper zu drücken. Dieser Fehler war sowohl dem Angeklagten als auch dem Dienstherren bekannt.

Bei einer am 19. Juli 1896 vom Angeklagten ausgeführten Fahrt gelang es **186** dem erwähnten Pferde auf der Chaussee von P. nach G., die Leine mit dem Schwanze einzukneifen. Bei den vergeblichen Versuchen des Angeklagten, die Leine hervorzuziehen, wurden die Pferde wild; der Angeklagte verlor völlig die Herrschaft über das Gespann, welches beim Weitergaloppieren den an der Seite der Chaussee gehenden Schmied B. umwarf, sodass dieser unter den Wagen geriet und einen Beinbruch erlitt."

Das Reichsgericht nahm an, dass die Körperverletzung des Schmiedes für den **187** Angeklagten durchaus vorhersehbar gewesen sei. Um den Begriff der Fahrlässigkeit herzustellen, müsse jedoch ein Weiteres hinzukommen: die Nichterfüllung desjenigen Maßes von Aufmerksamkeit und von Rücksicht auf das Allgemeinwohl, dessen Aufbringung von dem Handelnden gefordert werden darf. Danach sei zu erwägen, ob es dem Angeklagten als Pflicht zugemutet werden konnte, eher dem Befehle seines Dienstherren sich zu entziehen und den Verlust seiner Stellung auf sich zu nehmen, als durch Benutzung des ihm zugewiesenen Pferdes zum Fahren bewusst die körperliche Verletzung eines anderen zu riskieren. Das Reichsgericht bestätigte das freisprechende Urteil des Landgerichts Gleiwitz, welches der Pflicht, dem Befehl des Dienstherrn Folge zu leisten, den Vorzug gegeben hatte. ◄

Die überwiegende Meinung tendiert dazu, in Fällen wie diesem einen Schuldvor- **188** wurf aus Gründen der Unzumutbarkeit zu verneinen[127] oder eine Analogie zu § 35 anzunehmen. Sie beruhe darauf, dass wie dort so auch hier eine Unrechtsminderung in Form eines Erhaltungsinteresses (hier: Erhaltung des Arbeitsplatzes) vorliegt und der Täter unter Motivationsdruck gehandelt hat.[128] Ähnliches soll für Fälle gelten, in denen die Schuld des Angeklagten nicht infolge einer Unrechtsminderung, sondern auch aus Gründen vermindert erscheint, welche in der Psyche des Täters liegen, so im Rahmen von Schock- und Paniksituationen.[129]

Fraglich ist allerdings, ob es sich hier um entschuldigende Situationen handelt,[130] **189** oder ob nicht vielmehr die *unrechtsbezogene* Frage im Vordergrund steht, inwieweit eine Gefahrerhöhung gesellschaftlich akzeptabel ist oder nicht[131] bzw. minimales fahrlässiges Verschulden überhaupt strafrechtlich erfasst werden soll.[132]

E. Synopse: Aufbau der fahrlässigen Straftat

Zum Aufbau der fahrlässigen Straftat siehe die Synopse Rn. 190.

---

[127] Vgl. Lackner/Kühl/Heger-*Heger* § 15 Rn. 51 mwN zum mittlerweile extrem differenzierten Meinungsbild.

[128] Vgl. *Roxin/Greco* AT 1 § 24 Rn. 123; für eine generelle Entschuldigung *Fischer/Anstötz*, in: Fischer § 13 Rn. 80, 81.

[129] Vgl. *Roxin/Greco* AT 1 § 24 Rn. 124.

[130] Gegen eine Entschuldigung auch *Momsen* 2006, S. 461 ff.

[131] Vgl. *Maiwald* FS Schüler-Springorum, S. 475 ff. (487, 491).

[132] Zu dieser bisher ungelösten Problematik näher *Schlüchter* 1996; vgl. auch *Koch* 1998.

190

D/1 Aufbau der fahrlässigen Straftat (überwiegende Meinung)

I. Tatbestandsmäßigkeit

a. Handlung
b. Unvorsätzliche Verwirklichung des tatbestandsmäßigen Sachverhalts
c. Kausalität: c.s.q.n.
d. „durch Fahrlässigkeit" (Grenze: *Vertrauensgrundsatz*)
 - *objektive Vorhersehbarkeit* des Geschehens (aber: Sonderwissen verpflichtet)
 - objektive *Vermeidbarkeit* des Geschehens durch Erfüllung der Sorgfaltspflicht (=*Pflichtwidrigkeitszusammenhang*) (aber: Sonderfähigkeiten verpflichten)
 - Verletzung der Sorgfaltspflicht
e. objektiv zurechenbar
 - Pflichtverstoß im *Schutzbereich der Norm*
 - keine *eigenverantwortliche Selbstgefährdung* (Verantwortungsprinzip)
 - Schaffung einer *rechtserheblichen Gefahr*

II. Rechtswidrigkeit
Rechtfertigungsgründe: „genereller Verteidigungswille" ausreichend

III. Schuldhaftigkeit
1. Elemente der schuldhaften Handlung
 - Schuldfähigkeit des Täters
 - Unrechtsbewusstsein des Täters
 - spezielle Merkmale der schuldhaften Handlung
 - Nichtvorliegen von *Entschuldigungsgründen*

 - Handeln trotz individueller *Vorhersehbarkeit* des Geschehens
 - Handeln trotz individueller *Vermeidbarkeit* der Sorgfaltspflichtverletzung
2. Zumutbarkeit pflichtgemäßen Verhaltens

D/2 Aufbau der fahrlässigen Straftat (Gefahrerhöhung/individueller Fahrlässigkeitsbegriff [a])

I. Tatbestandsmäßigkeit
1. Objektive Elemente der Tatbestandsmäßigkeit (Sachverhaltsunwert)
a. Handlung
b. Unvorsätzliche Verwirklichung des tatbestandsmäßigen Sachverhalts
c. Kausalität: c.s.q.n.
d. Schaffung einer *erhöhten Gefahr* (Grenze: *Vertrauensgrundsatz*)
 - Beruhen des tatbestandsmäßigen Geschehens auf der Gefahrerhöhung (= *Gefahrerhöhungszusammenhang*)

e. objektiv zurechenbar
 - Gefahrschaffung im *Schutzbereich der Norm*
 - keine *eigenverantwortliche Selbstgefährdung* (Verantwortungsprinzip)
 - Schaffung einer *rechtserheblichen Gefahr*

2. Subjektive Elemente der Tatbestandsmäßigkeit (personaler Unwert)
a. *Individuelle Vorhersehbarkeit* des Geschehens
b. *Individuelle Vermeidbarkeit* der Gefahrerhöhung

II. Rechtswidrigkeit
Rechtfertigungsgründe: objektive Rechtfertigungslage ausreichend

III. Schuldhaftigkeit
1. Elemente der schuldhaften Handlung
 - Schuldfähigkeit des Täters
 - Unrechtsbewusstsein des Täters
 - spezielle Merkmale der schuldhaften Handlung
 - Nichtvorliegen von *Entschuldigungsgründen*
2. Fahrlässigkeit als Schuldform [b]
 - Handeln trotz individueller *Vorhersehbarkeit* des Geschehens
 - Handeln trotz individueller *Vermeidbarkeit* der Gefahrerhöhung
3. *Zumutbarkeit* der Vermeidung der Gefahrerhöhung

---

a Vgl. auch *Roxin/Greco* AT 1 § 24.
b Zur Doppelstellung von Straftatmerkmalen *Eisele*, in: Schönke/Schröder Vor § 13ff. Rn. 120 f.

LKW-Fahrer (L) könnte sich wegen fahrlässiger Tötung (§ 222) des Radfahrers **191** R strafbar gemacht haben, indem er ihn mit zu geringem Seitenabstand über- holt hat. ◄

1. Darstellung auf der Basis einer nicht unerheblichen Gefahrerhöhung und eines individuellen Fahrlässigkeitsbegriffs
a) Tatbestandsmäßigkeit

L müsste den Tod des R „durch Fahrlässigkeit verursacht" haben. Das dichte **192** Vorbeifahren an R kann nicht hinweggedacht werden, ohne dass die Veränderung in der Außenwelt, der Tod des R, entfiele, weshalb die Handlung des L für den Tod des R kausal ist. Die nicht unerhebliche Gefahrerhöhung ist darin zu sehen, dass L den nach § 5 IV 2, 3 StVO erforderlichen „ausreichenden" Seitenabstand nicht einhielt. Jedoch müsste § 5 IV 2, 3 StVO gerade den Sinn haben, Gefährdungen und Verletzungen von Zweiradfahrern zu vermeiden (*Schutzzweck der Norm*).

§ 5 IV 2, 3 StVO dient gerade auch dem Schutz von Fußgängern und Radfahrern. **193** Indem der R wegen des zu geringen Abstands unsicher wurde und dadurch einen Fahrfehler beging, hat sich die Gefahr realisiert, deren Verhinderung die Abstandspflicht des § 5 IV 2, 3 StVO bezweckt.

Schließlich müsste der eingetretene Kausalverlauf auch *für L vorhersehbar* und **194** die Veränderung in der Außenwelt durch Unterlassen der Gefahrerhöhung *vermeidbar* gewesen sein (*Gefahrerhöhungszusammenhang*). L konnte den Radfahrer als solchen erkennen und wusste, dass Radfahrer Pendelbewegungen ausführen und von Fahrzeugen, die ohne ausreichenden Seitenabstand überholen, erfasst werden können. Somit war die Veränderung in der Außenwelt für L individuell vorhersehbar. Auch hätte L den erforderlichen Seitenabstand einhalten können. Dadurch wäre der Unfall mit an Sicherheit grenzender Wahrscheinlichkeit vermieden worden. Auch die individuelle Vermeidbarkeit ist damit gegeben.

b) Rechtswidrigkeit und Schuldhaftigkeit

Rechtfertigungsgründe zugunsten des L sind nicht ersichtlich. Auch Entschul- **195** digungsgründe oder Schuldausschließungsgründe liegen nicht vor. Hinsichtlich der Vorwerfbarkeit ist zu berücksichtigen, dass L mit zu geringem Seitenabstand an R vorbeifuhr, obwohl er die daraus erwachsenen Folgen hätte vorhersehen und durch Einhaltung des erforderlichen Abstandes vermeiden können.

c) Ergebnis: L ist wegen fahrlässiger Tötung gemäß § 222 strafbar.

---

[133] Vgl. zu Fahrlässigkeitsproblemen in der Fallbearbeitung auch *Gropp* u. a., Fallsammlung, Fall 5.

2. Darstellung auf der Basis einer Sorgfaltspflichtverletzung (überwiegende Meinung)

a) Tatbestandsmäßigkeit

196   L müsste den Tod des R „durch Fahrlässigkeit verursacht" haben. Das dichte Vorbeifahren an R kann nicht hinweggedacht werden, ohne dass die Veränderung in der Außenwelt, der Tod des R, entfiele, weshalb die Handlung des L für den Tod des R kausal ist. Eine Sorgfaltspflichtverletzung ist darin zu sehen, dass L den nach § 5 IV 2, 3 StVO erforderlichen „ausreichenden" Seitenabstand nicht einhielt. Jedoch müsste § 5 IV 2, 3 StVO gerade den Sinn haben, Gefährdungen und Verletzungen von Zweiradfahrern zu vermeiden (Schutzzweck der Norm).

197   § 5 IV 2, 3 StVO dient gerade dem Schutz von Fußgängern und Radfahrern. Indem R wegen des zu geringen Abstands unsicher wurde und dadurch einen Fahrfehler beging, hat sich die Gefahr realisiert, deren Verhinderung die Abstandspflicht des § 5 IV 2, 3 StVO bezweckt.

198   Schließlich müsste der eingetretene Kausalverlauf im Bereich objektiver Vorhersehbarkeit liegen, und die Veränderung in der Außenwelt müsste gerade auf der Verletzung der Sorgfaltspflicht beruhen, bei sorgfaltsgerechtem Handeln also vermeidbar gewesen sein (Pflichtwidrigkeitszusammenhang). Dass Radfahrer Pendelbewegungen ausführen und von Fahrzeugen, die ohne ausreichenden Seitenabstand überholen, erfasst werden, liegt im Bereich des nach allgemeiner Lebenserfahrung Vorhersehbaren. Bei Einhaltung des erforderlichen Abstands hätte der Schaden auch vermieden werden können, der Pflichtwidrigkeitszusammenhang liegt somit vor.

b) Rechtswidrigkeit und Schuldhaftigkeit

199   Rechtfertigungsgründe zugunsten des L sind nicht ersichtlich. Zur Bejahung der Schuldhaftigkeit wäre erforderlich, dass L den Unfall hätte vorhersehen und vermeiden können. Für L war der Radfahrer erkennbar. Auch wäre es L durch Einhaltung des Sicherheitsabstandes möglich gewesen, den tödlichen Ausgang zu vermeiden.

c) Ergebnis: L ist wegen fahrlässiger Tötung gemäß § 222 strafbar.

Lösung des Leitfalls 12.2 (Gutachtenstil)

200   Der LKW-Fahrer (L) könnte sich wegen fahrlässiger Tötung (§ 222) des Radfahrers R strafbar gemacht haben, indem er ihn mit zu geringem Seitenabstand überholt hat. ◄

1. Darstellung auf der Basis einer nicht unerheblichen Gefahrerhöhung und eines individuellen Fahrlässigkeitsbegriffs

a) Tatbestandsmäßigkeit

L müsste den Tod des R „durch Fahrlässigkeit verursacht" haben. Das dichte **201**
Vorbeifahren an R kann nicht hinweggedacht werden, ohne dass die Veränderung
in der Außenwelt, der Tod des R, entfiele, weshalb die Handlung des L für den
Tod des R kausal ist. Die nicht unerhebliche Gefahrerhöhung ist darin zu sehen,
dass L den nach § 5 IV 2, 3 StVO erforderlichen „ausreichenden" Seitenabstand
nicht einhielt. Jedoch müsste § 5 IV 2, 3 StVO gerade den Sinn haben,
Gefährdungen und Verletzungen von Zweiradfahrern zu vermeiden (Schutzzweck
der Norm).

§ 5 IV 2, 3 StVO dient gerade dem Schutz von Fußgängern und Radfahrern. **202**
Indem der R wegen des zu geringen Abstands unsicher wurde und dadurch einen
Fahrfehler beging, hat sich die Gefahr realisiert, deren Verhinderung die
Abstandspflicht des § 5 IV 2, 3 StVO bezweckt.

Schließlich müsste der eingetretene Kausalverlauf auch für L vorhersehbar und **203**
der Tod des R durch Unterlassen der Gefahrerhöhung vermeidbar gewesen sein
(Gefahrerhöhungszusammenhang).

Da L den Radfahrer als solchen erkennen konnte und wusste, dass Radfahrer **204**
Pendelbewegungen ausführen und von Fahrzeugen, die ohne ausreichenden
Seitenabstand überholen, erfasst werden können, liegt die individuelle
Vorhersehbarkeit vor. Fraglich ist aber, ob L den tödlichen Ausgang durch
Unterlassen hätte vermeiden können. Daran bestehen nach dem
Sachverständigengutachten aufgrund der Trunkenheit des Radfahrers erhebliche
Zweifel. Da diese nicht ausgeräumt werden konnten, ist zugunsten des L davon
auszugehen, dass R auch bei Einhaltung des ansonsten erforderlichen
Seitenabstandes erfasst worden wäre. Damit fehlt der den Unwert der fahrlässig
begangenen Straftat begründende Gefahrerhöhungszusammenhang.

b) Ergebnis: L ist straffrei.

2. Darstellung auf der Basis einer Sorgfaltspflichtverletzung (überwiegende Meinung)
a) Tatbestandsmäßigkeit

L müsste den Tod des R „durch Fahrlässigkeit verursacht" haben. Das dichte **205**
Vorbeifahren an R kann nicht hinweggedacht werden, ohne dass die Veränderung
in der Außenwelt, der Tod des R, entfiele, weshalb die Handlung des L für den
Tod des R kausal ist. Eine Sorgfaltspflichtverletzung ist darin zu sehen, dass L
den nach § 5 IV 2, 3 StVO erforderlichen „ausreichenden" Seitenabstand nicht
einhielt. Jedoch müsste § 5 IV 2, 3 StVO gerade den Sinn haben, Gefährdungen
und Verletzungen von Zweiradfahrern zu vermeiden (Schutzzweck der Norm).

§ 5 IV 2, 3 StVO dient gerade dem Schutz von Fußgängern und Radfahrern. **206**
Indem der R wegen des zu geringen Abstands unsicher wurde und dadurch einen
Fahrfehler beging, hat sich die Gefahr realisiert, deren Verhinderung die
Abstandspflicht des § 5 IV 2, 3 StVO bezweckt.

207 Schließlich müsste der eingetretene Kausalverlauf im Bereich objektiver Vorhersehbarkeit liegen, und der Tod müsste gerade auf der Verletzung der Sorgfaltspflicht beruhen, bei sorgfältigem Handeln also vermeidbar gewesen sein (Pflichtwidrigkeitszusammenhang).

208 Dass Radfahrer Pendelbewegungen ausführen und von Fahrzeugen, die ohne ausreichenden Seitenabstand überholen, erfasst werden, liegt im Bereich des nach allgemeiner Lebenserfahrung Vorhersehbaren. Fraglich ist aber, ob die Veränderung in der Außenwelt bei sorgfältigem Handeln, d. h. bei Einhaltung des ansonsten erforderlichen Abstands hätte vermieden werden können. Daran bestehen nach dem Sachverständigengutachten aufgrund der Trunkenheit des Radfahrers erhebliche Zweifel. Da diese nicht ausgeräumt werden konnten, ist zugunsten des L davon auszugehen, dass R auch bei Einhaltung des ansonsten erforderlichen Seitenabstandes erfasst worden wäre. Damit fehlt der den Unwert der fahrlässigen Straftat begründende Pflichtwidrigkeitszusammenhang.

b) Ergebnis: L ist straffrei.

F. Zur Wiederholung

Kontrollfragen
1. Nennen Sie die drei unwertbegründenden Elemente der Fahrlässigkeit nach der überwiegenden Meinung (Rn. 20 ff.)
2. Wodurch unterscheiden sich bewusste und unbewusste Fahrlässigkeit? (Rn. 23 ff.)
3. Was ist Leichtfertigkeit? (Rn. 26)
4. Nennen Sie drei Fallgruppen von Sorgfaltspflichten. (Rn. 28 ff.)
5. Was spricht dagegen, den Unwert der fahrlässig begangenen Straftaten mit der überwiegenden Meinung auch in der Verletzung einer Sorgfaltspflicht zu sehen? (Rn. 117 ff.)
6. Welche zwei Grundkonstellationen lassen sich in Bezug auf Rechtfertigungsgründe innerhalb der Fahrlässigkeitsstraftaten unterscheiden? (Rn. 162)

Literatur

Alwart Der Begriff des Motivbündels im Strafrecht – am Beispiel der subjektiven Rechtfertigungselemente und des Mordmerkmals Habgier, GA 1983, 433 ff.
Baumann/Weber/Mitsch/Eisele Strafrecht Allgemeiner Teil, 13. Aufl. 2021
Bloy Die Tatbestandsform des erfolgsqualifizierten Delikts, JuS 1995 Lernbogen L 17 ff.
Burgstaller Das Fahrlässigkeitsdelikt im Strafrecht, 1974

Burkhardt Tatbestandsmäßiges Verhalten und ex-ante-Betrachtung: Zugleich ein Beitrag wider die „Verwirrung zwischen dem Subjektiven und dem Objektiven", in Wolter u. a. (Hrsg.), Straftat, Strafzumessung und Strafprozess im gesamten Strafrechtssystem, 1996, S. 99 ff.

Dehne-Niemann Sorgfaltswidrigkeit und Risikoerhöhung, GA 2012, 89 ff.

Eser Juristischer Studienkurs, Strafrecht II (StK II), 3. Aufl. 1980

Fischer, *Bearbeiter*, in: = Fischer, Strafgesetzbuch, 72. Aufl. 2025

Freund/Rostalski Strafrecht, Allgemeiner Teil (AT): personale Straftatlehre, 3. Aufl. 2019

Frisch Selbstgefährdung im Strafrecht – Grundlinien einer opferorientierten Lehre vom tatbestandsmäßigen Verhalten, NStZ 1992, 1 ff.

Frister Strafrecht Allgemeiner Teil (AT), 10. Aufl. 2023

Gössel Alte und neue Wege der Fahrlässigkeitslehre, FS für Karl Bengl 1984, S. 23 ff.

Gropp Conduct that the Actor Should Realize Creates a Substantial and Unreasonable Risk, FS für Roxin 2011, S. 779 ff.

Gropp/Küpper/Mitsch Fallsammlung zum Strafrecht, 2. Aufl. 2012

Hauck Die Konkretisierung des fahrlässigkeitsspezifischen Handlungsunwerts im Falle sog. Drittschädigungseffekte, GA 2009, 280 ff.

Hauck Rechtfertigende Einwilligung und Tötungsverbot, GA 2012, 203 ff.

Heine Die strafrechtliche Verantwortlichkeit von Unternehmen, 1995

Heinrich, B. Strafrecht – Allgemeiner Teil (AT), 7. Aufl. 2022

Herzberg Die Sorgfaltswidrigkeit im Aufbau der fahrlässigen und der vorsätzlichen Straftat, JZ 1987, 536 ff.

Hillenkamp/Cornelius 32 Probleme aus dem Strafrecht Allgemeiner Teil, 16. Aufl. 2023

Hirsch Der Streit um Handlungs- und Unrechtslehre, ZStW 94 (1982), 272 ff.

Hirsch Handlungs-, Sachverhalts- und Erfolgsunwert, GS für Meurer 2002, S. 3 ff.

Hirsch Zum Unrecht des fahrlässigen Delikts, FS für Lampe 2003, S. 515 ff.

Ida Inhalt und Funktion der Norm beim fahrlässigen Erfolgsdelikt, FS für Hirsch 1999, S. 225 ff.

Jakobs Tätervorstellung und objektive Zurechnung, GS für Armin Kaufmann 1989, S. 271 ff.

Jakobs Strafrecht Allgemeiner Teil (AT), 2. Aufl. 1993

Janiszewski Die gesetzliche Formel der Fahrlässigkeit im neuen polnischen Strafrecht, FS für Nishihara 1998, S. 122 ff.

Jescheck/Weigend, Lehrbuch des Strafrechts, Allgemeiner Teil, 5. Aufl. 1995

Kahlo Das Bewirken durch Unterlassen bei drittvermitteltem Rettungsgeschehen – Zur notwendigen Modifikation der Risikoerhöhungslehre bei den unechten Unterlassungsdelikten, GA 1987, 66 ff.

Kaminski Der objektive Maßstab im Tatbestand des Fahrlässigkeitsdelikts, 1992

Kindhäuser Der subjektive Tatbestand im Verbrechensaufbau, GA 2007, 447

Kindhäuser/Hilgendorf Strafgesetzbuch: Lehr- und Praxiskommentar (LPK), 10. Aufl. 2025

Kindhäuser/Zimmermann Strafrecht Allgemeiner Teil (AT), 11. Aufl. 2023

Koch Die Entkriminalisierung im Bereich der fahrlässigen Körperverletzung und Tötung, 1998

Köhler Strafrecht Allgemeiner Teil (AT), 1997

Kraatz Zur Strafhaftung der Beteiligten am Bau, JR 2009, 182 ff.

Kretschmer Notwehr bei Fahrlässigkeitsdelikten, Jura 2002, 114 ff.

Kühl Strafrecht Allgemeiner Teil (AT), 8. Aufl. 2017

Küpper Zur Entwicklung der erfolgsqualifizierten Delikte, ZStW (1999), 785 ff.

Küpper/Börner Strafrecht Besonderer Teil (BT 1), 4. Aufl. 2017

Lackner/Kühl/Heger-*Bearbeiter* Strafgesetzbuch: Kommentar, 30. Aufl. 2023

Laue Der Tatbestand des fahrlässigen Erfolgsdelikts, JA 2000, 666 ff.

Lenckner Technische Normen und Fahrlässigkeit, FS für Engisch 1969, S. 490 ff.

LK[11]-*Bearbeiter* = Jähnke/Laufhütte/Odersky (Hrsg.), Leipziger Kommentar, Strafgesetzbuch, 11. Aufl. 1992 ff.

LK-*Bearbeiter* = Cirener/Radtke/Rissing-van Saan/Rönnau/Schluckebier (Hrsg.), Leipziger Kommentar, Strafgesetzbuch, Bd. 1, 13. Aufl. 2020

LK-*Bearbeiter* = Cirener/Radtke/Rissing-van Saan/Rönnau/Schluckebier (Hrsg.), Leipziger Kommentar, Strafgesetzbuch, Bd. 11, 13. Aufl. 2023

Maiwald Die Unzumutbarkeit – Strafbarkeitsbegrenzendes Prinzip bei den Fahrlässigkeitsdelikten?, FS für Schüler-Springorum 1993, S. 475 ff.

Maurach/Gössel/Zipf Strafrecht Allgemeiner Teil, Teilband 2 (AT 2), 8. Aufl. 2014

Mayer, H. Strafrecht: Allgemeiner Teil (AT), 1967

Mitsch Fahrlässigkeit und Straftatsystem, JuS 2001, 105 ff.

MK-StGB-*Bearbeiter* = Erb/Schäfer (Hrsg.), Münchener Kommentar zum Strafgesetzbuch, Bd. 1, 5. Aufl. 2024

Momsen Die Zumutbarkeit als Begrenzung strafrechtlicher Pflichten, 2006

Murmann Zur Berücksichtigung besonderer Kenntnisse, Fähigkeiten und Absichten bei der Verhaltensnormkonturierung, FS für Herzberg 2008, S. 123 ff.

Murmann Grundkurs Strafrecht (GK), 8. Aufl. 2024

Pfeifer Etymologisches Wörterbuch des Deutschen, 1995

Puppe Die adäquate Kausalität und der Schutzzweck der Sorgfaltsnorm, FS für Bemmann 1997, S. 227 ff.

Puppe Mitverantwortung des Fahrlässigkeitstäters bei Selbstgefährdung des Verletzten, GA 2009, 486 ff.

Puppe Strafrecht Allgemeiner Teil im Spiegel der Rechtsprechung, 5. Aufl. 2022

Radtke Die Leichtfertigkeit als Merkmal erfolgsqualifizierter Delikte?, FS für Jung 2007, S. 737 ff.

Rengier Erfolgsqualifizierte Delikte und verwandte Erscheinungsformen, 1986

Rengier Strafrecht Allgemeiner Teil (AT), 16. Aufl. 2024

Renzikowski, Joachim Restriktiver Täterbegriff und fahrlässige Beteiligung, 1997

Roxin/Greco Strafrecht, Allgemeiner Teil, Band 1 (AT 1), Grundlagen, der Aufbau der Verbrechenslehre, 5. Aufl. 2020

Rudolphi Fälle zum Strafrecht, 5. Aufl. 2000

Schatz Der Pflichtwidrigkeitszusammenhang beim fahrlässigen Erfolgsdelikt und die Relevanz hypothetischer Kausalverläufe – Zum Einwand rechtmäßigen Alternativverhaltens bei fehlgeschlagener Lockerungsgewährung, NStZ 2003, 585 ff.

Schlüchter Grenzen strafbarer Fahrlässigkeit, 1996

Schlüchter Kleine Kriminologie der Fahrlässigkeitsdelikte, FS für Kaiser 1998, Halbband I, S. 359 ff.

Schmoller Zur Argumentation mit Maßstabfiguren – Am Beispiel eines durchschnittlichen rechtstreuen Schwachsinnigen, JBl. 1990, 631 ff.

Schmoller Das „tatbestandsmäßige Verhalten" im Strafrecht, FS für Frisch 2013, S. 237 ff.

Schmoller Verwirklichung einer unerlaubten Gefahr bei „Risikoerhöhung", FS für Wolter 2013, S. 479 ff.

Schmoller Der „subjektive Tatbestand" des Fahrlässigkeitsdelikts, FS für Kühl 2014, S. 433 ff.

Schmoller Zur Konturierung von „Unrecht" und „Schuld", ZStW 129 (2017), 1063 ff.

Schmoller Fahrlässigkeit als „subjektive Erkennbarkeit" der Tatbestandsverwirklichung – Das Pendant zum Vorsatz, FS für Kindhäuser 2019, S. 441 ff.

Schöne Unterlassungsbegriff und Fahrlässigkeit, JZ 1977, 150 ff.

Schöne Fahrlässigkeit, Tatbestand und Strafgesetz, GS für Hilde Kaufmann 1986, S. 649 ff.

Schönke/Schröder, *Bearbeiter*, in: = Schönke/Schröder, Strafgesetzbuch, 30. Aufl. 2019

Schroeder in: Hoyer, (Hrsg.), Friedrich-Christian Schroeder. Beiträge zur Gesetzgebungslehre und zur Strafrechtsdogmatik, 2001, S. 134 ff.

Schumann Strafrechtliches Handlungsunrecht und das Prinzip der Selbstverantwortung der Anderen, 1986

Schünemann Moderne Tendenzen in der Dogmatik der Fahrlässigkeits- und Gefährdungsdelikte, JA 1975, 435–444, 511–516, 575–584, 647–656, 715–724, 787–798

Schünemann Unzulänglichkeiten des Fahrlässigkeitsdelikts in der modernen Industriegesellschaft – Eine Bestandsaufnahme, GS für Meurer 2002, S. 37 ff.

Seher Die objektive Zurechnung und ihre Darstellung im strafrechtlichen Gutachten, Jura 2001, 817 f.

Singelnstein Fahrlässigkeit und Gesellschaft – kriminologische Befunde zur Bedeutung der Fahrlässigkeitsdelikte im System strafrechtlicher Sozialkontrolle, ZStW 131 (2019), 1069 ff.

Sinn Straffreistellung aufgrund von Drittverhalten – Zurechnung und Freistellung durch Macht, 2007

SK-*Bearbeiter* = Systematischer Kommentar zum Strafgesetzbuch, hrsg. von Wolter, Bd. I, 9. Aufl. 2017

Sowada Das sog. „Unmittelbarkeits"-Erfordernis als zentrales Problem erfolgsqualifizierter Delikte, Jura 1994, 643 ff.

SSW-*Bearbeiter* = Satzger/Schluckebier/Werner Strafgesetzbuch, Kommentar, 6. Aufl. 2024

Stratenwerth Zur Relevanz des Erfolgsunwerts im Strafrecht, FS für Schaffstein 1975, S. 177 ff.

Stratenwerth Zur Individualisierung des Sorgfaltsmaßstabes beim Fahrlässigkeitsdelikt, FS für Jescheck 1985, S. 285 ff.

Stratenwerth/Kuhlen, Strafrecht Allgemeiner Teil, 6. Aufl. 2011

Struensee Der subjektive Tatbestand des fahrlässigen Delikts, JZ 1987, 53 ff.

Struensee Objektive Zurechnung und Fahrlässigkeit, GA 1987, 97 ff.

Tellenbach Das türkische Strafgesetzbuch. Türk Cesa Kanunu, erschienen als Sieber/Albrecht (Hrsg.), Sammlung ausländischer Strafgesetzbücher in deutscher Übersetzung, Band G 118, 2008

Triffterer Die „objektive Voraussehbarkeit" (des Erfolges und des Kausalverlaufs)- unverzichtbares Element im Begriff der Fahrlässigkeit oder allgemeines Verbrechenselement aller Erfolgsdelikte?, FS für Bockelmann 1979, S. 201 ff.

de Vicente Remesal Sonderfähigkeiten und objektive Sorgfaltspflichtverletzung, GA 2020, 194 ff.

Walther Eigenverantwortlichkeit und strafrechtliche Zurechnung, 1991

Weigend Zum Verhaltensunrecht der fahrlässigen Straftat, FS für Gössel 2002, S. 129 ff.

Welzel Das Deutsche Strafrecht (LB), 11. Aufl. 1969

Wessels/Hettinger/Engländer, Strafrecht Besonderer Teil 1, 47. Aufl. 2023

Wessels/Beulke/Satzger Strafrecht Allgemeiner Teil (AT), 53. Aufl. 2024

Teil IV Irrtumslehre

§ 13 Irrtum

Auf dem abendlichen Heimweg vom Schützenverein hört Sportschütze A Schritte   1
hinter sich, die schnell näherkommen. Als er sich umdreht, sieht er den ihm unbekannten B mit hoch erhobener Pistole auf sich zukommen. Obwohl er hätte bemerken können, dass B den Finger gar nicht am Abzug der Pistole hat, nimmt er
an, dass B ihn töten wolle. ◄

Var. a

Um den Angriff abzuwehren, tötet er B mit einem gezielten Schuss ins Herz.   2
Dabei nimmt er an, rechtmäßig zu handeln, obwohl er als geübter Schütze auch
in die Hand des B hätte schießen können. Auch wäre es ihm trotz der kritischen
Situation möglich gewesen, seine Fehleinschätzung zu erkennen und zu vermeiden. Als er die Waffe des Toten untersucht, stellt er zu seinem Entsetzen fest,
dass es seine eigene Ersatzpistole ist. Sie war ihm beim Gehen aus dem Halfter
gerutscht. Der hinter ihm gehende B hatte es bemerkt und A die Pistole zurückbringen wollen. ◄

Var. b

Wie Var. a, jedoch schießt A in die Hand des B, um den vermeintlichen Angriff   3
abzuwehren. B erleidet eine schwere Handverletzung, die eine langandauernde
ärztliche Behandlung erforderlich macht.
   Strafbarkeit des A? ◄

Im Strafgesetzbuch finden sich Regelungen zu Irrtümern nur in den folgenden drei
Paragrafen:

Springer-Verlag GmbH, DE, ein Teil von Springer Nature 2025
A. Sinn, *Strafrecht Allgemeiner Teil*, Springer-Lehrbuch,
https://doi.org/10.1007/978-3-662-71556-7_13

§ 16 Irrtum über Tatumstände

4 (1) Wer bei Begehung der Tat einen Umstand nicht kennt, der zum gesetzlichen Tatbestand gehört, handelt nicht vorsätzlich. Die Strafbarkeit wegen fahrlässiger Begehung bleibt unberührt.

5 (2) Wer bei Begehung der Tat irrig Umstände annimmt, welche den Tatbestand eines milderen Gesetzes verwirklichen würden, kann wegen vorsätzlicher Begehung nur nach dem milderen Gesetz bestraft werden.

§ 17 Verbotsirrtum

6 Fehlt dem Täter bei Begehung der Tat die Einsicht, Unrecht zu tun, so handelt er ohne Schuld, wenn er diesen Irrtum nicht vermeiden konnte. Konnte der Täter den Irrtum vermeiden, so kann die Strafe nach § 49 Abs. 1 gemildert werden.

§ 35 Entschuldigender Notstand

(1) ...

7 (2) Nimmt der Täter bei Begehung der Tat irrig Umstände an, welche ihn nach Absatz 1 entschuldigen würden, so wird er nur dann bestraft, wenn er den Irrtum vermeiden konnte. Die Strafe ist nach § 49 Abs. 1 zu mildern.

A. Ausgangsfragen

8 Die Irrtumslehre erschließt sich demjenigen am schnellsten, der ihre Struktur begriffen hat. Es ist dann auch nicht mehr nötig, die verschiedenen Erscheinungsformen des Irrtums deduktiv über Worthülsen wie z. B. „Erlaubnistatumstandsirrtum", „Erlaubnisnormirrtum", „Erlaubnisgrenzirrtum", „Doppelirrtum", „Verbotsirrtum" ... auswendig zu lernen. Wichtiger ist es, zu wissen, was sich hinter diesen Bezeichnungen verbirgt. Es ist deshalb ein Anliegen der folgenden Darstellung, eine *Systematik des Irrtums* im Strafrecht zu entwickeln, welche sich an dem *Gegenstand*, der *Form* und der *Beachtlichkeit* des jeweiligen Irrtums orientiert.

9 Die gesamte strafrechtliche Irrtumslehre wird von drei Fragen durchzogen:

10 1. *Worüber* wird geirrt? (*Gegenstand = Objekt* des Irrtums)
11 2. In welcher *Form* wird geirrt?
12 3. Ist der Irrtum *beachtlich?*

I. Objekte des Irrtums

13 Gegenstand eines Irrtums kann alles sein. Aus strafrechtlicher Sicht reduzieren sich die möglichen Objekte eines Irrtums jedoch auf die *Elemente der strafbaren Handlung*. Irrtümer, die sich auf Gegenstände außerhalb dieser „Bühne des Strafrechts" beziehen, sind von vornherein unbeachtlich und interessieren daher nicht.

Gegenstand des strafrechtlich relevanten Irrtums können folglich alle Elemente **14** der Tatbestandsmäßigkeit, der Rechtswidrigkeit und der Schuldhaftigkeit sein, aber auch sonstige Voraussetzungen der Strafbarkeit. Dabei ist genau darauf zu achten, in welcher Weise das Gesetz das Objekt des Irrtums beschreibt. Eine *kinderpornografische* Darstellung nach § 184b I soll z. B. nach h. M. auch dann gegeben sein, wenn die abgebildete Person zwar 14 Jahre alt ist, aus der Sicht eines verständigen Betrachters aber ein Kind abgebildet ist (sog. Scheinkind). Der Täter, der hier die Abbildung eines Kindes annimmt, würde somit gar nicht irren.[1]

II. Unkenntnis und irrige Annahme als (Erscheinungs-)Formen des Irrtums

Irren ist nur in zwei Formen möglich: Man kann entweder etwas *nicht kennen* (Un- **15** kenntnis) oder etwas irrtümlich, *irrig*,[2] *annehmen* (irrige Annahme). Dieses „etwas", das *Objekt* des Irrtums, bestimmt darüber, ob in Form der Unkenntnis oder der irrigen Annahme geirrt wird. Und weil man den Gegenstand des Irrtums genau bezeichnen kann (vgl. I.), kann man auch *eindeutig* sagen, welche Form des Irrtums – Unkenntnis oder irrige Annahme – vorliegt.

An dieser Stelle wird von Studierenden nicht selten eingewandt, dass die Einord- **16** nung eines Irrtums als Unkenntnis oder irrige Annahme beliebig sei und nur davon abhänge, wie man den Gegenstand des Irrtums formuliere. Dies ist jedoch nicht richtig, weil der Gegenstand des Irrtums durch die jeweilige Formulierung des Rechtssatzes (*Obersatz*) *festgelegt* ist.

Hierzu folgendes

Beispiel 13.1

A beschließt, den B zu töten und schießt in der Dunkelheit auf „etwas", was er **17** für B hält. Jedoch stellt sich bei Licht besehen heraus, dass er irrtümlich auf eine Vogelscheuche geschossen hat.

Prüfen wir zunächst einen Irrtum des A im Hinblick auf das Schießen auf den **18** vermeintlichen B. Maßgeblicher Rechtssatz (Strafvorschrift) des Besonderen Teils ist § 212. Zwar konnte keine Vollendung eintreten, weil eine Vogelscheuche kein Mensch ist. Jedoch hat A sich *vorgestellt*, einen Menschen zu töten, weshalb ein Versuch in Frage kommt. Gegenstand des Irrtums ist das objektive Element „Mensch" in § 212. Bezüglich dieses Elements lässt sich nun *eindeutig* feststellen, dass insoweit eine *irrige Annahme* des A vorliegt. Sie lässt sich auch nicht in eine Unkenntnis bezüglich der Vogelscheuche umformulieren, weil die Beschädigung der Vogelscheuche nicht den Obersatz § 212 betrifft.

---

[1] Umfassend zu altersbezogenen Irrtümern *Mitsch* ZStW 124 (2012), 323 ff.; welcher Achtungsanspruch eine solche Bestrafung legitimieren soll, ist freilich fraglich.

[2] So die Wortwahl des Gesetzgebers, vgl. § 16 II.

19 Im Hinblick auf die Vogelscheuche ist § 303 (Sachbeschädigung) die einschlägige Strafvorschrift. A hat eine fremde Sache, die Vogelscheuche, beschädigt. Jedoch wusste er gar nicht, dass es sich um eine Vogelscheuche handelt. Folglich liegt ein Irrtum hinsichtlich des objektiven Elements der Tatbestandsmäßigkeit „Sache" in § 303 in Form der *Unkenntnis* vor. ◄

III. Beachtlichkeit

20 Die Herbeiführung einer Entscheidung, ob ein Irrtum beachtlich ist oder nicht, ist das *Ziel* der Irrtumslehre. Denn nur ein beachtlicher Irrtum ist rechtlich überhaupt von Bedeutung. Dabei kann die Beachtlichkeit sowohl von Vorteil (z. B. Unkenntnis eines strafbegründenden Elements) als auch von Nachteil (z. B. Unkenntnis eines privilegierenden Elements) für den Täter sein.

Zu Beispiel 13.1

21 Im *Beispiel 13.1* (Vogelscheuche) ist die Beachtlichkeit der irrigen Annahme des A, dass es sich bei dem Ziel des Schusses um einen Menschen handele, für den A von *Nachteil* hinsichtlich der Tötungsstraftat, weil sie zur Strafbarkeit wegen eines versuchten Totschlags führt. Bezüglich der Vogelscheuche ist die Beachtlichkeit der Unkenntnis der Sachqualität hingegen von *Vorteil*, weil sie den Vorsatz bezüglich der Sachbeschädigung (§ 303) nicht entstehen lässt und eine fahrlässige Sachbeschädigung nicht strafbar ist. ◄

22 Ob und in welcher Weise ein Irrtum beachtlich ist, hat der Gesetzgeber in Bruchstücken festgelegt: §§ 16 (Irrtum über Tatumstände), 17 (Verbotsirrtum) und 35 II (irrige Annahme der tatsächlichen Voraussetzungen des entschuldigenden Notstandes).

1. Die fragmentarische Natur der geschriebenen Irrtumsregeln

23 Wenn Irren in Form der Unkenntnis und der irrigen Annahme möglich ist und Gegenstand des Irrtums grundsätzlich *alle* Rechtsfolgevoraussetzungen der Straftat sein können, dann liegt die fragmentarische Natur der gesetzlichen Irrtumsvorschriften auf der Hand:

24 Denn § 16 I regelt nur die Unkenntnis von Umständen des gesetzlichen Tatbestandes (d. h. der Elemente der Tatbestandsmäßigkeit). § 16 II betrifft nur die irrige Annahme von privilegierenden Umständen im Rahmen der Tatbestandsmäßigkeit, nicht hingegen die irrige Annahme der tatsächlichen Voraussetzungen von Rechtfertigungsgründen.

25 *Nicht* von § 16 I erfasst wird die Unkenntnis von Umständen, die die Voraussetzungen eines Rechtfertigungsgrundes bilden, ebenso wenig die Unkenntnis von Umständen, welche die Voraussetzung eines Entschuldigungsgrundes bilden. Aber auch die Unkenntnis sonstiger Voraussetzungen der Strafbarkeit wird in § 16 I nicht geregelt.

§ 16 II gibt *keine* Auskunft über die Beachtlichkeit der irrigen Annahme *quali-*   **26**
fizierender Tatumstände oder der tatsächlichen Voraussetzungen von Rechtfertigungsgründen. Auch die irrige Annahme der tatsächlichen Voraussetzungen
von Entschuldigungsgründen wird in § 16 II nicht geregelt. Bezüglich der irrigen
Annahme der tatsächlichen Voraussetzungen des entschuldigenden Notstandes wird
die Lücke jedoch durch § 35 II geschlossen.

Gegenstand des Irrtums nach § 17 ist ganz allgemein das *Verbotensein* als sol-   **27**
ches. Die Form des Irrtums besteht in der Unkenntnis. Soweit ein Irrtum nach § 16
dazu führt, dass der Täter glaubt, rechtmäßig zu handeln (ebenfalls eine „Unkenntnis des Verbotenseins"), weil er z. B. Elemente der Tatbestandsmäßigkeit nicht
kennt, würde gleichzeitig ein Irrtum nach § 16 und nach § 17 vorliegen.[3] Indem jedoch § 16 zusätzlich festlegt, auf *welcher falschen Vorstellung von Tatsachen* die
Unkenntnis des Täters vom Verbotensein seines Verhaltens beruht, ist § 16 *insoweit*
die *speziellere Regelung* im Verhältnis zu § 17 und geht diesem vor. § 17 bildet
damit eine „Auffangregelung" als *unmittelbarer Verbotsirrtum,*[4] wenn der Täter das
Verbotensein nicht kennt, *ohne* dass diese Unkenntnis auf einem speziell als beachtlich anerkannten *Irrtum über Tatsachen* beruht.

Nicht geregelt ist in § 17 die *irrige Annahme des Verbotenseins* eines Verhaltens.   **28**

Beispiel 13.2

A betrügt seine Ehefrau E mit seiner Freundin F. Dabei weiß A nicht, dass die   **29**
Strafbarkeit des Ehebruchs durch das 1. Strafrechtsreformgesetz vom 25.06.1969
aufgehoben worden ist. Er nimmt deshalb irrig an, rechtswidrig und strafbar zu
handeln. Allerdings kann diese Annahme nicht zu einer Strafbarkeit wegen eines
versuchten Ehebruchs führen. Denn dies würde voraussetzen, dass A glaubt,
einen Sachverhalt verwirklicht zu haben, der *strafbar ist*. In Wirklichkeit aber irrt
er in Form der irrigen Annahme über das bei Strafe Verbotensein seines Verhaltens. Irrtümer dieser Art, in denen der Täter die Tatsachen kennt, jedoch
irrtümlich von einem Verbotensein seines Verhaltens ausgeht, sind unbeachtlich.
Maßgeblich ist die objektive straflose Sachlage. Bei A liegt eine sog. straflose
Wahnstraftat (§ 9 Rn. 36 ff.) vor. ◄

▶   Bei der straflosen Wahnstraftat („Wahndelikt") kennt der Täter den wahren   **30**
Sachverhalt, *nimmt aber irrig* die *Strafbarkeit* dieses Sachverhalts *an*.[5] Beim
untauglichen Versuch nimmt er *irrig* einen Sachverhalt *an*, der *strafbar ist*
(§ 9 Rn. 28).

---

[3] Vgl. auch *Kindhäuser/Zimmermann* AT § 27 Rn. 36; *Knobloch* JuS 2010, 864 ff. (868); *Kühl* AT
§ 13 Rn. 4.
[4] Vgl. auch *Roxin/Greco* AT 1 § 21 Rn. 3.
[5] Zu schwierigen Abgrenzungsfragen bei der Verkennung der Bedeutung eines normativen Tatbestandsmerkmals *Herzberg* GS für Schlüchter, S. 189 ff., *Frisch* GA 2019, 305 ff.; *Streng* GA
2009, 529 ff.

31 Die fragmentarische Natur der gesetzlich geregelten Irrtümer stellt uns indessen nicht vor unlösbare Probleme: Denn zum einen lassen sich Lücken zu Gunsten des Täters mit dem Zusammenspiel von personalem und Sachverhaltsunrecht füllen und zum anderen gibt die allgemeine Strafrechtsdogmatik Auskunft über die Beachtlichkeit der Irrtümer.[6]

2. Grundunterschiede in den Rechtsfolgen: Tatumstands- (§ 16) und Verbotsirrtum (§ 17)

32 Schon die Tatsache, dass der Irrtum über Tatsachen im Sinne von § 16 zugleich zu einer Unkenntnis des Verbotenseins nach § 17 führen kann, zeigt, dass der *entscheidende* Unterschied der Regelungen in den §§ 16 und 17 nicht immer in den Voraussetzungen, sondern in den *Wirkungen* liegt:

33 Der Irrtum nach § 16 wirkt sich auf den *Vorsatz* aus, indem § 16 ihn im Rahmen der Unkenntnis verneint und ihn im Rahmen der irrigen Annahme von Tatumständen annimmt.

34 Die Unkenntnis des Verbotenseins nach § 17 hingegen lässt den Vorsatz unberührt und führt bei Vermeidbarkeit des Irrtums zu einer fakultativen *Strafmilderung* nach § 49 I (vgl. § 17 S. 2). Erst im Falle der Unvermeidbarkeit der Unkenntnis des Verbotenseins schließt § 17 die *Schuld* des Täters aus.

35 Faktisch bildet die völlige Straffreiheit aufgrund eines Verbotsirrtums im Sinne von § 17 folglich die große Ausnahme.[7] Beim Tatumstandsirrtum nach § 16 ist dies anders: Denn soweit der Vorsatz verneint wird, ist allenfalls eine wesentlich mildere Bestrafung aus der Fahrlässigkeitsstraftat möglich, aber auch nur dann, wenn eine Fahrlässigkeitsstraftat überhaupt existiert (§ 15) und die Unkenntnis auf Fahrlässigkeit beruht. Die speziellere Unkenntnis von Tatumständen nach § 16 ist für den Täter somit wesentlich günstiger als die allgemeine Unkenntnis des Verbotenseins nach § 17. Der Grund liegt darin, dass der *Verhaltensimpuls* der Strafvorschrift den Täter, der die *Tatsachen nicht kennt*, nicht erreichen kann.[8] Von dem Täter, der die Tatsachen kennt, wird hingegen verlangt, dass er sich dem rechtlichen Appell entsprechend verhält und sich im Zweifel erkundigt, ob sein Verhalten rechtmäßig ist. Er ist deshalb schon dann für seine *vorsätzliche* Tatbegehung verantwortlich, wenn er hätte erkennen *können*, dass er rechtswidrig handelt.

---

[6] Näher hierzu die Übersicht unter Abschnitt E. *Jakobs* AT 4 Rn. 43 erwägt bei Fehlen einer spezifischen Irrtumsregelung eine Entscheidung *zugunsten* des Betroffenen. Allerdings ist diese Schlussfolgerung nicht zwingend. Vielmehr ließe sich auch in der Weise entscheiden, dass dann eine Beachtlichkeit eines Irrtums zu verneinen ist. Letztlich dürfte aber der Rückgriff auf die allgemeinen Lehren zu den Elementen der strafbaren Handlung am ehesten zu tragfähigen Lösungen führen.

[7] Zu einer möglichen Begründung vgl. *Hassemer* FS Lenckner, S. 97 ff. (116); *Zabel* GA 2008, 33 ff. (43).

[8] Vgl. auch *Roxin* FS Tiedemann, S. 375 ff. mwN.

3. Zusammenfassung

Die Voraussetzungen des Tatumstandsirrtums nach § 16 sind *spezifischer* als die des **36** Verbotsirrtums nach § 17, weil es in § 16 auf Tatumstände als Gegenstand des Irrtums ankommt.[9] Außerdem sind die Folgen bei Vorliegen eines Irrtums nach § 16 günstiger, weil bei Unkenntnis eine Bestrafung aus der objektiv vorliegenden vollendeten Vorsatzstraftat ausscheidet und die irrige Annahme privilegierender Umstände zur Privilegierung führt. Die Voraussetzungen des Verbotsirrtums sind hingegen unspezifisch (Unkenntnis des Verbotenseins insgesamt) und ihr Vorliegen führt in der Regel nur zu einer Strafmilderung, nur ausnahmsweise zu einem Strafausschluss mangels Schuldhaftigkeit der Handlung (bei Unvermeidbarkeit vgl. Rn. 74 ff.).

Methodisch ist es daher notwendig, zunächst nach dem Vorliegen eines Irrtums **37** über Tatsachen (insbesondere im Bereich der Tatbestandsmäßigkeit, sog. Tatumstandsirrtum) zu fragen. Erst wenn ein solcher nicht gegeben ist, ist die Prüfung eines Verbotsirrtums sachgerecht. Liegt sowohl ein Irrtum über Tatumstände als auch unabhängig davon ein Irrtum über das Verbotensein vor (sog. Doppelirrtum),[10] so sind beide Irrtümer unabhängig voneinander zu bewerten. Einer speziellen Regelung bedarf es hier nicht.[11]

IV. Zur Methodik: Tatsachen(Tatumstands)irrtum und Verbotsirrtum im Aufbau der Straftat

Die Prüfung eines Irrtums erfolgt innerhalb des Aufbaus der strafbaren Handlung an **38** der Stelle, an der er sich innerhalb der Prüfungsstufen *erstmals* auswirkt oder auswirken könnte.

Die *Unkenntnis eines Umstandes, der gesetzliche Elemente der Tatbestands-* **39** *mäßigkeit betrifft,* wird wegen ihrer Auswirkungen auf den Vorsatz somit im Rahmen der Prüfung des Vorsatzes erörtert. Die *irrige Annahme der tatsächlichen Voraussetzungen eines Rechtfertigungsgrundes* wird geprüft, nachdem das Vorliegen der tatsächlichen Voraussetzungen eines Rechtfertigungsgrundes verneint worden ist, also entweder am Ende der Rechtswidrigkeit oder – weil das *Unrechtsbewusstsein* ausschließend – zu Beginn der Prüfung der Schuldhaftigkeit.[12] Die *irrige Annahme der tatsächlichen Voraussetzungen eines Entschuldigungsgrundes* nach § 35 II wird relevant, nachdem das objektive Vorliegen des Entschuldigungsgrundes verneint worden ist, d. h. innerhalb der Schuldhaftigkeit.

---

[9] Vgl. zur Abgrenzung zwischen § 16 und § 17 *Kindhäuser* JuS 2019, 953 ff.

[10] Vgl. dazu *Gropp* ZIS 2016, 601 ff.; krit. *Wolf* ZIS 2019, 418 ff.; dagegen *Gropp* FS Schmoller, S. 43 ff.; vgl. a. *Kuhlen* FS Paeffgen, S. 247 ff.

[11] Vgl. auch *Plaschke* Jura 2001, 235 ff. (239) sowie *Knobloch* JuS 2010, 864 ff. (868).

[12] Vgl. z. B. *Dohmen* Jura 2006, 143 ff. (146 f.); etwas anderes gilt, wenn man die Lehre von den „negativen Tatbestandsmerkmalen" bevorzugt. Denn dann müsste das Nichtvorliegen jener Elemente bereits innerhalb der objektiven Elemente der Tatbestandsmäßigkeit geprüft werden und im Anschluss daran die Unkenntnis des Täters bezüglich des Nichtvorliegens jener Elemente.

40   Auch die Prüfung eines *Verbotsirrtums* nach § 17 erfolgt an der jeweils betroffenen Stelle des Aufbaus der Straftat: Der Irrtum über die Grenzen eines Rechtfertigungsgrundes bedarf somit der Erörterung, nachdem festgestellt worden ist, dass die Grenzen des Rechtfertigungsgrundes überschritten worden sind. Die irrige Annahme eines Rechtfertigungsgrundes, den es gar nicht gibt (Erlaubnisnormirrtum), ist zu Beginn der Prüfung der Schuldhaftigkeit (Unrechtsbewusstsein), nachdem innerhalb der Rechtswidrigkeit festgestellt worden ist, dass jener vom Täter angenommene Erlaubnissachverhalt nicht existiert, anzusprechen.

41   Ausschließlich im Rahmen des Unrechtsbewusstseins erfolgt die Prüfung eines Verbotsirrtums dann, wenn der Täter ganz allgemein in *Unkenntnis bezüglich des Verbotenseins* ist, ohne dass sich im Einzelnen feststellen ließe, welches spezifische Element der strafbaren Handlung Gegenstand des Irrtums sein könnte.

B. Entwicklungsschritte in Rechtsprechung und Lehre[13]

42   Die Verankerung des Verbotsirrtums in § 17 StGB erfolgte erst im Rahmen des 2. StrRG 1975. Sie dokumentiert, dass auch der Irrtum in Form der Unkenntnis des Verbotenseins beachtlich ist. Bis dahin war die Beachtlichkeit eines Verbotsirrtums jedoch äußerst umstritten. Überwiegend ging man davon aus, dass ein Verbotsirrtum in jeder Hinsicht unbeachtlich sei.[14] Eine falsche Wertung im Bereich des Strafrechts (error iuris criminalis) könne den Täter nicht entlasten. So die Rechtsprechung des Reichsgerichts:

I. Error iuris (criminalis) nocet[15] – die Unbeachtlichkeit des strafrechtlichen Verbotsirrtums in der Rechtsprechung des Reichsgerichts

Beispiel 13.3

43   *Testaments*-Fall RG I 407/22 RGSt 57, 235 vom 06.02.1923: „Im Nachlass der Frau R. Sch. wurde vom Ortsgericht B. eine mit ‚Mein letzter Wille‘ überschriebene und unter dem Datum ‚B., den 23. August 1916‘ die volle Namensunterschrift der Erblasserin tragende Urkunde vorgefunden, in welcher der Ehemann der Angeklagten und bei dessen vorherigem Tod diese selbst für den Fall, dass die Erblasserin ihren Mann überleben würde, zu Erben eingesetzt waren. Nach tatrichterlicher Annahme hat die Angeklagte dieses Schriftstück ‚im Auftrag‘ der Erblasserin für diese ‚niedergeschrieben‘, ohne dass ihr zu widerlegen war, dass sie nicht das Bewusstsein hatte, damit ‚etwas Unrechtes zu tun‘. Die Strafkammer ist

---

[13] Vgl. hierzu auch *U. Schroth* 1998, S. 15 ff.

[14] Näher *Frisch* in: Eser/Perron (Hrsg.) 1991, S. 223 f.

[15] Wörtlich übersetzt: Der Irrtum über das (Straf-)Recht schadet.

hiernach zur Freisprechung gelangt, indem sie überdies eine Täuschungsabsicht der Angeklagten bei der Testamentsniederschrift und ein Gebrauchmachen von dem Testamente zum Zweck der Täuschung für nicht nachgewiesen hielt."

Ist der Irrtum der Angeklagten in Form der Unkenntnis, „etwas Unrechtes zu tun", beachtlich? ◄

Die Irrtumslehre des Reichsgerichts[16] beruhte auf § 59 StGB a. F., der gewisse Ähn- **44** lichkeiten mit § 16 StGB aufwies:

§ 59 a. F. [Irrtum]

1. Wenn jemand bei Begehung einer strafbaren Handlung das Vorhandensein **45** von Tatumständen nicht kannte, welche zum gesetzlichen Tatbestande gehören oder die Strafbarkeit erhöhen, so sind ihm diese Umstände nicht zuzurechnen.

2. Bei der Bestrafung fahrlässig begangener Handlungen gilt diese Bestimmung **46** nur insoweit, als die Unkenntnis selbst nicht durch Fahrlässigkeit verschuldet ist.

Von § 59 a. F. ausgehend entwickelte das Reichsgericht die auf das römische Recht **47** zurückzuführende Unterscheidung zwischen einem error facti (= Tatirrtum) und einem error iuris (= Rechtsirrtum). Der error facti sollte – aufbauend auf § 59 a. F. – in der Weise beachtlich sein, dass der Vorsatz entfiel, wenn ein Irrtum über *sinnlich wahrnehmbare* Tatsachen der äußeren Erscheinungswelt vorlag.

Zu Beispiel 13.1

Falls der Täter in der Dunkelheit auf eine Vogelscheuche zu schießen glaubte, in **48** Wirklichkeit aber auf einen Menschen schoss und diesen zu Tode brachte, so lag ein beachtlicher error facti vor, welcher zu einer Strafbarkeit allenfalls wegen fahrlässiger Tötung führte. ◄

Jeder andere Irrtum hingegen sollte ein Rechtsirrtum (error iuris) sein. Innerhalb der **49** Fallgruppe des error iuris wurde nun wiederum differenziert in einen *strafrecht-lichen* und einen *außerstrafrechtlichen* Rechtsirrtum, je nach dem Rechtsgebiet, dem die Norm angehört, die Gegenstand des Irrtums ist. Der strafrechtliche Rechts-irrtum (*error iuris criminalis*) sollte Rechte, Rechtsbegriffe, Rechtsverhältnisse und Rechtsbeziehungen strafrechtlicher Natur zum Gegenstand haben und im Unter-schied zum außerstrafrechtlichen Rechtsirrtum *unbeachtlich* sein. Der Grund für diese Unterscheidung lag darin, dass der Bürger die Gegenstände, die im Strafrecht geregelt sind, kennen muss. Aufgrund dieses Kennenmüssens fehlt es an der Be-achtlichkeit des Irrtums. Demgegenüber sind die Regelungen außerhalb des Straf-rechts so umfangreich, dass in Fällen, in denen sich der Gegenstand des Irrtums auf

---

[16] Umfassend hierzu *Arthur Kaufmann* 1949, S. 46 ff.

eine außerhalb des Strafrechts geregelte Materie bezieht, Nachsicht geübt wird und der Irrtum beachtlich ist. Der außerstrafrechtliche error iuris wurde dementsprechend dem Tatirrtum gemäß § 59 a. F. gleichgestellt.[17]

Zu Beispiel 13.3

50   Diesem Gedankengang folgen auch die Überlegungen des Reichsgerichts – RGSt 57, 236 f. – im *Testaments*-Fall: „Ein Irrtum des eine solche Testamentsurkunde Niederschreibenden über die bürgerlichrechtliche Wirksamkeit des ihm erteilten Auftrags des Erblassers wäre allerdings, weil außerstrafrechtlicher Art, nach § 59 StGB geeignet, das Bewusstsein von der Anfertigung einer falschen Urkunde auszuschließen. Dagegen genügte dazu die Annahme noch nicht, ein auf Geheiß des letztwillig Verfügenden von fremder Hand für ihn niedergeschriebenes Testament sei auch dann schon formgerecht errichtet und gültig, wenn es nur den wahren und vom Recht nicht aus sonstigem Grund missbilligten Willen des Erblassers zum unverfälschten Ausdruck bringe. Hierbei handelte es sich zwar gleichfalls noch um eine auf dem Gebiet des Privatrechts liegende unrichtige Vorstellung; diese bezöge sich aber nicht mehr auf einen zum gesetzlichen Tatbestand des § 267 StGB gehörenden Tatumstand, sondern nur auf den *strafrechtlichen* Begriff der Urkundenfälschung, für den es weder auf die Richtigkeit oder Wahrheit des Urkundeninhalts noch auf die Rechtsbeständigkeit des damit verbrieften Geschäfts, sondern allein auf die Echtheit der schriftlichen Beglaubigungsform, das heißt darauf ankommt, ob die Urkunde so, wie sie vorliegt, wirklich von der Person herrührt, die als ihr Aussteller erscheint. Ein bloß in dieser Richtung gelegener Irrtum wäre, wie überhaupt jeder Irrtum über die strafrechtlichen Erfordernisse des gesetzlichen Tatbestandes des § 267 StGB, für die Schuldfrage belanglos …"

51   Das Reichsgericht hielt somit die Unkenntnis der Angeklagten darüber, dass es verboten ist, im Namen des Erblassers ein Testament für diesen zu errichten und mit dessen Namen zu unterschreiben, als strafrechtlichen Rechtsirrtum für unbeachtlich. ◄

52   Die Irrtumslehre des Reichsgerichts erwies sich jedoch schon von ihrem eigenen Ansatzpunkt her in dreierlei Hinsicht als unpraktikabel, ja sogar untauglich:

53   Zum *einen* gibt es Fälle, in denen nicht hinreichend genau entschieden werden kann, ob der Gegenstand des Irrtums ein *sinnlich wahrnehmbarer* Tatumstand ist. So ließe sich z. B. trefflich darüber streiten, ob das Bestehen der ersten Ehe als Voraussetzung der Doppelehe (§ 172) solch einen Umstand darstellt, ob es sich somit um einen beachtlichen Irrtum handelt, wenn der Täter insoweit in Unkenntnis ist, weil er irrtümlich annimmt, dass der Ehemann seiner Braut verstorben sei.

---

[17] Unbedingt lesen: BGH GSSt 2/51 BGHSt 2, 194 ff.

Das *zweite* Abgrenzungsproblem entstand dort, wo Unsicherheit bezüglich der 54
*straf*rechtlichen oder der *außer*strafrechtlichen Natur des Irrtums herrscht. Zu nennen wäre hier z. B. die Unkenntnis des Täters über die Fremdheit der weggenommenen Sache beim Diebstahl (§ 242). Als Unkenntnis eines strafrechtlichen Tatbestandsmerkmals müsste hier einerseits ein unbeachtlicher error iuris criminalis vorliegen. Andererseits ist die eigentumsrechtliche Zuordnung der Sache eine sachenrechtliche Angelegenheit und damit eine zivilrechtliche Frage, was einen auf sie bezogenen Irrtum als error iuris civilis beachtlich sein lassen müsste.

Schließlich aber erschien die Irrelevanz der schlichten Verbotsunkenntnis aus 55
Gleichheitsgründen ungerecht: dass es außerhalb des Irrtums über Tatsachen völlig gleichgültig sein sollte, ob der Täter geglaubt hatte, Unrecht zu tun oder nicht.

II. Die Anerkennung des unmittelbaren[18] Verbotsirrtums und des Unrechtsbewusstseins als vom Vorsatz losgelöstes selbstständiges Merkmal der Schuldhaftigkeit (Schuldtheorie) durch den Bundesgerichtshof

1. Die „Honorar-Entscheidung" BGHSt 2, 194

Beispiel 13.5

Die „*Honorar*-Entscheidung" des Großen Senats für Strafsachen vom 18.03.1952, 56
BGH GSSt 2/51 BGHSt 2, 194: Der Angeklagte, ein Rechtsanwalt, hatte die Verteidigung in einer auf mehrere Verhandlungstage berechneten Strafsache gegen Frau W. übernommen, ohne ein bestimmtes Honorar zu vereinbaren. Am ersten Verhandlungstag trat ein anderer Rechtsanwalt (B) für den anderweit in Anspruch genommenen Angeklagten auf. Das hatte er Frau W. vorher mitgeteilt. „In der ersten Verhandlungspause verlangte der Angeklagte von Frau W. mit der Drohung, anderenfalls die Verteidigung nicht weiterzuführen, Zahlung von 50 DM zunächst noch am selben Tage und schließlich bis zum nächsten Morgen 8:30 Uhr. Unter dem Druck der Drohung lieh sich Frau W. das Geld. Als sie am nächsten Morgen an den Angeklagten in seinem Büro zahlte, nötigte er sie mit der gleichen Drohung, einen Honorarschein über 400 DM zu unterzeichnen. Das Landgericht hat den Angeklagten wegen Nötigung in zwei Fällen verurteilt …"

Die Verurteilung begründete das Landgericht mit der Irrtumslehre des Reichs- 57
gerichts: Wenn der Angeklagte geglaubt habe, zu diesem Vorgehen gegen Frau W. berechtigt zu sein, so sei das ein unbeachtlicher Strafrechtsirrtum, der sich auf die Wertung und Bewertung seiner ihm in tatsächlicher Beziehung in vollem Umfange bekannten Handlungsweise beziehe. ◄

---

[18] „Unmittelbar" sei der Verbotsirrtum genannt, der nicht auf einem Irrtum über Tatsachen, sondern ausschließlich auf einer unzutreffenden Wertung beruht, vgl. auch *Roxin/Greco* AT 1 § 21 Rn. 3 sowie oben Rn. 27; eine Übersicht zu Fragen des Verbotsirrtums gibt *Lesch* JA 1996, 346, 504, 607 jew. ff.

58 Auch der BGH betrachtete den vorliegenden Fall zunächst aus der Perspektive der Rechtsprechung des Reichsgerichts, nach der ein Irrtum über die Rechtswidrigkeit der Nötigung vorliege, der als Irrtum über das Strafgesetz unbeachtlich sei.[19] Jedoch lehnte der BGH jene Lehre und mit ihr die Unbeachtlichkeit eines Rechtsirrtums in Form der Unkenntnis des Verbotenseins ab. Denn Strafe setze Schuld und damit Vorwerfbarkeit voraus:

59 „Mit dem Unwerturteil der Schuld wird dem Täter vorgeworfen, dass er sich nicht rechtmäßig verhalten, dass er sich für das Unrecht entschieden hat, obwohl er sich rechtmäßig verhalten, sich für das Recht hätte entscheiden können. Der innere Grund des Schuldvorwurfs liegt darin, dass der Mensch auf freie, verantwortliche, sittliche Selbstbestimmung angelegt und deshalb befähigt ist, sich für das Recht und gegen das Unrecht zu entscheiden, sein Verhalten nach den Normen des rechtlichen Sollens einzurichten und das rechtlich Verbotene zu vermeiden, sobald er die sittliche Reife erlangt hat und solange die Anlage zur freien sittlichen Selbstbestimmung nicht […] gelähmt oder auf Dauer zerstört ist. […] Das Bewusstsein, Unrecht zu tun, kann im einzelnen Falle auch beim zurechnungsfähigen Menschen fehlen, weil er die Verbotsnorm nicht kennt oder verkennt. Auch in diesem Fall des Verbotsirrtums ist der Täter nicht in der Lage, sich gegen das Unrecht zu entscheiden."[20]

60 Damit meinte der BGH indessen nur, dass das fehlende Unrechtsbewusstsein die Schuld des Täters ausschließen *kann*. Denn:

61 „[…] nicht jeder Verbotsirrtum schließt den Vorwurf der Schuld aus. Mängel im Wissen sind bis zu einem gewissen Grad behebbar. Der Mensch ist, weil er auf freie, sittliche Selbstbestimmung angelegt ist, auch jederzeit in die verantwortliche Entscheidung gerufen, sich als Teilhaber der Rechtsgemeinschaft rechtmäßig zu verhalten und das Unrecht zu vermeiden. Dieser Pflicht genügt er nicht, wenn er nur das nicht tut, was ihm als Unrecht klar vor Augen steht. Vielmehr hat er bei allem, was er zu tun im Begriff steht, sich bewusst zu machen, ob es mit den Sätzen des rechtlichen Sollens in Einklang steht. Zweifel hat er durch Nachdenken oder Erkundigung zu beseitigen. Hierzu bedarf es der Anspannung des Gewissens, ihr Maß richtet sich nach den Umständen des Falles und nach dem Lebens- und Berufskreis des Einzelnen. Wenn er trotz der ihm danach zuzumutenden Anspannung des Gewissens die Einsicht in das Unrechtmäßige seines Tuns nicht zu gewinnen vermochte, war der Irrtum unüberwindlich, die Tat für ihn nicht vermeidbar. In diesem Falle kann ein Schuldvorwurf gegen ihn nicht erhoben werden."[21]

62 Damit hatte der BGH die zum Schuldausschluss führende Beachtlichkeit des Verbotsirrtums anerkannt, wenn dieser Irrtum *unvermeidbar* war. Im Falle der Vermeidbarkeit des Verbotsirrtums sei die Schuld nicht ausgeschlossen, der Schuldvorwurf aber gemindert.[22] Dies bedeutet, dass u. U. auch derjenige schuldhaft handelt, der ohne Unrechtsbewusstsein handelt. Für die Begründung der Schuldhaftigkeit genügt damit bereits ein *potenzielles* Unrechtsbewusstsein.[23]

---

[19] BGH GSSt 2/51 BGHSt 2, 194 ff. (198).
[20] BGH GSSt 2/51 BGHSt 2, 194 ff. (200 f.).
[21] BGH GSSt 2/51 BGHSt 2, 194 ff. (201).
[22] BGH GSSt 2/51 BGHSt 2, 194 ff. (201 f.).
[23] Vgl. dazu *Frisch* GA 2017, 699 ff.

Die Entscheidung des BGH für die Beachtlichkeit des Verbotsirrtums – kein **63** Schuldvorwurf bei Unvermeidbarkeit; verminderte Schuld bei Vermeidbarkeit – schließt aber eine zweite Entscheidung ein, die in dem Beschluss des BGH nicht ausdrücklich angesprochen wird: die Trennung von Unrechtsbewusstsein und Vorsatz, genauer: die Anerkennung des Unrechtsbewusstseins als selbstständiges Element des Schuld(haftigkeits)begriffs (sog. *Schuldtheorie*). Dies bedeutete zugleich eine Absage an die sog. *Vorsatztheorie*, welche Vorsatz und Unrechtsbewusstsein als „siamesische Zwillinge" ansah und deshalb in Fällen mangelnden Unrechtsbewusstseins auch einen Wegfall des Vorsatzes annahm.[24]

Seine Entscheidung für die Schuldtheorie begründete der BGH im Wesentlichen **64** mit den beiden **folgenden** Argumenten:

- Die Vorsatztheorie müsse in allen Fällen zum Ausschluss des Vorsatzes führen, **65** in denen der Täter im Augenblick der Straftatverwirklichung ohne Unrechtsbewusstsein handele, was nach der Erfahrung des täglichen Lebens häufig der Fall sei. Der Gesetzgeber habe aber auch in solchen Fällen (z. B. vorsätzliche Tötung zur Befriedigung des Geschlechtstriebs, § 211; vorsätzliche Tötung im asthenischen Affekt, § 213) an der Vorsatzstrafe festgehalten.
- Angesichts der großen Zahl der nur vorsätzlich begehbaren Straftatbestände **66** müsse die Vorsatztheorie zwangsläufig zu Strafbarkeitslücken führen.[25]

Die Anerkennung des Unrechtsbewusstseins als selbstständiges Element der **67** Schuldhaftigkeit der Tat und die dadurch ermöglichte Vorsatzstrafbarkeit helfe nicht nur über die Mängel der Vorsatztheorie hinweg, sondern habe darüber hinaus noch folgende Vorteile:

- Eine Strafbarkeit aus der Vorsatzstraftat werde möglich, ohne dass ein Unrechts- **68** bewusstsein schlicht unterstellt werden müsse.
- Die Strafbarkeit auch des Überzeugungstäters sei bruchlos erklärbar.[26] **69**

Der Gesetzgeber des 2. StrRG hat sich dieser Argumentation, die i. Ü. auch eine **70** Stütze im rein normativen Schuld(haftigkeits)begriff der finalen Handlungslehre findet (§ 6 Rn. 22 f.), durch die Einführung von § 17 angeschlossen.[27] Die darin zum Ausdruck kommende Beibehaltung des Vorsatzes beim Verbotsirrtum entzieht der Vorsatztheorie die gesetzliche Grundlage.[28]

---

[24] Näher zur Vorsatztheorie *Baumann/Weber/Mitsch/Eisele* AT § 18 Rn. 83 f. vertreten bis zu 5. Aufl.; *Langer* GA 1976, 193 ff.; *Schmidhäuser* JZ 1979, 361 ff.

[25] Näher zum ganzen BGH GSSt 2/51 BGHSt 2, 194 ff. (206 f.).

[26] BGH GSSt 2/51 BGHSt 2, 194 ff. (208).

[27] Zur Verfassungsmäßigkeit der Verbotsirrtumsregelung BVerfG 1 BvL 24/75 BVerfGE 41, 121.

[28] Vgl. a. *Roxin* FS Neumann, S. 1023 ff. (1023).

71   Die Entscheidung des Gesetzgebers in § 17 erscheint tragbar. Denn es ist ein grundlegender Unterschied, ob der Täter infolge der Unkenntnis von Tatsachen ohne Unrechtsbewusstsein ist oder ob er in Kenntnis der Tatsachen nur falsch wertet und infolgedessen kein Unrechtsbewusstsein hat.[29] Im zweiten Fall weiß er, was er tut und verwirklicht diesen Sachverhalt auch willentlich. Das Fehlen seines Unrechtsbewusstseins beruht allein auf der unrichtigen *Bewertung* ihm bekannter Tatsachen.

72   Gesehen werden muss aber auch, dass mit der Entscheidung für Schuldtheorie und Verbotsirrtum die Anforderungen an das Unrechtsbewusstsein herabgesetzt werden. Nicht mehr aktuelles Unrechtsbewusstsein ist erforderlich, sondern ein nur *potenzielles* (Vermeid*barkeit*) Unrechtsbewusstsein reicht für die Bejahung der Schuldhaftigkeit aus.[30]

Zu Beispiel 13.5

73   Wendet man die Rechtsprechung des BGH auf *Beispiel 13.5 Honorar*-Fall an, so kommt es nach § 17 darauf an, ob der Rechtsanwalt seinen Irrtum vermeiden konnte oder nicht. Im ersten Fall könnte die Strafe gemildert werden, im zweiten Fall wäre er straffrei. ◀

2. Zur Unvermeidbarkeit des Verbotsirrtums[31]

74   Weil der Verbotsirrtum nur bei Unvermeidbarkeit zur Straflosigkeit führt, kommt der Unvermeidbarkeit eine entscheidende Bedeutung zu. Von einer Unvermeidbarkeit geht die Rechtsprechung nur dann aus, wenn der Täter trotz einer *Prüfung unter Anspannung seines Gewissens*[32] den Irrtum nicht vermeiden konnte. Der Täter ist danach verpflichtet, *alle* seine geistigen Erkenntniskräfte und sittlichen Wertvorstellungen einzusetzen, um sich ein Urteil über die Rechtswidrigkeit seines Verhaltens zu bilden.[33] Im Zweifelsfalle ist der Täter verpflichtet, Rechtsrat einzuholen, wobei auch dabei hohe Anforderungen erfüllt werden müssen.[34] Lediglich bei Unterlassungsstraftaten legt der BGH weniger strenge Maßstäbe an.[35]

---

[29] Die Sachgerechtigkeit einer differenzierenden Betrachtungsweise wird dann besonders deutlich, wenn, trotz identischer Rechtsfolge (Fahrlässigkeitshaftung), in den Irrtumsvoraussetzungen Kategorien gebildet werden, wie dies z. B. in und zu § 9 des österreichischen Finanzstrafgesetzes geschieht, vgl. *Moos,* in: Leitner (Hrsg.) 1998, S. 103 ff.

[30] Aber auch Vertreter der Schuldtheorie wollen ein *sachgedankliches Unrechtsbewusstsein* hinreichen lassen, vgl. *Schmidhäuser* AT LB 10 Rn. 60 f.

[31] Näher *Zaczyk* JuS 1990, 889 ff.; *Puppe* FS für Rudolphi, S. 231 ff.

[32] BGH GSSt 2/51 BGHSt 2, 194 ff. (201); vgl. a. 2 StR 416/18 NStZ 2020, 167 ff. (168); 2 StR 246/20 NStZ 2022, 30 ff. (31).

[33] Vgl. BGH 2 StR 612/52 BGHSt 4, 1 ff. (5).

[34] Erfahrenheit im jeweiligen Rechtsgebiet, eingehende Prüfung der Sach- und Rechtslage, Vertrauen auf die Richtigkeit der Auskünfte, keine Gefälligkeitsgutachten; vgl. a. BGH VI ZR 266/16 NJW 2017, 2463 ff. (2464); zur Bedeutung eines vorinstanzlichen Freispruchs für den Vermeidbarkeitsmaßstab BGHSt 63, 66 m. Anm. *Mengler* StV 2020, 263 ff.

[35] Vgl. BGH GSSt 1/61 BGHSt 16, 155 ff. (160); BGH 1 StR 26/64 NJW 1964, 1330 ff. (1331).

Die Frage der Unvermeidbarkeit spielt besonders im Wirtschaftsstrafrecht eine 75 große Rolle, denn dort ist die Regelungsmaterie sehr komplex und häufig mit zivil- oder verwaltungsrechtlichen Normen verbunden. Insgesamt lässt sich feststellen, dass die Praxis extrem selten eine Unvermeidbarkeit des Verbotsirrtums annimmt.[36] Aufgrund dieser restriktiven Handhabung ist die Rechtsprechung zur Unvermeid- barkeit des Verbotsirrtums nicht zu Unrecht in die Kritik geraten. Zum einen werde gerade der Zweifelnde dem Sorglosen gegenüber benachteiligt. Denn wer nicht zweifle, dem werde auch die Einholung von Erkundigungen nicht zur Pflicht ge- macht. Zum anderen führten die überzogenen Anforderungen an die Unvermeidbar- keit dazu, dass der Irrtum in Form der Unkenntnis des Verbotenseins faktisch wie der error iuris criminalis in der Reichsgerichtsrechtsprechung behandelt werde – wenn man einmal von der Möglichkeit der Strafmilderung nach § 17 S. 2 i. V. m. § 49 absieht.[37] Eine großzügigere Annahme von Unvermeidbarkeit wäre vor allem im *Neben-* und im *Wirtschaftsstrafrecht* dringend zu wünschen, etwa in der Weise, dass Unvermeidbarkeit angenommen wird, „wenn der Glaube des Täters an die Er- laubtheit seines Verhaltens nachvollziehbar ist und seine Rechtstreue auch in den Augen eines objektiven Beurteilers nicht in Frage steht.“[38]

3. Inhalt und Umfang des Unrechtsbewusstseins[39]

Weil die Beachtlichkeit des Verbotsirrtums davon abhängt, dass der Täter ohne Un- 76 rechtsbewusstsein – d. h. in Unkenntnis über das Verbotensein seines Verhaltens – ist, bedarf es der näheren Klärung, was man unter „Unrechtsbewusstsein“ ver- stehen soll.

a) Unrechtsbewusstsein als Bewusstsein des Unrechts

Mit Unrechtsbewusstsein handelt der Täter zunächst dann, wenn er sich dessen be- 77 wusst ist, dass sein Verhalten der *Rechts*ordnung widerspricht.[40] Dies bedeutet einer- seits, dass das bloße Bewusstsein, un*moralisch* zu handeln, für die Annahme eines Unrechtsbewusstseins nicht hinreicht. Auf der anderen Seite ist es nicht erforderlich, dass sich der Täter die *Strafbarkeit* seines Verhaltens vorstellt oder dass er die das Verbot enthaltende gesetzliche Vorschrift kennt. Ein Unrechtsbewusstsein ist daher z. B. auch dann vorhanden, wenn der Täter zwar nicht die Strafbarkeit seines Ver-

---

[36] Aus der jüngeren Rechtsprechung BGH 2 StR 454/09 BGHSt 55, 191; LG Köln 151 Ns 169/11 NStZ 2012, 449; zu Nachweisen über die Zurückhaltung der Praxis bei der Annahme unvermeid- barer Verbotsirrtümer vgl. *Baumann/Weber/Mitsch/Eisele* AT § 18 Rn. 222 f.; *Frister* AT § 19 Rn. 7 ff.; *Kühl* AT § 13 Rn. 51a.

[37] Vgl. *Baumann/Weber/Mitsch/Eisele* AT § 18 Rn. 104; *Roxin/Greco* AT 1 § 21 Rn. 52 ff.

[38] *Roxin* FS Tiedemann, S. 375 ff. (389); vgl. a. *ders.* FS Neumann, S. 1023 ff. (1036).

[39] Umfassend zu Unrechtsbewusstsein und Verbotsirrtum *Neumann* JuS 1993, 793 ff.

[40] Vgl. BGH GSSt 2/51 BGHSt 2, 194 ff. (202); LK-*Vogel/Bülte* § 17 Rn. 15 mwN; *Otto* GK AT § 7 Rn. 67 ff., 75 unterscheidet neben diesem „formellen Unrechtsbewusstsein“ ein „materielles“, bezogen auf die Sozialschädlichkeit des Verhaltens und als Bestandteil des *Unrechts* (= personaler Unwert).

haltens als Diebstahl (§ 242) kennt, wohl aber in dem Bewusstsein handelt, gegen die Zivilrechtsordnung (z. B. in Form von verbotener Eigenmacht, § 858 BGB) zu verstoßen. Es genügt das „Bewusstsein des Verstoßes gegen ein sanktionsbewehrtes rechtliches Verbot".[41] Da in diesen Fällen ein Unrechtsbewusstsein gegeben ist, fehlt bereits jede Voraussetzung für die Annahme eines Verbotsirrtums. Diese Form des Unrechtsbewusstseins ist das *Bewusstsein der Rechtswidrigkeit* der Tat.

b) Unrechtsbewusstsein in Form einer Parallelwertung in der Laiensphäre

78 Eine weitere Fallgruppe, in der ein Verbotsirrtum ausscheidet, weil ein Unrechtsbewusstsein gegeben ist, findet sich im Rahmen der Irrtümer über normative Elemente der Tatbestandsmäßigkeit, d. h. Elemente, deren Bedeutung sich nicht ohne weiteres erschließt, sondern eine bestimmte *Bewertung* erfordert, wie etwa die „Urkunde" in § 267 oder die „Wegnahme" in § 242.[42] Erfasst der Täter wertend die Bedeutung eines normativen Elements, so ist es unbeachtlich, ob er die in der Strafvorschrift verwendete Bezeichnung mit dieser Bedeutung in Verbindung bringt. Ausschlaggebend ist hier die sog. „*Parallelwertung in der Laiensphäre*",[43] welche zur Begründung des Unrechtsbewusstseins hinreicht.

79 Insoweit genügt also das schlichte Bewusstsein der Rechtswidrigkeit, des Widerspruchs zum Recht, nicht. Um mit *Unrechts*bewusstsein zu handeln, muss der Täter hier vielmehr verstehen welchen vertypten Unwert er rechtswidrig verwirklicht. Ist er dazu nicht in der Lage, handelt er nicht nur ohne Bewusstsein der Rechtswidrigkeit, sondern erkennt auch das den Unrechtstypus tragende normative Element der Tatbestandsmäßigkeit nicht und handelt insoweit ohne Vorsatz.

Beispiel 13.6

80 *Parteiverrats*-Fall BGH 4 StR 381/54 BGHSt 7, 261: Der angeklagte Rechtsanwalt R wurde in folgender Weise tätig:

81 • Er verteidigte F gegen den Vorwurf der fahrlässigen Körperverletzung wegen eines Verkehrsunfalls, bei dem Beifahrer A verletzt wurde.
  • Er vertrat F im Zivilprozess wegen einer Schadensersatzforderung gegen den Verkehrsunfallgegner K.

---

[41] NK-StGB-*Neumann*, § 17 Rn. 20.

[42] Der Übergang von beschreibenden (deskriptiven) und bewertenden (normativen) Merkmalen ist fließend. Bei sehr enger Betrachtung könnte man nahezu jedes Tatbestandsmerkmal als normatives Merkmal einordnen. In diesem Sinne hat bereits die Festlegung der Menschqualität normativen Charakter: Im Bereich des Strafrechts beginnt das Menschsein im Sinne der Straftaten gegen das Leben mit dem *Beginn*, im Sinne des Zivilrechts mit der *Vollendung* der Geburt.

[43] Vgl. *Jescheck/Weigend* AT § 29 II 3; umfassend *Arthur Kaufmann* 1982; für Verzichtbarkeit des Terminus *Schulz* FS Bemmann, S. 246 ff.; ablehnend *Puppe* ZStW 134 (2022), 320 ff.; *Puppe* ZStW 136 (2024), 255 ff.

- Er vertrat den Beifahrer A wegen Schadensersatzansprüchen gegen die Versicherung von F.
- Er vertrat A im Rechtsstreit mit F, weil die Versicherung des F nicht zahlte.

Nach § 356 (Parteiverrat) macht sich ein Anwalt strafbar, „welcher bei den ihm **82** in dieser Eigenschaft anvertrauten Angelegenheiten in *derselben Rechtssache* beiden Parteien durch Rat oder Beistand pflichtwidrig dient". Sinn der Vorschrift ist es, die Treuepflicht gegenüber dem Auftraggeber und damit das Vertrauen der Rechtssuchenden in die Rechtspflege zu schützen.

R rechtfertigte sich damit, dass es sich bei dem Anspruch des A gegen F nicht **83** um „dieselbe Rechtssache" im Sinne von § 356 (Parteiverrat) gehandelt habe wie bei der Verteidigung des F. Der BGH ging hingegen von „derselben Sache" aus, weil derselbe Lebenssachverhalt zugrunde lag. Auch ein Interessengegensatz habe vorgelegen, weil es sich um Ansprüche gegen F handelte.

Der BGH (St 7, 263) verneinte einen beachtlichen Irrtum des R: „Wie der Zu- **84** sammenhang der Urteilsgründe ergibt, erkannte der Angeklagte den ihm von F anvertrauten Sachverhalt in dem neuen Auftrag wieder; er sah die gemeinsame Grundlage, die in dem von F mitverursachten Verkehrsunfall bestand. Er meinte aber, dass die tatsächlichen Gegebenheiten in objektiver Hinsicht das Tatbestandsmerkmal derselben Rechtssache nicht erfüllten', weil er glaubte, der gesetzliche Begriff der ‚Rechtssache' sei dem der ‚Prozesssache' gleichzustellen, da die Interessen der Parteien im Strafverfahren ganz anders seien als im Zivilprozess. Sein Irrtum beruhte also auf einer Verkennung des gesetzlichen ‚Tatbestandsmerkmals'." ◄

Die bloße Unkenntnis der Möglichkeit, einen Sachverhalt unter ein Element der **85** Tatbestandsmäßigkeit zu subsumieren, lässt bei Vorliegen einer zutreffenden Wertung somit das Unrechtsbewusstsein unberührt und ist daher als sog. *Subsumtionsirrtum* unbeachtlich.

c) Teilbarkeit des Unrechtsbewusstseins
Das Unrechtsbewusstsein ist teilbar. So ist es bei komplexen Handlungen möglich, **86** dass der Täter teils *mit* teils *ohne* Unrechtsbewusstsein handelt.

Beispiel 13.7

Stieftochter-Fall BGH 4 StR 234/56 BGHSt 10, 35: Der Angeklagte, der als **87** Volksdeutscher in der Nähe von Belgrad geboren, nach dem Balkanfeldzug 1941 deutscher Soldat geworden und nach der Entlassung aus der Kriegsgefangenschaft in Deutschland geblieben war, hatte 1955 mit seiner damals 17 Jahre alten Stieftochter den Geschlechtsverkehr ausgeführt. Er war sich dabei des zwischen ihm und seiner Stieftochter bestehenden Abhängigkeitsverhältnisses im Sinne des § 174 Nr. 1 StGB a. F. bewusst. Auch war ihm bekannt, dass der Beischlaf mit seiner Stieftochter als einer ihm anvertrauten Person verboten war und dass er einen (damals noch strafbaren) Ehebruch beging. Fraglich blieb jedoch, ob der

Angeklagte auch mit Unrechtsbewusstsein hinsichtlich des Vergehens gegen § 173 II 2 StGB a. F. (Beischlaf zwischen Verschwägerten[44] auf- und absteigender Linie) gehandelt hatte. Mit der Revision machte er geltend, dass er als Volksdeutscher auf dem Balkan unter fremden, insbesondere vom orientalischen Recht beeinflussten Rechtsbegriffen aufgewachsen sei und daher nicht gewusst habe, dass der Geschlechtsverkehr mit seiner Stieftochter strafbar sei.

88   Der BGH nahm – in Abänderung seiner Rechtsprechung[45] – eine Teilbarkeit des Unrechtsbewusstseins an. Denn der jeweilige Schuldvorwurf hänge davon ab, auf *welche* Strafvorschrift sich das Unrechtsbewusstsein bezieht, wenn in den Strafvorschriften Formen des Unrechts enthalten sind, die sich nach Art und Schwere unterscheiden. Weder das *allgemeine* Bewusstsein, etwas Unrechtes zu tun, noch das auf eine *andere* Straftat bezogene Unrechtsbewusstsein könne den besonderen Schuldvorwurf für die vom Täter verwirklichte Straftat rechtfertigen. Das einer bestimmten Strafvorschrift zugeordnete Unrechtsbewusstsein könne durch ein allgemeines oder anderes nicht ersetzt werden. Das Unrechtsbewusstsein müsse daher auf die Tatbestandsmäßigkeit bezogen sein, sich also auf das der jeweiligen Strafvorschrift zugrunde liegende Verbot erstrecken.[46] ◄

89   Diese Rechtsprechung des BGH überzeugt auch insoweit, als auf die jeweils spezifische Strafvorschrift im Sinne eines Unrechtstypus abgestellt wird. Denn dies ist auch bei sonstigen Fragen der Irrtumslehre der Fall. Es ist daher auch möglich, dass innerhalb von verwandten Straftatgruppen, z. B. Vermögensstraftaten, Unrechtsbewusstsein bezüglich der einen Vorschrift vorhanden ist, während es bezüglich der anderen fehlt.

C. Der Irrtum im Strafrecht – dargestellt entsprechend dem Aufbau der strafbaren Handlung

90   Die Überlegungen zur Struktur des Irrtums in Teil A und zur Unterscheidung zwischen dem Irrtum über *Tatsachen* im Bereich der Elemente der Straftat und dem allgemeinen *Verbotensein* (Verbotsirrtum) in Teil B seien nun – dem Aufbau der strafbaren Handlung folgend (I–IV) – durch konkrete Beispielsfälle ergänzt. Dabei wird jeweils die Frage nach dem *Gegenstand* (1 …), der *Form* (a …) und der *Beachtlichkeit* des Irrtums gestellt:

---

[44] Schwägerschaft ist eine besondere familienrechtliche Beziehung zwischen zwei Menschen, die durch eine Verwandtschaft und eine Ehe hergestellt wird, z. B. des Bruders mit dem Ehemann seiner Schwester; hier: des Angeklagten mit der Tochter, die seine Frau mit in die Ehe gebracht hatte.

[45] Für Unteilbarkeit des Unrechtsbewusstseins noch BGH 1 StR 495/52 BGHSt 3, 342.

[46] BGH 4 StR 234/56 BGHSt 10, 39.

I. Irrtümer über Elemente der Tatbestandsmäßigkeit

1. Gegenstand: Elemente der Tatbestandsmäßigkeit/deskriptiv

a) Form: Unkenntnis

Beispiel 13.8

In der Morgendämmerung schießt der Jäger J im eigenen Revier auf ein sich be-   **91** wegendes „Etwas" im Unterholz, das er für ein Reh hält. Als er das Reh aus dem Unterholz hervorholen will, entdeckt er zu seinem Entsetzen, dass es sich bei dem „Etwas" um einen Pilzsammler gehandelt hat, den er getötet hat. ◄
Der Irrtum ist als Fall von § 16 I beachtlich.
Ergebnis: J § 212 (−); § 222 (+), wenn die Unkenntnis auf Fahrlässigkeit beruhte.   **92**

b) Form: Irrige Annahme

Beispiel 13.9

In der Morgendämmerung legt der Jäger J im eigenen Revier mit Tötungsvorsatz   **93** auf ein sich bewegendes „Etwas" im Unterholz an, das er für einen Pilzsammler hält. Nachdem er geschossen hat, bemerkt er, dass es sich bei dem „Etwas" im Unterholz um ein (nunmehr getötetes) Reh und nicht um den Pilzsammler ge- handelt hat. ◄

Bezüglich des Pilzsammlers liegt ein Entschluss des J vor, einen anderen zu töten,   **94** zu dem er unmittelbar angesetzt hat. Der Irrtum ist folglich *beachtlich*, ohne dass es einer ausdrücklichen Regelung bedürfte.
Ergebnis: J §§ 212, 22, 23 (+).   **95**

Die Tötung des Rehs ist nicht tatbestandsmäßig, weil der Jäger das Reh im eigenen Revier erlegt   **96** hat. Hätte er das Reh im fremden Revier erlegt, so käme eine „fahrlässige Sachbeschädigung bzw. Wilderei" in Frage, die aber strafrechtlich irrelevant sind.

2. Gegenstand: Elemente der Tatbestandsmäßigkeit/normativ

a) Form: Unkenntnis

Beispiel 13.10

Künstler K vertauscht im Selbstbedienungsladen die Preisetiketten einer teuren   **97** und einer billigen Sektflasche, um an der Kasse nur den niedrigen Preis für die teure Flasche entrichten zu müssen. Den zutreffenden Vorwurf, Urkunden- fälschungen (vgl. § 267) begangen zu haben, weist er brüsk von sich, weil die Etiketten nach seiner Ansicht keine Urkunden seien.
    Zum Verständnis: Eine *Urkunde* ist eine „verkörperte Gedankenerklärung, die   **98** allgemein oder für Eingeweihte verständlich ist und einen Aussteller erkennen

lässt und die zum Beweis einer rechtlich erheblichen Tatsache geeignet und bestimmt ist, gleichviel ob ihr die Bestimmung schon bei der Ausstellung oder erst später gegeben wird."[47] ◄

99   Hier spielt es eine Rolle, ob der Täter die dem normativen Element der Tatbestandsmäßigkeit (hier: „Urkunde") innewohnende Wertung kennt und nachvollzieht (zutreffende Parallelwertung in der Laiensphäre)[48] oder ob er sie missversteht (unzutreffende Parallelwertung in der Laiensphäre).

aa) Zutreffende Parallelwertung

100   Wenn er die Wertung kennt und nachvollzieht, kommt es nicht darauf an, ob er seine Erkenntnis mit dem im Gesetz verwendeten Begriff verbindet. Meint K etwa, dass die Urkundenqualität eine Gedankenerklärung in Worten voraussetze, was bei einer bloßen Preisangabe nicht gegeben sei, dann irrt er nicht über die Bedeutung, sondern nur über die vom Gesetzgeber verwendete Bezeichnung. Dieser Irrtum ist unbeachtlich.

Zu Beispiel 13.10

101   So auch in dem hier geschilderten Fall *Beispiel 13.10*: Der Täter weiß, dass es sich bei dem Etikett in Verbindung mit der Flasche um die Gedankenerklärung handelt, dass die mit dem Etikett versehene Flasche zu dem auf dem Etikett abgedruckten Preis verkauft werden soll. Es handelt sich um einen unbeachtlichen Subsumtionsirrtum[49] des K.

102   *Ergebnis:* K § 267 (+). ◄

bb) Unzutreffende Parallelwertung

103   *Verkennt* der Täter hingegen die Bedeutung des in der Strafvorschrift verwendeten Begriffs, so liegt ein nach § 16 I beachtlicher Irrtum vor.

Beispiel 13.11

104   Künstler K meint, dass es sich bei den Aufklebern um Endkontrollmarken des Sektherstellers handele, denen nach der Auslieferung kein Erklärungswert mehr zukomme und die er aus Gründen der farblichen Gestaltung vertauschen dürfe, um die Flasche als Beispiel für eine besonders gelungene Gestaltung im Künstlerseminar zu präsentieren.

105   Hier erkennt A die Bedeutung der Aufkleber als Urkunden im Sinne von §§ 267, 274 (Urkundenvernichtung) nicht.

106   *Ergebnis:* K gem. § 16 I; § 267 (–), eine fahrlässige Urkundenfälschung ist nicht unter Strafe gestellt. ◄

---

[47] Lackner/Kühl/Heger-*Heger* § 267 Rn. 2 mwN.

[48] Im Zusammenhang mit § 266a muss sich die Parallelwertung in der Laiensphäre auf die tatsächlichen Umstände, die eine Arbeitgebereigenschaft begründen *und* auf die sozialversicherungsrechtliche Abführungspflicht beziehen; BGH 1 StR 346/18 NJW 2019, 3532 ff. (3533).

[49] Vgl. auch *Heidingsfelder* 1991 mit Bespr. *Mitsch* ZStW 110 (1998), 171 ff.

Eine unzutreffende Parallelwertung liegt insbesondere dann nahe, wenn dem nor- **107** mativen Merkmal der Tatbestandsmäßigkeit rechtliche Wertungen zugrunde liegen. Dies wäre etwa der Fall, wenn der Täter auf Grund einer unzutreffenden rechtlichen Bewertung annimmt, Eigentum an einer Sache erworben zu haben. Hier liegt Unkenntnis nach § 16 I 1 bezüglich des Elements „fremd" im Sinne von § 242 auch dann vor, wenn der Täter die Fakten kennt, aber dennoch irrig annimmt, Eigentümer geworden zu sein. Entscheidend ist, dass der Irrtum dem Täter den Blick für die Erfassung der Bedeutung des normativen Elements verstellt.[50] Ein berühmtes Beispiel bildet hier der sog. *Moos-raus*-Fall, BGH 4 StR 346/61 BGHSt 17, 87, betreffend die Unkenntnis des normativen Elements der Tatbestandsmäßigkeit „Rechtswidrigkeit der beabsichtigten Zueignung" beim Diebstahl.[51]

b) Form: Irrige Annahme

Beispiel 13.12

A lässt den Kanarienvogel seines Nachbarn aus dem Käfig entweichen und **108** meint, dadurch eine Gefangenenbefreiung (§ 120 I) begangen zu haben.

Indem A den Kanarienvogel für einen „Gefangenen" i. S. v. § 120 hält, verkennt **109** er den Gefangenenbegriff des StGB. Die Parallelwertung in der Laiensphäre des A ist im Hinblick auf § 120 unzutreffend. A stellt sich folglich die Strafbarkeit eines Sachverhaltes vor, der nicht nach § 120 strafbar ist. Er begeht damit im Hinblick auf § 120 eine straflose Wahnstraftat.[52] Sein Irrtum ist beachtlich.

Ergebnis: A bleibt straffrei. ◄ **110**

Nimmt der Täter hingegen irrig das Vorliegen eines normativen Elements der **111** Tatbestandsmäßigkeit an und wertet er zutreffend, so ist Versuchsstrafbarkeit gegeben:

Beispiel 13.13

A hält die Kontrollmarken des Sektherstellers auf den Flaschen für Preisetiketten **112** des Ladeninhabers und tauscht die vermeintlichen Etiketten aus, um eine teure Flasche zum niedrigeren Preis kaufen zu können.

Da A hier zutreffend wertet, liegt das personale Unrecht einer Urkundenfäl- **113** schung vor, auch wenn A der Meinung ist, dass auf Flaschen aufgeklebte Preisetiketten keine Urkunden seien.

Ergebnis: Versuch einer Urkundenfälschung, §§ 267, 22, 23; außerdem Straf- **114** barkeit wegen Betrugs, § 263. ◄

---

[50] Vgl. hierzu *Schlüchter* 1983, S. 121.

[51] Hierzu *Gropp* FS Weber, S. 127 ff.; vgl. auch *Kudlich* JuS 2003, 243 ff.

[52] Wenn man annimmt, dass der entflogene Kanarienvogel in der Freiheit nicht überlebensfähig ist, läge zugleich eine Sachbeschädigung vor. Insoweit würde eine zutreffende Parallelwertung in der Laiensphäre des A wohl vorliegen. An der straflosen Wahnstraftat im Hinblick auf § 120 ändert dies aber nichts. Vielmehr zeigt es, dass Beachtlichkeit und Folgen des Irrtums nur im Hinblick auf die jeweils in Frage stehende Strafvorschrift entschieden werden können.

3. Irrtum über qualifizierende Elemente der Tatbestandsmäßigkeit

a) Form: Unkenntnis

Beispiel 13.14

115 A weiß nicht, dass sein Komplize B bei Begehung des Diebstahls eine Pistole mit sich führt. B ist strafbar wegen eines Diebstahls mit Waffen, § 244 I Nr. 1a.

116 Der Irrtum ist als Fall von § 16 I 1 beachtlich.

117 *Ergebnis:* A kann nur wegen Beteiligung an einem einfachen Diebstahl bestraft werden, §§ 242, 25 II. ◄

b) Form: Irrige Annahme

Beispiel 13.15

118 A nimmt irrig an, dass sein Komplize B bei der Begehung des Diebstahls eine Pistole mit sich führt. ◄

119 Fälle dieser Art sind gesetzlich nicht ausdrücklich geregelt. Jedoch bedarf es auch keiner Regelung, weil die allgemeinen Regeln der Strafrechtsdogmatik ausreichen. Neben dem Unrecht des § 242 liegt gleichzeitig das personale Unrecht des § 244 vor, ohne dass freilich das entsprechende Sachverhaltsunrecht gegeben ist. Hinsichtlich des Mitsichführens einer Schusswaffe liegt folglich nur ein Versuch vor, wobei gegen beide Strafvorschriften durch eine Handlung verstoßen wird, also Tateinheit vorliegt (§ 52).

120 *Ergebnis:* A §§ 242; 244 I Nr. 1a, 22, 23 I; 52; B § 242.

Da auch die strafenhöhenden Umstände der *Regelbeispiele* (§ 2 Rn. 54 ff.) für besonders schwere Fälle (z. B. § 243) vom Vorsatz umfasst sein müssen, wirkt eine sie betreffende *Unkenntnis* im Sinne von § 16 I 1 (analog) vorsatzausschließend. Auf diese Umstände darf die Annahme eines besonders schweren Falles dann nicht gestützt werden.[53] Umstritten ist, wie die *irrige Annahme* eines Regelbeispiels zu würdigen ist, d. h. ob der „Versuch" eines Regelbeispiels neben einer vollendeten „Grundstraftat" eine Regelwirkung für die Annahme eines besonders schweren Falles entfaltet. Dies wird von einer Minderheitsmeinung angenommen.[54] Die überwiegende Meinung hält hier hingegen die Annahme eines besonders schweren Falles nur aufgrund einer ergänzenden Gesamtbewertung für möglich.[55] Der überwiegenden Meinung ist zuzustimmen, weil der Versuch des Regelbeispiels neben der Vollendung der Grundstraftat nicht eigens ins Gewicht fällt. Werden hingegen sowohl der Diebstahl als auch das Regelbeispiel nur versucht, erlangt das Regelbeispiel Bedeutung und entfaltet eine Regelwirkung. Dem BGH, der in diesem Fall einen versuchten Diebstahl in einem besonders schweren Fall annimmt, ist daher zuzustimmen (§ 9 Rn. 99 ff.).

---

[53] Vgl. *Bosch,* in: Schönke/Schröder § 243 Rn. 43; *Mitsch* BT 2, S. 84 f.

[54] Vgl. OLG Köln Ss 262/72 MDR 1973, 779 mit Anmerkung *Dreher* MDR 1974, 57; *Zipf* JR 1981, 121.

[55] Vgl. BayObLG RReg. 1 St 535/79 NJW 1980, 2207; OLG Stuttgart 1 Ss (25) 866/80 Justiz 1981, 135, 366; *Maurach/Schroeder/Maiwald/Hoyer/Momsen* BT I § 33 Rn. 107; *Otto* Jura 1989, 200 ff. (201); *Wessels/Hillenkamp/Schuhr* BT 2 Rn. 215 ff.

4. Irrtum über privilegierende Elemente der Tatbestandsmäßigkeit   121

a) Form: Unkenntnis

Beispiel 13.16

Krankenschwester K tötet den schwerleidenden Patienten P aus Mitleid. Kurze Zeit später findet sie auf dem Nachttisch des P einen an sie gerichteten Brief mit dem ausdrücklichen und ernstlichen Verlangen seiner Tötung im Sinne von § 216. ◄

Nur zum Teil verwirklicht K eine Tötung auf Verlangen (§ 216), denn § 216 setzt für   122
eine Privilegierung voraus, dass aufgrund eines „ausdrücklichen und ernstlichen Verlangens" getötet und der Täter zu dieser Tat vom Getöteten „bestimmt" wurde. Zwar ist das Unrecht in Beispiel 13.16 gemindert, weil es tatsächlich ein ausdrückliches und ernstliches Verlangen des P gab, aber es fehlt an der weiteren Voraussetzung der Bestimmung zur Tat. Die Unkenntnis der K darüber, von P zur Tötung bestimmt worden zu sein, ist insoweit *beachtlich*, als K die Privilegierung nicht zugute kommt. K verwirklicht alle Merkmale des § 212.[56] Aufgrund des verminderten Erfolgsunrechts kann aber ein unbenannter minder schwerer Fall (§ 213) angenommen werden.[57]
Ergebnis: K §§ 212, 213.   123

b) Form: Irrige Annahme[58]

Beispiel 13.17

K nimmt irrig an, dass Patient P ernstlich und ausdrücklich seine Tötung verlangt   124
habe (§ 216) und verabreicht ihm eine tödliche Injektion.
Der Irrtum ist als Fall von § 16 II beachtlich.
Ohne § 16 II müsste K wegen des Versuchs des § 216 (Vorstellung und un-   125
mittelbares Ansetzen) und einer unvorsätzlichen Tötung ohne ein entsprechendes Verlangen (§ 222) in Tateinheit bestraft werden. Hier bildet § 16 II aber eine Spezialregelung.
Ergebnis: K § 216. ◄   126

5. Irrtum über den Geschehensablauf (Kausalabweichung)
Hier betrifft die Kausalabweichung ausschließlich den *Weg*, auf dem der Schaden   127
bei dem ins Auge gefassten Angriffsobjekt eintritt. Es besteht somit eine Kausalabweichung bei Identität des Angriffsobjekts.

---

[56] Ebenfalls für Vollendung der Grundstraftat (§ 212) *Ebert* AT 3. Teil 2. Abschnitt F II; *Sternberg-Lieben/Schuster*, in: Schönke/Schröder § 16 Rn. 28; *Eser/Sternberg-Lieben*, in: Schönke/Schröder § 216 Rn. 14 (mangels „Bestimmens" zur Tat in § 216); a. A. vgl. *Jescheck/Weigend* AT § 29 V 5.

[57] *Eser/Sternberg-Lieben*, in: Schönke/Schröder § 213 Rn. 13a.

[58] Vgl. auch *Küper* Jura 2007, 260 ff. (263); *Schlüchter* AT 6. Kap. B Frage 40.

128   A schießt in Tötungsabsicht auf B. B wird jedoch nur leicht verletzt und von einem Krankenwagen abgeholt. Auf dem Weg ins Krankenhaus verunglückt der Krankenwagen und B erleidet tödliche Verletzungen. ◀

a) Form: Unkenntnis des eingetretenen Kausalverlaufs

129   Über die *Beachtlichkeit* der Unkenntnis des Täters über den eingetretenen Kausalverlauf bzw. die Zurechnung des Todes lässt sich auf zwei Wegen entscheiden:

aa) Objektive Zurechnung

130   Über den Ansatz der *objektiven Zurechnung* (§ 4 Rn. 85 ff., 89 f.) käme es auf den Irrtum gar nicht an. Vielmehr wäre zu fragen, ob die Kausalabweichung die objektive Zurechnung ausschließt.

131   Legt man den Maßstab der objektiven Zurechnung an, so wäre in *Beispiel 13.18* die Herbeiführung des Todes infolge des Verunglückens des Krankenwagens dem Täter nicht mehr als sein Werk zurechenbar (Fallgruppe: atypische Kausalverläufe).

132   *Ergebnis:* A wäre für den Tod des B nicht verantwortlich und nur wegen einer *versuchten Tötungsstraftat* (§§ 212, 22, 23) in Tateinheit (§ 52) mit einer *gefährlichen Körperverletzung* (§ 224 I Nr. 2) strafbar. ◀

bb) Subjektive Zurechnung

133   Der etwas „altmodischere" Ansatz über eine „*subjektive Zurechnung*" in Form des Irrtums über den Kausalverlauf, der auch heute noch von der Rechtsprechung vertreten wird,[59] nimmt eine Beachtlichkeit der Unkenntnis des wirklichen Kausalverlaufs mit der Folge einer *Verneinung des Vorsatzes* nach § 16 I (Kausalverlauf als Tatumstand bzw. Element der Tatbestandsmäßigkeit) dann an, wenn der eingetretene Kausalverlauf von der ursprünglichen Vorstellung des Täters *wesentlich* abweicht. „Wesentlichkeit" soll dabei vorliegen, wenn der eingetretene Kausalverlauf *außerhalb* des nach allgemeiner Lebenserfahrung *Vorhersehbaren* liegt oder einer *abweichenden Bewertung* bedarf (§ 4 Rn. 119 ff., 126).

134   Im *Beispiel 13.18* wäre die Vorhersehbarkeit wohl zu verneinen, weshalb die Unkenntnis des A beachtlich wäre mit der Folge eines Irrtums nach § 16 I.

135   *Ergebnis:* A § 212 (–), § 222 (–). Über § 16 I fehlt ein Vorsatz des A bezüglich § 212. Weil der eingetretene Kausalverlauf außerhalb des nach allgemeiner

---

[59]Vgl. BGH 5 StR 131/60 NJW 1960, 1822; BGH 2 StR 383/91 bei *Miebach* NStZ 1992, 227 Nr. 59.

Lebenserfahrung Vorhersehbaren liegt, kommt auch eine Strafbarkeit wegen fahrlässiger Schadensverursachung nicht in Betracht. A ist aber auch hier wegen einer *versuchten Tötungsstraftat* (§§ 212, 22, 23) in Tateinheit (§ 52) mit einer *gefährlichen Körperverletzung* (§ 224 I Nr. 2) strafbar. ◄

Beispiel 13.18 zeigt anschaulich, dass im Bereich atypischer Kausalverläufe Irr- **136** tumslehre und objektive Zurechnung nicht nur zu demselben Ergebnis kommen, sondern darüber hinaus auch identische Argumentationsmuster benutzen.

b) Form: Irrige Annahme eines Kausalverlaufs

Bezog sich die *Unkenntnis* im *Beispiel 13.18* auf den eingetretenen Kausalverlauf, **137** so betraf die *irrige Annahme* den vorgestellten Kausalverlauf: Eintritt des Todes un- mittelbar durch den Pistolenschuss.

Auch dieser Irrtum ist nicht explizit gesetzlich geregelt. Jedoch führt der un- **138** mittelbare Rückgriff auf die allgemeinen Regeln des Strafrechts zu überzeugenden Ergebnissen:

Zu Beispiel 13.18

A hat den *Entschluss* gefasst, B zu töten. Er hat hierzu auch unmittelbar an- **139** gesetzt. Ausgeblieben ist lediglich die tödliche Folge. Damit liegt das personale (Entschluss) und das Sachverhaltsunrecht (unmittelbares Ansetzen) eines Ver- suchs vor.

Ergebnis: A §§ 212, 22, 23. ◄ **140**

6. Irrtum über das Angriffsobjekt und den Kausalverlauf – Fallgruppe: Irrtum über das Angriffsobjekt und Irrtum über die Tatbestandsmäßigkeit des Angriffsobjekts

---

Beispiel 13.19

A schießt in Tötungsabsicht auf B, trifft aber den neben B sitzenden Hund **141** des B. ◄

a) Form: Unkenntnis der Verletzung des getroffenen Angriffsobjekts

---

Zu Beispiel 13.19

Bezüglich des Hundes als Angriffsobjekt des § 303 handelt A in Unkenntnis. Der **142** Hund ist nicht nur ein von B verschiedenes *Angriffsobjekt.* Er erfüllt auch ein an- deres Element der Tatbestandsmäßigkeit (Sache). Es liegt ein Irrtum in Form der Unkenntnis eines Elements der Tatbestandsmäßigkeit (Rn. 91 f.) vor, der in § 16 I geregelt ist.

Ergebnis: Kein Vorsatz bezüglich § 303. Eine Fahrlässigkeitsstrafbarkeit **143** kommt mangels Strafbarkeit der fahrlässigen Sachbeschädigung nicht in Be- tracht. ◄

144 Nach überwiegender, jedoch nicht überzeugender Meinung soll bereits hier ein Fall einer *aberratio ictus* vorliegen.[60] Da in diesen Fällen jedoch bereits die Regeln des Irrtums über Tatsachen eingreifen, ist dieser Rückgriff nicht erforderlich.

b) Form: Irrige Annahme der Verletzung des angepeilten Angriffsobjekts

Zu Beispiel 13.19

145 Bezüglich des B liegt ein Tötungsentschluss vor, zu dem A unmittelbar angesetzt hat. A ist deshalb wegen eines Tötungsversuchs zum Nachteil des B strafbar.

146 *Ergebnis:* A §§ 212, 22, 23, näher oben Rn. 93 ff. ◄

7. Irrtum über das Angriffsobjekt und den Kausalverlauf – Fallgruppe: Irrtum über das Angriffsobjekt ohne Irrtum über die Tatbestandsmäßigkeit des Angriffsobjekts: Kausalabweichung in Form der aberratio ictus[61]

Beispiel 13.20

147 *Wanderstock*-Fall RG I 878/23 RGSt 58, 27:[62] Der Schreiner L. drang um Mitternacht in stark betrunkenem Zustande nach Aufsprengung der Tür in das eheliche Schlafzimmer seines Untermieters S. ein, obwohl ihn seine Frau zur Verhütung eines Unglücks fest umklammerte und zurückzuhalten suchte. L. stürzte sich in rasender Wucht auf S., der bloß die Hose anzuziehen und seinen mit einer Eisenspitze versehenen Wanderstock zu ergreifen vermocht hatte, und auf dessen noch im Bette sitzende Ehefrau los, um beide zu treten und zu würgen. Da von dem an Körperkraft weit überlegenen L. in seiner Aufregung jede Gewalttätigkeit und sogar das Allerschlimmste zu befürchten war, schlug S. mit seinem Stock auf ihn zu, traf aber mit dem ersten Streich bloß Frau L., deren Anwesenheit er bei der Dunkelheit des nur schwach durch einen Kerzenschimmer über den Flur her erhellten Zimmers in seiner Bestürzung nicht bemerkt hatte, und zwar so unglücklich auf das rechte Auge, dass es erblindete.

148 Hinsichtlich der Verletzung der Frau L. nimmt das Reichsgericht eine Beachtlichkeit des Irrtums an, obwohl Frau L. als „Angriffsobjekt Mensch" ihrem Ehemann gleicht. Denn: „Verwirklicht sich der dem Täter erwünschte Erfolg anstatt an dem von ihm allein ins Auge gefassten Gegenstand an einem diesen zwar

---

[60] *Jescheck/Weigend* AT § 29 V 6 c; *Joecks/Jäger* StK § 15 Rn. 45; *Kindhäuser/Zimmermann* AT § 27 Rn. 54; *Kühl* AT § 13 Rn. 30 mwN; *Roxin/Greco* AT 1 § 12 Rn. 162.

[61] Die Bezeichnung „aberratio ictus" ist zusammengesetzt aus dem weiblichen Substantiv „aberratio" (das Abirren) und „ictus" (des Hiebes), dem Genitiv Singular des männlichen Substantivs ictus = der Hieb. Weil ictus = der Hieb der u-Deklination folgt, wird das u im Genitiv lang gesprochen. Die genannte Irrtums-Konstellation kann man deutsch bezeichnen als *das* Fehlgehen des Hiebes oder lateinisch als *die* aberratio ictus (§ 4 Rn. 140 ff.). Siehe auch *Hillenkamp/Cornelius* 32 Probleme, Problem 9 mwN.

[62] Vgl. *Eser/Burkhardt* StK I Nr. 18; *Roxin/Greco* AT 1 § 12 Rn. 160 ff. mwN.

gleichgearteten, von ihm aber nicht vorgestellten Gegenstand – ohne Verwechslung beider[63]– lediglich in Folge des Dazwischentretens von Umständen, die den von ihm gedachten Ursachenverlauf änderten (aberratio ictus), so liegt nur ein *Versuch* der beabsichtigten Straftat vor, mit dem sich je nach Lage des Falles bloß noch eine strafbare *Fahrlässigkeitstat* hinsichtlich des verletzten Gegenstandes verbinden kann […] denn trotz Verursachung hat der Täter den getroffenen Gegenstand weder treffen wollen noch dass dies geschah, für eine notwendige Folge seines Handelns angesehen; eine ihm nicht einmal bewusst gewordene Verletzung kann ihm aber niemals zum Vorsatz angerechnet werden und hieran vermag auch der Umstand nichts zu ändern, dass die beiden in Betracht kommenden Gegenstände gleichen Rechtsschutz genießen."[64] ◄

Auch die aberratio ictus lässt sich als Kausalabweichung konstruieren. Ihre Besonderheit besteht darin, dass jene Abweichung auch das Angriffsobjekt betrifft. **149**

a) Form: Unkenntnis des getroffenen Objekts (hier: Frau L.)

Hinsichtlich der Verletzung der Frau L. handelt S. in Unkenntnis. Fraglich ist jedoch, ob dieser Irrtum als Irrtum über Elemente der Tatbestandsmäßigkeit (Tatumstandsirrtum i. S. von § 16 I) *beachtlich* ist, d. h. ob er zur Verneinung des Verletzungsvorsatzes bezüglich der Frau L. führt. § 16 I wäre dann einschlägig, wenn die Verletzung von Frau L. ein Umstand wäre, der ein Element der Tatbestandsmäßigkeit des § 223 darstellt und den S. nicht kennt. **150**

Die Tatobjekte nach § 223 sind aber lediglich abstrakt ihrer *Gattung* nach bestimmt, d. h. Tatobjekt kann *jeder andere Mensch* sein, also auch Frau L. als Angehörige der *Gattung* „Mensch". Wenn aber § 223 auch Frau L. einbezieht, dann liegt bezüglich des objektiven Elementes der Tatbestandsmäßigkeit „andere Person" in § 223 gar keine Unkenntnis des S. vor.[65] An diese *gattungsmäßige* Identität der Angriffsobjekte „Herr L."/„Frau L." knüpft die sog. *Gleichwertigkeitstheorie*[66] an und gelangt mangels Beachtlichkeit des Irrtums des S. zu einer Strafbarkeit des S. wegen einer vorsätzlichen Körperverletzung zu Lasten der Frau L. **151**

Die herrschende sog. *Konkretisierungstheorie*[67] nimmt hingegen eine Konkretisierung des Vorsatzes des S. auf Herrn L. an und verneint deshalb einen Vorsatz bezüglich Frau L. *Roxin* und *Greco*[68] kommen zu demselben Ergebnis. Sie knüpfen **152**

---

[63] Damit ist das Nichtvorliegen eines *error in persona* gemeint.

[64] RGSt 58, 27 ff. (28), Hervorhebungen im Original.

[65] Die nach *Hillenkamp/Cornelius* 32 Probleme, Problem 9 A. sog. „formelle Gleichwertigkeitstheorie", nimmt dies zum Anlass, eine Beachtlichkeit des Irrtums überhaupt abzulehnen und aus der vollendeten Vorsatzstraftat zu bestrafen, vgl. *Kuhlen* 1987, S. 491 ff.

[66] *Puppe* GA 1981, 1 ff.; *Puppe* JZ 1989, 730 ff.; *Puppe* AT § 10 Rn. 38 ff.; *Frister* AT § 11 Rn. 58 ff.; *Kuhlen* 1987, S. 480 ff., 491 ff.

[67] Vgl. *Eser/Burkhardt* StK I Nr. 9 A 22; *B. Heinrich* AT Rn. 1108; *Hettinger* GA 1990, 531 ff.; *Wessels/Beulke/Satzger* AT Rn. 376 ff. mwN.

[68] *Roxin/Greco* AT 1 § 12 Rn. 165 f.

an die Natur der *aberratio ictus* als Form einer *Kausalabweichung* an, bejahen die objektive Zurechnung, verneinen dann aber die subjektive Zurechnung mittels des Kriteriums der *Tatplanabweichung*: der Tatplan sei an das vom Täter *ausgewählte* Handlungsobjekt gebunden.

153   So sehr dies im Ergebnis überzeugt, ist dennoch ein Weg vorzuziehen, der direkt über eine Verneinung der *objektiven Zurechnung* (Fallgruppe: mangelnder Schutzbereich der Norm) führt:

154   Würde der Täter anstatt des anvisierten ein *nicht derselben*, sondern ein einer *anderen* Strafvorschrift unterfallendes anderes Tatobjekt treffen – wie im *Beispiel 13.19* den Hund anstatt des Menschen – dann wäre die Beachtlichkeit der Kausalabweichung und des auf ihr beruhenden Irrtums unumstritten. Denn dieser Irrtum über Tatumstände schlägt unmittelbar auf das Element der Tatbestandsmäßigkeit als Gattungsbegriff durch. Weil es aber im Wesentlichen vom *Zufall* abhängt, ob der Täter, der auf einen *Menschen* zielt, einen daneben stehenden Menschen, einen *Hund* oder *gar nichts* trifft, würde die Zurechnung zur vorsätzlichen Begehung letztlich auf Zufall beruhen.[69] Mit Zufall lässt sich Strafbarkeit aber nicht begründen, weil man für Zufälle nicht verantwortlich gemacht werden kann: Es ist nicht Zweck der Strafvorschriften „*vorsätzliche* Körperverletzung" (§§ 223 ff.), sich zufällig in der Nähe des Tatortes befindliche Personen gegen die *unvorsätzliche* Verletzung ihrer körperlichen Unversehrtheit zu schützen. Es ist deshalb sachgerecht, bereits die objektive Zurechnung einer *vorsätzlichen* Verletzung der Frau L. zu verneinen, weil *diese* Verletzung nicht vom *Schutzbereich der Norm* des § 223 erfasst wird. Das ändert sich dann, wenn in der konkreten Tatsituation die tatbestandliche Gleichwertigkeit zwischen dem getroffenen und dem anvisierten Tatobjekt nicht zufällig eintritt. So ist es nicht zufällig, wenn eine Person eine Autobombe installiert, mit der A getötet werden soll, aber am Tag des Anschlags die Ehefrau das Fahrzeug benutzt und ums Leben kommt. Hier liegt es auf der Hand, dass nur Personen Kraftfahrzeuge bewegen können und deshalb die Gleichwertigkeit zwischen anvisiertem Objekt (A) und getötetem Objekt (B) nicht zufällig eintritt. Dies ist ein Fall eines *error in persona*.[70]

Zu Beispiel 13.20

155   *Ergebnis:* Die Verletzung der Frau L. kann S. nicht als vorsätzlich verwirklicht zugerechnet werden. Eine mögliche Strafbarkeit wegen fahrlässiger Körperverletzung (§ 229) bleibt davon unberührt. ◄

---

[69] Näher *Gropp* FS Lenckner, S. 55 ff.; vgl. auch *Blei* AT § 33 I 1 c sowie *Herzberg* NStZ 1999, 218 links.

[70] Vgl. a. BGH 1 StR 635/96 NStZ 1998, 294 f. (295) sowie die Fälle *Rose-Rosahl* und *Hoferbe* unten Rn. 166 ff.; zustimmend *Murmann* GK § 24 Rn. 63 mwN.

Teilweise wird vorgeschlagen, eine Beachtlichkeit der Unkenntnis im Rahmen der aberratio ictus **156** nur dann anzunehmen, wenn die betroffenen Angriffsobjekte höchstpersönlicher Natur (Leib, Leben, Freiheit) sind.[71] Würde der Täter z. B. auf die Blumenvase A zielen, versehentlich jedoch die Blumenvase B treffen, dann wäre danach das Fehlgehen des Schusses eine *unwesentliche* Kausalabweichung. Weil der bloße Zufall jedoch auch außerhalb betroffener höchstpersönlicher Güter eine Strafbarkeit nicht begründen kann, kann auch in diesen Fällen nicht von einer Unbeachtlichkeit ausgegangen werden. Auf Grund derselben Überlegung kann es für die Beachtlichkeit der Abweichung auch keine Rolle spielen, ob der Täter das erstrebte Tatobjekt sinnlich wahrnimmt.[72]

b) Form: Irrige Annahme

> **Zu Beispiel 13.20**
>
> Hinsichtlich des nicht getroffenen Herrn L. liegt bei S. eine irrige Annahme vor. **157** Eine Strafbarkeit wegen Versuchs kommt insoweit schon nach allgemeinen Grundsätzen in Frage, weil S den Entschluss gefasst hat, Herrn L zu verletzen, und hierzu auch unmittelbar angesetzt hat. ◀

Ergänzender Hinweis:

Die aberratio ictus ist nur dann anwendbar, wenn beim Täter *nicht auch bezüglich des Erreichten* **158** *Vorsatz* (insbesondere dolus eventualis) vorliegt. Denn dann würde der Täter mit *alternativem* Tatentschluss hinsichtlich beider Angriffsobjekte handeln und ihm deshalb die Tat hinsichtlich des getroffenen Angriffsobjekts als vorsätzlich vollendet zugerechnet werden.[73]

8. Irrtum über das Angriffsobjekt – Fallgruppe: Irrtum über die Identität des Angriffsobjekts = error in persona vel obiecto[74]

Beim error in persona vel obiecto führt der Täter die Veränderung in der Außenwelt an **159** der Person/dem Objekt herbei, die/das er treffen will. Er irrt jedoch über die Identität des jeweiligen Angriffsobjekts: A schießt mit Tötungsvorsatz auf eine Person B, glaubt aber irrtümlich, dass es sich um C handele. Dieser Irrtum ist als sog. *error in persona unbeachtlich*, weil A – im Unterschied zur aberratio ictus – die vor ihm stehende Person (einen „Menschen" im Sinne der §§ 211, 212) töten wollte und getötet hat. A ist wegen einer vollendeten vorsätzlichen Tötung zum Nachteil des B strafbar. Der bloße Identitätsirrtum des A führt nicht zu einer Annahme eines Versuchs bezüglich des C in Tateinheit mit einer fahrlässigen Tötung bezüglich des B, wie dies im Falle der *aberratio ictus* geschieht (s. o. *Beispiel 13.20*). Denn die Strafvorschriften der vorsätzlichen Tötung schützen *abstrakt jeden Menschen* in gleicher Weise davor, vorsätzlich getötet zu werden, unabhängig davon, *wer* er ist oder *für wen* er vom Täter gehalten wird.

Trotz seiner einfachen Struktur führt der error in persona vel obiecto in konkre- **160** ten Fällen zu komplizierten Fragestellungen, so im

---

[71] So die „materielle Gleichwertigkeitstheorie", vgl. *Hillenkamp/Cornelius* 32 Probleme, Problem 9 B.

[72] Vgl. aber BGH 1 StR 635/96 NStZ 1998, 294; *Erb* FS Frisch, S. 393 ff.; *Toepel* JA 1997, 948 ff.; *Prittwitz* GA 1983, 134 ff.; vgl. zu den „Programmierfällen" aber auch unten Rn. 179.

[73] So im Fall BGH 4 StR 369/08 NStZ 2009, 210 f. (211).

[74] Vgl. auch *Koriath* JuS 1998, 215 ff.

Beispiel 13.21

161 *Verfolger*-Fall BGH 4 StR 613/57 BGHSt 11, 268:[75] Der Angeklagte P hatte zusammen mit den früheren Mitangeklagten M und Th versucht, nachts in ein Lebensmittelgeschäft einzudringen, um dort zu stehlen. Jeder von ihnen war dabei mit einer geladenen Pistole bewaffnet. Als sie von A entdeckt wurden, flohen sie. An einer Hausecke bemerkte M rückwärtsschauend, dass ihm in einer Entfernung von nicht mehr als zwei bis drei Metern eine Person folgte. Diese war der Angeklagte P. M hielt P für einen Verfolger (A) und fürchtete, von ihm ergriffen zu werden. Um der vermeintlich drohenden Festnahme und der Aufdeckung seiner Täterschaft zu entgehen, schoss er auf die hinter ihm hergehende Person. Dabei rechnete er mit einer tödlichen Wirkung seines Schusses und billigte diese Möglichkeit. Das Geschoss traf P am rechten Oberarm, durchschlug aber nur den gefütterten Ärmel seines Jacketts und verfing sich im aufgekrempelten Hemdsärmel.

Die Verurteilung von P wegen versuchten Mordes durch das Landgericht wurde vom BGH bestätigt. Einer Bestrafung wegen eines versuchten Mordes in Mittäterschaft stehe nicht entgegen, dass das deutsche Strafrecht nur die Vernichtung *fremden* menschlichen Lebens ahndet. Denn es habe bei M der Entschluss vorgelegen, seinen vermeintlichen *Verfolger* zu töten, was sich der Angeklagte (P) als Mittäter zurechnen lassen müsse. Dass M einer Objektsverwechslung zum Opfer gefallen sei, sei angesichts der Gleichwertigkeit der angegriffenen Achtungsansprüche strafrechtlich ohne Bedeutung.

162 Diese Rechtsprechung hat der 3. Strafsenat des BGH[76] bestätigt und die Unbeachtlichkeit des error in persona eines Mittäters auch für alle anderen Mittäter angenommen. Bei mittäterschaftlichem Zusammenwirken entlasten also Identifizierungsfehler des unmittelbar handelnden Mittäters die anderen Mittäter nicht. ◄

163 Allerdings liegt hinsichtlich der Mittäterschaft des P insofern eine besondere Situation vor, als der Entschluss des M zur Tötung des P eine Fremdtötungshandlung betrifft, die bezüglich des P materiell eine nichtvertypte Selbsttötungshandlung darstellt. Aus der Sicht des P ist P somit ein untaugliches Objekt für die Durchführung einer mittäterschaftlichen Fremdtötung. Auch eine aus der Sicht des M *vollendete* Tat – etwa in Form einer gefährlichen Körperverletzung nach § 224 – würde hinsichtlich des P deshalb nur zu einer Strafbarkeit als Mittäter wegen Versuchs führen, weil er selbst kein taugliches Objekt einer Fremdverletzung sein kann. Es gilt hier der Satz aus der Beteiligungslehre: *Mittäter kann nur sein, wer selbst Täter sein kann* (s. o. § 10 Rn. 182). Täter einer Selbstverletzung könnte P indessen nicht sein. Mittäter des *Fremd*verletzungs*versuchs* kann er hingegen sein.

a) Form: Unkenntnis der wahren Identität

164 Im Unterschied zur aberratio ictus ist der Identitätsirrtum *unbeachtlich*. Denn es liegt in Fällen wie diesen zunächst kein Irrtum über Tatumstände vor, „die zum

---

[75] Vgl. *Eser* StK II Nr. 39 vor allem A 13 f.; *Roxin/Greco* AT 1 § 12 Rn. 193 ff.
[76] BGH 3 StR 651/17 NStZ 2019, 511 ff. mit Anm. *Jäger* JA 2019, 467 ff.

gesetzlichen Tatbestand gehören" (§ 16 I; s. o. Rn. 91). Aber auch das „Zufalls-Argument" spielt – anders als bei der aberratio ictus – hier keine Rolle. Denn die *intendierte* bzw. *eingetretene* Veränderung in der Außenwelt – im *Beispiel 13.21* die Tötung des Verfolgers – ist in ihrer *Tatbestandsmäßigkeit* überhaupt nicht zufällig, sondern von M, Th *und* P als Mittäter wissentlich und willentlich herbeigeführt.

Treffen ein Identitätsirrtum (error in persona) und eine aberratio ictus zusammen, so sind diese Fälle nach den genannten Regeln zu entscheiden:

Beispiel

A will B erschießen und verwechselt diesen mit dem C. A schießt auf C, wobei der Schuss an einem vorbeifahrenden Auto abprallt und der B tödlich getroffen wird. ◄

Nun hat der A zwar die Person getroffen (B), die er nach seinem Tatplan treffen wollte. Allerdings hatte er auf C geschossen, den er für B hielt (unbeachtlicher error in persona). Da C nicht getroffen wurde, kommt hinsichtlich C nur ein versuchter Totschlag oder Mord in Frage. Eine vorsätzliche Tötung des B hat A nicht bewirkt, denn dessen Tod ist zufällig (aberratio ictus) und nicht vorsätzlich durch den Schuss auf C eingetreten. Der Tod des B lag außerhalb der durch den Vorsatz des A bestimmten Beherrschbarkeit des Schusses auf C. Genauso gut hätte der X oder die Y, ein anderes Auto oder ein Hund getroffen werden können. Die Tötung des B ist dem A also nur als fahrlässig verursacht vorzuwerfen. Tateinheitlich dazu wurde eine Tötung des C versucht.[77]

Zu Beispiel 13.21

Ergebnis: P §§ 212, 211, 22, 23 zum Nachteil des „Verfolgers". ◄

---

b) Form: Irrige Annahme

Weil der Irrtum des M in Beispiel 13.21 *unbeachtlich* ist, kommt auch eine Strafbarkeit wegen eines Versuches zum Nachteil des A nicht in Betracht. Vielmehr wird M so behandelt, als ob Entschluss und Veränderung in der Außenwelt sich entsprechen würden, was nach der abstrakten Formulierung des Gesetzes ja auch zutrifft.   **165**

9. Strafbarkeit des Anstifters bzw. Gehilfen bei einem error in obiecto vel persona des Täters

---

Beispiel 13.22

Rose-Rosahl-Fall Preußisches Obertribunal Crimin. S. Nr. 6 GA 7 (1859),   **166**
322 ff.: Der Holzhändler *Rosahl* hatte seinen Mitarbeiter *Rose* angestiftet, Rosahls Gläubiger *Schliebe* aufzulauern und ihn umzubringen. Rose tötete eine Person, die er für Schliebe hielt, die in Wirklichkeit aber der zufällig vorbei-

---

[77] Ebenso *B. Heinrich* AT Rn. 1110 f. mwN.

kommende Gymnasiast *Harnisch* war. Das Obertribunal bestätigte die Verurteilung des Rosahl durch das Schwurgericht wegen Anstiftung zum Mord.

167 Einen ähnlichen Sachverhalt betrifft die Entscheidung BGH 4 StR 371/90 BGHSt 37, 214 vom 25.10.1990, der sog. *Hoferben*-Fall:[78] Bauer A stiftet den St. an, seinen Sohn, den Hoferben, zu töten.

168 A beschrieb das Opfer und zeigte St. sogar ein Bild des Sohnes, um eine Verwechslung zu vermeiden. Aufgrund unglücklicher Umstände tötete St. in der Dunkelheit am vereinbarten Ort zur vereinbarten Zeit eine Person, die er für den Sohn hielt, die jedoch der Nachbar Sch. war. Wie das Preußische Obertribunal nahm der BGH eine Strafbarkeit des A wegen Anstiftung zum Mord an.

169 Die Entscheidung BGHSt 37, 214 stieß auf ein lebhaftes Echo in der Literatur.[79] ◄

170 Einigkeit besteht zunächst darin, dass jedenfalls beim Täter (Rose bzw. St.) ein unbeachtlicher error in persona gegeben ist. Insoweit wird eine vollendete Tötungsstraftat angenommen.

171 Die Strafbarkeit des Hintermannes ist hingegen lebhaft umstritten. Im Wesentlichen bestehen drei Auffassungen:

172 Eine erste Meinung nimmt beim Hintermann eine aberratio ictus an, d. h. eine versuchte Anstiftung bzw. eine Anstiftung (zum Versuch) hinsichtlich des vermeintlichen Opfers und eine fahrlässige Tötung hinsichtlich des getöteten Opfers.[80]

173 Als Begründung wird im Wesentlichen darauf verwiesen, dass die Verwechslung seitens des Täters einen Irrtum des Hintermannes über den Kausalverlauf darstelle. Die aberratio ictus sei als Spezialfall eines Irrtums über den Kausalverlauf anwendbar, wenn infolge der Kausalabweichung dasselbe durch die Strafvorschrift geschützte Rechtsgut verletzt werde. Eine Anstiftung zum Versuch nehmen jene an, die trotz des error in persona beim Täter einen Versuch hinsichtlich des angestrebten Opfers sehen.[81] Andere weisen darauf hin, dass es gerade der Sinn des error in persona des Haupttäters sei, eine Vollendung der Haupttat und nicht einen Versuch zu konstruieren. Wenn aber gerade keine versuchte Haupttat existiere, dann könne dazu auch keine Anstiftung vorliegen.[82] Gegen eine Anstiftung zur vollendeten Tötung wird vor allem ein Argument *Bindings*[83] geltend gemacht: Töte der Vordermann zusätzlich das „richtige" Opfer, müsse der Hintermann für zwei vollendete Tötungen verantwortlich gemacht werden, obwohl er nur eine wollte (sog. „Gemetzel"-Argument).

---

[78] Inzwischen bestätigt durch den *Sprengfallen*-Fall BGH 1 StR 635/96 NStZ 1998, 249 mit Anm. *Herzberg* JuS 1999, 224 ff.; *Geppert* JK 1998 § 16 Rn. 4; vgl. auch *Puppe* AT 10 Rn. 44 ff.

[79] Vgl. *Bemmann* FS Stree/Wessels, S. 397 ff.; *Geppert* Jura 1992, 163 ff.; *Hillenkamp/Cornelius* 32 Probleme, Problem 26 mwN; *Küpper* JR 1992, 294 ff.; *Müller* MDR 1991, 830 f.; *Puppe* NStZ 1991, 124; NK-StGB-*Puppe* § 16 Rn. 107 ff.; *Rostek*, in Arnold u. a. (Hrsg.), 1995, S. 89 ff.; LK-*Schünemann/Greco* § 26 Rn. 89 ff.; *Roxin* FS Spendel, S. 289 ff.; *Roxin* JZ 1991, 680 f.; *Schlehofer* GA 1992, 307 ff.; *Sowada* Jura 1994, 37 ff.; *Stratenwerth* FS Baumann, S. 57 ff.; *Streng* JuS 1991, 910 ff.; *Weßlau* ZStW 104 (1992), 105 ff.; *Wessels/Beulke/Satzger* AT Rn. 900 ff.; vgl. auch *Bemmann* MDR 1958, 817 ff.; *Hettinger* GA 1990, 530 ff.; *Otto* JuS 1982, 557 ff.; *Puppe* GA 1984, 121 ff.

[80] Vgl. im Einzelnen die Nachweise bei *Hillenkamp/Cornelius* 32 Probleme, Problem 26 C.

[81] Vgl. z. B. *Stratenwerth* FS Baumann, S. 57 ff. (68 f.).

[82] Vgl. *Rudolphi* Fälle zum Strafrecht, S. 82 ff., 86 f.; *Hillenkamp* 1971, S. 37 Fn. 34, S. 65 f.; *U. Schroth* 1998, S. 108.

[83] *Karl Binding* Die Normen und ihre Übertretung, 2. Aufl. 1916, Bd. 3, S. 214 Fn. 9.

Eine zweite Auffassung geht ebenfalls von einem Irrtum des Hintermanns über den Kausalverlauf aus und wendet primär die allgemeinen Grundsätze zum Irrtum über den Kausalverlauf an. Nur wenn die Abweichung des Kausalverlaufs *wesentlich* ist, greift man auf die aberratio ictus zurück.   **174**

Danach ist die Personenverwechslung des Vordermannes für den Hintermann beachtlich, wenn sie eine wesentliche Abweichung des Kausalverlaufs darstellt. Ist die Abweichung *wesentlich*, gelten die Folgen der aberratio ictus. Der BGH hielt die Abweichung für unwesentlich, was zu einer Anstiftung zur vollendeten Tötung führt. Diese von *Hillenkamp*[84] so genannte „Wesentlichkeitstheorie" kann für sich geltend machen, dass die aberratio ictus auf Fälle zugeschnitten ist, in denen die Veränderung in der Außenwelt *zufällig* an einem tatbestandlich gleichen Angriffsobjekt eintritt. Eine solche Situation ist hier indessen gerade *nicht* gegeben. Es ist deshalb sachgerecht, die Spezialregel der aberratio ictus nicht anzuwenden.   **175**

Die dritte, überwiegend vertretene Meinung[85] erstreckt *die Unbeachtlichkeit des error in persona* beim Täter auf den Hintermann.   **176**

Diese Meinung stützt sich vor allem darauf, dass der Hintermann nicht im Vergleich zum Täter privilegiert werden dürfe. Gegenüber dem „Gemetzel-Argument" verteidigt sie sich damit, dass der Vorsatz des Täters nach der Tötung des falschen Opfers verbraucht sei und eine erneute Tötungshandlung – selbst zum Nachteil des „richtigen" Opfers – einen Exzess darstelle.   **177**

Der Unterschied innerhalb der zweiten und dritten Meinung ist dann nicht sehr erheblich, wenn man sich vor Augen hält, dass die „Wesentlichkeitstheorie" nur in den seltensten Fällen zu einer beachtlichen Kausalabweichung gelangen dürfte. Denn gerade weil der Täter auf ein Angriffsobjekt fixiert ist, das als Element der Tatbestandsmäßigkeit festgelegt ist, kann sich die Wesentlichkeit der Abweichung des Kausalverlaufs nur an dessen Vorhersehbarkeit orientieren, nicht hingegen an seiner Bewertung. *Verwechslungen* sind indessen nahezu immer vorhersehbar. Die Wesentlichkeitstheorie überzeugt in der Konstruktion, die Unbeachtlichkeitslösung zumindest im Ergebnis.   **178**

Letztlich liegt der Schlüssel zur Lösung dieser Fälle aber in der auf dem *Zufallsargument* beruhenden Natur der aberratio ictus: Die Beachtlichkeit des Irrtums bei der aberratio ictus beruht darauf, dass das angestrebte und das getroffene Angriffsobjekt *zufällig* unter das *identische* objektive Element der Tatbestandsmäßigkeit (z. B. „Mensch" i. S. v. § 212) subsumiert werden können. Deshalb scheidet der Weg über die aberratio ictus aus, wenn diese Identität *nicht zufällig*, und erst recht, wenn sie geradezu *vorprogrammiert* ist.[86]   **179**

---

[84] *Hillenkamp/Cornelius* 32 Probleme, Problem 26 B. mwN; zust. *Krey/Esser* AT Rn. 1096; ähnlich *Zieschang* AT 6. Kap. Rn. 746.

[85] Vgl. die Nachweise bei *Hillenkamp/Cornelius* 32 Probleme, Problem 26 A.; unumstritten ist diese Auffassung für die Fälle, in denen der Hintermann dem Vordermann die Auswahl des Opfers überlässt, vgl. auch *Heine/Weißer*, in: Schönke/Schröder Vor §§ 25 ff. Rn. 40.

[86] Näher zum Ganzen *Gropp* FS Lenckner, S. 55 ff.; informativ auch die Problemübersicht bei *Herzberg* NStZ 1999, 217 ff.; gegen das Zufallsargument – allerdings unter Verkennung der Bedeutung des error in obiecto – *Nikolidakis* 2004, S. 131 ff.; Verkennung des Zufallsarguments bei *Erb* FS Frisch, S. 389 ff. (395).

II. Irrtümer über Elemente der Rechtswidrigkeit

1. Irrtum über die tatsächlichen Voraussetzungen eines Rechtfertigungsgrundes

a) Form: Unkenntnis[87]

Beispiel 13.23

180   *Roadster/Vollbart*-Fall: Als Jäger A in der Dämmerung durch den Wald pirscht, entdeckt er den B, der ihm erst kürzlich mit Hilfe seines roten BMW-Roadsters die Freundin ausgespannt hat. Aus Verärgerung darüber beschließt er, B einen Denkzettel zu verpassen, und schießt auf B, selbst auf die Gefahr hin, dass B dabei zu Tode kommen könnte. B bricht tödlich getroffen zusammen. Was A nicht wusste: Die Freundin hatte dem B kürzlich mitgeteilt, dass sie den Vollbart des A viel aufregender fände als seinen langweiligen Roadster und deswegen zu A zurückkehren wolle. Deswegen hatte B aus Eifersucht seinerseits in Tötungsabsicht bereits auf A angelegt, sodass der Schuss des A die erforderliche Abwehr im Sinne von § 32 (Notwehr) gewesen ist. Strafbarkeit des A? ◄

---

181   Die Lösung der Fallkonstellationen, in denen der Täter – wie im Beispiel 13.23 – in Unkenntnis derjenigen tatsächlichen Umstände handelt, die einen Rechtfertigungsgrund begründen, ist in der Literatur stark umstritten:

182   Eine mittlerweile wohl eher selten vertretene Meinung[88] geht davon aus, dass die Unkenntnis der tatsächlichen Voraussetzung einer Rechtfertigung eine Rechtfertigung insgesamt ausschließt. Danach wäre A wegen einer vollendeten Tötungsstraftat – bei Annahme niedriger Beweggründe sogar wegen Mordes – strafbar. Dies würde allerdings bedeuten, dass A für ein Unrecht bestraft würde, das gar nicht verwirklicht worden ist.

183   *Ergebnis*: A § 211.

184   Die mittlerweile h. M. entscheidet sich hier allerdings für eine Strafbarkeit nur wegen *Versuchs*: Infolge der Notwehrlage und der Erforderlichkeit der Abwehrhandlung sei das Verhalten des Täters zwar *objektiv* rechtmäßig und damit auch *kein rechtswidriger Angriff* i. S. von § 32.[89] Weil der Täter von dem Vorliegen einer rechtfertigenden Situation aber keine Kenntnis hat, liegt jedoch der Entschluss vor, eine Tötungsstraftat rechtswidrig zu begehen, also das „Handlungsunrecht" eines Versuchs.

---

[87] Näher oben § 5 Rn. 49 ff.

[88] Vgl. RGSt 62, 138; BGH 1 StR 552/51 BGHSt 2, 111 ff. (115); unter Hinweis auf die selbstständige Wertungsstufe der auf die Tatbestandsmäßigkeit bezogenen Verhaltensnorm gegenüber Rechtswidrigkeit und Schuldhaftigkeit *Gössel* FS Triffterer, S. 93 ff. (99, 102); vgl. auch LK-*Hirsch*[11] Rn. 59 vor § 32 mwN.

[89] *Graul* JuS 2000 L 41 ff. (43 links); vgl. auch KG (2) Ss 250.74 (100.74) GA 1975, 213 ff. (215); *Jakobs* AT 11 Rn. 23; *Jescheck/Weigend* AT § 31 IV 2; *Kindhäuser* 1989, S. 111; *Kühl* AT § 6 Rn. 16; Lackner/Kühl/Heger-*Heger* § 22 Rn. 16; *Roxin/Greco* AT 1 § 14 Rn. 104; *Maurach/Zipf* AT 1 § 25 Rn. 34; *Fischer*, in: Fischer § 32 Rn. 27; LK-*Rönnau* Vor §§ 32 ff. Rn. 211 mwN.; krit. *Rath* 2002, S. 640 f.

Danach wäre A in *Beispiel 13.23* wegen einer versuchten Tötungsstraftat strafbar. **185**
Ergebnis: A §§ 211, 22, 23 **186**

Dagegen spricht jedoch, dass diese „Versuchs-Lösung" der Unwert- und Un- **187**
rechtsstruktur des Versuchs nicht entspricht. Denn der Unwert des Versuchs besteht
über den personalen Unwert (Entschluss) hinaus aus einem Sachverhaltsunwert,
dem unmittelbaren Ansetzen (vgl. § 9 Rn. 102). Dieser Sachverhaltsunwert entspricht in seiner Struktur dem Sachverhaltsunwert der vollendeten Straftat. Demgegenüber ist die Sachverhaltsverwirklichung in Unkenntnis der Rechtfertigungslage
im Vergleich mit der Vollendung nicht ein Minus, sondern ein dem Recht gemäßes
aliud, nicht recht*swidrig*, sondern rechtmäßig. Das Verhalten des A entspricht somit
nicht der Unwert- und Unrechtsstruktur des strafbaren Versuchs.[90] Weil nicht alle
Voraussetzungen der Notwehr gegeben sind, ist das Verhalten des A rechtswidrig.
Es fehlt aber materiell an einer Unrechtsverwirklichung.
Ergebnis: A bleibt straffrei. **188**

b) Form: Irrige Annahme – Erlaubnistatumstandsirrtum[91]

> **Leitfall 13 Var. b**

A schießt B in die Hand und wehrt so den vermeintlichen Angriff des B im Rah- **189**
men des Erforderlichen ab. ◄

Der Erlaubnistatumstandsirrtum gehört zu den umstrittensten, aber auch interessan- **190**
testen Kapiteln der Irrtumsdogmatik. Seitens des Täters setzt er die

▷   irrige Annahme der tatsächlichen Voraussetzungen eines Rechtfertigungs- **191**
grundes voraus, d. h. die irrige Annahme eines Sachverhalts, bei dessen Vorliegen das Handeln des Täters gerechtfertigt wäre.

Das Hauptproblem beim Erlaubnistatumstandsirrtum liegt darin, dass der Täter **192**
einerseits über *Tatsachen* irrt (Affinität zum Tatumstandsirrtum nach § 16), dass
diese Tatsachen jedoch der Stufe der *Rechtswidrigkeit* zuzuordnen sind (Affinität
zum Verbotsirrtum). Der Erlaubnistatumstandsirrtum zeigt besonders deutlich den
Zusammenhang zwischen den Vorstellungen vom Verbrechensaufbau und der Behandlung von Irrtümern im Strafrecht.[92] Das Verständnis der Behandlung dieser Irr-
tumsform hängt ganz wesentlich vom Verständnis des Straftatbegriffs und seiner
Entwicklung ab.

---

[90] Näher dazu *Gropp* FS Kühl, S. 247 ff. und oben § 5 Rn. 49 ff.; Häufig ist vom „Erlaubnistatbestandsirrtum" die Rede. Das ist jedoch ungenau, weil der Irrtum in diesen Fällen *Umstände* des
Vorliegens einer Erlaubnisnorm betrifft und nicht die irrige Annahme eines Erlaubnistatbestandes.

[91] Vgl. NK-StGB-*Puppe* § 16 Rn. 122 ff.; *Koriath* FS R. Merkel, S. 717 ff.; zur irrigen Annahme
der Voraussetzungen einer wirksamen Einwilligung in die Verabreichung illegaler Betäubungsmittel BGH 3 StR 120/03 BGHSt 49, 34 ff. (44 f.).

[92] Vgl. *Zoll* FS Hirsch, S. 419 ff. (419): „In der Regelung des Irrtums schlägt sich die Einstellung
des Gesetzgebers zum Verbrechensaufbau sowie zu den Beziehungen zwischen den Grund-
elementen des Verbrechens besonders deutlich nieder".

aa) Der Erlaubnistatumstandsirrtum und die Lehre von den „negativen
Tatbestandsmerkmalen"

193   Nach der *Lehre von den* sog. *„negativen Tatbestandsmerkmalen"* sind die tatsäch-
       lichen Voraussetzungen eines Rechtfertigungsgrundes objektive Elemente der
       Tatbestandsmäßigkeit – jedoch mit einem negativen Vorzeichen.

Zu Leitfall 13

194   Im *Leitfall 13 Var. b* wären z. B. die *nicht vorhandenen tatsächlichen Voraus-
       setzungen* einer Notwehr negative Elemente der Tatbestandsmäßigkeit der von A
       begangenen Körperverletzung. Da A diese negativen Elemente jedoch nicht
       kennt (Unkenntnis), würde in direkter Anwendung von § 16 I der Vorsatz ent-
       fallen. ◀

195   Es liegt damit nicht eine irrige Annahme der tatsächlichen Voraussetzungen eines
       Rechtfertigungsgrundes, sondern die *Unkenntnis* hinsichtlich des *Nichtvorliegens*
       der tatsächlichen Voraussetzungen eines Rechtfertigungsgrundes vor.

196   Die Lösung mittels negativer Elemente der Tatbestandsmäßigkeit hat in der Tat
       etwas Bestechendes an sich. Dennoch wird sie von der h. M. zu Recht mit dem
       Argument abgelehnt, dass sie die Unterscheidung zwischen Rechtfertigung und
       Ausschluss der Tatbestandsmäßigkeit einebnet, indem das Vorliegen eines zum Ein-
       griff berechtigenden, die gesamte Rechtsordnung betreffenden Rechtfertigungs-
       grundes zu einem Nichtvorliegen der erforderlichen Elemente der Tatbestands-
       mäßigkeit „herabgestuft" wird (zur Kritik § 5 Rn. 16 ff.).

197   Lehnt man die Lehre von den „negativen Tatbestandsmerkmalen" damit aus
       grundsätzlichen Erwägungen ab, dann betrifft der Erlaubnistatumstandsirrtum Ele-
       mente der *Rechtswidrigkeit*. Die irrige Annahme der tatsächlichen Rechtfertigungs-
       voraussetzungen führt dazu, dass dem Täter das Bewusstsein der Rechtswidrigkeit
       fehlt. Denn der Täter meint, rechtmäßig zu handeln. Aus diesem Grunde besteht
       Einigkeit darin, dass jener Irrtum *nicht unbeachtlich* sein soll, sondern dass er dem
       an sich rechtstreuen Bürger zugute kommen muss. Unterschiedlich sind nur die Fol-
       gerungen aus dieser Erkenntnis.

198   Um die unterschiedlichen Ansätze zu verstehen, bedarf es nochmals eines Rückblicks auf die Er-
       örterungen unter Punkt B. Denn dort hatte sich gezeigt, dass die Rechtsprechung des Reichs-
       gerichts, wonach ein die (Straf)Rechtswidrigkeit der Tat betreffender Irrtum unbeachtlich sei,
       durch die Entwicklung des *Verbots*irrtums in BGH GSSt 2/51 BGHSt 2, 194 abgelöst worden ist.
       Bis zu jener Entscheidung des BGH hatten im Prinzip zwei Meinungen um die Vorherrschaft da-
       rüber gerungen, wie im Falle eines Verbotsirrtums zu entscheiden sei: Die sog. *Vorsatztheorie*
       auf der einen und die *Schuldtheorien* auf der anderen Seite. Die Schuldtheorien (cc, dd), die bis
       dahin im Verständnis des Vorsatzes als Bestandteil des Unrechts übereinstimmten, erlebten ange-
       sichts des Erlaubnistatumstandsirrtums jedoch ihre Feuerprobe:

bb) Der Erlaubnistatumstandsirrtum und die Vorsatztheorie

199   Wie schon der Name besagt, ist bzw. war es Gegenstand der Vorsatztheorie, dass in
       den Fällen, in denen der Täter irrig annimmt, rechtmäßig zu handeln, mit dem Un-

rechtsbewusstsein zugleich der Vorsatz entfällt. Die Vorsatztheorie ist eine Konsequenz des *kausalen Verbrechensbegriffs*, bei dem der Vorsatz nur Bestandteil der Schuldhaftigkeit und dort mit dem Unrechtsbewusstsein *verbunden* ist, wobei das Unrechtsbewusstsein den dominierenden Bestandteil darstellt (näher § 2 Rn. 81, 94).

Weil beim Erlaubnistatumstandsirrtum nun aber das Unrechtsbewusstsein des **200** Täters fehlt, muss nach der Vorsatztheorie auch der Vorsatz des Täters als Element der Schuldhaftigkeit *entfallen*.

Als *Ergebnis* erscheint die Verneinung des Vorsatzes sachgerecht, weil im Be- **201** reich des Erlaubnistatumstandsirrtums der Täter gerade über *Tatsachen* irrt, was der Lehre des Reichsgerichts vom „Tatirrtum" nahe kommt. Die Einwände gegen die Vorsatztheorie kommen daher auch aus einer anderen Richtung: Sie betreffen Fälle, in denen der Täter irrig annimmt, rechtmäßig zu handeln, ohne über Tatsachen zu irren. Denn hier ist in der Tat nicht einzusehen, dass allein eine falsche *Wertung* bei Kenntnis aller Tatumstände den Vorsatz entfallen lassen soll. Vor allem diese Schwäche führte zur Ablehnung der Vorsatztheorie durch die Rechtsprechung, die h. M. und letztendlich auch durch den Gesetzgeber mittels Einführung von § 17. Infolge jener *grundsätzlichen* und *gesetzlichen* Ablehnung der Vorsatztheorie ist es *nicht* mehr möglich, den Wegfall des Vorsatzes beim Erlaubnistatumstandsirrtum auf die Vorsatztheorie zu stützen.

cc) Der Erlaubnistatumstandsirrtum und die (strenge) Schuldtheorie

Die Anerkennung eines Verbotsirrtums durch den Bundesgerichtshof in der Ent- **202** scheidung BGH GSSt 2/51 BGHSt 2, 194 (oben Rn. 56 ff.) beruhte darauf, dass Vorsatz und Unrechtsbewusstsein getrennt wurden. Das Unrechtsbewusstsein wurde als selbstständiges Element der *Schuldhaftigkeit* anerkannt, was der *Schuldtheorie* auch ihren Namen gab. Die Schuldtheorie korrespondiert mit dem *finalen Begriff von der strafbaren Handlung*, bei dem der Vorsatz ausschließlich Teil der Tatbestandsmäßigkeit und das Unrechtsbewusstsein *selbstständiger* Bestandteil der Schuldhaftigkeit ist (näher § 2 Rn. 97).

Der Nachteil der Schuldtheorie nach BGH GSSt 2/51 BGHSt 2, 194 ff. und der **203** auf einem rein normativen Schuldhaftigkeitsbegriff der finalen Handlungslehre aufbauenden Schuldtheorie bestand bzw. besteht allerdings darin, dass es keinen Unterschied macht, ob der Täter von der Rechtmäßigkeit seines Handelns aufgrund einer falschen Wertung oder aufgrund einer falschen Kenntnis über Tatsachen ausgeht.[93] Vielmehr spannt sie alle Irrtümer über denselben Leisten und behandelt sie so, als ob der Täter ausschließlich über das Verbotensein irren würde.

Unter dem Gesichtspunkt der Fähigkeit des Menschen zu Vernunft und normati- **204** ver Ansprechbarkeit spielt es aber eine entscheidende Rolle, ob der Täter glaubt, seine eigene Wertung über das Verbotensein – „aufbegehrend" – an die Stelle der gesetzgeberischen setzen zu können, oder ob er – rechtstreu – nur irrig Umstände annimmt, bei deren Vorliegen er wirklich gerechtfertigt wäre. Denn es ist unter dem

---

[93] Für eine Lösung des Erlaubnistatumstandsirrtums auf der Grundlage der strengen Schuldtheorie vgl. aber *Erb* FS Paeffgen, S. 205 ff. mwN.

Gesichtspunkt der Rechtstreue nicht einzusehen, dass der Täter, der irrig Tatsachen annimmt, die ihn rechtfertigen würden, schlechter behandelt werden soll, als jener, der Tatsachen, die zum gesetzlichen Tatbestand gehören, nicht kennt. Durch die *Gleichstellung* des Erlaubnistatumstandsirrtums mit einem unmittelbaren Irrtum über das Verbotensein stellt die Schuldtheorie den Täter, der einem Erlaubnistatumstandsirrtum unterliegt, insofern *willkürlich* schlechter gegenüber demjenigen, der ein Tatbestandsmerkmal nicht kennt.

205   Die Begründung für jene Gleichstellung, dass der Erlaubnistatumstandsirrtum die Rechtswidrigkeit betreffe, während der Tatumstandsirrtum die Tatbestandsmäßigkeit tangiere, vermag deshalb nicht zu überzeugen, weil sie dem entscheidenden Unterschied, der Kenntnis bzw. Unkenntnis von *Tatsachen* beim Erlaubnistatumstandsirrtum, nicht gerecht wird. Die Anwendung der Schuldtheorie im Bereich des Erlaubnistatumstandsirrtums verbietet sich daher vor allem verfassungsrechtlich aus Gründen der wesentlichen Gleichheit mit dem Irrtum über Tatsachen im Bereich der Elemente der Tatbestandsmäßigkeit. Deshalb hat der BGH in der epochemachenden Entscheidung BGH 1 StR 119/52 BGHSt 3, 105 vom 06.06.1952 jene Schuldtheorie, die seither „strenge" Schuldtheorie genannt wird, *eingeschränkt*.

dd) Der Erlaubnistatumstandsirrtum und die eingeschränkte Schuldtheorie

206   Nach der eingeschränkten Schuldtheorie handelt es sich beim Erlaubnistatumstandsirrtum zwar um einen Irrtum, dessen Objekt einerseits die Rechtswidrigkeit der Tat und damit das Verboten-Sein betrifft, der jedoch *auch* Irrtum über *Tatsachen* ist und deshalb insoweit wie ein Irrtum über Tatsachen im Bereich der Tatbestandsmäßigkeit behandelt wird. Der Anwendungsbereich der (strengen) Schuldtheorie und des Verbotsirrtums wird deshalb um den Bereich des Erlaubnistatumstandsirrtums *eingeschränkt*.

aaa) Ziel: keine Bestrafung wegen vorsätzlicher Tatbegehung

207   Folglich soll der Täter jedenfalls *nicht* wegen *vorsätzlicher* Verwirklichung der Tatbestandsmäßigkeit bestraft werden können. Bei individueller Vermeidbarkeit des Irrtums kommt jedoch eine Verantwortlichkeit wegen fahrlässiger Tatbegehung in Frage, wenn diese mit Strafe bedroht ist. Dies ist sachgerecht. Denn im Unterschied zum ausschließlich falsch Wertenden geht der Irrende hier von *Tatsachen* aus, aufgrund derer auch jeder andere rechtstreue Bürger eine Rechtfertigung annehmen würde. Die irrige Annahme von Tatsachen versperrt dem Täter darüber hinaus selbst bei Vermeidbarkeit in höherem Maße als beim vermeidbaren unmittelbaren Wertungsirrtum nach § 17 S. 2 die Möglichkeit, durch gewissenhafte Prüfung zu einer Revidierung seiner Ansicht zu kommen. Ist der Irrtum sogar objektiv *unvermeidbar*, liegt ein *rechtmäßiges* Handeln im erlaubten Risiko (§ 5 Rn. 386 f.) vor.

bbb) Dogmatische Wege

208   Unumstritten ist, dass der Täter auch im Falle der irrigen Annahme der tatsächlichen Voraussetzungen eines Rechtfertigungsgrundes die Elemente der *Tatbestandsmäßigkeit* (z. B. Töten eines Menschen) *vorsätzlich* verwirklicht. Dies entspricht den *tatsächlichen* Verhältnissen, weil der im Erlaubnistatumstandsirrtum Handelnde den Tatbestand *wissentlich* und *willentlich* und damit *vorsätzlich* erfüllt.

Zu Leitfall 13

In *Leitfall 13 Var. b weiß* und *will* A, dass der B verletzt wird. Aufgrund der irri-   **209**
gen Annahme einer rechtfertigenden Situation weiß er nur nicht, dass er rechtswidrig handelt. ◄

Die *dogmatische Ausgestaltung* der Ablehnung einer Vorsatzstrafe kann deshalb   **210**
nicht auf der Ebene der Tatbestandsmäßigkeit erfolgen. Deshalb wird zum Teil angenommen, dass die *Vorwerfbarkeit* vorsätzlichen Handelns, die „Vorsatz*schuld*"
(sog. *Vorsatzschuld-orientierte* eingeschränkte Schuldtheorie), zu verneinen sei.
Andere bejahen zwar eine vorsätzliche schuldhaft begangene Tat, wollen aber die
Rechtsfolgen der entsprechenden Fahrlässigkeitstat entnehmen (sog. *Rechtsfolgen-
orientierte* eingeschränkte Schuldtheorie).[94] Die Rechtsprechung verneint auf der
Grundlage der eingeschränkten Schuldtheorie bei analoger Anwendung des § 16 I
den Vorsatz.[95] Konsequent bedeutet das dann auch, dass mangels einer vorsätzlichen
Haupttat keine Teilnahme möglich ist.[96]

Sowohl die an der Vorsatzschuld als auch die an den Rechtsfolgen orientierte ein-   **211**
geschränkte Schuldtheorie haben nicht nur den Vorteil, dass der Vorsatz als Bestandteil der Tatbestandsmäßigkeit erhalten bleibt. Nach beiden Ansichten bleibt
darüber hinaus eine *vorsätzliche* und rechtswidrige Haupttat – wie in den §§ 26, 27
vorausgesetzt – bestehen, was hinsichtlich etwaiger Teilnehmer, welche nicht im
Irrtum handeln, von Bedeutung sein kann. Ließe man mit der Lehre von den negativen Tatbestandsmerkmalen hingegen den Vorsatz unter unmittelbarer Anwendung
von § 16 I entfallen,[97] müsste man bezüglich der nicht irrenden Beteiligten auf
mittelbare Täterschaft zurückgreifen, was bei eigenhändigen Straftaten zu Strafbarkeitslücken führt. Gleiches gilt bei analoger Anwendung von § 16 I.[98]

Die *Vorsatzschuld-orientierte* eingeschränkte Schuldtheorie korrespondiert mit   **212**
dem *vermittelnden Begriff der strafbaren Handlung*. Der Vorsatz findet sich sowohl
innerhalb der Tatbestandsmäßigkeit (*personaler Unwert*) als auch der Schuldhaftigkeit (Vorsatz-*Schuld*). Die Verneinung der Vorsatz*schuld* lässt die vorsätzliche
Verwirklichung der tatbestandsmäßigen Handlung unberührt (näher § 2 Rn. 114).

Eine grafische Darstellung zum Erlaubnistatumstandsirrtum findet sich unten   **213**
(Abb. 1).

---

[94] So *Jescheck/Weigend* AT § 41 IV 1 d; *Schlüchter* 1983, S. 172 f.; *Wessels/Beulke/Satzger* AT
Rn. 759 f. zurückgehend auf *Gallas* ZStW 67 (1955), 1 ff. (46 Fn. 89) dazu *Schünemann/Greco*
GA 2006, 777 ff. (778).

[95] Vgl. BGH 4 StR 375/82 BGHSt 31, 264 ff. (286 f.); 1 StR 449/13 NStZ 2014, 30 f.; 4 StR 166/19
NStZ 2020, 725; 4 StR 36/22 NStZ 2023, 407; *Fischer/Anstötz*, in: Fischer § 16 Rn. 36.

[96] Vgl. *Fischer/Anstötz*, in: Fischer § 16 Rn. 36.

[97] So *Arthur Kaufmann* JZ 1954, 653 ff.; JZ 1956, 353 ff.

[98] Vgl. *Graul* JuS Lernbogen 1995 L 41, 44; *Scheffler* Jura 1993, 617; *Frisch,* in: Eser/Perron
(Hrsg.) 1991, S. 271; *Kuhlen* 1987, S. 330.

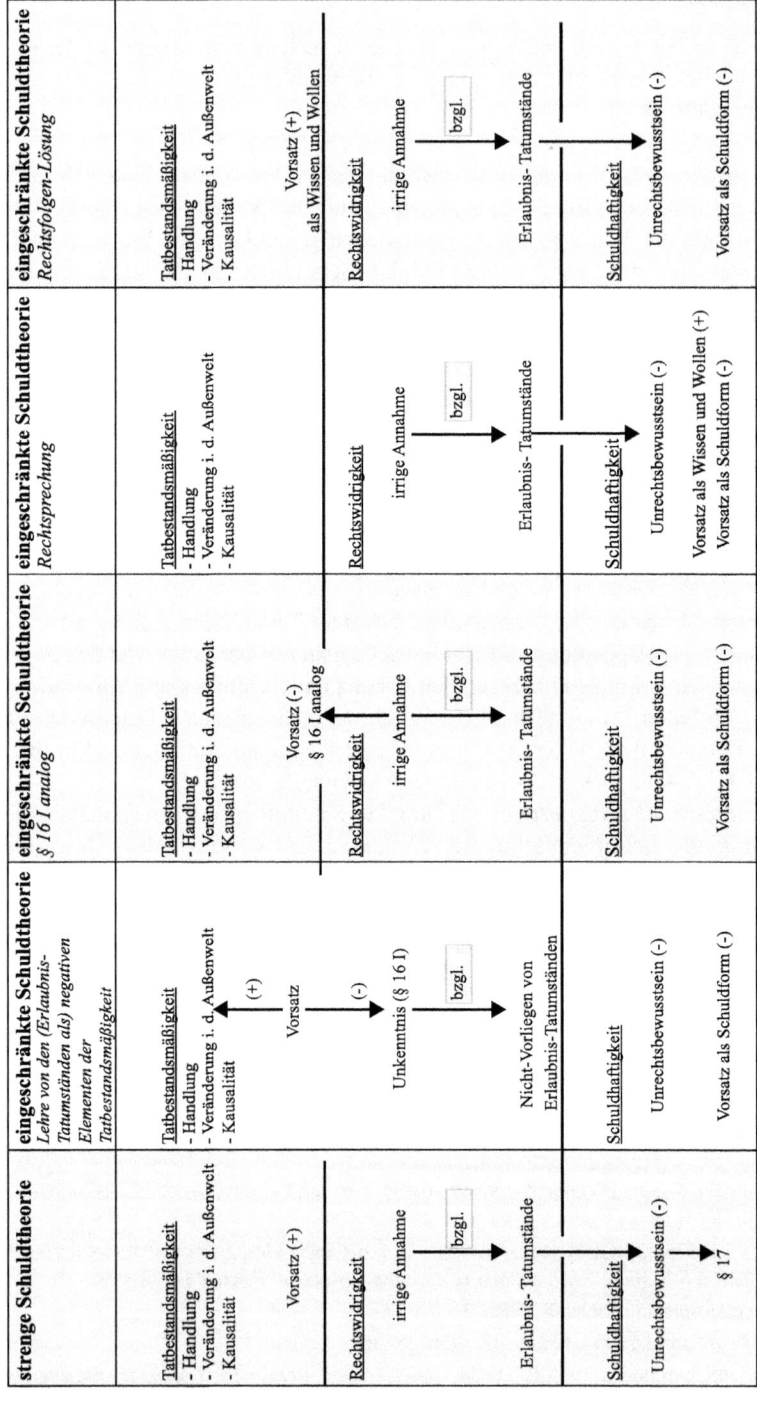

Abb. 1 „Erlaubnistatumstandsirrtum"

ee) Der abergläubische Erlaubnistatumstandsirrtum

Im Zusammenhang mit dem *Katzenkönig*-Fall (*Leitfall 10*) wurde die Frage aufge- **214** worfen, ob die irrige Annahme der tatsächlichen Voraussetzungen eines Rechtfertigungsgrundes auch dann nach den Grundsätzen des Erlaubnistatumstandsirrtums beachtlich sei, wenn diese Annahme die Zugrundelegung abergläubischer Geschehensabläufe voraussetzt:[99]

Beispiel 13.24

Hundekönig-Fall: Der Sachverhalt unterscheidet sich von *Leitfall 10* nur darin, **215** dass R an einen Hundekönig glaubt. R meint aufgrund der Beeinflussung durch H und P, dass der Hundekönig mit dem Untergang der Welt droht, wenn ihm nicht der Schoßhund der N, den N über alle Maßen liebt, geopfert werde. ◄

In Fällen dieser Art kommt ein Erlaubnistatumstandsirrtum deshalb nicht in Frage, **216** weil das, was der Täter sich vorstellt, nicht einen realen, sondern einen irrealen Geschehensablauf zum Gegenstand hat. Zwar würde das Interesse der Menschen, gerettet zu werden, ohne Zweifel das Interesse der N am Leben ihres Hündchens überwiegen. Jedoch fehlt – worauf *Herzberg* zutreffend hinweist[100] – in Fällen wie diesen das Vorliegen einer gegenwärtigen Gefahr für die Menschheit. Irreale Zusammenhänge sind nicht zurechenbar. Deshalb ist der abergläubische Entschluss keine Grundlage eines Versuchs im Rechtssinne (§ 9 Rn. 39 f.), ebenso wie auch die irreale Gefahr keine Gefahr im Sinne von § 34 ist. Der Aberglaube des R, wegen der Gefahr seitens des Hundekönigs so handeln zu dürfen, wäre nicht als Erlaubnistatumstandsirrtum, sondern lediglich als unmittelbarer Verbotsirrtum einzuordnen.

2. Irrtum über die rechtlichen Grenzen eines Rechtfertigungsgrundes – Erlaubnisgrenzirrtum

a) Form: Unkenntnis der Erlaubnisgrenze

Beispiel 13.25

Eines Tages bemerkt A, dass ein paar Kinder in seinen Garten eingedrungen sind **217** und sich die Taschen mit reifen Äpfeln gefüllt haben. Als er ihnen die Äpfel wieder abnehmen will, ergreifen sie die Flucht. Da nimmt A sein Luftgewehr und schießt einem der Buben ins Bein, worauf dieser seine Äpfel fallen lässt.

A weiß nicht, dass sein Notwehrrecht im Hinblick auf die Strafunmündigkeit **218** der Kinder und die Geringwertigkeit der gestohlenen Früchte eingeschränkt ist. Ist A strafbar? ◄

---

[99] Vgl. *Herzberg* Jura 1990, 16 ff. (18 f.); *H. Schumann* NStZ 1990, 32 ff. (33 f.).
[100] Vgl. *Herzberg* Jura 1990, 16 ff. (18 links).

219 A kennt die Tatsachen, jedoch wertet er falsch, indem er glaubt, auch unter den gegebenen Umständen von seinem Notwehrrecht Gebrauch machen zu können. Er befindet sich somit in Unkenntnis über die Grenzen dessen, was ihm aufgrund des Notwehrrechtes erlaubt ist.

220 Jener Erlaubnisgrenzirrtum ist als Verbotsirrtum im Sinne von § 17 *beachtlich.*
Die Strafe des A wegen gefährlicher Körperverletzung kann somit gemildert werden. Im Falle der Unvermeidbarkeit des Irrtums bliebe A straffrei.

221 *Ergebnis:* A §§ 224, 17.

b) Form: Irrige Annahme

Beispiel 13.26

222 A wehrt die lebensbedrohlichen Messerstiche des überlegenen Angreifers B mangels einer anderen Möglichkeit mit einem gezielten tödlichen Schuss ab. Er ist der Auffassung, dass die Europäische Menschenrechtskonvention eine tödliche Notwehr verbiete (Zur Frage der Einschränkung einer tödlichen Notwehr durch Art. 2 II a EMRK § 5 Rn. 151 f.). ◀

223 Hier irrt A nicht über den Sachverhalt. Vielmehr nimmt er irrig an, dass der nicht strafbare Sachverhalt strafbar sei. Er begeht damit eine straflose „*Wahnstraftat*".

224 *Ergebnis:* A bleibt straffrei.

3. Irrtum über die Existenz eines Rechtfertigungsgrundes – Erlaubnisnormirrtum

a) Form: Unkenntnis

Beispiel 13.27

225 Bademeister X sieht, dass zwei Badegäste gleichzeitig zu ertrinken drohen, von denen er aber nur einen retten kann. Er rettet Badegast A. Badegast B ertrinkt. Bezüglich der unterbliebenen Rettung des B macht er sich nicht nur größte Vorwürfe, er befürchtet sogar, dass sein Unterlassen rechtswidrig war. Zu Recht? ◀

226 Da der Bademeister die Rettung des B unterlassen hat, weil er sich zur Rettung des A entschlossen hatte, steht ihm hinsichtlich des Todes des B der Rechtfertigungsgrund der rechtfertigenden Pflichtenkollision zur Seite (§ 5 Rn. 324 ff.). Seine Auffassung, hinsichtlich des B Unrecht begangen zu haben, beruht darauf, dass er jenen Rechtfertigungsgrund nicht kennt. Trotz Kenntnis des rechtfertigenden Sachverhalts stellt er sich somit vor, Unrecht begangen zu haben. Damit handelt er in *Unkenntnis* der Erlaubnisnorm, nimmt er irrig die *Strafbarkeit* eines rechtmäßigen Handelns an. Er begeht somit eine *straflose „Wahnstraftat".*

227 *Ergebnis:* X bleibt straffrei.

b) Form: Irrige Annahme

Beispiel 13.28

Der züchtigende Jugendstaatsanwalt BGH 3 StR 102/84 NStZ 1986, 27: „Der **228**
Angeklagte nahm als Jugendstaatsanwalt bei ihm eingehende polizeiliche Meldungen wegen – nicht schwerwiegender – Straftaten von männlichen Jugendlichen und Heranwachsenden zum Anlass, diesen, nach jeweiliger Erörterung
der Sachlage und unter Ermahnung zu künftigem Wohlverhalten, mit ihrem Einverständnis Schläge auf das nackte Gesäß zu geben und zwar in aller Regel in
den elterlichen Wohnungen […]. In allen Fällen stellte er anschließend das Verfahren gegen die Betroffenen ein, ohne die körperliche Züchtigung aktenkundig
zu machen.“

Wäre es hinsichtlich der Strafbarkeit wegen einer Körperverletzung im Amt **229**
(§ 340) sowie wegen Rechtsbeugung (§ 339) beachtlich, wenn Jugendstaatsanwalt J geglaubt haben sollte, aufgrund seiner *Amtsstellung* zu den Züchtigungen berechtigt zu sein? ◄

J würde einen Rechtfertigungsgrund angenommen haben, welchen es überhaupt **230**
nicht gibt. Die daraus folgende Annahme, rechtmäßig zu handeln, stellt lediglich
einen im Rahmen von § 17 *beachtlichen* Verbotsirrtum dar. Da von einer Vermeidbarkeit des Verbotsirrtums auszugehen ist, käme nur eine Strafmilderung in Frage.
Ergebnis: u. a. J §§ 340, 339, 17. **231**

4. Irrtum über das „Verbotensein" – „unmittelbarer Verbotsirrtum"

a) Form: Unkenntnis

Beispiel 13.29

Gegen den ausdrücklichen Willen des B benutzt A dessen Fahrrad zu einer Aus **232**
flugsfahrt. Auf die Frage des *Staatsanwalts* erklärt er, er habe nicht gewusst, dass
die Benutzung eines Fahrrades gegen den Willen des Berechtigten nach § 248b
strafbar ist. ◄

Der Irrtum des A ist als Verbotsirrtum beachtlich, § 17. **233**
Ergebnis: A §§ 248b, 17. **234**

b) Form: Irrige Annahme

Beispiel 13.30

Anlässlich eines Besuches bei B entwendet A dem B ein Buch, um es bei Gele **235**
genheit des nächsten Besuches nach beendeter Lektüre wieder unbemerkt in B's
Bücherregal zu stellen. Dabei geht er davon aus, einen Diebstahl zu begehen. ◄

236 Bei dem Vorgehen des A handelt es sich mangels Zueignungsabsicht[101] um eine straflose Gebrauchsanmaßung. Obwohl A den Sachverhalt kennt, glaubt er einen strafbaren Diebstahl zu begehen. Er nimmt folglich irrig die Strafbarkeit eines in Wahrheit straflosen Sachverhaltes an. Dieser Irrtum ist unbeachtlich. Es liegt eine straflose Wahnstraftat vor.

237 *Ergebnis:* A straffrei.

III. Irrtümer über Elemente der Schuldhaftigkeit

1. Irrtum über die tatsächlichen Voraussetzungen von Entschuldigungsgründen

a) Form: Unkenntnis

> **Beispiel 13.31**

238 Um B, der wegen einer Tötungsstraftat angeklagt ist, vor einer hohen Haftstrafe zu bewahren, sagt seine *Freundin* A vor Gericht falsch aus. Was A nicht weiß: In ihrer noch ungeöffneten Tagespost befindet sich ein Brief des B, in dem er der A mit dem Tode droht, falls sie nicht zu seinen Gunsten aussage. ◀

239 Zwar liegen objektiv die tatsächlichen Voraussetzungen eines entschuldigenden Notstandes nach § 35 vor. Davon weiß A allerdings nichts. Da jedoch die Straffreiheit aufgrund von § 35 eine Schuldminderung voraussetzt, die auch auf einem Motivationsdruck beruht, scheidet die Anwendung von § 35 aus, wenn der Täter nichts von der Notstandssituation weiß. Die Unkenntnis der Notstandslage führt somit dazu, dass eine Entschuldigung nach § 35 nicht in Frage kommt. Der Irrtum der A ist somit unbeachtlich.[102]

240 *Ergebnis:* A § 153.

b) Form: Irrige Annahme – „Entschuldigungstatumstandsirrtum"

> **Beispiel 13.32**

241 B ist wegen eines Totschlags angeklagt. Als er von seiner Bekannten A in der Untersuchungshaft besucht wird, sagt er zu ihr, falls sie nicht zu seinen Gunsten eine falsche Zeugenaussage mache, könne sie gleich einen Sarg bestellen. A fühlt sich daraufhin in ihrem Leben bedroht und sagt zu Gunsten des A falsch aus. In Wahrheit wollte B nur mit seinem Selbstmord drohen.

---

[101] Vgl. aber auch den *Krimi*-Fall OLG Celle 1 Ss 10/67 NJW 1967, 1921 sowie *Eser* StK IV 4. Aufl. 1983, Nr. 3. Dort hatte der Täter ein Buch aus einer Buchhandlung entwendet, um es zu lesen und anschließend wieder zurückzugeben. Das OLG nahm Zueignungsabsicht an, weil der Täter dem Buch den Verkaufswert als neuwertig entzogen habe. Dieser Gesichtspunkt spielt im hier genannten Beispiel jedoch keine Rolle.

[102] Instruktiv hierzu der *Familientyrannen*-Fall BGH 1 StR 483/02 BGHSt 48, 255.

Hätte B damit gedroht, A umbringen zu lassen, falls sie nicht zu seinen Guns-   242
ten falsch aussage, läge die Situation eines entschuldigenden Notstandes nach
§ 35 vor. Im Falle der Drohung mit Selbstmord wäre dies anders, weil B keine
„nahestehende Person" im Sinne von § 35 ist. ◄

Die irrige Annahme der tatsächlichen Voraussetzungen einer entschuldigenden Si-   243
tuation ist nach § 35 II *beachtlich* und führt dazu, dass in Anwendung von Verbots-
irrtumsgrundsätzen bei *Unvermeidbarkeit* des Irrtums Straffreiheit eintritt, während
ansonsten die Strafe nach § 35 II 2 nach Versuchsgrundsätzen zu mildern ist.[103]

Ergebnis: A §§ 153, 35 II.   244

§ 35 II kann analog herangezogen werden, wenn der Täter irrig Umstände eines   245
sonstigen Entschuldigungsgrundes annimmt, zum Beispiel die tatsächlichen Voraussetzungen eines Notwehrexzesses nach § 33.

2. Irrtum über die rechtlichen Grenzen eines Entschuldigungsgrundes – „Entschuldigungsgrenzirrtum"

a) Form: Unkenntnis

Beispiel 13.33

Der Täter glaubt, nach § 35 auch dann entschuldigt zu sein, wenn er die Tat be-   246
geht, um eine Gefahr von seinem Vermögen abzuwenden. ◄

Weil es allein in die Risikosphäre des Täters fällt, wenn er Entschuldigungsgründe   247
zu weit interpretiert, sind Irrtümer dieser Art *unbeachtlich*. Ein Irrtum über die
Grenzen von Entschuldigungsgründen ist *nicht* anerkannt.

b) Form: Irrige Annahme

Beispiel 13.34

Der Täter, der in einer Notstandslage nach § 35 eine Leibesgefahr abwendet,   248
glaubt, dass die Entschuldigung nach § 35 nur möglich sei, wenn eine Lebensgefahr abgewendet wird. ◄

Der Irrtum ist *unbeachtlich*. Entscheidend ist, dass der Täter aus einem vom Gesetz-   249
geber als Entschuldigungsgrund anerkannten Motivationsdruck handelt. Es genügt,
dass der Täter die entschuldigende Situation kennt. Dass er die gesetzliche Entschuldigung nicht kennt, schadet nicht. Folglich kommt ihm der Entschuldigungsgrund zugute, obwohl er irrig glaubt, über die Grenzen der Entschuldigung hinaus-
gegangen zu sein.

---

[103] Die Milderung nach § 35 II geht dabei einer Milderung wegen Vorliegens außergewöhnlicher
Umstände beim Heimtückemord gem. BGHSt 30, 105 vor, näher hierzu BGH 1 StR 483/02 BGHSt
48, 255 ff. (262 f.).

3. Irrtum über Schuldausschließungsgründe – „Schuldausschließungsgrundirrtum"

250   Irrtümer über Schuldausschließungsgründe (§§ 17, 20, 21) sind in jeder Hinsicht *unbeachtlich*. Denn es kommt darauf an, ob Tatsachen gegeben sind, aufgrund derer die Schuld des Täters ausgeschlossen *ist*. Völlig unerheblich ist, ob der Täter über seine Schuldfähigkeit nachdenkt. Liegt der Schuldausschließungsgrund vor, bleibt der Täter straffrei. Liegt er nicht vor, tritt die strafbefreiende Wirkung nicht ein.

IV. Irrtümer über besondere Rechtsfolgevoraussetzungen

1. Irrtümer über objektive Bedingungen der Strafbarkeit

251   Da es gerade der Zweck der objektiven Bedingungen der Strafbarkeit ist, nicht vom Vorsatz des Täters umfasst sein zu müssen, sind Irrtümer in diesem Bereich unbeachtlich.

2. Irrtümer im Bereich persönlicher Strafausschließungs- und Strafaufhebungsgründe

252   Persönliche Strafausschließungsgründe sind grundsätzlich *irrtumsresistent*.

253   Nach einer Minderheitsmeinung soll hier jedoch eine Ausnahme für solche persönlichen Strafausschließungsgründe gelten, die auf einer typischerweise *schuldmindernden* Situation beruhen, wie z. B. § 258 VI, die Straffreiheit der Strafvereitelung, die zu Gunsten eines Angehörigen begangen wird. Weiß der Täter nicht, dass es ein Angehöriger ist, dem die Strafvereitelung zugute kommt, liegt die von § 258 VI stillschweigend vorausgesetzte Notlage nicht vor. Deshalb wird vertreten, dass bei Unkenntnis der Angehörigeneigenschaft der persönliche Strafausschließungsgrund nach § 258 VI nicht eintreten soll.[104]

254   Entsprechend wird man § 258 VI analog annehmen müssen, wenn der Täter irrtümlich davon ausgeht, dass er die Strafe zu Gunsten eines Angehörigen vereitele. Denn hier entspricht die Motivationslage jener in § 258 VI, wenn die Angehörigeneigenschaft gegeben ist.[105]

255   Bei dem *persönlichen Strafaufhebungsgrund* des Rücktritts sind in § 24 I und II jeweils S. 2 zu beachten. Freiwillige und ernsthafte Rettungsbemühungen führen zur Straffreiheit, auch wenn sie für die Verhinderung des Schadens nicht kausal geworden sind (*irrige Annahme* der Wirksamkeit des Rücktrittsverhaltens). Umgekehrt führt die *Unkenntnis* der Verhinderungskausalität nicht zur Strafaufhebung. Ein error in persona schließt einen Rücktritt nicht aus.[106]

---

[104] So *Sternberg-Lieben/Schuster*, in: Schönke/Schröder § 16 Rn. 34; *Hecker*, in: Schönke/Schröder § 258 Rn. 41; diff. *Wessels/Beulke/Satzger* AT Rn. 792 ff.; für Straffreiheit wegen der objektiven Gesetzesfassung aber *Eser/Burkhardt* StK I Nr. 19 A 31; vgl. auch § 7 Rn. 30.

[105] So *Sternberg-Lieben/Schuster*, in: Schönke/Schröder § 16 Rn. 34 („zumindest" § 35 II analog); *Hecker*, in: Schönke/Schröder § 258 Rn. 41; *Wessels/Beulke/Satzger* AT Rn. 788 f.; für eine analoge Anwendung von § 16 II *Schlüchter* AT Kap. 10.

[106] Näher zum Ganzen *Baumann/Weber/Mitsch/Eisele* § 23 Rn. 24.

D. Konkurrenz von Tatumstands- und Verbotsirrtum?

Eine Konkurrenz von Tatumstands- und Verbotsirrtum ist möglich, wenn der Täter 256
aufgrund des Tatumstandsirrtums – Unkenntnis eines Tatbestandsmerkmals – rechtmäßig zu handeln glaubt. Da jedoch der *Tatumstandsirrtum* in diesen Fällen die *speziellere Regelung* darstellt, bedarf es eines Rückgriffs auf den Verbotsirrtum nicht. Dies gilt im Übrigen auch für den Erlaubnistatumstandsirrtum als Spezialregelung. Denn auch hier nimmt der Täter aufgrund der Verkennung der Sachlage an, rechtmäßig zu handeln.[107]

Von diesen Sachlagen eines *Verbotsirrtums im Hintergrund eines Tatumstands-* 257
irrtums (mittelbarer Verbotsirrtum) sind jene Fälle zu unterscheiden, in denen – angeblich – ein Doppelirrtum vorliegt: Der Täter handele „an sich" im (Erlaubnis-) Tatumstandsirrtum, überschreite aber dessen Grenzen, weshalb gleichzeitig ein Verbotsirrtum vorliege. Schulbeispiel ist insoweit der *Putativnotwehrexzess*, wie er *Leitfall 13 Var. a* zugrunde liegt.

Jedoch ist in Fällen dieser Art schon gar kein *Erlaubnistatumstandsirrtum* ge- 258
geben.[108] Denn die Tatsachen, die der Täter sich vorstellt, würden ihn *nicht rechtfertigen.* Weil A in *Leitfall 13 Var. a* selbst dann nicht rechtmäßig handeln würde, wenn er von B angegriffen würde, scheidet ein Erlaubnistatumstandsirrtum von vornherein aus. Auch ein Erlaubnis*grenz*irrtum ist *nicht* gegeben, weil ein Rechtfertigungsgrund, dessen Grenze der Täter überschreiten würde, ebenfalls nicht vorliegt.

Da dem Täter in diesen Fällen aber immerhin das Unrechtsbewusstsein fehlt, ist jedenfalls § 17 als unmittelbarer Verbotsirrtum anzuwenden.

Beim *Notwehrexzess* ist die irrige Annahme seiner tatsächlichen Voraussetzungen 259
nicht eigens geregelt. Jedoch wäre es möglich, § 35 II analog auf Fälle dieser Art anzuwenden.

E. Übersicht über Gegenstände, Formen, Bezeichnungen und die Beachtlichkeit der wichtigsten Irrtümer im Strafrecht

Eine grafische Übersicht zum Irrtum im Strafrecht findet sich in Tab. 1.   260

---

[107] Näher dazu vgl. *Herzberg* ZfIStw 2022, 253 ff.; krit. dazu *Lichtenthäler/Scheinfeld* ZfIStw 2022, 420 ff.

[108] Vgl. a. *Kuhlen* FS Paeffgen, S. 247 ff. (252 ff.), der zu Recht von einem Pseudo-Doppelirrtum spricht, dessen Darstellung als Doppelirrtum in der Ausbildung „schädlich" ist. Vgl. a. *Gropp* FS Schmoller, S. 43 ff. (51 f.). Dennoch wird am Begriff „Doppelirrtum" in der Literatur festgehalten vgl. bspw. *B. Heinrich* AT Rn. 1145. Bei *Krey/Esser* AT Rn. 746 wird der Begriff als „irreführend" bezeichnet, aber dennoch verwendet.

Tab. 1 Der Irrtum im Strafrecht: Gegenstände, Formen und Folgen

Gegenstand	Unkenntnis	Irrige Annahme
Tatbestandsmäßigkeit – desktriptives Element der TBmäßigkeit	§ 16 I 1, 2 StGB Tatsachenirrtum: § 16 I 1, 2	Versuch
– normatives Element der TBmäßigkeit	Wertungsirrtum: ohne (zutr.) Parallelwertg i. d. Laiensph. § 16 I 1, 2	Wertung zutreffend: Versuch
	mit zutreffender Parallelwertung in der Laiensphäre: unbeachtlicher Subsumtionsirrtum	Wertung unzutreffend: Wahnstraftat
– qualifizierendes Element der TBmäßigkeit	§ 16 I 1	Grundstraftat und Versuch der Qualifikation, § 52
– privilegierendes Element der TBmäßigkeit	Privilegierung und Versuch der Grundstraftat, § 52	§ 16 II
– Kausalverlauf	bei zurechnungsausschließender Kausalabweichung kein Vorsatz	Versuch
– Angriffsobjekt (als Ziel: aberratio ictus)	Konkretisierungstheorie: kein Vorsatz bezüglich des Erreichten	Versuch bezüglich des Gewollten
– Angriffsobjekt (Identität: error in obiecto/ persona)	unbeachtlich	unbeachtlich
Rechtswidrigkeit „Verboten-Sein" RFG – tatsächliche Voraussetzungen	§ 17 Straffreiheit; hM: Versuch; mM: Vollendung	Wahnstraftat (Erlaubn.Tatumst.Irrt.): eingeschr. Schuldtheorie: § 16 I 1 analog; bei *obj. und indiv. Unvermeidbkt* des Irrtums: *RFG*; strenge Schuldtheorie: § 17
– rechtliche Grenzen (Erlaubnisgrenzirrtum)	§ 17	Wahnstraftat
– Existenz (Erlaubnisnormirrtum)	Wahnstraftat	§ 17
Schuldhaftigkeit EG – tatsächliche Voraussetzungen	EG (-)	§ 35 II (analog, u. U. auch direkt)
– rechtliche Grenzen	unbeachtlich	unbeachtlich
Besondere Rechtsfolgevoraussetzungen/ -hindernisse obj. Bedingungen der Strafbarkeit	unbeachtlich	unbeachtlich
persönliche Strafausschließungsgründe	überwiegende Meinung: unbeachtlich	überwiegende Meinung: unbeachtlich
Privilegierung zur Straflosigkeit, z. B. § 258 VI	m.M.: pSAG (-)	a. A.: pSAG (+)

Lösung des Leitfalls 13 Variante a (Gutachtenstil)

A könnte sich wegen Totschlags gemäß § 212 I strafbar gemacht haben, indem er **261**
den B erschossen hat. ◀

I. Tatbestandsmäßigkeit

Dann müsste A zunächst einen Menschen getötet haben. A hat den B mit dem **262**
gezielten Schuss ins Herz getötet und wollte dies auch. A hat tatbestandsmäßig
gehandelt.

II. Rechtswidrigkeit

Allerdings könnte die Rechtswidrigkeit der Handlung des A wegen Eingreifens **263**
eines Rechtfertigungsgrundes ausgeschlossen sein.

In Betracht kommt Notwehr gemäß § 32. Dann hätte objektiv ein gegenwärtiger **264**
und rechtswidriger Angriff seitens des B vorliegen müssen. B wollte den A
jedoch nicht erschießen, sondern ihm nur dessen Ersatzpistole zurückbringen,
sodass ein Angriff nicht gegeben ist. Andere Rechtfertigungsgründe sind nicht
ersichtlich, die Tat des A ist rechtswidrig.

Jedoch stellt sich A irrtümlich vor, von B angegriffen zu werden, und meint, sich **265**
in der genannten Weise wehren zu dürfen.

III. Schuldhaftigkeit

A glaubte, rechtmäßig zu handeln und hatte daher kein Unrechtsbewusstsein. **266**
Dieser Irrtum könnte zunächst als Erlaubnistatumstandsirrtum nach der
vorsatzschuldausschließenden eingeschränkten Schuldtheorie die Vorsatzschuld
entfallen lassen. Voraussetzung wäre jedoch, dass A sich einen Sachverhalt
vorstellt, der ihn – so er vorläge – rechtfertigen würde.

A stellte sich vor, von B gegenwärtig und rechtswidrig angegriffen zu werden, **267**
die tatsächlichen Voraussetzungen einer Notwehrlage. Der Erlaubnistatumstandsirrtum setzt weiter voraus, dass A auf der Grundlage seiner irrigen
Vorstellung die dann objektiv erforderliche Verteidigung zur Abwehr des
vorgestellten Angriffes gewählt hätte.[109]

Erforderlich ist die Handlung, die eine möglichst sofortige Beendigung des **268**
Angriffs erwarten lässt. Unter mehreren gleich wirksamen Verteidigungsmitteln
ist dasjenige zu wählen, das den geringsten Schaden anrichtet. Hier trug A eine
Schusswaffe bei sich, mit der er als geübter Sportschütze den vermeintlichen
Angriff des B auch durch einen gezielten Schuss in dessen Hand hätte abwehren
können. Ein gezielter tödlicher Schuss war nicht erforderlich. Damit wäre die
Handlung des A auch dann nicht gerechtfertigt gewesen, wenn die von ihm irrig
angenommenen Tatsachen zutreffend gewesen wären. Eine irrige Annahme der
tatsächlichen Voraussetzungen des Rechtfertigungsgrundes „Notwehr" liegt
somit nicht vor. Ein Erlaubnistatumstandsirrtum des A scheidet aus.

---

[109] Vgl. auch BGH 3 StR 542/00 NStZ 2001, 530.

269   Jedoch könnte ein Verbotsirrtum des A nach § 17 vorliegen, denn A glaubte, die
gewählte Verteidigung anwenden zu dürfen und damit rechtmäßig zu handeln.
Die Schuldhaftigkeit der Handlung des A wäre nach § 17 S. 1 zu verneinen,
wenn er den Irrtum nicht hätte vermeiden können. Jedoch hätte A bei gehöriger
Anspannung seines Gewissens erkennen können, dass man niemand durch
gezielte Schüsse töten darf, wenn andere Abwehrmöglichkeiten zur Verfügung
stehen. Es kommt daher nur eine Strafmilderung wegen eines vermeidbaren
Verbotsirrtums nach § 17 S. 2 zu Gunsten des A in Frage.[110]

270   A hat sich wegen Totschlags gemäß §§ 212, 17 S. 2 strafbar gemacht.

Lösung des Leitfalls 13 Variante b (Gutachtenstil)

271   A könnte sich wegen einer gefährlichen Körperverletzung gemäß § 224 I Nr. 2 1.
Var. strafbar gemacht haben. ◄

I. Tatbestandsmäßigkeit

272   Dann müsste A zunächst einen Menschen körperlich misshandelt oder an der
Gesundheit geschädigt haben. Eine körperliche Misshandlung ist eine üble,
unangemessene Behandlung, welche das körperliche Wohlbefinden oder die
körperliche Unversehrtheit des B nicht unwesentlich beeinträchtigt. Unter
Gesundheitsbeschädigung versteht man jedes Hervorrufen oder Steigern eines
pathologischen Zustands (Wunde). Der Schuss in die Hand und die daraus
resultierende Verwundung erfüllt beide Modalitäten der Körperverletzung. A hat
eine Schusswaffe eingesetzt, worin eine gefährliche Körperverletzung liegen
könnte. Eine Schusswaffe ist dazu bestimmt, erhebliche Verletzungen
herbeizuführen, sodass sie eine Waffe i. S. v. § 224 I Nr. 2 1. Var. ist. Eine
gefährliche Körperverletzung mittels einer Waffe ist somit zu bejahen.

273   A verletzte B mit der Schusswaffe wissentlich und willentlich und handelte somit
vorsätzlich.

II. Rechtswidrigkeit

274   Allerdings könnte die Rechtswidrigkeit der Handlung des A wegen Eingreifens
eines Rechtfertigungsgrundes ausgeschlossen sein.

275   In Betracht kommt Notwehr gemäß § 32. Dann hätte objektiv ein gegenwärtiger
und rechtswidriger Angriff seitens des B vorliegen müssen. B wollte den A
jedoch nicht erschießen, sondern ihm nur dessen Ersatzpistole zurückbringen,
sodass ein Angriff nicht gegeben ist. Andere Rechtfertigungsgründe sind nicht
ersichtlich, die Tat des A ist somit rechtswidrig.

276   Jedoch stellt sich A irrtümlich vor, einen Angriff des B abzuwehren.

III. Schuldhaftigkeit

277   A glaubte, rechtmäßig zu handeln, es fehlt somit sein Unrechtsbewusstsein.
Der Irrtum könnte als Erlaubnistatumstandsirrtum nach der vorsatzschuld-

---

[110] Vgl. hierzu auch BGH 4 StR 2/87 NStZ 1987, 322.

ausschließenden eingeschränkten Schuldtheorie die Vorsatzschuld des A entfallen lassen, wenn A irrig die tatsächlichen Voraussetzungen eines Rechtfertigungsgrundes angenommen, d. h. sich einen Sachverhalt vorgestellt hätte, bei dessen Vorliegen er gerechtfertigt wäre. A ging von den tatsächlichen Voraussetzungen einer Notwehrlage aus. Um gerechtfertigt zu sein, hätte auch die Notwehrhandlung des A die rechtfertigenden Voraussetzungen erfüllen, d. h. die erforderliche Verteidigung zur Abwehr des vorgestellten Angriffes sein müssen, § 32 II. Sie hätte folglich objektiv erforderlich, normativ geboten sein müssen.

Erforderlich ist die Handlung, die eine möglichst sofortige Beendigung des Angriffs erwarten lässt. Unter mehreren gleich wirksamen Verteidigungsmitteln ist diejenige zu wählen, die den geringsten Schaden anrichtet. Es standen keine anderen wirksamen Abwehrmöglichkeiten zur Verfügung, sodass der Schuss in die Hand diese Voraussetzungen erfüllt. Auch sind keine Umstände erkennbar, welche an der sozialethischen Vertretbarkeit des Handelns von A in der vorgestellten Situation Zweifel aufkommen lassen würden. Es liegt somit eine Handlung des A vor, die auf der Grundlage seiner Vorstellung gerechtfertigt wäre. **278**

Damit ist ein Erlaubnistatumstandsirrtum gegeben, welcher in Lehre und Rechtsprechung in unterschiedlicher Weise gewürdigt wird […]. **279**

Dass der im Erlaubnistatumstandsirrtum Befindliche die objektiven Elemente der Tatbestandsmäßigkeit wissentlich und willentlich erfüllt, kann ihm auf Grund seines Irrtums nicht zum Vorwurf gemacht werden. Es verdient die die Vorsatzschuld ausschließende Variante der eingeschränkten Schuldtheorie daher den Vorzug. Eine Strafbarkeit des A wegen einer vorsätzlichen Verwirklichung des § 224 I Nr. 2 1. Var. scheidet damit aus. **280**

Jedoch hätte A erkennen können, dass B den Finger gar nicht am Abzug der Pistole hatte. Die irrige Annahme der tatsächlichen Voraussetzungen eines Rechtfertigungsgrundes durch A wäre somit vermeidbar gewesen. **281**

A hat sich somit wegen einer fahrlässigen Körperverletzung (§ 229) strafbar gemacht. **282**

F. Zur Wiederholung

Kontrollfragen
1. Nennen Sie die beiden (Erscheinungs-)Formen des Irrtums. (Rn. 15 ff.)
2. Worin besteht das Ziel der Irrtumslehre? (Rn. 20 f.)
3. Worin besteht der Unterschied zwischen einer Wahnstraftat und einem untauglichen Versuch? (Rn. 30)
4. Weshalb ist es methodisch notwendig, vor der Prüfung eines Verbotsirrtums zunächst das Nichtvorliegen eines Tatumstandsirrtums nach § 16 zu klären? (Rn. 36 f.)
5. Was ist ein Erlaubnistatumstandsirrtum und wie wird er nach der eingeschränkten Schuldtheorie behandelt? (Rn. 189 ff.)
6. Was ist an der „eingeschränkten Schuldtheorie" eingeschränkt? (Rn. 206 f.)

Literatur

Baumann/Weber/Mitsch/Eisele Strafrecht Allgemeiner Teil (AT), 13. Aufl. 2021

Bemmann Zum Fall Rose-Rosahl MDR 1958, 817 ff.

Bemmann Die Objektsverwechslung des Täters in ihrer Bedeutung für den Anstifter, FS für Stree/
Wessels 1993, S. 397 ff.

Binding, Karl Die Normen und ihre Übertretung Bd. 3, 2. Aufl. 1916

Blei Strafrecht Allgemeiner Teil (AT), 12. Aufl. 1993

Dohmen Karnevalsparty mit Folgen, Jura 2006, 143 ff.

Ebert Strafrecht Allgemeiner Teil (AT), 4. Aufl. 2007

Erb Zur Unterscheidung der aberratio ictus vom error in persona, FS für Frisch 2013, S. 389 ff.

Erb Der Erlaubnistatbestandsirrtum als Anwendungsfall von § 17 StGB, FS für Paeffgen 2015,
S. 205 ff.

Eser Juristischer Studienkurs Strafrecht II (StK II), 3. Aufl. 1980

Eser Juristischer Studienkurs Strafrecht IV (StK IV), 4. Aufl. 1983

Eser/Burkhardt Juristischer Studienkurs Strafrecht I (StK I), 4. Aufl. 1992

Eser/Perron (Hrsg.), Rechtfertigung und Entschuldigung III, 1991

Fischer, *Bearbeiter*, in: = Fischer, Strafgesetzbuch, 72. Aufl. 2025

Frisch Der Irrtum als Unrechts- und/oder Schuldausschluß im deutschen Strafrecht, in Eser/Perron
(Hrsg.), Rechtfertigung und Entschuldigung III, 1990, S. 217 ff.

Frisch Schwächen und Notwendigkeit einer Revision der Lehre vom Unrechtsbewusstsein, GA
2017, 699 ff.

Frisch Untauglicher Versuch und Wahndelikt, insbesondere bei Irrtümern über außerstrafrechtliche Normen – Normtheoretische, straftheoretische und verfassungsrechtliche Überlegungen,
GA 2019, 305 ff.

Frister Strafrecht Allgemeiner Teil, 10. Aufl. 2023

Gallas Zum gegenwärtigen Stand der Lehr vom Verbrechen, ZStW 67 (1955), 1 ff.

Geppert Zum „error in persona vel objecto" und zur „abberatio ictus" insbesondere vor dem
Hintergrund der neuen Rose-Rosahl Entscheidung, Jura 1992, 163 ff.

Gössel Überlegungen zum Verhältnis von Norm, Tatbestand und dem Irrtum über das Vorliegen
eines rechtfertigenden Sachverhalts, FS für Triffterer 1996, S. 93 ff.

Graul Unrechtsbestimmung und Unrechtsausschluss, JuS 1995 Lernbogen L 41 ff.

Graul Der „umgekehrte Erlaubnistatbestandsirrtum", JuS 2000, Lernbogen L 41 ff.

Gropp Der Zufall als Merkmal der aberratio ictus, FS für Lenckner 1998, S. 55 ff.

Gropp Der Moos-raus-Fall und die strafrechtliche Irrtumslehre, FS für Weber 2004, S. 127 ff.

Gropp An der Grenze der Lehre vom personalen Unrecht, FS für Kühl 2014, S. 247 ff.

Gropp Abschied vom „Doppelirrtum", ZIS 2016, 601 ff.

Gropp Der kompensierte Tatumstandsirrtum, FS für Schmoller 2024, S. 43 ff.

Hassemer Freistellung des Täters aufgrund von Drittverhalten, FS für Lenckner 1998, S. 97 ff.

Heidingsfelder Der umgekehrte Subsumtionsirrtum, 1991

Heinrich, B. Strafrecht – Allgemeiner Teil (AT), 7. Aufl. 2022

Herzberg Abergläubische Gefahrabwendung und mittelbare Täterschaft durch Ausnutzung eines
Verbotsirrtums – BGHSt 35, 347, Jura 1990, 16 ff.

Herzberg Vollendeter Mord bei Tötung des falschen Opfers, NStZ 1999, 217 ff.

Herzberg Rechtsirrige Annahme eine Straftatbegehung – Versuch oder Wahndelikt?, GS für
Schlüchter 2002, S. 189 ff.

Herzberg Tatumstands- und Verbotsirrtum, ZfIStw 2022, 253 ff.

Hettinger Die Bewertung der „aberratio ictus" beim Alleintäter – Gedanken zum Verhältnis zwischen Sachverhalt und Gesetz, GA 1990, 531 ff.

Hillenkamp Die Bedeutung von Vorsatzkonkretisierungen bei abweichendem Tatverlauf, 1971

Hillenkamp/Cornelius 32 Probleme aus dem Strafrecht, Allgemeiner Teil, 16. Aufl. 2023

Jakobs Strafrecht Allgemeiner Teil (AT), 2. Aufl. 1993

Jescheck/Weigend Lehrbuch des Strafrechts Allgemeiner Teil (AT), 5. Aufl. 1996

Joecks/Jäger Strafgesetzbuch Studienkommentar (StK), 13. Aufl. 2021

Kaufmann, Arthur Das Unrechtsbewußtsein in der Schuldlehre des Strafrechts, 1949

Kaufmann, Arthur Die Lehre von den Tatbestandsmerkmalen, JZ 1954, 653

Kaufmann, Arthur Tatbestand, Rechtfertigungsgrund und Irrtum, JZ 1956, 353 ff.

Kaufmann, Arthur Die Parallelwertung in der Laiensphäre, 1982

Kindhäuser Gefährdung als Straftat, 1989

Kindhäuser/Zimmermann Strafrecht Allgemeiner Teil, 11. Aufl. 2024

Kindhäuser Zur Abgrenzung des Irrtums über Tatumstände vom Verbotsirrtum, JuS 2019, 953 ff.

Knobloch Examensrelevante Irrtümer im Strafrecht – Eine systematische Darstellung, JuS 2010, 864 ff.

Koriath Einige Überlegungen zum error in persona, JuS 1998, 215 ff.

Koriath Was für ein Irrtum, FS für R. Merkel 2020, S. 717 ff.

Krey/Esser Strafrecht Allgemeiner Teil, 7. Aufl. 2022

Kudlich Zur Übung – Strafrecht: Schlecht beraten, JuS 2003, 243 ff.

Kühl Strafrecht Allgemeiner Teil, 8. Aufl. 2017

Kuhlen Die Unterscheidung von vorsatzausschließendem und nichtvorsatzausschließendem Irrtum, 1987

Kuhlen Eine Anmerkung zur Lehre vom Doppelirrtum, FS für Paeffgen 2015, S. 247 ff.

Küper § 16 II StGB: eine Irrtumsregelung „im Schatten" der allgemeinen Strafrechtslehre, Jura 2007, 263 ff.

Küpper Zu den Folgen des Irrtums des Täters über die Person des Opfers für die Strafbarkeit des Anstifters, JR 1992, 294 ff.

Lackner/Kühl/Heger-*Bearbeiter* Strafgesetzbuch: Kommentar, 30. Aufl. 2023

Langer Vorsatztheorie und strafgesetzliche Irrtumsregelung – zur Kompetenzabgrenzung von Strafgesetzgebung, Verfassungsgerichtsbarkeit und Strafrechtswissenschaft, GA 1976, 193 ff.

Lesch Dogmatische Grundlagen zur Behandlung des Verbotsirrtums JA 1996, 346 ff.

Lesch Unrechtseinsicht und Erscheinungsformen des Verbotsirrtums, JA 1996, 504 ff.

Lesch Die Vermeidbarkeit des Verbotsirrtum, JA 1996, 607 ff.

Lichtenthäler/Scheinfeld Vorsatztheorie de lege lata?, ZfIStw 2022, 420 ff.

LK[11]-*Bearbeiter* = Jähnke/Laufhütte/Odersky (Hrsg.), Leipziger Kommentar, Strafgesetzbuch, 11. Aufl. 1992 ff.

LK-*Bearbeiter* = Cirener/Radtke/Rissing-van Saan/Rönnau/Schluckebier (Hrsg.), Leipziger Kommentar, Strafgesetzbuch, Bd. 1, 13. Aufl. 2020

LK-*Bearbeiter* = Cirener/Radtke/Rissing-van Saan/Rönnau/Schluckebier (Hrsg.), Leipziger Kommentar, Strafgesetzbuch, Bd. 2, 13. Aufl. 2020

LK-*Bearbeiter* = Cirener/Radtke/Rissing-van Saan/Rönnau/Schluckebier (Hrsg.), Leipziger Kommentar, Strafgesetzbuch, Bd. 3, 13. Aufl. 2019

Maurach/Schroeder/Maiwald/Hoyer/Momsen Strafrecht Besonderer Teil 1, 11. Aufl. 2019

Maurach/Zipf Strafrecht Allgemeiner Teil, Teilband 1, 8. Aufl. 1992

Mitsch Fehlvorstellungen über das Alter der Darsteller bei Kinder- und Jugendpornographie, ZStW 124 (2012), 323 ff.

Mitsch Strafrecht Besonderer Teil 1 (BT 1), 3. Aufl. 2015

Moos Die Irrtumsproblematik im Finanzstrafrecht, in: Leitner (Hrsg.), Aktuelles zum Finanzstrafrecht, 1998, S. 103 ff.

Murmann Grundkurs Strafrecht (GK), 8. Aufl. 2024

Müller Anmerkung – Das Urteil des BGH zu Anstiftung und „error in persona", MDR 1991, 830 f.

Neumann Der Verbotsirrtum (§ 17 StGB), JuS 1993, 793 ff.

Nikolidakis Grundfragen der Anstiftung, 2004

NK-StGB-*Bearbeiter* = *Kindhäuser/Neumann/Paeffgen/Saliger* (Hrsg.), Nomos-Kommentar zum StGB, 6. Aufl. 2023

Otto Anstiftung und Beihilfe, JuS 1982, 557 ff.

Otto Strafrechtliche Aspekte des Eigentumsschutzes, Jura 1989, 200 ff.

Otto Grundkurs Strafrecht, Allgemeine Strafrechtslehre (GK AT), 7. Aufl. 2004

Plaschke Ein Nagetier schreibt Rechtsgeschichte – der Doppelirrtum im Strafrecht, Jura 2001, 235 ff.

Prittwitz Zur Diskrepanz zwischen Tatgeschehen und Tätervorstellung, GA 1983, 110 ff.

Puppe Zur Revision in der Lehre vom „konkreten" Vorsatz und der Beachtlichkeit der aberratio ictus, GA 1981, 1 ff.

Puppe Der objektive Tatbestand der Anstiftung, GA 1984, 101 ff.

Puppe Die strafrechtliche Verantwortlichkeit für die Irrtümer bei der Ausübung der Notwehr und für deren Folgen, JZ 1989, 730 ff.

Puppe Welche Bedeutung hat der Irrtum des Täters über die Identität des Opfers für den Anstifter?, NStZ 1991, 124 ff.

Puppe Bemerkungen zum Verbotsirrtum und seiner Vermeidbarkeit, FS für Rudolphi 2004, S. 231 ff.

Puppe Strafrecht Allgemeiner Teil – im Spiegel der Rechtsprechung, 5. Aufl. 2022

Puppe Der Irrtum über die Garanteneigenschaft, ZStW 134 (2022), 320 ff.

Puppe Über Irrtümer im Strafrecht, ZStW 136 (2024), 255 ff.

Rath Das subjektive Rechtfertigungselement, 2002

Rostek Sachverhaltsverfälschungen in der obergerichtlichen Rechtsprechung, in Arnold u. a. (Hrsg.), Grenzüberschreitungen, 1995, S. 89 ff.

Roxin Irrtum über die Person des Tatopfers – Konsequenz für den Anstifter, JZ 1991, 680 f.

Roxin Rose-Rosahl redivivus, FS für Spendel 1992, S. 289 ff.

Roxin Über Tatbestands- und Verbotsirrtum, FS für Tiedemann 2008, S. 375 ff.

Roxin Immer wieder: Tatbestands- und Verbotsirrtum, FS für Neumann 2017, S. 1023 ff.

Roxin/Greco Strafrecht, Allgemeiner Teil, Band 1 (AT 1), Grundlagen, der Aufbau der Verbrechenslehre, 5. Aufl. 2020

Rudolphi Fälle zum Strafrecht, Allgemeiner Teil, 5. Aufl. 2000

Scheffler Der Erlaubnistatbestandsirrtum und seine Umkehrung, das Fehlen subjektiver Rechtfertigungselemente, Jura 1993, 617 ff.

Schlehofer Der error in persona des Haupttäters – eine aberratio ictus für den Teilnehmer?, GA 1992, 307 ff.

Schlüchter Irrtum über normative Tatbestandsmerkmale im Strafrecht, 1983

Schlüchter Strafrecht Allgemeiner Teil (AT), 2000

Schmidhäuser Strafrecht Allgemeiner Teil. Lehrbuch (LB), 2. Aufl. 1975

Schmidhäuser Der Verbotsirrtum und das Strafgesetz, JZ 1979, 361 ff.

Schönke/Schröder, *Bearbeiter,* in: = Schönke/Schröder, Strafgesetzbuch, 30. Aufl. 2019

Schroth, U. Vorsatz und Irrtum, 1998

Schulz Parallelwertung in der Laiensphäre und Vorsatzbegriff. Skizzen zur Dogmengeschichte eines dogmatischen Kuriosums, FS für Bemmann 1997, S. 246 ff.

Schumann, H. Zum abergläubischen Tatbestandsirrtum und zum vermeidbaren Verbotsirrtum wegen einer Wahngefahr, NStZ 1990, 32 ff.

Schünemann Der Erlaubnistatbestandsirrtum und das Strafrechtssystem, Oder: Das Peter-Prinzip in der Strafrechtsdogmatik? GA 2006, 778 ff.

Sowada Übungsklausur (für Anfänger) Strafrecht, Jura 1994, 37 ff.

Stratenwerth Objektsirrtum und Tatbeteiligung, FS für Baumann 1992, S. 57 ff.

Streng Die Strafbarkeit des Anstifters bei error in persona des Täters (und verwandte Fälle) – BGHSt 37, 214, JuS 1991, 910 ff.

Streng Das „Wahndelikt" – ein Wahn? Überlegungen zum umgekehrten Irrtum über normative Tatbestandsmerkmale, GA 2009, 529 ff.

Toepel Grundfragen zu error in persona vel objecto und aberratio ictus, JA 1997, 556 ff.

Wessels/Beulke/Satzger Strafrecht Allgemeiner Teil (AT), 54. Aufl. 2024

Wessels/Hillenkamp/Schuhr Strafrecht Besonderer Teil 2 (BT 2), 46. Aufl. 2023

Weßlau Der Exzess des Anstifters, ZStW 104 (1992), 105 ff.

Wolf, Chr. Doppelirrtümer im Strafrecht – Zugleich eine Erwiderung auf Gropp, ZIS 2016, 601 ff., ZIS 2019, 418 ff.

Zabel Aktuelle Begründungs- und Anwendungsprobleme in der Dogmatik zu § 17 StGB, GA 2008, 33 ff.

Zaczyk Der verschuldete Verbotsirrtum – BayObl.G, NJW 1989, 1744, JuS 1990, 889 ff.

Zipf Diebstahl in besonders schwerem Fall bei Versuch der Verwirklichung eines Regelbeispiels im Sinne des StGB § 243, JR 1981, 119 ff.

Zoll Die Bedeutung des Irrtums für die strafrechtliche Verantwortlichkeit im neuen polnischen Strafgesetzbuch, FS für Hirsch 1999, S. 419 ff.

Teil V

Konkurrenzlehre und Strafrechtliche Sanktionen

Strafrecht definiert sich dadurch, dass die Rechtsfolgen der Strafgesetze in der Androhung einer bestimmten strafrechtlichen Sanktion bestehen. In den Teilen II, III und IV wurde untersucht, welche *Voraussetzungen* vorliegen müssen, damit die in den Strafvorschriften des Besonderen Teils des StGB angedrohten strafrechtlichen *Folgen* eintreten können. Teil V befasst sich nun mit diesen Rechtsfolgen. **1**

In einem ersten Schritt geht es darum, welche Rechtsfolgen dem Richter in einem konkreten Fall *abstrakt zur Wahl stehen*: Hat der Täter gegen *mehrere* Strafgesetze verstoßen, setzt die Konkurrenzlehre (§ 14) fest, *welchem* Strafgesetz der Rahmen für die Gestaltung der Rechtsfolgen entnommen werden soll. **2**

In einem zweiten Schritt (§ 15) hat der Richter aus den durch jenes Strafgesetz *abstrakt* festgelegten Rechtsfolgen diejenigen auszuwählen, die für den *konkreten Täter* und die *konkrete Tat* unter Berücksichtigung des Sinns staatlichen Strafens angemessen sind. Kriterien finden sich dazu im Gefüge der strafrechtlichen Sanktionen im 3. Abschnitt des StGB. **3**

§ 14 Gesetzeseinheit – Tateinheit (§ 52) – Tatmehrheit (§§ 53–55)

An einem regnerischen Herbsttag hat es A auf das Smartphone der B abgesehen. **1**
Um es der B wegnehmen zu können, versetzt er ihr einen kräftigen Faustschlag
ins Gesicht, der zu einem Bruch des Nasenbeins führt. Erwartungsgemäß lässt B
dadurch das Smartphone los. A nimmt es an sich und flieht. Der sich ihm in den
Weg stellenden Passantin P versetzt er einen kräftigen Stoß vor die Brust. Deshalb fällt P in eine ölige Regenwasserlache. Dadurch wird ihr neuer Kamelhaarmantel – wie von A in Kauf genommen – so beschmutzt, dass auch eine Behandlung in der chemischen Reinigung den Schaden nicht beseitigen kann.
  Welcher Strafvorschrift ist die Strafe des A zu entnehmen? ◄

A. Überblick

I. Die Aufgabe der Konkurrenzlehre

Der Wirkungsbereich der Konkurrenzlehre beginnt dort, wo ein Beteiligter im Rah- **2**
men des zu beurteilenden Lebenssachverhalts gegen mehrere Strafvorschriften
(§§ 52 ff. „Strafgesetze") verstoßen hat, was sehr oft der Fall ist. Ihre Aufgabe besteht darin, *die* Strafvorschrift festzulegen, aus deren abstrakten Rechtsfolge-
bestimmungen im gegebenen Fall die Rechtsfolgen für den Beteiligten festgesetzt
werden sollen.[1]

---

[1] Grundsätzlich *Kretschmer* JA 2019, 581 ff.; *ders.* JA 2019, 666 ff.; *Puppe* JuS 2016, 961 ff.; *dies.*
ZStW 132 (2020), 1 ff.; *Rückert* JA 2014, 826 ff.; zur Funktion speziell der Tateinheit insoweit
BGH 2 StR 520/96 BGHSt 43, 252 ff. (256).

Zu Leitfall 14

3 In *Leitfall 14* begeht A bezüglich des Smartphones einen Raub, § 249, und einen räuberischen Diebstahl, § 252, sowie eine vorsätzliche Körperverletzung (Nasenbein), § 223. Hinsichtlich des Kamelhaarmantels der P liegt eine Sachbeschädigung, § 303, vor. ◄

4 Zu jedem dieser Strafgesetze ist bestimmt, welche Strafart (insbes. Freiheits- oder Geldstrafe) innerhalb welchen Rahmens verhängt werden kann.

Beispiel 14.1

5 § 249: Freiheitsstrafe (FHS) nicht unter einem Jahr = FHS zwischen einem und 15 Jahren (vgl. § 38 II).

6 § 252: wie § 249 (vgl. § 252: Bestrafung „gleich einem Räuber").

7 § 223: FHS bis zu fünf Jahren oder Geldstrafe = FHS zwischen einem Monat und fünf Jahren (vgl. § 38 II) oder Geldstrafe zwischen mindestens fünf und höchstens 360 Tagessätzen (vgl. § 40 I).

8 § 303: FHS bis zu zwei Jahren oder Geldstrafe = FHS zwischen einem Monat und zwei Jahren oder Geldstrafe zwischen mindestens fünf und höchstens 360 Tagessätzen (vgl. § 40 I). ◄

9 Bei der Festlegung der Strafe eröffnen sich im Prinzip nun folgende Möglichkeiten:[2]

10 • *Kumulation*, d. h. Addition der jeweils verwirkten Strafen

Jedoch wächst das Maß des Strafübels mit zunehmender Dauer nicht linear, sondern progressiv. Die Addition von Einzelstrafen würde den Verurteilten daher weit stärker belasten, als es der rein rechnerischen Addition entspricht.[3] Eine Kumulation ist im StGB deshalb nicht vorgesehen.

11 • *Absorption*, d. h. Entnahme der Strafe für alle Straftaten aus *einer* Strafvorschrift, bei einem Verstoß gegen unterschiedliche Strafvorschriften aus derjenigen, die die *schwerste* Strafe androht.

In *Leitfall 14* würden die Strafen für die Körperverletzungen und die Sachbeschädigung durch den Strafrahmen des Raubes „aufgesogen" werden.

12 • *Asperation*, d. h. Entnahme der Strafe für alle Straftaten aus *einer* Strafvorschrift mittels Erhöhung der verwirkten höchsten Strafe.

In *Leitfall 14* würde somit der Strafrahmen des Raubes erhöht.

---

[2] Vgl. näher *Geppert* Jura 2000, 598 ff. (651 ff.); *B. Heinrich* AT Rn. 1384 ff.; MK-StGB-*Heintschel-Heinegg* Vor § 52 Rn. 14; *Krey/Esser* AT Rn. 1393 ff.; LK-*Rissing-van Saan* Vor § 52 Rn. 3.

[3] Vgl. SK-*Jäger* Vor § 52 Rn. 5.

In den §§ 52 ff., die die Strafbemessung bei mehreren Gesetzesverletzungen regeln, **13** finden sich sowohl *Absorptions-* (§ 52, Tateinheit) als auch *Asperations*elemente (§ 53, Tatmehrheit).

II. Tateinheit, Tatmehrheit und Gesetzeseinheit

Die Konkurrenzlehre in den §§ 52 ff. legt fest, welcher von mehreren verletzten **14** Strafvorschriften die Strafe zu entnehmen ist und ob diese Strafe *erhöht* wird (dann sog. *Tatmehrheit = Realkonkurrenz, §§ 53 ff.* mit der Folge einer *Asperation*) oder nicht (dann sog. *Tateinheit = Idealkonkurrenz, § 52,* mit der Folge einer *Absorption*). Das Vorliegen von Tateinheit ist für den Täter somit *günstiger* als das Vorliegen von Tatmehrheit.

Neben *Tateinheit* und *Tatmehrheit* ist als weiteres Konkurrenzverhältnis die sog. **15** Gesetzeskonkurrenz = *Gesetzeseinheit* (auch unechte Konkurrenz genannt) anerkannt. Die Gesetzeseinheit bildet die engste Beziehung zwischen mehreren verletzten Strafgesetzen und führt dazu, dass das „unterliegende" Strafgesetz vollständig verdrängt oder „aufgesogen" wird und auch im Tenor des Strafurteils nicht mehr in Erscheinung tritt. Allerdings darf der Mindeststrafrahmen bei der Strafzumessung nicht unterschritten werden.[4] Außerdem behält das verdrängte Strafgesetz seine Bedeutung beim Rücktritt vom qualifizierten Versuch[5] sowie für die Verhängung von Nebenstrafen und die Anordnung von Maßnahmen nach § 11 I Nr. 8.[6]

Beispiel 14.2

Für *Gesetzeseinheit*, d. h. für die *denknotwendige* oder doch zumindest *typische* **16** Verletzung mehrerer Strafgesetze:

Spezialität: die Grundstraftat, lex generalis (z. B. § 223), ist denknotwendiger **17** Bestandteil der Qualifikation, lex specialis (z. B. § 224). Die Strafvorschrift des Raubes (§ 249) enthält z. B. denknotwendig alle Elemente des Diebstahls und der Nötigung, weshalb die §§ 240, 242 in Gesetzeseinheit (Spezialität, s. u. Rn. 25 ff.) hinter § 249 zurücktreten.

Konsumtion: die „Aufzehrung" des Versuchs als Vorstadium der Vollendung; **18** die Aufzehrung der Verabredung als Vorstadium des Versuchs. Konsumtion setzt voraus, dass der Unrechtsgehalt der strafbaren Handlung durch einen der anwendbaren Straftatbestände bereits erschöpfend erfasst wird. Die Verletzung des durch den einen Straftatbestand geschützten Achtungsanspruchs muss eine – wenn nicht notwendige, so doch regelmäßige – Erscheinungsform der Verwirklichung des anderen Tatbestands sein (Bsp.: § 123 ist im Rahmen des Wohnungseinbruchdiebstahls regelmäßig mit verwirklicht).[7]

---

[4]Vgl. BGH 1 StR 104/51 BGHSt 1, 152; 2 StR 64/65 BGHSt 20, 235 ff. (238).
[5]Vgl. BGH 1 StR 246/63 BGHSt 19, 188 ff. (189) sowie oben § 9 Rn. 193.
[6]Vgl. BGHSt 19, 188 ff. (189).
[7]BGH 2 StR 282/18 NJW 2019, 1311 ff. (1316).

19   *Subsidiarität*: beim Vorliegen eines gesetzlichen Stufenverhältnisses, wie z. B. zwischen der konkreten und der abstrakten Straßenverkehrsgefährdung, §§ 315c, 316, tritt die niedrigere Stufe hinter die höhere zurück. ◄

20   Im Rahmen der *universitären Fallbearbeitung* und im staatlichen Teil der Ersten Prüfung (Klausuren) wird die *Festsetzung* der konkreten Strafe innerhalb des Strafrahmens nicht verlangt. Denn diese hängt von den konkreten Umständen des Einzelfalls ab und stellt eine Frage der Strafzumessungspraxis dar. Erwartet wird jedoch die Darlegung, *auf welchem Wege* beim Verstoß gegen mehrere Strafgesetze das für die Festsetzung der Strafe maßgebliche Strafgesetz und damit der maßgebliche Strafrahmen zu ermitteln ist, d. h. *welche Form* der Konkurrenz gegeben ist: Gesetzeseinheit, Tateinheit oder Tatmehrheit.

B. Konkurrenzfragen in der Fallbearbeitung

21   In der Fallbearbeitung verlangen Gesetzeseinheit einerseits und Tateinheit bzw. Tatmehrheit andererseits ein unterschiedliches Vorgehen.

22   Während Tateinheit und Tatmehrheit von den Gegebenheiten des zu prüfenden Sachverhaltes abhängen und erst am Ende der Fallbearbeitung oder eines Sachverhaltsabschnittes geprüft werden können, sind es die Strukturen des *Gesetzes*, die über die Gesetzeseinheit entscheiden. Es empfiehlt sich daher, Fragen der Gesetzeseinheit möglichst frühzeitig anzusprechen, zurücktretende Strafgesetze aus der weiteren Betrachtung auszuschließen und so die Überlegungen zur Tateinheit und Tatmehrheit von zurücktretenden Strafgesetzen zu entlasten.[8]

23   Zweckmäßig erscheint die Vornahme der folgenden Prüfungsschritte:[9]

I. Erster Prüfungsschritt: Gesetzeseinheit

24   Das Zurücktreten eines strafbar verwirklichten Strafgesetzes in Gesetzeseinheit wird erörtert, sobald dies möglich ist.

1. Formen

a) Spezialität

25   Spezialität liegt vor, wenn ein Strafgesetz die Merkmale a + b + [...]n eines allgemeinen Gesetzes (lex generalis) und zusätzlich mindestens ein weiteres Merkmal a + b + [...]n + 1 enthält (lex specialis). Die Strafbarkeit gem. dem Strafgesetz a + b + [...]n tritt hinter jene des Strafgesetzes a + b + [...]n + 1 zurück. Das zusätzliche Merkmal + 1 kann qualifizierenden oder privilegierenden Charakter haben.

---

[8] Vgl. auch *Frister* AT § 31 Rn. 16, 25; *Kühl* JA 1978, 475 ff.; *Kühl* AT § 21 Rn. 69, 74a f., 79 ff. mwN; für eine Behandlung der Gesetzeseinheit innerhalb der Ausführungen zu Tateinheit und Tatmehrheit *Wessels/Beulke/Satzger* AT Rn. 1296 ff.

[9] Vgl. auch das Schaubild bei *Frister* AT § 31 Rn. 28.

Beispiel 14.3

§ 223 (Körperverletzung) tritt hinter § 224 (gefährliche Körperverletzung, Qua-   **26**
lifikation) zurück, § 222 (fahrlässige Tötung) hinter § 227 (Körperverletzung mit
Todesfolge, Erfolgsqualifikation).

§ 212 (Totschlag) tritt hinter § 216 (Tötung auf Verlangen, Privilegierung)   **27**
zurück. ◀

In der Regel wird das Konkurrenzverhältnis der Spezialität in der Fallbearbeitung   **28**
keine große Rolle spielen. Denn wenn ein Verstoß gegen das speziellere Strafgesetz
vorliegt, empfiehlt es sich, gleich mit seiner Erörterung zu beginnen.

Beispiel 14.4

Ergibt die Vorprüfung, dass eine gefährliche Körperverletzung vorliegt, wird   **29**
gleich § 224 erörtert und in dessen Rahmen § 223 mitgeprüft. Wird § 224 dann
i. E. bejaht, erübrigt sich aus Gründen der Selbstverständlichkeit in der Regel ein
Hinweis darauf, dass auch § 223 vorliegt, jedoch als lex generalis zurücktritt. ◀

b) Konsumtion

Von der Gesetzeseinheit in Form der Konsumtion, d. h. „Aufzehrung", sind typische   **30**
Begleittaten zu schwerer wiegenden Straftaten betroffen. Man spricht dann von mitbestraften Vor-, Begleit- oder Nachtaten.

Beispiel 14.5

Ein Wohnungseinbruchsdiebstahl (§§ 242 I, 244 I Nr. 3) trifft in der Regel mit   **31**
Hausfriedensbruch, § 123, zusammen. Hinter einen vollendeten Wohnungseinbruchsdiebstahl tritt Hausfriedensbruch daher in Gesetzeseinheit zurück.[10]

Auch für den Wohnungseinbruchsdiebstahl und die *zugleich* verwirklichte
Sachbeschädigung (§ 303) wurde lange auf die Konsumtionslösung zurückgegriffen. Doch hat der BGH seine dahingehende ständige Rechtsprechung nun
mit der Begründung aufgegeben, dass die Voraussetzungen der Konsumtionslösung in diesem Fall nicht vorliegen, denn Konsumtion verlange, dass die Verletzung des durch den einen Straftatbestand geschützten Achtungsanspruchs eine
regelmäßige oder typische Erscheinungsform der Verwirklichung des anderen Tatbestandes ist. Auch systematische Erwägungen führten den BGH zu seinem Ergebnis der Ablehnung einer Konsumtion und der Annahme von Idealkonkurrenz.[11] ◀

---

[10] Vgl. *Frister* AT § 31 Rn. 19; für Tateinheit bei eigenem Unrechtsgehalt *Kindhäuser/Hilgendorf*
LPK § 303 Rn. 32.

[11] BGH 2 StR 481/17 NJW 2019, 1086 ff. m. Anm. *Mitsch*; zust. auch *Jäger* JA 2019, 386 ff.;
Große-Wilde HRRS 2019, 160 ff.; *Rengier* AT § 56 Rn. 33; für die Konsumtionslösung *Wessels/
Beulke/Satzger* AT Rn. 1275; zu den Konsequenzen eines Fortfalls der Konsumtion *Fahl* GA
2019, 721 ff.

32 Konsumtion müsste nach dieser neuen und plausiblen Entscheidung des 2. Strafsenats erst recht auch dann verneint werden, wenn Vor-, Begleit- oder Nachtat selbstständige Handlungen sind, selbst wenn das betroffene Tatobjekt identisch ist.

Beispiel 14.6

33 A nimmt in Zueignungsabsicht bei B am 1. Januar ein wertvolles Bild weg. Als er erfährt, dass in dieser Sache gegen ihn ermittelt wird, verbrennt A das Bild am 5. Januar im Kaminofen.

34   Die Sachbeschädigung wird nicht als mitbestrafte Nachtat vom Diebstahl „aufgezehrt". Es handelt sich um Tatmehrheit, § 53. ◄

c) Subsidiarität

35 Subsidiär ist ein Strafgesetz, das nur dann zum Tragen kommt, wenn gegen ein anderes Strafgesetz nicht strafbar verstoßen worden ist. Das Verhältnis der Subsidiarität kann ausdrücklich oder stillschweigend gegeben sein.

Beispiel 14.7

36 Eine *ausdrückliche* gesetzliche Subsidiaritätsklausel enthalten z. B. die §§ 145d I (Vortäuschen einer Straftat), 246 (Unterschlagung) und 248b (unbefugter Gebrauch eines Fahrzeugs) gegenüber anderen mit schwererer Strafe drohenden Strafgesetzen; § 316 enthält eine Subsidiaritätsklausel gegenüber § 315c. ◄

37 *Stillschweigend* subsidiär ist hingegen die Gefährdung im Verhältnis zur Verletzung, der Versuch im Verhältnis zur Vollendung, die Teilnahme im Verhältnis zur Täterschaft, die Beihilfe im Verhältnis zur Anstiftung.[12] Seine umstrittene Rechtsprechung, nach der auch eine vollendete mildere Straftat (z. B. § 224) hinter eine nur versuchte schwerere Straftat (z. B. §§ 211, 22) subsidiär zurücktrat,[13] hat der BGH inzwischen zu Gunsten einer Annahme von Tateinheit aufgegeben.[14]

d) Hinweis zur Fallbearbeitung

38 Die Überlegungen zur Subsidiarität zeigen, dass sich Subsidiarität und Konsumtion zu überschneiden scheinen: z. B. Versuch als mitbestrafte Vortat (Konsumtion) oder als subsidiär vorhandene Verwirklichungsform der Straftat. Die Erarbeitung genauer Abgrenzungskriterien ist sehr aufwändig.[15] Insbesondere in *Klausuren* ist deshalb dringend davon abzuraten, diese Problematik näher zu erörtern. Denn wenn die

---

[12] Vgl. *Maurach/Gössel/Zipf* AT 2 § 55 Rn. 14 ff.

[13] Näher und zu Recht kritisch hierzu *Maatz* NStZ 1995, 209 ff.

[14] Vgl. BGH 4 StR 272/98 BGHSt 44, 196 m. Bespr. *Kudlich* JA 1999, 452; *Martin* JuS 1999, 298.

[15] Vgl. LK-*Rissing-van Saan* Vor § 52 Rn. 164 mwN; ausführlich hierzu *Hochmayr* 1997. Im Ergebnis spricht sich *Hochmayr* für ein einheitliches Konkurrenzverhältnis der „Scheinkonkurrenz" aus.

Klausur nicht gerade auf die Bearbeitung jener Fragestellungen zugeschnitten ist (was praktisch nie vorkommen dürfte bzw. sollte), wird die tiefer gehende Darstellung von Konkurrenzfragen ohnehin kaum honoriert. Da sich die eingehende Erörterung von Fragen der Gesetzeseinheit im Rahmen von Klausuren somit kurz gesagt „nicht lohnt", genügt insoweit in der Regel der Hinweis, dass eine Straftat „in Gesetzeseinheit" hinter eine andere Straftat zurücktritt.

2. Wirkungen

a) Zurücktreten

Das allgemeine, subsidiäre bzw. konsumierte Strafgesetz tritt mit der Folge zurück, **39** dass es nicht im Tenor des Urteils erscheint.

b) Verbleibende Wirkungen

Trotz ihres Zurücktretens können die unterlegenen Strafgesetze jedoch in doppelter **40** Hinsicht eine Restwirkung entfalten:

Im unterlegenen Strafgesetz vorgesehene *Nebenfolgen* können trotz des Zurück- **41** tretens angewandt werden.

Beispiel 14.8

Eine Fahrerlaubnis kann nach § 69 auch dann entzogen werden, wenn die **42** Gesetzesverletzung, die die Grundlage für die Entziehung der Fahrerlaubnis ist, wegen des Zurücktretens in Gesetzeskonkurrenz nicht Gegenstand des Schuldspruchs ist.[16] ◄

Eine „*Sperrwirkung* des milderen Gesetzes" ist in den seltenen Fällen gegeben, in **43** denen die Mindeststrafe des unterlegenen Strafgesetzes diejenige des vorrangigen *übersteigt.*

Die nach der Prüfung von Gesetzeseinheit verbleibenden Straftaten können nur **44** im Verhältnis der *Tateinheit* (§ 52), auch „Idealkonkurrenz" genannt, oder der *Tatmehrheit* (§ 53), „Realkonkurrenz", zueinander stehen.

Weil Tatmehrheit nur dann gegeben sein kann, wenn keine Tateinheit vorliegt, ist **45** zunächst Tateinheit zu prüfen.

II. Zweiter Prüfungsschritt: Tat- bzw. Handlungseinheit (§ 52)?

§ 52 Tateinheit

(1) Verletzt dieselbe Handlung mehrere Strafgesetze oder dasselbe Strafgesetz **46** mehrmals, so wird nur auf eine Strafe erkannt.

---

[16] Vgl. MK-StGB-*Heintschel-Heinegg/Huber* § 69 Rn. 26 mwN.

(2) Sind mehrere Strafgesetze verletzt, so wird die Strafe nach dem Gesetz bestimmt, das die schwerste Strafe androht. Sie darf nicht milder sein, als die anderen anwendbaren Gesetze es zulassen.

(3) Geldstrafe … neben Freiheitsstrafe.

47 Das Vorliegen *einer* (*„derselben"*) Handlung, die *Handlungseinheit*, ist damit die *Voraussetzung* der Tateinheit: *Tateinheit durch Handlungseinheit.*

1. Im Vorfeld der Konkurrenzlehre: mehrere Handlungen, die nur ein Strafgesetz erfüllen („tatbestandliche Handlungseinheit")

48 Weil § 52 nur Fälle erfasst, in denen durch *dieselbe* Handlung des Täters *mehrere* (gleiche oder verschiedene) *Strafgesetze* verletzt sind, spielt die Frage einer Handlungseinheit im Rahmen der Konkurrenzlehre auch nur dann eine Rolle. Denn konkurrieren können nur Strafgesetze, nicht Handlungen.

49 Im *Vorfeld* der Konkurrenzlehre bewegen sich daher solche *unproblematischen* Fälle, in denen der Täter trotz *mehrerer, u. U.* sogar *tatbestandsmäßiger Handlungen* nur *ein* Strafgesetz verwirklicht.[17]

50 Nur *ein* Strafgesetz verletzen mehrere Handlungen in den folgenden Fällen:

a) Mehraktige und zusammengesetzte Straftaten

51 Eine *mehraktige* Straftat bildet z. B. der *räuberische Diebstahl, § 252*, denn er besteht aus einer *vollendeten Wegnahme* in Zueignungsabsicht und einer daran anschließenden qualifizierten *Nötigung.*[18]

52 *Raub, § 249,* bildet ein *zusammengesetztes* Strafgesetz aus Nötigung und Diebstahl. Das Herstellen, Verfälschen und Gebrauchen einer unechten Urkunde im Sinne von § 267 I stellt eine einheitliche Urkundenfälschung dar. Einen „tatbestandlichen Handlungskomplex" auf Grund des Tatbestandsmerkmals „Ausüben" nimmt der BGH[19] auch bei der geheimdienstlichen Agententätigkeit (§ 99 I Nr. 1) an.

b) Nichttatbestandsmäßige Handlungen bei Dauerstraftaten

53 *Dauerstraftaten*[20] wie z. B. Freiheitsberaubung (§ 239), Trunkenheitsfahrt (§ 316) oder Hausfriedensbruch (§ 123) erfordern zur Begründung und Aufrechterhaltung des rechtswidrigen Zustandes unterschiedliche Tätigkeitsakte (Wechseln des Verstecks, Ableugnen gegenüber den Strafverfolgungsbehörden, Weiterfahrt nach Fahrtunterbrechungen…). Soweit diese nicht ihrerseits gegen weitere Strafvorschriften verstoßen, liegt nur *eine* Freiheitsberaubung, *eine* Trunkenheitsfahrt oder *ein* Hausfriedensbruch vor.[21]

---

[17] Vgl. *Kühl* AT § 21 Rn. 23 ff.; zumindest missverständlich deshalb die übliche Bezeichnung „tatbestandliche *Handlungseinheit"*, vgl. BGH 3 StR 574/97 BGHSt 43, 312 ff. (314); *Blei* AT § 93; *Lackner/Kühl/Heger-Heger* Vor § 52 Rn. 10; *Maurach/Gössel/Zipf* AT 2 § 54 Rn. 21 ff.; *Wessels/Beulke/Satzger* AT Rn. 1251 ff.

[18] Weitere Beispiele bei *Wessels/Beulke/Satzger* AT Rn. 1252.

[19] BGH 3 StR 525/96 JZ 1997, 1014 mit Besprechungsaufsatz *Schlüchter* JZ 1997, 995 ff.

[20] Kritisch zu dieser Kategorie *Wagner* ZfIStw 2023, 349 ff.

[21] Näher *Wessels/Beulke/Satzger* AT Rn. 1253.

c) Unterlassungsstraftaten bei Identität der Veränderung in der Außenwelt

Nimmt der Täter bei den *Unterlassungsstraftaten* mehrere Handlungsmöglichkeiten nicht wahr, mit denen er *dieselbe* Veränderung in der Außenwelt abwenden könnte, liegt dennoch nur *ein* Unterlassen vor.[22]

54

d) Wiederholender (iterativer) oder schrittweiser (sukzessiver) Verstoß gegen ein Strafgesetz zu Lasten desselben Achtungsanspruchsträgers

Bei dem wiederholenden oder schrittweisen Verstoß gegen ein Strafgesetz liegt *eine* Handlung und *eine* Straftatverwirklichung vor, wenn der Täter aufgrund eines *einheitlichen Willensentschlusses* handelt und in der Tatsituation denselben Achtungsanspruchsträger wiederholt beeinträchtigt.

55

Beispiel 14.9 iterativer Verstoß gegen ein Strafgesetz

A verprügelt B, indem er ihm 10 schmerzhafte Fausthiebe versetzt. Hier ist *eine* Handlung gegeben, die gegen die Strafvorschrift der Körperverletzung (§ 223) *einmal* verstößt. ◄

56

Beispiel 14.10 iterativer Verstoß gegen ein Strafgesetz

C bricht in das Haus des D ein und trägt nach und nach Wertgegenstände auf die Straße, um sie auf einen mitgebrachten LKW zu laden. Obwohl bei jedem Heraustragen § 242 verwirklicht wird, liegt insgesamt nur *ein* Diebstahl vor. ◄

57

Beispiel 14.11 sukzessiver Verstoß gegen ein Strafgesetz

A tötet B, indem er ihn mit Tötungsvorsatz bis zur Bewusstlosigkeit würgt, ihm einen Stein an den Kopf schlägt und ihn schließlich in einen Fluss wirft, in dem B ertrinkt.[23] Insgesamt ist *eine* Tötung gem. § 212 I anzunehmen. ◄

58

Die Frage der Handlungseinheit stellt sich in den Fällen a–d von vornherein nicht, wenn und weil durch die mehreren Handlungen nur jeweils gegen *ein* Strafgesetz verstoßen wird.

59

2. Handlungseinheit als Grundlage für Tateinheit – Formen

„*Dieselbe Handlung*" i. S. v. § 52 (Handlungseinheit) kann als Grundlage für die Verletzung *mehrerer Strafgesetze* (Tateinheit)[24] auf unterschiedliche Weise gegeben sein:

60

---

[22] Näher *Wessels/Beulke/Satzger* AT Rn. 1254.
[23] Vgl. auch *Wessels/Beulke/Satzger* AT Rn. 1255.
[24] Dazu *Puppe* JuS 2017, 637 ff.

a) „Dieselbe Handlung" als eine Handlung im natürlichen Sinne

Beispiel 14.12

61	Der Täter tötet mittels einer Bombe 10 Menschen und zerstört zwei Wohnge-bäude.[25] ◄

Beispiel 14.13

62	Der Sektenanführer fordert die anwesenden Mitglieder mit Erfolg auf, ihre „un-gläubigen" Ehepartner umzubringen. A tötet die B im März, C den D im April und E die F im Mai. ◄

63	Wie Beispiel 14.13 zeigt, kommt es in Fällen von Teilnahme auf die Teilnahme-handlung an, nicht auf die unterschiedlichen Haupttaten.[26]

b) „Dieselbe Handlung" als eine Handlung „im rechtlichen Sinne" („rechtliche Handlungseinheit")[27]

64	Bei der rechtlichen Handlungseinheit liegen zwar *mehrere* Handlungen im natür-lichen Sinne vor, die auch mehrere Strafgesetze verletzen. Die mehreren Hand-lungen werden jedoch durch *rechtliche* Besonderheiten zu *einer* („derselben") Handlung im Rechtssinne verknüpft.

aa) Wiederholende (iterative) Verletzung eines Strafgesetzes zu Lasten verschiedener Achtungsanspruchsträger

65	Bei der *wiederholenden* Verletzung eines Strafgesetzes liegt selbst dann nur *eine* Handlung vor, wenn der Täter in der Tatsituation zwar verschiedene Achtungs-anspruchsträger wiederholt beeinträchtigt, jedoch aufgrund eines *einheitlichen Willensentschlusses* handelt.

Beispiel 14.14

66	A verprügelt B und C, indem er ihnen abwechselnd 10 schmerzhafte Fausthiebe versetzt. Hier ist *eine* Handlung gegeben, die das Strafgesetz der Körperver-letzung jeweils einmal[28] zu Lasten des B und einmal zu Lasten des C verletzt. ◄

---

[25] Vgl. auch BGH 4 StR 272/98 BGHSt 44, 196: Herbeiführung einer gefährlichen Körperver-letzung im Rahmen einer versuchten Tötung.

[26] Krit. hierzu und zur gleich gelagerten Situation im japanischen Strafrecht *Tadaki* Dokkyo Law Review 1998, 506 ff.; *Tadaki* FS Schreiber, S. 487 ff.; zu Tateinheit und Tatmehrheit bei Beihilfe BGH 2 StR 451/99 StV 2000, 195 f; BGH 6 StR 36/20 BeckRS 2020, 9763; BGH 1 StR 486/19 BeckRS 2020, 12068.

[27] Diese Form der rechtlichen Handlungseinheit wird zuweilen als „natürliche Handlungseinheit" bezeichnet, vgl. *Frister* AT § 30 Rn. 21 ff.; *Jescheck/Weigend* AT § 66 III.

[28] Bezüglich B und C jeweils nur *eine* iterative Verletzung des Strafgesetzes der Körperverletzung; vgl. dazu a. BGH 4 StR 341/20 NStZ 2021, 729.

bb) Schrittweise (sukzessive) Verletzung eines Strafgesetzes

Bei der *sukzessiven* Verletzung eines Strafgesetzes liegt *eine* Handlung im Sinne 67
von § 52 selbst dann vor, wenn der Täter das Strafgesetz zwar durch verschiedene,
ihrerseits wiederum tatbestandsmäßige Handlungen erfüllt, jedoch aufgrund eines
einheitlichen Willensentschlusses handelt.

Beispiel 14.15

A tötet B, indem sie ihm heimlich jeden Tag 10 Tropfen Gift in den Morgen- 68
kaffee schüttet. Nach 14 Tagen stirbt B. Es liegt *eine* Tötungshandlung der A vor,
die sowohl § 212 (oder ggf. § 211) als auch wiederholt § 224 I Nr. 1 1. Alt. (Vergiftung) verletzt. ◄

cc) Handlungseinheit durch Teilidentität

Eine Handlung im Sinne von § 52 ist als rechtliche Handlungseinheit auch dann ge- 69
geben, wenn sich mehrere Gesetzesverletzungen mittels mehrerer Handlungen im
natürlichen Sinne derart überschneiden, dass ein Teilakt zur Verwirklichung beider
Gesetzesverletzungen beiträgt, wobei die Überschneidung bis zur Beendigung
möglich ist.[29]

Zu Leitfall 14

In *Leitfall 14* würde das Vorgehen gegen P nach h. M. der Beendigung des Rau- 70
bes dienen,[30] weshalb § 249 und die Beschädigung des Mantels *eine* Handlung
im Sinne von § 52 bilden. ◄

dd) Handlungseinheit durch eine Dauerstraftat

Auch im Zusammenhang mit der Begehung einer Dauerstraftat[31] können sich *Aus-* 71
führungshandlungen zu mehreren Gesetzesverletzungen *überschneiden* und zur
Tateinheit führen.

Tateinheit liegt nach überwiegender Meinung in der Literatur auch dann vor, 72
wenn sich die Ausführungshandlungen zwar nicht überdecken, die Dauerstraftat
aber nach dem Plan des Täters das *Mittel* zur Begehung der Zustandsstraftat ist.[32]

Beispiel 14.16

Der Täter dringt in das fremde Haus ein, um zu stehlen. ◄ 73

---

[29] Näher *Wessels/Beulke/Satzger* AT Rn. 1286.

[30] Vgl. aber zum tatbestandsbezogenen Beendigungsbegriff oben § 9 Rn. 9.

[31] Zum Begriff der Dauerstraftat (Dauerdelikt) BGH 3 StR 547/97 BGHSt 43, 312 ff. (315); kritisch zu dieser Kategorie *Wagner* ZfIStw 2023, 349 ff.

[32] Vgl. *Sternberg-Lieben/Bosch* in: Schönke/Schröder Vor §§ 52 ff. Rn. 91 mit Nachweisen zur abweichenden Rechtsprechung.

74 Nach h. L. soll Tateinheit weiterhin dann anzunehmen sein, wenn sich die Ausführungshandlungen zwar nicht überdecken, die Zustandsstraftat aber das Mittel zur Begehung der Dauerstraftat ist.[33]

Beispiel 14.17

75 Der Täter beschädigt das Türschloss, um in die Wohnung einzudringen und eine Freiheitsberaubung zu Lasten des Bewohners zu begehen. ◄

76 Tateinheit soll hingegen ausscheiden, wenn der Täter nur *bei Gelegenheit* der Dauerstraftat aufgrund eines neuen Entschlusses eine Straftat verübt.[34]

Beispiel 14.18

77 Beim Verlassen der ungenutzten Ferienwohnung entschließt sich der Landstreicher L noch ein paar Flaschen Weinbrand mitzunehmen. ◄

ee) Handlungseinheit durch Klammerwirkung[35]

78 Handlungseinheit durch Klammerwirkung verbindet mehrere an sich getrennt verwirklichte Straftaten durch eine dritte Straftat zu einer Tat, wenn zwischen dieser und wenigstens einer der verbundenen Straftaten zumindest eine annähernde Wertgleichheit besteht oder die verbindende Straftat die schwerste ist.[36] Hinsichtlich der Schwere wird auf den konkret zu beurteilenden Fall und den anwendbaren Strafrahmen abgestellt.[37]

Beispiel 14.19

79 Der Täter begeht im Rahmen einer Freiheitsberaubung eine versuchte Vergewaltigung und eine Straßenverkehrsgefährdung.[38] ◄

---

[33] Vgl. *Wessels/Beulke/Satzger* AT Rn. 1287.

[34] Vgl. *Sternberg-Lieben/Bosch* in: Schönke/Schröder Vor §§ 52 ff. Rn. 91.

[35] Näher und mit anschaulichen Beispielen *Geppert* Jura 1997, 214 ff.

[36] BGH 3 StR 537/14 NJW 2016, 657 Rn. 22; 2 StR 178/23 StV 2024, 431; zur Tateinheit zwischen der Tötungs- und der Waffenstraftat, wenn in dem tödlichen Gebrauch der Schusswaffe zugleich ein unerlaubtes Führen der Waffe liegt BGH 2 StR 781 BGHSt 31, 29 ff. (30); krit. *Wessels/Beulke/Satzger* AT Rn. 1288; gegen eine Verklammerung von Mordversuchen durch einen sukzessiv ausgeführten Versuch der räuberischen Erpressung aber BGH 3 StR 419/97 NJW 1998, 619.

[37] Vgl. BGH 2 StR 474/82 StV 1983, 148; BGH 4 StR 528/13 NStZ 2014, 272; StV 1998, 71, dazu *Momsen* NJW 1999, 982; vgl. zur geänderten Rechtsprechung im Zusammenhang mit § 129 BGH 3 StR 537/14 NJW 2016, 657 ff.

[38] Vgl. BGH 4 StR 419/87 NStZ 1988, 70, zustimmend *Sternberg-Lieben/Bosch* in: Schönke/Schröder § 52 Rn. 17 zur Klammerwirkung durch eine Dauerstraftat auch BGH 4 StR 150/04 NStZ-RR 2004, 294 (LS.).

Eine Verklammerung durch *Waffenstraftaten* wird in der jüngeren Rechtsprechung **80** jedoch abgelehnt. Denn die Dauerstraftat des unerlaubten Waffenbesitzes erfahre eine Zäsur, wenn der Täter sich entschließt, ein Verbrechen zu begehen.[39] Dem ist zuzustimmen, weil sich der Waffenbesitz durch den Gebrauch einer Waffe zur Tötung einer Person in das Führen einer Waffe wandelt.

c) „Dieselbe Handlung" als „natürliche Handlungseinheit i. w. S."?

Die unter b) genannten Fälle einer rechtlichen Handlungseinheit werden von der **81** Rechtsprechung unter der Bezeichnung „natürliche Handlungseinheit" auf Sachverhalte ausgedehnt, bei denen eine Mehrheit von Einzelakten verwirklicht wird, die sogar *unterschiedliche* Strafgesetze verletzen können. Voraussetzung soll nur sein, dass „mehrere Verhaltensweisen von einem einheitlichen Willen getragen werden und aufgrund ihres räumlich-zeitlichen Zusammenhangs so miteinander verbunden sind, dass das gesamte Tätigwerden äußerlich (objektiv) für einen Dritten bei natürlicher Betrachtungsweise als ein einheitliches, zusammengehöriges Tun erscheint".[40] Dies gilt jedoch nicht, wenn sich Handlungen nacheinander gegen verschiedene höchstpersönliche Achtungsansprüche verschiedener Menschen richten.[41]

Im Fall BGH 4 StR 595/83 VRS 66, 20 vom 14.10.1983[42] ließ der BGH den Fluchtwillen des al- **82** koholisierten Täters genügen, um zu einer natürlichen Handlungseinheit von gefährlichen Eingriffen in den Straßenverkehr, Widerstand gegen Vollstreckungsbeamte und unerlaubtem Sichtentfernen vom Unfallort zu gelangen.

Diese Form der Handlungseinheit ist aufgrund ihrer Konturenlosigkeit zu Recht auf **83** Kritik gestoßen.[43]

d) Die faktische Aufgabe der Handlungseinheit in Form der „fortgesetzten Handlung" durch den BGH[44]

Bis Mai 1994 war als besondere Form der rechtlichen Handlungseinheit die von der **84** Rechtsprechung entwickelte *fortgesetzte Handlung* anerkannt. Sie führte vor allem bei Serientätern zur Annahme von Tateinheit im Sinne von § 52.

---

[39] Vgl. BGH 2 StR 670/97 NStZ-RR 1999, 8 mit Bespr. *Geppert* JK 1999, § 52 Rn. 11; vgl. a. BGH 3 StR 537/14 NJW 2016, 657 ff. Rn. 31 mwN.

[40] BGH 1 StR 596/84 JR 1985, 512; vgl. auch BGH 2 StR 801/52 BGHSt 4, 219; BGH 2 StR 565/56 BGHSt 10, 230; BGH 1 StR 348/77 JZ 1977, 609; BGH 4 StR 742/94 NJW 1995, 1766; BGH 5 StR 569/96 BGHSt 43, 381 ff. (386 f.); BGH 2 StR 391/15 NStZ 2016, 594; BGH 5 StR 144/20 BeckRS 2020, 19250; vgl. auch *Roxin* AT 2 § 33 Rn. 31.

[41] Vgl. BGH 3 StR 449/97 NJW 1998, 619 = StV 1998, 71.

[42] Vgl. auch die Entscheidung BGH 4 StR 64/78 VRS 57, 277 vom 09.03.1978. In diesem Fall hatte sich der alkoholisierte Täter einer Blutprobe entziehen wollen und den kontrollierenden Beamten mit dem Fahrzeug 40 m mitgeschleift und verletzt.

[43] Vgl. *Wessels/Beulke/Satzger* AT Rn. 1259; ausführlich LK-*Rissing-van Saan* Vor § 52 Rn. 10 ff.

[44] Vgl. hierzu *Arzt* JZ 1994, 1000 ff.; *Geppert* NStZ 1996, 57 ff., 118 ff.; *B. Heinrich* AT Rn. 1424 ff.; *Jung* NJW 1994, 916 ff.; *Kühl* AT § 21 Rn. 27–32; *Schmoller* 1988; *Schmoller*, in: Leitner (Hrsg.) 1998, S. 53 ff.; *Zschockelt* JA 1997, 411 ff.

85   Voraussetzung war, dass die Einzelakte der fortgesetzten Handlung gegen *denselben Achtungsanspruchsträger* gerichtet waren, in der *Begehungsweise gleichartig* waren und aufgrund eines *Gesamtvorsatzes* begangen wurden. Betroffen waren vor allem Straftaten aus den Bereichen des Betäubungsmittel-, des Steuer- und des Sexualstrafrechts.

Beispiel 14.20

86   A hatte mit seiner minderjährigen Tochter aufgrund eines einheitlichen und von vornherein auf wiederholte gleichartige Begehung gerichteten Entschlusses zwischen dem 01.01.1988 und dem 01.05.1990 in 114 Fällen Geschlechtsverkehr. ◄

87   Die Annahme eines Fortsetzungszusammenhangs, dessen Sinn in der erleichterten Aburteilung einer Mehrheit gleichartiger Straftaten liegen sollte, hatte vor allem die folgenden unerwünschten Nebenwirkungen:[45]

88   • Trotz des Entgegenwirkens der BGH-Rechtsprechung[46] führte der *Gesamtvorsatz* des Täters de facto zu einer „Vergünstigung", weil infolge der Annahme von Tateinheit die bei Tatmehrheit eintretende *Asperation* vermieden wurde. Der Täter, der sich immer wieder „hinreißen" ließ, wurde folglich schlechter behandelt als der von vornherein mit Gesamtvorsatz handelnde. Vor allem bei Sexualstraftaten führte dies zu kaum vermittelbaren Ergebnissen.

89   • Die *Rechtskraft* des Strafurteils hatte einen Strafklageverbrauch für alle vor der Verurteilung liegenden Einzelakte zur Folge, selbst wenn das Gericht sie nicht kennen konnte.

90   • Qualifikationen und die vollendete Begehung von Teilakten erfassten auch die übrigen Teilakte.

91   • Die *Verjährung* begann erst mit der Beendigung des letzten Teilaktes der fortgesetzten Handlung. Die Gerichte mussten sich deshalb um die Aufklärung von Sachverhalten bemühen, die Jahrzehnte zurücklagen. Die Folge waren ungenaue Tatfeststellungen, die das begangene Unrecht nur erahnen ließen.

92   • Die Komplexität der Voraussetzungen des Fortsetzungszusammenhangs hatte eine Uneinheitlichkeit auch der höchstrichterlichen Rechtsprechung zur Folge.

93   • Den (schwindenden) verfahrensökonomischen Vorteilen (Würdigung einer umfassenden Zeitspanne, Vereinfachung der Strafzumessungserwägungen) stand die Aufhebung des ganzen Urteils wegen fehlerhaft angenommenen Fortsetzungszusammenhangs gegenüber.[47]

---

[45] Vgl. *Geppert*, NStZ 1996, 57 ff.; Lackner/Kühl/Heger-*Heger* Vor § 52 Rn. 12 ff.; *Wessels/Beulke/Satzger* AT Rn. 1265 ff.

[46] Vgl. die Nachweise bei Geppert NStZ 1996, 118.

[47] Näher *Geppert* NStZ 1996, 58.

Der Große Strafsenat des BGH nahm die genannten Punkte zum Anlass, durch Be- **94** schluss vom 03.05.1994[48] die Annahme einer fortgesetzten Tat faktisch aufzu- geben.[49] Soweit nicht eine „natürliche" oder sonst eine Form der Handlungseinheit vorliegt, stellen die früheren „Teilakte" der fortgesetzten Tat nunmehr selbstständige Straftaten dar.[50] Eine Analyse der Rechtsprechung seit der Entscheidung des Gro- ßen Senats für Strafsachen durch *Zieschang* zeigt allerdings, dass Bereiche der fort- gesetzten Straftat über die Grundsätze der natürlichen Handlungseinheit[51] bzw. durch die Bildung einer tatbestandlichen „Bewertungseinheit"[52] ersetzt werden, eine Tendenz, die die Gefahr „verschwommener" und schwer nachvollziehbarer Lösungen in sich birgt.

3. Formen der Tateinheit

Verstößt „dieselbe Handlung" gegen mehrere Strafgesetze, liegt Tateinheit vor. Ver- **95** stößt die Handlung mehrmals gegen *dasselbe* Strafgesetz, spricht man von *gleich- artiger* Tateinheit.

Beispiel 14.21

Der Täter wirft eine Handgranate in eine Menschenmenge und tötet dadurch fünf **96** Menschen. ◄

Verstößt dieselbe Handlung hingegen gegen verschiedene Strafgesetze, ist *ungleich-* **97** *artige* Tateinheit gegeben.

Zu Leitfall 14

In *Leitfall 14* verstößt die Handlung des A, nämlich die Körperverletzung (Na- **98** senbeinbruch), welche die Wegnahme des Smartphones (Raub) ermöglicht, gegen § 249 und gegen § 223. ◄

4. Wirkungen der Tateinheit

Liegt Tateinheit vor, wird die Strafe nach dem Gesetz bestimmt, das die schwerste **99** Strafe androht. Die übrigen Strafdrohungen treten zurück (*Absorptionsprinzip*). Das Absorptionsprinzip wird jedoch dadurch eingeschränkt, dass die Strafe nicht milder sein darf, als es die anderen Gesetze zulassen.

Das sog. *Kombinations*prinzip gilt insoweit, als nach § 52 III, IV unter be- **100** stimmten Voraussetzungen auch auf Geldstrafe, Nebenstrafen, Nebenfolgen und Maßnahmen erkannt werden kann.

---

[48] BGH GSSt 2/93, 3/93 BGHSt 40, 138 = NStZ 1994, 383 mit Anm. *Zschockelt* NStZ 1994, 361.

[49] Näher *Geppert* NStZ 1996, 57 ff. (59 links).

[50] Vgl. dazu BGH 3 StR 574/97 BGHSt 43, 312 ff. (315).

[51] GA 1997, 457 ff.

[52] Vgl. *Beulke/Swoboda* Strafprozessrecht, Rn. 795; *Schmoller,* in: Leitner (Hrsg.) 2006, S. 70 jew. mwN.

III. Dritter Prüfungsschritt: Tatmehrheit (§ 53)?

§ 53 Tatmehrheit

101　(1) Hat jemand mehrere Straftaten begangen, die gleichzeitig abgeurteilt werden, und dadurch mehrere Freiheitsstrafen oder mehrere Geldstrafen verwirkt, so wird auf eine Gesamtstrafe erkannt.

(2) Trifft Freiheitsstrafe mit Geldstrafe zusammen, so wird auf eine Gesamtstrafe erkannt. Jedoch kann das Gericht auf Geldstrafe auch gesondert erkennen;

(3) …

(4)

…

§ 54 Bildung der Gesamtstrafe

102　(1) Ist eine der Einzelstrafen eine lebenslange Freiheitsstrafe, so wird als Gesamtstrafe auf lebenslange Freiheitsstrafe erkannt. In allen übrigen Fällen wird die Gesamtstrafe durch Erhöhung der verwirkten höchsten Strafe, bei Strafen verschiedener Art durch Erhöhung der ihrer Art nach schwersten Strafe gebildet. Dabei werden die Person des Täters und die einzelnen Straftaten zusammenfassend gewürdigt.

(2) Die Gesamtstrafe darf die Summe der Einzelstrafen nicht erreichen. Sie darf bei zeitigen Freiheitsstrafen fünfzehn Jahre, bei Vermögensstrafen den Wert des Vermögens des Täters und bei Geldstrafe siebenhundertzwanzig Tagessätze nicht übersteigen.

(3) Ist eine Gesamtstrafe aus Freiheits- und Geldstrafe zu bilden, so entspricht bei der Bestimmung der Summe der Einzelstrafen ein Tagessatz einem Tag Freiheitsstrafe.

§ 55 Nachträgliche Bildung der Gesamtstrafe

103　(1) Die §§ 53 und 54 sind auch anzuwenden, wenn ein rechtskräftig Verurteilter, bevor die gegen ihn erkannte Strafe vollstreckt, verjährt oder erlassen ist, wegen einer anderen Straftat verurteilt wird, die er vor der früheren Verurteilung begangen hat.

(2)

…

104　Tatmehrheit liegt vor, wenn jemand mehrere Straftaten begangen hat, die gleichzeitig abgeurteilt werden und die weder in Gesetzeseinheit noch in Tateinheit stehen.

1. Formen

105　Wie bei der Tateinheit kann auch hier zwischen „gleichartiger" und „ungleichartiger" Tatmehrheit unterschieden werden.

2. Wirkungen

a) Asperationsprinzip

Grundsätzlich gilt das *Asperations*prinzip. Es bedeutet die Zusammenziehung der **106** verwirkten Einzelstrafen zu einer „Gesamtstrafe", deren Bildung in § 54 geregelt ist und die grundsätzlich durch die Erhöhung der verwirkten höchsten Strafe, bei Strafen verschiedener Art durch Erhöhung der ihrer Art nach schwersten Strafe gebildet wird.

b) Kombinationsprinzip

Unter den Voraussetzungen des § 53 III, IV gilt auch bei Tatmehrheit das **107** *Kombinations*prinzip.

Lösung des Leitfalls („eingeschränkter"⁵³ Gutachtenstil)

I. Strafbarkeit des A gem. § 249 I

A hatte den Gewahrsam der B an dem Smartphone – eine fremde bewegliche **108** Sache – gebrochen und neuen Gewahrsam begründet. Eine Wegnahme i. S. d. § 249 I ist somit gegeben. Zum Zwecke der Wegnahme hatte A der B einen kräftigen Faustschlag ins Gesicht versetzt, also Gewalt gegen eine Person angewandt. Die objektiven Elemente der Tatbestandsmäßigkeit des Raubes sind somit erfüllt.

A handelte bezüglich der Wegnahme und der Gewaltanwendung vorsätzlich. **109** Außerdem geschah die Wegnahme in der Absicht, sich das Smartphone rechtswidrig zuzueignen. Die Voraussetzungen der subjektiven Elemente der Tatbestandsmäßigkeit sind somit ebenfalls erfüllt.

Rechtfertigungs-, Schuldausschließungs- bzw. Entschuldigungsgründe sind **110** nicht ersichtlich, sodass A rechtswidrig und schuldhaft handelte.

Ergebnis: Strafbarkeit des A gem. § 249 I. **111**

Die Elemente des Diebstahls sind in der Tatbestandsmäßigkeit des Raubes **112** ebenfalls enthalten. Die Strafbarkeit nach § 242 I tritt jedoch in Gesetzeseinheit (Spezialität) hinter § 249 I zurück (s. o. Rn. 25 ff.).

Auch die Nötigung, welche darin zu sehen ist, dass A die B durch den Faust- **113** schlag zwang, das Smartphone fallen zu lassen, tritt hinter § 249 I in Gesetzeseinheit zurück.

II. Strafbarkeit des A gem. § 223 I wegen des Faustschlags

Durch den Faustschlag hatte A die B übel und unangemessen behandelt und **114** dadurch deren körperliches Wohlbefinden nicht unerheblich beeinträchtigt, sie

---

⁵³ Diese, vor allem von *Gössel* (*Maurach/Gössel* Strafrecht, Fälle und Lösungen, 2. Kap. 3. Abschn. 7. Regel) befürwortete Form des Gutachtenstils versucht, ohne Konjunktiv-Formulierungen („könnte", „müsste" …) auszukommen. Der Vorteil liegt darin, dass die Darstellung dadurch kürzer und damit zeitsparender wird. Jedoch besteht andererseits – besonders bei Anfängern – die Gefahr, in einen Urteilsstil zu verfallen, in dem Ergebnisse vorweggenommen und anschließend nur noch begründet, aber nicht mehr erörtert werden. In Anfängerklausuren muss deshalb am strengen Gutachtenstil festgehalten werden.

also i. S. des § 223 I 1. Alt. körperlich misshandelt. Ein Nasenbeinbruch stellt einen pathologischen Zustand dar, weswegen auch eine Gesundheitsbeschädigung nach § 223 I 2. Alt. gegeben ist. A handelte vorsätzlich und mangels entgegenstehender Gründe auch rechtswidrig und schuldhaft.

115 *Ergebnis*: Strafbarkeit des A gem. § 223 I 1. und 2. Alt.

III. Strafbarkeit des A gem. § 252 wegen des Stoßes gegen P

116 Eine vollendete Vortat i. S. des § 252 liegt vor, und zwar nicht nur in Form des Diebstahls, sondern – da nach h. M. für § 252 jede Form der Wegnahme in Zueignungsabsicht in Frage kommt – auch des Raubes.[54] Da A den Gewahrsam an dem Smartphone zwar begründet, aber noch keine sichere Verfügungsgewalt erlangt hatte, war die gewaltsame Wegnahme in Form des Raubes vollendet, aber noch nicht vollständig abgeschlossen.

117 A wurde dadurch, dass die P sich ihm während der Flucht, also alsbald nach der Tatausführung, in den Weg stellte, i. S. des § 252 auf frischer Tat betroffen. Der Stoß gegen die Brust der P stellt auch das nach § 252 erforderliche Nötigungsmittel dar. A handelte, um den Raub als Vortat mit zusätzlicher Gewaltanwendung erfolgreich beenden zu können, also auch in der Absicht, eine drohende gegenwärtige bzw. unmittelbar bevorstehende Gewahrsamsentziehung zu verhindern. Die objektiven und subjektiven Elemente der Tatbestandsmäßigkeit sind somit erfüllt. A handelte auch rechtswidrig und schuldhaft.

118 *Ergebnis*: Strafbarkeit des A gem. § 252.

IV. Strafbarkeit des A gem. § 303 I wegen Beschädigung des Kamelhaarmantels

119 Durch den Stoß des A gegen die Brust der P fiel diese, wie von A erwartet, in eine ölige Regenwasserlache. Eine Beschädigung i. S. des § 303 I setzt voraus, dass die Substanz der Sache verletzt oder die Gebrauchstauglichkeit auf Dauer aufgehoben wird. Der Kamelhaarmantel, eine fremde bewegliche Sache, wurde dadurch so sehr beschmutzt, dass der Schaden nicht beseitigt werden konnte. A hatte erwartet, dass P in die Lache fallen würde und somit die Beschädigung des Kamelhaarmantels zumindest billigend in Kauf genommen. Die objektiven und subjektiven Elemente der Tatbestandsmäßigkeit sind demnach gegeben. Rechtfertigungsgründe und Schuldausschließungs- bzw. Entschuldigungsgründe sind nicht ersichtlich.

120 *Ergebnis*: Strafbarkeit des A gem. § 303 I.

V. Konkurrenzen

Hinweis zur Methode:

121 In einer Klausur würde nach der Bejahung des Raubes zur Gesetzeseinheit von Raub, Diebstahl und Nötigung folgender kurzer Hinweis genügen: „Die gleichzeitig mitgeprüften Straftaten des Diebstahls und der Nötigung sind ebenfalls rechtswidrig und schuldhaft verwirklicht. Sie treten jedoch in Gesetzeskonkurrenz hinter § 249 I zurück."

---

[54] Vgl. LK-*Vogel/Burchard* § 252 Rn. 16.

Im Übrigen wären im Rahmen der Konkurrenzen folgende Ausführungen erforderlich: **122**

Die Nötigungshandlung des A gegenüber der B als Teil des Raubes führt zu **123** deren Nasenbeinbruch. Diese von A gegenüber B begangene Körperverletzung nach § 223 I steht mit dem Raub nach § 249 I somit in Tateinheit (§ 52).

Die Sachbeschädigung steht zu dem räuberischen Diebstahl, § 252, in Tateinheit gem. § 52. Denn der Stoß vor die Brust des P ist zugleich die Tathandlung des § 252. **124**

Der Raub gem. § 249 I und der räuberische Diebstahl gem. § 252 wurden **125** durch verschiedene Handlungen begangen, weshalb eigentlich Tatmehrheit naheliegt. Die beiden Straftaten stehen jedoch in Gesetzeseinheit, weil § 252 nicht ohne eine vollendete Zueignungsstraftat als Vortat begangen werden kann. § 249 I tritt folglich in Gesetzeseinheit hinter § 252 zurück.[55] Dies gilt allerdings nicht für die Körperverletzung. Insoweit liegt Tateinheit nach § 52 vor. Denn der Raub verklammert die Körperverletzung mit dem räuberischen Diebstahl.

Gesamtergebnis: A hat sich wegen eines Verbrechens des räuberischen Diebstahls in Tateinheit mit einem Vergehen der Sachbeschädigung und einem Vergehen der Körperverletzung strafbar gemacht, §§ 252, 223 I, 303 I, 52. ◄ **126**

C. Zur Wiederholung

Kontrollfragen
1. Worin besteht die Aufgabe der Konkurrenzlehre? (Rn. 2)
2. Welche Formen der Konkurrenz kennen Sie und welche dieser Formen führt zu einer Erhöhung der Strafe? (Rn. 14 f.)
3. Ist ein in Gesetzeseinheit zurücktretendes Strafgesetz für die Festsetzung der Strafe völlig irrelevant? (Rn. 40 ff.)
4. Wann liegt in der Sprache des Gesetzes Tateinheit, wann liegt Tatmehrheit vor und wie wirken sich beide aus? (Rn. 46 ff., 101 ff.)
5. Nennen Sie drei Formen der rechtlichen Handlungseinheit. (Rn. 64 ff.)

Literatur

Arzt Die fortgesetzte Handlung geht – die Probleme bleiben, JZ 1994, 1000 ff.
Beulke/Swoboda Strafprozessrecht, 16. Aufl. 2022
Fahl Was bleibt übrig von der Konsumtion?, GA 2019, 721 ff.

---

[55] Anders jedoch BGH 1 StR 389/17 NStZ 2018, 103: Grundsätzlich bestehe Gesetzeseinheit in der Weise, dass § 249 I den § 252 verdränge. Etwas anderes gelte aber, wenn die Nötigungshandlung in der Beendigungsphase schwerer wiege, weil in dieser Phase ein Qualifikationstatbestand verwirklicht werde.

Frister Strafrecht, Allgemeiner Teil (AT), 10. Aufl. 2023

Geppert Zur straf- und verfahrensrechtlichen Bewältigung von Serienstraftaten nach Wegfall der Rechtsfigur der „fortgesetzten Handlung", NStZ 1996, 57 ff., 118 ff.

Geppert Zur Rechtsfigur der „Tateinheit durch Verklammerung", Jura 1997, 214 ff.

Geppert Grundzüge der Konkurrenzlehre (§§ 52–55 StGB), Jura 2000, 598 ff., 651 ff.

Grosse-Wilde Auftakt zum Abschied von der Konsumtion als „unechter Konkurrenzform (Gesetzeseinheit)"?, HRRS 2019, 160 ff.

Heinrich, B. Strafrecht, Allgemeiner Teil (AT), 7. Aufl. 2022

Hochmayr Subsidiarität und Konsumtion. Ein Beitrag zur strafrechtlichen Konkurrenzlehre, 1997

Jäger Das Rechtsinstitut der Konsumtion am Scheideweg, JA 2019, 386 ff.

Jescheck/Weigend Lehrbuch des Strafrechts, Allgemeiner Teil (AT), 5. Aufl. 1996

Jung zur Nachahmung empfohlen: Aufgabe der Rechtsfigur der fortgesetzten Handlung durch das Schweizer Bundesgericht, NJW 1994, 916 ff.

Kindhäuser/Hilgendorf Strafgesetzbuch, Lehr- und Praxiskommentar (LPK), 10. Aufl. 2025

Kretschmer Konkurrenzlehre (§§ 52 und 53 StGB) im Strafrecht – Teil I, JA 2019, 581 ff.

Kretschmer Konkurrenzlehre (§§ 52 und 53 StGB) im Strafrecht – Teil II, JA 2019, 666 ff.

Krey/Esser Deutsches Strafrecht, Allgemeiner Teil (AT), 7. Aufl. 2022

Kudlich § 52 StGB: Konkurrenzverhältnis zwischen versuchtem Tötungsdelikt und vollendeter Körperverletzung – Zugleich eine Besprechung von BGH, Urteil v. 14.9.1998 – 4 StR 272/98, JA 1999, 452 ff.

Kühl Das leidige Thema der Konkurrenzen, JA 1978, 475 ff.

Kühl Strafrecht, Allgemeiner Teil (AT), 8. Aufl. 2017

Lackner/Kühl/Heger-*Bearbeiter* Strafgesetzbuch: Kommentar, 30. Aufl. 2023

LK-*Bearbeiter*= Cirener/Radtke/Rissing-van Saan/Rönnau/Schluckebier (Hrsg.), Leipziger Kommentar, Strafgesetzbuch, Bd. 4, 13. Aufl. 2020

LK-*Bearbeiter*= Cirener/Radtke/Rissing-van Saan/Rönnau/Schluckebier (Hrsg.), Leipziger Kommentar, Strafgesetzbuch, Bd. 13, 13. Aufl. 2022

Maatz Kann ein (nur) versuchtes schwereres Delikt den Tatbestand eines vollendeten milderen Delikts verdrängen? – Die Konkurrenz-Rechtsprechung in Fällen versuchten Totschlags/Mordes, versuchter Vergewaltigung und versuchter Nötigung auf dem Prüfstand, NStZ 1995, 209 ff.

Martin Tateinheit zwischen versuchter Tötung und Körperverletzung – Zugleich eine Anmerkung zu BGH, Urteil v. 24.9.1998 – 4 StR 272/98, JuS 1999, 298 ff.

Maurach/Gössel/Zipf Strafrecht Allgemeiner Teil, Teilband 2 (AT 2), 8. Aufl. 2014

Maurach/Gössel Strafrecht, Fälle und Lösungen, 7. Aufl. 1997

MK-StGB-*Bearbeiter* = Erb/Schäfer (Hrsg.), Münchener Kommentar zum Strafgesetzbuch, Bd. 2, 4. Aufl. 2020

Momsen Die konkurrenzrechtliche „Tat" bei sukzessiver Tatausführung unter Verletzung höchstpersönlicher Rechtsgüter – Zugleich eine Besprechung von BGH, Beschl. v. 22.10.1997 – 3 StR 419–97, NJW 1999, 982 ff.

Puppe Was ist Gesetzeskonkurrenz?, JuS 2016, 961 ff.

Puppe Die Lehre von der Tateinheit, JuS 2017, 637 ff.

Puppe Abschied vom naturalistischen Verbrechensbegriff in der Lehre von den Konkurrenzen, ZStW 132 (2020), 1 ff.

Rengier Strafrecht Allgemeiner Teil (AT), 16. Aufl. 2024

Roxin Strafrecht Allgemeiner Teil, Band 2 (AT 2), Besondere Erscheinungsformen der Straftat, 2003

Rückert Die Lehre von den Konkurrenzen in der Klausurpraxis, JA 2014, 826 ff.

Schlüchter Verjährung eines tatbestandlichen Handlungskomplexes am Beispiel geheimdienstlicher Agententätigkeit, JZ 1997, 995 ff.

Schmoller Bedeutung und Grenzen des fortgesetzten Delikts, 1988

Schmoller Zur Zukunft des „fortgesetzten Delikts", in: Leitner (Hrsg.), Aktuelles zum Finanzrecht, 1998, S. 53 ff.

Schmoller Die Zukunft des „fortgesetzten Delikts", in: Leitner (Hrsg.), Finanzstrafrecht 1996–2002, 2006, S. 70 ff.

Schönke/Schröder, *Bearbeiter* in: = Schönke/Schröder, Strafgesetzbuch, 30. Aufl. 2019

SK-*Bearbeiter* = Wolter/Hoyer (Hrsg.), Systematischer Kommentar zum Strafgesetzbuch, Bd. II, 10. Aufl. 2024

Tadaki Tateinheit und Tatmehrheit im materiellen Recht und im Verfahrensrecht bei Teilnahme, Dokkyo Law Review No. 46, 1998, 506 ff.

Tadaki Tateinheit und Tatmehrheit bei Teilnahme, FS für Schreiber 2003, S. 487 ff.

Wagner Plädoyer für einen Abschied von der Kategorie der sog. Dauerdelikte, ZfIStw 2023, 349 ff.

Wessels/Beulke/Satzger Strafrecht, Allgemeiner Teil (AT), 54. Aufl. 2024

Zschockelt Die Auswirkungen der Entscheidung des großen Senats in Strafsachen zum Fortsetzungszusammenhang, JA 1997, 411 ff.

§ 15 Strafrechtliche Sanktionen

Leitfall 15

Der Fall *Daschner* – LG Frankfurt a. M., Urteil vom 20.12.2004 – 5/27 KLs   1
7570 Js 203814/03 (4/04), NJW 2005, 692.[1] Der Frankfurter Jurastudent Gaef-
gen (G) hatte den elfjährigen Frankfurter Bankierssohn Jakob von Metzler in
seine Gewalt gebracht. Obwohl der Junge bereits tot war, forderte G von der Familie des Kindes ein Lösegeld. Die Staatsanwaltschaft, die G verdächtigte, ging
davon aus, dass Jakob noch am Leben sei und in einem Versteck festgehalten
werde. Da G durch sein Aussageverhalten die behördlichen Nachforschungen
mehrfach bewusst fehlgeleitet hatte, wies der Angekl. Wolfgang Daschner (D),
seinerzeit stellvertretender Polizeipräsident, den Angekl. E an, dass G nach vorheriger Androhung unter ärztlicher Aufsicht durch Zufügung von Schmerzen
(keine Verletzungen) erneut über den Verbleib des Jungen zu befragen sei. Die
Feststellung des Aufenthaltsorts des entführten Jungen dulde keinen Aufschub;
insoweit bestehe für die Polizei die Pflicht, im Rahmen der Verhältnismäßigkeit
alle Maßnahmen zu ergreifen, um das Leben des Kindes zu retten. Die Befragung
des G diene nicht der Aufklärung der Straftat, sondern ausschließlich der Rettung des Lebens des entführten Kindes.

Über seine Anordnung und das weitere Geschehen fertigte D einen schrift-   2
lichen Vermerk an.

Auf Grund der Androhung gab G einen Hinweis auf eine Hütte im Bereich des   3
Langener Waldsees und den Fundort der Leiche bei Birstein. Durch das inzwischen abgelegte Geständnis war die Durchführung der Maßnahme entbehrlich.

G wurde rechtskräftig wegen Mordes in Tateinheit mit erpresserischem   4
Menschenraub mit Todesfolge u. a. zu lebenslanger Freiheitsstrafe verurteilt.

---

[1] Bearbeitete und zum Teil wörtliche Wiedergabe des Sachverhalts aus der NJW.

© Der/die Herausgeber bzw. der/die Autor(en), exklusiv lizenziert an   697
Springer-Verlag GmbH, DE, ein Teil von Springer Nature 2025
A. Sinn, *Strafrecht Allgemeiner Teil*, Springer-Lehrbuch,
https://doi.org/10.1007/978-3-662-71556-7_15

5   In der vorliegenden Strafsache hat das LG den Angekl. E der Nötigung gem.
§ 240 I und den Angekl. D der Verleitung eines Untergebenen zu einer Nötigung
gem. § 357 I StGB i. V. mit § 240 I für schuldig befunden. Eine Rechtfertigung
ihrer Handlungen lehnte es unter Hinweis auf die Menschenwürde des Verdächtigen G (Art. 1 I 1 GG) ab, deren Unantastbarkeit auch in Art. 104 I 2 GG
zum Ausdruck komme, wonach festgehaltene Personen weder seelisch noch
körperlich misshandelt werden dürfen.
    Welche Sanktionen wären gegen D und E sachgerecht? ◄

6 Weil das Strafrecht den Menschen als vernünftiges Wesen begreift, das durch Normen beeinflusst werden kann, können Verstöße gegen Strafvorschriften nur dann
bestraft werden, wenn sie dem Handelnden *vorgeworfen* werden können (Schuldprinzip, s. o. § 3 Rn. 85 ff.). *Strafen* können daher grundsätzlich nur dann verhängt
werden, wenn eine Straftat *schuldhaft* begangen worden ist (Rn. 7 ff.). Hat der Täter
zwar ohne Schuld gehandelt, ist er aber *gefährlich,* kommt nur eine *Maßregel* der
Besserung und Sicherung in Frage. Diese Maßregeln bilden damit gegenüber der
Strafe den zweiten Grundtypus der strafrechtlichen Rechtsfolgen (Rn. 41 ff.).[2] Das
Rechtsfolgensystem des StGB ist somit *zweispurig.*

A. Schuldabhängige Sanktionen

I. Strafen

7 Als Hauptstrafen, d. h. Strafen, die *selbstständig* verhängt werden können, gibt es
nach Abschaffung der Todesstrafe (Art. 102 GG) sowie der Zusammenfassung der
Straftaten des Zuchthauses, des Gefängnisses, der Einschließung und der Haft zu
einer einheitlichen Freiheitsstrafe nur noch die *Freiheitsstrafe* (§§ 38, 39) und die
Geldstrafe (§§ 40–43). Das Fahrverbot nach § 44 ist eine Nebenstrafe.[3]

1. Freiheitsstrafe und Strafaussetzung zur Bewährung

a) Freiheitsstrafe, §§ 38 f.

8 Die Freiheitsstrafe bildet die intensivste Form der staatlichen Strafe. Nach § 38 ist
sie „zeitig", wenn das Gesetz nicht – wie z. B. bei Mord (§ 211) – lebenslange Freiheitsstrafe[4] androht.

---

[2] Lackner/Kühl/Heger-*Heger* § 61 Rn. 2; zum neuen Sanktionensystem der Schweiz von 2007 vgl.
das Interview mit *Heine* In dubio 2007, 6 ff.

[3] Vgl. die Übersicht bei *Kett-Straub/Kudlich* Sanktionenrecht 2021, § 2 Rn. 6; zur Reform des
Sanktionensystems in Deutschland *Dünkel* GS Joecks, S. 51 ff.

[4] Zur verfassungsrechtlichen Problematik der lebenslangen Freiheitsstrafe und zur Aussetzung
ihrer Vollstreckung *Grünwald* FS Bemmann, S. 161 ff.

Das Höchstmaß der zeitigen Freiheitsstrafe beträgt 15 Jahre, ihr Mindestmaß einen **9** Monat (§ 38 II). Auf Freiheitsstrafe erkennen die Gerichte in Deutschland nur in einem Bruchteil der Verurteilungen (s. o. § 1 Rn. 23). Dies dürfte u. a. daran liegen, dass man sich der negativen individuellen und gesellschaftlichen Auswirkungen bewusst ist, die das Leben in einem Gefängnis unvermeidbar mit sich bringt. Deshalb werden selbst verhängte Freiheitsstrafen ganz überwiegend wiederum zur Bewährung ausgesetzt (s. o. § 1 Rn. 23).[5] Die Verurteilung zu Freiheits- oder Jugendstrafe ohne Bewährung bildet daher den Boden des sog. *„Trichtermodells der Strafverfolgung"*.[6]

Zu Leitfall 15

In *Leitfall 15* ist die Nötigung, begangen durch E, gem. § 240 I mit Freiheits- **10** strafe bis zu drei Jahren oder mit Geldstrafe bedroht, die Verleitung eines Untergebenen zu einer Nötigung, begangen durch D, gem. § 357 I StGB i. V. mit § 240 I ebenfalls mit Freiheitsstrafe bis zu drei Jahren oder mit Geldstrafe.

Jedoch würdigte das Gericht, dass es beiden Angekl. ausschließlich und drin- **11** gend darum ging, das Leben des Kindes zu retten. D habe sich in der Nacht noch lange Zeit Gedanken über die Situation und die richtige Vorgehensweise gemacht und sich in einem Konflikt gesehen, der in seiner 40-jährigen Dienstzeit noch nicht vorgekommen war. E habe an seine eigenen, zum Teil gleichaltrigen Kinder gedacht und unter der Vorstellung gelitten, dass das Opfer möglicherweise elend umkomme.

Gs provozierendes und skrupelloses Aussageverhalten habe die Nerven der Er- **12** mittler aufs Äußerste strapaziert. Juristisch geschult habe er seine falschen Aussagen so zu formulieren und darzubieten gewusst, dass sie ständig Ungewissheiten, Hoffnungen und Enttäuschungen erzeugt und keine Sicherheit geboten hätten. Er habe den Eindruck vermittelt, dass er bewusst mit dem Leben des Kindes spiele und den Einsatz- und Rettungswillen der Polizei in die falsche Richtung lenke, um Zeit zu gewinnen und möglicherweise den Tod des Jungen herbeizuführen.

Es habe im Übrigen eine außergewöhnliche Hektik geherrscht. E habe die **13** Nacht durchgearbeitet und D nur wenige Stunden geschlafen. Diese angespannte Befindlichkeit der Angekl. verringere den Schuldvorwurf erheblich, da sie die Hemmschwelle zur Tat herabgesetzt habe. Beide hätten sich an der Grenze ihrer Belastbarkeit befunden.

Schließlich hätten beide ein tadelloses Vorleben aufzuweisen. Auch die Fol- **14** gen der Taten seien strafmildernd zu berücksichtigen. D sei zum Hessischen Ministerium des Innern nach Wiesbaden versetzt worden und der E habe keine strafprozessual relevanten Maßnahmen mehr ausführen dürfen. Die Begleitung durch die Medien vorprozessual und während des Strafverfahrens sei immens gewesen. Das habe die Angekl. und ihre Familien sehr belastet und zum Teil – ob

---

[5] Vgl. zur Zurückdrängung der Freiheitsstrafe auch *Heinz* ZStW 111 (1999), 487 ff.
[6] Vgl. *Streng* Sanktionen 2012, Rn. 111 mit Schaubild 2; vgl. auch *Heinz* ZStW 111 (1999), 461 ff. (477).

gewollt oder nicht – zu einer Prangerwirkung geführt. Die lange Verfahrensdauer sei ebenfalls strafmildernd zu berücksichtigen. Schließlich sei D und E zugute zu halten, dass erstmals eine solche – wenn auch nicht unlösbare – Konfliktlage vor Gericht verhandelt wurde.[7]

15   Unter diesen Umständen kam die Verhängung einer Freiheitsstrafe gegen D und E nicht in Frage. ◄

b) Abwendung der Strafvollstreckung und Strafaussetzung zur Bewährung, §§ 56 ff.

16 Die *Strafaussetzung zur Bewährung* ist bei einer Verurteilung zu einer Freiheitsstrafe von nicht mehr als einem Jahr nach § 56 I zwingend, wenn eine günstige *Prognose*[8] vorliegt, d. h. wenn zu erwarten ist, dass der Verurteilte sich schon die Verurteilung zur Warnung dienen lassen und künftig auch ohne die Einwirkung des Strafvollzugs keine Straftaten mehr begehen wird.[9]

17   Liegen nach der Gesamtwürdigung von Tat und Persönlichkeit des Verurteilten besondere Umstände[10] vor, kann das Gericht sogar die Vollstreckung einer höheren Freiheitsstrafe, die zwei Jahre nicht übersteigt, zur Bewährung aussetzen (§ 56 II). Umgekehrt kann die Aussetzung einer Freiheitsstrafe zur Bewährung ausnahmsweise trotz günstiger Prognose dann abgelehnt werden, wenn generalpräventive Gründe („die Verteidigung der Rechtsordnung") eine Strafaussetzung verbieten. Dies gilt im Interesse der Zurückdrängung einer kurzen Freiheitsstrafe (§ 47) aber nur für Verurteilungen zu einer Freiheitsstrafe von mindestens sechs Monaten (§ 56 III). Denn die günstige Prognose ist nicht dadurch ausgeschlossen, dass die Verhängung einer kurzen Freiheitsstrafe nach § 47 zur Einwirkung auf den Täter unerlässlich war.[11] Unter 6 Monaten ist die Strafaussetzung bei günstiger Prognose folglich zwingend.[12]

18   *Zusammengefasst* ergibt sich somit, dass bei günstiger Prognose eine Freiheitsstrafe bis zu einem Jahr grundsätzlich und bis zu 2 Jahren unter bestimmten Umständen[13] zur Bewährung auszusetzen ist, und dass bei Freiheitsstrafen von mindestens 6 Monaten und höchstens einem Jahr die Bewährung nur ausnahmsweise (zur Verteidigung der Rechtsordnung) verweigert werden darf.

---

[7] Vgl. LG Frankfurt 5/27 KLs 7570 Js 203814/03 (4/04) NJW 2005, 692 ff. (696).

[8] Zur individuellen Kriminalprognose als Element von Prognoseentscheidungen und zu den Prognosemethoden umfassend *Streng* Sanktionen 2012, Rn. 770 ff.; *Kett-Straub/Kudlich* Sanktionenrecht 2021, § 7 Rn. 48 ff.

[9] Näher zur günstigen Sozialprognose SK-*Schall* § 56 Rn. 10 ff.

[10] Sie liegen vor, wenn bestimmte *Tatsachen* bzw. *Eigenschaften* oder *Verhältnisse* die Tat bzw. den Täter vom Durchschnitt der gewöhnlich vorkommenden Taten gleicher Art bzw. vom durchschnittlichen Täter solcher Taten positiv unterscheiden, z. B. die Verstrickung in die Tat durch polizeiliche Lockspitzel, durch die Tat bedingte berufliche Nachteile, das Nachtatverhalten oder das Bemühen um Wiedergutmachung; näher hierzu Lackner/Kühl/Heger-*Heger* § 56 Rn. 19 i. V. m. § 47 Rn. 2; *Streng* Sanktionen 2012, Rn. 183 ff.

[11] Vgl. *Kinzig,* in: Schönke/Schröder § 56 Rn. 45.

[12] Vgl. auch SK-*Schall* § 56 Rn. 31.

[13] Dazu zählen z. B. die Versorgung mehrerer minderjähriger Kinder, eine außergewöhnlich lange Verfahrensdauer oder die nachträgliche Stabilisierung der Lebensverhältnisse; vgl. auch SK-*Schall* § 56 Rn. 40.

Eine wichtige Rolle im Rahmen der Strafaussetzung zur Bewährung spielt die **19** Aussetzung des Strafrestes bei zeitiger Freiheitsstrafe (§ 57) und bei lebenslanger Freiheitsstrafe (§ 57a). Die Aussetzung des Strafrestes bei zeitiger Freiheitsstrafe ist in der Regel nach einer Verbüßung von zwei Dritteln der verhängten Strafe (sog. *Zweidrittel-Aussetzung*), unter Umständen sogar bereits nach einer Verbüßung der Hälfte der Freiheitsstrafe möglich (sog. *Halbzeit-Aussetzung*, § 57 I, II).[14]

Die Möglichkeit einer Aussetzung des Strafrestes bei lebenslanger Freiheits- **20** strafe nach § 57a ist die Antwort des Gesetzgebers auf eine Entscheidung des Bundesverfassungsgerichts aus dem Jahre 1977.[15] Unter Hinweis auf den Resozialisierungsgedanken hatte das Bundesverfassungsgericht dort entschieden, dass auch ein wegen schwerster Straftaten verurteilter Mensch eine Chance haben müsse, wieder in Freiheit zu kommen. Voraussetzung ist neben einer günstigen Prognose u. a., dass der Täter 15 Jahre der Strafe verbüßt hat und nicht die besondere Schwere der Schuld des Verurteilten die weitere Vollstreckung gebietet. Ob Umstände vorliegen, die eine besonders schwere (Tat-)Schuld begründen, hat dabei das Tatgericht in den Urteilsgründen festzustellen.

Ob und inwieweit die vom Tatgericht festgestellte besondere Schwere der Schuld **21** die Verlängerung der Vollstreckungszeit über 15 Jahre hinaus gebietet, hat das Vollstreckungsgericht zu beurteilen, wobei es sich sachverständiger Hilfe bedient.[16]

c) Freiheitsstrafe als ultima ratio

Die Zurückdrängung der Freiheitsstrafe – sei es durch Nichtverhängung, sei es **22** durch Aussetzung der Straf(rest)vollstreckung – ist zu begrüßen. Denn es lässt sich kaum von der Hand weisen, dass das Einsperren eines Menschen zum Zweck einer Verhaltensänderung angesichts moderner Sanktionsformen (gemeinnützige Arbeit, Täter-Opfer-Ausgleich, Wiedergutmachung, elektronische Fußfessel) den Anschein von Hilflosigkeit erweckt und an mittelalterliche Sanktionsformen denken lässt.[17]

2. Geldstrafe, §§ 40 ff.

Die *Geldstrafe* wird in *Tagessätzen* verhängt (§ 40 I 1).[18] Die Höhe eines Tages- **23** satzes ermittelt der Richter, indem er auf Grund des monatlichen Einkommens das durchschnittliche Tageseinkommen (ein Dreißigstel des monatlichen Nettoeinkommens) des Täters errechnet.[19] Die Anzahl der Tagessätze, die das Gericht verhängen darf, beträgt mindestens fünf und höchstens 360 volle Tagessätze, es sei

---

[14] Ausführlich hierzu SK-*Schall* § 57 Rn. 7 ff.; vgl. auch *Egg* FS Rolinski, S. 309 ff.

[15] BVerfG 1 BvL 14/76 BVerfGE 45, 187; zu § 57a bei terroristischen Straftaten *Kett-Straub* GA 2007, 332 ff.

[16] So BVerfG 2 BvR 1041/88 2 BvR 78/89 BVerfGE 86, 288; in Ergänzung dazu BGH 1 StR 686/98 BGHSt 44, 350 für Fälle, in denen die lebenslange Freiheitsstrafe nicht die einzig in Betracht kommende Rechtsfolge ist; umfassend zum Ganzen *Grünwald* FS Bemmann, S. 161 ff.

[17] Vgl. auch *Lüderssen* FS Bemmann, S. 47 ff.

[18] Näher zum Tagessatzsystem *Streng* Sanktionen 2012, Rn. 125 ff.; *Kett-Straub/Kudlich* Sanktionenrecht 2021, § 8 Rn. 16 ff.

[19] Ausführlich zur Berechnung der Höhe des Tagessatzes NK-StGB-*Albrecht* § 40 Rn. 19 ff.; zur Tagessatzgestaltung bei Tätern ohne eigenes volles Einkommen SK-*Wolters* § 40 Rn. 12.

denn, dass das Gesetz etwas anderes bestimmt (§ 40 I 2). Ein Tagessatz wird auf mindestens einen und höchstens 30.000 € festgesetzt. Das Tagessatzsystem ist skandinavischen Ursprungs und im Rahmen des am 01.01.1975 in Kraft getretenen 2. StrRG in das StGB eingefügt worden. Der von dem Verurteilten gezahlte Geldbetrag fließt der Staatskasse zu.

24   Hat der Täter sich durch die Tat bereichert oder zu bereichern versucht, kann seit 1992 neben einer Freiheitsstrafe auch eine ansonsten nicht oder nur wahlweise angedrohte Geldstrafe verhängt werden (§ 41).

25   An die Stelle der uneinbringlichen Geldstrafe tritt eine *Ersatzfreiheitsstrafe* (§ 43 sekundäre Ersatzstrafe). Dabei entspricht zwei Tagessätzen ein Tag Freiheitsstrafe. Jedoch kann unter besonderen Umständen richterlich angeordnet werden, dass die Vollstreckung der Ersatzfreiheitsstrafe unterbleibt, weil sie eine unbillige Härte wäre (§ 459f StPO).

26   Faktisch stellt die Geldstrafe heute die Hauptform der staatlichen Strafe dar.

Zu Leitfall 15

27   In *Leitfall 15* hielt das Gericht unter Abwägung aller für und gegen die Angekl. sprechenden Gesichtspunkte eine Geldstrafe für den Angekl. D in Höhe von 90 Tagessätzen zu je 120 € und für den Angekl. E von 60 Tagessätzen zu je 60 € für tat- und schuldangemessen. Zu Gunsten des Angekl. E wurde berücksichtigt, dass er als weisungsabhängiger Beamter gehandelt habe und nur kurze Zeit für Überlegungen und zu einer Verweigerung der Tat gehabt habe. Jedoch sah das Gericht davon ab, D und E zu diesen Geldstrafen zu verurteilen und behielt die Verurteilung zu der Geldstrafe nach § 59 StGB vor (näher dazu unten Rn. 31 f.).[20] ◄

3. Fahrverbot als Nebenstrafe, § 44

28   Die Verhängung eines *Fahrverbots* setzt, weil *Nebenstrafe*,[21] die Verurteilung wegen einer Straftat voraus. Das Fahrverbot kommt nicht mehr[22] nur bei verkehrsbezogenen Straftaten in Betracht, sondern nach § 44 I 2 StGB auch bei sonstigen Straftaten insbesondere dann, wenn dies zur Einwirkung auf den Täter, zur Verteidigung der Rechtsordnung oder zur Abwendung einer Freiheitsstrafe erforderlich ist. Mittels des Fahrverbotes kann das Gericht für die Dauer von einem Monat bis zu sechs Monaten dem Betroffenen verbieten, im Straßenverkehr Kraftfahrzeuge jeder oder einer bestimmten Art zu führen. Das Fahrverbot hat den Vorzug, dass es auf das Verhalten des Straftäters Bezug nehmen kann und ihn an einer empfindlichen Stelle trifft, falls er eine Fahrerlaubnis besitzt.

---

[20] Vgl. LG Frankfurt 5/27 KLs 7570 Js 203814/03 (4/04) NJW 2005, 692 ff. (696).

[21] Zu Überlegungen eines Fahrverbots als Hauptstrafe de lege ferenda durch § 44 des Gesetzes zur Reform des Sanktionenrechts (E-GzRdS, BT-Drs. 15/2725) vgl. *Streng* Sanktionen 2012, Rn. 359.

[22] Vgl. Gesetz zur effektiveren und praxistauglicheren Ausgestaltung des Strafverfahrens vom 17.08.2017, BGBl. I 2017 v. 23.08.2017, S. 3202.

Im Unterschied zur Maßregel der *Entziehung der Fahrerlaubnis* nach § 69 StGB **29** (s. u. Rn. 50) stellt das Fahrverbot nach § 44 nicht auf die mangelnde Eignung des Täters zum Führen von Kraftfahrzeugen ab. Nach Ablauf der Verbotsfrist lebt die Erlaubnis zum Führen von Kraftfahrzeugen daher von selbst wieder auf, während der Adressat einer Maßregel nach § 69 nach Ablauf der Sperrfrist (§ 69a) die Erteilung einer neuen Fahrerlaubnis beantragen muss.

Eine Nebenstrafe außerhalb des StGB ist das *Verbot der Jagdausübung* (§ 41a **30** BJagdG). Nach der Rechtsprechung des BGH[23] ist auch die *Einziehung* nach § 74 I, III StGB als Nebenstrafe anzusehen und daher bei der Strafzumessung zu berücksichtigen.

II. „Vergeistigte Strafen", §§ 59, 60

Das Absehen von Strafe nach § 60 wurde als § 16 a. F. durch das 1. StRG von **31** 1969,[24] die „Verwarnung mit Strafvorbehalt" (§ 59)[25] durch das 2. StRG 1975 in das Strafgesetzbuch eingefügt. Beide Sanktionen stellen den Versuch dar, ein strafbares Verhalten als solches spezifisch zu missbilligen und zu stigmatisieren, ohne jedoch eine Strafe auszusprechen. In beiden Fällen wird der Täter schuldig gesprochen und erhält daher die Kosten des Verfahrens auferlegt (§ 465 I 2 StPO). Da jedoch auf einen Strafausspruch verzichtet wird, sieht man in der Verwarnung mit Strafvorbehalt und dem Absehen von Strafe eine „auf Null reduzierte", „vergeistigte" Strafe. Die §§ 59, 60 bilden damit die „leichteste und zugleich ‚resozialisierungsfreundlichste' Sanktion im Strafensystem".[26]

Die Verwarnung mit Strafvorbehalt (§ 59) setzt neben einer günstigen Täter- **32** prognose und einer positiven Gesamtwürdigung der Tat sowie der Persönlichkeit des Täters voraus, dass allenfalls Geldstrafe bis zu 180 Tagessätzen verwirkt ist. Das Gericht spricht den Täter in diesem Falle schuldig, verwarnt ihn, bestimmt die Strafe und behält sich die Verhängung dieser Strafe für den Fall vor, dass sich der Täter nicht bewährt (§§ 59a, b).

Das Absehen von Strafe nach § 60 stellt u. a. darauf ab, dass die Folgen der Tat, **33** die den Täter getroffen haben, so schwer sind, dass die Verhängung einer Strafe offensichtlich verfehlt wäre. Man spricht daher im Rahmen von § 60 von einer „poena naturalis" („natürlichen Strafe"), welche eine zusätzliche „poena crimina-

---

[23] BGH 3 StR 8/18 NStZ 2018, 526 ff.; noch für § 74 II Nr. 1 a. F. vgl. BGH 1 StR 28/83 NJW 1983, 2710.

[24] Zur Entwicklung dieser Sanktion seit 1909 zunächst im Bereich des Besonderen Teils und ihrem Verhältnis zum Absehen von der Strafverfolgung nach § 153b sowie §§ 153, 153a StPO kritisch *Schroeder* FS Fezer, S. 543 ff.

[25] Hierzu *Keiser* GA 2009, 344 ff., auch zu den Änderungen durch das 2. Justizmodernisierungsgesetz vom 22.12.2006, BGBl. I 3416.

[26] *Lackner/Kühl/Heger-Heger* Vor § 59 Rn. 1; umfassend *Neumayer-Wagner* 1998; zur Bedeutung des Schuldspruchs als Strafe BVerfG 2 BvR 1371/96 BVerfGE 96, 245 ff.; vgl. auch *Schild* FS Lenckner, S. 287 ff. (310 f.); *Seelmann* FS Neumann, S. 715 ff. (721 f.).

lis" (Kriminalstrafe) nicht mehr als erforderlich erscheinen lässt.[27] Typischerweise wird § 60 daher auf Fälle angewandt, in denen das Fehlverhalten des Täters dazu führt, dass Angehörige schwer verletzt werden oder sogar ums Leben kommen. Die Grenze der Anwendbarkeit von § 60 ist dort erreicht, wo der Täter für die Tat eine Freiheitsstrafe von mehr als einem Jahr verwirkt hätte.

34 Die Verwarnung mit Strafvorbehalt und das Absehen von Strafe sind Sanktionen, bei denen unter Strafwürdigkeits- und Strafbedürftigkeitsgesichtspunkten auf eine Strafverhängung verzichtet wird. Inzwischen haben die §§ 59, 60 auch in die Sanktionierungs*praxis* Eingang gefunden.[28]

Zu Leitfall 15

35 In *Leitfall 15* blieb D und E die Verurteilung zu einer Geldstrafe nach § 59 StGB vorbehalten, weil das Gericht die strengen Voraussetzungen der Vorschrift als erfüllt ansah: Es bestünden keine Zweifel an einer günstigen Sozialprognose für beide Angeklagten. Die Gesamtwürdigung der vorliegenden Tat und der Persönlichkeit der beiden Angekl. ergäben besondere Umstände, nach denen es angezeigt sei, von der Verhängung einer Strafe abzusehen. Die Tat sei zwar nicht aus einer unausweichlichen Konfliktlage erwachsen, da noch zahlreiche Handlungsalternativen zur Verfügung gestanden hätten. Es habe jedoch für die Angekl. aus subjektiver Sicht eine Situation vorgelegen, die eine gewisse Nähe zu Rechtfertigungs- und Entschuldigungsgründen aufgewiesen habe.

36 Eine ernstliche Beeinträchtigung des Rechtsempfindens und der Rechtstreue der Bevölkerung sei durch die bloße Verwarnung der Angekl. nicht zu erwarten. Die Verteidigung der Rechtsordnung habe somit nicht eine Bestrafung geboten, wohl aber einen Schuldspruch. Denn es habe klargestellt werden müssen, dass die bestehenden Gesetze und die in ihnen verkörperten Verfassungsgrundsätze von Repräsentanten der Staatsgewalt beachtet werden müssen, auch in Situationen, in denen es persönlich sehr schwerfallen mag, sich danach zu richten.[29] ◄

III. „Strafen" ohne Übelszufügung?

37 Während in § 59 die Verhängung der Strafe zwar vorbehalten, die Strafe aber immerhin bestimmt wird, und in § 60 auf eine „natürliche Strafe, durch den Täter selbst herbeigeführt", abgestellt wird, gehen jüngere kriminalpolitische Überlegungen dahin, Sanktionen zu beschreiben, die unter bestimmten Voraussetzungen als

---

[27] *Kett-Straub/Kudlich* Sanktionenrecht 2021, § 12 Rn. 43.

[28] Statistisches Bundesamt (Hrsg.), Statistischer Bericht Strafverfolgung, Tabelle 24311-06 Berichtsjahr 2022: Verwarnungen nach § 59 5689 Fälle; Absehen von Strafe nach § 60 134 Fälle; vgl. auch *Müller* FS Jung, S. 621 ff.

[29] Vgl. LG Frankfurt 5/27 KLs 7570 Js 203814/03 (4/04) NJW 2005, 692 ff. (696).

Rechtsfolge nicht eine Strafe in Form der erzwungenen Zufügung eines Übels, sondern eine freiwillige versöhnende Leistung des Täters, insbesondere in Form einer Wiedergutmachung des Schadens in Zusammenarbeit mit dem Opfer, verlangen.[30]

Diese im Rahmen des Jugendstrafrechts mit empirisch nachweisbarem Erfolg **38** praktizierte Sanktionsform[31] hat sich im Erwachsenenstrafrecht bisher als eigenständige Sanktion nicht durchsetzen können. Überlegungen des „Alternativ-Entwurfs Wiedergutmachung"[32] zur Errichtung einer „3. Spur" zwischen Strafe und Maßregel haben damit im Gesetz keinen entsprechenden Widerhall gefunden.[33] Der Gesetzgeber hat im Rahmen des Verbrechensbekämpfungsgesetzes vom 28.10.1994[34] vielmehr eine Lösung im Rahmen der Strafzumessung vorgezogen. Nach § 46a kann das Gericht die Strafe mildern oder u. U. sogar von Strafe absehen, wenn sich der Täter in einem kommunikativen Akt[35] mit dem Opfer um einen *Täter-Opfer-Ausgleich* zumindest ernsthaft bemüht oder das Opfer ganz oder zum überwiegenden Teil entschädigt hat.[36] Der Anwendung des § 46a steht nicht entgegen, dass das Opfer eine juristische Person, z. B. ein eingetragener Verein, ist.[37]

IV. Sanktionen des Jugendstrafrechts

Wird eine strafbare Handlung von einem Jugendlichen (eine Person, die z. Z. der Tat **39** 14, aber noch nicht 18 Jahre alt ist) oder von einem Heranwachsenden (eine Person, die z. Z. der Tat 18, aber noch nicht 21 Jahre alt ist, vgl. § 1 II JGG) begangen, gelten Besonderheiten hinsichtlich des Strafverfahrens und der Rechtsfolgen der Tat. Beides ist im Jugendgerichtsgesetz (JGG) festgelegt. Zu jenen besonderen Rechtsfolgen zählen die *Erziehungsmaßregeln* (§§ 9 ff. JGG), die sog. „*Zuchtmittel*" (§§ 13 ff. JGG) und die *Jugendstrafe* als Freiheitsstrafe (§§ 17 ff. JGG). Erziehungsmaßregeln, Zuchtmittel und Jugendstrafe setzen eine schuldhaft verwirklichte Straftat voraus. Jedoch unterscheiden sie sich von den Rechtsfolgen des Erwachsenen-

---

[30] Mit dieser Frage beschäftigt sich die Strafrechtswissenschaft in der jüngeren Zeit vermehrt, vgl. *Bannenberg* 1993; *Roxin* FS Baumann, S. 243 ff.; *Roxin/Greco* AT 1 § 3 Rn. 72 ff.; *Rössner* FS Schneider, S. 877 ff.; *Puppe* FS Grünwald, S. 469 ff.; *Weigend* FS Müller-Dietz, S. 975 ff.; eher zurückhaltend *Stratenwerth/Kuhlen* AT § 1 Rn. 29.

[31] Vgl. *Bannenberg* 1993, S. 261 ff.

[32] *Baumann* 1992; umfassend zu Wiedergutmachung und Täter-Opfer-Ausgleich *Meier* 2019 Teil 6.

[33] Vgl. auch MK-StGB-*Radtke* Vor § 38 Rn. 88 ff.; *Streng* Sanktionen 2012, Rn. 579.

[34] BGBl. I S. 3186.

[35] Zu den Anforderungen an den kommunikativen Prozess BGH 1 StR 174/03 StV 2004, 72 f.

[36] Umfassend hierzu *Kaiser* GS Zipf, S. 105 ff.; *Kett-Straub/Kudlich* Sanktionenrecht 2021, § 12 Rn. 1 ff.; *Meyer* FS Triffterer, S. 629 ff.; zur gestiegenen Akzeptanz in der Praxis *K. Schroth* FS Hamm, S. 677 ff.; zu einer opferorientierten Strafrechtsdogmatik *Hassemer/Reemtsma* 2002 mit Bespr. *Sinn* KJ 2003, 368 ff.; kritisch zum Täter-Opfer-Ausgleich *Noltenius* GA 2007, 518 ff.; *Walther* StraFo 2005, 452 ff.

[37] Vgl. BGH 4 StR 435/99 StV 2000, 128.

strafrechts dadurch, dass sie nicht als stigmatisierende Übelszufügung gedacht sind, sondern als *erzieherische* Einwirkung auf den jeweiligen Täter.[38] Jugendstrafrecht ist Täterstrafrecht, dessen Anliegen die Erziehung fehlgeleiteter junger Menschen, nicht aber die Vergeltung schuldhafter Taten ist.

40   Das Jugendstrafrecht war Gegenstand der Beratungen des 64. Deutschen Juristentages 2002. Die Diskussion betrifft sowohl den Erziehungsgedanken als Grundidee des Jugendstrafrechts als auch die Rechtsfolgen des JGG.[39]

B. Schuldunabhängige Maßregeln der Besserung und Sicherung

41   Von den Strafen des Erwachsenenstrafrechts und den Rechtsfolgen des JGG unterscheiden sich die Maßregeln der Besserung und Sicherung in den §§ 61 ff. StGB dadurch, dass sie an die *Gefährlichkeit* des Täters anknüpfen.[40] Die Maßregeln der Besserung und Sicherung bilden damit den zweiten Grundtypus der strafrechtlichen Rechtsfolgen innerhalb des *zweispurigen* Rechtsfolgensystems des Strafrechts.[41]

42   Die Maßregeln der Besserung und Sicherung als zweite Spur des Sanktionssystems gehen vor allem auf das Marburger Programm von *Franz von Liszt* (§ 1 Rn. 190 ff.) aus dem Jahre 1882 zurück. Sie sind damit ein Resultat der sog. *modernen Schule*, die – im Unterschied zur *klassischen Schule* (*Binding, Birkmeyer*)[42] – die Erkenntnisse und Schlussfolgerungen aus den Sozialwissenschaften in das Strafrecht einzubringen suchte. Eingang in das StGB fanden die Maßregeln der Besserung und Sicherung durch das „Gesetz gegen gefährliche Gewohnheitsverbrecher und über Maßregeln der Sicherung und Besserung" aus dem Jahr 1933.

I. Freiheitsentziehende Maßregeln der Besserung und Sicherung

43   Freiheitsentziehende Maßregeln der Besserung und Sicherung (vgl. § 61) sind die Unterbringung in einem Psychiatrischen Krankenhaus (§ 63), in einer Entziehungsanstalt (§ 64) oder in der Sicherungsverwahrung (§§ 66–66c).[43] Alle genannten Maßregeln setzen die Begehung einer zumindest rechtswidrigen Tat voraus sowie damit zusammenhängende Umstände in der Persönlichkeit des Täters, die ihn als gefährlich erscheinen lassen.[44] Ihr gemeinsamer Zweck besteht somit darin, die Allgemeinheit vor zu erwartenden rechtswidrigen Taten des Untergebrachten zu sichern.

---

[38] Näher *Schaffstein/Beulke* 2002 § 1 I; *Böhm/Feuerhelm* 2004, § 3; *Eisenberg/Kölbel* 2020, Einl. Rn. 40; *Streng* Jugendstrafrecht 2016, Rn. 15 ff.

[39] Lesenswert *Laubenthal* JZ 2002, 807 ff.

[40] Vgl. den Überblick bei *Knoop* Ad Legendum 2023, 266 ff.

[41] Vgl. *Eser* FS Müller-Dietz, S. 213 ff.

[42] Näher hierzu *Rüping/Jerouschek* 2011, Rn. 254 ff.

[43] Zur Kombination von lebenslanger Freiheitsstrafe und Sicherungsverwahrung *Kett-Straub* GA 2009, 586 ff.

[44] Näher *Köhler* AT S. 642 f., 674 ff.

Die *Unterbringung in einer Entziehungsanstalt* hat darüber hinaus zur Voraus- **44** setzung, dass aufgrund tatsächlicher Anhaltspunkte zu erwarten ist, den Süchtigen zumindest für eine gewisse Zeitspanne vor dem Rückfall in die akute Sucht zu bewahren, auch nach der Entziehungskur und außerhalb der Anstalt.[45] Im Unterschied dazu ist die Unterbringung in einem psychiatrischen Krankenhaus nach § 63 nicht davon abhängig, dass eine Heilungsaussicht besteht.[46]

Die *Sicherungsverwahrung*, die in §§ 66 I–III in einem komplexen System von **45** Voraussetzungen hinsichtlich der Anlasstaten, Vorverurteilungen und Vorverbüßung geregelt ist, soll der Sicherung der Allgemeinheit vor gefährlichen Straftätern auch nach Verbüßung ihrer Strafhaft dienen.[47] Die ohnehin umstrittene Maßregel[48] ist besonders in die Diskussion geraten, seit durch das SexBG die *10-Jahres-Frist* bei erstmaliger Sicherungsverwahrung abgeschafft worden ist[49] und seit dem 29.07.2004 zudem gem. § 66b eine *nachträgliche* Anordnung der Unterbringung in der Sicherungsverwahrung möglich ist.[50]

In Reaktion auf die Rechtsprechung des EGMR, dass die Regelung der **46** Sicherungsverwahrung in Deutschland gegen Bestimmungen der EMRK verstoße,[51] erklärte das BVerfG im Mai 2011 die Regelungen des StGB und des JGG über die Anordnung und die Dauer der (nachträglichen) Sicherungsverwahrung für verfassungswidrig, weil diese das Grundrecht auf Freiheit der Untergebrachten (Art. 2 II 2 i. V. m. Art. 104 I GG) verletzten, da sie nicht dem verfassungsrechtlichen *Abstandsgebot* zwischen Freiheitsstrafe und Maßregelvollzug genügten.[52] Bei sogenannten „Altfällen" bestünden außerdem Bedenken im Hinblick auf den Vertrauensschutz aus Art. 20 II GG, wobei es hier auf eine Beurteilung im Einzelfall ankomme.[53] Einen Verstoß gegen das Rückwirkungsverbot aus Art. 103 II GG nahm das Verfassungsgericht hingegen nicht an, da dieses nur für Strafen, nicht jedoch für Maßregeln gelte.[54]

---

[45] Vgl. SK-*Sinn* § 64 Rn. 14 f. mwN.

[46] Vgl. BGH 4 StR 308/89 NStZ 1990, 122 f.; SK-*Sinn* § 63 Rn. 2.

[47] Näher zur Problematik *Kreuzer* NK 2010, 89 ff.; *Mitsch* JuS 2011, 785 ff.

[48] Vgl. *Kreuzer/Bartsch* GA 2008, 655 ff. siehe vor allem S. 663 ff.; *Rückert* DIE ZEIT Nr. 51 v. 11.12.2008, S. 21 ff.

[49] Vgl. hierzu *Kinzig* StV 2000, 330 ff.

[50] Vgl. Gesetz zur Einführung der nachträglichen Sicherungsverwahrung vom 23.07.2004, BGBl. I 2004 v. 28.07.2004, S. 1838; kritisch und lesenswert hierzu und zu gesetzgeberischen Initiativen auf Landesebene *Hanack* FS Rieß, S. 708 ff., dazu auch *Baier* Jura 2004, 552 ff.; vgl. auch BVerfG Urt. v. 10.02.2004 – 2 BvR 834/02 u. 1588/02, NJW 2004, 750 = EuGRZ 2004, 89 sowie Urt. v. 05.02.2004 – 2 BvR 2029/01, NJW 2004, 739 = EuGRZ 2004, 73 sowie zum Ganzen *Finger* 2008.

[51] EGMR NJW 2010, 2495, mit Anm. *Eschelbach*; vgl. auch *Jung* GA 2010, 639 ff.

[52] Vgl. BVerfG, 2 BvR 2365/09 v. 04.05.2011 = BVerfG NJW 2011, 1931 ff. (1934 Rn. 84 ff.), informativ dazu *Peglau* NJW 2011, 1924 ff.; *Schöch* GA 2012, 14 ff.; *Zabel* JR 2011, 467 ff. jew. mwN.

[53] Vgl. BVerfG NJW 2011, 1931 ff. (1934 Rn. 84 ff.); zum Vertrauensschutz, insb. zur Abwägung bei sog. Altfällen *Hörnle* NStZ 2011, 488 ff. (489 f.).

[54] Abweichend zum EGMR, der urteilte, dass die nachträgliche Verlängerung der Sicherungsverwahrung gegen Art. 7 I EMRK (Rückwirkungsverbot) verstößt, vgl. EGMR NJW 2010, 2495. Allerdings legt das BVerfG den Begriff der Strafe anders als der EGMR aus, da die EMRK anders als die deutsche Rechtsordnung kein zweigleisiges System von Strafe und Maßregel kennt, näher *Hecker* 2015 Kap. 3 Rn. 37; *Radtke* GA 2011, 636 ff.

47   Die menschen- und verfassungsrechtlichen Beanstandungen haben insbesondere zur Einfügung von § 66c durch das Gesetz zur bundesrechtlichen Umsetzung des Abstandsgebots im Recht der Sicherungsverwahrung vom 05.12.2012[55] geführt.

II. Maßregeln ohne Freiheitsentzug

48   Maßregeln ohne Freiheitsentzug sind die Führungsaufsicht (§ 68), die Entziehung der Fahrerlaubnis (§ 69) und das Berufsverbot (§ 70).

49   Die *Führungsaufsicht* dient vor allen Dingen dazu, den Übergang kriminell schwer Gefährdeter aus dem Strafvollzug in die Freiheit zu erleichtern (Lebenshilfe) und zugleich im Interesse der Allgemeinheit Rückfälle zu verhindern (Überwachung).[56]

50   Die *Entziehung der Fahrerlaubnis* knüpft an ein Verhalten im Zusammenhang mit dem Führen eines Kraftfahrzeuges oder unter Verletzung der Pflichten eines Kraftfahrzeugführers an, welches den Beschuldigten als zum Führen von Kraftfahrzeugen *ungeeignet* erscheinen lässt. Mit der Entziehung der Fahrerlaubnis bestimmt das Gericht die Dauer, innerhalb derer keine neue Fahrerlaubnis erteilt werden darf (Sperre). Erst nach Ablauf der Sperre kann der Betroffene die Erteilung einer neuen Fahrerlaubnis beantragen.

51   Das *Berufsverbot* setzt eine rechtswidrige Tat voraus, die der Beschuldigte unter Missbrauch seines Berufes oder Gewerbes oder unter grober Verletzung der mit ihnen verbundenen Pflichten begangen hat. Es dient dem Zweck, die Allgemeinheit vor Gefahren zu schützen, die aus der Berufsausübung des Täters erwachsen.

C. Sanktionen gegen das Eigentum

52   Im Zusammenhang mit Sanktionen gegen das Eigentum ist der Begriff des Eigentums in einem weiten, Art. 14 GG entsprechenden, Sinne zu verstehen. Betroffen von den Sanktionen gegen das Eigentum sind daher nicht nur *Sachen*, sondern auch vermögenswerte *Rechte* wie insbesondere dingliche Sicherungsrechte oder Sparkassenguthaben.[57] Dem entspricht die gesetzliche Formulierung etwa in § 74 oder § 74a, dass sich die Sanktionen auf „Gegenstände", d. h. auf Sachen bzw. vermögenswerte Rechte, beziehen müssen.[58] In der Sache unterscheidet das Gesetz danach, ob ein Beteiligter durch die Tat *etwas erlangt* hat, das abgeschöpft werden muss („Einziehung von Taterträgen" bzw. „Einziehung des Taterlangten" –

---

[55] BGBl. I, S. 2425; dazu *Renzikowski* NJW 2013, 1638 ff.; zur Chronologie der relevanten Entscheidungen vgl. SK-*Sinn* Vor § 66 Rn. 2 ff. mwN.

[56] Vgl. SK-*Sinn* § 68 Rn. 2; Lackner/Kühl/Heger-*Heger* § 68 Rn. 1.

[57] Vgl. *Eser* 1969, S. 8 f.

[58] Vgl. Lackner/Kühl/Heger-*Heger* § 74 Rn. 4.

Gewinnabschöpfung als Zielrichtung der Einziehungsvorschriften, § 73 ff.),[59] oder ob ein Gegenstand in einer „*missbilligenswerten Beziehung zur Tat*" gestanden hat[60] bzw. gefährlich ist und deshalb eingezogen werden muss (Einziehung gemäß §§ 74 ff.). Letztere Maßnahmen haben Strafcharakter.[61] Der Sicherungseinziehung nach § 74b sowie der Einziehung von Verkörperungen eines Inhalts und der Unbrauchbarmachung nach § 74d kommt jeweils Sicherungscharakter zu.[62] Das Recht der Vermögensabschöpfung wurde 2017 vor dem Hintergrund von EU-Recht[63] grundlegend reformiert[64] und erweitert.[65] Die bis dahin geltende Unterscheidung zwischen Einziehung und Verfall wurde begrifflich aufgegeben, in der Sache allerdings beibehalten.

I. Einziehung von Taterträgen, §§ 73–73e

Die Wirkung der Einziehung ist in § 75 beschrieben: Das Eigentum an der Sache oder das Recht gehen mit der Rechtskraft der Entscheidung auf den Staat über. Vor Rechtskraft wirkt die Einziehung als Veräußerungsverbot i. S. von § 136 BGB. Voraussetzung für die Anwendung der Vorschriften über die Tatertragseinziehung ist das Vorliegen einer rechtswidrigen Tat, für die (bspw. Entgelt) oder durch die (Gewinn) der Täter etwas erlangt hat. Unter „etwas erlangt" sind alle Vermögenswerte in ihrer Gesamtheit zu verstehen, die dem Tatbeteiligten aus der Verwirklichung einer rechtswidrigen Tat in irgendeiner Phase des Tatablaufs zugeflossen sind.

53

Die Anwendbarkeit der Einziehungsvorschriften ist nicht (mehr)[66] ausgeschlossen, wenn dem Verletzten aus der Tat ein Anspruch erwachsen ist, dessen Erfüllung dem Täter oder Teilnehmer den Wert des aus der Tat Erlangten entziehen würde. Diese sog. Rückgewinnungshilfe wurde durch ein Entschädigungsverfahren ersetzt und in das Vollstreckungsverfahren verlagert.[67] Der Grund für diese Änderung liegt darin, dass § 73 a. F. eine stumpfe Waffe bei Straftaten gegen die Person, bei Vermögensstraftaten und bei Steuerstraftaten war. Haben sich der Tatbeteiligte und der

54

---

[59] Vgl. die Übersicht zu den Regelungen bei *Theile* JA 2020, 1 ff./81 ff. jew. mwN.

[60] Vgl. Lackner/Kühl/Heger-*Heger* § 74 Rn. 1.

[61] Vgl. SSW-*Heine* § 74 Rn. 3 mwN.

[62] NK-StGB-*Saliger* § 74b Rn. 3; Lackner/Kühl/Heger-*Heger* § 74d Rn. 1.

[63] Richtlinie 2014/42/EU v. 03.04.2014 über die Sicherstellung und Einziehung von Tatwerkzeugen und Erträgen aus Straftaten ABL.EU Nr. L 127 v. 29.04.2014, S. 39; hierzu: Gesetzentwurf der Bundesregierung zur Reform der strafrechtlichen Vermögensabschöpfung, BT-Drs. 18/9525 v. 05.09.2016, S. 48 f.; NK-StGB-*Saliger* Vor §§ 73 ff. Rn. 3; *Fischer/Lutz*, in: Fischer Vor §§ 73–76b, Rn. 2 f.

[64] Gesetz zur Reform der strafrechtlichen Vermögensabschöpfung vom 13.04.2017, BGBl. I, S. 872.

[65] Vgl. grundsätzlich *Saliger* ZStW 129 (2017), 995 ff. mwN.

[66] So aber noch § 73 I 2 a. F.

[67] Vgl. § 459h i. V. m. §§ 459i, 459j und 459k StPO.

Tatverletzte jedoch hinsichtlich des Anspruchs auf Rückgewähr des Erlangten oder des Wertes des Erlangten geeinigt (etwa in Form einer Zahlung oder eines Erlassvertrages, § 397 BGB), so ist eine Einziehung ausgeschlossen (§ 73e I). Gleiches gilt hinsichtlich der Einziehung bei dem entreicherten Drittbetroffenen, wenn dieser gutgläubig die Vermögensgegenstände erlangt hatte (§ 73e II).

55   Bis 1991 konnte der vom Verfall (damalige Terminologie) Betroffene Aufwendungen, „Investitionen", die er für die Tat getätigt hatte, verfallsvermindernd geltend machen. Hatte der Täter z. B. DM 100, – eingesetzt, um aus seiner Straftat DM 1000, – Gewinn zu erzielen, so konnten nur DM 900, – für verfallen erklärt werden. 1991 wurde durch das AWG/StGB-ÄndG[68] jedoch das sog. „Bruttoprinzip"[69] eingeführt, indem der Gesetzgeber in § 73 I 1 a. F. das Merkmal „Vermögensvorteil" durch das Merkmal „etwas" ersetzte. So sollte zum Ausdruck gebracht werden, dass Aufwendungen nicht mehr vom Gegenstand des Verfalls abgezogen werden können.[70] In der Rechtsprechung war aber dann umstritten, wie das Bruttoprinzip zu konkretisieren ist. Während der 1. Strafsenat des BGH die Saldierung von Gegenleistungen und Aufwendungen ablehnte,[71] sollte nach Ansicht des 5. Strafsenats des BGH nur der wirtschaftliche Wert des vom Tatbeteiligten erlangten Vorteils dem Verfall (alte Terminologie) zugrunde zu legen sein.[72] Das neue Recht der Einziehung greift diese Rechtsprechung auf und definiert das Taterlangte neu in § 73d. Ziel dieser Vorschrift ist es, den Rechtsgedanken des § 817 S. 2 BGB in das Recht der Vermögensabschöpfung zu übernehmen. Wer bewusst in eine rechtswidrige Tat investiert, soll diese Aufwendungen nicht einziehungsmindernd geltend machen können (§ 73d I 2). Aufwendungen sind aber dann abzugsfähig, wenn sie zur Erfüllung einer Verbindlichkeit gegenüber einem schützenswerten Tatverletzten erbracht werden (§ 73d I 2 Hs. 2).

56   Dies bedeutet, dass die Einziehung einen Doppelcharakter hat: Soweit die Abschöpfung unrechtmäßig erlangten Vermögenszuwachses in Frage steht, handelt es sich nicht um eine Strafe, sondern um eine Maßnahme zur Wiederherstellung des verletzten Rechts. Im Übrigen jedoch liegt eine Übelszufügung vor, weshalb man zumindest von einem *strafähnlichen* Charakter der Einziehung sprechen muss.[73] Soweit es als Folge des Bruttoprinzips zu Härten kommt, kann diesen allenfalls nach § 459g V 1 StPO begegnet werden. Ein Absehen von der Vollstreckung der Wertersatzeinziehung ist dabei nicht mehr[74] allein deswegen möglich, weil der Einziehungsbetroffene entreichert ist.[75]

---

[68] Gesetz zur Änderung des Außenwirtschaftsgesetzes, des Strafgesetzbuches und anderer Gesetze, v. 28.02.1992, BGBl. I, S. 372.

[69] Vgl. dazu BGH 1 StR 115/02 BGHSt 47, 370 f.

[70] Vgl. *Gropp* FS Sootak, S. 75 ff.

[71] 1 StR 245/09 NStZ 2011, 83 ff.

[72] 5 StR 138/01 NJW 2002, 2257 ff. (2259).

[73] So auch *Theile* JA 2020, 1 ff. (6); a. A. BGH 1 StR 115/02 NStZ 2003, 37 ff. (38) noch für § 73 a. F.; für § 73 n. F. BVerfG 2 BvL 8/19 NJW 2021, 1222 ff. (1223) sowie BGH 1 StR 651/17 NStZ-RR 2018, 241 ff. (241).

[74] Vgl. Gesetz zur Fortentwicklung der Strafprozessordnung und zur Änderung weiterer Vorschriften, v. 25.06.2021, BGBl. I, S. 2099.

[75] Zurecht kritisch *Bittmann* NStZ 2022, 8 ff. (14 ff.).

Nach Ansicht des BVerfG[76] und des BGH[77] ist der Verfall nach altem Recht und die Einziehung von Taterträgen bzw. deren Wert nach neuem Recht durch die Ein- und Fortführung des Bruttoprinzips nicht zu einer strafähnlichen Maßnahme geworden. Die Abschöpfung des über den Nettogewinn hinaus Erlangten verfolge primär einen Präventionszweck: zukünftige Verhinderung gewinnorientierter Straftaten wegen zu erwartender Nutzlosigkeit der Aufwendungen. Eine Strafe setze hingegen voraus, dass sie zumindest auch auf Repression und Vergeltung abziele. Das Gesetz reagiere auf eine Störung der Vermögensordnung durch einen „korrigierenden und normbekräftigenden Eingriff".[78] **57**

In § 73a ist die *erweiterte Einziehung* geregelt. Diese Vorschrift geht auf die durch das OrgKG[79] von 1992 eingefügte Vorschrift des *erweiterten Verfalls* (§ 73d a. F.) zurück.[80] Im Kern sollte mit dieser Regelung der Entzug der Finanzquellen und Güter der Organisierten Kriminalität sichergestellt werden, denn „Geld ist der Lebensnerv der Organisierten Kriminalität".[81] Dementsprechend war die Vorschrift nur anwendbar, wenn auf sie in Straftatbeständen, die dem Bereich der Organisierten Kriminalität zugerechnet werden, eigens verwiesen wurde.[82] Diesen Zusammenhang zwischen der Organisierten Kriminalität und einer Einziehung hat der Gesetzgeber mit § 73a n. F. aufgegeben. Begründet wird dies vom Gesetzgeber mit dem aus der Richtlinie 2014/42/EU erforderlichen Umsetzungsbedarf.[83] Eine erweiterte Einziehung ist nun in allen Fällen möglich, in denen eine Anknüpfungstat nachgewiesen wird und das einzuziehende Vermögen aus einer angenommenen, aber nicht konkret nachweisbaren Erwerbstat stammt. **58**

Beispiel

Gegen eine Person wird wegen des Verdachts eines Diebstahls ermittelt. Es wird eine Hausdurchsuchung (§ 102 StPO) durchgeführt und es werden Gegenstände aufgefunden, die dieser Tat zugeordnet werden können. Außerdem werden Gegenstände gefunden, die dieser Tat nicht zugeordnet werden können, von denen aber aufgrund der Gesamtumstände anzunehmen ist, dass sie ebenfalls gestohlen wurden. Eine konkrete Tat kann der Person jedoch hinsichtlich dieser Gegenstände nicht nachgewiesen werden. ◄

---

[76] BVerfG 2 BvR 564/95 NJW 2004, 2073 ff.; BVerfG 2 BvL 8/19 NJW 2021, 1222 ff.

[77] BGH 1 StR 115/02 NStZ 2003, 37 ff.; dazu *Nack* GA 2003, 878 ff.; BGH 1 StR 651/17 NStZ-RR 2018, 241 ff. (241).

[78] BGH 1 StR 651/17 NStZ-RR 2018, 241 ff. (241).

[79] Gesetz zur Bekämpfung des illegalen Rauschgifthandels und anderer Erscheinungsformen der Organisierten Kriminalität BGBl., I, S. 1302.

[80] Vgl. zu den Problemen im Zusammenhang mit der Unschuldsvermutung die Vorauflage.

[81] BT-Drs. 12/6784, S. 2.

[82] Betroffen waren insbesondere durch Banden und gewerbsmäßig begangene Straftaten, z. B. §§ 244 III, 244a III, 256 II, 260 III.

[83] Vgl. BR-Drs. 418/16, S. 70 f.

59 In diesen Fällen kommt eine erweiterte Einziehung in Frage. Dem Täter wurde eine Anknüpfungstat (§ 242) nachgewiesen. Das einzuziehende Vermögen stammt zum Teil aus dieser Tat und kann gemäß § 73 abgeschöpft werden. Das nicht dieser Tat zuzuordnende Vermögen kann im Wege der erweiterten Einziehung (§ 73a) eingezogen werden, wenn es zur Überzeugung des Gerichts durch eine andere rechtswidrige Tat (Erwerbstat) erlangt wurde.

60 Die Erweiterung dieser Einziehungsmöglichkeiten stößt auf verfassungsrechtliche Bedenken. Denn nach Ansicht des BVerfG war die Verhältnismäßigkeit der Regelung zum erweiterten Verfall (§ 73d a. F.) nur dadurch sichergestellt, dass „überwiegende Interessen des Gemeinwohls, insbesondere im Hinblick auf die Bekämpfung von schweren, für die Rechtsgüter des Einzelnen wie der Allgemeinheit besonders gefährlichen Kriminalitätsformen, dies zwingend erfordern"[84]. Das war anzunehmen, weil ein erweiterter Verfall nur im Zusammenhang mit Straftaten, die der Organisierten Kriminalität zuzuordnen waren, angeordnet werden konnte. Mit § 73a ist jedoch der OK-Zusammenhang entfallen und damit auch die Verhältnismäßigkeit der Vorschrift.[85]

61 Völlig neu ist die Regelung des § 76a IV StGB – die *selbstständige Einziehung*. Mit dieser Maßnahme kann ein wegen des Verdachts bestimmter Katalogtaten sichergestellter Gegenstand eingezogen werden, sofern das Gericht davon überzeugt ist, dass der Gegenstand aus irgendeiner (auch anderen) rechtswidrigen Tat herrührt. Es muss also weder eine Anknüpfungstat noch eine Erwerbstat nachgewiesen werden. Als Maßstab gilt § 437 StPO, wonach das Gericht seine Überzeugung u. a. auf „ein grobes Missverhältnis zwischen dem Wert des Gegenstandes und den rechtmäßigen Einkünften des Betroffenen" stützen kann. Es handelt sich um ein Abschöpfungsinstrument, das mit dem im anglo-amerikanischen Rechtskreis bekannten Institut der „non-conviction-based confiscation/forfeiture" und den „misure di prevenzione" des italienischen Rechts vergleichbar ist.[86] Es kommt nur dann zur Anwendung, wenn eine Einziehung gemäß §§ 73, 73a, 73b, 73c, 76a I–III ausscheidet.

Beispiel

62 Fall vereinfacht nach AG Nürtingen 16 Ds 211 Js 53509/17 wistra 2019, 517 ff.:[87] A möchte mit ihrem Begleiter B von Stuttgart nach Antalya fliegen. Am Flughafen wird das Gepäck von A und B bei der Ausreise kontrolliert. Die Polizei hatte einen Hinweis bekommen, dass B eine große Menge Bargeld in die Türkei schaffen will, das aus Manipulationen an von ihm betriebenen Geldspielautomaten stammen soll. Im Gepäck der beiden finden die Beamten 250.000 € Bar-

---

[84] BT-Drs. 12/989, S. 23.

[85] Vgl. *Sinn*, in: Sinn/Hauck/Nagel/Wörner (Hrsg.) 2020, S. 259 ff. (278 ff.); *Saliger*, in: Sinn/Zöller/Esser (Hrsg.) 2019, S. 91 ff. (97).

[86] BR-Drs. 418/16, S. 79; vgl. dazu *Saliger*, in: Sinn/Zöller/Esser (Hrsg.) 2019, S. 91 ff. (100 ff.).

[87] Anm. *Corsten/Hübner* wistra 2019, 517 ff. (519 f.).

geld, von dem A behauptet, dass es ihr gehört. Jedoch vermag sie auf Nachfrage nicht die genau mitgeführte Summe zu benennen. Den Schlüssel für das Gepäck hat B bei sich. Zur Herkunft des Geldes gibt A an, es stamme aus einer früheren Beschäftigung, ohne dass sie dies konkretisieren kann. A hatte in der Vergangenheit geringe Einkünfte, durchlief eine Privatinsolvenz und war schließlich arbeitslos. Das Geld wird sichergestellt und gegen A ein Verfahren wegen des Verdachts der Geldwäsche (§ 261 StGB) eingeleitet. Da sich der Verdacht gegen A mangels hinreichend feststellbarer Vortat der Geldwäsche nicht feststellen ließ, wurde das Verfahren gegen sie nach § 170 II StPO eingestellt. ◄

Obwohl das Verfahren gegen A eingestellt wurde, ihr also kein strafrechtlich relevan-   **63**
ter Vorwurf gemacht werden kann, ist § 76a IV anwendbar und das Bargeld ist (vorbehaltlich eines Ausnahmefalls, vgl. § 76a IV 1: „sollen") im selbstständigen Verfahren (§§ 435, 436 StPO) einzuziehen. Als Katalogtat kommt Geldwäsche in Frage (§ 261 StGB). Weiterhin muss das Gericht davon überzeugt sein, dass das Bargeld aus irgendeiner rechtswidrigen Straftat stammt, die nicht Katalogtat sein muss. Für die Überzeugungsbildung des Gerichts gilt der Maßstab des § 437 StPO. Es kann seine Überzeugung insbesondere auf ein grobes Missverhältnis zwischen dem Wert des Gegenstandes und den rechtmäßigen Einkünften des Betroffenen stützen. Darüber hinaus kann es bei seiner Entscheidung insbesondere auch das Ergebnis der Ermittlungen zu der Tat, die Anlass für das Verfahren war, die Umstände, unter denen der Gegenstand aufgefunden und sichergestellt worden ist, sowie die sonstigen persönlichen und wirtschaftlichen Verhältnisse des Betroffenen berücksichtigen. Das AG Nürtingen kam zu dem Ergebnis, dass die Erklärungen der A lebensfremd und konstruiert seien und nach Überzeugung des Gerichts kein Zweifel daran bestehen könne, dass das Bargeld aus einer rechtswidrigen Tat herrühre.

§ 76a IV StGB soll nach dem Willen des Gesetzgebers das bestehende Ab-   **64**
schöpfungsinstrumentarium für schwere Straftaten aus dem Bereich des Terrorismus und der Organisierten Kriminalität ergänzen. Mit § 76a IV StGB wird also wieder der Bezug zu OK-typischen Straftaten hergestellt, was jedenfalls dem Verhältnismäßigkeitsmaßstab des BVerfG (s. o. Rn. 60) gerecht wird. Nicht zu übersehen ist jedoch, dass durch die Aufnahme der Geldwäsche (§ 261) in die Katalogstraftaten des § 76a IV der Anwendungsbereich der selbstständigen Einziehung sehr weit ist und durch die Abschaffung des Vortatenkatalogs bei der Geldwäsche[88] nochmals erweitert wurde.[89] Allerdings wäre es geradezu widersinnig gewesen, Geldwäsche nicht als typische Straftat im Zusammenhang mit Organisierter Kriminalität zu betrachten und nicht in den Katalog aufzunehmen. Vor diesem Hintergrund bedarf es also einer eingehenden Prüfung dahingehend, ob ein Anfangsverdacht für die Geld-

---

[88] Vgl. das Gesetz zur Verbesserung der strafrechtlichen Bekämpfung der Geldwäsche vom 09.03.2021, BGBl. I, S. 327.

[89] Vgl. zu möglichen Auswirkungen dieser Reform im Wechselspiel mit § 76a IV StGB *Bittmann* NStZ 2022, 577 ff.; *El-Ghazi/Laustetter* NZWiSt 2021, 209 ff.

wäsche bestanden hat, um der Weite des § 76a IV entgegenzuwirken. Schließlich müssen die Gerichte auch verantwortungsvoll mit den Kriterien für die Überzeugungsbildung der kriminellen Herkunft der Gegenstände (§ 437 StPO) umgehen, um eine faktische Beweislastumkehr,[90] die verfassungswidrig wäre, zu vermeiden.

II. Einziehung von Tatprodukten, Tatmitteln und Tatobjekten, §§ 74–74d

65   Der Einziehung unterliegen auch Gegenstände (Sachen oder Rechte), die durch die Tat hervorgebracht (Tatprodukte) oder zur Vorbereitung gebraucht oder bestimmt (Tatmittel) gewesen sind. Dies setzt grundsätzlich[91] eine vorsätzliche, rechtswidrige und schuldhafte Straftat voraus. Die Einziehung nach § 74 hat insoweit strafähnlichen Charakter, es gilt folglich das Schuldprinzip bezüglich Hauptstrafe und Einziehung gleichermaßen. Die in § 74b und § 74d geregelten Formen der Einziehung haben demgegenüber Sicherungscharakter.[92] Die Einziehung erstreckt sich auf die *producta sceleris*, d. h. die in der Entstehung unmittelbar aus der Tat hervorgegangenen Gegenstände, sowie die *instrumenta sceleris*, d. h. die benutzten Waffen, Fahrzeuge etc. Die Einziehung von Tatobjekten erfolgt unter Maßgabe besonderer Vorschriften (§ 74 II). Die Gegenstände müssen nach § 74 III dem von der Einziehung Betroffenen z. Z. der Entscheidung „gehören". Entscheidend ist die formale Rechtsposition, weshalb auch Sicherungseigentum und Vorbehaltseigentum maßgeblich sind. Eine Ausnahme (Einziehung von Gegenständen, die einem Dritten gehören), lässt § 74a unter den dort genannten Voraussetzungen zu.

66   § 74b betrifft die Sicherungseinziehung. Sie knüpft an die Gefährlichkeit des Gegenstandes an, wobei sich die Gefährdung aus der Beschaffenheit des Gegenstandes ergeben oder die Gefahr bestehen muss, dass er der Begehung rechtswidriger Taten dienen wird.

67   Bei der Einziehung von Verkörperungen eines Inhalts (§ 74d I 1) handelt es sich um eine Sicherungsmaßnahme. Dabei wird unter den genannten Voraussetzungen davon ausgegangen, dass diese gefährlich sind.[93] Es kommt nur auf den Besitz und nicht auf die Eigentumslage an (§ 74d II). Die Unbrauchbarmachung (§ 74d I 2) ist ebenfalls eine Sicherungsmaßnahme. Die Einziehung von Verkörperungen eines Inhalts und die Unbrauchbarmachung sind schuldunabhängige Rechtsfolgen der Straftat. Eventuelle Entschädigungsansprüche sind in § 74d V geregelt.

---

[90] Krit. dazu vgl. *Köllner/Mück* NZI 2017, 593 ff. (598); *Hinderer/Blechschmitt* NZWiSt 2018, 179 ff. (182); *Kraushaar* NZWiSt 2019, 288 ff. (291 f.).

[91] Ausnahmen geregelt in § 74 III 2 hinsichtlich fahrlässiger Tatbegehung; vgl. dazu auch die Nw bei SSW-*Heine* § 74 Rn. 12.

[92] SSW-*Heine* § 74 Rn. 3.

[93] SSW-*Heine* § 74d Rn. 1.

D. Zur Wiederholung

Kontrollfragen
1. Welche Hauptstrafen sieht das Strafensystem des StGB vor? (Rn. 7)
2. Nennen Sie fünf schuldabhängige strafrechtliche Sanktionen. (Rn. 8, 23, 28, 31 ff.)
3. Muss jede Freiheitsstrafe unter sechs Monaten zur Bewährung ausgesetzt werden? (Rn. 17)
4. Wodurch unterscheiden sich die Maßregeln, die Zuchtmittel und die Jugendstrafe im Jugendstrafrecht von den schuldabhängigen Sanktionen des Erwachsenenstrafrechts? (Rn. 39)
5. Wie heißen die drei freiheitsentziehenden Maßregeln der Besserung und Sicherung? (Rn. 43 ff.)
6. Was bedeutet die Einführung des Bruttoprinzips im Recht der Einziehung? (Rn. 55 f.)

Literatur

Baier Grenzenlose Sicherheit? Die Unterbringung gefährlicher Straftäter zwischen Bundes- und Landesrecht, Jura 2004, 552 ff.

Bannenberg Wiedergutmachung in der Strafrechtspraxis, 1993

Baumann Alternativ-Entwurf Wiedergutmachung, 1992

Bittmann Die Änderungen im formellen Recht der Vermögensabschöpfung aufgrund des „Gesetzes zur Fortentwicklung der Strafprozessordnung", NStZ 2022, 8 ff.

Bittmann Folgewirkungen des neuen § 261 StGB, NStZ 2022, 577 ff.

Böhm/Feuerhelm Einführung in das Jugendstrafrecht, 4. Aufl. 2004

Corsten/Hübner Anmerkung zu AG Nürtingen, 16 Ds 211 Js 53509/17, wistra 2019, 517 ff.

Dünkel Wege und Irrwege der Reform des strafrechtlichen Sanktionensystems in Deutschland, GS für Joecks 2018, S. 51 ff.

Egg Prognosebegutachtung bei Straf- und Maßregelvollzug, FS für Rolinski 2002, S. 309 ff.

Eisenberg/Kölbel Jugendgerichtsgesetz, Kommentar, 25. Aufl. 2024

El-Ghazi/Laustetter Das Gesetz zur Verbesserung der strafrechtlichen Bekämpfung der Geldwäsche, NZWiSt 2021, 209 ff.

Eser Die strafrechtlichen Sanktionen gegen das Eigentum, 1969

Eser Zur Entwicklung von Maßregeln der Besserung und Sicherung als zweite Spur im Strafrecht, FS für Müller-Dietz 2001, S. 213 ff.

Finger Vorbehaltene und nachträgliche Sicherungsverwahrung, 2008

Fischer, Bearbeiter, in: = Fischer, Strafgesetzbuch, 72. Aufl. 2025

Gropp Zum verfahrenslimitierenden Wirkungsgehalt der Unschuldsvermutung, JZ 1991, 804 ff.

Gropp Einziehung – Verfall – Vermögensstrafe: von der Maßnahme zur Strafe? FS für Sootak 2008, S. 73 ff.

Grünwald Überlegungen zur lebenslangen Freiheitsstrafe, FS für Bemmann 1997, S. 161 ff.

Hanack Nachträgliche Anordnung von Sicherungsverwahrung?, FS für Rieß 2002, S. 709 ff.

Hassemer/Reemtsma Verbrechensopfer: Gesetz und Gerechtigkeit, 2002

Hecker Europäisches Strafrecht, 7. Aufl. 2024

Heine Interview zum neuen Sanktionssystem der Schweiz von 2007, In dubio (Zeitschrift des Bernischen Anwaltsverbands) 2007, S. 6 ff.

Heinz Sanktionierungspraxis in der Bundesrepublik Deutschland im Spiegel der Rechtspflege-statistik, ZStW 111 (1999), 461 ff.

Herzog Gewinnabschöpfung unter der Flagge der positiven Generalprävention, JR 2004, 494 ff.

Hinderer/Blechschmitt Die „erweiterte Einziehung" nach § 76a Abs. 4 StGB i. V .m. § 437 StPO, NZWiSt 2018, 179 ff.

Hörnle Der Streit um die Sicherungsverwahrung, NStZ 2011, 488 ff.

Jung Die Sicherungsverwahrung auf dem Prüfstand der EMRK. Zugleich Besprechung von EGMR, Urteil vom 17.12.2009, GA 2010, 639 ff.

Kaiser Täter-Opfer-Ausgleich als moderne Konfliktlösungsstrategie strafrechtlicher Sozial-kontrolle, GS für Zipf 1999, S. 105 ff.

Keiser Die verwerfliche Tat eines würdigen Täters, Der Fall Daschner und die Verwarnung mit Strafvorbehalt als custodia honesta, GA 2009, 344 ff.

Kett-Straub Auch Terroristen haben einen Rechtsanspruch auf Freiheit, GA 2007, 332 ff.

Kett-Straub Die Kombination von lebenslanger Freiheitsstrafe und Sicherungsverwahrung, GA 2009, 586 ff.

Kett-Straub/Kudlich Sanktionenrecht, 2. Aufl. 2021

Kinzig Schrankenlose Sicherheit? – Das Bundesverfassungsgericht vor der Entscheidung über die Geltung des Rückwirkungsverbots im Maßregelrecht, StV 2000, 330 ff.

Knoop Das deutsche Maßregelrecht – Ein Überblick über Definition, Legitimation, Funktion und Praxis, AL 2023, 266 ff.

Köhler Strafrecht Allgemeiner Teil (AT), 1997

Köllner/Mück Reform der strafrechtlichen Vermögensabschöpfung, NZI 2017, 593 ff.

Kraushaar Die Einziehung nach § 76 a Abs. 4 StGB – Zivilprozess im Strafprozess?, NZWiSt 2019, 288 ff.

Kreuzer Strafrecht als präventiver Opferschutz?, NK 2010, 89 ff.

Kreuzer/Bartsch Zu einer neuen Strukturierung des Sicherungsverwahrungsrechts GA 2008, 655 ff.

Lackner/Kühl/Heger-*Bearbeiter* Strafgesetzbuch: Kommentar, 30. Aufl. 2023

Laubenthal Ist das deutsche Jugendstrafrecht noch zeitgemäß?, JZ 2002, 807 ff.

Lüderssen Freiheitsstrafe ohne Funktion, FS für Bemmann 1997, S. 47 ff.

Meier Strafrechtliche Sanktionen, 5. Aufl. 2019

Meyer Zur Reform des strafrechtlichen Sanktionensytems unter besonderer Berücksichtigung des Täter-Opfer-Ausgleichs, FS für Triffterer 1996, S. 629 ff.

Mitsch Was ist Sicherungsverwahrung und was wird aus ihr?, JuS 2011, 785 ff.

MK-StGB-*Bearbeiter* = Erb/Schäfer (Hrsg.), Münchener Kommentar zum Strafgesetzbuch, Bd. 2, 4. Aufl. 2020

Müller Noch ein Plädoyer für die Verwarnung mit Strafvorbehalt, FS für Jung 2007, S. 621 ff.

Nack Aktuelle Rechtsprechung des Bundesgerichtshofs zum Verfall, GA 2003, 879 ff.

Neumayer-Wagner Die Verwarnung mit Strafvorbehalt. Ihre Entstehung, gegenwärtige rechtliche Gestaltung, praktische Handhabung und ihr Entwicklungspotential, 1998

NK-StGB-*Bearbeiter* = Kindhäuser/Neumann/Paeffgen/Saliger (Hrsg.), Nomos-Kommentar zum StGB, 6. Aufl. 2023

Noltenius Kritische Anmerkungen zum Täter-Opfer-Ausgleich, GA 2007, 518 ff.

Peglau Das BVerfG und die Sicherungsverwahrung – Konsequenzen für Praxis und Gesetzgebung, NJW 2011, 1924 ff.

Puppe Strafrecht als Kommunikation, FS für Grünwald 1999, S. 469 ff.

Radtke Schuldgrundsatz und Sicherungsverwahrung. Freiheitsgarantien im zweispurigen Sanktionssystem, GA 2011, 636 ff.

Renzikowski Abstand halten! – Die Neuregelung der Sicherungsverwahrung, NJW 2013, 1638 ff.

Rössner Die Universalität des Wiedergutmachungsgedankens im Strafrecht, FS für Schneider 2002, S. 877 ff.

Roxin Zur Wiedergutmachung als einer „dritten Spur" im Sanktionensystem, FS für Baumann 1992, S. 243 ff.

Roxin/Greco Strafrecht, Allgemeiner Teil, Band 1 (AT 1), Grundlagen, der Aufbau der Ver-brechenslehre, 5. Aufl. 2020

Rückert In der Lebensversickerungsanstalt, DIE ZEIT Nr. 51 v. 11.12. 2008, S. 21 ff.

Rüping/Jerouschek Grundriß der Strafrechtsgeschichte, 6. Aufl. 2011

Saliger Grundfragen der Vermögensabschöpfung, ZStW 129 (2017), 995 ff.

Saliger Die Einziehung von Vermögen unklarer Herkunft aus deutscher Sicht, in: Sinn/Zöller/ Esser (Hrsg.), Reform der Vermögensabschöpfung, 2019, S. 91 ff.

Schaffstein/Beulke Jugendstrafrecht. Eine systematische Darstellung, 14. Aufl., 2002

Schild Strafbegriff und Grundgesetz, FS für Lenckner 1998, S. 287 ff.

Schöch Das Urteil des Bundesverfassungsgerichts zur Sicherungsverwahrung, GA 2012, 14 ff.

Schroeder Absehen von Strafe und Absehen von der Strafverfolgung, FS für Fezer 2008, S. 543 ff.

Schönke/Schröder, *Bearbeiter,* in: = Schönke/Schröder, Strafgesetzbuch, 30. Aufl. 2019

Schroth K. Der Täter-Opfer-Ausgleich, FS Hamm 2008, S. 677 ff.

Seelmann Verzicht auf Strafe?, FS für Neumann 2017, S. 715 ff.

Sinn Von Trojanern, Hybriden und Serviceanbietern – 25 Jahre Gesetz zur Bekämpfung des illegalen Rauschgifthandels und anderer Erscheinungsformen der Organisierten Kriminalität (OrgKG), in: Sinn/Hauck/Nagel/Wörner (Hrsg.), Populismus und alternative Fakten – (Straf-) Rechtswissenschaft in der Krise?, Abschiedskolloquium für Walter Gropp, 2020, S. 259 ff.

SK-*Bearbeiter* = Wolter/Hoyer (Hrsg.) Systematischer Kommentar zum Strafgesetzbuch, Bd. II, 10. Aufl. 2024

SSW-*Bearbeiter* = Satzger/Schluckebier/Werner Strafgesetzbuch, Kommentar, 6. Aufl. 2024

Stratenwerth/Kuhlen Strafrecht Allgemeiner Teil, Die Straftat, 6. Aufl. 2011.

Streng Jugendstrafrecht, 6. Aufl. 2024

Streng Strafrechtliche Sanktionen. Die Strafzumessung und ihre Grundlagen, 3. Aufl. 2012

Theile Die strafrechtliche Einziehung von Taterträgen sowie des Wertes von Taterträgen nach §§ 73 ff. StGB, Teil I, JA 2020, 1 ff.

Theile Die strafrechtliche Einziehung von Taterträgen sowie des Wertes von Taterträgen nach §§ 73 ff. StGB, Teil II, JA 2020, 81 ff.

Walther Strafverteidigung zwischen Beschuldigten- und Opferinteressen, StraFo 2005, 452 f.

Weigend Wiedergutmachung als, neben oder statt Strafe? FS für Müller-Dietz 2001, S. 975 ff.

Zabel Bürgerrechte ernstgenommen, JR 2011, 467 ff.

Publisher Erratum zu: Strafrecht Allgemeiner Teil

Publisher Erratum zu:
A. Sinn, *Strafrecht Allgemeiner Teil*,
https://doi.org/10.1007/978-3-662-71556-7

Das Buch wurde versehentlich vor Ausführung aller Korrekturen veröffentlicht. Es wurde deshalb nachträglich aktualisiert. Grundlegende Inhalte waren nicht betroffen.

Die aktualisierte Version dieses Buchs finden Sie unter
https://doi.org/10.1007/978-3-662-71556-7

Sach- und Fälleverzeichnis

Die kursiven Eintragungen bezeichnen die Fälle.